제 2 판

민사소송법요론

권 혁 재

法 文 社

제2판 머리말

본 저자의 초판 민사소송법요론이 발간된 지 2년이 지났다. 저자는 그동안 초판 저서로 법학전문대학원 학생들에게 강의를 하면서 여러 가지 면에서 많은 결함을 발견하고 이의 수정과 보완의 필요성을 절감하여 왔다. 그러한 인식의 결과물이 바로 본 개정판이라 할 수 있다. 초판 저서의 서문에서도 밝혔듯이 본서 초판은 저자가 법과대학과 법학전문대학원에서 민사소송법을 강의하면서 틈틈이 만든 강의안을 기초로 하여 시간에 쫓기며 만들다보니 모든 면에서 부족한 점이 있었음을 자인하면서 초판 독자 여러분들이 널리 양해하여 주시기를 당부 드린다.

본 개정판은 초판에 드러난 오자와 탈자 및 표현상의 오류를 수정한 외에 다음 두 가지 점에 유의하면서 내용을 보완하였다.

첫째, 초판 발간 이후 선고된 최근의 주요 대법원 판례를 거의 빠짐없이 소개하였다. 민사소송법 분야에 관하여 중요한 의미를 가지는 판례들이 다수 배출되고 있는 현재의 현상은 관련 법학의 발전과 법조실무계의 질적 성장을 위하여 매우 고무적이라고 하지 않을 수 없다. 본서에서는 무엇보다 변호사시험에서 최신 판례의 출제빈도가 높아지고 있다는 점을 고려하여 항상 시간에 쫓기는 법학전문대학원생들의 최신판례에 대한 접근성을 최대한 높이고자 노력하였다. 판결요지를 간략히 소개하는 대신 중요판례에 한하여 본문까지도 소개한 취지는 판결의 내용을 잘 이해함으로써 사건의 전개과정과 배경을 정리하는 능력을 스스로 키우도록 함에 있다.

둘째, 기출문제 중심의 예제에 대하여 간단한 해설을 추가하였다. 본서에 나온 해설은 모범답안이라기보다는 저자 나름의 관점에서 본 문제의 핵심 쟁점을 정리하여 나열한 것이다. 그리고 제시된 해설은 관련 쟁점을 모두 나열한 것에 불과하여 실제 문제에 대한 답안으로서는 부적절할 수도 있을 것이다. 특히 주어진 짧은 시간에 긴 지문을 읽고 많은 문제에 답을 하여야 하는 현재의 변호사시험이 요구하는 답안의 형식과는 차이가 있음을 독자들은 분명히 인식하여야 할 것이다. 요컨대 본서의 문제해설을 참고하여 시험문제에 대한 적응력을 기를 수 있게 하자는 저자의 소박한 희망이 담긴 결과물임을 전제로 하고 문제해설에 대하여 접근하여 주기 바란다.

끝으로 출판계의 어려운 여건에도 불구하고 초판에 이어 개정판의 출간을 허락하여 주신 법문사 사장님을 비롯한 임직원 여러분과 특히 졸저의 교정을 위하여 노력을 아끼지 않으신 편집부 김제원 부장님께 깊이 감사드린다. 그리고 원고의 교정을 위하여 많은 수고를 한 경북대학교 대학원 석사과정 재학생인 김재욱 군과 같은 대학교 법학전문대학원 재학생인 류한호 군에게도 이 자리를 빌려 감사를 드린다.

2014. 8.

경북대학교 법학전문대학원 연구실에서

저자 권혁재 배상

머 리 말

본 저자가 경북대학교 법과대학 교수로 임명되어 대학에서 민사소송법을 강의한 지 올해로써 10년째가 된다. 저자는 법과대학생으로서, 사법시험 수험생으로서 민사소송법을 공부하고 20여년에 걸친 법 실무가 활동 시에도 민사소송법을 항상 가까이 하였다고 자부하지만, 민사소송법을 본격적으로 연구하고 공부하였다고 말하기는 어렵다. 그러나 저자가 교수로서 민사소송법을 강의하면서, 그리고 2005년도에 대학원에서 민사소송법 전공으로 법학박사 학위를 취득하면서 본격적으로 민사소송법학의 영역에서 눈을 떠가기 시작하였다.

본서는 저자가 대학 학부생을 대상으로 강의를 하면서 만든 강의안이 기초가 된 것이다. 강의안은 저자의 강의경력이 쌓여 가면서 계속 보완과 수정을 거듭하였다. 특히 2009년부터 법학전문대학원 학생들을 대상으로 한 법학강의가 본격적으로 시작되면서 종래의 학부생을 대상으로 한 강의와는 그 내용과 방법에 있어서 근본적인 변화를 겪게 되었다. 그 중 가장 큰 변화는 학설과 입법론 중심의 법해석론이 퇴조하고 판례가 중추적 역할을 하게 되었다는 것이다. 그리고 법 실무가 양성이라는 법학전문대학원의 교육목표에 맞추어 수업의 목표도 학생들의 실무능력 배양에 초점을 맞추고 있는 점이다.

그런데 현재 출간되고 있는 민사소송법 체계서(기본서)들은 그 방대한 분량으로 인하여 법학전문대학원 재학생들을 위한 기본서로서는 다소 부적합할 수도 있다는 것이 저자의 생각이다. 민사소송법학은 본래 법해석학을 중심으로 한 학설대립이 크지 않은 분야라는 나름의 특색이 있다. 그러나 민사소송법 저서 역시 법학저서라는 본질을 크게 벗어나지 못하여 각 저자의 관점이 중점적으로 반영되어 저술되고 있다. 그러한 각 저자의 견해가 학설이 되었다. 특히 우리의 법학이 독일이나 일본의 이론을 받아들이는 것이 전제가 되다보니 기본적으로 외국 학자들의 견해 소개도 법학 저서의 주요내용으로 포함되게 마련이었다. 위와 같은 경위로 인하여 국내 민사소송법 대학자들의 체계서(기본서)는 대부분 1,000면을 넘나드는 대저(大著)로 출간되고 있다. 이러한 대저의 간행을 통하여 우리 민사소송법학은 발전에 발전을 거듭하여 왔다고 할 수 있다. 이러한 민사소송법학의 발전은 학계와 실무계를 아우르면서 미래의 한국 법문화 발전에 크게 기여할 것이라는 점은 그 누구도 이의를 제기하지 않을 것이다.

그럼에도 저자가 본 졸저를 출간하기로 결심하게 된 동기는 본서가 법학전문대학원 학생들에게 다소나마 도움이 되지 않을까 하는 기대감 때문이다. 널리 알려져 있듯이 법학전문대학원 학생들은 대학원 입학 후 3년이라는 짧은 기간 내에 방대한 양의 법학 이론을 습득하고, 동시에 법 실무가로서의 기초 소양과 능력을 길러야 한다. 매 학기마다 18~21학점을 수강하면서 각 과목 담당교수가 부과하는 과제를 해결하여야 한다. 방학 기간에는 각종 실습기관에서의 실습활동에 참여하여야 하는 관계로 차분히 법학 공부를 할 수 있는 시간을 만드는 것이 거의 불가능에 가깝다. 이러한 학생의 처지를 직접 눈으로 보고 접하면서 교수로서의 역할이 무엇이어야 하는가에 깊은 번뇌에 쌓이기도 하였다.

하여야 할 일은 많고 공부할 수 있는 시간은 절대적으로 부족한 법학전문대학원 재학생이 당면하고 있는 현실에서 기본적으로 법 실무가로서 현장에서 곧바로 부딪히게 될 문제의 해결책을 요점만 정리하여 제시하는 기본서가 필요하다는 것이 본서 출간의 계기라 할 수 있다. 현실여건상 학생들이 본질적인 법해석의 영역에 접근하는 것은 일단 뒤로 유예하고 판례에 나타나는 축약된 법해석론을 체계적으로 익히는 훈련을 통하여 문제해결력을 기르도록 하자는 것이 저자의 생각이다. 그리하여 본서에서는 학설의 소개는 최대한 줄이되 필요한 경우에는 학설을 자세히 소개하기도 하여 판례의 태도에 대한 비판적 시각도 갖출 수 있도록 하였다. 판례 위주로 서술한다 하더라도 판결요지 중심이 아니라 기본사례 중심으로 설명하여 핵심쟁점에 대한 학생들의 이해를 최대한 돕고자 하였다. 주요판례는 원문을 수록하여 독자들로 하여금 판결의 결론이 나오게 된 사실인정 과정을 직접 확인케 하였다. 판결 원문의 검색이 아주 간편하게 이루어 질 수 있는 마당에 굳이 원문을 수록하여야 하는가라는 의문을 가질 수도 있지만 그 판례의 중요성을 특별히 강조하고자 하는 저자의 주관적 의도도 있음을 밝혀 둔다.

법학전문대학원 학생들의 당면 목표는 변호사시험 통과에 있으므로 본서는 이러한 학생들의 수요에 최대한 부합하고자 하는 방향으로 초점을 맞추었다. 이러한 사고방식은 대학교수로서 갖추어야 할 아카데미즘과 어긋나는 것으로서 비판을 초래할 수도 있을 것이다. 즉 기본적으로 학원 강사들의 수험용 저서와는 달라야 할 것이라는 명분론적 관점에서 본다면 충분히 제기할 수 있다고 생각한다. 그러나 앞서 기술한 본서 출간의 기본 동기를 생각하면서 이러한 비판은 기꺼이 받아들이고자 한다. 본서의 각 장과 절에서 서술하고 있는 본문과 관련되는 사법시험·변리사시험 등 각종 자격시험과 국가고시의 기출문제를 게재한 의도 역시 학생들의 수험공부에 도움을 주고자 하는 배려에서 출발한 것이다. 기출문제를 접하면서 학생들은 본서의 내용을 통하여 익힌 지식을 응용하는 능력을 기를 수 있을 것이다. 종래의 사법시험이나 변리사시험과 변호사시험은 문제의 유형 면에서 다소 차이가 있을 수도 있겠지만 출제의 대상이나 쟁점을 발굴하고 해결하는 방식에서는 크게 차이가 없을 것으로 본다. 본서에 소개된 예제들은 수업시간에 토론의 주제가 될 수도 있을 것이다.

저자가 본서를 출간하기로 결심하면서 내세운 의욕과 명분에 비하여 그 결과물은 참으로 초라함을 절감한다. 그리고 시간이 흐르면서 그 내용이나 표현상의 오류는 끊임없이 발견되어 저자를 곤혹스럽게 할 것이다. 그럼에도 불구하고 감히 본서를 출간하기로 마음먹은 저자에게 질타와 함께 격려를 보내주실 것을 당부 드린다.

어려운 여건 하에서도 다양한 내용의 양서를 출간하여 한국 출판계를 선도하고 있는 법문사와 본 졸저를 애정 어린 손길로 다듬고 꾸며주신 편집부 김제원 부장님 및 관계자 여러분께 진심으로 감사의 마음을 전한다. 그리고 본 저자가 가시밭길과도 같은 학문의 길로 들어선 이래 변함없이 지지하고 격려를 아끼지 않은 사랑하는 나의 가족들 모두에게 깊은 감사를 드린다.

2012. 8.

경북대학교 법학전문대학원 연구실에서

권 혁 재 배상

차 례

제1장 총 론

제 2 장　소송의 주체로서의 법원

제 3 장　소송당사자

제 4 장　소(訴): 소송의 객체

제 5 장　민사소송 심리의 기본원칙

제 6 장　변론의 내용과 당사자의 소송행위

제 7 장   증 거 법

제 8 장 소송의 종료

제9장 병합 소송

제 10 장   다수당사자소송(당사자의 복수)

제 11 장　당사자의 변경

제 12 장 상소절차

제 1 장 총 론

제 1 절 민사소송제도의 목적

Ⅰ. 논의의 실익

민사소송제도의 목적을 제시함으로써 법의 해석론이나 제도운영상의 개별문제전반에 걸쳐서 결정적이고 절대적 가치기준을 부여하고자 하는 것이 종래의 통설적 입장이었다.

이에 반하여 민사소송제도는 한두 가지의 최고·절대적 가치에 의해 규정 지울 수 있는 단순한 것이 아니므로 다른 제도와의 비교 및 다각적인 고찰을 통해 민사소송 법규의 해석 및 운용, 입법에 있어서 기본적 가치를 탐구하고자 하는 것이 목적론 전개의 기본입장이라 할 수 있다.

Ⅱ. 학 설

1. 권리(사권)보호설(과거의 통설, 현재의 유력설)

국가가 사인에 의한 자력구제를 금하는 대신 사인의 권리가 침해되거나 위태로운 상태에 처해 있을 때 그 권리를 국가가 공권력으로 보호하는 제도라고 본다.

2. 사법질서 유지설

국가는 사인간의 이해를 조정하기 위해 사법법규를 제정하고 각 개인은 이를 따라야 할 것이 요구되는데, 이러한 사법질서를 유지하고 그것을 실제생활에 철저히 적용하기 위한 제도가 민사소송이라는 것이다.

3. 분쟁해결설

개인이나 사회에 있어서 이른바 前法律的인 요청으로서의 분쟁의 해결이 바로 민사소송의 목적이라는 견해이다.

즉, 민사재판은 사법(실체법)이 채 발달되지 않은 시대에도 존재했고, 사법은 구체적 재판예(例)의 축적을 통하여 발달되었다는 점에 착안하여 민사소송에 의한 재판의 필요성은 사법의 존재를 초월하는 것이며, 사법은 민사재판에 의한 분쟁해결의 하나의 통일되고 합리적인 기준을 제시하기 위해 발달한 규범이라는 것이다.

4. 절차보장설

분쟁의 당사자가 절차과정에서 실질적으로 평등하게 참가하기 위한 rule의 실현 그 자체가 소송제도의 목적이라는 것이다. 즉, 당사자가 실질적으로 변론을 다함으로써 결과적으로 분쟁의 해결이 기대된다는 견해이다.

5. 다 원 설

종래의 소송목적론에 대한 반성으로부터 출발하여 소송제도의 목적을 각 설이 주장하는 어느 하나의 범주에 국한시키지 않고 각각의 견해가 추구하는 가치를 종합적 비판적으로 수용하는 견해이다. 즉, 분쟁의 해결, 사법질서의 유지, 권리보호, 절차보장 그 어느 것이나 모두 민사소송제도의 목적 속에 포함될 수 있으며, 이러한 여러 가지들이 경우에 따라서는 서로 대립·긴장관계에 있을 경우도 있겠으나 유연한 사고형식을 통해 민사소송법을 해석, 적용하여야 한다.

제 2 절 민사소송과 그 밖의 소송사건과의 구별

Ⅰ. 형사소송절차와의 구별

1. 공익 ↔ 사익, 직권주의 ↔ 당사자주의(변론주의)

2. 형사판결의 민사사건에서의 증명적 효력

3. 민사사건의 형사사건화 경향

Ⅱ. 행정소송

1. 행정소송은 공법상의 법률관계에 관한 분쟁을 대상으로 한다는 점에서 민사소송과 구별된다. 행정소송 사건과 민사소송 사건은 법에서 명시적으로 밝히고 있지 않은 경우에는 그 구별이 용이한 것은 아니다.

[대법원 1994.5.24. 선고 92다35783 전원합의체 판결] [다수의견] 가. 공공용지의취득및손실보상에관한특례법상의 이주대책은 공공사업의 시행에 필요한 토지 등을 제공함으로 인하여 생활의 근거를 상실하게 되는 이주자들을 위하여 사업시행자가 기본적인 생활시설이 포함된 택지를 조성하거나 그 지상에 주택을 건설하여 이주자들에게 이를 그 투입비용 원가만의 부담하에 개별 공급하는 것으로서, 그 본래의 취지에 있어 이주자들에 대하여 종전의 생활상태를 원상으로 회복시키면서 동시에 인간다운 생활을 보장하여 주기 위한 이른바 생활보상의 일환으로 국가의 적극적이고 정책적인 배려에 의하여 마련된 제도이다. 나. 같은 법 제8조 제1항이 사업시행자에게 이주대책의 수립·실시의무를 부과하고 있다고 하여 그 규정 자체만에 의하여 이주자에게 사업시행자가 수립한 이주대책상의 택지분양권이나 아파트 입주권 등을 받을 수 있는 구체적인 권리(수분양권)가 직접 발생하는 것이라고는 도저히 볼 수 없으며, 사업시행자가 이주대책에 관한 구체적인 계획을 수립하여 이를 해당자에게 통지 내지 공고한 후, 이주자가 수분양권을 취득하기를 희망하여 이주대책에 정한 절차에 따라 사업시행자에게 이주대책대상자 선정신청을 하고 사업시행자가 이를 받아들여 이주대책대상자로 확인·결정하여야만 비로소 구체적인 수분양권이 발생하게 된다. 다. (1) 위와 같은 사업시행자가 하는 확인·결정은 곧 구체적인 이주대책상의 수분양권을 취득하기 위한 요건이 되는 행정작용으로서의 처분인 것이지, 결코 이를 단순히 절차상의 필요에 따른 사실행위에 불과한 것으로 평가할 수는 없다. 따라서 수분양권의 취득을 희망하는 이주자가 소정의 절차에 따라 이주대책대상자 선정신청을 한 데 대하여 사업시행자가 이주대책대상자가 아니라고 하여 위 확인·결정 등의 처분을 하지 않고 이를 제외시키거나 또는 거부조치 한 경우에는, 이주자로서는 당연히 사업시행자를 상대로 항고소송에 의하여 그 제외처분 또는 거부처분의 취소를 구할 수 있다고 보아야 한다. **(2) 사업시행자가 국가 또는 지방자치단체와 같은 행정기관이 아니고 이와는 독립하여 법률에 의하여 특수한 존립목적을 부여받아 국가의 특별감독 하에 그 존립목적인 공공사무를 행하는 공법인이 관계법령에 따라 공공사업을 시행하면서 그에 따른 이주대책을 실시하는 경우에도, 그 이주대책에 관한 처분은 법률상 부여받은 행정작용권한을 행사하는 것으로서 항고소송의 대상이 되는 공법상 처분이 되므로, 그 처분이 위법·부당한 것이라면 사업시행자인 당해 공법인을 상대로 그 취소소송을 제기할 수 있다.** 라. 이러한 수분양권은 위와 같이 이주자가 이주대책을 수립·실시하는 사업시행자로부터 이주대책대상자로 확인·결정을 받음으로써 취득하게 되는 택지나 아파트 등을 분양받을 수 있는 공법상의 권리라고 할 것이므로, 이주자가 사업시행자에 대한 이주대책대상자 선정신청 및 이에 따른 확인·결정 등 절차를 밟지 아니하여 구체적인 수분양권을 아직 취득하지도 못한 상태에서 곧바로 분양의무의 주체를 상대방으로 하여 민사소송이나 공법상 당사자소송으로 이주대책상의 수분양권의 확인 등을 구하는 것은 허용될 수 없고, 나아가 그 공급대상인 택지나 아파트 등의 특정부분에 관하여 그 수분양권의 확인을 소구하는 것은 더더욱 불가능하다고 보아야 한다.

2. 행정소송은 민사소송을 기본으로 하되(행정소송법 제8조), 피고적격(동법 제13조), 직권탐지주의(동법 제26조), 집행정지제도(동법 제23조), 재량판결(동법 제28조), 판결의 간접강제(동법 제34조) 등의 특별규정을 두고 있다.

3. 행정소송법 제26조 규정을 근거로 하여 행정소송절차에서는 직권탐지주의가 적용된다는 견해가 통설이라 할 수 있다. 이에 대하여 판례 및 실무례 등을 근거로 행정소송에서도 변

3

론주의가 원칙적으로 적용될 것이나, 직권주의가 일부 가미되어 있다는 견해도 유력하다.[1]

　4. 행정처분의 효력유무 또는 존재여부가 민사소송의 선결문제가 되는 경우에는 민사소송의 수소법원이 이를 심리·판단할 수 있다(행정소송법 제11조 1항).

> **[대법원 2013.2.28. 선고 2010두22368 판결]** 구 공익사업을 위한 토지 등의 취득 및 보상에 관한 법률(2010. 4. 5. 법률 제10239호로 일부 개정되기 전의 것, 이하 '구 공익사업법'이라 한다) 제91조에 규정된 환매권은 상대방에 대한 의사표시를 요하는 형성권의 일종으로서 재판상이든 재판 외이든 위 규정에 따른 기간 내에 행사하면 매매의 효력이 생기는 바, 이러한 **환매권의 존부에 관한 확인을 구하는 소송 및 구 공익사업법 제91조 제4항에 따라 환매금액의 증감을 구하는 소송 역시 민사소송에 해당한다.** 이 사건 소 중 주위적 청구는 구 공익사업법 제91조에 따라 환매권의 존부 확인을 구하는 소송이고, 예비적 청구는 같은 조 제4항에 따라 환매대금 증액을 구하는 소송임을 알 수 있으므로, 위 각 소송은 모두 민사소송에 해당한다고 보아야 한다. 따라서 원심이 위 각 소송을 모두 행정소송법 제3조 제2호에 규정된 당사자소송이라고 판단한 부분에는 공법상 당사자소송에 관한 법리를 오해한 잘못이 있다. 그런데 기록에 의하면, 민사소송인 이 사건 소가 서울행정법원에 제기되었는데도 피고는 제1심법원에서 관할위반이라고 항변하지 아니하고 본안에 대하여 변론을 한 사실을 알 수 있는바, 공법상의 당사자소송 사건인지 민사사건인지 여부는 이를 구별하기가 어려운 경우가 많고 행정사건의 심리절차에 있어서는 행정소송의 특수성을 감안하여 행정소송법이 정하고 있는 특칙이 적용될 수 있는 점을 제외하면 심리절차면에서 민사소송절차와 큰 차이가 없는 점 등에 비추어 보면, 행정소송법 제8조 제2항, 민사소송법 제30조에 의하여 제1심법원에 변론관할이 생겼다고 봄이 상당하다.

Ⅲ. 가사소송

1. 가사소송사건의 의의 및 종류: 가사소송법 제2조 1항 1호의 규정

2. 직권탐지주의: 동법 제17조, 동 규칙 제23조 1항

3. 조정전치주의: 동법 제50조, 나류·다류 사건

4. 확정판결의 對世效(승소판결의 경우): 동법 제21조

5. 가정법원의 전속관할: 동법 제2조 1항

Ⅳ. 비송사건

1. 의의: 민사비송, 상사비송, 가사비송, 과태료사건 등

---

[1] 김홍엽, 민사소송법(제4판), 박영사, 7면.

2. 소송의 비송사건화 경향

당사자 변론방식에 의한 민사재판절차가 원칙적 형태이고 비송적 사건처리는 어디까지나 예외적·보충적 제도에 지나지 않았으나, 법원의 후견적기능, 복지국가관 확립과 함께 일도양단식 판결·결정이 아니라 법원의 재량에 의한 분쟁 해결을 중시 → 민사조정법의 정비(강제조정제도, 화해권고결정), 행정소송법상의 사정판결 등.

3. 비송사건화의 한계

당사자에 대한 절차권보장(재판을 받을 권리).

4. 비송사건과 일반민사소송사건의 구별

① 목적설―사법질서의 형성(비송): 사법질서의 유지·확정(소송), ② 대상설―법적 분쟁(소송) 후견적 개입(비송), ③ 실체법설―법규정에 따를 것.

5. 비송사건의 특징

① 직권탐지주의적 진행(비송사건절차법 제11조), ② 대리인 자격의 무제한(동법 제6조), ③ 필요적 변론주의의 원칙 배제와 심문, ④ 비공개주의, ⑤ 검사의 참여(동법 제15조), ⑥ 조서의 재량작성(동법 제14조), ⑦ 결정형식의 재판(동법 제17조), ⑧ 취소·변경의 자유(동법 제19조).

6. 일반 민사사건을 비송절차에 의해 제소하거나 그 반대의 경우

판례는 각하하여야 한다는 견해를 취함.

V. 소송에 갈음하는 분쟁해결제도(ADR): 조정, 화해, 중재

※ 엄격한 형식과 절차의 배제, 법과 조리·상식에 기초한 분쟁의 해결, 일반 시민의 관여 허용.

[조정 또는 중재를 분쟁해결방법으로서 정한 선택적 중재 합의조항의 효력] [대법원 2005. 5.27. 선고 2005다12452 판결] (1) 조정 또는 중재를 분쟁해결방법으로 정한 선택적 중재조항은 계약의 일방당사자가 상대방에 대하여 조정이 아닌 중재절차를 선택하여 그 절차에 따라 분쟁해결을 요구하고 이에 대하여 상대방이 별다른 이의없이 중재절차에 임하였을 때 비로소 중재합의로서 효력이 있다. (2) 중재신청인이 선택적 중재조항에 따라 중재신청을 한데

대하여 피신청인이 중재법 제17조 제2항이 요구하는 바에 따라 본안에 관한 답변서를 제출할 때까지 중재합의가 부존재 한다는 이의를 제기하지 않은 이상, 중재절차의 나머지 단계에서는 그러한 이의를 제기할 수 없게 되어 위 선택적 중재조항은 중재합의로서의 확정적인 효력이 있게 된다.

[대법원 2005.5.13. 선고 2004다67264,67271 판결] (1) 중재합의는 사법상의 법률관계에 관하여 당사자 간에 이미 발생하였거나 장래 발생할 수 있는 분쟁의 전부 또는 일부를 법원의 판결에 의하지 아니하고 중재에 의하여 해결하도록 서면에 의하여 합의를 함으로써 효력이 생기는 것이므로, 구체적인 중재조항이 중재합의로서 효력이 있는 것으로 보기 위하여는 중재법이 규정하는 중재의 개념, 중재합의의 성질이나 방식 등을 기초로 당해 중재 조항의 내용, 당사자가 중재조항을 두게 된 경위 등 구체적 사항을 종합하여 판단하여야 한다. (2) 중재합의는 중재조항이 명기되어 있는 계약자체뿐만 아니라, 그 계약의 성립과 이행 및 효력의 존부에 직접 관련되거나 밀접하게 관련된 분쟁까지 그 효력이 미친다. (3) 공사도급계약서 상 "분쟁해결은 당사자 쌍방 모두 중재법에 의거 대한 상사 중재원 부산지부 중재에 따르고, 법률적 쟁송이 있을 경우 도급인의 주소지관할 법원으로 한다"는 내용의 중재조항은 그 작성경위 등에 비추어 이른바 선택적 중재조항으로 볼 수 없다. 오히려 전속적 중재조항으로 해석하여야 하며, 위 합의에서 '법률적 쟁송이 있을 경우'라 함은 그 중재절차·중재판정과 관련하여 제기될 수 있는 소송에 관한 중재법 제7조 소정의 관할합의를 한 것으로 보아야 한다.

[대법원 2013.11.21. 선고 2011두1917 전원합의체 판결] **[다수의견]** 공유물분할의 소송절차 또는 조정절차에서 공유자 사이에 공유토지에 관한 현물분할의 협의가 성립하여 그 합의사항을 조서에 기재함으로써 조정이 성립하였다고 하더라도, 그와 같은 사정만으로 재판에 의한 공유물분할의 경우와 마찬가지로 그 즉시 공유관계가 소멸하고 각 공유자에게 그 협의에 따른 새로운 법률관계가 창설되는 것은 아니고, 공유자들이 협의한 바에 따라 토지의 분필절차를 마친 후 각 단독소유로 하기로 한 부분에 관하여 다른 공유자의 공유지분을 이전받아 등기를 마침으로써 비로소 그 부분에 대한 대세적 권리로서의 소유권을 취득하게 된다고 보아야 한다. **[반대의견]** 공유물분할의 소에서 공유부동산의 특정한 일부씩을 각각의 공유자에게 귀속시키는 것으로 현물분할하는 내용의 조정이 성립하였다면, 그 조정조서는 공유물분할판결과 동일한 효력을 가지는 것으로서 민법 제187조 소정의 '판결'에 해당하는 것이므로 조정이 성립한 때 물권변동의 효력이 발생한다고 보아야 한다.

제 3 절   민사소송의 이상

Ⅰ. 적정(適正)

1. 의   의

재판의 내용이 올바르고 과오가 없어야 한다는 원칙.

실체적 진실에 부합하는 사실인정 및 정확한 법적용을 그 내용으로 한다.

2. 법 규정

변호사대리의 원칙(제87조), 구술변론주의(제134조), 직접주의(제204조), 법원의 석명권행사(제136조), 진실의무, 법원의 직권증거조사(제292조), 교호신문제도(제327조), 3심제도.

3. 변론주의의 원칙상 당사자의 소송행위능력, 경제력, 국가예산 등 제반 사정에 따른 한계.

4. 적정한 재판의 실현은 복지국가·문화국가의 이념과 법원의 후견적 기능, 법률구조제도의 활성화를 이념적으로 뒷받침한다.

Ⅱ. 공평(公平)

1. 의　　의

소송당사자를 평등하게 대우하고 이익이 되는 사항을 주장할 수 있는 기회를 균등하게 부여해야 한다.

2. 법 규정

심리의 공개(공개재판주의), 법관의 제척, 기피·회피, 소송절차의 중단.

Ⅲ. 신　　속

변론준비절차, 공격방어방법의 적시제출주의(제146조), 실기한 공격방어방법의 각하(제149조).

Ⅳ. 경　　제

소액사건의 구술제소, 변호사 보수의 소송비용 산입 등.

제 4 절 민사소송과 신의칙

Ⅰ. 의   의

1. 법 규정

제1조 2항 규정. 1990년 민소법 일부개정에 따라 明文化하였다.

2. 법상 신의칙 규정의 의의

신의칙은 민법에만 국한될 수 없는 법의 보편적 원칙이고, 또 부당하게 비양심적으로 소송을 수행하는 자를 돕는 것이 민사소송의 목적이 될 수는 없으므로 민사소송에서도 신의칙을 적용함이 타당하다(현재의 통설).

3. 법 상 신의칙을 구체화한 규정

(1) 소송의 지연을 목적으로 함이 분명한 제척·기피신청의 각하규정(법 제45조 1항), (2) 소송구조의 취소규정(법 제131조), (3) 권리의 신장이나 방어에 불필요한 행위로 인한 소송비용을 승소담당자에게 부담시키는 규정(법 제99조), (4) 종국판결이 선고된 뒤에 소를 취하한 경우의 재소금지규정(법 제267조), (5) 자백취소를 원칙으로 불허하는 규정(법 제288조 후문), (6) 문서제출명령 불응시의 불이익에 관한 규정, (7) 증명방해의 경우 불이익에 관한 규정(법 제359조), (8) 보조참가인에 대한 참가적 효력, (9) 소액사건심판법의 적용을 받기 위한 분할청구의 불허규정.

Ⅱ. 신의칙의 적용범위

1. 신의칙 적용의 보충성 문제

신의칙은 일반조항이므로 개별규정이나 특정 해석이론에 의하여 타당한 결과를 얻을 수 없는 경우에 한하여 구체적 신뢰보호의 필요성이 인정되는 경우에 예외적으로만 적용할 것이라는 견해와,[1] 설명적 개념으로서 개별규정이나 특정 해석이론에 의하여 해결할 수 있는 경우에도 추가적으로 적용할 수 있다고 보는 견해 등이 있다.

---

1) 김홍엽, 22면.

2. 신의칙 적용의 주관적 범위(당사자와 법원 사이에도 적용되는가?)

(1) **법 규정**: 당사자와 소송관계인은 신의에 따라 성실하게 소송을 수행하여야 한다 (법 제1조 2항)라고 규정하여 법원은 적용대상이 아닌 듯한 입장을 취하고 있다.

(2) 위와 같은 법 규정에 불구하고 당사자 상호간 및 당사자와 법원 사이에 모두 적용된 다고 봄이 타당하다.[1]

Ⅲ. 신의칙의 구체적 적용 모습

1. 소송상태의 부당형성

가. 당사자 일방이 간계를 부려 소송법규의 요건에 맞도록 소송상태를 만들거나 또는 상 대방의 행위를 요건에 맞지 않는 상태로 만들어서 자기에게 유리하게 하는 행위.

나. 구체적 사례

(1) **선박 편의치적**[2]

예컨대, A 선박의 실소유자인 甲 회사는 실제 거래상의 편의를 위해 乙 회사(Paper Company) 를 설립하고 A 선박의 소유명의자를 을 회사로 등록하였다. 그 후, 甲 회사의 채권자 丙이 甲 회사에 대한 채권보전을 위하여 A 선박에 대해 가압류 집행하자 乙 회사가 A 선박의 소 유권을 주장하면서 丙을 상대로 제3자 이의의 소를 제기하였다. 이에 대하여 대법원은 선박 을 편의치적 시켜 소유·운영할 목적으로 설립한 형식상의 회사(Paper Company)가 그 선박의 실제 소유자와 외형상 별개의 회사이더라도 그 선박의 소유권을 주장하며 제3자이의의 소를 제기하여 외형상의 선박소유자에 대하여 행한 가압류집행의 불허를 구하는 것은 편의치적이 라는 편법행위가 용인되는 한계를 넘어서 채무를 면탈하려는 불법목적을 달성하려고 함에 지나지 아니하여 신의칙상 허용될 수 없다고 하였다.

(2) 채권자가 채무자를 상대로 대여금 청구의 소를 제기하려고 하였으나 증거방법이 없어 승소할 가능성이 없자, 그 채권을 제3자에게 양도한 뒤 양수인이 소를 제기하고 양도인이 그 소송절차에서 증인으로 나서는 행위는 금지된다.

(3) **원래의 주소지 관할 법원에 소를 제기하지 않고 다른 곳으로 주소지를 옮긴 뒤 그 신 주소지 관할법원에 소를 제기하는 행위(재판적의 도취)**: 원고들이 피고에 대하여 영월 지원에 손해배상청구 소송을 제기하여 증거조사 등 상당한 정도의 절차를 진행 하였음에도 불구하고 그 소를 취하하고 주민등록지를 서울로 옮겨 서울지방법원에 다시 손해배상청구 소송을 제기한 사례에서, 법원은[3] 서울로 주민등록지를 옮긴 것은 그 주민등록지 이전 시기 와 새로운 소제기 및 소취하의 시기를 감안할 때 그들의 생활근거지를 서울로 옮기기 위한

---

1) 이시윤, 신민사소송법(제8판), 박영사, 30면.

2) 대법원 1989.9.12. 선고 89다카678 판결.

3) 서울민사지방법원 1988.10.12. 자 88가합39479 결정.

것이 아니고, 더더욱 피고가 소송을 수행하기에 용이하지 아니한 법원에 관할권을 창출하기 위한 것으로서 재판적의 도취(盜取) 또는 관할 원인의 부당취득으로서 신의성실원칙에 반하여 서울지방법원에 관할권이 없고, … 소송수행에 따른 피고의 현저한 손해 및 소송 지연을 피하고자 … 이 사건을 영월지원으로 이송한다고 결정하였다.

2. 선행행위(先行行爲)와 모순되는 거동

가. 본래 민사소송에는 구술변론 일체성의 원칙에 따라서 각 소송당사자들은 변론종결시까지 소송에 있어서의 주장·진술 등 태도를 변경할 수 있으며, 특히 증거조사의 결과에 맞추어 이를 변경하는 것이 가능하다. 그러나, 소송절차의 안정성 추구에 반하는 경우에는 위와 같은 거동이 금지되는 경우가 있다.

나. 회사의 대표이사 개인이 피고를 상대로 근저당권설정등기말소청구의 소를 제기하였다가 뒤에 회사를 원고에 포함시키는 소송당사자 추가신청을 하였다. 이러한 원고의 추가에 의한 당사자의 변경은 법상 허용되지 않음에도 불구하고 이에 대하여 법원이 위와 같은 소 변경 신청을 부적법 각하하지도 않고, 피고 측에서도 아무런 이의를 제기하지 않았다. 그 후 원고회사 대표이사 개인은 소를 취하함으로써 제1심 제1차 변론기일부터 새로운 원고인 회사와 피고 사이에 본안에 관한 변론이 진행된 다음 원고가 승소한 제1심 본안판결이 선고되었다. 이에 대하여 피고가 항소심에서 위 당사자추가신청의 적법여부를 문제 삼을 수 있는가? 이에 대하여 대법원은, 이는 마치 처음부터 원고회사가 종전의 소와 동일한 청구취지와 청구원인으로 피고에 대하여 별도의 소를 제기하여 본안판결을 받은 것과 마찬가지라고 할 수 있으므로, 소송경제의 측면에서나 신의칙 등에 비추어 그 후에 새삼스럽게 당사자 추가신청의 적법여부를 문제삼는 것은 허용될 수 없다고 판시했다[1].

다. 당사자표시정정은 원칙적으로 당사자의 동일성이 인정되는 범위에서만 허용되는 것이므로 회사의 대표이사였던 사람이 개인 명의로 제기한 소송에서 그 개인을 회사로 당사자 표시정정을 하는 것은 부적법하다. 제1심법원이 제1차 변론준비기일에서 부적법한 당사자표시정정신청을 받아들이고 피고도 이에 명시적으로 동의하여 제1심 제1차 변론기일부터 정정된 원고인 회사와 피고 사이에 본안에 관한 변론이 진행된 다음 제1심 및 원심에서 본안판결이 선고되었다면, 당사자표시정정신청이 부적법하다고 하여 그 후에 진행된 변론과 그에 터잡은 판결을 모두 부적법하거나 무효라고 하는 것은 소송절차의 안정을 해칠 뿐만 아니라 그 후에 새삼스럽게 이를 문제삼는 것은 소송경제나 신의칙 등에 비추어 허용될 수 없다[2].

3. 소권(訴權)의 실효

가. 당사자 일방이 소송법상의 권능을 장기간에 걸쳐서 행사하지 않고 방치하면 상대방이

---

1) 대법원 1998.1.23. 선고 96다41496 판결.
2) 대법원 2008.6.12. 선고 2008다11276 판결.

나 법원에게는 그 행위를 하지 않으리라는 정당한 기대가 생기며, 그 기대에 따라 절차가 진행되면 더 이상 위와 같은 권능을 행사할 수 없게 된다. 한편 소권은 중요한 공권이고, 법치국가를 떠받드는 기능을 하고 있으므로 소권 자체의 실효는 부정하여야 할 것이지만, 소권남용의 문제로서 다룰 수 있다는 견해도 있다.[1]

나. 판례는 노사간의 고용관계에 관한 분쟁은 고용안정 등의 요청에 따라 신속한 분쟁해결이 요청된다고 하여 실효의 원칙을 상대적으로 널리 인용하고 있다. 예컨대 일반적으로 권리의 행사는 신의에 좇아 성실히 하여야 하고 권리는 남용하지 못하는 것이므로 권리자가 실제로 권리를 행사할 수 있는 기회가 있었음에도 불구하고 상당한 기간이 경과하도록 권리를 행사하지 아니하여 의무자인 상대방으로서도 이제는 권리자가 권리를 행사하지 아니할 것으로 신뢰할 만한 정당한 기대를 가지게 된 다음에 새삼스럽게 그 권리를 행사하는 것이 법질서 전체를 지배하는 신의성실의 원칙에 위반하는 것으로 인정되는 결과가 될 때에는 이른바 실효의 원칙에 따라 그 권리의 행사가 허용되지 않는다고 보아야 할 것이라고 하면서, 원고들이 1980.7.19. 면직된 후 바로 퇴직금을 청구하여 수령하였으며 그로부터 9년이 지난 1989.12.경 "해직공무원보상에관한특별조치법" 소정의 보상금까지 수령하였다면 면직일로부터 10년이 다 되어 피고로서도 원고들에 대한 위 면직처분이 유효한 것으로 믿고 이를 전제로 그 사이에 새로운 인사체제를 구축하여 조직을 관리 경영하여 오고 있는 마당에 새삼스럽게 원고들이 이 사건 면직처분무효확인의 소를 제기함은 신의성실의 원칙에 반하거나 실효의 원칙에 따라 그 권리의 행사가 허용되지 않는다 하였다.[2] 이러한 실효의 원칙이 적용되기 위하여 필요한 요건으로서의 실효기간(권리를 행사하지 아니한 기간)의 길이와 의무자인 상대방이 권리가 행사되지 아니하리라고 신뢰할 만한 정당한 사유가 있었는지의 여부는 일률적으로 판단할 수 있는 것이 아니라 구체적인 경우마다 권리를 행사하지 아니한 기간의 장단과 함께 권리자측과 상대방측 쌍방의 사정 및 객관적으로 존재한 사정 등을 모두 고려하여 사회통념에 따라 합리적으로 판단하여야 한다.

[대법원 1996.7.30. 선고 94다51840 판결] [사실관계 및 사건연표[3]] 1. 원·피고 등
가족관계: 원고와 그 처 사이에 3남 3녀가 있고, 피고는 원고와 그 처 사이에 태어난 장녀임.
피고는 1933년생(62세)으로 미국으로 이민을 가서 혼자 살고 있음.
　1963. 4. 22.: 이 사건 토지를 원고의 처 이름으로 불하받음.
　1968. 3. 21.: 이 사건 토지에 관하여 증여를 원인으로 피고 앞으로 이전등기가 경료됨, 그
무렵 이 사건 토지 상에 건물을 지음.
　1973. 8.: 피고, 일본으로 출국
　1976.: 피고, 일본에서 미국으로 이민
　1986. 3. 27.: 원고, 피고를 상대로 이 사건 소(1986. 2. 3. 매매원인이전등기) 제기
　1986. 6. 27.: 원고, 이 사건 1심판결에 기하여 이전등기

---

1) 정동윤·유병현, 민사소송법, 법문사, 32면.
2) 대법원 1992.5.26. 선고 92다3670 판결.
3) 이광범, 실효의 원칙의 의의 및 그 원칙의 소송상 권리에 대한 적용의 피否, 대법원판례해설 27호, 법원
도서관.

1988. 10. 21.: 피고, 일시 귀국, 소 제기 및 이전등기 사실을 듣게 됨.

1988. 11. 18.: 피고, 출국

1992. 8.: 원고, 원고의 처 등 3인, 미국으로 피고 방문

1992. 11. 5.: 원고, 보조참가인에게 이 사건 토지 매도(2억4천3백만원)

1992. 11. 12.: 보조참가인, 이 사건 토지에 관하여 이전등기

1992. 12. 6.: 피고의 동생, 피고에게 토지매도사실 알려줌.

1993. 2. 2.: 피고, 항소 제기

1994. 2. 21.: 피고, 보조참가인에게 소송고지 신청

1994. 3. 7.: 보조참가인, 보조참가 신청

1994. 3. 28.: 보조참가인, 원고 등 4인을 사기죄로 고소

1994. 3. 29.: 보조참가인, 원고 차남 소유 대지 및 건물(삼선동 29-173), 원고 장남 소유 아파트(대치동 동원아파트) 가압류

1994. 7. 14.: 원고 장남 등 구속

1994. 7. 22.: 원고(불구속), 원고 장남 기소, 원고 차남 기소유예

1994. 8. 25.: 이 사건 원심 변론종결

1994. 9. 29.: 원심판결 선고 **[원심판결의 요지]** 원심은 먼저, 피고의 항소는 일단 적법하다고 인정한 뒤 다음과 같은 몇 가지 전제사실을 인정하였다. 피고가 1988. 10. 21. 일시 귀국하여 1개월 동안 체류하면서, 고영민으로부터 이 사건 제1심판결에 의하여 이전등기한 사실 및 피고가 고소하면 징역을 가게되니 양해해 달라는 말을 듣고서 이 사건 사위판결이 있다는 점을 알게 됨. 피고는 당시 원고에게 이의를 제기하고 법률사무소에 그 구제 방법을 문의하였으나 소송비용도 없고 다른 사람도 아닌 아버지인 원고의 이름으로 해 두었으니 설마 다른 사람에게 팔겠느냐는 생각에서 별다른 소송문제를 거론하지 않은 채 1988. 11. 18. 미국으로 출국함. 원고, 원고의 처, 손녀 등이 1992. 8. 12. 피고의 초청으로 1개월간 미국의 피고 집에 다녀온 적이 있는데 그 때에도 피고는 이 사건 소송에 대한 항소 내지는 원고와 피고의 동생 고영무 등을 상대로 한 형사고소 등을 거론하지 아니함. 원고 및 고영무는 피고가 상당한 기간이 지나도록 아무런 법적 조치를 취하지 않은 것이 부정한 방법으로 등기를 넘겨 갔더라도 가족간의 일이라 용서해 준다는 취지로 믿고, 1992. 11. 5. 이 사건 토지를 보조참가인에게 매도. 보조참가인은 이 사건 토지에 따른 아파트분양권을 함께 매수하였고, 매수 당시 공부 및 재개발조합사무실에 가서 원고가 권리자임을 확인하였음. 이어서 **원심은, 피고의 항소권은 다음과 같은 점에 비추어 실효의 원칙에 의해 소멸되었다고 판단하였다. 피고는 원고의 불법상태를 안 즉시 선의의 제3자가 생기기 이전에 이를 원상회복할 수 있음에도 장기간 항소권을 행사하지 않음으로써 항소권이 실효된 것으로 보이는 외관 및 기대를 제공하였음. 원고는 피고가 장기간에 걸쳐 소송상의 권능을 행사하지 않음에 따라 이제는 항소권을 행사하지 않으리라는 정당한 기대를 갖게 되었고, 그러한 신뢰에 바탕을 두고 이 사건 토지를 보조참가인에게 매도하였음. 피고의 항소권을 인정하는 것은, 피고가 4년 이상의 상당한 기간이 지나도록 항소나 형사고소 등 아무런 법적 조치를 취하지 않음으로써 가사 부정한 방법으로 등기를 넘겨갔더라도 가족간의 일이라 용서해 준다는 취지로 받아들인 원고의 신뢰에 반함.** 피고의 항소권을 인정하는 것은, 거래상의 모든 주의를 다하였음에도 부녀지간인 원고와 피고 사이의 가족 내부적인 분쟁으로 인하여 이미 형성된 모든 법률관계가 무효화됨으로써 회복할 수 없는 재산상의 불측의 손해를 입게 될 선의의 제3자인 보조참가인의 신뢰에 반함. 피고의 항소권이 실효되었다고 보는 것이 민사소송법상 재심의 소나 추완항소의 경우에도 일정한 불변기간 내에 이를 행사하도록 함으로써 장기간의 법적 불안정 상태의

방치를 제한하고자 하는 취지에도 부합한다. **[상고이유]** 1. 사위판결에 관한 대법원 판례위반, 항소권의 법리오해: ① 사위판결에 관하여 항소설을 견지하고 있는 대법원 1978.5.9. 선고 75다634 전원합의체 판결 등 일련의 판례에 반함. ② 항소제기 이후 16회의 변론기일, 2회의 화해기일 등 재판을 진행하였고, 1심에서의 청구취지가 교환적으로 변경되기까지 하였는데, 이미 취하된 청구취지에 의한 제1심판결에 대한 항소가 부적법하다고 판단한 것은 신의칙에 반함. ③ 이 사건에서 피고가 패소하더라도, 피고는 원고 앞으로 경료된 소유권이전등기의 말소등기청구소송을 제기할 수 있다 할 것인데, 이는 소송경제에도 반함. 편취판결에 대한 실효성 있는 대응방법은 항소가 아니라 오히려 원인무효를 주장하는 등기말소취소 소송일 것. 2. 사실오인: ① 사실오인 1－원고 명의의 부정한 방법에 의한 등기를 가족간의 일이라 용서해 준다는 취지라고 한 원심의 사실인정은 잘못된 것임. ② 사실오인 2－피고가 그간 항소를 제기하지 않은 것은 미국 거주, 법의 무지, 소송비용 때문임.－피고가 원고를 형사고소하여야 한다고 함은 반윤리적인 것임(고소하여도 친족상도례로 처벌되지 아니함).

[대법원 판결] 실효의 원칙이 적용되기 위하여 필요한 요건으로서의 실효기간(권리를 행사하지 아니한 기간)의 길이와 의무자인 상대방이 권리가 행사되지 아니하리라고 신뢰할 만한 정당한 사유가 있었는지의 여부는 일률적으로 판단할 수 있는 것이 아니라 구체적인 경우마다 권리를 행사하지 아니한 기간의 장단과 함께 권리자측과 상대방측 쌍방의 사정 및 객관적으로 존재한 사정 등을 모두 고려하여 사회통념에 따라 합리적으로 판단하여야 한다. 그런데, 원심이 인정한 사실에 의하더라도 피고는 이 사건 제1심판결이 있음을 알게 된 당시 원고에게 이의를 제기하고 법률사무소에 그 구제방법을 문의하였으나 소송비용도 없고 다른 사람도 아닌 아버지인 원고의 이름으로 해두었으니 설마 다른 사람에게 팔겠느냐 하는 생각에서 별다른 조치 없이 일단 피고가 살고 있는 미국으로 출국하였다는 것으로, 그 후 4년 남짓 동안 이 사건 제1심판결에 대한 항소나 원고에 대한 형사고소 등을 거론한 바 없었다 하여 원고의 입장에서 피고가 더 이상 위 판결에 대한 항소권을 행사하지 않으리라는 정당한 기대를 가지게 되었다고 단정할 수는 없고, 원고 보조참가인이 원고를 이 사건 부동산의 진정한 권리자라고 믿고 원고로부터 이를 매수한 사정이 인정된다 하여 달리 보기는 어렵다고 할 것이다. 뿐만 아니라, 기록에 의하면, 피고는 이 사건 제1심판결이 있음을 알고 나서 곧바로 원고에게 항의하였고 이로 인하여 원고 등 가족들과 사이에 불화가 생겨 가족들을 떠나 친척집에서 거주하다가 미국으로 되돌아간 사실, 원고가 1992. 8.경 미국에 거주하는 피고를 방문한 적이 있는데 그 때에도 원·피고 사이에 이 사건 부동산을 둘러싸고 언쟁이 있었던 사실, 원고는 그 후 얼마 되지 아니하여 피고에게는 별다른 말도 없이 이 사건 부동산을 원고보조참가인에게 매도하였고, 피고는 같은 해 12. 6.경 원고가 이 사건 부동산을 원고 보조참가인에게 매도하였다는 것을 알고 나서 곧바로 귀국하여 이 사건 항소를 제기한 사실을 알 수 있는바, 이러한 사정과 원고의 이 사건 변론 경위 등에 비추어 보면 원고로서는 비록 부정한 방법으로 이 사건 부동산에 관한 소유권이전등기를 넘겨받았다 하더라도 피고가 이를 용서하여 준 것으로 믿고서 이 사건 부동산을 매도하였다고 하는 원심의 사실인정 또한 쉽사리 수긍할 수 없다고 할 것이다. 그럼에도 불구하고 원심이 원고로서는 피고가 이 사건 제1심판결에 대한 항소권을 행사하지 않으리라는 정당한 기대를 가지게 되었고 그러한 신뢰에 바탕을 두고 이 사건 부동산을 매도하였으므로 피고의 항소권은 실효의 원칙에 따라 실효된 것으로 보아야 한다고 판단한 조치에는 실효의 원칙에 관한 법리를 오해하고 채증법칙에 위배하여 사실을 오인한 나머지 판결 결과에 영향을 미친 위법이 있다고 보지 않을 수 없다.

4. 소송상 권한의 남용

가. 소제기가 아닌 보다 간편한 방법으로 목적을 달성할 수 있는 경우(소송비용 확정절차에 의하지 않은 소송상의 소송비용 청구 등), 소권의 행사가 법의 목적에 반하는 경우, 무익한 소권의 행사, 타인을 해치고자 하는 소송행위, 법원의 부담만을 가중시키는 행위, 소송목적에 위배되는 소송행위, 오로지 소송지연을 목적으로 하는 소송행위 등은 소송상의 권한을 남용하는 것으로서 허용될 수 없다. 예컨대, 불필요한 증거신청, 증인신문 및 기록열람의 반복신청, 법관에 대한 반복적인 기피신청 등이 이러한 예이다.

나. 학교법인의 경영권을 양도하면서 현 이사들로부터 지급받기로 한 분배금을 지급받지 못하자 학교법인의 이사로서의 직무수행 의사는 없으면서 오로지 학교법인이나 현 이사들로부터 다소의 금원을 지급받을 목적으로 제기한 이사회결의부존재확인 청구는 권리보호의 자격 내지 소의 이익이 없는 부적법한 것이고, 또 신의칙에도 위배된다.[1]

다. 소권의 남용이 있는 경우에는 소송요건으로서의 소의 이익의 흠결과 중복되는 경우가 대부분이다.

5. 신의칙 위반의 효과

가. 소송요건이며 직권조사 사항이다(다수설). 그러나 신의칙위반은 상대방의 원용을 기다려 참작할 것이라는 견해와,[2] 신의칙은 소송요건과는 무관하다는 전제하에 신의칙위반여부는 직권으로 판단하는 것이지 직권조사 사항은 아니라는 견해가 있다.[3]

[대법원 2013.11.28. 선고 2011다80449 판결] 특정한 권리나 법률관계에 관하여 분쟁이 있어도 제소하지 아니하기로 합의(이하 '부제소 합의'라고 한다)한 경우 이에 위배되어 제기된 소는 권리보호의 이익이 없고, 또한 당사자와 소송관계인은 신의에 따라 성실하게 소송을 수행하여야 한다는 신의성실의 원칙(민사소송법 제1조 제2항)에도 어긋나는 것이므로, 소가 부제소 합의에 위배되어 제기된 경우 법원은 직권으로 소의 적법 여부를 판단할 수 있다.

나. 신의칙에 어긋나는 제소는 부적법 각하되며, 이에 어긋나는 개개의 소송행위는 무효로 된다. 그러나, 앞의 예에서도 보았듯이 재판적의 부당취득의 경우에는 원래의 관할권 있는 법원으로 이송하여야 한다.

다. 신의칙에 어긋나는 소송행위를 간과하고 판결한 경우에는 확정전이면 상소로 취소할 수 있겠으나 확정 뒤에는 재심청구의 대상이 된다고 할 수는 없다.[4] 경우에 따라 손해배상 청구는 가능하다.

---

1) 대법원 1974.9.24. 선고 74다767 판결.
2) 정동윤・유병현, 34면.
3) 호문혁, 민사소송법, 법문사, 52면.
4) 다만 판결의 편취와 관련하여 재심사유(법 제451조 1항 1호)가 될 수 있다는 견해도 있다(김홍엽, 32면).

제 5 절 민사소송절차의 개관

I. 소의 제기 단계

1. 訴는 소장이라고 부르는 일정한 형식의 문서를 작성하여 법원에 제출함으로써 제기되는 것이다. 소장에는 당사자, 청구취지, 청구원인 등의 필요적 기재사항을 기재하여야 한다.

2. 소장심사

재판장은 소장의 필요적 기재사항의 기재유무·인지의 첨부 등에 관하여 심사를 하고 흠이 있으면 기간을 정하여 보정을 명하고 기간내의 보정이 없으면 소장 각하 명령을 내리게 된다.

3. 관할법원

소의 제기 단계에서 원고는 그 사건에 대하여 관할권을 가지는 법원에 제기하여야 한다. 법원의 관할은 크게, 사물관할과 토지관할, 그리고 임의관할과 전속관할로 나눌 수 있다.

4. 처분권주의

원고는 소의 제기 단계에서부터 종료단계에 이르기까지, 즉 ① 소송의 개시, ② 소송의 내용(소송물의 특정, 분쟁 내용의 실체적 해결 방법의 결정), ③ 소송의 종료(종국판결을 받을 것인가, 소취하 할 것인가, 화해를 할 것인가 등)를 결정할 수 있는 권리를 가진다.

5. 소장의 송달

소장에 적힌 피고의 주소지로 소장을 송달하여야 한다.
그 주소지로 송달되지 않을 경우에는 원고에게 주소보정을 명하고 주소보정이 없으면 소장각하 결정을 한다.
원고는 특별송달, 공시송달을 신청할 수도 있다.

6. 소송의 계속

소장부본이 피고에게 송달된 시점에 소송 계속 상태가 발생한다.

Ⅱ. 변론준비절차

1. 피고의 답변서 제출

① 구체적·실질적 답변, ② 답변내용에 따른 사건의 구분처리.

2. 서면을 통한 변론준비절차

① 반박·재반박 준비서면 제출, 제출기한의 제한.
② 서면 공방의 횟수.
③ 기일전 증거의 신청 및 제출 – 서증, 문서송부촉탁, 검증, 감정, 사실조회신청 등.

3. 쟁점정리기일(구술변론방식에 의한 변론준비기일)

① 운영방식.
② 진행주체.
③ 당사자본인의 참여.
④ 증거조사: 서증의 조사, 증인의 채부결정.

4. 쟁점정리기일의 종료

① 종료의 효과.
② 집중증거조사기일의 지정.

Ⅲ. 구술변론 절차

1. 필요적 구술변론의 원칙

① 공개된 법정, ② 당사자 쌍방의 참석, ③ 담당법원의 면전, ④ 구술로 변론을 행하거나 증거조사 실시.

2. 심리의 방식

법원이 판결을 하려면 소송물인 권리·법률관계의 존부에 관한 판단이 있어야 한다. 권리·법률관계의 존·부 판단을 위해서는 그 근거인 법규에 규정되어 있는 요건사실에 대한 확정이 필요하다.

3. 변론주의

요건사실(주요사실)은 당사자의 구술변론 과정에서 제출된 자료에 의하여 확정된다.

소송당사자는 각자에게 유리한 요건사실이 존재하는 쪽으로 법원의 심증이 형성되도록 노력하는데, 이와 관련된 것이 바로 주장책임과 증명책임이다.

즉, ① 당사자는 자기에게 유리한 사실을 주장하지 않으면 그 사실은 존재하지 않은 것으로 취급되어 불이익한 재판을 받게 되는데 이것을 주장책임이라고 한다.

② 법원은 당사자 사이에 다툼이 없는 사실(재판상 자백이 성립된 사실)은 그것을 기초로 하여 재판하지 않으면 안된다.

③ 당사자 사이에 다툼이 있는 사실은 당사자가 신청한 증거조사를 통해서 확정하여야 한다(법원의 직권증거조사의 원칙적 금지).

이때, 다툼이 있는 사실의 존재에 관하여 법원의 확실한 심증이 형성되지 못하였을 때 그로 인하여 불리한 판결을 받게 되는 쪽이 증명책임을 부담하는 자이다.

4. 직권진행주의

재판절차의 진행에 있어서는 법원이 주도권을 가지고 소송을 지휘하게 된다.

Ⅳ. 소송절차의 종료

1. 판결에 의한 종료

판결의 효력으로서의 기판력.

2. 당사자의 의사에 의한 종료

① 소취하, ② 청구의 포기·인낙, ③ 재판상 화해.

3. 상소절차

Ⅴ. 민사소송절차의 종류

1. 판결절차

권리의 확정절차.

2. 집행절차

권리의 강제적 실현 절차.

3. 보전절차

권리의 실현에 대비하여 채무자의 재산을 미리 잡아두는 절차.

제2장 소송의 주체로서의 법원

제1절 사법권의 주체로서의 법원

Ⅰ. 민사재판권의 범위

1. 대인적 범위: 국가가 외국 법원의 재판권에 복종하여야 하는가?

가. 외교사절단의 구성원과 그 가족 및 영사단원과 그 사무직원은 외교관계에 관한 비엔나협약에 따른 치외법권이 인정된다.

나. 일정한 경우에 주권 국가는 다른 나라 법원에 재판권과 집행권으로부터 면책된다는 국제 관습법의 원칙이 있고, 이러한 주권 국가의 특권을 主權免責(Sovereign of State Immunity)이라고 한다. 그 범위에 관하여 절대적 주권면책 원칙이 과거 한때 인정되었지만, 현재는 국가가 공공 목적을 위한 것이 아니라 私人과 대등한 지위에서 단순히 영리를 목적으로 활동을 하는 경우에는 면책대상에서 제외된다는 제한적 주권 면책 이론이 인정되고 있다.

다. 국제관습법에 의하면 국가의 주권적 행위는 다른 국가의 재판권으로부터 면제되는 것이 원칙이라 할 것이나, 국가의 사법적(私法的) 행위까지 다른 국가의 재판권으로부터 면제된다는 것이 오늘날의 국제법이나 국제관례라고 할 수 없다. 나라의 영토 내에서 행하여진 외국의 사법적 행위가 주권적 활동에 속하는 것이거나 이와 밀접한 관련이 있어서 이에 대한 재판권의 행사가 외국의 주권적 활동에 대한 부당한 간섭이 될 우려가 있다는 등의 특별한 사정이 없는 한, 외국의 사법적 행위에 대하여는 당해 국가를 피고로 하여 국내의 법원이 재판권을 행사할 수 있다.[1] 예컨대 원고가 미군부대 영내의 버거킹 판매점 종업원으로 근무하던 중 해고당하자 미국연방정부를 상대로 해고무효확인 및 임금청구의 소를 제기한 사안에서, 고용계약 및 해고행위의 법적 성질 등을 제대로 살펴보지 아니한 채 단순히 소송의 상대방이 외국 국가(미합중국)라는 이유만으로 재판권이 없다고 단정할 수 없을 것이다.

라. 상대적 주권면책의 기준에 관하여, 성질기준설은 권력행위 또는 공법행위의 경우 주권면제가 되지만, 관리행위·사법행위의 경우 국내법원의 재판권 행사대상(주권의 비면제)이

---

1) 대법원 1998.12.17. 선고 97다39216 전원합의체 판결: 종래의 대법원판례가 절대적 주권면책주의를 취하던 것을 상대적 주권면책주의로 변경한 판례이다. 미합중국 산하 기관인 '육군 및 공군 교역처'의 임무 및 활동 내용, 원고의 지위 및 담당업무의 내용, 미합중국의 주권적 활동과 원고의 업무의 관련성 정도 등 제반 사정을 종합적으로 고려하여 이 사건 고용계약 및 해고행위의 법적 성질 및 주권적 활동과의 관련성 등을 살펴 본 다음에 이를 바탕으로 이 사건 고용계약 및 해고행위에 대하여 우리 나라의 법원이 재판권을 행사할 수 있는지 여부를 판단하여야 한다고 하였다.

된다하고, 목적기준설은 외국이 주권자로서 하는 국방·외교행위는 주권면제 대상이지만, 그 외의 행위는 대상에서 제외된다는 견해를 취하고 있다.

　마. 주한미군의 지위에 관한 한미행정협정(SOFA)에 따라 주한미군의 구성원과 내국인이 아닌 고용원의 공무집행 중의 불법행위에 대하여는 한국 법원의 민사재판권이 면제된다. 공무집행 중의 불법행위에 대하여는 피해자가 대한민국을 피고로 하여 소를 제기하여야 하고, 이 경우에 국가배상법이 적용된다. 공무집행 중에 행하여진 것이 아닌 경우에는 가해자인 미국 군인이나 고용원을 상대로 소를 제기하여야 한다. 이 경우에도 대한민국 당국의 배상금 결정 및 그 결정을 통보받은 미국 당국의 배상금 지급여부와 액수의 결정에 따른 지급제의가 있은 후 이에 대한 이의가 있어야 한다.

2. 대물적 범위: 국제재판관할권

　가. 사회적·경제적 활동의 국제화에 따라 국제적 규모의 거래활동, 교류의 증가에 따라 섭외적 성격을 가지는 민사 분쟁사건이 자주 일어나고 있다. 예컨대, 외국여행중 항공기 추락사고에 의하여 사망한 승객의 유족이 항공회사를 상대로 우리나라 법원에 소를 제기할 수도 있고, 그 외국항공사의 국적이 있는 외국의 법원 또는 손해발생지 국가 법원에 소를 제기하는 경우, 또는 국제거래를 둘러싼 분쟁을 중심으로 관할권의 결정기준을 정할 필요가 있다. 소송 당사자들은 각자 자신에게 유리한 절차법과 준거법의 적용을 받고 주소, 언어 등과 관련하여 소송수행에 편리한 국가의 재판을 받기를 원한다. 아울러 승소판결후의 집행가능성이 보장되는 재산소재지 국가의 법원에서 재판을 받기를 원한다(외국판결에 관한 법 제217조 규정).

　나. 국제 재판관할 결정 기준에 관한 학설
　(1) **역추지설(토지관할규정 유추적용설)**:　　국내 토지 관할에 관한 민사소송법의 규정으로부터 역으로 추지하여 민사소송법이 규정하는 토지관할권이 국내 법원에 있을 경우에는 국제재판관할권도 있다는 견해.
　(2) **수정역추지설**:　　민사소송법이 규정하는 재판적이 국내에 있을 때에는 원칙적으로 국내법원에 국제재판 관할을 인정하되, 국내에서 재판하는 것이 재판의 적정·공평, 신속 등의 이념에 반하는 특단의 사정이 있는 경우에는 관할을 부정해야 한다는 견해.
　(3) **관할 배분설(조리설)**:　　어느 나라 법원에서 재판하는 것이 사건의 적정한 해결에 도움을 주고 양당사자에게 공평하며 또 능률적, 경제적인가 하는 섭외사건 재판에서 요구되는 이상에 따라 국제재판관할을 정해야 한다고 보는 견해.

　　[**대법원 2000.6.9. 선고 98다35037 판결**] [**사실관계**] 국내의 X은행이 중국법에 의하여 설립된 중국국적의 Y은행을 상대로 신용장금액의 지급을 청구한 사례에서 Y은행은 대한민국 내에 영업소를 두고 있기는 하지만 이 사건 소송은 위 영업소의 업무와는 무관한 것이고, 위 영업소는 이 사건 신용장과 관련하여 통지은행으로서도 관여한바 없다고 하면서 대한

민국법원의 관할권에 관하여 다투었다. **[판결요지]** 섭외사건에 관하여 국내의 재판관할을 인정할지의 여부는 국제재판관할에 관하여 조약이나 일반적으로 승인된 국제법상의 원칙이 아직 확립되어있지 않고 이에 관한 우리나라의 성문법규도 없는 이상, 결국 당사자 간의 공평, 재판의 적정·신속을 기한다는 기본이념에 따라 조리에 의하여 이를 결정함이 상당하다 할 것이고, 이 경우 우리나라의 민사소송법의 토지관할에 관한 규정 또한 위 기본이념에 따라 제정된 것이므로 위 규정에 의한 재판적이 국내에 있을 때에는 섭외사건에 관한 소송에 관하여도 우리나라에 재판관할권이 있다고 인정함이 상당하다. 우리 민사소송법 제4조(개정법 제5조)에 의하면 외국법인 등이 대한민국 내에 사무소, 영업소 또는 업무담당자의 주소를 가지고 있는 경우에는 그 사무소 등에 보통재판적이 인정된다고 할 것이므로, 증거수집의 용이성이나 소송수행의 부담 정도 등 구체적인 제반 사정을 고려하여 그 응소를 강제하는 것이 민사소송의 이념에 비추어 보아 심히 부당한 결과에 이르게 되는 특별한 사정이 없는 한, 원칙적으로 그 분쟁이 외국법인의 대한민국 지점의 영업에 관한 것이 아니라 하더라도 우리 법원의 관할권을 인정하는 것이 조리에 맞는다.

[대법원 2005.1.27. 선고 2002다59788 판결] ① 대한민국 내에 주소를 두고 영업을 영위하는 자(원고: 웹디자이너)가 미국의 도메인 이름 등록기관(NSI)에 등록·보유하고 있는 도메인 이름(hpweb.com)에 대한 미국의 국가중재위원회(NAF)의 이전 판정에 불복하여 미국 법인(피고)을 상대로 국내법원에 제기한 소송에 관하여 분쟁의 내용에 대한 실질적 관련성이 있다는 이유로 대한민국 법원의 국제재판 관할권을 인정하였다.[1] ② 위 대법원 판시내용을 보면, "… 국제재판 관할을 결정함에 있어서는 당사자 간의 공평, 재판의 적정, 신속 및 경제를 기한다는 기본이념에 따라야 한다. **이러한 다양한 이익 중 어떠한 이익을 보호할 필요가 있을지 여부는 법정지와 당사자의 실질적 관련성, 법정지와 분쟁사안과의 실질적 관련성을 종합하여 합리적으로 판단할 것이다.**"라고 전제한 다음, "이 사건 소송은 강제적 행정절차 및 그 절차규정에 따라 도메인 이름을 이전하라는 행정 패널의 판정이 내려진 이후 도메인 이름의 선 등록자가 그 등록자 명의를 되찾는 것을 주목적으로 제기된 것이다. 법기술적으로 어떠한 소송유형이 가능한지에 관하여는 논란의 여지가 있겠으나 이 소송에서 문제되는 실체 판단의 요체는 결국 도메인 이름 선 등록자의 등록·이용행위가 오프라인 상의 피고의 기존 지적 재산권을 부당하게 침해하는 것인지 여부라고 할 수 있다. … (기록에 의하면), 그 웹 사이트의 주된 사용언어는 한국어이고, 주된 서비스 권역 역시 대한민국 이었던 것으로 보여지며, 도메인 이름에 대한 이전 판정으로 인하여 손해가 발생한 곳 역시 원고의 사업 본 거지이므로, 과연 그러한 이용행위가 침해행위인지 여부 및 손해의 유무를 판정하기 위한 증거들은 모두 대한민국에 소재한다고 보여진다. 따라서 분쟁이 된 사안과 대한민국 사이에 대한민국이 재판관할권을 행사하는 것을 정당화할 수 있을 정도로 실질적 관련성이 있다. … 위와 같은 분쟁의 실질적인 내용 기타 기록상 인정되는 제반 사정에 비추어 볼 때 대한민국이 이 사건 분쟁에 관한 국제재판 관할권을 행사하기에 현저히 부적절한 법정지 국이라고 인정되지도 아니한다"라고 하였다.

---

1) NAF의 판정 내용은 다음과 같다. "… 피고(휴렛-패커드컴퍼니)는 HP라는 표장을 사용하는 23개의 상표를 미국 특허 상표청에 등록하여 두고 있고, 컴퓨터 관련제품(하드웨어, 소프트웨어, 프린터 등)에 위 표장을 사용하고 있으며, 인터넷으로 알려진 전세계적인 컴퓨터 망과 폭 넓은 관계를 가지고 있고, 전세계적으로 10만명이 넘는 피고의 직원들이 'HPWEP'으로 알려진 내부 전산망을 사용하고 있을 뿐만 아니라 피고의 표장인 'HP'는 주지·저명하고 식별력이 있어 법률상 고도의 보호를 받는다"라는 사실을 인정한 후, 원고에 대하여 이 사건 도메인 이름을 피고에게 이전하라는 내용의 판정을 하였다.

다. 국제사법의 규정

(1) 2001. 7. 1.부터 시행된 국제사법은 제2조(국제재판관할)에서 「① 법원은 당사자 또는 분쟁이 된 사안이 대한민국과 실질적 관련이 있는 경우에 국제재판관할권을 가진다. 이 경우 법원은 실질적 관련의 유무를 판단함에 있어 국제재판관할 배분의 이념에 부합하는 합리적인 원칙에 따라야 한다. ② 법원은 국내법의 관할규정을 참작하여 국제재판관할권의 유무를 판단하되, 제1항의 규정의 취지에 비추어 국제재판관할의 특수성을 충분히 고려하여야 한다」라고 규정하여 국제재판관할에 대한 일반규정을 신설하였고, 제27조와 제28조에서 소비자와 근로자애 대한 이른바 보호적 관할규정을 신설하였다.

(2) 국제사법 제2조는 현 단계에서 완결된 내용의 국제재판관할 규정을 두기는 어려운 실정을 감안하여 과도기적인 조치로서 종래 대법원판례가 취해온 입장을 반영하여 국제재판관할에 관한 일반원칙을 규정한 것이므로 앞에서 본 각 판결은 개정된 국제사법에서도 그대로 유지될 수 있다.[1]

라. 구체적 사례별 고찰

(1) 외국소재 부동산 소송, 외국의 권리(외국에 등록된 특허권·상표권)에 관한 소송은 국내 법원의 관할권이 없다.

(2) 외국인 상호간의 이혼사건은 피고 주소지가 국내에 있을 때만 국내 법원의 관할에 속한다.

[대법원 2006.5.26. 선고 2005므884 판결] 미합중국 미주리 주에 법률상 주소를 두고 있는 미합중국 국적의 남자(원고)가 대한민국 국적의 여자(피고)와 대한민국에서 혼인 후, 미합중국 국적을 취득한 피고와 거주기한을 정하지 아니하고 대한민국에 거주하다가 피고를 상대로 이혼, 친권자 및 양육자지정 등을 청구한 사안에서, 원·피고 모두 대한민국에 상거소(常居所)를 가지고 있고, 혼인이 대한민국에서 성립되었으며, 그 혼인생활의 대부분이 대한민국에서 형성된 점 등을 고려하면 위 청구는 대한민국과 실질적 관련이 있다고 볼 수 있으므로 국제사법 제2조 제1항의 규정에 의하여 대한민국 법원이 재판관할권을 가진다고 할 수 있고, 원·피고가 선택에 의한 주소(domicile of choice)를 대한민국에 형성했고, 피고가 소장 부본을 적법하게 송달받고 적극적으로 응소한 점까지 고려하면 국제사법 제2조 제2항에 규정된 '국제재판관할의 특수성'을 고려하더라도 대한민국 법원의 재판관할권 행사에 아무런 문제가 없다고 한 사례. 미합중국 국적을 보유하고 대한민국에 거주하는 부부인 원·피고가 모두 대한민국에 상거소(常居所)를 가지고 있을 뿐 아니라 종전 주소지인 미합중국 미주리 주의 법에 따른 선택에 의한 주소(domicile of choice)를 대한민국에 형성하였으므로 대한민국의 법률인 민법은 원·피고 사이의 이혼, 친권자 및 양육자지정 등 청구 사건에 대하여 충분한 관련성을 구비한 준거법으로 볼 수 있어 국제사법 제8조 제1항이 적용되지 않는다.

[대법원 1994.2.21. 자 92스26 결정] 1. 외국인 간의 가사사건에 관하여 우리나라의 법원에 재판관할권이 있는지 여부는, 우리나라 가사소송법상의 국내토지관할에 관한 규정을 기초로 외국인 사이의 소송에서 생기는 특성을 참작하면서 당사자 간의 공평과 함께 소송절차

---

1) 석광현, 개정국제사법의 총론적 문제, 법조, 2001. 5. (536호); 한충수, 국제사법의 탄생과 국제재판 관할권, 법조, 2001. 5. (536호).

의 적정하고 원활한 운영과 소송경제 등을 고려하여 조리와 정의관념에 의하여 이를 결정하여야 할 것이다. 2. 외국에서 이혼 및 출생자에 대한 양육자지정의 재판이 선고된 외국인 부부 사이의 출생자에 관하여 부부 중 일방인 청구인이 상대방을 상대로 친권을 행사할 자 및 양육자의 변경심판을 청구하고 있는 사건에 있어서, 우리나라의 법원이 재판권을 행사하려면, 상대방이 우리나라에 주소를 가지고 있을 것을 요하는 것이 원칙이고, 그렇지 않는 한 상대방이 행방불명 또는 이에 준하는 사정이 있거나 상대방이 적극적으로 응소하고 있는 등의 예외적인 경우를 제외하고는, 우리나라의 법원에 재판관할권이 없다고 해석하는 것이 상당하다.

(3) 근로계약 관련소송: 외국인 근로자가 국내에서 근로계약을 맺고 국내기업에 노무제공해 왔을 때 국내 법원도 재판관할권을 가짐.

(4) 소비자계약에 관한 소송: 소비자의 常居地국가도 관할권 가짐.

3. 장소적 범위

외국에서 하는 소송서류의 송달, 증거조사 등은 국내 법원의 법관이나 법원 직원 등이 외국에서 직접 실시할 수는 없다. 외국과의 사법공조협정이 있을 때에는 외국 주재 대사·공사 또는 영사 혹은 외국 법원에 촉탁하여 할 수 있다.

II. 재판권에 흠이 있는 경우의 효과

1. 소송요건

사건이 인적·물적으로 우리나라의 재판권에 속하지 않는 때에는 소는 부적법한 것으로서 소각하 판결을 받게 된다. 재판권의 존재는 직권조사 사항이고, 그 판단을 위한 자료는 법원이 직권으로 탐지하여야 한다. 재판권 없는 자에 대한 판결은 상소를 통하여 취소를 구할 수는 있으나 재심사유가 되는 것은 아니다. 재판권 없는 자에 대한 판결이 확정되더라도 그 판결은 무효임을 면치 못한다.[1]

2. 재판권이 면제되는 자가 스스로 면책특권을 포기하고 국내의 법원에 소를 제기하거나 피고로서 응소를 하는 것은 자유롭게 결정할 수 있으며 이 경우에는 국내 법원이 재판권을 행사할 수 있다.

---

1) 재판권 없음이 명백한 경우에는 소장각하 명령을 하고, 명백하지 않은 경우에는 소장부본 송달 후 변론을 열어 소각하 판결을 하여야 한다는 견해가 있다.

제 2 절   법원 직원의 제척·기피·회피

1. 제도의 취지

재판의 공정과 재판에 대한 국민의 신뢰를 확보하기 위한 제도.

2. 법관의 제척

가. 제척의 사유(법 제41조)

1호: 당사자가 주식회사일 때 그 주주·채권자인 경우는 제척대상에서 제외됨.

5호: 전심관여: 최종변론, 판결의 합의·작성에 관여하였을 것. 법관의 제척원인이 되는 전심관여(前審關與)라 함은 최종변론과 판결의 합의에 관여하거나 종국판결과 더불어 상급심의 판단을 받는 중간적인 재판에 관여함을 말하는 것이고 최종변론 전의 변론이나 증거조사 또는 기일지정과 같은 소송지휘상의 재판 등에 관여한 경우는 포함되지 않는다.[1] 또한 당해 사건의 하급심재판에 관여한 경우여야 하므로 당해 사건의 사실관계와 관련이 있는 다른 형사사건에 관여한 경우는 이에 해당하지 아니한다.[2]

> **[대법원 2010.5.13. 선고 2009다102254 판결]** 민사소송법 제41조 제1호에서 "법관 또는 그 배우자나 배우자이었던 사람이 사건의 당사자가 되거나, 사건의 당사자와 공동권리자·공동의무자 또는 상환의무자의 관계에 있는 때"를 제척사유의 하나로 규정하고 있다. 여기서 말하는 **사건의 당사자와 공동권리자·공동의무자의 관계라 함은 소송의 목적이 된 권리관계에 관하여 공통되는 법률상 이해관계가 있어 재판의 공정성을 의심할 만한 사정이 존재하는 지위에 있는 관계를 의미하는 것**으로 해석할 것이다. 한편, 종중은 종중 소유 재산의 관리방법과 종중 대표자를 비롯한 임원의 선임, 기타 목적사업의 수행을 위하여 성문의 종중 규약을 제정할 수 있고, 종중에 종중 규약이 존재하는 경우에 종중원의 총유로 귀속되는 종중 소유 재산의 사용수익은 종중 규약에 따르고 그 관리·처분도 종중 규약 내지 종중 규약이 정하는 바에 따라 개최된 종중 총회의 결의에 의하며, 종중 임원의 선임권 등 신분상 권리의무 관계에 대하여도 종중 규약에서 정하는 바에 따르게 된다. 따라서 **종중의 종중원들은 종중원의 재산상·신분상 권리의무 관계에 직접적인 영향을 미치는 종중 규약을 개정한 종중 총회 결의의 효력 유무에 관하여 공통되는 법률상 이해관계가 있다**고 할 것이다. 피고 종중은 2008. 2. 24.자 임시총회에서 원심이 인용한 제1심판결이 판시한 바와 같이 피고 종중의 회장 등 그 임원을 선출하고, 피고 종중 규약을 개정하는 결의(이하 '이 사건 결의'라고 한다)를 하였으며, 피고 종중의 종중원인 원고들은 이 사건 결의에 소집권한 없는 자의 소집으로 개최된 위법 등이 존재한다는 이유로 이 사건 결의에 대한 무효확인을 구하는 이 사건 소를 제기하였는데, 원심을 담당한 재판부를 구성한 심△△판사는 원고들과 마찬가지로 피고 종중의 종중원인 사실을 알 수 있다. 앞서 본 법리에 비추어 보면, 피고 종중의 종중원인 심△△

---

1) 대법원 1997.6.13. 선고 96다56115 판결.
2) 대법원 1985.5.6. 자 85두1 결정.

판사는 이 사건 당사자인 원고들과 마찬가지로 피고 종중 규약의 내용에 따라 피고 종중 소유 재산, 기타 권리의무 관계에 직접적인 영향을 받을 수 있는 지위에 있는데, 원고들은 이 사건 소를 통하여 피고 종중 규약을 개정한 이 사건 결의의 무효를 주장하였고, 원고들 주장의 무효사유 인정 여부에 따라 원고들뿐만 아니라 심△△판사의 종중에 대한 법률관계에 적용될 이 사건 결의에 따른 피고 종중 규약의 효력이 부인될 수 있다. 따라서 심△△판사는 이 사건 소의 목적이 된 이 사건 결의의 무효 여부에 관하여 원고들과 공통되는 법률상 이해관계를 가진다고 볼 수 있어 민사소송법 제41조 제1호 소정의 당사자와 공동권리자·공동의무자의 관계에 있는 자에 해당한다고 할 것이다. 그렇다면, 민사소송법이 정한 제척사유가 있는 판사가 재판에 관여한 원심판결은 민사소송법 제424조 제1항 제2호가 정한 법률에 따라 판결에 관여할 수 없는 판사가 판결에 관여한 때에 해당하는 위법이 있다.

나. 제척의 효과

(1) 당해사건에 관한 재판에 일체 관여할 수 없다.

(2) 제척사유가 있는 판사가 한 소송행위는 무효가 된다.

(3) 제척사유가 있는 법관이 관여한 종국판결에 대해서는 절대적 상고이유, 재심사유가 된다.

다. 제척의 재판:

제척사유의 유무는 법원의 직권조사사항이다. 제척사유가 있는 경우에는 당해법관 스스로 물러나거나, 법원이 당사자의 신청 또는 직권으로 제척의 재판을 한다.

3. 법관의 기피

가. 기피의 사유

(1) 불공평한 재판을 하지 않을까 하는 객관적 사정: 주관적 의혹으로 안되고, 공정한 재판을 기대하기 어려운 사정, 즉 통상인의 판단으로서 법관·법원사무관 등과 사건과의 관계로 보아 불공정한 재판을 할 것이라는 의혹을 갖는 것이 합리적이라고 인정될 만한 객관적인 사정이 있어야 한다.

(2) 소송대리인과 법관의 특수 관계로 인한 기피사유가 발생할 수도 있을 것이나, 당사자와 법관의 경우보다는 다소 제한적으로 인정하여야 할 것이다.

(3) 재판장의 소송지휘에 대한 불만: 기피사유가 될 수 없다.

나. 기피신청 및 재판

(1) 기피는 그 이유를 밝혀 신청하여야 하고(말 또는 서면방식 모두 가능), 그 원인이 있음을 알았으면 지체 없이 신청해야 한다. 그러한 사유가 있음을 알고서 본안에서 변론하거나 준비절차에서 진술하였으면 기피신청을 할 수 없다(법 제43조 2항).

(2) 기피신청 할 법원: 법 제44조 1항.

(3) 3일 내에 기피이유와 소명방법을 서면으로 제출하여야 한다(법 제44조 2항).

(4) 간이각하: 법 제45조 1항.

(5) 기피신청이 있으면 그 법관 소속법원의 다른 합의부에서 이에 대한 재판을 하게 된다(법 제46조 1항).

다. 기피신청의 효과

(1) 소송절차의 정지(법 제48조)

(2) 긴급을 요하는 행위. 종국판결의 선고는 가능하다.

(3) 기피신청이 인용된 때에는 그 때부터 당해 법관의 재판관여 행위가 배제된다.

(4) 소송절차 정지중의 행위의 효력

① 기피신청이 있어 소송절차가 중지되어야 함에도 긴급을 요하지 않는 소송행위를 한 경우, 그 뒤 기피신청을 인용하는 결정이 내려지면 그 행위는 위법하게 된다. 다만 당연무효가 아닌 절대적 상고이유(법 제424조 1항 2호) 내지 재심사유(법 제451조 1항 2호)가 된다.

② 한편 기피신청을 기각하거나 각하하는 결정이 확정된 경우에는 그 위법성이 치유되는가? 그 위법성이 치유되지 않는다는 부정설이 있으나, 다수설은 긴급을 요하지 아니하는 소송행위에 대하여 기피신청인이 충분한 소송활동을 하여 소송상 불이익을 입지 않았다면 그 위법성이 치유된다고 하는 제한적 긍정설을 취하고 있다.

③ 판례는 "가사 원심의 원판결 선고가 민사소송법 제44조 단서의 경우에 해당하지 아니하여 위법한 것이라 하더라도 기피신청을 당한 법관이 그 기피신청에 대한 재판이 확정되기 전에 한 판결은 그후 그 기피신청이 이유없는 것으로서 배척되고 그 결정이 확정되는 때에는 유효한 것으로 된다 할 것"이라고 하여[1] 그 위법성이 치유된다는 입장이다. 한편, "… 피고가 2008. 6. 9. 17 : 30경 원심법원에 재판부 구성원 전부에 대한 기피신청서를 접수하였고, 원심법원은 2008. 6. 19. 위 기피신청에 대하여 각하결정을 하였으며, 위 결정은 2008. 6. 26. 피고에게 고지된 사실, 위 각하결정에 대하여 피고가 2008. 7. 3. 대법원 2008마1051호로 즉시항고를 하였으나, 2008. 9. 12. 피고의 즉시항고가 기각된 사실, 한편 원심은 '2008. 6. 10. 14 : 00'를 제1차 변론기일로 지정하였고, 피고는 2008. 5. 28. 변론기일통지서를 송달받고도 2008. 6. 10. 14 : 00 변론기일에 출석하지 아니하였고, 원고는 출석하였으나 변론하지 아니하였던 사실, 원심은 '2008. 6. 24. 15 : 30'을 제2차 변론기일로 지정하였고, 피고는 2008. 6. 20. 변론기일통지서를 송달받고도 2008. 6. 24. 15 : 30 변론기일에 출석하지 아니하였고, 원고는 출석하였으나 변론하지 아니하였던 사실, 피고가 2008. 7. 23. 기일지정신청을 함에 따라, 원심은 '2008. 8. 26. 16 : 30'을 제3차 변론기일로 지정하였고, 피고는 2008. 7. 30. 변론기일통지서를 송달받고도 2008. 8. 26. 16 : 30 변론기일에 출석하지 아니하였고, 원고는 출석하였으나 변론하지 아니한" 사안에서, **"위 기피신청에 대한 각하결정 전에 이루어진 원심 제1차 변론기일의 진행 및 위 각하결정이 피고에게 고지되기 전에 이루어진 원심 제2차 변론기일의 진행은 모두 민사소송법 제48조의 규정을 위반하여 쌍방불출석의 효과를 발생시킨 절차상 흠결이 있고, 특별한 사정이 없는 이상, 그 후 위 기피신청을 각하하는 결정이 확정되었다는 사정만으로 민사소송법 제48조의 규정을 위반하여 쌍방불출석의 효과를 발생시킨 절차 위반의 흠결이 치유된다고 할 수는 없다"**고 판시하여[2] 기본적으로 제한적 긍정설에 입각하고 있는 것으로 해석된다.[3]

---

1) 대법원 1978.10.31. 선고 78다1242 판결.

2) 대법원 2010.2.11. 선고 2009다78467,78474 판결.

3) 김홍엽, 민사소송법, 박영사, 63면: 요컨대 본 사안에서 피고가 기피신청을 내어놓고 그 결과를 기다리면서 법원의 변론기일 소환에 불응하였으므로, 결과적으로 피고가 소송절차 정지중의 소송행위에 대하

[예제1] [변리사시험 제38회(2001년)] [제2-1문] 법관의 소송지휘에 대한 불만으로 기피의 신청이 있었다. 기피사유가 되는가? 기피신청이 있었지만, 재판부는 예외 사유가 아님에도 소송절차를 정지하지 않고 그대로 심리를 진행하였다. 그런데 나중에 기피신청이 이유 없다고 하는 재판이 확정된 경우에 그 하자는 치유되는가? (25점)

[해설] Ⅰ. 주요논점: 기피사유. 기피신청의 효과로서 소송절차의 정지. 법원이 정지조치 없이 재판을 진행한 경우 소송행위의 효력

Ⅱ. 기피사유: 1. 법 제43조 1항의 규정 2. 기피사유는 통상인의 판단으로서 법원과 사건과의 관계로 보아 불공정한 재판을 할 것이라는 의혹을 갖는 것이 합리적이라고 인정될 만한 객관적인 사정이 있어야 한다. 3. 사안의 경우: 소송지휘에 대한 불만은 정당한 기피신청의 사유가 될 수 없다.

Ⅲ. 소송절차의 정지: 1. 원칙: 기피신청이 있으면 법원은 소송절차를 정지하여야 한다. 2. 예외: 법 제48조 2문

Ⅳ. 소송절차의 정지 없이 소송절차를 진행한 경우 소송행위의 효력

1. 기피신청이 인용된 경우: 예외사유에 해당하지 않음에도 소송절차의 정지 없이 또는 정지 중에 한 소송행위는 위법하게 되어 절대적 상고이유 내지 재심사유가 된다.

2. 기피신청이 기각된 경우: 가. 정지규정에 위반한 소송행위의 효력이 치유되는가? 나. 학설 (1) 부정설: 치유되지 않는다는 견해 (2) 제한적 긍정설(다수설) (3) 결론 다. 판례

3. 사안의 해결: 제한적 긍정설에 따를 경우에는 구체적 내용을 검토하여 하자의 치유여부를 결정하여야 한다.

4. 회피(법 제49조)

제 3 절 법원의 관할

Ⅰ. 관할의 의의 및 종류

1. 재판권을 행사하는 법원 사이에서 어떤 법원이 어떤 사건을 처리하느냐에 관한 재판권의 분담관계를 정해 놓은 것을 관할이라고 한다. 이것은 특정 법원의 입장에서 보면 어느 범위의 사건에 대하여 재판권을 행사할 수 있는가의 문제이고, 특정사건 및 당사자 입장에서 보면 어느 범위의 사건에 대하여 재판권을 행사할 수 있는가의 문제이고, 특정사건 및 당사자 입장에서 보면 소제기 대상 법원과 응소의무 발생의 대상 법원 결정의 문제가 된다.

여 적절한 대응을 할 수 있는 기회가 박탈되었다는 점에서 그 효력(쌍방 2회 불출석에 의한 소취하 간주)을 부정하고 있다 할 것이다.

2. 관할은 크게 전속관할과 임의관할, 사물관할과 토지관할이라는 법정관할과 당사자의 거동에 의하여 정하여지는 합의관할과 변론관할 등으로 구분지을 수 있다.

3. 소가 제기된 법원에 관할권이 있어야 하는 것은 소송요건의 하나이므로 피고의 관할위반의 항변이 없어도 법원은 관할권의 유무에 관하여 직권으로 조사하여야 한다(제32조).

4. 원고가 법정관할 규정이나 합의관할 등에 위반하여 소를 제기하였을 때 발생할 수 있는 상황으로서는 변론관할의 성립여부와 법원의 이송결정의 필요 여부 등이 있다.

5. 관할권은 재판권과는 전혀 다른 개념이다. 재판권은 우리나라의 법원이 외국법원과의 관계에서 어떠한 사람 또는 사건에 대하여 재판을 할 수 있는가의 문제인데 반하여 관할권은 재판권의 존재를 전제로 하여 이것을 어느 법원으로 하여금 행사시킬 것인가의 문제이다.

Ⅱ. 전속관할

1. 의 의

법정관할 가운데서 재판의 적정·공평 등 고도의 공익적 요청에 기하여 특정 법원만이 오로지 배타적으로 관할권을 갖게 한 경우이다. 원칙적으로 법에서 명문규정으로 전속관할을 못박고 있는 경우가 대부분이지만, 직무관할은 성질상 명문의 규정이 없어도 전속관할로 본다.

2. 전속관할의 특성(임의관할과의 비교)

가. 전속관할은 법원의 직권조사 사항이며, 임의관할 위반여부는 항변사항이다.

나. 전속관할에 대하여는 당사자의 합의 또는 응소행위에 의하여 관할의 변동이 발생하지 않는다. 즉 합의관할이나 변론관할이 인정되지 않는다. 임의관할에 대해서는 합의관할이나 변론관할이 인정된다.

다. 관할의 경합 발생여부: 전속관할의 경우에는 보통재판적, 특별재판적의 구별 없이 전속관할법원에 소를 제기하여야 하므로 관할의 경합이 발생할 수 없지만, 임의관할의 경우에는 관할의 경합이 당연히 발생한다.

라. 재량이송의 불가: 전속관할의 경우에는 재량이송이 허용되지 않는다(법 제35조 단서). 임의관할의 경우에는 관할권 있는 법원이라도 심판의 편의를 위하여 다른 법원에 이송할 수 있다.

마. 전속관할 규정 위반이 있는 판결에 대하여 관할위반을 이유로 한 상소를 할 수 있으나, 임의관할 위반이 있는 판결에 대하여는 관할위반을 이유로 한 상소는 할 수 없다.

Ⅲ. 사물관할

1. 의   의

지방법원 단독판사와 합의부 사이의 제1심 소송사건의 분담을 정한 것. 법원조직법(제7조 4항)상 지방법원의 심판권은 원칙적으로 단독판사가 행사하는 것으로 규정하고 있다. 따라서 특별히 법의 규정에 의해서 합의부관할로 정하고 있는 경우 외에는 단독판사의 사물관할에 속한다.

2. 합의부 심판사건

가. 합의부에서 심판할 것으로 합의부가 결정한 사건(재정합의사건)

나. 소송목적물의 값이 1억 원을 초과하는 민사사건(법원조직법 시행규칙 제2조)

다. 민사소송 등 인지법 제2조 4항에 해당하는 사건
  (1) **비 재산권상의 소**:   유아 · 유품인도청구의 소, 비영리법인의 사원권 확인의 소, 해고무효 확인의 소, 회사설립무효 · 취소의 소, 주주총회결의무효 확인 · 취소청구의 소 등
  (2) **재판권상의 소로서 값을 산정할 수 없는 경우**:   주주의 대표소송, 상호사용금지청구의 소, 회계장부열람청구의 소 등.

라. 법률에 의해 합의부의 권한에 속하는 사건
  예: 회사회생사건 및 파산사건(채무자회생 및 파산에 관한 법률 제3조 1항)

마. 지방법원 판사에 대한 제척 · 기피사건

3. 단독판사의 심판사건

가. 재정 단독사건(민사 및 가사소송의 사물관할에 관한 규칙 제2조 단서 4호)

나. 수표금 · 약속어음금사건

다. 법률에 의하여 단독판사의 권한에 속하는 사건

라. 기타

4. 소송물가액의 산정

가. 산정방법: 민사소송인지법 및 동 규칙의 규정.

나. 산정시기: 소제기시를 기준으로 하여 정한다. 단독판사 관할사건이 뒤에 청구변경을 하여 1억 원을 초과할 시에는 합의부로 이송한다(법 제34조 1항; 다만 단독법원에 변론관할이 생길 수는 있다). 그러나 합의부 계속 중 소의 일부취하로 1억 원 이하로 되더라도 단독법원으로 이송할 필요는 없다.

다. 청구병합의 경우에는 단순병합 사건이면 합산을(다만 여러 개의 청구의 경제적 이익이 각 독립할 것을 요한다) 선택적 병합이나 예비적 병합이면 합산하지 않고 다액의 사건에 흡수하여 다액을 기준으로 산정한다. 다수의 연대채무자에 대한 청구 및 목적물의 집행불능의 경우를 대비한 그 가액의 청구(대상청구)를 병합한 경우에도 합산하지 않는다.

Ⅳ. 토지관할(재판적)

1. 의   의

소재지를 달리하는 같은 종류의 법원 사이에 재판권(특히 제1심 사건)의 분담관계를 정해놓은 것이다. 토지관할의 발생원인이 되는 관할구역 내의 사건과 인적·물적으로 관련이 있는 지점을 裁判籍이라고 한다.

2. 보통재판적

가. 사건의 종류, 내용을 가리지 않고 어느 특정인에 관련된 모든 소송에 있어서 토지관할을 정하는 기준이 되는 곳을 보통재판적이라 한다. 자연인의 보통재판적은 피고의 주소지법원이 되고, 주소지를 알 수 없을 때에는 거소지, 거소지가 일정하지 않거나 거소지를 알 수 없으면 마지막 주소지 관할법원에 소를 제기할 수 있다(법 제3조).

나. 법인은 주된 사무소 또는 영업소가 있는 곳(법 제5조 1항), 외국법인은 한국에 있는 사무소, 영업소 또는 한국에 있는 영업담당자의 주소지(법 제5조 2항)에 의한다. 국가 상대의 소송은 법무부장관(관청)이 있는 곳(수원) 또는 대법원 소재지(서울)에 소를 제기할 수 있다.

다. 보통재판적을 정할 수 없는 자(민사소송규칙 제6조)는 대법원 소재지를 보통재판적으로 한다.

3. 특별재판적

가. 소를 제기하는 원고 측의 편의를 위한 제도(법 제7조~제24조)이다. 특히, 법 제8조는 의무이행지의 특별재판적을 인정하고 있다. 그런데 민법(제467조 2항)은 특정물 인도채무 이외 채무의 경우 지참채무(채권자의 주소지로 찾아가서 변제하는 것)를 원칙으로 하고 있으므로 보통재판적을 채무자의 주소지로 정하는 법정신이 크게 훼손되고 있다.

나. 재산이 있는 곳의 특별재판적(법 제11조): 　　특히 외국인을 피고로 하는 경우에 유용하다.

다. 부동산등기의 관할

> **[대법원 2002.5.10. 자 2002마1156 결정]** 부동산등기의 신청에 협조할 의무의 이행지는 성질상 등기지의 특별재판적에 관한 민사소송법 제19조에 규정된 '등기할 공무소 소재지'라고 할 것이므로, 원고가 사해행위취소의 소의 채권자라고 하더라도 사해행위취소에 따른 원상회복으로서의 소유권이전등기 말소등기의무의 이행지는 그 등기관서 소재지라고 볼 것이지, 원고의 주소지를 그 의무이행지로 볼 수는 없다.

4. 관련재판적(법 제25조)

가. 의　의

하나의 소(訴)에 두 개 이상의 청구가 병합된 경우에 그 중 하나의 청구에 관하여 관할권이 있다면 본래 그 법원에 관할권이 없는 다른 모든 청구에 대하여도 그 수소(受訴)법원에 관할권을 인정한다. 소송당사자의 편의(소송경제)를 위한 규정이다.

관련재판적은 전속관할 규정이 없는 토지관할에 대해서만 적용된다.

나. 청구 병합의 형태에 따른 관련재판적 규정의 적용여부

(1) 객관적 병합의 경우

원고와 피고(주로 피고의 경우)가 각각 단일하고 청구가 복수인 경우에 관련재판적에 따른다. 예컨대, 대구에 거주하는 A가 부산소재 건물을 소유하면서 그 건물의 임차인 B에 대하여 임대차기간 만료를 원인으로 한 건물인도청구소송과 밀린 임료지급청구소송을 대구지방법원에 제소한 경우에 대구지방법원에 관련재판적이 있다(민법 제467조, 민소법 제8조 의무이행지의 특별재판적 참조).

(2) 주관적 병합의 경우

(가) 법 제25조 2항 규정에 의한 입법적 해결

(나) 종래의 학설

① 긍정설: 　법 제65조의 공동소송요건만 구비되면 관련재판적을 인정하는 견해.

② 부정설: 　타인과 공동으로 제소 당하였다는 이유만으로 아무 관할권이 없는 법원에서의 응소를 강요당한다는 것은 지나치게 원고의 편의만을 보아주는 것으로서 민소법상의

관할규정에 관한 취지와 어긋난다는 근거에서 관련재판적의 성립을 부정하는 견해.

③ 절충설: 소송의 목적이 되는 권리나 의무가 공통되거나 또는 동일한 사실상·법률상 원인에 기인하여 공동소송인의 청구상호간에 실질적인 관련성이 있는 경우에는 관련재판적을 인정한다. 예컨대, 주된 채무자와 보증인에 대한 대여금 청구, 토지소유자 X가 그 토지 위의 건물 소유자인 Y_1에 대해서는 그 건물 철거 및 토지인도를, Y_1으로부터 위 건물을 임차하여 현재 점유 중인 Y_2에 대해서는 그 건물에서의 퇴거를 청구하는 소송을 제기하는 경우 등.

(다) 법 제25조 2항은 위 절충설을 채택한 것으로 볼 수 있다.

> **[대법원 2011.9.29. 자 2011마62 결정]** 1. 민사소송의 당사자와 소송관계인은 신의에 따라 성실하게 소송을 수행하여야 하고(민사소송법 제1조 제1항), 민사소송의 일방 당사자가 다른 청구에 관하여 관할만을 발생시킬 목적으로 본래 제소할 의사 없는 청구를 병합한 것이 명백한 경우에는 관할선택권의 남용으로서 신의칙에 위배되어 허용될 수 없으므로, 그와 같은 경우에는 관련재판적에 관한 민사소송법 제25조의 규정을 적용할 수 없다. 2. 변호사 갑과 을 사찰이, 소송위임계약으로 인하여 생기는 일체 소송은 전주지방법원을 관할 법원으로 하기로 합의하였는데, 갑이 을 사찰을 상대로 소송위임계약에 따른 성공보수금 지급 청구 소송을 제기하면서 을 사찰의 대표단체인 병 재단을 공동피고로 추가하여 병 재단의 주소지를 관할하는 서울중앙지방법원에 소를 제기한 사안에서, 을 사찰은 종단에 등록을 마친 사찰로서 독자적인 권리능력과 당사자능력을 가지고, 을 사찰의 갑에 대한 소송위임약정에 따른 성공보수금 채무에 관하여 병 재단이 당연히 연대채무를 부담하게 되는 것은 아니며, 법률전문가인 갑으로서는 이러한 점을 잘 알고 있었다고 보아야 할 것인데, 갑이 위 소송을 제기하면서 병 재단을 공동피고로 추가한 것은 실제로는 병 재단을 상대로 성공보수금을 청구할 의도는 없으면서도 단지 병 재단의 주소지를 관할하는 서울중앙지방법원에 관할권을 생기게 하기 위함이라고 할 것이고, 따라서 갑의 위와 같은 행위는 관할선택권의 남용으로서 신의칙에 위반하여 허용될 수 없으므로 관련재판적에 관한 민사소송법 제25조는 적용이 배제되어 서울중앙지방법원에는 갑의 을 사찰에 대한 청구에 관하여 관할권이 인정되지 않는다.

5. 재판적의 경합과 원고의 선택권

하나의 사건에 보통재판적과 특별재판적 상호간, 특별재판적 상호간에 경합할 때에는 원고가 그 중에 하나를 임의로 선택하여 제소할 수 있다.

V. 변론 관할

1. 의   의

원고가 법정관할권이 없는 법원에 소를 제기하였는데 피고가 이의없이 본안에 관하여 응소함으로써 생기는 관할을 말한다.

2. 요   건

가. 원고가 관할권 없는 법원에 제소하였을 것; 임의관할 위반에 한하고 전속관할 위반이 아니어야 한다. 소제기 당시에는 관할권이 있었으나 소제기 후에 청구취지의 확장, 반소제기 등에 의하여 관할위반이 된 때에도 피고가 이의 없이 응소하면 변론관할이 생긴다.

나. 피고가 관할위반이라고 항변하지 않을 것: 본안에 관한 진술이란 원고의 청구가 이유 있느냐의 여부에 관하여 사실상·법률상의 진술을 변론기일 또는 변론준비기일에 출석하여 말로 적극적으로 하는 것을 말한다. 기피신청, 기일변경신청, 소각하 판결을 구하는 것은 본안에 관하여 진술한 것으로 볼 수 없으므로 변론관할이 생기지 않는다. 피고가 당해 법원에 관할권 있음을 전제로 일단 본안에 관하여 변론하거나 변론준비기일에 진술한 경우는 관할위반에 관한 항변이 있는 것으로 본다. 피고의 불출석에 의하여 답변서 등이 법률상 진술 간주되는 경우는 이에 포함되지 아니한다.

다. 피고의 관할위반의 항변이 없을 것.

3. 효   과

당해 법원에 관할권이 창설되는 것이며 그 이후에는 관할위반이라는 항변을 할 수 없다.

Ⅵ. 합의 관할

1. 의   의

가. 법 제29조 규정.

나. 임의관할 규정은 당사자의 편의·공평의 견지에서 규정한 것이므로 당사자가 구체적 편의를 위해 법정관할 이외의 법원을 관할법원으로 정하는 것을 인정한다. 경제적·사회적 우위에 있는 자가 우월한 지위를 이용하여 거래약관 등을 통해 획일적으로 관할합의를 강요하는 폐단에 대해서는 약자(소비자)보호 차원에서 그 효력을 제한할 필요가 있다(약관의 규제에 관한 법률 제4조).

2. 관할합의의 법적성질

가. 소송행위이다. 요건·효과, 취소·해제 등에 관해서는 소송법에 의해 규율된다.

나. 소송법상의 계약이다. 소송능력자에 의하여 이루어질 것을 요한다.

다. 합의의 하자(통정허위표시, 불공정한 법률행위, 사기, 강박, 착오 등)는 민법규정을 유추·적용한다(통설).

라. 관할의 합의는 *私法*상의 계약과 동시에 이루어지는 것이 일반적이지만 소송행위이므로 사법상의 계약과 운명을 같이 하는 것은 아니다. 따라서 사법상 계약의 무효·취소·해제 등의 사유가 발생하더라도 관할합의는 효력을 유지하게 된다.

3. 요   건

가. 제1심 법원의 임의관할이어야 한다. 사물관할에 대하여도 합의에 의하여 정할 수 있다(예컨대 단독사건을 합의부 관할로 하는 합의가 가능하다).

나. 일정한 법률관계에 기인한 소에 관한 합의이어야 한다(예컨대 일정한 매매계약이나 임대차계약에 기한 소송의 관할법원에 관한 합의). 따라서 장래의 모든 소송에 대한 관할법원을 정하는 것과 같은 포괄적 합의는 무효이다.

다. 관할법원을 특정할 것. 한 개 또는 수개 관할법원을 구체적으로 특정하여야 한다. 예컨대 "원고가 지정하는 법원의 관할로 한다." 또는 "대한민국 내의 모든 법원에 제기할 수 있다." 등과 같은 합의는 무효이다.

라. 합의는 서면에 의해서 하여야 한다.

마. 합의의 시기에 관해서는 소제기 전·후를 불문하며 원칙적으로 제한이 없다. 소제기 후의 합의는 실질적으로 소송이송의 전제로서의 의미를 가질 뿐이다.

4. 합의의 모습

가. 유형별 고찰
(1) **전속적 합의**:   특정법원을 관할법원으로 함과 동시에 다른 법원의 관할권을 배제하는 합의이다.
(2) **부가적 합의**:   법정관할 외의 다른 법원을 부가하는 합의이다.
(3) **당사자의 의사불명의 경우**:   법정관할 법원 중의 어느 하나를 지정하였을 때에는 전속적 합의로 보고, 그렇지 아니한 경우에는 부가적 합의로 본다(아래의 판례도 같은 취지이다). 그러나, 반대설(부가적 합의로 볼 특별한 사정이 없는 한 전속적 합의로 보아야 하고, 다만 약관에 의한 관할 합의시에는 통설에 의할 것이라는 견해)이 있다.

[대법원 2008.3.13. 선고 2006다68209 판결] 당사자들이 법정 관할법원에 속하는 여러 관할법원 중 어느 하나를 관할법원으로 하기로 약정한 경우, 그와 같은 약정은 그 약정이 이루어진 국가 내에서 재판이 이루어질 경우를 예상하여 그 국가 내에서의 전속적 관할법원을 정하는 취지의 합의라고 해석될 수 있지만, 특별한 사정이 없는 한 다른 국가의 재판관할권을 완전히 배제하거나 다른 국가에서의 전속적인 관할법원까지 정하는 합의를 한 것으로 볼

수는 없다. 따라서 채권양도 등의 사유로 외국적 요소가 있는 법률관계에 해당하게 된 때에는 다른 국가의 재판관할권이 성립할 수 있고, 이 경우에는 위 약정의 효력이 미치지 아니하므로 관할법원은 그 국가의 소송법에 따라 정하여진다고 봄이 상당하다. 일본국에 거주하던 채권자와 채무자가 일본국에서 일본국 통화를 대차하면서 작성한 차용증에 채무자들의 일본 내 주소를 기재하고 차용금액 등을 기재하였는데, 위 증서는 당시 문구점에서 판매하던 것으로서 분쟁 발생시 채권자의 주소지 법원을 제1심 관할법원으로 한다는 문구가 부동문자로 인쇄되어 있던 사안에서, 위 문구는 예문이 아니고 법정 관할법원 중 하나인 일본국 내 채권자 주소지 법원을 관할법원으로 하기로 하는 전속적 관할합의에 해당한다고 한 사례. 일본국에 거주하던 채권자와 채무자가 돈을 대차하면서 채권자 주소지 법원을 제1심 관할법원으로 하는 전속적 관할합의를 하였는데, 그 후 위 채권이 국내에 주소를 둔 내국인에게 양도되어 외국적 요소가 있는 법률관계가 된 경우, 위 관할합의의 효력이 이에 미치지 아니하여 대한민국 법원에 재판관할권이 있다.

나. 외국 법원을 관할법원으로 하는 합의

외국 법원의 관할을 배제하고 대한민국 법원을 관할법원으로 하는 전속적인 국제관할의 합의가 유효하기 위해서는, 당해 사건이 외국 법원의 전속관할에 속하지 아니하고, 대한민국 법원이 대한민국법상 당해 사건에 대하여 관할권을 가져야 하는 외에, 당해 사건이 대한민국 법원에 대하여 합리적인 관련성을 가질 것이 요구되며, 그와 같은 전속적인 관할 합의가 현저하게 불합리하고 불공정하여 공서양속에 반하는 법률행위에 해당하지 않는 한 그 관할 합의는 유효하다.[1)]

[대법원 1997.9.9. 선고 96다20093 판결] **[사안의 내용]** 운송업자인 피고 Y는 무역업자인 원고 X로부터 물품운송을 의뢰받고, 물건인도지를 미국 텍사스주, 송하인을 X, 수하인을 신용장발행은행의 지시인으로 하는 복합운송증권을 발행하였다. 그런데, 동 복합운송증권의 이면약관 제24조는 '이 증권에 기한 소는 모두 미합중국 뉴욕시법원에 제기하여야 한다. 다만 운송인은 이와 다른 법원에 소를 제기할 수 있다.'라고 규정하고 있었다. 위 물품은 물건인도지인 텍사스주의 보세창고업자에게까지 정상적으로 운송된 후 그 보세창고업자가 위 복합운송증권을 소지하지 않은 제3자에게 인도함으로써 운송물이 멸실되었다. 이에 X가 Y에게 불법행위로 인한 손해배상책임을 묻는 소를 서울지방법원에 제기하자 Y가 위 운송증권상의 관할합의를 내세워 뉴욕주법원으로의 이송을 요구하였다. **[대법원 판결내용]** (1) 대한민국 법원의 관할을 배제하고 외국법원을 관할법원으로 하는 전속적인 국제관할의 합의가 유효하려면, ① 당해사건이 대한민국법원의 전속관할에 속하지 아니하여야 하고, ② 지정된

---

1) 대법원 2011.4.28. 선고 2009다19093 판결: 甲이 乙에게서, 乙이 특허권자 또는 출원인으로 된 일본국 내 특허권 또는 특허출원과 그 특허발명들에 대응하는 일본국 외에서의 특허출원 및 등록된 특허권 일체와 관련한 모든 권리를 무상양도받기로 하는 계약을 체결하면서, 위 양도계약과 관련한 분쟁이 발생할 경우 관할법원을 대한민국 법원으로 하기로 약정한 사안에서, 위 양도계약에 기하여 특허권의 이전등록 또는 특허출원인 명의변경을 구하는 소는 주된 분쟁 및 심리의 대상이 위 양도계약의 해석 및 효력의 유무일 뿐 위 특허권의 성립, 유·무효 또는 취소를 구하는 것과 무관하므로 위 특허권의 등록국이나 출원국인 일본국 등 법원의 전속관할에 속한다고 볼 수 없고, 또한 대한민국법상 당사자 사이에 전속적 국제 관할합의를 하는 것이 인정되고 당해 사건이 대한민국 법원과 합리적 관련성도 있으며, 달리 위 전속적 국제 관할합의가 현저하게 불합리하거나 불공정하여 공서양속에 반한다고 볼 수 없으므로, 위 전속적 국제 관할합의가 유효하다고 하였다.

외국법원이 그 외국법상 당해사건에 관하여 관할권을 가져야 하는 외에, ③ 당해사건이 그 외국법원에 대하여 합리적인 관련성을 가질 것이 요구되며, ④ 전속적인 관할합의가 현저하게 불합리하고 불공정한 경우에는 그 관할합의는 공서양속에 반하는 합의로서 무효이다. (2) 본 사안의 경우에 ① 이 사건에 미합중국 뉴욕주 법원과 관련성을 갖는다고 볼만한 점은 Y가 뉴욕주에도 영업소(지점)를 가지고 있고, 피고를 위해 운송물 인도업무를 담당하다가 운송물을 멸실시킨 보세창고업자가 미국인이고 그 운송물이 멸실된 곳이 미국 텍사스주라는 정도일 뿐인 반면에, ② X, Y 모두 국내에 주소를 둔 국내법인이고, 운송물의 목적지는 뉴욕주와 전혀 관련이 없고, 이 사건의 심리에 필요한 중요한 증거방법은 모두 국내에 있는 한국인 증인들이거나 문서들이며, 운송인의 책임범위나 면책요건에 관하여 미국의 법이 국내법보다 Y에게 특별히 유리하다는 자료도 없는 점 등에 비추어 보면, 뉴욕주법원에서 소송을 수행하는 것이 Y에게도 여러 가지로 불편할 뿐이므로 위와 같은 전속적 합의관할은 무효라고 판시. ※ **국제사법 제27조, 제28조 규정: ① 서면에 의한 합의 ② 이미 분쟁이 발생한 뒤의 사후적 합의 ③ 당해 사건의 그 외국 법원에 대하여 합리적 관련성이 있을 것.**

5. 합의의 효력

가. 관할법원의 변동: 관할합의가 성립하면 합의 내용에 따라 관할법원이 변동된다. 전속적 합의관할의 경우에도 그 법적 성격은 임의관할에 지나지 않으며 법정의 전속관할로 바뀌는 것은 아니다.

나. 효력의 주관적 범위

(1) 합의 당사자와 그 포괄승계인에게만 미치고 제3자에게 미치지 아니한다. 예컨대 다수의 연대채무자 중 일부와 한 합의는 다른 연대채무자에게 효력이 없고, 주채무자와 한 합의 효력은 보증인에게 미치지 않는다.

(2) **소송물인 권리관계의 특정승계인:** 당사자간에 법률행위의 내용을 자유롭게 결정할 수 있는 채권관계승계인에게는 채권양도인과 상대방 사이의 관할합의의 효력이 미치고, 그렇지 않은 물권관계의 승계인에게는 합의의 효력이 미치지 않는다.[1]

[대법원 2006.3.2. 자 2005마902 결정] 관할의 합의는 소송법상의 행위로서 합의 당사자 및 그 일반승계인을 제외한 제3자에게 그 효력이 미치지 않는 것이 원칙이지만, **관할에 관한 당사자의 합의로 관할이 변경된다는 것을 실체법적으로 보면, 권리행사의 조건으로서 그 권리관계에 불가분적으로 부착된 실체적 이해의 변경이라 할 수 있으므로, 지명채권과 같이 그 권리관계의 내용을 당사자가 자유롭게 정할 수 있는 경우에는, 당해 권리관계의 특정승계인은 그와 같이 변경된 권리관계를 승계한 것이라고 할 것이어서, 관할합의의 효력은 특정승계인에게도 미친다고 할 것이다.** 기록과 원심이 인정한 사실에 의하면, 주식회사 국민은행(이하 '국민은행'이라 한다)이 상대방 1에게 1990. 12. 29.부터 1997. 3. 21.까지 이 사건

---

1) 대법원 1994.5.26. 자 94마536 결정: 관할 합의의 효력은 부동산에 관한 물권의 특정 승계인에게는 미치지 않는다고 새겨야 할 것인바, 부동산 양수인이 근저당권 부담부의 소유권을 취득한 특정승계인에 불과하다면(근저당권 부담부의 부동산 취득자가 그 근저당권의 채무자 또는 근저당설정자의 지위를 당연히 승계한다고 볼 수는 없다), 근저당권 설정자와 근저당권자 사이에 이루어진 관할 합의의 효력은 부동산 양수인에게 미치지 않는다.

대출을 실행하였고 쌍방은 은행여신거래기본약관의 적용을 승인한 사실, 위 은행여신거래기본약관 제21조가 "이 약관에 터잡은 여신거래에 관하여 은행과 채무자 또는 보증인 혹은 물상보증인과의 사이에 소송의 필요가 생긴 때에는 은행의 거래영업점 소재지 지방법원을 관할법원으로 하기로 한다."고 규정하고 있는 사실, 이 사건 대출을 담당한 국민은행의 거래영업점이 부천시 원미구 소재 부천지점이었던 사실, 국민은행이 1998. 9. 30. 재항고인에게 국민은행의 상대방에 대한 이 사건 대출금 채권을 양도하고 그 양도의 통지를 한 사실을 각 알수 있는바, 위 법리에 비추어 보면, 국민은행과 상대방 1이 이 사건 대출 당시에, **그 권리관계의 내용을 당사자가 자유롭게 정할 수 있는 지명채권에 속하는 이 사건 대출금채권에 관하여, 위 은행여신거래기본약관 제21조의 적용을 승인함으로써 국민은행 거래영업점 소재지 지방법원을 제1심 관할법원으로 하기로 합의한 이 사건에서, 위 관할합의에 의하여 권리행사의 조건으로서 이 사건 대출금채권에 불가분적으로 부착된 실체적 이해가 변경되었고, 이 사건 대출금채권의 특정승계인인 재항고인은 그와 같이 변경된 권리관계를 승계하였다고 할 것이므로, 위 관할합의의 효력은 재항고인에게도 미친다고 할 것이다.** 그렇다면 원심이 국민은행과 상대방 1 사이에 있는 위 관할합의의 효력이 이 사건 대출금채권의 양수인에 불과한 재항고인에게는 미치지 않기 때문에 위 관할합의에서 정한 법원에는 이 사건 소에 대한 관할권이 없다고 판단한 것은 관할합의의 효력에 관한 법리를 오해하여 결정에 영향을 미친 위법을 저지른 것이라고 할 것이다.

다. 약관에 의한 관할합의의 효력

(1) 아파트 분양계약을 하면서 '본 계약에 관한 소송은 원고가 지정하는 법원을 관할법원으로 한다'고 규정하였음은 결국 전국의 법원중 원고가 선택하는 어느 법원에나 관할권을 인정한다는 내용의 합의라고 볼 수밖에 없어 관할법원을 특정할 수 있는 정도로 표시한 것이라고 볼 수 없을 뿐만 아니라, 이와 같은 관할에 관한 합의는 피소자의 권리를 부당하게 침해하고 공평원칙에 어긋나는 결과가 되어 무효라고 할 것이다.[1]

(2) 대전에 주소를 둔 계약자와 서울에 주영업소를 둔 건설회사 사이에 체결된 아파트 공급계약서상의 「본 계약에 관한 소송은 서울민사지방법원을 관할법원으로 한다」라는 관할합의 조항은 약관의 규제에 관한 법률 제2조 소정의 약관으로 볼 것인데, 민사소송법 상의 관할법원 규정보다 고객에게 불리한 관할법원을 규정한 것이어서, 사업자에게는 유리할지언정 원거리에 사는 경제적 약자인 고객에게는 제소 및 응소에 큰 불편을 초래할 우려가 있으므로 약관의 규제에 관한 법률 제14조 소정의 '고객에 대하여 부당하게 불리한 재판관할의 합의 조항'에 해당하여 무효라고 보아야 한다.[2]

라. 합의관할법원과 이송문제

(1) 부가적 합의관할의 경우에는 법원이 현저한 손해 또는 지연을 피하기 위한 재량이송이 가능하다.

(2) 전속적 합의관할이 정해져 있을 경우에는 그 관할 합의가 유효하게 존속하는 한 당사자가 다른 법원에 소 제기한 경우에는 합의관할법원으로 이송하여야 한다. 당사자가 합의관

---

1) 대법원 1977.11.9. 자 77마284 결정.
2) 대법원 1998.6.29. 자 98마863 결정.

할법원에 제소한 때에는 법원이 다른 법원으로 재량이송할 수 없음이 원칙이라 할 것이나, 현저한 지연을 피한다는 공익상의 필요가 있는 경우 다른 관할법원으로 이송할 수 있다고 봄이 타당하다. 판례도 전속적 관할합의의 경우 법률이 규정한 전속관할과 달리 임의관할의 성격을 가지기 때문에, 법원은 공익상의 필요에 의하여 사건을 다른 관할 법원에 이송할 수 있는 것으로 해석하고 있다.[1]

[예제] [제34회 사법시험] 인천에 주소를 둔 乙과 부산에 주소를 둔 丙이 甲소유의 대전에 있는 부동산을 권원 없이 점유하여 주차장으로 사용하고 있다. 서울에 주소를 둔 甲이 이 사실을 알고 乙과 丙을 공동피고로 하여 3,000만원의 손해배상청구를 하려고 하는 경우 甲은 어느 법원에 제소하여야 하는가?

[해설] Ⅰ. 주요논점: 토지관할의 의의와 종류. 관련재판적. 사물관할

Ⅱ. 보통재판적을 적용하는 경우: 1. 보통재판적의 의의 2. 사안의 경우: 피고 乙 및 丙의 주소지를 관할하는 인천지방법원과 부산지방법원에 제소할 수 있다.

Ⅲ. 특별재판적: 1. 금전채무이므로 지참채무의 채무이행지인 채권자 甲의 주소지를 관할하는 법원. 2. 불법행위지를 관할하는 법원: 대전지방법원.

Ⅳ. 관할경합의 경우: 1. 관할의 선택: 甲은 위와 같은 법정관할법원 중 하나의 법원을 선택하여 소제기 할 수 있다. 2. 관련재판적: 甲이 乙의 주소지를 관할하는 인천지방법원에 제소하면, 丙에 대하여 법정관할권이 없지만 법 제25조 2항 규정에 의하여 관련재판적이 발생한다. 丙의 주소지를 관할하는 부산지방법원에 제소하는 경우에도 乙에 대하여 같은 규정에 의하여 관련재판적이 생긴다.

Ⅴ. 사물관할: 1. 의의 2. 사안의 경우: 단독판사의 사물관할에 해당한다.

[예제] [제50회 사법시험(2008년도)] A토지에 관하여 甲으로부터 乙 앞으로 매매를 원인으로 한 소유권이전등기가 마쳐져 있다. 甲은 乙을 상대로 乙이 등기관련 서류를 위조하여 위 등기를 이전하였다고 주장하면서 소유권이전등기 말소등기청구의 소를 제기하였다(다음 각 설문은 위 사실관계를 전제로 한 것이나, 상호 무관한 것임).

1. 甲의 주소지는 광주이고, 乙의 주소지는 대전이다. 만일 甲이 수원지방법원에 제소한 경우, 이 곳에 관할권이 생기는 경우를 설명하라. (10점)

[해설] Ⅰ. 주요논점: 본 문제에서는 수원지방법원에 토지관할이 발생할 수 있는 경우를 검토하여야 한다. 수원지방법원은 피고의 주소지를 관할하는 법원이 아니므로 특별재판적이나 당사자의 거동에 의한 관할권이 발생하는 경우를 중심으로 하여 검토하여야 한다.

Ⅱ. 합의관할(갑과 을이 수원지방법원으로 관할법원을 정하기로 합의한 경우)

    1. 의의

    2. 요건

Ⅲ. 변론관할(갑이 관할권이 없는 수원지방법원에 소를 제기하고 을이 이에 관하여 관할위반의 항변을 하지 않고 본안에 관하여 응소한 경우)

    1. 의의

    2. 요건

Ⅳ. 특별재판적

---

1) 대법원 2008.12.16. 자 2007마1328 결정.

　　1. 근무지의 특별재판적(제7조)

　　2. 거소지(제8조)

　　3. 부동산 소재지(제20조)

　　4. 등기에 관한 특별재판적(제21조)

　Ⅴ. 보통재판적의 경우: 사안의 경우에는 乙의 주소지가 대전이므로 수원지방법원에 보통재판적이 생기지 않는다.

제 4 절　관할권의 조사

Ⅰ. 관할권의 직권조사

　1. 관할권의 존재는 소의 적법요건이며, 법원은 언제든지 관할권의 존부에 관하여 조사할 수 있다. 다만 임의관할의 경우에는 당사자의 관할위반에 관한 항변이 없으면 변론관할이 발생하여 그 법원에 관할권이 창설되는 것이다. 전속관할에 관한 사항은 법원이 관할의 원인사항의 유무를 적극적으로 탐지할 직무상 책임이 있다. 관할권의 조사는 어디까지나 원고가 청구를 이유 있게 하기 위하여 주장하는 사실이 존재한다는 것을 전제로 하고, 관할의 유무를 결정한다.

　2. 관할법원의 결정은 원칙적으로 원고 주장의 사실관계를 토대로 한다(예컨대 비재산권상의 소인가? 특별재판적의 원인인 불법행위인가? 여부 등). 한편 청구의 법적 성질과는 관계없이 법원과의 특수관계로 인하여 발생하는 경우에는 관할의 원인에 관하여 증거조사를 하여야 한다(예컨대 피고가 그 관할구역에 주소·거소가 있는가? 원고가 불법행위에 관한 청구를 하는 경우에 그 관할 내에서 당해 불법행위가 있었는가? 등).

Ⅱ. 관할결정의 시기

　1. 사실심의 변론종결 당시에 관할권이 존재하면 소송요건을 충족시키는 것이다. 법 제33조는 소를 제기한 때에 관할권이 존재하면 충분한 것으로 규정하여 관할권항정주의를 취하고 있다. 따라서 소 제기 후에 당사자의 주소가 변경되더라도 고려요소가 되지 않는다.

　2. 다만 사물관할은 소제기 후의 청구의 변경, 반소제기 등에 의하여 합의부로 관할이 변경될 수 있다.

Ⅲ. 조사의 결과

1. 조사결과 관할권이 있으면, 법원은 그대로 심리를 진행시킨다. 관할권의 존부에 관한 당사자의 다툼은 중간판결(법 제201조) 또는 종국판결의 이유 중에서 판단한다.

2. 조사결과 관할권이 없는 경우에는 관할권 있는 법원으로 이송하여야 한다(법 제34조 1항).

3. 관할권 없는 법원이 한 본안판결은 전속관할위반의 경우에만 상소를 통하여 다툴 수 있으며, 상소심 법원은 원심판결을 취소하고 사건을 관할법원으로 이송하여야 한다(법 제419조, 제436조). 전속관할 위반의 경우에도 확정된 이후에는 재심의 대상이 되는 것은 아니다.

제 5 절 소송의 이송(移送)

Ⅰ. 의 의

1. 어느 법원에 일단 제기되어 계속된 소송을 그 법원의 재판에 의하여 다른 법원에 이전하는 것을 말한다.

2. **필요성**: 소송경제(관할위반을 이유로 소각하 할 경우에 원고가 다시 소를 제기하는 데 들이는 시간과 비용을 절감), 소송당사자 보호(시효중단·제척기간의 준수 등).

Ⅱ. 이송의 원인

1. 관할위반에 의한 이송(법 제34조 1항)

가. 이송의 원인

(1) **제1심의 토지·사물관할위반**: 전속관할 위반의 경우뿐만 아니라 임의관할 위반의 경우 및 토지·사물관할 위반의 경우에도 관할법원으로 이송한다. 청구병합의 경우 관련재판적이 인정되지 않거나, 일부청구가 전속관할규정에 위반한 경우에는 일부이송을 한다.

(2) **심급관할을 위반하였을 경우**

① 원고가 대법원에 소장을 제출한 경우와 같이 소제기 단계에서 심급관할 규정을 위반하였을 때: 당사자의 의사가 하급심의 재판을 받지 않겠다는 의사를 명백히 하고 있다면 바로 소를 각하할 것이라는 견해도 있다. 그러나 판례[1]나 다수설은 관할법원으로 이송하여야 한

---

1) 대법원 1995.1.20. 자 94마1961 전원합의체 결정.

다는 입장이다.

② 상소장을 제출할 법원을 그르친 경우: 항소나 항고는 대상이 되는 판결(결정)을 한 법원(원심법원)에 제출하여야 한다. 그런데 상소인의 착오·무지 등으로 인하여 원심법원 이외의 법원에 상소장을 제출한 경우에 그 접수법원은 상소장을 원심법원으로 송부하거나 또는 그대로 방치(부작위)할 수도 있다. 후자의 경우 상소인은 다시 상소장을 원심법원에 제출하여야 한다. 문제는 상소장의 송부 또는 새로운 제출조치를 취하는 동안에 상소기간(불변기간)이 도과하였을 때이다. 이에 대한 구제방법에 관한 견해의 차이는 다음과 같다.

ⅰ) 이송부정설: 심급의 관할은 자동적으로 결정되며 관할권 없는 법원에 상소하더라도 거기에 사건이 계속되는 일은 없으므로 이송이라는 관념이 들어올 여지가 없고, 이송의 규정은 그 조문의 위치를 보더라도 심급관할 위반의 경우에는 제1심의 관할 규정이 적용되지 않는다는 견해이다.

ⅱ) 이송긍정설: 심급관할 위반의 경우에도 이송제도의 취지를 확장해서 이 경우에도 이송하는 것을 인정해야 한다는 견해이다(다수설).

③ 판례[1]는 부정설을 취하고 있다. 즉 항소기간의 준수여부는 제1심 법원에 항소장이 접수된 때를 기준으로 하여 판단하여야 하며, 비록 항소장이 항소제기기간 내에 제1심법원 이외의 법원에 제출되었다 하더라도 항소제기의 효력이 있는 것은 아니라고 하였다.

[대법원 1996.10.25. 자 96마1590 결정] 상고인이 상고장에 불복대상 판결을 서울고등법원 판결로 명시하여 서울고등법원에 상고장을 제출하려는 의사를 분명히 가지고 있었으나 다만 이를 현실로 제출함에 있어서 서울고등법원이 서울지방법원과 동일한 청사 내에 위치하고 있는 관계로 서울지방법원 종합접수과를 서울고등법원 종합접수실로 혼동, 착각하여 서울지방법원에 상고장을 접수시키고 접수담당 공무원도 이를 간과하여 접수한 경우, 접수담당 공무원이 접수 당일 착오 접수를 발견하고 지체없이 상고장을 서울고등법원으로 송부하였는지 여부와 같은 우연한 사정에 의하여 상고인의 상고제기기간 도과 여부가 결정된다는 것은 불합리하므로, 이러한 경우에는 **상고인이 원심법원인 서울고등법원의 종합접수실로 혼동, 착각하고 서울지방법원 종합접수과에 상고장을 제출한 날을 기준으로 하여 상고제기기간 준수 여부를 가려 보는 것이 상고인의 진정한 의사에도 부합하고 상고인에게 회복할 수 없는 손해도 방지할 수 있는 타당한 처리이다.**

(3) 재심관할 법원을 잘못 선택한 경우: 재심소장에 재심을 할 판결로 제1심판결을 표시하고 있다고 하더라도 재심의 이유에서 주장하고 있는 재심사유가 항소심 판결에 관한 것이라고 인정되는 경우(항소심 판결과 제1심판결에 공통되는 재심사유인 경우에도 같다)에는 그 재심의 소는 항소심판결을 대상으로 한 것으로서 재심을 할 판결의 표시는 잘못 기재된 것으로 보는 것이 타당하므로 재심소장을 접수한 제1심법원은 그 재심의 소를 부적법하다 하여 각하할 것이 아니라 재심관할 법원인 항소심법원에 이송하여야 한다.[2]

---

1) 대법원 1992.4.15. 자 92마146 결정.
2) 대법원 1984.2.28. 자 83다카1981 전원합의체 결정.

(4) 민사소송사항으로 혼동하여 소제기 한 경우

① 행정소송사건의 경우:　　원고가 고의 또는 중대한 과실 없이 행정소송으로 제기하여야 할 사건을 민사소송으로 잘못 제기한 경우, 수소법원으로서는 만약 그 행정소송에 대한 관할도 동시에 가지고 있다면 이를 행정소송으로 심리 판단하여야 하고, 그 행정소송에 대한 관할을 가지고 있지 아니한다면 당해 소송이 이미 행정소송으로서의 전심절차 및 제소기간을 도과하였거나 행정소송의 대상이 되는 처분 등이 존재하지도 아니한 상태에 있는 등 행정소송으로서의 소송요건을 결하고 있음이 명백하여 행정소송으로서 제기되었더라도 어차피 부적법하게 되는 경우가 아닌 이상 이를 부적법한 소라고 하여 각하할 것이 아니라 관할법원에 이송하여야 한다.[1] 도시 및 주거환경정비법상의 주택재건축정비사업조합을 상대로 관리처분계획안에 대한 총회결의의 무효확인을 구하는 소를 민사소송으로 제기한 사안에서, 그 소는 행정소송법상 당사자소송에 해당하므로 행정법원의 전속관할에 속한다고 한 사례. 주택재건축정비사업조합의 관리처분계획에 대하여 그 관리처분계획안에 대한 총회결의의 무효확인을 구하는 소가 관할을 위반하여 민사소송으로 제기된 후에 관할 행정청의 인가·고시가 있었다는 사정만으로 그 소가 이송된 후 부적법 각하될 것이 명백한 경우에 해당한다고 보기 어려워, 위 소는 관할법원인 행정법원으로 이송함이 상당하다.[2]

② 가정법원 사건의 경우:　　서울가정법원의 전속관할인 청구이의의 소를 서울지방법원 동부지원에 제기한 경우에도 위 수소법원은 소를 각하할 것이 아니라 민사소송법 규정에 의하여 서울가정법원으로 이송하여야 한다.[3]

③ 비송사건의 경우:　　원고재단의 가 이사로 선임된 피고들의 해임을 구하려면 비송사건 절차법에 의하여 적당한 절차를 취함은 별 문제이나, 민사소송으로 이를 청구하는 것은 그 의거할 실체법 규정이 없어 부적법하므로 각하하여야 한다는 것이 판례이다.[4]

> **[대법원 1963.12.12. 선고 63다321 판결]** 임시 이사선임 결정에 대하여 불복이 있는 때에는 비송사건 절차법 제20조에 의하여 항고할 수 있고 그 임시 이사 선임 결정의 집행을 정지할 필요가 있는 경우에는 같은 법 제24조와 민사소송법 제418조에 의하여 항고 법원 또는 원심법원으로 하여금 위 임시 이사선임 재판의 집행을 정지하거나 기타 필요한 처분을 하도록 신청할 수 있다할 것이므로 **신청인들로서 위의 임시 이사 선임 결정에 대하여 불복이 있다면 위의 특별규정인 비송사건 절차법에 따라 항고를 하여야 함에도 불구하고 이와 같은 절차를 취하지 아니하고 민사소송법상의 가처분 절차에 따라 본건 신청을 하였음은 임시 이사를 집행하는 직무집행행위자체가 부당하다**는 것이 아니고 피 신청인들을 임시 이사로 선임한 결정자체가 부당함을 전제로 하고 있음이 명백한 본건에 있어서는 그 신청은 부당하다.

④ 이혼한 부모의 일방이 子를 양육하여 오다가 상대방에게 과거의 양육비 상환 청구와 양육자 지정신청을 병합하여 가정법원에 가사비송신청사건으로 제소한 경우에 법원은 어떠한 조치를 취하여야 하는가? 이 경우에 과거의 양육비 지급분 중 상대방의 분담부분에 관한

---

1) 대법원 1997.5.30. 선고 95다28960 판결.
2) 대법원 2009.9.17. 선고 2007다2428 전원합의체 판결.
3) 대법원 1980.11.25. 자 80마445 결정.
4) 대법원 1956.1.12. 선고 4228민상126 판결.

상환 청구는 성질상 민사소송 사항이고, 가사소송법이 정한 가정법원 관할 사항이 아니라는 이유로 양 청구의 병합 심리를 할 수 없다는 반대 견해[1] 등이 있으나, 대법원 1994.5.13. 자 92스21 전원합의체 결정은 '이혼한 부부가 각자 분담하여야 할 과거의 양육비의 비율이나 금액을 장래에 대한 것과 함께 정하는 것도 민법 제837조 2항에 규정된 자의 양육에 관한 처분에 해당하는 것으로 보아 가정법원이 자의 연령 및 부모의 재산 상황 기타 사정을 참작하여 심판으로 정하여야 할 것이지 지방법원이 민사소송 절차에 따라 판정할 것은 아니라고 해석함이 상당하다. 즉, 과거의 양육비의 상환은 비송사건으로서 양육자 지정과 현재 및 장래의 양육비의 적정 금액의 분담을 청구하는 가사비송사건에 병합하여 가사비송사건 절차에서 한꺼번에 곁들여서 처리할 수 있다고 판시하였다.

나. 관할법원이 아닌 곳에 소를 제기한 경우에 법원은 직권에 의한 이송을 한다(법 제34조 1항). 관할위반이라는 이유로 당사자가 법원에 대하여 이송신청을 할 권한은 없다.

> **[대법원 1993.12.6. 자 93마524 전원합의체 결정] [다수의견]** 당사자가 관할위반을 이유로 한 이송신청을 한 경우에도 이는 단지 법원의 직권발동을 촉구하는 의미밖에 없는 것이고, 따라서 법원은 이 이송신청에 대하여는 재판을 할 필요가 없고, 설사 법원이 이 이송신청을 거부하는 재판을 하였다고 하여도 항고가 허용될 수 없으므로 항고심에서는 이를 각하하여야 한다. 위 항고심에서 항고를 각하하지 아니하고 항고이유의 당부에 관한 판단을 하여 기각하는 결정을 하였다고 하여도 이 항고기각 결정은 항고인에게 불이익을 주는 것이 아니므로 이 항고심 결정에 대하여 재항고를 할 아무런 이익이 없는 것이어서 이에 대한 재항고는 부적법하다.

2. 심판의 편의를 위한 이송(재량이송)

가. 현저한 손해 또는 지연을 피하기 위한 이송(법 제35조)

(1) **의의**:   법정관할법원이 여러 개 있는 경우, 원고는 그의 편의를 고려하여 그 중 하나의 법원을 선택하여 소를 제기할 것이다. 이때 피고는 그가 입게 될 손해 또는 현저한 지연을 피하기 위하여 이송을 신청할 수 있다(법원의 재량판단사항). 전속관할에 의하는 사건은 본 규정의 적용 대상이 아니다.

(2) **요건**:   손해라 함은 주로 피고에게 소송수행상의 부담을 준다는 의미이고, 지연이라 함은 법원이 처리를 함에 있어서 증거조사 등 사실심리에 시간과 수고가 소요되어 소송촉진이 늦어진다는 의미이다. 대법원은 아래에서 보는 바와 같이 그 요건을 엄격하게 적용하여 본 규정을 사실상 사문화시키고 있다는 비판을 받고 있다.[2]

> **[대법원 1998.8.14. 자 98마1301 결정] [사실관계]** 원고 X는 전남 보성군 벌교읍 지역 일대 지주자를 상대로 낙찰계를 조직·운영하다가 그 계원들을 상대로 한 약정금 및 그 연대보증 채권의 지급을 구하는 소를 서울지방법원에 제기하였다. 이에 대하여, 피고들은 위

---

1) 이시윤, 14면.
2) 이시윤, 119면.

계가 벌교읍을 중심으로 운영되었고, 피고의 4분의 3 이상이 그 지역에 거주하며, 이에 관한 증거와 증인들이 모두 위 지역에 거주하거나 소재하므로 광주지방법원 순천지원으로 이송하여야 한다고 주장하면서 이송신청을 하였다. **[판결요지] 민사소송법 제35조에서 규정하는 현저한 손해라 함은, 물론 상대방(피고)측의 소송수행상의 부담을 주로 의미하는 것이기는 하나 재항고인(원고)측의 손해도 도외시하여서는 아니된다 할 것이고, 상대방측이 소송을 수행하는데 많은 비용과 시간이 소요된다는 사정만으로는 같은 법 제35조에서 말하는 현저한 손해 또는 소송의 지연을 가져올 사유가 된다고 단정할 수 없다.** 기록에 의하면, 원고는 서울에 사무소의 소재를 두고 있는 변호사를 선임하여 이 사건 소송을 제기하고 있고, 이 사건 피고들 중 약 4분의 1 정도(52인 중 14인)가 서울, 부천, 안양 등지에 거주하고 있어 이 사건을 순천지원으로 이송할 경우 이들의 비용과 시간도 상당히 소요될 것이라는 점 등에 비추어 순천지원으로 이송하여야 할 정당한 사유로 부족하다.

[**대법원 2010.3.22. 자 2010마215 결정**] 수형자가 국가를 상대로 손해배상을 청구한 사안에서, 대한민국이 수형자의 관리주체로서 부담하는 '수형자의 민사소송을 위한 장거리 호송에 소요되는 상당한 인적·물적 비용'은 행정적인 부담이지 소송상대방으로서 부담하는 것이 아니어서, 민사소송법 제35조에서 말하는 '현저한 손해 또는 지연을 피하기 위하여 이송이 필요한 사정'에 해당되지 않는다고 하였다.

(3) **이송의 절차**: 당사자의 신청이 있거나 또는 직권으로 이송한다.

나. **지법 단독 판사로부터 지법 합의부로의 이송**(법 제34조 3항)
상당성 유무는 사안의 난이도, 복잡성, 관련 사건의 합의부 계속 등을 종합하여 판단한다.

다. **지적 재산권 등에 관한 소송의 이송**(법 제36조)

3. **반소 제기에 의한 이송**(법 제269조 2항)

Ⅲ. 이송의 절차.

1. 이송의 사유를 밝힌 서면에 의한 신청을 하여야 한다. 다만 변론기일에 말로써 이송신청을 할 수도 있다. 이송신청에 대한 재판은 법원의 결정에 의한다. 다만 상소심에서 하는 이송은 판결로 한다(법 제419조, 제436조).

2. **즉시 항고**: 당사자는 법원의 이송결정 및 이송신청 기각결정 모두에 즉시항고를 할 수 있다(법 제39조).

3. 당사자가 관할위반을 이유로 한 이송신청을 하였고, 이에 대하여 법원이 이유 없다면서 기각 결정을 한 경우에 그 당사자는 즉시항고를 할 수 있는가?

(1) 학 설

① 부정설: 당사자가 이송신청을 하는 것은 법원의 직권 발동을 촉구하는 것에 불과하므로 법원이 그에 대하여 기각 결정을 하였다고 하여 즉시 항고권이 발생하는 것은 아니라고 한다.

② 긍정설: 이 경우에도 관할권 있는 법원에서 재판받을 피고의 이익 보호의 필요성, 다른 원인에 따른 이송에는 이송 신청권이 인정되는 것과의 균형 등을 고려하여 즉시항고를 허용하여야 한다는 견해.

(2) 판례는 부정설을 취하고 있다.[1]

Ⅳ. 이송결정 확정의 효과

1. 구속력(기속력)

(1) 이송결정이 확정되면 이송원인이 존재하고, 이송 받은 법원에 관할이 있다는 이송법원의 판단이 수이송(受移送) 법원을 기속하여 그 법원은 다시 이송한 법원으로 반송하거나 다른 법원으로 전송할 수 없다.

(2) 이때 전속관할에 위반하여 이송한 경우에도 구속력을 인정할 것인가?

① 긍정설: 이송의 반복에 의한 소송 지연을 피하려는 공익적 요청은 전속관할이라도 예외일수 없으며 이송결정에 대하여 불복이 있으면 즉시항고를 할 수 있으므로 즉시항고를 하지 않거나 항고가 기각되어 이송결정이 확정된 이상 이송을 받은 법원은 이에 구속되며 당사자도 항소심이나 상고심에서 전속관할위반을 주장할 수 없다는 견해로서 다수설이다.

② 부정설: 전속관할 위반은 항소심에서는 물론(제381조 단서), 절대적 상고이유로서 (제394조 1항 3호)도 주장할 수 있는 등 그 공익적 성질을 중시하여 이때에는 구속력이 없다는 견해이다.

[**대법원 1995.5.15. 자 94마1059,1060 결정**] [**사건의 개요**] 재항고인인 채무자는 1994. 3. 3. 이 사건 채권압류 및 전부명령을 송달받자 같은 해 3. 15. 항고를 제기하였다. 이에 원심법원인 집행법원은 위 항고의 성질을 즉시항고로 보고 그 항고장이 즉시항고 기간인 고지일로부터 1주일을 도과하여 접수되었음을 이유로 결정으로 항고장을 각하하였다. 재항고인이 위 항고장 각하에 대하여 불복하여 광주지방법원을 항고 법원으로 표시한 즉시항고를 제기하자, 광주지방법원은 위 즉시항고가 항고법원의 관할에 속하지 아니한다는 이유로 사건을 대법원으로 이송하였다. [**대법원의 결정요지**] ① 강제집행절차에 있어서도 소송절차에 관한 민소법 규정이 적용된다. 따라서 채권압류 및 전부명령에 불복하여 즉시항고를 한 경우에 집행법원은 그 항고장이 관련 민소법 규정에 위배된 경우 및 인지를 붙이지 아니한 경우에 상당한 기간을 정하여 보정을 명하였음에도 보정하지 아니하거나, 항고기간이 경과하였음이 명백한 때에는 명령으로 위 항고장을 각하하여야 한다. 그 각하명령에 대하여는 즉시항고의 방

---

1) 앞의 대법원 1993.12.6. 자 93마524 전원합의체 결정 참조.

법으로 불복할 수 있다. ② 이 경우 항고장 각하명령에 대한 즉시항고는 성질상 최초의 항고라고 보아야 한다. 따라서 위 항고장 각하명령에 대한 불복 신청을 재항고로 보아 사건을 대법원으로 이송한 항고법원의 결정에는 필경 항고장 각하 명령과 그에 대한 즉시항고의 성질을 오해한 위법이 있다고 아니할 수 없다. ③ **이송결정의 기속력은 당사자에게 이송결정에 대한 불복방법으로 즉시 항고가 마련되어 있는 점이나 이송의 반복에 의한 소송지연을 피하여야 할 공익적 요청은 전속관할을 위배하여 이송한 경우라고 하여도 예외일수 없는 점에 비추어 볼 때, 당사자가 이송결정에 대하여 즉시항고를 하지 아니하여 확정된 이상 원칙적으로 전속관할의 규정을 위배하여 이송한 경우에도 미친다.** ④ 심급관할을 위배하여 이송한 경우에 이송결정의 기속력이 이송받은 상급심법원에도 미친다고 한다면 당사자의 심급의 이익을 박탈하여 부당할 뿐만 아니라 이송을 받은 법원이 법률심인 대법원인 경우에는 직권조사사항을 제외하고는 새로운 소송자료의 수집과 사실확정이 불가능한 관계로 당사자의 사실에 관한 주장·입증의 기회가 박탈되는 불합리가 생기므로 **심급관할을 위배한 이송결정의 기속력은 이송 받은 상급심 법원에는 미치지 않는다고 보아야 하나,** 한편 그 기속력이 이송 받은 하급심 법원에도 미치지 않는다고 한다면 사건이 하급심과 상급심 법원 간에 반복하여 전전이송 되는 불합리한 결과를 초래하게 될 가능성이 있어 이송결정의 기속력을 인정한 취지에 반하는 것일뿐더러 민사소송의 심급의 구조상 상급심의 이송결정은 특별한 사정이 없는 한 하급심을 구속하게 되는바, 이와 같은 법리에도 반하게 되므로 **심급관할을 위배한 이송결정의 기속력은 이송 받은 하급심 법원에는 미친다고 보아야 한다**고 하면서, 이 사건을 다시 항고법원인 광주지방법원 합의부에 이송하였다.

2. 소송계속의 이전

(1) 처음부터 수 이송법원에 계속된 것으로 된다(법 제40조 1항).
시효중단·기간준수의 효력유지, 이송법원에서의 소송행위의 효력은 유효하게 존속한다.
(2) 변론의 일체성

3. 소송기록의 송부

[예제 1] X는 Y크레디트카드회사가 카드사용대금을 부당히 과다청구 하였다고 주장하면서, 이미 지급된 대금에 대하여 부당이득금반환청구의 소를 X의 주소지관할의 대구지방법원에 제기하였다. 그러자 Y회사는 위 카드발급계약서 약관에 본 카드 사용과 관련한 일체의 소송의 관할은 서울지방법원관할로 한다는 약정이 있음을 내세워 위 소송의 이송을 신청하였다. Y의 이송신청은 타당한가?

[예제 2] [제42회 변리사시험] 甲회사는 수원 소재 영업소를 통하여 乙회사에 특수 공작기계를 판매하면서, 이 매매 계약과 관련한 소송은 반드시 甲회사의 본사가 소재하는 부산지방법원만을 관할법원으로 한다는 합의를 하였다. 그 후 乙은 기계의 결함을 이유로 계약을 해제하고 매매대금의 반환을 청구하는 소를 부산지방법원에 제기하였다. 부산지방법원은 위 기계의 매매와 관련한 문제는 수원 영업소와 관계되는 문제이므로 심판의 편의를 위하여 수원지방법원으로 소송을 이송할 수 있는지 논하시오.

[예제 1, 2 해설] Ⅰ. 주요논점: 관할합의의 모습과 요건 및 효력, 전속적 합의관할, 심판의 편의를 위한 이송의 요건과 전속적 합의관할에 반하는 이송의 가능여부(예제 2의 경우).

Ⅱ. 관할합의의 요건, 효력(본 사안의 경우 매매계약과 함께 한 관할합의의 효력이 동 매매계약의 해제로 인하여 효력을 유지할 것인지 여부가 쟁점이라 할 것인데, 관할합의는 매매계약의 해제와는 별도로 그 효력이 존속한다), 관할 합의의 유형(본 사안의 경우는 전속적 합의관할에 속한다)

Ⅲ. 사안의 해결

1. 예제 1의 경우: 전속적 관할합의에 위반하여 소를 제기한 경우 법원은 합의관할법원으로 이송하여야 한다. 다만 본건의 경우에 약관에 의한 관할합의로서 그 위법성에 관하여 검토할 필요가 있을 것이다(각자의 관점에서 결론을 내릴 것).

2. 예제 2의 경우에는 심판의 편의를 위한 이송의 요건 및 전속적 합의관할에 반하는 재량이송의 가능여부를 검토하여야 한다. 판례는 일반적으로 법 제35조 규정에 의한 심판의 편의를 위한 재량이송을 기각한 하급심 판결을 그대로 유지함으로써 위 규정의 활용을 제한하는 결과를 초래하고 있어 비판을 받고 있다. 본 사안의 경우에 법원은 당사자의 전속적 관할합의에도 불구하고 심판의 편의를 위하여 법정관할권이 있는 수원지방법원으로 이송할 수 있다고 봄이 타당하다.

제 3 장   소송당사자

[당사자는 법원과 더불어 소송절차를 이끌어 가는 주체이다. 소송당사자에 있어서는 그 개념과 확정의 기준이 검토되어야 하고 나아가 적법하게 당사자로 활동할 수 있는 일반적 자격으로서의 소송당사자능력과 특정 사건에 있어서 구체적 소송물과의 관련성을 의미하는 당사자적격을 갖춰야 한다. 민사소송은 고도의 전문지식과 상황대응능력을 필요로 하는 절차이므로 그에 맞추어 소송당사자는 그의 권리 확보 및 방어를 할 수 있는 능력이 요구된다. 즉, 소송능력이 있어야 하고 경우에 따라서는 변론능력이 부정되어 진다. 아울러 소송무능력자에 대하여는 법정대리인이 필요하고, 일반적 소송행위 보호자로서 소송대리인(임의대리인) 선임이 널리 인정되고 있다.]

제 1 절   당사자의 의의

Ⅰ. 판결절차에서는 자기의 이름으로 판결을 요구하는 사람 및 그 상대방 그 밖에 강제집행, 보전절차 등에서의 명칭

Ⅱ. 형식적 당사자 개념, 실질적 당사자 개념

Ⅲ. 당사자대립주의

[대법원 2001.5.8. 선고 99다69341 판결]   원심이 인용한 제1심판결 이유에 의하면 제1심은, 경상남도 교육감이 도를 대표하여 도지사가 대표하는 경상남도를 상대로 소유권의 확인을 구하는 이 사건 청구에 대하여 지방자치단체로서의 경상남도는 1개의 법인이 존재할 뿐이고, 다만 사무의 영역에 따라 도지사와 교육감이 별개의 집행 및 대표기관으로 병존할 뿐이므로 이 사건 소는 결국 자기가 자기를 상대로 제기한 것으로 권리보호의 이익이 없어 부적법하다고 판단하였는바, 원심의 위와 같은 판단은 정당하다.

Ⅳ. 절차적 기본권으로서의 당사자권

1. 단순히 법원에 의한 일방적 조치의 대상이 아니라 소송의 주체로서 절차상의 여러 가지 권리를 보장받는다. 당사자권이란 민사재판을 받을 때 소송의 주체인 지위에서 누리는 여

러 가지 권리의 총칭이라 할 수 있다. 이러한 당사자권에 근거하여 사회의 일반적인 정의관념에 반하는 절차법의 적용을 비롯하여 자의적인 소송지휘를 금하는 절차상의 자의금지를 요구할 수 있는 것이다.[1]

2. 근거: 헌법상의 행복추구권, 국가의 인권 보장의무(헌법 제10조), 재판을 받을 권리(헌법 제27조) 등.

3. 내　　용

(1) 변론권이 충분히 보장되지 못한 때에는 판결의 취소, 무효사유가 된다.
(2) 소송절차 진행면에서는 기일지정신청권(법 제165조 1항)이 인정된다.
(3) 기일에 법원이 행하는 소송지휘의 불비를 보충하고 시정하는 권리: 구문권(법 제136조 3항), 소송절차에 관한 이의권(법 제151조) 등에 의하여 확보된다.
(4) 그밖의 법상 권리로서 이송신청권(법 제41조, 제42조, 제43조), 소송기록열람권(법 제157조, 제162조) 등이 있다.

제 2 절　당사자의 확정

Ⅰ. 당사자 확정의 필요성 및 그 의의

1. 판결의 효력(기판력)이 귀속하는 주체, 소장의 송달을 받을 자, 재판적, 법관에 대한 제척원인 등의 기준이 된다.

2. 당사자 확정의 시기

(1) 소제기의 단계에서 확정되어야 한다는 견해와 (2) 실질적 표시설의 입장에서 당사자 확정의 시기를 변론종결 시로 보아야 한다는 견해가 있다.

3. 보통은 원고가 소장에 당사자로서 기재함으로써 확정되는 것이고, 실무상 당사자표시 정정, 당사자능력, 또는 당사자 변경의 문제가 발생하는 경우에 비하여 당사자 확정이 문제되는 예는 그리 흔치 않다. 그러나, (1) 타인의 성명을 모용하여 소송을 제기한 경우, (2) 사망한 자가 당사자로 되어 있는 경우, (3) 원고가 착오로 소장에 기재한 당사자와 실질적 당사자를 불일치하게 기재한 경우 등에 있어서 진정한 당사자가 누구인지를 확정할 필요가 있다.

---

1) 이시윤, 127면.

Ⅱ. 당사자 확정의 기준

1. 학   설

가. 권리주체설(실체법설):   소송의 목적인 권리관계의 주체인 사람을 당사자로 보아야 한다는 견해로서 형식적 당사자개념이 정착된 현재는 주장되지 않는다.

나. 소송현상설
(1) 의사설
① 내용: 원고의 내심의 의사를 기준으로 하여 피고를 결정하여야 하고, 만약에 원고의 확정이 문제되는 경우에는 법원의 의사에 따라야 한다는 견해이다.
② 비판: 객관적이고 명확한 표준의 결여, 법원의 의사에 의해 원고가 결정된다면 당사자 처분권주의에 반한다.
(2) 행동설
① 내용: 당사자로서 소송행위를 하거나, 그와 같이 취급되고 있는 자를 당사자로 보아야 한다는 견해이다.
② 비판: 소송 진행은 반드시 당사자가 직접 하여야 할 필요는 없고, 또한 구체적으로 어떠한 행위를 당사자로서의 행위로 볼 것인지 구체적 기준이 없다.
(3) 표시설
① 내용: 소장의 당사자란에 기재된 자를 청구취지, 청구원인 기타 일체의 기재사항으로부터 합리적으로 해석 결정해야 한다는 견해(실질적 표시설).
② 비판: 위와 같은 고려사항을 모두 적용하더라도 그 후에 나타난 사실, 소송진행 중의 사실 등을 참작하지 않으면 성명모용소송이나 사자를 당사자로 한 소송에서 구체적 타당성 있는 당사자 확정이 어렵다.

다. 표시설이 절차의 안정·명확·신속을 요구하는 민사소송의 본래의 목적에 부합하는 견해라 할 수 있으므로 현재 통설이라 할 수 있다. 표시설에 의하더라도 아래의 판례와 같이 소장의 당사자표시뿐만 아니라 청구취지·청구원인 그 밖의 일체의 표시사항을 참작하여 합리적으로 해석하여 확정하여야 한다.

2. 판   례

판례의 경우 소장에 기재된 표시 및 청구의 내용과 원인사실 등 소장의 전취지를 합리적으로 해석하여 당사자를 확정하여야 하고, 이와 같이 확정된 당사자와 동일성이 인정되는 범위 내에서라면 올바른 당사자로 표시를 정정하는 것은 허용된다고 하여 실질적 표시설에 따르는 것으로 볼 수도 있으나, 당사자표시정정 신청을 긍정하는 판례들을 보면, 동일성 유무의 판단자료로서 소장 이외의 자료 등에 의하여 분쟁의 실질에 관한 여러 가지 사정까지를 어느 정도 참작하여 넓게 당사자표시정정을 인정하는 것으로 볼 수 있다.[1] 즉 당사자의 동일성의 유무에 관한 법원의 판례들이 一義的으로 명확한 기준을 세우고 있는 것으로 보기 어렵다 할 것이다. 판례의 일반적 태도는 당사자의 동일성 유무를 판단하는 기준으로서 소장의 기재 이외에 여러 가지 자료와 분쟁의 실질에 관한 여러 가지 사정까지도 참작하여야 한다는 것으로 볼 수 있겠다.

Ⅲ. 당사자표시의 정정

1. 의   의

가. 당사자표시정정은 당사자의 표시를 잘못하였을 경우에 그 동일성을 유지하는 범위 안에서 이를 바로 잡는 것을 말한다. 이는 종전의 당사자를 교체하고 새로운 제3자를 당사자로 바꾸는 당사자경정(임의적 당사자변경)과는 다른 것이며, 당사자의 표시정정은 당연히 허용된다. 이에 반하여 교체전후를 통하여 당사자의 동일성이 유지되지 않는 임의적 당사자변경은 원칙적으로 허용되지 않는다. 대법원은 소장에 표시된 당사자가 당사자능력이 결여된 경우 등과 같이 법적 흠이 있거나 동일성여부에 관하여 의문이 있는 경우에는 석명권을 행사하여 바로 잡아야 한다고 판시하여 법원에 적극적 역할을 부여하고 있다.

나. 당사자는 소장에 기재된 표시 및 청구의 내용과 원인사실을 합리적으로 해석하여 확정하여야 하고, 확정된 당사자와의 동일성이 인정되는 범위 내에서라면 심급의 여하를 불문하고 당사자의 표시정정을 허용하여야 한다.[2] 원고가 피고를 정확히 표시하지 못하고 당사자능력이 없는 자를 피고로 잘못 표시하였다면, 당사자표시정정 신청을 받은 법원으로서는 당사자를 확정한 연후에 원고가 정정신청한 당사자 표시가 확정된 당사자의 올바른 표시이며 동일성이 인정되는지의 여부를 살피고, 그 확정된 당사자로 피고의 표시를 정정하도록 하는 조치를 취하여야 한다. 원고가 소장에 피고의 대표자를 잘못 표시함으로써 적법한 대표자가 아닌 자 또는 그로부터 소송을 위임받은 변호사에 의하여 소송이 수행되어 왔더라도, 원고가 스스로 피고의 대표자를 정당한 대표권이 있는 자로 정정함으로써 그 흠결을 보정하였다면, 법원으로서는 원고의 보정에 따라 정당한 대표자에게 다시 소장의 부본을 송달하여야 한다. 한편 소장 송달에 의하여 소송계속의 효과가 발생함에 따라 정당한 대표자가 종전의 소송행위를 추인하는지의 여부와는 관계없이 소송관계가 성립하게 되며, 이와 같은 대표권 흠결의 보정은 항소심에서도 가능하다.[3]

다. 소송에 있어서 당사자가 누구인가는 당사자능력, 당사자적격 등에 관한 문제와 직결되는 중요한 사항이므로, 사건을 심리·판결하는 **법원으로서는 직권으로 소송당사자가 누구**

---

1) 대법원 1996.12.20. 선고 95다26773 판결 등 참조.
2) 상고심에서도 당사자표시정정 신청을 할 수 있다(김홍엽, 112면).
3) 대법원 1996.10.11. 선고 96다3852 판결.

인가를 확정하여 심리를 진행하여야 한다. 소장에 표시된 당사자가 잘못된 경우에 당사자표시를 정정케 하는 조치를 취함이 없이 바로 소를 각하할 수는 없다.[1] 즉 당사자가 누구인가를 확정하기 어려운 경우에는 이를 분명히 하기 위하여 법원은 석명할 의무가 있다.

2. 동일성이 인정되는 사례

가. 가족관계등록부·주민등록표·법인등기부·부동산등기부 등 공부상의 기재에 비추어 당사자의 이름에 잘못 기재나 누락이 있음이 명백한 경우에는 당사자표시정정을 허용하여야 한다. 법을 몰라 당사자능력 없는 자를 당사자로 잘못 기재하였음이 명백한 경우(예컨대 점포주인 대신 점포명을 기재한 경우 등)에는 소장 전체의 취지를 합리적으로 해석하여 인정되는 올바른 당사자능력자로의 표시정정을 허용하여야 할 것이다.

나. 원고 대표자가 원고를 '수원백씨 선정공파 종친회'라 잘못 기재하였다가 원고 문중인 '수원백씨 대구시 노곡동 문중'으로 수정한 것은 단순한 당사자표시정정에 불과하다.[2] 소장에 당사자표시를 '원고 임시관재총국 위 대표자 총국장'으로 기재하였으나 그 청구의 내용은 적산인 국유재산에 관한 소송임이 소송자체에 의하여 명백할 뿐만 아니라, 동 총국이 동 재산에 관한 국가행정을 관장하여 국가소송에 동 총국장이 대표로 되는 제 법규에 비추어 본건 소송은 그 본질에 있어서 국(國)을 당사자로 하는 소송으로 이해함이 가하고, 다만 형식으로서 '원고 국(國) 위 대표자 임시관재 총국장'으로 보정함으로써 족할 것이다.

다. 원고가 피고의 사망사실을 모르고 사망자를 피고로 표시하여 소를 제기한 경우에, 청구의 내용과 원인사실, 당해 소송을 통하여 분쟁을 실질적으로 해결하려는 원고의 소제기 목적 내지는 사망사실을 안 이후 원고의 피고표시정정신청 등 여러 사정을 종합하여 볼 때에, 실질적인 피고는 당사자능력이 없어 소송당사자가 될 수 없는 사망자가 아니라 처음부터 사망자의 상속자이고 다만 그 표시에 잘못이 있는 것에 지나지 않는다고 인정되면 사망자의 상속인으로 피고의 표시를 정정할 수 있다. 마찬가지로 상속개시 이후 상속의 포기를 통한 상속채무의 순차적 승계 및 그에 따른 상속채무자 확정의 곤란성 등 상속제도의 특성에 비추어 위의 법리는 채권자가 채무자의 사망 이후 그 1순위 상속인의 상속포기 사실을 알지 못하고 1순위 상속인을 상대로 소를 제기한 경우에도 채권자가 의도한 실질적 피고의 동일성에 관한 위 전제요건이 충족되는 한 마찬가지로 적용이 된다.[3] 즉 1순위 상속인의 상속포기가 있는 경우에는 후순위 상속인으로의 피고 표시정정을 할 수 있다.[4] 또한 추후에 상속인을 알아내어 표시정정을 할 의도로 일단 사망한 자를 피고로 표시하여 소를 제기한 경우라면 피고의 사망사실을 안 경우에도 피고의 표시정정신청을 할 수 있고, 이 경우에 시효중

---

1) 대법원 2001.11.13. 선고 99두2017 판결.
2) 대법원 1970.2.24. 선고 69다1774 판결.
3) 대법원 2009.10.15. 선고 2009다49964 판결: 상속을 포기한 자는 상속개시부터 상속인이 아니었던 것과 같은 지위에 놓이게 되므로 제1순위 상속인이라도 상속을 포기한 경우에는 이에 해당하지 아니하며, 후순위 상속인이라도 선순위 상속인의 상속포기 등으로 실제로 상속인이 되는 경우에는 이에 해당한다.
4) 대법원 2009.10.15. 선고 2009다49964 판결.

단의 효과는 처음의 소장제출 시에 발생한다.[1] 그러나 공유물분할청구의 소의 피고 중 1인이 이미 사망한 경우에는 표시정정은 허용되지 아니한다.[2]

라. 그 밖에 학교법인의 이사장이나 학교법인 대신 학교를 당사자로 표시한 경우에 이사장이나 학교법인으로의 정정을 허용한 사례도 있다.[3] **당사자적격이 없는 자를 당사자로 잘못 표시한 경우에도 당사자표시를 정정·보충시키는 조치가 필요하다.** 즉 판례[4]는 甲이 회생절차의 관리인이 된 사안에서 甲 개인을 채무자로 한 것이 아님이 청구원인 기재로 보아 명백한 경우에 법원이 원고에게 당사자표시정정의 보정명령을 하지 않고 막연히 당사자적격이 없다는 이유로 소를 각하한 것은 위법하다고 하였다. 일종의 당사자표시정정 법리의 확대라고 할 수 있는데, 법원이 임의적 당사자변경을 엄격히 제한한 데 따른 보완책으로 볼 수 있을 것이다.[5]

[**대법원 1996.12.20. 선고 95다26773 판결**] 원심판결이유에 의하면, 원심은 '대한예수교장로회 A교회'가 그 대표자를 B로 하여 피고를 상대로 이 사건 소를 제기하고 소송을 진행하던 중 제1심 7차 변론기일에 이르러 위 B는 그가 '대한예수교장로회 A교회'의 대표자로 이 사건 소송을 수행하는 것이 아니고 위 교회 교인들의 선정당사자로서 이 사건 소송을 수행하고 있다고 진술하였으나 제1심 제10차 변론기일에서 진술된 피고 제출의 1994. 5. 12.자 준비서면과 제1심 제11차 변론기일에서 진술된 원고제출의 1994. 5. 25.자 준비서면까지 원고가 '대한예수교장로회 A교회'로 표시되었음에도 불구하고 제1심법원은 위 B의 진술에 따라 '대한예수교장로회 A교회'가 아닌 위 B를 포함한 83명(원심판결의 84명은 오기로 보인다)의 선정자가 선정당사자로 선임한 위 김철호를 원고로 하여 판결을 선고하였는바, 위와 같이 원고를 '대한예수교장로회 A교회'에서 선정당사자 B로 변경함은 임의적으로 당사자를 변경하는 것으로서 허용될 수 없다고 판단한 후 위 B를 원고(선정당사자)로 한 제1심판결을 취소하고 '대한예수교장로회 A교회'를 원고로 하여 그 청구를 기각하는 판결을 선고하였다. 그런데 기록에 의하면, 이 사건 소장의 원고표시란에는 '대한예수교장로회 A교회 대표자 담임목사 B'라고 기재되어 있고, '대한예수교장로회 A교회당회의인'이라는 날인이 되어 있기는 하나, 그 청구의 내용은 '원고 B 목사'와 그의 가족들 및 '대한예수교장로회 A교회'의 교인들이 피고의 가처분으로 인하여 B 목사가 6개월 동안 교회에 출입하지 못함으로써 정신적 고통을 입었으므로 그 손해배상으로써 원고 김철호에게 금30,000,00원, 원고 B의 가족들에게 합계 금45,000,000원, 교인 76명에게 합계 금152,000,000원의 지급을 구한다는 것이고, 소장의 첨부서류로서 "대한예수교장로회 A교회 담임목사 B에게 소송선정당사자로 위임하고 본 소송에 관한 모든 권한을 위임합니다."라는 내용으로 위임자 83명이 기명날인한 소송위임장을 제출하였으며, 그 후 B 등 83명의 이름으로 'B를 소송수행자(원고)로 선정한다'는 내용의 '선정당사자(원고) 선정서'를 제출하고, 제1심 제7차 변론기일에 이르러 "원고(선정당사자)는 대한예수교장로회 A교회의 대표자로 이 사건 소송을 수행하는 것이 아니고, 위 교회 교인들

---

1) 대법원 2011.3.10. 선고 2010다99040 판결.
2) 대법원 2012.6.14. 선고 2010다105310 판결.
3) 대법원 1998.8.22. 선고 96다3852 판결.
4) 대법원 2013.8.22. 선고 2012다68279 판결.
5) 표시정정제도를 비대화시켜 실질적인 피고경정과 같아지는 것은 경계할 것이라고 하여 이러한 판례의 태도에 대하여 다소 비판적으로 보는 견해도 있다(이시윤, 131면).

의 선정당사자로 소송을 수행하고 있다."고 진술하자, 제1심은 이 사건 원고를 대한예수교장로회 A교회가 아니라 원고를 비롯한 교인 83명이 원고를 당사자로 선정하여 진행하는 손해배상청구소송으로 보고 소송을 진행하여 원고 일부승소판결을 선고하였는데, 원심은 다시 이 사건 원고를 '대한예수교장로회 A교회'로 보고 그에게 항소장부본을 송달한 뒤 변론을 진행하여 위와 같은 판결을 선고한 것임을 알아 볼 수 있다. 그러나 **당사자는 소장에 기재된 표시 및 청구의 내용과 원인사실 등 소장의 전취지를 합리적으로 해석하여 확정하여야 하는 것이다.** 이 법리와 위에서 확정한 사실관계를 종합하여 검토하여 보면, 이 사건 소는 B 등 83명이 B를 선정당사자로 선정하여 제기한 것으로 보아야 할 것이고, 제1심이 이 사건 원고의 표시를 '대한예수교장로회 A교회 대표자 담임목사 B'에서 '원고(선정당사자) B'로 변경한 것은 당사자의 동일성이 인정되는 범위 내에서의 당사자 표시정정에 지나지 않는다고 할 것임에도 불구하고 원심이 이 사건의 원고를 '대한예수교장로회 A교회'로 보고 '선정당사자 B'로 변경하는 것은 임의적 당사자 변경에 해당하여 허용될 수 없다는 전제 아래 **'대한예수교장로회 A교회'에게 항소장부본을 송달한 후 그를 원고로 취급하여 변론을 진행하여 판결을 선고한 것은 소송당사자 아닌 자를 소송당사자로 소송을 진행하여 판결을 한 것이므로 이 사건 원고에 대하여는 항소심 판결이 아직 선고되지 않았다고 할 것이고, 원고와 사이의 이 사건은 아직 원심에서 변론도 진행되지 않은 채 계속 중이라고 할 것이므로 원고는 상고를 제기할 것이 아니라 원심에 이 사건에 대한 변론기일지정신청을 하여 소송을 다시 진행함이 상당하다고 할 것이며, 원심이 선고한 판결은 원고에 대한 관계에 있어서는 적법한 상고대상이 되지 아니한다.**

3. 동일성을 부정한 사례

가. 종회의 대표자로서 소송을 제기한 자가 그 종회 자체로 당사자표시변경신청을 한 경우, 그 소의 원고는 자연인인 대표자 개인이고, 그와 종회 사이에 동일성이 인정된다고 할 수 없어 당사자 표시정정신청은 허용되지 않는다.[1]

나. 원고 甲을 제외한 나머지 원고들을 상고인으로 표시한 상고장을 제출하였다가 원고 갑을 상고인으로 추가하는 내용의 당사자표시정정신청은 허용되지 않는다.[2]

4. 당사자표시정정 없이 한 판결의 효력

판례[3]는 당사자표시정정이 이루어지지 않아 잘못 기재한 당사자를 표시한 본안판결이 확정되어도 그 판결은 당연무효로 볼 수 없을뿐더러, 그 확정판결은 잘못 기재된 당사자와 동일성이 인정되는 범위 내에서는 적법하게 확정된 당사자에게 효력이 미친다고 한다.

[예제] A종중의 대표자 甲은 A종중의 전(前) 대표가 종중총회의 결의도 없이 함부로 처분한 종중재산을 되찾고자 종중대표자의 자격으로 甲 개인이 원고가 되고 그 재산의 매수인

---

1) 대법원 1996.3.22. 선고 94다61243 판결.
2) 대법원 1991.6.14. 선고 91다8333 판결.
3) 대법원 2011.1.27. 선고 2008다27615 판결.

이자 등기명의인인 을을 피고로 하여 말소등기청구 소송을 제기하였다. 위 소송에서 법원에 의하여 甲이 당사자적격이 없다고 지적되자 원고를 甲에서 A종중으로 변경하고자 한다. 이것이 가능한지에 관하여 검토하라.

[해설] Ⅰ. 문제의 소재 및 주요논점: 본 문제의 주요쟁점은 본 소송의 진정한 당사자를 甲과 A 종중의 어느 쪽으로 볼 것인가라는 당사자 확정의 문제와 통설·판례에 따라 위 소송의 원고를 甲으로 볼 때에 그 소송의 당사자 적격이 있는 A 종중으로 바로 잡을 방법을 모색하는 것이다. 즉, 당사자 표시정정이 허용될 것인가? 만약 당사자 변경으로 간다면 원고의 임의적 변경이 가능할 것인지가 문제된다.

Ⅱ. 당사자의 확정: 1. 당사자 확정기준에 관한 학설: (1) 의사설, (2) 행동설, (3) 표시설(실질적 표시설), (4) 소결론 2. 본건 사안에의 적용: ① 의사설에 의하면 A종중을 당사자(원고)로 봄이 타당함. ② 표시설이나 행동설에 의하면 갑을 원고로 보아야 한다. ③ 판례·통설은 (실질적)표시설을 취하고 있으므로 갑을 원고로 보아야 한다.

Ⅲ. 당사자표시정정의 가능성 검토: 1. 정정 전후를 통하여 당사자의 동일성이 유지되어야 한다. 가. 동일성의 의의 나. 판례의 태도 2. 사안의 경우 동일성을 인정할 것인가? A 종중과 甲은 별개의 인격체이므로 동일성을 부정하여야 한다.

Ⅳ. 임의적 당사자변경의 가능성 검토

1. 일반적 검토 가. 의의 나. 허용여부 (1) 학설 (2) 판례 (3) 현행법의 태도 (4) 결론 2. 사안의 경우에는 원고를 소송계속 중에 임의로 변경할 수 없다는 판례의 태도를 따라 원고 甲을 A 종중으로 변경하는 것은 불가능하다.

Ⅳ. 성명모용(姓名冒用) 소송

1. 원고가 모용당한 경우

가. 예컨대 A가 무단히 甲 명의를 도용하여 소를 제기하여 소송을 수행한 경우에, **표시설**에 의하면 甲이 소송당사자(원고)이고 모용자인 A는 당사자가 아니다. 법원은 위의 경우에 피모용자 甲이 A의 소제기 행위를 추인하지 않으면 판결로써 그 소를 각하하여야 한다. 법원이 위와 같은 사실을 모르고 본안판결을 하였을 때에는 그 판결은 甲에게 효력이 미치므로, 甲은 무권대리인이 소를 제기한 경우에 따라 판결확정전이면 상소를, 그 후에는 재심의 소를 제기하여 구제받을 수 있다. 그러나 甲에게 유리한 판결이면 甲이 A의 행위를 추인하고 그 판결 결과를 원용할 수 있을 것이다.

나. 행위설이나 의사설에 따를 때에는 위와 결론을 달리한다. 즉 행위설에 의하면 모용자가 당사자로 되므로 피모용자에게 판결의 효력이 미치지 않는다. 의사설에 의하면 피고가 모용된 경우에는 원고의 의사에 따라 피모용자가 당사자가 되어 그에게 판결의 효력이 미칠 것이다.

2. 피고가 모용당한 경우

가. 예컨대 원고가 피고를 乙로 표시하여 소제기 하였음에도 B가 乙을 무단히 사칭하여 소송을 수행하는 경우에 표시설에 의하면 乙이 소송당사자(피고)이고, 모용자인 B는 당사자가 아니므로 법원은 B의 소송관여를 배제하고 乙에게 기일통지를 하여야 한다. 만일 B가 乙을 참칭하여 소송을 진행하여 판결이 선고되었다면, 피고는 상소 또는 재심의 소를 제기하여 그 판결의 취소를 구할 수 있다.

나. 판결의 편취: 예컨대, 원고 甲이 피고 乙의 주소를 허위로 기재하거나(乙이 아닌 제3자 丙의 주소가 마치 을의 현재 주소인 것처럼 기재한 경우), 또는 乙의 주소를 정당하게 기재하였으나 丙이 乙의 주소지에 송달된 소송서류를 乙이 직접 수령하는 것으로 가장하여 위 소송서류를 송달받고 그로 인하여 乙이 모르는 사이에 소송이 진행되어 乙에게 불리한 판결이 선고된 경우: 이때 판례에 의하면, 위 乙에 대한 판결정본의 송달은 부적법하여 무효이므로 乙은 아직도 판결정본을 송달받지 못한 상태에 있는 것으로서 그 판결에 대한 항소기간은 진행되지 않고 있으므로 乙은 언제든지 항소를 제기하여 위 판결결과를 다툴 수 있다고 본다.[1] 위와 같은 경우에 위 사위판결에 기하여 부동산에 관한 소유권이전등기나 말소등기가 경료된 경우에는 별소로써 그 등기의 말소를 구할 수도 있다.[2]

Ⅴ. 死者를 당사자로 한 소송

1. 소제기 당시에 이미 사망한 경우

가. 소송제기 당시에 소장에 표시된 피고가 이미 사망하였을 경우에 동 소송은 부적법한 것으로서 각하할 것이다. 만약 법원이 위와 같은 사실을 간과하고 그대로 판결을 선고한 경우에는 동 판결이 확정되었다 하더라도 그 효력을 받을 피고가 실재하지 않으므로 그에 대해 기판력이 발생할 여지가 없고, 그 상속인에게도 미치지 않는다. 이러한 의미에서 동 판결은 무효이며 재심의 대상이 되는 것도 아니다.[3] 당사자가 사망한 자인가의 여부는 법원의 직권조사사항이다.

나. 피고가 이미 사망한 사실을 모르고 제소한 경우: 이때 사실상의 피고는 사망자의 상속인이고, 다만 표시를 그릇한 것에 불과하다고 해석함이 타당하므로, 실질에 있어서는 최초부터 사망한 자의 각 재산상속인을 피고로 하여 제소한 것이라고 보아 원고의 당사자표시 정정신청은 당연히 허용되어야 한다.[4]

---

1) 대법원 1978.5.9. 선고 75다634 전원합의체 판결.
2) 대법원 1995.5.9. 선고 94다41010 판결.
3) 대법원 2000.12.27. 선고 2000다33775 판결.
4) 대법원 1969.12.9. 선고 69다1230 판결.

다. 사망자를 피고로 하여 제소한 제1심에서 원고가 상속인으로 당사자표시정정을 함에 있어서 일부 상속인을 누락시킨 탓으로 그 누락된 상속인이 피고로 되지 않은 채 제1심판결이 선고된 경우에 원고는 항소심에서 그 누락된 상속인을 다시 피고로 정정 추가할 수 없다. 항소심에 있어서의 소송계속은 제1심 판결을 받은 당사자(그 포괄승계인 포함)로서 그에 불복 항소한 당사자와 그 상대방 당사자 사이에서만 발생함이 심급제도에서 오는 귀결이라 할 것으로 제1심판결을 받지 아니한 당사자 간에 있어서는 비록 그 일방이 제1심판결을 받았다 하여도 항소에 의하여 이심의 효력이 발생할 수 없다.[1] 원고가 위 망인을 사망한 줄 모르고 피고로 표시하여 제소하였다가 제1심에서 그 상속인들로 당사자의 표시를 정정함에 있어서 피고 일부를 빠뜨림으로써 그들에 대하여 제1심판결이 누락된 상태에서 항소심에 이르러 동 피고를 위 망인의 상속인으로 추가하는 뜻에서 당사자표시정정을 신청하고 있는 경우에, 이는 허용될 수 없다.

마. 대법원은 위 판례와 같이 당사자표시정정설을 일관적으로 유지하고 있다. 그러나 일부 학설은 아래에서 보는 하급심 판례와 같은 취지로 대법원판례와 반대 입장을 취하고 있다.

[서울고등법원 2005.4.20. 자 2004라693 결정] 원고가 이미 사망한 자에 대하여 그가 사망한 사실을 모르고 피고로 표시하여 소를 제기한 경우에 이미 사망한 피고를 그 상속인들로 정정하는 것은 그 요건, 절차 및 효과에 관하여 민사소송법에서 규정하고 있지 아니하여 판례의 해석 기준 또는 실무해설서에 따라 제도가 운용되고 있는 반면에, 피고경정에 관하여는 민사소송법 260조, 261조, 265조에 자세히 규정하고 있음에 비추어 보면 적어도 1990년 개정 민소법 시행 이후에는 당사자표시정정은 순수한 의미에서의 오기의 정정에 한하고, 최초 피고로 잘못 표시된 망인의 표시정정 대상인 선순위 상속인이 상속을 포기한 경우에는 순차로 차 순위 상속인을 상대로 당사자표시정정이 이루어지게 되는 경우에는 피고가 되는 자연인이 실질적으로 계속 변경됨에도 불구하고 이를 당사자표시정정으로서 허용하는 것은 불합리하고 재판상 청구에 의한 소멸시효가 문제되는 경우에 당사자표시정정을 허용하게 되면 최초의 망인을 상대로 소를 제기한 때에 소멸시효가 중단되는 것으로 볼 여지가 있어서, 뒤늦게 피고로 된 후순위 상속인은 실제로 청구를 받지 않았음에도 시효가 중단되는 결과를 초래하게 되는 반면에, 피고경정을 통하도록 하면 시효중단의 효과는 민사소송법 265조의 규정에 따라 경정신청서 제출 시에 발생하므로 위와 같은 결과를 방지할 수 있는 점 등에 비추어 당사자 표시정정은 허용되지 않는다.

2. 소제기 후 변론종결 전에 사망한 경우

가. 소송계속 중 당사자가 사망한 경우 그 소송은 상속인들에게 당연 승계되므로 소송중단 및 수계가 문제될 뿐 당사자확정의 문제는 생기지 않는다.

나. 소송계속 중 어느 일방 당사자의 사망에 의한 소송절차 중단을 간과하고 변론이 종결되어 판결이 선고된 경우에는 그 판결은 소송에 관여할 수 있는 적법한 수계인의 권한을 배

---

1) 대법원 1974.7.16. 선고 73다1190 판결.

제한 결과가 되는 절차상 위법은 있지만 그 판결이 당연 무효라고 할 수는 없다. 다만 그 판결은 대리인에 의하여 적법하게 대리되지 않았던 경우와 마찬가지로 보아 대리권 흠결을 이유로 상소 또는 재심에 의하여 그 취소를 구할 수 있을 뿐이다.[1]

　다. 당사자가 사망하였으나 그를 위한 소송대리인이 있는 경우에는 소송절차가 중단되지 아니하고, 그 소송대리인은 상속인들 전원을 위하여 소송을 수행하게 되어 그 사건의 판결은 상속인들 전원에 대하여 효력이 있다. 다만, 심급대리의 원칙상 그 판결정본이 소송대리인에게 송달된 때에는 소송절차가 중단된다.[2] 이 경우에도 소송대리인이 상소에 관한 권한을 위임받은 경우에는 상소하지 않으면 그 판결이 확정될 것이다.

3. 변론종결 후에 사망한 경우

이 경우 사망자명의로 된 판결의 기판력은 변론종결 후의 승계인인 상속인에게 미친다.

　[원고가 소제기 전에 사망한 경우: 대법원 1990.10.26. 선고 90다카21695 판결]　직권으로 살피건대, 경기도 파주군 파주읍장 작성의 호적등본 기재에 의하면 이 사건에서 공동원고의 한 사람으로 되어 있는 이우연은 이 사건 소장이 제1심법원에 접수되기 전인 1988.3.11.에 사망하였음이 인정된다. 그렇다면 원고 이우연 명의의 이 사건 제소는 부적법한 것으로 각하할 수밖에 없다. 그러므로 그 점을 간과한 원심판결과 제1심판결을 파기 취소하고 그 소를 각하하기로 한다. **[평석]** (1) 판례는 사망자를 원고로 표시하여 제기된 소는 원칙적으로 부적법하고 상속인들의 소송수계신청도 허용되지 않는 것으로 명시하고 있는데(대법원 79마173; 81누420; 90다카21695 판결 등), 그 논거를 실재하지 않는 사람을 당사자로 하여 당사자능력이 흠결되었다는 점에서 찾고 있는 것으로 이해된다. 이와 관련하여 원고로 표시된 사람이 사망자인 경우 당사자표시정정을 허용하지 않는 것이 판례의 입장이라고 이해하면서 원고의 경우는 의사설에 의할 때 상속인이 당사자라고 하기 어려운 점과 원고로 표시된 사망자의 사망사실을 상속인이 몰랐다고 하기 어려운 점에서 위 판례가 타당하다고 지지하는 견해가 있다(불허설: 길기봉, "사망자 명의로 제기된 소임이 상고심에서 밝혀진 경우의 처리", 대법원 판례해설 제21호).

　[예제] [제40회 변리사시험]　A(사고당시 만 23세)는 횡단보도를 건너다가 자가운전자인 B의 운전미숙으로 말미암아 B의 승용차에 치여 부상을 당했다. 이에 A는 B를 상대로 損害賠償請求의 訴를 제기하였다. 受訴法院은 B가 提訴前에 이미 사망하여서 그 相續人인 C (B의 배우자)가 소송을 수행하고 있다는 사실을 제1심의 訴訟係屬中에 알게 되었다. 이 경우의 訴訟上 取扱에 대하여 논하시오. (20점)
　[해설] Ⅰ. 주요논점: 당사자의 확정 및 그 기준에 관한 학설과 판례의 내용, 소제기 전에 피고가 이미 사망한 경우의 소송상 취급, 상속인이 실질적으로 소송을 수행하여 판결이 선고된 경우 그 판결의 효력
　Ⅱ. 당사자의 확정

---

1) 대법원 1998.5.30. 자 98그7 결정.
2) 대법원 1996.2.9. 선고 94다61649 판결.

Ⅲ. 피고가 소제기 전에 이미 사망한 경우의 소송상 취급 1. 원고가 피고의 사망사실을 모르고 사망자(B)를 피고로 한 경우: 상속인 C로 당사자표시 정정 가능함. 2. 피고 사망사실을 알고도 소제기 한 경우: 당사자능력이 결여되어 있으므로 소 각하 판결을 하여야 한다.

Ⅳ. 상속인 C가 B의 사망사실을 알리지 않고 마치 B 본인이 소송을 수행하는 것처럼 소송을 수행하여 판결이 선고된 경우: 신의칙상 금반언의 법리를 따라 그 판결의 효력이 C에게도 미친다 할 것이다(대법원 1995.1.24. 선고 93다25875 판결 참조).

Ⅵ. 법인격부인론과 당사자의 확정

1. 법인격부인의 법리는 미국 판례법에 의하여 발전되어온 법이론으로서, 회사의 법인으로서의 존재는 인정하지만 특정한 법률관계에 관하여 공익·정의 혹은 형평의 요구에 맞추기 위하여 회사의 법인격을 무시하고 그 배후에 있는 사원 혹은 다른 회사를 실질적인 당사자로 취급함으로써 법률관계의 타당한 조정 내지 해결을 꾀하려는 이론이다.

2. 기존회사가 채무를 면탈하기 위하여 기업의 형태·내용이 실질적으로 동일한 신설회사를 설립하였다면, 신설회사의 설립은 기존회사의 채무면탈이라는 위법한 목적 달성을 위하여 회사제도를 남용한 것에 해당하고, 이러한 경우에 기존회사의 채권자에 대하여 위 두 회사가 별개의 법인격을 갖고 있음을 주장하는 것은 신의성실의 원칙상 허용될 수 없으므로, 기존회사의 채권자는 위 두 회사 어느 쪽에 대하여서도 채무의 이행을 청구할 수 있다. 여기에서 기존회사의 채무를 면탈할 의도로 신설회사를 설립한 것인지 여부는 기존회사의 폐업 당시 경영 상태나 자산상황, 신설회사의 설립시점, 기존회사에서 신설회사로 유용된 자산의 유무와 그 정도, 기존회사에서 신설회사로 이전된 자산이 있는 경우 그 정당한 대가가 지급되었는지 여부 등 여러 사정을 종합적으로 고려하여 판단하여야 한다.[1]

3. 법인격부인과 당사자확정의 문제

가. 회사의 채권자는 법인(회사)과 그 배후에 있는 법인격을 남용한 자(자연인 또는 법인) 중 어느 한쪽만을 당사자로 할 수도 있고, 양쪽을 동시에 피고로 할 수도 있다.

나. 문제는 법인(회사)을 당사자로 하였다가 그 배후자를 당사자로 바꾸는 경우에 이를 어떻게 취급할 것인가이다.

(1) **소송승계설:** 소송절차의 승계에 준하여 회사로부터 배후자로의 참가·인수승계의 방법에 의해야 한다는 견해이다.

(2) **임의적 당사자변경설:** 이때 당사자는 회사이고 배후자는 아니므로 임의적 당사자 변경절차에 의해야 한다는 견해이다.

(3) **수정 임의적 당사자변경설:** 법인격부인이라 하여 법인의 존재 자체를 부인하는

---

1) 대법원 2010.1.14. 선고 2009다77327 판결.

것은 아니므로 일반적인 경우는 당사자를 바꾸면 당사자의 변경이지 표시정정이 아니다. 다만, 상대방에 대한 채무면탈을 목적으로 구 회사와 인적구성이나 영업목적이 실질적으로 같은 신 회사를 설립한 때에 한하여 예외적으로 임의적 당사자의 변경 없이 구회사의 표시로도 배후자가 당사자로 특정되었다고 볼 것이고, 이때는 당사자표시정정절차에 의하여 구 회사를 배후자로 바꿀 수 있다고 보는 견해이다.

4. 기판력이 미치는 범위

판례[1]는 설령 법인격이 부인되는 경우라 하더라도 법인격이 부인되는 구 회사에 대한 확정판결의 기판력이나 집행력이 그 배후자에게 미치는 것은 아니라고 판시한다. 예컨대 X가 소외 A회사에 대한 승소판결(확정)을 받아 집행하려하였으나 그 집행재산이 없으므로 Y회사가 위 A회사의 채무면탈을 목적으로 설립된 회사라는 이유로 A회사에 대한 집행권원이 되는 위 판결에 기초하여 Y회사에 대한 승계집행문부여의 소를 제기한 경우에 이러한 청구는 허용될 수 없다는 것이다.

> **[예제]** 원고 甲이 피고 乙에 대한 소를 제기하여 을에게 소장부본이 송달되었다. 이때 甲과 서로 공모한 丙이 乙에게 "구술변론기일에 출석하지 않아도 된다"라고 하면서 기망하여 乙로 하여금 기일에 불출석하게 한 뒤, 병이 제1회 변론기일에 출석하여 乙 본인이 출석한 것처럼 사칭하고 청구원인사실을 모두 자백하였다. 그 후, 乙이 사망하였음에도 법원이 乙의 사망사실을 모르는 상태에서 乙에 대한 甲의 청구를 인용하는 판결을 선고하고, 항소기간이 경과되었다. 이러한 경우 乙의 상속인 丁은 소송법상 어떠한 조치를 취할 수 있는가?
>
> **[해설]** I. 주요 논점: 당사자 확정과 그 확정 기준, 성명모용 소송과 그 효력의 귀속, 소송계속 중에 당사자가 사망한 경우에 그 사망자대상 판결의 효력, 종국판결의 미확정, 수계신청 후 항소
>
> II. 당사자 확정과 그 기준
>
> III. 성명모용소송:
>
>   1. 법원의 직권조사사항
>   2. 丙이 乙의 성명을 사칭하였음이 밝혀진 경우에 법원이 할 수 있는 조치
>   3. 丙이 한 재판상 자백의 효력은 乙이 한 것으로 간주된다(표시설의 적용).
>
> IV. 종국판결의 선고가 있은 경우
>
>   1. 소송계속 도중에 乙의 사망사실을 간과하고 종국판결이 선고된 경우에 그 판결은 당연 무효가 아니라 소송대리권 흠결의 경우에 준하여 상소 또는 재심청구를 통하여 취소할 수 있다
>   2. 종국판결 정본이 丙에게 송달된 경우: 부적법한 송달로서 그 판결은 미확정 상태에 있게 된다.
>
> V. 丁이 할 수 있는 조치
>
>   1. 소송수계신청: 가. 신청권자 나. 수계신청을 하여야 할 법원
>   2. 丁이 할 수 있는 조치: 항소

---

1) 대법원 1995.5.12. 선고 93다44531 판결 등.

제 3 절 당사자능력

I. 의　　의

II. 실질적 당사자능력자: 권리능력자

1. 자연인: 자연인은 누구나 당사자능력을 갖는다.

(1) 외국인은 치외법권자라 하여도 당사자능력이 있으므로 스스로 원고로서 제소하거나, 치외법권을 포기하면 피고로 될 수도 있다.

(2) 태아는 원칙적으로 당사자능력이 없으나, 불법행위로 인한 손해배상, 상속 및 유증, 사인증여의 경우에는 논란이 있다. 판례는 정지조건설의 입장에서 태아인 상태에서는 권리능력이 인정되지 않으므로 당사자능력이 인정되지 않는다고 한다.[1] 이에 대하여 통설은 의학의 발달로 인하여 태아의 사망률이 현저히 낮아진 점, 태아에게도 증거보전과 집행보전의 필요성이 있는 점을 고려하여 해제조건설에 따라 당사자능력을 인정하여야 한다는 입장을 취한다. 자연인이 사망하면 당사자능력을 잃는다.

(3) 파산자도 당사자능력은 인정된다.

2. 법　　인

가. 권리능력 있는 법인은 종류의 여하를 불문하고 모두 당사자능력을 갖는다. 외국법인의 국내지점은 당사자능력이 없다. 마찬가지로 법인의 지방조직이나 내부조직에 불과한 지방분회 등은 당사자능력이 없다. 사회복지법인 소속의 '지역자활센터'는 그 법인과의 별개 단체로서 독립성이 없으므로 당사자능력이 없다.[2] 법인이 해산·파산하여도 청산·파산의 범위 내에서는 법인격이 유지되므로 당사자능력을 갖지만, 청산이 종결되면 당사자능력을 잃는다.

나. 공법인인 국가·지방자치단체·영조물법인이나 공공조합 등도 당사자능력이 있다. 국가의 기관에 그치는 행정청은 행정소송에서는 피고능력이 있지만(행정소송법 제13조), 민사소송에서는 당사자능력이 없다.

[1) 대법원 1976.9.14. 선고 76다1365 판결.
2) 대법원 2013.10.11. 선고 2013다38442 판결.

Ⅲ. 형식적 당사자능력자

1. 비법인 사단·재단의 당사자능력 인정 필요성

법인이 아닌 사단·재단은 그 대표자나 관리인이 있으면 당사자능력이 인정된다(법 제52조). 이러한 자를 형식적 당사자능력자라 한다. 소송경제를 위한 정책적 배려에 따른 것이다.

2. 법인격 없는 사단

가. 법인격 없는 사단의 경우에 고유의 목적을 가지고 사단적 성격을 가지는 규약을 만들고, 이에 기초하여 의사결정기관 및 그 집행기관인 대표자나 관리인이 있고, 구성원의 가입·탈퇴 등으로 인한 변경에 관계없이 단체 그 자체가 존속되고, 기관의 의결이나 업무집행 방법이 다수결원칙에 의하여 행하여지는 등의 요건을 충족하는 경우에는 소송당사자능력을 갖는다.

> **[대법원 2007.11.16. 선고 2006다41297 판결]** 비 법인사단에 해산사유가 발생하였다고 하더라도 곧바로 당사자능력이 소멸하는 것이 아니라 청산사무가 완료될 때까지 청산의 목적범위 내에서 권리·의무의 주체가 되고(대법원 2003.11.14. 선고 2001다32687 판결 등 참조), 이 경우 청산 중의 비 법인사단은 해산 전의 비법인사단과 동일한 사단이고 다만 그 목적이 청산 범위 내로 축소된 데 지나지 않는다고 할 것이다. 제1심이 인정한 사실과 같이 피고 교회가 교회 건물을 다른 교회에 매도하고 더 이상 종교활동을 하지 않음으로써 해산하였다고 하더라도, 피고 교회의 교인 지위를 유지하고 있던 원고들이 교회 재산의 귀속관계에 대하여 다투고 있고, 달리 교회 건물의 매도 등을 비롯하여 교회 재산의 귀속과 관련한 청산이 종료되었다고 볼 자료가 없는 이상 피고 교회의 청산사무는 종료되지 않았다고 할 것이므로, 피고 교회는 청산 목적의 범위 내에서는 권리·의무의 주체가 되어 당사자능력이 있다고 할 것이다. 그리고 청산 중의 피고 교회는 해산 전의 피고 교회와 동일한 비 법인사단으로서 그 목적이 청산 범위 내로 축소된 데 지나지 않으므로, 원고들이 피고 교회의 대표자 지위 부존재 확인을 구하는 소송에는 해산 전은 물론 청산 중의 피고 교회 대표자 지위 즉, 청산인 지위 부존재 확인을 구하는 취지가 당연히 포함되어 있다고 할 것이다.

나. 법인격 없는 사단의 대표자 또는 그 구성원 개인이 그 사단의 구성원 총유재산에 대한 보존행위로서 소를 제기할 수 있는가?

> **[사안의 내용]** A종중의 종중규약에는 종중재산의 매도에 관한 사항은 총회의 의결을 거치도록 규정하고 있다. A종중의 대표자 B는 위 종중 소유인 이 사건 토지 매도를 위한 총회 결의를 함에 있어서 600여 종원들에게 아무런 소집통지도 하지 아니한 채, 1998. 7. 7. 자신과 잘 아는 약 10여명의 종원들을 자신의 집에 모아 놓고, "이 사건 토지에 대한 토지보상금과 제반사 처리에 관한 일체를 B에게 위임한다."는 결의를 하고 참석하지도 않는 종원들이 참여한 것으로 총회의결서를 작성하였다. 이에 터잡아 1999. 1. 15. "이 사건 토지에 대한 처

분권한을 B에게 위임한다."는 임원결의서를 작성한 다음, 이를 매도원인서류로 피고에게 교부하여 주었다. A종중의 종중원 중 X 등이 주축이 되어, B의 위와 같은 재산처분에 반발하여 2002.11.14.(음력 10. 10.) 시제를 마친 다음, 종중총회를 개최하여 X를 종중대표자로 선임하였다. 4. X는 B가 적법한 종중총회의 결의를 거치지 않고 매도하였으므로 피고 명의의 소유권이전등기는 원인 무효의 등기라고 주장하면서 이 사건 소를 제기하였다.

[**대법원 2005.9.15. 선고 2004다44971 전원합의체 판결**] 민법 제276조 제1항은 "총유물의 관리 및 처분은 사원총회의 결의에 의한다", 같은 조 제2항은 "각사원은 정관 기타의 규약에 좇아 총유물을 사용·수익할 수 있다" 라고 규정하고 있을뿐 공유나 합유의 경우처럼 보존행위는 그 구성원 각자가 할 수 있다는 민법 제265조 단서 또는 제272조 단서와 같은 규정을 두고 있지 않다. 이는 **법인 아닌 사단의 소유형태인 총유가 공유나 합유에 비하여 단체성이 강하고 구성원 개인들의 총유재산에 대한 지분권이 인정되지 아니한 데서 나온 당연한 귀결이라 할 것이다. 그러므로 총유재산에 관한 소송은 법인 아닌 사단이 그 명의로 사원총회의 결의를 거쳐서 하거나 또는 그 구성원 전원이 당사자가 되어 필수적 공동소송의 형태를 할 수 있을 뿐, 그 사단의 구성원은 설령 그가 사단의 대표자라거나 사원총회의 결의를 거쳤다고 하더라도 그 소송의 당사자가 될 수 없다.** 이러한 법리는 총유재산의 보존행위로서 소를 제기하는 경우에도 마찬가지라 할 것이다.

다. 판례에 나타난 사례의 검토

(1) 자연부락(里·洞)

① 동·리의 주민들이 특별히 주민의 공동편익과 공동복지를 위하여 주민 전부를 구성원으로 하는 공동체를 구성하고 일정한 재산을 공부상 동·리의 명칭으로 소유하여 온 경우에는 그와 같은 주민공동체가 그 재산의 소유주체라고 할 수 있다.[1]

② 자연부락이 그 부락주민을 구성원으로 하여 고유목적을 가지고 의사결정기관과 집행기관인 대표자를 두어 독자적인 활동을 하는 사회조직체라면 비 법인사단으로서의 권리능력이 있다고 할 것이나, 이와 같이 자연부락이 비 법인사단으로서 존재하는 사실을 인정하려면 우선 그 자연부락의 구성원의 범위와 자연부락의 고유 업무, 자연부락의 의사결정기관인 부락총회와 대표자의 존부 및 그 조직과 운영에 관한 규약이나 관습이 있었는지의 여부 등을 확정하여야 할 것이다.[2]

③ 어떠한 임야가 일정 아래의 임야조사령에 의하여 동이나 이(里)의 명의로 사정되었다면, 그 동·리는 다른 특별한 사정이 없는 한 단순한 행정구역을 가리키는 것이 아니라 그 행정구역 안에 거주하는 주민들로 구성된 법인 아닌 사단으로서 행정구역과 같은 명칭을 사용하는 주민공동체를 가리킨다고 보아야 한다. 이러한 주민공동체는 그 주민 전부가 구성원이 되어서 다른 지역으로부터 입주하는 사람은 입주와 동시에 당연히 그 구성원이 되고 다른 지역으로 이주하는 사람은 이주와 동시에 당연히 회원의 자격을 상실하는 불특정 다수인으로 조직된 영속적 단체로서, 행정구역의 변동으로 그 주민공동체가 자연 소멸되지 아니한다.[3]

---

1) 대법원 1999.1.29. 선고 98다33512 판결.
2) 대법원 2007.7.26. 선고 2006다64573 판결.
3) 대법원 2012.10.25. 선고 2010다75723 판결.

(2) 교　회

① 교회는 일반적으로 법인 아닌 사단으로서 그 법률관계를 둘러 싼 분쟁을 해결하는데 있어서 당사자능력을 인정한다. 교회의 총유재산에 관한 소송은 법인 아닌 사단인 교회 자체의 명의로 하거나 그 교회 구성원 전원을 당사자로 할 수 있는데, 이 경우에는 구성원 전원을 당사자로 하는 필수적 공동소송이 된다.[1] 그러나 천주교회는 신자의 단체라는 면에서 보더라도 내부적으로 단체의 의사를 결정할 수 있는 자율적 기관이 없을 뿐만 아니라 대표자의 정함이 있는 단체라고 볼 수 없고, 또 외부적으로 보더라도 그 단체를 구성하는 개개의 신자의 개성을 초월하여 자기재산을 가지고 독립한 사회적 활동체로서 존재하는 단체라고 볼 수 없으므로 민사소송법 소정의 법인 아닌 사단이나 재단에 해당한다고 할 수 없다.[2]

② 교회의 분열[3]:　　[다수의견] 우리 민법이 사단법인에 있어서 구성원의 탈퇴나 해산은 인정하지만 사단법인의 구성원들이 2개의 법인으로 나뉘어 각각 독립한 법인으로 존속하면서 종전 사단법인에게 귀속되었던 재산을 소유하는 방식의 사단법인의 분열은 인정하지 아니한다. 그 법리는 법인 아닌 사단에 대하여도 동일하게 적용되며, 법인 아닌 사단의 구성원들의 집단적 탈퇴로써 사단이 2개로 분열되고 분열되기 전 사단의 재산이 분열된 각 사단들의 구성원들에게 각각 총유적으로 귀속되는 결과를 초래하는 형태의 법인 아닌 사단의 분열은 허용되지 않는다. 교회가 법인 아닌 사단으로서 존재하는 이상, 그 법률관계를 둘러싼 분쟁을 소송적인 방법으로 해결함에 있어서는 법인 아닌 사단에 관한 민법의 일반 이론에 따라 교회의 실체를 파악하고 교회의 재산 귀속에 대하여 판단하여야 하고, 이에 따라 법인 아닌 사단의 재산관계와 그 재산에 대한 구성원의 권리 및 구성원 탈퇴, 특히 집단적인 탈퇴의 효과 등에 관한 법리는 교회에 대하여도 동일하게 적용되어야 한다. 따라서 교인들은 교회 재산을 총유의 형태로 소유하면서 사용·수익할 것인데, 일부 교인들이 교회를 탈퇴하여 그 교회 교인으로서의 지위를 상실하게 되면 탈퇴가 개별적인 것이든 집단적인 것이든 이와 더불어 종전 교회의 총유 재산의 관리처분에 관한 의결에 참가할 수 있는 지위나 그 재산에 대한 사용·수익권을 상실하고, 종전 교회는 잔존 교인들을 구성원으로 하여 실체의 동일성을 유지하면서 존속하며 종전 교회의 재산은 그 교회에 소속된 잔존 교인들의 총유로 귀속됨이 원칙이다. 그리고 교단에 소속되어 있던 지교회의 교인들의 일부가 소속 교단을 탈퇴하기로 결의한 다음 종전 교회를 나가 별도의 교회를 설립하여 별도의 대표자를 선정하고 나아가 다른 교단에 가입한 경우, 그 교회는 종전 교회에서 집단적으로 이탈한 교인들에 의하여 새로이 법인 아닌 사단의 요건을 갖추어 설립된 신설 교회라 할 것이어서, 그 교회 소속 교인들은 더 이상 종전 교회의 재산에 대한 권리를 보유할 수 없게 된다.

(3) 사찰·암자·신도단체

교회를 원칙적으로 비 법인사단으로 보는 판례가 확립되어 있는 것과 달리 사찰의 경우 실질적인 재산소유 및 운영권의 소재, 신도회 등 조직의 유무와 사찰운영에의 관여정도 등 실질적인 면을 기준으로 하여 '비 법인사단'(전통사찰의 보존 및 지원에 관한 법률에 의하여

---

1) 대법원 1993.1.19. 선고 91다1226 전원합의체 판결.
2) 대법원 1966.9.20. 선고 63다30 판결.
3) 대법원 2006.4.20. 선고 2004다37775 전원합의체 판결.

등록된 사찰이 아닌 일반사찰의 경우), '비 법인재단(위 법에 의하여 등록된 전통사찰의 경우)' 또는 단체성을 구비하지 못한 '개인의 불교시설' 등 구체적인 경우에 따라 그 법적 성격을 개별적으로 파악하는 것이 판례의 입장이다.

① 사찰이란 불교교의를 선포하고 불교의식을 행하기 위한 시설을 갖춘 승려, 신도의 조직인 단체로서 독립한 사찰로서의 실체를 가지고 있다고 하기 위하여서는 **물적 요소인 불당 등의 사찰재산이 있고, 인적 요소인 주지를 비롯한 승려와 상당수의 신도가 존재하며, 단체로서의 규약을 가지고 사찰이 그 자체 생명력을 가지고 사회적 활동을 할 것이 필요하다.**[1] 이러한 경우에는 사찰과 승려 및 신도로서 구성되는 비 법인사단으로서의 법적 성격을 가지는 것이다.

② 사찰이 명목상 중앙종단에 가입하여 그 소속으로 등록되고 소외인이 중앙종단으로부터 주지임명까지 받았다 하더라도 사찰건물 등 재산 일체는 중앙종단에 귀속시키지 않고 소외인이 사찰명의로 등기하거나 미등기인 채 실질적으로 소유하면서 단독으로 그 운영을 맡아 하는 개인사찰은 단순히 불교목적시설일 뿐 그것이 독립한 사찰로서의 단체를 이루고 그 단체가 소유하는 재산이라고 할 수 없으므로, 위 사찰은 권리능력 없는 사단이나 재단으로서 소송당사자능력을 가졌다고 볼 수 없다.[2] **따라서 소유자 개인이 당사자가 되어야 한다.**

③ 불교신도들이 모여 법회 등을 열어 오다가 규약을 제정하여 시행함과 동시에 그 규약에 따라 소집된 신도회에서 회장과 부회장 및 그 외의 운영위원들을 선출하여 조직을 갖추고 그때부터 회장을 중심으로 법회 및 포교활동을 해왔다면 이 신도회는 사찰과는 별개의 독립된 단체로서 비 법인사단으로 보아야 한다.[3]

(4) 종중 · 문중

① 고유의미의 종중이란 공동선조의 분묘수호와 제사 및 종중원 상호간의 친목 등을 목적으로 하는 자연발생적인 관습상의 종족집단체로서 특별한 조직행위를 필요로 하는 것이 아니고, 공동선조의 후손 중 성년 이상의 남자는 당연히 그 종중원이 되는 것이며, 그 중 일부 종중원을 임의로 그 종중원에서 배제할 수 없는 것이므로, 종중총회의 결의나 규약에서 일부 종중원의 자격을 임의로 제한하였다면 그 총회의 결의나 규약은 종중의 본질에 반하여 무효이고, 공동선조의 후손 중 특정지역 거주자나 특정범위 내의 자들만으로 구성된 종중이란 있을 수 없으므로, 만일 공동선조의 후손 중 특정지역 거주자나 지파 소속 종중원만으로 조직체를 구성하여 활동하고 있다면 이는 본래의 의미의 종중으로는 볼 수 없고, 종중 유사의 권리능력 없는 사단이 될 수 있을 뿐이다.[4]

② 종중이란 공동선조의 후손들에 의하여 그 선조의 분묘수호 및 봉제사와 후손 상호간의 친목을 목적으로 형성되는 자연발생적인 종족단체로서 그 선조의 사망과 동시에 그 후손에 의하여 성립하는 것이다. 종중의 규약이나 관습에 따라 선출된 대표자 등에 의하여 대표되는 정도로 조직을 갖추고 지속적인 활동을 하고 있다면 비법인사단으로서의 단체성이 인정된다. 종중의 대표자는 종중의 규약이나 관례가 있으면 그에 따라 선임하고 그것이 없다면

---

1) 대법원 2001.1.30. 선고 99다42179 판결.
2) 대법원 1991.2.22. 선고 90누5641 판결.
3) 대법원 1996.7.12. 선고 96다6103 판결 등.
4) 대법원 1996.10.11. 선고 95다34330 판결 등.

종장 또는 문장이 그 종원 중 성년 이상의 사람을 소집하여 선출하며, 평소에 종중에 종장이나 문장이 선임되어 있지 아니하고 선임에 관한 규약이나 관례가 없으면 현존하는 연고항존자가 종장이나 문장이 되어 국내에 거주하고 소재가 분명한 종원에게 통지하여 종중총회를 소집하고 그 회의에서 종중 대표자를 선임하는 것이 일반 관습이고,[1] 종원들이 종중재산의 관리 또는 처분 등에 관하여 대표자를 선정할 필요가 있어 적법한 소집권자에게 종중총회의 소집을 요구하였으나 소집권자가 정당한 이유 없이 이를 소집하지 아니할 때에는 차석 연고항존자 또는 발기인이 총회를 소집할 수 있다.[2]

③ 종원의 자격을 성년 남자로만 제한하고 여성에게는 종원의 자격을 부여하지 않는 종래 관습에 대하여 우리 사회 구성원들이 가지고 있던 법적확신은 상당부분 흔들리거나 약화되어 있다. 무엇보다도 헌법을 최상위 규범으로 하는 우리의 전체법질서는 개인의 존엄과 양성의 평등을 기초로 한 가족생활을 보장한다. 가족 내의 실질적인 권리와 의무에 있어서 남녀의 차별을 두지 아니하며, 정치·경제·사회·문화 등 모든 영역에서 여성에 대한 차별을 철폐하고 남녀평등을 실현하는 방향으로 변화되어 왔다. 앞으로도 이러한 남녀평등원칙은 더욱 강화될 것이다. 종중은 공동선조의 분묘수호와 봉제사 및 종원 상호간의 친목을 목적으로 형성되는 종족단체로서 공동선조의 사망과 동시에 그 후손에 의하여 자연발생적으로 성립하는 것임에도 공동선조의 후손 중 성년남자만을 종중의 구성원으로 하고 여성은 종중의 구성원이 될 수 없다는 종래의 관습은, 공동선조의 분묘수호와 봉제사 등 종중의 활동에 참여할 기회를 출생에서 비롯되는 성별에 의하여 생래적으로 부여하거나 원천적으로 박탈하는 것이다. 위와 같이 연화된 우리의 전체의 법질서에 부합되지 아니하여 정당성과 합리성이 있다고 할 수 없다. (따라서) 종중구성원의 자격을 성년 남자만으로 제한하는 종래의 관습법은 이제 더 이상 법적효력을 가질 수 없게 되었다. 종중이란 공동선조의 분묘수호와 제사 및 종중원 상호간의 친목 등을 목적으로 하여 구성되는 자연발생적인 종족집단이므로, 종중의 이러한 목적과 본질에 비추어 볼 때 공동선조의 성과 본을 같이하는 후손은 성별의 구별 없이 성년이 되면 당연히 그 구성원이 된다고 보는 것이 조리에 합당하다.[3]

④ 종중이 당사자로 된 경우에 당사자의 확정과 당사자표시정정신청의 허용범위: **종중이 당사자인 소송에 있어서 종중의 공동선조를 변경하거나 또는 원고의 주장이 이미 고유의 의미의 종중인 것으로 확정된 원고 종중의 성격을 종중원의 자격을 특정 지역 거주자로 제한하는 종중 유사의 단체로 변경하는 것은 당사자를 임의로 변경하는 것에 해당하여 허용될 수 없다고 할 것이나, 종중의 명칭을 변경하더라도 변경 전의 종중과 공동선조가 동일하고 실질적으로 동일한 단체를 가리키는 것으로 보이는 경우에는 당사자표시의 정정에 불과하므로 허용된다고 할 것이다.**

⑤ **자연발생적으로 성립하는 고유한 의미의 종중이라도 비법인사단의 요건을 갖추어야 당사자능력이 인정된다 할 것이고 이는 소송요건에 관한 것으로서 사실심의 변론종결 시를 기준으로 판단하여야 한다.** 그리고 자연발생적으로 성립한 종중이 특정 시점에 부동산 등에

---

1) 대법원 1997.11.14. 선고 96다25715 판결; 대법원 2009.5.28. 선고 2009다7182 판결 등 참조.
2) 대법원 1993.8.24. 선고 92다54180 판결; 대법원 1994.5.10. 선고 93다51454 판결 등 참조.
3) 대법원 2005.7.21. 선고 2002다1178 전원합의체 판결.

대한 권리를 취득하여 타인에게 명의신탁을 할 수 있을 정도로 유기적 조직을 갖추고 있었는지 여부 등은 그 권리귀속의 주체에 관한 문제, 즉 본안에 관한 문제로서 종중의 당사자능력과는 별개이다. 한편 공동선조의 후손은 성년이 되면 당연히 그 종중의 구성원(종원)이 되는 것이고 그 중 일부를 임의로 그 구성원에서 배제할 수 없으므로, 특정지역 내에 거주하는 일부 종중원이나 특정 항렬의 종중원 등만을 그 구성원으로 하는 단체는 종중 유사의 단체에 불과하고 고유의 의미의 종중은 될 수 없다. … **원고 종중이 2009. 2. 7.경 이전에는 공동선조의 분묘를 수호하고 시제를 지내 왔다는 점이 명백히 인정되지 않는다고 하더라도, 적어도 그 이후 원심의 변론종결일 당시까지 원고가 위 정관에 따라 선출된 대표자에 의하여 대표되는 정도로 조직을 갖추고 지속적인 활동을 하고 있는 사정이 인정된다면 원고는 고유의 의미의 종중으로서의 당사자능력을 갖추었다고 보아야 하고,** 한편 2009. 2. 7.경 이전에 원고 종중이 유기적 조직을 갖추고 있었는지 여부 등은 당사자능력에 관한 문제가 아니라 원고 종중이 1971년경 이 사건 부동산을 피고 1 등에게 명의신탁한 것으로 볼 수 있는지 여부에 관한 본안판단의 문제일 뿐이다. 그렇다면 원심으로서는, 원고 종중의 활동 내력과 정관 내용 등을 더 심리하여 원고 종중의 성격 및 실체를 밝힌 다음, 원고가 원심 변론종결일 당시 고유의 의미의 종중으로서 비법인사단의 단체성을 갖추었는지 여부를 판단하였어야 한다.[1]

(5) 대학교 총학생회 선거를 관리하는 선거관리위원회는 단체로서의 실질을 갖추지 못한 총학생회 하부조직에 불과하여 소송당사자능력이 없는 반면, 대학교 총학생회는 집행기관과 의결기관을 갖추고 예산을 편성하여 집행하는 등 독자적인 사회적 활동을 영위하고 있는 권리능력 없는 사단으로서 당사자능력을 갖추고 있다.[2]

(6) **회사의 채권자 집회의 당사자능력**: 회사의 채권자들이 그 채권을 확보할 목적으로 구성한 청산위원회가 단체 고유의 목적을 가지고 의결기관인 총회 및 집행기관인 대표자를 두는 등 일정한 조직을 갖추어 탈퇴·사망 등으로 인한 구성원의 변경에 관계없이 단체 그 자체로 존속하여 대표방법, 총회의 운영, 재산의 관리 기타 단체로서의 주요사항이 확정되어 있다면 권리능력 없는 사단으로서의 실체를 가진다.[3] 그러나 부도난 회사의 채권자들이 당사자능력 문제의 어려움을 해결하기 위하여 채권단을 급조하면서, 채권자들 전원에게 개별적인 통지를 하지 않고, 일간신문에 소외 회사 채권단 모집공고를 1회 게재하는 방식으로 총회를 소집하였을 뿐만 아니라 채권단의 조직행위가 구성원의 개인성과 별개로 권리·의무 주체가 될 수 있는 독자적인 존재를 성립시키기 위한 것이라고 볼 수 없는 경우에는 당사자능력이 부정된다.[4]

(7) **공동주택입주자대표회의**[5]

(8) **아파트부녀회**[6]

---

1) 대법원 2013.1.10. 선고 2011다64607 판결.
2) 광주지방법원 2004.3.18. 선고 2003가합11235 판결.
3) 대법원 1996.6.28. 선고 96다16582 판결.
4) 대법원 1999.4.23. 선고 99다4504 판결.
5) 대법원 2007.6.15. 선고 2007다6307 판결.
6) 대법원 2006.12.21. 선고 2006다52723 판결.

(9) 사단법인의 하부조직의 하나라 하더라도 스스로 단체로서의 실체를 갖추고 독자적인 활동을 하고 있다면 사단법인과는 별개의 독립된 비 법인사단으로 볼 수 있다.[1]

(10) 1. 동물의 생명보호, 안전 보장 및 복지 증진을 꾀하고 동물의 생명 존중 등 국민의 정서를 함양하는 데에 이바지함을 목적으로 한 동물보호법의 입법 취지나 그 규정 내용 등을 고려하더라도, 민법이나 그 밖의 법률에 동물에 대하여 권리능력을 인정하는 규정이 없고 이를 인정하는 관습법도 존재하지 아니하므로, 동물 자체가 위자료 청구권의 귀속주체가 된다고 할 수 없다. 그리고 이는 그 동물이 애완견 등 이른바 반려동물이라고 하더라도 달리 볼 수 없다. 2. 비 법인사단이 당사자인 사건에서 대표자에게 적법한 대표권이 있는지는 소송요건에 관한 것으로서 법원의 직권조사사항이므로 비 법인사단 대표자의 대표권 유무가 의심스러운 경우에 법원은 이를 직권으로 조사하여야 하고, 비 법인사단이 총유재산에 관한 소송을 제기할 때에는 정관에 다른 정함이 있다는 등의 특별한 사정이 없는 한 사원총회 결의를 거쳐야 하므로 비 법인사단이 이러한 사원총회 결의 없이 그 명의로 제기한 소송은 소송요건이 흠결된 것으로서 부적법하다.[2]

3. 법인격 없는 재단

가. 일정한 목적을 위하여 결합된 재산의 집단으로서 재산을 내어놓은 출연자 자신으로부터 독립하여 존재하면서 관리·운영되고 있으나 법상의 재단법인(학교법인 등)으로서 등록되지 않은 것은 형식적 당사자능력이 인정된다.

나. 학교는 법인도 아니고 대표자 있는 비법인사단 또는 재단도 아니다. 공민학교는 학교시설의 명칭에 불과하여 당사자능력을 인정할 수 없다.[3] ※ 공립학교는 자치단체, 사립학교는 학교법인, 기타 각종학교는 각 운영주체가 당사자능력을 가진다.

다. 유치원에 종전부터 이사회가 구성되어 있어 동 이사회가 유치원의 의사결정을 하여 왔으며, 어린이의 보육을 위한 유치원 경영이라는 계속적인 목적과 원칙에 따라 설립자에 의하여 관리 운영되는 사실상의 사회생활의 한 단체이고, 그 단체 중에서도 출연자의 출연으로 인하여 그 재산이 출연자의 소유를 떠나서 유치원 자체가 재산을 소유하고 있다면 법인 아닌 재단으로 당사자능력이 있다.[4]

라. 성균관은 재단법인 성균관의 설립이전부터 이미 독자적인 존립목적과 대표기관을 갖고 활동을 하는 등 법인 아닌 사단으로서의 실체를 가지고 존립하여 왔음으로 그 후 설립된 재단법인 성균관의 정관 일부 조항을 가지고 원고 성균관의 단체성을 부정하여 위 법인의 기관에 불과하다고 볼 수는 없다.[5]

---

1) 대법원 2009.1.30. 선고 2006다60908 판결.
2) 대법원 2013.4.25. 선고 2012다118594 판결.
3) 대법원 1977.8.23. 선고 76다1478 판결.
4) 대법원 1969.3.4. 선고 68다2387 판결 등.
5) 대법원 2004.11.12. 선고 2202다46423 판결.

4. 민법상의 조합

가. 문제 제기

(1) 조합이라 함은 2인 이상의 특정인이 서로 출자하여 공동사업을 경영할 목적으로 결합한 단체를 말한다.

(2) 사단과의 차이점: 사단의 경우 개개의 구성원은 단체 속에 묻혀 버려서 그 개성이나 중요성을 잃고 단체가 그 구성원의 개성을 초월하는 독립한 존재가 되는데 반하여, 조합에서는 단체의 구성원인 개인은 여전히 독립된 존재이고 공동의 목적을 달성하는 데에 필요한 범위에서 제약을 받을 뿐이므로 단체로서의 단일성 보다는 구성원의 개성이 강하게 나타난다.

(3) 민법상 조합의 경우에도 조합의 재산은 조합원 개인들의 공유가 아니라 조합원의 합유로 하고 있고, 업무집행에 있어서의 다수결원칙, 조합해산의 경우에 법인과 같이 정산절차를 밟도록 한 것 등은 조합의 단체성을 인정하고 있는 것이다.

(4) 이러한 조합이 소송당사자로 등장할 경우에 법인 아닌 사단과 마찬가지로 당사자능력을 인정할 것인지 여부가 문제된다. 만약 당사자능력이 인정된다면 조합재산에 관한 소송에서 조합 자체의 명의로 소송당사자가 될 수 있고, 조합대표자가 조합을 위하여 법정대리인과 같은 지위에서 소송을 수행할 수 있다. 그러나, 당사자능력이 부정된다면 조합원 전원이 공동으로 소송당사자가 되거나 조합원 전원을 당사자로 하여 소를 제기하여야 하는 고유필수적 공동소송이 된다.

나. 학 설

(1) 긍정설: 조합 역시 그 구성원과는 독립된 단체로서의 성격을 갖고 있다는 점, 소송경제적 측면, 민법상 조합과 법인격 없는 사단의 구별이 쉽지 않다는 점 등을 들어서 민법상 조합의 당사자능력을 인정한다.

(2) 부정설: 조합은 조합원간의 계약적 기속관계에 지나지 않는다는 점, 조합의 채무는 조합원이 분담하여 변제할 책임이 있고(민법 제712조), 민법은 그 조합 소유 재산에 대해 법인격 없는 사단과는 전혀 별개 성격의 조직체임을 전제로 합유관계로 규정하고 있다는 점을 근거로 조합의 당사자능력을 부정한다.

(3) 민법이 예정하는 전형적인 민법상 조합에 대하여는 당사자능력을 부정하여야 하겠지만, 민법상 조합이라는 성격의 결정으로부터 즉시 민소법 제52조 적용을 부정하는 것은 적절하지 않다. 민법상 조합이더라도 조합의 독립성이 어느 정도 확보되는 사단적 조직을 가지며, 대표자의 정함이 있는 경우라면 당사자능력을 긍정할 것이라는 견해도 있다.

다. 판 례

민법상 조합의 소송당사자능력을 부정하고 있다.[1]

---

1) 대법원 1974.9.24. 선고 69다254 판결: 동백홍농계는 원시계원 64명이 정부의 인허를 얻어서 시행하는 공유수면의 매립과 국유 미개간지의 개척으로 농지를 조성하여 계원의 농지확보, 운영관리를 공동으로 하는 것을 목적으로 하고, 위 계에 있어서의 신규계원의 가입과 탈퇴는 이사회의 제청으로 총회의 승인을 얻어야 하며 계원의 자격은 상속이 되고, 계원은 위와 같이 조성된 농지를 일정한 조건 아래 이를 취

[**대법원 2009.7.9. 선고 2009다14340 판결**]　원심판결 이유에 의하면 원심은, 피고 원호
대상자광주목공조합(이하 피고조합이라 한다)은 1982.5.1. 원호처장의 허가를 받아 당시의 한
국원호복지공단법(그 후 1984.8.2. 법률 제3742호로 한국보훈복지공단법으로 개정되었음) 부
칙 제8조 제2항에 의하여 구성원의 직업재활과 자립정착의 달성 등을 목적으로 하여 설립된
조합으로서 그 조합구성원은 10인으로 하여 위 조합에 가입하려면 전조합원의 동의를 얻어
야 하고 탈퇴하려면 조합원 3분의2 이상의 동의를 얻어야 하며 조합자산은 원칙적으로 균일
지분에 의하여 조합원에게 합유적으로 귀속되어 조합원이 단독으로 그 분할청구를 하지 못
하도록 되어 있는 사실과 한국원호복지공단법부칙 제8조가 같은 법 시행 전의 원호대상자
직업재활법에 의하여 설립된 원호대상자 정착 직업재활조합은 해산되고 해산된 조합은 원호
처장의 허가를 받아 민법에 의한 조합으로 설립할 수 있다고 규정한 취지에 비추어 보면 피
고조합은 **민법상의 조합의 실체를 가지고 있다 하겠으므로 소송상 당사자능력이 없으며 따
라서 원고의 피고조합을 상대로 한 이 사건 소는 부적법하다.**

[**대법원 2013.11.28. 선고 2011다80449 판결**]　합유재산의 보존행위는 합유재산의 멸실・
훼손을 방지하고 그 현상을 유지하기 위하여 하는 사실적・법률적 행위로서 이러한 합유재
산의 보존행위를 각 합유자 단독으로 할 수 있도록 한 취지는 그 보존행위가 긴급을 요하는
경우가 많고 다른 합유자에게도 이익이 되는 것이 보통이기 때문이다. 민법상 조합인 공동수
급체가 경쟁입찰에 참가하였다가 다른 경쟁업체가 낙찰자로 선정된 경우, 그 공동수급체의
구성원 중 1인이 그 낙찰자 선정이 무효임을 주장하며 무효확인의 소를 제기하는 것은 그
공동수급체가 경쟁입찰과 관련하여 갖는 법적 지위 내지 법률상 보호받는 이익이 침해될 우
려가 있어 그 현상을 유지하기 위하여 하는 소송행위이므로 이는 합유재산의 보존행위에 해
당한다. ※ 만약 사안의 공동수급체가 낙찰받아 공사를 진행한 뒤 도급인으로부터 공사비를
지급받고자 소를 제기한다면 조합재산의 처분행위(민법 제272조 본문)로서 조합원 전원이 원
고가 되어야 한다.

(4) 소송상 취급

① 민법상 조합은 소송당사자능력이 없으므로 그 조합명의로 소를 제기하거나 피고로 기
재하였을 때에는 당사자능력의 흠결로서 소 각하판결을 선고하여야 한다. 따라서 조합원 전
원이 소송당사자로 나서야하는 필수적 공동소송관계가 된다. 이 경우에 조합원 일부를 선정
당사자로 선정하여 그로 하여금 소송을 수행하게 할 수 있다.

② 조합원 전원을 당사자로 하는데 따른 불편함은, 조합원 중에서 선정당사자를 선정하
여 그를 내세우거나, 업무집행조합원에게 **임의적 소송신탁**을 하여 그에게 소송수행을 하게
할 수 있다.

③ 조합업무를 집행할 권한을 수여받은 업무집행조합원은 조합재산에 관하여 조합원으로
부터 **임의적 소송신탁**을 받아 자기이름으로 소송을 수행하는 것이 허용된다.[1]

④ 조합계약으로 업무집행자를 정하였거나 또는 선임한 때에는 그 **업무집행조합원**은 조
합의 목적달성을 위하여 필요한 범위 내에서 **조합을 위하여 모든 행위(소송행위 포함)를** 할

득할 수 있게 되어 있다면 위의 계는 사단의 경우처럼 그 사원의 개성이 그 사단에 몰입된 것으로 보기
보다는 각 계원의 개성이 뚜렷하게 계의 운영에 반영되게 되어 있으므로 조합체로 보아야 한다.
1) 대법원 1997.11.28. 선고 95다35302 판결.

수 있는 대리권이 있는 것으로 추정한다.[1]

Ⅳ. 당사자능력의 조사와 그 흠결의 효과

1. 소제기 단계

가. 소송요건이자 직권조사 사항이다.

> **[대법원 2011.7.28. 선고 2010다97044 판결]** 비 법인사단이 당사자인 사건에서 대표자에게 적법한 대표권이 있는지 여부는 소송요건에 관한 것으로서 법원의 직권조사사항이므로, 법원에 판단의 기초자료인 사실과 증거를 직권으로 탐지할 의무까지는 없다 하더라도 이미 제출된 자료에 의하여 대표권의 적법성에 의심이 갈만한 사정이 엿보인다면 그에 관하여 심리·조사할 의무가 있다.

나. 보정이 가능하면 보정을 명하여야 한다. 당사자무능력자라 하더라도 당사자능력을 다투어 상소를 제기하는 한도에서는 능력자로 취급된다.

다. 당사자능력이 없는 자를 능력 있는 자로 고치는 행위의 법적 성격(방법)

(1) **당사자표시정정설**:   판례[2]는 원고가 사실관계나 법리를 잘못 이해하여 당사자능력이 없는 자를 피고로 잘못 표시한 경우에 우선 당사자를 확정하고 그 확정된 당사자로 피고의 표시를 정정하여야 한다고 판시하여 당사자표시정정설을 따름.

(2) **당사자변경설**:   이러한 경우에는 모두 당사자의 표시가 분명하고 당사자 확정에 의문이 없는 경우이므로 피고경정(법 제260조)에 의할 것이고, 원고의 경우 위 피고경정 규정을 유추적용하여야 할 것이라는 견해이다.

2. 소송도중의 당사자능력 상실

소송중단사유, 새로이 당사자로 된 자가 수계절차를 밟아야 한다.

3. 당사자능력의 흠결을 그대로 지나친 경우

가. 확정 전: 상소

나. 판결이 확정된 경우

(1) **무효설**

소송당사자능력이 없는 자에 대한 판결은 집행할 수 없는 것이어서 실효성이 없다. 그리

---

1) 대법원 2002.1.25. 선고 99다62838 판결.
2) 대법원 1996.10.11. 선고 96다3852 판결.

고 조합의 경우에 조합에 대한 판결을 집행권원으로 하여 그 조합원들에게 억지로 집행하려는 것을 방지하기 위해서 그 판결은 무효로 보는 것이 타당하다는 견해이다.

(2) 유효설

① 재심대상설: 소송능력 흠결의 경우를 준용할 것이라는 견해이다.

② 사회생활 단위로서의 당해 조직체에 판결의 효력이 미친다는 견해이다.

[대법원 1992.7.14. 선고 92다2455 판결] 1. 실종선고의 효력이 발생하기 전에는 실종기간이 만료된 실종자라 하여도 소송상 당사자능력을 상실하는 것은 아니므로 실종선고 확정 전에는 실종기간이 만료된 실종자를 상대로 하여 제기된 소도 적법하고 실종자를 당사자로 하여 선고된 판결도 유효하며 그 판결이 확정되면 기판력도 발생한다고 할 것이고, 이처럼 판결이 유효하게 확정되어 기판력이 발생한 경우에는 그 판결이 해제조건부로 선고되었다는 등의 특별한 사정이 없는 한 그 효력이 유지되어 당사자로서는 그 판결이 재심이나 추완항소 등에 의하여 취소되지 않는 한 그 기판력에 반하는 주장을 할 수 없는 것이 원칙이라 할 것이며, 비록 실종자를 당사자로 한 판결이 확정된 후에 실종선고가 확정되어 그 사망간주의 시점이 소 제기 전으로 소급하는 경우에도 위 판결 자체가 소급하여 당사자능력이 없는 사망한 사람을 상대로 한 판결로서 무효가 된다고는 볼 수 없다. 2. 실종자에 대하여 공시송달의 방법으로 소송서류가 송달된 끝에 실종자를 피고로 하는 판결이 확정된 경우에는 실종자의 상속인으로서는 실종선고 확정 후에 실종자의 소송수계인으로서 위 확정판결에 대하여 소송행위의 추완에 의한 상소를 하는 것이 가능하다.

[예제] [제51회 사법시험] 甲 등 10인으로 구성된 A 단체는 사업을 영위하는 과정에서 B 주식회사로부터 물품대금 2억 원을 지급받지 못하고 있어, 그 지급을 구하는 소를 제기하려고 한다.

1. A 단체가 사단법인일 경우, 법인이 아닌 사단일 경우, 민법상 조합일 경우 각각 원고가 될 수 있는 자는 누구인가?

2. 위 원고가 B 주식회사의 대표자인 乙을 피고로 표시하여 소를 제기하였다가 그 소송계속 중 피고를 B 주식회사로 바꿀 수 있는가?

[해설] [설문 1] 1. A 단체가 사단법인인 경우: 법인격 있는 단체는 소송당사자로써 소송을 수행할 수 있다(법 제51조: 실질적 당사자능력자). 따라서 A 단체가 원고로 된다.

2. A 단체가 법인이 아닌 사단인 경우

(1) A 단체가 원고로 되기 위한 요건: 법 제52조 규정(형식적 당사자능력자), 판례(단체 고유의 목적을 가지고 사단적 성격을 가지는 규약을 만들고, 이에 기초하여 의사결정기관 및 그 집행기관인 대표자나 관리인이 있고, 구성원의 가입·탈퇴 등으로 인한 변경에 관계없이 단체 그 자체가 존속되고, 기관의 의결이나 업무집행방법이 다수결원칙에 의하여 행하여지는 등의 요건을 충족하여야 한다)

(2) A 단체 구성원 전원이 원고로 나서는 경우: 비법인 사단의 재산은 구성원 전원의 총유로 되고(민법 제275조 1항), 총유물의 관리처분권은 구성원 전원에게 귀속된다(민법 제276조 1항). 따라서 A 단체 구성원 전원은 원고로 될 수 있고, 이 경우에는 고유필수적 공동소송인으로서 소송을 수행하여야 한다.

3. A 단체가 민법상 조합인 경우

(1) 민법상 조합의 소송당사자능력: 학설과 판례

(2) 판례는 민법상 조합의 당사자능력을 부정하고 있으므로 사안의 경우에 A 단체가 원고로서 소송을 수행할 수 없다.

(3) A 단체 구성원 전원이 원고로 나서는 경우에는 고유필수적 공동소송관계가 된다. 업무집행 조합원의 경우에는 조합규약 상 조합재산에 관한 소송수행권을 위임하고 있으면 단독으로 원고가 될 수 있다.

[설문 2] [주요논점] 1. 피고경정 가능성의 검토: 판례의 태도에 따르면 경정 불가

2. 예비적·선택적 공동소송인으로서의 추가 가능하다.

[예제] [제43회(2006년) 변리사시험] 국립 乙대학교는 甲소유의 토지를 10여 년 전부터 학교부지의 용도로 점유·사용하여 왔다. 甲이 이 사실을 알고 乙대학교를 상대로 위 토지에 대한 임대료 상당의 부당이득금의 반환을 구하는 소를 제기하려고 한다.

(1) 甲이 위 소송에서 乙대학교를 피고로 하여 소를 제기한다면, 이 소는 적법한가? (10점)

(2) 위 소송에서 甲은 피고에 대하여 위 소송의 변론종결시까지 임대료 상당의 부당이득금의 반환을 청구하는 외에 피고가 위 토지점유를 종료하는 시점까지 매월 임대료 상당의 일정금액의 지급을 구하는 청구를 하고자 한다. 이러한 청구가 가능한가를 검토하라. (20점)

[해설] [설문 1] 1. 국립대학교의 소송당사자능력 (1) 법상 소송당사자능력 있는 자: 실질적 당사자능력과 형식적 당사자능력 (2) 乙대학교의 경우: 국립대학교는 국가가 설립·경영하는 학교로서, 법인도 아니고 대표자 있는 법인격 없는 사단 또는 재단도 아닌 교육시설의 명칭에 불과하여 민사소송에 있어 당사자능력을 인정할 수 없다(대법원 2001.6.29. 선고 2001다21991 판결). 따라서 乙대학교는 소송당사자능력이 없어 적법한 피고로 될 수 없고, 乙대학교를 피고로 한 소제기는 부적법하다.

2. 당사자의 확정 및 당사자능력의 존부: 확정 기준에 관한 학설과 판례. (실질적)표시설을 취할 경우 乙대학교가 아니라 당사자능력이 있는 국가를 피고로 보아야 한다(대법원 1996.10.11. 선고 96다3852 판결: 당사자는 소장에 기재된 표시 및 청구의 내용과 원인사실을 합리적으로 해석하여 확정하여야 한다).

3. 당사자능력 없는 자를 피고로 하여 소를 제기한 경우에 법원이 취하여야 할 조치; 소송당사자능력의 유무는 소송요건에 관한 것으로서 법원의 직권조사사항이므로, 법원에 판단의 기초자료인 사실과 증거를 직권으로 탐지할 의무까지는 없다 하더라도 이미 제출된 자료에 의하여 당사자능력의 적법성에 의심이 갈만한 사정이 엿보인다면 그에 관하여 심리·조사할 의무가 있으며(대법원 2011.7.28. 선고 2010다97044 판결 등), 당사자능력이 없는 자를 당사자로 잘못 표시하였다면 법원은 적극적으로 석명권을 행사하여 당사로 하여금 당사자능력 있는 자로 피고의 표시를 정정하도록 조치를 취하여야 한다.

[설문 2] 1. 주요논점: 설문의 경우에는 현재이행의 소와 장래이행의 소가 병합된 경우로서 장래이행의 소의 청구적격과 이행종기의 적법성이 주요논점이라 할 수 있다.

2. 장래이행의 소의 청구적격

(1) 일반적인 경우: ① 청구의 기초가 되는 사실상·법률상 관계가 변론종결 당시에 존재하여야 하고, ② 장래의 이행기까지 의무불이행 사유가 계속하여 존속한다는 것을 변론종결 당시에 확정적으로 예정할 수 있어야 하며, ③ 미리 청구할 필요가 있어야 한다(법 제251조). 미리 청구할 필요의 유무는 이행의무의 성질이나 의무자의 태도 등을 고려하여 개별적으로 판단하여야 한다.

(2) 사안의 경우: 사안의 경우에는 乙이 이사건 토지를 학교부지로서 계속적으로 점유하고 있으므로 甲으로서는 부당이득반환을 미리 청구하여야 할 정당한 이유가 있다.

3. 장래이행청구의 종기: 장래이행청구의 종기에 관하여 판례(대판 91다46717)는 대상 토지에

대한 원고의 소유권 상실일 또는 피고의 점유종료일 중 먼저 도래하는 날까지를 종기로 하여 부당이득반환청구를 할 수 있다고 하였다. 위 판례의 사안은 본건과 같이 국가가 사인 소유의 토지를 점유하는 경우에 관한 것으로서 이러한 경우에 국가의 점유는 사실상 반영구적으로 계속될 수 있는 것이다. 따라서 본건의 경우에 甲이 청구하고 있는 종기를 피고의 점유종료일까지로 하는 것은 부적법(부당)하고, 甲의 소유권상실일 또는 피고 국가의 점유종료일 중 먼저 도래하는 날까지로 변경하여야 한다.

  [예제] [사례연구] 불교신자인 A는 불교의 포교와 후생사업 등을 위한 사업을 할 목적으로 토지를 매수하고 그 지상에 불당과 부속건물을 세워 그의 법명을 따라 이를 X사라 이름하고 90명의 불교신도를 모아 X사(寺) 신도회를 조직한 다음 위의 불당과 부속건물 및 그 토지를 기증하였다. X사 신도회는 창립총회에서 그의 의사를 결정하고 업무를 집행할 기관에 관한 규정을 포함하여 그 재산과 업무 일체는 X사라는 명칭으로 등록·관리하고 처리한다는 내용의 규약을 제정하고 그 대표자로서 회장을 선임하고 그 설립목적을 달성하기 위한 활동을 계속하여 왔다. X사에 일시 기거하던 승려로서 X사의 주지나 대표자도 아닌 B가 X사의 승낙도 없이 임의로 X사를 한국불교 태고종 종단에 등록을 한 뒤 Y시에 불교단체 등록신청을 하여 Y시는 X사의 소속 종파를 태고종으로 하는 사찰 등록 처분을 하였다. X사는 Y시장을 상대로 위 사찰 등록처분 무효확인소송(그 형식에 구애됨이 없이 일반 민사사건임을 전제로 할 것)을 제기하였다.
  Ⅰ. 위 소송에서 Y 시장은 X사가 당사자능력이 없으므로 소각하 되어야 한다고 항변 하였다. 이러한 항변은 타당한가?
  [해설] Y의 항변은 타당하지 않다. 원고(X사)는 비 법인사단으로서의 실체를 갖추고 있으므로 형식적 당사자능력이 있다(대판 96다6103 판례 참조).

제 4 절 당사자적격

Ⅰ. 의   의

특정한 소송물에 관하여 당사자로서 소송수행을 하고 본안판결을 구할 수 있는 자격을 당사자적격이라 한다.

Ⅱ. 일반적인 경우

1. 이행의 소

가. 실체법상 특정 급부청구권이 있음을 주장하는 자가 원고적격자이고, 그로부터 의무자로 주장된 자가 피고적격자이다(형식적 당사자 개념). 즉, 실체법상의 정당한 권리자 또는 의무자인지 여부는 문제되지 않는다. 이것은 본안에 관한 심리결과에 따른 원고의 청구 당부판

단에 관한 문제이다.

나. 이행의 소에 있어서는 원고의 청구 자체로써 당사자적격이 판가름되고 그 판단은 청구의 당부의 판단에 흡수되는 것이니, 자기의 급부청구권을 주장하는 자가 정당한 원고이고, 의무자라고 주장된 자가 정당한 피고이다.[1]

다. 채권에 대한 압류 및 추심명령이 있으면 제3채무자에 대한 이행의 소는 추심채권자만이 제기할 수 있고 채무자는 피압류채권에 대한 이행소송을 제기할 당사자적격을 상실한다.[2]

라. 불법하게 말소된 것을 이유로 한 근저당권설정등기 회복등기청구는 그 등기말소 당시의 소유자를 상대로 하여야 한다.[3]

마. 등기의무자, 즉 등기부상의 형식상 그 등기에 의하여 권리를 상실하거나 기타 불이익을 받을 자(등기명의인이거나 그 포괄승계인)가 아닌 자를 상대로 한 등기의 말소절차이행을 구하는 소는 당사자적격이 없는 자를 상대로 한 부적법한 소이다.[4] 학자[5]들은 위와 같은 판례의 태도를 비판하면서, 등기명의인이나 그 포괄승계인이 아닌 자를 당사자로 한 말소등기청구의 소는 당사자적격의 결여가 아니라 본안적격이 결여된 경우로 보아 청구기각판결을 하여야 한다는 입장이다.

> **[대법원 2009.10.15. 선고 2006다43903 판결]** 말소된 등기의 회복등기절차의 이행을 구하는 소에서는 회복등기의무자에게만 피고적격이 있는바, **가등기가 이루어진 부동산에 관하여 제3취득자 앞으로 소유권이전등기가 마쳐진 후 그 가등기가 말소된 경우 그와 같이 말소된 가등기의 회복등기절차에서 회복등기의무자는 가등기가 말소될 당시의 소유자인 제3취득자이므로, 그 가등기의 회복등기청구는 회복등기의무자인 제3취득자를 상대로 하여야 한다**(대법원 1969.3.18. 선고 68다1617 판결 참조). 원심판결 이유와 기록에 의하면, 망 소외 1의 소유이던 이 사건 부동산에 관하여 1982. 4. 20. 원고 명의의 소유권이전청구권 보전을 위한 가등기가 마쳐진 후, 1984. 10. 16. 피고 1앞으로 소유권이전등기가 마쳐진 사실, 그 후 1984. 11. 5. 위 가등기가 1984. 11. 3.자 해제를 원인으로 말소된 사실을 알 수 있고, 원고는 피고 1이 원고의 인감도장을 도용하여 위 가등기의 말소등기 신청서류를 위조함으로써 위 가등기가 말소되었다고 주장하면서 피고 1을 상대로 위 가등기의 회복등기절차의 이행을, 망 소외 1의 상속인들인 나머지 피고들을 상대로 위 가등기에 기한 본등기절차의 이행을 구하고 있다. 이를 앞서 본 법리에 비추어 살펴보면, 위 가등기가 말소될 당시의 소유자인 피고 1을 상대로 위 가등기의 회복등기절차의 이행을 구하는 원고의 위 피고에 대한 소는 피고적격 있는 자를 상대로 한 것으로서 적법하다 할 것이므로, 이와 달리 원심이 위 가등기에 관한 회복등기의무자를 망 소외 1의 공동상속인인 나머지 피고들이라고 보아 원고의 피고 1에 대한 소를 각하한 것은 잘못이라 하겠다.

---

1) 대법원 1994.6.14. 선고 94다14797 판결.
2) 대법원 2000.4.11. 선고 99다23888 판결.
3) 대법원 1969.3.18. 선고 68다1617 판결.
4) 대법원 1994.2.25. 선고 93다39225 판결.
5) 이시윤, 133면, 각주4 참조.

[예제] [제46회(2004년) 사법시험] [제1문] 甲은 乙의 대리인이라고 주장하는 丙에게 골동품을 매도하고 그 골동품을 丙에게 인도하였으나 매매대금을 지급받지 못하였다. 이에 甲은 乙을 상대로 매매대금청구의 소를 제기하였다. 아래의 각 물음에 답하시오.

　1. 가. 위 소송에서 乙은, 丙에게 위 매매계약에 관한 대리권을 수여한 바 없어 위 매매계약은 자신과 무관하고 따라서 이 사건 소는 의무 없는 자에 대하여 제기된 부적법한 것이라고 주장하였다. 이에 대하여 법원은 어떤 판단을 하여야 하는가?

　[해설] Ⅰ. 주요논점: 乙의 주장의 법적 성격을 검토하고 이행의 소에서의 당사자적격에 관하여 살펴보아야 한다.

　　Ⅱ. 乙의 주장의 법적 성격

　　　1. 피고의 답변 내용: 본안전 항변과 본안에 관한 답변(부인, 부지, 침묵, 자백, 항변)

　　　2. 본건의 경우: 乙의 이 사건 소는 부적법한 것이라는 주장은 본안전 항변이고, 피고의 당사자적격 결여에 관한 주장으로 볼 수 있다.

　　Ⅲ. 이행의 소의 당사자적격

　　　1. 이행의 소의 경우 당사자적격은 자기에게 소송물인 이행청구권이 있음을 주장하는 자가 원고적격자이고, 그 이행의무자라고 주장된 자가 피고적격자가 된다. 즉 원고의 주장 자체로부터 당사자적격이 결정된다. 본안에 관한 심리결과 그러한 이행청구권이 성립되지 않는 경우에는 청구기각의 사유가 될 뿐이다.

　　　2. 본건의 경우에 乙은 甲의 주장 자체에 의하여 매매의 상대방으로서 피고적격이 있는 것으로 보아야 한다.

　　Ⅳ. 법원의 판단

　　乙의 주장은 소송요건에 관한 본안전 항변으로서 법원의 직권조사사항에 해당하는 것이다. 이러한 항변은 법원의 직권발동을 촉구하는 의미를 가질 뿐이고, 법원은 본안에 관하여 심리하여 丙의 대리권유무에 관하여 심리한 결과 乙의 주장과 같이 무권대리인임이 인정되면 甲의 청구를 기각하여야 한다.

2. 확인의 소

가. 그 청구에 관하여 확인의 이익을 가지는 자가 정당한 원고이고, 이 원고와 반대의 이해관계를 가지는 자가 정당한 피고이다.

나. 확인의 소에 있어서는 권리보호요건으로서 확인의 이익이 있어야 하고 그 **확인의 이익은 원고의 권리 또는 법률상의 지위에 현존하는 불안, 위험이 있고 그 불안, 위험을 제거함에는 피고를 상대로 확인판결을 받는 것이 가장 유효적절한 수단일 때에만 인정된다.** 확인의 소의 피고는 원고의 권리 또는 법률관계를 다툼으로써 원고의 법률적 지위에 불안을 초래할 염려가 있는 자, 다시 말하면 원고의 보호법익과 대립 저촉되는 이익을 주장하고 있는 자이어야 하고 그와 같은 피고를 상대로 하여야 확인의 이익이 있게 된다. 예컨대, 대학교 총장임명 무효 또는 총장자격 부존재확인의 소 등을 대학교 학부모가 제기할 소의 이익은 없다.[1]

---

1) 대법원 1991.12.10. 선고 91다14420 판결.

3. 단체대표자 지위에 관한 다툼에서의 피고적격

가. 법인, 비 법인사단과 같은 단체의 대표자 지위 등에 관한 다툼(대표자 선임결의 무효·부존재 확인 또는 대표자 지위의 적극적 확인)에서의 피고적격자에 관하여, 단체 자체가 피고적격자라는 견해(통설, 판례)와 특정 대표자 개인이 피고적격자라는 견해, 단체와 개인 모두 피고적격이 있다는 견해(양자의 공동소송 형태에 관하여, 고유필수적 공동소송이라는 견해와 유사필수적 공동소송설로 나뉜다)가 있다.

[**대법원 1992.5.12. 선고 91다37683 판결**] 노동조합과 같은 단체에 임원선거에 따른 당선자 결정의 무효 여부에 대한 확인을 구하는 소에 있어서 당선자 개인을 상대로 제소하는 경우에는 만일 그 청구를 인용하는 판결이 내려진다 하더라도 그 판결의 효력이 당해 조합에 미친다고 할 수 없어 당선자 결정의 효과로서 부여되는 조합장 등 임원의 지위를 둘러싼 당사자들 사이의 분쟁을 근본적으로 해결하는 수단으로 가장 유효적절한 방법이 될 수 없는 까닭에 당선자를 결정할 그 조합을 상대로 하지 아니하고 당선자를 상대로 한 조합장당선무효확인의 소는 확인의 이익이 없어 부적법하다.

[**대법원 1982.9.14. 선고 80다2425 전원합의체 판결**] 주주총회결의취소·무효확인 판결은 대세적 효력이 있으므로 그와 같은 소송의 피고가 될 수 있는 자는 그 성질상 회사로 한정된다고 할 것이다. 또 주주총회결의부존재확인의 소송은 일응 외형적으로 존재하는 것 같이 보이는 주주총회결의가 그 성립과정에 있어서의 흠결이 중대하고도 명백하기 때문에 그 결의 자체가 존재하는 것으로 볼 수 없을 때에 법률상 유효한 결의로서 존재하지 아니한다는 것의 확인을 소구하는 것으로서, 주주총회 결의의 내용이 법령 또는 정관에 위배되어 법률상 유효한 결의로서 존재하지 아니한다는 것의 확인을 소구하는 주주총회결의무효확인의 소송과는 주주총회결의가 법률상 유효한 결의로서는 존재하지 아니한다는 것의 확정을 구하는 것을 목적으로 한다는 점에서 공통의 성질을 가진다 할 것이므로 주주총회결의부존재확인의 소송에는 그 결의무효확인의 소송에 관한 상법 제380조의 규정이 준용된다 할 것이다. 따라서 그 결의부존재확인판결의 효력은 제3자에게 미친다고 할 것이고, 그 부존재확인의 소송에 있어서 피고가 될 수 있는 자도 그 무효확인의 소송의 경우와 마찬가지로 회사로 한정된다 할 것이다. 또한 **주식회사의 이사회결의는 회사의 의사결정이고 회사는 그 결의의 효력에 관한 분쟁의 실질적인 주체라 할 것이므로 그 효력을 다투는 사람이 회사를 상대로 하여 그 결의의 무효확인을 소구할 이익은 있다 할 것이나, 그 이사회결의에 참여한 이사들은 그 이사회의 구성원에 불과하므로 특별한 사정이 없는 한 이들 이사 개인들을 상대로 하여 그 결의의 무효확인을 소구할 이익은 없다 할 것이다.**

[**대법원 1998.11.27. 선고 97다4104 판결**] 종중대표자라고 주장하는 자가 종중을 상대로 하지 않고 종중원 개인을 상대로 하여 대표자지위의 적극적 확인을 구하는 소송은, 만일 그 청구를 인용하는 판결이 선고되더라도 그 판결의 효력은 당해 종중에는 미친다고 할 수 없기 때문에 대표자의 지위를 둘러싼 당사자들 사이의 분쟁을 근본적으로 해결하는 가장 유효적절한 방법이 될 수 없고, 따라서 확인의 이익이 없어 부적법하다.

　나. 단체 대표자 지위에 관한 본안소송(단체 대표자 선출결의의 효력유무를 가려달라는 본안소송)과는 달리 흠있는 결의에 의하여 선출된 대표자(이사)의 직무집행정지가처분 신청(민사집행법 제300조 2항)에 있어서는 당해 대표자가 피신청인이 되어야 하고, 단체에게는 피신청인적격이 없다.[1]

4. 형성의 소

　형성권 행사를 통하여 법률관계 변동의 효과가 생기는 데에 이익이 있는 자가 정당한 원고이고, 그 반대의 이해관계를 가진 자가 정당한 피고이다. 형성의 소는 형성권의 행사를 권리자의 일방적 의사표시로서는 할 수 없고, 반드시 소의 방법에 의하도록 되어 잇는 것이므로 그 법규 자체에서 원고 또는 피고적격자를 규정하는 경우가 대부분이다. 이러한 명문규정이 없는 경우에는 당해 소송물과 가장 강한 이해관계를 가지고 충실한 소송수행을 할 수 있는 자가 당사자적격자이다.

　5. 고유필수적 공동소송(공유물분할청구소송, 제3자가 제기하는 친자관계부존재확인소송 등)은 모두가 공동으로 소를 제기하거나 제소되어야 한다.

Ⅲ. 제3자의 소송담당

1. 권리관계의 주체 이외의 제3자가 당사자적격을 갖는 경우("관리처분권＝소송수행권"의 제3자에의 귀속)

　권리관계의 주체인 사람의 의사에 관계없이 제3자가 법률의 규정에 의하여 소송수행권을 가지는 법정소송담당과 권리관계의 주체인 사람의 의사에 의하여 제3자에게 자기의 권리에 대해 소송수행권을 수여하는 임의적 소송담당으로 나뉜다.

2. 법정소송담당

　가. **병행형**: 　　권리주체와 제3자가 함께 소송수행권을 갖는 경우
　(1) 채권자대위소송, 회사대표소송의 주주, 채권질의 질권자 등이 있다.
　(2) 특히, 채권자대위소송의 경우에는 학설의 대립이 있다(채권질의 경우도 같다). 통설·판례는 제3자의 법정소송담당이라고 본다. 반대견해는 채권자대위소송은 민법이 채권자에게 부여한 대위권이라는 실체법 상의 권리를 소송상 행사하는 것으로서, 아무런 권리관계 없이 채무자를 위하여 소송을 하거나 어떤 직무를 행사하기 위하여 소송을 하는 것이 아니며, 채권자는 자기 채권의 보전을 위하여 소송을 수행하는 것이므로 이것을 소송담당으로 보는 것

---

1) 대법원 1982.2.9. 선고 80다2424 판결.

은 타당하지 않다고 한다.

(3) 위와 같은 견해 차이에 따라 채권자대위소송에 있어서,

① 피 보전채권이 인정되지 않을 때 법원이 소 각하 판결을 할 것인가(통설·판례), 청구기각판결을 할 것인가(소수설: 이 견해는 채권자가 피 보전채권이 있는 채권자라고 주장하면 그 자체로 당사자적격이 인정되는 것이며, 피 보전채권이 실제로 없다는 것이 밝혀진 경우에는 민법상 대위권 행사의 요건인 '피 보전채권이 존재할 것'이라는 실체법상 요건을 충족하지 못한 것이므로 청구기각 판결을 해야 한다는 것이다)로 견해로 나뉜다.

② 중복제소금지 원칙의 적용에 있어서, 채무자 본인 스스로 권리를 행사하여 소를 제기한 상태에서 채권자대위소송이 제기된 경우에 구 판례는 후에 제기된 채권자대위소송은 중복된 소제기에 해당한다고 하였으나, **최근의 판례는 채권자대위권은 채무자가 제3채무자에 대한 권리를 행사하지 아니하는 경우에 한하여 채권자가 자기의 채권을 보전하기 위하여 행사할 수 있는 것이어서, 채권자가 대위권을 행사할 당시에 이미 채무자가 그 권리를 재판상 행사하였을 때에는 채권자는 채무자를 대위하여 채무자의 권리를 행사할 수 없다고 하여 당사자적격 결여로 보고 소각하 판결을 하여야 한다는 입장을 취하고 있다.**[1] 소수설은 경우를 나누어서, ⅰ) 채무자가 소를 제기하여 그 소가 계속 중인 상태에서 채권자대위소송이 제기된 경우에는 '채무자가 그의 권리를 행사하지 않을 것'이라는 채권자대위권 행사의 요건을 갖추지 못한 경우에 해당하여 청구기각 판결을 할 것이며, ⅱ) 채권자대위소송이 먼저 제기되어 계속 중인 상태에서 채무자 본인의 소송이 제기된 경우에, 전 소송이 변론종결전이면, 대위청구가 이유 있는지 여부의 판단의 기준시점은 변론종결 시이므로, 이때 채무자의 제소로 말미암아 채권자의 대위청구는 채무자가 그의 권리를 행사하지 않을 것'이라는 대위권행사의 요건을 갖추지 못하게 된다. 따라서 전소인 채권자대위청구는 청구기각판결을 면치 못하게 될 것이다. 그러나, 전 소송의 변론종결 후이면 채권자대위소송에 영향이 없게 되고 채무자의 소송은 별소로서 존속한다고 보며, ⅲ) 채권자 甲이 채권자대위소송을 제기하여 계속 중인 상태에서 다른 채권자 乙이 채권자대위소송을 새로 제기한 경우, 이때 통설·판례[2]는 乙이 제기한 소는 중복제소가 된다고 보는데 반하여, 소수설은 대위소송은 소송담당이 아니고 채권자 각자 고유의 대위권을 행사하는 것이므로 소송물이 서로 다른 경우에 해당하여 중복제소가 아니라고 본다.

③ 소취하의 효과로서의 재소금지원칙의 적용과 관련하여, 통설·판례[3]는 채권자대위소송을 하는 채권자가 제1심판결 후 항소심에서 소를 취하한 경우 채무자가 대위소송의 제기 사실을 안 이상 채무자는 재소금지의 효과를 받는다고 한다. 그러나 소수설은 이러한 경우에 채무자가 재소금지의 효력을 받는다면 채권자가 필요이상으로 채무자의 권리관계를 휘젓는 결과가 되므로 재소금지의 효과를 받지 않는 다고 보아야 하며, 기본적으로 대위소송은 제3자의 소송담당이 아니므로 재소금지의 효력이 당연히 채무자에게 미치는 것은 아니라고 한다.

---

1) 대법원 2009.3.12. 선고 2008다65839 판결.
2) 대법원 1994.11.15. 선고 94다12517 판결.
3) 대법원 1996.9.20. 선고 93다20177,20184 판결.

④ 기판력의 적용범위에 있어서, 판례[1]는 **채권자가 채권자대위권을 행사하는 방법으로 제3채무자를 상대로 소송을 제기하여 판결을 받은 경우**에 어떠한 사유로 인하였던 간에 채무자가 채권자대위권에 의한 소송이 제기된 사실을 알았을 경우에는 그 확정판결의 효력은 채무자에게도 미친다고 한다. 학설은 대체로 판례의 견해를 긍정하는 것이 다수설이다. 다만, 판례는 소송계속의 사실을 알게 된 경우만으로 족하다고 하였으나, 그 사실을 알게 되어 참가 등으로 채권자의 소송수행을 현실적으로 협조·견제할 수 있는 경우만 기판력이 채무자에게 미친다고 보는 견해(절차보장설)[2]도 판례와 같은 취지로 볼 수 있다. 채권자대위소송은 제3자의 소송담당이 아니므로 아예 채무자는 기판력을 받지 않는다는 것이 소수설(소극설, 호문혁)의 입장이다.

⑤ **채무자 본인이 제3채무자 상대의 소를 제기하여 확정판결이 있는 경우**에는 그 판결의 효력이 채권자에게 미친다는 점에는 이론이 없으나, 그 근거에 관하여 판례[3]는 채무자가 받은 판결이 당연 무효이거나, 재심에 의하여 취소되지 않는 한 미친다고 본다. 학설은 이러한 경우는 기판력의 작용이라기보다 채권자와 채무자간의 실체법상 의존관계에 의한 반사효라고 보는 견해, 채권자대위권 행사의 실체법적 요건을 충족하지 못하므로 청구기각 할 것이라는 견해 등이 있다.

⑥ **채권자 甲이 대위소송을 제기하여 확정판결이 있는 경우에 다른 채권자 乙에게 기판력이 미치는가?** 판례[4]는 이 때 채무자가 어떤 사유든 대위소송이 제기된 사실을 알았을 때에는 동일한 소송물에 대한 다른 채권자 乙에 의한 대위소송에 미친다고 본다. 학설은 이때에도 채권자 甲·乙의 상호 의존관계에 의하여 반사효의 적용에 있다는 견해와 채권자 甲에 의한 대위소송의 판결의 효력이 그 소송과는 아무런 관계도 없는 다른 채권자 乙에게까지 미친다고 보는 것은 아무런 법적 근거 없이 제3자의 제소가능성을 박탈하는 것이어서 부당하고, 채무자가 그 사실을 알았는지 여부에 따라 아무관계도 없는 제3자 乙에게 기판력이 미치는지 여부가 결정되는 것은 부당하다는 견해가 있다.

⑦ 수인의 채권자가 공동으로 채권자대위소송을 제기한 경우에 유사필수적 공동소송관계라는 것이 통설·판례[5]이다. 그러나 소수설은 통상공동소송이 된다고 본다.

⑧ 채권자대위소송 중에 채무자에 의한 공동소송참가가 가능한가? 다수설은 공동소송참가도 소송 중의 소로서 소송계속 중에 소를 제기하는 경우이고, 소송물이 채무자의 제3자에 대한 채권으로서 동일하고, 당사자도 채권자와 채무자는 당사자적격을 같이하는 경우로 동일성의 범주에 들어가므로 중복제소에 해당한다고 본다. 이에 반하여 소수설은 사실심에서 채무자가 소송에 참가하면 채무자가 스스로 권리행사를 하는 것이 되므로, 오히려 채권자의 대위권행사는 민법상 법률요건 불비가 되어 채권자의 청구를 기각하여야 한다고 본다.

⑨ 채권자대위소송과 독립당사자참가에 관하여, 통설은 채권자대위소송 계속 중에 채무자가 채권자에 대하여는 피 보전채권의 부존재확인을 구하고, 제3채무자에 대하여는 피대위

---

1) 대법원 1975.5.13. 선고 74다1664 전원합의체 판결.
2) 이시윤, 549면.
3) 대법원 1981.7.7. 선고 80다2751 판결.
4) 대법원 1994.8.12. 선고 93다52808 판결.
5) 대법원 1994.8.12. 선고 93다52808 판결.

채권의 이행을 구하는 독립당사자참가의 소를 제기하면 중복제소에 해당한다고 본다. 이에 대하여 대위소송을 제3자의 소송담당으로 보지 않는 소수설에 의하면, 이 경우는 소송물도 다르고 당사자고 달라서 별소로 제기하더라도 중복제소가 되지 않으며 독립당사자 참가도 허용된다고 본다.

⑩ 채권자가 채권자대위권을 행사하여 제3자에 대하여 하는 청구에 있어서, 제3채무자는 채무자가 채권자에 대하여 가지는 항변으로 대항할 수 없고, 채권의 소멸시효가 완성된 경우 이를 원용할 수 있는 자는 원칙적으로는 시효이익을 직접 받는 자(채무자)뿐이고, 채권자 대위소송의 제3채무자는 이를 행사할 수 없다.[1]

[대법원 1994.11.8. 선고 94다31549 판결] [사실관계] A토지를 전소유자로부터 매수한 X (원고)가 그의 앞으로 소유권이전등기를 하지 않고 임야대장 상에 甲 명의로 소유명의를 명의신탁하여 두었다. 甲의 상속인인 乙이 임야소유권이전등기 등에 관한 특별조치법에 의거하여 A토지가 을의 소유라는 허위의 보증서를 발급받아 을 명의로 소유권보존등기를 마친 뒤 이를 피고 Y에게 매도하고 소유권이전등기를 해 주었다. 원고 X는 청구원인으로서 A토지에 대한 甲과의 명의신탁관계를 해지하고 乙을 대위하여 Y에 대한 위 소유권이전등기말소 청구의 소를 제기하였다. [판결요지] 대법원은 X의 甲에 대한 명의신탁은 등기부에 명의수탁자 甲 명의로 소유권등기(명의신탁등기)를 마친 것이 아니므로 명의신탁관계가 성립되었다고 볼 수 없고, 따라서 X는 甲의 상속인인 乙에 대하여 명의신탁해지를 원인으로 하는 등기청구권을 갖지 못한다고 보면서, X는 채권자대위소송에 있어서 대위에 의하여 보전될 채권자의 채무자에 대한 권리가 인정되지 아니할 경우에 해당하므로 X는 스스로 원고가 되어 乙의 Y에 대한 권리를 행사할 당사자적격이 없게 되므로, 그 대위소송은 부적법하여 각하 할 수밖에 없다고 판시 하였다.

[채무자가 그의 권리를 행사하는 소를 제기하였을 경우: 대법원 1993.3.26. 선고 92다32876 판결] … 채권자 대위권은 채무자가 제3채무자에 대한 권리를 행사하지 아니하는 경우에 한하여 채권자가 자기의 권리를 보전하기 위하여 행사할 수 있는 것이기 때문에 채권자가 대위권을 행사할 당시 이미 채무자가 그 권리를 재판상 행사하였을 때에는 설사 패소의 확정판결을 받았더라도 채권자는 채무자를 대위하여 채무자의 권리를 행사할 당사자적격이 없다.

[채권자대위소송의 기판력이 채무자에게 미치는 여부: 대법원 1975.5.13. 선고 74다1664 전원합의체 판결] [사실관계] 채권자 甲이 본 사건 이전에 원고 X(채무자)를 대위하여 피고 Y (제3채무자)를 상대로 A부동산에 대한 소유권이전등기말소청구소송을 제기하였다가 패소판결을 받고 그대로 확정되었다. 그 후, X가 Y를 상대로 동일한 내용의 소를 제기하였고, 이에 Y는 전소에서 甲의 패소판결이 확정된 이상 그와 동일한 내용의 이 사건 소송은 기판력에 저촉되어 각하되어야 한다는 취지의 본안전 항변을 하였다. [대법원 다수의견] 채권자가 채권자대위권을 행사하는 방법으로 제3채무자를 상대로 소송을 제기하여 판결을 받은 경우에 어떠한 사유로 인하였던 간에 채무자가 채권자 대위권에 의한 소송이 제기된 사실을 알았을 경우에는 그 확정판결의 효력은 채무자에게도 미친다(그것이 채권자에 의한 민법 제405조 1항 소정의 통지행위이든 민소법 84조에 의한 소송고지 혹은 비송사건 절차법 제84조 제1항에 의한 법원에 의한 재판상 대위의 허가를 고지하는 방법에 의한 것이든 상관없다). (소수의

---

1) 대법원 1998.12.8. 선고 97다31472 판결.

견) 채권자가 한 대위소송을 채무자가 알든 모르든 채무자에게 기판력이 미친다.

[대법원 1976.12.28. 선고 76다797 판결] 재산상속인의 존재가 분명하지 아니한 상속재산에 관한 소송에 있어서 정당한 피고는 법원에서 선임된 상속재산관리인이라 할 것이고 동인은 재산상속인이 있다면 추상적으로 재산상속인의 법정대리인으로서 재산상속인이라 주장하는 참가인을 위하여 소송수행권을 행사하고 있다 할 것이므로 재산의 상속으로 인한 소유권확인을 구하는 참가인은 소위 제3자의 지위에 있다 할 수 없을 뿐 아니라 원고 역시 망인의 상속재산이라는 전제에서 이건 소를 제기한 것이므로 참가인의 청구와 양립할 수 없는 것도 아니고 다만 참가인의 주장은 원고의 청구를 부인함에 불과하여 합일확정을 요하는 것도 아니어서 이건 독립당사자 참가인의 청구는 참가의 요건을 구비하지 못한 부적법한 것이다.

나. 갈음형: 제3자가 권리관계의 주체인 사람에 갈음하여 소송수행권을 갖는 경우

(1) 유언집행자는 유증의 목적인 재산의 관리 기타 유언의 집행에 필요한 모든 행위를 할 권리의무가 있으므로 유증의 목적물에 관하여 마쳐진 유언의 집행에 방해가 되는 다른 등기의 말소를 구하는 소송에 있어서는 유언집행자가 이른바 법정소송담당자로서 원고적격을 가진다 할 것이다. 유언집행자는 유언의 집행에 필요한 범위에서는 상속인과 이해 상반되는 사항에 관하여도 중립적 입장에서 직무를 수행하여야 하므로, 유언집행자가 있는 경우 그의 유언집행에 필요한 한도에서 상속인의 상속재산에 대한 처분권은 제한되며 그 제한 범위 내에서 상속인은 원고적격이 없다.[1]

(2) 그 밖에 채권추심명령의 경우 추심채권자, 상속재산관리인(재산상속인 불명의 경우), 파산관재인, 채무자회생 및 파산에 관한 법률상의 파산관재인 및 관리인(회사사업의 경영과 재산의 관리 및 처분에 관한 권리는 관리인에게 귀속한다) 등이 있다.

다. 직무상의 당사자: 가사소송에 있어서 피고적격자가 사망한 뒤에 검사가 당사자로 나서는 경우 등과 같이 일정한 직무에 있는 자에게 법률이 소송수행권을 가지게 하는 경우이다.

3. 법원의 허가에 의한 소송 담당의 경우

증권관련 집단소송법(제21조 2항)에서는 법원에 의하여 수권된 대표당사자가 당사자적격을 가지고, 소비자기본법(제73조, 제74조)에서는 소비자단체가 법원의 허가를 얻어 당사자적격을 갖도록 하였다.

4. 임의적 소송담당

가. 의의: 권리관계의 주체인 사람의 의사에 의해 제3자에게 자기의 권리에 대해 소송수행권을 수여한 경우. 예: 법상 허용된 경우로는 선정당사자, 추심위임배서, 한국자산관리공사(금융기관 부실자산 등의 효율적 처리 및 한국 자산공사의 설립에 관한 법률) 등.

---

1) 대법원 2010.10.28. 선고 2009다20840 판결.

나. 한계: 노동조합이 해고근로자를 위하여 소송을 수행하는 경우에는 임의적 소송
담당으로서 당사자적격을 인정함이 타당하다. 그 밖에 현대형 소송에서 집단소송제도를 허
용하는 입법의 필요성이 증대하고 있다는 관점에서 증권관련집단소송법의 대표당사자 소송
방식을 도입할 필요성이 제기되고 있다. 그러나 변호사대리의 원칙, 신탁법 제7조에 의한 소
송신탁금지와 관련하여 임의적 소송담당은 제한된 범위 내에서 허용되어야 할 것이다.

[업무집행조합원의 경우: 대법원 1984.2.14. 선고 83다카1815 판결] [사실관계] 피고 Y등
64명은 동백홍농계를 조직하여 공유수면을 매립, 농지를 조성하였는데 원고가 그 토지 중 일
부를 매수하고도 위 계로부터 등기를 이전받지 못하자 위 계의 업무집행조합원인 Y를 상대
로 소유권이전등기청구의 소를 제기하였다. [판결요지] 임의적 소송신탁은 (변호사 대리의
원칙을 취하는)우리나라 법제 하에서는 극히 제한적으로 허용될 수밖에 없다 할 것이나, 탈
법적 방법에 의한 것이 아니고 이를 인정할 합리적 필요가 있을 것이므로, **민법상의 조합에
있어서 조합규약이나 조합결의에 의하여 자기의 이름으로 조합재산을 관리하고 대외적 업무
를 집행할 권한을 수여받은 업무집행조합원이 조합재산에 관한 소송에 관하여 조합원으로부
터 임의적 소송신탁을 받아 자기의 이름으로 소송을 수행하는 것이 허용된다.**

[대법원 2002.12.6. 선고 2000다4210 판결] 소송행위를 하게 하는 것을 주목적으로 채권
양도 등이 이루어진 경우 그 채권양도가 신탁법상의 신탁에 해당하지 않는다고 하여도 신탁
법 제7조가 유추적용되므로 무효라고 할 것이고, 소송행위를 하게 하는 것이 주목적인지의
여부는 채권양도계약이 체결된 경위와 방식, 양도계약이 이루어진 후 제소에 이르기까지의
시간적 간격, 양도인과 양수인간의 신분관계 등 제반 상황에 비추어 판단하여야 할 것이다.

[대법원 2012.5.10. 선고 2010다87474 판결] 1. 재산권상의 청구에 관하여는 소송물인
권리 또는 법률관계에 관하여 관리처분권을 갖는 권리주체에게 당사자적격이 있음이 원칙이
다. 다만 제3자라고 하더라도 법률이 정하는 바에 따라 일정한 권리나 법률관계에 관하여 당
사자적격이 부여되거나 본래의 권리주체로부터 그의 의사에 따라 소송수행권을 수여받음으
로써 당사자적격이 인정되는 경우가 있으나, 이러한 임의적 소송신탁은 민사소송법 제87조
가 정한 변호사대리의 원칙이나 신탁법 제7조가 정한 소송신탁의 금지를 잠탈하는 등의 탈
법적 방법에 의하지 않은 것으로서 이를 인정할 합리적 필요가 있다고 인정되는 경우에 한
하여 제한적으로만 허용된다. 2. 외국계 커피 전문점의 국내 지사인 甲 주식회사가, 본사와
음악 서비스 계약을 체결하고 배경음악 서비스를 제공하고 있는 乙 외국회사로부터 음악저
작물을 포함한 배경음악이 담긴 CD를 구매하여 국내 각지에 있는 커피숍 매장에서 배경음
악으로 공연한 사안에서, 한국음악저작권협회가 위 음악저작물 일부에 관하여는 공연권 등
의 저작재산권자로부터 국내에서 공연을 허락할 권리를 부여받았을 뿐 공연권까지 신탁받지
는 않았고, 권리주체가 아닌 협회에 위 음악저작물 일부에 대한 소송에 관하여 임의적 소송
신탁을 받아 자기의 이름으로 소송을 수행할 합리적 필요가 있다고 볼 만한 특별한 사정이
없으므로, 협회는 위 음악저작물 일부에 대한 침해금지청구의 소를 제기할 당사자적격이
없다.

Ⅳ. 당사자적격을 흠결하고 있는 경우의 효과

1. 소제기 단계

직권 조사사항이며 소송요건이다. 따라서 피고들이 본안전 항변으로 원고의 당사자적격을 다투다가 이를 철회한 경우에도 이 당사자 적격문제는 소송성립에 관한 것으로서 직권조사 사항인 만큼 법원은 이점을 심리하였어야 할 것이다.[1]

2. 흠결을 간과한 경우

가. 판결확정 전:　　　상소.

나. 판결확정 후:　　　재심사유가 아니다. 기판력이나 집행력이 발생하지 않는다는 점에서 무효인 판결이라 할 것이다.

3. 소송 중에 당사자 적격을 상실한 경우

새로이 당사자적격을 승계한 자 또는 그 상대방에 의하여 소송승계 신청을 하여야 한다.

　　[대법원 2013.8.22. 선고 2012다68279 판결] 甲에 대하여 회생절차를 개시하면서 관리인을 선임하지 아니하고 甲을 관리인으로 본다는 내용의 회생절차개시결정이 있은 후 乙 주식회사가 甲을 상대로 사해행위 취소의 소를 제기한 사안에서, 원심으로서는 乙 회사에, 甲을 채무자 본인으로 본 것인지 아니면 관리인으로 본 것인지에 관하여 석명할 필요 없이 관리인의 지위에 있는 甲을 상대로 소를 제기한 것으로 보고 관리인으로서 甲의 지위를 표시하라는 취지로 당사자표시 정정의 보정명령을 내렸어야 하는데도, 그와 같은 조치를 취하지 않고 甲이 당사자적격이 없다는 이유로 소를 각하한 판결에는 법리오해 등의 잘못이 있다.

　　[예제] [제43회(2001년) 사법시험] [제1문] 甲은 2001년 1월 1일 乙에게 甲 소유인 A토지를 8천만원에 매도하였다. 이에 乙은 계약금 및 중도금 5천만원을 지급한 상태에서, 2001년 2월 1일 丙에게 위 토지를 1억원에 전매해서 전매전액을 지급받았다. 甲이 2001년 5월 1일 乙을 상대로 3천만원 잔금청구소송을 제기하였고, 乙은 2001년 6월 1일 반소로 甲을 상대로 위 토지에 관한 소유권이전등기청구소송을 제기하여 같은 달 25일 甲에게 반소장이 송달되었다. 한편, 乙이 위 토지에 관한 소유권이전등기를 이행하지 않아서 丙은 2001년 6월 5일 甲과 乙을 상대로(甲에 대해선 채무자 乙을 대위하여) 甲은 乙에게, 乙은 丙에게 위 토지에 관하여 매매를 원인으로 한 소유권이전등기절차를 이행하라는 소송을 제기하였다. 이 소장은 같은 달 20일에 송달되었다. 위 소송에서 乙의 甲에 대한 반소와 丙의 甲과 乙에 대한 소의 제기는 적법한가? (50점)
　　[해설] Ⅰ. 주요논점: 乙의 甲에 대한 반소가 반소로서의 요건을 갖추고 있는지와 丙의 甲에 대

---

1) 대법원 1971.3.23. 선고 70다2639 판결.

한 청구(채권자 대위 소송)가 乙의 甲에 대한 반소와 중복된 소제기에 해당하는 것인지가 주요논점이다.

Ⅱ. 乙의 甲에 대한 반소의 적법성 검토(생략): 本書 반소에 관한 설명 참조.

Ⅲ. 丙의 甲에 대한 채권자대위소송의 적법성(중복된 소제기에의 해당여부) 검토

가. 중복된 소제기의 요건

(1) 전소의 계속 중에 후소의 소송계속이 발생할 것

① 전소·후소의 결정기준은 소송계속의 발생 시기, 즉 소장이 피고에게 송달된 때의 선·후에 의하여 결정된다.

② 후소 제기 당시에 전소가 소송계속 중이라도 후소의 변론종결 당시까지 취하·각하로 소송계속이 소멸하면 중복제소가 아니다.

③ 중복제소금지는 소송계속으로 인하여 당연히 발생하는 소송요건의 하나로서, 이미 동일한 사건에 관하여 전소가 제기되었다면 설령 그 전소가 소송요건을 흠결하여 부적법하다고 할지라도 후소의 변론종결 시까지 취하·각하 등에 의하여 소송계속이 소멸되지 아니하는 한 후소는 중복제소금지에 위배하여 각하를 면치 못하게 된다.

④ 사안의 경우: 乙의 반소는 丙이 제기한 채권자대위소송에 비하여 상대방 당사자에 대한 송달이 뒤에 이루어 졌으므로 후소가 된다.

(2) 전·후소의 당사자의 동일

① 전소와 후소의 소송물이 동일하더라도 당사자가 다르면 중복제소가 아니다. 당사자가 다르더라도 후소의 당사자가 전소판결의 기판력을 받는 경우에는 중복된 소제기에 해당한다.

② 채권자대위소송의 경우: ⅰ) 채권자대위소송의 법적 성격에 관하여 통설·판례는 제3자의 소송담당설(제3자인 채권자가 채무자의 의사와 관계없이 법률의 규정에 의하여 소송수행권을 가지는 법정소송담당으로 본다)을 취하여 원칙적으로 채권자대위소송과 채무자 본인의 소송이 경합하는 경우에는 중복된 소제기에 해당하는 것으로 본다. 이에 반하여 채권자고유권의 행사로 보는 소수설은 채권자대위소송과 채무자 본인소송은 중복된 소제기에 해당하지 않는 것으로 본다.

ⅱ) 본건과 같이 **채권자대위소송 계속 중 채무자 본인의 소제기가 있는 경우에** 판례[1]는 중복제소가 된다고 보며 다수설도 같은 견해를 취한다. 소수설은 전소가 변론종결 전이면 채권자 대위청구(전소)는 대위권 행사요건의 결여로서 청구 기각하여야 할 것이고, 전소의 변론종결 후이면 대위소송은 영향이 없고, 채무자의 소송은 별소로서 존속한다고 본다. 한편 채권자 대위소송의 제기사실이 채무자에게 고지되어(채무자에 대한 고지의 방법은 불문) 채무자가 대위소송 계속 사실을 알면서 소제기 한 경우는 중복제소가 되고, 채무자가 모르는 상태에서 제기한 소는 중복제소가 아니라는 견해(한정적 긍정설)도 있다.

ⅲ) 결론: 채권자대위소송은 제3자의 법정 소송담당으로 보는 것이 타당하다.

③ 사안의 경우: 丙이 제기한 채권자대위소송(丙의 청구중 甲에 대하여 乙 명의의 소유권이전등기 이행을 구하는 청구) 계속 중에 乙(채무자) 본인에 의한 소가 제기되었으므로 중복된 소제기의 요건을 일부 충족한다.

(3) 전·후소의 소송물의 동일

① 소송물의 동일 여부는 소송물이론에 따라 결정된다. 판례가 취하고 있는 구실체법설에

---

1) 대법원 1988.9.27. 선고 87다카1618 판결 등.

의하면 전·후소의 소송물의 실체법적 근거가 동일하면 중복된 소제기에 해당할 수 있다.

② 채권대위소송의 법적 성격에 관하여 법정소송담당설은 소송물의 동일성을 인정하고 있지만, 채권자의 고유권으로 보는 견해에 의하면 그 소송물이 다른 것으로 본다.

나. 결론

[예제] [제48회(2006년) 사법시험] [제1문] A토지는 원래 甲의 소유였는데, 甲이 2005. 9. 1. 사망하여 그의 아들 乙이 단독으로 상속하였다. 그런데 乙이 미처 상속등기를 하지 못한 사이에 甲의 전처인 丙은 甲의 생전인 2005. 7. 1. 甲으로부터 A토지를 증여받았음을 원인으로 하여 2005. 11. 1. 이에 관한 소유권이전등기를 경료하였다. 丁은 2005. 10. 1. 乙로부터 A토지를 매수하였는데 甲이 丙에게 A토지를 증여한 바 없음에도 丙이 관계서류를 위조하여 등기를 경료하였다고 주장하면서 2006. 4. 1. 乙을 대위하여 丙을 상대로 그 명의의 위 소유권이전등기의 말소를 구하는 소를 제기하였다(다음 각 설문은 상호 무관한 것이다).

(1) 乙과 丁 사이의 2005. 10. 1.자 매매계약 체결사실을 인정할 수 없는 경우 법원은 어떠한 판결을 하여야 하는가? (10점)

(2) 이 사건 소송이 제1심에 계속되어 있던 중 乙은 丁을 돕기 위하여 소송에 참가하였다. 이 사건 소송에서 乙의 소송상 지위는 어떠한가? (10점)

[해설] [제1문] 1. 주요논점: 채권자대위소송의 법적 성질에 관하여 법정소송담당으로 볼 것인가 아니면 채권자 고유권한으로 볼 것인가에 따라 결론이 달라진다.

2. 피 보전채권 부존재 시 법원의 판결

(1) 소각하설: 채권자대위소송의 법적 성질을 제3자의 법정소송담당으로 보는 견해로서 대위채권자의 채무자에 대한 채권(피 보전채권)은 법정소송담당자로서의 당사자적격의 기초가 된다고 한다. 따라서 피 보전채권이 존재하지 않을 경우에는 소송요건의 결여로서 소각하 판결을 하여야 한다는 입장이다.

(2) 청구기각설: 채권자대위소송을 채권자 자신의 고유한 권리를 행사하는 것으로 보는 견해로서 피 보전채권의 존재는 채권자대위권 행사를 위한 실체법상의 요건으로서 부존재 시에는 본안에 들어가 청구기각 판결을 하여야 한다는 입장이다. 한편 법정소송담당설에 의하더라도 일반적 이행의 소와 달리 볼 이유가 없으므로 원고가 스스로 채권자라고 주장하면 그 자체로서 당사자적격이 있는 것이고, 심리결과 피 보전채권이 없는 것으로 밝혀졌다면 본안에 들어가 청구기각판결을 하여야 할 것이라는 견해도 있을 수 있다.

(3) 판례: 판례는 법정 소송담당설을 취하여 피 보전채권의 부존재 시에는 소각하 판결을 하여야 한다는 입장이다.

3. 결론

[제2문] 1. 주요논점: 채권자대위소송의 법적 성질을 통설 판례와 같이 제3자의 법정소송담당으로 보는 견해를 따르면 채권자 丁과 채무자 乙은 각자 당사자로서 丙을 상대로 한 소송을 제기할 수 있다. 이러한 경우에 乙이 丁을 위하여 보조참가하는 경우에 공동소송적 보조참가가 되는지 통상의 보조참가가 되는지 견해의 대립이 있다.

2. 학설

(1) 공동소송적 보조참가설: 채무자 乙은 당사자적격을 상실하는 것은 아니지만, 채권자 丁이 제소한 후에 그 소송에 공동소송 참가를 하는 것은 신소제기의 실질이 있으므로 중복된 소제기에 해당하여 금지되는 것이고, 따라서 공동소송적 보조참가만이 가능하다고 한다.

(2) 통상의 보조참가설: 채권자대위소송은 채권자가 고유의 권리(대위권)를 행사하는 것으로서 소송담당이 아니라는 전제하에 채무자(乙)가 채권자대위소송에 보조참가 하는 것은 통상의 보조

참가로 보아야 한다는 견해.

(3) 결론: 채권자대위소송의 판결의 효력을 받는 채무자가 그의 권리를 보호하기 위하여 대위소송에 참가하는 경우에 이를 공동소송적 보조참가로 보는 통설이 타당하다.

3. 乙이 丁을 위하여 보조참가한 경우에 소송상 지위

(1) 법 제78조의 규정

(2) 구체적 내용: 필수적 공동소송 규정의 준용

① 피참가인은 참가인에게 불리한 소송행위를 단독으로 할 수 없고, 참가인은 피참가인의 행위에 어긋나는 소송행위를 할 수 있다(법 제67조 1항에 의하여 제76조 2항의 적용 배제). 따라서 피참가인이 단독으로 상소권을 포기하거나 상소를 취하하더라도 그 효력이 없다.

② 청구의 포기·인낙·화해는 피참가인이 단독으로 할 수 없다. 소취하는 피참가인이 단독으로 할 수 있다고 보는 견해와 반대 견해가 나뉜다.

③ 참가인의 상소기간은 피참가인과 독립하여 계산한다.

④ 참가인에게 소송절차의 중단·중지사유가 발생하면 소송절차가 정지된다.

위에서 열거한 사항을 제외하면 통상의 보조참가 지위와 동일하다.

① 보조참가인은 소 변경·반소 제기를 할 수 없다.

② 피참가인이 한 재판상 자백을 철회하거나 실기한 공격·방어 방법을 제출 할 수 없다.

③ 본소가 부적법 각하되면 공동소송적 보조참가도 소멸한다.

[예제] [제40회 변리사시험] 甲은 乙에게 금 4,000만원을 빌려주고 이행기가 지났음에도 이를 받지 못하고 있다. 乙에게 전혀 재산이 없어 고민하던 甲은, 乙이 丙에게 3,000만원의 금전채권이 있다는 사실을 알게 되었다. 甲은 乙을 대위하여 丙을 상대로 금 3,000만원의 지급을 구하는 소를 제기하였다. (30점)

Ⅰ. 甲과 丙 사이의 소송계속 중, 乙이 스스로 丙에 대해 3,000만원의 대여금 지급청구의 소를 제기한 경우 법원은 어떠한 조치를 취하여야 하는가?

Ⅱ. 甲이 제1심에서 패소하여 항소하자, 乙은 甲의 소송수행능력을 믿을 수 없다고 생각하고 甲과 丙 사이의 소송에 공동소송참가를 하였다. 이는 적법한가?

Ⅲ. 만약 제1심에서의 심리결과 甲의 乙에 대한 4,000만원 채권이 존재하지 않는다면 법원은 어떠한 조치를 취해야 하는가?

[해설] Ⅰ. 주요논점: 채권자대위소송의 법적 성질, 채권자대위소송의 계속 중 채무자 본인의 소가 제기된 경우에 중복된 소제기가 되는가?(제1문), 채권자대위 소송의 계속 중에 채무자가 종전 소송에 공동소송참가를 한 경우에 중복된 소제기가 되는가?(제2문), 채권자대위소송에서 피 보전채권의 부존재 시에 법원이 할 수 있는 조치.(제3문)

Ⅱ. 채권자대위소송의 법적 성질

1. 학설

2. 판례

3. 결론

Ⅲ. 제1문의 해결

1. 중복된 소제기의 요건 및 법원의 조치

(1) 요건   (2) 법원의 조치

2. 채권자대위소송의 계속 중 채무자본인의 소제기가 있는 경우

(1) 학설   (2) 판례

3. 결론

Ⅳ. 제2문의 해결

  1. 공동소송참가의 요건

  2. 항소심에서의 공동소송참가의 허용여부: [대법원 2002.3.15. 선고 2000다9086 판결] 공동소송참가는 항소심에서도 할 수 있는 것이고, 항소심절차에서 공동소송참가가 이루어진 이후에 피참가소가 소송요건의 흠결로 각하된다고 할지라도 소송의 목적이 당사자 일방과 제3자에 대하여 합일적으로 확정될 경우에 한하여 인정되는 공동소송참가의 특성에 비추어 볼 때, 심급이익 박탈의 문제는 발생하지 않는다.

  3. 채권자대위소송의 계속 중 채무자에 의한 공동소송참가의 허용여부

  (1) 학설

  (2) 결론

  4. 결론

Ⅴ. 제3문의 해결

  1. 채권자대위의 소에서 피보전채권이 존재하지 않는 경우에 법원이 할 수 있는 조치

  (1) 소각하판결설

  (2) 청구기각판결설

  (3) 판례

  2. 결론

[예제] [변리사시험 제42회(2005년)] [제A-1문] 甲은 乙 명의의 대지 위에 건물을 건축하여 점유하고 있다. 甲은 丙이 위 대지를 시효취득 하였으며 자신은 丙으로부터 이를 매입하였다고 주장하면서, 丙을 대위하여 乙을 상대로 위 대지에 대한 소유권이전등기를 구하는 소를 제기하였다. 그러나 제1심법원은 丙이 위 대지를 甲에게 매도한 사실이 없다고 판단하여, 甲의 당사자적격의 흠결을 이유로 甲의 소를 각하하는 판결을 하였다.

  (1) 甲은 제1심판결에 대해 항소하였다. 항소심에서 乙은 계속하여 丙이 위 대지를 시효취득하지 못하였다고 주장하였고, 이에 대해 甲은 丙의 시효취득을 주장하였다. 항소법원은 甲과 丙의 매매계약의 존재를 인정하였지만, 乙의 주장을 받아들여 丙이 위 대지를 시효취득하지 못하였다는 판단을 하고 있다. 이 경우 항소법원은 어떠한 판결을 하여야 하는지 논하시오. (20점)

  (2) 제1심법원의 소각하판결이 확정된 후, 乙은 甲을 상대로 하여 건물철거 및 대지인도청구의 소를 제기하였다. 이 소송절차에서 피고 甲은 丙을 대위하여 원고 乙에게 취득시효완성을 원인으로 한 소유권이전등기절차의 이행을 구할 수 있는 권리가 있다고 주장할 수 있는지 논하시오. (10점)

  [해설] [제1문] 제1심법원이 甲에 대하여 피 보전채권의 부존재를 이유로 소각하 판결을 하였으나, 항소심법원이 제1심 법원과는 달리 피 보전채권의 존재를 인정함으로써 제1심법원의 소각하 판결은 파기되어야 한다. 이 경우에 항소심법원은 원칙적으로 제1심법원에 파기환송 판결을 하여야 한다(법 제418조). 다만 법 제418조 단서 규정에 해당하는 경우에는 항소법원이 환송하지 않고 자판할 수 있다. 한편 항소심법원은 제1심 법원의 소각하 판결이 잘못되었다고 하더라도 본안에서 청구기각 될 사안인 경우에는 필수적 환송규정의 적용을 배제시키고 항소기각 하여야 한다는 것이 판례의 입장이다. 즉 불이익변경금지의 원칙을 적용하여 항소인에게 불리한 청구기각 판결을 할 수 없다는 것이다(대판 99다50392 등). 학설은 이러한 경우에 판례와는 달리 항소심법원이 원판결을 취소하고 청구기각의 본안판결을 하여야 한다는 입장이다.

[제2문] 갑의 을 상대의 채권자대위소송에서 받은 소각하판결의 기판력은 갑의 당사자적격 흠결(갑이 병으로부터 이사건 대지를 매수한 사실의 부존재 사실)에 대하여서만 기판력이 생긴다. 따라서 갑은 병의 시효취득 사실을 주장할 수 있다. [대법원 2014.1.23. 선고 2011다108095 판결][1] 민사소송법 제218조 제3항은 '다른 사람을 위하여 원고나 피고가 된 사람에 대한 확정판결은 그 다른 사람에 대하여도 효력이 미친다.'고 규정하고 있으므로, 채권자가 채권자대위권을 행사하는 방법으로 제3채무자를 상대로 소송을 제기하고 판결을 받은 경우 채권자가 채무자에 대하여 민법 제405조 제1항에 의한 보존행위 이외의 권리행사의 통지, 또는 민사소송법 제84조에 의한 소송고지 혹은 비송사건절차법 제49조 제1항에 의한 법원에 의한 재판상 대위의 허가를 고지하는 방법 등 어떠한 사유로 인하였든 적어도 채권자대위권에 의한 소송이 제기된 사실을 채무자가 알았을 때에는 그 판결의 효력이 채무자에게 미친다고 보아야 한다. 이때 채무자에게도 기판력이 미친다는 의미는 채권자대위소송의 소송물인 피대위채권의 존부에 관하여 채무자에게도 기판력이 인정된다는 것이고, 채권자대위소송의 소송요건인 피 보전채권의 존부에 관하여 당해 소송의 당사자가 아닌 채무자에게 기판력이 인정된다는 것은 아니다. 따라서 채권자가 채권자대위권을 행사하는 방법으로 제3채무자를 상대로 소송을 제기하였다가 채무자를 대위할 피 보전채권이 인정되지 않는다는 이유로 소각하 판결을 받아 확정된 경우 그 판결의 기판력이 채권자가 채무자를 상대로 피 보전채권의 이행을 구하는 소송에 미치는 것은 아니다.

[예제] [제54회 사법시험(2012년)] [제1문] 甲종중은 2011.2.1 乙로부터 乙 소유인 X토지를 대금 1억 원에 매수하였는데, 그 소유권이전등기를 마치기 전인 2011.5.1 X토지에 관하여 丙명의로 "2011.4.1 매매"를 원인으로 한 소유권이전등기가 마쳐졌다.

이에 甲종중은 2011.10.1. 丙명의의 위 소유권이전등기는 丙이 乙의 인장을 훔친 후 위임장 등 관련 서류를 위조하여 마친 것이므로 원인 없는 무료의 등기라고 주장하면서, 乙을 대위하여 丙을 상대로 위 소유권이전등기의 말소등기 청구의 소를 제기하였다(다음부터 'A訴'라고 한다). 한편 乙은 丙이 매매대금을 곧 지급하여 주겠다고 약속하기에 먼저 소유권이전등기를 마쳐준 것인데 매매대금을 지급하지 않고 있으니 위 매매계약은 사기에 의한 의사표시로서 취소한다고 주장하면서, 丙을 상대로 진정명의회복을 원인으로 한 소유권이전등기청구의 소를 제기하였고(다음부터 'B訴'라고 한다), 그와 같은 내용이 담긴 소장이 그 무렵 丙에게 송달되었다.

이와 같은 사실관계에서 아래 각 문항에 답하시오(다음 각 설문은 상호 무관한 것이다).

1. A訴의 1심에서 甲종중의 대표자로서 소를 제기한 丁에게 대표권이 없다는 이유로 소각하 판결이 선고되었고, 이에 甲종중이 항소를 제기하여 현재 소송계속 중이다. B訴가 A訴의 항소심 진행중 제기되었고, 심리한 결과 원고인 乙의 청구원인 주장이 모두 사실로 밝혀졌으며, 그 심리과정에서 위와 같은 A訴의 진행상황이 밝혀졌다면, B訴의 법원은 어떠한 판결을 하여야 하는가? (20점)

2. A訴의 1심에서 甲종중 대표자의 대표권 등 소송요건이 인정되는 한편, 乙이 증인으로 출석하여 丙에게 실제로 X토지를 매도한 바 있다고 증언하여 청구기각판결이 선고되고 그 무렵 그대로 확정되었다. B訴가 A訴의 판결확정 후 제기되었고, 심리한 결과 원고인 乙의 청구원인 주장이 모두 사실로 밝혀졌으며, 그 심리과정에서 위와 같이 A訴의 판결이 확정되었음이 밝혀졌다면, B訴의 법원은 어떠한 판결을 하여야 하는가? (18점)

[제2문의 2]

乙주식회사의 대표이사인 甲의 업무수행에 불만을 가진 대주주들의 암묵적인 영향으로 乙주식회사는 이사회를 개최하여 甲을 대표이사직에서 해임하고 丙을 乙주식회사의 대표이사로 선임하였다. 이에 甲은 자신이 부당하게 해임되었다고 주장하면서 이사회결의에 대한 무효확인의 소를 제기하고자 한다.

1. 甲은 누구를 상대로 이사회결의무효확인의 소를 제기하여야 하는가? 수소법원은 甲이 피고로 삼는 자의 당사자적격을 피고가 다투지 않더라도 심사하여 판단할 수 있는가? (15점)

2. 甲의 본안청구가 이유없다고 먼저 판명된 경우라면, 수소법원은 당사자적격의 존부에 관하여 판단할 필요없이 바로 본안의 판단으로 들어가 甲의 청구를 기각할 수 있는가? (10점)

[해설] [제1문의 1 해설] 1. 본 문제는 채권자대위소송과 중복된 소제기를 주요논점으로 하고 있다는 점에서 앞의 제43회 사법시험과 상당히 유사한 문제이다. 그러나 위 문제가 배점이 50점인데 반하여 본 문제는 배점이 20점에 지나지 않고, 더구나 주요논점으로서 B소가 A와 소송물의 동일성이 인정되는가라는 쟁점이 추가되었다. 즉 말소등기청구의 소(전소: A소)와 진정명의회복을 원인으로 한 소유권이전등기청구의 소(후소: B소)의 소송물의 동일성 여부에 따라 중복된 소제기 해당여부가 결정된다는 점에 유의하여야 한다.

2. 본 문제 답안의 체계는 (1) 논점의 정리 및 중복된 소제기의 요건을 간단히 언급한 뒤, (2) 전소(A소)와 후소(B소)의 소송계속에 관한 검토 (3) A소와 B소의 당사자의 동일여부 검토 (4) A소와 B소의 소송물의 동일여부 검토 (5) 결론으로 잡아야 할 것이다.

[제1문의 2 해설] A소가 甲의 패소판결로 확정되었을 경우에 그 판결의 기판력이 乙에게 미치는지를 검토하여야 한다. 본 사안에서 乙이 甲에 의한 채권자대위소송이 제기된 사실을 알고 있었음이 명백하므로 A소에 대한 판결의 기판력은 乙에게 미친다. 다음으로 乙이 제기한 B소가 A소의 소송물이 동일한 것인지 여부(객관적 범위)와 을이 청구원인에서 주장하는 사기를 이유로 한 매매계약의 취소 주장이 기판력의 시적 범위에 의하여 차단되는 것인지를 검토하여야 한다. 앞서 검토한 바와 같이 A소와 B소의 소송물은 동일하고, 사기행위를 이유로 한 매매계약의 취소권은 A소의 변론종결일 이전에 존재하였던 것이므로 기판력의 시적 범위에 의하여 차단되는 것으로 보아야 한다. 마지막으로 기판력의 본질론에 관하여 모순금지설을 취하는 판례의 태도에 따라 법원은 B소에 대하여 청구기각의 판결을 하여야 한다. * 위 각 문제를 풀이함에 있어서 소수설의 입장은 간략히 소개하는 정도로 언급하는 것으로 충분할 것이다.

[제2문의 2 해설]

[제1문] I. 이사회결의 무효확인의 소의 피고적격: 법인, 비법인 사단과 같은 단체의 대표자 지위 등에 관한 다툼(대표자 선임결의 무효·부존재 확인 또는 대표자 지위의 적극적 확인)에서 피고적격자는, 단체 자체가 피고적격자라는 견해(통설, 판례)와 특정 대표자 개인이 피고적격자라는 견해, 단체와 개인 모두 피고적격이 있다는 견해가 있다. [대법원 1982.9.14. 선고 80다2425 전원합의체 판결] 주주총회결의취소·무효확인 판결은 대세적 효력이 있으므로 그와 같은 소송의 피고가 될 수 있는 자는 그 성질상 회사로 한정된다고 할 것이다. 또 주주총회결의부존재확인의 소송은 그 결의부존재확인판결의 효력이 제3자에게 미친다고 할 것이어서 피고가 될 수 있는 자도 그 무효확인의 소송의 경우와 마찬가지로 회사로 한정된다 할 것이다. 또한 주식회사의 이사회결의는 회사의 의사결정이고 회사는 그 결의의 효력에 관한 분쟁의 실질적인 주체라 할 것이므로 그 효력을 다투는 사람이 회사를 상대로 하여 그 결의의 무효확인을 소구할 이익은 있다 할 것이나, 그 이사회결의에 참여한 이사들은 그 이사회의 구성원에 불과하므로 특별한 사정이 없는 한 이들 이사 개인들을 상대로 하여 그 결의의 무효확인을 소구할 이익은 없다 할 것이다. [대법원 1998.11.27. 선고 97다4104 판결] 종중대표자라고 주장하는 자가 종중을 상대로 하지 않고 종중원 개인을 상대로 하여 대표자지위의 적극적 확인을 구하는 소송은, 만일 그 청구를 인용하는 판결이 선고되더라도 그 판결의 효력은 당해 종중에는 미친다고 할 수 없기 때문에 대표자의 지위를 둘러싼 당사자들 사이의 분쟁을 근본적으로 해결하는 가장 유효적절한 방법이 될 수 없

고, 따라서 확인의 이익이 없어 부적법하다.

Ⅱ. 당사자적격여부의 심사

1. 당사자적격의 구비여부는 소송요건이며 법원의 직권조사사항이다. 당사자적격의 결여에 관한 당사자의 주장(항변)이 없어도 법원은 직권으로 조사하여 판단할 수 있다.

2. 甲이 당사자적격 없는 자를 피고로 하여 소를 제기한 경우에 법원은 피고의 항변이 없더라도 피고적격의 흠결을 이유로 소각하 판결을 할 수 있다.

[제2문] Ⅰ. 학설: 원고의 청구 자체에 의하여 이유 없음이 명백할 때, 소송요건의 결여에 관한 판단을 간과하고, 원고의 청구에 대하여 기각판결을 할 수 있는가? 학설은 긍정설과 부정설이 있고, 공적 이익을 목적으로 하는 소송요건은 부정설을 취하되, 피고의 이익보호(임의관할, 당사자능력 등)나 무익한 소송배제를 목적으로 하는 요건이면 긍정설에 의할 것이라는 절충설(예컨대 조합의 소송당사자 능력이 부정되어 각하될 것이나 본안 청구 자체가 이유 없음이 명백한 경우 기각판결을 할 것이라는 견해)이 유력하게 주장된다. 판례는 소송요건 심리의 선 순위성을 긍정한다 (위 부정설과 같은 입장이라 할 수 있다). [대법원 1993.7.13. 선고 92다48857 판결]

Ⅲ. 결론: 사안의 경우에 당사자적격을 결여한 자에 대하여 본안판결을 하더라도 그 자에 대하여 기판력을 비롯한 판결의 효력이 미칠 수 없는 무효의 판결이 될 것이다. 따라서 판례의 태도가 타당하며, 법원은 청구기각판결을 하여서는 아니 되고, 소각하 판결을 하여야 한다.

제 5 절 소송능력

Ⅰ. 의   의

당사자로서 유효하게 소송행위를 하거나 소송행위를 받기 위하여 갖추어야 할 능력을 소송능력이라 한다. 법 제51조는 소송능력에 관하여서는 민사소송법에 특별한 규정이 없으면 민법 그 밖의 법률에 의한다고 규정하여 민법상의 행위능력자이면 소송능력을 갖도록 하였다.

Ⅱ. 소송무능력자

1. 민법상 행위무능력자는 소송능력이 없다. **미성년자**의 소송행위나 그에 대한 소송행위는 모두 무효가 된다. 민법상 법정대리인의 처분 허락을 받은 재산 처분행위, 법정대리인 동의하의 개별 법률행위의 경우에 행위능력이 인정되지만 그와 관련된 소송이 제기된다고 할 때 **미성년자**가 소송을 독자적으로 수행할 수 있는 소송능력은 부정된다. 소송행위는 연쇄적이고 복잡하여 이러한 경우에 소송능력을 인정하게 되면 절차안정을 해할 수도 있기 때문이다.

2. 성년후견제도 시행에 따른 소송무능력자의 문제

성년후견개시의 심판을 받은 피성년후견인(구법상의 금치산자)은 제한적 행위무능력자이므로 제한적 소송무능력자가 될 것이다. 한정후견 개시의 심판을 받은 피한정후견인(구법상의 한정치산자)은 원칙적인 행위능력자이므로 소송능력자로 될 것이나, 가정법원이 정한 행위범위 내에서 행위능력의 제한을 받으므로 그 범위 내에서 소송능력을 잃는다. **피성년후견인**의 경우에는 일정한 경우를 제외하고는 법정대리인이 소송대리를 하게 되고, **피한정후견인**의 경우에는 가정법원이 정한 행위범위 내에서는 민법 제959조의4에 의한 대리권 수여의 심판에 따라 대리권을 수여받은 한정후견인이 법정대리인으로서 소송을 수행한다. 미성년자와 마찬가지로 피한정후견인의 경우에 행위능력이 제한되는 경우에도 한정후견인의 동의를 얻으면 유효하게 법률행위를 할 수 있지만, 소송행위는 법정대리인에 의하여야 한다.

3. 예   외

미성년자가 혼인 한때, 미성년자에 대하여 일정한 영업행위의 승낙이 있는 경우 그 영업에 관한 행위, 미성년자의 근로계약 체결·임금청구와 관련된 소송행위 등의 경우에는 소송능력이 있다. 피한정후견인은 가정법원이 지정한 행위 외에는 독립하여 법률행위를 할 수 있으므로 그 범위에서 소송능력이 있다 할 것이다.[1) 그 밖에 소송능력의 유무를 다투는 범위 내에서는 소송무능력자도 소송행위를 할 수 있다.

Ⅲ. 소송무능력자가 한 소송행위의 효력

1. 소송무능력자의 소송행위는 무효

가. 소송무능력자의 소송행위는 무효이며 취소할 수 있는 행위가 아니다.

(1) 소송능력은 개개의 소송행위의 유효요건이다. 즉, 소송무능력자의 소송행위나 무능력자에 대한 소송행위는 무효이다. 민법상 행위무능력자의 행위는 취소할 수 있는 것과는 달리 소송절차의 안정을 위해서 무효로 한 것이다.

(2) 기일에 무능력자가 출석하여 변론을 하면 그 자의 소송관여는 절차의 안정을 위해 배제당하고 기일해태의 불이익을 입는다.

(3) 소환·송달 등도 무능력자에게 한 것은 무효이다(다만, 소송당사자로서가 아닌, 소송당사자의 동거인으로서 사물변별능력이 있는 자에게 하는 보충송달의 효력이 생기느냐는 별개의 문제이다: 법 제186조 1항 참조). 판결정본이 무능력자에게만 송달되고 법정대리인에게 송달되지 않으면 상소기간은 진행되지 않고 판결은 확정되지 않는다(적법하게 선임된 대리인이 있는 경우에는 대리인에게 송달할 수 있다). 소송능력의 존·부에 관한 다툼에 있어서

---

1) 이시윤, 156면.

는 소송무능력자에 대한 송달도 유효하다.

나. 확정적 무효가 아닌 유동적 무효로서 추인이 가능하다: 무능력자가 능력을 회복(미성년자가 소송 도중에 성년이 되거나, 민법상 제한능력자가 능력을 회복한 경우 등)한 경우에는 회복자 본인이 할 수 있고, 그 외에는 법정대리인 등이 추인할 수 있다.

(1) **추인의 방법:** 명시적·묵시적 방법으로 할 수 있다. 예컨대 미성년자가 직접 변호인을 선임하여 제1심의 소송수행을 하게 하였으나 제2심에 이르러서는 미성년자의 친권자인 법정대리인이 소송대리인을 선임하여 소송행위를 하면서 아무런 이의를 제기한 바 없이 제1심의 소송결과를 진술한 경우에는 무권대리에 의한 소송행위를 묵시적으로 추인한 것으로 보아야 한다.[1]

(2) 무권대리인이 행한 소송행위의 추인은, 특별한 사정이 없는 한, 소송행위의 전체를 대상으로 하여야 하는 것이고 그 중 일부의 소송행위만을 추인하는 것은 허용되지 아니한다고 할 것이다. 따라서 무능력자가 한 소송행위 중 상고제기 행위만을 추인하고 그 밖의 소송행위는 추인하지 아니한다는 의사를 표시하고 있는 경우에 위 상고행위만의 추인을 허용할 만한 특별한 사정이 없다면 위 일부 추인으로 인하여 위 상고제기가 유효하게 되었다고 볼 수 없다.[2] 다만 예외적으로 소취하만을 제외한 나머지 소송행위를 추인하는 것은 절차의 안정을 해칠 염려가 없으므로 인정하여야 할 것이다. 한편 일단 추인거절의 의사표시가 있는 이상 그 무능력자의 행위는 확정적으로 무효로 귀착되므로 그 후에 다시 이를 추인할 수는 없다.

(3) 무능력자에 의한 소송대리인의 선임행위도 무효이다. 무능력자로부터 위임받은 무권대리인이 한 소송행위도 무효가 될 것이지만 친권자 등 법정대리인이 추인하면 소급하여 유효한 것으로 된다.[3]

(4) **시기:** 소송능력을 회복한 무능력자 본인 또는 법정대리인(친권자)이 그 소송행위를 추인하면 행위 시에 소급하여 효력을 갖게 되는 것이고, 이러한 추인은 상고심에서도 할 수 있는 것이다.

2. 직권조사 사항

소송능력의 유무는 소송의 단계에 관계없이 법원이 직권으로 조사하여야 할 사항이고, 소송능력 흠결 시 법원은 기간을 정하여 보정을 명하여야 한다(법 제59조 전문). **무능력자에 의하여 소가 제기된 경우**에는 법정대리인에 의한 추인이 있어야 하고, 추인을 거절하거나 보정이 되지 않으면 소를 각하하여야 한다. 보정을 기다리자면 지연으로 인하여 손해가 생길 염려가 있는 때에는 보정을 조건으로 일시적으로 소송행위를 하게 할 수 있다. 소제기 후 소송계속 중에 소송능력을 상실한 경우에는 소제기 자체가 부적법하여 지는 것은 아니므로 소각하를 하여서는 안되고 법정대리인이 수계할 때까지 중단된다(법 제235조). 소송대리인이 있는 경우에는 중단되지 않는다(법 제238조).

---

1) 대법원 1980.4.22. 선고 80다308 판결.
2) 대법원 2008.8.21. 선고 2007다79480 판결.
3) 대법원 2007.2.8. 선고 2006다67893 판결.

3. 소송무능력을 간과한 판결의 효력

가. 소송무능력을 간과하고 그에게 패소판결을 한 경우 이를 당연무효라 할 수는 없고, 당사자는 상소를 통하여 그 취소를 구할 수 있고, 확정된 뒤에는 재심의 소를 제기할 수 있다.

나. 무능력자가 승소한 경우:　　　소송무능력 제도가 무능력자의 보호에 있는 점에 비추어 소송능력흠결 사유로 다툴 수 없다 할 것이다.[1]

[예제] 미성년자 甲은 부모 몰래 그의 소유인 바이올린을 乙에게 매도하고, 乙이 그 대금을 지급하지 않자 乙을 피고로 하여 대금의 지급을 구하는 소를 제기하였다. 위 소송에 관하여 아래의 물음에 답하시오. (30점)
(1) 제1심 법원은 어떠한 조치를 취할 수 있는가?(10점)
(2) 제1심 법원이 甲이 미성년자임을 간과하고 甲 패소의 본안판결을 선고한 경우에 그 판결은 유효한가?(5점)
(3) 제1심 법원이 甲 패소의 본안판결을 선고하자 甲이 이에 불복하여 항소하였을 경우에, 항소심 법원은 어떠한 조치를 취할 수 있는가?(10점)
(4) 위와는 달리 제1심 법원이 甲이 미성년자임을 간과하고 甲 승소의 본안판결을 선고한 경우에, 乙은 甲이 소송무능력자임을 주장하여 항소를 제기할 수 있는가?(5점)

[해설] Ⅰ. (1) 번 문제의 해결
　　1. 甲의 소송행위(소제기 및 그에 이은 일련의 소송행위)는 무효(상대적 무효)이다.
　　2. 甲의 행위가 무효로 되는 경우 법원이 취하여야 할 조치
　　가. 소장심사단계에서 무능력자에 의한 소제기임이 밝혀지면 법원은 법정대리인의 기재 누락을 지적하여 보정을 명하여야 한다. 이에 불응하면 소장각하명령을 하여야 한다.
　　나. 甲(소송무능력자)의 소송행위는 무효이지만 상대적 무효인 행위로서 법정대리인에 의한 추인이 가능하다. 법원은 기간을 정하여 보정을 명하여야 한다.
　　다. 법정대리인에 의한 추인이 있는 경우에는 甲의 소송관여를 배제하고 법정대리인에 의한 소송을 계속하여야 한다.
　　라. 甲의 소제기를 비롯한 소송행위에 대하여 추인에 의한 보정이 없는 경우에는 법원은 소각하 판결을 하여야 한다.
Ⅱ. (2) 번 문제의 해결
　　1. 甲의 소송행위가 무효로 되는 경우 제1심법원이 갑의 소송능력의 흠결을 간과하고 갑 패소의 본안판결을 한 행위의 효력에 관한 학설
　　(1) 판결무효설: 절차보장의 견지에서 당해판결은 무효라는 견해
　　(2) 상소·재심설: 분쟁해결의 기준을 제공하는 판결의 법적 안정성을 중시하는 견지에서 상소 또는 재심을 통하여 취소되지 않는 한 판결의 당연무효를 주장할 수 없다는 견해 (통설)
　　2. 결론: 상소·재심설이 타당하다.
Ⅲ. (3) 번 문제의 해결
　　1. 甲의 항소제기의 적법여부
　　가. 무능력자라 하더라도 소송능력의 유무를 다투는 범위 내에서는 유효한 소송행위를 할

---

1) 이시윤, 159면.

수 있으므로 항소심은 사안의 경우에 갑의 항소가 무능력자의 행위라고 하여 각하 할 수 없다. 만약, 갑의 항소제기만을 문제 삼아서 각하 한다면 갑이 제1심 판결의 당부를 다툴 수 있는 기회가 부당히 박탈될 수 있기 때문이다.

　나. 위의 상소·재심설에 의하면 항소심 법원은 갑의 항소를 각하할 것이 아니라 갑의 항소를 인용하여 제1심 판결을 취소하여야 한다.

　2. 제1심 판결 취소 후의 항소심 법원의 조치

　가. 항소심 법원의 조치에 관하여는 제1심법원으로 파기환송 하여야 할 것이라는 견해도 있으나, 법정대리인에 의한 보정을 명하여야 한다고 보는 것이 타당하다.

　나. 이때, 법정대리인은 보정 시까지의 소송행위 수행결과에 대한 전면적 추인을 하거나 아니면 보정을 거부하여야 할 것이다.

　다. 항소심 법원의 보정명령에 따라 보정이 되지 않으면 법원은 제1심판결을 파기하여 소 각하 판결을 하여야 한다.

Ⅳ. (4) 번 문제의 해결

　1. 소송무능력자 제도의 도입 취지와 신의칙상 금반언 원칙(민소 제1조 2항)에 비추어,

　2. 미성년자(소송무능력자) 甲 패소판결이 아니고 승소판결이라면, 甲은 물론 그의 상대방인 乙도 甲의 소송무능력만을 이유로 상소 또는 재심을 제기하여 甲의 소송 행위가 무효임을 주장할 수는 없을 것이다.

제 6 절　변론능력

Ⅰ. 의　　의

법원에 대하여 유효한 소송행위를 하기 위해 요구되는 능력을 변론능력이라 한다. 변론능력은 소송의 원활·신속을 도모하기 위하여 필요한 공익적 제도라는 점에서 소송당사자가 자신의 이익을 제대로 주장·옹호할 수 없는 때에 이를 시정하고자 하는 소송능력제도와 구별된다.

Ⅱ. 변론무능력자

1. 진술금지재판을 받은 자(법 제144조 1항)는 당해 심급에서 변론능력이 제한된다. 진수금지의 재판은 변론기일뿐만 아니라 변론준비기일에도 할 수 있고, 진술금지와 함께 변호사 선임을 명할 수 있다(법 제144조 2항).

2. 변호사 대리의 원칙(변호사 아닌 자가 소송대리를 하는 경우): 임의대리인은 원칙적으로 변호사만이 할 수 있다(법 제87조). 변호사 아닌 자는 법원의 허가 없이 변론할 수 없다.

[대법원 2012.10.25. 선고 2010다108104 판결]　1. 민사소송법 제87조는 "법률에 따라 재판상 행위를 할 수 있는 대리인 외에는 변호사가 아니면 소송대리인이 될 수 없다"라고 정하여 이른바 변호사 소송대리의 원칙을 선언하고 있다. 한편 변리사법 제2조는 "변리사는 특허청 또는 법원에 대하여 특허, 실용신안, 디자인 또는 상표에 관한 사항을 대리하고 그 사항에 관한 감정과 그 밖의 사무를 수행하는 것을 업으로 한다"고 정하는데, 여기서 '특허, 실용신안, 디자인 또는 상표에 관한 사항'이란 특허·실용신안·디자인 또는 상표(이하 '특허 등'이라고 줄여 부른다)의 출원·등록, 특허 등에 관한 특허심판원의 각종 심판 및 특허심판원의 심결에 대한 심결취소소송을 의미한다. 따라서 "변리사는 특허, 실용신안, 디자인 또는 상표에 관한 사항의 소송대리인이 될 수 있다"고 정하는 변리사법 제8조에 의하여 변리사에게 허용되는 소송대리의 범위 역시 특허심판원의 심결에 대한 심결취소소송으로 한정되고, 현행법상 특허 등의 침해를 청구원인으로 하는 침해금지청구 또는 손해배상청구 등과 같은 민사사건에서 변리사의 소송대리는 허용되지 아니한다. 2. 甲 등 변리사들이 상표권 침해를 청구원인으로 하는 민사소송에서 원고의 소송대리인 자격으로 상고장을 작성·제출한 사안에서, 위 상고는 변호사가 아니면서 재판상 행위를 대리할 수 없는 사람이 대리인으로 제기한 것으로 민사소송법 제87조에 위배되어 부적법하다.

3. 발언금지명령을 받은 자(법 제135조 2항, 제286조): 당해 기일만 변론이 제한된다.

4. 듣거나 말하는데 장애가 있는 자(법 제143조 1항).

Ⅲ. 변론능력 없는 때의 효과

1. 변론무능력자의 소송행위는 무효가 된다.

추인의 대상이 아니다.

2. 기일 불출석의 불이익(자백간주, 취하 간주)

3. 소 또는 상소를 제기한 사람이 진술금지의 재판과 함께 변호사선임 명령을 받은 경우, 새 기일까지 변호사를 선임하지 않으면 법원은 결정으로 소·상소 각하 결정을 한다(법 제144조 4항, 5항).

4. 변론능력의 결여를 간과하여 한 판결에 대하여 상소제기나 재심을 청구할 수 없다. 결국 그 종국판결에 따라 흠은 치유된다.

[부산고등법원 2004.4.22. 선고 2003나13734,13741 판결]　1. **기초사실**: 다음의 각 사실은 기록상 명백하다. 가. 원고가 2001. 3. 8. 피고와 사이의 공사도급계약에 기한 지체상금의 지급을 구하는 이 사건 본소를 제기하고, 그 소송 진행과정에서 피고가 기성고 비율에 따른

공사대금의 지급을 구하는 반소를 제기하여 2002. 11. 27. 제10차 변론기일이 진행될 때까지 원고는 변론기일마다 출석하여 소장 및 준비서면(6회 제출)을 진술하고, 증인으로 000, 000를 신청하여 신문하고, 피고측이 신청한 증인 ○○○, ○○○에 대한 반대신문을 하는 등 변론을 하였으며, 그사이에 열린 2회의 조정기일에도 출석하였다. 나. 원고는 2002. 11. 4.자 준비서면에서 피고가 억지주장을 하면서 시간을 지연하고 있어 자신에게 많은 손실을 주고 있다며 빠른 시일 내에 판결을 선고해 달라는 취지로 주장하고, 2002. 11. 25.자 준비서면에서 2002. 11. 6. 제9차 변론기일에서 피고 소송대리인의 신청으로 증인으로 채택된 ○○○에 대하여 그 증인신청이 이 사건과는 관련이 없고 다만 피고가 소송을 지연하기 위하여 신청한 것이라며 조속히 판결을 선고해 달라는 취지로 주장하였다. 다. 원고는 2002. 11. 27. 제10차 변론기일에서 증인 ○○○에 대한 반대신문을 하는 절차의 모두에 "위 증인은 이 소송과 전혀 관련이 없다, 피고 소송대리인이 증인을 신청하고, 법원이 받아들여 원고가 어쩔 수 없이 반대신문을 한다."는 취지로 진술하였고, 위 증인신문절차가 종료된 이후 원심법원은 민사소송법 제144조 제1항, 제2항에 의하여 원고에 대하여 진술을 금지하고 변호사를 대리인으로 선임할 것을 명하는 결정을 고지하였다. 라. 이후 원고는 자신은 변론능력이 있고, 경제적 사정으로 변호사를 선임할 수 없다, 선임하지 않은 불이익은 감수하겠으니 선임명령을 재고해 달라, 불리한 판결이라도 좋으니 빨리 선고해 달라는 취지의 준비서면과 탄원서를 2003. 1. 7.자, 2003. 1. 28.자, 2003. 5. 12.자로 계속 제출하는 한편, 2003. 1. 8. 열린 제11차 변론기일부터 2003. 7. 9. 열린 제17차 변론기일까지 모든 기일에 출석하였다. 마. 그러나 원심법원은 원고에 대한 위 진술금지명령에 관한 결정(이하 '이 사건 진술금지명령'이라 한다) 이후 2003. 1. 8. 열린 제11차 변론기일부터 원고에 대하여 구술변론을 허용하지 않고, 2003. 1. 7.자, 2003. 1. 28.자 및 2003. 4. 12.자로 제출한 준비서면도 진술을 시키지 않았으며, 그 과정에서 2003. 1. 8. 열린 제11차 변론기일 및 2003. 7. 9. 열린 제15차 변론기일에 피고 소송대리인이 변론을 하지 않겠다고 각 진술함으로써 민사소송법 제268조 제2항에 의하여 소가 취하된 것으로 간주되었다(원심법원은 위 기간 동안에 원고가 2003. 1. 7.자 및 2003. 4. 12.자로 법정외에서 신청한 사실조회를 법정외 증거결정에 의하여 채택하였고, 또한 그사이에 열린 제12차 변론기일은 원고의 신청으로 연기되었으며, 제13차 변론기일은 담당 111가 변경되어 변론갱신을 하는 과정에서 피고 소송대리인이 종전 변론 결과를 진술하는 형식으로 변론이 이루어졌고, 제14차 변론기일에는 종전에 원고가 신청하여 채택되었던 사실조회신청을 직권으로 취소하는 증거조사절차가 진행되었다). 바. 그 후 원심법원은 다시 직권으로 2003. 7. 30. 11:00를 제16차 변론기일로 지정하였는데, 원고는 그 기일에도 여전히 변호사 선임 없이 직접 출석하였으나 이 사건 진술금지명령에 의한 제한으로 변론을 하지 못하였고, 피고 소송대리인은 변론을 하지 않겠다고 진술함으로써 이 사건 본소와 반소는 쌍방당사자가 3회 불출석한 경우와 마찬가지가 되어 민사소송법 제268조 제3항에 의하여 확정적으로 소 취하가 된 것으로 처리되었다. 사. 이에 원고는 2003. 8. 4. 이 사건 소송과정에서 변론을 제지당하여 소가 취하된 것으로 간주된 데 불복한다는 취지로 변론기일지정신청서를 제출하였고, 그에 따라 원심법원은 2003. 8. 27. 제17차 변론기일을 열어 원고 및 피고 소송대리인이 각 출석하였으나, 다시 원고의 변론을 제지하고 기일지정신청서를 진술간주한 다음 피고 소송대리인이 소송종료선언을 구하자 변론을 종결하여, 2003. 9. 17. '이 사건 소송은 2003. 7. 30. 소 취하 간주로 종료되었다.'라는 소송종료선언을 하는 원심판결을 선고하였다. **2. 이 법원의 판단**: 가. 이 사건 소송이 원심 판단대로 2003. 7. 30. 소 취하 간주로 종료되었는지 여부는 원심법원이 2002. 10. 27. 제10차 변론기일에 원고에 대해서 한 이 사건 진술금지명령이 적법·유효한 것이냐에 달려 있다고 할 것이므로(원심법원은 같은 기일에 변호사 선임명령도 하였고 원심이 진행되는 동안 원고는 그 명령에 따르지 않았지만, 변호사선임명령에 불응한 경우에는 민사소송법 제144조 제4항에 의하여 소각하 판결을 할 수 있을 뿐이고 쌍방불출석에 의한 소 취하 간주의 효과가 생기는 것은 아니므로 이는 원심의 소송종료선언과는 무관하다.), 이 점에 대하여 직권으로 판단한다. 나. **법원은 소송관계를 분명하게 하기 위하여 필요한 진술을 할 수 없는 당사자의 진술을 금지할 수 있다(민사소송법 제144조 제1항). 그러나 이는 소송절차의 원활·신속한 진행과 사법제도의 능률적인 운용을 기하려는 데 본뜻이 있으므로, 소송관계의 규명을 위하여 필요한 한도에 그쳐야 하고, 헌법상 보장된 재판을 받을 권리를 본질적으로 침해하지 않는 범위 내에서 이루어져야 하며, 변호사강제주의를 채택하지 않고 있는 우리 민사소송법의 취지가 존중될 수 있도록 하는 배려가 필요하다. 따라서 만일 당사자가 변론기일 진행중 일시적으로 흥분하여 소송의 원활한 진행을 방해하는 사유로 진술을 금지한 경우에는 새로 지정한 기일에 당사자가 진정이 되었다면 종전 기일에 한 진술금지명령을 취소하여야 할 것이고, 당사자가 법원의 석명에 대하여 사안의 진상을 충분히 해명할 만한 능력이 부족하다는 등의 이유로 진술을 금지한 경우에는 변호사선임명령을 함께 하되, 경제적 능력의 부족으로 그 명령에 따르지 못한다는 등의 주장이 제기된 경우라면 직권에 의한 소송구조결정 등으로 변호사가 선임되도록 변론을 진행시키는 등 재판을 받을 권리가 봉쇄되지 않도록 하는 조치를 할 필요가 있다고 할 것이다.** 다. 그런데 이 사건의 경우에는 원고에 대하여 진술금지를 명할 당시 이미 제소 이후 1년 8개월 동안 10차에 걸쳐 변론기일이 진행되어 그 때마다 원고 본인이 출석하여 변론을 하였고 소장 및 반소장 외에 원고가 여섯 차례, 피고가 두 차례 준비서면을 제출하여 쌍방의 주장이 대부분 변론에 현출되었으며, 4명의 증인에 대한 신문과 공사대금 감정 등 증거조사가 종결되어 사건심리가 거의 마무리 단계에 이른 상황이었고, 원고는 위 진술금지명령을 받기 이전부터 결과가 자신에게 불리하게 되더라도 좋으니 판결을 선고를 해달라고 촉구하는 서면을 제출해 왔던 데다 진술금지명령 및 변호사선임명령을 받은 이후에도 소송대리인 선임 없이 변론기일마다 법정에 출석하였고 그 사이에 또 다른 준비서면을 세 차례나 제출하였던 점에 비추어, 제11차 변론기일에서 증인 ○○○에 대한 신문이 소송지연을 위한 것일 뿐이라고 항의를 한 것이 계기가 되어 이 사건 진술금지명령을 하였다면, 그 이후 변론기일에서는 이를 직권으로 취소하는 등의 조치를 취하여 심리를 종결하거나, 변호사선임비용에 관한 소송구조결정을 통하여 변론을 진행시키는 것이 진술금지명령 제도의 취지나 이 사건의 소송진행 상황에 적합한 소송지휘라고 할 것이다. 또한, 기록에 의하면, 원고는 대학 졸업의 학력이 있고, 이 사건 소 제기 이후 계속하여 변론기일에 출석하고, 본인 명의로 준비서면을 작성·제출하였으며, 증인을 신청하고 증인신문기일에 증인신문을 하고, 사실조회신청을 하는 등 소송수행을 해왔고, 원심법원은 원고에게 변론능력이 없다는 이유로 진술금지를 명한 이후에도 두 차례에 걸쳐 원고가 한 사실조회신청을 받아들여 그 증거조사를 하였던 점 등을 종합하면, 위 제11차 변론기일의 증인신문 이후 사건의 종결에 이르기까지 계속하여 원고가 소송관계를 분명하게 하기 위하여 필요한 진술을 할 수 있는 능력이 결여되어 있었다고 보기는 어렵다. 라. 요컨대, 이 사건 원고가 원심 제11차 변론기일 이후 원심법원이 소 취하 간주로 소송을 종료시킬 때까지 계속하여 적절한 변론을 할 수 있는 능력이 결여된 상태에 있었다고 보기는 어렵다고 할 것이고, 그 때까지의 소송경과 및 심리의 진행상황에 비추어 진술금지명령을 유지함으로써 원고의 진술을 봉쇄하고 소 취하 간주가 되도록 하는 것은 진술금지명령 제도의 취지에 부합하지 않을 뿐 아니라 국민의 재판을 받을 권리를 부당하게 제약하는 결과가 된다고 할 것이므로, 원심법원이 원고의 진술을 금지한 명령과 그 명령을 소 취하 간주가 될 때까지 유지한 것은 소송지휘권의 한계를 일탈한 것으로 부당하다. 3. **결 론**: 그렇다면 이 사건 본소 및 반소가 취하 간주로 종료되었다고 선언한 원심판결은 부당하여 이를 취소하고, 민사소송법 제418조에 의하여 이 사건을 창원지방법원에 환송하기로 하여 주문과 같이 판결한다.

제 7 절 소송상 대리인

Ⅰ. 의   의

1. 대리인의 의의

당사자의 이름으로 소송행위를 하거나 당사자에 대한 상대방의 소송행위를 받는 제3자를 말한다.

2. 소송대리인의 종류

대리권의 부여가 본인의 의사에 기한 것이냐의 여부에 따라 법정대리인과 임의대리인으로 나뉘고, 대리권의 범위에 따라 포괄적 대리인과 개별적 대리인으로 나뉜다.

Ⅱ. 법정대리인

1. 실체법상의 법정대리인

친권자, 후견인(민법 제926조에 의한 미성년후견인과 제959조의4에 의한 한전후견인, 제929조 및 제938조에 의한 성년후견인), 상속재산관리인(판례는 법정소송담당자로 본다), 부재자재산관리인(민법 제22조 내지 제26조) 등이 있다.

2. 소송법상의 특별대리인

가. 요 건

(1) 소송무능력자를 피고로 하여 소송을 하고자 할 경우나 소송무능력자측이 원고가 되어 소송을 하고자 할 경우에, 무능력자에게 법정대리인이 없거나 또는 법정대리인이 대리권을 행사할 수 없어야 한다. 이해상반 등으로 인하여 법정대리권 행사에 법률상 장애가 있거나, 법정대리인의 질병 또는 해외장기체류로 인하여 대리권을 행사할 수 없는 사실상의 장애가 있는 경우 등이 여기에 해당할 것이다. 養母(양모)가 미성년의 양자를 상대로 한 소유권이전등기청구소송은 이해상반행위에 해당하고, 양자의 친생 부모는 출계자에 대하여 친권자가 되지 못하므로 법원으로서는 특별대리인을 선임하여 그 특별대리인이나 그로부터 적법하게

소송대리권을 수여받은 소송대리인으로 하여금 소송을 수행하게 하여야 한다.[1] 성년후견개시의 심판을 받지 않고 있지만 사실상 의사능력을 상실한 상태에 있어 소송능력이 없는 사람에 대하여 소송을 제기하는 경우에도 특별대리인을 선임할 수 있다.[2]

(2) 비법인사단과 그 대표자 사이 또는 이와 유사한 경우에 그 사단과 대표자 사이의 이익이 상반되는 사항에 관한 소송행위에 있어서는 위 대표자에게 대표권이 없으므로, 달리 위 대표자를 대신하여 비 법인사단을 대표할 자가 없는 한 이해관계인은 민사소송법 제60조, 제58조의 규정에 의하여 특별대리인 선임을 신청할 수 있고 이에 따라 선임된 특별대리인이 비 법인사단을 대표하여 소송을 제기할 수 있다.[3]

(3) 남편이 식물인간 상태의 의사무능력자임에도 이를 방치하고 친정으로 돌아가 버린 뒤 다른 남자와 간통을 하는 등 그 배우자에게 혼인관계를 파탄에 이르게 한 이혼사유가 존재하고, 나아가 남편 본인의 이혼의사도 객관적으로 추정할 수 있는 경우에 남편(금치산자: 피성년후견인)의 민사소송법상 특별대리인으로 그 시어머니가 선임되어 금치산자를 대리하여 후견인인 금치산자의 배우자를 상대로 이혼소송을 제기하고, 그 후 후견인으로 개임되자 친족회의 동의를 얻어 그 소송을 수행하는 것은 적법하다.[4]

나. 선임 및 개임절차

(1) 무능력자의 친족, 이해관계인 또는 검사가 할 수 있고 무능력자 본인은 신청할 수 없다.

(2) 선임신청은 수소법원(본안 사건이 계속되고 있거나 장래에 계속될 법원)에 하여야 한다.

(3) 신청인은 소송지연으로 인하여 손해받을 수 있음을 소명하여야 한다.

다. 법원의 선임결정에 대하여 당사자는 불복할 수 없다.

선임신청에 대한 기각 결정에 대해서는 항고할 수 있다(제439조).

라. 특별대리인의 권한: 법정대리인과 동일한 권한을 행사할 수 있다.

(1) 상대방이 제기한 소송에 대한 응소행위, 스스로 본인을 위한 소제기를 할 수 있고 이에 관련된 소송행위를 할 수 있다.

(2) 특별대리인은 당해 소송행위에서 공격방어방법으로서 사법상의 실체적 권리도 행사할 수 있으나, 무권리자의 부동산 처분행위에 대한 추인은 민법 제950조의 특별수권이 없는 한 이를 할 수 없다.

(3) 법 제58조 1항에 의한 특별대리인 선임제도는 소송능력이 없는 자에 대하여 소송행위를 하고자 하는 자의 소송의 지연으로 인하여 발생하는 손해를 방지하기 위하여 둔 것이므로 사실상 의사능력을 상실한 상태에 있어 소송능력이 없는 사람에 대하여 소송을 제기하는 경우에도 특별대리인을 선임할 수 있다. 법 제58조에 의하여 선임된 특별대리인은 당해 소송에 있어서는 법정대리인으로서의 권한을 보유한다 할 것이므로 특별대리인은 당해 소송행위

---

1) 대법원 1991.4.12. 선고 90다17491 판결.
2) 대법원 1993.7.27. 선고 93다8986 판결.
3) 대법원 1992.3.10. 선고 91다25208 판결.
4) 대법원 2010.4.8. 선고 2009므3652 판결.

를 할 권한뿐만 아니라 당해 소송에 있어서 공격방어의 방법으로서 필요한 때에는 사법상의 실체적 권리도 이를 행사할 수 있다 할 것이나, 무권리자의 부동산 처분행위에 대한 추인과 같은 행위는 부동산에 관한 권리의 소멸변경을 초래하는 것이어서 민법 제950조에 의한 특별수권이 없는 한 이를 할 수 없다.[1]

3. 법정대리인의 권한, 지위

가. 민법 기타 법률규정에 의한다.

(1) 친권자: 당사자(미성년자) 본인과 동일한 권한을 가지고 소송을 수행한다.

(2) 후견인: 상대방의 소제기에 대한 응소행위와 같이 수동적 소송행위는 후견인이 단독으로 할 수 있으나, 능동적 소송행위(소 및 상소의 제기, 소·상소의 취하, 재판상 화해, 청구의 포기, 인낙, 소송탈퇴 등)는 후견감독인(구 친족회)의 동의를 요하는 경우가 있다.

(3) 민법상의 특별대리인은 당해 소송행위에 대한 일체의 행위를 할 수 있다.

(4) 무능력자를 위한 특별대리인은 후견인에 준하고, 부재자 재산관리인의 경우에는 소·상소 취하, 화해, 청구의 포기, 인낙, 소송탈퇴 시 법원의 허가가 필요하다.

나. 공동대리의 경우

(1) 상대방의 소송행위를 수령하는 행위: 단독으로 대리한다.

(2) 적극적 소송행위

① 공동대리가 필요한 경우: 소·상소의 제기, 소취하·청구의 포기·인낙·재판상화해, 소송탈퇴 등.

② 단독대리가 가능한 경우: 위의 행위 이외에는 단독대리행위를 다른 대리인이 묵인할 경우 가능.

(3) 공동대리인의 변론행위가 상호 모순될 때

① 무효설 ② 본인에게 이익이 되는 대리행위가 유효(통설) ③ 제67조 준용설(필수적 공동소송행위 유추적용설) 등이 있다.

다. 법정대리인의 지위

(1) 법정대리인은 본인이 아니므로 법관의 제척, 재판적을 정하는 표준이 되지 아니하고 판결의 효력도 받지 아니한다. 그러나 임의대리인과는 달리 **본인의 간섭을 받지 않으면서(부재자재산관리인은 일정한 행위 시 법원의 허가를 얻어야 한다) 본인이 할 수 있는 일체의 소송행위를 특별수권 없이 할 수 있음이 원칙이다. 법정대리인은 소장이나 판결서의 필수적 기재사항이다.**

(2) 법정대리인에 대한 송달만이 적법한 송달이고, 법정대리인이 법정에 출석하여야 한다.

(3) 법정대리인 사망, 대리권소멸의 경우: 소송절차 중단사유가 된다(법 제235조).

---

1) 대법원 1993.7.27. 선고 93다8986 판결.

라. 법정대리권의 증명: 서면(가족관계등록부, 법인등기부등·초본 등)에 의하여 증명할 것을 요한다.

4. 법정대리권의 소멸

가. 소멸원인: 본인·법정대리인의 사망, 법정대리인이 성년후견개시·파산선고를 받은 때, 본인이 소송능력을 가지게 된 때. 그 밖에 법정대리인의 자격 상실의 경우(친권상실, 후견인의 사임·해임).

나. 소멸의 통지: 법정대리권의 소멸은 본인 또는 대리인이 상대방에게 통지하지 않으면 그 효력이 없다(법 제63조). 따라서 대리권 소멸통지가 도달할 때까지 구대리인이 한 또는 구 대리인에 대한 소송행위는 유효하다.

> **[대법원 1998.2.19. 선고 95다52710 판결]** 민사소송법 제60조, 제59조 제1항의 취지는 법인(법인 아닌 사단도 포함, 이하 같다) 대표자의 대표권이 소멸하였다고 하더라도 당사자가 그 대표권의 소멸 사실을 알았는지의 여부, 모른 데에 과실이 있었는지의 여부를 불문하고 그 사실의 통지 유무에 의하여 대표권의 소멸 여부를 획일적으로 처리함으로써 소송절차의 안정과 명확을 기하기 위함에 있으므로, **법인 대표자의 대표권이 소멸된 경우에도 그 통지가 있을 때까지는 다른 특별한 사정이 없는 한 소송절차 상으로는 그 대표권이 소멸되지 아니한 것으로 보아야 하므로, 대표권 소멸 사실의 통지가 없는 상태에서 구 대표자가 한 소취하는 유효하고, 상대방이 그 대표권 소멸 사실을 알고 있었다고 하여 이를 달리 볼 것은 아니다.**

다. 법정대리인의 자격상실은 소송절차의 중단 사유(법 제235조)가 된다.

5. 법인 등의 대표자

가. 법인이나 비법인 사단·재단도 당사자능력이 있지만 그 소송수행은 그 대표자·관리인이 소송행위를 하게 된다. 이때 대표자나 관리인은 소송법상 법정대리인에 준하여 취급된다(법 제64조).

나. 법인 등의 대표기관
(1) 사법인: 이사, 대표이사
(2) 공법인: 국가 소송대표자는 법무부장관, 지방자치단체는 단체장(시장·도지사·구청장·군수 등)이 대표자이다. 그러나 특별시·광역시·도 등 광역자치단체의 경우에는 교육·과학·기술·체육 그 밖의 학예에 관하여는 그 집행기관인 교육감이 대표자이다. 국가를 당사자로 하는 소송의 법정대리인(대표자)인 법무부장관은 검사·공익법무관·해당 행정청의 직원 중에서 소송수행자를 지정하여 그로 하여금 국가를 대리케 한다.

다. 대표자의 권한과 지위: 법정대리인의 권한과 지위에 준한다.

[대법원 1980.12.9. 선고 80다584 판결] 주식회사의 대표이사가 금원을 차용함에 있어 주주총회의 특별결의 없이 제소전화해를 하였다면 이는 소송행위를 함에 있어서 필요한 특별수권을 얻지 않고 한 셈이 되어 민사소송법 제422조 제1항 제3호 소정의 재심사유에 해당되는 것이지만 전연 대리권을 갖지 아니한 자가 소송대리를 한 대리권 흠결의 경우와는 달라서 같은법 제427조가 적용되지 아니한다.

[대법원 1989.7.11. 선고 87다카2406 판결] 공익법인의설립·운영에관한법률 제11조 제3항은 강행규정으로서 이에 위반하여 공익법인이 주무관청의 허가를 받지 않고 기본재산을 처분하면 그 처분행위가 무효로 된다고 하더라도 공익법인이 제기한 기본재산에 관한 소송에서 본안에 대한 종국판결이 있은 후 소를 취하하였다고 하여 실체법상 권리의 포기라고는 할 수 없으므로 그 소의 취하에 주무관청의 허가를 요하는 것은 아니다.

[대법원 2006.1.26. 선고 2003다36225 판결] 가처분결정에 의하여 선임된 학교법인 이사 직무대행자가 그 가처분의 본안소송인 이사회결의무효확인의 제1심판결에 대하여 항소권을 포기하는 행위는 학교법인의 통상업무에 속하지 않는다고 보아야 할 것이므로, 그 가처분결정에 다른 정함이 있거나 관할법원의 허가를 얻지 아니하고서는 이를 할 수 없다.

라. 판 례

(1) 법인·비 법인사단 등에 대한 소송의 대표자

(2) 단체 내부분쟁에 관한 소송에서의 대표자:　　　　민법상의 법인이나 법인이 아닌 사단 또는 재단의 대표자를 선출한 결의의 무효 또는 부존재 확인을 구하는 소송에서 그 단체를 대표할 자는 의연히 무효 또는 부존재확인청구의 대상이 된 결의에 의해 선출된 대표자이다. 그 대표자에 대해 직무집행정지 및 직무대행자선임 가처분이 된 경우에는 그 가처분에 특별한 정함이 없는 한 대표자는 본안 소송에서 그 단체를 대표할 권한을 포함한 일체의 직무집행에서 배제되고 직무대행자로 선임된 자가 대표자의 직무를 대행하게 된다. 그 본안소송에서 그 단체를 대표할 자도 직무집행을 정지당한 대표자가 아니라 대표자 직무대행자로 보아야 한다. 직무집행정지 및 직무대행자선임 가처분이 있는 경우 직무대행자에 의하여 소집된 총회에서 직무집행이 정지된 종전 대표자를 다시 대표자로 선임하더라도 가처분결정이 취소되지 아니한 이상 직무대행자만이 대표권을 가진다.[1]

(3) 법인의 대표권한에 흠결 있음이 항소심에서 발견된 경우 항소심이 취하여야 할 조치[2]

① 주식회사의 이사가 회사에 대하여 소를 제기하는 경우 그 소에 관하여 회사를 대표할 자는 대표이사가 아니라 감사가 되어야 함에도 원고가 소장에서 피고회사의 대표자를 대표이사로 잘못 표시함으로써 대표이사에게 소장부본이 송달되고 이후 대표이사에 의하여 그 소송이 진행되었다면 이는 피고회사에 대한 적법한 소장부본의 송달이 이루어진 것으로 볼 수 없음은 물론 대표이사에 의한 혹은, 그에 대한 일체의 소송행위도 그 효력이 없다.

② 위와 같은 경우 원고가 비록 항소심에 이르러서야 피고회사의 대표자를 감사로 보정하였다 하더라도 항소심에서는 이에 따라 적법하게 보정된 피고회사의 대표자인 감사에게 다시 소장부본을 송달한 다음 그로 하여금 피고회사의 대표자로 소송에 참여케 하여야 한다.

---

1) 대법원 1995.12.12. 선고 95다31348 판결.
2) 대법원 1990.5.11. 선고 89다카15199 판결.

만약 그가 무효인 종전의 소송행위를 추인한다면 이를 토대로 소송절차를 진행할 것이고, 만약 종전의 소송행위를 추인하지 않는다면 종전의 소송행위를 무시한 채 새로이 소송절차를 진행한 뒤 본안에 관하여 심리판단을 하여야 한다.

> **[대법원 2012.3.15. 선고 2011다95779 판결]** 도시 및 주거환경정비법(이하 '도시정비법'이라고 한다)에 따라 설립된 조합은 법인에 해당하고(도시정비법 제18조 제1항), 위 조합에 관하여는 도시정비법에 규정된 것을 제외하고는 민법 중 사단법인에 관한 규정이 준용되므로(도시정비법 제27조), 도시정비법 제22조에 따라 조합을 대표하고 그 사무를 총괄하는 조합장은 도시정비법이나 민법에서 달리 정하지 않는 한 조합의 사무에 관하여 재판상 또는 재판 외의 모든 행위를 할 수 있다. 주택재건축사업을 시행할 목적으로 설립되어 도시 및 주거환경정비법(이하 '도시정비법'이라고 한다)의 적용을 받는 甲 조합이 시공사로 선정된 乙 주식회사와 일반분양 대상 아파트의 처분대금에서 발생하는 수익의 귀속을 둘러싸고 다툼이 생기자 총회결의 없이 丙 법무법인에 소송을 위임하여 약정금 등 청구소송을 제기하였고, 그 후 甲 조합의 조합장 丁이 제1심법원에 丙 법무법인의 소송행위를 추인하는 의사가 담긴 서면을 제출한 사안에서, 도시정비법 제24조 제3항 제5호에서 정한 '예산으로 정한 사항 이외에 조합원의 부담이 될 계약'에 해당하여 총회결의가 필요함에도 이를 거치지 않고 한 위 소송위임행위와 그에 따른 소송행위가 모두 무효라고 하더라도, 丁이 조합을 대표하여 소를 제기하는 행위가 도시정비법 및 조합규약에서 총회결의를 거치도록 한 행위에 해당하지 않을 뿐만 아니라 달리 도시정비법과 민법 등에서 丁의 소 제기 등 재판상 행위에 관하여 대표권을 제한하는 규정이 없으므로, 丁은 스스로 조합을 대표하여 시공사를 상대로 위 소송을 제기하는 등 소송행위를 적법하게 할 수 있고, 그러한 권한이 있는 한 丙 법무법인의 소송행위를 유효하게 추인하는 데도 아무런 장애가 없음에도, 이와 달리 위 소송행위를 추인하는 데 총회의 사전결의가 필요하다고 보아 이를 거치지 않고 한 丁의 추인행위 효력을 부인하면서 소송대리권 없는 자에 의해 부적법하게 제기되었다며 소를 각하한 제1심판결을 유지한 원심판결에 소송행위 추인에 관한 법리오해의 위법이 있다.

[예제] [사례연구] 甲은 주식회사 A상호 신용금고에게 돈 5억 원을 대여한 뒤 A금고가 위 돈을 변제하지 않자 A 금고를 상대로 대여금 청구의 소를 제기하였다. 위 소송계속 중에 재정경제부 장관의 상호신용금고법에 의한 계약이전 명령에 따라 A의 위 채무는 모두 乙(주식회사 형태의 금융기관임)에게 승계 되었다. 甲은 위와 같은 계약이전 명령에 의한 乙의 채무승계사실을 주장하면서 乙에 대하여 인수참가를 신청 하였다. 乙의 대표이사 B는 위 사건의 변론기일에 출석하여 甲의 위 주장사실을 모두 인정함으로써 위 소송의 인수참가인으로 소송을 수행하게 되었다. 그런데 위 변론기일에 출석한 乙의 대표이사 B는 위 인수참가 후 위 변론기일 전에 乙 회사에서 해임된 자임에도 이러한 사실을 숨기고 변론기일에 출석하여 소송을 수행한 것으로 밝혀졌다.

Ⅰ. 乙은 乙 회사의 대표이사가 아닌 소외 B의 위와 같은 소송행위는 그 효력이 없다고 주장한다. 을의 이러한 주장은 타당한가?

[해설] Ⅰ. 주요논점: 본 문제는 법인 대표자의 소송상 지위와 소송계속 대표권을 상실한 경우의 처리 방법에 관한 문제이다.

  Ⅱ. 법인 대표자의 소송상 지위

    1. 법인이나 비법인 사단·재단도 당사자능력이 있지만 그 소송수행은 그 대표자나 관리인이 하게 된다.

  2. 이때 대표자나 관리인은 소송법상 법정대리인에 준하여 취급되며(민소법 제64조), 법정
   대리인의 권한과 지위를 갖는다.

 Ⅲ. 소송수행 도중에 해임된 법인 대표자의 소송행위의 효력

  1. 법정대리권의 소멸원인: 법인 대표자의 사망이나 금치산·파산선고를 받은 경우(민법 제
   127조), 해임 등과 같은 법정대표자의 자격을 상실함으로써 그 법정대리권은 소멸한다.

  2. 법정대리권 소멸의 통지

  (1) 법정 대리권의 소멸은 본인 또는 대리인이 상대방에게 통지하지 않으면 그 효력이 없다.
   즉 대리권의 소멸 통지가 도달할 때까지는 구 대리인이 한 또는 구 대리인에 대한 소송
   행위는 무효로 되지 않는다.

  (2) 소멸통지한 사람은 그 취지를 법원에 서면 신고하여 법원도 알게 하여야 한다.

  3. 법인 대표자(법정대리인) 지위에서 해임된 자가 한 소송행위의 효력 (사안의 경우)

  (1) 법정대리인에 관한 규정은 법인 대표자에게도 준용되므로, 그 소송계속중 대표이사에서
   해임된 사실을 통지하지 않은 동안에 한 구 대표자의 소송행위는 유효하다.

  (2) 2002년 개정의 민소법은 법원에 법정 대리권(대표권)의 소멸사실이 알려진 뒤에는 상대
   방에게 통지 전이라도 구 대리인에 의한 민소법 제56조 제2항의 행위(소취하, 화해, 청
   구의 포기·인낙, 독립당사자 참가에서의 탈퇴 등)를 할 수 없도록 하였다. (제63조 1항
   단서)

  (3) 사인의 경우에 乙이 甲이나 법원에 전 대표이사 소외 B의 해임사실을 통지하지 않고 있
   는 동안에 B가 재판상 자백을 하였다. 따라서 소외 B의 위와 같은 행위는 乙의 법정대
   리인으로서 유효한 행위라고 할 수 있다.

 Ⅳ. 결론: 乙의 주장은 부당하다.

Ⅲ. 임의대리인(소송대리인)

1. 의의 및 종류

가. 의　의
대리권의 수여가 본인의 의사에 기한 소송대리인을 임의대리인이라 한다.

나. 종　류
(1) 법령상의 소송대리인: 법률의 규정에 따라 본인을 위하여 소송행위를 할 수 있
는 자(법 제87조)를 법령상의 소송대리인이라 한다. 이에 해당하는 지배인(농협의 전무, 상
무), 선장, 선박관리인, 국가소송수행자 등은 모두 당사자 본인에 의하여 그 지위에 선임된다
는 점에서 임의대리인이라 할 수 있다. 국가 소송수행자의 법적 지위에 관하여 대법원[1]은
국가를 당사자로 하는 소송에 관한 법률 제7조에 의하면 국가소송수행자로 지정된 자는 당
해 소송에 관하여 대리인의 선임 이외의 모든 재판상의 행위를 할 수 있도록 규정되어 있으
므로, 소송수행자는 별도의 특별수권 없이 당해 청구의 인낙을 할 수 있고, 그 인낙행위가

---

1) 대법원 1995.4.28. 선고 95다3077 판결.

같은 법 시행령 제3조 및 같은 법 시행규칙 제11조 5항 소정의 법무부장관 등의 승인 없이 이루어졌다고 하더라도 소송수행자가 내부적으로 지휘감독상의 책임을 지는 것은 별론으로 하고 그 소송법 상의 효력에는 아무런 영향이 없다고 하였다.

(2) 소송위임에 의한 소송대리인(협의의 소송대리인)

2. 소송대리인의 자격(변호사대리의 원칙)

가. 내 용:　　　 법 제87조의 규정.

나. 예 외

(1) 단독판사가 심리하는 사건에서는 변호사가 아닌 사람도 법원의 허가를 얻어 소송대리인이 될 수 있다(규칙 제15조 1항)(구법에서는 단독사건으로서 사물관할규칙 제4조에 해당하지 아니하는 사건, 즉 단독사건 중 소가 8,000만원 이하인 사건으로 제한하였으나 현재는 일정한 조건 하에 단독사건은 모두 비변호사 대리가 가능하게 되었다). 당사자의 배우자 또는 4촌 이내의 친족으로서 당사자와의 생활관계에 비추어 상당하다고 인정되는 경우와, 당사자와 고용 또는 이에 준하는 계약관계를 맺고 그 사건에 관한 통상적으로 사무를 처리·보조하는 사람으로서 그 사람이 담당하는 사무와 사건의 내용 등에 비추어 상당하다고 인정되는 경우 가운데 하나에 해당하여야 한다. 당사자는 서면으로 소송대리허가 신청을 하여야 한다(규칙 제15조 3항). 법원은 허가의 재판을 언제든지 취소할 수 있다.

(2) 소액사건의 경우:　　　 당사자의 배우자, 직계혈족, 형제자매, 호주는 법원의 허가 없이 소송대리가 가능하다.

(3) 변리사는 특허법원이 관할하는 소송 중 특허심결취소소송의 소송대리인이 될 수 있다(변리사법 제8조). 특허침해소송에서는 변리사대리가 허용되지 않는다.

3. 소송대리권의 범위

가. 법정 범위:　　　 특별 수권사항을 제외하고 소송수행에 필요한 일체의 행위를 할 수 있다. 즉 소제기, 소 변경, 중간확인의 소, 상대방이 제기한 소에 대한 반소의 제기, 소송참가에의 응소, 실체법상 행위 중 공격 방어에 필요한 범위 내에서 사법상 형성권 행사 등을 할 수 있다.

나. 특별 수권사항:　　　 복대리인 선임, 소 취하, 청구의 포기 인낙, 재판상화해, 소송탈퇴 등의 행위는 본인으로부터 특별수권을 요한다.

다. 심급대리 원칙:　　　 소송대리권은 수여받은 심급 안에서 수임한 소송사무가 종료되는 시점까지 존속한다. 그러나 상급심에서 사건이 파기·환송된 경우에는 환송 전의 소송대리인의 소송대리권이 부활한다는 것이 판례이다.[1] 그러나 상고심으로 다시 올라간 경우에는

---

1) 대법원 1985.5.28. 선고 84후102 판결: 소송대리인(갑)이 대법원의 파기환송전 항고심의 소송대리인이었고, 대법원의 파기환송판결에 의하여 사건이 동 항고심에 다시 계속하게 되었다면 위(갑)에게 한 특허청

종전의 소송대리권이 부활하는 것은 아니다.

> **[대법원 1996.4.4. 선고 96마148 판결]** 변호사보수의 소송비용 산입에 관한 규칙 제3조 제 1항은, "소송비용에 산입되는 변호사의 보수는 당사자가 보수계약에 의하여 지급한 또는 지급할 보수액의 범위 내에서 각 심급 단위로 소송물의 가액에 따라 별표의 기준에 의하여 산정한다."고 규정하고 있는바, **위임받은 소송대리권의 범위는 특별한 사정이 없는 한 당해 심급에 한정된다고 할 것이므로(당원 1994.3.8. 선고 93다52105 판결 참조), 상고심에서 항소심으로 파기환송된 사건이 다시 상고되었을 경우에는 항소심에서의 소송대리인은 그 소송대리권을 상실하게 되고, 이 때 환송 전의 상고심에서의 소송대리인의 대리권이 그 사건이 다시 상고심에 계속되면서 부활하게 되는 것은 아니라고 할 것이어서, 새로운 상고심은 변호사보수의 산정을 위한 위 대법원규칙의 적용에 있어서는 환송 전의 상고심과는 별개의 심급으로 보아야 할 것이다.** 그러므로 같은 취지로 판단한 원심결정에 논하는 바와 같은 법리오해의 위법이 있다고 볼 수 없으므로, 논지도 이유가 없다.

4. 소송대리인의 지위

가. 제3자로서의 지위: 기판력의 적용대상이 아니며, 증인·감정인능력 있다.

나. 소송수행자로서의 지위: 소송수행과정에서 지·부지·과실유무 등은 소송대리인을 중심으로 판단하여야 한다.

다. 본인은 소송대리인을 선임하였더라도 고유의 소송수행권을 상실하지 않으며(즉 기일소환, 판결서 등의 송달을 본인에게 해도 적법하다), 소송당사자는 대리인의 소송행위에 대하여 즉시경정할 수 있는 更正權이 있다.

라. 개별대리의 원칙
(1) 상호 모순되는 행위가 있을 경우
① 동시에 있는 경우: 전부무효.
② 철회 가능한 행위: 뒤의 행위가 유효.
③ 철회 불가능한 행위(재판상자백, 소취하 등): 앞의 행위가 유효하다.
(2) 소송서류의 송달은 여러 명의 대리인 중 1인에게 하면 된다.

5. 소송대리권의 소멸

가. 본인의 사망 등 사유에 의하여서는 대리권이 소멸하지 않고 상속인을 위하여 소송을 계속 수행한다.

나. 소멸사유: ① 대리인의 사망, 금치산, 또는 파산 ② 위임사건의 종료 ③ 기본관계의 소멸: 위임계약해지.

장 명의의 환송번호 및 심판관지정통지서의 송달은 적법하다.

[예제] [법정대리인과 임의대리인의 비교: 제40회 사법시험] 미성년자의 父 인 법정대리인 甲은 A와 소송을 하기 위하여 변호사 乙을 소송대리인으로 선임하였다. 甲과 乙의 소송법상의 지위의 차이를 논하시오.

　[해설] 1. 공통점:

　　① 본인을 위한 대리인

　　② 대리권의 증명

　　③ 대리권소멸의 통지

　　④ 대리권조사와 흠결의 효과

　2. 차이점:

　　① 법정대리인은 본인과 같은 지위, 임의대리는 제3자적 지위

　　② 법정대리인은 소장과 판결서의 필요적 기재 사항, 임의대리는 필요적 기재사항이 아님.

　　③ 발생원인: 법정대리·임의대리(법률상, 소송위임)

　　④ 범위(대리권의 범위)

　　⑤ 대리권의 소멸원인

　　⑥ 소송수행상의 지위: 송달, 증인적격, 본인의 경정권 유무

[예제] [제48회(2006년) 사법시험] [제2문의 2] 변호사대리의 원칙과 그 예외에 관하여 간략하게 설명하시오. (20점)

　[해설] Ⅰ. 법 제87조(변호사대리의 원칙)

　1. 변호사 강제주의가 아닌 당사자본인 소송주의

　2. 소송대리인에 의하는 때에는 법에서 허용하고 있는 경우 외에는 변호사가 아니면 소송대리인이 될 수 없다.

　3. 변호사 강제주의가 채택되는 경우: 헌법재판, 증권관련 집단소송, 소비자단체소송.

　Ⅱ. 변호사대리 원칙의 예외

　1. 단독판사가 심리·재판하는 사건(법 제 88조 1항)

　2. 법원의 허가를 받을 수 있는 자(규칙 제15조 2항)

　3. 소액 사건의 경우(소액사건심판법 제8조 1항)

　4. 형사절차상의 배상명령 신청사건(소송촉진 등에 관한 법률 제27조 1항)

Ⅳ. 무권대리인

1. 의   의

당사자로부터 대리권을 수여받지 못하거나, 법정대리인의 무자격, 당사자로부터 특별수권을 받지 못한 소송대리인(법 제56조 2항, 제90조)이나, 대리권을 서면으로 증명하지 못한 경우 등이 여기에 해당한다. 법인·비법인 단체의 대표자가 적법하게 선임되지 않은 경우, 특히 종중의 대표자의 자격에 흠이 있는 경우(대표자 선임절차상 소집권자 아닌 자에 의한 소집, 종중원이 아닌 자의 투표참여로 인한 선임) 등도 무권대리인이다.

[대법원 2002.9.24. 선고 2000다49374 판결] 소송계속 중 회사인 일방 당사자의 합병에 의한 소멸로 인하여 소송절차 중단 사유가 발생하였음에도 이를 간과하고 변론이 종결되어 판결이 선고된 경우에는 그 판결은 소송에 관여할 수 있는 적법한 수계인의 권한을 배제한 결과가 되는 절차상 위법은 있지만 그 판결이 당연 무효라 할 수는 없고, 다만 그 판결은 대리인에 의하여 적법하게 대리되지 않았던 경우와 마찬가지로 보아 대리권 흠결을 이유로 상소 또는 재심에 의하여 그 취소를 구할 수 있을 뿐이나, 소송대리인이 선임되어 있는 경우에는 민사소송법 제95조에 의하여 그 소송대리권은 당사자인 법인의 합병에 의한 소멸로 인하여 소멸되지 않고 그 대리인은 새로운 소송수행권자로부터 종전과 같은 내용의 위임을 받은 것과 같은 대리권을 가지는 것으로 볼 수 있으므로, 법원으로서는 당사자의 변경을 간과하여 판결에 구 당사자를 표시하여 선고한 때에는 소송수계인을 당사자로 경정하면 될 뿐, 구 당사자 명의로 선고된 판결을 대리권 흠결을 이유로 상소 또는 재심에 의하여 취소할 수는 없다.

2. 소송상 취급

가. 대리권의 존재는 소송행위의 유효요건: 보정되지 않을 경우 소 각하 판결을 하여야 한다.

나. 유동적 무효: 본인 또는 법정대리인이 추인하면 소급하여 유효하게 되고, 명시적 · 묵시적 추인도 가능하다. 추인의 시기에 관하여는 제한이 없다. 무권대리인이 행한 소송행위의 추인은 특별한 사정이 없는 한 소송행위의 전체를 대상으로 하여야 하고, 그 중 일부의 소송행위만을 추인하는 것은 허용되지 아니한다. 그러나 일련의 소송행위 중에서 소취하 행위만을 분리하여도 다른 소송행위는 독립의 의미가 있고, 소송의 혼란을 일으킬 염려도 없으며, 소송경제상 적절하므로 소취하 행위만을 제외하고 한 추인은 유효하다.

다. 직권조사사항: 소송대리권의 존부는 법원의 직권탐지사항으로서, 이에 대하여는 자백간주에 관한 규정이 적용될 여지가 없다. 의심이 있을 때에는 법원이 직권으로 조사하여 대리권의 흠이 있으면 보정을 명하거나 소각하 할 수 있다.

라. 대리권 흠결을 간과한 판결의 효력
(1) **확정 전:** 상소.
(2) **확정 후:** 재심사유.

3. 쌍방대리의 금지

가. 쌍방대리의 금지
(1) **법정대리인의 경우:** 특별대리인 선임.
(2) **소송위임에 의한 소송대리인의 경우:** 무권대리 행위로서 무효일 것이나, 사전허락 · 사후추인이 있으면 유효하다.

나. 쌍방대리의 효과

당사자가 아무런 이의를 제기하지 않은 경우에는 소송법상 완전한 효력이 발생한다.[1]

4. 변호사법 제31조 위반의 대리행위

가. 당사자 한쪽으로부터 상담을 받아 그 수임을 승낙한 경우 그 상대방이 위임하는 사건. 예: 1심에서 원고 소송대리인이었던 자가 항소심에서 피고 소송대리인이 되는 경우.

나. 수임하고 있는 사건의 상대방이 위임한 사건(형사사건 피고인의 변호를 맡았던 자가 민사사건에서는 피해자를 위한 소송대리인이 된 경우).

다. 공무원 등의 지위에서 직무상 취급한 사건. 변호사법 제31조 3·4항은 법원·검찰 등 자기 근무기관의 사건은 퇴직 후 1년이 경과하지 않으면 변호사로서 수임이 금지된다.

라. 위 각 경우에 대리인이 한 소송행위의 효력: ① 직무규정설, ② 절대무효설, ③ 추인설, ④ 이의설(판례)은 상대방의 이의가 없으면 유효하게 대리할 수 있다는 견해이다(아래 판례 참조).

> **[대법원 2003.5.30. 선고 2003다15556 판결]** 1. 변호사법 제31조 제1호에서는 변호사는 당사자 일방으로부터 상의를 받아 그 수임을 승낙한 사건의 상대방이 위임하는 사건에 관하여는 그 직무를 행할 수 없다고 규정하고 있고, 위 규정의 입법 취지 등에 비추어 볼 때 동일한 변호사가 형사사건에서 피고인을 위한 변호인으로 선임되어 변호활동을 하는 등 직무를 수행하였다가 나중에 실질적으로 동일한 쟁점을 포함하고 있는 민사사건에서 위 형사사건의 피해자에 해당하는 상대방 당사자를 위한 소송대리인으로서 소송행위를 하는 등 직무를 수행하는 것 역시 마찬가지로 금지되는 것으로 볼 것이며, **이러한 규정은 같은 법 제57조의 규정에 의하여 법무법인에 관하여도 준용된다고 할 것이므로, 법무법인의 구성원 변호사가 형사사건의 변호인으로 선임된 그 법무법인의 업무담당변호사로 지정되어 그 직무를 수행한 바 있었음에도, 그 이후 제기된 같은 쟁점의 민사사건에서 이번에는 위 형사사건의 피해자 측에 해당하는 상대방 당사자를 위한 소송대리인으로서 직무를 수행하는 것도 금지되는 것임은 물론이고, 위 법무법인이 해산된 이후라도 변호사 개인의 지위에서 그와 같은 민사사건을 수임하는 것 역시 마찬가지로 금지되는 것이라고 풀이할 것이며,** 비록 민사사건에서 직접적으로 업무를 담당한 변호사가 먼저 진행된 형사사건에서 피고인을 위한 직접적인 변론에 관여를 한 바 없었다고 하더라도 달리 볼 것은 아니라고 할 것이니, 이러한 행위들은 모두 변호사법 제31조 제1호의 수임제한규정을 위반한 것이다. 2. **변호사법 제31조 제1호의 규정에 위반한 변호사의 소송행위에 대하여는 상대방 당사자가 법원에 대하여 이의를 제기하는 경우 그 소송행위는 무효이고 그러한 이의를 받은 법원으로서는 그러한 변호사의 소송관여를 더 이상 허용하여서는 아니 될 것이지만, 다만 상대방 당사자가 그와 같은 사실을 알았거나 알 수 있었음에도 불구하고 사실심 변론종결시까지 아무런 이의를 제기하지 아니하였다면 그 소송행위는 소송법상 완전한 효력이 생긴다.**

---

[1] 대법원 1969.12.30. 선고 69다1899 판결.

5. 소송행위와 표현대리

가. 문제의 제기

법인의 대표자가 교체되었는데도 변경등기를 하지 아니하거나, 대표자 아닌 자가 대표자로 등기되어 있어 법인의 등기부상 대표자와 진실한 대표자가 다른 경우에 법인의 상대방이 등기의 기재내용만 믿고서 진실한 대표자 아닌 자를 대표자로 하여 소제기 하거나 소제기 당하였을 때 표현대리의 성립을 긍정하여 대표권의 흠을 주장할 수 없는가?

나. 학 설

(1) 긍정설: ① 소송은 실체법상의 권리관계를 실현, 처분하는 절차라고 할 수 있기 때문에 당사자의 소송행위에 관한 요건의 존부를 실체법에 의하여 결정해야 할 경우에는 그 실체법규에서 정하는 법리에 따라 소송행위의 효력을 판정하는 것이 타당하다. ② 법인은 대표자에 관해서 등기의무가 있으므로 이를 태만히 한 법인과 부실등기를 믿은 상대방과의 관계에서 후자를 보호해 주는 것이 공평하다. ③ 부정설에 의하면 무권대리 행위는 이를 추인하지 않는 한 종전의 소송행위는 전적으로 무효가 되어 소송지연과 절차불안정의 원인이 된다.

(2) 부정설: ① 소송행위는 유기적으로 결합하여 소송절차를 형성하는 것이므로 그 행위의 효력은 일의(一義)적으로 명백할 것이 요구되는데, 표현대리의 법리를 적용하여 선의·악의에 따라 소송행위의 효력 유·무를 결정하면 소송절차의 획일성·안정성을 해치게 된다. ② 그 밖에 표현지배인에 관한 상법 제14조 1항이 재판상 행위에 대하여는 표현대리를 부정하고 있으므로 그 유추해석으로 소송행위에 대하여는 표현대리의 적용을 부정하여야 한다.

(3) 절충설: 일반적으로는 소극설에 의하되, 법인의 태만·고의에 의하여 대표자의 부실등기가 이루어 졌을 때에는 상대방 보호를 위해 표현대리의 법리를 적용해도 좋다고 한다.

다. 판례: [대법원 1984.6.26. 선고 82다카1758 판결] **[사실관계]** 원고 X가 소외 갑에게 자금융통을 부탁하면서 인감도장과 인감증명을 교부하였는데 이를 기화로 갑은 X를 연대보증인으로 하여 피고 Y로부터 돈을 빌린 후 X를 대리하여 채권자 Y, 주 채무자 甲, 연대보증인 X로 된 집행증서를 작성하였다. **[판결요지] 공정증서가 채무명의로서 집행력을 갖기 위해서는 "즉시 강제집행 할 것을 기재한 경우"여야 하고, 이러한 집행인낙 표시는 합동법률사무소 또는 공증인에 대한 소송행위이고 이러한 소송행위에는 민법상의 표현대리규정이 적용 또는 준용될 수 없다고 할 것이다.** 무권대리인의 촉탁에 의하여 작성된 공정증서는 채권자는 물론 합동법률사무소나 공증인이 대리권이 있는 것으로 믿는 여부나 믿을만한 정당한 사유의 유무에 관계없이 채무명의로서의 효력을 부정하여야 할 것이다.

[예제] [제54회 사법시험(2012년)] [제2문의 1]
甲이 乙주식회사를 상대로 물품대금 청구의 소를 제기하자 乙주식회사의 대표이사인 A가 변론기일에 출석하여 청구기각을 구하고 청구원인 사실을 모두 다투는 내용의 답변을 하였다. 위 소송계속 중 乙주식회사가 丙주식회사에 흡수·합병되어 소멸함에 따라 A는 대표이사

자격을 상실하였다. A는 그 후에도 계속 변론기일에 출석하여 乙주식회사 명의로 소송을 수행하였는데 乙주식회사는 패소 판결을 선고받았다.

그 후 위 판결정본을 송달받은 丙주식회사가 판결확정 전후에 취할 수 있는 소송법상 조치에 관하여 설명하시오. (25점)

[해설] Ⅰ. 주요논점: 소송계속 중에 법인인 소송당사자가 흡수·합병 등으로 인하여 소멸한 경우에는 소송절차가 중단되고, 흡수한 법인 또는 신설 법인이 종전 당사자 법인의 지위를 수계한다. 본 사안에서는 수계절차상의 문제와 절차중단 사유를 간과한 판결의 효력 등이 주요논점이라 할 수 있다.

Ⅱ. 판결확정 전에 丙회사가 취할 수 있는 구제수단

　　1. 소송계속 중 당사자인 법인의 소멸의 법적 효과

　　(1) 소송절차의 중단 사유(법 제234조)

　　(2) 소송대리인이 있는 경우에는 중단되지 않는다(법 제238조): 법정대리인은 여기서 말하는 대리인에 들어가지 않는다. 법인의 대표이사는 법정대리인에 관한 규정이 준용되고(법 제64조), 당사자인 법인이 소송계속 중에 소멸하면 대표이사의 대리권도 소멸한다. 즉 본 사안의 경우에 乙회사가 소멸함에 따라 A의 법정대리인으로서의 지위도 소멸되므로 소송절차는 당연히 중단된다.

　　2. 丙회사의 소송승계(당연승계) 및 수계절차

　　(1) 본 사안에서 소송절차의 중단사유를 간과하고 종국판결이 선고되었으므로 승계인인 丙회사는 수계절차를 밟아 상소를 제기하여 구제받을 수 있다.

　　(2) 수계신청을 하여야 할 법원

　　① 학설: 법 제243조 2항 및 상소장 원심법원 제출주의(법 제397조, 제425조) 등을 근거로 하여 원심법원에 수계신청을 하여야 한다는 견해와 당사자의 선택에 의해 원심법원 또는 상소심 법원에 선택적으로 수계신청을 할 수 있다는 견해로 나뉜다.

　　② 판례는 판결선고 후 승계인이 원심법원에 수계신청을 하고 판결정본을 송달받아 상소를 하거나, 상소심 법원에 바로 상소장을 제출하면서 수계신청도 함께 할 수 있다고 하여 선택설을 취하고 있다.

　　③ 당사자의 편의 및 소송경제 등에 비추어 판례의 태도가 타당하다.

Ⅲ. 판결확정 후에 丙회사가 취할 수 있는 구제수단

　　1. 乙회사의 지위가 丙회사에 당연승계 되는지 여부

　　(1) 학설

　　① 당연승계 긍정설: 승계인인 상속인 또는 신설법인 등의 수계신청여부와는 관계없이 포괄승계의 원인 발생을 근거로 승계인이 새 당사자가 된다는 견해.

　　② 당연승계 부정설: 새로운 당사자인 승계인의 수계신청이 있어야만 승계인이 새 당사자가 된다는 견해.

　　(2) [대법원 1995.5.23. 선고 94다28444 전원합의체 판결] 대립당사자 구조를 갖추고 적법하게 소가 제기되었다가 소송 도중 어느 일방의 당사자가 사망함으로 인해서 그 당사자로서의 자격을 상실하게 된 때에는 그 대립당사자 구조가 없어져 버린 것이 아니고, 그때부터 "그 소송은 그의 지위를 당연히 이어 받게 되는 상속인들과의 관계에서 대립당사자 구조를 형성하여 존재하게 되는 것이고", 다만 상속인들이 그 소송을 이어 받는 외형상의 절차인 소송수계절차를 밟을 때까지는 실제상 그 소송을 진행할 수 없는 장애사유가 발생하였기 때문에 적법한 수계인이 수계절차를 밟아 소송에 관여할 수 있게 될 때까지 소송절차는 중단되도록 법이 규정하고 있을 뿐인바, 이와 같은 중단사유를 간과하고 변론이 종결되어 판

결이 선고된 경우에는 그 판결은 소송에 관여할 수 있는 적법한 수계인의 권한을 배제한 결과가 되는 절차상 위법은 있지만 그 판결이 당연무효라 할 수는 없고, 다만 그 판결은 대리인에 의하여 적법하게 대리되지 않았던 경우와 마찬가지로 보아 대리권흠결을 이유로 상소 또는 재심에 의하여 그 취소를 구할 수 있을 뿐이다…고 하여 당연승계설을 취하고 있다.

2. 절차중단을 간과한 판결의 효력

(1) 무효설: 대립당사자 구조의 흠결상태에서 선고되어 무효인 판결로 보는 견해(구 판례의 입장)

(2) 위법설(취소대상인 판결로 보는 견해): 위 판례의 내용 참조

3. 재심청구의 가부

위 판례의 내용 참조

4. 결론: 丙회사는 재심청구를 통하여 구제받을 수 있다.

제4장 소(訴): 소송의 객체

제1절 소의 의의와 종류

I. 소의 의의

訴는 판결절차의 개시를 요구하는 당사자의 신청, 즉 원고가 피고를 상대로 하는 특정청구의 당부에 관해 일정한 법원의 심판을 요구하는 소송행위를 말한다. 원고의 訴제기 행위에 의하여 제1심의 소송절차가 개시되며, 소송당사자(주체)와 심판의 대상물(소송물)이 특정되어야 한다.

II. 소의 종류(청구의 성질·내용에 의한 분류)

1. 이행의 소

가. 의의:　　　이행청구권의 확정과 이에 기하여 피고에 대하여 그 이행을 명하는 판결을 구하는 소이다.

나. 내용:　　　실체법상의 청구권을 바탕으로 하여 금전의 지급, 물건의 인도, 의사표시(소유권이전등기 등 청구), 작위(건물철거, 퇴거 청구), 부작위 또는 受忍청구 등 다양한 형태로 이행을 구할 수 있다.

다. 종류:　　　변론종결시를 기준으로 하여 이행기 도래여부에 따라 현재의 이행의 소와 장래의 이행의 소로 나눈다.

라. 이행판결(원고승소 판결)은 집행권원이 되어 집행력이 발생한다.

2. 확인의 소

가. 의의:　　　특정의 권리 또는 법률관계의 존부 혹은 법률관계를 증명하는 서면의 진부를 주장하여 이의 확인을 구하는 소이다. 분쟁이 있는 법률관계의 공권적 확정을 통하여 분쟁을 종료시키려 하는 유형의 소이다.

나. 연혁:　　　19세기 초 독일에서 이행기 미도래 또는 권리침해가 현실화되지 않은 상

태에서 권리, 법률관계를 확인받고자 하는 형태의 소제기가 잇따르자 판례가 그 현실적 필요성을 인정하기 시작하였고, 뒤이어 학설과 입법이 확인의 이익을 전제로 인정하게 된 제도이다. 불안 상태가 현존하는 경우 그 불안을 제거하는 데 있어서 가장 유효적절한 수단으로서의 기능을 가진다.

다. 효용성

(1) 확인의 소는 그 재판내용의 강제적 실현을 목적으로 하는 것이 아니라, 그 법률관계의 성질 결정을 공권적으로 확정함으로써 분쟁의 해결을 꾀하는 소송유형이다.

(2) **분쟁예방적 기능**: 이행청구에 앞서서 그 전제가 되는 일정한 권리(예컨대, 소유권, 임차권)를 확인하는 판결을 받아두면 그 기판력에 따라 後訴의 운명을 결정적으로 제약하는 기능을 한다.

(3) **소극적 확인청구**: 예컨대, 교통사고의 가해자가 피해자에 대한 손해배상 채무부존재확인청구(피해자가 장기간 입원치료를 받고 있을 경우 가해자가 가입하고 있는 보험회사 측에서 치료비의 지급을 거절하면서 이러한 형태의 소를 제기하는 예가 종종 있다)를 해오는 경우, 만약 원고청구기각 판결이 확정되면 피해자 측으로서는 그러한 청구권의 존재를 기판력에 의해 확정적으로 인정받게 된다.

(4) 청구권의 액수를 확정할 수 없어 그 지급을 구하는 이행의 소를 제기할 수 없을 때 시효중단의 필요상 청구권의 존재를 미리 확인받아 두는 경우에도 확인의 소를 이용한다.

(5) **내용**: ① 확인의 소의 소송물은 원고가 청구취지에 표시하는 실체법상 그 성질 결정이 된 특정의 권리 또는 법률관계의 존부에 관한 주장이다. ② 이행·형성의 소와는 달리 신·구 소송물이론의 어느 입장에서도 거의 공통된 소송물개념을 정립하고 있다(청구취지만으로 소송물이 특정됨). ③ 어떠한 성질의 권리에 대한 확인을 구하고 있느냐에 관하여는 원고가 특정하여야 하고, 법원은 당사자가 구하고 있는 것과 다른 권리의 확인을 할 수 없다. ④ 소유권·상속권 등의 절대권 자체, 임대차관계·고용관계 등 포괄적 권리관계 또는 법률상의 지위 등 모든 권리관계를 소의 대상으로 할 수 있다. ⑤ 확인의 소에 관하여 원고 승소판결이 나면 원고가 주장한 법률관계의 존재에 관하여 기판력이 생긴다. 그러나, 집행력은 생기지 않는다는 점에서 이행의 소와 구별된다.

> ※ **사실혼관계존부확인의 소의 법적 성질**: ① 확인소송설 ② 이행소송설(혼인신고의사의 표시를 구함) ③ 형성소송설 ④ 사실혼관계 부존재 확인소송은 확인의 소, 사실혼관계 존재 확인은 형성의 소로 보는 견해(존재 확인의 경우는 사실혼 관계를 형성요건으로 하여 법률혼의 창설을 목적으로 하는 형성의 소로 본다). 판례(대법원 1977.3.23. 선고 75므28 판결)는 확인소송설을 취하고 있다. 혼인 및 이혼 무효확인의 소, 인지무효, 친생자관계존부확인, 입양 및 파양 무효확인의 소와 같은 가류 가사소송은 학설과 판례가 일치하여 확인소송으로 보고 있다.

3. 형성의 소

가. 의 의

(1) 특정 내용의 법률관계의 형성을 구할 수 있는 법적 지위를 주장하여 법원이 그 법률관계의 형성을 선고하는 판결을 해 줄 것을 요구하는 소. 지금까지 존재하지 아니하였던 새로운 법률관계의 형성 또는 기존의 법률관계의 변경·소멸을 요구하는 소이다.

(2) 형성의 소는 법에서 형성권 행사를 訴로써만 행사하도록 명문으로 규정하고 있는 경우에만 인정된다(예, 주주총회 결의 취소의 소).

(3) 형성의 소에 있어서 소송물의 특정은 신·구 소송물이론에서 그 내용을 달리한다. 예컨대, 민법 제840조의 재판상 이혼청구에 있어서 구 실체법설과 소송법설 중 이지설(이원설)은 각 청구원인마다 별개의 청구가 된다고 보는 반면에 소송법설 중 일지설은 각 청구원인은 단순한 공격방어방법에 지나지 않고 이혼을 구할 수 있는 지위의 존부가 한 개의 소송물이라 본다.

> **[실체법상의 형성권 행사와 형성의 소]** ① 실체법의 세계에는 형성권으로서 취소권, 해제권, 상계권이 있다. 이러한 실체법상의 형성권은 권리자 자신의 권리행사의 의사표시에 의하여 그 효과가 발생한다. 그 효과로서 변동된 권리관계에 기초하여 확인의 소나 급부의 소를 제기할 수 있다. ② 그러나 신분관계나 다수의 이해관계인이 관여하는 회사관계 등에 있어서는 그 효과발생을 획일적이고 대세적으로 정할 필요가 있다. 이러한 경우에는 그 이해관계당사자의 의사표시에 의하는 것이 아니라 판결이라는 형식을 빌어 법원이 형성요건의 존재를 확인하고 판결에 의하여 선언하고, 그 판결이 확정된 뒤에야 비로소 그 소송당사자는 물론이고 일반 제3자에 대한 관계에서도 법률관계의 변동을 인정하는 법 기술이 바로 형성의 소라고 할 수 있다.

[3가지 소송유형과 판결의 효력비교]

판 결			판결의 본래적 효력	기판력이 생기는 범위
이행의 소	청구인용	급부판결	기판력 + 집행력	급부의무의 존재
	청구기각			급부의무의 부존재
확인의 소	청구인용	확인판결	기 판 력	신청한 권리관계의 존재 또는 부존재
	청구기각			
형성의 소	청구기각			형성요건의 부존재
	청구인용	형성판결	기판력 + 형성력	형성요건의 존재

나. 형성의 소의 종류

(1) **실체법상의 형성의 소**: ① 나류 가사소송사건(이혼, 파양, 친생부인, 인지청구, 父를 정하는 소)은 형성의 소로 보는 것이 통설이라 할 수 있다.

② 회사관계 소송

> **[주주총회 결의 무효, 부존재확인의 소의 법적 성질]** 1. 학설 (1) 형성소송설: 소송물이론 중

소송법설에 따르면, 결의 취소, 무효·부존재확인의 소는 각각 절차상 하자, 내용상 하자, 절차상 중대한 하자를 공격방법으로 하는 것일 뿐 결의의 효력 제거라는 목적에 있어서 차이가 없으므로 위 3개 소송의 소송물을 1개로서 통일적으로 파악하여 형성소송으로 본다(민사소송법 학계의 다수설). (2) 확인소송설: 구실체법설에 따르면, 이들 각 청구를 별개의 소송물로 본다. 실질적으로도 주주총회결의 무효 주장을 누구나 언제든지 어떠한 방법으로도 주장할 수 있다고 보는 것이 타당하다는 근거를 내세운다(상법학계의 다수설). **판례(1982.9.14. 선고 80다2425 전원합의체 판결 등):** ' …원래 상법 제380조에 규정된 주주총회 결의 부존재확인의 소는 그 법적성질이 확인의 소에 속하고 그 부존재확인 판결도 확인판결이라고 보아야 한다. … 회사설립무효 또는 설립취소 등 형성의 소에 관한 상법 제190조의 규정을 위의 경우에 준용하는 것이 타당한 것인지의 여부가 이론상 문제될 수 있으나, 주주총회 결의 부존재확인의 소도 회사법상의 소로서 그 판결에 대세적 효력을 부여하되 주주나 제3자를 보호하기 위하여 그 판결이 확정되기까지 그 주주총회의 결의를 기초로 하여 이미 형성된 법률관계를 유효한 것으로 취급함으로써 회사에 관한 법률관계에 법적 안정성을 보장하여 주려는 법정책적 판단의 결과이다. 따라서, **이러한 무효 또는 부존재 사유가 있는 경우에는 이해관계인은 언제든지 또 어떠한 방법으로든지 그 무효·부존재를 주장할 수 있다.**' 한편, **이사회결의 무효확인소송에 대해서는 주중총회결의 무효확인과는 달리 그 판결의 대세적 효력이 없다.**

[대법원 2003.7.11. 선고 2001다45584 판결] 주주총회결의 취소의 소는 상법 제376조에 따라 결의의 날로부터 2월내에 제기하여야 할 것이나, 동일한 결의에 관하여 부존재확인의 소가 상법 제376조 소정의 제소기간 내에 제기되어 있다면, 동일한 하자를 원인으로 하여 결의의 날로부터 2월이 경과한 후 취소소송으로 소를 변경하거나 추가한 경우에도 부존재확인의 소 제기 시에 제기된 것과 동일하게 취급하여 제소기간을 준수한 것으로 보아야 한다. 주주총회의 개회시각이 부득이한 사정으로 당초 소집통지 된 시각보다 지연되는 경우에도 사회통념에 비추어 볼 때 정각에 출석한 주주들의 입장에서 변경된 개회시각까지 기다려 참석하는 것이 곤란하지 않을 정도라면 절차상의 하자가 되지 아니할 것이나, 그 정도를 넘어 개회시각을 사실상 부정확하게 만들고 소집통지 된 시각에 출석한 주주들의 참석을 기대하기 어려워 그들의 참석권을 침해하기에 이르렀다면 주주총회의 소집절차가 현저히 불공정하다고 하지 않을 수 없고, 또한 소집통지 및 공고가 적법하게 이루어진 이후에 당초의 소집장소에서 개회를 하여 소집장소를 변경하기로 하는 결의조차 할 수 없는 부득이한 사정이 발생한 경우, 소집권자가 대체 장소를 정한 다음 당초의 소집장소에 출석한 주주들로 하여금 변경된 장소에 모일 수 있도록 상당한 방법으로 알리고 이동에 필요한 조치를 다한 때에 한하여 적법하게 소집장소가 변경되었다고 볼 수 있다. 주주는 다른 주주에 대한 소집절차의 하자를 이유로 주주총회결의 취소의 소를 제기할 수도 있다. **주주총회결의 취소의 소에 있어 법원의 재량에 의하여 청구를 기각할 수 있음을 밝힌 상법 제379조는, 결의의 절차에 하자가 있는 경우에 결의를 취소하여도 회사 또는 주주에게 이익이 되지 않든가 이미 결의가 집행되었기 때문에 이를 취소하여도 아무런 효과가 없든가 하는 때에 결의를 취소함으로써, 회사에 손해를 끼치거나 일반거래의 안전을 해치는 것을 막고 결의취소의 소의 남용을 방지하려는 취지이며, 또한 위와 같은 사정이 인정되는 경우에는 당사자의 주장이 없더라도 법원이 직권으로 재량에 의하여 취소청구를 기각할 수도 있다.**

[사해행위취소의 소의 법적 성질] **1.** 판례는 "채권자가 사해행위의 취소와 함께 수익자 또

는 전득자로부터 책임재산의 회복을 구하는 사해행위취소의 소를 제기한 경우 그 취소의 효과는 채권자와 수익자 또는 전득자 사이의 관계에서만 생기는 것이므로, 수익자 또는 전득자가 사해행위의 취소로 인한 원상회복 또는 이에 갈음하는 가액배상을 하여야 할 의무를 부담한다고 하더라도 이는 채권자에 대한 관계에서 생기는 법률효과에 불과하고 채무자와 사이에서 그 취소로 인한 법률관계가 형성되는 것은 아닐 뿐만 아니라, 이 경우 채권자의 주된 목적은 사해행위의 취소 그 자체보다는 일탈한 책임재산의 회복에 있는 것"이라고 하여 이행의 소로 보는 듯하다.[1] **2. 학설 (형성소송설)** 채무자와 수익자 또는 전득자를 공동 피고로 하여 그들간의 사해행위의 취소를 구하는 형성의 소라고 본다. **(이행소송설)** 사해행위의 취소보다는 제3자에게 넘어간 재산의 원상회복에 그 목적이 있으며, 원상회복의 이행을 구하는 범위 내에서 수익자 또는 전득자에 대한 관계에 대하여서만 상대적 취소를 구하는 것으로 보고 기능상 이행의 소라고 본다. **(병합설)** 사해행위의 취소와 재산의 원상회복 2가지 성질을 모두 가진다고 본다.

　3. 사해행위 취소소송의 피고적격자: "채권자가 사해행위의 취소와 함께 책임재산의 회복을 구하는 사해행위취소의 소에 있어서는 수익자 또는 전득자에게만 피고적격이 있고 채무자에게는 피고적격이 없다"고 하였다.[2] 사행위취소의 소에서 청구취지에 사해행위취소를 청구할 필요는 없고 선결문제로 주장하면 된다는 입장이다.

　(2) 소송법상의 형성의 소:　　소송법상의 법률관계의 변동을 구하는 소이다. 즉, 재판이나 이에 준하는 행위 또는 그들의 효력의 변경 또는 취소를 구하는 소: 예컨대 변경의 소(법 제252조), 재심의 소(법 제451조), 준재심의 소(법 제461조), 중재판정 취소의 소(중재법 제36조), 제권판결에 대한 불복의 소(법 제490조) 등이 있다.

　(3) 장래의 형성의 소:　　재판상 이혼청구의 소, 혼인의 취소, 인지청구, 회사설립무효·합병무효의 소 등 장래의 법률관계의 발생·변경을 목적으로 하는 소이다. 이에 반하여 **소급적 형성의 소**는 혼인 및 협의이혼 무효확인의 소, 친생부인의 소 등은 소급적으로 권리변동을 시키는 것을 목적으로 한다.

다. 토지경계 확정의 소의 법적 성질

　(1) 형식적 형성소송설:　　① 경계확정의 소는 판결로 인접 토지 사이의 경계를 합리적으로 형성하기 위한 것이며, 소유권의 확인을 목적으로 하는 것이 아니다. ② 소유권 확인을 구하는 경우에는 소유권 확인청구를 병합하거나 별도에 의할 것이고, 피고가 소유권 확인의 반소를 청구할 수도 있다고 본다. ③ 경계확정소송에서는 특정 경계선을 청구취지에서 특정하여 청구할 필요는 없고, 그와 같이 특정하였다고 하더라도 법원이 이에 구속되는 것도 아니다(처분권주의 배제). ④ 항소심에서는 불이익변경금지 원칙이 적용되지 않는다. ⑤ 증거에 의하여 경계를 확정할 수 없는 경우에도 법원은 증명책임분배 원칙에 의하여 재판할 수 없고, 따라서 법원은 원고의 청구를 기각하는 판결을 할 수 없다. 법원은 오로지 토지의 현황 그 밖의 구체적 정황에 의한 합목적적 판단에 따라 경계를 설정해야 한다(다수설, 판례).

　(2) 확인소송설(소수설):　　경계를 접하는 양 토지 소유자의 소유권 확인소송이라는

---

1) 대법원 2002.5.10. 자 2002마1156 결정 등. 이시윤, 196면.
2) 대법원 2009.1.15. 선고 2008다72394 판결 등.

주장이다. 이 견해에 의하면, 당사자의 재판상 자백이나 화해를 인정하고(처분권주의의 적용), 다만 소유권 범위의 확정은 증거에 의한 판단이 곤란하고, 증명책임에 따라 승패를 정할 수 없으므로 법원의 종합적 판단에 따른 예외를 인정해야 한다고 본다.

[판례는 토지경계확정의 소는 형성의 소이고, 건물경계확정의 소는 확인의 소에 의하여야 함을 밝히고 있다] [대법원 1997.7.8. 선고 96다36517 판결] 1. 토지는 인위적으로 구획된 일정 범위의 지면에 사회관념상 정당한 이익이 있는 범위 내에서의 상하를 포함하는 것으로서, 토지의 개수는 지적법에 의한 지적공부상의 필수, 분계선에 의하여 결정되는 것이고, 어떤 토지가 지적공부상 1필의 토지로 등록되면 그 지적공부상의 경계가 현실의 경계와 다르다 하더라도 다른 특별한 사정이 없는 한 그 경계는 지적공부상의 등록, 즉 지적도상의 경계에 의하여 특정되는 것이므로 이러한 의미에서 토지의 경계는 공적으로 설정 인증된 것이고, 단순히 사적관계에 있어서의 소유권의 한계선과는 그 본질을 달리하는 것으로서, 경계확정소송의 대상이 되는 '경계'란 공적으로 설정 인증된 지번과 지번과의 경계선을 가리키는 것이고, 사적인 소유권의 경계선을 가리키는 것은 아니다. 2. 건물은 일정한 면적, 공간의 이용을 위하여 지상, 지하에 건설된 구조물을 말하는 것으로서, 건물의 개수는 토지와 달리 공부상의 등록에 의하여 결정되는 것이 아니라 사회통념 또는 거래관념에 따라 물리적 구조, 거래 또는 이용의 목적물로서 관찰한 건물의 상태 등 객관적 사정과 건축한 자 또는 소유자의 의사 등 주관적 사정을 참작하여 결정되는 것이고, 그 경계 또한 사회통념상 독립한 건물로 인정되는 건물 사이의 현실의 경계에 의하여 특정되는 것이므로, 이러한 의미에서 건물의 경계는 공적으로 설정 인증된 것이 아니고 단순히 사적관계에 있어서의 소유권의 한계선에 불과함을 알 수 있고, 따라서 사적자치의 영역에 속하는 건물 소유권의 범위를 확정하려면 소유권 확인소송에 의하여야 할 것이고, 공법상 경계를 확정하는 경계확정소송에 의할 수는 없다.

마. 형식적 형성의 소

(1) **특성**: ① 당사자처분권주의와 변론주의 적용 배제, 재판상 자백의 불인정, ② 법원의 합목적적 재량권 인정, ③ 항소심에서 불이익변경금지 원칙 적용배제, ④ 증명책임의 원칙적 배제 및 증명책임을 다하지 않았다는 이유로 원고청구를 기각하는 판결은 불가하다.

(2) 예컨대 민법상 공유물분할의 소(민법 제252조), 父를 정하는 소(민법 제845조), 경계확정의 소, 상속재산분할청구(민법 제1013조 2항) 등의 경우에 형성의 기준이 되는 형성요건을 정하고 있지 아니하므로, 이러한 사건의 경우에 법원은 당사자의 주장내용이나 범위에 구애받지 아니하고 합목적적 재량에 의하여 법률관계를 형성하여야 한다. 성질상 비송사건적 성격을 가진다.

(3) **공유물분할**은 공유자간에 협의가 이루어지는 경우에는 그 방법을 임의로 선택할 수 있으나 협의가 이루어지지 아니하여 재판에 의하여 공유물을 분할하는 경우에는 법원은 현물로 분할하는 것이 원칙이고, 현물로 분할할 수 없거나 현물로 분할하게 되면 현저히 그 가액이 감손될 염려가 있는 때에 비로소 물건의 경매를 명하는 대금분할을 할 수 있다. 그와 같은 사정이 없는 한 법원은 각 공유자의 지분비율에 따라 공유물을 현물 그대로 수개의 물건으로 분할하고 분할된 물건에 대하여 각 공유자의 단독 소유권을 인정하는 판결을 하여야 한다. 그 분할의 방법은 당사자가 구하는 방법에 구애받지 아니하고 법원의 재량에 따라 공

유관계나 그 객체인 물건의 제반 상황에 따라 공유자의 지분비율에 따른 합리적인 분할을 하면 된다.[1]

바. 형성의 소의 기판력:　　　원고 승소판결(형성판결)은 그 내용대로 법률관계를 발생·변경·소멸시키는 효력을 생기게 한다. 원고 패소판결은 형성권의 부존재를 확인하는 효력이 있다. 형성판결에도 기판력이 생기는지에 관해서는 학설의 대립이 있다.

(1) 부정설은 형성판결의 확정과 동시에 형성권은 그 목적을 달성(법률관계의 발생·변경·소멸)하여 소멸하는 것이므로 그 존부에 관하여 장래에 소송상 다투어질 여지가 없게 되어 기판력을 인정할 실익이 없다고 본다.

(2) 긍정설(통설)은 예컨대 이혼소송에서 패소한 夫가 뒤에 그 재판상 이혼원인이 존재하지 않는다고 주장하면서 처가 재산분할에 의하여 취득한 재산을 부당이득이라고 주장하면서 반환을 구하는 소를 제기할 수도 있는 것이므로 이러한 소의 제기를 방지하려면 형성판결에도 기판력을 인정해야 한다고 주장한다(즉, 형성판결은 판단의 대상이 된 형성요건의 존부에 관하여 기판력이 생긴다). 형성의 소에 대하여 소송요건 결여를 이유로 소각하 판결을 한 경우에도 그 소송요건의 부존재에 대하여 기판력이 있다.

4. 3개 소송의 상호관계(확인소송 원형론)

이행의 소나 형성의 소에서도 각기 청구권이나 형성권의 확정을 구한다는 것이 전제된다는 점에서 모두 권리나 법률관계의 존재나 부존재를 확정하는 확인 판결적 성질을 가지고 있다. 즉, 확인판결은 모든 판결형태의 기본형이다(확인의 소의 보충성).

> [예제] [제49회 변리사 시험(2012년)] 형제인 乙, 丙, 丁은 부친 A가 소유하고 있던 X 토지를 상속받았다. 그런데 X토지에 인접한 Y토지를 B로부터 매수한 甲이 Y토지를 측량한 결과, X토지로 인해 등기부상의 면적보다 부족함을 알게 되었다. 그리하여 甲은 X토지의 등기부상 명의자인 乙, 丙, 丁을 상대로 토지경계확정의 소를 제기하였다.
> (1) 이 소의 종류는?(10점)
> (2) 이 공동소송의 유형은?(10점)
> (3) 이 소송 중 소외 戊가 검사를 상대로 자신이 A의 혼인 외의 자임을 주장하며 제기한 인지청구소송에서 승소하여 확정되었음이 밝혀졌다. 이 경우 戊가 당사자로 되기 위한 방법은?(10점)
> [해설: 본문 내용 참조]
> (1) 이 소의 종류는 형성의 소로서 형식적 형성소송에 해당한다.
> (2) 이 공동소송의 유형은 고유필수적 공동소송 관계가 된다.
> (3) 이 소송 중 소외 戊가 검사를 상대로 자신이 A의 혼인 외의 자임을 주장하며 제기한 인지청구소송에서 승소하여 확정되었음이 밝혀졌다. 이 경우 戊가 당사자로 되기 위한 방법은, 필수적 공동소송인의 추가, 신소제기 변론병합, 공동소송참가 방법이 있다(위 각 내용을 간략히 기재할 것).

---

[1] 대법원 1997.9.9. 선고 97다18219 판결.

제 2 절 소송요건

I. 의 의

본안 판결이나 본안 심리를 받기 위한 요건으로서 흠결 시에는 소각하 판결을 한다.

II. 종 류

1. 법원에 관한 것

① 피고에 대한 재판권, 국제재판관할권의 존재, ② 민사소송사항일 것, ③ 관할권의 존재.

2. 당사자에 관한 것

① 당사자의 실재(實在), 당사자능력, 당사자적격, ② 소송능력, 법정대리인(소송무능력자의 경우), ③ 소제기의 방식, 소장송달, ④ 소송비용에 필요한 담보제공(법 제117조: 원고가 대한민국에 주소·사무소를 두고 있지 않은 경우).

3. 소송물에 관한 것

권리보호이익·자격 등 소의 이익, 중복소송금지(법 제259조) 및 재소금지(법 제267조)에 해당하지 않을 것.

[**대법원 2013.3.14. 선고 2011다28946 판결**] 민사소송에서 당사자가 소송물로 하는 권리 또는 법률관계는 특정되어야 하고, 소송물이 특정되지 아니한 때에는 법원이 심리·판단할 대상과 재판의 효력범위가 특정되지 않게 되므로, 소송물이 특정되었는지 여부는 소송요건 으로서 법원의 직권조사사항에 속한다. 한편 채권양도에 있어서 양도채권의 종류나 금액 등 이 구체적으로 적시되어 있어야 하는 것은 아니지만, 사회통념상 양도채권은 다른 채권과 구별하여 그 동일성을 인식할 수 있을 정도로 특정되어야 한다.

4. 특수 요건

가. 소제기 기간의 준수: 주총결의 취소(2개월), 채권자취소(1년, 5년), 행정소송제기 기간(행정소송법 제20조: 행정처분이 있음을 안 날로부터 90일 이내).

나. 병합소송에 있어서 병합요건의 충족

Ⅲ. 소송요건의 모습

1. **적극적 요건**(당사자, 소송능력, 관할권), **소극적 요건**(중복소송, 기판력, 중재계약)

2. **직권조사사항**(원칙적으로 소송요건은 직권 조사사항임), **항변사항**(부제소 계약, 임의관할규정 위반, 관할합의, 소·상소취하계약, 중재합의, 소송비용의 담보제공 위반의 주장 등). 이 중에서 중재합의, 임의관할, 소송비용담보제공 위반 등은 최초 변론 전까지 제출하여야 하며, 일단 본안변론에 들어가면 제출할 수 없다.[1]

[대법원 1996.5.14. 선고 95다50875 판결] 민법 제406조 제2항 소정의 채권자취소권의 행사기간은 제소기간이므로 법원은 그 기간의 준수 여부에 관하여 직권으로 조사하여 그 기간이 도과된 후에 제기된 채권자취소의 소는 부적법한 것으로 각하하여야 한다. 따라서 그 기간 준수 여부에 대하여 의심이 있는 경우에는 법원이 필요한 정도에 따라 직권으로 증거조사를 할 수 있으나, 법원에 현출된 모든 소송자료를 통하여 살펴보았을 때 그 기간이 도과되었다고 의심할 만한 사정이 발견되지 않는 경우까지 법원이 직권으로 추가적인 증거조사를 하여 기간 준수 여부를 확인하여야 할 의무는 없다.

[대법원 2013.4.11. 선고 2012다64116 판결] 상법 제45조는 '영업양수인이 제42조 제1항에 의하여 변제의 책임이 있는 경우에는 양도인의 제3자에 대한 채무는 영업양도 후 2년이 경과하면 소멸한다'고 규정하고 있다. 그런데 이 규정에 의한 영업양도인의 책임의 존속기간은 제척기간이므로 그 기간이 경과하였는지 여부는 직권조사사항으로서 이에 대한 당사자의 주장이 없더라도 법원이 당연히 직권으로 조사하여 재판에 고려하여야 한다

Ⅳ. 소송요건의 조사

1. 직권조사 사항과 직권탐지주의

가. 변론주의의 근거는 소송물인 권리관계에 대하여는 사적자치원칙이 적용되는데 있다고 볼 수 있다. 그런데 대부분의 소송요건에 대하여는 변론주의의 적용이 제한되거나 배제되는데 이와 같은 사실을 직권조사사항이라고 한다. 직권조사사항에 관하여는 피고가 본안전 항변이라는 형식으로 주장하는 것이 보통이지만 이는 법원의 직권발동을 촉구하는 의미를 가질 뿐이다. 법원은 그 주장의 유무에 불구하고 직권으로 조사하여 판단한다. 소송요건 중에는 공익성이 강한 요건, 즉 재판권, 전속관할, 법관의 제척원인, 당사자능력, 특히 당사자의 실재(實在) 등에 있어서는 변론주의가 전면적으로 배제되고, 주장책임이나 자백의 구속력이

---

1) 대법원 1996.2.23. 선고 95다17083 판결: 중재심판을 먼저 거쳐야 한다는 주장은 사건에 관하여 본안에 관한 변론을 하기 전에 하여야 하고, 그러한 항변을 제출함이 없이 본안에 관한 실질적인 변론을 하여 본안의 심리에 들어간 후에는 그러한 방소항변을 제출할 수 없다.

부정될 뿐만 아니라 직권증거조사까지도 행하여 질 수도 있다.[1] **이와 같은 심리 방식을 직권탐지라고 한다.** 이에 대하여, 공익성이 약한 소송요건(임의관할, 당사자적격, 소송능력, 소의 이익 등)에 대하여서는 자백의 구속력은 배제되지만, 직권증거조사가 행하여지는 것은 아니고 증거에 관한한 변론주의가 적용되는 것들이 있다.[2] 한편, 소송요건이라고 하더라도 오로지 당사자의 이익보호를 목적으로 하는 것, 예컨대 중재계약의 항변이나 소송비용의 담보의 제공 등에 대하여서는 직권조사의 대상이 되지 않고, 주장책임 및 재판상 자백의 구속력이 인정되어 전면적으로 변론주의가 적용된다.

나. 당사자 간에 다툼이 없어도 이를 이유로 법원이 직권으로 소각하 판결을 할 때에는 당사자가 불의의 타격을 받지 않도록 석명할 필요가 있다. 소송요건 사실에 대하여는 재판상 자백이나 자백간주가 성립할 수 없다.

다. 소송요건에 문제가 있으면 무변론판결(법 제257조)을 할 수 없고, 항변이 시기에 늦게 제출되어도 실권되지 않는다.[3]

라. 직권조사사항인 소송요건의 증거조사는 통상의 증거조사에 의할 필요없이 자유로운 증명으로 족하다는 견해도 있으나 원칙적으로 엄격한 증명을 필요로 한다고 볼 것이다.[4] 직권조사사항이지만 그 존부불명의 경우에는 원고에게 증명책임을 부담시켜 요건이 부존재하는 것으로 보아 소각하 판결을 하여야 할 것이다. 다만 항변사항인 소송요건의 경우에는 피고에게 증명책임이 있다.

2. 소송요건 존재의 표준 시: 사실심의 변론종결 시

[대법원 2010.3.25. 선고 2009다95387 판결] 종중이 비법인사단으로서 당사자능력이 있느냐의 문제는 소송요건에 관한 것으로서 사실심의 변론종결시를 기준으로 판단하여야 하는 것이다.

3. 조사의 순서

가. 소송경제상 가장 신속하고 쉽게 조사할 수 있는 것부터 심리하여야 한다는 견해.

나. 일반적인 것에서 특수한 것으로, 추상적인 것에서 구체적인 것으로 심리하여야 한다는 견해(통설).

---

1) 재판권의 존부만이 직권증거조사 대상이 된다는 견해도 있다(이시윤, 203면).
2) 대법원 1997.10.10. 선고 96다40578 판결: 법인이 당사자인 사건에 있어서 그 법인의 대표자에게 적법한 대표권이 있는지 여부는 소송 요건에 관한 것으로서 법원의 직권조사 사항이므로, 법원으로서는 그 판단의 기초 자료인 사실과 증거를 직권으로 탐지할 의무까지는 없다 하더라도, 이미 제출된 자료들에 의하여 그 대표권의 적법성에 의심이 갈 만한 사정이 엿보인다면 상대방이 이를 구체적으로 지적하여 다투지 않더라도 이에 관하여 심리·조사할 의무가 있다.
3) 이시윤, 203면.
4) 김홍엽, 236면.

4. 증명의 정도

자유로운 증명으로 족하다는 견해와 통상의 증명을 요할 것이라는 견해(다수설은 후자이다).

Ⅴ. 조사의 결과

1. 소각하 판결

가. 요건심리의 선 순위성

소송요건은 본안판결의 요건이기 때문에 본안판결을 하기에 앞서 먼저 조사하여야 하고, 요건이 결여되었을 때에는 보정이 가능하면 보정을 명하여 보정토록 할 것이고(석명을 필요로 한다), 보정이 불가능하거나(예컨대 제소기간의 도과, 소의 이익의 결여 등), 보정명령에 불응하여 적정한 기간 내에 보정이 되지 않으면 본안에 관하여 심리를 할 필요 없이 소를 각하하여야 한다.

[예외] 관할위반의 제소 시에는 관할권 있는 법원으로 이송(변론관할의 적용이 없는 경우), 주관적·객관적 병합요건의 결여 시에는 각각 별개의 소로서 심리한다.

2. 소각하 판결과 본안 판결의 상호관계

원고의 청구 자체에 의하여 이유 없음이 명백할 때, 소송요건의 결여에 관한 판단을 함이 없이(소각하 판결을 하지 않고), 본안에 대한 판단으로써 원고의 청구에 대하여 기각판결을 할 수 있는가? 학설은 선순위긍정설과 선순위부정설이 있다. 선순위긍정설은 요건심리의 선 순위성에 입각하여 반드시 소각하 판결을 하여야 한다는 입장이고, 선순위부정설은 실체법 상 이유 없어 어차피 청구기각을 하여야 할 사안이라면 소송요건을 갖추었는가를 따질 필요 없이 청구기각의 판결을 할 수 있다는 입장이다. 그 밖에 공적 이익을 목적으로 하는 소송요건의 결여 시에는 소각하 판결을 하되, 피고의 이익보호(임의관할, 당사자능력 등)나 무익한 소송배제를 목적으로 하는 요건이면 본안판결을 할 수 있다는 절충설(예컨대 민법상조합의 명의로 소를 제기하여 소송당사자능력이 부정되고 그 보정도 불가능하여 소각하 되어야 할 것이나 본안 청구 자체가 이유 없음이 명백한 경우 기각판결을 할 것이라는 견해)이 유력하게 주장된다. 판례는 소송요건 심리의 선순위성에 따라 소각하 판결을 하여야 한다는 입장이다(위 선순위긍정설과 같은 입장이라 할 수 있다).

[대법원 1993.7.13. 선고 92다48857 판결] 채권자대위소송에 있어서 대위에 의하여 보전될 채권자의 채무자에 대한 권리가 인정되지 아니한 경우에는 채권자가 스스로 원고가 되어 채무자의 제3채무자에 대한 권리를 행사할 원고로서의 자격이 없게 되는 것이어서 그 대위소송은 부적법하여 각하될 수밖에 없다. 명의신탁사실이 인정되지 아니하여 채권자대위권행사의 요건인 피 보전권리가 인정되지 아니한다면 이 부분 청구에 관한 소를 각하하였어야

할 것인데, 원심이 명의신탁사실을 인정할 수 없다고 하면서도 이 부분 원고들의 청구를 기각한 것은 잘못이라 할 것이나, 이러한 경우에도 그 청구의 본안에 대한 기판력이 발생하는 것이 아니므로 판결의 위와 같은 주문의 표현을 들어 특별히 파기할 것은 아니다.

제 3 절 소의 이익(권리보호 요건)

[소권의 의의 및 소권의 본질론] [1. 소권이라 함은 소를 제기할 수 있는 권리를 의미하며, 헌법상 보장되는 재판청구권(헌법 제27조 1항)의 구체적 실현 형태라 할 수 있다. 이 소권의 본질이 무엇인지에 관하여 과거부터 많은 논쟁이 있어왔다. 2. 소권 본질론의 역사적 배경: 로마법에서는 대체로 실체법과 소송법이 제대로 구분되지 않은 상태에서 개별적인 소권(actio)만이 인정되었다. actio는 권리자가 권리침해를 당하였을 때 법원의 도움을 구할 수 있는 권리이며, 그 사건에 적용될 마땅한 actio가 인정되어야 권리보호가 가능하였다. 18세기 말부터 자연법사상에 입각하여 소송법과 실체법이 구분되었다. 3. **소권본질론에 관한 학설:** 가. 사법적 소권설: Savigny를 비롯한 로마법학자(판덱텐법학자)들은 로마법상의 actio를 실체법상의 권리라고 파악하여 소권은 이러한 실체법적 권리에서 파생하는 권리라고 하거나 실체법적 권리에 내재하는 힘 등으로 파악했다. (실체적 파생물·변형물) Windscheid는 실체법상의 권리가 선행하고 소권이 나중에 나타나며, 소권은 실체법상의 권리를 실현시키는 수단이라고 본다. 나. 공법적 소권설: 소권은 국가기관인 법원에 대한 청구권으로서의 공권적 성격을 띠고 있는 점을 강조한다. (1) **추상적 소권설**: 소제기 전에는 소송을 개시시킬 수 있는 권리, 소제기 후에는 정당한 판결 요구권이라고 한다. (2) 구체적 소권설(권리보호 청구권설): Wach에 의하면, 소권은 공법상의 권리이고 그 내용은 법원에 대하여 실체법상의 권리를 보호해 줄 것을 청구하는 것 즉, 승소판결을 청구하는 것이라고 하였다. 이 권리가 인정되려면 순수한 의미의 소송요건과 실체법적 법률요건과는 별개의 요건 즉 권리보호요건이 필요하다는 것이다. (3) 본안판결청구권설(다수설): 소권은 승패에 관계없이 단지 본안 판결을 요구하는 권리일 뿐이라는 견해이다. (4) 사법행위청구권설: 당사자는 법원에 대하여 그가 제기한 소를 수리할 것, 기일지정신청을 이유 없이 배척하지 않을 것, 사건을 사실적 측면과 법률적 측면에서 심리하고 재판하기에 성숙했을 때에는 판결을 할 것을 요구하는 권리라고 한다. (5) 신권리보호청구권설: 헌법과 법률에 의하여 원고의 소를 심리·판단한 결과 원고의 청구가 이유 있으면 승소판결을 해달라는 권리. 즉, 실체법·소송법, 순수한 재판 규범 등 각종 법률에 정한 규범에 따른 권리보호를 요구하는 권리라고 본다. 4. **소권 논쟁의 의의:** 소송의 목적관과 연관성이 있고, 국민의 재판을 받을 권리 및 절차권의 실현이라는 의미를 가진다.]

I. 소의 이익의 의의·개념

1. 소의 이익은 권리보호요건, 소권요건, 소의 정당한 이익 등으로 불리기도 하는데, 국가적·공익적 견지에서는 무익한 소송제도의 이용을 통제하는 원리이고, 당사자의 견지에서는 소송제도를 이용할 정당한 이익 또는 필요성을 말한다.

2. 넓은 의미의 소의 이익은 (1) 청구의 내용이 본안판결을 받기에 적합한 일반적 자격, (2) 원고가 청구에 대하여 판결을 구할 현실의 필요성, (3) 제대로 소송을 수행하고 본안판결을 받기에 적합한 정당한 당사자 등 세가지 형태로 나타난다.[1] 이 중에서 (1), (2)를 청구의 측면에서 본 객관적 이익의 문제로서 좁은 의미의 소의 이익이라 할 때는 이것만을 지칭한다.

Ⅱ. 권리보호의 자격(공통적인 소의 이익)

1. 구체적인 권리 또는 법률관계에 관한 것

가. 재판상 청구할 수 있는 권리
자연채무, 약혼의 강제이행청구 등은 허용되지 않음.

나. 구체적인 권리 또는 법률관계여야 한다
사실의 존부에 관한 다툼은 쟁송의 대상이 될 수 없다.

다. 사례별 검토
(1) 임야대장·토지대장·가옥대장 기재사항의 말소·변경을 구하는 소의 경우: 이러한 장부는 조세의 부과징수의 편의를 도모하기 위하여 작성된 것에 불과하므로 비록 임야대장의 기재사항이 진실된 것으로 추정을 받는다 하더라도 이 경우의 추정은 강한 증거자료가 된다는 의미를 가지고 있을 뿐이지 입증책임의 전환을 초래하는 추정력을 가진 것은 아니므로, 임야대장 등에 진실한 소유권자가 아닌 자의 명의로 등재되어 있더라도 그 말소를 구할 소의 이익은 없다.[2] 부동산등기부의 사항란에 기재된 근저당권설정등기의 접수일자는 등기가 접수된 날을 나타내는 하나의 사실기재에 불과하고 권리에 관한 기재가 아니므로, 그 접수일자의 변경을 구하는 것은 구체적인 권리 또는 법률관계에 관한 쟁송이라 할 수 없고, 또 등기의 접수일자는 실체적 권리관계와 무관한 것으로서 그 변경에 등기권리자와 등기의무자의 관념이 있을 수 없어 이행청구의 대상이 될 수도 없으므로, 소의 이익이 없어 부적법하다.[3] 그 밖에 지적도의 경계오류정정청구, 족보에 등재금지·변경청구 등은 단순한 사실의 존부에 관한 다툼으로서 소의 이익이 없다.

> **[대법원 2014.5.16. 선고 2011다52291 판결]** 토지의 지적도상 경계선에 따른 면적과 토지대장에 표시된 면적이 불일치할 경우, 지적도상 경계선에 따른 면적을 기준으로 토지대장의 면적 표시를 정정하더라도 해당 토지의 지적도상 경계선이 변경되지 않으므로 위와 같은 정정은 측량·수로조사 및 지적에 관한 법률 제84조 제3항의 '인접 토지의 경계가 변경되는 경우'에 해당하지 않는다. 그 토지의 소유자는 위와 같은 정정을 위하여 인접 토지소유자의 승낙서 등을 제출할 필요가 없으므로 인접 토지소유자에게 위와 같은 정정에 대한 승낙의

---

[1] 이시윤, 210면.
[2] 대법원 1979.2.27. 선고 78다913 판결 등.
[3] 대법원 2003.10.24. 선고 2003다13260 판결.

의사표시를 소구할 법률상의 이익이 없다. 설령 인접 토지소유자가 토지대장의 면적 표시에 잘못이 없고 오히려 지적도상 경계선이 잘못된 것이라고 주장하고 있어 지적소관청이 위와 같은 정정을 거부하고 있다고 하더라도 **해당 토지소유자로서는 토지대장의 면적 표시가 잘못되었음을 밝히기 위한 사실상의 필요에서 인접 토지소유자를 상대로 경계확정의 소, 토지소유권확인의 소 등을 제기할 수는 있겠지만, 위와 같이 주장 자체로 인접 토지소유자의 승낙서 등이 필요 없는 정정에 대하여 승낙의 의사표시를 구하는 소를 제기할 수는 없다.**

(2) 학교법인의 설립자임의 확인을 구하는 소의 경우 등은 확인의 이익이 없다: 학교법인의 설립자는 일단 학교법인을 설립하고 난 다음에는 비록 사실상 그 운영에 영향력을 행사할 수 있다고 하더라도 학교법인과는 현재 구체적인 권리내지 법률관계가 없다할 것이고, 설립당시에 법률관계가 존재할 여지가 있었다 하더라도 이는 과거의 법률관계에 대한 확인이므로 특히 설립자임을 확인하더라도 현재의 권리 또는 법률관계에 영향을 미칠만한 사정이 없는 이상 확인의 이익이 없다.[1] 세계기독교 통일신령협회(통일교)나 그 유지재단이 기독교의 종교단체인가의 여부는 원고개인의 권리의무 등 **법률관계에 아무런 관련이 없는 사실문제**이므로 그 확인을 구하는 청구는 즉시 확정의 이익이 없다.[2] 그 밖에 제사의 주재자가 누구인지 그 지위의 확인청구, 어느 사찰이 특정종파에 속한다는 확인청구 등은 소의 이익이 없다.

(3) 무허가 건물대장 등재 사항의 말소·변경 청구의 소: 권리보호의 이익이 있다. 무허가 건물대장은 행정관청이 무허가 건물의 정비에 관한 행정사무처리의 편의를 위하여 무허가 건물의 현황을 조사하고 필요사항을 기재하여 비치한 대장으로서 건물의 물권변동을 공시하는 법률상의 등록원부가 아니라 하더라도 그 건물주 명의 기재의 말소를 구하는 청구를 일률적으로 소의 이익이 없다고 볼 것은 아니다. 예컨대, 지방자치단체의 조례상 무허가 건물대장에 등재된 건물에 대하여 공익사업에 따른 철거 시 철거보상금을 지급하도록 규정하고 있거나 시영아파트 특별분양권이 주어지는 경우 예외적으로 소의 이익이 긍정되기도 한다.[3] 건축주허가서의 건축주 명의변경절차 이행을 구하는 소는 소의 이익이 있다.[4]

[대법원 1989.5.9. 선고 88다카6754 판결] 대법원은, 아래와 같은 이유로 건축주명의 변경을 구하는 소의, 소의 이익이 없다고 한 원심판결을 파기하였다. 첫째, 건축 중의 건축물을 양수한 자는 건축공사를 진행함에 있어 장차 건축주 명의로 허가에 갈음하는 신고(건축법 제5조 제2항)를 할 필요가 있는 경우가 있고, 중간검사(동법 제7조의2)를 신청할 필요가 있는 경우도 있으며, 공사를 완료한 날로부터 7일 이내에 준공신고(동법 제7조)를 하여야 하고, 이에 위반할 때는 처벌(동법 제55조 제1, 3호, 제56조 제1호)을 받게 되어 있으므로 건축공사를 계속하기 위하여 건축주 명의를 변경할 필요성이 있고 이를 위하여 건축주 명의의 변경을 구하는 소 이외에 달리 그 목적을 달성할 수 있는 방법이 없고, 둘째, 부동산등기법 제131조 제1호에 의하면 가옥대장(실제에 있어서는 건축물관리대장)등본에 의하여 자기 또는 피상속

---

1) 대법원 1989.2.14. 선고 88다카4710 판결.
2) 대법원 1980.1.29. 선고 79다1124 판결.
3) 대법원 1998.6.26. 선고 97다48937 판결 등.
4) 대법원 1996.10.11. 선고 95다29901 판결.

인이 그 소유자로 등록되어 있는 것을 증명하는 자가 미등기건물의 소유권보존등기를 신청할 수 있도록 하고 있고 건축물관리대장은 준공검사 후 건축허가관계 증거서류(건축법시행규칙 제6조)에 근거하여 작성하므로 양수인이 그 명의로 소유권보존등기를 할 수 있기 위해서는 위 대장의 건축주 명의를 변경할 필요가 있으며, 셋째, 건축법시행규칙 제3조의2에 의하면 건축허가를 받은 자가 허가대상 건축물을 양도한 경우 양수인은 일정서식에 의하여 시장, 군수에게 건축주의 명의변경을 신고할 수 있다는 것과 그 신고가 있을 때에는 시장, 군수는 이를 수리하도록 규정하고 있어 건축주 명의변경을 허용하고 있고 그 서식에 의하면 첨부서류로 구 건축주의 명의변경동의서 또는 권리관계의 변동사실을 증명하는 서류 1부를 요구하고 있어 건축 중인 건축물을 양도한 자가 건축주명의변경에 동의하지 아니한 경우 양수인은 그 의사표시에 갈음하는 판결을 받을 필요가 있다는 것이다.

(4) 그 밖에 의사의 진술을 구하는 청구의 소에서 소의 이익을 인정한 예로서는 학원 수인가자지위 양수인이 양도인을 상대로 한 인가행정청에 명의변경인가신청 청구의 소,[1] 토지 수분양자 명의변경에 협력할 것을 청구하는 소[2] 등이 있다.

2. 추상적인 법령의 해석이나 효력을 다투는 사건은 소의 이익이 없다(사건의 쟁송성).

[대법원 1992.11.24. 선고 91다29026 판결] [사실관계] 피고조합은 개인택시 차주 겸 운전사들을 구성원으로 설립된 비영리법인으로서 그 복지회 규정에 의하면 상조회비 미납 등의 사유가 발생한 경우 복지점수를 감점하여 복지금지급 등에 불이익을 주도록 규정하고 있다. 원고는 피고조합의 상조회 운영에 불만을 품고 상조회에서 탈퇴하였고, 이에 피고 조합이 상조회비 미납을 이유로 복지점수를 감점하자 원고가 위 복지회 규정의 무효확인과 그 무효임을 전제로 상조회 탈퇴 및 상조회비 미납을 이유로 한 복지점수 감점을 금한다는 소를 제기하였다. **[판결요지] 단체의 구성원이 단체내부 규정의 효력을 다투는 소는 당사자 사이의 구체적인 권리 또는 법률관계의 존부확인을 구하는 것이 아니므로 부적법하다고 하여 위 복지회 규정 무효확인의 소를 각하하였다. 다만, 복지점수 감점을 금하는 청구는 구체적 권리관계에 관한 것이므로 적법한 소가 될 수 있다. 이때 그 청구의 선결문제로서 위 내부규정의 효력유무를 심사할 수 있다.** 그 심사는 단체의 자율성을 보장하는 차원에서 그것이 선량한 풍속 기타 사회질서에 위반(위법)하거나 결정절차가 현저히 사회정의에 반하지 않는다면 이를 유효한 것으로 보아야 한다.

[대법원 1995.12.22. 선고 93다61567 판결 등] 사단법인 대한민국 상이군경회의 정관은 위 법인의 기관과 구성원에 대하여 구속력을 갖는 법규범(자치법규)으로서 그 정관의 무효확인을 구하는 것은 일반적·추상적 법규의 효력을 다투는 것일 뿐 구체적 권리 또는 법률관계를 대상으로 한 것이 아니므로 이를 독립한 소로서 구할 수 없다.

3. 정당, 종교단체, 대학과 같은 특수한 부분사회의 내부분쟁은 자율성에 일임할 수 있는 한도 내에서 소의 이익이 없다.

---

1) 대법원 1992.4.14. 선고 91다39986 판결.
2) 대법원 1991.10.8. 선고 91다20913 판결.

가. 단체가 구성원에 대하여 내린 처분자체가 현저히 불공정하고 내부의 절차규정에 위배되는 경우에는 소의 이익이 인정될 수 있다. 예컨대, 목사・장로 등 교인을 정직, 면직, 출교 등에 처하는 교회의 권징재판 자체는 법률상의 쟁송이 될 수 없으나 교회대표자로서의 대표권유무, 직무집행금지, 가옥인도 등 법률상 쟁송을 심리 판단함에 있어서 위와 같은 권징재판의 무효여부가 다투어지는 경우에는 심리 판단할 수 있으되, 다만 이 경우에 교회의 자율성을 최대한 보장하여야 할 것이다. **판례는**[1), 종교활동은 헌법상 종교의 자유와 정교분리의 원칙에 의하여 국가의 간섭으로부터 그 자유가 보장되어 있으므로, 국가기관인 법원으로서도 종교단체 내부관계에 관한 사항에 대하여는 그것이 일반 국민으로서의 권리의무나 법률관계를 규율하는 것이 아닌 이상 원칙적으로 실체적인 심리・판단을 하지 아니함으로써 당해 종교단체의 자율권을 최대한 보장하여야 한다고 하였다.

나. 사찰의 주지이던 원고가 직무와 관련하여 종단과 사찰의 명예를 훼손하였다는 사유로 원고를 징계 해임하자 원고가 그 절차의 하자를 이유로 무효확인을 구하고 있는 경우에, 실제로 위 사찰의 대표자가 누구인지 및 후임주지에 의한 사찰재산의 처분이 유효한지에 대한 쟁송이 존재한다면, 그 청구의 당부를 판단하는 전제로서 원고에 대한 징계해임처분의 유・무효를 판단할 필요가 있다. 그 판단은 단순한 절차의 하자에 대한 것일 뿐 종교상의 교리 해석에까지 미치는 것이 아니고, 그 주지 지위의 확인이나 주지해임 무효확인 등을 구하는 구체적인 권리 또는 법률관계에 대한 판단에 그쳐야 할 것이다.[2)

4. 법률상・계약상 제소 장애사유가 없을 것

가. 법 제259조의 중복제소금지 및 제267조 2항의 재소(再訴)금지에 해당하지 않아야 한다. 중재합의가 있는 경우에도 부제소의 합의에 준하여 소의 이익을 잃게 된다. 부제소의 합의가 있은 채권을 피보전권리로 하여 제기한 사해행위취소청구의 소도 인용될 수 없다.[3)

나. **不提訴계약**

(1) **의 의**

(2) **법적성질**:   사법상의 계약의 한 형태로 본다(통설).

(3) **유효요건**

① 특약이 불공정한 법률행위에 의한 것이 아닐 것. 취소사유 등이 없을 것.

② 당사자의 자유로운 처분이 허용되는 권리관계일 것.

③ 대상이 특정될 것.

(4) 부제소계약에 위반한 소제기 시 상대방 당사자는 항변권행사가 가능하다. 소의 이익이 없는 것으로서 소각하 된다.

---

1) 대법원 2011.10.27. 선고 2009다32386 판결.
2) 대법원 2005.6.24. 선고 2005다10388 판결.
3) 대법원 2012.3.29. 선고 2011다81541 판결.

[대법원 2002.2.22. 선고 2000다65086 판결: 부제소합의 요건] 노동조합은 근로자들이 자신들의 이익을 옹호하기 위하여 자주적으로 결성한 임의단체로서 그 내부의 운영에 있어 조합규약 등에 의한 자치가 보장되므로 노동조합이 조합규약에 근거하여 자체적으로 만든 신분보장대책기금관리규정은 조합규약과 마찬가지로 일종의 자치적 법규범으로서 소속조합원에 대하여 법적 효력을 가진다고 할 것이나, 그러한 자치적 법규범의 제정에 있어서도 헌법이 보장하고 있는 조합원 개개인의 기본적 인권을 필요하고 합리적인 범위를 벗어나 과도하게 침해 내지 제한하여서는 아니 되며 또한 그의 내용이 강행법규에 위반되어서는 아니 되는 등의 제한이 따르는 터이므로 그 제한에 위반된 자치적 법규범의 규정은 무효라고 할 것이다. 헌법 제27조 제1항은 "모든 국민은 헌법과 법률이 정한 법관에 의하여 법률에 의한 재판을 받을 권리를 가진다."고 규정하여 국민의 재판을 받을 권리를 기본적 인권 중의 하나로 보장하고 있고, 법원조직법 제2조 제1항은 "법원은 헌법에 특별한 규정이 있는 경우를 제외한 일체의 법률상의 쟁송을 심판하고, 이 법과 다른 법률에 의하여 법원에 속하는 권한을 가진다."고 규정하여 국민의 재판청구권을 실질적으로 보장하고 있으며 한편, 권리의무의 주체인 당사자 간에서의 부제소 합의라도 그 당사자가 처분할 수 있는 특정된 법률관계에 관한 것으로서 그 합의 당시 각 당사자가 예상할 수 있는 상황에 관한 것이어야 유효하게 되는 바, 그러한 법리와 규정 취지들을 고려할 때, **노동조합이 조합규약에 근거하여 자체적으로 만든 신분보장대책기금관리규정에 기한 위로금의 지급을 둘러싼 노동조합과 조합원 간의 분쟁에 관하여 노동조합을 상대로 일절 소송을 제기할 수 없도록 정한 노동조합의 신분보장대책기금관리규정 제11조는 조합원의 재산권에 속하는 위로금의 지급을 둘러싸고 생기게 될 조합원과 노동조합 간의 법률상의 쟁송에 관하여 헌법상 보장된 조합원의 재판을 받을 권리를 구체적 분쟁이 생기기 전에 미리 일률적으로 박탈한 것으로서 국민의 재판을 받을 권리를 보장한 위의 헌법 및 법원조직법의 규정과 부제소 합의 제도의 취지에 위반되어 무효라고 할 것이다.**

[대법원 1999.3.26. 선고 98다63988 판결] 이 사건 원고와 소외 B 간의 1994. 1. 24.의 합의를 인정한 자료인 을 제6호증에는 'A, B는 본인을 포함한 상호간의 직계존비속에 관하여 1994. 1. 24. 이전에 관계된 어떠한 것에 관하여도 일체의 권리 주장을 하지 않기로 합의한다.'라고 기재되어 있다. 그런데, 원심은 그 권리포기 합의가 부제소 합의로서 합의당사자가 아닌 피고에 대한 관계에 있어서 B가 피고의 대리인으로서 그와 같은 합의를 한 것이거나 제3자인 피고를 위한 계약으로서의 성격을 가진다고 하여 이 사건 원고의 청구는 그 부제소 합의에 반하는 것이 되어 부적법하다고 소를 각하한 제1심판결을 유지하였다. 그러나, **소극적 소송요건의 하나인 부제소 합의는 합의 당사자가 처분할 권리 있는 범위 내의 것으로서 특정한 법률관계에 한정될 때 허용되며**(대법원 1977.4.12. 선고 76다2920 판결 참조), **그 합의시에 예상할 수 있는 상황에 관한 것이어야 유효하다**(대법원 1970.8.31. 선고 70다1284 판결 참조). 이 사건에서, 그 권리포기 합의를 부제소 합의로 본다고 하더라도 그 합의가 법률관계를 특정하여 한 것이 아니어서 부제소 합의로서의 유효성이 의문스러울 뿐만 아니라 **그 합의에서 그 합의 당사자인 원고와 B가 스스로 처분할 수 없는 타인이 개재된 법률관계에 관한 부제소 합의를 포함시킨 것이라면 그 부제소 약정의 효력이 합의 당사자 아닌 사람에게까지는 미치지 않는다고 할 것이며**, 더구나 그 합의서의 문언에 따르더라도 직계존비속에 관한 것으로 한정하고 있어 직계존비속이 아닌 B와 남매간인 피고에게 그 효력이 미친다고 볼 수도 없다. 나아가, 그 합의가 피고를 위한 대리행위라거나 제3자를 위한 계약의 형태로 이루어졌다고 볼 자료도 부족하거니와 가사 그러한 사정이 인정된다 하여도 그 합의의

일방 당사자인 1심 증인 B의 증언에서 그 합의 당시인 1994. 1. 24.에는 이 사건의 분쟁은 전혀 예상할 수 있는 시기가 아니어서 거론조차 되지 않았음이 인정되는 이 사안에서는, 원고와 피고와의 사이의 유효한 부제소 합의로서 원용될 수 없다 할 것이다. 결국, 그 합의는 위에서 본 법리에 비추어서 어느 모로 보아도 이 사건 원고와 피고 사이의 부제소 합의로서의 유효요건을 갖추었다고 할 수 없어 그 합의를 들어 원고의 이 사건 제소를 부적법하다고 단정할 것은 아니라 하겠다. 그러함에도 원심이 원고의 이 사건 소를 각하하여 본안 심리에 나아가지 아니한 제1심의 처리를 유지한 것은 그 합의가 이 사건 피고에게도 유효하다고 볼 사정에 관하여 심리를 다하지 않았거나 부제소 합의에 관련한 법리를 오해한 결과라 하겠고, 이 점을 다투는 상고이유 주장은 정당하다.

[대법원 2013.11.28. 선고 2011다80449 판결] 1.특정한 권리나 법률관계에 관하여 분쟁이 있어도 제소하지 아니하기로 합의(이하 '부제소 합의'라고 한다)한 경우 이에 위배되어 제기된 소는 권리보호의 이익이 없고, 또한 당사자와 소송관계인은 신의에 따라 성실하게 소송을 수행하여야 한다는 신의성실의 원칙(민사소송법 제1조 제2항)에도 어긋나는 것이므로, 소가 부제소 합의에 위배되어 제기된 경우 법원은 직권으로 소의 적법 여부를 판단할 수 있다. 2. 부제소 합의는 소송당사자에게 헌법상 보장된 재판청구권의 포기와 같은 중대한 소송법상의 효과를 발생시키는 것으로서 그 합의 시에 예상할 수 있는 상황에 관한 것이어야 유효하고, 그 효력의 유무나 범위를 둘러싸고 이견이 있을 수 있는 경우에는 당사자의 의사를 합리적으로 해석한 후 이를 판단하여야 한다. 따라서 당사자들이 부제소 합의의 효력이나 그 범위에 관하여 쟁점으로 삼아 소의 적법 여부를 다투지 아니하는데도 **법원이 직권으로 부제소 합의에 위배되었다는 이유로 소가 부적법하다고 판단하기 위해서는 그와 같은 법률적 관점에 대하여 당사자에게 의견을 진술할 기회를 주어야 하고, 부제소 합의를 하게 된 동기 및 경위, 그 합의에 의하여 달성하려는 목적, 당사자의 진정한 의사 등에 관하여도 충분히 심리할 필요가 있다.** 법원이 그와 같이 하지 않고 직권으로 부제소 합의를 인정하여 소를 각하하는 것은 예상외의 재판으로 당사자 일방에게 불의의 타격을 가하는 것으로서 석명의무를 위반하여 필요한 심리를 제대로 하지 아니하는 것이다.

다. 특별구제절차가 있는 경우: 소송비용 확정절차, 집행법상의 각종 구제 절차, 비송사건 절차에 속하는 사건을 일반 민사사건으로 소제기 하는 경우에는 소의 이익이 없다.

[대법원 2011.4.18. 자 2010마1576 결정] 민사집행법 제300조 제2항이 규정한 임시의 지위를 정하기 위한 가처분은 그 성질상 주장 자체에 의하여 다툼이 있는 권리관계에 관한 정당한 이익이 있는 자가 가처분 신청을 할 수 있고, 그 경우 주장 자체에 의하여 신청인과 저촉되는 지위에 있는 자를 피신청인으로 하여야 한다. **한편 민사집행법상의 가처분으로 행정청의 행정행위 금지를 구하는 것은 허용될 수 없다.** 채권자 甲이 채무자 乙에 대한 대여금채권을 담보하기 위해 乙 소유의 개인택시에 대한 근저당권을 설정하고 乙에게서 '여객자동차운송사업면허 불처분각서'를 받았는데 위 개인택시와 더불어 면허를 처분할 우려가 있어서 乙에 대하여 면허의 처분금지가처분을 구함과 아울러 관할 행정청을 제3채무자로 하여 위 면허의 채무자명의 변경금지가처분을 구한 사안에서, 면허의 채무자명의 변경금지를 구하는 부분은 민사집행법상의 가처분으로 행정청의 면허 처분에 따른 인가 금지를 구하는 것이므로 허용될 수 없지만, 乙을 상대로 면허의 처분금지를 구하는 부분은 위 각서에 기한 면허의 처분금지청구권이라는 권리관계에 대하여 임시의 지위를 정하기 위한 것으로서 허용될 수

131

있다.

5. 원고가 동일 청구에 관하여 승소 확정판결을 받아 둔 경우에는 소의 이익이 없다.

예외: ① 판결원본 멸실의 경우, ② 시효중단의 필요가 있는 경우, ③ 판결내용이 불특정한 경우에는 소의 이익이 인정된다.

6. 신의칙위반의 제소가 아닐 것

학교법인 경영권 양도 후 일정한 부당한 금원 지급을 받을 목적으로 제기한 이사회결의 부존재확인의 소는 소의 이익이 없다.

Ⅲ. 각종의 소에 특수한 소의 이익

1. 이행의 소

가. 현재 이행의 소
(1) 변론종결 시점에 이행기가 도래한 청구는 원칙적으로 소의 이익이 모두 인정 된다.
(2) 구체적 사례

① 농지를 매도한 자는 특별한 사정이 없는 한 매수인을 위하여 농지매매의 효력 발생요건인 농지매매증명이 발급되어 매매목적물인 농지에 관한 소유권이전의 효과가 발생될 수 있도록 협력하여야 할 의무가 있다. 매수인은 이러한 의무에 위배하여 농지매매증명의 발급신청절차에 협력하지 않는 매도인에 대하여 협력의무이행을 소송으로써 구할 수 있다.[1]

② 허가조건부 소유권이전등기 청구 및 허가신청 협력의무이행청구의 소[2]: 국토이용관리법상의 규제구역내의 토지거래계약이 처음부터 허가를 배제허가나 잠탈하는 내용의 계약인 경우에는 확정적으로 무효로서 유효화 될 여지가 없으나, 이와 달리 허가받을 것을 전제로 한 계약일 경우에는 허가를 받을 때까지는 법률상 미완성의 법률행위로서 소유권 등 권리이전 또는 설정에 관한 거래의 효력이 전혀 발생하지 않지만, 일단 허가를 받으면 그 계약은 소급하여 유효한 계약이 되고…(유동적 무효), 규제구역내의 토지에 대하여 거래계약이 체결된 경우에 계약을 체결한 당사자사이에 있어서는 그 계약이 효력 있는 것으로 완성될 수 있도록 서로 협력할 의무가 있음이 당연하므로 이러한 의무에 위배하여 허가신청절차에 협력하지 않는 당사자에 대하여 상대방은 협력의무이행을 소송으로서 구할 이익이 있다. ※ 그러나, 허가받을 것을 조건으로 한 장래의 토지소유권이전등기청구의 소는 불허한다.[3]

③ 법상 금지된 청구: 예컨대 주류제조면허의 명의변경절차,[4] 토석채취허가를 받은 자

---

1) 대법원 1994.7.29. 선고 94다9986 판결.
2) 대법원 1991.12.24. 선고 90다12243 전원합의체 판결.
3) 대법원 1991.12.24. 선고 90다12243 전원합의체 판결.

의 명의변경절차[1] 이행을 구하는 소는 그 청구권 자체로써 법률상 보호받을 수 없는 것으로서 그 소송은 권리보호요건을 구비하지 않은 것이라 할 수 있으므로 바로 소각하 판결을 하여야 한다.

④ 실익이 없는 청구:　이미 화재 등으로 인하여 멸실된 건물에 대한 소유권이전등기나 소유권 확인의 소,[2] 저당권설정등기가 소송계속 중 저당권실행에 의한 경락으로 말소된 때에는 그 등기말소를 구하는 소송은 법률상 이익이 없다.[3]

⑤ 가압류·가처분이 집행된 채권의 이행을 구하는 소:　[대법원 2002.4.26. 선고 2001다59033 판결] 1. **일반적으로 채권에 대한 가압류가 있더라도 이는 채무자가 제3채무자로부터 현실로 급부를 추심하는 것만을 금지하는 것일 뿐 채무자는 제3채무자를 상대로 그 이행을 구하는 소송을 제기할 수 있고 법원은 가압류가 되어 있음을 이유로 이를 배척할 수는 없는 것이 원칙이다.** 왜냐하면 채무자로서는 제3채무자에 대한 그의 채권이 가압류되어 있다 하더라도 채무명의를 취득할 필요가 있고 또는 시효를 중단할 필요도 있는 경우도 있을 것이며 또한 소송계속 중에 가압류가 행하여진 경우에 이를 이유로 청구가 배척된다면 장차 가압류가 취소된 후 다시 소를 제기하여야 하는 불편함이 있는데 반하여 제3채무자로서는 이행을 명하는 판결이 있더라도 집행단계에서 이를 저지하면 될 것이기 때문이다. 2. 채권가압류의 처분금지의 효력은 본안소송에서 가압류채권자가 승소하여 채무명의를 얻는 등으로 피보전권리의 존재가 확정되는 것을 조건으로 하여 발생하는 것이므로 채권가압류결정의 채권자가 본안소송에서 승소하는 등으로 채무명의를 취득하는 경우에는 가압류에 의하여 권리가 제한된 상태의 채권을 양수받는 양수인에 대한 채권양도는 무효가 된다.[4]

⑥ [대법원 1995.10.12. 선고 94다47483 판결] 이 사건 부동산에 관한 각 피고 명의의 소유권이전등기가 통정허위표시에 기한 것으로 무효라 하더라도 위 소유권이전등기에 기하여 각 소유권이전등기를 경료한 선의의 제3자에게 이를 대항할 수 없으므로, 결국 피고들의 말소등기의무는 이행불능상태에 빠졌다는 것이나 원고에 대하여 부담하는 등기말소의무의 이행가능 여부를 판단함에 있어 피고들과 그 후순위 등기명의자들 간의 관계까지 고려할 필요는 없을 뿐 아니라, 소유권에 관하여 순차적으로 각 등기가 경료된 경우 후순위 등기의 말소가 가능한지에 관계없이 전순위등기의 말소절차이행을 명할 수 있으므로(당원 1983.3.8. 선고 80다3198 판결 참조), 피고들의 등기말소의무가 이행불능 상태에 있다고 볼 수 없다. *특정 부동산에 관하여, 갑, 을, 병, 정의 순으로 소유권이전등기가 이루어지고 갑이 정을 상대로 소유권이전등기의 말소등기청구의 소(말소등기에 갈음하는 소유권이전등기 청구도 같다)를 제기하여 패소판결을 받고 확정되었다고 하더라도 그 중간에 있는 을과 병을 상대로 그

---

4) 대법원 1992.7.14. 선고 91다45950 판결.
1) 대법원 1990.12.26. 선고 88다카8934 판결.
2) 대법원 1994.6.10. 선고 93다24810 판결 등.
3) 대법원 1961.7.20. 선고 4293민상599 판결 등.
4) 채권양도는 구 채권자인 양도인과 신 채권자인 양수인 사이에 채권을 그 동일성을 유지하면서 전자로부터 후자에게로 이전시킬 것을 목적으로 하는 계약을 말한다 할 것이고, 채권양도에 의하여 채권은 그 동일성을 잃지 않고 양도인으로부터 양수인에게 이전된다 할 것이며, 가압류된 채권도 이를 양도하는데 아무런 제한이 없다 할 것이나, 다만 가압류된 채권을 양수받은 양수인은 그러한 가압류에 의하여 권리가 제한된 상태의 채권을 양수받는다고 보아야 할 것이고, 이는 채권을 양도받았으나 확정일자 있는 양도통지나 승낙에 의한 대항요건을 갖추지 아니하는 사이에 양도된 채권이 가압류된 경우에도 동일하다.

133

들 명의의 소유권이전등기의 말소등기청구의 소를 제기할 수 있다는 것이다.

나. 장래이행의 소(법 제251조)

현재(즉 사실심의 변론종결당시에) 조건부 또는 기한부 권리관계 등이 존재하고 단지 그 이행기가 도래 않고 있는데 불과한 때에 만일 그 채무의 이행기가 도래하였다 하여도 채무자가 그 채무를 자진하여 이행하지 않을 것이 명백히 예상되는 경우에도 채권자는 속수무책격으로 아무 대책도 강구 못하고 그 이행기가 도래하였을 때까지 기다렸다가 비로소 그 이행기가 도래한 부분에 한하여 현재의 급부의 소만을 제기하여야 한다면 채권자의 보호가 충분치 못하므로 그 이행기 도래 전에 미리 장래에 이행할 채무의 이행기에 있어서의 이행을 청구하는 확정판결을 얻어서 두었다가 그 이행기가 도래하면 즉시 강제집행을 할 수 있게 하기 위하여 **이행기에 즉시 이행을 기대할 수 없다고 인정할 때에는 장래의 이행의 소를 청구할 수 있다.**

(1) 미리 청구할 필요가 있을 것

이행의무의 성질, 의무자의 태도 등을 고려할 것이다. 예컨대 ① 채무의 내용이 정기행위인 경우와 같이 이행이 제때에 이루어지지 않으면 채무본지에 따른 이행이 되지 않거나, 채권자에게 회복할 수 없는 손해가 발생할 경우, ② 계속적·반복적 급부에서 이행기 도래분에 대한 이행지체가 있을 때, 이행기 미 도래분에 대한 청구, ③ 의무자가 미리 의무의 존재를 다투고 있는 경우, ④ 장래의 계속적 불법행위(지연이자), 부당이득 청구권(토지, 건물 등 부동산 부당점유로 인한 부당이득반환청구), ⑤ 현재의 이행의 소와 병합하여 제기하는 장래이행의 소(代償請求) 등[1]은 장래이행의 소로서 소의 이익이 있다. ⑥ 피담보채무의 변제를 조건으로 한 담보권 등기·가등기·가압류등기 말소청구: 이때 채무자는 그의 채무를 변제하여야만 채권자에 대하여 위와 같은 등기의 말소를 청구할 수 있다. 그러나 채권자가 피담보채무액수를 다투거나, 그러한 등기 등이 채권담보의 목적으로 경료된 사실에 관하여 다투는 등의 사유가 있을 때에는 채무의 변제를 조건으로 위와 같은 등기의 말소를 청구하거나 새로운 소유권이전등기를 청구하는 장래이행의 소를 제기할 수 있다.[2] ⑦ 기한부 청구권(예컨대 향후 30년의 생존을 조건으로 한 정기금청구)·정지조건부 청구권(조건부 청구권의 경우 조건 성취의 개연성이 인정될 것)은 미리 청구할 소의 이익이 있다. ⑧ **제권판결에 대한 취소판결의 확정을 조건으로 한 장래이행의 소로서의 수표금 청구**는 그 제권판결에 대한 불복의 소의 결과에 따라서는 수표금 청구의 심리가 무위에 그칠 수 있고, 수표금 청구소송의 피고에게도 지나친 방어상의 부담을 지우게 되므로 허용할 수 없다.[3] 동일한 취지에서 "공유물분할청구소송의 판결이 확정되기 전에는 분할물의 급부를 청구할 권리나 그 부분에 대한

---

1) 대법원 1964.11.30. 선고 64다860 판결: 원고가 피고에 대하여 목제 팽이 6,000개 외 수점의 물건의 인도를 청구하고 만일 피고가 이 현물을 인도하지 못할 때에는 시가로 환산한 돈의 지급을 청구한 사례{이 경우에 물건은 특정물일 수도 있고 불특정물일 수도 있으며, 변론종결 후의 이행불능(특정물의 경우)이나 집행불능(대체물의 경우)에 대비하여 그 때 생길 대상청구권에 관하여 미리 청구하는 형태이며 소의 단순 객관적 병합으로 볼 수 있다}에서 원고가 청구하는 환산대금은 장래에 있어서 이행이 제대로 되지 않을 경우에 대비하여 청구하는 것이므로 그 환산할 시가 산정의 표준시 기준시점은 변론종결시가 된다.
2) 대법원 1992.1.21. 선고 91다35175 판결.
3) 대법원 2013.9.13. 선고 2012다36661 판결.

134

소유권의 확인을 청구할 권리가 없다"고 하였다.[1] ⑨ 근저당권을 설정한 채무자가 먼저 피담보채무를 변제할 것을 조건으로 한 근저당권설정등기말소등기 청구의 소·양도담보설정자가 먼저 채무 변제할 것을 조건으로 하여 담보로 넘어간 부동산을 되찾기 위한 소유권이전등기말소등기 청구의 소(**선이행청구의 소**)는 원칙적으로 허용되지 않는다. 다만 채권자가 그 가등기 등이 채권담보의 목적으로 경료된 것임을 다툰다든지 피담보채무의 액수를 다투기 때문에 채무자가 채무를 변제하더라도 채권자가 위와 같은 소유권의 공시에 협력할 의무를 이행할 것으로 기대되지 않는 경우에는 미리 청구할 필요가 있다고 보아 채무의 변제를 조건으로 채권담보의 목적으로 경료된 가등기 및 그 가등기에 기한 본등기의 말소나 새로운 소유권이전등기를 청구하는 장래이행의 소를 허용하여야 할 것이다.[2]

(2) 문제되는 경우

① 학교법인이 감독청의 허가 없이 기본재산인 부동산에 관한 매매계약을 체결하는 한편 그 부동산에서 운영하던 학교를 당국의 인가를 받아 신축교사로 이전하고 준공검사까지 마친 경우, 위 매매계약이 감독청의 허가 없이 체결되어 아직은 효력이 없다고 하더라도 위 매매계약에 기한 소유권이전등기절차 이행청구권의 기초가 되는 법률관계는 이미 존재한다고 볼 수 있고 장차 감독청의 허가에 따라 그 청구권이 발생할 개연성 또한 충분하므로, 매수인으로서는 미리 그 청구를 할 필요가 있는 한, 감독청의 허가를 조건으로 그 부동산에 관한 소유권이전등기절차의 이행을 청구할 수 있다[3]. 토지개량사업시행구역 내의 토지에 대한 장래의 소유권이전등기청구는 미리 청구할 필요가 있다.

② 국토이용관리법상의 규제구역 내의 '토지 등의 거래계약'허가에 관한 관계규정의 내용과 그 입법취지에 비추어 볼 때 토지의 소유권 등 권리를 이전 또는 설정하는 내용의 거래계약은 관할 관청의 허가를 받아야만 그 효력이 발생하고 허가를 받기 전에는 물권적 효력은 물론 채권적 효력도 발생하지 아니하여 무효라고 보아야 할 것이나, 허가받을 것을 전제로 한 거래계약(허가를 배제하거나 잠탈하는 내용의 계약이 아닌 계약은 여기에 해당하는 것으로 본다)일 경우에는 허가를 받을 때까지는 법률상 미완성의 법률행위로서 소유권 등 권리의 이전 또는 설정에 관한 거래의 효력이 전혀 발생하지 않음은 위의 확정적 무효의 경우와 다를 바 없지만, 일단 허가를 받으면 그 계약은 소급하여 유효한 계약이 되고 이와 달리 불허가가 된 때에는 무효로 확정되므로 허가를 받기까지는 유동적 무효의 상태에 있다. 이와 같은 규제지역 내의 토지에 대하여 거래계약이 체결된 경우에 계약을 체결한 당사자 사이에 있어서는 그 계약이 효력 있는 것으로 완성될 수 있도록 서로 협력할 의무가 있음이 당연하므로, 계약의 쌍방 당사자는 공동으로 관할 관청의 허가를 신청할 의무가 있고, 이러한 의무에 위배하여 허가신청절차에 협력하지 않는 당사자에 대하여 상대방은 협력의무의 이행을 소송으로써 구할 이익이 있다. 규제지역 내에 있는 토지에 대하여 체결된 매매계약이 처음부터 허가를 배제하거나 잠탈하는 내용의 계약이 아니라 허가를 전제로 한 계약이라고 보여지므로 원심이 **원고의 청구 중 피고에 대하여 토지거래허가신청절차의 이행을 구하는**

---

1) 대법원 1969.12.29. 선고 68다2425 판결.
2) 대법원 1992.1.21. 선고 91다35175 판결.
3) 대법원 1998.7.24. 선고 96다27988 판결.

부분을 인용한 것은 정당하지만, 허가가 있을 것을 조건으로 하여 소유권이전등기절차의 이행을 구하는 부분에 있어서는 위의 법리와 같이 허가받기 전의 상태에서는 아무런 효력이 없어 권리의 이전 또는 설정에 관한 어떠한 이행청구도 할 수 없는 것이므로 원심이 이 부분 청구까지도 인용한 것은 같은 법상의 토지거래허가와 거래계약의 효력에 관한 법리를 오해하여 판결에 영향을 미친 위법을 저지른 것이다. 위의 매매계약을 체결한 경우에 있어 관할관청으로부터 토지거래허가를 받기까지는 매매계약이 그 계약내용대로의 효력이 있을 수 없는 것이어서 매수인으로서도 그 계약내용에 따른 대금지급의무가 있다고 할 수 없으며, 설사 계약상 매수인의 대금지급의무가 매도인의 소유권이전등기의무에 선행하여 이행하기로 약정되어 있었다고 하더라도, 매수인에게 그 대금지급의무가 없음은 마찬가지여서 매도인으로서는 그 대금지급이 없었음을 이유로 계약을 해제할 수 없다.[1] [위 판례는 토지거래허가를 받지 않은 상태에서 장래이행청구의 소로서 허가를 조건으로 한 대상 토지의 소유권이전등기 청구의 소를 부적법한 것으로 본다]

③ 채권을 양수하기는 하였으나 아직 양도인에 의한 통지 또는 채무자의 승낙이라는 대항요건을 갖추지 못하였다면 채권양수인은 현재는 채무자와 사이에 아무런 법률관계가 없어 채무자에 대하여 아무런 권리주장을 할 수 없기 때문에 채무자에 대하여 채권양도인의 양도통지를 받은 다음 채무를 이행하라는 청구는 장래이행의 소로서의 요건을 갖추지 못하여 부적법하다.[2]

(3) 장래 특정시점(종기)의 확정방법 [대법원 1994.5.30. 선고 94다32085 판결; 대법원 1993.3.9. 선고 91다46717 판결 등] **[사실관계]** 피고(서울시)가 원고 X_1, X_2, X_3 소유의 각 토지들을 무단으로 도로부지로 점유·사용하면서 이에 대한 사용료의 지급을 거절하였다. 이에 대해 위 토지 무단사용으로 인한 점용료(임료) 상당의 부당이득반환청구를 하면서 X_1은 변론종결후의 특정시점인 1999. 12. 31.까지의 부당이득반환을, X_2는 피고 시가 토지를 매수할 때까지의 부당이득반환을, X_3는 도로폐쇄에 의한 점유종료일 또는 소유자인 X_3의 소유권상실일 중 먼저 도래한 기일까지를 종기로 하여 부당이득반환청구를 하였다. **[판결요지]** ① 피고 시가 사실심 변론종결 무렵까지 타인소유의 토지들을 도로부지로 점유·사용하면서도 이에 대한 임료 상당의 부당이득금의 반환을 거부하고 있으며, 그로 인한 계속적, 반복적 이행의무에 관하여 현재의 이행기 도래분에 대하여 그 이행을 하지 않고 있다면, 그 토지들에 개설된 도로의 폐쇄에 의한 피고 시의 점유종료일 또는 그 토지 소유자가 토지들에 대한 소유권을 상실하는 날까지의 이행기 도래분에 대하여도 피고 시가 그 채무를 자진하여 이행하지 아니할 것이 명백히 예견되므로, 토지 소유자로서는 장래에 이행기가 도래할 부당이득금에 대하여도 미리 청구할 필요가 있다. ② 이때, X_1, X_2의 청구에 관하여 보면, 1999. 12. 31. 또는 피고 시가 토지를 매수하기 이전에 피고가 토지를 수용하여 X1의 소유권이 상실되거나, 또는 피고가 토지를 수용하지 않고 도로를 폐쇄하여 더 이상 점유하지 않는 사태가 생길 수도 있으므로 변론종결 당시의 상태가 위와 같은 시점까지 계속된다고 볼 수 없다. 결국 X_1, X_2의 청구는 허용될 수 없다(실무상 법원의 석명권행사 또는 법적 관점 지적행사에 의해

---

1) 대법원 1991.12.24. 선고 90다12243 전원합의체 판결.
2) 대법원 1992.8.18. 선고 90다9452,9469(참가) 판결.

청구취지 변경을 유도할 것이다). X$_3$의 청구는 점유종료 또는 소유권상실 외의 요인에 의하여 부당이득반환청구건의 성립이 방해받는 것을 상상하기 어려우므로 변론종결 당시의 상태가 청구취지 기재의 시점까지 계속할 것이 확실하다. [점유자가 서울시와 같은 지방자치단체이거나 국가인 경우에는 그 점유가 사실상 반영구적일 수 있으나, 개인의 경우에는 무권원 점유상태는 한시적일 수밖에 없으므로 이와 달리 취급하여야 할 것이다. 즉 개인의 점유 시에는 '인도완료일까지'를 종기로 하는 것이 현재의 실무관행이라 할 수 있다]

2. 확인의 소

가. 확인의 소는 대상, 형식에 제한이 없어서 그 범위가 무한할 수 있다. 이에 따라 판례는 확인의 소는 그 대상적격과 확인의 이익을 갖출 것을 요구한다. **확인의 소의 대상적격은 현재의 권리·법률관계일 것을 요하고, 확인의 이익은 권리 또는 법률상의 지위에 현존하는 불안·위험이 있고, 그 불안·위험을 제거하는 데 있어서 확인판결을 받는 것이 가장 유효·적절한 수단이어야 한다.** 따라서 판례는 아래와 같은 요건을 충족하여야 확인의 이익을 인정한다.

나. 권리, 법률관계에 대한 확인일 것
(1) 자연현상, 역사적 사실에 관한 주장은 확인의 대상이 될 수 없다.
(2) 단순한 법률요건 사실, 예컨대, 특정 불법행위(고의·과실의 존재사실)의 확인을 구하는 소는 확인의 대상이 되지 못한다.
(3) **구체적 사례**
① 건축물대장이 생성되지 않은 건물에 대하여 구 부동산등기법 제131조 제2호에 따라 소유권보존등기를 마칠 목적으로 제기한 소유권확인청구의 소는 확인의 이익이 없다.[1] 즉 구 부동산등기법(2011. 4. 12. 법률 제10580호로 전부 개정되기 전의 것, 이하 '구법'이라 한다) 제131조 2호에서 판결 또는 그 밖의 시·구·읍·면의 장의 서면에 의하여 자기의 소유권을 증명하는 자가 소유권보존등기를 신청할 수 있다고 규정한 것은 건축물대장이 생성되어 있으나 다른 사람이 소유자로 등록되어 있는 경우 또는 건축물대장의 소유자 표시란이 공란으로 되어 있거나 소유자 표시에 일부 누락이 있어 소유자를 확정할 수 없는 등의 경우에 건물 소유자임을 주장하는 자가 판결이나 위 서면에 의하여 소유권을 증명하여 소유권보존등기를 신청할 수 있다는 취지이지, 아예 건축물대장이 생성되어 있지 않은 건물에 대하여 처음부터 판결 내지 위 서면에 의하여 소유권을 증명하여 소유권보존등기를 신청할 수 있다는 의미는 아니라고 해석하는 것이 타당하다. 위와 같이 제한적으로 해석하지 않는다면, 사용승인을 받지 못한 건물에 대하여 구법 제134조에서 정한 처분제한의 등기를 하는 경우에는 사용승인을 받지 않은 사실이 등기부에 기재되어 공시되는 반면, 구법 제131조에 의한 소유권보존등기를 하는 경우에는 사용승인을 받지 않은 사실을 등기부에 적을 수 없어 등기부상으로는 적법한 건물과 동일한 외관을 가지게 되어 건축법상 규제에 대한 탈법행위를 방조

---

1) 대법원 2011.11.10. 선고 2009다93428 판결.

하는 결과가 된다. 결국 건축물대장이 생성되지 않은 건물에 대해서는 소유권확인판결을 받는다고 하더라도 그 판결은 구법 제131조 2호에 해당하는 판결이라고 볼 수 없어 이를 근거로 건물의 소유권보존등기를 신청할 수 없다. 따라서 건축물대장이 생성되지 않은 건물에 대하여 구법 제131조 2호에 따라 소유권보존등기를 마칠 목적으로 제기한 소유권확인청구의 소는 당사자의 법률상 지위의 불안 제거에 별다른 실효성이 없는 것으로서 확인의 이익이 없어 부적법하다.

② 종손이라는 지위의 확인, 특정사찰이 대한불교조계종의 종파에 속한다는 사실 등은 확인의 이익이 없다.[1] **과거의 법률행위에 불과한 해고에 대하여 무효확인소송을 구하는 이유가 단순히 사회적인 명예의 손상을 회복하기 위한 것이라면 이는 현존하는 권리나 법률상의 지위에 대한 위험이나 불안을 제거하기 위한 것이라고 할 수 없고,** 그것이 재취업의 기회가 제한되는 위험을 제거하기 위한 것이라 하여도 이러한 재취업 기회의 제한이 법령 등에서 규정되어 있는 등의 특별한 사정이 없는 한 이는 사실상의 불이익이지 법률상의 불이익이라고 할 수 없어 이를 두고 권리나 법률상의 지위에 현존하는 위험이나 불안이 있는 것이라고 할 수도 없다.

③ 주식회사의 채권자는 그 주주총회의 결의가 그 채권자의 권리 또는 법적 지위를 구체적으로 침해하고 또 직접적으로 이에 영향을 미치는 경우에 한하여 주주총회결의의 부존재확인을 구할 이익이 있다.[2] 주주는 상법 제403조 이하의 규정에 의한 대표소송의 경우를 제외하고는 회사의 재산관계에 대하여 당연히 확인의 이익을 갖는다고 할 수 없으므로 구체적 또는 법률상의 이해관계가 없는 한 회사가 체결한 계약에 관한 무효확인을 구할 이익이 없다.[3]

④ 근저당권설정자가 근저당권설정계약에 기한 피담보채무가 존재하지 아니함의 확인을 구함과 함께 그 근저당권설정등기의 말소를 구하는 경우에, 근저당권설정자로서는 피담보채무가 존재하지 않음을 이유로 근저당권설정등기의 말소를 구하는 것이 분쟁을 유효적절하게 해결하는 직접적인 수단이 될 것이므로 별도로 근저당권설정계약에 기한 피담보채무가 존재하지 아니함의 확인을 구하는 것은 확인의 이익이 있다고 할 수 없다.[4]

⑤ 집행채권자가 혼합공탁 된 공탁금으로부터 전부금채권 상당액을 배당받으려면 공탁금이 채무자에게 귀속하는 것을 증명하는 문서를 집행법원에 제출하여야 하는데, 집행채권자가 압류전부명령에 기한 전부금채권을 가지고 있다는 것의 확인을 구하는 것은 그 확인판결의 제출로 집행법원이 공탁금의 배당절차를 개시할 수 없으므로 분쟁을 근본적으로 해결하는 가장 유효, 적절한 수단이라고 볼 수 없어 확인의 이익이 없다.[5]

다. 현재의 권리, 법률관계에 대한 확인일 것

(1) 확인의 소에서 확인의 대상은 현재의 권리 또는 법률관계일 것을 요하므로 특별한 사

---

1) 대법원 1998.8.21. 선고 96다25401 판결; 1995.4.11. 선고 94다4011 판결.
2) 대법원 1992.8.14. 선고 91다45141 판결.
3) 대법원 1979.2.13. 선고 78다1117 판결.
4) 대법원 2000.4.11. 선고 2000다5640 판결.
5) 대법원 2008.1.17. 선고 2006다56015 판결.

정이 없는 한 과거의 권리 또는 법률관계의 존부확인은 인정되지 아니하는바, 근저당권의 피담보채무에 관한 부존재확인의 소는 근저당권이 말소되면 과거의 권리 또는 법률관계의 존부에 관한 것으로서 확인의 이익이 없게 된다.[1]

(2) 구 집합건물의 소유 및 관리에 관한 법률(2010. 3. 31. 법률 제10204호로 개정되기 전의 것) 제23조에 의하여 설립된 관리단의 관리단집회에서 임원선임결의가 있은 후 다시 개최된 관리단집회에서 종전 결의를 그대로 인준하거나 재차 임원선임결의를 한 경우에는, 설령 **당초의 임원선임결의가 무효라고 할지라도 다시 개최된 관리단집회 결의가 하자로 인하여 무효라고 인정되는 등의 특별한 사정이 없는 한, 종전 임원선임결의의 무효확인을 구하는 것은 과거의 법률관계 내지 권리관계의 확인을 구하는 것에 불과하여 권리보호의 요건을 결여한 것이다.** 이 경우 새로운 관리단집회가 무효인 당초 관리단집회 결의 후 새로 소집권한을 부여받은 관리인에 의하여 소집된 것이어서 무권리자에 의하여 소집된 관리단집회라는 사유는 원칙적으로 독립된 무효사유로 볼 수 없다. 만일 이를 무효사유로 본다면 당초 임원선임결의의 무효로 인하여 연쇄적으로 그 후의 결의가 모두 무효로 되는 결과가 되어 법률관계의 혼란을 초래하고 법적 안정성을 현저히 해하게 되기 때문이다.[2]

(3) **과거의 권리 또는 법률관계의 확인청구이지만 허용된 예:** ① 혼인·입양과 같은 신분관계나 회사의 설립, 주주총회 결의의 무효·취소와 같은 사단적 관계, 행정처분과 같은 행정관계와 같이 그것을 전제로 하여 수많은 법률관계가 발생하고 그에 관하여 개별적으로 일일이 확인을 구하는 번잡한 절차를 반복하는 것보다 과거의 법률관계 그 자체의 확인을 구하는 편이 관련된 분쟁을 일거에 해결하는 유효적절한 수단이 될 수 있는 경우에는 확인의 이익이 인정 된다. 그 밖에 과거의 포괄적 법률관계의 확인을 구하는 경우,[3] 예컨대 과거의 매매계약의 부존재확인청구는 현재 동 계약에 기한 채권채무가 존재하지 않는다는 확인을 구하는 취지를 간결하게 표현한 것으로 본다.

② 사실혼 관계에 있던 당사자 일방이 사망하였더라도, 현재적 또는 잠재적 분쟁을 일거에 해결하는 유효적절한 수단이 될 수 있는 한(예: 주택임대차보호법 제9조 2항의 임차권의 승계권자로서의 지위, 산업재해보상보험법 제143조의2 1항의 유족보상연금수급권자로서의 지위 등), 그 사실혼관계존부확인청구에는 확인의 이익이 인정되고, 이러한 경우 친생자관계존부확인청구에 관한 민법 제865조와 인지청구에 관한 민법 제863조의 규정을 유추적용하여, 생존당사자는 그 사망을 안 날로부터 1년 내에 검사를 상대로 과거의 사실혼관계에 대한 존부확인청구를 할 수 있다고 보아야 한다.

[예제] 甲은 미혼녀로서 친구의 소개로 미혼남인 소외 A와 사귀다가 2004. 2. 24. 경부터 A가 경영하던 구두가게에서 동거생활을 시작하면서 A의 모친을 수시로 방문하여 그 집안일을 거들기도 하고 A집안의 제사에 참석하기도 하였다. A는 위 제화점 일을 그만두고 건설공사 현장에서 일용노동자로 일하던 중 2005. 5. 27. 공사장에서 추락하여 사망하였다. 그 후 산업재해 보상 보험법상 유족급여의 수급권을 둘러싸고 갑과 A의 어머니 사이에 분쟁

---

1) 대법원 2013.8.23. 선고 2012다17585 판결.
2) 대법원 2012.1.27. 선고 2011다69220 판결.
3) 대법원 1995.3.28. 선고 94므1447 판결 등.

이 발생하자 甲은 검사를 피고로 하여 甲과 A 사이의 사실혼 관계 존재 확인을 구하는 소를 제기하였다. 甲이 제기한 위 소는 적법한가?

[해설] Ⅰ. 문제제기: 본 문제는 법률의 명문 규정이 없는 경우에 검사에게 당사자 적격을 인정할 수 있는지 여부와, 과거의 사실혼 관계 존재 확인 청구가 확인의 소의 대상이 될 수 있는지 여부에 관한 것을 묻고 있다.

Ⅱ. 검사의 당사자적격

　　1. 판례: 사실혼 관계에 있던 당사자 일방이 사망한 경우, 친생자관계존부확인 청구에 관한 민법 제865조와 인지청구에 관한 민법 제863조의 규정을 유추 적용하여, 생존 당사자는 그 사망을 안 날로부터 1년 내에 검사를 상대로 소를 제기할 수 있다고 하면서 검사의 피고적격을 인정 하였다(대법원 1995.3.28. 선고 94므1447 판결).

　　2. 검사의 지위 (1) 사망한 자를 상대로 한 사실혼관계존재확인의 소에서 검사는 공익의 대표자라는 지위에서 그 직무상 법률의 규정 등에 의하여 그 소송수행권이 인정되는 법정소송담당자라고 할 수 있다. (2) 이 경우에 피고인 검사가 실제로 기판력을 받는 이해관계인의 이익을 충실히 대변하기 어려우므로, 소송결과로 상속권의 침해를 받는 이해관계인에게 직권으로 기일통지를 하여 소송참가의 기회를 보장하는 입법이 바람직하다. 예컨대, 독일 민소법은 직권소환제를, 일본 신 민사소송법은 스스로 보조참가를 하지 아니하면 법원이 강제 참가시키는 제도를 각각 채택하고 있다. (3) 망인의 유족(부모, 형제)들은 이 사건의 판결의 기판력을 받게 되는 자이므로 이사건 소송에서 공동소송적 보조참가(법 제78조)를 할 수 있다.

Ⅲ. 확인의 소의 대상적격 (본문 내용 참조: 이하 생략)

(4) 사립학교 교원이 해임·면직·파면 등의 불이익 처분을 받은 후 그 임용계약기간이 만료된 후의 위와 같은 직위해제 및 면직무효확인 청구의 소는 확인의 이익이 없다.[1] 이때, 침해된 급료지급청구권이나 사실상의 명예를 회복하는 수단은 바로 급료의 지급을 구하거나 명예훼손을 전제로 한 손해배상을 구하는 등의 이행청구소송으로 직접적인 권리구제를 받을 수 있는 이상 무효확인소송은 적절한 권리구제 수단이라 할 수 없어 확인소송의 소송요건을 구비하지 못하고 있다 할 것이다.

(5) 혼인당사자가 모두 사망한 이상 그 혼인관계는 소멸하여 버렸고 현행법상 부부쌍방이 모두 사망한 경우 제3자가 그 혼인신고를 할 수 있는 방법이 없으므로 위 사망한 당사자의 혼인신고를 하기 위하여 그들 사이에 과거의 혼인사실의 존재확인을 구함은 확인의 이익이 없어 부적법하다.[2] 과거의 특정 시점을 기준으로 한 채무부존재확인청구는 과거의 법률관계의 확인을 구하는 것에 불과하여 확인의 이익을 인정할 수 없다.[3]

(6) 장래의 권리관계의 확인청구도 허용되지 않는다. 예컨대 상속개시 전의 상속권확인청구, 유언자 생전에 하는 유언무효확인 등은 특별한 권리보호의 이익이 없는 한 부적법하다.[4]

라. 타인간의 권리관계 확인 소송의 경우:　　　확인의 소는 반드시 소송당사자간의 법률

---

1) 대법원 2000.5.18. 선고 95재다199 전원합의체 판결.
2) 대법원 1988.4.12. 선고 87므104 판결.
3) 대법원 1996.5.10. 선고 94다35565,35572 판결.
4) 이시윤, 224면.

관계에 한하지 아니하고, 소송당사자 일방과 제3자 또는 제3자 상호간의 법률관계도 그 대상이 될 수 있으나,[1] 그러한 법률관계의 확인은 그 법률관계에 따라 제소자의 권리 또는 법적지위에 현존하는 위험·불안이 야기되어 이를 제거하기 위하여 즉시 확정할 필요가 있고, 또 그것이 가장 유효·적절한 수단이 되어야 확인의 이익이 있다.[2] 예컨대 채권자가 채권자대위권에 기하여 채무자의 권리확인의 소를 제기하거나,[3] 채권압류 및 추심명령을 받은 채권자가 채무자의 권리확인의 소를 제기하는 것은 소의 이익이 있다.[4] 그 밖에, 회사채권자가 회사를 상대로 한 주주총회결의 부존재확인소송(대법원79다 2267 판결), 주주가 대표소송에 의하지 아니하고 제기한 각종 회사재산관계 확인소송(대법원 78다1117 판결), 사찰신도가 주지 임명권자인 종단을 상대로 하지 않고 당해 주지를 상대로 한 주지임명 무효 확인소송(대법원 92다23872 판결) 등은 모두 확인의 이익이 없다.

[대법원 1990.11.13. 선고 90다카13427 판결] 은행에 근저당권이 설정된 부동산을 매매하면서 매수인이 근저당채무를 인수하여 대금에서 공제하되 당시 매도인과 채권자인 은행 사이에 피담보채무액에 다툼이 있어 대금 중 일부는 피담보채무액이 확정되면 정산하기로 약정하고 소유권이전등기까지 경료 한 경우 매도인은 매매잔대금 중 매수인으로부터 지급받을 금액을 확정하기 위하여 은행과의 사이에서 위 근저당권의 잔존 피담보채무액을 확인받을 이익이 있다.

[대법원 1996.5.31. 선고 95다26971 판결] 총장선임권은 사립학교법 53조 1항의 규정에 의하여 학교법인에게 부여되어 있는 것이고 달리 법률 또는 법인 정관의 규정에 의하여 교수들에게 총장선임권과 그 참여권을 인정하지 않고 있는 이상, 헌법상의 학문의 자유나 대학의 자치권 내지 자율성만을 근거로 교수들이 사립대학의 총장선임에 실질적으로 관여할 수 있는 지위에 있다거나 학교법인의 총장선임행위를 다툴 확인의 이익이 있다고 할 수 없다. **학교법인이 총장선임 과정에서 두 번에 걸쳐 총장후보추천제를 실시하였고 그 때마다 교수평의회가 추천한 후보 중에서 총장으로 선임되었다고 하더라도, 그러한 사실만으로 학교법인이 교수평의회에 총장후보 추천권이라는 권리를 부여하였다거나 교수들이 총장후보 추천권이라는 관습법이 확립됨으로써 학교법인이 이에 기속된다고 볼 수 없으므로, 총장선임권은 어디까지나 학교법인에 속하는 것이고, 교수들은 교수평의회의 구성원으로서 단순한 사실상, 간접적 이해관계를 가질 뿐이므로 당해 법인의 총장선임행위의 효력을 다툴 적격 내지 확인의 이익이 있다고 할 수 없다. 사립대학 교수인 甲의 교수자격의 존부는 대한민국 사립대학의 교수로 임용되기 위한 전제조건으로서 구체적인 권리 또는 법률관계 발생을 위한 추상적인 지위 내지 사실관계에 불과하고, 같은 대학의 다른 교수인 乙에게는 甲의 교수자**

---

1) 대법원 1996.11.12. 선고 96다34009 판결; 대법원 2009.9.24 자 2009마168,169 결정.
2) 대법원 2005.4.29. 선고 2005다9463 판결: 구 도시재개발법(2003. 7. 1. 도시 및 주거환경 정비법 부칙 제 2조에 의하여 폐지되기 전의 것) 제22조에 따라 설립된 재개발 조합의 조합원은 조합의 운영에 이해관계를 가진다고 할 것이지만, 이는 단순히 일반적이고 사실적인 것에 불과할 뿐 구체적인 법률상의 이해관계를 가진다고 할 수 없다. 조합원이 직접 또는 재개발조합을 대위하여 법인인 재개발조합과 제3자와의 거래관계에 개입하여 조합의 대표기관이 체결한 계약의 무효를 주장할 수는 없을 뿐만 아니라, 조합원 개인의 자격으로 그 계약의 무효확인을 구하는 것이 분쟁해결에 있어 반드시 유효·적절한 수단이라고 인정할 수는 없다.
3) 대법원 1993.3.9. 선고 92다56575 판결.
4) 대법원 2011.11.10. 선고 2011다55405 판결.

격 존부의 확인을 구할 아무런 법률상의 이익도 없을 뿐만 아니라 甲 역시 을에 대하여 위와 같은 확인을 해 줄 법률상의 지위에 있지도 아니하므로 乙이 甲을 상대로 그와 같은 확인을 구할 수 없는 것이고, 또 甲을 상대로 그와 같은 확인판결을 받아본들 아무런 실익도 없으므로 乙의 甲에 대한 교수자격부존재확인의 소는 부적법하다.

마. 가장 유효·적절한 수단이어야 한다(확인의 소의 보충성).

(1) 만약 하나의 채권에 관하여 2인 이상이 서로 채권자라고 주장하고 있는 경우에 있어서는 그 채권의 귀속에 관한 분쟁은 채무자와의 사이에 생기는 것이 아니라 스스로 채권자라고 주장하는 사람들 사이에 발생하는 것으로서 참칭채권자가 채무자로부터 변제를 받아버리게 되면 진정한 채권자는 그 때문에 자기의 권리가 침해될 우려가 있어 그 참칭채권자와의 사이에서 그 채권의 귀속에 관하여 즉시 확정을 받을 필요가 있다. 이때 그들 사이의 분쟁을 해결하려면 그 채권의 귀속에 관하여 확인판결을 받는 것이 가장 유효적절한 권리구제 수단으로 용인되어야 할 것이므로 스스로 채권자라고 주장하는 어느 한쪽이 상대방에 대하여 그 채권이 자기에게 속한다는 채권의 귀속에 관한 확인을 구하는 청구는 그 확인의 이익이 있다.[1]

(2) 소유권의 귀속에 관하여 다툼이 있는 경우 적극적으로 자기의 소유권확인을 구하지 아니하고 소극적으로 상대방 소유권의 부존재확인을 구하는 것은 그 소유권의 귀속에 관한 분쟁을 근본적으로 해결하는 즉시 확정의 방법이 되지 못하므로 확인의 이익이 없는 것이나, 다만 원고에게 내세울 소유권이 없고 피고의 소유권이 부인되면 그로써 원고의 법적 지위에 대한 불안이 제거되어 분쟁이 해결될 수 있는 경우에는 피고의 소유권의 소극적 확인을 구할 이익이 있다.[2] (사례) 원고는 대리인인 소외 乙을 통하여 소외 甲으로부터 이 사건 대지를 매수하였는데 乙은 아무런 이유 없이 원고와 피고의 공유로 소유권이전등기를 경료 하였다. 이에 원고는 피고 명의의 2분의 1 지분등기는 무효라고 주장하며 피고를 상대로 2분의 1 공유지분권이 없다는 확인을 구함과 아울러 甲을 대위하여 지분권이전등기의 말소를 구하였다. 원심은 자기의 소유권의 적극적 확인을 구하지 아니하고 상대방의 소유권의 소극적 확인을 구하는 것은 확인의 이익이 없다는 이유로 위 청구를 각하하였다. 대법원은, 대지에 대한 피고의 2분의 1 지분등기가 무효라면 그 지분권은 원래의 소유자인 甲에게 남아있는 것이어서 원고로서는 甲을 대위하여 피고명의 지분등기가 실체권리관계와 부합하지 않음을 이유로 무효임을 주장할 수 있을 뿐이고 적극적으로 자기의 지분권을 주장할 수 없는 처지이므로 이와 같은 경우에는 피고의 지분권에 대한 소극적 확인을 구할 이익이 있다고 하였다.

(3) **미등기 토지의 국가를 상대로 한 소유권 확인 청구:** 국가를 상대로 한 토지소유권확인청구는 그 토지가 미등기이고 토지대장이나 임야대장상에 등록명의자가 없거나 등록명의자가 누구인지 알 수 없을 때와 그 밖에 국가가 등기 또는 등록명의자인 제3자의 소유를 부인하면서 계속 국가소유를 주장하는 등 특별한 사정이 있는 경우에 한하여 그 확인의 이익이 있다. 소유권보존등기는 토지대장등본 또는 임야대장등본에 의하여 자기 또는 피상속인이 토지대장 또는 임야대장에 소유자로서 등록되어 있는 것을 증명하는 자(부동산등기

---

1) 대법원 1991.12.24. 선고 91다21145 판결.
2) 대법원 1984.3.27. 선고 83다카2337 판결.

법 제130조 제1호), 판결에 의하여 자기의 소유권을 증명하는 자(같은 조 제2호), 수용으로 소유권을 취득한 자(같은 조 제3호)가 신청할 수 있는데, 대장(토지대장, 임야대장)등본에 의하여 자기 또는 피상속인이 대장에 소유자로서 등록되어 있는 것을 증명하는 자는 대장에 최초의 소유자로 등록되어 있는 자 및 그 자를 포괄승계한 자이며, 대장상 소유권이전등록을 받았다 하더라도 물권변동에 관한 형식주의를 취하고 있는 현행 민법상 소유권을 취득했다고 할 수 없고, 따라서 대장상 소유권이전등록을 받은 자는 자기 앞으로 바로 보존등기를 신청할 수는 없으며, 대장상 최초의 소유명의인 앞으로 보존등기를 한 다음 이전등기를 하여야 한다. 미등기 토지에 관한 토지대장에 소유권을 이전받은 자는 등재되어 있으나 최초의 소유자는 등재되어 있지 않은 경우, 위 토지대장상 소유권이전등록을 받은 자에게 국가를 상대로 토지소유권확인청구를 할 확인의 이익이 있다.[1]

[대법원 1999.5.28. 선고 99다2188 판결] 확인의 소는 분쟁당사자 사이에 현재의 권리 또는 법률관계에 관하여 즉시 확정할 이익이 있는 경우에 허용되는 것이므로, 소유권을 다투고 있지 않은 국가를 상대로 소유권확인을 구하기 위하여서는 그 판결을 받음으로써 원고의 법률상 지위의 불안을 제거함에 실효성이 있다고 할 수 있는 특별한 사정이 있어야 할 것이다. 건물의 경우 가옥대장이나 건축물관리대장의 비치·관리업무는 당해 지방자치단체의 고유사무로서 국가사무라고 할 수도 없는데다가 당해 건물의 소유권에 관하여 국가가 이를 특별히 다투고 있지도 아니하다면, 국가는 그 소유권귀속에 관한 직접분쟁의 당사자가 아니어서 이를 확인해 주어야 할 지위에 있지 않으므로, 국가를 상대로 미등기건물의 소유권확인을 구하는 것은 그 확인의 이익이 없어 부적법하다.

[대법원 1992.7.24. 선고 92다2202 판결(상대방이 원고의 권리를 다투고 있는 경우)] 지적공부 복구 당시 관계공무원의 사무착오로 지적공부가 잘못 작성된 특별한 사정이 없는 경우라면 지적공부에 등록되지 아니한 지번의 토지는 토지로서 존재하지 아니하거나 특정되지 아니하는 것이 되므로 이러한 토지에 관한 소유권확인청구는 확인의 이익이 있다고 할 수 없고, 위 지적공부 복구 당시 위와 같은 특별한 사정이 있는 경우라면 위 미등록 토지에 관한 소유권이전등기가 유효한 것으로 볼 여지가 있다. **국가가 등기부와 지적공부상의 지번, 지적이 일치하지 아니함을 이유로 등기명의자의 소유권이전등기에 대하여 이를 무효라고 주장하면서 그 소유권을 부인하고 있는 경우, 위 등기명의자로서는 그 법적 불안을 제거하기 위하여 국가를 상대로 그 소유권확인을 구할 이익이 있다.**

[대법원 1995.7.25. 선고 95다14817 판결] 원심은, 원고들이 피고를 상대로 소유권의 확인을 구하는 이 사건 토지들 중 경기 파주군 진동면 동파리 629 답 3,547㎡는 토지대장에 소유자가 서울 도봉구 수유동 282의 13 청주한씨평간공봉찬회인 것으로 복구등록이 되어 있고, 같은 군 군내면 점원리 375 답 9,012㎡는 소외 탁병희 외 4인 명의로 소유권보존등기가 경료되어 있어서, 원고들로서는 위 청주한씨평간공봉찬회나 위 탁병희 외 4인 등을 상대로 하여 이 사건 토지가 원고들의 소유임을 확인하는 내용의 확정판결을 받으면 이 사건 토지에 관한 기존의 소유권보존등기 등을 말소하고 원고들 명의의 소유권보존등기를 신청할 수

---

1) 대법원 2009.10.15. 선고 2009다48633 판결.

있으므로, 피고가 이 사건 토지들을 자기 소유라고 주장하는 등의 특별한 사정이 인정되지 않는 이 사건에서 원고들의 피고를 상대로 한 위 토지들에 대한 이 사건 소유권확인 청구는 모두 확인의 이익이 없어 부적법하다고 판단하였는바, 원심의 위와 같은 판단은 당원의 판례에 따른 것으로서 정당하다.

  [대법원 2003.12.12. 선고 2002다33601 판결] 원심은, 그 채용 증거들에 의하여, 위 토지들에 관하여는 임야대장 상에 원고의 증조부인 A 외 2인 명의로 소유자등록이 되어 있는 사실을 인정한 다음, 위 토지들에 관하여 피고 대한민국이 시효취득 하였다고 주장하면서 원고의 소유를 다투고 있는 이상, 원고가 피고 대한민국을 상대로 제기한 소유권확인청구는 확인의 이익이 있다고 판단하였다. 그러나 피고 대한민국의 주장은 위 토지들에 관하여 취득시효완성을 원인으로 한 소유권이전등기청구권이 있다는 주장에 불과한 것이지, 위 토지들에 관한 임야대장상의 등록명의자들의 소유를 부인하면서 피고 대한민국의 소유라 주장하는 것이라 볼 수는 없다 할 것이고, 한편, 원심이 확정한 바와 같이 위 토지들에 관하여는 이미 임야대장상에 B, C와 원고의 증조부인 A 등 3인 명의로 소유자등록이 되어 있는 사실을 알 수 있으므로, 원고로서는 일단 부동산등기법 제130조 등 위 법 소정의 절차에 따라 위 임야대장상의 등록명의자들 또는 그 상속인들 명의로 소유권보존등기를 마칠 수 있다 할 것이고, 나아가 A를 제외한 B, C 명의에 관한 부분 역시 원고를 비롯한 A의 상속인들의 소유라고 주장하는 경우에는 이는 결국 B, C 또는 그 상속인들이나 피고 종중과의 사이의 소유권 다툼 문제로 귀착된다 할 것이므로, 별도로 국가를 상대로 소유권확인을 구할 이익이 있다고 할 수 없다.

  바. 채무부존재확인의 소가 계속 중인 상태에서 당해 채무이행을 구하는 반소가 제기된 경우에 본소인 채무부존재확인의 소의 이익

  [대법원 1999.6.8. 선고 99다17401,17418 판결] [사실관계] Y가 오토바이를 운전하다가 X보험회사의 자동차보험에 가입한 소외 Z가 운전하는 승용차를 들이받아 사망하는 교통사고가 발생하였다. X(본소원고)는 Y의 과실을 주장하며 Y의 상속인(본소피고)을 상대로 위 교통사고와 관련한 손해배상채무의 부존재확인을 구하는 소를 제기하였고, 이에 Y의 상속인(반소원고)은 X(반소피고)를 상대로 손해배상채무의 이행을 구하는 반소를 제기하였다. 원심은, 소의 이익의 존부는 사실심 변론종결시를 기준으로 판단하여야 하는데 본소의 목적은 반소청구에 대한 기각을 구하는 방어로써 충분히 달성할 수 있으므로 본소는 소의 이익이 없다고 판단하였다. [판결요지] **소송요건을 구비하여 적법하게 제기된 본소가 그후에 상대방이 제기한 반소로 인하여 소송요건에 흠결이 생겨 다시 부적법하게 되는 것은 아니므로, 원고가 피고에 대하여 손해배상채무의 부존재확인을 구할 이익이 있어 본소로 그 확인을 구하였다면, 피고가 그후에 그 손해배상채무의 이행을 구하는 반소를 제기하였다 하더라도 그러한 사정만으로 본소청구에 대한 확인의 이익이 소멸하여 본소가 부적법하게 된다고 볼 수는 없다.**

  (4) 근로소득세 부과처분에 따라 부과된 세액을 이미 납부한 납세의무자는 위 부과처분에 따른 현재의 조세채무를 부담하고 있지 아니하므로, 그 처분이 무효라는 이유로 납부세금에

의한 부당이득금반환 청구를 함은 별 문제로 하고 부과처분의 무효확인을 독립한 소송으로 구함은 확인의 이익이 없는 것이다.[1)

바. 증서의 진부확인의 소(법 제250조)

(1) 의 의

(2) 소의 이익

① 법률관계를 증명하는 증서일 것. 예컨대, 계약서나 유언장과 같이 그 서면의 진부가 확정되면 증명하려고 하는 그 법률관계가 명확히 되고 이로 인하여 원고의 법률적 지위의 불안이 제거될 수 있어야 한다(처분문서가 원칙일 것이나 보고문서의 경우도 해당할 수 있다). ② 증서의 진부확인이라 함은 증서의 기재 내용이 진실에 합치하느냐의 여부에 대한 확인이 아니고, 증서가 그 작성자라고 주장하는 자의 의사에 의거하여 작성되었는지 여부에 관한 사실의 확인이다(서증의 형식적 증거능력 즉 진정성립의 확인을 구하는 소이다). ③ 따라서, 증서의 진정성립이 인정되더라도 증명하려고 하는 법률관계에 관한 다툼의 여지가 여전히 남게 되는 경우에는 증서진부에 대한 확인의 이익이 없다.

(3) 판 례

① 조합의 대차대조표나 회계결산보고서는 조합의 일정한 시기의 운영재산 상태를 밝힌 장부이거나 동 조합의 운영재산의 손익관계를 밝힌 보고문서로서 증서진부확인의 소의 대상이 될 수 없다.[2)

② 세금계산서는 재화 또는 용역을 공급한 과거의 사실을 증명하기 위하여 작성한 보고문서로서 증서진부확인의 소의 대상적격이 없다.[3)

[대법원 2007.6.14. 선고 2005다29290,29306 판결] 피고들이 원고 명의의 임대차계약서, 이행각서 및 지불각서가 원고에 의하여 진정하게 작성되었다고 주장하면서, 가정적으로 원고의 사촌동생인 소외인이 원고를 대리하여 위 문서를 작성하였으므로 민법 125조 또는 126조의 표현대리가 성립되었다고 주장하는 경우에, 원고로서는 위 각 문서가 진정하지 않다는 확인을 받음으로써 법적 지위의 불안에서 어느 정도 벗어 날 수 있을 뿐만 아니라 그와 같은 확인으로 원고와 피고들 사이의 분쟁해결에도 도움이 될 수 있다고 볼 것이므로 원고가 위 임대차계약서. 이행각서, 지불각서의 진정여부를 확인할 이익이 있다. **(한편), 서면에 의하여 증명되어야 하는 법률관계를 둘러싸고 이미 소가 제기되어 있는 경우에는 그 소송에서 분쟁을 해결하면 되므로 그와 별도로 그 서면에 대한 진정여부에 대한 소를 제기하는 것은 특별한 사정이 없는 한 확인의 이익이 있다고 할 수 없다.**

3. 형성의 소

가. 법률에 구체적 규정이 있는 경우에 인정되므로 법의 규정요건을 충족하는 경우에는 소의 이익이 있다.

---

1) 대법원 1976.2.10. 선고 74누159 전원합의체 판결.
2) 대법원 1967.3.21. 선고 66다2154 판결.
3) 대법원 2001.12.14. 선고 2001다53714 판결.

나. 소송의 목적이 이미 실현된 경우: 소의 이익이 없다.

> **[대법원 1996.2.23. 선고 95누2685 판결]** 사법시험 제1차에 합격하였다고 할지라도 그것은 합격자가 당회의 제2차 시험과 차회의 제2차 시험에 응시할 자격을 부여받을 수 있는 전제요건이 되는데 불과한 것이고, 그 자체만으로 합격한 자의 법률상의 지위가 달라지게 되는 것이 아니므로, 제1차 시험 불합격처분 이후에 새로이 실시된 사법시험 제1차 시험에 합격하였을 경우에는 더 이상 위 불합격처분의 취소를 구할 법률상 이익이 없다.

> **[대법원 1995.1.12. 선고 94다30348,30355 판결]** 공유물분할은 협의분할을 원칙으로 하고 협의가 성립되지 아니한 때에는 재판상분할을 청구할 수 있으므로 공유자 사이에 이미 분할에 관한 협의가 성립된 경우에는 일부 공유자가 분할에 따른 이전등기에 협조하지 않거나 분할에 관하여 다툼이 있더라도 그 분할된 부분에 대한 소유권이전등기를 청구하든가 소유권확인을 구함은 별문제이나 또다시 소로서 그 분할을 청구하거나 이미 제기한 공유물분할의 소를 유지함은 허용되지 않는다.

다. 원상회복이 불가능한 경우

① 제3자이의의 소는 강제집행의 목적물에 대하여 소유권이나 양도 또는 인도를 저지하는 권리를 가진 제3자가 그 권리를 침해하여 현실적으로 진행되고 있는 강제집행에 대하여 이의를 주장하고 집행의 배제를 구하는 소이므로, 당해 강제집행이 종료된 후(배당절차까지 종료된 것을 말함)에 제3자이의의 소가 제기되거나 또는 제3자이의의 소가 제기된 당시 존재하였던 강제집행이 소송계속 중 종료된 경우에는 소의 이익이 없어 부적법하다.[1]

② 건물철거 대집행계고처분 취소소송이 상고심에 계속 중 대상건물에 대한 철거가 완료된 경우에는 대집행계고처분의 효력을 다툴 소의 이익이 없게 되었다.[2]

라. 별도의 권리구제절차가 있는 경우

행정처분이 이미 사실행위로서 실행이 완료된 이후에 있어서는 그 처분에 위법사유가 있음을 이유로 하여 손해배상이나 원상회복을 구함은 모르되 그 처분의 취소나 무효 확인을 구함은 권리보호의 이익이나 확인의 이익이 없다.[3]

> **[대법원 2013.5.9. 선고 2011다75232 판결]** 채무자가 선순위 근저당권이 설정되어 있는 상태에서 그 부동산을 제3자에게 양도한 후 선순위 근저당권설정계약을 해지하고 근저당권설정등기를 말소한 경우에, 비록 근저당권설정계약이 이미 해지되었지만 그것이 사해행위에 해당하는지에 따라 후행 양도계약 당시 당해 부동산의 잔존가치가 피담보채무액을 초과하는지 여부가 달라지고 그 결과 후행 양도계약에 대한 사해행위취소청구가 받아들여지는지 여부 및 반환범위가 달라지는 때에는 이미 해지된 근저당권설정계약이라 하더라도 그에 대한 사해행위취소청구를 할 수 있는 권리보호의 이익이 있다고 보아야 한다. 이는 근저당권설정계약이 양도계약보다 나중에 해지된 경우뿐 아니라 근저당권설정계약의 해지를 원인으로 한

---

1) 대법원 1997.10.10. 선고 96다49049 판결 등.
2) 대법원 1995.11.21. 선고 94누11293 판결.
3) 대법원 1976.1.27. 선고 75누230 판결 등.

근저당권설정등기의 말소등기와 양도계약을 원인으로 한 소유권이전등기가 같은 날 접수되어 함께 처리되고 그 원인일자가 동일한 경우에도 마찬가지이다.

Ⅳ. 소의 이익의 소송상의 취급

1. 소의 이익은 소송요건 중의 하나이다(통설).

그러므로 소의 이익은 본안심리 및 본안 판결의 요건이고, 그 존재여부는 직권으로 조사하여야 한다. 소의 이익이 없을 때에는 소는 부적법하므로 판결로 이를 각하하여야 한다(대법원 판례).

2. 반대설(청구기각설)

소의 이익 또는 권리보호 이익은 부진정 소송요건으로서 권리보호이익과 청구의 이유가 모두 없다는 것이 동시에 밝혀진 경우 및 권리보호이익의 존부보다 앞서 원고 청구기각 사유가 명백한 경우 등 청구기각판결을 할 수 있다는 견해가 있다.

제 4 절 소송물(소송상의 청구)

Ⅰ. 의의: 소송의 객체 혹은 심판의 대상을 말한다.

1. 소제기 단계: 관할 결정, 소송물의 특정

2. 소송진행 단계

① 청구의 병합, ② 청구의 변경(청구변경인지 공격방어방법의 변경인지), ③ 중복제소가 인정되는 범위, ④ 처분권주의 적용범위.

3. 소송종료단계

① 기판력의 범위, ② 소 취하 후 재소금지원칙의 적용 범위를 결정하는 기준.

Ⅱ. 소송물 논쟁(소송물의 특정기준에 관한 학설)

1. 내   용

가. 구 실체법설(구 소송물이론)

사회통념상 1개의 생활사실(분쟁)에 대하여 실체법 규정상 수개의 권리·의무 또는 법률관계의 성립이 인정되어 경합관계에 있는 경우에는 이들 실체사법의 각 법조에서 정하고 있는(법률요건에 대한 효과로서 인정되고 있는) 개개의 청구권, 형성권, 또는 물권 기타의 지배권이나 법률관계가 각각 독립된 소송물로서 취급된다. 즉, 소송상의 청구의 단복(單複), 이동(異同)은 주장되는 실체법상의 권리의 단복, 이동에 의하여 결정된다. 19세기 독일 민소법 제정당시 이후 20세기 중반 무렵까지 통설적 견해였다. 청구원인 기재에 있어서 구 식별설을 취한다.

나. 소송법설(신 소송물이론)

(1) **Rosenberg의 주장**:   하나의 신청(청구취지)이라는 소송법적 요소만으로 또는 신청과 사실관계에 의해서 청구를 구성하여야 하며 이에 의해서 소송물이 하나인가 아닌가, 같은가 다른가를 가려야 한다는 입장이다. 실체법상의 권리는 소송물이 이유 있는가를 가리는 데 전제가 되는 법률적 관점 내지 공격방어방법에 지나지 않는다.

(2) 사회상식적으로 1개의 생활사실(분쟁)에 대하여 실체법상으로는 수개의 청구권이나 형성권이 경합되어 있는 경우에도 전체 법질서의 측면에서 보면 실질적으로 하나의 급여 내지 법률관계의 변동으로 파악 될 수 있는 경우에는 이들 경합되는 권리, 법률관계를 모두 포섭하는 오로지 하나의 법적 지위만 부여되는 것으로 보아야 한다. 즉, 소송물과 실체법과의 상호관련성을 단절시키고 소송물은 오로지 소송법적 관점에서 신청과 사실관계의 양자에 의하여 결정되어야 한다는 것이다.

(3) 여기서, 소송물의 성립요소로서 오로지 신청만을 기준으로 삼는 소송물 일분지설(일원설: 원고의 신청을 이유 있게 하는 사실은 오로지 신청을 해석하는데 참고할 뿐이다)과 원고의 신청과 원고의 신청을 이유 있게 하기 위하여 제시되는 사실을 대등한 소송물의 구성요소로 보는 소송물 이분지설(이원설: 신청이 동일한 경우라도 사실관계가 달라지면 소송물이 복수가 될 수 있다고 본다)로 나누어지고 있다.

(4) 일분지설(일원설)과 이분지설(이원설)의 차이점을 나타내는 구체적 예

甲과 乙이 동업을 하다가 그 관계를 청산하면서 甲(원고)이 乙(피고)을 상대로 하여 금 5천만 원의 지급을 구하는 소송을 제기하면서 그 청구원인을 甲이 乙에게 동업기간 동안 위 5천만 원을 대여한 것이라고 주장하면서 대여금청구로 사실관계를 구성하는 경우와, 甲이 동업기간 동안 위 돈을 투자하였고, 그 돈은 동업체의 자산으로서 현재 乙이 보유하고 있으므로 甲의 지분반환을 구하는 취지로 사실관계를 구성하는 경우를 예로 들어 보자. 이때, 甲이 위 소송을 통하여 해결하고자 하는 목적은 乙과의 동업관계를 청산하면서 그가 乙에게 지급하였던 돈 5천만 원을 회수하려고 하는 데에 있으며 분쟁의 원인이 된 사실관계도 甲이 乙에게 돈 5천만 원을 건네주었다는 것과, 그런데 동업관계청산의 시점에서 乙이 위 돈의 반환을 거부하는데 있다는 점에서 하나의 사실관계로 파악할 수 있다.

일분지설의 경우에는 위와 같은 점에 착안하여 위 각각의 청구는 1개의 소송물을 법적관점만 달리하여 파악한 것으로 본다. 그러나, 이분지설의 경우에는 대여금 청구의 경우에는 금전대차계약이라는 사실관계를 기초로 하는 것임에 반하여, 동업관계 청산으로 인한 동업지분반환의 경우에는 금전대차관계와는 사실적 기초가 완전히 다른 것이 되므로 별개의 소송물로 보아야 한다고 주장한다.

2. 각 이론의 근거

가. 구 실체법설(구 소송물이론)

소권(訴權)을 권리보호 청구권으로 파악하는 전제 위에서 소송심리의 대상은 실체 사법의 개별규정에 따라 구체적으로 성질이 결정된다. 즉, 사권의 보호라는 민사소송의 목적은 소권의 구성, 소송대상의 구성에 있어서 직접 투영되는 것이며, 3자는 불가분의 논리적 관련성을 가지게 된다. 소송의 권리확인·확정기능을 강조한다.

나. 소송법설(신 소송물이론)

(1) 소권론에서 권리보호청구권설이 붕괴됨에 따라, 우리들의 일상생활에 있어서 "권리·의무가 있다"라고 주장되더라도 재판에 의하여 확정되기 전에는 가상의 것에 불과하다.

(2) 소송제도라는 것은 이미 존재하는 권리를 보호하는 역할을 하는 것이 아니라 생활관계에서 분쟁이 생겼을 때 그 분쟁을 실체법을 척도로 하여 해결하는 것이다. 소송의 분쟁해결기능을 강조한다.

3. 장·단점

(1) 구 실체법설

① 장점: 심판대상의 명확성, 당사자의 절차권보장(방어에 용이하다), 신속한 쟁송처리가 가능하게 된다.

② 단점: 분쟁의 1회적 해결이 안됨. 당사자의 부담증가. 소송사건의 폭주.

(2) 소송법설

① 장점: 분쟁의 1회적 해결.

② 단점: 심판대상의 불명확성으로 인한 실질적 절차보장이 안됨. 법원의 부담증가.

4. 그 외의 소송물이론으로서 신 실체법설(통일적 청구권 개념)이 있다. 동 견해는 일정한 급여를 구할 수 있는 법적 지위 자체를 청구권으로 본다. 즉, 실체법상의 청구권 발생근거를 제공하는 청구법규라는 것은 급여를 구할 수 있는 법적지위의 존부를 판단함에 있어서 한낱 결론표출을 위한 도구에 지나지 않는다. 요컨대 청구법규가 아니라 급여 그 자체가 민법상의

149

청구권 구성요소로 된다. 이행청구의 소를 중심으로 소송물이론을 전개함(신 실체법설의 결론은 소송법설과 대동소이하다).

5. 상대적 소송물론

(1) 청구의 병합, 청구변경, 소송계속 등 소송 진행과정(절차)에서는 소송물을 넓게(소송법설), 기판력 범위에 관하여는 좁게(이분지설), (2) 판결의 대상은 절차의 대상보다는 좁다는 입장.

Ⅲ. 구체적 검토

1. 가. A회사 소속 관광버스를 타고 가던 승객 甲이 위 관광버스 운전기사의 졸음운전으로 고속도로에서 전복되는 사고가 발생하여 중상을 입게 되었다. 이 때, 甲이 A회사를 상대로 제기하는 불법행위로 인한 손해배상청구와 승객운송계약 위반으로 인한 손해배상 청구의 상호관계.

나. A가 창고업자 B의 창고에 물건을 임치하는 계약을 체결하였는데 위 B의 과실로 인하여 위 물건이 변질되어 본래의 용도대로 사용할 수 없게 되었을 때, A가 청구할 수 있는 계약위반으로 인한 손해배상청구와 불법행위로 인한 손해배상청구의 상호관계.

2. A건물의 소유자 甲이 乙에게 A건물을 임대하였는데, 乙이 계약상의 임대차기간이 만료하였음에도 위 건물을 인도하지 않고 있다. 이때, 甲의 위 임대차계약기간 만료를 원인으로 한 부동산인도청구와 소유권에 기한 청구의 상호관계.

3. A부동산의 소유자 甲이 乙에게 위 부동산을 금10억 원에 매도하면서 乙로부터 위 잔대금 5억 원의 지급을 위하여 액면 금5억 원인 약속어음을 발행교부 받았다. 이때, 甲의 乙에 대한 위 매매잔대금의 지급청구와 위 약속어음금 지급청구의 상호관계.

4. 甲은 20여년 전에 A부동산을 그 소유자인 乙로부터 매수하여 소유권이전등기를 하지 않은 채 계속 점유하여 왔다. 이때, 甲의 乙에 대한 A부동산에 관하여 점유취득시효완성을 원인으로 한 소유권이전등기청구와 매매계약을 원인으로 한 소유권이전등기청구의 상호관계. 판례[1]는 소유권이전등기 청구의 소는 매매, 취득시효의 완성, 대물변제, 교환, 증여 등 각 청구원인별로 별개의 소송물이 된다고 한다.

---

[1] 대법원 1991.1.15. 선고 88다카19002,19019(반소) 판결: 소유권이전등기청구사건에 있어서 등기원인을 달리하는 경우에는 그것이 단순히 공격방어방법의 차이에 불과한 것이 아니므로 대물변제를 등기원인으로 소유권이전등기를 구하는 전소 확정판결의 기판력이 취득시효완성을 청구원인으로 소유권이전등기를 구하는 후소에 미치지는 아니한다.

5. 甲(아내)이 乙(남편)을 상대로 하여 乙의 부정행위(민법 제840조 1호), 악의의 유기(2호), 기타 혼인을 계속하기 어려운 중대한 사유(6호) 등의 사유를 내세워 재판상 이혼청구의 소를 제기할 경우 위 각 이혼청구사유 상호간의 관계(소송법설 중 일분지설과 이분지설의 차이점).

6. A가 B운전의 승용차에 의한 교통사고로 중상을 입고 노동능력의 일부를 상실하는 손해를 당하였다. 이때, A는 위 손해배상청구를 ① 치료비상당의 손해(적극적 손해), ② 입원기간은 물론 향후 노동능력 가동일(60세가 될 때까지)까지의 위 노동능력 상실률에 해당하는 상실소득 상당의 손해(소극적 손해), ③ 위 교통사고로 인하여 중상을 당하고 후유장애까지 남게 된 데 따른 정신적 고통을 위무하기 위한 위자료 상당의 손해(정신적 손해)를 청구하고 있을 경우에 위 각 청구 상호간의 관계.

> **[대법원 1994.6.28. 선고 94다3063 판결]** 상소는 자기에게 불이익한 재판에 대하여 유리하게 취소변경을 구하기 위하여 하는 것이므로 전부 승소한 판결에 대하여는 항소가 허용되지 않는 것이 원칙이나, 하나의 소송물에 관하여 형식상 전부 승소한 당사자의 상소이익의 부정은 절대적인 것이라고 할 수도 없는바, **원고가 재산상 손해(소극적 손해)에 대하여는 형식상 전부 승소하였으나 위자료에 대하여는 일부 패소하였고, 이에 대하여 원고가 원고 패소부분에 불복하는 형식으로 항소를 제기하여 사건 전부가 확정이 차단되고 소송물 전부가 항소심에 계속되게 된 경우에는, 더욱이 불법행위로 인한 손해배상에 있어 재산상 손해나 위자료는 단일한 원인에 근거한 것인데 편의상 이를 별개의 소송물로 분류하고 있는 것에 지나지 아니한 것이므로 이를 실질적으로 파악하여, 항소심에서 위자료는 물론이고 재산상 손해(소극적 손해)에 관하여도 청구의 확장을 허용하는 것이 상당하다**(판례는 학설과는 달리 소송물 3개설을 취하면서도 그 구분을 다소 완화하고자 하는 것이 본 판례라 할 수 있다).

7. 甲은 A부동산의 현재의 소유권 등기명의자인 乙을 상대로 위 등기의 말소청구소송을 제기하면서 그 등기원인무효사유로서, ① 사기에 의한 매매계약이므로 취소한다. ② 현저히 불공정한 법률행위이다. ③ 매매계약의 부존재, 불성립 등의 사유를 내세우고 있을 때 위 각 사유 상호간의 관계: 판례는 등기의 원인무효로 인한 말소청구의 경우에 각 무효사유는 다르더라도 법원의 법률적 관점선택의 자유라는 견지에서 1개의 소송물로 본다. 이러한 점에서 소유권이전등기청구의 경우에 각 청구원인별로 별개의 소송물로 취급하는 것과 구별된다. 또 주주총회 결의 무효확인 청구의 소에 대하여 결의부존재 확인판결도 가능하다는 것이 판례. 그 외 과세처분 무효확인의 경우 그 무효원인은 공격방어방법에 지나지 않는다.

> **[대법원 2011.7.14. 선고 2010다107064 판결]** 동일한 부동산에 관하여 등기명의인을 달리하여 중복된 소유권보존등기가 마쳐진 경우 먼저 이루어진 소유권보존등기가 원인무효로 되지 않는 한 뒤에 된 소유권보존등기는 그것이 실체관계에 부합하는지를 가릴 것 없이 1부동산 1등기용지주의의 법리에 비추어 무효이므로, **선행 보존등기로부터 소유권이전등기를 한 소유자의 상속인이 후행 보존등기나 그에 기하여 순차로 이루어진 소유권이전등기 등의 후속등기가 모두 무효라는 이유로 등기의 말소를 구하는 소는, 후행 보존등기로부터 이루어**

진 소유권이전등기가 참칭상속인에 의한 것이어서 무효이고 따라서 후속등기도 무효임을 이유로 하는 것이 아니라 후행 보존등기 자체가 무효임을 이유로 하는 것이므로 상속회복청구의 소에 해당하지 않는다. 원고의 피상속인이 후행 보존등기가 중복등기에 해당하여 무효임을 주장하지 않고, 자신이 진정한 상속인이고 후행 보존등기로부터 상속을 원인으로 이루어진 소유권이전등기의 명의인은 진정한 상속인이 아니므로 그 소유권이전등기는 무효이고 그에 이어 이루어진 소유권이전등기도 무효라고 주장하여 소유권말소등기의 소를 제기하였다가 그 소가 상속회복청구의 소에 해당하고 제척기간이 경과하였다는 이유로 패소 판결이 확정되었다고 하더라도, 후행 보존등기가 중복등기에 해당하여 무효라는 이유로 말소등기를 구하는 원고의 후소는 패소 판결이 확정된 전소와 청구원인을 달리하는 것이어서 **전소의 기판력에 저촉되지 않는다.** 동일한 부동산에 관하여 등기명의인을 달리하여 중복된 소유권보존등기가 마쳐진 경우 선행 보존등기가 원인무효가 되지 않는 한 후행 보존등기는 실체관계에 부합하는지에 관계없이 무효라는 법리는 후행 보존등기 또는 그에 기하여 이루어진 소유권이전등기의 명의인이 당해 부동산의 소유권을 원시취득한 경우에도 그대로 적용된다. 따라서 선행 보존등기가 원인무효가 아니어서 후행 보존등기가 무효인 경우 후행 보존등기에 기하여 소유권이전등기를 마친 사람이 그 부동산을 20년간 소유의 의사로 평온·공연하게 점유하여 점유취득시효가 완성되었더라도, 후행 보존등기나 그에 기하여 이루어진 소유권이전등기가 실체관계에 부합한다는 이유로 유효로 될 수 없고, 선행 보존등기에 기한 소유권을 주장하여 후행 보존등기에 터 잡아 이루어진 등기의 말소를 구하는 것이 실체적 권리 없는 말소청구에 해당한다고 볼 수 없다.

8. A부동산에 관하여 甲 → 乙 → 丙 명의로 순차 소유권이전등기가 경료 된 경우에, 甲이 乙, 丙을 상대로 하여 제기한 위 각 소유권이전등기가 원인무효임을 이유로 한 말소등기청구의 소와, 진정명의회복을 위한 소유권이전등기청구의 소를 병을 상대로 하여 제기한 경우 위 각 청구의 상호관계.[1]

9. 확인의 소의 소송물

가. **통설**(구실체법설 및 일분지설 동일):   원고가 주장하는 권리, 법률관계 자체가 확인의 대상이 되므로 소송물은 청구취지 기재 자체에 의하여 결정된다는 견해를 취한다.

나. **소수설**(이분지설):   처분권주의와 변론주의를 취하는 소송법 구조에서는 확인의 소에서도 원고가 주장하는 권리취득원인 사실만을 법원이 심리하고, 그 외의 사실은 심리할 수 없으므로 청구취지와 청구원인을 함께 고려하여 소송물을 결정하여야 한다는 견해를 취한다.

> **[대법원 1993.1.15. 선고 92다20149 판결]** 해고무효확인의 소는 해고 즉, 근로계약관계를 종료시킨 사용자의 일방적인 의사표시라는 과거의 법률행위가 무효라는 점에 대하여 판결로써 공적 확인을 하여 달라는 것이므로, 그 확인심판의 대상(소송물)은 소장의 청구취지에 표시된 해고의 무효 여부 그 자체로 보아야 할 것이고, 판결의 기판력에 의하여 확정되는 사항

---

1) 대법원 2001.9.20. 선고 99다37894 전원합의체 판결.

도 심판의 대상으로서 판결 주문에 포함된 해고처분의 무효 여부에 관한 법률적 판단의 내용이며, 다만 근로계약관계에 기한 원래의 지위를 회복하기 위하여 또는 해고로 인하여 그 외의 권리 또는 법률상의 지위에 대한 현존하는 위험이나 불안을 제거하기 위하여 위와 같은 과거의 법률행위인 해고에 대하여 무효 확인판결을 받는 것이 유효·적절한 수단이 되는 경우에 한하여 확인의 소에 있어서의 적법 요건인 이른바 즉시 확정의 이익이 있다고 인정되는 것이다. **현재의 권리 또는 법률상 지위에 대한 위험이나 불안을 제거하려는 목적에서 과거에 이루어진 해고에 대한 무효확인의 판결을 받는 것이고, 또 그 때문에 확인의 이익이 인정된다고 하더라도 판결 주문에 포함된 사항도 아닌 현재의 권리 또는 법률관계의 존부가 위 해고 무효확인 청구에 대한 판결에 의하여 어느 한쪽으로 확정되는 관계에 있지는 아니한 것이다.**

[**대법원 1991.12.24. 선고 90다5740 전원합의체 판결**] 가. 민법(1990.1.13. 법률 제4199호로 개정되기 전의 것)이 규정하는 상속회복의 소는 호주상속권이나 재산상속권이 참칭호주나 참칭재산상속인으로 인하여 침해된 때에 진정한 상속권자가 그 회복을 청구하는 소를 가리키는 것이나, **재산상속에 관하여 진정한 상속인임을 전제로 그 상속으로 인한 소유권 또는 지분권 등 재산권의 귀속을 주장하고, 참칭상속인 또는 자기들만이 재산상속을 하였다는 일부 공동상속인들을 상대로 상속재산인 부동산에 관한 등기의 말소 등을 청구하는 경우에도, 그 소유권 또는 지분권이 귀속되었다는 주장이 상속을 원인으로 하는 것인 이상 그 청구원인 여하에 불구하고 이는 민법 제999조 소정의 상속회복청구의 소라고 해석함이 상당하다.** 나. 원고의 청구가 계쟁 토지가 원소유자의 재산상속인들인 원·피고 및 소외인 등이 공동상속한 것임에도 피고가 그 단독 명의로 소유권보존등기를 마친 것이므로 그 상속지분을 초과한 부분은 원인무효라고 주장하고 그 말소를 구하는 것이어서 위 "가"항의 법리에 따라 상속회복청구의 소에 해당한다. 다. 재산상속회복청구의 소인 이상 위 민법 제999조에 의하여 준용되는 같은 법 제982조 제2항 소정의 제척기간의 적용이 있다 할 것이며, 상속개시일로부터 10년을 경과한 후에 상속권의 침해가 있는 경우라도 10년의 제척기간 경과로 인하여 상속회복청구권은 소멸되었다고 보아야 한다.

10. 형성의 소의 소송물

구 실체법설(구 소송물이론)에 의하면 일정한 형성원인에 기한 권리·법률관계의 변동의 주장으로 보므로 각 실체법 상의 형성원인 마다 별개의 소송물이 성립한다고 한다. 이에 반하여 소송법설은 형성의 소는 판결에 의한 일정한 법률관계의 형성에 목적을 두고 있으므로 그 소송물은 법률관계의 형성의 요구 내지 법률관계 형성을 구할 법적 지위의 주장으로 보고 개개의 형성권의 주장은 형성을 구할 법적 지위의 존부를 가리는 공격방법 내지는 법률적 관점 이상의 의미가 없는 것으로 본다.[1]

---

1) 김홍엽, 307면.

11. 일부청구

가. 문제제기

소송당사자가 다액의 인지비용 부담을 피하여 원래 청구하고자 하는 청구금액의 일부를 시험삼아 먼저 청구한 뒤 그 결과에 따라 잔액에 대한 추가제소여부를 정하고자 하는 경우가 있다. 이에 관하여 소액사건심판법(제5조의2)은 일부청구를 제한하고 있지만 이에 해당하지 않는 경우에는 허용되는지 여부에 관하여 학설·판례상 논란이 있다.

나. 학설, 판례의 검토

(1) **긍정설:**   사적 자치 및 당사자 처분권주의 원칙상 허용된다고 본다.

(2) **부정설:**   분쟁의 일회적 해결, 판결의 중복, 모순회피, 피고가 여러 차례 응소하여야 한다는 불편의 해소. 따라서 잔부청구는 전소판결의 기판력이 미친다.

(3) **명시적 일부청구 허용설(절충설):**   판례[1]는 "불법행위의 피해자가 일부청구임을 명시하여 그 손해의 일부만을 청구한 경우 그 일부청구에 대한 판결의 기판력은 청구의 인용 여부에 관계없이 청구의 범위에 한하여 미치는 것이고, 잔액 부분 청구에는 미치지 아니한다"고 하여 절충설(명시설)의 견해를 취한다.

다. 일부청구의 관련문제

(1) **소멸시효 중단의 효력:**   일부청구 긍정설은 일부청구 한 부분에 한하여 시효중단의 효력이 생긴다고 보고, 부정설은 잔부청구에 대해서도 시효중단이 된다고 본다. 아래의 판례는 절충설을 취하고 있다.

> **[대법원 2001.9.28. 선고 99다72521 판결]** 청구의 대상으로 삼은 채권 중 일부만을 청구한 경우에도 그 취지로 보아 채권 전부에 관하여 판결을 구하는 것으로 해석되는 경우에는 그 동일성의 범위 내에서 그 전부에 관하여 시효중단의 효력이 발생하고, 이러한 법리는 특정 불법행위로 인한 손해배상채권에 대한 지연손해금청구의 경우에도 마찬가지로 적용된다고 할 것이다. 원고는 이 사건 손해배상채권에 대한 소멸시효기간이 경과하기 전에 이 사건 소를 제기하면서 그 자신 및 선정자들을 위하여 금 1억 원 및 이에 대한 1987. 6. 10.부터의 법정 지연손해금만을 청구하였다가, 1997. 5. 8.에 비로소 청구금액을 확장하는 청구취지 및 원인 변경신청서를 제출하였으나, **소장을 제출하면서 앞으로 시행될 법원의 손해액 감정결과에 따라 청구금액을 확장할 뜻을 명백히 표시한 사실이 소장 기재 자체로 보아 명백한바, 그런 상황에서 원고로서는 소장 제출 당시부터 이 사건 손해배상채권 전부 및 이에 대한 1987. 6. 10.부터의 법정 지연손해금 전부에 대하여도 판결을 구하였던 것으로 볼 것이므로 이 사건 소장 제출에 의한 시효중단의 효력도 소장에 기재된 금 1억 원에 대한 지연손해금청구권뿐만 아니라 이 사건 손해배상채권 전부에 대한 지연손해금청구권 전부에 대하여 발생한 것으로 볼 것이다.** 따라서 원심이 소장에 기재한 금 1억 원을 초과한 손해배상청구액 중 원심 인용금액에 대한 위의 청구취지 및 원인 변경신청서가 제출된 1997. 5. 8.로부터 3년 이전의 기간에 대한 지연손해금청구권에 대하여도 피고에게 배상의무가 있다고 판단한 것은

---

1) 대법원 2000.2.11. 선고 99다10424 판결.

앞서 본 법리에 따른 것으로 정당하고, 거기에 지연손해금의 소멸시효기간 및 시효중단의 효력범위 등에 관한 각 법리를 오해한 위법이 없다.

(2) 일부청구와 과실상계: 안분설과 외측설이 있다(뒤의 처분권주의 편 참조).

(3) 불법행위로 인한 손해배상청구 사건에서 판결확정 후에 후유증으로 인하여 새로운 손해가 발생한 경우: 당사자가 사실심 변론종결 시까지 예측하지 못하였던 손해배상 청구를 긍정하는데 학설·판례가 일치하고 있다. 다만, 그 이론적 근거는 다음과 같이 나뉘고 있다.

① **명시적 일부청구설:**   불법행위에 기한 손해는 상당인과 관계의 범위 내에서 장래의 치료비나 일실이익 등 일체가 불법행위 시에 발생하는 것으로 보고 그에 관하여 일시에 전체적인 손해배상청구권이 생긴다고 본다. 그러므로 기판력의 표준시 후에 생긴 손해도 불법행위 시에 이미 생긴 것으로서 그 청구는 일부청구의 문제가 된다는 것이다. 이때 당사자는 명시적·묵시적 형식으로 전소에서 일부청구를 한 것으로 보고 후유증에 따른 손해배상청구는 잔부청구라고 본다.

② **기판력의 시적 한계 이론:**   전소의 변론종결 후에 발생하고, 또 전소의 변론종결 시까지 예견할 수 없었던 손해는 별개의 새로운 손해로서 전소의 확정판결의 기판력에 의하여 차단되지 않는다는 이론이다.

③ **별개의 소송물설:**   예측불가능한 후유증에 의한 손해배상과 같이 전소계속 중 그 사실자료의 제출을 기대할 수 없는 사실에 관해서는 전소 확정판결의 기판력이 미치지 아니하므로 전소와 별개의 소송물이라고 본다.

④ **판례:**   판례[1]는 "불법행위로 인한 적극적 손해의 배상을 명한 前소송의 변론종결 후에 새로운 적극적 손해가 발생한 경우에 그 소송의 변론종결 당시 그 손해의 발생을 예견할 수 없었고, 또 그 부분청구를 포기하였다고 볼 수 없는 특별한 사정이 있다면 전 소송에서 그 부분에 관한 청구가 유보되어 있지 않다고 하더라도 이는 전소송의 소송물과는 별개의 소송물이므로 전 소송의 기판력에 저촉되는 것이 아니다"고 하여 ③의 견해를 취한다.

(4) 일부청구에 의한 소송계속 중 잔부청구의 소가 제기된 경우에 후에 제기된 소가 중복제소(법 제259조)에 해당하는가?

(5) 일부청구의 전소가 제기되고 본안판결이 선고되어 확정된 뒤에 잔부에 관하여 새로운 소(후소)가 제기된 경우에 전소판결의 기판력이 후소에까지 미치는가?

(6) 일부청구에서 전부 승소한 자가 청구취지 확장을 위하여 항소할 이익(상소의 이익)이 있는가?

> **[예제] [제31회 사법시험] [제1문]** 원고는 피고에 대하여 금 2,000만원의 대여금채권을 가지고 있다. 원고는 그 중 우선금 1,500만원의 지급을 구하는 소를 법원에 제기하였다. 이 소송에 관련된 법률문제를 간략하게 설명하시오.
> **[해설]** I. 일부청구의 법적 제 문제에 관하여 검토하여야 한다.

---

1) 대법원 2007.4.13. 선고 2006다78640 판결 등.

Ⅱ. 일부청구의 허용여부

1. 학설

(1) **긍정설**: 사적 자치 및 당사자 처분권주의 원칙상 허용된다고 본다.

(2) **부정설**: 분쟁의 일회적 해결, 판결의 중복, 모순회피, 피고가 여러 차례 응소하여야 한다는 불편의 해소. 따라서 잔부청구는 전소판결의 기판력이 미친다.

(3) **명시적 일부청구 허용설(절충설)**: 피고가 전부청구인 것으로 알고 그에 따른 방어를 한 경우에 이러한 신뢰를 보호하여야 할 필요성 등에 비추어 원고가 처음부터 일부청구임을 명시한 경우에는 이를 인정하여야 할 것이나, 그렇지 아니한 경우에는 전부청구로 보고 일부청구를 부정할 것이라는 견해이다.

2. 판례[1]: "불법행위의 피해자가 일부청구임을 명시하여 그 손해의 일부만을 청구한 경우 그 일부청구에 대한 판결의 기판력은 청구의 인용 여부에 관계없이 청구의 범위에 한하여 미치는 것이고, 잔액 부분 청구에는 미치지 아니한다"고 하여 절충설(명시설)의 견해를 취한다.

3. 결론: 원고의 입장에서 당사자처분권주의를 실현하고 피고의 방어권 및 신뢰이익을 함께 보호하는 명시설이 타당하다.

Ⅲ. 일부청구와 시효중단의 범위

1. 일부청구 긍정설은 일부청구 한 부분에 한하여 시효중단의 효력이 생긴다고 보고, 부정설은 잔부청구에 대해서도 시효중단이 된다고 본다.

2. 아래의 판례는 절충설을 취하고 있다.[**대법원 2001.9.28. 선고 99다72521 판결**]

Ⅳ. 일부청구와 중복된 소제기

1. 일부청구의 소가 제기되어 계속 중인 상태에서 잔부청구를 별개의 소로서 제기한 경우에 중복된 소제기(법 제259조)에 해당되는지 여부

2. 학설

(1) 중복소송설: 잔부청구는 청구변경을 통하여 가능하므로 별개의 소로서 제기하는 것은 어느 경우에나 중복된 소제기로서 허용되지 않는다는 견해. 일부청구 부정설의 입장이다.

(2) 명시설: 아래 판례 참조

2. 판례: [대법원 1985.4.9. 선고 84다552 판결] 전 소송에서 불법행위를 원인으로 치료비청구를 하면서 일부만을 특정하여 청구하고 그 이외의 부분은 별도소송으로 청구하겠다는 취지를 명시적으로 유보한 때에는 그 전소송의 소송물은 그 청구한 일부의 치료비에 한정되는 것이고 전 소송에서 한 판결의 기판력은 유보한 나머지 부분의 치료비에까지는 미치지 아니한다 할 것이므로 전 소송의 계속중에 동일한 불법행위를 원인으로 유보한 나머지 치료비청구를 별도소송으로 제기하였다 하더라도 중복제소에 해당하지 아니한다.

Ⅴ. **일부청구와 과실상계**: 안분설과 외측설이 있다.

Ⅵ. 일부청구에서의 전부승소와 상소의 이익

1. 상소의 이익에 관한 학설

(1) 형식적 불복설

(2) 실질적 불복설

(3) 절충설

(4) 신 실질적 불복설

2. 판례: 형식적 불복설을 취한다. [대법원 1993.6.25. 선고 92다33008 판결] 상고는 자기에

---

1) 대법원 2000.2.11. 선고 99다10424 판결.

게 불이익한 재판에 대하여 유리하게 취소변경을 구하기 위하여 하는 것이므로 승소판결에 대한 불복상고는 허용될 수 없고, 재판이 상소인에게 불이익한 것인지 여부는 원칙적으로 재판의 주문을 표준으로 하여 판단하여야 한다.

3. 청구취지 확장을 위한 항소의 허용여부 [대법원 1997.10.24. 선고 96다12276 판결] 가분채권에 대한 이행청구의 소를 제기하면서 그것이 나머지 부분을 유보하고 일부만 청구하는 것이라는 취지를 명시하지 아니한 경우에는 그 확정판결의 기판력은 나머지 부분에까지 미치는 것이어서 별소로써 나머지 부분에 관하여 다시 청구할 수는 없으므로, 일부 청구에 관하여 전부 승소한 채권자는 나머지 부분에 관하여 청구를 확장하기 위한 항소가 허용되지 아니한다면 나머지 부분을 소구할 기회를 상실하는 불이익을 입게 되고, 따라서 이러한 경우에는 예외적으로 전부 승소한 판결에 대해서도 나머지 부분에 관하여 청구를 확장하기 위한 항소의 이익을 인정함이 상당하다.

Ⅶ. **불법행위로 인한 손해배상청구 사건에서 판결확정 후에 후유증으로 인하여 새로운 손해가 발생한 경우**: 본문의 내용 참조.

Ⅷ. 일부청구의 전소가 제기되고 본안판결이 선고되어 확정된 뒤에 잔부에 관하여 새로운 소(후소)가 제기된 경우에 전소판결의 기판력이 후소에 까지 미치는가?

1. 일부청구의 소송물 결정에 관한 학설에 따라 기판력의 범위가 달라진다.

2. 학설

(1) 일부청구부정설: 일부청구를 인정하지 않는 견해에 의하면 당사자의 명시여부에 불구하고 일부청구는 곧 잔부청구를 포함하는 것이 되므로 일부청구에 대한 확정판결의 기판력은 당연히 잔부에까지 미친다고 한다.

(2) 일부청구 긍정설: 일부청구임을 명시하지 않아도 잔부청구와는 별개의 소송물로 보아야 하므로 일부청구에 대한 확정판결의 기판력은 잔부청구에 대하여 미치지 않는다고 한다.

(3) 명시설: 아래 판례 참조

3. 판례: [대법원 1986.12.23. 선고 86다카536 판결] 불법행위의 피해자가 일부청구임을 명시하여 그 손해의 일부만을 청구한 경우 그 일부청구에 대한 판결의 기판력은 잔부청구에 미치지 아니하는 것이고, 그 경우 일부청구임을 명시하는 방법으로는 반드시 전체 손해액을 특정하여 그중 일부만을 청구하고 나머지 손해액에 대한 청구를 유보하는 취지임을 밝혀야 할 필요는 없고 일부청구하는 손해의 범위를 잔부청구와 구별하여 그 심리의 범위를 특정할 수 있는 정도의 표시를 하여 전체손해의 일부로서 우선 청구하고 있는 것임을 밝히는 것으로 족하다.

[예제] [제44회 사법시험] 甲은 乙을 상대로 대여금 채권 1억 원 중 4천만 원만을 청구하는 소를 제기하였다. 그런데 甲이 그 청구가 일부청구임을 명시하지 않은 채 변론이 종결되었고, 이어서 甲의 청구 전부를 인용하는 판결이 선고되었다.

(1) 제1심 판결이 확정된 후, 甲은 나머지 부분인 6천만 원을 청구하는 소를 제기하였다. 이 소는 적법한가?

(2) 甲은 청구확장을 위하여 항소하였다. 이 항소는 항소의 이익이 있는가?

[해설] (1) 문: 예제 28 해설 참조.

(2) 문: 대법원 1997.10.24. 선고 96다12276 판결 참조.

157

제 5 절 소의 제기

Ⅰ. 소제기의 방식

1. 서면제출주의와 그 예외

2. 전자소송법의 시행

민사소송에서 사용하는 모든 문서를 전자문서화. 2010. 4월부터 특허법원 사건에 적용. 2011. 5. 1. 부터는 법원행정처장이 정하는 법원의 민사본안사건, 2012. 1. 1. 부터는 모든 민사사건, 2012. 5. 1. 부터는 행정ㆍ가사ㆍ도산사건, 2013. 5. 1. 부터는 민사집행ㆍ도산사건에서 전자문서를 이용할 계획이다.

3. 전자문서로 소장을 접수하려면 법원의 전자소송시스템에 접속한 다음 전자문서에 의한 절차진행에 동의하고 전자문서를 작성하고 전자서명 하여올린다. 그 접수사실은 제출자에게 전자우편 및 휴대폰 문자메시지로 통지된다(전자소송법 제7조 1항, 제9조 2항).

Ⅱ. 소장의 기재사항

1. 필요적 기재사항(법 제249조)

가. 당사자ㆍ법정대리인

나. 청구취지
원고가 청구의 내용, 범위를 나타내어 어떠한 내용의 판결을 구하는지를 간결ㆍ명료하게 표시한 소의 결론부분이다.
(1) 소송물의 특정, 동일성여부 판단기준이 된다.
(2) 명확한 기재
① 이행의 소: ⅰ) 금전ㆍ대체물 청구: 손해배상청구에서 '액수를 명시하지 않은 청구' 허용여부: 독일 민소법 287조는 손해배상소송에서 법원은 전체의 사정을 참작하여 자유재량으로 손해배상액을 결정할 수 있다고 규정하고, 실무에서도 구체적 금액을 기재하지 않고 법관의 재량에 위임하는 취지의 손해배상청구 소장도 적법하다고 본다. 우리나라에서도 손해배상청구의 비송적 성격을 강조하여 독일과 같이 청구금액을 특정하지 않은 청구취지 기재를 허용할 것이라는 견해도 있으나 통설은 이를 허용하지 않는 입장이다. ⅱ) 특정물 청구의 경우

② 확인의 소: 확인을 구하는 권리·의무(법률관계)의 대상, 내용을 구체적으로 기재할 것. 예: 피고는 원고에 대하여 1995. 4. 15. 체결한 소비대차계약에 기한 700만원의 채무를 부담하고 있음을 확인한다.

③ 형성의 소: 권리, 법률관계의 변동을 구하는 취지가 명백히 나타나야 한다(이행·확인의 소에서와 같은 정도의 엄격성이 요구되지 않음: 법원의 재량성).

예: 피고회사의 2001. 12. 15. 자 주주총회 결의를 취소한다.

(3) 확정적 청구

① 조건부·기한부 판결선고(판결의 효력이 조건이나 기한에 걸리는 청구)를 요구하는 내용이어서는 안된다.

② 다만, 소송 내에서 밝혀질 사실(예비적 청구)을 조건으로 하는 청구는 가능하다.

③ 청구취지의 기재 정도: 처분권주의원칙상 법원 판결주문은 청구취지 기재에 따라 결정된다. 만약 청구취지 기재가 불명확하면 법원은 반드시 석명권을 행사하여 명확히 하여야 한다.

[대법원 2006.3.9. 선고 2005다60239 판결] 판결의 주문은 명확하여야 하며 주문 자체로서 내용이 특정될 수 있어야 하므로, 주문은 어떠한 범위에서 당사자의 청구를 인용하고 배척한 것인가를 그 이유와 대조하여 짐작할 수 있을 정도로 표시되고 집행에 의문이 없을 정도로 이를 명확히 특정하여야 한다(대법원 1995.6.30. 선고 94다55118 판결 등 참조). 그런데 이 사건 주문은 피고에게 위 자동차들의 주차를 방해하지 아니 하여야 할 부작위의무를 명함에 있어 위 자동차들의 주차시간을 특별한 사정이 없는 한 06:00부터 22:00까지로 제한함으로써, 결과적으로 같은 시간 동안의 피고의 위 부작위의무의 존부를 특별한 사정의 유무에 전적으로 맡기면서도, 주문 그 자체에서 '특별한 사정'이 무엇인지 특정하지 않고 있을 뿐 아니라, 그 이유에서도 이를 구체적으로 명확하게 밝히지 않고 있고, 나아가 이 사건 주문이 22:00부터 06:00까지 사이에는 주차를 개시할 수 없다는 의미여서 06:00부터 22:00까지 사이에 주차를 하면 22:00를 넘어서까지도 주차를 계속할 수 있다는 것인지도 불분명하다. 따라서 부작위의무의 채무자인 피고의 입장에서는 어떤 경우에 22:00부터 06:00까지의 위 자동차들의 주차를 방해하는 것이 금지명령에 위반되는지를 알 수 없게 되므로, 결국 이 사건 주문은 어떠한 범위에서 당사자의 청구를 인용하고 배척한 것인가를 그 이유와 대조하여 짐작할 수 있을 정도로 표시하지 아니하여 당사자들 사이에 분쟁의 여지가 남겨져 있다고 할 것이고 집행에도 의문이 있다고 할 것이다. 이와 같은 주문의 표시는 판결 주문으로서 갖추어야 할 명확성을 결하여 부적법하다고 하지 않을 수 없으므로, 이 점을 지적하는 상고이유의 주장도 이유 있다.

다. 청구원인

(1) 넓은 의미

① 원고의 청구를 이유 있게 하기 위한 모든 사실 관계를 의미한다.

② 원고가 입증책임을 부담하는 사실을 의미한다.

(2) 좁은 의미

① 소송물을 특정함에 필요한 사실관계

② 소송물이론과의 관계: 구 실체법설에 의하면 이행의 소와 형성의 소는 청구취지 기재만으로는 소송물이 특정되지 않으며 청구원인에 기재된 실체법상의 권리주장을 기초로 소송물을 특정한다. 즉, 청구취지에는 변경이 없더라도 청구원인에 기재되어 있는 실체법상의 권리발생사실을 변경하는 경우에는 청구는 동일성을 잃게 된다. 소송법설은 원칙적으로 청구취지의 기재만으로 소송물이 특정된다고 보므로 청구원인의 변경에 의해 소송물의 동일성이 상실된다고 보지 않는다. 다만 이원설은 청구원인을 구성하는 사실의 동일성이 달라지면 소송물도 달라진다고 한다.

(3) 기재의 정도

식별설 중 구 식별설은 특정 권리·법률관계를 명시하거나, 그것을 전제로 그 법률요건에 해당하는 사실을 기재해야 한다는 입장이고, 신 식별설은 청구취지에서 주장하는 법률효과를 끌어내는데 필요한 사실관계를 기재하면 충분하고 그것이 어떠한 법적 성질을 갖는지를 기재하거나, 그 법적 사실을 전제로 거기에 맞추어 요건사실을 기재할 필요는 없다고 한다.

2. 임의적 기재사항

소장의 준비서면으로서의 기능을 고려하여 법은 소송 진행의 촉진을 위해 구체적 사실관계와 그 증거방법을 명시할 것을 요구하고 있다.

3. 소장의 첨부서류(법 제63조)

① 피고가 소송능력 없는 사람인 때에는 법정대리인, 법인인 때에는 대표자, 법인이 아닌 사단이나 재단인 때에는 대표자 또는 관리인의 자격을 증명하는 서면을 소장에 붙여야 한다.

② 부동산에 관한 사건은 그 부동산의 등기사항증명서, 친족·상속관계 사건은 가족관계 기록사항에 관한 증명서, 어음 또는 수표사건은 그 어음 또는 수표의 사본을 소장에 붙여야 한다. 그 외에도 소장에는 증거로 될 문서 가운데 중요한 것의 사본을 붙여야 한다.

③ 법 제252조 1항에 규정된 소의 소장에는 변경을 구하는 확정판결의 사본을 붙여야 한다.

Ⅲ. 소제기 후의 과정

1. 재판장의 소장 심사

가. 인지첨부 및 필요적 기재사항의 누락여부 심사.

나. 재판장은 소장에 흠이 있는 경우에 일정한 기간을 정하여 보정명령을 할 수 있다(법 제254조 1항). 당사자가 이에 불응할 경우에는 재판장은 소장각하 명령을 내린다(법 제254조 2항). 피고에게 소장 부본을 송달하였으나 송달불능이 된 경우에는 원고에게 주소보정명령을

내리고, 원고가 이에 응하지 않은 때에는 역시 소장각하 명령을 내린다. 소장각하명령을 내릴 수 있는 시적 한계에 관하여 소장부본이 피고에게 송달될 때까지라는 견해(소송계속시설)와 변론개시의 시점까지라는 견해가 대립한다. 생각건대 소장심사 단계에서 흠이 간과된 채 소장부본이 피고에게 송달되어 버리면 재판장의 소장각하명령권은 소멸하고 그 후에는 법원은 판결로써 소를 각하여야 할 것이라고 보는 전자의 견해가 타당하다.[1]

재판장의 소장각하명령에 대하여는 즉시항고 할 수 있다(법 제254조 3항).

[대법원 2013.9.9. 자 2013마1273 결정] 1. 회사의 이사로 등기되어 있던 사람이 회사를 상대로 사임을 주장하면서 이사직을 사임한 취지의 변경등기를 구하는 소에서 상법 제394조 제1항은 적용되지 아니하므로 그 소에 관하여 회사를 대표할 사람은 감사가 아니라 대표이사라고 보아야 한다. 그 이유는 다음과 같다. 이러한 소에서 적법하게 이사직 사임이 이루어 졌는지는 심리의 대상 그 자체로서 소송 도중에는 이를 알 수 없으므로 법원으로서는 소송 관계의 안정을 위하여 일응 외관에 따라 회사의 대표자를 확정할 필요가 있다. 그런데 위 상법 규정이 이사와 회사의 소에서 감사로 하여금 회사를 대표하도록 규정하고 있는 이유는 공정한 소송수행을 확보하기 위한 데 있고, 회사의 이사가 사임으로 이미 이사직을 떠난 경우에는 특별한 사정이 없는 한 위 상법 규정은 적용될 여지가 없다. 한편 사임은 상대방 있는 단독행위로서 그 의사표시가 상대방에게 도달함과 동시에 효력이 발생하므로 그에 따른 등기가 마쳐지지 아니한 경우에도 이로써 이사의 지위를 상실함이 원칙이다. 따라서 이사가 회사를 상대로 소를 제기하면서 스스로 사임으로 이사의 지위를 상실하였다고 주장한다면, 적어도 그 이사와 회사의 관계에서는 외관상 이미 이사직을 떠난 것으로 보기에 충분하고, 또한 대표이사로 하여금 회사를 대표하도록 하더라도 공정한 소송수행이 이루어지지 아니할 염려는 거의 없기 때문이다. 2. 민사소송법 제254조에 의한 재판장의 소장심사권은 소장이 같은 법 제249조 제1항의 규정에 어긋나거나 소장에 법률의 규정에 따른 인지를 붙이지 아니하였을 경우에 재판장이 원고에 대하여 상당한 기간을 정하여 그 흠결의 보정을 명할 수 있고, 원고가 그 기간 내에 이를 보정하지 않을 때에 명령으로써 그 소장을 각하한다는 것일 뿐이므로, 소장에 일응 대표자의 표시가 되어 있는 이상 설령 그 표시에 잘못이 있다고 하더라도 이를 정정 표시하라는 보정명령을 하고 그에 대한 불응을 이유로 소장을 각하하는 것은 허용되지 아니한다. 이러한 경우에는 오로지 판결로써 소를 각하할 수 있을 뿐이다.

2. 청구취지가 특정되지 아니한 경우의 법원의 조치

[대법원 1981.9.8. 선고 80다2904 판결] 민사소송에 있어서 청구의 취지는 그 내용 및 범위가 명확히 알아볼 수 있도록 구체적으로 특정되어야 하는 것이고, **청구취지의 특정 여부는 직권조사사항이라고 할 것이므로 청구취지가 특정되지 않은 경우에는 법원은 피고의 이의 여부에 불구하고 직권으로 그 보정을 명하고, 그 보정명령에 응하지 않을 때에는 소를 각하하여야 할 것이다.** 이 사건에서 원고의 예비적 청구취지는 "피고들은 별지목록기재 천호동굴을 보호구역 내에 있는 원고 소유 토지와 인접한 토지에서 심굴하여서는 아니된다"는 것으로서 위 별지목록은 단순히 천호동굴의 보호구역 내에 편입된 토지의 지번, 지목, 지적과 편입된 면적 및 소유자들을 기재한 일람표에 불과하고, 원고 소유 토지 중 어느 부분이 편입

---

1) 김홍엽, 320면.

되었는지 그 위치가 불분명하여 그 목록에 기재된 원고 토지 중 과연 어느 토지의 어느 부분이 이 사건 소송물인지 명료하지 않을 뿐만 아니라 위 청구취지의 기재만으로는 구체적으로 어느 토지에 어느 정도로 인접된 곳에서 어느 정도 심굴하는 행위를 금지하여 달라는 것인지 도저히 알 수 없게 되어있으니 청구취지가 특정되었다고 볼 수 없다.

3. 피고의 답변서 제출의무(법 제256조 1항)

피고는 소장부본을 송달받은 날로부터 30일 이내에 답변서를 제출하여야 한다. 답변서에는 준비서면에 기재할 사항 외에 청구취지 및 청구원인에 대한 답변을 구체적으로 적어야 한다(규칙 제65조 1항). 즉 소장에 기재된 개개의 사실에 대한 인정여부, 항변과 이를 뒷받침하는 구체적 사실 및 증거방법을 적어야 한다.

IV. 무변론판결(법 제257조): 피고가 답변서를 기한 내에 제출하지 아니한 경우

1. 신민소법은 피고가 답변서를 제출하지 아니하는 때에는 청구의 원인이 된 사실을 자백한 것으로 보고 변론 없이 판결을 선고할 수 있도록 하였다. 이것을 **무변론판결**이라고 한다. 구법하에서는 제1회 변론기일에 피고가 출석하지 아니하고 답변서도 제출하지 아니하는 경우에 의제자백한 것으로 보고 원고승소 판결을 선고할 수 있도록 규정하고 있었다. 즉, 구법하에서는 피고가 원고의 청구에 대하여 다툴 의사가 없는 것으로 보이는 경우에도 반드시 변론기일을 열어 당사자를 소환하여야 하고, 원고는 변론기일에 출석하여 소장을 진술하도록 규정하던 것을 위와 같은 과정을 생략하고 변론기일의 소환 없이 무변론판결을 선고할 수 있도록 규정한 것이다. 무변론판결제도는 집중심리방식에 의한 재판진행의 전제로서 다툼이 없는 사건은 서면심리만으로 걸러내어 재판을 종결하고 다툼이 있는 사건만을 변론에 회부함으로써 변론절차의 실질화를 도모하고자 하는 것이다.

2. 요 건

가. 피고가 소장을 송달받은 날로부터 30일의 답변기간 내에 아무런 답변을 하지 않은 경우이거나 원고의 청구원인사실을 전부 인정하는 취지의 답변서를 제출하고 따로 항변을 제출하지 않고 있을 것. 소장 부본을 송달받은 날로부터 30일이 지난 뒤라도 원고의 청구를 다투는 취지의 답변서가 판결선고 전에 제출되기만 하면 법원은 더 이상 무변론판결을 할 수 없다(법 제257조 1항 단서). 또한 공시송달에 의해 소장을 송달한 경우나, 직권조사 사항이 있는 경우는 제외된다.

나. 무변론판결을 하는 경우에도 반드시 판결선고기일을 열어서 법정에서 판결을 선고하여야 하고, 법원은 피고에게 소장부본을 송달함에 있어서 답변서를 제출하지 않는 경우에는

변론 없이 원고승소의 판결이 선고된다는 사실 및 그 경우의 판결선고기일을 통지하여야 한다. 만일 소장부본 송달 시에 무변론판결의 선고기일이 통지되지 아니한 경우에는 답변서 제출기간의 도과 후에 따로 판결선고기일을 통지하여야 할 것이다.

다. 무변론판결의 판결서에는 변론종결일을 기재하지 아니하고, 판결이유의 기재에 있어서는 청구를 특정함에 필요한 사항만을 간략하게 기재할 수 있다(법 제208조 3항). 기판력의 기준시는 원·피고 모두 주장을 제출하거나 변경할 수 있는 최종시점인 판결선고시가 된다(법 제218조, 민사집행법 제44조 2항).

3. 무변론판결의 예외

가. 공시송달사건(법 제256조 1항 단서)

나. 직권 조사사항이 있는 사건

다. 판결 선고 전까지 피고의 답변서 제출이 있는 경우

제6절 소제기의 효과

Ⅰ. 소송의 계속

1. 의   의

2. 발생 시기

소제기시냐? 피고에 대한 소장 부본 송달 시냐?

판례는[1] "채권자대위소송의 계속중 다른 채권자가 같은 채무자를 대위하여 같은 제3채무자를 상대로 법원에 출소한 경우 두 개 소송의 소송물이 같다면 나중에 계속된 소는 중복제소금지의 원칙에 위배하여 제기된 부적법한 소가 된다 할 것이고, 이 경우 전소와 후소의 판별기준은 소송계속의 발생시기 즉 소장이 피고에게 송달된 때의 선후에 의할 것"이라고 하여 소장부본송달 시에 소송의 계속이 있는 것으로 본다.

---

1) 대법원 1994.11.25. 선고 94다12517,94다12524 판결.

Ⅱ. 중복된 소제기의 금지

1. 제도적 의의

가. 법 규정: 제259조.

나. 입법취지

(1) **소송경제:**   같은 사건에 대하여 다시 提訴하는 것을 허용한다면, 법원과 당사자들에게 이중의 부담을 주게 된다.

(2) **판결의 모순·저촉방지:**   중복제소로 인하여 나중에 서로 모순되는 판결이 확정되면 이를 해결하기가 매우 어려워지게 되므로 이것을 사전에 예방하려는 것이다.

2. 요   건

가. 전소의 소송계속 중에 후소의 소송계속이 생길 것

(1) 전소·후소의 판단기준은 소송계속의 발생 시기, 즉 소장부본이 피고에게 송달된 때의 선·후에 의하여 결정된다.

(2) 후소 제기 당시에 전소가 소송계속 중이라도 후소의 변론종결 당시까지 전소가 소취하·소각하로 소송계속이 소멸하면 중복제소가 아니다. 중복제소금지는 소송계속으로 인하여 당연히 발생하는 소송요건의 하나로서, 이미 동일한 사건에 관하여 전소가 제기되었다면 설령 그 전소가 소송요건을 흠결하여 부적법하다고 할지라도 후소의 변론종결 시까지 소취하·소각하 등에 의하여 소송계속이 소멸되지 아니하는 한 후소는 중복제소금지에 위배하여 각하를 면치 못하게 된다.[1]

나. 전·후소의 당사자가 동일할 것

(1) **원·피고 역전형:**   전소와 후소의 당사자가 동일할 경우 원고와 피고의 지위가 서로 바뀌어도 중복제소로 될 수 있다. 개별적인 경우에 소송물이 동일한지 여부를 따져 보아야 한다(후술).

(2) **판결효가 확장되는 경우:**   당사자가 다르더라도 후소 당사자가 전소판결의 효력을 받는 경우(법 제218조 1항: 승계인·목적물소지인)에는 중복제소가 된다. 예컨대, ① 전소의 사실심 변론종결 후에 소송물을 양수한 사람이 후소를 제기하거나, 전소에서 당사자를 위하여 청구의 목적물을 소지한 사람에 대하여 후소가 제기된 경우, ② 선정당사자에 의한 제소(전소)가 있는 상태에서 선정자에 의한 소제기 등과 같이 제3자의 소송담당이 있는 경우 권리귀속주체인 피 담당자가 새로운 소를 제기하는 때는 중복제소가 된다.

---

[1] 대법원 1998.2.27. 선고 97다45532 판결.

[채권자대위소송의 경우]

1. 각기 다른 채권자의 대위소송이 중복되는 경우

판례[1] 및 통설은 후에 제기된 채권자대위소송은 중복소송이 된다고 본다. 이와는 달리 중복소송 부정설은 대위소송이 경합될 때 두 채권자 사이에 서로 기판력이 미치지 않는다는 점, 전·후소의 소송물이 서로 다른 점을 내세워 중복제소가 되지 않는다고 본다. 한편 제한적 중복제소 긍정설은 채무자가 대위소송의 계속사실을 알았을 경우에 중복제소가 된다는 입장이다.

2. 채무자 본인의 소제기에 의한 소송계속 중 채권자대위소송이 제기된 경우

판례[2]는 비록 당사자는 다를지라도 실질적으로 동일소송이라고 하여 중복제소가 된다고 보며 다수설이 취하는 입장이다. 그러나 최근의 판례는 "채권자대위권은 채무자가 제3채무자에 대한 권리를 행사하지 아니하는 경우에 한하여 채권자가 자기의 채권을 보전하기 위하여 행사할 수 있는 것이어서, 채권자가 대위권을 행사할 당시에 이미 채무자가 그 권리를 재판상 행사하였을 때에는 채권자는 채무자를 대위하여 채무자의 권리를 행사할 수 없다"고 하여 채무자 본인이 제기한 소송이 계속 중인 상태에서 채권자대위소송이 제기된 경우에는 당사자적격이 결여된다고 하였다. 채권자대위소송의 법적 성격을 채권자의 고유권으로 파악하는 소수설은 대위권 행사 요건을 구비하지 않는 것으로서 청구기각 하여야 할 것이지 중복제소로 처리할 것은 아니라고 한다.

3. 채권자대위소송 계속 중 채무자 본인의 소제기

판례[3]는 중복제소가 된다고 보며 다수설도 같은 견해를 취한다. 소수설은 전소가 변론종결 전이면 채권자 대위청구(전소)는 대위권 행사요건의 결여로서 청구 기각하여야 할 것이고, 전소의 변론종결 후이면 대위소송은 영향이 없고, 채무자의 소송은 별소로서 존속한다고 본다. 한편 채권자 대위소송의 제기사실이 채무자에게 고지되어(채무자에 대한 고지의 방법은 불문) 채무자가 대위소송계속 사실을 알면서 소제기 한 경우는 중복제소가 되고, 채무자가 모르는 상태에서 제기한 소는 중복제소가 아니라는 견해(한정적 긍정설)도 있다.

[채무자 본인의 제3채무자 상대의 소송계속 중 압류채권자의 추심금청구의 소가 제기된 경우][4]

[대법원 2013.12.18. 선고 2013다202120 전원합의체 판결] **[다수의견]** (가) 채무자가 제3채무자를 상대로 제기한 이행의 소가 이미 법원에 계속되어 있는 상태에서 압류채권자가 제3채무자를 상대로 제기한 추심의 소의 본안에 관하여 심리·판단한다고 하여, 제3채무자에게 불합리하게 과도한 이중 응소의 부담을 지우고 본안 심리가 중복되어 당사자와 법원의 소송경제에 반한다거나 판결의 모순·저촉의 위험이 크다고 볼 수 없다. (나) 압류채권자는 채무자가 제3채무자를 상대로 제기한 이행의 소에 민사소송법 제81조, 제79조에 따라 참가할 수도 있으나, 채무자의 이행의 소가 상고심에 계속 중인 경우에는 승계인의 소송참가가 허용되지 아니하므로 압류채권자의 소송참가가 언제나 가능하지는 않으며, 압류채권자가 채

---

1) 대법원 1994.2.8. 선고 93다53092 판결 등.
2) 대법원 1981.7.7. 선고 80다2751 판결 등.
3) 대법원 1988.9.27. 선고 87다카1618 판결 등.
4) 이러한 판례의 취지에 따라 전소가 상고심에 계속 중이어서 소송참가가 안된다는 것을 중복소송의 예외의 근거로 삼고 있다고 해석하는 견해도 있다(이시윤, 279면 각주2). 즉 전소가 사실심에 계속중이면 후에 제기된 추심금청구의 소는 중복소송이 될 수 있다는 견해로 보인다.

무자가 제기한 이행의 소에 참가할 의무가 있는 것도 아니다. **(다) 채무자가 제3채무자를 상대로 제기한 이행의 소가 법원에 계속되어 있는 경우에도 압류채권자는 제3채무자를 상대로 압류된 채권의 이행을 청구하는 추심의 소를 제기할 수 있고, 제3채무자를 상대로 압류채권자가 제기한 추심의 소는 채무자가 제기한 이행의 소에 대한 관계에서 민사소송법 제259조가 금지하는 중복된 소제기에 해당하지 않는다고 봄이 타당하다. [반대의견]** (가) 민사소송법 제259조가 규정하는 중복된 소제기의 금지는 소송의 계속으로 인하여 당연히 발생하는 소제기의 효과이다. 그러므로 설령 이미 법원에 계속되어 있는 소(전소)가 소송요건을 갖추지 못한 부적법한 소라고 하더라도 취하·각하 등에 의하여 소송 계속이 소멸하지 않는 한 그 소송 계속 중에 다시 제기된 소(후소)는 중복된 소제기의 금지에 저촉되는 부적법한 소로서 각하를 면할 수 없다. (나) 채무자가 제3채무자를 상대로 먼저 제기한 이행의 소와 압류채권자가 제3채무자를 상대로 나중에 제기한 추심의 소는 비록 당사자는 다를지라도 실질적으로 동일한 사건으로서 후소는 중복된 소에 해당한다. (다) 압류채권자에게는 채무자가 제3채무자를 상대로 제기한 이행의 소에 민사소송법 제81조, 제79조에 따라 참가할 수 있는 길이 열려 있으므로, 굳이 민사소송법이 명문으로 규정하고 있는 기본 법리인 중복된 소제기의 금지 원칙을 깨뜨리면서까지 압류채권자에게 채무자가 제기한 이행의 소와 별도로 추심의 소를 제기하는 것을 허용할 것은 아니다. 다만 다수의견이 지적하듯이 채무자가 제3채무자를 상대로 제기한 이행의 소가 상고심에 계속 중 채권에 대한 압류 및 추심명령을 받은 경우에는 압류채권자가 상고심에서 승계인으로서 소송참가를 하는 것이 불가능하나, 이때에도 상고심은 압류 및 추심명령으로 인하여 채무자가 당사자적격을 상실한 사정을 직권으로 조사하여 압류 및 추심명령이 내려진 부분의 소를 파기하여야 하므로, 압류채권자는 파기환송심에서 승계인으로서 소송참가를 하면 된다.

[채권자대위소송과는 달리 채권자취소소송(민법 406조)의 경우에는 채권자취소권의 요건을 갖춘 각 채권자취소소송은 별개의 소로 취급되어 중복제소가 아니다[1]] 따라서 어느 한 채권자가 동일한 사해행위에 관하여 사해행위취소 및 원상회복 청구의 소를 제기하여 승소판결을 받고 그 판결이 확정되었다는 것만으로는 그 후에 제기된 다른 채권자의 동일한 청구가 권리보호의 이익이 없게 되는 것은 아니고, 그에 기하여 가액이나 재산의 반환이 이루어진 경우에 비로소 그와 중첩되는 범위 내에서 권리보호의 이익이 없게 된다. 따라서 **여러 명의 채권자가 사해행위 취소 및 원상회복청구의 소를 제기하여 계속된 때에는 각 소송에서 채권자의 청구에 따라 사해행위취소 및 원상회복을 명하는 판결을 선고하여야 하고,** 수익자(전득자)가 가액배상을 하여야 할 경우에도 수익자가 반환하여야 할 가액을 채권자의 채권액에 비례하여 채권자별로 안분한 범위 내에서 반환을 명할 것이 아니라, 수익자가 반환하여야 할 가액 범위 내에서 각 채권자의 피보전채권액 전액의 반환을 명하여야 한다. (한편) 채권자취소권은 채무자의 사해행위를 채권자와 수익자 또는 전득자 사이에서 상대적으로 취소하고 채무자의 책임재산에서 일탈한 재산을 회복하여 강제집행이 가능하도록 하는 것을 본질로 하는 권리이므로 원상회복을 가액배상으로 하는 경우에 그 이행의 상대방은 채권자이어야 한다.

다. 전·후소의 소송물이 동일할 것

(1) 소송물이론과의 관계

예컨대 청구취지가 같지만 청구원인을 이루는 실체법상의 권리가 서로 다른 경우, 전·

---

1) 대법원 2008.4.24. 선고 2007다84352 판결.

후 양소의 청구취지는 같으나 청구원인사실이 서로 다른 경우 등에 있어서 구실체법설 및 소송법설중 이원설의 입장과 일원설의 입장에 따라 각각의 차이가 있다.

(2) 청구취지가 서로 다른 경우

(가) 신·구 소송물이론 어느 쪽에 의하더라도 중복제소가 되지 않음이 원칙이다.

(나) 문제되는 경우

① 적극적 확인청구와 소극적 확인청구: A부동산에 대한 甲의 乙에 대한 소유권확인청구의 소가 계속 중에 乙의 甲에 대한 소유권부존재확인청구의 소가 제기된 경우에는 원고의 청구기각을 구하는 것 이상의 의미가 없으므로 양 청구는 동일한 청구로 보아야 한다. 그러나, 甲의 乙에 대한 소유권확인청구의 소가 계속 중에 乙이 甲을 상대로 동일 물건에 대한 소유권확인청구의 소를 제기한 경우에는 동일한 사건이라고 할 수 없다. 즉, 乙의 후소는 중복제소가 되지 않는다(다수설). 그러나 이러한 경우는 중복심리의 가능성이 있고 또한 전후 양소가 기판력의 모순관계에 있어서 판결내용이 저촉될 우려가 있으므로 중복제소금지의 원칙을 적용하여야 한다는 견해도 있다.

② 확인청구와 이행청구의 경우

ⓐ 반복형 소송: 예컨대 대여금채권의 존재확인의 소를 제기하고, 이와는 별개로 그 대여금반환을 구하는 이행의 소를 제기한 경우와 같이 동일한 권리관계에 관한 확인소송과 이행소송이 반복된 경우에, 어느 쪽이 선행하더라도 중복제소가 되지 않는다는 견해, 이행의 소가 먼저 제기된 경우에 후소로 확인의 소를 제기하는 것은 중복제소가 되지만 확인의 소가 먼저 제기된 상태에서 이행의 소를 제기한 경우에는 중복제소가 아니라는 견해[1](독일 다수설, 판례), 어느 경우이든 원고는 청구취지의 변경에 의하여 별소 제기의 목적을 달성할 수 있으므로 별개의 소송절차를 인정할 필요가 없으므로 중복제소가 된다는 견해[2] 등이 있다. 한편 위의 경우에 있어서 어느 경우이든 확인의 소의 보충성에 기하여 확인의 소는 권리보호의 자격이 없으므로 부적법 각하 하여야 한다는 견해[3]도 있다.

ⓑ 대향형 소송: 甲이 乙을 상대로 채무부존재확인의 소를 제기하여 계속 중인 상태에서 乙이 채무이행의 소를 제기하는 경우에, 소의 종류에 따라 소송물이 달라지므로 중복제소는 되지 않지만, 예컨대, 채무부존재확인 소송의 계속 중에 동일 채권에 기한 이행의 소가 제기되거나, 또는 이행의 소 계속 중에 채무부존재확인의 소가 제기된 경우에 어느 경우이든 적극적 이행의 소에 대하여 기각 판결을 받으면 확인의 소의 목적이 달성되는 것이므로 확인의 소는 소의 이익이 없어서 부적법하다는 견해[4]가 있다. 판례[5]는 "소송요건을 구비하여 적법하게 제기된 본소가 그 후에 상대방이 제기한 반소로 인하여 소송요건에 흠결이 생겨 다시 부적법하게 되는 것은 아니므로, 원고가 피고에 대하여 손해배상채무의 부존재확인을 구할 이익이 있어 본소로 그 확인을 구하였다면, 피고가 그 후에 그 손해배상채무의 이행을

---

1) 이시윤, 287면; 정동윤·유병현, 267면.
2) 김홍엽, 325면 등: 다만 이 견해에 의하더라도 전소가 상고심에 계속중이면 그 소송절차에서 청구취지의 변경이 불가능하므로 별소로 이행의 소를 제기하더라도 중북제소가 아니라고 한다.
3) 호문혁, 151면.
4) 호문혁, 152면.
5) 대법원 2010.7.15. 선고 2010다2428,2435 판결.

구하는 반소를 제기하였다 하더라도 그러한 사정만으로 본소청구에 대한 확인의 이익이 소멸하여 본소가 부적법하게 된다고 볼 수는 없다. 민사소송법 제271조는 본소가 취하된 때에는 피고는 원고의 동의 없이 반소를 취하할 수 있다고 규정하고 있고, 이에 따라 원고가 반소가 제기되었다는 이유로 본소를 취하한 경우 피고가 일방적으로 반소를 취하함으로써 원고가 당초 추구한 기판력을 취득할 수 없는 사태가 발생할 수 있는 점을 고려하면, 위 법리와 같이 반소가 제기되었다는 사정만으로 본소청구에 대한 확인의 이익이 소멸한다고는 볼 수 없다"고 하여 중복제소를 부정한다.

③ 甲이 乙을 상대로 이행청구소송을 제기하여 그 소송계속 중에 乙이 甲을 상대로 채무부존재확인소송을 제기하는 경우에는 동일사건으로 유추적용 내지 준용하여 중복소송에 해당하는 것으로 볼 것이다.[1] 판례[2]는 "채권자가 채무인수자를 상대로 제기한 채무이행청구소송(전소)과 채무인수자가 채권자를 상대로 제기한 원래 채무자의 채권자에 대한 채무부존재확인소송(후소)은 그 청구취지와 청구원인이 서로 다르므로 중복제소에 해당하지 않는다"고 하여 위와 같은 사례에서 중복제소의 문제로 처리하지는 않고, 다만 "채무인수자를 상대로 한 채무이행청구소송이 계속중, 채무인수자가 별소로 그 채무의 부존재 확인을 구하는 것은 소의 이익이 없다"고 하여 소의 이익의 부존재로 보고 있다.

> **[이행의 소 계속 중에 제기된 확인의 소와 중복제소: 대법원 2001.7.24. 선고 2001다22246 판결]** **[사실관계]** 소외 丙은 甲으로부터 금원을 차용하면서 甲, 乙과 합의하여 乙소유의 부동산 위에 근저당권자 甲, 채무자 乙로 된 근저당권을 설정하여 주었다. 그 후 甲이 위 근저당권에 기하여 임의경매를 신청하자 乙은 丙의 甲에 대한 채무가 변제로 소멸하였음을 이유로 甲을 상대로 근저당권설정등기말소청구의 소를 제기하였으나 1심에서 패소한 후 항소하였다. 1심 판결 후 위 부동산은 소외 丁에게 낙찰되어 동인 명의로 등기가 경료됨으로써 甲 명의의 근저당권등기는 말소되었다. 한편 乙이 위 임의경매절차배당기일에 집행력있는 정본 없이 배당을 요구한 甲의 채권을 부인하자 甲은 乙이 丙으로부터 채권을 병존적으로 인수함과 동시에 이를 피담보채무로 하여 위 근저당권을 설정하였다고 주장하며 채권확정의 소를 제기하였고, 그 소장부본을 송달받은 후 乙은 위 근저당권설정등기말소청구의 항소심(원심)에서 청구취지를 "丙의 甲에 대한 채무는 존재하지 아니함을 확인한다"는 것으로 변경하였다. 이에 대하여 원심은, 乙의 위 채무부존재확인의 소와 甲이 乙을 상대로 제기한 이 채권확정의 소는 원·피고의 지위만 바뀌었을 뿐 당사자와 청구가 모두 동일한 사건인데, 위 채권확정의 소가 계속된 뒤에 乙이 청구취지를 변경하여 위 채무부존재확인의 소에 대한 소송계속의 효과가 발생하였으므로, 위 채무부존재확인의 소는 중복제소에 해당하여 부적법하다고 판단하였다. **[판결요지]** 채권자가 채무인수자를 상대로 제기한 채무이행청구소송(전소)과 채무인수자가 채권자를 상대로 제기한 원래 채무자의 채권자에 대한 채무부존재확인소송(후소)은 그 청구취지와 청구원인이 서로 다르므로 중복제소에 해당하지 않는다.

(3) 일부청구와 잔부청구

① 일부청구의 의의: 수량적으로 분할 가능한 급부를 목적으로 하는 채권(특히 금전채

---

1) 김홍엽, 324면.
2) 대법원 2001.7.24. 선고 2001다22246 판결.

권)의 일부를 먼저 청구하는 경우에 전소에서 청구하고 남은 잔부에 대하여 후소에서 청구하는 것이 중복제소에 해당하는지가 문제된다.

② 문제점: 원고가 가분적 청구를 의도적으로 여러 차례 나누어 소제기 하는 경우에 소권남용이 문제될 여지가 있고, 일부청구에 대한 판결이 확정된 경우에 잔부청구에 대한 기판력의 확장이 문제될 수도 있다. 다수설은 일부청구의 계속 중 잔부청구를 하는 것은 동일 소송에서 청구취지의 변경에 의하여 간단히 해결할 수 있음에도 별개의 소를 제기하는 것이므로 중복된 소제기가 된다는 입장이다. 그렇지 않더라도 이부·이송·변론병합으로 같은 절차에서 심리하게 하여야 하고, 소권남용이 뚜렷할 때에는 후소를 각하할 것이라고 한다.[1]

③ 판례: 전 소송에서 불법행위를 원인으로 치료비청구를 하면서 일부만을 특정하여 청구하고 그 이외의 부분은 별도소송으로 청구하겠다는 취지를 명시적으로 유보한 때에는 그 전소송의 소송물은 그 청구한 일부의 치료비에 한정되는 것이고 전 소송에서 한 판결의 기판력은 유보한 나머지 부분의 치료비에까지는 미치지 아니한다 할 것이므로 전 소송의 계속 중에 동일한 불법행위를 원인으로 유보한 나머지 치료비청구를 별도소송으로 제기하였다 하더라도 중복제소에 해당하지 아니한다고 하여[2] 명시적 일부청구의 경우에 잔부청구를 별소로 제기하더라도 중복소송이 아니라고 한다. 다만 "종전소송에서의 청구가 일부청구라 하여도 이 사건 소송(1994.4.29. 소제기)이 위 종전소송의 사실심(항소심판결이 1995. 3. 24. 선고되었다)에 계속 중에 제기되었음이 기록상 명백한 이상, 원고는 위 종전소송에서 청구취지의 확장으로 용이하게 이 사건 소송의 청구를 할 수 있었는데도 별소로 잔부청구인 이 사건 청구를 하는 것은 소권남용에 해당되어 부적법한 것으로 각하를 면하지 못할 것"이라고 하여 결과적으로 부적법한 소임을 인정하였다.

(4) 소송물의 전제를 이루는 선결적 법률관계나 공격방어방법(동시이행의 항변, 유치권 행사의 항변 등)으로서 주장한 채권·물권 등의 각종 권리에 기하여 별개의 소를 제기하더라도 중복제소에 해당하지 않는다.

(5) 상계의 항변

(가) 문제의 제기: 통상의 항변의 경우에는 판결이유 중의 판단에 대하여서는 기판력이 생기지 않으므로 항변으로 제출된 권리관계에 기하여 별소를 제기하더라도 중복제소가 되지 않는다. 그러나, 상계항변은 판결이유 중에 판단되더라도 그 자동채권의 존부에 과한 판단에 대하여 기판력이 발생한다(제216조 2항). 따라서 판결이유에서의 판단에 그치는 다른 항변과는 달리 상계항변에서는 재판의 모순과 상호저촉의 방지라는 중복제소 금지의 법리를 적용하여야 할 필요성이 있는 것이다.

(나) 별소 제기의 유형: 상계항변이 제출된 시기를 둘러싸고, ① 상계의 항변으로 주장된 채권에 대하여 후소로서 별개의 소를 제기하는 경우(항변선행형), ② 자동채권에 대한 이행청구의 소를 제기한 상태에서 별개의 소송절차에서 상계항변을 주장하는 경우(항변후행형)로 나누어 볼 수 있다.

---

1) 이시윤, 280면.
2) 대법원 1985.4.9. 선고 84다552 판결.

(다) 학 설

① 중복제소 부정설: 항변 선행형, 후행형을 불문하고 어느 경우든 중복제소가 되지 않는다고 보는 견해이다. 상계항변은 예비적·출혈적 항변으로서 그 소송절차가 종료될 때까지는 자동채권의 존부에 대한 판단이 있을 것인지 여부가 불명확하다는 점(판례는 원칙적으로 상계항변은 예비적 항변으로 취급하여 맨 마지막에 판단하여야 한다는 입장이다), 특히, 항변후행형의 경우 중복제소로 보게 된다면 피고의 공격방어 방법제출의 자유를 부당히 제약한다는 점 등을 근거로 내세운다.

② 중복제소긍정설: 항변선행형, 후행형 어느 경우이든 중복제소에 해당하여 금지된다는 견해로서, 기판력의 상호저촉을 방지하여야 함을 주된 근거로 내세운다.

③ 절충설: 원칙적으로 중복제소 부정설을 찬성하는 입장이지만, 항변선행형의 경우 심리의 중복과 기판력의 모순·저촉을 방지하기 위하여 별소 제기를 금하고 기왕의 소송에서 (예비적)반소를 제기하도록 하여야 한다거나(이시윤), 이부·이송의 방법으로 병합 심리하도록 하되, 그것이 불가능한 경우에 상계항변이 예비적이면 후소를 적법한 소로서 허용하고, 무조건적이면 중복제소로 처리하는 것이 가장 부작용이 적다는 견해(호문혁) 등이 있다.

(라) 판례[1]:

"상계의 항변을 제출할 당시 이미 자동채권과 동일한 채권에 기한 소송을 별도로 제기하여 계속 중인 경우, 사실심의 담당재판부로서는 전소와 후소를 같은 기회에 심리판단하기 위하여 이부, 이송 또는 변론병합 등을 시도함으로써 기판력의 저촉 모순을 방지함과 아울러 소송경제를 도모함이 바람직하였다고 할 것이나, 그렇다고 하여 특별한 사정이 없는 한 별소로 계속중인 채권을 자동채권으로 하는 소송상 상계의 주장이 허용되지 않는다고 볼 수는 없다"고 하여 중복제소 부정설을 취하고 있다. 그러나 법원은 위와 같이 중복제소부정설을 취하면서도 법원으로서는 이부, 이송 또는 변론의 병합에 의하여 같은 절차에서 심리함이 바람직하다는 입장을 취하고 있다.

3. 중복제소의 처리

가. 부적법 각하

동일한 사건에 대하여 소송계속이 발생하고 있지 않을 것은 소극적 소송요건이다. 중복제소에 해당되면 후소는 부적법 각하된다. 공익적 사항이며 법원의 직권조사대상이다.

나. 중복제소를 간과한 판결의 효력

(1) 판결확정 전이면 후소 판결에 대하여 상소제기를 통하여 취소 및 부적법 각하를 구할 수 있다. 그러나, 후소 판결이 먼저 확정되면 기판력의 문제로 되어 먼저 확정된 판결과 모순되는 판결을 할 수 없게 된다.

(2) 전·후 양소의 판결이 모두 확정되고 내용이 서로 모순·저촉되는 경우에는 중복제소의 문제가 아니며, 뒤의 확정판결이 앞의 확정판결의 기판력에 저촉되는 것이면 재심의 소에 의하여 취소되게 된다.

---

1) 대법원 2001.4.27. 선고 2000다4050 판결.

(3) 중복제소금지의 원칙에 위배되어 제기된 소에 대한 판결이나 그 소송절차에서 이루어진 화해라도 확정된 경우에는 당연 무효라고 할 수는 없다.[1]

[대법원 1997.1.24. 선고 96다32706 판결] 기판력 있는 전소판결과 저촉되는 후소판결이 그대로 확정된 경우에도 전소판결의 기판력이 실효되는 것이 아니고 재심의 소에 의하여 후소 판결이 취소될 때까지 전소판결과 후소 판결은 저촉되는 상태 그대로 기판력을 갖는 것이고 또한 후소 판결의 기판력이 전소판결의 기판력을 복멸시킬 수 있는 것도 아니어서, 기판력 있는 전소판결의 변론종결 후에 이와 저촉되는 후소 판결이 확정되었다는 사정은 변론종결 후에 발생한 새로운 사유에 해당되지 않으므로, 그와 같은 사유를 들어 전소판결의 기판력이 미치는 자 사이에서 전소판결의 기판력이 미치지 않게 되었다고 할 수 없다. 후소가 전소판결의 기판력을 받는지 여부는 직권조사사항으로서 이에 관한 당사자의 주장은 직권발동을 촉구하는 의미밖에 없으므로 법원이 이에 관하여 판단하지 않았다고 하여 판단유탈의 상고이유로 삼을 수 없다

4. 국제적 중복제소(소송경합)

가. 판례: [대법원 1987.4.14. 선고 86므57,58 판결] [사실관계] 甲(한국인)은 미국 뉴욕주립대학에 유학하여 박사과정을 밟던 중 乙(미국시민권자인 교포 2세)과 혼인하여 딸 丙을 낳고 생활하다가 학위를 취득한 다음 한국에서 대학조교수로 취직되어 귀국하게 되었다. 그러나 乙은 甲과의 불화로 인하여 귀국을 반대한 채 뉴욕주 법원에 이혼 및 위자료 그리고 子의 양육권 및 양육비청구소송을 제기하였다. 甲은 응소를 하였으나 소송에 별다른 진척이 없자 서울가정법원에 乙을 상대로 이혼심판을 청구하였다. 乙은 甲의 청구에 응소하는 한편 甲에 대하여 뉴욕주 법원에 제기한 것과 동일한 청구를 내용으로 한 반소를 제기하였다. **[판결요지]** 반심계속중 반심청구인이 반심피청구인을 상대로 그 반심청구와 같은 내용을 포함하는 심판청구를 제기하여 승소한 뉴욕주법원의 확정판결이 현출되었다면 원심으로서는 위 확정판결이 우리나라에서 승인의 요건이 구비되어 그 판결의 효력이 인정됨으로써 반심청구가 그 판결의 기판력에 저촉되어 권리보호의 요건을 갖추지 못하였는지 여부를 심리·판단하여야 한다.

나. 학설: 위 사안에서는 乙이 제기한 반소가 이미 뉴욕주 법원에 제기한 소송과 동일한 내용으로, 외국법원에 소가 제기되어 계속 중 동일사건에 대해 국내법원에 제소했을 때 후소를 중복소송으로 보아 각하해야 할 것인가에 관하여는 논란이 있다.

(1) 규제소극설: 재판권의 행사는 국가주권행위라는 점에서 제259조 소정의 '법원'에는 외국법원이 포함되지 않는다고 해야 하므로 외국법원에의 소제기에도 불구하고 국내법원에 제소가 무방하다고 한다.(일본의 전통적인 견해이자 대한항공기사고와 관련한 일본의 판례)

(2) 승인예측설: 외국법원에서 장래 선고될 판결이 국내에서의 승인요건을 구비하였다고 보이는 경우에는 제259조를 유추적용하여 국내에서 동일한 소송을 제기할 수 없도록 하되 다만, 외국판결의 승인예측은 신중하여야 하므로 승인에 대한 중대한 의심이 없다면 외국에서의 소송계속을 고려하여 국내법원에 제기된 소를 각하할 것이나 아니라면 후에 승인되지 않는 경우에 대비하여 변론을 중지하여야 하고 또 외국법원의 심리가 지나치게 지연될 때에

---

1) 대법원 1995.12.5. 선고 94다59028 판결.

는 외국법원의 소송계속을 참작하지 않을 수도 있다고 한다.

(3) 비교형량설: 사안별로 외국과 우리나라 가운데 어디가 적절한 법정지인가를 비교형량하여 결정할 것으로 만일 외국이 보다 적절한 법정지인데도 국내법원에 제소하면 중복소송이 된다고 한다.

[예제] [2011년 사법시험] [제1문] 甲은 乙의 아들 S와의 사이에 乙 소유의 토지를 대금 10억 원에 매수하기로 하는 계약을 체결하고 계약에서 정한 날보다 신속히 등기를 이전받고자 대금 10억 원을 S에게 선지급하였다. 위 토지에 관한 소유권이전등기를 요청하는 甲에 대하여 乙은 위 매매계약에 관하여 S에게 대리권을 수여한 사실이 없다고 주장하면서 甲의 요청에 응하지 아니하였다. 甲은 계약에서 정한 이행일이 경과한 후 乙을 피고로 하여 매매계약에 기한 소유권이전등기를 예비적으로 S를 피고로 병합하여 무권대리인으로서 매매계약을 한 데 따른 손해배상을 구하는 소를 제기하였다. 〈아래의 각 설문은 상호 무관한 것임〉

2. 乙은 甲의 위 청구에 대하여 위 매매계약에 관한 S의 대리권을 부인하였는데, 만일 S의 대리권이 인정된다고 하더라도 토지 매매대금 중 수표를 받은 2억 원이 지급거절 되었으므로 위 2억 원을 지급할 때까지는 甲의 청구에 응할 수 없다고 항변하였다. 이에 대하여 甲은 乙과의 사이에 상품거래로 인한 상품대금 채권 2억 원이 있다고 하면서 乙이 주장하는 매매대금 중 2억 원과 상계하겠다고 주장하는 한편, 신속히 위 상품대금 2억 원을 지급받고자 乙에 대하여 위 2억 원의 지급을 구하는 별도의 소를 제기하였다. 법원은 甲의 후소에 대하여 본안판단을 할 수 있는가? (15점)

[해설] Ⅰ. 주요논점: 상계항변에서 자동채권으로 행사한 채권에 대하여 별개의 소를 제기한 경우에 중복된 소제기가 되는가의 문제이다.

Ⅱ. 중복된 소제기의 요건: 최대한 간단히 언급

Ⅲ. 상계항변으로 주장된 채권을 행사하는 별개의 소와 중복된 소제기

    1. 학설: 중복제소 긍정설, 부정설, 상계항변이 무조건적이냐 예비적이냐에 따라 구분하는 견해, 반소요구설 등이 있다.

    2. 판례: 중복제소 부정설을 취한다.

Ⅳ. 사안의 경우(동시이행항변이 제출된 채권을 수동채권으로 하여 상계항변이 제출된 경우): 이 경우에는 상계권 행사가 있었더라도 그 자동채권에 대하여 기판력이 생기지 않는다. [대법원 2005.7.22. 선고 2004다17207 판결]

Ⅴ. 결론: 甲의 후소는 중복된 소제기가 아니므로 법원은 본안에 관하여 심리하여야 한다. 다만 판결의 모순 등을 피하기 위하여 법원은 변론의 병합 등을 시도할 필요가 있다.

[예제] [변리사시험 제37회(2000년)] 甲은 乙에 대하여 불법행위로 인한 30,000,000원의 지급을 구하는 손해배상청구의 소를 제기하였다. 이 소송의 계속 중에 손해배상액이 50,000,000원이라고 하여 20,000,000원의 추가지급을 구하는 별소를 제기하였다. 이 별소는 적법한가? (25점)

[해설] Ⅰ. 주요논점: 일부청구의 허용여부(일부청구의 소송물) 및 잔부청구를 위한 별 소제기가 중복된 소제기에 해당하는가?

Ⅱ. 일부청구의 허용여부(각 학설의 내용 및 판례의 내용을 소개하고 각 입장에 따른 잔부청구의 허용여부에 관한 결론을 내린다)

    1. 학설

    2. 판례

3. 결론

Ⅲ. 일부청구에 관한 소송계속 중에 제기된 잔부청구의 허용여부

　　1. 중복된 소제기의 요건(내용 생략)

　　2. 잔부청구가 중복된 소제기에 해당하는지 여부

　　(1) 학설

　　(2) 판례: 판례는 명시적 일부청구의 소가 계속 중인 상태에서 잔부청구를 별소로써 제기
할 수도 있다는 입장이나(즉 중복된 소제기에 해당하지 않는다), 대판 95다46319 판결은
일부청구가 사실심에 계속 중인 상태에서 잔부청구가 제기되었다면 소권남용에 해당하
여 부적법하다는 입장이다.

　　3. 결론: 일부청구가 사실심에 계속 중인 상태에서 소변경을 통하여 청구취지 확장을 하지
않고 잔부청구의 별소를 제기하는 것은 중복된 소제기로서 허용하지 않는다고 보아야
할 것이다.

Ⅳ. 문제의 해결: **갑의 명시적인 일부청구가 있은 경우에는** 만약 사실심에 계속 중인 상태에서
본건 별소를 제기하였다면 중복된 소제기로서 부적법하다(그렇지 않더라도 소권의 남용으로서 부
적법 하다). 명시적인 일부청구가 상고심에 계속 중이라면 잔부청구의 별소를 제기하더라도 중복
된 소제기에 해당하지 않으므로 적법하다. **만약 갑이 명시적으로 일부청구임을 밝히지 않았다면
잔부청구를 위한 별소의 제기는 어느 경우이든 허용되지 않는다.** 다만 사실심에 계속 중이라면
청구취지 확장(소변경)을 통하여 잔부청구를 할 수 있고, 제1심에서 일부청구에 대한 전부 승소판
결을 받았다고 하더라도 청구취지 확장을 위한 항소의 제기도 허용된다. 만약 일부청구임을 명시
하지 않고 일부청구를 한 경우에 그 사건이 상고심에 계속 중이라면 일부청구에 대한 판결이 확
정된 뒤에 그 판결의 기판력은 잔부청구에 대하여도 미친다.

Ⅲ. 소제기와 실체법상의 효과

1. 총　　설

2. 시효중단의 효력(민법 제168조, 제170조)

가. 중단의 대상

(1) **이행·확인·형성의 소 모두에 대하여 중단이 효력을 인정한다.**

(2) **소송물이론에 따른 차이**:　　　구소송물이론은 소송물인 원고 주장의 실체법상의 권
리만을 시효중단의 대상으로 본다. 신소송물이론은 이행의 소를 제기하면 그 1회적 급부실
현의 수단이 되는 모든 실체법상의 권리가 행사된 것으로 보아 구체적 실체법상의 권리와는
관계없이 모든 권리에 시효가 중단된 것으로 본다.[1]

(3) **공격·방어 방법으로 제출된 권리**

예컨대 소유권에 바탕을 둔 인도청구소송, 등기청구소송, 방해배제청구소송, 손해배상청
구소송, 부당이득청구소송 등에 의하여 소유권에 시효중단의 효력이 생긴다. 매매계약에 기

---

1) 이시윤, 284면.

한 소유권이전등기청구권의 소멸시효기간 만료 전에 매매계약을 원인으로 건축주명의변경을 구하는 소를 제기한 사안에서, 매매계약에 기한 소유권이전등기청구권의 시효중단 사유인 재판상 청구는 권리자가 소송이라는 형식을 통하여 권리를 주장하면 족하고 반드시 그 권리가 소송물이 되어 기판력이 발생할 것을 요하지 않으므로, 소유권이전등기청구권이 발생한 기본적 법률관계에 해당하는 매매계약을 기초로 하여 건축주명의변경을 구하는 소도 소멸시효를 중단시키는 재판상 청구에 포함된다.[1]

[**대법원 1993.12.21. 선고 92다47861 전원합의체 판결**] [**사실관계**] 원고 X가 피담보채권인 대여금채권이 부존재 함을 이유로 근저당권설정등기의 말소청구소송을 제기하자 피고 Y가 적극적으로 응소하여 위 대여금채권이 유효하게 성립되었다고 다투어 X패소 판결이 내려져 확정되었다(전소). 그 후 X는 다시 Y를 상대로 위 대여금채무가 전소의 변론종결 후 소멸시효완성으로 소멸하였음을 이유로 근저당권 설정등기 말소등기청구 소송을 제기하였고 이에 Y는 전소에서의 응소행위에 의하여 시효중단 되었다고 항변하였다. [**판결요지**] 민법 제168조 제1호, 제170조 제1항에서 시효중단사유의 하나로 규정하고 있는 재판상의 청구라 함은, 통상적으로 권리자가 원고로서 시효를 주장하는 자를 피고로 하여 소송물인 권리를 소의 형식으로 주장하는 경우를 가리키지만, 이와 반대로 시효를 주장하는 자가 원고가 되어 소를 제기한 데 대하여 피고로서 응소하여 그 소송에서 적극적으로 권리를 주장하고 그것이 받아들여진 경우도 마찬가지로 이에 포함되는 것으로 해석함이 타당하다. 권리자가 시효를 주장하는 자로부터 제소당하여 직접 응소행위로서 상대방의 청구를 적극적으로 다투면서 자신의 권리를 주장하는 것은 자신이 권리위에 잠자는 자가 아님을 표명한 것에 다름 아닐 뿐만 아니라, 계속된 사실상태와 상용할 수 없는 다른 사정이 발생한 때로 보아야 할 것이므로, 이를 민법이 시효중단사유로서 규정한 재판상의 청구에 준하는 것으로 보더라도 전혀 시효제도의 본지에 반한다고 말할 수는 없다 할 것이다. 당원은 종전에 권리자가 피고가 되어 응소행위로서 한 권리의 주장은 소멸시효 내지 소유권의 취득시효에 준용되는 시효중단사유인 위 같은 법조 소정의 재판상의 청구에 해당하지 않는다는 취지로 여러 차례 판시한 바 있으나, 이러한 판례들의 견해는 모두 이 사건 판결에 저촉되므로 이를 폐기하기로 한다. (해설) 시효중단의 효력발생시기에 관하여는 원고의 소제기시설도 있으나 피고가 현실적으로 권리를 행사하여 응소한 때로 보는 것이 옳고 응소한 때란 피고가 권리주장을 담은 답변서 또는 준비서면을 제출한 때(서면도 제출하고 진술도 한 경우) 또는 변론에서 그러한 권리주장의 진술을 한 때(서면제출 없이 진술만 한 경우)로 보아야 한다. 중단된 시효는 판결확정시에 새로이 진행한다.

나. 일부청구와 시효중단

(1) **일부청구 부정설**: 　명시여부를 불문하고 잔부청구에 대해서도 시효가 중단된다고 한다.

---

1) 대법원 2011.7.14. 선고 2011다19737 판결: 시효제도의 존재이유는 영속된 사실 상태를 존중하고 권리 위에 잠자는 자를 보호하지 않는다는 데에 있고 특히 소멸시효에서는 후자의 의미가 강하므로, 권리자가 재판상 그 권리를 주장하여 권리 위에 잠자는 것이 아님을 표명한 때에는 시효중단 사유가 되는데, 이러한 시효중단 사유로서 재판상 청구에는 소멸시효 대상인 권리 자체의 이행청구나 확인청구를 하는 경우만이 아니라, 권리가 발생한 기본적 법률관계를 기초로 하여 소의 형식으로 주장하는 경우에도 권리 위에 잠자는 것이 아님을 표명한 것으로 볼 수 있을 때에는 이에 포함된다고 보아야 하고, 시효중단 사유인 재판상 청구를 기판력이 미치는 범위와 일치하여 고찰할 필요는 없다고 하였다.

(2) 일부청구 긍정설: 명시여부를 불문하고 잔부청구는 시효는 중단되지 않는다고 한다.

(3) 절충설: 일부청구임을 명시하고 있는 경우 청구부분에 한하여 시효가 중단되고 나머지 부분은 중단되지 않는다고 한다. 판례의 입장이다.[1] 즉 한 개의 채권 중 일부에 관하여만 판결을 구한다는 취지를 명백히 하여 소송을 제기한 경우에는 소제기에 의한 소멸시효 중단의 효력이 그 일부에 관하여만 발생하고, 나머지 부분에는 발생하지 아니하지만, 비록 그중 일부만을 청구한 경우에도 그 취지로 보아 채권 전부에 관하여 판결을 구하는 것으로 해석된다면 그 청구액을 소송물인 채권의 전부로 보아야 하고, 이러한 경우에는 그 채권의 동일성의 범위 내에서 그 전부에 관하여 시효중단의 효력이 발생한다.

3. 판 례

[대법원 1997.12.12. 선고 97다30288 판결] 권리자가 시효를 중단하는 자로부터 제소당하여 직접 응소행위로서 상대방의 청구를 적극적으로 다투면서 자신의 권리를 주장하여 그것이 받아들여진 경우에는 민법 제247조 제2항에 의하여 취득시효기간에 준용되는 민법 제168조 제1호, 제170조 제1항에 시효중단사유의 하나로 규정하고 있는 재판상의 청구에 포함되는 것으로 해석함이 상당하다 할 것이나, 점유자가 소유자를 상대로 소유권이전등기청구소송을 제기하면서 그 청구원인으로 '취득시효 완성'이 아닌 '매매'를 주장함에 대하여, 소유자가 이에 응소하여 원고 청구기각의 판결을 구하면서 원고의 주장 사실을 부인하는 경우에는, 이는 원고 주장의 매매사실을 부인하여 원고에게 그 매매로 인한 소유권이전등기청구권이 없음을 주장함에 불과한 것이고 소유자가 자신의 소유권을 적극적으로 주장한 것이라 볼 수 없으므로 시효중단사유의 하나인 재판상의 청구에 해당한다고 할 수 없다.

[대법원 2011.10.13. 선고 2010다80930 판결] 채권자대위권 행사의 효과는 채무자에게 귀속되는 것이므로 채권자대위소송의 제기로 인한 소멸시효 중단의 효과 역시 채무자에게 생긴다. 채권자 甲이 채무자 乙을 대위하여 丙을 상대로 부동산에 관하여 부당이득반환을 원인으로 한 소유권이전등기절차 이행을 구하는 소를 제기하였다가 피보전권리가 인정되지 않는다는 이유로 소각하판결을 선고받아 확정되었고, 그로부터 3개월 남짓 경과한 후에 다른 채권자 丁이 乙을 대위하여 丙을 상대로 같은 내용의 소를 제기하였다가 丙과 사이에 피보전권리가 존재하지 않는다는 취지의 조정이 성립되었는데, 또 다른 채권자인 戊가 조정 성립일로부터 10여 일이 경과한 후에 乙을 대위하여 丙을 상대로 같은 내용의 소를 다시 제기한 사안에서, 채무자 乙의 丙에 대한 위 부동산에 관한 부당이득반환을 원인으로 한 소유권이전등기청구권의 소멸시효는 甲, 丁, 戊의 순차적인 채권자대위소송에 따라 최초의 재판상 청구

---

1) 대법원 1992.4.10. 선고 91다43695 판결: 원고는 이 사건 소송을 제기하면서 손해배상으로 금 4,000,000원을 청구하였다가, 민법 제766조 제1항 소정의 소멸시효기간이 경과한 후에야 제1심 법원에 청구금액을 확장하는 청구취지확장신청서를 제출하였으나, 원고는 위 소멸시효기간이 경과하기 전에 이 사건 사고로 인한 손해의 배상을 구하는 소장을 제출하면서 앞으로 시행될 법원의 신체감정결과에 따라 청구금액을 확장할 뜻을 소장에 명백히 표시하였다. 이에 대하여 법원은 신체의 훼손으로 인한 손해의 배상을 청구하는 사건에서는 그 손해액을 확정하기 위하여 통상 법원의 신체감정을 필요로 하기 때문에, 앞으로 그러한 절차를 거친 후 그 결과에 따라 청구금액을 확장하겠다는 뜻을 소장에 객관적으로 명백히 표시한 경우에는, 그 소제기에 따른 시효중단의 효력은 소장에 기재된 일부 청구액뿐만 아니라 그 손해배상청구권 전부에 대하여 미친다고 하였다.

인 甲의 채권자대위소송 제기로 중단되었다고 본 원심판단은 정당하다.

4. 법률상의 기간 준수(출소기간 및 제척기간의 준수)

5. 실체법상 효력발생 및 소멸시기

소제기의 시점을 기준으로 발생한다. 소송중의 소(청구의 변경, 중간확인의 소, 반소, 독립당사자·공동소송참가, 피고의 경정 등)는 소장에 해당하는 서면을 법원에 제출한 때에 그 효력이 생긴다. 시효중단 및 기간준수의 효력은 소의 취하·각하 등에 의하여 소급하여 소멸한다.

6. 지연손해금의 법정이율 인상

소송촉진 등에 관한 특례법 제3조 1항은 금전채무의 이행을 명하는 판결선고 시에 소장송달 다음날부터 지연손해금의 법정이율을 대통령령으로 정하는 이율에 의하도록 하였는데 현재는 연20%의 이율을 적용하고 있다. 이는 현재의 시중이율에 비하여 현저히 높아서 피고인 채무자에게 불리하고, 원고가 이를 이용하여 소송을 지연할 우려도 제기되고 있다.[1] 피고인 채무자가 그 이행의무의 존부나 범위에 관하여 항쟁이 상당하다고 인정될 때에는 그 적용을 배제한다(특례법 제3조 2항).

---

1) 이시윤, 288면.

제 5 장 민사소송 심리의 기본원칙

제 1 절 총 설

Ⅰ. 원고의 소제기에 따라 소장부본이 피고에게 송달되면 피고는 정해진 기간 내에 답변서를 제출하여 원고의 청구에 대하여 다툴 수도 있고, 답변서를 제출하지 않고 무대응으로 일관할 수도 있다. 피고가 원고의 청구 및 주장사실에 대하여 다투고 나오면, 본격적인 변론절차가 진행된다.

Ⅱ. 변론의 기초가 되는 소송자료(사실주장과 증거신청 및 증거조사의 결과)의 수집에 있어서는 법원과 당사자가 일정한 역할을 분담한다. 각 시대의 시대정신 및 절차의 종류, 입법자의 결단에 따라 법원과 당사자의 역할분담 범위가 달라질 수 있다. 예컨대 전체주의 국가에서는 법원의 직권주의를 강화할 것이고, 자유주의·개인주의에 입각한 1806년의 프랑스 민사소송법은 당사자 주도권을 철저히 관철하였다. 우리 민사소송법은 원칙적으로 절차의 진행은 법원이 담당하고, 소송물의 특정과 소송자료의 제출은 당사자의 책임으로 하고 있다.

Ⅲ. 소송자료로서의 사실은 원칙적으로 실체법과 절차법 상의 법률효과 발생의 전제가 되는 사실이라고 할 수 있다. 이러한 사실은 주요사실, 간접사실, 보조사실 등으로 우선 분류할 수 있고, 사실 수집 및 제출책임은 원칙적으로 당사자에게 있다(변론주의). 그런데 공익과 관련되는 사실 일부는 법원의 직권조사 사항이 되고, 직권조사 사항 중 일부는 법원이 적극적으로 증거조사를 실시하여 확정하는 직권탐지 사항으로 된다.

```
            ┌─ 변론주의 적용대상인 사실: 주장책임. 재판상 자백의 대상. 직권증거조사의 원칙적 금지
            │                  ┌─ 직권탐지를 필요로 하지 않는 사항: 재판상 자백 및 주장책임 적용 배제
  사실 ──────┤                  │
            └─ 직권조사사항인 ──┤
               사실             └─ 직권탐지를 필요로 하는 사항: 변론주의의 전면적 배제
```

제 2 절 필요적 변론

Ⅰ. 변론에서 행한 구술진술만이 재판의 자료로 참작되는 경우를 필요적 변론이라 하며, 판결로 재판하여야 할 경우에는 원칙적으로 필요적 변론에 의하여야 한다. 이에 반하여 결정으로 완결할 사건에 대하여는 법원이 변론 실시여부를 임의로 결정할 수 있다.

Ⅱ. 필요적 변론의 내용

1. 구술변론의 원칙

2. 변론기일을 해태한 당사자에 대한 제재

3. 준비서면의 활용

4. 집중심리주의

5. 직접주의

Ⅲ. 무변론 판결할 수 있는 경우

1. 담보 부제공(법 제117조, 제124조)

2. 부적법한 소·상소(법 제219조, 제413조, 제425조)

3. 상고이유서 부 제출(법 제429조)

4. 상고심 판결(법 제430조 1항)

5. 소액사건(소액사건심판법 제9조 1항)

6. 답변서의 부제출(법 제256조, 제257조)

[임의적 변론] 결정으로 완결될 사건(제척·기피의 재판, 관할의 지정, 특별대리인의 선임, 필수적 공동소송인의 추가와 피고의 경정, 판결경정, 항고사건, 가압류·가처분사건 등)은 법원의 재량에 의하여 임의적으로 변론을 열 수 있는 임의적 변론에 의한다(법 제134조 1항 단

서). 법원의 재량으로 변론을 열지 않는 경우에는 소송기록에 의한 서면심리만으로 재판할 수도 있으나, 법원은 당사자·이해관계인·그 밖의 참고인을 **심문**할 수도 있다. **심문이란 당사자와 이해관계인·참고인에게 적당한 방법으로 서면 또는 말로 개별적으로 진술할 기회를 주는 것을 말한다.** 주로 서면심리를 행하고 있으나 중요 가압류·가처분사건 등에서는 구술심문을 실시하고 있다. **소송의 당사자가 모두 참여하여 공개된 법정에서 행하는 증인신문과는 달리 개별심문주의·비공개주의·서면심리주의에 의하는 것이 원칙이라 할 수 있다.**

제 3 절 당사자 처분권주의

I. 의 의

1. 법 제203조

법원은 당사자가 신청하지 아니한 사항에 대하여는 판결하지 못한다.

2. 사적자치원칙의 반영

당사자가 요구할 때만, 당사자가 요구하는 사항과 범위에 관하여, 당사자가 요구할 때까지만 법원이 심판할 수 있다. 직권주의에 대응하는 당사자주의를 반영한 결과라 할 수 있다.

II. 절차의 개시

1. 소송은 원고의 소제기에 의하여 개시된다.

2. 예외) 소송비용의 재판(법 제104조), 가집행선고(법 제213조 1항) 등은 당사자의 신청 없이 재판할 수 있다.

3. 부제소합의는 당사자 처분권주의의 구체적 표현으로서 유효하다.

III. 심판의 대상

1. 質的 동일성(한계)

가. 법원은 소송물의 범위 내에서 재판하여야 하며, 신청 외의 사항 또는 신청범위를 넘

는 부분에 관한 판단이 금지된다. 원고의 합리적 의사에 따른 소송물의 범위 내에서 심리의 범위가 결정된다. 구실체법설(구소송물이론)의 경우에는 개별적인 실체법상의 권리 또는 법률관계마다 별개의 소송물로 취급하므로 청구원인을 이루는 실체법상의 권리 또는 법률관계가 변경되면 소송물은 별개가 되어 소변경절차를 밟지 않는 한 법원은 청구원인과 다른 사유로 판결할 수 없다(판례의 태도). 소송법설(신소송물이론)의 경우에는 동일 분쟁사실에 기인한 동일 취지의 청구인 이상 법원은 원고가 주장하는 요건사실에 구애됨이 없이 이미 변론에 나타난 사실을 기초로 하여 소변경을 기다리지 아니하고 판결할 수 있다.

나. 소의 종류(확인·이행·형성의 소)와 순서(주위적·예비적 청구)는 원고의 청구에 따라 정하여 진다.

다. [예외] 경계확정의 소, 공유물분할의 소 등 **형식적 형성의 소**에서는 법 제203조가 적용되지 않는다. 예컨대 공유물분할청구의 소에서 현물분할을 구하는 원고의 청구와는 달리 가액분할 판결을 할 수 있고, 경계확정의 소에서 원고가 구하는 경계와는 다른 경계선을 확정할 수 있다. 만약 처분권주의원칙을 경계확정의 소에 그대로 적용한다면 "원고청구 인용" 또는 "청구기각" 판결이 있을 뿐일 것이다.

> **[대법원 2001.6.12. 선고 99다20612 판결]** **[사안의 내용]** A는 그의 부동산에 저당권이 설정되어 있는 상태에서 그의 채권자를 해할 의도로서(사해행위로서) Y에게 위 부동산을 매도하고, Y는 위 부동산 매수 후 위 저당권 피담보채무를 변제하고 위 저당권설정등기를 말소시켰다. 그 후 X가 Y를 상대로 A와 Y사이의 위 부동산 매매계약 전부의 취소와 부동산 자체를 반환(A에게 환원시키라)하라는 취지의 사해행위취소청구의 소를 제기하였다. **[판시내용]** 저당권이 설정되어 있는 부동산이 사해행위로 이전된 경우에 그 사해행위는 부동산의 가액에서 저당권의 피 담보채권액을 공제한 잔액의 범위 내에서만 성립한다고 보아야 하므로, 사해행위 후 변제 등에 의하여 저당권설정등기가 말소된 경우 그 부동산의 가액에서 저당권의 피 담보채무액을 공제한 잔액의 한도에서 사해행위를 취소하고 그 가액의 배상을 구할 수 있을 뿐이고, 사해행위인 계약 전부의 취소와 부동산 자체의 반환을 구하는 청구취지 속에는 위와 같이 일부취소를 하여야 할 경우 그 일부취소와 가액배상을 구하는 취지도 포함되어 있다고 볼 수 있으므로 청구취지의 변경이 없더라도 바로 가액반환을 명할 수 있다.

2. 양적 동일성

가. 법원은 당사자가 신청한 범위 보다 적게 판결하는 것은 허용되나, 신청의 범위를 넘어서 판결할 수는 없다. 예컨대 원고가 1억 원의 손해배상청구를 하였는데 법원이 피고에 대하여 그보다 많은 1억 5,000만 원의 지급을 명하는 판결을 할 수 없고, 원고가 매매대금 1억 원과 상환으로 피고에 대하여 매매대상 부동산의 소유권이전등기를 청구하였는데 법원이 소유권이전등기의 단순이행을 명하는 판결을 할 수 없다.

나. 인명사고로 인한 손해배상 청구의 경우

(1) **손해 3분설(판례):** 　　　적극적·소극적 손해(재산적 손해를 이와 같이 세분한다), 정

신적 손해(위자료)로 엄격히 구분하여 각 항목마다 원고의 청구금액 한도 내에서만 판결할 수 있다는 입장이다. 즉, 원고의 청구금액 총액 범위 내에서 일부항목이 원고의 청구를 초과하는 것도 허용되지 않는다.

(2) **손해 2분설:**   적극적·소극적 손해를 재산적 손해 속에 포함되는 것으로 보아 하나의 소송물로 취급하고 정신적 손해와 별개의 소송물을 취급하는 견해이다. 즉, 적극적·소극적 손해에 대해서는 원고의 청구금액에 구애됨이 없이 일부항목을 초과 인정할 수도 있으나 원고가 청구하는 재산적 청구의 총액을 초과할 수는 없다.

(3) **손해 1개설:**   적극적·소극적 손해, 위자료 등의 항목 분류는 하나의 손해를 금전적으로 평가하기 위한 자료에 지나지 않으며, 손해 총액이 주된 관심사이고 분쟁의 핵심이라 할 것이므로 원고가 각 항목을 구분하여 청구하더라도 법원이 이에 구애될 필요가 없다는 견해.

[**대법원 1994.6.28. 선고 94다3063 판결**] 원심판결 이유에 의하면 원심은, 원고는 제1심에서 피고 소유 화물자동차의 운행으로 인하여 상해를 입었음을 이유로 재산상 손해로서 금 39,238,808원과 위자료로서 금 5,000,000원을 합한 금 44,238,808원의 배상을 구하였다가 재산상 손해부분에 대하여는 전부 승소하고 위자료는 금 3,000,000원만 인용되어 일부 패소판결을 받았고, 이에 원고만이 항소를 제기한 다음 재산상 손해(소극적 손해) 금 39,963,294원을 추가로 지급해 달라는 취지로 청구를 확장하였다고 인정하고, 원고의 제1심에서의 청구는 피고의 불법행위를 이유로 재산상 손해의 배상을 구하는 부분과 위자료 손해의 배상을 구하는 부분이 객관적으로 병합된 형태로서 재산상 손해의 배상을 청구하면서 그 일부를 유보하고 나머지만을 청구한다는 취지를 명시하지 아니한 이상 그 판결의 기판력은 재산상 손해의 전부에 미치고 원고는 전부 승소한 재산상 손해의 배상을 구하는 부분에 대하여 항소할 이익이 없고, 청구취지의 확장도 허용되지 않는다는 이유로 이를 각하하였다. 상소는 자기에게 불이익한 재판에 대하여 유리하게 취소변경을 구하기 위하여 하는 것이므로 전부 승소한 판결에 대하여는 항소가 허용되지 않는 것이 원칙이라고 할 것이나, 이러한 경우에도 법은 상대방이 항소를 제기하여 확정이 차단된 경우에는 청구취지의 확장을 위하여 부대항소를 하거나 항소심에서 청구취지의 확장을 하여 그 나머지 부분의 청구를 할 수 있도록 허용하고 있고(당원 1991.9.24. 선고 91다21688 판결; 1992.12.8. 선고 91다43015 판결 각 참조), 하나의 소송물에 관하여 형식상 전부 승소한 당사자의 상소이익의 부정은 절대적인 것이라고 할 수도 없다. 나아가 보건대, 기록을 살펴보면 원고는 이 사건에서 재산상의 손해(소극적 손해)를 청구함에 있어 제1심에서 중복장애에 있어서의 합산장애율의 산정이나 한시적 장애의 회복시점에 대한 판단을 잘못하여 **일실이익 손해 중 일부를 빠뜨리고 청구한 것으로 보이는 바, 이 사건과 같이 원고는 재산상 손해(소극적 손해)에 대하여는 형식상 전부 승소하였으나 위자료에 대하여는 일부 패소하였고, 이에 대하여 원고가 원고 패소부분에 불복하는 형식으로 항소를 제기하여 사건 전부가 확정이 차단되고 소송물 전부가 항소심에 계속되게 된 경우에는, 더욱이 불법행위로 인한 손해배상에 있어 재산상 손해나 위자료는 단일한 원인에 근거한 것인데 편의상 이를 별개의 소송물로 분류하고 있는 것에 지나지 아니한 것이므로 이를 실질적으로 파악하여, 항소심에서 위자료는 물론이고 재산상손해(소극적 손해)에 관하여도 청구의 확장을 허용하는 것이 상당할 것이고,** 이렇게 해석한다고 하여 피고의 법적 안정성을 부당하게 해하거나 실체적 권리를 침해하는 것도 아니고, 그러하지 아니하고 원심

과 같이 재산상 손해(소극적 손해)에 대한 항소의 이익을 부정하고 청구취지의 확장을 허용하지 아니하면 원고는 판결이 확정되기도 전에 나머지 부분을 청구할 기회를 절대적으로 박탈당하게 되어 부당하다고 아니할 수 없다(위 판결에 대하여 대법원이 손해1개설과 가까운 입장을 취하였다는 견해도 있다. 그러나 판례의 일반적 입장은 손해3분설이라 할 수 있다). 한편 [대법원 1996.7.18. 선고 94다20051 전원합의체 판결]은 "인신사고로 인한 손해배상청구 소송과 같이 소송물이 다른 재산적 손해와 위자료 등에 관한 청구가 하나의 판결로 선고되는 경우, 당사자 일방이 그 소송물의 범위를 특정하지 아니한 채 일정 금액 부분에 대하여만 항소하였다면, 그 불복하는 부분을 특정할 수 있는 등의 특별한 사정이 없는 한 불복범위에 해당하는 재산적 손해와 위자료에 관한 청구가 모두 항소심에 이심되어 항소심의 심판의 대상이 된다"고 하여 종래의 손해3분설과 달리 볼 수 있는 판결을 하고 있다.

[예제] [제41회 변리사시험] 甲은 친구인 乙을 동승시킨 채 자신의 소유 차량을 운전하던 중 丙이 운전하던 차량에 의해 추돌 당함으로써, 甲과 乙 모두 두 달간의 입원치료를 요하는 중상을 입게 되었다. 이에 甲은 丙을 상대로 손해배상청구소송을 제기하였으나, 같은 사고의 피해자인 乙은 나중에 소를 제기하겠다는 생각에 甲의 소송에 동참하지 않았다. 甲은 합계 8천만 원의 손해배상을 구함에 있어 일실수익 3천만 원, 치료비 2천만 원, 위자료 3천만 원 등으로 손해항목을 나누어 청구하였다.

　1. 1심 법원은 심리결과 피고에게 합계 6천만 원의 손해배상(일실수익 4천만 원, 치료비 1천만 원, 위자료 1천만 원)을 명하는 판결을 하였다. 이 판결의 적법성 여부에 대해 검토하시오. (10점)

　[해설] Ⅰ. 주요논점: 신체상해 또는 사망사고로 인한 손해배상청구의 소송물, 처분권주의

　Ⅱ. 甲의 손해배상청구의 소송물: 1. 학설: 손해1개설, 손해2개설, 손해3개설 2. 판례: 손해3개설

　Ⅲ. 판결의 적법성여부: 1. 처분권주의의 내용: 당사자의 소송의 개시, 청구의 질적·양적 범위 결정, 절차의 종료에 관한 자유로운 처분권 허용. 2. 일실수익금을 4천만 원으로 인정하는 판결의 적법성 검토 (1) 甲은 일실수익금으로 3천만 원을 청구하고 있음에도 법원에서 4천만 원을 인정한 판결의 적법여부는 본건 손해배상청구의 소송물 개수 결정에 달려 있다. (2) 손해1개설 및 손해2개설에 의할 경우와 손해3개설에 의할 경우 (3) 판례는 손해3개설을 따르고 있으므로 사안의 경우는 처분권주의에 위반하여 원고의 청구를 넘어서 인정하였으므로 위법하다.

　다. 원금청구와 이자청구:　　금전채무불이행의 경우에 발생하는 원본채권과 지연손해금채권은 별개의 소송물이므로, 상소심에서 불이익변경원칙에 해당하는지 여부를 판단함에 있어서는 원금과 지연손해금 부분을 각각 따로 비교하여 판단하여야 하고, 별개의 소송물을 합산한 전체 금액을 기준으로 판단하여서는 아니 된다.[1]

　라. 일부 청구와 과실상계

　(1) 외측설:　　우선 손해액 전체를 산정하고, 이를 기준으로 과실상계하여 산출된 배상액이 청구액을 넘지 않으면 청구액 전부를 인용할 수 있고, 만일 청구액을 넘으면 그 청구액의 한도 내에서만 인용하면 된다는 입장이다.

　(2) 안분설:　　위와 같은 경우에 청구금액을 기준으로 미리 과실상계를 하여야 한다는

---

1) 대법원 2009.6.11. 선고 2009다12399 판결.

입장이다.

(3) 구체적 적용: 예컨대, 1,000만원의 손해배상채권 중에서 700만원을 일부 청구한 경우에 과실상계의 비율을 30%라고 가정하자. 외측설은 1,000만원 × (100−30)/100 = 700만원이 과실상계 후 인정금액이 되고 원고가 700만원을 청구하므로 원고 청구 전부 인용판결을 하게 된다. 안분설은 과실상계에 의하여 원고의 책임으로 귀속되는 300만원을 양쪽에 3:7 비율로 안분하여 미 청구부분에 90만원, 청구부분에 210만원을 삭감하는 것이므로, 결론적으로 원고의 청구 중 490만원을 인용하는 일부승소 판결을 하여야 한다.

(4) 판례: '1개의 손해배상청구권 중 일부가 소송상 청구되어 있는 경우에 과실상계를 함에 있어서는 손해의 전액에서 과실비율에 의한 감액을 하고 그 잔액이 청구액을 초과하지 않을 경우에는 그 잔액을 인용할 것이고 잔액이 청구액을 초과할 경우에는 청구의 전액을 인용하는 것으로 풀이하는 것이 일부청구를 하는 당사자의 통상적 의사라고 할 것이다' 라고 하여 외측설을 취한다.[1]

> **[예제] [제43회 변리사시험]** 乙이 집 앞에 자신의 자동차를 문도 잠그지 아니하고 열쇠를 꽂아둔 채 주차하여 두었는데, 마침 그 옆을 지나가던 15세의 A가 운전면허도 없으면서 호기심에 차를 훔쳐서 몰고 다니다가, 甲을 치는 사고를 내었다. 이에 甲은 乙을 상대로 4,000만원의 손해배상을 구하는 소를 제기하면서, 이것은 잠정적인 청구이며 이후에 추가로 청구를 할 수 있다는 취지를 소장에 기재하여 제출하였다. 이 소송에서 법원이 乙의 배상책임을 인정하면서 손해액을 5,000만원으로 산정한 다음, 사고 후 甲이 의사의 권고에도 불구하고 치료를 소홀히 한 과실이 인정되며, 그 비율이 30%에 달한다는 판단을 하였다면 乙에게 얼마를 배상하라는 판결을 하여야 하는가? (20점)

[해설] I. 주요논점: 법원의 직권에 의한 과실상계의 허용여부, 일부청구와 과실상계.

II. 법원의 직권에 의한 과실상계의 법적 성질

1. 판례 (1) 불법행위로 인한 손해배상 사건에서 손해의 발생이나 확대에 관하여 과실이 있는 경우에는 배상책임의 범위를 정함에 있어서 당연히 이를 참작하여야 한다.

(2) 과실상계 사유에 관한 사실인정이나 그 비율을 정하는 것은 그것이 형평의 원칙에 비추어 현저히 불합리하다고 인정되지 않는 한 사실심의 전권사항이다(대법원 2005.1.14. 선고 2004다 26805 판결 등). 요컨대 판례는 과실상계는 법원의 직권조사사항임을 선언하고 동시에 그 사실인정 및 과실비율 산정은 사실문제에 해당한다고 본다.

2. 법원은 직권으로 甲의 과실을 문제삼아 판단할 수 있으며, 乙의 이의나 주장유무에 관계없이 이를 조사하여야 한다. 설사 이의하다가 철회하여도 이에 구애됨이 없이 심리하여야 한다. 甲의 과실의 존부 자체는 재판상의 자백이나 자백간주의 대상이 될 수 없다.

3. 결론: 본 사안에서 법원이 직권으로 원고 甲의 과실사항을 조사, 판단하여 과실상계한 조치는 적법, 타당하다.

III. 일부청구에 있어서 과실상계 후 손해배상액의 결정

1. 학설: (1) 외측설: 우선 손해액 전체를 산정하고, 이를 기준으로 과실상계하여 산출된 배상액이 청구액을 넘지 않으면 청구액 전부를 인용할 수 있고, 만일 청구액을 넘으면 그 청구액의 한도 내에서만 인용하면 된다는 입장.

---

1) 대법원 1976.6.22. 선고 75다819 판결.

(2) 안분설: 위와 같은 경우에 청구금액을 기준으로 미리 과실상계를 하여야 한다는 입장이다.

2. 본건 사례에서의 구체적 적용: 본건에서 법원은 乙이 배상하여야 할 손해액을 5,000만 원으로 인정하였고, 甲은 위 손해배상채권 가운데 4,000만 원을 일부 청구한 경우에 해당하고 과실상계의 비율은 30%이다. 외측설에 의하면 5,000만 원×(100−30)/100 = 3,500만 원이 과실상계 후 인정금액이 되고, 원고가 4,000만 원을 청구하고 있으므로 원고 청구 중 일부 인용판결로서 乙에게 3,500만 원의 지급을 명하게 된다. 안분설에 의하면 과실상계에 의하여 원고의 책임으로 귀속되는 1,500만 원(=5,000만 원×30/100)을 양쪽에 2:8(=1,000만 원: 4,000만 원)비율로 안분하여 미 청구부분에 300만원, 청구부분에 1,200만원을 삭감하는 것이므로, 결론적으로 원고의 청구 중 2,800만 원을 인용하는 일부승소 판결을 하여야 한다.

3. 판례: 외측설을 취한다(대법원 1976.6.22. 선고 75다819 판결).

4. 결론: 원고가 일부청구를 한다는 것은 과실상계 될 것을 미리 고려하였음을 의미하는 것으로 볼 수도 있으므로 외측설이 타당하다.

마. 일부인용 판결의 가능성: 원고의 청구 전부가 이유 있는 것은 아니지만, 일부라도 인정되는 경우에 그 부분에 관하여 일부승소 판결을 하는 것이 원고의 통상의 의사에 합치되며, 피고에게도 예상 밖의 재판을 하는 것이 아니므로 일부인용 판결이 가능하다. 다만, 이러한 경우에도 원고 청구의 의미를 벗어나지 않는 범위 내에서 신축적으로 파악해야 할 것이다. 근저당권이 설정되어 있는 부동산을 증여한 행위가 사해행위에 해당하는 경우, 그 부동산이 증여된 후 근저당권설정등기가 말소되었다면, 증여계약을 취소하고 부동산의 소유권 자체를 채무자에게 환원시키는 것은 당초 일반 채권자들의 공동담보로 제공되지 아니한 부분까지 회복시키는 결과가 되어 불공평하므로, 채권자는 그 부동산의 가액에서 근저당권의 피담보채무액을 공제한 잔액의 한도 내에서 증여계약의 일부 취소와 그 가액의 배상을 청구할 수밖에 없다. 이 경우에 사해행위를 전부 취소하고 원상회복을 구하는 채권자의 주장 속에는 사해행위를 일부 취소하고 가액의 배상을 구하는 취지도 포함되어 있으므로, 채권자가 원상회복만을 구하는 경우에도 법원은 가액의 배상을 명할 수 있다.[1]

바. 토지임대차계약 관계 종료 시 원고인 임대인의 건물철거와 그 부지 인도청구에 대하여 피고인 임차인이 건물매수청구권을 행사하고, 피고의 위와 같은 청구가 정당하다고 인정되는 경우에 법원은 어떠한 조치를 할 수 있는가? 과거의 학설·판례는 원고에 대하여 청구취지를 변경할 의사가 있는지를 석명할 필요도 없이 원고의 청구를 기각할 수 있다고 하였다(석명불요설). 이와는 달리 법원의 석명을 필요로 하지 않는다는 점에서 위와 같은 입장이지만 법원은 원고가 대금을 지급하는 것과 상환으로 원고 일부승소 판결을 할 수 있다는 견해도 있다(상환판결설). 판례(아래의 전원합의체 판결)는 이 경우 원고의 청구 속에는 건물매수대금을 지급하고 그 건물을 매수하려는 청구가 포함되어 있다고 볼 수 없으므로, 법원은 임대인(원고)이 종전의 청구를 계속 유지할 것인지(그렇게 되면 원고 청구기각판결을 할 수밖에 없다) 아니면, (예비적으로라도) 대금지급과 상환으로 지상물의 인도를 청구할 의사가 있는지를 석명하고(석명필요설), 원고가 그 석명에 응하여 소를 변경한 때에는 대금지급과

---

1) 대법원 2001.9.4. 선고 2000다66416 판결.

상환으로 지상물인도의 판결을 함으로써 분쟁의 일회적 해결을 꾀하여야 한다고 봄이 상당하다고 판시하였다.

[대법원 1995.7.11. 선고 94다34265 전원합의체 판결] 1. 민법(제643조, 제283조)은 건물 기타 공작물의 소유 또는 식목·채염·목축을 목적으로 한 토지임대차에 있어서, 그 기간이 만료한 경우에 건물·수목 기타의 지상시설이 현존한 때에는, 임차인은 계약의 갱신을 청구할 수 있고, 만일에 임대인이 계약의 갱신을 원하지 아니하는 때에는 임차인은 상당한 가액으로 그 공작물이나 수목의 매수를 청구(토지임차인의 지상물매수청구권)할 수 있다고 규정하고 있다. 토지임차인의 지상물매수청구권은 기간의 정함이 없는 임대차에 있어서 임대인에 의한 해지 통고에 의하여 그 임차권이 소멸된 경우에도 마찬가지로 인정된다고 봄이 상당하다(당원 1977.6.7. 선고 76다2324 판결). 그리고 임차인이 지상물의 매수청구권을 행사한 경우에는 임대인은 그 매수를 거절하지 못한다. 즉 이 지상물매수청구권은 이른바 형성권으로서, 그 행사로 임대인·임차인 사이에 지상물에 관한 매매가 성립하게 된다. 이 규정은 강행규정이며, 이에 위반하는 것으로서 임차인에게 불리한 약정은 그 효력이 없다(민법 제652조). 원심판결 이유에 의하면, 원심은 그 거시의 각 증거에 의하여, 원고는 1983.10.13. 이 사건 대지에 대한 소유권을 취득하였는데 그 이전부터 위 지상에 이 사건 각 건물을 소유하고 있던 피고들이 원고에게 위 각 건물의 대지에 관하여 평당 연간 돈 3,000원 내지 5,000원씩의 임료를 지급하여 오다가, 1990년부터는 위 임료를 평당 연간 돈 10,000원으로 인상하여 이 사건 소 제기 전까지 지급하여 온 사실을 인정하고 나서 원고와 피고들 사이에는 이 사건 대지에 대하여 묵시적으로 위 각 건물의 소유를 목적으로 하여 기간의 정함이 없는 임대차계약이 체결되었다고 봄이 상당하고, 원고가 위 각 건물의 철거 및 이 사건 대지의 인도를 구하는 소장 부분이 피고들에게 송달된 날인 1992.11.23.경부터 6월이 경과한 1993.5.23.경 위 각 임대차계약은 적법히 해지되어 종료되었으며, 피고들이 이 사건 변론에서 위 각 건물의 매수를 청구하고 있으므로, 원고와 피고들 사이에는 위 각 건물에 대하여 시가 상당액을 대금으로 하는 매매가 이루어졌다고 판단하였다. 2. 이 사건에서와 같은 원고의 건물철거와 그 부지인도청구에는 건물매수대금 지급과 동시에 건물명도를 구하는 청구가 포함되어 있다고 볼 수는 없다고 함이 당원의 견해(당원 1966.5.24. 선고 66다548 판결; 1966.6.28. 선고 66다712 판결; 1972.5.23. 선고 72다341 판결 등 참조)이므로, 이와 반대되는 견해를 전제로 원심을 비난하는 소론도 이유가 없다. 3. 토지임대인이 그 임차인에 대하여 지상물철거 및 그 부지의 인도를 청구한 데 대하여 임차인이 적법한 지상물매수청구권을 행사하게 되면 임대인과 임차인 사이에는 그 지상물에 관한 매매가 성립하게 되므로 임대인의 청구는 이를 그대로 받아들일 수 없게 된다. **이 경우에 법원으로서는 임대인이 종전의 청구를 계속 유지할 것인지, 아니면 대금지급과 상환으로 지상물의 명도를 청구할 의사가 있는 것인지(예비적으로라도)를 석명하고 임대인이 그 석명에 응하여 소를 변경한 때에는 지상물명도의 판결을 함으로써 분쟁의 1회적 해결을 꾀하여야 한다고 봄이 상당하다.** 왜냐하면 이처럼 제소 당시에는 임대인의 청구가 이유 있는 것이었으나 제소 후에 임차인의 매수청구권 행사라는 사정변화가 생겨 임대인의 청구가 받아들여질 수 없게 된 경우에는 임대인으로서는 통상 지상물철거 등의 청구에서 전부 패소하는 것보다는 대금지급과 상환으로 지상물명도를 명하는 판결이라도 받겠다는 의사를 가질 수도 있다고 봄이 합리적이라 할 것이고, 또 임차인의 처지에서도 이러한 법원의 석명은 임차인의 항변에 기초한 것으로서 그에 의하여 논리상 예기되는 범위 내에 있는 것이므로 그러한 법원의 석명에 의하여 임차인이 특별히 불리하게 되는 것

185

도 아니고, 오히려 법원의 석명에 의하여 지상물명도와 상환으로 대금지급의 판결을 받게 되는 것이 매수청구권을 행사한 임차인의 진의에도 부합한다고 할 수 있기 때문이다. 또한 위와 같은 경우에 법원이 이러한 점을 석명하지 아니한 채 토지임대인의 청구를 기각하고 만다면, 또다시 지상물명도 청구의 소를 제기하지 않으면 안되게 되어 쌍방 당사자에게 다같이 불리한 결과를 안겨 줄 수밖에 없으므로 소송경제상으로도 매우 불합리하다고 하지 않을 수 없다. 그러므로 이와는 달리 이러한 경우에도 법원에게 위와 같은 점을 석명하여 심리하지 아니한 것이 위법이 아니라는 취지의 당원 1972.5.23. 선고 72다341 판결은 이로써 이를 변경하기로 한다.

* 일본의 [최고재판소 1971.11.25. 판결]은 원고(임대인)가 300만 엔의 임대차보증금과 상환으로 임대건물의 명도를 청구한 사안에서 심리결과 보증금이 500만 엔으로 인정되는 경우에, 원고가 피고에 대하여 「보증금으로 300만 엔 또는 이와 상당한 차이가 없는 범위내의 법원이 정하는 금원을 지불할 의사를 표명한 것」으로 볼 수 있다는 전제하에서 법원은 보증금을 500만 엔으로 증액하여 상환판결을 할 수 있다고 판시하였다.

[예제] [제45회 사법시험] 乙은 甲 소유의 토지를 그 지상에 건물을 건축하여 사용할 목적으로 甲과 토지 임대차계약을 체결하고 그 지상에 건물을 건축하여 사용하여 왔다. 임대차기간이 만료하자, 甲은 乙을 상대로 건물철거 및 대지인도를 구하는 소송을 제기하였고, 소송과정에서 乙은 건물매수청구권을 행사하였다. 건물매수청구가 이유 있다고 인정되는 경우 법원은 원고인 甲에 대하여 예비적으로라도 건물 명도를 청구할 의사가 있는지 알아보아야 할 의무가 있는가?

[해설] I. 주요논점: 토지임대차계약 관계 종료 시 원고인 임대인의 건물철거와 그 부지 인도 청구에 대하여 피고인 임차인이 건물매수청구권을 행사하고, 피고의 위와 같은 청구가 정당하다고 인정되는 경우에 법원은 어떠한 조치를 할 수 있는가?(판례가 취하고 있는 석명필요설은 민소법상의 처분권주의 원칙의 적용을 전제로 하는 것이므로 처분권주의의 내용에 관하여 간략하게 설명하는 것이 좋다)

II. 학설

1. 석명불요설: 원고에 대하여 청구취지를 변경할 의사가 있는지를 석명할 필요도 없이 원고의 청구를 기각할 수 있다는 견해이다.

2. 상환판결설: 법원의 석명을 필요로 하지 않는다는 점에서 위와 같은 입장이지만 법원은 원고가 대금을 지급하는 것과 상환으로 원고 일부승소 판결을 할 수 있다는 견해이다.

3. 석명필요설: 이 경우 원고의 청구 속에는 건물매수대금을 지급하고 그 건물을 매수하려는 청구가 포함되어 있다고 볼 수 없으므로, 법원은 원고가 종전의 청구를 계속 유지할 것인지(그렇게 되면 원고 청구기각판결을 할 수밖에 없다) 아니면, (예비적으로라도) 대금지급과 상환으로 지상물의 명도를 청구할 의사가 있는지를 석명하여야 하고, 원고가 그 석명에 응하여 소를 변경한 때에는 대금지급과 상환으로 지상물명도의 판결을 함으로써 분쟁의 일회적 해결을 꾀하여야 한다고 보는 견해이다.

III. 판례: 석명필요설을 취하고 있다. [대법원 1995.7.11. 선고 94다34265 전원합의체 판결]

[예제] [제49회 사법시험(2007년도)] [제1문] 甲은 자신의 소유인 A토지 위에 乙이 무단으로 B건물을 신축한 것이라고 주장하면서, 乙을 상대로 건물철거 및 토지인도를 청구하는 소

를 제기하였다.

(3) 위 사안과는 다르게 乙은 A토지 위에 무단으로 B건물을 신축한 것이 아니라, 지상건물의 소유를 목적으로 하는 甲과의 토지임대차계약에 따라 B건물을 신축한 것이다. 甲은 임대차기간이 만료한 뒤 乙의 임대차계약의 갱신요청을 거절하고 乙을 상대로 건물철거 및 토지인도를 청구하는 소를 제기하였다.

(가) 위 소송절차의 변론에서 乙은 건물매수청구권을 행사하였다. 이 경우 법원의 조치 및 그에 따른 판결에 대하여 검토하시오. (10점)

[해설] 주요논점: 본 문제는 앞의 예제의 논점과 일치하는 것이므로 위에서 전개한 내용이 그대로 적용될 수 있다. 본 문제의 지문은 乙의 민법상 지상건물매수청구권 행사의 요건을 모두 충족하고 있음을 나타내고 있으므로 이 부분은 논점이 될 수 없다. 따라서 법원의 석명권행사 필요성 및 원고의 조치 내용에 따른 판결의 주문에 관하여 살펴보면 될 것이다. 판례가 취하는 석명필요설에 따르면 원고가 법원의 석명에 응하지 않을 경우에는 원고청구 기각판결을 하고, 석명에 응하여 청구취지를 변경한 때에는 그에 따라 원고 승소(원고가 피고에게 대금을 지급함과 동시에 피고는 원고에게 지상건물에 대한 소유권이전등기 및 건물과 토지의 인도를 명하는 상환판결) 판결을 하여야 한다.

사. 현재의 이행의 소에 대한 장래의 이행판결

통설은 원고의 청구를 기각할 것이 아니라, 장래의 이행을 청구하는 소로서 미리 청구할 필요가 있고, 원고의 의사에 반하는 것이 아니면 장래의 이행을 명하는 판결을 하여도 무방하다고 본다. 다만, 그 반대의 경우 즉, 원고가 장래이행의 소로서 청구하였는데, 현재 이행판결을 하는 것은 원고의 신청 이상으로 유리한 판결을 하는 것이 되어 부당하다.

아. 채무부존재확인청구의 경우

(1) 예컨대, 5,000만원을 차용한 채무자가 그 중 4,000만원을 변제하였음에도 채권자가 채무 잔액은 2,000만원이라고 주장하는 경우, 채무자가 채권자를 상대로 1,000만원 이상 채무부존재확인 청구를 하였다. 법원의 심리결과 채무 잔액이 1,500만원으로 인정되는 경우 법원은 어떤 판결이 가능한가? 이러한 경우 원고(채무자)의 의사는 그 소송에서 액수를 둘러싼 분쟁을 근원적으로 해결하려는 의사를 가진 것으로 인정되므로, 원고의 예상을 훨씬 초과하는 잔존채무가 인정되는 것과 같은 특별한 사정이 없는 한, 원고가 주장하는 부분과 달라도 "1,500만원을 초과하여 존재하지 않는 것을 확인한다. 원고의 나머지 청구를 기각 한다"는 원고 일부승소판결을 하는 것이 타당하다.

(2) 원고가 채무부존재확인청구를 제기하면서 목적 부동산들에 의하여 담보되는 차용금 채무에 대하여 원고가 자인하는 금액을 제외한 나머지 채무의 부존재확인을 구하고 있을 경우에, 이와 같은 소극적 확인소송에 있어서 그 부존재확인을 구하는 목적인 법률관계가 가분하고 또 분량적으로 그 일부만이 존재하는 경우에는 그 청구전부를 기각할 것이 아니고 그 존재하는 법률관계의 부분에 대하여 일부패소의 판결을 하여야 한다. 한편 원고가 근저당권설정등기의 말소등기절차이행을 청구하면서 그 피담보채무 중 잔존채무라고 주장하는 채무를 변제하는 것을 조건으로 하여 그 담보로 경료된 등기의 말소등기절차이행을 구하고 있을 때에는, 그 청구 중에는 잔존채무액이 원고 주장의 금액을 초과하는 경우에 그 확정된 잔존

채무의 변제를 조건으로 위 등기의 말소등기절차이행을 구하는 취지가 포함되어 있는 것으로 해석하여야 할 것이다. 이와 같은 경우에는 법원은 원고 청구의 일부를 배척하여 그 확정된 채무의 변제를 조건으로 그 등기의 말소절차이행을 명하여야 할 것이다. 따라서 법원으로서는 당해 부동산에 의하여 담보되는 잔존채무액이 원고들 주장의 금액보다 상회하고 있다고 보는 이상, 설사 그 채무의 구체적인 수액에 관한 입증이 부족하더라도 그 이유만으로 청구전부를 배척할 것이 아니라 석명권을 행사하는 등으로 그 채무의 수액을 심리 확정한 다음 청구의 일부 인용여부에 관하여 판단하여야 한다.[1]

(3) 채무자가 피담보채무 전액을 변제하였다고 하거나, 피담보채무의 일부가 남아 있음을 시인하면서 그 변제와 상환으로 담보목적으로 경료 된 소유권이전등기의 회복을 구하고 채권자는 그 소유권이전등기가 담보목적으로 경료된 것임을 다투고 있는 경우, 채무자의 청구 중에는 만약 위 소유권이전등기가 담보목적으로 경료된 것이라면 소송과정에서 밝혀진 잔존 피담보채무의 지급을 조건으로 그 소유권이전등기의 회복을 구한다는 취지까지 포함되어 있는 것으로 해석하여야 할 것이고(선이행의 판결 청구), 장래 이행의 소로서 미리 청구할 필요가 있다고 보아야 할 것이다. 이러한 경우에 법원은 피담보채무의 수액 등을 심리·판단하여 그 잔존 채무액을 확정한 다음 원고의 청구를 어느 범위 내에서 받아들일 것인지를 정하여야 옳았다고 할 것인데, 이에 이르지 아니한 채 원고의 청구를 모두 기각하였다면 장래이행의 소에 관한 법리를 오해하였거나 심리를 다하지 아니한 위법이 있다고 할 것이다.[2]

> **[예제] [제47회 사법시험]** 甲 명의로 소유권이전등기가 경료 되어 있던 B토지에 관하여 매매를 원인으로 하는 乙 명의의 소유권이전등기가 경료 되었다. 그러자 甲이 乙을 상대로 乙 명의의 소유권이전등기의 말소를 구하는 소를 제기하였다. (2) 만약 甲이 乙 명의의 소유권이전등기는 담보목적으로 경료 하여 준 것으로서 피담보채무를 전액 변제하였으므로 위 등기의 말소를 구한다고 주장하고, 이에 대하여 乙은 담보목적이 아니라 대물변제에 기하여 경료된 등기라고 다투고 있는데, 심리결과 甲이 대리인인 丙을 통하여 乙로부터 1억 원을 차용하면서 담보로 위 등기를 경료 하여 준 사실과 위 채무 중 3,000만원이 잔존하고 있는 사실이 밝혀졌다면, 법원은 어떠한 내용의 판결을 하여야 하는가?
>
> **[해설]** I. 주요논점: 甲의 본건 청구는 B토지에 대한 乙 명의의 소유권이전등기는 담보목적으로 경료한 것임을 전제로 위 피담보채무 전액 변제를 요건사실로 하여 乙 명의의 소유권이전등기의 말소를 구하는 것이다. 이에 대하여 乙은 담보목적이라는 사실 자체를 다투고 있으나 심리결

---

1) 대법원 1982.11.23. 선고 81다393 판결: 원심법원은, 원고가 이 사건 부동산들을 담보로 피고로부터 여러 차례에 걸쳐 차용한 채무의 원리금을 원고가 변제하고 나머지 3,429,000원의 원금채무와 위 각 금원에 대한 1978.8.24부터 완제일까지의 연2할 5푼의 비율에 의한 지연손해금채무만이 잔존한다 하여 피고에 대하여 본건 차용금채무 중 잔존채무인 위 금원 이외에는 존재하지 아니함의 확인을 구함과 아울러 피고가 위 금원을 변제받는 것을 조건으로 하여 근저당권설정등기의 말소등기절차의 이행을 구한다는 원고 주장에 대하여 이에 부합하는 그 적시 증거 등을 배척하고, 그 밖에 원고들의 모든 증명에 의하여도 본건 부동산에 관한 피담보채무가 원고들 주장의 금액일 뿐이라고 인정할 수 없다고 설시하고 나서, 실제의 차용원금의 수액 또는 그에 포함된 이자제한법 초과의 이자의 수액을 밝혀낼 증거는 믿기 어려운 증거밖에 없으니 결국 이 사건 부동산들에 의하여 담보되는 채무액은 이를 확정지을 수 없고, 따라서 그 피담보채무가 원고 주장의 금원밖에 존재하지 아니하고 그 채무액이 확정됨을 전제로 한 원고들의 이 사건 청구는 모두 부당하여 기각을 면할 수 없다는 취지로 판시하였다.
2) 대법원 1996.11.12. 선고 96다33938 판결

과 甲의 주장사실이 인정되지만 피담보 채무가 甲의 주장과는 달리 일부 잔존하고 있는 것으로 밝혀진 경우에 법원은 甲의 잔존채무 변제를 조건으로 乙 명의의 소유권이전등기 말소를 명하는 판결을 할 수 있는가가 주요논점이다. 위 논점은 처분권주의 원칙의 적용 및 장래 이행의 소로서의 요건 구비 등을 포함하고 있다.

Ⅱ. 처분권주의와 일부인용판결: 1. 처분권주의의 내용(법 제203조), 2. 일부인용 판결의 가능성(현재의 이행의 소에 대한 장래의 이행판결) 통설·판례는 원고의 청구를 기각 할 것이 아니라, 장래의 이행을 청구하는 소로서 미리 청구할 필요가 있고, 원고의 의사에 반하는 것이 아니면 장래의 이행을 명하는 판결을 하여도 무방하다고 본다. 3. 앞의 [대법원 1996.11.12. 선고 96다33938 판결] 참조.

Ⅲ. 장래이행의 소로서의 청구적격: 1. 미리 청구할 필요(법 제251조) 등 청구적격(생략), 2. 본건의 경우: 乙은 본건 소유권이전등기가 담보목적으로 경료된 사실을 다투는 등의 태도를 보이고 있으므로 甲이 잔존채무를 이행할 경우에 乙 명의의 소유권이전등기를 말소하는 데에 협력하지 않을 가능성이 높으므로 미리 청구할 필요가 있다.

Ⅳ. 결론: 법원은 甲이 3,000만원을 변제하는 것을 조건으로(변제하면) 乙은 B토지에 대한 乙 명의의 소유권이전등기를 말소하라는 판결을 하여야 한다.

Ⅳ. 절차의 종결과 당사자처분권주의

1. 개시된 절차를 종국판결에 의하지 않고 종결시킬 것인가의 여부는 당사자의 의사에 일임되어 있다. 청구의 포기·인낙·화해, 소취하를 자유롭게 결정하여 실행할 수 있다. 상소의 취하, 불상소의 합의, 상소권의 포기도 인정된다.

2. 친자관계확인 및 인지청구, 행정소송 및 재심청구 소송 등 직권탐지주의가 적용되는 경우에는 처분권주의가 일부 제한을 받는다(청구의 포기·인낙, 화해 등에 제한이 있다). 그러나 재판상 이혼청구나 파양의 경우에는 재판상화해가 허용된다. 이러한 소송절차에서도 절차의 개시·소송물의 특정은 당사자의 의사에 일임되어 있고, 원고의 소취하의 자유도 인정된다. 필수적 공동소송과 독립당사자참가에서는 당사자 전원이 공동으로 하지 않는 개별적 행위는 제한된다.

3. 회사관계소송의 경우에도 청구의 인낙이나 화해·조정이 제한되는 경우가 있다. 주주대표소송 및 증권관련집단소송의 경우에 소의 취하, 화해, 청구의 포기·인낙(증권관련집단소송에서의 인낙은 제외)은 법원의 허가를 요한다.

Ⅴ. 상소심 절차에서의 처분권주의

불이익 변경금지의 원칙은 당사자처분권주의의 반영이라 할 수 있다.

Ⅵ. 처분권주의 위배의 효과

1. 당연 무효인 판결이 아니므로 상소를 통한 취소청구

상소심에서 원고가 청구를 변경하면 흠은 치유된다.

2 재심사유가 될 수 없다. 확정되면 그 판결의 취소를 구할 수 없다.

제 4 절 변론주의

Ⅰ. 변론주의의 개념

1. 당사자 제출주의(주요사실)

변론주의는 사실과 증거의 수집·제출책임을 당사자에게 맡기고, 당사자가 제출한 소송자료[1])만을 재판의 기초로 하여야 한다는 원칙을 말한다. 직권탐지주의와 대립개념이라 할 수 있다. 가사소송, 행정소송, 선거소송, 헌법재판 등에서는 직권탐지주의에 의함을 명시하고 있으며, 변론주의와는 달리 주장책임의 배제, 자백의 구속력 배제, 직권 증거조사의 원칙이 적용된다.

2. 근   거

가. 본질설: 사적자치의 영역에 속하는 민사분쟁에 관한 것이므로 그 자체로써 당연하다는 것. 개인주의·자유주의적 소송관을 이론적 배경으로 한다.

나. 수단설: 실체적 진실발견은 소송당사자의 이기심(승소를 향한 욕구실현)에 맡기는 것이 가장 타당하다.

다. 절차 보장설: 당사자가 제출한 주장·증거만을 기초로 재판하는 것이 일방당사자에 대한 不意打를 방지할 수 있다.

라. 결론: 위의 모든 근거가 종합된 것으로 보아야 한다(다원설)

---

1) 넓은 의미에서의 소송자료는 사실자료와 증거자료를 포함하는 개념이지만, 좁은 의미의 소송자료는 사실자료만을 포함하는 개념이다.

Ⅱ. 내　　용

1. 변론주의의 내용

가. 변론주의의 제1명제(주장 책임):　　법원은 당사자가 주장하지 않은 사실을 판결의 기초로 할 수 없다. 증인의 증언을 비롯한 각종 증거자료를 통하여 당사자 일방에게 유리한 내용이 나오더라도 당사자가 이러한 사실을 주장하지 않으면(판례는 증거조사 결과의 원용이나 입증취지에 관한 진술 등을 통한 간접적·묵시적 주장도 인정한다) 법원은 이를 기초로 재판할 수 없다. 즉, 당사자의 주장에 의하여 그 사실이 소송자료로 되지 않은 이상 증거자료 중에 어떤 주요사실이 드러나거나 법원이 심증을 얻었다고 하더라도 법원은 이를 기초로 하여 판단하여서는 아니 된다(증거자료와 소송자료의 구별). 다만 그 엄격한 준별의 완화에 관하여는 뒤의 설명(Ⅳ) 부분 참조.

　　[주장책임] 당사자는 자기에게 유리한 사실은 이를 주장하여야 하며, 이러한 주장이 없으면 그 사실은 존재하지 않는 것으로 취급되어 불리한 재판을 받게 될 위험에 처하게 될 수 있으므로 그러한 위험을 피할 책임이 바로 주장책임이다. 다만 공지의 사실은 당사자의 주장을 기다릴 필요 없이 판결의 기초로 할 수 있다. 주장책임의 분배에 관하여 법률요건 분류설에 의하는 것이 통설이다. 입증책임과의 관계를 정리하면 다음과 같다. ① 변론주의 하에서는 주장책임은 논리적으로나 시간적으로 입증책임에 선행한다. ② 직권주의가 인정되는 소송절차에서는 당사자의 주장책임이 문제되지 않는다. 그러나 입증책임은 직권탐지주의 소송절차에서도 필요하다. 진위불명의 경우에는 입증책임 분배의 원칙에 따라 판결해야 한다.
　　[주장책임의 주요논점으로는 주장책임의 적용대상(주요사실에 한정할 것인가의 여부), 주장의 방법(직접적 주장·간접적 주장이 있는데 아래의 판례들은 간접적 주장도 비교적 넓게 인정하고 있다), 주장책임의 분배기준(법규기준설 또는 법률요건 분류설이 통설이며 이에 관하여는 뒤에 본서 증거법 편에서 설명하는 증명책임 분배기준과 동일하므로 이를 참고할 것), 주장공통의 원칙(주요사실의 주장은 반드시 그 사실의 존재로부터 유리한 판단을 받게 될 당사자가 주장하여야 하는 것은 아니고 반대 당사자의 주장내용을 기초로 하여 그 사실을 인정할 수 있다. 그러나 통상공동소송인 사이에서는 주장공통의 원칙이 적용되지 않는다; 본서 제10장 제3절 참조), 증거자료의 소송자료화경향 또는 그 문제점(뒤의 Ⅳ. 참조) 등이 있다.] * 주장은 주요사실을 직접 또는 간접적으로 주장하여야 하는데, 주장취지가 분명할 것을 요한다. 예컨대, 채무불이행으로 인한 손해배상청구권의 소멸시효 항변에 불법행위로 인한 손해배상청구권의 소멸시효의 항변, 강박으로 인한 의사표시이므로 당연무효라는 주장 속에 취소한다는 주장 등이 포함되는 것으로 볼 수 없다.

　　[대법원 2002.6.28. 선고 2000다62254 판결] 법률상의 요건사실에 해당하는 주요사실에 대하여 당사자가 주장하지도 아니한 사실을 인정하여 판단하는 것은 변론주의에 위배된다고 할 것이나, 당사자의 주요사실에 대한 주장은 직접적으로 명백히 한 경우뿐만 아니라 당사자가 법원에 서증을 제출하며 그 입증취지를 진술함으로써 서증에 기재된 사실을 주장하거나 그 밖에 당사자의 변론을 전체적으로 관찰하여 간접적으로 주장한 것으로 볼 수 있는 경우에도 주요사실의 주장이 있는 것으로 보아야 한다.

[대법원 1995.4.28. 선고 94다16083 판결] 가. 당초의 매매계약을 무효로 하는 대신 갱신계약이 체결된 후에 매수인이 그 갱신계약의 효력 자체를 강력하게 부정하면서 매도인에 대하여 갱신계약의 내용에 따른 의무가 아닌 당초의 매매계약의 내용인 부동산의 전체에 관한 소유권이전의무를 이행하여 줄 것을 계속 요구하였을 뿐 계약 체결 후로 무려 3년여가 넘도록 자신의 대금지급관계에 대하여는 일체 침묵하여 온 사정에 비추어 볼 때, 매수인은 그 갱신계약에 기한 대금지급의무의 이행을 거절할 의사를 표명하였다고 봄이 상당하다. 나. **쌍무계약에서 당사자 일방이 그 채무를 이행하지 아니할 의사를 명백히 표시한 경우에 있어서 계약해제 주장에 필요한 주요사실은 상대방이 이행지체한 사실, 채무자가 미리 이행하지 아니할 의사를 명백히 표시한 사실 및 계약해제의 의사를 표시한 사실이라고 할 것이므로, 당사자가 계약의 해제를 주장하면서 상당한 기간을 정하여 계약이행을 최고하였으나 그 기간 내에 채무를 불이행하였다고만 주장하는 경우에 당사자가 주장하지도 아니한 채무자가 미리 이행하지 아니할 의사를 명백히 표시하였다는 사실을 인정하여 계약해제가 적법하다고 판단하는 것은 변론주의에 위배된다고 할 것이나, 당사자의 이러한 주장은 직접적으로 명백히 한 경우뿐만 아니라 당사자의 변론을 전체적으로 관찰하여 간접적으로 주장한 것으로 볼 수 있는 경우에도 주장이 있는 것으로 보아 적법한 계약해제가 있었다고 판단하여도 무방하다.** 다. 매수인이 잔대금 지급의무를 이행하고 소유권이전등기를 넘겨받을 의사가 없음을 미리 표시한 것으로 볼 수 있는 객관적인 명백한 사정이 있는 경우에는 당사자 일방이 자기의 채무의 이행을 제공을 하지 않더라도 상대방의 이행지체를 이유로 계약을 해제할 수 있는 것으로, 매수인이 이를 번복할 가능성이 있다고 볼 만한 다른 특별한 사정이 없는 한, 이러한 경우까지 매도인에게 매수인을 이행지체에 빠뜨리기 위하여 구두제공의 방법으로라도 자기의 반대채무를 이행제공할 것을 요구할 것은 아니라고 볼 것이다.

[대법원 1994.10.11. 선고 94다24626 판결] 원고는 소장 및 준비서면에서 원고가 소외인을 통하여 피고 등에게 금원을 대여하였다고 주장하고 있으나, 원고는 소외인을 증인으로 신청하여 소외인이 원고와 피고 등 사이의 금전거래를 중개하였음을 입증하고 있다면, 비록 **원고가 그 변론에서 소외인이 피고 등을 대리하여 원고로부터 금원을 차용한 것이라고 진술한 흔적이 없다 하더라도 그 증인신청으로서 그 대리행위에 관한 간접적인 진술은 있었다고 보아야 할 것이므로,** 법원이 소외인이 피고 등을 대리하여 원고로부터 금원을 차용한 것으로 판단하였다고 하여 이를 변론주의에 반하는 처사라고 비난할 수 없다. 甲 회사의 대표이사인 乙이 그 재직기간 중 수표에 배서함에 있어서 회사의 대표이사의 자격으로 "甲 주식회사, 乙"이라고만 기재하고, 그 기명 옆에는 "甲 주식회사 대표이사"라고 조각된 인장을 날인하였다면 그 수표의 회사 명의의 배서는 乙이 甲 회사를 대표한다는 뜻이 표시되어 있다고 판단함이 정당하다. 회사의 대표이사가 한 이사회의 승인이 없는 자기거래행위는 회사와 이사 간에는 무효이지만 제3자에 대하여는 그 거래의 무효임을 주장하는 회사가 제3자의 악의를 입증하여야 한다.

[예제] [제44회(2002년) 사법시험] [제2문의 2] 甲은 乙을 상대로 대여금 7천만원의 반환을 청구하는 소를 제기하였다. 乙은 甲의 주장 사실을 부인하면서 다른 주장을 하지는 않았다. 법원은 甲이 증거방법으로 제출한 차용증서에 관한 서증절차를 통하여 이미 그 대여금 채권의 소멸시효 기간이 경과하였음을 알고, 위 대여사실을 인정하면서도 소멸시효의 완성을 이유로 甲의 청구를 기각하는 판결을 선고하였다. 이 판결은 정당한가?

[해설] Ⅰ. 주요논점: 변론주의 원칙의 내용으로서의 주장책임, 주장책임의 적용대상, 주장책임

의 분배기준, 주장의 방법, 증거자료의 소송자료화 문제 등이 본 문제의 주요논점이라 할 수 있다.

Ⅱ. 주장책임의 내용:

1. 법원은 당사자가 주장하지 않은 사실을 판결의 기초로 할 수 없다.

2. 당사자는 자기에게 유리한 사실은 이를 주장하여야 하며, 이러한 주장이 없으면 그 사실은 존재하지 않는 것으로 취급되어 불리한 재판을 받게 될 위험에 처하게 될 수 있으므로 그러한 위험을 피할 책임이 바로 주장책임이다.

Ⅲ. 주장책임의 적용대상

1. 판결의 기초가 되는 사실에는 주요사실, 간접사실, 보조사실이 있다.

2. 주요사실만이 주장책임의 적용대상이 된다는 것이 판례의 입장이다. 그러나 간접사실 중에 판결의 결론에 직접 영향을 미칠 수 있는 사실은 상대방의 방어권을 보장한다는 차원에서 당사자의 주장을 필요로 한다는 학설이 유력하게 주장되고 있다.

3. 본 사안의 경우에 금전소비대차계약에서 금전의 대여사실이나 변제사실은 모두 주요사실로서 주장이 있어야 법원은 그 사실의 존부에 관하여 판단할 수 있다.

Ⅳ. 주장책임의 분배기준

1. 증명책임의 분배기준에 관한 법률요건분류설(법규기준설)이 통설이라 할 수 있다.

2. 법규기준설에 의하면, 원고는 그의 청구권 발생의 근거법규에서 정하고 있는 요건사실(주요사실)을 주장하여야 하고, 피고는 원고의 주장에 대한 항변으로서 원고의 권리발생 장애사실, 멸각(소멸)사실, 권리행사저지 사실을 주장하여야 한다.

3. 피고의 항변에 대하여 원고는 재항변에 해당하는 사실, 피고는 원고의 재항변에 대한 재재항변에 해당하는 사실을 주장하여야 한다.

4. 본 사안의 경우에 소비대차계약 상의 채권이 소멸시효 완성으로 소멸된 사실은 채무자인 乙이 항변사실로서 주장하여야 한다.

Ⅴ. 주장의 방법

1. 직접적 주장

2. 간접적 주장: 주장은 반드시 명시적인 것이어야 하는 것은 아닐 뿐더러 반드시 주장책임을 지는 당사자가 진술하여야 하는 것도 아니다(주장공통의 원칙). 소송에서 쌍방 당사자 간에 제출된 소송자료를 통하여 심리가 됨으로써 그 주장의 존재를 인정하더라도 상대방에게 불의의 타격을 줄 우려가 없는 경우 즉 입증취지에 관한 설명이나, 증거조사결과의 원용이 있는 경우에는 그 사실의 주장이 있는 것으로 보아 이를 재판의 기초로 삼을 수도 있다.

3. 본 사안의 경우에 乙이 소멸시효 완성사실을 직접적·간접적으로 주장한 것으로 보이지 않는다.

Ⅵ. 증거자료의 소송자료화 문제

1. 당사자의 변론으로부터 얻은 재판의 자료를 소송자료라고 하고, 증거조사로부터 얻은 재판의 자료를 증거자료라고 한다.

2. 변론주의 하에서는 법원의 증거조사를 통하여 어떤 주요사실의 존재에 관하여 심증을 갖게 되었다 하더라도 당사자가 변론에서 그 사실을 주장하지 않으면(즉, 소송자료로 되지 않으면) 그 사실을 기초로 판결을 할 수 없게 된다. 그런데, 앞서의 판례와 같이 다수의 학설·판례는 주요사실에 대한 간접적 주장을 비교적 넓게 허용함으로써 소송자료와 증거자료의 준별을 완화하고자 하는 것으로 보인다. 그러나 상대방 당사자의 방어권 보장 내지는 충분한 절차보장을 기하고 법원의 심리부담의 가중을 줄여야한다는 취지에서 볼 때 이러한 태도에는 문제가 있다. 증거자료를 통하여 사안의 실체가 충분히 나타난 상태에서 당사자의 주장이 이를 제대로 반영하지 못하고 있다면, 적정한 재판의 실현이라는 민사소송의 이상에 따라 이

때에는 법원이 적절히 석명권(의무)을 행사(이행)하여야 할 것이다.

3. 본 사안의 경우에 법원이 서증조사를 통하여 본 대여금채권의 소멸시효가 완성된 사실을 알았다고 하더라도 이는 증거자료에 지나지 않으므로 법원이 이를 기초로 하여 판결하여서는 아니된다. 한편 법원이 乙에게 소멸시효 완성사실에 관한 주장을 하도록 유도하는 석명권을 적극적으로 행사하는 것은 현재의 판례의 태도에 비추어 석명권행사의 한계를 일탈하는 것으로 볼 수 있다.

Ⅶ. 결론: 법원이 甲의 청구를 기각하는 판결을 하는 것은 변론주의에 위배된다.

나. 변론주의의 제2명제:　법원은 당사자 사이에 다툼이 없는 주요사실에 대하여 그 자체로써 판결의 기초되는 사실로 하여야 한다(재판상 자백의 구속력).

다. 변론주의의 제3명제:　법원은 당사자 사이에 다툼이 있는 사실을 확정함에 있어서 원칙적으로 당사자가 신청한 증거만을 조사할 수 있다(직권 증거조사의 원칙적 금지). 다만, 보충적 직권증거조사(법 제292조) 등을 인정하고 있는 점에서 절대적 명제로까지 볼 수는 없으나, 증거자료제출에 있어서 당사자 주도의 원칙을 손상하지 않는 범위 내에서 법원의 심증형성에 필요한 자료를 직권조사에 의하여 수집한다는 제한적 의미를 갖는다.

2. 변론주의가 적용되는 사실

가. 주요사실

(1) 권리의 발생, 변경, 소멸이라고 하는 법률효과를 판단하는 데에 직접 필요한 사실을 말하며 주요사실에 대해서만 변론주의가 적용된다(원고는 권리발생원인 사실을, 피고는 권리발생저해, 소멸 등 사유에 관하여 각 주장하여야 한다). 증거신청에 의한 간접적 주장도 가능하고 주장공통의 원칙상 꼭 그 주장에 의하여 이익을 받는 자가 주장을 하여야 하는 것은 아니다.

(2) 법률상의 요건사실에 해당하는 주요사실에 대하여 당사자가 주장하지도 아니한 사실을 인정하여 판단하는 것은 변론주의에 위배된다고 할 것이나, 당사자의 주요사실에 대한 주장은 직접적으로 명백히 한 경우뿐만 아니라 당사자가 법원에 서증을 제출하며 그 입증취지를 진술함으로써 서증에 기재된 사실을 주장하거나 그밖에 당사자의 주장사실을 전체적으로 관찰하여 간접적으로 주장한 것으로 볼 수 있는 경우(예컨대, 감정서나 서증을 이익으로 원용하는 행위)에도 주요사실의 주장이 있는 것으로 보아야 할 것이다. 민사소송에 있어서 변론주의는 주요사실에 대하여서만 인정될 뿐 주요사실의 존부를 추인케 하는 간접사실에 대하여는 그 적용이 없다.[1]

(3) **대리인에 의한 계약체결의 사실**은 법률효과를 발생시키는 실체법상의 구성요건 해당사실에 속하므로 법원은 변론에서 당사자의 주장이 없으면 그 사실을 인정할 수가 없는 것이다. 그 주장은 반드시 명시적인 것이어야 하는 것은 아닐 뿐더러 반드시 주장책임을 지는 당사자가 진술하여야 하는 것도 아니고(주장공통의 원칙), 소송에서 쌍방 당사자 간에 제출

---

1) 대법원 2002.6.28. 선고 2000다62254 판결.

된 소송자료를 통하여 심리가 됨으로써 그 주장의 존재를 인정하더라도 상대방에게 불의의 타격을 줄 우려가 없는 경우에는 그 대리행위의 주장은 있는 것으로 보아 이를 재판의 기초로 삼을 수도 있는 것이다.[1] 유권대리에 있어서는 본인이 대리인에게 수여한 대리권의 효력에 의하여 법률효과가 발생하는 반면 표현대리에 있어서는 대리권이 없음에도 불구하고 법률이 특히 거래상대방 보호와 거래안전유지를 위하여 본래 무효인 무권대리행위의 효과를 본인에게 미치게 한 것으로서 표현대리가 성립된다고 하여 무권대리의 성질이 유권대리로 전환되는 것은 아니므로, **양자의 구성요건 해당사실 즉 주요사실은 다르다고 볼 수밖에 없으니 유권대리에 관한 주장 속에 무권대리에 속하는 표현대리의 주장이 포함되어 있다고 볼 수 없다.**[2]

(4) **소멸시효의 기산일**은 채무의 소멸이라고 하는 법률효과 발생의 요건에 해당하는 소멸시효 기간 계산의 시발점으로서 소멸시효 항변의 법률요건을 구성하는 구체적인 사실에 해당하므로 이는 변론주의의 적용 대상이다.[3] 따라서 본래의 소멸시효 기산일과 당사자가 주장하는 기산일이 서로 다른 경우에는 변론주의의 원칙상 법원은 당사자가 주장하는 기산일을 기준으로 소멸시효를 계산하여야 한다. 이는 당사자가 본래의 기산일보다 뒤의 날짜를 기산일로 하여 주장하는 경우는 물론이고 특별한 사정이 없는 한 그 반대의 경우에 있어서도 마찬가지이다.

나. 간접사실과 보조사실의 경우

(1) 간접사실은 ① 기본 사실의 경위·내력 등에 관한 사실, ② 당사자의 주장사실과 연결성이 있고, 또 동일범위에 속하는 사항 등과 같이 경험법칙·논리법칙의 도움을 빌려서 주요사실의 존재 또는 부존재를 추정하는 역할을 하는 사실이다(그 전형적인 예가 알리바이 증명, 즉 현장 부재증명이다). 간접사실은 주요사실의 존부를 추인케 하는 점에서 증거자료와 같은 역할을 하는 것이고, 주요사실과는 달리 간접사실의 존재가 인정되더라도 법원의 자유심증에 의한 사실인정 과정을 거쳐야만 주요사실의 존부를 인정하는 자료로서의 역할을 할 수 있다. 따라서, 간접사실에 대하여는 당사자의 주장이 없어도, 그리고 당사자가 자백한 경우에도 법원은 이에 구애됨이 없이 자유롭게 간접사실의 인정이 가능하다. 이러한 통설적 견해에 대하여 현대사회의 주요소송은 대부분 간접사실의 인정을 통하고 있는 점에서 그 중요성을 간과하고 있다는 점에서 비판을 받고 있다.

---

1) 대법원 1990.6.26. 선고 89다카15359 판결: 원심법원은 원고가 1984.10.17. 피고 한복순을 대리한 그의 내연의 남편인 소외 허유옥과의 사이에 그 설시와 같은 내용의 이 사건 토지의 매수계약을 체결한 사실을 인정하고 있다. 원고는 이 사건 변론에서 소외 허유옥이 피고 한복순을 대리하여 이 사건 매매계약을 체결하였다고 명백한 진술을 한 적은 없으나, 피고들은 1988.9.5.자 준비서면에서 피고 한복순은 소외 허유옥에게 이 사건 토지에 관한 매매계약을 체결할 권한을 수여하거나 승낙한 사실이 없다고 주장함으로써 **원고가 위 소외인의 대리행위 주장을 한 것을 전제로 하여 위 소외인은 무권대리라는 취지의 주장을 하고 있으므로, 이와 같은 소송경과에 의하면 이 사건 매매계약체결에 있어서 위 소외인이 피고 한복순을 대리한 사실이 변론에서 주장된 것으로 볼 수도 있고,** 따라서 원판결이 그 입증의 문제는 별론으로 하더라도 위 사실을 그 재판의 기초로 삼았다 하여 그것이 바로 변론주의에 반하는 처사라고 단정할 수는 없는 것이다.
2) 대법원 1983.12.13. 선고 83다카1489 전원합의체 판결.
3) 대법원 1995.8.25. 선고 94다35886 판결.

195

[대법원 1993.9.14. 선고 93다28379 판결] 원심판결 이유에 의하면 원심은, 재심대상판결 (수원지방법원 1990.9.11. 선고 89나7686 소유권이전등기청구사건)이 그 설시의 사실관계(부동산 매수인인 A(원고들의 피상속인인)가 매도인인 피고에게 계약금 300만원, 중도금 1,200만원을 지급한 사실)를 인정하면서 거시한 갑 제4호증의 1 내지 3(피고 명의의 영수증)은 B가 위조한 것으로 인정되어 동인이 이로 인해 사문서위조죄의 유죄 확정판결을 받은 바는 있지만, 한편 거시증거들에 의하면 위 매매계약에 있어 위 B는 피고로부터 중도금 수령을 위임받은 자로서, 위 A가 계약당일 계약금 300만원을 피고에게 지급하고 중도금 1,200만원은 수차례에 걸쳐 위 B에게 지급하였는데, 위 B가 중도금을 임의로 소비한 후 위 A가 영수증을 요구하자 피고 이름으로 위와 같이 영수증을 작성, 교부해 주었던 사실이 인정되므로, 이에 의하면 위 B가 위와 같이 영수증을 위조하여 유죄의 확정판결까지 받았다 하더라도 그 밖의 증거들에 의하여 위와 같이 위 B에 대한 중도금 지급의 사실이 인정되는 이상 위 A가 한 변제의 효력에는 아무런 영향이 없고, 따라서 피고의 이 사건 재심청구는 결국 이유 없는 것이라고 판시하고 있다. 원심의 설시이유를 재심대상판결이 거시한 제반 증거들과 대조하여 살펴보면 원심의 위와 같은 사실인정, 판단은 옳은 것으로 수긍된다. **변론주의는 주요사실에 대하여만 적용되고 그 경위, 내력 등 간접사실에 대하여는 적용이 없는 것인 바, 위 A가 중도금을 피고에게 직접 지급하였느냐 또는 그 수령권한 수임자로 인정되는 위 B를 통하여 지급하였느냐는 결국 변제사실에 대한 간접사실에 지나지 않는다고 할 것이어서 반드시 당사자의 구체적인 주장을 요하는 것은 아니라 할 것이다**(더구나, 기록에 의하면 위 재심대상사건에서는 위 A의 잔금지급의무불이행으로 인한 계약해제사유가 있느냐가 주된 쟁점이었을 뿐, 중도금지급사실 자체는 피고도 인정하고 있음을 알 수 있다).

(2) 보조사실은 증거자료(방법)의 증거능력이나 증명력에 관한 판단의 자료가 되는 사실을 말한다. 예컨대, 증인이 소송당사자 한쪽과 절친한 친구사이라거나, 위증죄의 전과가 있다는 사실 등이 그 예라 할 수 있다. 보조사실에 관하여서도 주장책임이나 재판상 자백 등이 적용되지 않지만, 예외적으로 문서의 진정성립에 관한 자백은 재판상 자백의 예로서 취급한다.

　　* **주요사실과 간접사실·보조사실 구별의 효과**: ① 변론주의 적용 여부, ② 재판상 자백 성립 여부, ③ 유일한 증거에 대한 조사의 필요성, ④ 상고, 재심사유로서의 판단 누락이 되는 사실 등의 점에서 차이가 있다.

다. 과실, 사회질서위반, 선량한 풍속위반, 권리남용, 소멸시효(시효소멸) 등 일반조항·불특정개념에 관한 사실 주장의 경우

(1) 종래의 통설은 법규기준설에 따라 법률의 규정상 권리의 발생, 변경, 소멸의 직접원인이 되는 요건사실을 주요사실이라 하고, 이러한 사실의 존부를 확인하기 위한 사실을 간접사실이라 하며, 과실과 같은 불확정 개념 자체가 주요사실이고 그 가치판단의 대상이 되는 구체적 사실 즉, "운전사가 전방주시를 태만히 하였다" 등과 같은 사실은 간접사실이라고 본다. 그러나 현재는 아래에서 보는 바와 같이 불확정 개념을 구성하는 개별적 사실이 주요사실(준주요사실)이고 변론주의 대상으로 보는 것이 다수설 및 판례의 일반적 태도이다.

(2) 위와 같은 법규기준설의 기본 틀은 유지하되 주요사실을 법률효과를 발생시키는 요건사실로 한정할 것이 아니라 경우에 따라서는 간접사실까지 확대하여 변론주의의 확대적용을

받게 할 필요가 있다는 견해가 있다. 즉, 요건사실을 구성하는 개개의 구체적 사실이 재판에서 중요한 역할을 하고 있음에 비추어 불확정개념의 기초를 이루는 개개의 구체적 사실을 주요사실로 보아야 한다는 유력한 견해가 대두하고 있고 많은 지지를 받고 있다. 즉, 소송의 승패에 영향을 미칠 수 있는 중요한 사실은 변론주의의 적용이 있는 준주요사실로 보아야 한다는 견해이다. 구체적으로 행하여진 '사실'과 이에 대한 법적 평가로서의 '요건사실'을 구분하고, '과실' 등을 요건사실로 보고, 과실로 평가되는 개개의 행위(음주운전, 과속운전 등)를 주요사실로 보아야 한다는 견해도 위와 같은 입장을 반영한 것으로 보인다.

(3) 한편 통설인 법규기준설을 버리고 소송의 승패에 영향을 미칠 중요한 사실에서 기준을 찾아, 당사자의 공격방어의 목표가 되고 법원으로서는 심리 활동의 지침을 이루는 사실을 주요사실로 보고, 그 밖의 사실은 간접사실로 보아야 한다는 견해가 나오고 있다(주요사실의 기준을 다원적으로 파악한다고 하여 "다원설"이라고도 한다).

라. 앞서 본바와 같이, 판례는 소멸시효의 기산점은 주요사실로서 보는데 반하여, **취득시효의 기산점은 간접사실이라고 하여 당사자의 주장에 구애받지 않고 객관적 사실에 의하여 인정할 것이라고 한다.**[1] 이것은 점유취득시효가 경과된 후에 목적토지의 소유권변동이 있은 경우에, 타인으로의 권리변동시점이 취득시효완성전인가 후인가에 따라 시효취득여부가 좌우되기 때문에 취득시효 주장자가 임의로 기산점을 설정하는 것을 방지하기 위한 것으로 해석할 수 있을 것이다.

> **[예제] [제47회(2005년) 사법시험] [제1문]** 甲 소유의 A토지에 관하여 乙과 丙이 공모하여 甲 명의의 매매계약서 등 등기관계 서류를 위조하여 丙 명의로 소유권이전등기를 마친 후 이를 丁에게 매도하고 丁 명의로 소유권이전등기를 마쳤다. 이에 甲은 乙, 丙을 상대로는 위 丙 명의의 소유권이전등기가 원인 없이 경료되었음을 이유로 丙 명의의 소유권이전등기의 말소등기절차의 이행을 구하고, 丁을 상대로는 위 丁 명의의 소유권이전등기가 원인 없는 위 丙 명의의 등기에 기초하여 경료 된 무효의 등기임을 이유로 丁 명의의 소유권이전등기의 말소등기절차의 이행을 구하는 이 사건 소를 제기하였다. 위 소송에서 乙에 대하여는 공시송달 절차로 재판이 진행되었고, 丙은 甲의 주장사실을 모두 인정하는 답변서만을 제출하고 변론기일에 불출석하였으며, 丁은 甲의 주장사실이 모두 인정된다고 하더라도 A토지에 관하여 위와 같이 매수하여 점유를 개시한 이래 20년간 소유의 의사로 평온, 공연하게 이를 점유하여 점유취득시효가 완성되었으므로 실체관계에 부합하는 유효한 등기라는 주장이 담긴 답변서를 제출한 후 변론기일에 출석하여 다투었다. 법원의 심리결과 甲의 주장사실 및 丁의 점유취득시효에 관한 주장사실은 모두 사실로 인정되었다. 아래의 물음에 답하시오.
>
> 2. 만약 법원의 증거조사 결과 丁의 점유개시일이 丁이 주장하는 날짜보다 뒤인 것이 밝혀져서 丁의 점유기간이 변론종결 당시 아직 20년이 경과되지 아니하였다면, 丁 주장의 점유개시일에 관하여 다툼이 없음에도 불구하고 법원은 이를 기초로 丁의 점유취득시효완성의 주장을 배척할 수 있는가?
>
> **[해설]** 본 문제에도 앞에서 살펴본 예제의 주요논점이 그대로 적용된다. 다만 점유취득시효의 기산점이 주요사실인가? 또는 간접사실인가?가 중심 논점이 되며, 판례의 태도를 언급하여야 한다.

---

1) 대법원 1987.2.24. 선고 86다카1625 판결 등.

[예제] [제49회 변리사시험(2012년)] 甲은 자기 소유의 토지를 乙(지방자치단체)이 도로로 점유하여 사용하고 있음을 이유로 부당이득반환청구를 하였다. 이에 대하여 乙은 이 토지를 1987.3.17.부터 20년 이상 점유하여 이를 시효취득하였다고 항변하였다. 乙의 항변에 대하여 甲은 당초 乙의 점유개시시기를 乙의 주장과 같이 1987.3.17.이라고 하였다가 이후 2006.1.경부터 점유를 하였다고 하면서 그 주장을 변경하였다.

(1) 변론주의에서 말하는 '사실'은 무엇을 말하는가?(20점)

(2) 부동산의 시효취득에 있어서 점유기간의 산정기준이 되는 점유개시의 시기에 관한 甲의 위의 주장사실은 어떠한 사실인가?(10점)

[해설] [제1문] Ⅰ. 주요논점: 사실의 개념, 사실의 종류, 변론주의의 적용대상인 사실.

Ⅱ. 사실의 개념

1. 법원의 판단의 기초로서의 사실: 민사재판에서의 삼단논법

2. 당사자의 사실제출책임

Ⅲ. 사실의 종류

1. 주요사실

2. 간접사실

3. 보조사실

Ⅳ. 변론주의의 적용대상인 사실

1. 주요사실 한정설(판례, 다수설): 권리의 발생, 변경, 소멸이라고 하는 법률효과를 판단하는 데에 직접 필요한 사실을 말하며 주요사실에 대해서만 변론주의가 적용된다.

2. 간접사실의 경우: 본문의 설명 참조.

[제2문 해설: 생략]

마. 어음금청구소송에서 피고가 원고의 주장사실을 전부부인하면서 증거로서 제권판결정본을 제출하였다면 비록 피고가 그 판결의 효력에 관하여 아무런 주장을 하지 아니하였다고 하더라도 법원은 제권판결을 기초로 하여 어음금청구를 배척할 수 있다.[1]

바. 원고가 주장하지도 않은 청구권원에 기하여 원고의 청구를 인용한 사례(변론주의를 위반하여 사실을 인정한 사례)

(1) 채권담보를 위하여 소유권이전등기를 경료한 양도담보권자는 채무자가 변제기를 도과하여 피담보채무의 이행지체에 빠졌을 때에는 담보계약에 의하여 취득한 목적 부동산의 처분권을 행사하기 위한 환가절차의 일환으로서 즉, 담보권의 실행으로서 채무자에 대하여 그 목적 부동산의 인도를 구할 수 있고 제3자가 채무자로부터 적법하게 목적 부동산의 점유를 이전받아 있는 경우에는 그 목적 부동산의 인도청구를 할 수도 있다 할 것이나 직접 소유권에 기하여 그 인도를 구할 수는 없다. 원고가 소유권만을 인도청구의 청구권원으로 삼고 있을 뿐 담보권의 실행을 청구권원으로 삼고 있지 않음에도 불구하고 청구권원을 둘 다 인용하여 판시한 경우에는 이유모순의 위법을 범하였을 뿐만 아니라 변론주의의 원칙도 위배한 위법이 있다 할 것이다.[2]

(2) 원고들 소송대리인이 "원고가 무식하고 사회적 경험이 없으며 가난한 사람이어서 합

---

1) 대법원 1980.12.9. 선고 80다2432 판결.
2) 대법원 1991.11.8. 선고 91다21770 판결.

의를 하지 않으면 위 돈도 못 받을 것이라고 생각하여 위 합의를 한 것이므로 위 합의는 무효이다"고 주장하고 있고 이는 착오에 인한 의사표시를 취소한다는 취지로 해석된다고 하였으나, 그 내용은 위 합의약정이 불공정한 법률행위로서 무효라는 주장이지, 거기에 착오에 기한 의사표시로서 취소를 구한다는 취지가 담겨있다고 보기 어려우므로, 원심은 결국 당사자가 주장하지도 아니한 사실을 기초로 삼아 판결한 것으로서 변론주의원칙에 위배된다.[1]

(3) 피고 소송대리인은 비록 명시하지는 아니하였으나 이 사건 손해배상청구권이 우리나라 민법상으로는 시효로 소멸하지 아니하였음을 전제로 하여, 외국법 즉 리베리아법 또는 뉴욕주법에 의하여 시효로 소멸된 이 사건 손해배상청구권이 대한민국에서 소생할 수 없다는 등의 취지로 주장하였는데도 원심이 피고에게 우리나라 민법에 의한 소멸시효의 주장을 하는 것인지에 대하여 석명을 하여 이를 밝혀보지 않은 상태에서 이 사건 손해배상청구권이 우리나라 민법에 의하여 시효로 소멸되었다 라고 판단한 것은 당사자가 주장하지 아니한 사실을 판단한 위법을 저지른 것이다.[2]

사. 행정소송법 제26조는 "법원은 필요하다고 인정할 때에는 직권으로 증거조사를 할 수 있고, 당사자가 주장하지 아니한 사실에 대하여도 판단할 수 있다."고 규정하여 변론주의의 일부 예외를 인정하고 있으므로, 행정소송에서는 법원이 필요하다고 인정할 때에는 당사자가 명백히 주장하지 아니한 사실도 기록에 나타난 자료를 기초로 하여 직권으로 판단할 수 있는바, 상속세 등 부과처분취소 소송에서 당사자들이 다투지는 아니하였지만 기록에 현출된 자료에 의하여 상속세 신고세액 공제액에 관하여 법원이 심리·판단하는 것은 정당하고, 거기에 변론주의를 위반한 위법이 있다고 할 수 없다.[3]

> **[예제] [사례연구]** 甲은 2006. 12. 10. 21:00경 직장에서 야간근무를 마치고 때마침 같이 퇴근하는 소외 A운전의 오토바이 뒷좌석에 타고 가다가 교차로에 이르러 좌회전하고 있었다. 한편, 乙이 운전하던 1톤 트럭이 황색중앙선을 넘어 위 교차로에서 위 오토바이를 추월하다가 위 오토바이 뒷부분을 충돌하여 갑과 위 A는 같이 배수로에 나가 떨어졌다. 그 결과 甲은 뇌좌상, 뇌기저골 골절상 등의 상해를 입고 이로 인한 뇌손상으로 혼미상태, 사지마비 등의 중상을 나타내고 있으며, A는 좌측 족관절부 골절 등의 상해를 입었다. 甲은 乙을 상대로 위 교통사고로 입은 손해배상 청구소송을 제기하였다. 위 소송에서 법원은 갑이 제출한 증거를 종합하여, '① 甲은 사고 당일 21:00경 직장에서 야간근무를 마치고 때마침 같이 퇴근하는 소외 A의 오토바이에 동승하였다가 이 사건 사고를 당한 사실이 인정되므로, 위 A가 퇴근길에 우연히 동승한 甲을 위하여 미리 여분의 안전모를 준비해 두었다고 볼만한 사정이 인정되지 않는 한 甲이 안전모를 착용하고 동승한 것이라고 보기는 어렵다. ② 甲은 위 사고로 뇌좌상, 뇌기저골 골절상 등의 상해를 입고, 이로 인한 뇌손상으로 혼미상태, 사지마비 등의 증상을 나타내고 있는 반면에, 위 사고를 함께 당한 소외 A는 갑과 같이 배수로에 나가 떨어졌는데도 하축족관절부 골절 등의 상해를 입은 데에 그친 사실이 인정된다. 위와 같이 원고가 입은 상해의 부위 및 정도에 위에서 본 동승의 경위를 합쳐서 살펴보면, 甲은

---

1) 대법원 1993.7.13. 선고 93다19962 판결.
2) 대법원 1990.4.24. 선고 86다카2778 판결.
3) 대법원 1997.10.28. 선고 96누14425 판결.

위 사고 당시 안전모를 착용하지 않았던 것으로 추정하는 것이 보다 합리적이고 경험법칙에 맞는다고 할 것이다'라고 판단하면서, 위 사고로 인한 손해배상액을 정함에 있어서 甲의 과실을 참작하였다.

　Ⅰ. 위 소송에서 피고가 과실상계항변을 하지 않았음에도 법원이 직권으로 과실상계한 조치는 타당한가?

　Ⅱ. 법원의 위와 같은 사실인정 및 경험법칙적용은 타당한가?

　[해설] [제1문의 해설] Ⅰ. 문제제기: 본 문제는 손해배상청구소송에서 피해자측의 과실비율에 상응하는 손해액의 상계처분의 법적성질에 관한 문제이다. Ⅱ. 과실상계의 법적 성질: 1. 판례 (1) 불법행위로 인한 손해배상 사건에서 손해의 발생이나 확대에 관하여 과실이 있는 경우에는 배상책임의 범위를 정함에 있어서 당연히 이를 참작하여야 한다. (2) 과실상계 사유에 관한 사실인정이나 그 비율을 정하는 것은 그것이 형평의 원칙에 비추어 현저히 불합리하다고 인정되지 않는 한 사실심의 전권사항이다(대법원 2005.1.14. 선고 2004다26805 판결 등). 요컨대 판례는 과실상계는 법원의 직권조사사항임을 선언하고 동시에 그 사실인정 및 과실비율 산정은 사실문제에 해당한다고 본다. 2. 그 밖에 직권조사 사항에 속하는 것으로는 소송요건 또는 상소요건, 절차적 강행법규의 준수, 실체법의 해석·적용 등을 들 수 있다. Ⅲ. 직권조사사항의 구체적 내용: 1. 직권조사사항은 법원이 직권으로 문제삼아 판단한다는 뜻이다. 판단의 기초될 사실에 관한 직권탐지와 증거에 관한 직권조사를 요하지 않는다. 2. 당사자의 이의나 주장유무에 관계없이 이를 조사하여야 한다. 설사 이의하다가 철회하여도 이에 구애됨이 없이 심리하여야 한다. 3. 그 존부 자체는 재판상의 자백이나 자백간주의 대상이 될 수 없다. 4. 소송자료상 그 존부에 대해 의문이 제기될 사정이 있을 때에는 법원의 직권 석명 내지 조사의무가 있다. Ⅳ. 결론: 이 사안에서 법원이 직권으로 원고 갑의 과실사항을 조사, 판단하여 과실상계한 조치는 적법, 타당하다.

　[제2문의 해설] Ⅰ. 문제제기: 1. 본 문제는 경험법칙의 적용에 의한 간접사실로부터의 주요사실 추정에 관한 문제이다. 2. 간접사실에 의한 주요사실의 인정(추인, 추정)은 먼저 간접사실의 증명이 있어야 할 것이므로 간접사실의 내용과 변론주의 원칙의 적용에 관하여 살펴본다. 3. 경험법칙의 개념과 역할을 살펴본다. Ⅱ. 간접사실과 변론주의: 1. 의의 (1) 간접사실이란 주요사실의 존부를 경험법칙의 적용에 의하여 추인케 하는 사실을 말한다. (2) 설문에서는 이 사건 사고 당시 갑의 과실을 인정할 수 있는 주요사실인 '안전모의 착용'여부를 추인케 하는 사실로서 ① 갑이 퇴근길에 우연히 A운전의 오토바이에 동승케 되었다. ② 안전모를 착용하였던 A의 상해부위에 비하여 갑은 주로 뇌부위에 집중적으로 상해를 입고 뇌손상으로 인한 혼미상태가 초래되었다는 사실 등의 간접사실을 들고 있다. (3) 간접사실은 그 외에 직접증거의 증명력을 뒷받침해주는 역할도 한다.

　2. 간접사실과 주장책임 (1) 당사자의 주장책임: 당사자는 자기에게 유리한 사실은 이를 주장하여야 하며, 이러한 주장이 없으면 그 사실은 존재하지 않는 것으로 취급되어 불리한 재판을 받게 될 위험에 처하게 된다. 그러한 위험을 피할 책임이 바로 주장책임이며, 변론주의 원칙의 제1명제라고도 한다. (2) 간접사실에도 변론주의가 적용되는가? ① 통설과 판례는, 간접사실은 변론주의 적용대상이 아니라고 본다. 즉, 주요사실과 달리 간접사실의 존재가 인정되더라도 법원의 자유심증에 의한 사실인정의 과정을 거쳐야만 주요사실의 존부를 인정하는 자료의 역할을 할 수 있는 것으로서 간접사실은 일종의 증거자료와 같이 취급되어야 한다는 것이다. 따라서, 간접사실은 당사자의 주장이 없어도, 그리고 당사자가 자백한 경우에도 법원은 이에 구애됨이 없이 자유롭게 간접사실의 인정이 가능하다고 한다. ② 소수설은 현대사회의 주요소송은 대부분 간접사실의 인정을 통하고 있는 점에서 그 중요성을 간과하고 있다고 비판하면서 간접사실 중 재판 결과에 직접적으로 영향을 미치는 사항은 변론주의의 적용대상으로 보아야 한다고 주장한다. Ⅲ. 경험법칙의 적용: 1. 의의: 인간의 경험으로부터 귀납적으로 얻어진 사물의 성상이나 인과관계에 관한 지

식이나 법칙을 말한다. 2. 경험법칙의 작용모습 (1) 경험법칙은 ① 사실에 대한 평가적 판단, ② 증거의 가치판단, ③ 간접사실에 의한 주요사실의 추인(추정)에 이용된다. (2) 재판에서 문제되는 분쟁사실은 과거에 발생한 사실로서 이를 다시 재연(실험)해 보일 수 없고 그 실체파악에 제약이 있으므로 절대적 진실의 발견을 요구한다는 것은 불가능한 경우가 일반적이므로 개연적 사실인정에 만족하지 않을 수 없다. 즉, 증거에 의하여 인정되는 간접사실로부터 그 정도라면 진실이 아니겠는가 하는 사실, 합리적 의심을 품지 않을 정도의 개연적 사실을 추리해 내는 것으로 만족하지 않을 수 없다. (3) 이와 같은 개연적 사실을 추리해 내는 데에 경험법칙이 필요하다. 경험법칙은 구체적인 사건에서 구체적 사실이 아니라 3단 논법의 대전제를 이루는 일반적인 지식으로 존재하고 있는데, 논리적인 판단을 함에는 항상 경험법칙의 도움을 얻어야 한다. 3. 경험법칙의 종류와 증명의 필요: (1) 경험법칙은 ① 일반상식적인 단순한 경험법칙, ② 전문적·학리적 지식에 속하는 경험법칙, ③ 표현증명에 이용되는 고도의 개연성이 있는 경험법칙으로 나눌 수 있다. (2) 경험법칙 가운데 일반상식에 속하는 것을 증명의 대상이 되지 않으나, 특수한 전문적·학리적 지식에 속하는 것은 증명이 필요하다고 본다. 4. 경험법칙 위배와 상고이유: (1) 판례와 다수설은 경험법칙은 법규와 더불어 재판상 3단 논법의 대전제가 되므로 법규에 준하는 것으로서 사실문제가 아닌 법률문제로 보아 경험법칙 위배는 상고이유가 된다고 한다. (2) 소수설은 경험법칙은 법규와 달리 통상적으로 사실판단에 쓰이는 자료라는 것 등을 근거로 사실문제로 보아 상고의 대상이 아니라고 한다.

[예제] [제51회 사법시험] 甲은 乙 소유의 A 토지를 5억 원에 매수하기로 하는 매매계약을 乙의 피용자인 丙과 체결하고 매매대금 전부를 지급하였다. 甲은 乙에게 A 토지에 관하여 소유권이전등기절차의 이행을 요구하였으나, 乙은 丙이 자신의 피용자인 것은 사실이지만 자신이 丙에게 A 토지를 매도할 권한을 수여한 바 없다고 주장하면서 그 이행을 거절하였다. 1. 甲은 乙을 피고로 위 매매계약에 근거하여 A 토지에 관한 소유권이전등기절차의 이행을 구하는 소를 제기하였다. 甲은 위 토지에 관한 매매계약에 있어서 丙이 乙의 대리인이라고 주장하였다. 심리 결과 丙의 대리권은 인정되지 아니하나, 丙의 표현대리를 인정할 증거들이 있었다. 법원은 위와 같은 증거들을 근거로 표현대리를 인정하여 甲의 청구를 인용하는 판결을 할 수 있는가?
　　[해설] [주요논점] 변론주의 원칙 및 주장책임에 관한 해설 참조. [대법원 1983.12.13. 선고 83다카1489 전원합의체 판결] 참조.

Ⅲ. 소송자료와 증거자료의 구별

1. 당사자의 변론으로부터 얻은 재판의 자료를 소송자료라고 하고, 증거조사로부터 얻은 재판의 자료를 증거자료라고 한다. 이에 대하여 소송자료란 사실자료와 증거자료를 모두 포괄하는 개념으로 보는 견해도 있다.

2. 변론주의 하에서는 법원의 증거조사를 통하여 어떤 주요사실의 존재에 관하여 심증을 갖게 되었다 하더라도 당사자가 변론에서 그 사실을 주장하지 않으면(즉, 소송자료로 되지 않으면) 그 사실을 기초로 판결을 할 수 없게 된다. 그런데, 앞서의 판례와 같이 다수의 학

설·판례는 주요사실에 대한 간접적 주장을 비교적 넓게 허용함으로써 소송자료와 증거자료의 준별을 완화하고자 하는 것으로 보인다. 그러나 상대방 당사자의 방어권 보장 내지는 충분한 절차보장을 기하고 법원의 심리부담의 가중을 줄여야한다는 취지에서 볼 때 이러한 태도에는 문제가 있다. 증거자료를 통하여 사안의 실체가 충분히 나타난 상태에서 당사자의 주장이 이를 제대로 반영하지 못하고 있다면, 적정한 재판의 실현이라는 민사소송의 이상에 따라 이때에는 법원이 적절히 석명권(의무)을 행사(이행)하여야 할 것이다.[1]

3. 주요사실은 반드시 주장책임 있는 당사자가 주장할 필요는 없다. 즉 원고의 청구원인을 구성하는 주요사실을 피고가 진술할 수도 있고, 피고의 항변을 구성하는 요건사실(주요사실)을 원고가 주장하더라도 어느 경우에나 그 사실의 주장이 있는 것으로 보고 그 사실을 기초로 판단할 수가 있다(주장공통의 원칙).[2] 이러한 주장공통은 대립당사자(원고와 피고) 사이에는 인정되지만 통상의 공동소송인 사이에는 인정되지 않는다.

[증거자료의 소송자료화 경향] 변론주의의 적용을 받는 주요사실은 당사가 그 사실을 직접 주장하여야 하고, 상대방이 다투고 나올 때에는 그 존재를 증명하는 증거를 제출하여야 한다(사실주장 및 증명책임). 이때 증거의 제출 및 조사가 선행하고 증거조사 결과(증거자료) 밝혀진 사실을 원용한 경우에도 그 사실을 주장한 것으로 본다. 이에 관하여 때로는 법원의 석명권이 행사되기도 한다. 이러한 과정을 통하여 증거자료를 소송자료에 접근시킨다. 재판 실무에서는 주요사실을 직접 주장하지 않았다 하더라도 일정한 경우 이를 주장한 것으로 보는 '간접주장'을 인정하여 소송자료와 증거자료의 구별을 완화시키려는 경향이 있다(아래의 대법원 판례 참조). 이때 당사자의 입증취지를 명시한 증거제출행위를 통하여 주요사실의 주장이 있는 것으로 보거나, 변론전체의 취지로부터 간접적 주장을 인정한다. 이에 대하여, 당사자의 일정한 소송행위에 비추어 보아 예비적으로 주요사실에 대한 주장이 포함되어있다고 기대할 수 있는 경우에 한하여 상대방의 방어권행사에 지장을 주지 않는 범위 내에서 간접적 주장을 인정하는 것이 타당하다는 견해가 있다(김용진, 227면). 즉, 간접적 주장을 인정할 수 있는 경우에도 법원은 석명권을 행사함으로써 주요사실에 대한 당사자의 진술을 받아 내거나 또는 주장의사가 없음을 확인하는 것이 바람직하다는 것이다.

[대법원 2002.5.31. 선고 2001다42080 판결] 금원을 변제공탁 하였다는 취지의 공탁서를 증거로 제출하면서 그 금액 상당의 변제 주장을 명시적으로 하지 않은 경우, 비록 당사자가 공탁서를 제출하였을 뿐 그에 기재된 금액 상당에 대한 변제 주장을 명시적으로 하지 않았다고 하더라도 공탁서를 증거로 제출한 것은 그 금액에 해당하는 만큼 변제되었음을 주장하는 취지임이 명백하므로, 법원으로서는 그와 같은 주장이 있는 것으로 보고 그 당부를 판단하거나 아니면 그렇게 주장하는 취지인지 석명을 구하여 당사자의 진의를 밝히고 그에 대한 판단을 하여야 한다.

[예제] [제52회 사법시험] 甲은 2009. 10. 16. 乙에게 600만 원을 변제기를 2010. 4. 15. 로 정하여 대여한 후, 乙이 변제기가 지나도록 이를 변제하지 아니하자, 2010. 6. 1. 乙을

---

1) 간접적 주장을 폭넓게 인정하는 것은 민사소송규칙 제28조의 법원의 쟁점확인, 진술기회제공이라는 변론방식과 맞지 않는다는 견해도 있다(이시윤, 303면).
2) 대법원 2002.2.26. 선고 2000다48265 판결 등.

상대로 대여금 청구의 소를 제기하였다. 乙은 청구기각의 판결을 구하면서 원고의 주장사실을 전부 부인하였는데, 乙이 신청한 증인은 법정에 출석하여, "甲이 乙에게 600만 원을 대여하는 것과 乙이 변제기로부터 한 달이 지난 2010. 5. 15. 甲에게 600만 원과 5%의 비율로 계산한 1개월간의 지연손해금까지 지급하는 것을 목격하였다."라고 증언하였다. 위와 같은 증인신문을 마친 후 변론이 종결되었다면 법원은 위 증언을 토대로 하여 甲의 청구를 기각할 수 있는가?

[해설] 본 문제도 변론주의원칙 하에서의 주장책임 일반에 관한 논의를 전개하고, 증거자료와 소송자료의 구별 및 증거자료의 소송자료화와 그 한계 등을 언급함이 타당하다. 본건 채무의 변제사실은 乙이 주장할 책임이 있으므로 乙이 이러한 사실을 주장하지 않는 한 변론주의원칙상 법원은 증인의 증언만을 기초로 하여 甲의 청구를 기각하는 판결을 할 수 없다.

Ⅳ. 법적 판단·증거의 가치평가, 경험법칙 등은 당사자의 주장에 구애되지 않는다.

Ⅴ. 진실의무

1. 의   의

가. 어떤 사실이 진실이 아님을 알면서 이를 적극적으로 주장하거나, 진실에 맞는 것으로 알고 있는 상대방의 주장사실을 다투어서는 아니 될 의무(당사자 및 소송대리인이 주관적으로 알고 있는 사실을 기준으로 한 이른바 "正直의무"라 할 수 있다).→ 주관적 정직의무

나. "완전의무"는 우리 민사소송법이 규정하지 않고 있다.
(1) 독일 민소법 제138조 1항(오스트리아 민소법 제178조)은 "당사자는 사실상의 상태에 관한 진술을 완전히 그리고 진실에 따라서 하여야 한다"고 규정하여 당사자는 알고 있는 것은 유·불리를 불문하고 모두 진술하지 않으면 안되는 완전의무가 강제되고 있다.
(2) 그러나 위와 같은 규정이 없는 우리 민소법상 완전의무는 인정되지 않는다고 보는 것이 타당하다(다수설). 현행법상 소송대리인인 변호사에게 적극적 진실의무를 강요하는 것은 의뢰인으로부터 배임행위라는 비난을 받을 수도 있다.

다. 진실의무를 어떤 사실이 진실이라고 확신할 때에만 주장할 수 있고, 상대방의 주장이 거짓임을 확신할 때에만 다투어야 한다는 뜻으로 해석할 수는 없다. 상대방이 아무런 주장이나 남발할 때에는 그것이 진실인지 여부가 불명인한 적극적으로 다투는 것이 오히려 성실한 소송수행 태도라 할 수 있다.

2. 근   거

보통 법 제1조 신의칙을 실정법적 근거로 들고 있다. 그 외에 법 제363조(문서성립의 인

부에 대한 제재), 법 제370조(거짓진술에 대한 제재) 등을 들 수 있다.

3. 진실의무위반의 효과

가. 소송비용의 부과. 법 제99조.

나. 고의, 중대한 과실로 진실에 반하여 문서의 진정을 다툰 때 과태료부과. 법 제363조
1항.

다. 민법상의 손해배상책임. 민법 제750조.

라. 소송사기죄의 성립: 대법원판례상 사기죄적용을 매우 제한적으로 허용하고 있음. 이
것은 곧 법원이 "진실의무"의 적용에 관해서 매우 소극적인 태도임을 나타내고 있다.

Ⅵ. 변론주의 예외(직권탐지주의와 직권조사사항)

1. 직권탐지주의

가. 직권탐지주의의 구체적 내용
(1) **사실의 직권탐지**:   당사자의 변론은 법원의 직권탐지를 보완하는 데 그치며, 당
사자가 주장하지 않은 사실도 법원은 자기의 책임과 직권으로 수집하여 판결의 기초로 삼아
야 한다. 직권탐지사항은 판결의 기초가 될 사실·증거까지 탐지하지는 않는 직권조사사항
과는 구별된다.
(2) **자백의 구속력 배제**
(3) **원칙적 직권증거조사**
(4) **공격방어방법제출시기의 무제한**
(5) **처분권주의 제한**: 청구의 포기·인낙, 재판상 화해를 할 수 없다. 그러나 소취하는 가
능하다.

나. 당사자의 절차권 보장: 법원의 직권조사 결과 등에 대한 당사자의 의견 진술을
위한 기회를 보장하여야 한다.

다. 적용범위: 재판권 및 재심사유의 존재는 고도의 공익성의 요청에서 직권탐지사
항으로 본다. 민사소송절차에서는 경험법칙, 외국법규, 관습법 등에 관한 사항은 직권탐지주
의에 의하는 것으로 본다. 가사소송·선거소송·행정소송(반대견해 있음) 등은 소송물의 성
질상 직권탐지주의 의한다.

2. 직권조사사항

가. 당사자의 신청 또는 이의에 관계없이 법원이 반드시 직권으로 조사하여 판단을 하여야 할 사항이다. 직권조사사항은 공익에 관한 것이기 때문에 법원이 직권으로 문제 삼아 판단하여야 한다는 것이지 판단의 기초가 될 사실에 관한 직권탐지와 증거에 관한 직권 조사를 요하지 않는다. 직권조사사항은 재판상 자백이나 자백간주의 대상이 되지 않는다. 피고의 답변서 제출이 없어도 무변론판결을 할 수 없으며, 공격방어방법과 상고이유서의 제출에 시기적 제한이 없다. 직권조사사항의 증명은 자유로운 증명으로 족하다는 견해가 있으나 원칙적으로 엄격한 증명을 요한다.

나. 적용범위: 소송요건, 상소요건, 절차적 강행법규의 준수, 실체법의 해석적용 등은 직권조사사항이다.

제5절 법원의 석명권행사와 법적관점 지적의무

Ⅰ. 변론주의 원칙의 보완의 필요성

문화 국가관, 국가의 후견적 기능, 정의의 구체적·실질적 구현, 사회적 법치국가 법리 등에 비추어 소송당사자가 경제적 이유 및 법률지식의 현저한 결여로 인하여 정당한 권리를 주장·증명하지 못하는 경우에 법원이 이를 보완하는 조치를 필요로 한다.

Ⅱ. 석명권의 행사

1. 의의, 범위

가. 적극설(적극적 석명):   당사자 일방이 간과하고 있는 주장·증거의 제출 및 소(청구)의 변경을 촉구하는 석명권 행사도 가능하다는 입장이다.

나. 소극설(소극적 석명):   당사자의 신청이나 주장에 불분명, 불완전, 모순 있는 점을 지적하여 그 흠을 보정할 수 있도록 하는 석명권 행사만 가능하다는 것으로서, 석명권행사는 당사자가 밝힌 소송관계의 테두리 내에서 행사하여야 한다는 입장이다.

다. 제한부 적극적 석명이론: 사안의 적정한 해결을 위하여 필요한 신청이나 주장이 없는 경우 또는 종전의 신청이나 주장을 그대로 유지하면 그 패소가 필연적으로 예상되어서 승패가 뒤바뀌게 되는 경우에는, 새로운 신청이나 주장을 하도록 암시를 주거나 그 신청이나 주장의 변경을 촉구하는 것과 당사자가 입증책임을 부담하는 사항에 관하여 입증을 하지 아니하는 경우에 입증을 촉구하는 것 등은 모두 법원의 석명의 범위 속에 들어간다고 본다.

라 판례:　　　판례는 일관하여 "법원의 석명권 행사는 당사자의 주장에 모순된 점이 있거나 불완전·불명료한 점이 있을 때에 이를 지적하여 정정·보충할 수 있는 기회를 주고, 계쟁 사실에 대한 증거의 제출을 촉구하는 것을 그 내용으로 하는 것으로, 당사자가 주장하지도 아니한 법률효과에 관한 요건사실이나 독립된 공격방어방법을 시사하여 그 제출을 권유함과 같은 행위를 하는 것은 변론주의의 원칙에 위배되는 것으로 석명권 행사의 한계를 일탈하는 것이 된다"고 하여 소극적 석명이론을 유지하고 있다.[1] 그리하여, "피고가 종전 소유자에게 토지대금 합계 3,062,480,000원을 지급하고, 소외인에게 이주비 165,000,000원, 소외 주식회사에게 온천개발비 135,000,000원 및 용역비 148,500,000원을 지급하였다고 주장하고 그에 부합하는 증거를 제출하였다고 하더라도, 피고가 제1심 및 원심에서 일관되게 이 사건 약정이 체결된 바 없다고 부인한 점, 위 각 금원도 원고 아닌 제3자에게 지급하였다는 것인 점에 비추어 볼 때 **피고의 위와 같은 주장 및 증거의 제출은 이 사건 약정이 체결되었다는 원고의 주장에 대하여 항쟁한 것에 불과할 뿐이지 위 각 금원을 이 사건 약정의 대금으로 원고에게 변제하였다거나 이 사건 약정의 대금에서 공제되어야 한다는 항변이라고 볼 수 없다**. 피고가 제1심 및 원심에서 일관되게 이 사건 약정이 체결된 바 없다고 부인하고 있을 뿐 이 사건 약정의 대금을 변제하였다는 점에 대하여는 이를 다투거나 주장한 바 없었음이 기록상 명백한 만큼, 원심이 이에 대하여 석명하지 아니하였다고 하여 그것을 두고 석명권을 행사하지 아니한 위법이 있다고 할 수도 없다. 따라서 원심에는 판단을 유탈하거나 석명권을 행사하지 아니한 위법이 없다"고 하였다.

2. 석명의 대상

가. 법 제136조 1항
재판장은 소송관계를 분명하게 하기 위하여 당사자에게 사실상 또는 법률상 사항에 대하여 질문할 수 있고, 증명을 하도록 촉구할 수 있다.

나. 소송관계의 불명료를 해소하기 위한 것이어야 한다. 이것은 법이 소극적 석명을 전제로 하고 있음을 보여 주는 것으로 볼 수도 있다.
(1) 의　　의
당사자의 진술의 취지가 불분명하거나, 당사자가 전후 모순된 진술을 하거나, 사실 주장은 하였지만 입증을 하지 않고 있는 경우 등을 말한다.
(2) **청구취지의 불명료**
① 청구취지 자체가 법률적으로 부당하거나 그 청구원인과 서로 맞지 아니함이 명백한 경우, 법원으로서는 원고가 소로서 달성하려는 진정한 목적이 무엇인가를 석명하여 청구취지를 바로 잡아야 한다.

---

1) 대법원 2001.10.9. 선고 2001다15576 판결.

② 소의 변경이 교환적인가 또는 추가적인가의 여부는 기본적으로 당사자의 의사해석에 의할 것이므로 당사자가 구 청구를 취하한다는 명백한 의사표시 없이 새로운 청구원인을 주장하는 등으로 그 변경원인이 불명한 경우에는 사실심 법원으로서는 과연 청구변경의 취지가 무엇인가, 즉 교환적인가 또는 추가적인가의 점에 대하여 석명으로 이를 밝혀볼 의무가 있다.[1]

③ 건물매매계약의 당사자가 건물의 일부에 불과할 뿐 구조상으로나 이용 상 다른 부분과 구분되는 독립성이 없기 때문에 구분소유권의 대상이 될 수 없는 부분을 매매대상에서 제외하기로 약정하였음에도 매수인이 건물 전체에 대한 소유권이전등기청구를 한 경우, 당사자의 의사는 위 매매대상 건물 전체 면적 중 이를 제외한 나머지 면적에 상응하는 비율로 지분소유권이전등기를 마치려는 것이라고 해석할 여지가 있으므로, 법원으로서는 매수인의 청구가 매매대상 건물 중 매도인이 매매계약으로서 매도한 면적에 상응하는 비율만큼의 지분소유권이전등기를 구하는 취지인지 석명을 구한 후 그에 대하여 심리하여야 한다.[2]

④ 청구취지에서는 자본감소 결의의 무효확인을 구하였으나, 사건명을 "감자무효의 소"라고 표시하였을 뿐 아니라, 당사자들이 변론과정에서 근거조문까지 명시하면서 상법 제445조의 자본감소 무효의 소를 제기한 것임을 전제로 재량기각 여부를 주된 쟁점으로 삼아 변론하였다면, 청구취지의 기재에도 불구하고 상법 제445조의 자본감소 무효의 소를 제기한 것으로 볼 여지가 충분한데도, 석명권을 행사하여 이를 분명히 하고 그에 따른 청구취지와 청구원인을 정리하지 아니한 채 자본감소 결의의 무효확인 판결을 선고한 원심판결은 당사자가 부주의 또는 오해로 인하여 명백히 간과한 법률상의 사항이 있거나 당사자의 주장이 법률상의 관점에서 보아 모순이나 불명료한 점이 있는 경우 법원은 적극적으로 석명권을 행사하여 당사자에게 의견진술의 기회를 주어야 함에도 이를 게을리 하여 석명 또는 지적의무를 다하지 아니한 것으로서 위법하다.[3]

(3) 청구원인의 불명·불특정

① 법원의 석명권 행사는 당사자의 주장에 모순된 점이 있거나 불완전, 불명료한 점이 있을 때에 이를 지적하여 정정·보충할 수 있는 기회를 주고 계쟁 사실에 대한 증거의 제출을 촉구하는 것을 그 내용으로 하는 것으로서 당사자가 주장하지도 아니한 법률효과에 관한 요건사실이나 독립된 공격방어 방법을 시사하여 그 제출을 권유함과 같은 행위를 하는 것은 변론주의의 원칙에 위배되는 것으로서 석명권 행사의 한계를 일탈하는 것이지만, 당사자가 어떠한 법률효과를 주장하면서 미처 깨닫지 못하고 그 요건사실 일부를 빠뜨린 경우에는 법원은 그 누락사실을 지적하고, 당사자가 이 점에 관하여 변론을 하지 아니하는 취지가 무엇인지를 밝혀 당사자에게 그에 대한 변론을 할 기회를 주어야 할 의무가 있다.[4]

② 청구원인이 주권(株券)에 대한 단순한 매매인지 환매계약인지 혹은 기존채무를 청산하기 위한 대물변제인지 불명함에도 불구하고 이를 특정 시키지 않고 한 판결은 석명의무 불행사에 기인한 심리미진이 아니면 이유 불비의 위법을 범하였다 할 것이다.[5]

1) 대법원 1995.5.12. 선고 94다6802 판결 등.
2) 대법원 2003.3.14. 선고 2001다7599 판결.
3) 대법원 2010.2.11. 선고 2009다83599 판결.
4) 대법원 2005.3.11. 선고 2002다60207 판결.

③ 원고가 청구취지에서는 피고를 상대로 그 명의로 경료된 등기의 말소등기절차의 직접
이행을 구하고 있으나(이때에는 원고가 그 소유권이 있어야 한다), 청구원인 사실로서 대위
권행사의 전제가 되는 사실관계를 모두 주장하고 있는 경우(이때 청구취지를 대위등기청구
를 구하는 형식으로 변경할 것인지 여부를 석명하지 않고), 위 주장의 취지를 직접등기의 말
소를 구하는 것으로만 보아 청구를 기각한 것은 석명의무를 위반한 것이다.

④ 원고 인수참가인이 115-1 지상 건물의 소유권을 취득하였음을 이유로 피고와 선정자
2를 상대로 각 점유하고 있는 부분의 인도를 구하는 것과 위 지상 건물의 원시취득자로서
소외인에게 이를 매도하여 원고, 원고 인수참가인에게 순차 이전하게 한 위 건물의 신축자를
대위하여 각 점유하고 있는 부분의 인도를 구하는 것은 법률효과에 관한 요건사실이 다르다
할 것이고, 법원은 변론주의의 원칙상 법률상의 요건사실에 해당하는 주요사실에 관한 한 당
사자가 주장하지 아니한 사실을 기초로 판단할 수 없는 것이다. 원고와 원고인수참가인은 이
사건 소제기 시부터 원심 변론종결 시까지 일관되게 위 지상 건물이 원고 및 원고인수참가
인의 소유임을 전제로 피고와 선정자 2를 상대로 각 점유부분의 인도를 구하였을 뿐 이와
달리 위 건물의 원시취득한 매도인을 대위하여 직접 그 인도를 구하였다고 주장한 바 없음
이 명백하다. 가사 원심이 변론 전체의 취지 등에 의하여 원고와 원고 인수참가인이 위와 같
은 주장을 한 것이라고 본다고 하더라도 법원은 당사자가 명백히 간과한 것으로 인정되는
법률상의 사항에 관하여는 당사자에게 의견진술의 기회를 주어야 하므로, 피고와 선정자 2
가 이 점에 관하여 아무런 답변이나 항변을 하지 아니하고 있는 상황에서 원심법원으로서는
그에 관한 피고와 선정자 2의 견해를 묻고 법률상 및 사실상의 반대 주장을 할 수 있는 기회
를 부여한 다음 그러한 판단에 나아갔어야 할 것이다. 그럼에도 불구하고, 원심은 원고와 원
고 인수참가인이 주장하지도 아니한 채권자대위권을 행사한다는 주장에 기초하여 피고와 선
정자 2에게 의견진술의 기회조차 부여하지 아니한 채 원고 인수참가인이 아직 위 지상 건물
에 대한 소유권이전등기를 마치지 못하여 그 소유자가 아니라고 하더라도 불법점유자인 피
고와 선정자 2에 대하여는 위 신축자를 대위하여 각 점유부분의 인도청구를 할 수 있으며,
이때 원고인수참가인은 피고와 선정자 2에 대하여 직접 자기에게 인도할 것을 청구할 수 있
다고 판단하여 원고의 이 부분 청구를 인용한 것은 변론주의 원칙에 위반하여 판결 결과에
영향을 미친 위법이 있다.[1]

(4) 주장사실의 불명료, 보충, 전후 모순: 당사자가 어떠한 법률효과를 주장하면서 미처
깨닫지 못하고 그 요건사실 일부를 빠뜨린 경우에는 법원은 그 누락사실을 지적하고, 당사자
가 이 점에 관하여 변론을 하지 아니하는 취지가 무엇인지를 밝혀 당사자에게 그에 대한 변
론을 할 기회를 주어야 할 의무가 있다.[2] 예컨대 소유권이전등기를 매매대금 잔대금 지급채
무와 동시에 이행하기로 약정한 매매계약이 적법하게 해제된 사실을 인정하려면 등기의무이
행의 제공 여부와 기간을 정한 채무이행의 최고 여부를 석명·심리하여 적법한 계약해제의
여부를 판단하여야 한다.[3]

5) 대법원 1952.9.6. 선고 4285민상43 판결.
1) 대법원 2007.7.26. 선고 2007다19006,19013 판결.
2) 대법원 2005.3.11. 선고 2002다60207 판결.
3) 대법원 1963.7.25. 선고 63다289 판결.

그 밖에 판례상 나타난 사례를 보면 다음과 같다.

① 원고의 피고에 대한 원목대금 잔액 청구소송에서 피고가 원고는 피고 소유의 후두목 600본을 피고의 승낙 없이 가져갔으므로 원고 청구에 응할 수 없다고 진술하고 있는바, 그것이 위 후두목을 원·피고간의 매매계약의 이행으로 지급하였다는 것인지, 또는 이것을 원고가 불법으로 가져감으로써 생긴 손해상당액과 원고 청구금액을 상계한다고 주장하는 취지인지 또는 그 금액이 얼마라고 주장하는 것인지가 명확하지 않으므로 원심으로서는 이를 석명하여 심리 판단하여야 한다.[1]

② 물품대금 청구소송에서 피고가 공급물에 하자가 있음을 이유로 계약을 취소하였다고 주장하는 경우, 원심으로서는 석명권을 행사하여 위 주장이 하자 담보책임에 기한 계약해제의 주장인지 여부를 밝혀 계약해제여부를 판단하여야 할 것인데도 이를 간과한 것은 석명권 불행사와 심리미진의 위법을 저지른 것이다.[2]

③ 취득시효를 주장하는 채무자가 현재 그 부동산을 점유하고 있는 사실을 채권자가 자인하는 경우에 원심법원은 의당 채무자가 그 부동산을 점유한 시기 및 권원에 관하여 석명을 구하여야 할 것인데, … 이를 행하지 아니하였다면 석명권해태의 비난을 면할 수 없다.[3]

④ 제1심판결에서 매월 22일씩 도시일용노동에 종사함을 전제로 하여 88,500,371원{598,796×(298.2991−167.5993)+598,796×(323.9452−298.2991)×2/3}을 인정받았는데, 항소심에 이르러 인상된 도시 일용노임을 기준으로 산정한 월 701,052원을 적용하여야 한다고 청구원인을 변경하면서 73,071,070원{701,052×(298.2991−167.5993)+701,052×(323.9452−298.2991)×2/3}이라고 설시한 경우, 위 금액은 소송의 경과와 변경된 청구원인의 내용에 비추어 계산착오임이 명백하므로, 따라서 이와 같은 경우 원심으로서는 마땅히 석명권을 행사하여 위 금액이 착오로 인한 것인지 아니면 일부만 청구한다는 취지인지를 밝혀 청구의 범위를 명확히 한 다음 그 청구의 당부를 판단하여야 한다.[4]

(5) 다른 주장을 포함하고 있는지 의심나는 경우

원고가 소외인 및 피고 등을 상대로 그 동안 수없이 이 사건 각 부동산에 대하여 인도 요구를 하였고, 이들 또한 원고에게 이 사건 각 부동산에 대한 임대·교환·불하 등의 요구를 하였던 점 등으로 미루어 보면, 위 소외인과 그의 점유를 승계한 피고와 A의 각 점유는 소유의 의사가 있는 점유가 아니고 평온한 점유도 아니라는 원고의 위 주장은 피고와 A가 이 사건 각 부동산에 관한 원고의 소유권을 승인함으로써 시효가 중단되었다는 주장으로도 볼 수 있다 할 것이므로,[5] 원심으로서는 석명권을 적절히 행사하여 원고의 주장 취지를 명확히 한 다음 이에 대하여 심리 판단을 하여야 할 것인데 이에 관하여 아무런 판단을 하지 아니하였으므로, 원심판결에는 시효의 중단사유에 관한 법리오해·심리미진 또는 판단유탈의 위법이 있다 할 것이고, 이러한 위법은 판결에 영향을 미친 것임이 분명하므로 이 점을 지적하는 취지의 논지는 이유 있다.[6]

---

 1) 대법원 1967.10.31. 선고 66다1814 판결.
 2) 대법원 1990.6.12. 선고 89다카28225 판결.
 3) 대법원 1959.11.12. 선고 4291민상880 판결.
 4) 대법원 1997.7.8. 선고 97다16084 판결.
 5) 대법원 1994.10.7. 선고 94다13244,13251 판결 참조.

[**대법원 2002.11.22. 선고 2001다6213 판결**] [**사실관계**] (1) 소외 A는 이 사건 부동산을 그의 처인 X명의로 취득한 뒤 X명의로 냉장창고업을 운영하면서 그 아들인 B에게 위 창고업과 관련한 실무를 담당케 하였다. (2) B는 이 사건 부동산중 일부를 Y1에게 임대하고, 다시 이 사건 부동산 전부를 Y2에게 임대하였다. (3) Y1의 위 임대부분에 대한 임대기간의 만료 후에 Y2가 이를 다시 Y1에게 전대하였다. (4) 이에 따라 Y1은 1997. 10. 9.부터, Y2는 1998. 6. 1.부터 각 이 사건 부동산의 일부씩을 점유·사용하여 왔다. (5) 이 사건 부동산은 임의경매 절차에서 C에게 낙찰되어 2000. 3. 16. X로부터 C명의로 소유권이전등기가 경료 되었다. [**원고 X의 주장**] X는 Y1, Y2의 이 사건 부동산에 대한 각 점유는 B의 무권대리행위에 의한 임대차계약에 기인한 것으로서 X에 대하여는 법률상 원인이 없는 것이므로 Y1, Y2는 각 해당 점유부분을 명도 및 인도하고, 그 점유부분에 상응하는 임료상당의 부당이득을 반환할 의무가 있다고 주장하였다. (원심법원의 판단) X의 Y1, Y2에 대한 명도 및 인도청구에 대하여는 X가 이 사건 부동산에 대한 소유권을 상실하였음을 이유로 이를 기각하고, 부당이득 반환청구에 대하여는, Y1, Y2는 민법 제197조 제1항에 의하여 선의로 점유한 것으로 추정되고 민법 제201조 제1항에 의하면, 선의의 점유자는 점유물의 과실을 취득할 권리가 있다고 하여 Y1, Y2의 이 사건 부동산 중 각 해당부분 점유가 악의의 점유임을 인정할 증거가 없다는 이유로 원고의 청구를 기각하였다. [**대법원의 판단**] (1) 피고들은 X의 대리인인 B로부터 이 사건 부동산을 임차하였다든가 이에 관하여 표현대리가 성립하였다든가 아니면 B의 임대차계약체결을 X가 추인하였다는 등의 사유로 다투었을 뿐, 위 부당점유로 인한 이득반환청구부분에 대하여 민법 제201조 제1항에 의한 과실수취권이 있다는 취지의 주장을 명시적으로 한 적이 없다. (2) 이 사건 부동산의 임대차에 관한 B의 대리권, 표현대리, 무권대리의 추인에 관한 피고들의 주장은 이 사건 부동산의 점유를 정당하게 하는 본권인 임차권의 존재에 관한 것으로 볼 수 있으므로 먼저 위 본권인 임차권의 존부에 관하여 심리한 다음, 그 본권이 인정되는 경우에는 이를 이유로 원고의 청구를 기각하여야 할 것이다. (3) 그 본권이 인정되지 아니하여 부당이득반환청구가 일응 이유있는 것으로 인정되는 경우에 한하여 소송경과에 따라 피고들에 대하여 점유권 그 자체에 기하여 인정되는 과실수취권에 관한 민법 제201조 제1항을 주장하는 것인지를 석명하여야 한다. (4) 피고들이 그 과실수취권을 주장하는 경우에 다시 원고에 대하여 피고들이 악의의 점유자로 된 시기의 주장·입증과 민법 제197조 제2항의 원용여부 등에 관하여 방어권을 행사할 기회를 주어, 그 심리결과에 따라 피고들의 책임유무 및 범위를 확정하여야 할 것이다.

(6) 증거에 대한 석명

① 사실심 재판장은 다툼이 있는 사실로서 입증이 없는 모든 경우에 반드시 당사자의 입증을 촉구하여야만 하는 것이 아니고, 소송의 정도로 보아 당사자가 부주의 또는 오해로 인하여 입증하지 아니하는 것이 명백한 경우에 한하여 입증을 촉구할 의무가 있다.[1]

② 법원은 입증책임을 진 당사자에게 주의를 환기시켜 입증을 촉구할 책임이 있으나 구체적으로 입증방법까지 지시하여 증거신청을 종용할 수는 없다.

③ 소송당사자가 문서가 위조되었다거나 권한 없이 작성되었다는 취지로 다투다가 그 서증의 인부 절차에서는 갑자기 진정성립을 인정한다는 것은 이례에 속하는 것이라고 할 것이

---

6) 대법원 1996.6.11. 선고 94다55545,55552 판결.
1) 대법원 1998.2.27. 선고 97다38442 판결.

므로 법원은 서증의 인부 절차에서 위 문서의 진정성립을 인정한 것이 아니라고 보거나, 적어도 당사자가 위와 같이 모순되는 진술을 하는 취지를 분명하게 석명하여야 한다.[1]

④ 입증촉구에 관한 법원의 석명권은 소송의 정도로 보아 당사자가 무지, 부주의 또는 오해로 인하여 입증하지 아니하는 것이 명백한 경우에 한하여 인정되는 것이고 **다툼이 있는 사실에 관하여 입증이 없는 모든 경우에 법원이 심증을 얻을 때까지 입증을 촉구하여야 하는 것은 아니다.**[2]

(7) 손해배상책임의 성립이 인정되는 경우에 손해액의 증명에 관한 법원의 석명의무

① 불법행위로 인하여 손해가 발생한 사실이 인정되는 경우에는 법원은 손해액에 관한 당사자의 주장과 입증이 미흡하더라도 적극적으로 석명권을 행사하여 입증을 촉구하여야 하고, 경우에 따라서는 직권으로라도 손해액을 심리·판단하여야 한다. 그와 같은 조치에 나아가지 아니한 채 불법행위로 인한 손해액에 관한 입증이 부족하다고 보아 원고의 청구를 배척한 경우에는 불법행위로 인한 손해액의 심리에 관한 법리를 오해한 위법이 있다.[3]

② 그러나 불법행위를 원인으로 한 손해배상청구소송에 있어서 그 손해액의 범위에 관한 입증책임을 지는 피해자인 원고에게 입증촉구가 있음에도 불구하고 이에 응하지 않을 뿐만 아니라 명백히 그 입증을 하지 않겠다는 의사를 표시한 경우에는 법원은 피고에게 손해배상책임을 인정하면서도 그 액수에 관한 증거가 없다는 이유로 청구를 배척할 수 있다.[4]

3. 석명권 행사 및 한계, 석명의무위반의 효과

(1) 행사자: 합의재판인 경우는 재판장이 단독재판인 경우 단독판사가 행사한다.

(2) 한계: **앞의 학설 참조.**

(3) 위반: **상고이유**

① 적극설: 석명권 불행사가 판결결과에 영향을 미칠 수 있는 한 모두 심리미진이고 상고이유가 될 수 있다는 견해이다.

② 소극설: 석명권은 법원의 권능이고 그 행사여부는 법원의 자유재량이므로 석명권의 불행사는 상소의 대상이 되지 않는다는 견해이다.

③ 절충설: 석명권의 불행사가 객관적 자의라고 인정될 정도일 때, 즉 석명권의 중대한 해태로 심리가 현저히 조잡하게 되었다고 인정되는 경우에는 상고이유가 된다는 견해이다.

> **[예제] [변리사시험 제41회(2004년)] [제B-2문]** 甲은 친구인 乙의 간청에 못이겨 2천만원을 빌려주었다. 10여년이 지난 후 두 사람 사이가 나빠져 甲이 2천만 원 중 변제받지 못한 대여금 1천만원의 지급을 구하는 소를 제기하였다. 乙은 2천만 원을 빌린 것은 사실이나 이미 다 변제하였다고 주장하지만 영수증 등 변제사실을 증명할 자료를 제출하지 못하고 있다. 법원이 증거에 의해 판단한 바로는 甲의 이 채권은 소멸시효가 완성되었지만 乙이 법률

---

1) 대법원 2003.4.8. 선고 2001다29254 판결.
2) 대법원 2009.10.29. 선고 2008다94585 판결.
3) 대법원 2011.7.14. 선고 2010다103451 판결.
4) 대법원 1998.2.27. 선고 97다38442 판결.

지식이 부족하여 이를 주장하지 못하고 있다.

　　1. 乙이 "나는 다 잊고 있었는데 이제 와서 청구하다니 너무하지 않느냐"며 항변한 경우 법원은 이 진술에 근거하여 위 채무가 소멸하였다고 인정할 수 있는지 검토하시오. (10점)

　　2. 만약, 법원이 경제사정이 어려운 乙의 사정을 감안하여 "소멸시효에 대해서 생각해 본 일은 없느냐"고 물었고, 乙이 그 후 소멸시효를 주장하여 법원이 甲의 청구에 대한 기각판결을 하였다면 그 판결의 효력은 어떻게 되는지 검토하시오. (10점)

　　[해설] Ⅰ. 주요논점: (제1문) 주장책임의 의의 및 소멸시효 완성사실이 주요사실인지 여부, (제2문) 법원의 석명권행사 범위와 이에 위반한 경우 그 판결의 효력. Ⅱ. 변론주의와 주장책임: 1. 의의, 2. 주장책임의 적용대상, 2. 주장책임의 분배기준 Ⅲ. 제1문의 해결: 1. 증거자료의 소송자료화와 그 문제점, 2. 법원의 석명 필요성, 3. 결론 Ⅳ. 제2문의 해결: 1. 법원의 석명권 행사의 범위에 관한 학설과 판례의 내용, 2. 소멸시효 완성사실에 관한 법원의 적극적 석명권 행사 가능여부, 3. 법원의 적극적 석명권 행사에 의한 판결의 타당여부: 소극적 석명권행사만을 허용하는 판례에 비추어 법원의 乙에 대한 소멸시효 원용여부에 관한 석명권 행사는 소송지휘권의 남용에 해당할 것이다. 그러나 이러한 법원의 석명에 따라 乙이 항변을 하고 그 결과 乙에 대하여 승소판결이 내려진 이상 甲은 위 판결의 부당함을 주장하여 항소할 이익은 없다 할 것이다. 즉 乙은 실기한 공격방어방법이 아닌 이상 항소심에서도 소멸시효 완성사실을 주장하여 항변할 수 있기 때문이다.

Ⅲ. 법률적 사항(법적관점)에 대한 지적의무(시사의무)

1. 법원은 당사자가 간과하였음이 분명하다고 인정되는 법률상 사항에 관하여 당사자에게 의견을 진술할 기회를 주어야 한다(법 제136조 4항). 동 규정은 독일민소법 간소화개정법 §278Ⅲ "법원은 당사자가 간과하거나 중요하지 아니하다고 여기는 법률상의 관점에 관하여 그것이 단순히 부수 청구에 관한 것이 아닌 한 그에 관한 진술의 기회를 주는 경우에만 이것을 재판의 기초로 할 수 있다."는 규정을 참조한 것으로 보인다.

2. 법적성질

가. 석명의무를 규정한 것으로 보는 견해:　　본 규정의 신설로 당사자가 간과한 법률적 사항은 적극적 석명을 할 수 있게 되었다고 하여 제136조 1항의 석명사항과 다르지 않은 것으로 본다. 당사자의 절차적 기본권을 보장한다는 취지에서(불의타의 방지) 법관의 석명의무를 법적 측면에서 확장시킨 것이며(이제는 석명권이 권한인 동시에 의무임을 입법화한 것이다 고 본다), 석명권행사의 범위에 있어서 제한부 적극적 석명이론을 받아들인 것으로 해석하여야 한다는 것이다.

나. 석명의무와는 별개의 의무라고 보는 견해는 석명은 소송관계를 명백히 하는 것을 목적으로 하는데 반하여, 법적관점지적의무는 당사자가 간과한 중요한 법률적 사항을 법원이 지적하여 당사자의 주의를 환기시키고 그에 대한 의견진술의 기회를 주는 것을 목적으로 하는 것이라고 한다. 즉, 시사(지적)의무를 인정하는 근본취지는 당사자에게 법적 측면에서 뜻

밖의 재판을 하지 않도록 하자는 취지에서 당사자의 심문청구권을 법적 사항에까지 확장시켜 당사자의 절차보장 내지 당사자권을 확장하는 것이며, 석명권 내지 석명의무와는 비록 그 행사방법이 시사라는 점에서 공통되지만 뿌리를 달리 한다는 것이다.[1]

　　다. 소송물이론과의 관계:　　　구 실체법설에 의하고 있는 우리 판례는 당사가 주장하지 않는 법적관점을 법원이 직권 조사하여 판단할 수 있는가에 대해 불명하거나 부정적이었으나(특히 청구근거의 경우), 본 규정 때문에 당사자가 간과하였음이 분명한 법률적 관점이면 법원은 직권 조사하여 판단할 수 있다는 것이 분명하여졌으며, 다만 事前에 이에 관하여 당사자에게 의견진술의 기회를 제공하면 되는 것으로 하였다. 따라서 본 규정은 법원의 청구근거 등 모든 법적 관점선택의 자유를 인정하는 소송법설의 입지를 크게 강화시킨 것이라거나, 소송법설의 실정법적 근거가 마련되었다고 보는 것이 일반적이다.

3. 법적관점지적을 위한 요건(당사자가 간과하였음이 분명하다고 인정되는 법률사항의 내용)

가. 법률상의 사항일 것

(1) 법률상의 사항이라 함은 당해 분쟁관계에 대하여 법원이 고려하고 있는 법적관점이 이에 해당한다. 예컨대 어떤 법률규정 또는 계약 규정의 적용여부, 따르려는 판례나 학설, 관습법의 적용여부 등이다. 그것이 실체법인가 절차법인가 여부는 문제되지 않는다. 예컨대, 당사자의 주장을 실기한 공격방어방법으로 각하하고자 하는 경우에는 미리 당사자에게 의견진술의 기회를 주어야 할 것이다.

(2) 통상인의 주의력을 기준으로 당해 변론에서 당연히 고려 또는 주장되어야 할 법률적 사항을 부주의 또는 오해로 빠뜨린 것이어야 한다. 간과하였음이 분명한가 여부는 당사자의 법률지식 정도를 고려해야 하며 본인소송의 경우에는 변호사 대리소송과는 달리 취급해야 할 것이다.

(3) 주장되지 않은 청구원인에 대한 지적의무 여부: 소송물이론으로서 소송법설을 취하는 학자들은 적극적으로 활용할 필요가 있다고 보는 반면에 구 실체법설은 법원의 심판대상이 되지 않는 사항에 대한 지적의무는 없다는 입장이다.

　　나. 당해 법적관점이 재판의 결과에 영향이 있을 것: 그 법률적 사항이 재판의 기초로 되어 있는 것을 말한다.

　　다. 당사자가 명백히 간과하였을 것.

---

[1] 본래 법적관점은 법원이 직권으로 판단할 사항이기 때문에 "적극적"이란 말은 의미가 없고, 어차피 헌법상의 원칙인 법적심문 청구권에서 이 의무가 도출되는 것이며, 민사소송법에서 새로이 이 규정을 둔 것은 이를 새삼 강조하는 것이라고 한다.

4. 판   례

가. 제136조 4항은 "법원은 당사자가 간과하였음이 분명하다고 인정되는 법률상 사항에 관하여 당사자에게 의견을 진술할 기회를 주어야 한다."고 규정하고 있으므로, 당사자가 부주의 또는 오해로 인하여 명백히 간과한 법률상의 사항이 있거나 당사자의 주장이 법률상 관점에서 보아 모순이나 불명료한 점이 있으면 법원은 적극적으로 석명권을 행사하여 당사자에게 의견진술의 기회를 주어야 하며, 만일 이를 게을리 한 경우에는 석명 또는 지적의무를 다하지 아니한 것이다. 상대적 불확지 변제공탁의 피공탁자 乙, 丙 중 乙을 채무자로 하여 그의 공탁물출급청구권에 대하여 채권압류 및 추심명령을 받은 甲이 다른 피공탁자 丙을 상대로 제1심법원에 공탁물출급청구권 확인의 소를 제기하면서 소장의 당사자표시에 乙을 '원고'로, 자신을 '대위신청인'으로 기재하고, 청구취지를 '원고가 출급권자임을 확인한다'는 것으로 기재한 다음, 청구원인으로는 甲이 공탁물출급청구권에 대하여 채권압류 및 추심명령을 받았는데 乙과 丙이 공탁금에 대하여 아무런 조치를 취하지 않고 있어 채무자의 대위신청인으로서 공탁물출급청구권의 확인을 받아 채무변제를 받기 위해 소를 제기한다고 주장하였다가, 원심 변론기일에 소장의 당사자표시 중 '원고'는 자신(甲)이고, 청구취지는 '공탁물출급청구권이 원고(甲)에게 있음을 확인한다'는 것이라고 진술한 사안에서, **위 진술은 당사자 본인인 甲이 부주의나 법률적 지식의 부족으로 인하여, 채권압류 및 추심명령이 있더라도 채무자가 여전히 압류된 채권의 채권자 지위에 있는 것이고, 다만 채권압류 및 추심명령을 받은 추심채권자는 압류한 채권의 추심권을 취득함으로써 추심에 필요한 채무자의 권리를 대위절차 없이 자기의 이름으로 행사할 수 있다는 법리를 간과하였거나 제대로 이해하지 못한 데서 비롯한 것으로 보이므로, 원심으로서는 甲에게 청구원인과 법정에서 진술한 청구취지가 일치하지 않는 법률적 모순이 있음을 지적하고 다시 의견을 진술할 기회를 부여함으로써 甲의 진정한 의사를 확인하고 그로 하여금 청구원인에 합당하게 청구취지를 정정하도록 기회를 주었어야 함에도,** 이러한 조치를 취하지 않은 채 甲이 위와 같은 진술을 하였다는 이유만으로 그가 공탁물출급청구권이 피공탁자가 아닌 추심채권자에게 있음의 확인을 구하고 있어 확인의 이익이 없다고 본 원심판결에는 석명의무를 다하지 아니한 잘못이 있다.[1]

나. 부동산 실권리자명의 등기에 관한 법률(이하 '부동산실명법'이라 한다) 제4조 제3항에서 말하는 제3자라 함은 명의수탁자가 물권자임을 기초로 그와의 사이에 새로운 이해관계를 맺은 사람을 말한다고 할 것이고, 이와 달리 오로지 명의신탁자와 부동산에 관한 물권을 취득하기 위한 계약을 맺고 단지 등기명의만을 명의수탁자로부터 경료받은 것 같은 외관을 갖춘 자는 위 법률조항의 제3자에 해당되지 아니한다고 할 것이므로 같은 법 제4조 제3항의 규정을 들어 무효인 명의신탁등기에 터 잡아 경료된 자신의 등기의 유효를 주장할 수는 없으나, 이러한 자도 자신의 등기가 실체관계에 부합하는 등기로서 유효하다는 주장은 할 수 있다.[2] 한편, 당사자가 부주의 또는 오해로 인하여 명백히 간과한 법률상의 사항이 있거나

---

1) 대법원 2011.11.10. 선고 2011다55405 판결.

당사자의 주장이 법률상의 관점에서 보아 불명료 또는 불완전하거나 모순이 있는 경우, 법원은 적극적으로 석명권을 행사하여 당사자에게 의견진술의 기회를 부여하여야 하고, 만일 이를 게을리한 채 당사자가 전혀 예상하지 못하였던 법률적 관점에 기한 재판으로 당사자 일방에게 불의의 타격을 가하였다면 석명 또는 지적의무를 다하지 아니하여 심리를 제대로 하지 아니한 것으로서 위법하다.[1] 기록에 의하면, 원고는 이 사건 가등기에 기한 소유권이전등기절차의 이행을 구하면서, 이 사건 소장 및 2008. 4. 23.자 준비서면(기록 270면 이하) 등에서 "소외 1과 소외 2(이하 '소외 1등'이라고 한다)가 이 사건 건물을 신축하여 2003. 10. 초순경 원시취득한 후 피고 명의로 소유권보존등기를 경료함으로써 피고에게 명의신탁하였고, 소외 3은 2004. 11. 9. 소외 1등으로부터 대여금채권의 변제에 갈음하여 이 사건 건물을 양도받기로 약정하고 같은 날 그 소유권이전등기청구권을 보전하기 위하여 가등기를 마쳤으며, 원고는 소외 3으로부터 위 소유권이전등기청구권을 양도받고 2007. 4. 4. 위 가등기에 관한 부기등기를 마쳤다"고 주장하고 있으므로, 이러한 원고의 주장에는 소외 3의 가등기 및 원고의 가등기 부기등기가 실체관계에 부합한다는 주장도 포함되어 있다고 볼 수 있고, 비록 소외 3이 명의신탁자인 소외 1등과 이 사건 건물을 양도받는 계약을 맺고 단지 명의수탁자인 피고로부터 소유권이전청구권 보전을 위한 가등기를 경료받은 것 같은 외관을 갖춘 자에 해당하여 부동산실명법 제4조 제3항의 제3자에 해당하지 않는다고 하더라도 소외 3의 가등기가 실체관계에 부합한다면 원고로서는 소외 3의 가등기와 이를 기초로 한 원고의 가등기 부기등기가 유효하다는 주장을 할 수 있는 것이므로, 원심으로서는 원고에게 이러한 법률사항에 관하여 의견을 진술할 기회를 주었어야 할 것이다. 그럼에도 불구하고, 원심은 이에 이르지 아니한 채 소외 3이나 원고는 명의신탁자인 소외 1등과 계약을 체결하고 단지 명의수탁자인 피고로부터 그 등기 경료에 관한 것만을 협력받았으므로 부동산실명법 제4조 제3항에서 말하는 제3자에 해당한다고 볼 수 없다는 이유로 원고의 청구를 기각하고 말았으니, 이러한 원심의 조치에는 석명권을 적절하게 행사하지 아니하고 당사자에게 법률사항에 관한 의견 진술의 기회를 주지 아니한 위법이 있다고 할 것이고, 이는 판결 결과에 영향을 미쳤음이 분명하다.[2]

　다. 그 밖에 판례는, 행정소송에 있어서 행정처분에 대한 심사청구가 적법한 기간 내에 제기되었는지 여부에 관하여 석명을 구하고 입증을 촉구하여야 함에도 이러한 조치 없이 적법한 전심절차 없음을 들어 소를 부적법 각하 한 경우,[3] 추심금청구의 소에서 변론종결 시까지 결정의 송달여부만 다투어졌을 뿐 경정결정의 송달여부에 관하여는 명시적으로 다툼이 없었던 경우 이러한 경정결정의 송달여부에 관하여 석명을 구하고 입증을 촉구하지 아니하고 경정결정의 송달사실이 인정되지 않는다는 이유로 원고의 청구를 기각한 경우,[4] 어음금청구소송에서 수취인란이 보충되지 않은 어음을 증거로 제시하고 있는 경우 원고로 하여금

---

2) 대법원 2004.8.30. 선고 2002다48771 판결 등 참조.
1) 대법원 2002.1.25. 선고 2001다11055 판결; 대법원 2007.4.27. 선고 2005다64033 판결 등 참조.
2) 대법원 2008.12.11. 선고 2008다45187 판결.
3) 대법원 1995.12.26. 선고 95누14220 판결.
4) 대법원 1994.6.10. 선고 94다8761 판결.

수취인란이 보충되지 않은 이유에 관하여 변론을 하지 않는 진의가 무엇인지 밝혀보고 원고로 하여금 변론할 기회를 주어야 함에도 불구하고 이러한 조치 없이 원고 청구 기각한 경우,[1] 이러한 것은 모두 법적 관점지적의무위반이라고 하였다.

5. 의무위반의 효과

상고이유가 된다(법 제423조). 이 경우는 심리미진의 위법사유가 있는 것으로 볼 수 있다.

[사례연구: 법원의 법적관점 지적의무와 석명권 행사의 범위[2]]
I. 기본적 사실관계

1. 소외 A회사는 1999. 12. 13. 피고 Y(서울시)로부터 '올림픽대로 하일-행주대교간 미끄럼방지 포장공사'를 공사대금 410,575,146원에 도급받았고, 소외 B는 1999. 12. 27. A회사로부터 위 포장공사를 하도급 받아 2000. 5. 12. 경 그 공사를 완공하였다. 2. X(원고)는 A회사에 대한 집행력 있는 약속어음 공정증서정본에 터 잡아 2000. 5. 23. 서울지방법원 2000타기4798호로 A회사의 Y에 대한 위 공사대금채권에 관하여 압류 및 전부명령을 받았고, 위 명령은 그 무렵 Y에게 송달되어 2000. 8. 8. 확정되었다. 3. Y는 당시 시행되던 건설산업 기본법 제88조 제1항의 입법취지를 고려하여 2000. 6. 5. X의 동의아래 A회사와 B에게 이 사건 공사대금 중 노임부분에 해당하는 금 126,634,460원을 직접 지급하였다. 4. B는 하도급 받은 위 포장공사를 하면서 차도에 도포한 미끄럼방지용 골재가 완전히 양생되지도 않은 상태에서 청소를 대강 마친 뒤 교통을 개통하고 현장에서 철수하였다. 이 때문에 불완전하게 양생된 노면위로 차량의 통행이 이어짐에 따라 많은 양의 잔류 골재가 이탈되어 노면 여기저기에 흩어져 방치되었다. 소외 C는 위 포장공사 다음날인 2000. 2. 14. 00:45경 영업용 택시를 운전하고 올림픽대로 3차로 위를 따라 진행하던 중 청담2교 부근에서 노면에 산재하여있던 잔류골재 때문에 미끄러져서 4차로 갓길 쪽 가드레일을 들이받는 사고를 일으켰다. 소외 D도 같은 날 01:07경 위 사고지점을 차량을 운행하여 지나가던 중 위 골재 때문에 미끄러지면서 그 부근에 정차 중이던 견인차의 뒷부분을 들이 받는 사고를 내고 그로 인하여 그 차량 동승자인 E, F, G가 현장에서 사망하였다. 5. 亡 E의 유족들은 Y, B를 상대로 손해배상청구소송을 제기하여 2003. 1. 22. 일부승소판결을 받았다. 위 판결에 따라 Y는 2004. 5. 20. E의 유족들에게 합계금 84,716,006원을 지급하고, 나머지 금 6,000만원은 소외 동부화재보험 주식회사가 가압류함에 따라 이를 공탁하였다.

II. 피고 Y의 상계항변

1. Y는 X의 위 전부명령에 기한 전부금 지급을 구하는 이 사건 소에서, Y가 E의 유족들에게 지급한 손해배상금 상당의 A회사에 대한 구상금채권을 자동채권으로 하여 대등액에서 상계하여야 한다고 항변하였다. 즉 Y는 준비서면 등을 통하여, ① 교통사고와 관련하여 그 손해배상금의

1) 대법원 1993.12.7. 선고 93다25165 판결: 동 판결은 그 뒤 국내어음의 경우 발행지의 기재가 없어도 효력이 있다고 변경(95다35466 판결)하였으므로 위와 같은 사안은 문제될 여지가 없게 되었다.
2) 대법원 2005.11.10. 선고 2004다37676 판결 참조.

지급책임이 인정됨에 따라 위 A회사에 대하여 손해배상채권 또는 구상금채권을 가지게 되는 Y로서는 그 손해배상금 또는 구상금채권과 이 사건 공사대금채권을 상계한다면 위 공사대금채권은 모두 소멸하게 된다. ② Y측의 A회사에 대한 손해배상채권이나 구상금채권 등 자동채권의 상계금액은 Y의 A회사에 대한 구상금 청구의 소에서 확정판결이 있어야 비로소 산정될 수밖에 없다. ③ A회사로서도 Y에 대하여 이사건 사고에 따른 손해배상금의 지급책임을 피할 길이 없다라고 주장하였다.

2. 상계항변과 관련된 법률적 논점

(1) 이 사건의 경우에 하수급인인 B가 고의 또는 과실로 위사고 현장에 대한 미끄럼방지 포장공사의 시공을 조잡하게 한 것도 하나의 중요한 원인이 되어 이 사건 교통사고가 발생하였던 것으로 보이므로 건설산업기본법 제44조 제3항에 따라 그 수급인 A회사도 B와 연대하여 그 피해자 측에게 손해를 배상할 책임이 있다(대법원 2001.6.12. 선고 2000다58859 판결 참조). 다른 한편 수급인으로서 도급계약에 따른 의무를 이행하는 과정에서 발생한 하자로 말미암아 도급인인 Y의 재산에 손해가 발생하게 되었으므로 (A회사는) 자신에게 귀책사유가 없었다는 점을 입증하지 못하는 한 민법 제390조에 따라 Y에게 Y가 입은 손해를 배상할 책임이 있다고 보아야 한다. (2) A회사의 Y에 대한 이 사건 공사대금채권과 Y가 A회사에 대하여 가지는 위 손해배상채권은 쌍무계약 관계에서 발생하는 고유의 대가관계가 있는 채무는 아니라고 하더라도 민법 제667조 제3항의 규정이나 공평의 원칙에 비추어 이행상의 견련관계를 인정함이 상당하므로 위 양 채권은 서로 동시이행의 관계에 있는 것으로 보아야 할 것이다. 사정이 이러하다면 비록 자동채권인 Y의 위 손해배상채권이 수동채권인 이 사건 공사대금 채권의 압류 후에 비로소 발생하였다고 하더라도 그 발생의 기초가 되는 원인은 수동채권이 압류되기 전에 이미 대부분 성립하여 존재하고 있었던 상황이므로, 그 자동채권은 민법 제498조에 규정된 "…지급을 금지하는 명령을 받은 제3채무자가 그 후에 취득한 채권"이라고 할 수 없다.

3. 위와 같은 사안에서 원심법원은 Y가 상계항변하면서 주장하고 있는 이 사건 자동채권의 발생근거와 그 성격에 관하여 단지 부진정연대채무자 내부관계에서의 구상권 채권만을 주장하고 있는 것으로 파악하고 Y가 A회사에 대하여 구상권을 실제로 취득하였다고 볼만한 증거가 없다는 취지로 판단하여 Y의 상계항변을 배척하고 원고승소 판결하였다.

III. 대상판결의 주요쟁점으로서의 법적관점 지적의무 위반문제.

1. 이 사건에서 대법원은 '… 이 사건 자동채권의 발생근거와 그 성격에 관한 피고의 각 주장에는 법률상 관점에서 볼 때 불명료한 점이 없지 아니하였으므로, (민사소송법 제136조 제1,4항의 규정에 관한) 법리에 비추어 일단 원심으로서는 적극적으로 석명권을 행사하여 이 사건에서 피고가 내세우는 자동채권의 발생근거와 성격이 단지 부진정연대채무자 내부관계에서의 구상권에만 국한되는 것인지, 아니면 그것과 더불어 도급인인 피고가 수급인인 A회사에 대하여 민법 제390조에 따라 청구할 수 있는 손해배상채권(대법원 2004.8.20. 선고 2001다 70337 판결 참조)까지도 아울러 포함되어 있는지를 먼저 밝힌 다음, 그에 따라 명백하게 드러난 피고의 주장의

당부에 관하여 나아가 판단하였어야 옳았다고 하지 않을 수 없다'라고 하여 이 사건의 주요 쟁점이 사실심 법원의 법적관점지적의무에 관한 것임을 분명히 하고 있다. 아래에서는 법적관점지적의무 발생의 요건을 구체적으로 살펴본다.

2. 법률상의 사항

(1) 당사자의 권리관계 또는 법적 성질의 결정에 관한 주장이 당사자의 신청·주장을 이유 있게 하기에 부족하거나 적용하여야 할 실체법규에 관하여 법원과 당사자의 법적견해가 어긋나는 경우에 이를 시정하기 위하여 법원은 법적관점의 지적을 통하여 당사자에게 석명하여야 한다. 채권양도를 주장하는 당사자가 그 양도사실을 주장하면 되는 것으로 믿고 통지에 대하여는 전혀 생각을 못하고 있는데 법원이 통지에 관한 주장·입증이 없다고 하여 주장을 배척하려는 경우 등이 법률사항에 관한 지적을 필요로 하는 경우가 될 것이다. 피고측의 항변에 있어서는 같은 사실을 두고 피고가 유치권을 갖고 있는데 동시이행의 항변을 한다든가, 상계를 하고는 이를 변제하였다고 주장하는 경우에는 법원은 이점을 지적하여 양 당사자가 올바른 법적관점으로 공격과 방어를 하도록 유도하여야 할 것이다.

(2) 소송물이론과의 관계

소송법설에 따르면, 특정 청구나 주장의 근거로서 당사자가 생각하는 것과 다른 법규의 적용, 당사자의 생각과 다른 청구권 발생근거의 인용, 당사자와 다른 계약 유형의 적용(예컨대 도급계약 대신 매매 계약)에 관한 법적관점의 지적도 가능하다고 본다. 이에 반하여 우리나라의 판례는 구 실체법설을 채택하고 있으므로, 법원은 당사자가 미리 선택하여 주장하고 있는 법적관점과는 다른 법규의 적용 가능성을 법원이 알고 있다 하더라도 다른 법규를 적용하여 권리를 구성하면 대개는 소송물이 달라지게 되어 처분권주의에 반하는 것으로 된다. 즉 이러한 경우에 법원은 당사자가 제출한 소송자료를 기초로 확정된 사실관계에 대하여 잘못된 법규적용을 주장하여 패소할 것이 명백함에도 처분권주의원칙에 따라 법적관점의 지적이 불가능하게 될 것이므로 결과적으로 법원의 법적관점지적의무의 대상이 매우 제한되어 제도적 취지를 제대로 살릴 수 없다.

3. 재판의 결과에 영향이 있는 사항

(1) '재판의 결과에 영향이 있다'고 함은 법원이 그 법률적 관점을 기초로 하여 재판을 하려고 하는 것, 환언하면 그것이 없다면 재판의 결과가 달라지리라는 것을 뜻한다. 재판이 여러 개의 병렬적인 이유에 근거할 경우에 그 중의 하나의 이유인 이른바 보조적 이유에 관하여도 경우에 따라서는 상급심에서 이러한 이유가 채택될 수도 있는 것이므로(즉, 하급심에서 당사자가 주된 공격·방어의 대상으로 하지 아니하였던 법적 관점이 문제되어 하급심 판결이 파기될 수도 있다), 당사자가 미리 하급심에서 지적을 받았더라면 달리 소송을 수행하여 더 유리한 입장에 놓였을 수도 있다. 따라서 이러한 이유도 법적관점지적의 대상이 된다. 그러나 단순한 傍論에 지나지 않는 사항은 지적의 대상이 아니다.

(2) 법적관점지적 대상과 관련하여서는 특별히 적정한 재판에의 요구와 당사자 사이의 구체적 형평성(공평한 재판)의 문제를 고려하여야 할 것이다. 법원의 법적관점지적에 의하여 당사자 사이의 소송에서의 승·패가 역전되거나, 판결의 결론에 중대한 변경이 초래될 개연성이 농후한 경우에는 변론주의 원칙을 비롯한 소송에서의 당사자의 자기책임원칙을 고수하기 보다는 적정한

재판의 요청을 우선시켜야 할 것이다. 그리고 당사자본인소송의 경우와 같이 사실의 실체관계는 물론이고 법률적 관점의 선택에 있어서 법원의 협력이 더욱 필요한 경우에는 법적관점지적의 필요성도 더욱 커질 것이다.

4. 당사자가 명백히 간과한 사항

(1) 법원은 소송의 전 과정을 통하여 통상인의 주의력을 기준으로 하여 당사자가 소송목적에 비추어 당연히 변론에서 고려 또는 주장되어야 할 법률상의 사항을 부주의 또는 오해로 빠뜨렸는지를 고려하여 법적관점의 지적의 대상을 정할 수 있다. 당사자 간의 公平이라는 원칙을 해하지 않는 범위에서 본인소송의 경우에는 변호사대리의 경우보다 법원의 후견자적 지위에서의 법적관점지적 범위를 달리 정하여야 한다고 볼 것이다.

(2) 간과한 사항인지 여부에 대한 판단은 소송의 경과와 객관적 사정 즉 구술변론이나 준비서면을 기초로 하여 당사자가 간과하였음을 알 수 있는 구체적 근거가 있어야 한다. 한 당사자만이 언급을 하고 다른 당사자는 이를 중요하지 않은 것으로 여기고 이에 관하여 진술하지 않고 있는 경우에는 간과하였다고 볼 수 있을 것이다.

제6절 공격방어방법의 적시제출주의와 실기한 공격방어방법의 각하

Ⅰ. 적시제출주의

1. 공격방어방법 제출시기에 관한 입법례

가. 법 제146조, 제147조는 '소송의 정도에 따라 적절한 시기에 제출하여야 한다.'고 규정하여 적시제출주의를 취하고 있다.

나. 외국의 입법주의
(1) **동시제출주의 또는 법정 순서주의**:   독일 보통법시대.
(2) **수시제출주의**:   구 민사소송법.

2. 구법의 수시제출주의를 버리고 적시제출주의를 취한 배경

가. 수시제출주의의 장점으로는 절차진행의 유연성 및 효율성이라는 점이 있고, 단점으로는 소송절차지연의 원인, 법원이 쟁점파악을 조기에 하기 어렵다는 것이다.

나. 신법은 소송의 초기단계에서 법원의 선택에 따라(법 제258조), 내실 있는 변론준비절차를 실시하여 법원이 조기에 쟁점을 파악·정리하고, 변론기일에서의 집중적인 증거조사를

추구하는 집중심리방식을 채택한 당연한 결과로서 적시제출주의를 취한 것이다.

3. 적시제출주의의 내용

가. "적절한 시기"의 구체적 내용은 앞으로 판례·학설을 통하여 확립되어야 할 것이다.

나. 입법취지에 따라 변론절차의 단계화를 전제로 쟁점정리기일 및 집중심리기일 등의 절차를 실효성 있게 하려면 당사자로 하여금 공격방어방법을 가능한 조기에 집중적으로 제출하게 할 필요가 있다.

다. 일방이 신의칙에 반하여 악의적으로 소송을 지연시키고 있다고 인정되는 때에는 제출기한을 설정하는데 있어서 엄격한 태도를 유지하고 부득이한 때에는 실권효의 제재도 활용해야 할 것이다. 즉 구체적 사안에 따라 유연하고 탄력 있는 대응이 필요하다.

라. 공격방어방법 제출의 구체적 순서
(1) 소장, 답변서, 반론서 제출의 단계(서면에 의한 공방)별 적절한 공격방어방법 제출시기의 조절이 필요하다.
(2) **쟁점정리기일**(법 제282조, 제285조): 법원은 다툼이 있는 주요사실, 즉 증거조사에 의하여 확정해야할 사실을 확인하고 쟁점정리기일이 종료되는 시점에서는 모든 공격방어방법의 제출이 완료되도록 하여야 한다.
(3) 증거조사기일(변론기일)에 중립적인 증인을 신문한 결과 새로운 사실이 발견되고 종전의 주장을 변경해야 할 필요가 생긴 때에는 그에 필요한 기간을 적절히 허용해야 할 것이다.

마. 재정기간 제도(법 제147조 1항)
(1) 재정기간제도는 당사자가 특정한 공격방어방법을 적절한 시기에 제출하도록 재판장이 그 제출기간을 정하고 기간을 넘긴 때에는 그 공격방어방법을 제출할 수 없도록 하는 제도이다. 동 제도는 변론의 집중으로 실체적 진실발견을 촉진하기 위한 제도이며 당사자의 소송자료제출권을 부당하게 제한하려는 제도는 아니다.
(2) 기일을 지정함에 있어서 양 당사자의 의견을 사전에 청취하여야 한다(절차적 보장).
(3) **효과**: 법원에서 정한 기간 내에 주장이나 증거제출이 없으면 그 이후에 이를 제출할 수 없다(失權效). 다만 법 제147조 2항 단서는 정당한 사유가 있는 경우에는 예외로 하고 있다. 실권효는 변론절차·변론준비절차에 모두 적용된다.

사. 법원은 석명권, 법적관점지적 의무 등을 적절히 행사하여 당사자로 하여금 공격방어방법을 적시에 제출하도록 촉구할 수 있다.

II. 실기한 공격방어방법의 각하

1. 법 제149조 1항의 규정취지

2. 요 건

가. 시기에 늦은 공격방어방법의 제출이 있을 것

(1) 소송의 경과로 보아 그 이전에 제출을 기대할 수 있었음에도 적절한 시기를 놓치고 뒤늦게 제출하는 것을 말한다.

(2) 항소심에서 새로운 공격방어방법의 제출이 있는 경우에는 제1심에서 소송경과까지 참작하여 전체적으로 실기한 공격방어방법인지 여부를 판단한다.

(3) **판 례**

① 피고가 증인신청을 하여 채택하고 그 신문기일을 정하였던 바, 피고는 그 증인들의 소환비용을 예납하지 아니하였을 뿐만 아니라 그 기일에 출석도 아니 하므로 그 증거채택을 취소하고 변론을 종결하였는데, 그 후 피고의 변론재개신청을 받아들여 다음기일을 지정·고지하였음에도 불구하고 피고가 출석하지 아니하다가 다음기일에 비로소 출석하여 이미 취소된 증인의 소환을 재차 신청한 경우는 실기한 제출이라 할 수 있다.[1]

② 원고의 건물철거와 대지인도 청구에 대하여 제1심에서는 유치권의 항변을 제출하지 않고 있다가 항소심 제4회 변론기일에 비로소 그 주장을 한 것은 실기한 공격방어방법의 제출이라 할 수 있다.[2] ※ 소송지연이 특히 문제되는 경우는 건물인도, 토지인도 청구소송이라 할 것이다.

나. 당사자에게 고의 또는 중과실이 있을 것

(1) 제출된 공격방어방법의 성격과 내용, 당사자 본인 소송인지 여부 등을 종합적으로 고려해야 한다. 예컨대, 상계항변이나 건물매수청구권행사 항변 등 출혈적 항변은 다른 항변보다 늦게 제출될 수도 있다. 적절한 시기에 늦은 공격방어방법의 제출은 합리적 이유가 없는 한 과실이 추정된다.

(2) 판례는 제1심 소제기 후 21개월여가 지난 뒤에 항소심에서 비로소 증거서류가 위조된 것이라는 취지의 주장을 제출하였더라도 항소심에서 비로소 증거서류가 위조되었다는 증거를 확보한 경우에는 실기한 공격방법이 아니라고 하였다.[3]

> **[대법원 2005.10.7. 선고 2003다44387,44394 판결]** 파기 환송 후 항소심법원이 피고는 이 사건 환송 전 원심 소송절차에서 상계항변을 할 기회가 있었음에도 불구하고 이를 하지 않고 있다가 이 사건이 대법원에서 파기환송 된 후에야 비로소 하기에 이른 점, 이사건 상계항변에 제공된 자동채권 확정의 기준이 되는 근저당권의 피담보채무액수가 얼마인지, 근저

---

1) 대법원 1968.1.31. 선고 67다2628 판결.
2) 대법원 1962.4.4. 선고 4294민상1122 판결.
3) 대법원 1992.2.25. 선고 91다490 판결.

당권이 설정되어 있는 토지의 가액이 얼마인지, A가 근저당권을 행사하지 않고 있는 이유는 무엇인지 등에 관하여 새롭게 조사할 경우 현저하게 소송이 지연될 우려가 있는 점 등에 비추어 피고의 위 상계항변은 실기한 공격방어방법에 해당하여 받아들일 수 없다고 판단하였다. 기록에 비추어 검토하여 보건대, **피고는 스스로 환송 전 원심에서 상계항변을 할 수 있음을 알고 있었지만 상고이유 제4점의 내용이 된 부제소합의 주장으로 충분히 승산이 있다고 생각하여 상계항변을 하지 아니한 것이라고 주장함으로써 그 항변을 하지 아니한 것이 의도적이거나 또는 속단에 인한 것임을 자인하고 있는바, 이는 그 자체로 고의 또는 중대한 과실로 평가될 수 있는 점,** 부당하게 근저당권설정등기가 마쳐짐으로써 토지 소유자가 입은 손해는 그 채권최고액이 아니라 피담보채무 상당액이라고 할 것인데, **이 사건에서 피고는 위 상계항변과는 모순되는 내용으로 A의 근저당권은 원인무효이어서 그 피담보채무가 존재하지 않는다는 주장과 입증만 계속하였을 뿐, 그 피담보채무의 존재와 액수에 대한 주장과 입증은 거의 하지 아니하였으므로 상계적상에 있는 자동채권의 존재 자체도 의심스럽고,** 위 상계항변의 당부를 판단하기 위해서는 원심이 판시한 바와 같은 새로운 증거조사가 필요하므로 그로 인하여 이 사건 소송의 완결을 지연시키게 된다고 하지 않을 수 없는 점, **실기한 공격방어방법의 각하는 상대방의 신청이 없더라도 법원이 직권으로 할 수 있는 점** 등에 비추어 보면, 원심의 위와 같은 조치는 정당한 것으로 충분히 수긍할 수 있다.

다. 소송의 완결이 지연될 것

(1) 새로이 제출된 공격방어방법을 받아들여 심리한다면 다시 기일을 지정하게 되어 그만큼 심리가 늦어지는 경우를 말한다.

(2) **학 설**

① 절대설: 실기한 공격방어방법을 받아들이는 것이 각하하는 것보다 절차가 더 오래 걸리면 지연된다고 본다. 예컨대, 별도의 증거조사가 불필요한 항변과 같이 그 내용이 이미 심리를 마친 소송자료의 범위 안에 포함되어 있거나, 당해 기일에 즉시 조사할 수 있는 증거의 신청은 실기한 공격방어방법이 되지 않는다고 한다. 따라서 새로 신청한 공격방어방법의 당부를 조사하기 위하여 새로운 기일이 필요하다면 그것은 실기한 공격방어방법이 된다고 한다.

② 상대설: 적시에 공격방어방법을 제출하였다고 하더라도 어차피 소송의 완결이 지연될 수밖에 없는 다른 사정이 있었던 경우에는 실기한 공격방어방법이라고 할 수 없다고 본다.

(3) **판 례**

① 법원은 당사자의 고의 또는 중대한 과실로 시기에 늦게 제출한 공격 또는 방어방법이 그로 인하여 소송의 완결을 지연하게 하는 것으로 인정될 때에는 이를 각하할 수 있고, 이는 독립된 결정의 형식으로뿐만 아니라, 판결이유 중에서 판단하는 방법에 의할 수도 있으나, 실기한 공격방어방법이라고 하더라도 어차피 기일의 속행을 필요로 하고 그 속행기일의 범위 내에서 공격방어방법의 심리도 마칠 수 있거나 그 내용이 이미 심리를 마친 소송자료의 범위 안에 포함되어 있는 때에는 소송의 완결을 지연시키는 것으로 볼 수 없으므로 이를 각하할 수 없다.[1] 기록에 의하면, 원고가 이 사건 소가 제기된 지 2년이 훨씬 지난 후에야 이

---

1) 대법원 2000.4.7. 선고 99다53742 판결 등 참조.

사의 자기거래에 관한 주장을 한 사실은 인정되나, 그 주장을 한 이후에도 변론준비기일 및 변론기일이 속행되어 2009. 4. 24.에서야 변론이 종결됨으로써 위 주장으로 인한 소송의 지연은 초래된 바가 없다 할 것이므로, 원심이 원고의 위 주장을 실기한 공격방어방법으로 보아 각하하지 아니한 조치에 무슨 위법이 있다고 할 수 없다. * 학설은 판례가 절대설을 취하고 있는 것으로 보면서, 그 근거로서 위 판례 등을 들고 있다. 그러나 위 판시 내용만으로 보면 판례가 절대설을 취하는 것으로 단정하기는 어려울 것으로 보인다.[1]

　　② 변경된 대법원 판결에 맞추어 새로운 주장을 하거나 종전 주장을 변경한 경우: 원고들은 이 사건 주장을 하기 전까지는 "신용카드업자와 신용카드회원 사이에 체결된 신용카드이용계약을 취소하게 되면 별도로 신용카드회원과 가맹점 사이에 이루어진 현실적인 거래계약을 취소하지 않더라도 구매계약의 이행방법으로서 채무의 변제방법인 카드회사의 가맹점에 대한 대금결제는 원인무효이므로, 신용카드업자는 가맹점을 상대로 결제 대금 상당의 부당이득반환을 구할 수 있을 뿐 카드회원이었던 미성년자를 상대로 부당이득의 반환을 구할 수 없고, 신용카드이용계약을 취소하는 경우 신용카드업자의 가맹점에 대한 대금결제는 무효여서 미성년자는 가맹점에 대한 대금채무를 면하지 못하게 되므로, 미성년자가 부당하게 얻은 이익은 가맹점에 대하여 면제받은 물품 및 용역대금채무가 아니라 가맹점으로부터 구입한 물품 및 용역 그 자체이다."라는 취지의 주장을 하여 왔다가, 제1심판결 선고 후인 2005. 4. 15. 대법원이 처음으로 2003다60297 등 사건과 2004다48614 등 사건에 관하여 "미성년자가 신용카드발행인과 사이에 신용카드이용계약을 체결하여 신용카드거래를 하다가 신용카드이용계약을 취소하는 경우 미성년자는 그 행위로 인하여 받은 이익이 현존하는 한도에서 상환할 책임이 있는바, 신용카드이용계약이 취소됨에도 불구하고 신용카드회원과 해당 가맹점 사이에 체결된 개별적인 매매계약은 특별한 사정이 없는 한 신용카드이용계약 취소와 무관하게 유효하게 존속한다 할 것이고, 신용카드발행인이 가맹점들에 대하여 그 신용카드사용대금을 지급한 것은 신용카드이용계약과는 별개로 신용카드발행인과 가맹점 사이에 체결된 가맹점 계약에 따른 것으로서 유효하므로, 신용카드발행인의 가맹점에 대한 신용카드이용대금의 지급으로써 신용카드회원은 자신의 가맹점에 대한 매매대금 지급채무를 법률상 원인 없이 면제받는 이익을 얻었으며, 이러한 이익은 금전상의 이득으로서 특별한 사정이 없는 한 현존하는 것으로 추정된다."는 취지의 판결을 선고하자, 원심의 제2차 변론기일 전인 2005. 6. 24. 이 사건 준비서면을 원심법원에 제출하였음을 알 수 있다. 그런데 **위와 같은 대법원의 판결이 선고되기 전까지 원고들이나 원고들의 소송대리인이 자신들의 종전 주장과 달리 미성년자가 신용카드발행인과 사이의 신용카드이용계약을 취소하더라도 신용카드회원과 해당 가맹점 사이에 체결된 개별적인 매매계약이 유효하게 존속한다는 점을 알았거나 이를 알지 못한** 데에 중대한 과실이 있었다고 단정할 만한 자료가 없는 점, 이 사건 주장은 원고들과 피고들 사이의 거래가 아닌 원고들과 각 가맹점 사이의 거래에 대한 원고들의 취소권 행사를 전제로 하고 있고, 그 취소권을 행사하기 전에는 원고들이 **예비적으로 이를 주장할 수 없는 것이어서 기존의 사실 및 법률관계를 공격·방어방법으로서 제출하는 일반적인 경우와는 달리 조기 제출에 어려움이 있고, 위 취소권이 행사되면 원고들과 피고들 사이의 분쟁이 원**

---

[1] 대법원 2010.1.14. 선고 2009다55808 판결.

고들과 각 가맹점 사이, 각 가맹점과 피고들 사이의 분쟁으로 확대될 것이 예상되므로 원고들이 위 취소권을 행사하는 데에 신중을 기할 수밖에 없다고 보이는 점 등에 비추어 보면, 원고들이 이 사건 주장을 제1심 소송절차에서 제출한 바 없다고 하더라도 동일 쟁점에 대한 대법원의 첫 판결이 선고된 후 얼마 지나지 않은 시점으로서 원심의 제2차 변론기일 전에 이 사건 준비서면을 원심법원에 제출한 후 원심의 제2차 변론기일에 이를 진술한 것에 대하여, 원고들이 고의 또는 중대한 과실로 시기에 늦게 이 사건 주장을 하였다거나 제1심의 변론준비기일에서 이 사건 주장을 하지 아니한 데에 중대한 과실이 있었다고 보기는 어렵다고 할 것이다.[1]

---

1) 대법원 2006.3.10. 선고 2005다46363,46387,46394 판결: 이 사건의 원심법원은 다음과 같은 이유를 들어 원고들의 이사건 주장을 실기한 공격방어방법이라 하여 각하하였다. ① 이 사건 주장은 이 사건 본소가 제기된 2003. 4. 4.부터는 2년 가량, 피고 삼성카드 주식회사(이하 '피고 삼성카드'라 한다)의 반소가 제기된 2003. 12. 18.부터는 1년 6개월 가량, 피고 주식회사 조흥은행의 반소가 제기된 2004. 3. 6.부터는 1년 3개월 가량의 기간이 경과된 후에 원심에서 새로이 제출된 것이고, ② 이 사건 주장은 피고들의 부당이득반환 주장에 대한 방어방법으로 볼 수 있는데, 피고 삼성카드는 이 사건 2003. 7. 1.자 준비서면에서 가맹점과의 매매계약이 취소되지 아니하는 이상 신용카드회원은 신용카드발행인의 가맹점에 대한 매매대금 지급에 의해 자신의 가맹점에 대한 매매대금 지급채무를 법률상 원인 없이 면제받는 부당이득을 얻게 되므로 이를 반환할 의무가 있다고 주장하였고, 피고 엘지카드 주식회사도 2003. 7. 24.자 준비서면에서 그와 같은 취지로 주장하였으며, ③ 제1심은 위와 같은 피고들의 주장이 모두 제출되고, 피고 삼성카드의 반소까지 이미 제기된 상태에서 2회에 걸쳐 변론준비기일을 진행하여 쟁점을 정리하였는데, 원고들은 변론준비기일이 종결될 때까지 이 사건 주장을 하지 아니하였고, ④ 제1심은 앞서 본 바와 같은 내용의 판결을 선고하였으며, ⑤ 원고들은 2004. 9. 24. 항소장을 제출하고서도 2004. 12.에 이르기까지 항소이유를 구체적으로 기재한 준비서면을 제출하지 아니하였고, 이에 원심이 2004. 12. 7. 그러한 준비서면의 제출을 촉구하는 석명준비명령을 하였으며, 원고들은 그에 따라, 2004. 12. 28. 항소이유가 기재된 준비서면을 제출하였으나, 그 준비서면에서도 가맹점과의 개별적인 매매계약을 일부 취소하였다는 주장을 하지 않았고, ⑥ 원심은 제1차 변론기일을 2005. 6. 16.로 지정하고 2005. 6. 8. 원고들에게 변론기일 통지를 하였으나, 원고들은 2005. 6. 15. 피고들의 동의를 얻어 변론기일 변경신청서를 제출하였고, 원심이 이를 허가하지 아니하였음에도 불구하고 위 변론기일에 출석하지 아니한 상태에서 서둘러 2005. 6. 17.부터 2005. 6. 22.까지 사이에 약 42곳의 가맹점에 대하여 약 85건의 개별적인 매매계약을 취소한다는 취지의 내용증명 우편을 발송한 후 2005. 6. 24. 비로소 이 사건 준비서면을 제출하였으며, ⑦ 앞에서 본 바와 같이 가맹점과의 매매계약이 취소되지 아니하는 이상 신용카드회원은 신용카드발행인의 가맹점에 대한 매매대금 지급에 의해 자신의 가맹점에 대한 매매대금 지급채무를 법률상 원인 없이 면제받는 부당이득을 얻게 된다는 피고들의 주장이 이미 제1심 변론준비기일 이전에 제출되었고, 제1심이 피고들의 주장을 이유 있다고 판단하였으며, 제1심의 판단과 결론을 같이 하는 내용의 대법원 2003다60297 등 판결이 원심 제1차 변론기일이 통지되기 약 2개월 전인 2005. 4. 15. 이미 선고되었고, 같은 날 그와 동일한 취지의 대법원 2004다48614 등 판결도 선고되었는데, 위 각 소송도 원고들 소송대리인이 대리하였고, 원고들 소송대리인이 이 사건 제1심의 소송도 대리하였던 점 등 이 사건 소송의 진행 경과 및 제1심의 변론준비기일 종결의 효과는 항소심에도 미치는 점 등에 비추어 보면, 이 사건 주장에 관하여 법률 전문가인 원고들 소송대리인으로서는 제1심 변론준비기일 종결 전에, 늦어도 원심 제1차 변론기일 통지 이전에는 그 제출을 기대할 수 있는 충분한 사정이 있었다고 보이므로, 이 사건 주장은 중대한 과실로 민사소송법 제146조가 정한 적절한 시기를 도과하여 제출한 경우에 해당한다 할 것이고, ⑧ 원고들이 취소를 주장하는 상대 가맹점은 약 42곳에 달하고, 매매계약 건수는 약 85건에 달하며, 그 거래액은 적은 것은 1만 원 미만이고 많은 것은 100만 원을 초과하는바, 이 사건 주장의 당부 판단을 위해서는 원고들이 발송한 개개의 내용증명 우편이 각 가맹점에게 제대로 도달되었는지 여부가 먼저 심리되어야 하고, 피고들의 항변 내용에 따라서는 그 개별적인 매매계약에 관하여 법정대리인의 처분 허락 내지 동의가 있었던 것인지 여부를 판단하기 위한 개별적인 매매계약의 경위에 대한 심리, 법정대리인의 추인이 있었는지 여부를 판단하기 위한 카드대금 결제방법 등에 대한 심리 등 심리 범위가 상당하여 소송의 완결이 지연될 것이 명백하며, ⑨ 또한, 앞에서 본 바와 같은 제1심의 변론준비절차는 민사소송법 제410조에 의해 항소심에도 그 효력을 가지므로, 원고들로서는 이 사건 주장으로 소송을 현저히 지연시키지 아니하거나, 중대한 과실 없이 변론준비절차에서 제출하지 못하였다는 것을 소명하는 등의 사정이 없이는 이 사건 주장을 변론에 제출할 수 없고, 따라서 이 사건 주장은 민사소송법 제285조 제1항 각 호의 사유 없이 변론준비기일에 제출되지 아니한 공격·방어방법을 변론에 제출한 경우에 해당하

라. 유일한 증거의 경우

(1) 각하 할 수 없다고 보는 견해: 민소법이 진실발견을 위해 보충적 직권증거조사를 인정하고 있음에 비추어(법 제292조 및 제290조 단서), 유일한 증거방법은 시기에 늦었다 하여 각하될 수 없다고 본다.

(2) **긍정설**: 유일한 증거방법이라고 하여 예외로 취급할 것은 아니라고 본다(다수설).

(3) **판례**: 긍정설(67다2628 판결)과 부정설(62다315 판결)이 서로 엇갈리고 있다.

3. 각하의 절차

가. 직권 또는 상대방의 신청: 각하여부는 법원의 재량적 판단사항이다.

나. 법원의 각하결정에 대하여 독립된 항고는 할 수 없다. 종국판결에 대한 상소의 기회에 상소가능하다.

다. 증가된 소송비용은 그 당사자에게 부담시켜 제출지연 책임을 물을 수 있다(법 제100조).

4. 기   타

가. 변론준비절차 종료 후의 실권효(법 제285조)

나. 석명에 불응하는 공격방어방법의 각하(법 제149조 2항)

다. 중간판결 이후 그 내용에 저촉되는 새로운 공격방어방법 제출제한

라. 상고이유서 제출기간

마. 답변서 제출의무, 반소항변

[예제] [제45회 사법시험] 우리 민사소송법이 적시제출주의(摘示提出主義)의 실효성을 확보하기 위하여 채택하고 있는 여러 방안에 관하여 약술하시오.

[해설] Ⅰ. 적시제출주의의 의의: 종래의 수시제출주의와의 비교

Ⅱ. 재정기간 제도: 1. 의의(법 제147조), 2. 제도적 취지 (1) 당사자의 절차참여권 보장, (2) 집중심리주의의 실현을 위한 제도, 3. 재정기간 지정의 효과(법 제147조 2항)

Ⅲ. 실기한 공격방어방법의 각하: (생략) 본문 내용 참조.

여 실권효의 적용을 받을 뿐만 아니라, 민사소송법 제149조가 정한 실기한 공격·방어방법에도 해당한다.

제 7 절 집중심리주의와 변론준비절차

Ⅰ. 민사소송법상의 집중심리주의 원칙

1. 병행심리주의 및 집중심리주의의 의의

가. 병행심리주의: 여러 사건의 변론기일을 동시에 지정하여 짧게 심리를 진행하되 수회의 변론기일을 거듭하면서 쟁점의 정리와 증인신문을 비롯한 증거조사도 병행하는 방식을 말한다.

나. 집중심리방식이란 소송의 초기단계에서 사건을 분류하여 각 사건에 적합한 처리방법을 정하고 조기에 쟁점 및 증거를 정리하여 입증의 대상이 되어야 할 사실을 명확히 한 다음 이에 초점을 맞추어 효율적이고 집중적인 증거조사를 실시하는 심리방식을 말한다(소나기 호우형). 집중심리주의를 관철하기 위해서는 英美法上의 Discovery 및 질문서(Interrogatory)와 같은 제도의 활용이 필요하다 할 것이나 우리나라의 경우 여건의 미비로 인하여 위 제도의 도입은 어렵다.

2. 구법시대 변론기일 진행방식(병행심리주의·수시제출주의)의 문제점

가. 기일변경·연기제도 남용: 당사자나 대리인이 법정에 출석하였으나, 상대방이나 증인의 불출석, 상대방의 신청에 의한 기일의 변경·연기 등에 의하여 기일이 공전되는 경우가 많아 재판이 지연되었다.

나. 소제기 후, 제1회 변론기일까지의 기간 동안 사실상 아무런 소송준비가 이루어지지 못하고 허비되었다.

다. 변론기일 진행상의 문제점: 당사자 본인이 직접 판사의 면전에서 자유롭게 진술할 기회가 주어지지 아니하여 쟁점이 명백히 드러나지 않고, 화해율이 낮으며, 재판의 불신이 심화되었다. 변론기일이 여러 차례 열리고 장기간의 심리로 인하여 재판부로서도 종전 변론결과를 제대로 기억하지 못하게 되어 기록에 의존할 수밖에 없었다.

라. 구술변론주의의 형해화: 1회의 기일에 여러 건의 사건이 진행되어 법원은 기록검토를 소홀히 하여 적절한 소송지휘나 석명권행사가 어렵게 되어 소송의 진행이 표류하였다. 법관의 잦은 인사이동 및 그로 인한 사무분담의 변경에 따라 서면 재판화 경향을 띠게 되었다. 항소심에서도 새로운 주장과 증거제출이 아무런 제한 없이 허용되어 제1심 재판이 더욱 형식화·형해화되었다.

3. 신 법상 심리방식의 개선

변론준비절차를 실질적이고 충실하게 진행하여 쟁점과 조사대상 증거를 확실히 한 바탕 위에서 가급적 1회의 변론기일 실시로 소송을 종료하게 하여 실체적 진실발견 및 신속한 재판의 실현(쟁점중심 집중심리제도의 실현)을 추구하고 있다.

4. 신 법상 집중심리방식의 구체적 내용

가. 소송의 초기단계에서의 공격방어방법의 충실화
(1) 재판장의 소장 심사권의 강화: 재판장은 소장을 심사하면서 필요하다고 인정하는 경우에는 원고에게 청구하는 이유에 상응한 증거방법을 구체적으로 적어내도록 명할 수 있고, 원고가 소장에서 인용한 서증의 등본 또는 사본을 붙이지 아니한 경우에는 이를 제출할 수 있도록 명할 수 있다는 규정을 신설하였다.
(2) 답변서 제출의무, 무변론 판결제도의 도입
(3) 준비서면의 충실화
(4) 적시제출주의의 채택과 재정기간제도의 도입

나. 변론기일에서의 집중 증거조사
(1) 각종 증거의 신청 및 증인신문·당사자본인신문을 제외한 각종 증거조사는 변론기일 전에도 할 수 있다(법 제289조 2항).
(2) 증인신문·당사자본인신문은 당사자의 주장과 증거조사방법을 정리한 뒤 집중적으로 실시한다(법 제293조). 종전에는 쟁점이 정리되지 않은 상태에서 증인 또는 당사자본인신문을 주장과 증거의 정리와 병행하여 그리고 산발적으로 실시하였다. 그로 인하여 법관이 법정에서의 심리과정을 통하여 정확한 심증을 형성하는 것이 어렵게 되어 있었다.

Ⅱ. 변론준비절차

*2008. 12. 26. 민소법 일부 개정(법 제258조 1항)에 따라 변론준비절차는 법원이 필요하다고 인정하는 경우에만 거치는 예외적 절차로 바뀌었다. 이에 대하여 학자들은 졸속한 법 개정이라는 비판을 제기하고 있다.

1. 신법은 소송절차의 심리방식을 집중심리방식에 의할 것을 요구하고 있고(법 제272조 1항), 원칙적으로 변론기일은 2회로써 끝내는 것을 예정하고 있다. 이러한 집중심리방식은 심리과정을 쟁점 및 증거를 정리하는 단계와 증거조사 단계로 구분하여 원칙적으로 집중적 증거조사(법 제293조)에 앞서서 변론의 쟁점들을 모두 정리하도록 하고 있다.

2. 신법은 구법이 구술변론 방식에 의한 변론준비기일만 규정하고 있었던데 비하여 "서

면에 의한 변론준비절차"를 신설하였다(법 제280조 1항). 따라서 변론준비절차는 원고의 소제기 후 이에 대한 피고의 답변서제출로부터 시작하여 → 원고의 반박준비서면 → 피고의 재반박 준비서면 → 원고의 재재반박 준비서면 제출의 순으로 진행되는 서면 공방절차를 거쳐 드러난 쟁점을 구술변론방식에 의하는 변론준비기일(쟁점정리기일)에서 모든 쟁점을 정리하도록 하고 있다.

3. 신법은 변론준비절차에서도 변론의 준비를 위하여 필요하다고 인정하면 증거결정뿐만 아니라 증인과 당사자본인신문을 제외한 증거조사를 할 수 있도록 하였다. 또한 서면에 의한 변론준비절차 종결 후에는 실권효(새로운 공격방어방법의 제출이 금지되는 효과)의 제재를 가하지 않고 있으나 변론준비기일(쟁점정리기일)을 연 경우에는 실권효의 제재를 가하고 있다(법 제285조).

Ⅲ. 변론준비서면

1. 의 의

당사자가 변론기일에서 할 구술변론 내용을 적은 서면(구술변론의 예고)을 말한다.

2. 종 류

가. 통상의 준비서면

나. 답변서: 단순히 원고의 청구원인 사실을 다툰다는 내용만으로는 부족하고, 청구원인사실에 대한 구체적 답변과 그 근거가 되는 증거자료를 언급해야 한다.

다. 요약 준비서면(법 제278조)

3. 기재사항(법 제274조 1항): 첨부서류(법 제275조).

4. 준비서면의 교환(법 제273조)

5. 준비서면 부제출의 효과(법 제276조)

가. 변론기일 상대방 불출석시 예고 없는 사실주장의 금지

(1) 주요사실·간접사실 포함하여 그 사실을 준비서면에 기재하여 제출하지 않은 경우에는 이를 상대방이 변론기일에 출석하지 않은 상태에서 주장할 수 없다.

(2) 증거신청의 경우도 본 규정이 적용되는가? 소극설(증거신청이 가능하다는 입장)·적극설(상대방 당사자 보호 차원에서 모든 증거신청이 不可하다는 입장)·절충설(상대방이 예

측할 수 있는 사실에 관한 증거신청은 허용된다는 견해) 등이 대립하고 있다.

　나. 피고가 답변서를 제출하지 않은 경우:　　무변론 판결.

　다. 변론준비절차의 종결: 서면에 의한 변론준비절차에서 재판장이 정하여 준 기간내에 준비서면을 제출하지 아니하면 변론준비를 계속하여야 할 상당한 이유가 없는 한 변론준비절차를 종결당할 위험을 부담한다(법 제284조 1항 2호).

　라. 소송비용의 부담(법 제100조)

6. 준비서면 제출의 효과

　가. 진술간주(법 제148조 1항)

　나. 자백간주(법 제150조 3항):　준비서면을 제출하였으면 상대방이 불출석하더라도 그 기재내용에 대하여 주장할 수 있고, 이 경우에 상대방이 명백히 다투지 않을 경우에는 자백간주의 이익을 얻을 수 있다.

　다. 실권효의 배제(법 제285조 3항)

　라. 소취하시 동의권(법 제266조 2항)을 가진다.

Ⅳ. 변론준비기일(주장과 증거의 정리절차: 쟁점정리기일)

1. 법 제282조 규정

　가. 서면에 의한 변론준비절차를 진행하는 동안에 좀 더 주장 및 증거의 정리를 할 필요가 있다고 인정할 때 변론준비기일을 열어 양쪽 당사자 본인, 소송대리인, 제3자(제282조 3항) 등을 불러서 쟁점 및 증거의 정리, 화해의 권고, 변론기일진행의 협의 등 변론의 준비를 위한 협의를 할 수 있다.

　나. 신민소법은 구법의 준비절차제도를 새로이 정비하여 서면에 의한 변론준비절차와 함께 변론준비기일 방식의 두 가지 유형의 변론준비절차를 마련하고, 서면진행 방식만으로도 변론준비절차를 진행할 수 있음을 명백히 하고, 주장 및 증거를 정리하기 위하여 필요하다고 인정하는 때에는 따로 변론준비기일을 열 수 있도록 유연성을 부여함으로써 구체적 사건의 특성에 맞추어 다양한 방법으로 변론을 준비할 수 있도록 하였다.

　다. 위와 같은 의미에서 변론준비기일을 필요로 하는 사건으로서는 다수당사자소송, 정책형성소송 등 현대형 소송, 준비서면 2회의 공방으로는 부족하여 추가로 서면공방을 거친 사건, 피고들 상호간 또는 참가인 등과 사이에 이해관계가 서로 상반되는 등 복잡하게 얽힌 사건, 쌍방이 제출한 처분문서의 내용이 서로 배치되는 등 증거관계가 복잡한 사건, 청구원인과 항변, 재항변이 예비적 주장으로 복잡하게 얽혀 있는 사건 등이 그 대상이 될 것이다.

2. 진행방식

가. 변론준비기일 회부결정은 재판장이 재량껏 판단한다.

나. 변론준비기일은 변론기일에서와 같이 엄격한 형식에 구애되지 아니하고 비교적 자유로운 분위기에서 비공개로 진행할 수 있고, 판사실, 심문실 등을 이용할 수 있다.

다. 재판장, 쌍방 당사자본인, 대리인이 함께 출석하여 서면공방에 의한 변론준비의 결과와 그간의 증거신청 또는 증거조사의 결과를 바탕으로 쟁점을 압축하고, 소장, 답변서, 준비서면 등을 진술하고 새로운 증거를.제출하거나 불필요한 증거신청을 철회하며, 상대방에 대한 석명을 구하는 한편 석명에 대한 답변과 증거신청 내용을 중심으로 앞으로의 변론기일의 진행에 관하여 협의를 한다. 신법은 구법과 달리 증거조사 중 증인신문과 당사자본인신문을 제외한 모든 증거조사와 이에 관한 결정을 변론준비기일에 할 수 있도록 하였다.

라. 변론준비기일에 당사자본인의 출석의무(재판장이 출석을 명한 경우)를 규정한 것은 실체관계나 증거에 대하여 누구보다도 잘 알고 있으므로 재판장과의 대화를 통해 사건의 실체와 쟁점을 명확히 밝혀내고, 화해 또는 조정에 의한 분쟁해결을 시도할 여지가 높기 때문이다. 또한 당사자본인이 재판장 앞에서 충분히 그리고 격의없이 하고 싶은 말을 다할 수 있는 기회를 주어 직접주의, 구술변론주의의 원칙에 부합하고 사법부에 대한 불신을 해소하며 절차적 만족감을 가져올 수도 있다.

마. 재판장 등은 변론의 준비를 위한 모든 처분을 할 수 있는데 당사자에게 필요한 주장과 증거를 제출할 것을 명하는 일, 증명의 대상이 되는 사실을 최종적으로 확인하게 하는 일, 요약준비서면을 제출하게 하는 일 등이 있다.

3. 변론준비절차의 종결

가. 종결원인: 법 제284조 1항.

나. 종결의 효과: 실권효(법 제285조).

V. 변론절차의 진행

1. 변론의 제한, 분리, 병합

가. 변론의 제한: 하나의 사건에서 여러 개의 사건이 병합심리 되거나 여러 개의 독립된 쟁점이 제출되어 심리가 복잡하게 되는 경우에 효율적인 심리를 위하여 변론의 대상을 한정하는 조치를 말한다. 예컨대 소송요건과 본안에 관한 주요쟁점이 동시에 제기된 경우에 먼저 소송요건의 존부에 관한 심리부터 먼저 진행하는 경우를 들 수 있다.

나. 변론의 분리: 청구병합 및 공동소송의 경우에 일부청구나 일부 당사자에 대한 소를 분리하여 심리할 수 있다. 어느 청구와 다른 청구가 상호 관련성이 없거나 먼저 판결하기에 성숙한 경우에 이를 분리하여 일부판결을 하거나, 조기에 변론을 종결하고 판결 선고기일은 추후로 지정하는 조치를 취할 수 있다. 필수적 공동소송, 독립당사자참가소송, 이혼사건의 본소와 반소청구, 예비적·선택적 병합청구, 예비적·선택적 공동소송의 경우에는 변론의 분리가 허용되지 않는다.

다. 변론의 병합: 같은 법원에 각자 따로 계속 중인 여러 개의 사건을 법원이 직권으로 하나의 소송절차에 몰아서 심리하는 것을 말한다. 변론의 병합은 ① 동종의 소송절차 ② 청구상호간의 관련성을 갖출 것을 필요로 한다. 변론의 병합에 의하여 각 소송은 당초부터 병합소송으로 제기된 경우와 같이 보아 당사자의 원용이 없어도 각 소송의 병합 전의 증거조사 결과는 병합 후의 소송의 증거자료로 된다고 보아야 한다. 다만 병합 후 공동소송으로 된 경우에는 종래의 증거조사에 참여하지 않은 당사자의 절차보장을 위하여 원용을 필요로 한다고 본다.[1]

2. 변론의 재개(법 제142조)

가. 법원은 일단 변론이 종결된 후에도 심리가 미진하다고 판단되는 경우에 직권으로 변론을 재개할 수 있다. 변론의 재개신청은 법원의 직권발동을 촉구하는 의미밖에 없으므로 변론의 재개여부는 법원의 직권사항이고 당사자에게 신청권이 없으므로 이에 대한 허부의 결정을 할 필요가 없으며, 또한 변론재개신청이 있다고 하여 법원에 재개의무가 있는 것도 아니다.[2] 따라서 당사자의 변론재개신청의 이유가 소송고지의 필요성 때문이거나, 유일한 증거방법에 대한 조사의 필요성이 있다는 등의 사유를 대더라도 법원은 재개하여야 하는 것은 아니다.

나. 위와 같이 당사자가 변론종결 후 주장·증명을 하기 위하여 변론재개신청을 한 경우

---

1) 이시윤, 390면.
2) 대법원 1998.9.18. 선고 97다52141 판결.

231

에 당사자의 신청을 받아들일지 여부는 원칙적으로 법원의 재량에 속한다. 다만 대법원[1]은 아래와 같은 사유가 있으면 법원은 변론을 재개하고 심리를 속행할 의무가 있다는 취지의 판시를 하고 있다. ① 변론재개신청을 한 당사자가 변론종결 전에 그에게 책임을 지우기 어려운 사정으로 주장·증명을 할 기회를 제대로 갖지 못하였고, 그 주장·증명의 대상이 판결의 결과를 좌우할 수 있는 관건적 요증사실에 해당하는 경우 등과 같이, 당사자에게 변론을 재개하여 그 주장·증명을 제출할 기회를 주지 않은 채 패소의 판결을 하는 것이 민사소송법이 추구하는 절차적 정의에 반하는 경우에는 법원은 변론을 재개하고 심리를 속행할 의무가 있다. ② 법원이 사실상 또는 법률상 사항에 관한 석명의무나 지적의무 등을 위반한 채 변론을 종결하였는데 당사자가 그에 관한 주장·증명을 하기 위하여 변론재개신청을 한 경우 등과 같이 사건의 적정하고 공정한 해결에 영향을 미칠 수 있는 소송절차상의 위법이 드러난 경우에는 그와 같은 소송절차상의 위법을 치유하고 그 책무를 다하기 위하여 변론을 재개하고 심리를 속행할 의무가 있다. ③ 당사자가 변론재개신청 사유로서 내세우는 새로운 주장·증명이 실기한 공격방법으로 각하당하지 아니할 가능성이 있다는 사정만으로 법원이 변론을 재개할 의무가 있는지 여부는 위와 같은 예외적 요건 등을 갖추고 있는지 여부에 따라 판단하여야 한다는 것이다. 위 대법원 판례가 예시하는 변론재개의 요건은, ⅰ) 변론재개신청을 한 당사자가 변론종결 전에 그에게 책임을 지우기 어려운 사정으로 주장·증명을 제출할 기회를 갖지 못하였을 것, ⅱ) 그 주장·증명의 대상이 판결의 결과를 좌우할 관건적 요증사실에 해당할 것, ⅲ) 당사자에게 변론을 재개하여 그 주장·증명을 할 기회를 주지 않은 채 패소판결을 하는 것이 절차적 정의에 반할 것, ⅳ) 법원의 석명의무·지적의무 위반이 있는 경우 등으로 정리 된다.

Ⅵ. 변론조서

1. 형식적 기재사항(제153조 1~6호)

2. 실질적 기재사항: 변론의 실질적 내용.

3. 조서의 증명력(제158조 본문)

---

1) 대법원 2010.10.28. 선고 2010다20532 판결.

제 8 절 직권진행주의

Ⅰ. 법원의 소송지휘권

1. 의 의

소송절차를 원활·신속히 진행시키고 또 심리를 완전하게 하여 분쟁을 신속·적정하게 해결하기 위하여 법원에 인정된 소송의 주재권능을 말한다.

2. 소송절차 진행에 있어서의 직권주의와 당사자주의

가. 소송절차 진행은 법원과 소송당사자의 공동작업의 진행과정으로서 각자의 역할이 서로 분담되어 있다. 즉, 법원은 절차의 주재자로서 신속·적정한 진행을 책임지고 있고, 당사자는 사건의 내용을 명확히 하고 판결의 기초자료를 공급할 책임을 부담한다. 역사적으로 볼 때 민사소송은 원래 사적자치원칙이 지배하는 사적 분쟁의 해결을 목적으로 하므로 당사자주의가 기조를 이루고 있으며 특히 근대민사소송법전이 성립될 무렵에는 자유방임주의의 영향을 받아 법원의 간섭을 최소한으로 하고 대폭적인 당사자 진행에 위임하는 입장을 취하고 있었다. 1806년의 프랑스 민사소송법이 그 대표적 예이다.

나. 그러나 소송절차지연의 문제가 심각해지면서 직권주의적 요소가 가미되기 시작하였고 현대 복지국가, 문화국가관에 부응하여 당사자 대등의 원칙을 실질적으로 보장한다는 취지에서 법원의 소송지휘권행사를 통한 직권진행주의의 적절한 실현은 더욱 중요성을 가지게 되었다.

3. 소송지휘권의 행사

가. 주체:　　　법원(재판장, 수명법관, 수탁판사)

나. 내 용
(1) **절차의 진행을 촉진**:　　기일의 지정·변경, 기간의 재정·신축, 구두변론의 개시·종결, 재개하는 행위를 한다.
(2) 기일에 있어서의 변론 내지 증거조사의 정리, 법정질서유지.
(3) **절차진행방식의 변경, 정리**:　　변론의 제한, 분리, 병합, 재량이송 등.
(4) **소송관계를 명료하게 하는 조치**:　　석명권 행사, 법적관점 지적 등.
(5) 화해권유 등.

다. 지휘권행사의 태양

(1) **사실행위**:　　변론 및 증거조사 기일에 재판장이 행하는 소송지휘는 사실행위로서의 성격을 가진다.

(2) **재판형식**:　　결정(법원의 지위에서 내리는 재판)과 명령(재판장, 수명법관, 수탁판사 등의 자격에서 하는 재판)이 있다. 이러한 재판은 불필요·부적당하다고 판단하는 때에는 언제든지 스스로 취소할 수 있다.

Ⅱ. 당사자의 권능 및 이의권(책문권)

1. 법원의 소송지휘에 대한 당사자의 신청권

가. 소송당사자는 소송절차 진행의 측면에서 법원의 직권 발동으로서의 소송지휘권 행사의 객체(상대)가 된다. 법원에 대하여 하는 당사자의 신청은 **법원의 직권발동을 촉구하는 의미**밖에 없고, 이에 대하여 법원이 일일이 응답할 필요가 없는 것이 원칙이다. 그러나 법원의 소송지휘권 행사는 신속·경제적인 민사소송절차의 실현을 위한 수단으로서의 기능을 가지는 것에 지나지 않으므로 소송당사자의 절차참여권을 저해할 수는 없다. 민사소송법 제147조가 규정하는 재정기간제도는 소송당사자에 의한 절차참여권을 법상 인정하는 대표적 예로 볼 수 있다. 그 외에도 법원에 의한 증거채부 결정에 있어서 법원의 재량권을 인정하지만 당사자가 신청한 증거가 특정 쟁점과의 관계에서 유일한 증거인 때에는 반드시 이를 채택하여 증거조사를 하여야 할 의무를 법원에 대하여 부여하고 있는 민사소송법 제290조 후문의 규정은 당사자에 의한 변론권과 증명권을 기초로 법원의 소송지휘권을 제한하는 예로 볼 수 있다.

나. 법원에 대하여 권리로서 요구할 수 있는 경우

소송지휘가 당사자의 이해에 중대한 영향을 줄 수 있는 경우에는 법은 예외적으로 당사자에게 소송지휘에 관한 신청권을 인정하고 있다. 재량적 이송신청(법 제 34조, 35조), 구문권(법 제136조 2항), 상대방의 시기에 늦은 공격방어방법의 각하신청(법 제149조 1항), 기일의 지정·변경신청(법 165조 2항) 등이 있다. 이러한 신청에 대해서는 법원은 가부간에 재판(결정)을 해야 한다.

[예제] 甲은 그의 소유인 건물을 임차한 乙과의 임대차기간이 만료하자 乙을 상대로 위 건물인도청구소송을 제기하였다.
　Ⅰ. 위 소송에서 乙은 甲의 청구기각판결을 구하면서 청구원인을 모두 다투는 내용의 답변서를 제출하고 제1회 변론기일에 불출석하였다. 이에 법원은 甲의 소장 진술 후 乙이 제출한 답변서를 진술간주 처리하고, 甲이 소장에 첨부한 증거서류들을 모두 증거로 채택한 뒤, 甲이 신청한 증인 A를 채택하여 제2회 변론기일을 3주 뒤로 지정하여 乙에게 고지하였다. 乙은 제2회 변론기일을 고지받은 후 변론기일 연기신청서를 내고 불출석하였다. 법원은 제2

회 변론기일에 출석한 A에 대한 증인신문을 마치고 곧바로 변론종결하고 2주일 뒤를 판결 선고기일로 결정고지 하였다. 그러자 乙이 법원에 대하여 종결한 위 변론의 재개신청을 하였다.

위의 경우에 법원은 乙의 신청에 대하여 아무런 결정 없이 종국판결을 선고할 수 있는가?

[해설] 본 문제는 법원의 소송지휘권의 내용을 검토하고, 법원의 소송지휘권 행사에 대한 당사자의 신청권과 당사자의 변론재개신청에 대하여 법원의 변론재개의무가 있는 경우(위 대판 2010다20532 판결 참조)를 요건을 중심으로 검토하여야 한다. 본 사안의 경우는 위 판례상의 변론재개 요건에 해당하지 않는다는 내용으로 결론을 맺는다. ※ 법원이 乙이 불출석한 제1회 변론기일에 甲이 제출한 서증 및 신문신청을 증거로서 채택한 행위는 적법한 것으로 본다(앞의 본장 제7절 Ⅲ. 5. 참조).

2. 당사자의 이의권(법 제151조)

가. 법원이나 상대방 당사자가 소송절차에 관한 규정을 위배하였을 때 그 무효를 주장할 수 있는 권능을 말한다.

나. 적용범위:　　　법원과 상대방의 소송절차에 관한 규정에 위배되는 행위가 그 대상이다. 예컨대 소의 제기, 청구변경의 방식, 변론기일의 통지, 증거조사의 방식 등 소송행위의 형식·요건·시기·장소 등에 관한 규정위배가 있을 때이다.

다. 이의권의 포기 및 상실:　　　소송법규 중 주로 당사자의 이익보호를 목적으로 하는 임의규정에 위배하는 행위가 있을 때 그 보호 대상인 당사자가 그 규정의 원용을 명시적으로 포기하거나 또는 그 위배를 알았거나 알 수 있었을 경우에 바로 이의하지 아니한 경우 이의권이 상실된다. "지체 없이"란 위반행위가 있은 후 최초의 기회(직후의 준비기일이나 변론기일)에 행사하지 않는 것을 말한다. 강행법규 위배행위는 이의권의 포기·상실의 대상이 아니다. 구술변론에서 법원에 대한 일방적 진술로서 한다. 사전의 포기는 허용되지 않는다(임의소송 금지원칙).

제6장 변론의 내용과 당사자의 소송행위

제1절 변론의 내용

Ⅰ. 변론의 전개과정

1. 변론은 원고의 본안의 신청(소제기) → 피고의 답변(소 각하, 청구기각 답변) → 원고의 반박 → 피고의 재반박(준비서면에 의한 경우와 구술변론의 경우로 나뉨)의 순으로 진행된다.

2. 원고가 청구하는 본안의 신청을 이유 있게 하기 위하여 제출하는 일체의 주장(법률적, 사실적)과 이를 뒷받침하는 증거신청을 공격방법, 피고가 원고의 신청의 기각을 구하기 위하여 제출하는 일체의 주장과 증거신청을 방어방법이라고 하며 변론절차는 공격방어방법의 제출과 이에 대한 심리를 중심으로 전개된다.

Ⅱ. 신　　청

1. 법원에 대하여 일정한 재판 또는 그 밖의 행위(조치)를 직접적으로 요구하는 당사자의 행위를 말하며 본안의 신청(소송물의 당부판단에 관한 신청)과 소송상의 신청(소송절차 개개의 파생적·부수적 사항에 관한 신청, 예컨대 법 제44조의 제척·기피신청, 제28조의 관할지정신청, 제35조의 이송신청, 제194조의 공시송달신청, 제268조의 기일지정신청 등)으로 나눌 수 있다. 서면 또는 구술의 방식으로 제출한다. 원칙적으로 철회의 자유가 인정되지만 피고가 본안에 관하여 응소(답변)한 후에는 소의 취하가 제한되는 것(법 제266조 2항)과 같이 철회함으로써 상대방에게 발생한 소송상의 유리한 지위를 해하는 경우(증거신청의 경우가 흔히 이에 해당한다)에는 임의로 철회할 수 없고, 상대방의 동의를 필요로 하는 등 일정한 제한이 가하여 진다.

2. 사법상의 행위와는 달리 의사표시의 하자(사기·강박에 의한 행위)를 이유로 하는 취소의 문제는 일어나지 않는 것이 원칙이다. 또한 조건이나 기한을 붙일 수 없는 것이 원칙이다. 다만 예비적 항변과 같이 절차의 안정을 해칠 염려가 없는 경우에는 허용된다.

Ⅲ. 공격방어방법

1. 법률상의 주장

당사자에 의한 법률상의 주장은 다음과 같은 유형으로 분류하여 볼 수 있다. 즉 ① 법규·경험법칙의 존부 또는 그 내용 및 해석에 관한 진술, ② 특정 사실이 특정 법규에서 정하고 있는 구성요건에 해당 하는가 아닌가에 관한 평가적 진술, ③ 소송물의 전제가 되는 권리관계나 법률효과를 인정하는 진술이 그것이다. 위와 같은 법규의 존부·내용 또는 그 해석·적용에 관한 의견진술(광의)은 법원에 대하여 구속력을 가지지 않는다(법은 법원이 안다). 특히 구체적인 권리관계의 존부에 관한 진술(협의)은 소송법설(신소송물이론)에서 보다 구실체법설(구소송물이론)에서 매우 중요한 의미를 가진다(소송물 결정의 요소). 구소송물이론에 의하면 원고는 소송물의 특정을 위하여 그 근거가 되는 실체법상의 권리의 구체적 내용을 반드시 진술하여야 한다. 그러나 신소송물이론에 의하면 이러한 실체법적 근거는 진술할 필요가 없다. 협의의 법률상의 주장 즉, 소송상의 청구에 대한 전제적 법률상태 또는 구체적 권리관계의 존부에 관하여 상대방이 다투고 나올 때에는 그 요건사실을 주장·입증할 필요가 있다. 상대방이 ③의 권리관계나 법률효과를 다투지 아니하면 권리자백이 될 것이지만 원칙적으로 구속력은 부정된다. 소송물인 권리관계에 관한 진술에 대하여 다투지 않을 경우에는 청구의 포기·인낙이 될 수 있다.

2. 사실상의 주장

가. 소송상의 청구인 권리주장을 이유 있게 하기 위하여 그 법률효과를 발생시킬 수 있는 구체적 사실(주요사실, 간접사실, 보조사실)의 존부에 대한 당사자의 지식이나 인식의 진술을 말한다. 철회·정정이 가능하나 재판상 자백이 성립한 경우에는 자유로운 철회·정정이 허용되지 않는다. 다만 예비적 주장, 가정적·선택적 주장은 가능하다. 사실상의 주장 역시 조건이나 기한을 붙일 수 없음이 원칙이다. 다만 주위적 주장이 배척될 경우를 대비한 예비적 주장은 허용된다.

나. 상대방의 답변 태도

(1) **부인**:   상대방(소장에서 주장하고 있는 원고의 청구원인사실에 대한 답변 단계에서는 원고가 상대방이 된다)에게 입증책임 있는 주장사실을 부정하는 진술[1]이며 단순부인과 이유부 부인(간접부인, 적극부인: '간접부인'이라 한다)이 있다. 단순부인은 단순히 상대방의 주장을 진실이 아니라고 부정하는 진술이다. 상대방인 원고의 주장사실과 양립하지 않는 사실을 적극적으로 진술하며 원고의 주장사실을 부정하는 것이 간접부인이다. 예컨대, 원고가 "피고에게 금전을 대여하였다"고 주장함에 대하여 피고가 "돈을 차용하지 않았다"("그런 사

---

[1] 상대방이 주장하는 사실을 '부인'한다는 것은 그 사실이 주요쟁점이 되어야 함을 전제로 증거조사에 의하여 확정되어야 한다는 의사표시로 볼 것이다.

실이 없다", 또는 "사실이 아니다")고 답변하는 것이 단순부인이며, "금전을 받은 사실은 있으나 대여금이 아니고 피고가 원고에게 과거에 대여하였던 돈을 반환받은 것이다"거나, "원고가 피고에게 증여한 것이다"고 답변하는 것이 간접부인이다. 법에서는 원칙적으로 단순부인 방식에 의한 진술을 할 수 없도록 하여 간접부인을 유도하고 있다. 즉 "일단 부인하고 보자"는 방식의 진술을 허용하여 소송지연의 원인이 되는 것을 방지하려는 취지라 할 수 있다. 특히 규칙 제116조는 문서의 진정성립을 부인할 때에는 그 이유를 구체적으로 밝혀야 하고, 규칙 제65조는 피고의 답변서에는 단순부인이 아니라 구체적 이유를 기재할 것을 요구하고 있다.

    (2) **부지**: 단순히 모른다는 진술로서 부지는 부인으로 추정한다(제150조 2항).[1]
    (3) **자백**: 자기에게 불리한 상대방의 주장사실을 시인하는 진술이다.
    (4) **침묵**: 변론전체의 취지로 보아 다툰 것으로 인정될 경우를 제외하고는 자백한 것으로 간주한다.

3. 증거신청

다툼이 있는 사실에 대하여 법관이 진실이라는 확신을 얻게 하기 위한 행위이다.

4. 항 변

가. 상대방의 신청이나 주장을 배척하기 위해 이와 양립할 수 있는 별개의 사항을 주장하여 다투는 공격방어방법의 일종이다.

소송의 실체관계에 관한 본안 항변과 실체관계와는 무관한 소송상의 항변이 있다.

나. **소송상의 항변**: 법원의 직권발동을 촉구하는 의미가 있을 뿐이다. 그러나 임의관할위반의 항변, 부제소의 계약, 합의관할 등에 관한 항변은 법원의 판단을 요한다. 소송상 항변은 본안전 항변과 증거항변으로 나눌 수 있다.

    (1) 본안전 항변에는 무권대리, 소송계속·기판력의 항변 등과 같은 직권판단사항과 부제소계약, 중재계약, 소송비용 담보제공항변 등과 같은 당사자의 항변을 전제로 법원이 판단하여야 하는 사항으로 나뉜다.

    (2) 증거항변은 당사자 일방의 증거신청이 부적법·불필요하거나, 증거능력을 흠결하고 있다는 항변으로서 법원의 직권발동을 촉구하는 의미를 가진다.

다. **본안의 항변**

    (1) 당사자(주로 피고가 될 것이나, 재항변 등의 경우에는 원고)가 자기에게 증명책임이 있는 사실을 적극적으로 주장함으로써 상대방의 청구(항변)를 배척하기 위한 진술이다. 예컨대, 원고가 특정 일자에 피고에게 1,000만 원을 대여하였다고 주장함에 대하여, 피고가 "돈을

---

[1] 독일민사소송법 제138조 4항은 당사자가 한 자기행위이거나 직접 체험한 사실에 대하여는 부지라고 답변하는 것을 금하고 있다.

차용한 사실은 있지만 그 돈을 변제했다"하면 항변이 된다. 요컨대 항변은 원고의 청구를 배척하기 위해 원고 주장사실이 진실임을 전제로 이와 양립가능한 별개의 사항에 대하여 피고가 하는 사실상의 진술을 말한다.

(2) 부인과의 구별

(가) 부인은 원고의 주장사실과 양립不可한 사실에 관한 진술인데 반하여, 항변은 원고의 주장사실을 일단 인정하되 그 사실로부터 예정된 권리·법률관계의 발생장애, 일단 발생한 권리의 소멸 또는 일시적 행사저지 주장인 점에서 차이가 있다.

(나) 구별의 실익

① 증명책임: 원고의 주장사실에 대하여 피고가 부인하고 있으면 원고가 증명책임을 진다. 항변의 경우에는 항변한 자에게 증명책임이 있다.

② 판결이유에서 설시할 필요성 유무: 원고의 청구를 인용하는 경우에는 피고의 항변을 배척하는 판단을 반드시 하여야 하며, 그렇지 않으면 판단누락으로서 상소 및 재심사유가 된다(제451조 1항 1호).

③ 원고의 주장(본안신청)사실의 구체화 의무: 피고의 부인답변이 있을 경우에는 원고는 청구원인 사실을 구체적으로 밝혀야 할 책임이 있다. 예컨대 피고가 원고의 소유권취득 원인 사실을 부인하고 있을 경우에 원고는 그 사실을 구체화시킬 필요가 있다. 피고의 항변이 제출된 경우에는 이와 같은 부담이 없다.[1]

> **[대법원 1980.5.25. 선고 89다카24797 판결]** 원고들이 이사건 토지들에 관하여 부동산소유권이전등기 등에 관한 특별조치법에 의하여 경료된 피고들의 피상속인 명의의 소유권보존등기 또는 소유권이전등기가 원인무효인 등기라고 주장한 데 대하여, 피고들이 자기들의 피상속인이 그의 소유인 토지와 원고들의 피상속인 소유인 이사건 토지들을 교환하였다는 사실을 주장한 것은, 원고들의 주장사실을 적극적으로 부인한 것으로 볼 것이지 원고들의 주장에 대하여 항변을 제출한 것으로 볼 것은 아님에도 불구하고, 원심이 인용한 제1심 판결은 피고들의 위와 같은 주장을 항변으로 봄으로써 피고들의 피상속인 명의의 위 각 등기가 실체적 권리관계에 부합하는 것임을 입증할 책임이 피고들에게 있는 것처럼 잘못 판단하였으니 결국 원심판결에는 위 특별조치법에 의하여 경료된 등기의 추정력 및 입증책임에 관한 법리를 오해한 위법을 저지른 것이다.

(3) 항변의 종류

① 권리장애항변(의사표시의 흠결 등의 항변): 강행법규위반, 비진의표시(민법 제107조), 통정허위표시(민법 제108조), 원시적 이행불능 등 법률행위 무효사유에 관한 주장을 말한다.

② 권리멸각항변: 변제, 면제, 혼동, 소멸시효 등과 같이 권리의 사후적 소멸. 의사표시의 하자(착오·사기·강박행위에 의한 의사표시 등)로 인한 법률행위취소(형성권행사) 등에 관한 주장을 말한다.

③ 권리저지항변: 연기적 항변(유치권, 최고·검색의 항변, 동시이행의 항변 등)으로서 이러한 항변이 이유 있더라도 조건부 또는 동시이행을 명하는 원고일부 승소판결이 선고된다.

---

1) 이시윤, 375면.

④ 재항변: 무권대리행위 항변에 대한 본인의 추인 또는 표현대리 항변 등과 같이 피고의 항변사실과 양립가능한 새로운 주장을 내어놓는 경우이다.

[예제] [제47회 사법시험] 甲 명의로 소유권이전등기가 경료 되어 있던 B토지에 관하여 매매를 원인으로 하는 乙 명의의 소유권이전등기가 경료 되었다. 그러자 甲이 乙을 상대로 乙 명의의 소유권이전등기의 말소를 구하는 소를 제기하였다. (1) 이 소송에서 甲은 乙에게 B토지를 매도한 사실이 없다고 주장하였고, 증거조사결과 甲과 乙 사이에 직접 매매계약이 체결된 것이 아니라 甲의 대리인이라고 칭하는 소외 丙과 乙 사이에 매매계약이 체결된 사실이 밝혀졌다. 이에 乙은 丙이 甲으로부터 위 매매에 관한 대리권을 수여받았다고 주장하고, 甲은 丙에게 대리권을 수여한 사실이 없다고 주장하였다. 乙의 위 주장의 성격이 항변인지 여부를 밝히고, 그 근거를 간략하게 설명하시오.

[해설] [제1문] Ⅰ. 주요논점: 증명책임의 분배 기준, 부동산 등기의 추정력과 등기의 원인무효 사실에 대한 증명책임. 항변과 부인의 구분

Ⅱ. 증명책임의 분배 기준 및 소유권이전등기말소 청구의 요건사실

　　1. 증명책임의 분배 기준: 법률요건분류설; 각 당사자는 자기에게 유리한 법률효과의 발생에 관하여 정하고 있는 법규의 요건사실에 대하여 증명책임을 부담한다. 권리의 존재를 주장하는 자는 권리근거규정의 요건사실에 관하여 증명책임이 있고, 권리의 존재를 다투는 상대방은 반대규정(권리 발생 장애 규정, 권리 멸각 규정, 권리 행사 저지 규정)의 요건사실에 대하여 증명책임이 있다.

　　2. 법률요건분류설에 따라 甲에게 증명책임이 있는 사실(소유권이전등기말소 청구의 요건사실)

　　(1) 甲이 A 토지 중 1/2 지분의 소유자인 사실(甲 명의의 등기가 마쳐져 있거나 상속 등 민법 제187조 규정에 의하여 소유권을 취득하였다는 사실)

　　(2) 위 지분에 관하여 乙 명의의 소유권이전등기가 되어 있는 사실

　　(3) 위 지분에 관한 乙 명의의 등기가 원인무효인 사실

Ⅲ. 소유권이전등기의 권리추정력

　　1. 부동산에 관한 소유권이전등기가 마쳐져있는 이상 그 등기는 적법하게 된 것으로서 진실한 권리상태를 공시하는 것이라고 추정된다. 따라서 그 등기가 위법하게 된 것이라고 주장하는 당사자에게 그 추정력을 번복할 만한 반대사실을 입증할 책임이 있다.

　　2. 부동산 등기는 현재의 진실한 권리상태를 공시하면 그에 이른 과정이나 태양을 그대로 반영하지 아니하였어도 유효한 것이다. 등기명의자가 전 소유자로부터 부동산을 취득함에 있어 등기부상 기재된 등기원인에 의하지 아니하고 다른 원인으로 적법하게 취득하였다고 하면서 등기원인행위의 태양이나 과정을 다소 다르게 주장한다고 하여 이러한 주장만 가지고 그 등기의 추정력이 깨어진다고 할 수는 없다. 이를 다투는 측에서 등기명의자의 소유권이전등기가 전 등기명의인의 의사에 반하여 이루어진 것으로서 무효라는 주장·입증을 하여야 한다.

　　3. 乙은 적법한 소유자로 추정(부동산 등기의 법률상의 권리추정적 효력)되므로 甲은 乙 명의의 소유권이전등기가 원인무효인 사실을 주장·증명할 책임이 있다.

Ⅳ. 항변과 부인의 구분: 생략

Ⅴ. 결론: B 토지에 대하여 丙이 무권대리인으로서 乙 명의의 매매계약서를 작성하고 이에 기초하여 乙 명의의 소유권이전등기가 이루어 졌으므로 乙 명의의 등기는 원인무효의 등기라는 사

실 및 丙의 무권대리행위에 관한 증명책임은 甲에게 있으므로 乙의 주장은 항변이 아니라 부인에 지나지 않는다.

Ⅳ. 소송절차상 항변으로서의 형성권 행사(권리항변)

1. 문제제기

가. 원고가 주장하는 법률효과를 배척하기 위하여 피고가 행하는 사법상의 해제권, 해지권, 취소권, 상계권, 건물매수 청구권 등 실체법상 형성권의 행사를 내용으로 하는 항변을 소송절차상 제출하는 것을 권리항변이라 한다.

나. 위와 같은 형성권을 재판 외에서 이미 행사하고 그 사실을 주장하는 경우에는 형성권 행사의 법적 성질은 어디까지나 사법상의 법률행위로서 법적 효과는 확정적인 것이므로 소가 각하되거나 취하되더라도 별 영향을 받지 않는다.

다. 위의 경우와는 달리 소송계속 후 공격방어방법의 하나로서 비로소 행사되는 경우에 본안에 대한 판단과정에서 위 형성권 행사의 당·부 판단이 이루어졌다면 별 문제가 없을 것이다. 그렇지 않고 위 형성권 행사가 실기한 공격방어방법으로서 각하되거나, 그 밖에 소각하 판결(결정) 또는 소취하가 있는 경우에 위 형성권 행사에 의하여 발생한 사법상의 효력이 그대로 존속할 것인지 여부가 문제된다.

2. 학설·판례

(1) 학설

(가) 병존설(사법행위설): 외관상 1개의 행위이지만 법률상 형성권의 행사라는 사법적 의사표시 행위와 그러한 의사표시가 있었음을 법원에 대하여 주장, 진술하는 소송행위의 두 가지가 존재한다는 견해이다. 따라서 공격방어방법으로서 형성권을 행사했더라도 그 사법행위로서의 효과는 원고에 의한 소의 취하 법원의 소각하 판결(결정)이 있거나, 실기한 공격방어방법으로서 각하되더라도 그 효과는 남는다.

(나) 소송행위설: 오로지 소송상의 공격방어방법으로서 행사한 것이므로 순수한 소송행위로서 사법상의 효과 자체가 처음부터 발생하지 않는다고 보는 견해이다(사법상 효과 불발생).

(다) 양성설: 사법행위와 소송행위로서의 성질을 모두 갖춘 하나의 행위로서, 소의 각하, 취하, 실기한 공격방어 방법으로 각하된 경우 그러한 형성권행사의 사법상의 효과도 소멸한다고 보는 견해이다.

(라) 신병존설: 원칙적으로 병존설에 의하되 상계항변의 경우에는 그 항변이 재판상 심리되지 않고 실기한 공격방어방법으로서 각하되거나 소각하, 소취하 등의 경우에는 원칙

적으로 사법상의 효과를 남기지 않는다고 한다. 따라서 상계항변은 특별한 사정이 없는 한 피고의 모든 주장이 이유 없을 때에 최종적으로 심리되는 예비적 항변으로 보아야 할 것이라고 보는 견해이다.

　(2) **판례**: 　　　아래의 판례와 같이 신병존설을 취한다.

　[대법원 2013.2.28. 선고 2011다21556 판결] 소송에서의 상계항변은 일반적으로 소송상의 공격방어방법으로 피고의 금전지급의무가 인정되는 경우 자동채권으로 상계를 한다는 예비적 항변의 성격을 갖는다. 따라서 상계항변이 먼저 이루어지고 그 후 대여금채권의 소멸을 주장하는 소멸시효항변이 있었던 경우에, 상계항변 당시 채무자인 피고에게 수동채권인 대여금채권의 시효이익을 포기하려는 효과의사가 있었다고 단정할 수 없다. 그리고 항소심 재판이 속심적 구조인 점을 고려하면 제1심에서 공격방어방법으로 상계항변이 먼저 이루어지고 그 후 항소심에서 소멸시효항변이 이루어진 경우를 달리 볼 것은 아니다.

　[대법원 2013.3.28. 선고 2011다3329 판결] 소송상 방어방법으로서의 상계항변은 수동채권의 존재가 확정되는 것을 전제로 하여 행하여지는 일종의 예비적 항변으로서 당사자가 소송상 상계항변으로 달성하려는 목적, 상호양해에 의한 자주적 분쟁해결수단인 조정의 성격 등에 비추어 볼 때, 당해 소송절차 진행 중 당사자 사이에 조정이 성립됨으로써 수동채권의 존재에 관한 법원의 실질적인 판단이 이루어지지 아니한 경우에는 그 소송절차에서 행하여진 소송상 상계항변의 사법상 효과도 발생하지 않는다고 봄이 타당하다. 한편 조정조서에 인정되는 확정판결과 동일한 효력은 소송물인 권리관계의 존부에 관한 판단에만 미친다고 할 것이므로, 소송절차 진행 중에 사건이 조정에 회부되어 조정이 성립한 경우 소송물 이외의 권리관계에도 조정의 효력이 미치려면 특별한 사정이 없는 한 그 권리관계가 조정조항에 특정되거나 조정조서 중 청구의 표시 다음에 부가적으로 기재됨으로써 조정조서의 기재내용에 의하여 소송물인 권리관계가 되었다고 인정할 수 있어야 한다(대법원 2007.4.26. 선고 2006다78732 판결 등 참조).

제2절　소송행위

Ⅰ. 소송행위의 개념

1. 요건 및 효과설

　소송행위란 소송절차를 형성하고 그 요건 및 효과가 소송법에 의하여 규율되는 행위로 보는 견해이다. 따라서 소송행위에는 민법상의 법률행위에 관한 규정이 적용될 수 없고 특별한 경우에 유추적용될 뿐이다.

2. 효과설(주요 효과설)

주요 불가결한 효과가 소송법의 영역에서 발생되는 행위이면 소송행위로 보아야 한다는 견해이다. 각종 소송계약은 그 요건에 관하여 민법의 규율을 받지만 특징적 효과가 소송절차 형성에 있으므로 소송행위에 포함시켜야 한다는 입장이다.

II. 取效적 소송행위 · 與效적 소송행위

1. 취효적 소송행위

가. 의 의: 각종 신청 · 주장 · 증명행위, 즉 소제기, 증거신청, 요건사실의 주장, 항변 등과 같이 법원에 대하여 일정한 내용의 재판을 구하는 행위 및 재판의 기초자료 제공행위를 말한다. 이에 대하여 법원은 먼저 그 적법여부를 판단하고, 다음으로 이유 유무(타당성)에 관한 판단을 하여야 한다.

나. 특 성
(1) 임의적 철회의 자유: [예외] ① 소취하의 경우 상대방의 동의를 요하는 경우가 있다. ② 자백의 철회에는 진실에 반하며 착오에 의한 것임을 증명하여야 한다. ③ 증거조사 개시 후에는 증거신청 철회에 있어서 상대방의 동의필요.
(2) 민법상 의사표시 취소에 관한 규정의 적용이 없다.

2. 여효적 소송행위

가. 의 의: 재판에 의한 판단의 필요 없이 그 행위 자체로써 직접 소송상의 효과가 발생하는 행위를 말한다.
나. 종 류
(1) 의사표시의 성질을 가지는 소송행위(소제기 · 상소제기는 여효적 행위이면서 동시에 취효적 행위, 소취하, 이의권의 포기, 상소의 포기 등)
(2) 의사통지의 성질을 갖는 송달수령, 진술 · 선서의 거부, 준비서면에 의한 공격방어방법의 예고 등
(3) 관념의 통지에 해당하는 소송고지, 대리권소멸의 통지
(4) 사실행위에 해당하는 준비서면의 제출 등
(5) 소송상의 합의(소송행위로 보는 경우)

다. 특 성
(1) 여효적 행위는 소송법적 효과가 직접적으로 생기는 것이므로 절차안정의 필요에서 임의적 철회가 금지된다. 다만 재심사유에 해당하는 사유가 있는 경우에는 철회가 가능하다.

(2) 민법상 의사표시에 관한 규정의 적용이 없다.

Ⅲ. 소송상의 합의(소송계약)

1. 의   의

임의소송 금지의 원칙(소송의 공법적 구성을 강조하는 공법적 소권설)과 민사소송은 원래 사적 자치의 원칙이 지배하는 사법관계에 관한 분쟁의 해결수단이라는 점의 상호 조화가 필요하다.

2. 적 법 성

가. **무효설**:   편의소송금지원칙, 공법적 법률관계의 형성을 위한 소송행위에는 사적 자치 원칙의 적용이 배제된다는 것 등을 이론적 근거로 내세워 명문의 규정이 없는 소송계약은 모두 무효가 된다는 견해이다.

나. **유효설**
(1) **사법계약설**:   이 견해에는 순수한 사법상의 계약으로서 불이행한 상대방에게 작위·부작위 이행청구의 별소를 제기하는 것이 가능하다는 견해(의무이행 소구설)도 있으나, 그럴 필요는 없고 해당 소송에서 소송계약을 맺은 사실을 항변으로서 주장할 수 있다고 한다(항변권 발생설). 따라서 법원이 그 항변을 받아들이는 경우에 만약 소송계약의 내용이 부제소의 합의나 소취하계약이라고 하면 당사자는 권리보호의 이익을 상실하므로 소는 부적법 각하되어야 한다고 본다(통설·판례).
(2) **소송계약설**:   소송상의 합의는 소송법상의 효과 발생을 목적으로 하는 소송행위로서 이에 의하여 직접 소송법상의 효과가 나타난다고 한다. 이러한 소송계약이 소송절차 내에서 이루어진 경우에는 당연히 직권으로 고려하여야 하나, 부제소합의와 같이 소송절차 외에서 이루어진 경우에는 당사자의 주장을 기다려 고려하여야 하며, 소송법상의 효과도 당사자가 주장할 때에 생긴다고 한다.
(3) **발전적 계약설**:   소송상의 합의를 소송계약으로 보면서도 소송법상의 처분적 효과뿐만 아니라 의무부과적 효과, 즉 작위·부작위의무까지도 발생한다는 견해이다.

3. 개별적 고찰

가. **법률규정이 있는 경우**
① 관할합의(법 제29조), ② 담보제공방법에 관한 합의(법 제122조), ③ 담보물 변경의 합의(법 제126조), ④ 기일변경의 합의(법 제165조 2항), ⑤ 불항소 합의(법 제390조 1항 단서), ⑥ 중재계약(중재법 제9조).

244

나. 법률규정이 없는 경우

(1) 부제소 계약

(가) 요건: 헌법상의 기본권으로서의 재판청구권과 조화가 요구되므로,

① 그 계약 체결 시에 당사자가 입을 수 있는 불이익의 정도가 예측 가능하여야 한다.

② 당사자에게 결단(의사결정)의 자유가 인정되어야 한다.

③ 당사자가 그 법적효과에 대하여 명확히 인식하여야 한다.

(나) 효과: 적법한 부제소 계약에 위반하여 제기된 소는 소의 이익이 없으므로 각하되어야 한다.

(2) 소취하 계약

(가) 소송상의취급

① 사법계약설: 소취하계약이 있었음에도 이에 위반하여 소를 취하하지 않으면 상대방의 항변에 따라 법원은 소의 이익이 흠결되었음을 이유로 소각하 판결을 하여야 한다.

② 소송계약설: 소송절차 내에서 이루어진 경우 법원은 당사자의 주장을 기다릴 필요 없이 직권으로 소송종료선언을 하여야 하고, 소송절차 외에서 이루어진 경우 당사자의 주장을 기다려서 소송법상의 효과가 발생하고 소송종료선언을 하여야 할 것이지만, 그 주장은 단지 합의의 존재를 법원에 알리는 의미밖에 없다고 한다.

(나) 판례는 "재판상 화해에 있어서 법원에 계속 중인 다른 소송을 취하하기로 하는 내용의 화해조서가 작성되었다면 당사자 사이에는 법원에 계속 중인 다른 소송을 취하하기로 하는 합의가 이루어졌다 할 것이므로, 다른 소송이 계속 중인 법원에 취하서를 제출하지 않는 이상 그 소송이 취하로 종결되지는 않지만 위 재판상 화해가 재심의 소에 의하여 취소 또는 변경되는 등의 특별한 사정이 없는 한 그 소송의 원고에게는 권리보호의 이익이 없게 되어 그 소는 각하되어야 한다"[1]고 하여 사법계약설을 취한다.

(3) 증거계약

(가) 자백계약: 주요사실에 관한 것이면 원칙적으로 유효(변론주의 적용범위 내에서)

(나) 증거방법 내지 증거제한계약: ① 유효설, ② 무효설-현재의 통설(보충적 직권증거조사허용규정에 반함)

(4) 증거력 계약: 자유심증주의에 반하므로 무효이다.

(5) 중재감정계약: 사실의 존부나 내용의 존부에 관한 판단을 제3자에게 맡기기로 하는 합의로서 유효하다.

---

1) 대법원 2005.6.10. 선고 2005다14861 판결.

제 3 절 소송행위에 있어서 私法법규의 적용문제

Ⅰ. 소송행위와 의사표시의 흠

1. 의사표시의 하자가 있을 경우 그 효력

민법 등 취소사유가 있는 소송행위의 경우 그러한 사유를 주장하여 무효 또는 취소를 주장할 수 있는가?

가. 통설(하자 불고려설)
(1) 사법상의 법률행위는 각각 별개 독립성을 갖는 것이 원칙인데 반해, 소송행위는 先·後의 행위가 일련의 절차형성행위로서 상호의존적 관계에 있다. 따라서 개별 소송행위에 의사표시의 하자가 있더라도 절차의 안정성을 위해 위와 같은 하자를 주장할 수 없는 것이 원칙이다.
(2) 취효적 소송행위는 자유롭게 철회할 수 있고, 사기·강박 등에 의한 소송행위는 민소법 제451조 1항 5호를 유추하여 소송절차 안에서 취소할 수 있으므로 소송행위에 대하여는 굳이 의사의 흠에 관한 사법규정을 유추적용할 필요도 없다고 한다.
(3) 따라서, 허위표시·사기·강박·착오가 있더라도 소송행위의 효력에는 아무런 영향이 없다고 한다.

나. 하자 고려설(소수설):   각 소송행위마다 그 행위주체가 갖는 이익을 비교하여 소 취하, 상소취하, 청구의 포기·인낙, 소송계약 등에 있어서는 의사의 흠의 문제를 검토하여야 한다는 견해이다. 즉, 위와 같은 행위는 그 뒤에 다른 절차가 연속 발전하는 일이 없으므로, 이는 전형적인 소송행위인 절차 구성행위가 아니고, 소송 절차의 안정을 꾀하기 위한 표시주의·외관주의를 관철시킬 필요가 없다고 한다.

다. 판 례
판례는 다수설(통설)과 같이 일반적으로 소송행위에는 의사의 흠에 관한 민법 규정이 적용되지 않는다고 보며, 이 원칙을 소의 취하, 상소 취하, 소송상 화해 등에서도 관철한다.

2. 하자 있는 의사표시에 대한 소송상의 취급

위와 같은 통설·판례에 따라 소송행위로서의 요건을 갖추지 못하고, 방식·내용에 있어서 소송법규에 합치하지 않는 경우에는 원칙적으로 무효가 되어 그 본래의 효력이 발생하지 않을 것이다. 다만 소송절차를 종료시키는 당사자의 행위에 대하여 절차안정이라는 측면에서 달리 취급하여야 할 것이라는 견해도 있으므로 이러한 소송행위의 처리방법에 관하여 각 유형별로 살펴보면 다음과 같다.

246

가. 청구의 포기·인낙, 재판상 화해의 경우: 청구의 포기·인낙은 소송행위로서 그 효력을 다투려면 준재심(법 제461조)에 의하여야 하며, 민법규정의 유추적용은 없다. 재판상 화해의 경우에는 그 법적 성질을 어떻게 볼 것인가에 따라 결론이 달라진다(제8장 제3절 참조).

나. 소·상소취하의 경우

(1) 재심사유에 해당하지 않는 착오의 경우에는 원고가 소를 취하하였다고 하더라도 이를 무효로 볼 수 없다. 그 외에 소송행위가 타인의 사기·강박 등에 의하여 이루어 진 것이라 하더라도 그것이 형사상 처벌을 받을 것이 아니라면 그 흠을 이유로 하여 이를 취소하거나 무효를 주장할 수 없다 할 것이다.

> **[대법원 1997.10.24. 선고 95다11740 판결]** 기록에 의하면, 원고는 1994. 1. 21. 변호사 A에게 소의 취하에 관한 특별수권과 함께 이 사건 항소심 소송대리권을 수여한 사실, 그런데 위 A 변호사는 같은 해 4. 26. 원심법원에 이 사건 소송 전부를 취하한다는 소취하서를 제출하였고, 위 소취하서 부본은 같은 날 피고 소송대리인에게 송달되었으며, 피고는 위 소취하서 부본을 송달받은 날로부터 2주일 내에 위 취하에 대하여 이의를 하지 아니한 사실, 위 A 변호사는 같은 달 29. 원심법원에 실제로는 자신의 사무원에게 소송대리인 사임계를 제출할 것을 지시하였는데 사무원이 업무 처리상의 중대한 착오를 일으켜 소취하서를 작성하여 우편접수하였으므로 위 취하서는 착오에 의하여 제출된 것이어서 당연히 무효라는 이유로 기일지정신청을 한 사실, 원심법원은 그 후 심리를 진행한 다음 1995. 1. 25. 변호사 A 명의로 된 소취하서의 제출에 의한 소송행위는 위 A가 원고를 대리하여 이 사건 소를 취하하는 행위가 아니라 위 A가 원고 소송대리인을 사임하는 소송행위로 해석된다고 하며 원고의 기일지정신청이 이유 있다고 한 다음 나아가 이 사건 본안에 관한 판단을 하여 원고의 항소를 기각하는 원심판결을 선고한 사실을 각 인정할 수 있다. 그러나 **소의 취하는 원고가 제기한 소를 철회하여 소송계속을 소멸시키는 원고의 법원에 대한 소송행위이고 소송행위는 일반 사법상의 행위와는 달리 내심의 의사보다 그 표시를 기준으로 하여 그 효력 유무를 판정할 수밖에 없는 것인바, 원고 소송대리인으로부터 소송대리인 사임신고서 제출을 지시받은 사무원은 원고 소송대리인의 표시기관에 해당되어 그의 착오는 원고 소송대리인의 착오라고 보아야 하므로, 그 사무원의 착오로 원고 소송대리인의 의사에 반하여 이 사건 소를 취하하였다고 하여도 이를 무효라고 볼 수는 없다**(대법원 1997.6.27. 선고 97다6124 판결 참조). 그렇다면 원고 소송대리인의 이 사건 소에 대한 위 취하는 유효한 것이라고 할 것이므로, 원심법원으로서는 소송종료선언을 하였어야 할 것임에도 불구하고 심리를 진행한 다음 본안에 관한 판단을 하였으니, 이는 필경 소취하의 효력에 관한 법리를 오해한 잘못을 범한 것이라고 할 것이다.

나. 재심사유에 해당하는 상대방의 사기·강박 등의 행위가 있는 경우로서 형사상 처벌할 수 있는 타인의 행위로 인한 경우에는 법 제451조 1항 5호를 유추·적용하여 그 소송절차 내에서 무효를 주장할 수 있다고 본다(통설). 통설은 유죄확정판결을 요구하지 않고 소송절차 내에서 재심사유를 고려하면 된다는 입장을 취하고 있으나, 판례[1]는 이러한 경우에도 원칙적으로 유죄판결이 확정되고 또 그 소송행위가 그에 부합하는 의사표시 없이 외형적으로

---

1) 대법원 1984.5.29. 선고 82다카963 판결.

존재할 때에만 한하여 이를 소송절차 내에서 고려할 수 있다는 입장이다.

II. 소송행위의 흠과 그 제거 · 치유

1. 흠 있는 소송행위의 의의

가. 당사자의 소송행위에 대한 평가로서는 성립 · 불성립, 유효 · 무효, 적법 · 부적법, 이유의 유 · 무 등 네 가지가 있다.

(1) 성립 · 불성립은 소송행위가 소송법에 의하여 요구되고 있는 정형(定型)에 적합하게 행하여 졌는가? 즉 소송행위로서의 개념 요소를 충족하고 있는가, 아닌가의 평가이다(예컨대 법관이 아닌 자가 판결정본에 의하여 판결을 선고하는 경우). 소송행위 불성립의 경우 평가의 대상이 없으므로 흠의 치유나 법원의 행위에 의한 효력 제거 필요조차 없다.

(2) 유효 · 무효는 성립한 소송행위가 그 행위 본래의 효과를 발생할 수 있는가 아닌가의 평가이다. **소송행위로서 성립되어도 의사능력 · 당사자능력 · 소송능력 · 대리권에 흠이 있는 경우, 소송절차에 관한 효력 규정에 위반하여 행하여 진 경우에는 무효이다.** 前者의 경우 중 소송무능력자의 소송행위나 무권대리인에 의한 소송행위는 추인에 의하여 유효로 될 수 있다. 소송법규 위반행위 중 임의규정에 해당할 때는 이의권의 포기 · 상실에 의하여 유효로 될 수 있다.

(3) 적법 · 부적법은 소송행위가 유효인 것을 전제로 그 내용을 판단하는 것(신청이 이유 있는가? 신청의 이유 유무를 판단하기 위하여 주장을 고려할 필요가 있는가?)이 소송법상 허용 되는가 아닌가의 평가이다. 적법 · 부적법은 취효적 소송행위에 한하여 그것이 유효한 경우에 나아가 행하는 판단이다. 부적법한 소송행위는 이를 각하하여야 한다.

(4) 이유 유무(신청 · 주장의 타당성 여부)의 판단: 취효적 소송행위가 적법한 경우에 본안에 들어가 그 타당성을 판단한다.

나. 성립 · 불성립과 유효 · 무효는 모든 소송행위에 관하여 문제로 된다.

취효적 소송행위는 법원에 대하여 재판, 그 밖의 일정한 행위를 요구하는 소송행위이므로, 그 행위가 유효한 경우에는 더 나아가 그 행위의 적법 · 부적법의 판단을 하여야 한다. 그것이 적법한 경우에는 그 내용에 관하여 이유의 유 · 무를 판단한다.

여효적 소송행위는 성립 · 불성립과 유효 · 무효의 판단으로 족하다.

2. 흠 있는 소송행위의 효력

가. 당사자의 소송행위가 소송절차에 관한 규정을 위반하여 흠이 있는 경우에는 이를 다시 하도록 요구하거나 정정 · 보충을 요구하여야 한다.

나. 이것이 불가능한 경우

(1) 취효적 행위는 부적법하다고 하여 각하해야 한다.

(2) 여효적 행위는 무효로 되고, 그 후의 절차에서 무시하게 된다.

Ⅲ. 소송행위와 조건·기한

1. 원   칙

조건·기한을 붙일 수 없다.

소송 외의 장래 불확실한 사정에 소송행위의 효력이 걸리게 하는 것은 허용되지 않음.

2. 예   외

예비적 신청, 예비적 주장과 같이 소송 진행 중에 판명될 사실을 조건으로 한 것은 절차안정을 해칠 염려가 없으므로 허용된다. 예컨대 청구의 예비적 병합, 예비적 반소, 예비적 공동소송, 예비적 항변 등은 허용된다.

Ⅳ. 소송행위의 철회

1. 取效的 소송행위의 철회

신청·주장·입증과 같은 취효적 소송행위는 상대방이 원용하는 등과 같은 행위에 의해 유리한 지위를 취득하지 않는 한 당사자는 언제든지 이를 정정·보충·철회할 수 있다.

2. 주장의 철회

다만, 재판상 자백이 성립한 경우는 철회가 제한된다(진실에 반하고 착오에 기한 것임을 증명한 경우에는 예외).

3. 소송의 취하, 청구의 포기·인낙 등 與效的 소송행위는 상대방의 동의 유무에 불구하고 철회의 자유가 인정되지 않는다.

V. 소송상 착오

1. 재판상 자백의 취소(철회)

제288조 단서.

2. 민법상 착오이론은 적용될 수 없다.

소송행위 중 소송절차 내의 행위는 법관의 면전에서 행하여지므로 착오가 생기기 어렵고, 법원의 석명권행사, 당사자의 철회, 명백한 흠 이론 등에 의하여 구제됨.

3. 소제기 전의 소송행위나 소송종료행위

관할합의 등은 소송절차 조성행위가 아니므로 민법상 법률행위에 관한 일반원칙을 적용하여 취소의 자유가 인정된다. 그러나 재판상 화해, 소 취하, 상소취하 등의 경우 착오이론이 적용될 수 없다.

제5절 변론기일에서의 당사자의 결석

Ⅰ. 변론기일에 있어서의 결석 대책의 필요성

1. 민사소송법은 판결절차에 있어서 재판자료의 제출에 관하여 당사자에게 충분한 기회를 주는 필요적 구술변론주의를 채택한다. 필요적 구술변론주의를 철저히 관철할 경우 구술변론기일에 당사자가 결석한 경우에는 절차진행이 불가능하게 된다.

2. 그런데, 소송경제, 신속한 재판실현을 위하여 재판진행에 열성을 보이지 않는 당사자에 대한 대책이 필요하다.

3. 현행법은 당사자 쌍방이 결석한 경우와 일방이 결석한 경우로 나누어 각각 별개로 처리하고 있다. 당사자 쌍방이 결석한 경우에는 변론의 진행이 불가능하지만 일방이 결석한 경우는 변론이 불가능한 것은 아니기 때문이다.

4. **민소법 규정:** 제148조(진술간주), 제150조(자백간주), 제153조, 제154조(기재사항), 제268조(취하간주). 법이 당사자에게 변론기일에의 출석을 강제하기 위하여 두고 있는 위 진술간주·자백간주·취하간주를 3간주라 한다.[1]

---

1) 이시윤, 397면.

Ⅱ. 당사자 결석의 의의(요건)

1. 필요적 변론기일에서 불출석 하였을 것.

[대법원 2006.10.27. 선고 2004다6958 판결] 변론 준비절차는 원칙적으로 변론기일에 앞서 주장과 증거를 정리하기 위하여 진행되는 변론 전 절차에 불과할 뿐이어서 변론준비기일을 변론기일의 일부라고 볼 수 없고 변론준비기일과 그 이후에 진행되는 변론기일이 일체성을 갖는다고 볼 수 없는 점, 변론준비기일이 수소법원 아닌 재판장 등에 의하여 진행되며 변론기일과 달리 비공개로 진행될 수 있어서 직접주의와 공개주의가 후퇴하는 점, 변론준비기일에 있어서 양쪽 당사자의 불출석이 밝혀진 경우 재판장은 양쪽의 불출석으로 처리하여 새로운 변론준비기일을 지정하는 외에도 당사자 불출석을 이유로 변론준비절차를 종결할 수 있는 점, 나아가 양쪽 당사자 불출석으로 인한 취하간주제도는 적극적 당사자에게 불리한 제도로서 적극적 당사자의 소송유지의사 유무와 관계없이 일률적으로 법률적 효과가 발생한다는 점 까지도 고려할 때 **변론준비기일에서 양쪽 당사자 불출석의 효과는 변론기일에 승계되지 않는다. 양쪽 당사자가 변론준비기일에 1회, 변론기일에 2회 불출석 하였다고 하더라도 변론준비기일에서 불출석의 효과가 변론기일에 승계되지 아니하므로 소를 취하한 것으로 볼 수 없다.**

2. 적법한 변론기일의 통지가 있을 것.

당사자에 대한 적법한 통지 없이 한 기일의 진행은 위법하다. 다만 이의권의 포기로 그 흠이 치유된다.

[대법원 1997.7.11. 선고 96므1380 판결] 당사자의 주소, 거소 기타 송달할 장소를 알 수 없는 경우가 아님이 명백함에도 재판장이 당사자에 대한 변론기일 소환장을 공시송달에 의할 것으로 명함으로써 당사자에 대한 변론기일 소환장이 공시송달 된 경우, 그 당사자는 각 변론기일에 적법한 절차에 의한 송달을 받았다고 볼 수 없으므로, 위 공시송달의 효력이 있다 하더라도 각 변론기일에 그 당사자가 출석하지 아니하였다고 하여 쌍방 불출석의 효과가 발생한다고 볼 수 없다.

3. 사건 호명 후 변론이 끝날 때까지 출석하지 않거나, 출석하였으나 변론을 하지 않을 것.

Ⅲ. 변론기일에서의 당사자 쌍방의 결석

1. 양쪽 당사자의 1회 결석

가. 재판장은 새로운 변론기일을 지정하여 양쪽 당사자에게 통지하여야 한다(법 제268조

1항). 여기의 기일은 첫 기일이든 속행기일이든 불문한다.

나. 판결을 선고하기에 성숙한 경우에도 반드시 새로운 변론기일을 지정하여 통지할 것인가? 입법례(일본 민소법 제243조 ①) 중에는 새로운 변론기일을 지정함이 없이 판결 선고기일을 지정하여 판결을 선고하는 것이 가능하도록 규정한 예도 있으며, 우리나라 학자 중에도 긍정설[1]과 부정설[2]로 나뉜다. 소송촉진이라는 측면에서 보면 긍정설이 타당하다.

2. 양쪽 당사자의 2회 결석

가. 양쪽 당사자가 2회에 걸쳐 변론기일에 결석한 경우(반드시 연속적일 필요는 없으나, 동일 심급, 동종의 기일일 것을 요한다)에 1월 이내에 기일지정신청을 하여 소송수행의사가 있는 것을 표시하지 않는 한, 양쪽 당사자에게 소송을 유지할 열의가 없는 것으로 보아 소취하로 간주한다(법 제268조 2항).

나. (1) 원고와 피고의 각 소송대리인이 1992. 10. 9. 10:00 제2차 변론기일에 출석하였으나, 변론을 하지 아니하였고, 다시 1993. 5. 21. 14:00 제9차 변론기일에는 원고 및 그 소송대리인이 출석하지 아니하고, 피고의 소송대리인이 출석하였으나 변론하지 않았다. (2) 재판장이 제9차 변론기일에서 사실상 소송을 정지하지 아니하고 당사자들로부터 기일지정신청을 기다리지 아니한 채 새로운 변론기일을 1993. 6. 18. 14:00로 지정하여 변론을 진행하였는데 동 기일에 원고와 피고가 불출석한 경우에 법 제268조를 적용하여 소취하간주로 취급하여야 할 것인가? **판례[3]는 '(구)민사소송법 제241조 제2항의 규정에 의하면 당사자 쌍방이 2회에 걸쳐 변론기일에 출석하지 아니하거나 출석하더라도 변론을 하지 아니한 때에 법원이 변론종결도 하지 않고 신기일의 지정도 없이 당해 기일을 종료시킨 때에는 소취하의 요건을 갖추게 된다 할 것이나, 법원이 두 번째 불출석의 기일에 직권으로 신 기일을 지정한 때에는 당사자의 기일지정신청에 의한 기일지정이 있는 경우와 마찬가지로 보아야 한다'**라고 판시하여 위 사례에서 소취하 간주되는 것으로 보고 있다.

다. 당사자 쌍방이 2회에 걸쳐 불출석 하였지만, 본안판결을 하기에 무르익은 경우 법원은 그때까지의 소송자료에 의하여 변론종결 후 판결을 선고할 수 있는가? 가능하다고 보는 긍정설[4]과 소의 의제적 취하는 당사자 쌍방이 2회 결석하고 1월 이내에 기일지정의 신청을 하지 아니하면 법률상 당연히 발생하며, 당사자의 의사나 법원의 재량으로 좌우할 수 없으므로 법원이 변론을 종결하고 소송기록에 의하여 판결할 수 없다는 부정설[5]로 나뉜다.

3. 당사자가 1월의 기간 내 기일지정신청을 하였으나 그 뒤의 변론기일에서의 당사자 쌍

---

1) 정동윤·유병현, 452면.
2) 이시윤, 384면.
3) 대법원 1994.2.22. 선고 93다56442 판결.
4) 이시윤, 385면.
5) 정동윤, 385면.

방이 결석한 경우 또는 1월의 기간 내 당사자에 의한 기일지정신청이 없을 것.

4. 쌍방 불출석의 법적 효력: 소의 의제적 취하(법 제268조 2항, 3항)

가. 법률상 당연히 발생하는 효과이므로 당사자나 법원의 의사로 그 효과를 좌우할 수 없다.

나. 소송계속의 소급적 소멸한다. 소의 취하간주가 있었음에도 이를 간과하고 판결을 한 경우에는 상급법원은 소송종료선언을 하여야 한다.

다. 상소심절차에의 준용: 상소의 취하간주로 본다(법 제268조 4항).

라. 본래의 소가 계속 중인 상태에서 쌍불1회가 있은 후 소의 추가적 변경, 반소, 중간확인의 소, 당사자참가 등 소송중의 소가 제기된 뒤 다시 쌍불1회가 있은 경우에는 취하간주의 효과는 본래의 소에만 미친다.

Ⅳ. 당사자 한 쪽의 결석

1. 입법주의

결석판결주의(독일민소법의 규정: 일단 결석자에게 패소판결(결석한 당사자가 故障신청을 하면 결석전 상태로 복귀되어 변론절차 진행)와 대석(對席)판결주의가 있는데 민사소송법은 후자의 방식을 취하고 있다.

2. 불출석 당사자가 소장, 변론준비서면 등을 제출한 경우

가. 진술간주: 불출석 당사자가 제출한 서면내용대로 진술한 것으로 간주하고 상대방에게 변론을 명한다.

나. 여기서의 변론기일은 최초의 기일뿐만 아니라 속행기일도 포함되고, 항소심에서의 변론기일 또는 파기환송 후의 변론기일도 포함된다.

다. 효 과
(1) 변론진행방식을 취할지 아니면 변론기일을 연기할 것인지는 법원이 재량껏 판단할 수 있다. 만약 출석자만으로 변론을 진행할 때에는 반드시 결석자가 그때까지 제출한 준비서면 등에 적혀 있는 사항을 진술한 것으로 보아야 한다.

[대법원 2008.5.8. 선고 2008다2890 판결] 민사소송법 제148조 1항에서는 '원고 또는 피고가 변론기일에 출석하지 아니하거나, 출석하고서도 본안에 관하여 변론하지 아니한 때

에는 그가 제출한 소장·답변서, 그 밖의 준비서면에 적혀 있는 사항을 진술한 것으로 보고 출석한 상대방에게 변론을 명할 수 있다'고 규정하고 있는바, 위 규정에 의하면, 변론기일에 한쪽 당사자가 불출석한 경우에 변론을 진행하느냐 기일을 연기하느냐는 법원의 재량에 속한다고 할 것이나, 출석한 당사자만으로 변론을 진행할 때에는 반드시 불출석한 당사자가 그때까지 제출한 소장·답변서, 그 밖의 준비서면에 적혀 있는 사항을 진술한 것으로 보아야 한다고 할 것이다. 기록에 의하면, 피고 회사는 제1심판결 선고 이후인 2007. 2. 5. 그 대표이사가 소외인으로 변경되어 같은 달 6. 피고 회사의 법인등기부에 위 소외인이 대표이사로 등재된 사실, 피고 회사(대표이사 소외인)는 원심법원에, 2007. 3. 13. 원고의 항소이유의 주장을 다투는 취지의 준비서면을 제출하였다가, 2007. 4. 25. "원고의 피고 회사에 대한 청구원인이 사실이고 이를 인정하고, 항소이유도 사실이므로 승복하고, 달리 항변사유가 없다"는 내용을 기재한 답변서를 제출하였고, 2007. 6. 22. "원고의 청구원인 사실 및 항소이유가 사실이므로 인정하고, 2007. 3. 13. 제출한 항변의 준비서면을 취하한다"는 내용을 기재한 준비서면 취하서를 제출한 사실, 피고 회사는 원심에 이르러서 변론준비기일이나 변론기일에 한 번도 출석하지 않은 사실, 원심은 피고 회사가 불출석한 상태에서 변론준비기일이나 변론기일을 진행함에 있어 위 각 답변서에 기재된 사항을 진술한 것으로 보지 아니한 채 변론을 진행하고 제1차 변론기일에서 변론을 종결한 후 판결을 선고한 사실 등을 알 수 있다. 앞서 본 바와 같은 법리 및 위와 같은 사실들에 비추어 볼 때(한편, 피고 회사의 위 변경된 대표이사 소외인에 대하여 단지 대표이사직무집행정지가처분 신청이 제기되었다는 사정만으로는 위 대표이사의 권한이 제한된다거나, 서면을 작성하여 법원에 제출하는 권한에 하자가 있다고 볼 수 없다), 원심이 피고 회사가 불출석한 상태에서 변론준비기일이나 변론기일을 진행함에 있어 위 4. 25. 또는 6. 22.에 제출된 답변서에 기재된 사항을 진술한 것으로 보지 아니한 채 그 진행을 하고 변론을 종결한 후 판결을 선고한 데에는 민사소송법 제148조 제1항을 위반하여 변론을 진행함으로써 판결 결과에 영향을 미친 위법이 있다고 할 것이다. 이를 지적하는 원고의 이 부분 상고이유의 주장은 이유 있다.

(2) **결석한 피고가 답변서에서 청구를 인낙하고 있는 경우**: 이에 관하여 구법에서는 특별히 규정하지 않고 있었다. 종래의 통설은 답변서 진술간주에 의한 인낙의 효력발생을 긍정하였으나, 판례는 부정적이었다. 신민소법 제148조 2항은 청구의 포기·인낙의 취지가 기재된 준비서면 등을 공증사무소의 인증을 받은 때에는 그 취지에 따라 포기·인낙이 성립된 것으로 본다는 규정을 두어서 입법적으로 해결하였다. 불출석한 당사자가 제출한 서면에 화해의사표시가 적히고 인증까지 받은 경우에 상대방 당사자가 출석하여 그 화해의사표시를 받아들인 때에는 재판상 화해가 성립한다(법 제148조 3항).

(3) **결석한 피고의 답변서에 원고의 주장사실을 인정한다는 의사를 밝히고 있는 경우**: 진술간주의 법적 효력에 관하여, 상대방의 주장사실을 인정한다고 적혀 있는 것을 말로 진술한 것으로 보므로 **재판상 자백으로 인정하여야 한다는 견해**(재판상 자백설: 통설)와, 법에서 진술한 것으로 간주한다는 것은 결석자에게 유리한 취급을 하자는 취지인데, 재판상 자백이 성립한 것으로 보게 되면 위와 같은 제도의 취지에 반하므로 **자백간주(의제자백)로 보아야 한다는 견해**가 대립하고 있다. 재판상 자백으로 될 경우에는 임의철회가 제한되지만 자백간주로 되면 임의철회가 가능하게 되어 후자가 피고에게 유리하다. 생각건대, 피고가 답변서에서 원고의 주장사실을 인정하는 취지의 답변을 명시하고 있다는 것은 원고의 주장내용을 충분

히 인지하고 있는 것으로 볼 수 있으므로 그러한 답변서의 진술간주에 의하여 재판상 자백이 성립하는 것으로 보더라도 특별히 피고에게 가혹하다고 볼 수는 없다. 따라서 재판상 자백설이 타당하다.

(4) **변론관할의 발생여부**: 원고가 관할권 없는 법원에 소를 제기한 때에 피고가 본안에 관한 사실을 적은 답변서를 제출하고 결석함으로써 그것이 진술 간주되어도 변론관할(법 제30조)이 발생하는 것은 아니다.

(5) **준비서면에 증거를 첨부하여 제출하였을 때에 그 서면이 진술 간주되면 증거신청의 효과도 함께 생기는가?**

판례[1]는 당사자가 서증이 될 수 있는 문서를 준비서면 등에 첨부하여 제출하였으나, 변론기일에 불출석하여 그 준비서면이 진술간주되더라도 서증은 제출되지 아니한 것으로 취급한다. 판례에 의하면 서증은 법원 외에서 조사하는 경우(법 제269조) 이외에는 당사자가 변론기일 또는 준비절차기일에 출석하여 현실적으로 제출하여야 한다는 것이다. **한편 위와는 달리 변론기일에 출석한 당사자가 변론준비서면 등에서 신청하지 않은 증거방법을 상대방 당사자의 불출석 상태에서 증거조사를 신청한 경우에 법원이 이를 받아들여 증거조사를 실시하고 이에 따라 심증을 형성할 수 있는가?** 이러한 증거신청이 법 제276조 본문의 '준비서면에 적지 아니한 사실'에 포함되는지 여부가 명확하지 아니하므로 학설은 '사실'에 증거신청은 포함되지 않으므로 상대방이 출석하지 않은 상태에서도 증거신청이 가능하다고 보는 견해와, '사실'에는 증거신청도 포함된다고 보아 상대방의 반대신문권을 포함한 방어의 기회를 보장하여야 할 것이므로 준비서면에 적지 않는 한 증거신청과 조사를 할 수 없다는 견해 등이 있다. 생각건대 적어도 상대방이 예상할 수 있는 '사실'에 관한한 증거신청과 조사를 허용함이 타당할 것이다(절충설).

3. 준비서면 등의 제출 없이 결석한 경우: 자백간주(의제자백)

가. 법 제150조 3항(한쪽 당사자가 변론기일에 불출석한 경우): 당사자 한쪽이 불출석한 경우에 상대방이 소장, 준비서면으로 예고한 사항에 대하여 미리 답변서 그 밖의 준비서면을 통하여 다투고 있지 않으면 상대방의 주장사실을 자백한 것으로 간주한다.

나. 법 제150조 1항: 당사자가 변론준비기일 또는 변론기일에 출석하였으나 상대방의 주장사실을 명백히 다투지 않았으면 그 사실에 대하여 자백한 것으로 간주한다.

다. 적용범위: 변론주의가 적용되는 절차에 한하며, 직권탐지주의에 의하는 가사소송, 행정소송절차, 직권조사사항, 재심사유, 법률상의 주장 등에 관하여는 자백간주규정이 적용되지 않는다.

라. 무변론판결과의 구분: 피고가 소장 부본을 송달받고 30일의 답변기간 내에 답변서를 제출하지 않은 경우에 청구원인사실에 대하여 자백한 것으로 보아 원고 승소판결을 하

---

1) 대법원 1991.11.8. 선고 91다15775 판결.

255

여야 한다(제256조, 제257조). 그러나 원고 주장 자체로써 이유없음이 명백한 경우에 무변론으로 원고 청구기각판결을 할 수도 있다. 위 가, 나 항에서 살펴 본 자백간주는 무변론판결의 대상이 아닌 사건(즉 피고가 원고의 청구원인 사실을 다투는 답변서를 제출한 이후의 경우가 이에 해당한다)에서 적용되는 것이라 할 수 있다. 무변론판결제도가 도입된 현행법 하에서는 제150조 규정은 그 실질적 의의를 상실하였다고 볼 수도 있다.

[예제] [제45회(2003년) 사법시험] 甲은 해외근무차 출국하면서 친구인 乙에게 자신의 재산관리를 부탁하였다. 乙은 甲을 위하여 5년간이나 재산관리를 하였음에도 甲이 당초의 약속과 달리 별다른 보답을 하지 아니하자 재산관리에 대한 보수라고 생각하여 甲의 승낙 없이 甲 소유의 아파트를 乙 명의로 이전등기 하였다. 귀국 후 이 사실을 알게 된 甲은 乙에게 수고한 대가를 정산하여 금전으로 지급하겠으니 아파트는 돌려 달라며 2003. 3. 15. 乙을 상대로 소유권이전등기말소소송을 제기하였다. 2003. 4. 1. 소장 부본을 송달받은 乙은 집에서 "甲의 승낙 없이 소유권이전등기를 한 것은 사실이다. 이전등기를 말소하라면 말소해 주겠다"는 취지만을 기재한 답변서를 작성하여 바로 동네 우체통에 넣었고, 이 답변서는 2003. 4. 10. 법원에 접수되었다. 乙은 그 이후 아무런 소송행위를 하지 아니하였다. 이 경우 다음의 물음에 답하시오.

　가. 법원은 위 사건을 바로 이 상태에서 종결할 수 있는가?

　나. 법원이 이 소송의 변론기일을 지정하여 乙에게 기일통지서를 보냈음에도 乙이 불출석하였다면, 법원은 乙이 甲의 청구를 인낙하였다고 보아 사건을 종결할 수 있는가?

　라. 위 사안과 달리, 乙은 임의로 이전등기를 마친 것이 아니라 甲의 대리인 A로부터 적법하게 아파트를 매수하여 이전등기를 마쳤다고 주장하는데, 법원의 심리 결과 갑의 A에 대한 대리권수여 여부가 분명하지 않다면, 법원으로서는 어떤 내용의 판결을 하여야 할 것인가?

　[해설] [제1문 해설]

　[가문] Ⅰ. 주요논점: 필요적 변론의 원칙, 소송종결사유로서의 무변론판결.

　Ⅱ. 필요적 변론의 원칙: 본서 내용 참조

　Ⅲ. 무변론판결의 요건(법 제257조 규정)

　　1. 무변론판결의 의의: 집중심리주의의 실현을 위한 제도, 구법 하의 의제자백에 의한 판결과의 차이점.

　　2. 무변론판결의 요건

　　(1) 피고가 소장부본을 송달받은 날로부터 30일 이내에 답변서를 제출하지 아니할 것(제257조 1항).

　　(2) 피고가 청구의 원인이 된 사실을 모두 자백하는 취지의 답변서를 제출하고 따로 항변을 하지 않은 경우일 것(제257조 2항).

　　(3) 본 문제의 경우는 위 (2)의 요건에 해당하므로 법원은 현재의 상태에서 소송절차를 종결하고 무변론판결을 할 수 있는 요건을 충족하고 있다.

　　3. 결론: 위 상태에서 소송을 종결하는 것이 가능하다.

　Ⅳ. 무변론판결의 내용

　　원고승소판결을 하여야 하는가?(원고패소판결의 가부)

　Ⅴ. 관련문제의 검토:

　　1. 乙의 답변서 기재에 의하여 청구의 인낙으로 볼 수 있는가?

(1) 법 제148조 2항은 답변서 기타 준비서면에 청구인낙의 의사표시가 적혀 있고, 공증사무소의 인증을 받은 때에는 그 답변서가 진술간주 될 경우에, 그 취지에 따라 청구의 인낙이 성립하는 것으로 규정한다.

(2) 본 사안의 경우에는 위와 같은 인증이 없으므로 청구인낙이 있는 것으로 볼 수 없다.

2. 재판상 자백이 되는 경우: 답변서 기타 준비서면에 상대방의 주장사실을 인정하는 취지의 내용이 기재되고 진술간주되는 경우에 재판상 자백이 성립된다고 하더라도 결국 본건의 경우에는 무변론판결의 요건을 충족시키는 것으로 본다.

[나문] Ⅰ. 주요논점: 구술변론주의와 그 예외

Ⅱ. 구술변론주의 원칙과 기일불출석의 효과와 진술간주(간략히 기재)

Ⅲ. 서면에 의한 청구인낙

　　1. 제도도입의 취지

　　2. 서면에 의한 인낙의 요건

Ⅳ. 법원의 조치

　　1. 청구인낙의 불성립

　　2. 진술간주에 의한 재판상 자백을 인정하여 소송을 종결하는 방법

[라문] Ⅰ. 주요논점: 甲은 乙 명의의 이사건 아파트에 대한 소유권이전등기의 말소청구 소송을 제기하고 있으므로 말소청구권의 요건사실을 살펴보고, 부동산등기의 권리추정력이 인정되는 전제 하에서 乙이 甲의 대리인 A로부터 매수하였다고 주장하는 경우에 A의 대리권 존부에 관한 증명책임이 어느 쪽에 있는지를 검토하여야 한다.

Ⅱ. 말소등기 청구권의 요건사실(주요사실) 및 부동산등기의 추정력

　　1. 甲에게 주장·증명책임이 있는 사실: 甲은 이사건 아파트는 甲의 소유인 사실 및 乙 명의의 소유권이전등기가 경료 되어 있으나 乙 명의의 등기가 원인무효인 사실을 주장하고 증명하여야 할 책임이 있다.

　　2. 이사건 아파트에 관하여 현재 乙 명의로 소유권이전등기가 경료 되어 있으므로 등기의 권리추정적 효력에 따라 乙은 적법한 소유자로 추정된다. 따라서 이사건 아파트에 대한 甲의 소유권을 인정받으려면 甲은 乙 명의의 위 등기가 원인무효의 등기임을 주장·증명하여야 한다.

　　3. 등기의 원인무효사실의 주장방법: 등기원인행위가 무효이거나 흠 있는 법률행위로서 취소되었다거나 계약의 해제 등을 주장·증명하여야 한다.

Ⅲ. A의 대리권 존부에 관한 증명책임

　　1. 이사건 아파트에 관하여 乙 명의 등기가 경료되어 乙의 소유로 추정되므로 甲은 乙 명의의 위 등기가 원인무효인 등기임을 주장·증명할 책임이 있다. 그런데 乙이 甲의 대리인 A로부터 적법하게 매수하였다고 주장하므로 A가 적법한 대리권이 없는 자라면 乙이 주장하는 매매계약은 甲에 대하여 무효인 계약이 된다.

　　2. 따라서 甲은 A가 무권대리인임을 주장·증명하여 乙 명의의 등기의 원인무효사실을 인정받아 등기의 추정력을 깨뜨릴 수 있다. 즉 A의 대리권의 존재에 관하여 乙에게 증명책임이 있는 것이 아니라 그 대리권의 부존재에 관하여 甲에게 증명책임이 있다.

　　3. 그런데 본 사안에서 甲의 A에 대한 대리권 수여여부가 분명하지 않다고 하였으므로 甲이 그에게 증명책임이 있는 사실에 대한 증명에 실패한 것이다. 즉 乙 명의 등기는 원인무효의 등기라는 甲의 주장은 받아들여질 수 없는 것이다.

Ⅳ. 법원의 판결: 법원은 甲의 청구를 기각하여야 한다.

제6절 기일·기간

Ⅰ. 기   일

1. 기일의 개념

법원, 당사자 그 밖의 소송관계인이 모여서 소송행위를 하기로 정해진 시간을 말한다. 변론기일, 증거조사기일, 판결선고기일, 변론준비기일, 화해기일 등이 있다.

2. 기일의 지정

가. 연·월·시각·장소를 특정하여 재판장이 직권으로 지정한다(법 제165조 1항).

나. 時差制 소환

다. 당사자의 기일지정신청(법 제165조 1항)
(1) 법원이 기일을 지정하지 않고 사건을 방치하는 경우에 당사자가 법원에 기일지정을 촉구하는 의미에서 신청하는 경우. 기일지정신청이 있는 경우에 당사자능력, 소송능력, 대리권의 흠을 이유로 지정을 거부할 수 없다.
(2) 소송종료의 효력을 다투며 당사자가 기일지정신청을 하는 경우(규칙 제67조, 68조).
(3) 양쪽 당사자가 변론기일 2회 불출석을 한 경우에 소의 취하간주를 막기 위하여 1월 내에 하는 기일지정신청(제268조 2항).

3. 기일의 변경

가. 기일 개시 전에 그 지정을 취소하고 새로운 기일을 지정하는 법원의 결정을 말한다. 기일의 연기(기일개시 후에 아무런 소송행위를 하지 않고 신 기일을 지정하는 것) 및 속행(기일에 소송행위를 하였지만 완결을 보지 못하여 다시 계속하기 위하여 다음 기일을 지정하는 것)과 구별된다. **법원은 당사자들의 합의가 있으면 첫 변론기일에 한하여 기일의 변경신청을 허가하여야 한다(법 제165조 2항). 제2차 이후의 속행기일은 당사자의 합의가 있더라도 현저한 사유가 없다면 기일의 변경을 허가하지 않을 수 있다.**

나. 기일의 변경·연기·속행을 하면서 다음 기일을 지정함이 없이 추후에 지정한다는 것을 알리는 경우가 있다. 이것을 기일의 추후지정이라 한다. 추후지정은 원칙적으로 금하고 있으나, 부득이 추후지정을 할 경우에는 변론조서에 추후지정을 하는 구체적 사유를 기재하여야 한다.

다. 당사자는 기일의 변경이 필요한 현저한 사유를 밝히고 그 사유를 소명하는 소명하는 자료를 붙여 기일변경신청을 할 수 있다(규칙 제40조). 재판장은 변경신청이 이유 있다고 인정되는 때에는 기일변경의 명령을 할 것이고, 신청이 이유 없는 것으로 인정될 때에는 불허가 한다. 이의 허가여부는 법원의 직권사항이므로 그 허가여부 재판에 대하여 불복신청은 허용되지 않는다.

4. 기일의 통지

기일의 통지는 기일통지서를 작성하여 이를 송달하는 것이 원칙이다(법 제167조 1항). 다만 법원사무관 등이 그 원내에서 기일통지서 또는 출석요구서를 받을 사람에게 이를 교부하고 영수증을 받은 때, 소송관계인이 출석승낙서를 제출한 때에는 기일통지서 또는 출석요구서의 송달이 있은 것으로 본다. 기일에 출석한 당사자에게는 말로써 통지한다.

Ⅱ. 불변기간과 기간을 준수하지 못한 경우의 조치

1. 행위기간과 유예기간

가. **행위기간:**   소송을 신속·명확하게 처리할 목적으로 특정의 소송행위를 그 사이에 하여야 하는 것으로 정해진 기간.

(1) **고유기간:**   당사자가 특정의 소송행위를 하여야 하는 기간, 상소기간, 재심기간, 보정기간, 주장·증거·답변서 제출기간 등.

(2) **직무기간:**   법원이 직무수행을 하여야 하는 것으로 정해진 기간, 판결기간, 판결송달기간 등, 대부분 훈시적 의미를 지닌다.

나. **유예기간:**   당사자 그 밖의 소송관계인의 이익을 보호할 목적으로 어느 소송행위를 할 것인가에 관하여 숙고와 준비를 위해 일정기간의 유예를 둔 경우로서 제척·기피원인의 소명기간, 공시송달의 효력발생기간 등이 있다.

2. 법정기간과 재정기간

3. 불변기간과 통상기간

가. 불변기간

(1) 법률이 불변기간으로 명시하여 둔 기간으로서, 항소·상고기간, 즉시항고기간, 재심기간, 제소전 화해에 있어서 소제기 신청기간, 화해권고결정·이행권고결정·지급명령·조정에 갈음하는 결정에 대한 이의신청기간, 제권판결에 대한 불복신청기간 등이 여기에 해당한다.

(2) **불변기간의 특성:**   ① 법원이 법정요건에 따라 부가기간을 정할 수 있으나, 임의

로 신축할 수 없다. ② 불귀책사유로 인한 추후보완이 허용된다. ③ 불변기간의 준수여부는 직권조사 사항이다. ④ 기간계산이 명확하게 규정되어야 한다.

나. **통상기간**: 불변기간 이외의 기간은 통상기간이다.

4. 기간의 불 준수와 소송행위의 추후보완(법 제173조)

가. 기간 불 준수의 의의: 기간 내에 소송행위를 하지 못하고 그 기간을 넘긴 경우를 말하는데, 이에 의하여 그 행위를 할 수 없는 불이익을 받게 된다. 예컨대 항소(상고)기간을 경과함으로써 판결의 확정 및 행정소송의 제소기간을 경과함으로써 소권의 상실 등 효과가 발생하는 것 등이다. 그러나 당사자가 책임질 수 없는 사유로 인하여 불변기간을 지킬 수 없었던 경우까지 그와 같은 불이익을 입게 하는 것은 가혹하므로 이를 구제하고자 하는 것이 추후보완제도이다.

나. 소송행위의 추후보완의 제도적 의의: 소송기간을 준수하지 못한데 대하여 행위자의 귀책사유가 없는 경우에까지 실권한다면 지나치게 가혹하다(구체적 타당성, 형평의 원칙).

다. 추후보완의 대상: 불변기간으로 정하여 진 것에 한한다.

라. 추후보완사유
(1) 당사자가 책임질 수 없는 사유
(가) 긍정례(추완신청 허용): 천재지변에 의한 교통통신두절, 법원의 잘못이 불변기간을 지키지 못한 데에 원인이 있는 경우, 소송서류전달 잘못, 공시송달의 경우, 무권대리인에 의한 소송수행 등이 있다. 피고는 소장 기재 주소지에 거주하고 있다가 사고로 제1심 소송계속 중 병원에 입원하여 있었고 그의 처는 병원에서 피고를 간병하였으며 그의 자녀는 외가에 거주하여 그동안 피고의 가족은 아무도 위 주소지 소재 집에 거주하지 않았다면, 피고가 입원해 있음으로 인하여 공시송달에 의하여 송달된 이 사건 제1심판결이 선고된 사실을 모른 것이 피고의 책임질 사유라고는 할 수 없다.[1]
(나) 부정례(추완신청 각하): 소송대리인이나 그 보조자에게 고의·과실이 있는 경우(소송대리인인 변호사 사무원의 과실로 당사자에게 통지해주지 않은 경우), 여행·질병으로 인한 출타, 연탄가스중독사고 등.

> **[대법원 1992.4.14. 선고 92다3441 판결]** 가. 가처분결정에 대하여 채무자의 이의가 있으면 법원은 변론을 하기 위하여 쌍방 당사자를 소환하여야 하는 것이고, 그 소송절차에서 가처분신청인(채권자)이 적극당사자가 되고 피신청인(채무자)이 소극당사자가 되는 것이므로, 피신청인이 신청인의 주소를 확인하여 보정할 의무를 지는 것은 아니다. 나. 위 "가"항의 경우 설사 피신청인이 신청인의 구속 상태를 알고서 이를 법원에 제출하지 아니하였다 하여 법원이 신청인에 대한 송달을 공시송달로 할 것을 결정한 조치를 위법이라 할 수 없다. 다.

---

1) 대법원 1991.5.28. 선고 90다20480 판결.

민사소송법 제241조 제2항의 기일지정신청은 쌍방 불출석 변론기일로부터 1월 내에 하여야 하는 것이지 신청인이 그 사실을 안 때로부터 그 기간을 기산할 수는 없다. 라. 소송의 적극 당사자의 경우 자신이 구속되어 있었다는 사정은 위 "다"항의 기일지정신청기간을 준수하지 못함에 책임질 수 없는 사유에 해당하지 않는다.

[대법원 1984.6.26. 선고 84누405 판결] 판결정본을 송달하는 경우 송달할 장소에서 송달받을 자를 만나지 못한 때에는 사리를 변식할 지능 있는 사무원 또는 고용인에게 서류를 교부할 수 있는 것이므로, 피고(서울특별시)의 수위가 위 서류를 교부받은 때에 피고에 대한 송달의 효력이 생기는 것이고 수위가 담당기관에 접수시킨 여부는 피고시의 내부관계에 불과하고 거기에 지연이 있었다고 하여 당사자가 책임질 수 없는 사유로 인하여 불변기간인 상고기간을 준수할 수 없는 경우라 할 수 없어 피고의 추완신청은 이유 없다.

(2) 공시송달의 경우: 송달받을 자에 대하여 공시송달결정이 내려진데 대하여 과실이 없을 것.

(가) 과실이 있다고 한 예(추완신청 각하)

① 소송계속 중 주소변경 시 변경된 주소의 미 신고: 1. 민사소송법 제160조 1항의 '당사자가 그 책임을 질 수 없는 사유'라고 함은 당사자가 그 소송행위를 하기 위하여 일반적으로 하여야 할 주의를 다하였음에도 불구하고 그 기간을 준수할 수 없었던 사유를 가리키므로, 소송의 진행 도중 소송서류의 송달이 불능하게 된 결과 부득이 공시송달의 방법에 의하게 된 경우에는 처음부터 공시송달의 방법에 의한 경우와는 달라서 당사자에게 소송의 진행 상황을 조사할 의무가 있는 것이므로, 당사자가 법원에 소송의 진행 상황을 알아보지 않았다면 과실이 없다고 할 수 없으며, 또한 이러한 의무는 당사자가 변론기일에서 출석하여 변론을 하였는지 여부, 출석한 변론기일에서 다음 변론기일의 고지를 받았는지 여부나, 소송대리인을 선임한 바 있는지 여부를 불문하고 부담하는 것이다. 2. 원고가 당사자 본인신문에 출석하는 등 소송이 개시된 사실을 알고 있는 상태에서 그의 소송대리인이 사임한 후 원고 본인에 대한 변론기일 소환장이 송달불능되어 법원이 공시송달의 방법으로 소환장 및 판결문을 송달하였고 원고가 그 상고기간을 도과한 후에 비로소 추완상고를 한 경우, 원고로서는 피고의 항소로 이 사건 소송이 원심에 계속중임을 알고 있었던 이상, 소송대리인을 통하거나 직접 법원에 문의하는 등 소송의 진행상황과 그 결과를 알아봄은 물론, 자신의 주소가 변경되었다면 이를 소송대리인을 통하거나 직접 법원에 신고하여야 할 의무가 있다고 할 것이므로, 원고가 실제로 원심판결 선고사실을 몰랐기 때문에 불변기간인 상고기간을 준수할 수 없었다고 하더라도, 달리 특별한 사정이 없는 한 원고가 책임을 질 수 없는 사유로 인하여 그 기간을 준수할 수 없었던 경우라고는 할 수 없다.

② 당사자(원고·항소인 등)가 신고한 주소로 송달하였으나 송달이 되지 않은 경우(당사자가 주소를 잘못 기재함으로써 송달불능이 된 경우).

(나) 과실이 없다고 한 예(추완신청이 허용되는 경우)

① 공시송달에 의한 송달을 받은 피고가 고의로 행방을 감춘 것과 같은 특별사정이 없는 때.

② 우편집배원 등의 과실로 송달불능된 때.

[**대법원 2013.1.10. 선고 2010다75044,75051 판결**] 1. 소장부본과 판결정본 등이 공시송달의 방법에 의하여 송달되었다면 특별한 사정이 없는 한 피고는 과실 없이 판결의 송달을 알지 못한 것이고, 이러한 경우 피고는 책임을 질 수 없는 사유로 인하여 불변기간을 준수할 수 없었던 때에 해당하여 그 사유가 없어진 후 2주일(그 사유가 없어질 당시 외국에 있었던 경우에는 30일) 내에 추완항소를 할 수 있다. **여기에서 '사유가 없어진 후'라고 함은 당사자나 소송대리인이 단순히 판결이 있었던 사실을 안 때가 아니고 나아가 그 판결이 공시송달의 방법으로 송달된 사실을 안 때를 가리키는 것으로서, 다른 특별한 사정이 없는 한 당사자나 소송대리인이 사건기록의 열람을 하거나 또는 새로이 판결정본을 영수한 때에 비로소 판결이 공시송달의 방법으로 송달된 사실을 알게 되었다고 보아야 한다.** 2. 형식적으로 확정된 제1심판결에 대한 피고의 항소추완신청이 적법하여 해당 사건이 항소심에 계속된 경우 그 항소심은 다른 일반적인 항소심과 다를 바 없다. 따라서 원고와 피고는 형식적으로 확정된 제1심판결에도 불구하고 실기한 공격·방어방법에 해당하지 아니하는 한 자유로이 공격 또는 방어방법을 행사할 수 있고, 나아가 피고는 상대방의 심급의 이익을 해할 우려가 없는 경우 또는 상대방의 동의를 받은 경우에는 반소를 제기할 수도 있다. 여기서 '상대방의 심급의 이익을 해할 우려가 없는 경우'라고 함은 반소청구의 기초를 이루는 실질적인 쟁점이 제1심에서 본소의 청구원인 또는 방어방법과 관련하여 충분히 심리되어 상대방에게 제1심에서의 심급의 이익을 잃게 할 염려가 없는 경우를 말한다.

[**대법원 2001.2.23. 선고 2000다19069 판결**] 제1심 소송절차에서 한 번도 빠짐없이 변론기일에 출석하여 소송을 수행하였는데 법원이 직권으로 선고기일을 연기하면서 당사자에게 이를 통지하는 절차를 누락하였고 판결정본에 관하여는 한여름 휴가철에 연속하여 송달하였으나 폐문부재로 송달불능 되자 이를 공시송달 한 사안에서, 당사자로서는 선고기일과 멀지 않은 날짜에 법원에 가서 판결정본을 직접 수령하기 전까지는 자기가 책임을 질 수 없는 사유로 판결 선고 사실을 알 수 없었다고 봄이 상당하고, 정상적으로 소송을 수행하여 오던 당사자가 원래 예정된 선고기일 직후의 재판진행 상황을 그 즉시 알아보지 아니함으로써 불변기간을 준수하지 못하게 되었다 할지라도 그 책임을 당사자에게 돌릴 수 없다고 봄이 상당하므로, 이러한 경우에는 추완항소를 허용하여야 한다.

(3) 재심사유와 상소 추후 보완

상대방의 주소를 알면서 허위로 공시송달 결정을 받아낸 경우 재심사유와 추후보완사유를 모두 갖추고 있으므로 이때는 자유로이 선택 가능하다.

마. 추완절차

(1) 기간(법 제173조 1항):　　　장애사유가 없어진 날로부터 2주 이내에 하여야 한다. 다만 외국에 있는 당사자의 추후보완기간은 30일이다.

[**대법원 1994.12.13. 선고 94다24299 판결**] 가. 소장이나 판결정본 등이 공시송달의 방법에 의하여 송달되었다면 특별한 사정이 없는 한, 피고는 과실 없이 그 판결의 송달을 알지 못한 것이라고 할 것이고, 이러한 경우 피고는 그 책임을 질 수 없는 사유로 인하여 불변기간을 준수할 수 없었던 때에 해당하여 그 사유가 종료된 후 2주일 내(그 사유가 종료될 당시 외국에 있었던 경우에는 30일 내)에 추완항소를 할 수 있는바, **여기에서 '사유가 종료된 때'**

라 함은 당사자나 소송대리인이 단순히 판결이 있었던 사실을 안 때가 아니고, 나아가 그 판결이 공시송달의 방법으로 송달된 사실을 안 때를 의미한다. 나. 소장과 판결정본 등이 공시송달의 방법에 의하여 송달되어 피고가 과실 없이 그 판결의 송달을 알지 못함으로써 그 책임을 질 수 없는 사유로 인하여 항소기간을 준수할 수 없었던 이상, 그 후 피고가 그 판결에 기하여 경료 된 등기부등본에 의하여 판결이 선고된 사실을 알 수 있었던 사정이 생겼음에도 피고가 과실로 이를 알지 못하였다고 하더라도 그러한 사정만으로는 항소기간을 준수할 수 없었던 사유가 소멸한다고 볼 수 없다.

(2) 신청: 기간 내에 항소장, 이의신청서의 제출 등 그 추완 대상인 소송행위 본래의 방식대로 행하면 된다.

(3) 법원의 조치
① 추후보완신청이 이유 있으면 추완 되는 소송행위의 당부에 관하여 본안판단.
② 추후보완신청이 이유 없으면 부적법각하 판결(재판).

바. 추후보완신청의 효력: 판결의 형식적 확정력이 소멸되는 것이 아니므로 판결의 집행력·기판력을 배제하려면 별도의 신청이 필요하다.

[대법원 2011.10.27. 자 2011마1154 결정] 원심법원이 판결 선고 후 두 차례에 걸쳐 피고에게 판결정본을 송달하려 하였으나 모두 폐문부재를 이유로 송달되지 아니하자 공시송달의 방법으로 판결정본을 송달한 사안에서, 소송서류를 공시송달의 방법으로 송달하기 위해서는 당사자 주소 등 송달할 장소를 알 수 없는 경우이어야 하고 법원이 송달장소는 알고 있으나 단순히 폐문부재로 송달되지 아니한 경우에는 공시송달을 할 수 없으므로, 위 판결정본의 송달은 적법하다고 볼 수 없고, 공시송달이 요건을 갖추지 못하여 부적법하더라도 재판장이 공시송달을 명하여 일단 공시송달이 이루어진 이상 송달의 효력은 발생한다. 원심법원이 변론을 종결하면서 사건을 조정절차에 회부하고 조정기일만을 고지하였을 뿐 판결 선고기일은 지정·고지하지 아니하였고, 조정기일에 피고가 출석하지 아니하자 조정 불성립으로 조정절차를 종결하고 판결을 선고하여 원심법원의 잘못으로 피고에게 판결 선고기일이 제대로 고지되지 아니하였고, 판결정본의 송달과 관련하여 공시송달 요건이 갖추어지지 않았던 사정을 종합하여 보면 피고가 조정기일 이후의 재판 진행상황을 즉시 알아보지 아니함으로써 불변기간을 준수하지 못하게 되었다 할지라도 이를 피고에게 책임을 돌릴 수 있는 사유에 해당한다고 할 수는 없으므로, 피고가 직접 판결정본을 수령한 후 2주 내에 상고장을 제출한 것은 적법한 상고의 추후보완에 해당한다.

제 7 절 송 달

Ⅰ. 의의 및 송달실시기관

1. 민사재판에서 송달이란 법원이 재판에 관한 서류를 법정의 방식에 따라 당사자 기타

소송관계인에게 교부하여 그 내용을 알리거나 알 수 있는 기회를 부여하고 이를 공증하는 행위이다. 적법하게 송달이 이루어진 경우에는 법에 정해진 일정한 효과가 발생하게 되는 것으로서 국민의 권리를 실현하는 절차의 진행에 불가결한 것이기 때문에 적정한 절차에 따라 확실하게 수송달자에게 송달될 것이 특히 강하게 요청된다.

2. 이러한 이유로 민사소송법은 직권송달의 원칙을 규정하는 한편(제174조), 우편집배원, 집행관 등을 송달기관으로 정하고(제176조), 교부송달(제178조)과 그것이 여의치 않은 경우에 하는 보충송달 또는 유치송달(제186조) 등 송달방법에 관하여 규정하고 있으므로 송달기관은 민사소송법이 정한 방법에 따라 소송서류 송달을 실시하여야 하는 것이다.

3. 우편집배원은 집행관 등과 함께 제176조에 정해진 송달기관으로서 같은 법이 정하는 방법에 따라 송달을 실시하여야 한다. 그리고 특별송달의 대상인 소송관계서류에 관해서는 집행관(법 제176조 1항), 법정경위(법원조직법 제64조 3항), 법원사무관 등(법 제177조 1항)도 송달을 실시할 수 있다. 이러한 과정에서 관계자에게 손해가 발생한 경우, 특별히 국가배상책임을 제한하는 규정이 없으므로 그 손해가 송달을 실시한 공무원의 경과실에 의하여 생긴 것이라도 피해자는 국가에 대하여 국가배상법에 의한 손해배상을 청구할 수 있다. 소송관계서류를 송달하는 우편집배원도 법 제176조가 정한 송달기관으로서 위 집행관 등과 대등한 주의의무를 가진다고 보아야 하므로 그에 위반하는 경우 국가가 지는 손해배상책임도 달리 보기는 어렵다고 할 것이다. 위와 같은 민사소송법에 의한 특별송달 우편물의 특수성 및 다른 송달공무원의 책임과의 형평에 비추어 보면, 특별송달우편물에 관하여 우편집배원의 고의 또는 과실에 의하여 손해가 발생한 경우에는 우편물 취급에 관한 손해배상책임에 대하여 규정한 구 우편법 제38조에도 불구하고 국가배상법에 의한 손해배상을 청구할 수 있다고 봄이 상당하다.[1]

* 전자소송의 경우에는 법원은 해당 전자문서를 전자소송시스템에 등재한 후 그 사실을 상대방에게 전자적으로 통지한다(전자소송법 제11조 3항). 등재사실 통지는 등록사용자가 전자소송시스템에 입력한 전자우편주소로 등재사실을 알리고, 같은 내용의 문자메시지를 전자소송시스템에 입력한 휴대전화번호로 전송하는 방법에 의한다(전자소송규칙 제26조). 이렇게 해서 통지를 받은 자는 전자소송시스템에 접속하여 해당서류를 확인하는 방식으로 송달받는다. 한편 사건기록이 전자문서로 관리되므로 당사자나 대리인은 언제 어디서나 전자소송시스템에 접속하여 자신의 사건기록을 열람할 수 있게 되며, 법정에서는 사건기록 중 필요한 부분을 확인하려면 모니터나 스크린을 이용하게 된다.

---

1) 대법원 2008.2.28. 선고 2005다4734 판결.

Ⅱ. 송달실시의 방법

1. 교부송달

송달받을 이 본인에게 직접 서류의 등본·부본을 교부한다.

송달받을 사람은 원칙적으로 당사자본인이 될 것이나, 예외적으로 본인이 무능력자인 경우의 법정대리인, 법인의 대표자(관리인), 소송대리인, 법규상의 송달 영수권 있는 자(군사용 청사 또는 선박의 장, 교도소·유치장에 수감되어 있는 경우에 그 관서의 장 등) 등은 송달 영수권 있는 자이다. 교도소 등의 소장은 재감자에 대한 송달에 있어서는 일종의 법정대리인 이라고 할 것이므로, 재감자에 대한 송달을 교도소 등의 소장에게 하지 아니하고 수감되기 전의 종전 주·거소에다 하였다면 무효이고, 이는 수소법원이 송달을 실시함에 있어 당사자 또는 소송관계인의 수감사실을 모르고 종전의 주·거소에 하였다고 하더라도 마찬가지이다.[1]

가. 송달장소에서 실시한다.

(1) 송달받을 사람의 주소·거소·영업소 또는 사무소(법 제183조 1항)에서 송달받을 이 본인에게 직접 소송서류를 전달한다. 한편 송달받을 사람의 주소 등 또는 근무 장소가 국내에 없거나 알 수 없을 때나(법 제183조 1항), 주소 등 또는 근무 장소가 있는 사람도 거부하지 아니한다면 만나는 장소에서 송달할 수 있다(법 제183조 4항). 이러한 송달을 출회송달 또는 조우(遭遇)송달(송달수령인을 만나는 장소에서의 송달)이라 한다.

(2) 신법은 송달의 편의를 위하여 근무 장소도 송달장소로 하였다(법 제183조 2항).

나. 보충송달: 송달장소에서 다른 사람에게 대리 송달할 수 있다.

(1) 근무 장소 외에서의 보충송달: 법 제186조 1항

(가) 사물변별의 지능을 가진 사람: 만 8세 10개월 된 학생, 13세의 가정부 등.

[대법원 2005.12.5. 자 2005마1039 결정] 송달받을 사람의 동거인에게 송달할 서류가 교부되고, 그 동거인이 사려분별의 지능이 있는 이상, 송달 받을 사람이 그 서류의 내용을 실제로 알지 못한 경우에도 송달의 효력은 있다. 이 경우, 사리분별의 지능이 있다고 하려면, 사법제도 일반이나 소송행위의 효력까지 이해할 수 있는 능력이 있어야 한다고 할 수는 없을 것이지만, 적어도 송달의 취지를 이해하고 그가 영수한 서류를 송달받을 사람에게 교부하는 것을 기대할 수 있는 정도의 능력은 있어야 한다. 약 8세 3개월인 초등학교 2학년 남자 어린이에게 이행권고결정 등본을 보충송달한 경우, … 그 소송서류를 송달하는 집행관이 남자 어린이에게 송달하는 서류의 중요성을 주지시키고 부모에게 이를 교부할 것을 당부하는 등 필요한 조치를 취하였다는 등의 특별한 사정이 없는 한, 그 정도의 연령의 어린이 대부분이 이를 송달받은 사람에게 교부할 것으로 기대할 수 는 없다고 보이므로 이행권고결정 등본 등을 수령한 남자 어린이에게 소송서류의 영수와 관련한 사리를 분별할 지능이 있다고 보기 어렵다.

---

[1] 대법원 2009.10.8. 자 2009마529 결정.

(나) 동거인은 동일 세대에 속하여 생계를 같이 할 것

따라서, 임대인·임차인 및 일시방문자 등은 해당되지 않는다.

(다) 빌딩·아파트의 경비원이나 수위의 경우:　평소 우편물 수령하여 본 경우에는 송달수령권을 인정한다.[1)]

[대법원 2006.3.24. 선고 2005다66411 판결] 우편물이 수취인 가구의 우편함에 투입되었다고 하더라도 분실 등을 이유로 그 우편물이 수취인의 수중에 들어가지 않을 가능성이 적지 않게 존재하는 현실에 비추어, 우편함의 구조를 비롯하여 수취인이 우편물을 수취하였음을 추인할 만한 특별한 사정에 대하여 심리를 다하지 아니한 채 아파트 경비원이 집배원으로부터 우편물을 수령한 후 이를 우편함에 넣어둔 사실만으로는 수취인이 그 우편물을 수취하였다고 할 수 없다.

(라) 부부가 동거하고 있는 상태에서 이혼소송을 제기하고 있는 경우에 그 어느 한쪽 당사자에게 상대방에 대한 송달문서의 송달은 부적법 송달이 된다.

(2) 근무장소에서의 보충송달(법 제186조 2항)

사용자, 사용자의 법정대리인이나 피용자 그 밖의 종업원으로서 사리 분별력 있는 자(직장동료가 여기에 해당한다)가 **수령을 거부하지 아니하는 경우에 보충송달할 수 있다. 근무장소에서의 보충송달의 경우에는 유치송달을 할 수 없다.**

다. 유치송달(법 제186조 3항): 송달받을 사람이 정당한 이유없이 송달받기를 거부할 때 송달할 서류를 송달장소에 놓아두는 것이다. 송달받을 본인·대리인이 거부하는 경우 외에 법 제186조 1항의 보충송달수령자(동거인·사무원·피용자)의 수령거부도 포함한다.

[대법원 1994.1.11. 선고 92다47632 판결] 가. 민사소송법 제422조 1항 3호 소정의 재심사유는 무권대리인이 대리인으로서 본인을 위하여 실질적인 소송행위를 하였을 경우뿐만 아니라 대리권의 흠결로 인하여 본인이나 그의 소송대리인이 실질적인 소송행위를 할 수 없었던 경우도 이에 해당한다. 나. 법원이 참칭대표자에게 적법한 대표권이 있는 것으로 알고 그를 송달받을 자로 지정하여 소송서류 등을 송달하고 그 송달받을 자로 지정된 참칭대표자가 송달받은 경우에는 그 송달이 무효라고 할 수는 없는 것이므로 판결이 판결에서 종중의 대표자로 표시된 자를 송달받을 자로 하여 송달되었고 실제로 그가 보충송달의 방법에 의하여 송달을 받았다면 그때로부터 항소기간이 진행되고 그 판결은 항소기간이 만료된 때에 확정된다. [이 경우 적법한 법정대리인 내지 대표자나 피용자는 자신의 관여없이 이루어 진 판결에 대하여 확정 전에는 상소(법 제451조 1항 4호), 확정 후에는 재심의 소(법 제451조 1항 3호)로 구제될 수 있다.]

[대법원 1997.5.19. 자 97마600 결정] 1. 원심결정 이유와 기록에 의하여 살펴보면 다음과 같은 사실을 인정할 수 있다. 가. 재항고인이 원고가 되어 소외 A 외 5인(이하 피고들이라 한다)을 상대로 제기한 서울지방법원 96가단184803호 구상금청구소송에서 제1심 재판장은 1996. 9. 30. 재항고인에게 이 명령 송달일로부터 5일 이내에 재항고인이 위 피고들 중 피고

---

1) 대법원 2000.7.4. 선고 2000두1164 판결.

266

A, B에 대하여 구하는 청구금액 및 이에 대한 지연손해금의 기산일의 계산 경위 및 근거를 밝히라는 취지의 보정명령을 하였고, 위 보정명령은 재항고인의 소송대리인에게 같은 해 10. 5. 송달되었으나, 그 기간 내에 보정이 되지 않았으며, 한편 제1심법원은 1996. 10. 22. 소장에 기재된 피고들의 각 주소로 소장 부본, 답변 및 응소안내문, 변론기일소환장을 발송하였으나, 모두 이사불명으로 송달불능 되었다. 나. 이에 제1심 재판장은 위 사건의 제1차 변론기일인 1996. 11. 7.에 출석한 재항고인의 소송 복대리인에게 피고들의 송달 가능한 주소 및 1996. 9. 30.자 보정명령에 기재된 청구취지 및 청구원인상의 흠결 사항에 대하여 5일 이내에 보정할 것을 명하였는바, 재항고인이 위 보정기간 내에 보정도 하지 아니하고 제2차 변론기일인 1996. 12. 5.에 출석하지 아니하자 제1심 재판장은 같은 날 재항고인이 청구취지 및 청구원인의 보정과 주소 보정을 하지 아니하였다는 이유로 이 사건 소장을 각하하였다. 2. **원심법원의 판단**: 원심결정 이유에 의하면, 원심은 피고들의 주소는 소장 기재의 주소가 명백하고 피고들에 대한 주민등록등본, 법인등기부등본 등이 소장과 함께 제출되었으므로 제1심법원으로서는 재송달 등의 방법을 취한 후 그래도 송달불능이 되는 경우에 비로소 재항고인에게 보정의 기회를 주어 그 주소를 파악할 수 있는 시간적인 배려를 하여야 한다는 재항고인의 주장에 대하여, 제1심법원이 피고들에 대한 소장기재의 주소로 소장을 발송하였으나 모두 이사불명으로 송달불능이 되었음은 앞서 본 바와 같으므로 피고들의 주소가 소장에 기재된 주소와 동일함을 전제로 한 재항고인의 주장은 이유 없다고 하여 이를 배척하였다. 3. **당원의 판단**: 가. 피고 A, B에 대한 소장각하명령 부분에 대하여: 제1심 재판장이 피고 A, B에 대한 소장, 제1차 변론기일소환장 등이 송달불능 되자 그 송달 가능한 주소를 보정할 것을 명하였으나 보정하지 아니하여 위 피고들에 대한 소장을 각하한 조치가 정당하다고 본 원심의 판단은 옳고, 거기에 소론과 같은 위법이 없다. 재항고인이 1996. 11. 7. 제1심 재판장으로부터 위 피고들의 주소를 5일 이내에 보정할 것을 고지 받았으나, 상당한 기간이 경과한 다음달 5.까지도 보정하지 아니하여 소장이 각하된 이상 위 주소 보정명령에 기재된 주소 보정기간이 상당한 기간이 아니라는 이유로 위 주소 보정명령이 위법하다고 다툴 수는 없다고 할 것이다. 논지는 이유 없다. 나. 피고 비엔비가구 주식회사, 같은 우천산업 주식회사, 같은 주식회사 대일, 같은 대협건설 주식회사에 대한 소장각하명령 부분에 대하여: **법인인 소송당사자에게 효과가 발생할 소송행위는 그 법인을 대표하는 자연인의 행위거나 그 자연인에 대한 행위라야 할 것이므로, 소송당사자인 법인에의 소장, 기일소환장 및 판결 등 서류는 그 대표자에게 송달하여야 하는 것이니 그 대표자의 주소, 거소에 하는 것이 원칙이고(당원 1965. 1. 29.자 64마988 결정, 1976. 4. 27. 선고 76다170 판결 등 참조), 법인의 영업소나 사무소에서도 할 수 있다.** 그러나 이 사건과 같이 법인인 위 피고들의 각 대표자의 주소지가 아닌 소장에 기재된 위 피고들의 주소지로 발송하였으나 이사불명으로 송달불능 된 경우에 있어서는, 원칙으로 되돌아가 재항고인이 이 사건 소를 제기하면서 제출한 법인등기부등본 등에 나타나 있는 위 피고들의 각 대표자의 주소지로 소장 부본 등을 송달하여 보고, 그 곳으로도 송달되지 않을 때에 주소 보정을 명하여야 할 것임에도, 제1심 재판장이 단지 위 피고들의 주소지로 소장 부본 등을 송달하였으나 송달불능 되었다는 이유만으로 그 주소 보정을 명한 것은 잘못이라 할 것이므로, 결국 위 피고들의 주소 보정을 하지 않았다는 이유로 위 피고들에 대한 소장을 각하한 이 부분 제1심 재판장의 명령은 위법하다고 보아야 할 것이다.

2. 우편송달

가. 법 제185조 2항. 발신주의에 의한다(발송송달).

나. 법 제185조 2항에서 말하는 '달리 송달할 장소를 알 수 없는 경우'라 함은 상대방에게 주소보정을 명하거나 직권으로 주민등록표 등을 조사할 필요까지는 없지만 적어도 기록에 현출되어 있는 자료로 송달할 장소를 알 수 없는 경우에 한하여 등기우편에 의한 발송송달을 할 수 있음을 뜻하는 것으로 풀이함이 상당하다.[1] 그리고, 법 제187조는 "민소법 186조에 따라 송달할 수 없는 때에는 법원사무관 등은 서류를 등기우편 등 대법원규칙이 정하는 방법으로 발송송달할 수 있다"고 규정하고 있는바, 위 규정에 따른 **등기우편에 의한 발송송달은 송달받을 자의 주소 등 송달하여야 할 장소는 밝혀져 있으나 송달받을 자는 물론이고 그 사무원, 고용인, 동거인 등 보충송달을 받을 사람도 없거나 부재하여서 원칙적 송달방법인 교부송달은 물론이고 법 제186조에 의한 보충송달과 유치송달도 할 수 없는 경우에 할 수 있는 것이다.** 여기에서 송달하여야 할 장소란 실제 송달받을 자의 생활근거지가 되는 주소 · 거소 · 영업소 또는 사무소 등 송달받을 자가 소송서류를 받아 볼 가능성이 있는 적법한 장소를 말하는 것이다.[2]

다. 등기우편에 의한 발송송달은 송달사무 처리기관인 법원사무관 등이 동시에 송달실시기관이 되어 송달을 실시하는 것이므로 스스로 송달보고서를 작성하여야 하고, 그 송달보고서 작성 시에는 소정의 양식에 따라 송달장소, 송달일시 등을 기재하되, 사건번호가 명기된 우체국의 특수 우편물 수령증을 첨부하여야 한다. 이러한 송달은 발송 시에 그 효력이 발생하는 관계로 우편물 발송일시가 중요하고 그 송달일시의 증명은 확정일자 있는 우체국의 특수우편물수령증에 의할 수밖에 없으므로, 위와 같은 특수우편물수령증이 첨부되지 아니한 송달보고서에 의한 송달은 부적법하여 그 효력을 발생할 수 없다.[3]

3. 송달함 송달(법 188조)

4. 공시송달

가. 의 의

나. 요건(법 제194조 1항):   ① 당사자의 주소, 근무 장소 등을 알 수 없을 것, ② 외국에서 하여야 할 송달, ③ 소송당사자 또는 보조참가인에 대한 송달에 한함.

---

1) 대법원 2009.10.29. 자 2009마1029 결정.
2) 본 사안에서는 송달대상자가 법원에 제출한 신청서상의 주소지로 송달하였으나 '수취인부재', '폐문부재' 등의 사유로 송달불능 되고, 그 후의 기일에는 출석하였다가 다시 같은 사유로 송달불능 되는 등의 사유가 반복되다가, 법원이 신청인이 새로 적어낸 종전과 동일한 송달장소로 송달하지 않고 발송송달한 것으로서, 대법원은 이러한 발송송달이 부적법하다고 하였다.
3) 대법원 2009.8.31. 자 2009스75 결정: 발송송달의 방법.

다. **절차:** ① 직권 또는 당사자의 신청, ② 당사자 신청의 경우 그 사유의 소명이 있을 것. 예를 들어 종전 주소지의 통·반장의 불거주확인서 따위가 제출된다.

라. **효력(법 제196조):** ① 최초 공시일로부터 2주경과 후 송달효력 발생. 그 이후의 송달효력은 공고 후 즉시 발생. 외국에서 하는 송달은 2개월경과 후 발생 ② 공시송달의 효력을 다투는 자는 재심 또는 추후보완신청에 의해서만 다툴 수 있다. ③ 자백간주, 답변서제출의무가 생기지 않고 화해권고결정, 이행권고결정 등은 공시송달에 의할 수 없다.

[대법원 2011.4.28. 선고 2010다98948 판결] 1. 소장 부본부터 공시송달의 방법으로 송달되어 피고가 귀책사유 없이 소나 항소가 제기된 사실조차 모르고 있었고, 이러한 상태에서 피고의 출석 없이 원심 변론기일이 진행되어 제1심에서 일부 패소판결을 받은 피고가 자신의 주장에 부합하는 증거를 제출할 기회를 상실함으로써 당사자로서 절차상 부여된 권리를 침해당한 경우에는 당사자가 대리인에 의하여 적법하게 대리되지 않았던 경우와 마찬가지로 보아 민사소송법 제424조 제1항 제4호의 규정을 유추 적용하여 절대적 상고이유가 되는 것으로 보아야 한다. 2. 제1심, 원심 모두 피고에 대하여 소장 부본 및 변론기일 통지서 등 모든 서류를 공시송달의 방법으로 송달하고 피고가 출석하지 않은 상태에서 변론기일을 진행하여 1심이 원고의 청구를 일부 인용하는 판결을 선고하였고 이에 원고가 항소함으로써 원심도 추가로 원고의 청구를 일부 인용하는 판결을 선고한 경우, 피고로서는 제1심판결 중 피고 패소 부분에 대하여는 추후보완 항소를, 원심판결 중 피고 패소 부분에 대하여는 상고나 추후보완 상고를 각각 제기할 수 있다. 이러한 경우 제1심판결에 대한 원고의 항소로 제1심판결 전부가 원심법원으로 이심되어 그에 관한 원심판결이 선고되기까지 하였으나 제1심판결 중 피고 패소 부분은 원심의 심판대상이 되지 않았으므로, 원심으로서는 피고의 추후보완 항소가 적법하다고 판단되면 그 부분을 심판 대상으로 삼아 심리한 후 그에 관하여 추가판결을 하면 된다. 그런데 원심이 피고의 추후보완 항소 부분에 관하여 심리하지 않고 있는 동안에 피고의 상고가 받아들여져 원심판결 중 피고 패소 부분에 관하여 파기환송 판결이 선고된 경우에는 환송 후 원심으로서는 피고의 추후보완 항소가 적법하다고 판단되면 그 추후보완 항소 부분과 파기환송된 부분을 함께 심리하여 그에 관하여 하나의 판결을 선고하면 된다.

[예제] 오지여행을 취미로 하던 乙은 아프리카 여행을 준비하면서 여행자금이 부족하자 선배인 甲에게서 1,000만원을 빌렸다. (각 문제는 별개로 봄)

(1) 乙이 그 여행을 다녀온 후 대여금의 변제기가 지났음에도 다니던 회사도 퇴사하고 연락도 되지 아니하며 갚을 생각도 하지 않자 甲은 乙을 상대로 대여금청구의 소를 제기하였다. 피고 乙에게 소장과 제1회 변론기일통지서를 송달하기 위하여 우편집배원이 乙의 주소지에 찾아 갔으나 만나지 못하여 우체국에서 찾아갈 것을 내용으로 하는 통지문을 남겼다. 이를 본 乙의 동거자 丙이 우체국에 찾아오자 당해서류를 丙에게 교부하였다. 이것은 적법한가? (10점)

(2) 서울에 사는 甲이 乙의 주소를 알 수 없어서 乙에 대한 소장부본 등 소송서류를 법원의 명령을 받아 공시송달하였고, 그 결과 乙은 변론기일에 출석하지 못하여 甲은 승소하였고 판결은 확정되었다. 그런데 몇 달 후 乙이 1년간의 아프리카 여행에서 도라 온 후 甲이 자신에 대해 소송을 서울에서 제기하였고 소송서류를 공시송달로 하였음을 비로소 알게 되

었다. 이 경우 귀책사유 없는 乙에 대한 구제방법은? (10점)

[해설] [제1문] Ⅰ. 주요논점: 송달의 방법(교부송달의 원칙), 보충송달의 요건

Ⅱ. 교부송달의 원칙

1. 송달받을 이 본인에게 직접 서류의 등본·부본을 교부한다. 송달장소에서 실시한다.

2. 송달받을 사람의 주소·거소·영업소 또는 사무소(법 제183조 1항)에서 송달받을 이 본인에게 직접 소송서류를 전달한다. 한편 송달받을 사람의 주소 등 또는 근무 장소가 국내에 없거나 알 수 없을 때나(법 제183조 1항), 주소 등 또는 근무 장소가 있는 사람도 거부하지 아니한다면 만나는 장소에서 송달할 수 있다(법 제183조 4항). 이러한 송달을 출회송달 또는 조우(遭遇)송달(송달 수령인을 만나는 장소에서의 송달)이라 한다.

3. 신법은 송달의 편의를 위하여 근무 장소도 송달장소로 하였다(법 제183조 2항).

Ⅲ. 보충송달: 송달장소에서 다른 사람에게 대리송달 하는 방식

1. 근무 장소 외에서의 보충송달: 법 제186조 1항

(1) 사물변별의 지능을 가진 사람: 만 8세 10개월 된 학생, 13세의 가정부 등.

[대법원 2005.12.5. 자 2005마1039 결정] 송달받을 사람의 동거인에게 송달할 서류가 교부되고, 그 동거인이 사려분별의 지능이 있는 이상, 송달 받을 사람이 그 서류의 내용을 실제로 알지 못한 경우에도 송달의 효력은 있다. 이 경우, 사리분별의 지능이 있다고 하려면, 사법제도 일반이나 소송행위의 효력까지 이해할 수 있는 능력이 있어야 한다고 할 수는 없을 것이지만, 적어도 송달의 취지를 이해하고 그가 영수한 서류를 송달받을 사람에게 교부하는 것을 기대할 수 있는 정도의 능력은 있어야 한다. 약 8세 3개월인 초등학교 2학년 남자 어린이에게 이행권고결정 등본을 보충송달한 경우, … 그 소송서류를 송달하는 집행관이 남자 어린이에게 송달하는 서류의 중요성을 주지시키고 부모에게 이를 교부할 것을 당부하는 등 필요한 조치를 취하였다는 등의 특별한 사정이 없는 한, 그 정도의 연령의 어린이 대부분이 이를 송달받은 사람에게 교부할 것으로 기대할 수는 없다고 보이므로 이행권고결정 등본 등을 수령한 남자 어린이에게 소송서류의 영수와 관련한 사리를 분별할 지능이 있다고 보기 어렵다.

(2) 동거인은 동일 세대에 속하여 생계를 같이 할 것

따라서, 임대인·임차인 및 일시방문자 등은 해당되지 않는다.

(3) 빌딩·아파트의 경비원이나 수위의 경우: 평소 우편물 수령하여 본 경우에는 송달 수령권을 인정 한다.

(4) 부부가 동거하고 있는 상태에서 이혼소송을 제기하고 있는 경우에 그 어느 한쪽 당사자에게 상대방에 대한 송달문서의 송달은 부적법 송달이 된다.

2. 근무장소에서의 보충송달(법 제186조 2항): 사용자, 사용자의 법정대리인이나 피용자 그 밖의 종업원으로서 사리, 분별력 있는 자가 수령을 거부하지 아니하는 경우에 보충송달 할 수 있다.

Ⅳ. 사안의 경우

1. 丙은 송달수령을 받을 수 있는가?

동거인으로서 보충송달을 받을 수는 있다.

2. 송달장소 아닌 곳에서의 보충송달이 가능한가?

송달수령인 이외에는 송달장소 아닌 곳에서 하는 출회송달(조우송달)의 수령적격이 없다.

3. 결론: 우체국에서 乙의 동거자 丙에게 한 송달은 부적법한 송달이다.

[제2문] Ⅰ. 주요논점; 공시송달의 효력, 소송행위의 추완

Ⅱ. 공시송달의 요건 및 효력

1. 요건(법 제194조 1항): ① 당사자의 주소, 근무 장소 등을 알 수 없을 것, ② 외국에서 하여야 할 송달, ③ 소송당사자 또는 보조참가인에 대한 송달에 한함.

2. 절차: ① 직권 또는 당사자의 신청, ② 당사자 신청의 경우 그 사유의 소명이 있을 것. 예를 들어 종전 주소지의 통·반장의 불거주확인서 따위가 제출된다. 3. 효력(법 제196조): ① 최초 공시일로부터 2주경과 후 송달효력 발생. 그 이후의 송달효력은 공고 후 즉시 발생. 외국에서 하는 송달은 2개월경과 후 발생 ② 공시송달의 효력을 다투는 자는 재심 또는 추후보완신청에 의해서만 다툴 수 있다. ③ 자백간주, 답변서제출의무가 생기지 않고 화해권고결정, 이행권고결정 등은 공시송달에 의할 수 없다.[대법원 2011.4.28. 선고 2010다98948 판결]

Ⅲ. 소송행위의 추완: 기간의 불 준수와 소송행위의 추후보완(법 제173조)

1. 기간 불 준수의 의의: 기간 내에 소송행위를 하지 못한 경우, 재판의 확정·소권상실 등 효과 발생.

2. 소송행위의 추후보완의 제도적 의의: 소송기간을 준수하지 못한데 대하여 행위자의 귀책사유가 없는 경우에까지 실권한다면 지나치게 가혹하다(구체적 타당성, 형평의 원칙).

3. 추후보완의 대상: 불변기간

4. 추후보완사유

(1) 당사자가 책임질 수 없는 사유

(가) 긍정례(추완신청 허용): 천재지변에 의한 교통통신두절, 소송서류전달 잘못, 공시송달의 경우, 무권대리인에 의한 소송수행.

(나) 부정례(추완신청 각하): 소송대리인이나 그 보조자에게 고의·과실이 있는 경우(소송대리인인 변호사 사무원의 과실로 당사자에게 통지해주지 않은 경우), 여행·질병으로 인한 출타, 연탄가스중독사고 등.

(2) 공시송달의 경우: 송달받을 자에 대하여 공시송달결정이 내려진데 대하여 과실이 없을 것.

(가) 과실이 있다고 한 예(추완신청 각하)

① 소송계속 중 주소변경 시 변경된 주소의 미 신고

② 항소인의 주소를 잘못 기재한 경우

(나) 과실이 없다고 한 예(추완신청이 허용되는 경우)

① 공시송달에 의한 송달을 받은 피고가 고의로 행방을 감춘 것과 같은 특별사정이 없는 때

② 우편집배원 등의 과실로 송달불능 된 때

(3) 재심사유와 상소 추후 보완

상대방의 주소를 알면서 허위로 공시송달 결정을 받아낸 경우 재심사유와 추후보완사유를 모두 갖추고 있으므로 이때는 자유로이 선택 가능하다.

5. 추완절차

(1) 기간(법 제173조 제1항): 장애사유가 없어진 날로부터 2주 내

(2) 신청: 기간 내에 항소장, 이의신청서의 제출 등 그 추완 대상인 소송행위 본래의 방식대로 행하면 된다.

(3) 법원의 조치

① 추후보완신청이 이유 있으면 추완 되는 소송행위의 당부에 관하여 본안판단.

② 추후보완신청이 이유 없으면 부적법각하 판결(재판).

6. 추후보완신청의 효력: 판결의 형식적 확정력이 소멸되는 것이 아니므로 판결의 집행력·기판력을 배제하려면 별도의 신청이 필요하다. [대법원 2011.10.27. 자 2011마1154 결정]

Ⅲ. 송달의 하자

[대법원 1998.2.13. 선고 95다15667 판결] 사망한 자에 대하여 실시된 송달은 위법하여 원칙적으로 무효이나, 그 사망자의 상속인이 현실적으로 그 송달서류를 수령한 경우에는 하자가 치유되어 그 송달은 그때에 상속인에 대한 송달로서 효력을 발생하므로, 압류 및 전부명령정본이나 그 경정결정 정본의 송달이 이미 사망한 제3채무자에 대하여 실시되었다고 하더라도 그 상속인이 현실적으로 그 압류 및 전부명령정본이나 경정결정 정본을 수령하였다면, 그 송달은 그때에 상속인에 대한 송달로서 효력을 발생하고, 그때부터 각 그 즉시항고기간이 진행한다.

[대법원 2011.11.11. 자 2011마1760 결정] 항소장에 기재된 피항소인의 주소로 항소장 부본과 제1차 변론기일통지서를 송달하였다가 '수취인 불명'으로 송달불능이 되자 원심 재판장이 항소인에게 주소보정을 명한 다음 주소보정을 하지 않았다는 이유로 항소장을 각하한 사안에서, 소송기록에 나타나 있는 다른 주소로 송달을 시도해 보고 그곳으로도 송달이 되지 않는 경우에 주소보정을 명하였어야 하는데도, 이러한 조치를 취하지 않은 채 항소장에 기재된 주소가 불명하여 송달이 되지 않았다는 것만으로 송달불능이라 하여 주소보정을 명한 것은 잘못이므로, 주소보정을 하지 않았다는 이유로 항소장을 각하한 원심명령은 위법하다.

[예제] [제40회 변리사시험 문제] 甲은 乙 소유의 A토지를 매수하였다고 주장하여, 乙을 상대로 A토지에 관한 매매를 원인으로 한 소유권이전등기청구의 소를 제기하였다. 甲은 소장에 乙의 주소지를 허위로 기재하였고 법원은 그 허위주소지에 소장부본 등 소송서류를 송달하였다. 한편, 甲과 공모한 丙이 위 주소지에서 자신이 乙인 것처럼 가장하여 위 소장부본을 송달받았다. 그 후 법원은 피고 乙로부터 답변서가 제출되지 않았음을 이유로 乙의 自白看做로 무변론의 원고 승소판결을 선고하였고, 그 판결정본이 위와 같은 방법으로 송달되었다. 이 판결에 대한 乙의 구제방법을 설명하시오. (20점)

[해설] Ⅰ. 주요 논점: 당사자 확정과 그 확정 기준, 성명모용 소송과 그 효력의 귀속, 편취판결의 효력과 피 모용자에 대한 구제책. * 본 사례에서 乙의 구제방법에 관하여 묻고 있으므로 당사자의 확정과 구제방법은 문제의 핵심에 접근하기 위한 전 단계로서 간단히 언급하는 것이 중요하다.

Ⅱ. 당사자 확정기준과 성명모용소송

   1. 당사자의 확정기준

   2. 자백간주의 효력은 乙에게 귀속된다(표시설의 적용).

   3. 자백간주에 의한 본건 판결의 효력에 관하여 무효인 판결로 보는 견해도 있을 수 있으나, 판례의 일반적 태도는 피고인 乙의 관여없이 그가 모르는 상태에서 내려진 판결이라 하더라도 당연무효로 볼 것은 아니고, 상소 등을 통하여 취소되어야 할 대상인 판결로 본다.

Ⅲ. 종국판결의 선고가 있고 그 판결정본이 허위주소로 송달되어 乙이 아닌 丙이 그 판결정본을 송달받은 경우 乙의 구제방법

   1. 학설: (1) 항소설, (2) 상소추후보완·재심설

   2. 판례: 판례(대법원 1978.5.9. 선고 75다634 전원합의체 판결)은 종국판결 정본이 丙에게 송달된 경우, 이는 부적법한 송달로서 그 판결은 미확정 상태에 있어서 乙은 언제든지 항소를 제기할 수 있다고 하여 항소설을 취한다.

3. 결론: 피해자인 乙은 甲에 의한 사위판결 취득과정을 전혀 모르는 상태에 있었다 할 것이므로 乙을 보다 두텁게 보호하는 판례의 태도가 타당하다.

Ⅳ. 종국판결에 기하여 甲 명의의 소유권이전등기가 마쳐진 경우; 판례(대법원 1995.5.9. 선고 94다41010 판결)는 甲 명의의 등기는 기판력이 없는 미확정 상태의 판결에 의한 것이므로 원인무효인 등기라 하였다. 따라서 乙은 甲에 대하여 위 등기의 말소를 구하는 별개의 소를 제기할 수 있다.

제 8 절 소송절차의 정지

Ⅰ. 의의 및 종류

1. 소송절차의 정지란 소송이 계속된 뒤에 아직 절차가 종료되기 전에 소송절차가 법률상 진행되지 않는 상태를 말한다.

2. 정지제도는 쌍방심문주의를 관철하기 위한 제도이므로 양당사자의 대석(對席)적 변론을 필요로 하는 판결절차에 원칙적으로 적용된다.

3. 소송절차의 정지에는 당사자나 소송수행자에게 소송수행을 할 수 없는 사유가 발생한 경우에 새로운 소송수행자가 나타나 소송에 관여할 수 있을 때까지 법률상 당연히 절차의 진행이 정지되는 중단과 법원이나 당사자에게 소송을 진행할 수 없는 장애가 생겼거나 진행에 부적당한 사유가 발생하여 법률상 당연히 혹은 법원의 결정에 의하여 소송절차가 정지되는 중지의 두 가지가 있다.

Ⅱ. 중단: 법률상 당연히 절차진행 정지

1. 중단사유

가. 당사자의 사망

[대법원 2007.12.14. 선고 2007다52997 판결] 민사소송법 제396조에 의하면, 항소기간은 판결의 송달을 받은 날로부터 진행되는 것이고, 다만 판결송달 전에도 항소를 제기할 수 있을 따름이므로, 패소 당사자가 판결송달 전에 판결이 선고된 사실을 알았다고 하여 그 안 날로부터 항소기간이 진행하는 것은 아니다. 그리고 항소제기기간은 불변기간이고, 이에 관한 규정은 성질상 강행규정이므로 그 기간 계산의 기산점이 되는 위 판결정본의 부적법한 송달의 하자는 이에 대한 피고의 책문권의 포기나 상실로 인하여 치유될 수 없다(대법원 1972.5.9. 선고 72다379 판결 등 참조). 원심판결 이유에 의하면 원심은, 원고(재심피고, 이하

'원고'라고만 한다)가 2000. 5. 31. 망인을 상대로 서울지방법원에 이 사건 부동산에 관한 소유권이전등기절차의 이행을 구하는 소송을 제기한 사실, 위 법원은 2000. 9. 6. 위 사건의 변론을 종결한 다음, 같은 달 27. 원고 청구를 전부 인용하는 내용의 이 사건 재심대상판결을 선고하고, 망인에게 그 판결정본을 공시송달의 방법으로 송달한 사실, 그러나 위 망인은 그 판결 선고 전인 같은 해 9. 15. 사망한 사실, 피고(재심원고, 이하 '피고'라고만 한다)들은 위 망인의 상속인 중의 일부로서 2005. 7. 13.경에야 이 사건 재심대상판결의 존재를 알게 되었다고 주장하면서 2005. 8. 10. 위 법원에 위 망인에 대한 소송수계신청을 함과 아울러 이 사건 재심의 소를 제기한 사실 등을 인정하였다. 이러한 사실관계를 앞에서 본 법리에 비추어보면, 원고가 위 망인을 상대로 제기한 소송은 위 망인의 사망으로 중단되었고, 다만 판결의 선고는 소송절차가 중단된 중에도 할 수 있으므로 위 법원이 이 사건 재심대상판결을 선고한 것은 적법하다고 할 것이나, 그 소송절차는 그 판결 선고와 동시에 중단되었으므로 위 망인에 대하여 판결정본을 공시송달 한 것은 효력이 없고, 위 망인의 상속인이 그 소송절차를 수계하여 위 판결의 정본을 송달받기 전까지는 그에 대한 항소제기기간이 진행될 수도 없으며, 이는 위 망인의 상속인들인 피고들이 위 판결의 존재를 알고 있었다거나 위 소송에 대한 수계신청을 하였다는 등의 사정이 있다고 하여 달리 볼 것은 아니라고 할 것이다.

[대법원 2011.4.28. 선고 2010다103048 판결] 1. 민사소송법 제95조 제1호, 제238조에 따라 소송대리인이 있는 경우에는 당사자가 사망하더라도 소송절차가 중단되지 않고 소송대리인의 소송대리권도 소멸하지 않으며, 이때 망인의 소송대리인은 당사자 지위의 당연승계로 인하여 상속인에게서 새로이 수권을 받을 필요 없이 법률상 당연히 상속인의 소송대리인으로 취급되어 상속인들 모두를 위하여 소송을 수행하게 되는 것이고, **당사자가 사망하였으나 그를 위한 소송대리인이 있어 소송절차가 중단되지 않는 경우에 비록 상속인으로 당사자의 표시를 정정하지 아니한 채 망인을 그대로 당사자로 표시하여 판결하였다고 하더라도 그 판결의 효력은 망인의 소송상 지위를 당연승계한 상속인들 모두에게 미치는 것이다.** 한편 소송이 종료되었음에도 이를 간과하고 심리를 계속 진행한 사실이 발견된 경우 법원은 직권으로 소송종료선언을 하여야 한다. 2. 소송계속 중 사망한 甲에게서 소송탈퇴에 관한 특별수권을 받은 소송대리인은, 승계참가인 乙이 승계참가신청을 하자 소송탈퇴를 신청하였고 상대방 측 소송대리인이 위 탈퇴에 동의하였는데, 乙이 소송물과 관련한 甲의 재산을 단독으로 상속하게 되었다면서 소송수계신청을 하였고 이후 乙은 승계참가 신청 취하서를 제출하여 상대방 측 소송대리인이 위 취하에 동의한 사안에서, 甲의 소송대리인이 한 소송탈퇴신청은 상속인들 모두에게 그 효력이 미치므로 甲과 상대방 사이의 소송관계, 즉 甲의 상속인들과 상대방 사이의 소송관계는 소송탈퇴로 적법하게 종료되었고 乙의 소송수계신청은 이미 종료된 소송관계에 관한 것이어서 이유 없음이 명백하고, 한편 乙과 상대방 사이의 소송관계도 승계참가신청취하와 상대방의 이에 대한 동의로 적법하게 종료되었다.

[대법원 1995.5.23. 선고 94다28444 판결] 1. 소송계속 중 어느 일방 당사자의 사망에 의한 소송절차 중단을 간과하고 변론이 종결되어 판결이 선고된 경우에는 그 판결은 소송에 관여할 수 있는 적법한 수계인의 권한을 배제한 결과가 되는 절차상 위법은 있지만 그 판결이 당연 무효라 할 수는 없고, 다만 그 판결은 대리인에 의하여 적법하게 대리되지 않았던 경우와 마찬가지로 보아 대리권흠결을 이유로 상소 또는 재심에 의하여 그 취소를 구할 수 있을 뿐이므로, 판결이 선고된 후 적법한 상속인들이 수계신청을 하여 판결을 송달받아 상고하거나 또는 사실상 송달을 받아 상고장을 제출하고 상고심에서 수계절차를 밟은 경우에

도 그 수계와 상고는 적법한 것이라고 보아야 하고, 그 상고를 판결이 없는 상태에서 이루어진 상고로 보아 부적법한 것이라고 각하해야 할 것은 아니다. 2. 민사소송법 제394조 제2항을 유추하여 볼 때 당사자가 판결 후 명시적 또는 묵시적으로 원심의 절차를 적법한 것으로 추인하면 '가'항의 상소사유 또는 재심사유는 소멸한다고 보아야 한다.

나. 법인의 합병으로 인한 소멸

다. 당사자의 소송능력의 상실, 법정대리인의 사망·대리권의 소멸

라. 신탁재산에 관한 소송의 당사자인 수탁자의 임무종료

마. 소송담당자의 자격상실 및 선정당사자 전원의 자격상실

바. 파산재단에 관한 소송중의 파산선고 및 파산해지

[대법원 2011.10.27. 선고 2011다56057 판결] 1. 채무자 회생 및 파산에 관한 법률 제59조 제1항, 제33조, 민사소송법 제247조 제1항, 제2항의 각 취지 및 내용 등에 비추어 보면, 소송 계속 중 일방 당사자에 대하여 채무자 회생 및 파산에 관한 법률 제49조에서 정한 회생절차 개시결정이 있었는데, 법원이 회생절차 개시결정사실을 알지 못한 채 관리인의 소송수계가 이루어지지 아니한 상태 그대로 소송절차를 진행하여 판결을 선고하였다면, 그 판결은 일방 당사자의 회생절차 개시결정으로 소송절차를 수계할 관리인이 법률상 소송행위를 할 수 없는 상태에서 심리되어 선고된 것이므로 여기에는 마치 대리인에 의하여 적법하게 대리되지 아니하였던 경우와 마찬가지의 위법이 있다. 2. **소송 계속 중 일방 당사자인 甲 주식회사에 대하여 회생절차 개시결정이 있었는데, 원심이 회생절차 개시결정사실을 알지 못한 채 甲 회사의 공동관리인인 乙 등의 소송수계가 이루어지지 아니한 상태 그대로 소송절차를 진행하여 판결을 선고한 사안에서, 위 판결은 甲 회사에 대한 회생절차 개시결정으로 소송절차를 수계할 공동관리인들이 법률상 소송행위를 할 수 없는 상태에서 심리되어 선고되었으므로 마치 대리인에 의하여 적법하게 대리되지 아니하였던 경우와 마찬가지의 위법이 있다.**

2. 중단의 예외

가. 소송대리인이 선임되어 소송수행이 되고 있는 경우에는 중단이 되지 않는다. 당해 대리인에게 상소제기에 관한 대리권이 없을 때에는 판결정본이 대리인에게 송달되는 순간 소송절차가 중단 된다. 다만 이 경우에도 소송대리인에게 상소에 관한 특별대리권이 수여되어 있는 경우에는 판결정본이 소송대리인에게 송달 된 날로부터 상소기간이 진행 된다. 즉 소송이 중단되지 않는다.

※ 甲, 乙 간의 소송계속 중 乙이 사망하고 그 상속인이 A·B·C·D인 경우, 乙의 소송대리인이 착오로 상속인이 A·B 뿐인 줄 알고 A·B를 위해서 소송수계신청을 한 뒤 항소하고, C·D가 수계인 및 항소인에서 누락된 경우: [판례] C·D에 대한 판결은 확정된다고 한다(아래의 91마342 판결 참조). 이 때 C·D나 소송대리인에게 상소기간을 도과시킨 데 대해 귀책사유가 없다면 상소의 추완에 의해 구제될 것이고, 소송대리인에게 과실이 있다면 C·D

는 소송대리인에 대한 손해배상청구에 의하여 실체법적으로 해결할 수밖에 없을 것이다. 한편 위와 같은 경우에, 형식적 당사자개념에 따라 상속인이 수계절차를 밟아야 그에 대해 유효하게 소송절차가 진행되고 유효한 판결선고가 가능하다고 보는 반대 견해가 있다. 위와 같은 사례에서 C·D는 중단상태에 있게 된다는 것이다. 이 견해에 의하면 소송대리인이 선임되어 있어서 그가 상속인을 위해 소송을 수행한다고 하더라도 그의 권한은 최소한의 방어적 행위에 제한된다고 본다.

[대법원 1992.11.5. 자 91마342 결정(수계신청기각결정)] 기록과 원심결정 이유에 의하면, 이 사건의 피고들 중 甲이 제1심 계속 중이던 1988.10.15. 사망하였으나 그를 위한 소송대리인이 선임되어 있었으므로 소송절차가 중단되지 아니한 채로 그대로 진행되다가 1989.3.22. 원고 소송대리인이 위 甲의 법정상속인들 중 A, B만이 재산상속인이 되었다 하여 이들을 수계인으로 하는 수계신청을 하면서(상속인들 중 C 외 2인은 상속포기를 했다는 이유로) 甲에 대하여 구하였던 청구금액 중 6/7을 A에게, 1/7을 B에게 구하는 것으로 청구취지 및 청구원인변경신청을 하자 제1심은 이를 받아들이는 취지로 당사자 표시를 甲 대신에 망 甲의 소송수계인 A 같은 소송수계인 B라고 하여 원고의 위 甲에 대한 청구는 일부 이유 있고 위 甲의 재산을 A가 6/7, B가 1/7의 비율로 상속하였다 하여 그들에 대한 원고의 청구를 일부 인용하고 나머지를 기각하는 판결을 선고하였고, 이에 대하여 위 A, B가 항소를 하여 원심에 소송 계속중인 1990.5.16. 원고는 망 甲의 재산을 A가 6/15, B가 1/15, C, D가 각 4/15의 비율로 상속하게 된 사실을 알고 원심법원에 C, D에 대하여 추가로 이 사건소송수계신청을 하였는바, 이에 대하여 원심은 이 사건에서와 같이 소송계속중 당사자가 사망하더라도 그를 위한 소송대리인이 있는 경우에는 소송절차가 중단되지 아니하고 그 상속인을 위하여 진행되는 것이지만 일단 수계신청의 형식으로 그 상속인이 특정되어 그 특정된 상속인을 당사자로 하여 판결이 선고 되었을 때에는 그 판결은 상속인으로 표시된 특정인에 대하여만 효력이 있을 뿐이고, 그 특정에서 누락된 다른 상속인에 대한 관계에 대하여까지 그 판결의 효력이 생기는 것은 아니라고 할 것이며, 그 누락된 상속인에 대하여는 아직 판결이 선고되지 아니한 상태에 있다고 할 것이고 따라서 그 판결에 대하여 특정된 상속인이 한 항소로 인하여 판결에서 누락된 다른 상속인에 대하여까지 이심의 요력이 생기는 것도 아니라고 판단하여 이 사건 소송수계신청을 기각하였음을 알 수 있다. **그러나 당사자가 사망하였으나 그를 위한 소송대리인이 있어 소송절차가 중단되지 아니한 경우에는 원칙적으로 수송수계라는 문제가 발생하지 아니하고 그 소송대리인은 상속인들 전원을 위하여 소송을 수행하게 되는 것이며 그 사건의 판결은 상속인들 전원에 대하여 효력이 있는 것이라 할 것이다.** 이 경우에 상속인이 밝혀진 경우에는 상속인을 소송승계인으로 하여 신당사자로 표시할 것이지만, 상속인이 누구인지 모를 때에는 망인을 그대로 당사자로 표시하여도 무방한 것이며 가령 신당사자를 잘못 표시하였다 하더라도 그 표시가 망인의 상속인, 소송승계인, 소송수계인 등 망인의 상속인임을 나타내는 문구로 되어있으면 그 잘못 표시된 당사자에 대하여는 판결의 효력이 미치지 아니하고 여전히 정당한 상속인에 대하여 판결의 효력이 미치는 것으로 볼 것이다. 따라서 이 사건 제1심 판결의 효력은 당사자표시에서 누락되었음에도 불구하고 위 甲의 정당한 상속인인 위 C, D에게도 그들의 상속지분만큼 미치는 것이고 통상의 경우라면 심급대리의 원칙상 이 판결의 정본이 소송대리인에게 송달된 때에 소송절차는 중단되는 것이며, 소송수계를 하지 아니한 C와 D에 관하여는 현재까지도 중단상태에 있다고 할 것이나, 기록에 의하면 이 사건의 경우 甲의 소송대리인이었던 乙변호사는 상소제기의 특별수권을 부여받고 있

었으므로(소송대리위임장에 부동문자로 특별수권이 부여되어 있다) 항소제기기간은 진행된다고 하지 않을 수 없어 제1심판결중 위C, D의 상속지분에 해당하는 부분은 그들이나 소송대리인이 항소를 제기하지 아니한 채 항소제기기간이 도과하여 이미 그 판결이 확정되었다고 하지 않을 수 없다. 그렇다면 원고로서는 이미 판결이 확정된 위 C, D에 대하여 항소심에서 새삼스럽게 소송수계신청을 할 필요도 없고 할 수도 없다 할 것이므로 이 사건 소송수계신청은 부적법하다 할 것인바, 원심이 위 C, D에 대한 부분이 제1심에 계류 중이라고 본 것은 소송절차의 중단과 소송대리인이 있는 경우의 예외에 관한 법리를 오해한 탓이라 하겠으나 위 C, D의 상속지분에 대하여는 항소심에 이심이 되지 아니하였다고 본 결론은 정당하다고 하겠으므로 논지는 결국 이유 없음에 돌아간다.

[대법원 2010.12.23. 선고 2007다22859 판결] 제1심 소송 계속 중 원고가 사망하자 공동상속인 중 甲만이 수계절차를 밟았을 뿐 나머지 공동상속인들은 수계신청을 하지 아니하여 甲만을 망인의 소송수계인으로 표시하여 원고 패소 판결을 선고한 제1심판결에 대하여 상소제기의 특별수권을 부여받은 망인의 소송대리인이 항소인을 제1심판결문의 원고 기재와 같이 "망인의 소송수계인 甲"으로 기재하여 항소를 제기하였고, 항소심 소송 계속 중에 망인의 공동상속인 중 乙 등이 소송수계신청을 한 사안에서, **수계적격자인 망인의 공동상속인들 전원이 아니라 제1심에서 실제로 수계절차를 밟은 甲만을 원고로 표시한 제1심판결의 효력은 그 당사자 표시의 잘못에도 불구하고 당연승계에 따른 수계적격자인 망인의 상속인들 모두에게 미치는 것인데, 위와 같은 제1심판결의 잘못된 당사자 표시를 신뢰한 망인의 소송대리인이 판결에 표시된 소송수계인을 그대로 항소인으로 표시하여 그 판결에 전부 불복하는 위 항소를 제기한 이상, 그 항소 역시 소송수계인으로 표시되지 아니한 나머지 상속인들 모두에게 효력이 미치는 위 제1심판결 전부에 대하여 제기된 것으로 보아야 할 것이므로, 위 항소로 인하여 제1심판결 전부에 대하여 확정이 차단되고 항소심절차가 개시되었다고 보아야 한다(상소를 제기한 자의 합리적 의사에 비추어 특별한 사정이 없는 한 정당한 상속인들 모두에게 효력이 미치는 위 판결 전부에 대하여 상소가 제기된 것으로 보아야 한다는 취지이다; 본 판례를 '확정설'을 취하는 앞의 91마342 결정과는 달리 '효력확장설'을 따른 것으로 해석하는 견해도 있다[1]).** 다만 제1심에서 이미 수계한 甲 외에 망인의 나머지 상속인들 모두의 청구 부분과 관련하여서는 항소제기 이후로 소송대리인의 소송대리권이 소멸함에 따라 민사소송법 제233조에 의하여 그 소송절차는 중단된 상태에 있었다고 보아야 할 것이고, 따라서 원심으로서는 망인의 정당한 상속인인 乙 등의 위 소송수계신청을 받아들여 그 부분 청구에 대하여도 심리 판단하였어야 함에도, 乙 등이 망인의 당사자 지위를 당연승계한 부분의 제1심판결이 이미 확정된 것으로 오인하여 위 소송수계신청을 기각한 원심판결을 파기한 사례.

3. 중단의 해소

가. 수계신청
(1) **신청권자**: 　　중단사유 있는 당사자 측 신수행자(상속인·상속재산관리인·유언집행자·포괄유증의 수증자, 법인합병의 경우 신설법인, 흡수합병의 경우 존속법인 등) 및 상대방 당사자(법 제241조).

---

1) 이시윤, 428면.

(2) **신청하여야 할 법원:** ① **중단 당시 소송이 계속된 법원에 하여야 하는 것이 원칙이다(법 제243조 2항).** ② **종국판결이 송달된 뒤에 중단된 경우:** 아래 판례는 원심법원 또는 상소법원에 선택적으로 신청 할 수 있다는 입장이다(원심법원에 수계신청 하여야 할 것이나 상소법원에 신청하여도 된다는 말이다). 그러나 학설은 원심법원에 하여야 한다는 것이 다수설이다.

> **[대법원 1996.2.9. 선고 94다61649 판결]** 소송절차가 중단된 상태에서 제기된 상소는 부적법한 것이지만, 상소심 법원에 수계신청을 하여 그 하자를 치유시킬 수 있다. 당사자가 사망하였으나 그를 위한 소송대리인이 있는 경우에는 소송절차가 중단되지 아니하고, 그 소송대리인은 상속인들 전원을 위하여 소송을 수행하게 되어 그 사건의 판결은 상속인들 전원에 대하여 효력이 있다고 할 것이며, 다만 심급대리의 원칙상 그 판결정본이 소송대리인에게 송달된 때에는 소송절차가 중단된다.

(3) **절차:** 수계신청은 서면 또는 말로써 한다. 수계신청인가의 여부는 명칭에 구애됨이 없이 실질적으로 판단하여야 할 것이다. 기일지정신청 또는 당사자표시정정신청도 경우에 따라서는 수계신청으로 보아야 할 것이다. 묵시의 수계도 인정한다.

(4) **재판:** ① 이유 없으면 법원은 수계신청에 대하여 기각결정을 하여야 하고, 중단 상태는 계속된다. ② 이유 있으면 별도의 재판 없이 그대로 재판을 속행한다.

나. 법원의 속행 명령(법 제244조)

당사자 어느 쪽도 수계신청을 하지 않은 채 장기간 방치된 경우에 법원은 직권으로 소송절차를 계속하여 진행하도록 명할 수 있다.

Ⅲ. 소송절차의 중지

당사자의 교체가 없고, 수계절차가 필요 없음.

1. 중지사유

가. 당연중지: 천재지변 등으로 법원의 업무집행 불능의 경우.

나. 재판에 의한 중지: 당사자에 대한 연락두절(전쟁 등).

다. 다른 절차와의 관계에서 진행의 부적당: ① 조정회부 ② 위헌제청 신청 ③ 당사자에 대한 파산절차개시.

2. 소송절차 중지의 효과

가. 당사자의 소송행위: 무효, 이의권 상실.

나. 법원의 소송행위: 대법원 1995.5.23. 선고 94다28444 전원합의체 판결.
① 당연무효설.
② 위법설(위 판례는 종래의 당연무효설을 버리고 위법설을 취함).

다. 기간의 진행

제 7 장 증 거 법

제 1 절 증거의 의의

Ⅰ. 증거의 의의 및 종류

1. 법원의 재판은 법규를 대전제로 하고 사실을 소전제로 하여 3단논법적 추론을 통하여 분쟁을 해결하는 절차이다. 즉, 법원은 사실관계를 확정하고 그 사실에 법률을 해석·적용하는 방법에 의하여 재판을 한다. 따라서, 적정한 재판을 하려면 사실확정의 적정성이 절대적으로 요청된다. 그러한 사실확정(인정)은 증거에 의하여야 한다.

2. 증거란 일반적으로 법원에 의한 사실인정을 위한 재료를 말한다. 구체적으로 증거방법, 증거자료, 증거능력, 증명력 등으로 세분하여 설명되기도 한다.
이러한 증거를 종류별로 분류하면 다음과 같다.

3. 직접증거·간접증거

가. 직접증거란 주요사실을 직접적으로 증명하는 증거를 말한다. 예컨대 계약사실의 증명에 있어서의 계약서, 어음금청구에 있어서의 어음 등이다.

나. 간접증거란 간접사실이나 보조사실을 증명하는 증거를 말한다. 예컨대 소비대차사실의 존부를 증명함에 있어서 그 시점에 피고가 경제적으로 쪼들리는 상황이었다가 호전되었다는 사실, 증인이 위증죄로 처벌받은 전과가 있다는 사실(보조사실) 등을 증명할 수 있는 증거이다.

[대법원 2002.6.14. 선고 2001므1537 판결: 간접사실을 통한 사실의 증명] 1. 원고의 청구 및 주장: 원고 P(plaintiff)는 P의 생모인 소외 A와 1997. 9. 30. 교통사고로 사망한 소외 亡 B가 사실혼 관계를 맺고 있던 중에 수태되어 1997. 12. 5. P가 출생하였으므로 P는 B의 친생자라고 주장하면서 검사를 상대로 인지청구소송을 제기하였다.
2. 위 청구에 대하여 원심(서울고등법원)은 다음과 같은 사실인정을 하고 P의 청구를 기각하였다.
가. 사실관계 (1) 서울대학교병원 교수 L이 제1심법원 감정인으로서 한 감정결과에 의하면 P의 상염색체유전자 좌와 망 B의 亡父인 C와 망 B의 母인 D(피고 보조참가인)의 유전자 좌를 비교분석한 결과 그 중 3개의 유전자 좌가 서로 일치하지 않는 것으로 판명되었다고 하여 P가 亡 B와 친생자 관계를 인정할 수 없다고 감정했다 (2) 제2심법원의 감정인으로 지정

된 주식회사 M은 P와 D(亡 B의 母)의 X성염색체에서 짧은 염기순서가 반복적으로 나타나는 지역인 STR(Short Tandem Repeat) 18개에 대하여 대립유전자를 분석한 결과 P는 D의 친손녀 이고 따라서 亡 B의 친딸이라고 감정하였다. (3) 이 사건과 같은 유전자 감정을 통한 친자감 별에 있어서 서울대학교병원이 채택한 상염색체유전자 감정방법은 일반적으로 통용되어온 방법이고, 감정을 담당한 의사 L이 속한 서울대학교 의과대학 법의학교실은 1991.경부터 약 1500건 정도 위와 같은 방법으로 친자감정을 해 왔으며, 주식회사 M이 채택한 X성염색체의 STR을 이용한 감정방법은 이 사건에 있어서 최초로 채택된 것이다. **나. 판단**: (1) 유전자는 민족마다 상이하고 그 다양성이 크기 때문에 유전자 검사를 통하여 친생자 관계를 감별함에 있어서는 장기간 상당수 이상의 인구집단을 대상으로 하여 발생할 수 있는 시행착오를 배제 할 수 있을 정도로 많은 검사가 이루어 진 연후에 신뢰할 정도의 정확한 결과를 얻을 수 있 다. (2) 주식회사 M이 채택한 감정방법은 아직 정확한 결과를 신뢰할 정도로 검증된 방법이 라고는 보기 어려워 서울대학교병원의 감정결과에 비하여 증명력이 우월하다고 볼 수 없다. (3) 친자감별에 있어서 어떠한 검사방법에 의하여도 과학적으로 100%에 가까운 가능성만 도 출될 뿐 100%의 친자관계를 판별할 수는 없는 반면에, 정확성이 검증된 방법에 의하여 단 1 개의 요소라도 불일치하면 돌연변이의 가능성을 제외하고는 친자관계의 부존재가 100% 인 정된다는 점 등을 고려하여 P와 B의 친생자관계를 인정할 수 없다고 하여 P의 청구기각.

3. 대법원의 판단: **가. 친생자관계 존부확인에 관하여** (1) 전제: 혈연상의 친자관계라는 주요사실의 존재를 증명함에 있어서는, 부와 친모사이의 정교관계의 존재여부, 다른 남자와 의 정교의 가능성이 존재하는지 여부, 부가 자를 자기의 자로 믿고 있음을 추측하게 하는 언 동이 존재하는지 여부, 부와 자 사이에 인류학적 검사나 혈액형 검사 또는 유전자 검사를 한 결과 친자관계를 배제하거나 긍정하는 요소가 있는지 여부 등 주요사실의 존재나 부존재를 추인시키는 간접사실을 통하여 경험칙에 의한 사실상의 추정에 의하여 주요사실을 추인하는 간접증명의 방법에 의할 수밖에 없는데, 여기에서 혈액형 검사나 유전자 검사 등 과학적 증 명방법이 그 전제로 하는 사실이 모두 진실임이 증명되고 그 추론의 방법이 과학적으로 정 당하여 오류의 가능성이 전무하거나 무시할 정도로 극소한 것으로 인정되는 경우라면 그와 같은 증명방법은 가장 유력한 간접증명의 방법이 된다고 할 것이다. (2) **사실관계**: (가) 원고 P의 생모 A와 망 B는 1996. 9.경부터 A의 부모가 거주하는 인천 서구 석남동 소재 A의 집에 서 사실상 동거생활을 시작하여, A가 1997. 3. 경에 P를 수태한 후 1997. 4. 경부터는 B가 1,300만원에 임차한 인천 서구 석남동 소재 주택에서 본격적으로 동거생활에 들어가 1997. 9. 30. B가 불의의 교통사고로 사망할 때까지 B도 A가 자신과의 사이에 P를 임신한 것으로 알 면서 사실혼관계를 유지하여 왔다는 점에 비추어 볼 때 A가 다른 남자와 정교하여 P를 수태 하였을 가능성은 희박한 반면에 B와 정교하여 P를 수태하였을 가능성이 크다고 보아야 한 다. (나) ABO식 혈액형에 따르면 B는 O형이고 A와 P는 각각 A형으로서 P가 B의 친생자라고 보는데 방해가 되지 않는다. (다) 원심(서울고법)의 감정촉탁결과는 X염색체 유전자좌검사방 법에 의한 것으로 이 사건에서 처음으로 시도된 것이기는 하지만, 그 감정방법의 전제가 되 는 이론자체에 오류가 있다고 보기는 어려운데다가, 그 감정내용에 의하면 P와 B의 어머니 인 D 사이에서 18개의 STR에서 대립유전자가 전부 일치하는 것으로 나타나는 한편 가까운 혈연관계가 아닌 두 사람 사이에서 그와 같은 일치가 나타날 확률은 11,175쌍 중 6쌍으로서, 0.0005369에 불과하다는 것이므로 그 감정결과를 쉽사리 배척하기는 어려워 보인다. (라) 기 록에 의하면, 원심이 B와 P사이의 친자관계의 존재를 배제하는 결정적인 증거로 채택한 제1 심의 감정촉탁결과는 상염색체유전자좌검사방법에 의한 것으로서, 이는 B와 B의 亡父(망부) 인 C의 유전자형을 모르는 상태에서 B와 그 형제들인 소외 E, F, G,가 모두 C와 D의 친자들

이라는 조건이 충족되는 것을 전제로 한 것이고, 따라서 소외 E, F, G 또는 B 중 어느 한 사람이라도 C 또는 D의 친자가 아니라면 B의 형제들인 E, F, G와 D의 유전자형으로부터 추정한 B의 유전자형은 사실과 다르게 되므로, 그와 같은 전제조건이 되는 자연적 혈연관계의 존재에 대하여 증명이 되지 아니한 상태에서 시행된 제1심의 감정촉탁결과는 실체적 사실에 부합하지 않게 된다. **(3) 대법원의 결론:** 가. 원심판결을 파기하고 사건을 다시 심리·판단하도록 환송판결 나. 대법원은 위 판결에서 공문서인 호적부의 증명력 정도와 친생자 확인소송에 있어서 법원의 직권행사정도에 관하여 아래와 같이 판시하고 있다. **(1) 호적부의 증명력** (가) 호적부의 기재사항은 이를 번복할만한 명백한 반증이 없는 한 진실에 부합하는 것으로 추정된다고 할 것이지만, 이는 일반적인 법률관계에 있어서의 친족관계나 사망사실의 추정에 관한 것이고, 이 사건의 경우와 같은 감정방법에 의하여 과학적으로 어떤 사실을 증명함에 있어서 감정의 전제되는 사실에 관하여 호적부의 추정력을 적용할 수는 없는 것이며, 따라서 이와 같은 경우 그 전제되는 사실이 진실하다는 점에 대하여는 그 감정방법을 원용하는 당사자가 이를 증명하여야 한다.(해설: 통상의 경우 친자·친족 등 신분관계의 증명에는 그와 같은 사실이 등재된 호적부를 제시하는 것만으로 충분하고 그 사실을 다투는 측에서 이를 번복할만한 명백한 반증을 제시하여야 할 것인데, 이 사건의 경우와 같이 혈연관계의 존부를 확인하기 위한 감정의 대상(기초자료)이 되는 경우에는 위와 같은 추정력을 원용할 수 없다는 것이다) (나) 그러므로 위 감정방법의 전제가 되는 혈연관계를 의심할만한 객관적 자료가 없다는 이유만으로 제1심의 감정촉탁결과의 전제조건이 충족되는 것으로 보고 그 진실 부합성을 인정한 원심의 판단은 잘못된 것이다. **(2) 인지소송은 부와 자와의 간에 사실상의 친자관계의 존재를 확정하고 법률상의 친자관계를 창설함을 목적으로 하는 소송으로서 친족·상속법상 중대한 영향을 미치는 인륜의 근본에 관한 것이고 공익에도 관련되는 중대한 것이기 때문에 이 소송에서는 직권주의를 채용하고 있는 것이므로 당사자의 입증이 충분하지 못한 때에는 가능한 한 직권으로도 사실조사 및 필요한 증거조사도 하여야 한다는 전제하에,** (가) P는 B와 그 얼굴 모습이나 골상이 닮았다고 주장하고 있으므로 원심으로서는 그 점에 대해서도 좀 더 심리해 볼 필요가 있다. (나) 만약 망 B의 부인 망 C의 유골이 비교적 잘 보존되어 양질의 DNA가 추출될 수 있다면 P가 C와 D의 손녀인지의 여부에 관하여도 더 정확하게 알아볼 수 있고, 또 Y염색체 유전자 좌 감정 등을 통하여 소외 E, F, G 등 3인이 친형제들인지에 관하여도 더 알아 볼 수 있다는 것이므로, 원심으로서는 적절한 증거조사방법에 의하여 제1심의 감정촉탁결과가 그 전제로 한 조건이 충족되는지 여부에 관하여 좀 더 알아볼 필요가 있다.

Ⅱ. 증명의 의의

1. 증거에 의하여 법관이 일정한 심증을 얻는 과정을 증명이라고 한다. 형사소송에 비하여 개념구분의 중요성이 덜하기는 하지만 엄격한 증명과 자유로운 증명으로 나누어 볼 수 있다.

2. 증명과 소명

가. 증명이란, 재판의 기초가 되는 것으로서 명백히 하여야 할 사항에 관하여 법관이 확

신을 얻은 상태, 또는 그 상태에 도달하기 위하여 증거를 제출하는 당사자의 노력을 의미한다. 확신이란, 그 사실의 존재에 대하여 합리적 의심의 여지가 없을 정도의 심증에 도달한 상태를 말한다.

나. 소명이란, 법관에게 증명의 정도에까지는 이르지 않았지만 일단은 확실하다는 정도의 인식을 가지게 한 상태, 또는 그러한 상태에 도달하고자 증거를 제출하는 당사자의 노력을 의미한다. 법에서 명시적으로 소명만으로 족하다고 규정하거나(주로 가압류, 가처분 등 신속한 처리를 필요로 하는 보전처분 등), 절차적·파생적 사항에 규정하고 있다. 소명은 즉시 조사할 수 있는 방법에 의할 것을 요한다.

3. 엄격한 증명, 자유로운 증명

가. 엄격한 증명이란 법정 증거방법에 의하여 법정 방식에 따라 하는 증명을 말한다. 청구의 당부를 뒷받침하는 사실인정은 엄격한 증명에 의해야 한다.

나. 자유로운 증명은 법정 증거조사절차에 의하지 않는 증명을 말한다. 그럼에도 어디까지나 소송상 증명의 일종이므로 법원의 소송절차 외에서의 탐지(探知)활동, 법관의 개인적 지식을 이용하는 것은 허용되지 않는다. 그리고 변론주의가 적용되는 영역이라면 법관의 직권증거조사도 원칙적으로 허용되지 않는다. 엄격한 증명과의 구체적 차이점은 증거제출의 방법, 증거방법에 대한 규제, 증거조사 결과의 구술변론에의 上程(상정) 등을 법정 절차에 따르지 않아도 된다는 것이다. 일반적으로는 청구의 당부를 뒷받침하는 사실 이외의 사항 ① 판결절차에 있어서의 직권조사사항, ② 결정절차에 있어서의 요증사실, ③ 법규·경험칙 등의 증명에 관하여 자유로운 증명으로 족하다.

4. 본증과 반증

가. 본증이란, 자기가 증명책임을 부담하는 사실을 증명하기 위하여 제출하는 증거를 말하며, 당사자의 증명활동(주관적 증명책임)으로서의 본증은 법관에게 요증사실의 존재에 관하여 확신을 갖도록 하여야 한다.

나. 반증이란 상대방이 증명책임을 지는 사실의 부존재를 증명하기 위하여 제출하는 증거를 말한다. 당사자의 증명활동(주관적 증명책임)으로서의 반증은 없고, 요증사실(주요사실)에 대한 법관의 확신을 흔들리게 하여 진위불명의 상태에 빠뜨리게 된다면 그것으로 족하다.

증거방법	증거자료	증거능력	증명력
증인	증언(진술)	○	○ 형식적 증명력
문서	문서기재내용	○	○ 실질적 증명력 (처분문서, 판결)

당사자 본인	본인신문결과(진술)	○	○ (구 민소법은 보충적 증명력, 현재는 무제한)
검증물	검증결과	○	○
감정인	감정의견	○	○
기타의 증거방법(§374) (녹음테이프·컴퓨터 디스켓)	검증결과	○ (위법수집 증거자료의 경우)	○

5. 당사자의 증명권[1]

가. 당사자는 소송의 주체인 지위에서 절차상의 여러 가지 권리와 권능을 인정받고 있으며, 이것을 통틀어 '당사자권'이라고 부르며, 당사자의 '변론권'과 '증명권'은 이러한 당사자권의 주요내용이고, 동시에 헌법이 보장하고 있는 절차적 기본권의 주요내용이 된다. 여기서 증명권이란 당사자가 그가 주장하는 권리의 요건사실을 증명할 수 있는 권리를 말한다.

나. 법원에 대한 관계
(1) 증거제출권의 보장
① 증거방법과 증거능력에 있어서 원칙적 무제한: 민사소송에서 법은 자유심증주의를 채택하여 원칙적으로 모든 증거방법의 증거능력을 인정한다. 법이 원칙적으로 엄격한 증명을 요구하는 것은 상대방의 절차적 보장과의 조화, 직접주의, 공개주의와 조화를 위한 것으로서 증명권의 제한과는 관계가 없다.
② 증거신청에 대한 채택여부 결정에 있어서 법원의 자의적 판단 배제.
(2) 증거조사에의 참여권
① 증거조사기일의 통지(법 제167조 1항, 제297조 2항, 제381조).
② 증인신문에 있어서 반대신문권의 보장(법 제327조 1항).
(3) 증거력의 평가에 대한 不服權
① 증거력 평가에 있어서 법관의 자의적 판단 금지.
② 사실심 법관의 증거력 평가가 논리와 경험법칙에 어긋나는 경우에 당사자는 채증법칙 또는 법 제202조 위반을 이유로 상고할 수 있다.

다. 상대방에 대한 관계
(1) 증거에 관한 당사자대등(무기대등)의 원칙
① 증거의 수집·제출의 면에서 상대방에게 신의칙에 따른 협력의무.
② 구체적 실현방법: 문서제출의무, 증명방해의 이론, 모색적 증명 및 정보청구권.
(2) 증명방해와 그 대책
① 의의: 증명책임 없는 당사자에 의하여 증명책임 있는 당사자의 증명을 곤란하게 하는 행위.

---

1) 정동윤·유병현, 458면.

② 증명방해 이론의 기능: 상대방의 증거수집 활동 방해행위를 사전에 예방하는 기능
③ 증명방해의 효과로서의 방해 당사자에 대한 제재
ⅰ. 민소법규정: 문서제출위무위반(법 제349조. 제360조 1항), 문서의 훼손(제350조), 검증목적물 부제출의 경우(제366조 1항), 당사자신문에의 불응의 경우(제369조).
ⅱ. 명문규정이 없는 경우 증명방해행위에 대한 제재; 증명책임 전환설(독일판례, 다수설)과 자유심증설(증거평가설) 등이 있다.

[증거법의 새로운 경향[1]]
1. 현대형 소송에서 피해자와 가해자 사이의 증거에 관한 실질적 평등상태의 훼손→실체적 진실을 가려내기위한 수단으로서 당사자 사이의 실질적 평등을 회복하기 위한 노력
2. 증거방법 획득을 용이하게 하는 제도의 도입, 문서 제출명령의 강화, 증거보전제도의 확대, 모색적 증명 및 증명방해이론의 도입 등이 논의되고 있다.
3. 자유심증주의 원칙을 보완·강화하기 위한 노력으로서, 증명의 정도·증명력의 수준을 완화 하려는 시도가 있다. 특히 공해소송·제조물 책임소송 등에서 이른바 증명도에 관한 개연성설과 역학적 증명의 채택, 경험법칙에 의한 일단의 추정내지 표현증명이론의 채택 등을 들 수 있다.

제2절 증명의 대상과 불요증(不要證)사실

Ⅰ. 증명을 필요로 하는 사실

1. 증명의 대상

가. 사실: 권리·의무의 발생·변경·소멸이라고 하는 법률효과에 관하여 규정하는 법규의 요건사실(주요사실)의 존부를 확정함으로써 법률효과의 존부에 관한 판단이 가능해진다. 따라서 주요사실이 증명의 대상이 된다. 한편, 간접사실 및 보조사실도 주요사실의 인정에 필요한 경우에는 증명의 대상이 된다.

나. 경험법칙
(1) 의의: 인간의 경험에서 귀납적으로 얻어지는 사물에 대한 지식이나 법적 인과관계, 사물의 성질이나 상태 등에 관한 사실판단의 법칙을 말한다. 경험법칙이란 각개의 경험으로부터 귀납적으로 얻어지는 사물의 성상이나 인과의 관계에 관한 사실판단의 법칙으로서 구체적인 경험적 사실로부터 도출되는 공통인식에 바탕을 둔 판단형식이다. 따라서 어떠한 경험법칙이 존재한다고 하기 위하여서는 이를 도출해 내기 위한 기초되는 구체적인 경험적 사실(증거 등에 의하여 인정된 사실)의 존재가 전제되어야 하는 것이다.

---

1) 정동윤·유병현, 457면.

(2) 종류

① 단순한 경험법칙, ② 전문적·학리적 경험법칙, ③ 고도의 개연성이 있는 경험법칙이 있다.

(3) 경험법칙의 작용

① 사실에 대한 평가적 판단(폭리, 신의칙 위반여부의 판단), ② 증거의 가치판단(증거력의 평가), ③ 간접사실의 존재로부터 주요사실의 추론 등에 경험법칙이 적용될 수 있다.

(4) 증명의 필요성

① 경험법칙은 자백의 대상이 되지 않으며 증명에 의하여 인정한다고 하더라도 자유로운 증명의 대상이 된다.

② 경험법칙에 관하여 증명의 필요성이 있는가에 관하여 견해의 대립이 있다. 경험법칙은 사실인정의 대전제가 되므로 법규와 마찬가지로 증명의 대상이 아니라는 견해가 있다. 생각건대, 일반상식에 속하는 경험법칙의 경우에는 증명의 필요가 없을 것이나, 전문적·학리적 경험법칙 등은 증명의 대상이 된다고 보는 것이 타당하다(다수설). 조사, 촉탁 등 자유로운 증명에 의할 것이다.

(5) 상고의 대상이 되는가?

(가) 경험법칙의 인정이나 그 적용에 있어서 잘못이 있을 때 이것을 법령위반과 같이 보아 상고이유로 삼을 수 있는가?

(나) 학설

① 긍정설(다수설): 경험법칙을 법규에 준하는 것으로써 일응 사실문제라기 보다는 법률문제로 보아야 한다는 것이다. 긍정설을 취하더라도 경험법칙 위반이라고 하여 모두 상고심의 심사를 받을 수 있는 것이 아니라, 경험법칙의 적용에 있어서 현저한 오류가 있을 경우에만 상고이유가 된다고 본다[1].

② 부정설(소수설): 경험법칙은 법규와 달리 통상적으로 사실판단에 쓰이는 자료라는 것과 전문적 지식에 대해서는 문외한인 상고심 법관이 사실심의 인정을 비판하는 것은 부당하다는 견해로서 경험법칙의 적용은 순수한 사실확정의 문제라고 한다.

(다) 판례: 경험법칙위반은 상고이유가 된다고 본다.

① 교통사고에 의해 중증뇌타박상 등으로 인한 뇌출혈로 사망한 피해자가 사고 이전에 치사량이 넘는 농약을 마신 사실이 인정된다면, 피해자의 여명과 노동가동기한을 인정하기 위하여는 사고 당시 피해자의 소생가능성과 그 후유증의 유무, 후유증으로 인한 노동능력상실 여부 등에 관하여 심리한 후 그에 따라 여명과 가동연한 및 사고로 상실된 노동능력 등을 인정하여야 함에도 위와 같은 점에 관하여 제대로 심리하지 아니한 채 일반 건강인과 같이 취급하여 일실수입을 산정한 원심판결에는 심리를 제대로 하지 아니하고, 채증법칙을 위배하여 판결에 영향을 미친 위법이 있다[2].

② 매매계약 시 잔금 지급 이전에 매매목적물인 부동산에 관한 소유권이전등기를 매수인에게 경료하여 준다는 특별한 약정이 없는 한 잔금 지급 이전에 소유권이전등기를 경료하여

---

1) 이시윤, 432면.
2) 대법원 1995.2.14. 선고 94다47179 판결.

주는 것은 극히 이례에 속하므로, 어느 부동산에 관하여 잔금 지급과 상환으로 소유권이전등기를 경료하여 주기로 하는 내용의 부동산매매계약이 체결되고 매매목적물에 관하여 매수인 명의로 소유권이전등기가 경료되었다면, 특단의 사정이 없는 한 매수인의 잔금 지급의무는 이미 이행되었다고 봄이 경험법칙상 상당하고, 그와 같은 사정에도 불구하고 매매대금이 전부 지급된 것이 아니라고 판단하려면 특단의 사정에 대한 이유 설시가 선행되어야 한다.[1]

③ 계약을 합의해제 할 때에 원상회복에 관하여 반드시 약정을 하여야 하는 것은 아니지만, 매매계약을 합의해제하는 경우에 이미 지급된 계약금, 중도금의 반환 및 손해배상금에 관하여는 아무런 약정도 하지 아니한 채 매매계약을 해제하기만 하는 것은 경험법칙에 비추어 이례에 속하는 일이다.[2]

다. 법 규
(1) 원칙적으로 증명의 대상이 아니다.

(2) 외국의 법규, 지방자치법규, 관습법, 실효된 법령의 경우에는 증명의 필요가 있을 것이다.

(3) 외국의 관련법규 존부를 확인할 수 없는 경우

(가) 국내법적용설(법정지법설): 다수설

(나) 청구기각설

(다) 조리설

(라) 유사법적용설

Ⅱ. 증명을 필요로 하지 않는 사실

[변론주의원칙상 당사자 간에 다툼이 없는 사실에 대하여는 증거에 의한 증명을 필요로 하지 않는다(변론주의 제2명제). 그리고, 당사자 간에 다툼이 있는 사실이라도 사실판단의 객관성이 보장되어 있는 경우에도 증거에 의한 증명을 필요로 하지 않는다(공지의 사실, 현저한 사실).]

1. 재판상의 자백(법 제288조)

가. 자백의 의의
구술변론기일(구술변론방식에 의한 변론준비기일을 포함한다)에 상대방의 주장과 일치하는 자기에게 불이익한 사실의 진술을 말한다.

---

1) 대법원 1996.10.25. 선고 96다29700 판결.
2) 대법원 1994.9.13. 선고 94다17093 판결.

나. 요 건

(1) 구술변론기일 또는 변론준비기일에 한 변론으로서의 진술일 것

법정외의 자백은 재판상 자백이 될 수 없다. 다만, 그러한 사실의 존재를 추인할 수 있는 간접사실로서, 사실인정에 있어서 자유심증의 대상이 될 수 있다. 다른 소송에서 한 자백은 하나의 증거원인이 될 뿐 법 제261조에 의한 구속력이 없다. 당사자본인신문에 대한 답변에서 본인에게 불리한 사실을 시인하는 진술은 재판상 자백이 될 수 없다.

(2) 상대방의 주장과 일치하는 사실상의 진술일 것

① 재판상 자백이 성립한 뒤에 그 사실을 주장한 당사자가 그 사실주장 자체를 철회한 때에는 자백의 효력이 소멸한다. 예컨대 피고가 제1심에서 대상 토지의 소유권 일부 이전등기가 아무런 원인 없이 이루어졌다는 원고의 주장사실을 인정함으로써 자백이 성립된 후, 소변경신청서에 의하여 그 등기가 원인 없이 이루어졌다는 기존의 주장사실에 배치되는 명의신탁 사실을 주장하면서 청구취지 및 청구원인을 명의신탁해지를 원인으로 하는 소유권이전등기를 구하는 것으로 교환적으로 변경함으로써 원래의 주장사실을 철회한 경우, 이미 성립되었던 피고의 재판상자백도 그 대상이 없어짐으로써 소멸된다. 그 후 그 피고가 위 자백내용과 배치되는 주장을 할 수 있으며, 원고가 원래의 원인무효 주장을 예비적 청구원인 사실로 다시 추가하였다 하여 자백의 효력이 되살아난다고 볼 수도 없다.[1]

② 선행자백: 당사자 일방이 자기에게 불리한 사실상의 진술을 자진하여 한 후, 상대방이 이를 원용함으로써 그 사실에 관하여 당사자 쌍방의 주장이 일치하는 경우에 자백이 성립한다. 그러나 일단 자기에게 불리한 사실을 진술하였다 하더라도 이에 대한 상대방의 원용이 있기 전에는 그 자인한 진술을 철회하고, 이와 모순된 진술을 자유롭게 할 수 있다. 예컨대 원고 甲이 피고 乙에 대하여 2,000만 원을 대여하였는데, 乙이 그 중 1,000만 원을 변제하였다고 하면서 나머지 대여금 1,000만 원의 지급을 구하는 대여금반환소송을 제기하였다고 하자. 이때, 乙이 甲의 위와 같은 주장을 원용함과 동시에 더 나아가 나머지 1,000만 원도 모두 변제하였다고 주장하면 갑은 위 일부 변제사실에 관하여 재판상 자백이 성립하게 되어 그 철회에 있어서 제한을 받는다. 만약 乙이 甲이 주장하는 소비대차계약의 체결사실 자체를 부정하고 나올 경우에는 위와 같은 선행자백이 성립되지 않고, 甲은 그의 주장을 자유롭게 철회할 수 있다는 것이다.

(3) 자기에게 불리한 사실을 인정하는 취지의 진술일 것

① 여기서 말하는 불리한 사실이란 무엇을 의미하는가? 이에 관하여, 상대방 당사자에게 증명책임 있는 사실을 말하므로 자기에게 증명책임 있는 요건사실에 대해서는 자백의 구속력이 인정되지 않는다는 **증명책임설**과, 자기에게 증명책임 있는 사실을 포함하여 상대방에게 증명책임이 있지 않은 사실에 대해서도 그 진술이 재판의 기초로서 채용되어 패소할 가능성이 있으면 족하다는 **패소가능성설**이 있다.

② 예컨대, 甲이 乙에 대하여 3,000만 원 대여금 및 그 지연이자 청구의 소를 제기하면서 그 변제기를 2010.10.10.이라고 주장하였다. 이때 乙이 甲의 주장사실을 인정하면서 소멸시효가 완성되었다는 항변을 하였다. 이러한 경우에 甲이 乙의 시효소멸항변을 피하기 위하여

---

1) 대법원 1997.4.22. 선고 95다10204 판결.

위 채무의 변제기를 2011.10.10.이라고 변경하여 주장할 수 있는가? 채무변제기는 채무자의 이행지체의 요건사실이므로 채권자 甲의 증명책임에 속한다. 이때 자백의 구속력 인정범위는 위 각 견해에 따라 달라진다. 생각건대, 위의 경우에 甲이 우왕좌왕하며 전후 일관성 없는 진술을 하는 태도는 변론전체의 취지로서 참작되어 결코 그에게 유리하게 작용할 수 없다. 따라서 위 학설의 어느 쪽을 취하든 결과에 있어서 큰 차이는 없다고 할 수 있다. 그러나, 당사자가 사실관계를 잘 모르는 상태에서 함부로 주장을 전개할 수도 있고, 이러한 경우에 그 잘못을 시정할 수 있는 기회를 될수록 보장해 줄 수 있다는 점에서 증명책임설을 취하는 것이 타당하다.

> **[대법원 1993.9.14. 선고 92다24899 판결]** 원심은 원심판결 첨부 제1, 제2목록 기재 각 토지는 원래 피고 명의로 사정된 국유의 토지였는데 그중 제1목록 기재 토지는 소외 A가, 제2목록 기재 토지는 소외 망 B가 일자불상 경 피고로부터 매수하여 그들 명의로 소유권이전등기를 마쳤고 다시 원고들의 부친인 소외 C가 1947년 가을경 위 A로부터 위 제1목록 기재 토지를 1948년 가을경 위 B로부터 위 제2목록 기재 토지를 각 매수하여 그 시경 각 소유권이전등기를 마쳤는데 6·25사변으로 이 사건 각 토지에 관한 토지대장 등기원부 등의 각 공부가 소실되었다고 판단하여 참가인 D와 함께 위 C의 공동상속인들인 원고들의 이 사건 소유권확인청구를 인용하였다. 그러나 원고들은 이 사건 소장에서 위 C는 위 제1목록 기재 토지는 1947년 가을경 위 A로 부터 매수하였고 위 제2목록 기재 토지는 1953년 가을경 위 B로부터 매수하였으나 그 소유권이전등기는 거치지 않았다고 주장하였고 그에 따라 피고는 위 C가 소유권이전등기를 마치지 않은 이상 소유권을 취득할 수 없고 민법 부칙 제10조 제1항의 규정에 의하여 물권변동의 효력이 상실되었다고 하여 원고들의 위 주장을 원용하였으며 (기록 제291장 참조), 제1심판결도 위와 같은 원고들의 주장을 전제로 하여 원고들의 청구를 기각하였는데 원고들은 항소심에서도 처음에는 위와 같은 주장을 그대로 유지하다가(기록 제393장 참조) 항소심에서 제출한 청구취지 및 원인변경신청서에서 비로소 위 제2목록 기재 토지의 매수일자는 1948년 가을경이며 이 사건 각 토지에 관하여 위 C 명의로 소유권이전등기를 마쳤다고 진술하여 위 제1심에서의 주장을 변경하였음을 알 수 있다. 이처럼 원고들이 소유권확인을 구하고 있는 이 사건에서 원고들의 피상속인인 위 C 명의로 소유권이전등기가 마쳐진 것이라는 점은 원래 원고들이 입증책임을 부담할 사항이지만 위 소유권이전등기를 마치지 않았다는 사실을 원고들 스스로 자인한 바 있고 이를 피고가 원용한 이상 이 점에 관하여는 자백이 성립한 결과가 되었다고 할 것이고 따라서 원고들로서는 그 자백이 진실에 반하고 착오로 인한 것임을 입증하지 않은 이상 함부로 이를 취소할 수 없다고 보아야 할 것이다.[1]

(4) 자백의 대상

(가) 자백의 대상은 원칙적으로 사실에 한정된다. 예컨대 인신사고로 인한 손해배상청구 사건에 있어 노동능력상실 비율 및 그에 상응하는 후유장해등급 역시 자백의 대상이 된다고 봄이 상당하다.[2] 그러나 법규나 경험법칙의 존재·해석 등 법률문제는 법원의 권한에 속하

---

1) 이러한 판시 내용을 근거로 하여 패소가능성설이 판례의 입장이라고 하는 견해도 있다(김홍엽, 485면).
2) 대법원 2006.4.27. 선고 2005다5485 판결.

므로 이에 관하여 당사자 사이에 일치된 진술이 있다고 하더라도 법원은 이에 구속되지 않는다.

(나) 재판상 자백의 대상은 주요사실에 한정되는가?

① 주요사실 한정설(판례·통설):　간접사실은 주요사실의 증명수단에 지나지 않는 것으로서 증거자료와 같은 기능을 하는 것이므로, 간접사실이나 보조사실에도 자백의 구속력을 인정하면, 증거의 증명력 등의 평가는 법관의 자유심증에 일임한다고 하는 자유심증주의에 반한다는 것이다. 판례[1]는 "변론주의에서 일컫는 사실이라 함은, 권리의 발생소멸이라는 법률효과의 판단에 직접 필요한 주요사실만을 가리키는 것이고 그 존부를 확인하는 데 있어 도움이 됨에 그치는 간접사실은 포함하지 않는 것이다. 부동산의 시효취득에 있어서 점유기간의 산정기준이 되는 점유개시의 시기는 취득시효의 요건사실인 점유기간을 판단하는 데 간접적이고 수단적인 구실을 하는 간접사실에 불과하므로 이에 대한 자백은 법원이나 당사자를 구속하지 않는 것이다"라고 하여 주요사실만이 재판상 자백의 대상이 되고 간접사실 등은 자백의 대상이 아니라고 하였다.

② 비한정설:　자백에 대한 구속력 인정의 근거는 자기책임, 금반언, 증거의 훼손과 멸실 방지, 진실에 부합한다는 개연성 등에 있고, 이러한 것들은 간접사실에 대해서도 마찬가지라고 한다. 이 견해에 의하더라도 자백이 성립된 간접사실이나 보조사실로부터가 아닌 다른 간접사실·보조사실로부터 주요사실을 추인하는 것도 가능하다고 본다.

생각건대 간접사실에 대하여 재판상 자백의 성립을 인정하면 법원의 자유심증에 의한 사실인정 원칙에 대한 중대한 제한이 될 수 있을 것이므로, ①설이 타당하다. 다만, 실제에 있어서 논의의 실익은 크지 않다.

③ 문서의 성립에 관한 인부진술은 보조사실이라고 하더라도 재판상자백의 대상이 된다(대판 2001다5654: 일본의 판례 및 다수설은 반대견해임).

(5) 자백의 태양(態樣: 형식)

① 이유부 부인:　상대방의 주장사실과 양립할 수 없는 사실을 적극적으로 진술하는 경우를 말한다. 예컨대, 대여금청구의 소에서 원고 주장의 금전을 수령한 사실은 있으나 차용한 것이 아니고 증여받은 것이라거나, 피고가 원고에 대하여 가지고 있던 다른 채권의 변제를 받은 것이라고 진술하는 경우에 금전수수사실에 대해서는 자백이 성립한다.

② 제한부 자백:　상대방 당사자에게 증명책임 있는 사실을 인정하는 한편, 그 사실과 양립가능하면서 자기에게 증명책임 있는 사실을 적극적으로 주장하는 경우이다. 예컨대, 금전 차용사실은 있지만 변제하였다는 진술.

다. 재판상 자백의 효력

(1) 입증책임의 면제:　다만, 변론주의가 지배하는 사실과 절차에서만 적용된다. 직권탐지주의, 직권조사 사항, 재심사유 등에서는 적용되지 않는다. 그러나 행정소송에서도 원칙적으로 변론주의가 적용되고, 행정소송법 제8조 2항에 의하여 민사소송법 제288조가 규정하는 자백에 관한 법칙이 적용된다.[2]

---

1) 대법원 1994.11.4. 선고 94다37868 판결.

(2) 법원에의 구속력: 법원은 자백에 반하는 심증형성을 하였더라도 자백사실에 구속된다. 예외) 현저한 사실, 경험법칙에 반하는 자백의 경우 법원에 대한 구속력을 부정하는 것이 통설·판례이다.

(3) 당사자에 대한 구속력: 재판상 자백이 성립한 사실에 대하여는 임의의 취소(철회)가 금지된다. 예외) ① 상대방의 동의가 있는 경우, ② 자백이 타인의 형사상 처벌받을 행위로 인한 경우(법 제451조 1항 5호), ③ 진실에 반하는 사실을 착오로 자백한 경우.[1] 재판상의 자백에 대하여 상대방의 동의가 없는 경우에는 자백을 한 당사자가 그 자백이 진실에 부합되지 않는다는 것과 자백이 착오에 기인한다는 사실을 증명한 경우에 한하여 이를 취소할 수 있다. 이때 진실에 부합하지 않는다는 사실에 대한 증명은 그 반대되는 사실을 직접증거에 의하여 증명함으로써 할 수 있지만 자백사실이 진실에 부합하지 않음을 추인할 수 있는 간접사실의 증명에 의하여도 가능하다고 할 것이다. 또한 자백이 진실에 반한다는 증명이 있다고 하여 그 자백이 착오로 인한 것이라고 추정되는 것은 아니지만 그 자백이 진실과 부합되지 않는 사실이 증명된 경우라면 변론의 전 취지에 의하여 그 자백이 착오로 인한 것이라는 점을 인정할 수 있다.[2] 다만 당사자가 진실에 합치하지 않는다는 것을 알면서 자백한 경우에는 철회할 수 없다는 견해가 있다.[3] 예컨대 상대방으로부터 일정한 이익을 제공받기로 공모하고 진실에 반하는 사실을 자백한 경우에 상대방이 약속한 사항을 이행하지 않을 때에 재판상 자백의 철회를 인정하여서는 안된다는 것이다. 생각건대 재판상 자백의 구속력을 인정하는 근거로서 변론주의 외에 금반언의 원칙이나 상대방의 신뢰보호 및 절차안정의 법리를 들 수 있을 것이다. 이러한 법리에 비추어 상대방의 기망행위 등이 원인이 되어 자백을 한 경우와 같이 재판상 자백을 한 자에게 책임을 지우는 것이 타당하지 않은 경우에는 자백의 철회를 인정함이 타당할 것이다.[4] ④ 소송대리인의 자백을 당사자가 경정한 경우(법 제94조)에는 재판상 자백이 실효된 것으로 본다.

라. 권리자백

(1) 의의: 청구의 당부판단의 전제가 되는 선결적인 권리·법률관계에 대한 자백을 말한다. 이 점에서 사실을 대상으로 하는 재판상 자백과 다르다. 민사소송은 일정한 사실을 법규에 적용시켜 법률효과를 판단하는 과정이다. 사실의 제출은 당사자의 책임에 속하지만 그 사실을 법규에 적용시켜 효과의 유무를 판단하는 것은 법원의 직책이라 할 수 있다. 당사자가 법적효과 부분에 대하여 직접 인정하고 나서는 경우에 그러한 진술이 법원을 구속할 수 있는가가 권리자백의 인정여부에 관한 문제이다.

(2) 학설 및 판례

(가) 긍정설

① 권리자백에도 재판상 자백의 규정을 유추적용 하여야 한다는 견해이다. 권리자백은 소

---

2) 대법원 1992.8.14. 선고 91누13229 판결.
1) 대법원 2004.6.11. 선고 2004다13533 판결.
2) 대법원 2004.6.11. 선고 2004다13533 판결.
3) 이시윤, 416면 참조.
4) 전병서, 민사소송법연습, 법문사, 459면.

송상 청구의 당부판단의 전제가 되는 요건사실의 자백과 마찬가지로 법적 삼단논법의 소전 제가 되기 때문이라고 한다.

② 선결적 법률관계에 관하여 중간확인의 소가 제기된 경우에 청구의 포기·인낙이 인정 되므로 권리자백을 인정하는 것이 설득력이 있다.

③ 한계: 자백한 사람이 그 권리관계의 내용을 정확하게 이해하고 있을 것이 요건으 로서 요구된다. 즉, 통상인이라면 누구나 그 내용을 이해할 수 있을 정도의 법률관념이어야 한다.

(나) 부정설: 법률판단은 법원의 전권에 속하므로 자백의 대상이 비록 소송상의 청구 의 당부판단의 전제가 되는 것이라 할지라도 법원은 당사자의 자백에 의한 법률판단에 까지 구속되는 것은 아니므로 권리자백을 자백으로 인정할 수 없다는 견해이다. 따라서 자백된 권 리를 부정하는 사실이 변론에 나타나고 그러한 사실이 인정되면 자백과 반대되는 판단이 가 능하다고 한다.

(다) 판례: 판례는 선결적 법률관계에 관한 진술 그 자체에 대하여는 재판상 자백의 성립을 부정하고 있다.[1] 한편 "소유권을 선결문제로 하는 소송에 있어서 피고가 원고 주장 의 소유권을 인정하는 진술은 그 소전제가 되는 소유권의 내용을 이루는 사실에 대한 진술 로 볼 수 있으므로 재판상 자백이라 할 것이나, 이는 사실에 대한 법적 추론의 결과에 대하 여 의문의 여지가 없는 단순한 법 개념에 대한 자백의 경우에 한하여 인정되는 것이다"[2]고 하여 진술에 법률적 판단이 개재된 외관이 보이는 경우에도 선결적 법률관계에 대한 진술로 볼 것이 아니라 사실관계의 압축진술로 보아야 한다는 입장을 분명히 하고 있다.

[**대법원 2013.2.15. 선고 2012다68217 판결**] 1.채권자가 동일한 목적을 달성하기 위하여 복수의 채권을 가지고 이를 행사하는 경우 각 채권이 발생시기와 발생원인 등을 달리하는 별개의 채권인 이상 별개의 소송물에 해당하므로, 이에 대하여 채무자가 소멸시효 완성의 항 변을 하는 경우에 그 항변에 의하여 어떠한 채권을 다투는 것인지 특정하여야 하고 그와 같 이 특정된 항변에는 특별한 사정이 없는 한 청구원인을 달리하는 채권에 대한 소멸시효 완 성의 항변까지 포함된 것으로 볼 수는 없다. 그러나 채권자가 동일한 목적을 달성하기 위하 여 복수의 채권을 가지고 있더라도 선택에 따라 어느 하나의 채권만을 행사하는 것이 명백 한 경우라면 채무자의 소멸시효 완성의 항변은 채권자가 행사하는 당해 채권에 대한 항변으 로 봄이 타당하다. 2. **어떤 권리의 소멸시효기간이 얼마나 되는지에 관한 주장은 단순한 법률 상의 주장에 불과하므로 변론주의의 적용대상이 되지 않고 법원이 직권으로 판단할 수 있다.**

(3) 권리자백의 대상인지 여부가 문제되는 경우

(가) 법규의 존부·해석에 관한 진술: 법원의 전권사항이므로 자백의 대상이 되지 않 는다.

---

 1) 대법원 1992.2.14. 선고 91다31494 판결: 소송물의 전제가 되는 권리 관계나 법률효과를 인정하는 진술 은 권리자백으로서 법원을 기속하는 것은 아니므로 청구의 객관적 실체가 동일하다고 보여지는 한 법원은 원고가 청구원인으로 주장하는 실체적 권리관계에 대한 정당한 법률해석에 의하여 판결할 수 있다.
 2) 대법원 1989.5.9. 선고 87다카749 판결.

[대법원 1998.7.10. 선고 98다6763 판결] 법정변제충당의 순서를 정함에 있어 기준이 되는 이행기나 변제이익에 관한 사항 등은 구체적 사실로서 자백의 대상이 될 수 있으나, **법정변제충당의 순서 자체는 법률 규정의 적용에 의하여 정하여지는 법률상의 효과여서 그에 관한 진술이 비록 그 진술자에게 불리하더라도 이를 자백이라고 볼 수는 없다.** 담보권의 실행 등을 위한 경매에 있어서 배당금이 동일 담보권자가 가지는 수개의 피담보채권과 그 이자 혹은 지연손해금 채권 등을 전부 소멸시키기에 부족한 경우에는 획일적으로 가장 공평·타당한 충당 방법인 민법 제477조 및 제479조의 규정에 의한 법정변제충당의 방법에 따라 충당을 하여야 할 것이고, 이러한 법정변제충당은 이자 혹은 지연손해금과 원본 간에는 이자 혹은 지연손해금과 원본의 순으로 이루어지고, 원본 상호간에는 그 이행기의 도래 여부와 도래 시기, 그리고 이율의 고저와 같은 변제이익의 다과에 따라 순차적으로 이루어지나, 다만 그 이행기나 변제이익의 다과에 있어 아무런 차등이 없을 경우에는 각 원본 채무액에 비례하여 안분하게 된다.

(나) 사실에 대한 평가적 판단(법적 추론):   과실, 정당한 사유, 선량한 풍속위반, 의사표시의 해석, 법적성질, 증거의 가치평가 따위의 진술은 재판상 자백으로 법원을 구속하지 못한다. 예컨대 법률상 유언이 아닌 것을 유언으로 시인했다하여도 법률상 유언이 될 수 없다. 그리고, 등록상표가 구 상표법 제6조 1항 3호의 '상품의 산지·품질·원재료·효능·용도·수량·형상·가격·생산방법·가공방법·사용방법 또는 시기를 보통으로 사용하는 방법으로 표시한 표장만으로 된 상표'인지 여부 및 제7조 1항 12호의 '국내 또는 외국의 수요자간에 특정인의 상품을 표시하는 것이라고 현저하게 인식되어 있는 상표와 동일 또는 유사한 상표'인지 여부는 법적 판단에 관한 사항으로서 자백의 대상이 될 수 없다.[1)

(다) 법률적 사실의 진술: 법률적 개념을 사용하여 사실을 진술하고 있다 하더라도 본질적으로 그 내용을 이루는 사실에 대한 압축진술로 보고, 재판상 자백을 인정하여야 할 경우가 있다. 예컨대, 입증사항인 매매·소비대차·임대차의 성립을 상대방이 인정한다고 진술하는 경우에, 이는 사실을 상식적인 용어가 되다시피 한 단순한 법률상 용어로써 압축·진술한 것이고, 이처럼 상식적으로 널리 알려진 것은 진술자도 능히 이해하고 있었을 것이므로 재판상 자백으로서의 구속력을 인정할 것이다. 사립학교법인이 설치·경영하는 대학교 산하 한국어학당의 강사들이 재임용거절 무효를 주장하며 신분확인 등을 청구한 사안에서, 위 강사들이 위 법인의 근로자 지위에 있었다는 점에 대하여 양 당사자가 일치된 진술을 하였다면 재판상 자백이 성립한다. 따라서 그 후에 위 강사들이 시간제 근로자라거나 교직원이 아니라는 등의 주장은 근로관계에 관한 법률적 평가를 여러 가지로 바꾸어 주장하는 것에 지나지 않아 자백의 취소로 볼 수 없다.[2)

[대법원 2008.3.27. 선고 2006다70929,70936 판결] **어떤 권리의 소멸시효기간이 얼마나 되는지에 관한 주장은 단순한 법률상의 주장에 불과하므로 변론주의의 적용대상이 되지 않고 법원이 직권으로 판단할 수 있다 할 것이다.** 이 점에 관하여 원고가 민법에 의한 10년의 소멸시효완성을 주장하였는데 원심이 구 예산회계법에 의한 5년의 소멸시효를 적용한 것이

---

1) 대법원 2006.6.2. 선고 2004다70789 판결.
2) 대법원 2008.3.27. 선고 2007다87061 판결.

변론주의를 위반한 것이라는 피고 1의 상고이유 주장은 받아들일 수 없다.

[대법원 2007.10.12. 선고 2006다42566 판결] 변론주의의 원칙상 당사자가 주장하지 아니한 사실을 기초로 법원이 판단할 수 없는 것이지만, 소송물의 전제가 되는 권리관계나 법률효과를 인정하는 진술은 권리자백으로서 법원을 기속하는 것이 아니다(대법원 1992. 2. 14. 선고 91다31494 판결 참조). 기록에 의하면, 원고가 이 사건 소를 제기하면서는 "2004. 12. 7. 피고에게 이 사건 신탁계약의 해지통고를 함으로써 이 사건 신탁계약이 2004. 12. 15. 종료되었다."고 주장하였다가 그 후 이 사건 신탁은 1998. 9. 13. 기간의 만료로 종료되었다고 주장을 변경하였음을 알 수 있는바, 위 해지에 의한 신탁 종료의 주장은 원고의 위 신탁계약 해지 의사표시에 따라 해지의 효과가 발생하였다는 법률효과를 주장한 것에 불과할 뿐, 그 때까지 이 사건 신탁이 종료되지 않고 존속하고 있다는 사실에 관한 자백이라고 볼 수는 없으므로, 법원이 원고의 위 주장에 구속되는 것은 아니다.

[대법원 2007.5.11. 선고 2006다6836 판결] 소유권을 선결문제로 하는 소송에 있어서 피고가 원고 주장의 소유권을 인정하는 진술은 그 소전제가 되는 소유권의 내용을 이루는 사실에 대한 진술로 볼 수 있으므로 재판상 자백이라 할 것이나(대법원 1989.5.9. 선고 87다카749 판결 등 참조), 이는 사실에 대한 법적 추론의 결과에 대하여 의문의 여지가 없는 단순한 법 개념에 대한 자백의 경우에 한하여 인정되는 것이고, 추론의 결과에 대한 다툼이 있을 수 있는 경우에는 이른바 권리의 자백으로서 법원이 이에 기속을 받을 이유는 없다(대법원 1979.6.12. 선고 78다1992 판결 등 참조). 기록에 의하면, 원고(선정당사자) 및 선정자(이하 '원고 등'이라 한다)가 소장에서 주장한 이 사건 건물이 원고 등의 소유라는 주장은 원고 등과 시공업자인 소외인 사이의 도급계약에 기한 소유권 귀속의 문제는 거론되지 아니한 상태에서 단순히 이 사건 건물의 소유권보존등기가 원고 등 명의로 되어 있으므로 원고 등의 소유라는 주장에 불과하고, 따라서 피고들이 답변서에서 자백한 소유권의 내용을 이루는 사실 역시 원고 등이 이 사건 건물의 등기부상 소유명의자라는 점에 그칠 뿐 소외인과 체결한 도급계약의 해석상 원고 등이 이 사건 건물의 소유자라는 점에 대한 자백까지 포함하는 것은 아니라고 할 것인바, 비록 건물의 등기명의자가 건물의 소유자로 추정된다 하더라도 이 사건에서와 같이 시공업자의 건물의 원시취득이 문제되는 경우에는 위와 같은 법리가 당연히 적용되는 것은 아니며, 피고들이 궁극적으로 이 사건 건물의 소유권은 시공업자로서 원시취득자인 소외인에게 있다고 주장함으로써 그 소유권이 원고 등에게 있다는 원고 등의 주장에 대항하고 있으므로, 이 사건 건물의 소유권의 귀속에 관한 피고들의 자백은 이른바 권리의 자백으로서 법원이 이에 기속을 받을 이유는 없다.

[대법원 1996.7.30. 선고 96다17738 판결] 이 사건 채권자가 아파트 건축허가를 이 사건 매매계약의 조건으로 약정하였음을 자백하였다는 이 사건 채무자의 주장에 대하여, 채권자가 그 준비서면에서 그 판시의 특약이 잔금 지급시기에 관한 불확정기한을 정한 것이라는 채무자의 주장을 반박하면서 " …불확정기한으로 정한 것이 아니라 아파트 승인을 조건으로 계약을 체결한 것이고…" 고 기재하여 이를 진술하였으나, 채권자의 위 주장은 아직 아파트 건축사업 승인이 나지 않았으므로 잔금 지급기일이 도래하지 않았다는 종래의 주장을 되풀이하면서 1990. 8. 15.에 가까운 시점에 잔금 지급기일이 도래하였다거나 아파트 건설승인이 나지 않게 됨으로써 잔금 지급기일이 도래하였다는 채무자의 주장을 반박하는 취지의 주장일 뿐이고, 이 사건 매매계약이 아파트 건축사업 승인을 정지조건 또는 해제조건으로 하고 있다는 취지의 주장은 아닐 뿐만 아니라, 위 주장은 잔금 지급기일에 관한 특약의 해석을 둘

러싼 쌍방의 논쟁 과정에서 그 특약의 해석에 관한 나름대로의 의견에 불과하므로 이러한 의견 또는 법적 평가는 이른바 권리자백으로서 법원을 기속하지 않는다.

※ 권리관계존부확정의 구조

제 1 단계	소송물의 차원	처분권주의	청구인낙
제 2 단계	법률상 주장의 차원	법원의 직책	권리자백
제 3 단계	사실상 주장의 차원	변론주의	재판상의 자백
제 4 단계	증거조사의 차원	변론주의, 자유심증주의, 증명책임	

[예제] [2011년 사법시험] 甲은 乙에게 2억 원을 빌려 주었다. 그 후 乙이 사망하여 상속인 A와 B가 1/2 지분씩 공동 상속하였다. 그래서 甲은 A와 B를 공동피고로 하여 위 상속분에 따라 1억 원씩의 지급을 구하는 소를 제기하였다. 1. 위 소송에서 甲은 증거방법으로 차용증을 제출하였다. 그 차용증에는 乙이 甲으로부터 2억 원을 빌렸다는 내용이 적혀 있고 乙 명의의 도장이 날인되어 있다. A와 B는 변론기일에 을이 위 차용증에 날인한 것을 인정한다고 진술하였다. 이 경우 A와 B는 그 후의 변론기일에서 위 진술을 번복할 수 있는가? (15점)

[해설] Ⅰ. 주요논점: 문서에 날인된 인영부분의 진정성립을 인정하는 진술의 법적 효력(문서의 진정성립에 관한 2단의 추정과 인영부분의 진정성립), 재판상 자백의 효력.

Ⅱ. 乙의 인장에 의한 것임을 인정하는 진술의 법적 효력

    1. 문서에 날인된 작성명의인의 인영이 그의 인장에 의하여 현출된 것이라면 특별한 사정이 없는 한 그 인영의 진정성립, 즉 날인행위가 작성명의인의 의사에 기한 것임이 사실상 추정되고, 일단 인영의 진정성립이 추정되면 그 문서 전체의 진정성립이 추정된다. 따라서 인영부분의 인부에 관한 진술은 문서의 진정성립에 관한 진술로 볼 수 있다.

    2. 한편 판례는 문서의 진정성립에 관한 인부진술은 보조사실이라고 하더라도 재판상 자백의 대상이 된다고 하였다.

    3. 본 사안의 경우에 A와 B의 진술을 번복할 수 있는지에 관하여 살펴보려면 재판상 자백의 성립요건과 그 효력을 검토하여야 한다.

Ⅲ. 재판상 자백의 요건과 법적 효력

    1. 재판상 자백의 요건: (1) 요건을 간략히 기재 (2) 본 사안의 경우, 변론기일에 상대방의 주장과 일치하는 진술이라는 요건 및 판례가 문서의 인부에 관한 진술은 재판상 자백의 대상이 된다고 하므로 인영의 진정성립에 관한 진술도 재판상 자백의 요건을 충족한다.

    2. 재판상 자백의 효력: 간단히 언급

    3. 결론: A와 B는 예외사유(상대방의 동의가 있는 경우, 타인의 형사상 처벌을 받을 행위로 인한 경우, 그 자백한 사실이 진실에 어긋나고 착오로 인한 것임을 증명한 경우)가 없는 한 그의 진술을 번복하여 임의로 취소(철회)할 수 없다.

[예제] [제49회 사법시험(2007년도)] **[제1문]** 甲이 乙을 상대로 A부동산에 관하여 매매를 원인으로 한 소유권이전등기청구의 소를 제기하였는데, 乙은 변론준비기일에서 甲과 매매계약을 체결한 것은 사실이라고 진술하였다. 한편, 甲은 현재 丙이 점유하는 B부동산의 인도를 구하면서 B부동산을 丙의 사망한 부친인 丁에게서 유언에 의하여 증여받은 것이라고 주장하였다. 丁의 유언이 법률상 방식을 갖추지 못하였는데도 丙은 변론준비기일에서 적법한

유언이라고 시인하는 진술을 하였다. 그 후 乙과 丙은 위의 각 진술을 철회할 수 있는지의 여부를 논하라. (25점)

[해설] Ⅰ. 주요논점: 재판상 자백의 성립요건 및 그 법적 효력, 권리자백의 의의 및 그 인정여부, 법률적 사실의 진술 및 법적 추론(사실에 대한 평가적 판단)의 진술에 대한 재판상 자백의 인정여부

Ⅱ. 재판상 자백의 성립요건 및 법적 효력: 간략히 기재(생략)

Ⅲ. 권리자백의 의의 및 인정여부

　　1. 권리자백의 의의 및 인정여부: 간략히 기재(생략)

　　2. 乙의 진술에 대한 재판상 자백의 성립여부

　　　(1) 법률적 사실의 진술과 재판상 자백

　　　(2) 판례

　　　(3) 乙의 진술의 철회 가능여부

　　3. 丙의 진술에 대한 재판상 자백의 성립여부

　　　(1) 법적 추론(사실에 대한 평가적 판단)에 대한 재판상 자백의 성립여부

　　　(2) 丙의 진술의 철회 가능여부

2. 자백간주(의제자백)

가. 의　의

상대방의 주장사실을 명백히 다투지 않거나, 당사자 한쪽의 기일불출석 또는 피고의 답변서 부제출의 경우 그 사실을 자백한 것으로 본다(법 제150조 1항, 3항, 제257조 1항). 직권탐지주의에 의하는 소송이나 직권조사사항에는 그 적용이 없다.

나. 성립유형

(1) 상대방의 주장사실을 명백히 다투지 않는 경우(법 제150조 1항)

(2) 한쪽 당사자의 기일 불출석(법 제50조 3항)

(3) 답변서 부제출(법 제256조, 제257조)

다. 자백간주의 효력

(1) **법원에 대한 구속력**:　　　법원은 그 사실을 기초로 하여 판결하여야 한다.

(2) 당사자에 대해서는 구속력이 생기지 않는다. 당사자는 변론이 종결될 때까지 어느 때라도 상대방의 주장사실을 다툼으로써 자백간주를 배제시킬 수 있다.

[대법원 2004.9.24. 선고 2004다21305 판결] 민사소송법 제150조 1항은 "당사자가 변론에서 상대방이 주장하는 사실을 명백히 다투지 아니한 때에는 그 사실을 자백한 것으로 본다. 다만, 변론 전체의 취지로 보아 그 사실에 대하여 다툰 것으로 인정되는 경우에는 그러하지 아니하다."고 규정하고 있는바, **당사자는 변론이 종결될 때까지 어느 때라도 상대방의 주장사실을 다툼으로써 자백간주를 배제시킬 수 있고, 상대방의 주장사실을 다투었다고 인정할 것인가의 여부는 사실심 변론종결 당시의 상태에서 변론의 전체를 살펴서 구체적으로 결정하여야 할 것이다.**

3. 현저한 사실

가. 의의: 법관이 명확하게 인식하고 있으며, 동시에 증거에 의하여 증명할 필요가 없을 정도로 객관성이 담보되어 있는 사실.

나. 공지의 사실: 통상의 지식과 경험을 가진 사람이라면 누구나 믿어 의심하지 않을 사실, 역사적 사실, 월평균 가동일수, 통계청이 정기적으로 조사·작성하는 한국인의 생명표에 의한 남녀별 각 연령별 기대여명은 법원에 현저한 사실이므로 불법행위로 인한 피해자의 일실 수입 등 손해액을 산정함에 있어 기초가 되는 피해자의 기대여명은 당사자가 제출한 증거에 구애됨이 없이 그 손해발생 시점과 가장 가까운 때에 작성된 생명표에 의하여 확정할 수 있다.[1]

다. 법원에 현저한 사실: ① 법관이 그 직무상 경험으로서 명백히 알고 있는 사실을 말한다. 본안의 소를 심리하는 법원에 있어서 가압류·가처분 결정이 내려진 사실, 정리채권·파산채권확정의 소를 심리하는 법원에 있어서 회생절차 또는 파산절차 개시결정이 내려진 사실 등은 모두 법원에 현저한 사실이 된다.

② 민사소송법 제261조 소정의 '법원에 현저한 사실'이라 함은 법관이 직무상 경험으로 알고 있는 사실로서 그 사실의 존재에 관하여 명확한 기억을 하고 있거나 또는 기록 등을 조사하여 곧바로 그 내용을 알 수 있는 사실을 말한다. 피해자의 장래수입상실액을 인정하는 데 이용되는 직종별 임금실태조사보고서와 한국직업사전의 각 존재 및 그 기재 내용을 법원에 현저한 사실로 보아, 그를 기초로 피해자의 일실수입을 산정한 조치는, 객관적이고 합리적인 방법에 의한 것이라고 볼 수 있다.[2]

제 3 절 증거조사의 절차

I. 총 론

1. 증거신청

가. 의의: 당사자가 일정한 사실을 증명하기 위하여 특정 증거방법을 적시하여 조사할 것을 법원에 신청하는 소송행위이다.

나. 방식: 증거를 신청하는 때에는 증거와 증명할 사실의 관계를 구체적으로 밝혀야 한다(법 제74조). 즉 증거신청은 ① 증명할 사항, ② 특정의 증거방법, ③ 양자의 관계를 구체적으로 밝혀서 서면 또는 말로써 한다.

---

1) 대법원 1999.12.7. 선고 99다41886 판결.
2) 대법원 1996.7.18. 선고 94다20051 전원합의체 판결.

다. 신청 시기:　　변론종결 시까지 소송의 정도에 따라 적절한 시기에 하여야 한다(법 제146조). 변론준비절차·변론준비기일에 신청하는 것이 원칙일 것이다.

라. 상대방에게 의견진술기회를 보장한다.

마. 증거신청의 철회 및 그 제한:　　증거조사의 개시 전까지는 자유롭게 철회할 수 있으나, 증거조사가 개시된 후에는 상대방의 동의가 있는 때에 한하여 철회할 수 있다. 증거조사 종료 후에는 철회할 수 없다.

2. 증거의 채부결정

가. 의의:　　당사자가 신청한 증거로서 법원이 필요 없다고 인정한 것은 조사하지 아니할 수 있는 것이고 이에 대하여 반드시 증거채부의 결정을 하여야 하는 것은 아니다. 법원이 당사자의 증거조사를 위한 속행신청에도 불구하고 변론을 종결하였더라도 종국판결에 대한 불복절차에 의하여 그 판단의 당부를 다툴 수 있는 것은 별론으로 하고 별도로 항고로써 불복할 수는 없다.

나. 유일한 증거(법 제290조 단서):　　주요사실에 관한 증거방법으로서 그 증거를 조사하지 않으면 다른 증명방법이 없어서 아무런 증거도 없게 되는 경우에는 조사하여야 한다.

(1) 유일성의 판단기준

각 쟁점별로 판단하되, 주요사실에 관한 증거여야 한다. 따라서 간접사실·보조사실에 대한 증거는 포함되지 않는다. 판례는 본증인 때에만 유일한 증거를 인정하고 있으나 학설은 반증에 대해서도 인정해야 한다는 입장이다. 판례(대판 4290민상844)는 유일한 증거방법이라도 당사자의 고의·태만으로 증거조사 할 수 없게 된 때에는 각하할 수 있고, 유일한 증거방법인 증인이 정당한 이유 없이 출석하지 않은 때에도 각하할 수 있다고 한다. 당사자본인신문의 보충성이 폐지된 현행법에서는 당사자본인신문도 유일한 증거가 될 수 있을 것이다.

(2) 유일한 증거는 반드시 증거조사 하여야 한다. 그러나, 그 증거조사결과를 사실인정의 자료로 할 것인지 여부는 법원의 자유심증에 의한다.

(3) 예　외

① 부적법한 신청.

② 시기에 늦은 경우(다만, 대판 62다315는 유일한 증거는 실기한 공격방어방법으로서 각하의 대상이 되지 않는다고 판시).

③ 조사에 부정기간의 장애가 있는 경우.

④ 쟁점판단에 부적절한 경우.

⑤ 직권탐지주의가 적용되는 소송.

3. 법원의 직권 증거조사

가. 의 의

(1) 당사자가 신청한 증거조사로서는 심증을 얻을 수 없거나, 그 밖에 필요한 경우에 보충적으로 직권 증거조사 할 수 있다(법 제292조).

(2) 변론주의의 폐해를 보완하려는 제도로서 당사자가 적절한 증거조사 신청을 할 수 있는 능력이 결여된 경우에 직권증거조사의 필요성이 증가한다.

(3) 소액사건, 증권관련집단소송에서는 보충성을 폐지하고 법원이 필요하다고 인정한 때에는 직권으로 증거조사를 할 수 있도록 하였다.

나. 내 용

(1) **심리의 최종단계:** 보충성의 원칙(충분한 심증의 형성이 되지 않을 때)

(2) 법원의 재량적 판단에 의하여 실시여부를 결정한다. 다만 손해배상청구소송에서 손해배상책임이 인정되지만 배상액에 관한 증명이 없을 때에는 법원은 직권으로 보충적 증거조사를 실시하여야 한다.

(3) 조사결과에 대하여 당사자의 의견을 들어야 한다.

(4) **판 례**

① 이행불능으로 인한 손해배상 책임을 인정하였으면 그 수액을 명확히 하기 위하여(대판 4293민상445),

② 조합재산의 2분의 1에 해당하는 금원을 반환받을 청구권이 인정되는 이상 그 수액을 밝히기 위하여(대판 63다378),

③ 가옥의 수리사실을 인정하였으면 그 수리비 액에 대하여(대판 4291민상898) 직권 증거조사하여야 한다고 판시.

④ 과실상계에 관하여 피해자의 과실이 주장되었으면 그 과실이 있었는지에 관한 증거는 직권으로 조사해야 한다(대판 4294민상1069).

다. 절 차

이익을 받을 자에게 비용의 예납을 명하고, 그것이 불명인 때에는 원고에게 예납을 명한다. 당사자가 무자력인 때에는 국고에서 대체충당하고 나중에 패소자로부터 구상함.

제4절 증거조사의 실시

I. 증인신문절차

1. 증인신문의 의의

현행법의 기본 입장은 서면방식 및 구술변론 방식에 의한 변론준비절차에서 당사자의 주장을 정리하여 쟁점을 확정하고 서증·감정·검증 등의 증거조사를 모두 마치고 아울러 증인 및 당사자본인신문 신청에 대한 채부결정을 하고 이어서 열리는 변론기일에 증인신문 및 당사자본인신문을 집중적으로 시행하도록 하고 있다. 따라서, 증인신문은 증거조사절차에서 핵심을 이루고 있는 것이다. 그러나 증인의 증언은 「최악의 증거」라는 말이 있듯이 그 신빙성에 있어서 심각한 도전을 받고 있다.

2. 증인신문의 신청

가. 방식(규칙 제75조): ① 증인신문은 부득이한 사정이 없는 한 일괄하여 신청하여야 한다. 당사자본인신문을 신청하는 경우에도 마찬가지이다. ② 증인신문을 신청하는 때에는 증인의 이름·주소·연락처·직업, 증인과 당사자의 관계, 증인이 사건에 관여하거나 내용을 알게 된 경위, 증인신문에 필요한 시간 및 증인의 출석을 확보하기 위한 협력방안을 밝혀야 한다.

나. 증인진술서의 제출 등(규칙 제79조)
① 법원은 효율적인 증인신문을 위하여 필요하다고 인정하는 때에는 증인을 신청한 당사자에게 증인진술서를 제출하게 할 수 있다.
② 증인진술서에는 증언할 내용을 그 시간 순서에 따라 적고, 증인이 서명날인하여야 한다.
③ 증인진술서 제출명령을 받은 당사자는 법원이 정한 기한까지 원본과 함께 상대방의 수에 2(다만, 합의부에서는 상대방의 수에 3)를 더한 만큼의 사본을 제출하여야 한다.
④ 법원사무관등은 증인진술서 사본 1통을 증인신문기일 전에 상대방에게 송달하여야 한다.

다. 증인신문사항의 제출 등(규칙 제80조)
① 증인신문을 신청한 당사자는 법원이 정한 기한까지 상대방의 수에 3(다만, 합의부에서는 상대방의 수에 4)을 더한 통수의 증인신문사항을 적은 서면을 제출하여야 한다. 다만, 규칙 제79조의 규정에 따라 증인진술서를 제출하는 경우로서 법원이 증인신문사항을 제출할

필요가 없다고 인정하는 때에는 그러하지 아니하다.

　② 법원사무관 등은 규칙 제79조 1항의 서면 1통을 증인신문기일 전에 상대방에게 송달하여야 한다.

　③ 재판장은 제출된 증인신문사항이 개별적이고 구체적이지 아니하거나, 규칙 제95조 2항 각호의 신문이 포함되어 있는 때에는 증인신문사항의 수정을 명할 수 있다. 다만, 같은 항 제2호 내지 제4호의 신문에 관하여 정당한 사유가 있는 경우에는 그러하지 아니하다.

3. 증인의 의무

　가. 출석의무

　(1) 의 의

　(2) 불출석에 대한 제제: 　① 과태료(법 제311조 1항), ② 7일이내의 감치(법 제311조 2항),[1] ③ 증인에 대한 구인.

　(3) 서면증언의 특례(법 제310조 1항)

　나. 진술의무

　(1) 의의: 　증인의 서면진술의 금지(법 제331조), [예외] ① 재판장의 허가가 있는 경우(법 제331조 단서), ② 법 제310조(상당하다고 인정하는 때)

　(2) 불이행에 대한 제제: 　과태료부과

　(3) 진술의무가 면제되는 경우(법 제314～제318조)

　라. 선서의무

　선서를 거부할 수 있는 증인이 선서를 거부하지 아니하고 증언을 한 경우에 재판장이 선서거부권이 있음을 고지하지 아니 하였다고 하여 위법이라고 할 수 없다.[2]

　마. 이의신청(규칙 제97조): ① 증인신문에 관한 재판장의 명령 또는 조치에 대한 이의신청은 그 명령 또는 조치가 있은 후 바로 하여야 하며, 그 이유를 구체적으로 밝혀야 한다.② 법원은 제1항의 규정에 따른 이의신청에 대하여 바로 결정으로 재판하여야 한다.

　　[예제] [제46회(2004년) 사법시험] [제2-1문] 증인에 대한 증거조사를 함에 있어서, 서면이 이용되는 각 경우를 설명하시오. (25점)

　　[해설] Ⅰ. 주요논점: 증인의 증언은 공개된 법정에서 구술신문을 진행함이 원칙이나, 증인진술서의 제출, 구술신문에 갈음하는 예외적인 서면 증언 등도 가능하다. 한편 효율적인 증인신문을

---

1) 규칙 제86조(증인에 대한 감치): ① 법 제311조 제2항 내지 제8항의 규정에 따른 감치재판은 수소법원이 관할한다. ② 감치재판절차는 법원의 감치재판개시결정에 따라 개시된다. 이 경우 감치사유가 발생한 날부터 20일이 지난 때에는 감치재판개시결정을 할 수 없다. ③ 감치재판절차를 개시한 후 감치결정 전에 그 증인이 증언을 하거나 그 밖에 감치에 처하는 것이 상당하지 아니하다고 인정되는 때에는 법원은 불처벌결정을 하여야 한다. ④ 제2항의 감치재판개시결정과 제3항의 불처벌결정에 대하여는 불복할 수 없다. ⑤ 법 제311조 제7항의 규정에 따라 증인을 석방한 때에는 재판장은 바로 감치시설의 장에게 그 취지를 서면으로 통보하여야 한다.
2) 대법원 1971.4.30. 선고 71다452 판결.

위하여 증인신문사항이 기재된 서면을 제출할 것이 요구된다. 서면방식에 의한 증언은 신속·경제적인 재판을 위하여 필요한 제도이기는 하지만, 상대방 당사자의 반대신문권 보호를 위한 배려가 필요하다.

  Ⅱ. 증인진술서 제도
    1. 의의: (1) 민소 규칙 제79조 (2) 증인진술서는 서증으로 제출하고 법정에서 사실의 경위·정황·주변사실 등에 대한 설명을 진술서로 갈음할 수 있다.
    2. 이용의 한계: 주요쟁점사실에 대하여는 증인진술서로 증인신문을 갈음할 수 없다. 즉 주신문절차에서 증인진술서의 진정성립 만을 확인하고 주신문을 전면 생략하는 방식은 허용되지 않는다.
  Ⅲ. 서면방식에 의한 증언
    1. 의의: 법 제310조 1항, 규칙 제84조
    2. 활용범위: 공시송달 방식에 의하여 진행되는 사건, 진단서의 진정성립의 인정 등.
    3. 선서의무의 면제: 위증죄의 대상이 아님
  Ⅳ. 증인신문 사항이 기재된 서면의 사전제출의무: 규칙 제80조.

4. 신문절차

가. 증인진술서제출명령

나. 증인의 출석요구

다. 증인신문방식

(1) 구술신문의 원칙(증인신문의 방식; 교호신문)

(가) 주신문(규칙 제91조): ① 주신문은 증명할 사항과 이에 관련된 사항에 관하여 한다. ② **주신문에서는 유도신문을 하여서는 아니된다. 다만, 다음 각호 가운데 어느 하나에 해당하는 경우에는 그러하지 아니하다.** 1. 증인과 당사자의 관계, 증인의 경력, 교우관계 등 실질적인 신문에 앞서 미리 밝혀둘 필요가 있는 준비적인 사항에 관한 신문의 경우. 2. 증인이 주신문을 하는 사람에 대하여 적의 또는 반감을 보이는 경우. 3. 증인이 종전의 진술과 상반되는 진술을 하는 때에 그 종전 진술에 관한 신문의 경우. 4. 그 밖에 유도신문이 필요한 특별한 사정이 있는 경우. ③ 재판장은 제2항 단서의 각호에 해당하지 아니하는 경우의 유도신문은 제지하여야 하고, 유도신문의 방법이 상당하지 아니하다고 인정하는 때에는 제한할 수 있다.

(나) 반대신문(규칙 제92조): ① 반대신문은 주신문에 나타난 사항과 이에 관련된 사항에 관하여 한다. ② **반대신문에서 필요한 때에는 유도신문을 할 수 있다.** ③ 재판장은 유도신문의 방법이 상당하지 아니하다고 인정하는 때에는 제한할 수 있다. ④ 반대신문의 기회에 주신문에 나타나지 아니한 새로운 사항에 관하여 신문하고자 하는 때에는 재판장의 허가를 받아야 한다. ⑤ 제4항의 신문은 그 사항에 관하여는 주신문으로 본다.

(2) 서면에 의한 증언(법 제310조; 규칙 제84조) ① 법원은 증인과 증명할 사항의 내용 등을 고려하여 상당하다고 인정하는 때에는 출석·증언에 갈음하여 증언할 사항을 적은 서

면을 제출하게 할 수 있다. ② 법원은 상대방의 이의가 있거나 필요하다고 인정하는 때에는 제1항의 증인으로 하여금 출석·증언하게 할 수 있다. ③ 법원이 증인에 대하여 출석·증언에 갈음하여 증언할 사항을 적은 서면을 제출하게 하는 경우 법원은 증인을 신청한 당사자의 상대방에 대하여 그 서면에서 회답을 바라는 사항을 적은 서면을 제출하게 할 수 있다. ④ 법원이 증인에 대하여 증언할 사항을 적은 서면을 제출하게 하는 때에는 다음 사항을 증인에게 고지하여야 한다. 1. 증인에 대한 신문사항 또는 신문사항의 요지. 2. 법원이 출석요구를 하는 때에는 법정에 출석·증언하여야 한다는 취지. 3. 제출할 기한을 정한 때에는 그 취지. ⑤증인은 증언할 사항을 적은 서면에 서명·날인하여야 한다. ⑥ 증인의 증언내용을 적은 서면이 법원에 도착하면 법원은 이를 당사자에게 알려 의견진술의 기회를 주어야 한다. 신청한 당사자가 원용하지 않아도 증거가 된다. ⑦ **서면증언의 경우 선서의무가 면제되므로 그 내용이 허위라도 위증죄가 성립하지는 않는다. 서면증언을 거절하여도 과태료 등의 제재는 없다. ⑧ 서면증언은 공시송달 사건이나 피고 형식적인 답변서만 제출하고 출석하지 아니하는 경우, 진단서의 진정성립만을 위한 작성자인 의사를 증인으로 신문하여야 하는 경우 등에 활용된다.**

(2) 격리신문(재정인의 퇴정; 규칙 제98조): 법정 안에 있는 특정인 앞에서는 충분히 진술하기 어려운 현저한 사유가 있는 때에는 재판장은 당사자의 의견을 들어 그 증인이 진술하는 동안 그 사람을 법정에서 나가도록 명할 수 있다.

[예제] [제49회 변리사 시험(2012년)] [B-2문]
甲은 乙이 운전하는 차에 치어 중상을 입어서 乙을 상대로 손해배상청구의 소를 제기하였다. 이 소송에서 乙은 그러한 사실이 전혀 없다고 甲의 주장사실을 부인하자 甲은 그 사건을 목격한 丙을 증인으로 신청하였다. 증인신문에서 丙은 자신은 2011.5.30. 오후 2시경 횡단보도를 건너고 있던 중에 乙의 승용차가 甲을 치어 길바닥에 쓰러드렸고, 乙이 차에서 내려 약 1분간 甲을 살펴보는 것을 목격하였다고 증언하였다.

(1) 위에서 원고 甲이 丙을 신문하면서 "증인이 2011.5.30. 오후 2시경 횡단보도를 건너고 있는 중에 乙의 승용차가 甲을 치어서 길바닥에 쓰러뜨렸고, 乙이 차에서 내려 약 1분간 甲을 살피는 것을 목격하였지요?"라고 물어 보았다. 이에 丙은 "네"라고만 대답하였다. 이렇게 자신이 원하는 바대로 진술을 얻어내는 이러한 신문은 적절한가? (10점)

(2) 만일 위 소송에서 丙이 정당한 사유없이 출석하지 아니한 경우의 제제방법은 무엇인가? (10점)

[해설] Ⅰ. 제1문: 1. 증인신문 방식으로서의 교호신문제도 (1) 의의 (2) 신문방식: 주신문 → 반대신문 → 재 주신문 → 재 반대신문 (3) 주신문: 증인 신청자가 하는 신문으로서 주장사실의 입증을 위하여 하는 신문. 유도신문이 금지된다. (4) 반대신문: 주 신문에서 한 증언 내용에 대한 탄핵을 위한 신문. 유도신문도 허용된다. (5) 재판장의 개입신문·보충신문

2. 사안의 경우: 유도신문에 해당하므로 금지된다.

3. 재판장의 소송지휘권 행사를 통하여 유도신문을 제지하여야 한다.

Ⅱ. 제2문: 1. 증인의 의무: 출석의무, 진술의무, 선서의무

2. 불출석 증인에 대한 제재 방법

Ⅱ. 문서의 증거력

1. 문서의 형식적 증거력

가. 문서(서증)의 의의

서증은 문서에 표현된 작성자의 의사를 증거자료로 하여 요증사실을 증명하려는 증거방법이므로 우선 그 문서가 증거신청 당사자에 의하여 작성자로 주장되는 자의 의사에 기하여 작성된 것임이 밝혀져야 하고, 이러한 형식적 증거력이 인정된 다음 비로소 작성자의 의사가 요증사실의 증거로서 얼마나 유용하느냐에 관한 실질적 증명력을 판단하여야 한다.

나. 처분문서, 보고문서

(1) 증명하고자 하는 법률적 행위가 그 문서 자체에 의하여 이루어 진 경우의 문서(계약서, 해제통지서 등)를 처분문서라 하고, 작성자가 보고, 듣고, 느끼고 한 바를 적은 문서(회의록, 장부, 가족관계증명서 등)를 보고문서라고 한다. 어떤 문서를 처분문서라고 할 수 있기 위해서는 증명하고자 하는 공법상 또는 사법상의 행위가 그 문서에 의하여 행하여졌어야 한다. 그 문서의 내용이 작성자 자신의 법률행위에 관한 것이라 할지라도 그 법률행위를 외부적 사실로서 보고·기술하고 있거나 그에 관한 의견이나 감상을 기재하고 있는 경우에는 처분문서가 아니라 보고문서이다.

(2) 예컨대 소송 외에서 전문적인 학식과 경험이 있는 자가 작성한 감정의견이 기재된 서면이 서증의 방법으로 제출된 경우는 보고문서로 볼 것이다. 이때 사실심법원이 이를 합리적이고 믿을 만하다고 인정하여 사실인정의 자료로 삼는 것을 위법하다고 할 수는 없다. 그러나 감정은 법관의 지식과 경험을 보충하기 위하여 하는 증거방법으로서 학식과 경험이 있는 사람을 감정인으로 지정하여 선서를 하게 한 후에 이를 명하거나 또는 필요하다고 인정하는 경우에 공공기관·학교, 그 밖에 상당한 설비가 있는 단체 또는 외국의 공공기관 등 권위 있는 기관에 촉탁하여 하는 것을 원칙으로 하고 있으므로, 당사자가 서증으로 제출한 감정의견이 법원의 감정 또는 감정촉탁에 의하여 얻은 그것에 못지않게 공정하고 신뢰성 있는 전문가에 의하여 행하여진 것이 아니라고 의심할 사정이 있거나 그 의견이 법원의 합리적 의심을 제거할 수 있는 정도가 되지 아니하는 경우에는 이를 쉽게 채용하여서는 안 될 것이다. 특히 소송이 진행되는 중이어서 법원에 대한 감정신청을 통한 감정이 가능함에도 그와 같은 절차에 의하지 아니한 채 일방이 임의로 의뢰하여 작성한 경우라면 더욱더 신중을 기하여야 한다.

(3) 처분문서인 매매계약서의 진정성립이 인정되는 경우에는 특별한 사정이 없는 한 그 내용이 되는 매매계약의 존재를 인정하여야 한다. 그 매매목적물로 표시된 토지의 지번이 계약서에 기재된 매매일자에 존재하지 않은 지번으로 밝혀졌다면, 처분문서상의 일시·장소의 기재는 보고문서의 성질을 갖는 것에 불과하므로 당사자의 주장에 따라 그 매매일자가 진실한 것인지 여부를 심리하거나 당사자가 목적물의 지번에 관하여 착오를 일으켜 계약서상 목적물을 잘못 표시하였는지 여부 등을 심리하여야 한다.[1]

---

1) 대법원 2010.5.13. 선고 2010다6222 판결.

다. 문서의 해석

계약당사자 사이에 어떠한 계약 내용을 처분문서인 서면으로 작성한 경우에는 그 서면에 사용된 문구에 구애받는 것은 아니지만 어디까지나 당사자의 내심적 의사의 여하에 관계없이 그 서면의 기재 내용에 의하여 당사자가 그 표시행위에 부여한 객관적 의미를 합리적으로 해석하여야 한다. 이 경우 문언의 객관적인 의미가 명확하다면, 특별한 사정이 없는 한 문언대로의 의사표시의 존재와 내용을 인정하여야 한다.[1]

라. 문서의 진정성립과 문서의 형식적 증거력

(1) 문서의 증거력은 두 단계로 판단한다. 먼저 그 문서가 작성명의인에 의하여 작성되었는지를 판단 한다. 이것을 문서의 진정성립 또는 형식적 증거력 판단이라고 한다. 그 문서의 진정성립이 확인되면 다음으로 그 문서내용이 어느 정도 신빙성이 있는가를 판단한다. 이것을 문서의 실질적 증거력이라고 한다. 즉 서증은 문서에 표현된 작성자의 의사를 증거자료로 하여 요증사실을 증명하려는 증거방법이므로 우선 그 문서가 증거신청당사자에 의하여 작성자로 주장되는 자의 의사에 기하여 작성된 것임이 밝혀져야 하고, 이러한 형식적 증거력이 인정된 다음 비로소 작성자의 의사가 요증사실의 증거로서 얼마나 유용하느냐에 관한 실질적 증명력을 판단하여야 한다.[2] 이러한 통설·판례의 입장에 따르면 "문서의 진정성립=형식적 증거력 인정"이라는 등식이 성립한다.

(2) 이에 대하여 소수설[3]은 문서의 진정성립과 형식적 증거력은 구별되어야 한다는 입장이다. 즉, 문서의 형식적 증거력이란 문서의 진정성립이 인정된 뒤에 그 문서존재 자체의 외형으로부터 형식적으로 이끌어 낼 수 있는 증거가치를 말한다고 한다. 예컨대 특정 일자에 특정물에 대하여 계약이 체결되었다는 사실을 증명하는 것이 바로 그 문서의 형식적 증거력이라고 한다. 문서의 실질적 증거력이란 문서의 내용이 주요사실을 증명하는데 있어서 충분한지(문서가 계약해제, 또는 채무승인을 담고 있는지 등)에 관한 것이라고 한다.

[문서의 진정성립에 관한 심리절차: 대법원 2000.10.13. 선고 2000다38602 판결] 기록에 의하면, 갑 제1, 2호증의 각 2(각 약정서)에는 피고가 소외 회사가 원고에게 부담하는 구상금 채무를 연대보증한 것으로 기재되어 있고, 피고의 이름 옆에 피고 명의의 인장이 찍혀 있는데, 피고는 이들 약정서의 진정성립 여부에 대하여 부지라고 진술하여 다투었음을 알 수 있다. 그러나 **피고는 이들 약정서에 대하여, 소외 회사의 이사인 남편 B가 회사 설립과정에서 새긴 피고의 도장 또는 피고를 회사의 감사로 등재하는 데 필요하다고 하여 건네준 피고의 인감도장을 이용하여 회사 직원인 A를 시켜 작성한 것이라는 등 그 약정서상 연대보증인란에 찍힌 인영들이 피고의 진정한 인장에 의한 것임을 인정하는 취지로 진술하고 있으므로, 반증이 없는 한 이들 약정서상 연대보증인란의 인영은 피고의 의사에 의하여 현출된 것으로 사실상 추정되어 민사소송법 제329조에 의하여 그 진정성립이 추정될 수 있다.** 한편 피고가 이들 약정서를 작성하는 데 필요한 자신의 인감증명서 발급을 A에게 위임하여 발급받은 인감증명서(갑 제1, 2호증의 각 4)에 찍힌 인영과 약정서상 연대보증인란의 인영은 육안으로

---

1) 위 대법원 2010다6222 판결.
2) 대법원 2002.8.23. 선고 2000다66133 판결.
3) 호문혁, 520-522면.

대조하여 보아도 동일한 것으로 보이므로, 이들 약정서는 어느 모로 보든 그 진정성립을 추정할 수 있을 것으로 보인다. 그러므로 원심으로서는 이들 약정서의 작성명의자로 되어 있는 피고가 그 성립 여부에 관하여 부지라고 답변하였다고 하여 바로 그 약정서들의 형식적 증거력을 배척할 것이 아니라, 피고에게 약정서에 찍혀 있는 피고 명의의 인영들이 피고의 인장에 의한 것인지 여부 등을 따져 인영 부분의 진정성립 여부를 석명하여야 할 것이다. 그 결과 **이들 약정서의 진정성립이 추정된다면, 피고가 자신의 인장이 도용되었거나 위조되었음을 입증하지 아니하는 한 그 진정성립을 부정할 수 없는 것이다.** 그리고 이들 약정서 중 연대보증 부분은 피고가 소외 회사의 원고에 대한 구상금채무를 연대보증한다는 취지가 기재된 처분문서임이 명백하고, **이들 약정서(처분문서)는 그 진정성립이 인정되는 경우 그 문서에 표시된 의사표시의 존재와 내용을 부정할 만한 분명하고도 수긍할 수 있는 특별한 사정이 없는 한 그 내용되는 법률행위의 존재를 인정하여야 마땅하다.**

마. 문서 진정성립의 인부절차

(1) 법원의 인부여부 질문에 대하여 상대방은 성립인정, 부인, 부지, 침묵 등의 답변을 할 수 있다. 이때 상대방의 '성립인정' 진술에 대하여는 재판상 자백 규정이 준용된다(침묵의 경우에도 변론전체의 취지에 의하여 진정성립을 다투고 있지 않은 한 자백을 인정할 것이다). 문서의 진정성립에 관한 인부는 신중하게 하여야 하고, 만약 고의·중과실로 진실에 어긋나게 문서의 성립을 다투면 과태료의 제재가 따른다(법 제363조). 상대방이 부인·부지로 답변하는 경우에는 거증자에게 진정성립 사실에 관한 증명책임이 있다. 문서의 진정성립을 인정하기 위한 증거방법에는 제한이 없고, 변론전체의 취지에 의해서도 인정가능 하다.

(2) 일반적으로 상대방이 문서의 진정성립을 적극적으로 다투거나 서증의 진정성립에 석연치 않은 점이 있거나 서증의 진정성립 여부가 쟁점이 된 때 또는 서증이 당해 사건의 쟁점이 되는 주요사실을 인정하는 자료로 쓰는 때에는 문서가 어떠한 이유로 증거능력이 있는지 여부를 판결에 설시하여야 한다.

(3) 문서에 대한 진정성립의 인정 여부는 법원이 모든 증거자료와 변론전체의 취지에 터잡아 자유심증에 따라 판단하게 되는 것이다. 처분문서는 진정성립이 인정되면 그 기재 내용을 부정할 만한 분명하고도 수긍할 수 있는 반증이 없는 이상 문서의 기재 내용에 따른 의사표시의 존재 및 내용을 인정하여야 한다. 이러한 점을 감안하면 처분문서의 진정성립을 인정함에 있어서는 신중하여야 할 것이다.[1] 예컨대 소송당사자가 문서가 위조되었다거나 권한 없이 작성되었다는 취지로 다투다가 그 서증의 인부 절차에서는 갑자기 진정성립을 인정한다는 것은 이례에 속하는 것이라고 할 것이므로 법원은 서증의 인부 절차에서 위 문서의 진정성립을 인정한 것이 아니라고 보거나, 적어도 당사자가 위와 같이 모순되는 진술을 하는 취지를 분명하게 석명하여야 한다.

바. 진정성립의 추정

(1) 공문서의 경우는 법 제356조에 의한 추정이 있다. 공·사문서가 병존하는 경우에는 따로 그 진정성립에 관하여 판단한다.

---

1) 대법원 2003.4.8. 선고 2001다29254 판결.

(2) 사문서는 본인 또는 대리인의 서명이나 날인 또는 무인이 있는 때에는 진정한 것으로 추정된다(제358조). 사문서의 작성명의인이 스스로 당해 사문서에 서명·날인·무인하였음을 인정하는 경우, 즉 인영 부분 등의 성립을 인정하는 경우에는 반증으로 그러한 추정이 번복되는 등의 다른 특별한 사정이 없는 한 그 문서 전체에 관한 진정성립이 추정된다. 사문서에 날인된 작성명의인의 인영이 그의 인장에 의하여 현출된 것이라면 특단의 사정이 없는 한 그 인영의 진정성립, 즉 날인행위가 작성명의인의 의사에 기한 것임이 추정되고(1단계의 추정), 일단 인영의 진정성립이 추정되면 민사소송법 제358조에 의하여 그 문서 전체의 진정성립이 추정된다(2단계의 추정). **그 문서의 진정성립을 다투는 상대방은 1단계 추정을 뒤집기 위해 인장도용 사실을 증명하여야 한다. 위와 같은 인영의 진정성립, 즉 날인행위가 작성명의인의 의사에 기한 것이라는 추정은 사실상의 추정이므로, 인영의 진정성립을 다투는 자가 반증을 들어 인영의 날인행위가 작성명의인의 의사에 기한 것임에 관하여 법원으로 하여금 의심을 품게 할 수 있는 사정을 입증하면 그 진정성립의 추정은 깨어진다.**[1] 이에 대하여 만약 법 제358조의 추정을 사실상의 추정으로 본다면 구태여 법에 명문으로 추정규정을 둘 필요가 없이 경험법칙에 의한 사실상의 추정도 가능할 것이므로 증거법칙적 추정으로 보아 반증이 아니라 본증에 의하여서만 그 추정력이 깨어진다고 보아야 할 것이라는 반대 견해도 유력하다.[2]

(3) 사문서의 작성명의인이 그 문서에 날인되어 있는 인영이 본인의 것임을 인정하는 한편으로 누군가에 의하여 인장이 도용되었다고 주장('위조항변'이라는 용어를 사용하기도 하지만 통상적 의미에서의 항변이라고 보기는 어렵다)하는 경우가 흔히 있다. 이러한 경우에도 특단의 사정이 없는 한 그 인영의 진정성립, 즉 날인행위가 작성명의인에 의사에 의한 것임이 사실상 추정되고(1단계의 추정), 법 제358조에 의하여 그 문서전체의 진정성립이 추정된다(2단계의 추정). 이때 작성명의인은 인장이 도용되었다는 사실을 증명할 필요가 있는데 '사실상의 추정'을 깨뜨릴 수 있는 반증을 제출하면 족하다. 즉 법원으로 하여금 날인의 진정성에 관하여 의심을 들게 하는 정도의 입증으로 그 책임을 다한 것이 된다. **작성명의인이 반증제출에 성공하면 거증자는 문서작성자가 명의인의 위임에 의하여 작성한 사실에 관하여 증명할 책임이 있다.** 예컨대 피고 명의의 배서란에 찍힌 피고 명의의 인영이 피고의 인장에 의한 것임을 피고가 인정하고 있다면 그 배서부분이 진정한 것으로 추정되지만, 그 인영이 작성명의인인 피고 이외의 사람이 날인한 것으로 밝혀질 때에는 위와 같은 추정은 깨어지는 것이므로, 이와 같은 경우에는 어음을 증거로 제출한 원고가 작성명의인인 피고로부터 날인을 할 권한을 위임받은 사람이 날인을 한 사실까지 입증하여야만 그 배서부분이 진정한 것임이 증명된다.[3]

(4) **미완성(백지)상태의 문서에 서명·날인이 이루어 진 경우:** 인영 부분 등의 진정성립이 인정된다면 다른 특별한 사정이 없는 한 당해 문서는 그 전체가 완성되어 있는 상태

---

1) 대법원 2003.2.11. 선고 2002다59122 판결.
2) 김홍엽, 616면; 정동윤·유병현, 551면 등.
3) 대법원 1993.8.24. 선고 93다4151 전원합의체 판결: 소수의견은 어음의 배서가 형식적으로 연속되어 있으면 그 소지인은 정당한 권리자로 추정되므로 배서가 위조된 경우 이를 주장하는 사람이 그 위조사실을 입증하여야 한다고 하였다.

에서 작성명의인이 그러한 서명·날인·무인을 하였다고 추정할 수 있을 것이다. 작성명의인의 서명·날인 당시 그 문서의 전부 또는 일부가 미완성된 상태에서 서명·날인만을 먼저 하였다는 등의 사정은 이례에 속한다고 볼 것이므로 완성문서로서의 진정성립의 추정력을 뒤집으려면 그럴만한 합리적인 이유와 이를 뒷받침할 간접반증 등의 증거가 필요하다고 할 것이다.[1] 만일 그러한 완성문서로서의 진정성립의 추정이 번복되어 백지문서 또는 미완성 부분을 작성명의자가 아닌 자가 보충하였다는 등의 사정이 밝혀진 경우라면, 다시 그 백지문서 또는 미완성 부분이 정당한 권한에 기하여 보충되었다는 점에 관하여는 그 문서의 진정성립을 주장하는 자 또는 문서제출자에게 그 입증책임이 있다.[2]

[예제] [변리사시험 제42회(2005년)] [제B-2문] 甲은 자기소유의 토지를 X회사에 임대하기로 하였으나, 당해 토지에 X회사의 대표이사 乙을 권리자로 하는 지상권설정등기가 되어 있어, 乙에 대하여 지상권설정등기의 말소를 청구하는 소를 제기하였다. 乙은 증거로서 지상권 설정계약서를 제출하였고, 甲은 그 계약서의 성립을 인정하는 취지의 진술을 하였다. 그 후 甲은 이 진술을 취소할 수 있는가? (20점)

[해설] Ⅰ. 주요논점: 재판상 자백의 요건 및 그 효과, 문서의 진정성립을 인정하는 진술(보조사실)에 대한 재판상 자백의 인정여부.

Ⅱ. 재판상 자백의 성립요건 및 그 효과

　　1. 재판상 자백의 성립요건: 성립요건 일반에 관하여 약술하고, 보조사실에 대한 재판상 자백의 인정여부에 관한 판례의 태도에 관하여 언급할 것.

　　2. 재판상 자백의 효과

　　　(1) 당사자와 법원에 대한 효과: 특히 자백한 당사자의 임의철회 금지

　　　(2) 취소가 허용되는 경우

Ⅲ. 결론(사안의 해결): 갑의 진술에 대하여 재판상 자백이 성립하여 자백취소에 관한 예외사유에 해당하지 않는 한 임의로 취소(철회)할 수 없다.

[예제] [제50회 사법시험(2008년도)] 1. 甲이 乙을 상대로 매매대금의 지급을 구하는 소를 제기한 뒤 그 증거로 매매계약서를 제출하자, 乙이 변론기일에서 위 매매계약서의 진정성립을 인정하였다. 이 경우 법원은 위 매매계약서를 증거로 사용할 수 있는가? (20점)

2. 위 1의 경우와는 달리 乙은 위 매매계약서의 인영이 자신의 인장에 의한 것임을 인정하지만 丙이 자신의 승낙을 받지 않고 무단으로 날인한 것이라고 주장하였고, 이에 대하여 甲은 丙이 날인한 것은 맞지만 丙이 乙의 승낙을 받아서 날인한 것이라고 주장하였다. 심리한 결과 丙이 위 매매계약서에 날인할 때 乙의 승낙을 받았다는 것을 인정할 아무런 증거가 없

---

1) 대법원 2003.4.11. 선고 2001다11406 판결; 대법원 2011.11.10. 선고 2011다62977 판결.
2) 이 사건에서 피고가 그 일부가 위조되었다고 다투고 있는 명판 및 사용인감신청서는, 피고가 1996. 8. 28. 원고와 어음한도거래약정을 체결하면서 위 약정에 의하여 향후 어음할인거래에 사용할 피고의 명판과 사용인감을 신고하기 위하여 작성된 사문서로서, 피고는 스스로 그 신청서의 상단 부분인 신청인의 성명과 주소란에 자신의 성명과 주소를 각기 기입한 다음 그 이름 옆에 피고의 인감도장을 날인하였음은 이를 인정하고 있다. 피고는 위 신청서에 기명날인한 사실을 인정하면서도, 그 하단 부분의 명판과 사용인감란 부분에 관하여는 위 신청서 작성 당시에는 미처 자신의 명판과 사용인감을 소지하지 아니하고 있었던 관계로 추후 그 부분을 보충할 의사로 이를 공란으로 남겨둔 채 위 문서를 원고에게 맡겨 두었던 것인데, 나중에 위 어음거래약정에 기하여 실질적으로 원고와 어음할인거래를 한 소외인이 피고의 개인회사 명의의 명판과 피고 명의의 인감을 피고의 승낙 없이 함부로 위조한 다음 피고 몰래 원고 금고를 찾아가 위 신청서에 공란으로 남아 있던 명판과 사용인감란에 그와 같이 위조한 명판과 인감을 날인하여 이를 보충함으로써 위 신청서 중 그 해당 부분을 위조하였다고 주장하고 있다.

었다. 이 경우 법원은 위 매매계약서를 증거로 사용할 수 있는가? (10점)

[해설]

[제1문] Ⅰ. 주요논점: 문서를 증거로 사용하려면 문서의 진정성립이 인정되어야 한다. 이러한 진정성립의 의의를 살펴보고, 문서의 진정성립을 인정하는 진술에 대한 재판상 자백의 성립여부에 관하여 검토하여야 한다.

　Ⅱ. 문서의 진정성립의 의의

　　1. 의의: 통설 및 판례의 견해와 소수설의 견해 소개(본서의 본문 내용 참조)

　　2. 진정성립의 인부절차: 생략(본문 내용 참조)

　Ⅲ. 사문서의 진정성립을 인정하는 진술에 대한 재판상 자백의 성립여부

　　1. 재판상 자백의 성립요건 및 법적 효과

　　　(1) 요건

　　　(2) 재판상 지백의 법적 효과

　　2. 사안의 해결

[제2문] Ⅰ. 주요논점: 사안의 경우에 甲 및 乙은 본건 매매계약서에 날인된 乙의 인영이 丙에 의한 것임을 인정하고 있으므로 이러한 경우에 인영의 날인의 진정성립과 문서전체의 진정성립이 추정될 것인가에 관하여 살펴보아야 한다.

　Ⅱ. 인영의 동일성에 관한 인정의 법적 효력:

　　1. 문서의 진정성립에 관한 2단계의 추정: 법 제358조의 법리를 약술

　　2. 2단계의 추정은 사실상의 추정이고, 乙은 반증을 들어 진정성립의 추정을 깨뜨릴 수 있다.

　Ⅲ. 문서의 작성명의인이 아닌 제3자에 의한 날인임이 밝혀진 경우 문서의 진정성립에 관한 증명책임

　　1. 사실상의 추정의 복멸

　　2. 甲은 丙이 乙로부터 승낙을 받고 乙의 인장을 매매계약서에 날인한 사실에 관하여 증명할 책임이 있다.

　　3. 사안의 경우 丙이 乙로부터 승낙을 받았다는 사실을 인정할 증거가 없으므로 법원은 위 매매계약서를 증거로 사용할 수 없다.

2. 문서의 실질적 증거력(문서의 증거가치)

가. 처분문서

처분문서는 진정성립이 인정되면 특별한 사정이 없는 한 처분문서에 기재되어 있는 문언의 내용에 따라 당사자의 의사표시가 있었던 것으로 객관적으로 해석하여야 하나, 당사자 사이에 계약의 해석을 둘러싸고 이견이 있어 처분문서에 나타난 당사자의 의사해석이 문제되는 경우에는 문언의 내용, 그와 같은 약정이 이루어진 동기와 경위, 약정에 의하여 달성하려는 목적, 당사자의 진정한 의사 등을 종합적으로 고찰하여 논리와 경험법칙에 따라 합리적으로 해석하여야 한다. 한편 단체협약과 같은 처분문서를 해석할 때에는, 단체협약이 근로자의 근로조건을 유지·개선하고 복지를 증진하여 경제적·사회적 지위를 향상시킬 목적으로 근로자의 자주적 단체인 노동조합과 사용자 사이에 단체교섭을 통하여 이루어지는 것이므로, 명문의 규정을 근로자에게 불리하게 변형 해석할 수 없다.[1] 한편 처분문서의 진정성립이 인

---

1) 대법원 2011.10.13. 선고 2009다102452 판결.

정되는 이상 법원은 그 문서의 기재 내용에 따른 의사표시의 존재 및 내용을 인정하여야 하나, 그 기재 내용을 부인할 만한 분명하고도 수긍할 수 있는 반증이 인정될 경우에는 그 기재 내용과 다른 사실을 인정할 수 있다.[1]

나. 보고문서의 경우에는 법관의 자유심증에 의하여 결정한다.

보고문서의 실질적 증명력은 작성자의 신분, 직업, 성격, 작성의 목적, 시기, 기재사실의 성질, 기재의 방법 등 여러 가지 사정을 참작하여 법관의 자유심증에 의하여 결정한다.

Ⅲ. 문서(서증)의 증거 제출절차

1. 직접제출

가. 서증은 법원 외에서 조사하는 경우(법 제297조) 이외에는 당사자가 변론기일 또는 준비절차기일에 출석하여 현실적으로 제출하여야 한다. 서증이 첨부된 소장 또는 준비서면 등이 진술간주되어도 제출한 것으로 보지 않는다.[2] 예컨대 원고가 제출한 소장에 서증들을 첨부하였으나 제1심에서는 의제자백으로 인한 원고승소 판결이 선고되고, 항소심에서는 원고가 2차에 걸친 변론기일에 아무 사유 없이 출석하지 아니하였을 경우에는 위 서증들이 법원에 현실적으로 제출된 것으로 볼 수 없다.

나. 문서의 제출 또는 송부는 원본, 정본 또는 인증등본으로 하여야 하는 것이므로, 원본, 정본 또는 인증등본이 아니고 단순한 사본 만에 의한 증거의 제출은 정확성의 보증이 없어 원칙적으로 부적법하다.[3] 다만 이러한 사본의 경우에도 동일한 내용인 원본의 존재와 원본의 성립의 진정에 관하여 다툼이 없고 그 정확성에 문제가 없기 때문에 사본을 원본의 대용으로 하는데 관하여 상대방으로부터 이의가 없는 경우에는, 법 제355조 1항 위반사유에 관한 이의권이 포기 혹은 상실되어 사본만의 제출에 의한 증거의 신청도 허용된다. 원본의 존재 및 원본의 성립의 진정에 관하여 다툼이 있고 사본을 원본의 대용으로 하는데 대하여 상대방으로부터 이의가 있는 경우에는 사본으로써 원본을 대신할 수 없다.

다. 반면에 **사본을 원본으로서 제출하는 경우**에는 그 사본이 독립한 서증이 되는 것이지만, 이에 의하여 원본이 제출된 것으로 되지는 아니한다. 이 경우에는 증거에 의하여 사본과 같은 원본이 존재하고 또 그 원본이 진정하게 성립하였음이 인정되지 않는 한 그와 같은 내용의 사본이 존재한다는 것 이상의 증거가치는 없다.

라. 서증사본의 신청당사자가 문서원본을 분실하였다든가, 선의로 이를 훼손한 경우, 또는 문서제출명령에 응할 의무가 없는 제3자가 해당 문서의 원본을 소지하고 있는 경우, 원본

---

[1] 대법원 2010.11.11. 선고 2010다56616 판결.
[2] 대법원 1991.11.8. 선고 91다15775 판결.
[3] 대법원 2002.8.23. 선고 2000다66133 판결.

이 방대한 양의 문서인 경우 등 원본문서의 제출이 불가능하거나 비실제적인 상황에서는 원본의 제출이 요구되지 아니한다. 다만 그와 같은 경우에도 해당 서증의 신청당사자가 원본 부제출에 대한 정당성이 되는 구체적 사유를 주장·입증하여야 할 것이다.

2. 문서제출명령신청과 그 절차

가. 제도의 의의
(1) 민소법 규정
(2) 소송상대방 또는 제3자 소지문서의 증거조사 필요성
① 증거의 구조적 편재 현상에 대한 대책:　특히 현대형 소송
② 외국의 입법례:　영·미법 상의 증거의 사전개시(디스커버리)제도와의 비교.

나. 법 제344조 1항의 문서제출의무자
(1) 인용문서:　당사자 한쪽이 소송에서 자신의 주장을 명백히 하기 위하여 또는 그 주장의 증거로서 특정문서의 내용을 인용하거나 그 존재를 주장한 문서.
(2) 인도·열람문서:　실체법상 명문규정 또는 계약에 의하여 인도·열람청구권이 인정된 경우.
(3) 이익문서:　거증자의 법률상의 이익을 직접적으로 또는 간접적으로 명시하고 있는 문서(유언서, 진료기록, 직원채용시험의 채점표 등).
(4) 법률관계문서:　신청자와 문서소지자의 법률관계에 관하여 작성한 문서.
(5) 이익문서 및 법률관계문서에 있어서 제출의무가 면제되는 경우(법 제344조 1항 단서).

다. 문서제출의 일반의무화
(1) 법 제344조 2항
(2) 제출의무의 면제
① 자기사용문서:　일기장, 가계부, 사적인 편지, 법인(주식회사 및 금융기관 등) 또는 단체의 의사록 및 특별히 대외비로 한 내부용 보고서 등 내부결제용 문서(반대견해 있음: 내부결제용문서가 문서소지인 등의 영업상의 비밀이나 프라이버시에 관한 내용을 포함하고 있는 등의 경우에 제한적으로 제외문서로 보아야 할 것이다[1]), 영업상의 비밀(특수제조 기법 등)이 기재된 문서 등은 제출의무가 면제된다.
② 정부공문서, 공무원 보관문서의 경우에는 공공기관의 정보공개에 관한 법률에 의한 규율을 받기 때문에 그 법에 정한 절차에 따라야 할 것이다. 결국 이 경우에는 당사자가 행정청에 정보공개청구를 하여 이를 교부받아 우회적으로 제출하여야 할 것이다.

라. 문서제출의 신청
(1) 서면신청의 원칙:　문서의 표시, 취지, 증명할 사실, 제출의무자 및 그 의무의 원인 등을 기재한 서면으로 신청한다.

---

1) 김홍엽, 629면.

(2) 문서 특정의 절차:　　　① 문서목록제출신청(법 제346조), ② 법원의 명령, ③ 법원의 명령에 불응한 경우의 조치.

[대법원 2005.7.11. 자 2005마259 결정] 1. 원심은, 서울보증보험 주식회사로 합병되기 전의 한국보증보험 주식회사 또는 농수산물유통공사가, 1990. 10. 23.경 A 소유의 의정부시 호원동 51-3 전 1,131㎡에 관하여 채무자를 주식회사 B, 채권최고액을 4억 5,000만 원, 근저 당권자를 위 한국보증보험 주식회사로 한 근저당권을 설정한 다음 B에게 금원을 대출한 것과 관련하여, 대출금의 액수, 이자율 및 연체이자율, 상환기한 등이 기재되어 있는 대출관련 제반 서류의 등본 또는 사본을 재항고인이 소지하고 있음을 전제로, 재항고인에 대하여 7일 이내에 위 문서를 원심법원에 제출하라는 내용의 문서제출명령을 하였다. 2. 그러나 원심의 위와 같은 판단은 수긍하기 어렵다. **문서의 제출의무는 그 문서를 소지하고 있는 자에게 있는 것이므로 법원이 문서제출명령을 발함에 있어서는 먼저 그 문서의 존재와 소지가 증명되어야 하고 그 입증책임은 원칙적으로 신청인에게 있는 것이다**(대법원 1995.5.3. 자 95마415 결정 참조). 기록에 의하여 살펴보면, 재항고인은 위 한국보증보험 주식회사와 A 사이의 근저당권설정계약, 위 한국보증보험 주식회사 또는 농수산물유통공사와 B 사이의 대출계약의 당사자가 아님을 알 수 있어 위 대출계약과 관련된 문서의 사본 또는 등본을 재항고인이 당연히 소지하고 있을 것이라고는 보기 어렵고, B가 재항고인의 형이 경영하는 회사이고 재항고인의 소개로 피고 소유의 위 부동산에 관하여 앞서와 같은 근저당권설정등기가 마쳐졌을 뿐만 아니라 이를 담보로 하여 B가 대출을 받은 점에 비추어 보면, 재항고인이 위 문서를 소지하고 있을 가능성을 배제할 수는 없지만, 당시의 거래관행 등에 비추어 볼 때 위와 같은 사정만으로는 재항고인이 위 대출계약과 관련된 문서의 사본 또는 등본을 소지하고 있을 것이라고 단정하기 어려우며, 달리 기록상 재항고인이 위 문서를 소지하고 있음을 인정할 자료가 보이지 않는다. 사정이 이와 같다면, **원심으로서는 신청인으로 하여금 위 대출계약과 관련된 문서의 사본 또는 등본이 재항고인에게 교부되어 재항고인이 이를 소지하고 있다는 사실을 먼저 입증하게 한 연후에 재항고인에 대하여 문서제출명령을 하였어야 함에도** 불구하고 이에 이르지 아니한 채 문서의 소지 여부가 불분명한 재항고인에게 문서의 제출을 명하였는바, 원심의 이러한 조치에는 심리를 다하지 아니하거나 문서제출명령에 관한 법리를 오해하여 판결에 영향을 미친 위법이 있다고 할 것이다. 이 점을 지적하는 재항고이유의 주장은 이유 있다.

마. 문서 일부에 대한 제출명령(법 제374조 2항)

바. 문서제출의무에서 제외되는 문서여부에 관한 심사(인카메라 in camera 절차)

(1) **의의**:　　　법 제347조 4항.

(2) **내용**:　　　① 문서제출신청인의 참여배제.

② 비밀성.

③ 절차실시의 범위: 문서제출신청에 대하여 문서소지인이 법 제344조 1항 3호단서나 제344조 2항에 해당한다는 주장을 하는 모든 경우에 이 절차가 실시되어야 할 것인가? 이에 관하여 그러한 절차실시의 필요성이 없다는 것이 객관적으로 명백한 경우를 제외하고는 원칙적으로 in camera절차를 거쳐야 한다는 견해가 있다.[1] 그러나 당사자의 절차권을 보장한다는

---

1) 강현중, 575면.

측면에서 일정한 제한이 가해져야 한다.

(3) 문제점

① 당사자의 절차권 보장상의 문제점: 문서제출명령을 신청한 당사자의 절차참여가 배제된 상태에서 법원의 결정의 내려지므로 in camera 절차 실시 대상을 제한할 필요가 있다.

② in camera 절차 실시 후 문서제출의무가 면제된 문서의 경우

이때, 그 법원은 문서의 내용에 대한 검토가 되었으므로 신청인의 참여가 배제된 상태에서 조사된 증거가 어떠한 형태로든 심증형성에 영향을 미칠 수 있다는 데에 문제가 있다.

이에 대한 대책으로서 in camera 절차는 본안 담당재판부가 아닌 다른 재판부가 실시하여야 한다는 견해 등이 있다.

> **[예제] [2011년 사법시험]** 甲은 乙이 운전하던 차량에 부딪혀서 대퇴부 골절상 등을 입었다. 이로 인해 甲은 병원에 입원해서 치료를 받던 중 우연히 자신이 후천성면역결핍증(이하 AIDS라 약칭함)에 걸린 사실을 알게 되었고 결국 골절상 이외에 AIDS에 대한 치료까지 동시에 받게 되었다. 그 후 甲은 乙을 상대로 위 교통사고로 인한 손해배상을 구하는 소를 제기하였다. 그런데 甲은 위 소송에서 법정에 증거로 현출되어야 할 진료기록을 통해 자신의 AIDS 감염 및 치료 사실이 노출되는 것을 원하지 않고 있다. 이러한 甲의 바람을 실현할 수 있는 민사소송법상의 제도는 어떠한 것이 있는지 열거하고 그 내용을 간략하게 설명하시오. (20점)

> **[해설]**
> Ⅰ. 주요논점: 공개재판주의 원칙, 개인의 비밀보호 필요성 및 프라이버시를 보호하는 소송법상의 제도
> Ⅱ. 공개재판주의 원칙: 그 의의에 관하여 약술
> Ⅲ. 소송기록 등의 열람에 대한 제한 조치
>   1. 소송기록 열람제도: 법 제162조
>   2. 소송기록 열람의 제한: 법 제163조
> Ⅳ. 문서제출의 일반 의무화와 그 제한
>   1. 문서제출명령 제도
>   (1) 의의
>   (2) 제출명령 대상 및 그 제외 문서
>   (3) 사안의 경우
>   2. 문서제출 신청에 대한 재판절차
>   (1) 비밀심리 제도
>   (2) 제외 사유의 증명
>   3. 문서의 일부제출
>   4. 사안의 경우

사. 문서 부제출의 효과

(1) 법 규정: 법 제349조와 법 제351조는 소송당사자가 문서 소지인인 경우에 법원의 문서제출명령에 불응한 경우와 제3자가 문서소지인인 경우에 불응한 경우를 구별하여, 후자의 경우에는 거부자에게 과태료를 부과하는 제재를 가할 뿐이고 법 제349조와 같은 진

실인정 규정을 두지 않고 있다.

(2) 법 제349조 규정의 상대방 주장의 진실인정의 의미

① 법정증거설: 문서 부제출이라는 사실로부터 증명할 사실자체를 진실한 것으로 인정할 수 있다는 견해.

② 자유심증설: 그 문서에 의하여 증명할 사실 그 자체를 진실한 것으로 인정한다는 뜻이 아니라 문서의 표시와 문서의 취지에서 나타난 그 문서자체의 성질, 내용, 성립의 진정에 관한 주장을 진정한 것으로 인정하고 이를 바탕으로 하여 요증사실을 인정할 것인가의 여부는 법관의 자유심증에 의할 것이라는 견해.

③ 증명책임전환설: 반대사실의 존재가 증명되지 않는 한 다른 증거와 관계없이 문서부제출이라는 사실만으로 증명책임이 상대방에게 전환된다고 보는 견해.

④ 신의칙에 의한 법정증거설: 원칙적으로 자유심증설에 의하되, 행정소송, 공해소송, 국가상대 손해배상소송의 경우처럼 대상문서가 상대방의 지배영역내에 있어 증거를 세우려는 사람으로서는 문서의 구체적 내용을 특정할 수 없고, 또한 달리 다른 증거에 의한 증명이 현저히 곤란한 경우에는 제한적으로나마 법정증거설에 의하여야 한다는 견해.

⑤ 판례: 당사자가 법원으로부터 문서제출명령을 받았음에도 불구하고 그 명령에 따르지 아니한 때에는 법원은 상대방의 그 문서에 관한 주장, 즉 문서의 성질, 내용, 성립의 진정 등에 관한 주장을 진실한 것으로 인정할 수 있음은 별론으로 하고, 그 문서들에 의하여 입증하려고 하는 상대방의 주장사실이 바로 증명되었다고 볼 수는 없으며, 그 주장사실의 인정 여부는 법원의 자유심증에 의하는 것이다.[1]

3. 문서의 송부촉탁제도(법 제352조)

가. 의의: 교통사고나 산업재해로 인한 손해배상사건 등에 있어서 법원·검찰 기타 공무소 및 일반회사 등이 보관하고 있는 문서를 증거로 제출하고자 하는 경우에 실무상 흔히 이용되고 있다. 다만 당사자가 법령에 의하여 문서의 정본 또는 등본을 청구할 수 있는 경우(등기부·가족관계등록부 등)는 송부촉탁 할 수 없다. 송부할 문서는 원본·정본·인증등본의 형태로 함이 원칙이다(법 제355조 1항).

나. 협력의무: 법 제352조의2.

다. 법원·검찰 등으로부터 송부되어 온 문서(인증등본)는 별도의 의사표시가 없는 한 기록에 편철하고 이를 당사자에게 열람시켜 필요한 부분을 서증으로 제출케 하여야 한다.

4. 문서가 있는 장소에서의 서증조사

미완결 수사사건 기록 또는 기소중지사건 수사기록 등의 경우, 문서제출명령이나 문서송부촉탁의 대상이 아니므로 당사자는 법원이 그 문서가 있는 장소에 가서 서증조사하여 줄

---

1) 대법원 2007.9.21. 선고 2006다9446 판결.

것을 신청할 수 있다(규칙 제112조). 문서소지자는 협력의무가 있다(법 제352조의2).

Ⅳ. 기타의 증거방법 및 그 증거보전절차

1. 각종 신종증거의 증거조사절차

가. 최근 과학기술의 발달에 따라 CD롬, DVD 등 문자정보나 음성·영상자료를 저장하는 신종매체가 등장하였는데, 이러한 신종매체에 저장된 내용을 증거조사를 통하여 현출하는 방법이 문제되고 있다.

나. 법 제374조는 도면, 사진, 녹음테이프, 컴퓨터용 자기디스크 그 밖에 정보를 담기 위하여 만들어 진 물건으로서 문서가 아닌 증거의 조사에 관하여 감정, 서증, 검증의 규정에 준하여 대법원규칙으로 정하도록 하였다. 이에 따라 대법원규칙 제120조 이하는 이에 관하여 규정하고 있다.

2. 조사·송부의 촉탁(사실조회)

가. 법원은 공공기관·학교 그 밖의 단체·개인 또는 외국의 공공기관에게 그 업무에 속하는 사항에 관하여 필요한 조사 또는 보관중인 문서의 등본·사본의 송부를 촉탁하는 증거조사절차를 실시할 수 있다(법 제294조). 예컨대 기상청에 있는 특정일시의 기상상황, 상공회의소·증권거래소 또는 외환시장에 대하여 어느 시점의 물가·주가·환율의 조사보고, 의사회나 학회 등에 대한 자료보고나 의견조회 등을 보내게 하는 것이다.

나. 은행에 예치된 예금의 거래내역이나 과세정보의 수집은 금융기관 또는 세무공무원에 대한 제출명령이라는 형식에 의한다. 그 근거조문은 금융거래 및 비밀보장에 관한 법률 제4조 1항, 국세기본법 제81조의8 1항과 사실조회·문서송부촉탁·문서제출명령 등에 관한 민사소송법 규정이다. 변호사법 제75조의2에서는 지방변호사회가 회원인 변호사의 신청에 의하여 공공기관에 사실조회 하는 제도를 신설하였다.

3. 증거보전절차

가. 의의: 법 제375조.

나. 요건: 보전의 필요성이 있어야 한다. 당사자는 이에 관하여 소명하여야 한다.

다. 절 차
(1) 관할법원(법 제376조)
(2) 당사자의 신청 또는 법원의 직권(법 제379조)

(3) 결정
(4) 증거조사의 실시

라. 효 력

제 5 절 자유심증주의

Ⅰ. 의   의

1. 민사재판에서 법관에 의한 사실인정은 심리과정에 나타난 자료를 기초로 하는 것이며, 증거방법, 증거능력, 증거력의 법정 등으로부터 원칙적으로 자유로움을 의미한다. 증거법정주의(17세기 이전 독일 보통법시대의 일반원칙으로서 어떠한 증거에 의하여 어떠한 사실을 인정하여야 할 것인가를 법으로 정하고 있는 입법주의)와 대립되는 개념이다.

2. 자유심증주의의 주요논점으로는 법관의 심증형성의 기초자료로서의 증거원인의 범위 결정과 심증형성의 정도에 관한 문제가 있다.

Ⅱ. 증거원인

1. 변론전체의 취지

가. 의의: 증거조사의 결과를 제외한 일체의 소송자료.
전후 일관성없는 진술, 공동소송인 상호간의 불일치한 진술, 증거조사에의 비협조, 방해 등의 행위는 변론전체의 취지가 된다.

나. 증거력 인정의 범위
(1) **독립적 증거원인설**:   자유심증주의 본래의 취지에 비추어 법원이 변론의 전취지만으로 확신을 얻었으면 굳이 다른 증거에 의한 보충이 없어도 그 사실인정을 막을 필요는 없다고 본다. 독일과 일본의 통설적 견해라 한다.
(2) **보충적 증거원인설**:   변론전체의 취지는 내용의 모호성, 기록에 반영하여 객관화 하는 것의 어려움, 법관의 자의의 개입을 배제할 수 없다는 점에서 독립적 증거원인이 될 수 없고, 다른 증거자료를 보충하는 증거원인이 되는데 그치는 것으로 본다.
(3) **판례**:   문서의 진정성립, 자백이 착오에 기한 것이라는 사실인정 외에는 보충적 증거력만 인정한다.

2. 증거조사의 결과

가. 증거방법의 무제한: 원칙적으로는 증거능력에 제한을 가하지 않는다.

나. 증거력의 자유평가: 직접증거와 간접증거, 서증과 인증 사이에 우열을 두어야 하는 것은 아니다.

다. 증거공통의 원칙

(1) 의의: 증거조사결과는 그 증거제출자에게 유리하게도 불리하게도 판단될 수 있다. 상대방의 그 증거원용여부를 불문한다.

(2) 인정근거: 소송상 다투어지는 사실은 역사상 동일한 사실로서, 증거조사의 결과를 종합적으로 평가함으로써 자유심증에 의한 실체진실발견이 가능하게 된다.

(3) 변론주의에 저촉되는 것은 아니다. 변론주의는 증거제출의 책임이 당사자에게 있다는 것이지 제출된 증거의 평가를 어떻게 하는가와는 관련이 없다.

(4) 증거신청의 철회의 제한, 증거조사개시 후에는 상대방의 동의가 있어야 철회가능하다.

(5) 통상 공동소송인간의 증거공통의 원칙: 적용하는 것이 원칙(통설). 다만, 이해상반 되는 사항에 대해서는 명시적 원용이 필요하며, 자백한 당사자에게는 재판상 자백의 구속력으로 인하여 증거공통의 원칙이 적용될 여지가 없다.

3. 위법수집 증거의 증거능력

가. 문제제기: 증거능력에 엄격한 제한을 두고 있는 형사소송절차와는 달리 민사소송절차에서는 서로 대등한 관계에 있는 소송당사자 사이의 다툼이 문제되는 것이므로 실체적 진실발견이라는 목적에 비추어 증거능력의 제한을 크게 문제 삼지 않았다. 그러나, 위법수집증거의 증거능력을 인정한다는 것은 곧 법원이 소송당사자들의 위법행위를 방조내지 조장하는 것이 될 수도 있고, 특히 현대의 전자장비기술이 고도로 발전되어 개인의 인격권이나 인간의 존엄이 침해될 가능성이 고조됨에 따라 증거능력의 제한이 있어야 한다는 것이 현대 독일의 소송법학계의 통설이라고 한다.

나. 학설과 판례
(1) 증거능력 긍정설

민사소송에서의 실체적 진실발견을 우선시켜야 한다는 입장으로서 위법수집증거에 의한 인격권의 침해는 민·형사상 별개의 수단으로 구제받으면 되는 것이므로 위법수집증거라도 증거로서 이용할 수 있다고 본다. 즉, 어떤 증거의 입수방법이 손해배상의무를 발생시키느냐 또는 범죄가 되느냐는 그 증거를 민사소송의 증거로 이용하는 것과는 무관하다는 것이다.

(2) 한정적 긍정설(절충설)

① **인격권 침해설:** 증거수집이 현저히 반사회적인 수단, 신의성실에 반하는 수단을 이용하여 인격권을 침해하는 방법으로 행하여졌거나, 그 내용을 법정에 공개하는 등의 증거조

사 자체가 인격권 내지 프라이버시를 침해하는 것이 되면 증거능력을 부정해야 한다는 견해이다. 예컨대, 공개된 장소에서의 발언의 녹음, 상대방이 녹음을 승낙한 경우 등에만 증거능력을 인정해야 한다는 것이다.

② 위법성설: 형사처벌의 대상이 되는 행위에 의한 위법수집증거의 증거능력을 부정하여야 하지만, 일률적으로 판단할 수는 없고 실체진실의 발견이라는 목적과 위법행위의 유발방지라는 제도적 목적이 서로 조화될 수 있도록 새기는 것이 타당하다는 견해이다. 예외적으로 위법성 조각사유가 있는 때에 한하여 증거능력을 인정해야 한다는 견해이다.

(3) 증거능력 부정설

위법수집증거의 이용을 인정하면 법원 스스로가 위법행위를 용인 내지는 조장하는 결과가 될 것이므로 위법수집 증거의 증거능력을 부정하여야 한다는 견해이다. 당사자가 간계를 부려 자기에게 유리한 소송상태의 형성을 금지(소송상태의 부당형성 배제)하는 것이 일반적으로 승인되고 있으므로 증거능력의 유무를 신의칙의 관점에서 살펴 불성실한 방법·수단에 의하여 수집한 증거의 이용을 부정하고자 한다.

(4) 판례:

"우리 민사소송법은 증거에 관하여 자유심증주의를 채택하고 잇기 때문에 상대방의 부지중 비밀로 대화를 녹음한 녹음테이프를 위법으로 수집되었다는 이유만으로 증거능력이 없다고는 단정할 수 없고, 그 채증여부는 사실심 법원의 재량에 의할 것이다"[1]고 하여, 긍정설을 취한다.

(5) 결 론

① 실체적 진실 발견의 필요성, 인격권의 보호, 위법행위의 유발방지 등의 보호법익의 조화
② 형사처벌과 민사상의 손해배상책임의 부과방법에 의한 제재수단 강구
③ 상대방의 입증방해 행위에 대한 적절한 대책으로서의 증거력 인정 필요

요컨대 증거수집행위의 태양, 피 침해이익의 중요성, 증거의 필요성 등 구체적 사정을 모두 고려하여 증거능력의 유무를 결정하여야 할 것이다.

III. 자유심증(심증형성)의 정도

1. 증거력의 자유평가

증거자료인 증거조사 결과와 변론전체의 취지의 증거력을 어떻게 평가할 것인가는 법관의 자유에 속한다. 다만 진정성립이 인정되는 처분문서의 기재내용을 배척하는 경우 등과 같이 특수한 경우에는 예외이다(후술).

2. 고도의 개연성에 대한 확신, 합리적 의심을 배제할 수 있는 정도의 확실성에 관한 확

---

[1] 대법원 1981.4.14. 선고 80다2314 판결; 대법원 1999.5.25. 선고 99다1789 판결. 그 밖에 몰래 녹음된 녹음테이프의 증거능력에 관한 대법원 1997.3.28. 선고 97도240 판결; 1996.10.15. 선고 96도1669 판결 등 참조.

신이 있어야 한다. 자유심증주의는 객관적으로는 고도의 개연성, 주관적으로는 법관의 확신 두 가지를 요구한다. 즉 과거에 그러한 사실이 존재하였다는 것이 십중팔구까지는 확실하다는 확신이 서야만 할 것이다. 의심을 완전히 배제할 수는 없지만 의심에 침묵을 명할 정도의 정확성을 요구한다고 한다.[1] 진위불명의 경우에는 입증책임 분배원칙에 의할 것이되, 현대형 소송 등 특수한 사안의 경우에는 입증책임의 경감, 증명책임전환의 법리 등에 따라 결정한다(뒤의 증명책임편 참조).

3. 손해배상 소송에서 장래의 일실소득 등 장래손해액 입증의 경우

합리성과 객관성을 잃지 않는 범위 내에서 상당한 개연성 있는 증명이면 족하다. 공해소송, 제조물책임소송, 의료과오소송 등 현대형 소송에서 인과관계 등 증명책임경감은 정책적 고려가 작용한다. 즉 손해배상책임이 인정되나 그 손해액에 관한 입증이 불충분한 경우에 있어서의 평균수익액 산출방법은 통계 등을 이용하여 공평성과 합리성을 갖춘 범위 내에서 추상적인 방법으로 산출할 수밖에 없다.[2]

4. 법관의 자의적 판단 금지

가. 판결이유에 기재하는 사실판단은 논리법칙과 경험법칙에 따라야 한다. 법관의 심증형성의 경위를 판결서에 구체적으로 설시하여야 하는가? 학설은 긍정설과 부정설이 대립하고 있으나, 판례는 어떤 증거에 의하여 어떤 사실을 인정하였는지를 인식할 수 있을 정도로 증거방법과 인정한 사실과의 관계를 설시하면 족하고, 각 증거방법에 관한 취사선택의 이유를 적을 필요는 없다고 한다. 다만 진정성립이 인정되는 처분문서의 증명력에 대하여는 구체적 설시를 요구하고 있다. 즉 계약당사자 사이에 어떠한 계약내용을 처분문서인 서면으로 작성한 경우에 문언의 객관적인 의미가 명확하다면, 특별한 사정이 없는 한 문언대로의 의사표시의 존재와 내용을 인정하여야 하고, 그 문언의 객관적인 의미가 명확하게 드러나지 않는 경우에는 그 문언의 내용과 계약이 이루어지게 된 동기 및 경위, 당사자가 계약에 의하여 달성하려고 하는 목적과 진정한 의사, 거래의 관행 등을 종합적으로 고찰하여 사회정의와 형평의 이념에 맞도록 논리와 경험의 법칙, 그리고 사회일반의 상식과 거래의 통념에 따라 계약내용을 합리적으로 해석하여야 한다. 특히 당사자 일방이 주장하는 계약의 내용이 상대방에게 중대한 책임을 부과하게 되는 경우에는 그 문언의 내용을 더욱 엄격하게 해석하여야 한다.[3]

---

1) 이시윤, 517면.
2) 대법원 1991.12.27. 선고 90다카5198 판결: 백합폐사로 인한 손해의 범위를 산정함에 있어서, 손해액 산정의 기초로서 백합종패의 대량폐사가 시작된 1973년 이전에는 백합 생산량이 다소 많았던 때도 있었으나 1973년도를 분기점으로 하여 그 이후에는 그 생산량이 격감하고 있는 점, 1년에 2회에 걸쳐 계속적으로 종패를 살포하고, 성패를 수확하고 있어 백합이 얼마만한 면적에 언제 살포한 백합종패로부터 얻어진 것인가를 판별해 내기가 곤란한 점 등을 감안하여 위 1973년도의 생산량과 실제 생산시설면적(면허면적이 아님)을 기준으로 삼고, 생산량에 관하여는 일반적인 통계숫자나 상호 모순되는 생산량 기재를 배척하고, 원고측 백합 양식장이 소재한 전북 부안군의 백합 생산량이 거의 전부를 차지하고 있는 전라북도의 백합 생산량을 기준으로 하여 원고측 백합 양식장의 헥타르당 백합생산량을 산출한 원심의 조치를 수긍한 사례.

319

나. 확정된 민사·형사 판결에서 인정된 사실의 경우

예컨대 동일한 불법행위(교통사고, 사기·횡령·배임 등 재산범죄)에 대하여 형사소송에서 한 판결내용이 그와 관련된 민사사건 심리법원을 구속하는 효력이 있는가? 또는 동일한 사실관계에 대하여 소송물을 달리하여 별개의 소가 시간적 간격을 두고 제기된 경우에, 전소 법원의 사실판단에 대하여 후소 법원이 달리 인정할 수 있는가? 이에 관하여 판례는 후소 법원이 달리 판단할 특단의 사정이 없으면 확정판결의 이유에서 확정한 사실은 후소 법원이 그대로 인정하여야 한다고 본다.

[대법원 2006.9.14. 선고 2006다27055 판결] 관련 형사사건의 판결에서 인정된 사실은 특별한 사정이 없는 한 민사재판에서 유력한 증거자료가 되나, 민사재판에서 제출된 다른 증거 내용에 비추어 형사판결의 사실판단을 그대로 채용하기 어렵다고 인정될 경우에는 이를 배척할 수 있는 것이고, 더욱이 형사재판에서의 유죄판결은 공소사실에 대하여 증거능력 있는 엄격한 증거에 의하여 법관으로 하여금 합리적인 의심을 배제할 정도의 확신을 가지게 하는 입증이 있다는 의미인 반면, 무죄판결은 그러한 입증이 없다는 의미일 뿐이지 공소사실의 부존재가 증명되었다는 의미도 아니다(대법원 1998.9.8. 선고 98다25368 판결 등 참조). 한편 처분문서의 진정성립이 인정되는 이상 법원은 반증이 없는 한 그 문서의 기재 내용에 따른 의사표시의 존재 및 내용을 인정하여야 하고, 합리적인 이유설시도 없이 이를 배척하여서는 아니 되나, 처분문서라 할지라도 그 기재 내용과 다른 명시적, 묵시적 약정이 있는 사실이 인정될 경우에는 그 기재 내용과 다른 사실을 인정할 수 있고, 작성자의 법률행위를 해석함에 있어서도 경험법칙과 논리법칙에 어긋나지 않는 범위 내에서 자유로운 심증으로 판단할 수 있다. 원심은, ① 아래의 이 사건 대지가 이 사건 매매계약의 대상에 포함되지 않았다는 원고의 주장에 대하여, 원·피고가 '신진상회'와 '지혜미용실'(이하 '이 사건 점포'라 한다)의 매매에 관한 협상을 시작할 당시에는 이 사건 대지(이 사건 점포 앞 공지부분 19㎡와 '지혜미용실' 옆 통로부분 9㎡)의 위치, 면적, 소유관계 등을 정확히 알지 못하여 매매계약의 목적물을 이 사건 점포 및 그 부지로 정하였다고 하더라도, 2001. 11. 8.자 측량성과도에 의하여 구체적으로 이 사건 대지가 포함된 면적이 확인된 이후로는, 이 사건 점포 부지에 연결된 ㄱ자 형의 합계 8평 남짓한 자투리 대지로서 이 사건 점포와 별도로 처분 또는 이용할 가치가 별로 없고, 이 사건 매매 당시에도 달리 사용되지 않던 이 사건 대지를 특별히 매매대상에서 제외하고 이 사건 점포 부지로 한정할 필요가 없었을 것으로 보이므로, 원·피고 사이에 이 사건 매매계약의 목적물을 이 사건 점포의 시작점부터 이 사건 대지를 포함한 원심판결 별지 목록 기재 3필지 토지의 경계선까지 포함시키기로 합의하였고, 그 결과 이 사건 매매계약서상 부동산 표시에 이 사건 대지가 포함되어 기재되었다고 봄이 상당하다는 이유로 이를 배척하고, ② 이 사건 매매계약의 매매대금이 2억 2,500만 원이라는 원고의 주장에 대하여는, 이 사건 매매계약서에 매매대금이 2억 2,500만 원으로 기재되어 있으나, 만일 이 사건 매매대금이 2억 2,500만 원으로 정하여졌다면, 굳이 원고의 처인 소외인이 2,500만 원의 지급과 관련하여 각서를 작성할 것을 제안하거나, 피고가 각서의 내용과 관련하여 소외인과 다툼을 벌이고, 피고에게 불리한 각서를 소외인이 찢었음에도 불구하고 수차례 소외인에게 각서의 재작성을 요구할 이유가 별로 없었을 것으로 보이는 점 등에 비추어 보면, 이 사건 매매계약시 합의된 매매대금은 2억 원이나, 소외인의 부탁에 의해 계약서에는 형식상

---

3) 대법원 2002.5.24. 선고 2000다72572 판결.

2억 2,500만 원으로 기재한 것이라고 봄이 상당하다는 이유로 이를 배척하였는바, 앞서 본 법리와 기록에 의하여 살펴보면, 이러한 원심의 사실인정과 판단은 옳은 것으로 수긍이 가고, 거기에 채증법칙 위배 또는 심리미진으로 인한 사실오인이나 증거판단 또는 처분문서의 증명력에 관한 법리오해 등의 위법 또는 대법원판례와 상반되는 판단을 한 위법이 있다고 할 수 없다.

5. 입증방해가 있을 경우

가. 법의 규정이 있는 경우
(1) **서증제출 경우**:　　　법 제349조, 제350조.
(2) **당사자 신문의 경우**:　　　법 제369조.

나. 학 설
(1) **자유심증설**:　　　입증책임을 지는 당사자가 상대방의 입증방해 행위를 입증하면 이것은 변론전체의 취지에 해당하므로 방해자에게 불리한 평가를 하면 된다고 본다.
(2) **입증책임 전환설**:　　　방해한 측에게 입증대상이 되는 사실의 반대사실을 입증할 책임을 부담시키거나 또는 상대방의 주장사실이 입증된 것으로 보아야 한다는 견해.

다. 판례: 자유심증설을 취한다.

Ⅳ. 자유심증의 한계

1. 사회정의와 형평의 원칙

예컨대 고속도로를 무단 횡단한 피해자의 과실을 40%로 보아 과실상계한 것은 피해자의 과실 비율을 너무 적게 반영한 것으로서 형평에 어긋난다고 본 예[1]와, 공해소송에 있어서 인과관계의 입증책임을 완화하고 가해자가 그 원인물질의 무해함을 입증하도록 하면서 형평의 원칙을 원용하고 있는 예[2] 등이 있다.

---

1) 대법원 1992.11.27. 선고 92다32821 판결: 이 사건 사고가 발생한 장소는 도로교통법상 자동차만이 다닐 수 있도록 설치되었고 보행자는 이를 통행하거나 횡단할 수 없도록 규정된 자동차전용도로인 데다가 위 망인은 야간에 차량의 통행이 빈번한 위 도로를 차량 진행방향의 좌측에서 길을 넘어 무단횡단하다가 이 사건 사고를 당하였다는 것이어서 얼른 보아도 위 망인의 과실이 운전사의 과실에 비하여 크다고 할 것이고, 더욱 기록에 의하면 이 사건 사고가 발생한 도로는 왕복 4차선 도로로서 차량의 통행이 빈번한 곳일 뿐만 아니라 도로변에는 인도가 설치되어 있지도 않고 "가드레일"만 설치되어 있는 점 등을 알 수 있으므로, 원심이 위와 같이 망인의 과실을 40퍼센트로 본 것은 이를 지나치게 적게 참작한 것으로서 형평의 원칙에 비추어 현저히 불합리하다고 판시하였다.
2) 대법원 1984.6.12. 선고 81다558 판결: 공해소송에 있어서 피해자인 원고에게 사실적 인과관계의 존재에 관하여 과학적으로 엄밀한 증명을 요구한다는 것은 공해로 인한 사법적 구제를 사실상 거부하는 결과가 될 우려가 있는 반면에 가해기업은 기술적, 경제적으로 피해자보다 훨씬 원인조사가 용이한 경우가 많을 뿐만 아니라 그 원인을 은폐할 염려가 있고 가해기업이 어떠한 유해한 원인물질을 배출하고 그것이 피해물건에 도달하여 손해가 발생하였다면 가해자측에서 그것이 무해하다는 것을 입증하지 못하는 한 책임을 면할 수 없다고 보는 것이 사회형평의 관념에 적합하다고 하였다.

2. 증거계약

가. 의 의: 넓은 의미에서는 특정 소송사건에서 사실관계를 어떻게 정할 것인가에 관한 당사자간의 합의를 말하고, 좁은 의미로는 증거방법의 제출에 관한 당사간의 합의를 말함. 자유심증주의에 대한 제한의 원리로 작용한다.

나. 종 류

(1) 자백계약

(2) 증거제한 계약: 보충적 직권증거조사(법 제292조)가 허용되므로 이러한 계약은 효력이 없다.

(3) 중재감정계약: 임의로 처분할 수 있는 법률관계에 관한 것일 때, 권리관계존부 확정을 제3의 중재감정기관에 맡기는 것은 가능하다.

(4) 증거력계약(사실추정계약): 무효.

(5) 증명책임계약: 처분가능한 법률관계에 관한 것이면 사실확정이 되지 않을 때에 누구에게 법률상의 불이익을 돌릴것이냐의 문제이다. 제한적으로 유효하다.

3. 증명방해의 법리

가. 증명책임을 부담하지 않는 당사자가 고의·과실·작위·부작위 행위에 의하여 증명책임을 부담하는 당사자의 증명을 불가능하게 하거나 곤란하게 하는 것을 말한다.

나. 법은 증명방해 행위에 대하여 일반적 규정을 두지 않고 개별규정(제349조, 제350조, 제360조, 제361조 2항, 제366조 1항·2항, 제369조 등)을 두어 제재를 가하고 있다.

다. 위와 같이 법에서 개별적으로 규정하는 경우가 아니더라도 자유심증주의의 예외로서 증명방해의 일반개념을 일반적으로 인정하여 이에 대하여 일정한 제재를 가하는 것이 통설 및 판례의 태도라 할 수 있다.

라. 증명방해 행위가 있는 경우에 그 효과(제재방법)에 관하여, 그러한 행위가 있으면 증명책임이 방해 행위자에게 전환되어 증명책임이 있는 당사자가 그 증거에 의하여 증명하고자 하는 사실의 반대사실을 방해자가 증명하여야 한다고 보는 **증명책임전환설**, 증명방해 행위의 경우 자유심증주의의 예외로서 요증사실 자체를 진실한 것으로 인정할 수 있다는 **법정증거설**, 증명방해의 모습이나 정도, 그 증거의 가치, 비난가능성의 정도를 고려하여 자유재량으로 방해받은 상대방의 주장의 진실여부를 가려야 한다는 **자유심증설** 등이 있다. 그 외에 원칙적으로 자유심증설을 취하되 증거의 구조적편재가 있는 경우에는 예외적·제한적으로나마 요증사실이 직접 증명된 것으로 보아야 한다는 **절충설**도 있다.

마. 판례는 "당사자 일방이 증명을 방해하는 행위를 하였더라도 법원으로서는 이를 하나의 자료로 삼아 자유로운 심증에 따라 방해자 측에게 불리한 평가를 할 수 있음에 그칠 뿐

증명책임이 전환되거나 곧바로 상대방의 주장 사실이 증명되었다고 보아야 하는 것은 아니다"라고 하여[1] 자유심증설을 취한다.

V. 자유심증주의의 한계를 벗어난(위법한 사실인정) 경우의 불복 방법

1. 상소(항소·상고)를 통한 구제

2. 상고이유가 되는 경우

가. 위법한 변론 및 증거조사 결과에 의한 사실인정, 적법한 증거조사결과를 간과한 사실인정.

나. 논리법칙, 경험법칙을 현저히 어긴 사실인정.

VI. 자유심증주의의 예외

1. 증거방법을 제한하고 있는 경우

소송대리권의 존재(법 제58조 1항, 제90조 1항), 소명방법(제299조. 1항), 변론방식의 준수 여부의 증명(법 제158조).

2. 증거력의 제한

공문서와 사문서의 진정성립의 추정(법 제356조, 제358조).

[예제] 자유심증주의는 사실판단에 있어서 법관의 자의적 판단을 초래할 수 있다. 이에 대한 대처방안으로서는 어떤 것이 있는가? (사실심법원의 사실인정에 대한 불복방법)

[해설] I. 주요논점: 자유심증주의는 사실인정에 관한 법관의 恣意를 허용하지 않는다는 일정한 내재적 한계가 있으며 이것을 벗어날 때에는 위법한 사실인정이 된다. 항소심은 사실심이므로 특별히 문제될 것이 없으나, 법률심인 상고심에서의 판단대상이 되는 「사실인정의 위법성」 인정범위가 특별히 문제된다.

II. 사실인정의 기초가 된 재판자료에 있어서의 위법성: 자유심증에 의한 사실인정은 소송법상 적법하게 제출된 자료에 의해야 한다. 즉, 위법한 변론이나 증거조사의 결과를 채용하거나, 적법하게 시행된 변론이나 증거조사의 결과를 간과한 사실인정은 위법하다. 상고심을 구속하는 사실심의 사실인정은 어디까지나 「적법하게 확정한 사실」에 국한되는 것이다.

---

1) 대법원 2010.5.27. 선고 2007다25971 판결.

Ⅲ. 증거의 취사, 선택을 비롯한 심증형성의 경로에 관한 설명문제

1. 사실심 법원의 자의금지의 원칙에 따라 당사자를 보호하고, 상고심으로 하여금 이에 관하여 재심사 할 수 있도록 하기 위하여 증거의 취사, 선택 등 심증형성의 경로를 명시하여야 하는가?

2. 학설: (1) 긍정설: 증거의 취사선택에 관한 심증형성의 경로를 명시하여야 한다는 견해로서 독일민소법 286조는 이러한 원칙을 명시적으로 규정하고 있다. 우리나라에서는, 증거를 종합하여 판단함에 있어서 어느 증거에 의하여 어떠한 사실을 인정하였는지 그 경로와 전·후 연결을 간결하게나마 명시할 것이 요구된다는 견해가 있다. (2) 부정설: 우리나라의 통설적 견해에 의하면, 구체적으로 어떠한 증거에 근거하여 판결이유에 나와있는 사실인정을 하였는지에 관한 기재가 있으면 족하고, 경험칙상 통상적으로 받아들여야 할 증거를 믿을수 없다고 하여 배척하거나 또는 일반적 상식에 비추어 증명력이 약한 증거를 받아들이는 경우에는 그 이유를 기재하여야 한다는 견해이다. (3) 판례: 판례는 부정설의 입장이다. 예외적으로 ① 진정성립이 인정되는 처분문서의 증거력 배척, ② 공문서의 진정성립 부정 ③ 관련 민·형사 사건에서 한 판단과는 다른 사실인정, ④ 진정성립여부가 명백치않은 서증의 증거채택, 작성자가 스스로 진정성립을 인정한 문서의 증거력 배척 등에서는 그 이유의 기재를 요구한다. [대법원 2004.3.26. 선고 2003다60549 판결] 판결서의 이유에는 주문이 정당하다는 것을 인정할 수 있을 정도로 당사자의 주장과 그 밖의 공격·방어방법에 관한 판단을 표시하여야 하는 것이므로 쟁점인 사실에 관하여 증거조사의 결과와 변론의 전취지에 의하여 사실을 인정하고, 그 인정된 사실과 증명을 요하지 아니하는 사실을 합하여 거기에 법령을 적용함으로써 주문의 결론에 도달한 판단과정을 표시하여야 한다. 증거의 취사선택은 사실심 법관의 자유로운 심증에 맡겨져 있으므로 처분문서 등 특별한 증거가 아닌한 그 채부의 이유를 일일이 밝힐 필요는 없는 것이고, 증거를 취사하여 인정한 사실이 경험칙상 통상적인 사회적 사실이라고 할 수 없을 경우에는 그와 같은 인정의 근거가 된 이유를 밝혀야 함이 상당하다. 경험칙상 통상적인 사실로 인정되는 경우에는 특별히 그 인정근거까지 밝힐 필요는 없는 것이고, 또한 사실심 법관으로서는 상당하다고 인정하는 경우에는 쟁점이 된 주장사실을 인정하기에 부족한 증거들을 일일이 적시하여 배척하는 대신 일괄하여 간략하게 배척하는 방법으로 표시할 수 도 있다.

Ⅳ. 경험칙위배와 상고이유: 생략

제 6 절 증명책임

Ⅰ. 총   설

1. 증명책임의 의의

가. 증명책임이라는 것은 어떤 사실이 진위불명일 때에 판결에 있어서 그 사실이 존재하지 않는 것으로 취급되어 불리한 판단을 받게 될 위험 또는 불이익을 말한다(**객관적 증명책임**).

나. 이러한 의미에서의 증명책임은 심리의 최종단계에 있어서 어떤 주요사실에 관한 심증이 형성되지 않는 경우에 법원이 재판을 거부하는 것을 방지하는 기능을 가진다. 그리고 직

권탐지주의 하에서도 이러한 의미에서의 증명책임은 존재한다.

다. 변론주의 하에서는 각 당사자는 패소의 위험(불이익)을 피하기 위해 증명책임이 있는 사실에 관하여 적극적으로 증거를 제출하여야 하는 행위책임으로서의 의미를 가진다(**주관적 증명책임**).

2. 증명책임의 역할

가. 청구원인과 항변의 구별

나. 항변과 부인의 구별

다. 본증과 반증의 구별

라. 자백의 성립여부 등의 기준(자백의 대상에 관한 증명책임설에 의할 경우)

마. 석명권행사의 지침

Ⅱ. 증명책임의 분배

1. 종래의 견해

요증사실분류설(요증사실의 성질이나 사실의 개연성을 중심으로 분류하는 견해)과 주장 자 증명책임설 등이 있었다.

2. 법률요건분류설(규범설: 통설·판례)

가. 내용: 각 당사자는 자기에게 유리한 법률효과의 발생에 관하여 정하고 있는 법 규의 요건사실에 대하여 증명책임을 부담한다. 권리의 존재를 주장하는 자는 권리근거규정 의 요건사실에 관하여 증명책임이 있고, 권리의 존재를 다투는 상대방은 반대규정인 권리장 애규정(법률행위의 무효에 관한 규정 등), 권리멸각규정(채무의 사후적 소멸에 관한 규정, 예 컨대, 변제·면제·공탁·상계 등의 사유와 취소권·해제권·해지권 행사 등에 관한 규정 등), 권리저지규정(최고·검색·동시이행·유치권 행사 등에 관한 규정)의 요건사실에 대하 여 증명책임이 있다.

나. 근거: 분배기준의 명확성 및 실체법규는 무엇보다도 입법자가 당사자의 형평성 을 고려하여 규정하고 있으므로 이에 따르는 것이 타당하다.

다. 비판: 권리근거규정과 권리장애규정의 구별의 모호성, 현대형 소송에 있어서 입증의 어려움에 대한 대책이 미흡하다.

3. 위험영역설

가. 내용: 증명책임은 要證사실이 누구의 지배영역 내지는 위험영역에서 발생한 것인가에 따라서 분배해야 한다는 견해이다.

나. 근거: 현대형 소송의 경우에 증거의 편재로 말미암아 고의·과실 및 인과관계에 관하여 피해자의 구제라는 목적을 달성할 수 없게 되는 것을 방지하려는 데에 주안점이 있다.

다. 비판: 민법을 비롯한 실체적 권리발생의 근거가 되는 법규정(법정신)과 서로 일치하지 않는다. 위험영역의 한계설정이 모호하고, 증명책임과 주장책임과의 관계를 어떻게 처리할 것인가에 난점이 있다. 다만, 불법행위로 인한 손해배상청구소송에서는 이론의 우수성이 나타난다 할 수 있고, 독일 판례가 일반적으로 취하는 입장이며, 우리판례에서도 일부 채택하고 있다(아래 판례 참조).

> **[대법원 1992.7.28. 선고 91누10909 판결]** 가. 과세처분의 적법성에 대한 입증책임은 과세관청에게 있으므로 과세소득확정의 기초가 되는 필요경비도 원칙적으로 과세관청이 그 입증책임을 부담하나, 필요경비의 공제는 납세의무자에게 유리한 것일 뿐 아니라 **필요경비의 기초가 되는 사실관계는 대부분 납세의무자의 지배영역 안에 있는 것이어서 과세관청으로서는 그 입증이 곤란한 경우가 있으므로 그 입증의 곤란이나 당사자 사이의 형평을 고려하여 납세의무자로 하여금 입증케 하는 것이 합리적인 경우에는 입증의 필요를 납세의무자에게 돌려야 한다.** 나. 경험칙 상 필요경비의 발생이 명백한 경우에 있어서는 납세의무자의 입증이 없거나 불충실하다 하여 필요경비를 영으로 보는 것은 경험칙에 반하므로, 과세관청이 실지조사가 불가능한 경우에 시행하는 추계조사의 방법에 의하여 산정이 가능한 범위 내에서는 과세관청이 그 금액을 입증하여야 하고 납세의무자가 이보다 많은 필요경비를 주장하는 경우에는 납세의무자에게 그 입증의 필요가 돌아간다.

Ⅲ. 증명책임의 전환, 완화

1. 증명책임의 일반원칙을 적용하였을 경우에 특별히 증명이 곤란한 사유가 있을 때에 형평의 원칙 등을 적용하여 증명책임이 전환, 완화 될 수 있다. 증명책임의 전환이란 일반원칙과 다른 증명책임의 분배를 처음부터 법에서 규정하는 입법에 의한 전환이 일반적이지만 (예: 민법 750조에 대한 759조, 자동차손해배상보장법 제3조 등), 법해석에 의한 증명책임의 전환시도가 이루어지고 있다.

2. 법률상의 추정

가. 추정의 개념

(1) 추정이란 어느 사실에서 추측하여 다른 사실을 인정하는 것이다.

(2) 추정에는 '사실상의 추정'과 '법률상의 추정'이 있다. 사실상의 추정은 일반경험칙을 적용하여 행하는 추정(예컨대, 부동산 점유자가 그 등기필증을 소지하고 있는 경우에 그 매수사실의 추정 등)으로서 법관의 자유심증의 작용영역에 속하는 문제로서 증명책임의 전환과는 관련이 없다고 할 수 있다.

(3) 법률상의 추정(법규화 된 경험법칙에 의한 추정으로서 반대사실에 대한 증명이 있어야 추정을 번복할 수 있다)에는 법률상의 사실추정과 권리추정으로 나뉜다.

① 법률상의 사실추정: 예컨대, 민법 제198조가 일정한 전·후 양 시점의 점유사실로부터 그 점유가 전·후 시점까지 계속해서 점유해온 사실을 추정하는 것과 같이 어떤 전제사실이 있으면 법규에 의하여 다른 사실이 추정되는 것을 말한다. 例: 父의 친생자 추정(민법 제844조), 상호의 부정목적 사용추정(상법 제23조 4항) 등.

② 법률상의 권리추정: 민법 제830조 2항이 부부가 소유하는 물건이지만 누구의 재산인지 분명하지 않은 경우에 부부의 공동소유로 추정하는 것과 같이 어떤 전제사실이 있으면 일정한 권리가 있는 것으로 추정되는 것이다. 예: 점유자의 권리의 적법추정(민법 제200조) 등.

나. 추정의 기능, 효과

(1) 법률상의 추정규정이 있는 경우에는 증명책임을 부담하는 당사자는 요건사실 자체를 바로 증명할 수도 있지만, 보다 증명이 용이한 전제사실의 증명으로써 요건사실의 증명에 갈음할 수 있다(증명주제의 선택). 예컨대 민법 제198조는 점유의 계속사실을 추정하고 있으므로(법률상의 사실추정), 점유자는 점유개시 시점의 점유사실과 일정시간 경과 후의 점유사실을 증명함으로써 일정기간 동안에 계속적으로 점유한 사실을 추정받게 되어 그 요건사실을 증명할 수 있다.

(2) 상대방 당사자는 요건사실의 부존재를 증명함으로써 전제사실로부터의 추정을 번복시킬 수 있다. 결국 요건사실의 존부에 대한 증명책임이 상대방 당사자에게 전환되는 것이다.

(3) 민법 제30조에 의하면, 2인 이상이 동일한 위난으로 사망한 경우에는 동시에 사망한 것으로 추정하도록 규정하고 있는바, 이 추정은 법률상 추정으로서 이를 번복하려면 동일한 위난으로 사망하였다는 전제사실에 대하여 법원의 확신을 흔들리게 하는 반증을 제출하거나 또는 각자 다른 시각에 사망하였다는 점에 대하여 법원에 확신을 줄 수 있는 본증을 제출하여야 한다. 이 경우 사망의 선후에 의하여 관계인들의 법적 지위에 중대한 영향을 미치는 점을 감안할 때 충분하고도 명백한 입증이 없는 한 위 추정은 깨어지지 아니한다고 보아야 한다.[1]

---

1) 대법원 1998.8.21. 선고 98다8974 판결.

다. 부동산등기의 추정력.

(1) 부동산에 관하여 소유권이전등기가 마쳐져 있는 경우에는 그 등기명의자는 제3자에 대하여 뿐 아니라 그 전소유자에 대하여도 적법한 등기원인에 의하여 소유권을 취득한 것으로 추정된다. 이를 다투는 측에서 그 무효사유를 주장·입증하여야 하고, 부동산등기는 현재의 진실한 권리상태를 공시하면 그에 이른 과정이나 태양을 그대로 반영하지 아니하였어도 유효한 것으로 취급된다. 등기명의자가 전소유자로부터 부동산을 취득함에 있어 등기부상 기재된 등기원인에 의하지 아니하고 다른 원인으로 적법하게 취득하였다고 하면서 등기원인행위의 태양이나 과정을 다소 다르게 주장한다고 하여 이러한 주장만 가지고 그 등기의 추정력이 깨어진다고 할 수는 없다. 이러한 경우에도 이를 다투는 측에서 등기명의자의 소유권이전등기가 전 등기명의인의 의사에 반하여 이루어진 것으로서 무효라는 주장·입증을 하여야 한다.[1]

(2) 따라서, 등기명의자의 등기원인 사실에 관한 입증이 부족하다는 이유만으로 그 등기의 권리추정력을 깨뜨려 이를 무효라고 단정할 수 없다.[2] 전 소유자의 직접적인 처분행위에 의한 것이 아니라 제3자가 그 처분행위에 개입된 경우에도 등기가 원인무효임을 주장하는 전 소유자가 그 반대사실, 즉 그 제3자에게 전 소유자를 대리할 권한이 없었다든지 또는 제3자가 전 소유자의 등기서류를 위조하였다는 등의 무효사실에 대한 입증책임을 진다.[3]

라. 등기의 추정력이 깨어지는 경우

(1) 소유권이전등기의 원인으로 주장된 계약서가 진정하지 않은 것으로 증명된 이상 그 등기의 적법추정은 복멸되는 것이고 계속 다른 적법한 등기원인이 있을 것으로 추정할 수는 없다.[4]

(2) 등기부가 멸실된 후 회복으로 인한 소유권보존등기를 마친 자는 적법한 소유자로 추정되나, 제3자가 그 토지를 사정받았거나 또는 멸실 전 등기부상에 소유권보존등기를 한 자가 따로 있고 그가 양도사실을 부인할 경우에는, 그 회복으로 인한 소유권보존등기가 임야소유권이전등기 등에 관한 특별조치법이나 부동산소유권이전등기등에관한특별조치법에 의하여 마쳐진 것이 아닌 한 그 추정력은 깨어지므로, 등기명의인이 구체적으로 실체관계에 부합한다거나 그 승계취득사실을 주장·입증하지 못하는 한 그 등기는 원인무효가 된다.[5]

마. 각종 특별조치법에 의한 등기의 추정력

(1) 구 부동산소유권이전등기 등에 관한 특별조치법(1977. 12. 31. 법률 제3094호, 실효)에 의한 등기는 같은 법 소정의 적법한 절차에 따라 마쳐진 것으로서 실체관계에 부합하는 등기로 추정되므로 **등기의 말소를 소구하는 자에게 적극적으로 추정을 번복시킬 주장·입증책임이 있다.** 이때 등기의 기초가 된 보증서나 확인서의 실체적 기재내용이 진실이 아님을 의심할 만큼 증명이 있는 때에는 등기의 추정력은 번복된 것으로 보아야 하고 이러한 보증서

---

1) 대법원 1997.6.24. 선고 97다2993 판결; 대법원 2001.8.21. 선고 2001다23195 판결.
2) 대법원 1979.6.26. 선고 79다741 판결 등.
3) 대법원 1992.4.24. 선고 91다26379,26386 판결.
4) 대법원 1998.9.22. 선고 98다29568 판결; 대법원 1997.9.30. 선고 95다39526 판결 등.
5) 대법원 1995.12.26. 선고 95다28601,28618 판결; 대법원 1984.12.26. 선고 81다505 판결 등.

등의 허위성의 입증정도가 법관이 확신할 정도가 되어야만 하는 것은 아니다.[1]

(2) 특조법에 의한 보존등기의 추정력

(다수의견) 임야소유권이전등기에 관한 특별조치법(법률 제2111호)에 의한 소유권보존등기가 경료된 임야에 관하여서는 그 임야를 사정받은 사람이 따로 있는 것으로 밝혀진 경우라도 그 등기는 동법 소정의 적법한 절차에 따라 마쳐진 것으로서 실체적 권리관계에 부합하는 등기로 추정된다. 위 **특별조치법에 의하여 경료된 소유권보존등기의 말소를 소구하려는 자는 그 소유권보존등기 명의자가 임야대장의 명의변경을 함에 있어 첨부한 원인증서인 위 특별조치법 제5조 소정의 보증서와 확인서가 허위 내지 위조되었다든가 그 밖에 다른 어떤 사유로 인하여 그 소유권보존등기가 위 특별조치법에 따라 적법하게 이루어진 것이 아니라는 주장과 입증을 하여야 한다.**[2]

[예제] [제45회(2003년) 사법시험] 甲은 해외근무차 출국하면서 친구인 乙에게 자신의 재산관리를 부탁하였다. 乙은 甲을 위하여 5년간이나 재산관리를 하였음에도 甲이 당초의 약속과 달리 별다른 보답을 하지 아니하자 재산관리에 대한 보수라고 생각하여 甲의 승낙 없이 甲 소유의 아파트를 乙 명의로 이전등기 하였다. 귀국 후 이 사실을 알게 된 甲은 乙에게 수고한 대가를 정산하여 금전으로 지급하겠으니 아파트는 돌려 달라며 2003.3.15. 乙을 상대로 소유권이전등기말소소송을 제기하였다. 2003.4.1. 소장 부본을 송달받은 乙은 집에서 "甲의 승낙 없이 소유권이전등기를 한 것은 사실이다. 이전등기를 말소하라면 말소해 주겠다"는 취지만을 기재한 답변서를 작성하여 바로 동네 우체통에 넣었고, 이 답변서는 2003.4.10. 법원에 접수되었다. 乙은 그 이후 아무런 소송행위를 하지 아니하였다. 이 경우 다음의 물음에 답하시오.

라. 위 사안에서, 乙은 임의로 이전등기를 마친 것이 아니라 甲의 대리인 A로부터 적법하게 아파트를 매수하여 이전등기를 마쳤다고 주장하는데, 법원의 심리 결과 갑의 A에 대한 대리권수여 여부가 분명하지 않다면, 법원으로서는 어떤 내용의 판결을 하여야 할 것인가?

[해설] Ⅰ. 주요논점: 증명책임의 의의와 분배기준, 부동산 소유권이전등기의 권리추정력과 등기말소청구의 요건사실

　Ⅱ. 증명책임의 의의와 분배기준

　　1. 의의

　　2. 분배기준: 통설인 법률요건분류설의 내용을 약술

　Ⅲ. 부동산소유권이전등기의 권리추정력과 말소등기청구의 요건사실

　　1. 등기의 권리추정력: 의의 및 그 법적 효과. 특히 등기의 원인행위에 대한 추정력도 있으므로 그 등기의 원인무효를 주장하는 자가 그 등기의 원인무효사실을 증명할 책임이 있다.

　　2. 말소등기청구의 요건사실

　　3. 사안의 경우: 甲의 A에 대한 대리권수여여부에 관한 사실의 증명책임: 甲은 乙 명의의 소유권이전등기가 원인무효인 행위에 의한 것임을 증명하여야 하므로 A가 무권대리인이라는 사실에 관하여 증명할 책임이 있다.

　Ⅳ. 결론: 법원의 심리결과 甲의 A에 대한 대리권 수여여부가 분명하지 않다면 증명책임 분배의 법리에 따라 A에 의한 무권대리 행위를 증명할 책임이 있는 甲의 청구를 기각하여야 한다.

---

1) 대법원 1997.10.16. 선고 95다57029 전원합의체 판결; 2001.10.12. 선고 99다39258 판결 등.
2) 대법원 1987.10.13. 선고 86다카2928 전원합의체 판결; 대법원 2000.9.5. 선고 2000다27268 판결 등.

바. 기타의 경우:　　　[대법원 2012.8.23. 선고 2012다34764 판결] **1. 가압류나 가처분 등 보전처분은 법원의 재판에 의하여 집행되는 것이기는 하나, 실체상 청구권이 있는지는 본안소송에 맡기고 단지 소명에 의하여 채권자의 책임 아래 하는 것이므로 그 집행 후에 집행채권자가 본안소송에서 패소 확정되었다면 보전처분 집행으로 인하여 채무자가 입은 손해에 대하여는 특별한 반증이 없는 한 집행채권자에게 고의 또는 과실이 있다고 추정되고, 따라서 그 부당한 집행으로 인한 손해에 대하여 이를 배상할 책임이 있다.** 2. 기명주식의 약식질에 관한 상법 제338조는 기명주식을 질권의 목적으로 하는 때에는 주권을 질권자에게 교부하여야 하고(제1항), 질권자는 계속하여 주권을 점유하지 아니하면 그 질권으로써 제3자에게 대항하지 못한다고(제2항) 규정하고 있다. 여기에서 주식의 질권설정에 필요한 요건인 주권의 점유를 이전하는 방법으로는 현실 인도(교부) 외에 간이인도나 반환청구권 양도도 허용되고, 주권을 제3자에게 보관시킨 경우 주권을 간접점유하고 있는 질권설정자가 반환청구권 양도에 의하여 주권의 점유를 이전하려면 질권자에게 자신의 점유매개자인 제3자에 대한 반환청구권을 양도하여야 하고, 이 경우 대항요건으로서 제3자의 승낙 또는 질권설정자의 제3자에 대한 통지를 갖추어야 한다. 그리고 이러한 법리는 제3자가 다시 타인에게 주권을 보관시킴으로써 점유매개관계가 중첩적으로 이루어진 경우에도 마찬가지로 적용되므로, 최상위 간접점유자인 질권설정자는 질권자에게 자신의 점유매개자인 제3자에 대한 반환청구권을 양도하고 대항요건으로서 제3자의 승낙 또는 제3자에 대한 통지를 갖추면 충분하며, 직접점유자인 타인의 승낙이나 그에 대한 질권설정자 또는 제3자의 통지까지 갖출 필요는 없다. 3. 갑 주식회사가 을 주식회사에 대출을 하면서 을 회사가 장차 인수하게 될 병 주식회사 발행주식에 관하여 근질권설정계약을 체결하고 위 주식에 대한 주권이 발행되어 증권예탁결제원에 보호예수되자 질권설정승낙의뢰서를 작성하여 병 회사 대표이사의 기명날인을 받았는데, 이후 보호예수기간이 만료되자 증권예탁결제원이 주권을 공탁하였고, 이에 갑 회사가 정 주식회사 등을 상대로 주권 인도 등을 구하는 선행소송을 제기하여 제1심 및 항소심법원에서 갑 회사가 위 주식에 대한 질권을 유효하게 취득하였다는 판단을 받았으나 정 회사가 이와 법적 견해를 달리하여 공탁물출급청구권 처분금지가처분을 신청하고 이를 인용하는 결정을 받아 가처분 집행에까지 이르렀다가 가처분의 본안으로서 갑 회사가 위 주식에 대한 질권자 지위에 있지 아니한다는 확인을 구한 후행소송이 정 회사의 패소로 확정된 사안에서, 정 회사가 자신의 법적 견해를 일관되게 신뢰하였고 가처분 당시 주권에 관하여 중첩적 점유매개관계가 존재하는 경우 최상위 간접점유자의 반환청구권 양도에 의한 질권설정방법에 관하여 명시적인 대법원판례가 없었으며 가처분법원이 정 회사의 주장을 수용하여 가처분 신청을 인용하였다는 등의 사정만으로는, 부당한 가처분의 집행으로 갑 회사가 입은 손해에 대한 정 회사의 고의 또는 과실의 추정이 번복된다고 볼 수 없다.

3. 유사적 추정(類似的 推定)

법조문상으로는 '추정'이라는 표현을 쓰고 있지만 엄격한 의미에서의 법률상 추정이라고 할 수 없는 경우를 말한다. 일정한 사실을 전제로 하지 아니한 경우 및 추정하는 사실이 일정한 요건사실이 아닌 경우 등에 있어서의 추정을 말한다. 여기에는 잠정적 사실, 의사추정, 증거법칙적 추정 등이 있다.

　가. 잠정적 사실이란 전제사실이 없는 무전제의 추정(민법 제197조 1항, 상법 제47조 2항, 어음법 제29조 1항 등)을 말한다.

　　[점유의 추정력에 관한 참고판례] [대법원 2007.4.13. 선고 2006다22944 판결] 민법 제197조 제1항에 의하면 물건의 점유자는 소유의 의사로 점유한 것으로 추정되므로 점유자가 취득시효를 주장하는 경우에 있어서 스스로 소유의 의사를 입증할 책임은 없고, 오히려 그 점유자의 점유가 소유의 의사가 없는 점유임을 주장하여 점유자의 취득시효의 성립을 부정하는 자에게 그 입증책임이 있는 것이고, **부동산 점유취득시효에 있어서 점유자의 점유가 소유의 의사 있는 자주점유인지 아니면 소유의 의사 없는 타주점유인지 여부는 점유자의 내심의 의사에 의하여 결정되는 것이 아니라 점유 취득의 원인이 된 권원의 성질이나 점유와 관계가 있는 모든 사정에 의하여 외형적 · 객관적으로 결정되어야 하는 것이기 때문에 점유자가 성질상 소유의 의사가 없는 것으로 보이는 권원에 바탕을 두고 점유를 취득한 사실이 증명되었거나, 점유자가 타인의 소유권을 배제하여 자기의 소유물처럼 배타적 지배를 행사하는 의사를 가지고 점유하는 것으로 볼 수 없는 객관적 사정, 즉 점유자가 진정한 소유자라면 통상 취하지 아니할 태도를 나타내거나 소유자라면 당연히 취했을 것으로 보이는 행동을 취하지 아니한 경우 등 외형적 · 객관적으로 보아 점유자가 타인의 소유권을 배척하고 점유할 의사를 갖고 있지 아니하였던 것이라고 볼 만한 사정이 증명된 경우에도 그 추정은 깨어지는 것이다**(대법원 1997.8.21. 선고 95다28625 전원합의체 판결, 2000.3.16. 선고 97다37661 전원합의체 판결 등 참조). 원심이 채택한 증거에 의하면, 이 사건 임야는 민간인의 출입이 제한되는 민통선 내의 임야로서 민통선 내의 가장 북쪽인 비무장지대 바로 아래에 위치하고 있는 사실, 군 당국이 점유를 시작할 무렵에는 현 임야대장은 작성되어 있지 않았고, 현 임야대장 작성 전의 구 임야대장은 임의로 복구된 것이기는 하나 구 임야대장상에는 토지조사서의 기재에 따라 (이름 생략)이 소유자로 기재되어 있었던 사실, 군 당국이 이 사건 임야를 취득하게 된 경위와 원인에 관하여 전혀 밝히지 못하고 있고 이 사건 임야를 점유하면서도 이를 관련 대장에 국가의 명의로 등재하는 등 국유로 되었다면 통상 취하였으리라고 생각되는 관리 절차를 취하지 아니하고 있다가, 1996. 7. 13.에 이르러서야 이 사건 임야가 무주부동산이라고 판단한 다음 무주부동산을 국유재산으로 관리하기 위하여 마련된 국유재산법상의 처리절차에 따라 무주부동산공고를 하고 1997. 11. 24. 피고 명의로 소유권보존등기를 경료한 사실을 알 수 있다. 이러한 사실들을 앞서 본 법리에 비추어 보면, 비록 이 사건 토지들에 대한 등기부나 지적공부 등이 1950년경 모두 소실되었다고 하더라도 이 사건 임야가 비무장지대 바로 아래에 위치하여 소유자 등에 의한 점유관리가 사실상 배제된 상태에서 피고가 이 사건 임야에 대한 소유자 확인이나 공공용 재산으로서의 취득절차 등을 취하지 아니한 채 군사상 필요에 따라 그 점유를 시작하였다고 볼 여지가 있고, 또한 피고가 전술적, 지형적 고려 등 오로지 군사상 관점에서 부대나 시설을 배치할 위치를 지정하여 이 사건 임야를 일시적으로 점유한 것으로서 군사상의 필요가 없게 되면 이를 반환할 것을 전제로 무주부동산에 관한 국유재산법상의 취득절차를 거칠 때까지 국유인 경우에 예상되는 통상의 관리절차를 취하지 아니한 경우도 예상할 수 있으며, 위와 같은 사정이 인정될 수 있다면 피고가 타인의 소유권을 배제할 의사를 가지고 점유한 것은 아니라고 볼 만한 사항이 증명되었

다고 할 수 있을 것이다. 따라서 원심으로서는 민간인의 출입이 제한되는 지역에 위치하는 이 사건 임야에 대하여 실제로 소유자의 점유관리가 어느 정도까지 가능하였는지, 이 사건 임야상의 부대시설 설치 경위와 그 관리절차 등 피고의 점유사용 경위와 태양에 관련된 제반사정에 대하여 좀 더 심리하여 피고의 점유가 권원의 성질 또는 외형적, 객관적으로 보아 소유의 의사가 없는 경우에 해당하는지에 관하여 밝혔어야 함에도 불구하고, 위와 같은 사정에 관하여는 심리하지 아니한 채 피고가 이 사건 임야의 취득 권원을 명확하게 밝히고 있지 못하다는 사정만으로는 무단점유한 것으로 단정할 수 없다는 이유로 피고의 자주점유 추정력이 유지된다고 하였으니, 원심판결에는 심리를 다하지 아니한 위법이 있고, 이는 판결에 영향을 미쳤다 할 것이다.

[대법원 2011.7.28. 선고 2011다15094 판결] 민법 제197조 제1항에 의하면, 물건의 점유자는 소유의 의사로 점유한 것으로 추정되므로, 점유자가 취득시효를 주장하는 경우 스스로 소유의 의사를 증명할 책임은 없고, 점유자의 점유가 소유의 의사가 없는 점유임을 주장하여 취득시효 성립을 부정하는 자에게 증명책임이 있다. 그리고 점유자의 점유가 소유의 의사 있는 자주점유인지 아니면 소유의 의사 없는 타주점유인지는 점유자 내심의 의사에 의하여 결정되는 것이 아니라 점유 취득의 원인이 된 권원의 성질이나 점유와 관계가 있는 모든 사정에 의하여 외형적·객관적으로 결정되어야 한다. 구 농지개혁법(1994. 12. 22. 법률 제4817호 농지법 부칙 제2조 제1호로 폐지, 이하 '구 농지개혁법'이라 한다)에 의하여 자경하지 않는 농지를 정부가 매수한 것은 후에 농지가 분배되지 않을 것을 해제조건으로 매수한 것이고, 매수한 농지 중 구 농지개혁법 시행령(1995. 12. 22. 대통령령 제14835호 농지법 시행령 부칙 제2조 제1호로 폐지) 제32조 등에 정한 절차를 거쳐 확정된 분배농지에 포함되지 않거나, 분배농지로 확정된 농지 중 실제로 농가에 분배되지 않는 등으로 정부가 매수한 농지가 농민들에게 분배되지 않는 것으로 확정될 경우 그 소유권은 원소유자에게 복귀되는 것이므로, **국가가 구 농지개혁법에 따라 농지를 매수한 것은 자경하는 농민 등에게 분배하기 위한 것이고, 분배하지 아니하기로 확정되는 경우에는 원소유자에게 환원될 것이 매수 당시부터 예정되어 있는 것이므로 국가의 매수농지에 대한 점유는 진정한 소유자의 지배를 배제하려는 의사를 가지고 하는 자주점유라고 볼 수 없고, 권원의 성질상 타주점유로 보아야 한다.**

[대법원 2012.5.10. 선고 2011다52017 판결] 점유자가 점유 개시 당시에 소유권 취득의 원인이 될 수 있는 법률행위 기타 법률요건이 없이 그와 같은 법률요건이 없다는 사실을 잘 알면서 타인 소유 부동산을 무단점유 한 것임이 증명된 경우, 특별한 사정이 없는 한 점유자는 타인의 소유권을 배척하고 점유할 의사를 갖고 있지 않다고 보아야 하므로, 이로써 소유의 의사가 있는 점유라는 추정은 깨어지는 것이다. 이는 지방자치단체나 국가가 적법한 공공용 재산의 취득절차를 밟는 등 토지를 점유할 수 있는 일정한 권원 없이 사유 토지를 도로부지에 편입시킨 경우에도 마찬가지이다.

[대법원 2014.3.27. 선고 2010다94731,94748 판결] 1. 국가 등이 취득시효의 완성을 주장하는 토지의 취득절차에 관한 서류를 제출하지 못하고 있다고 하더라도, 점유의 경위와 용도, 국가 등이 점유를 개시한 후에 지적공부 등에 토지의 소유자로 등재된 자가 소유권을 행사하려고 노력하였는지 여부, 함께 분할된 다른 토지의 이용 또는 처분관계 등 여러 가지 사정을 감안할 때 국가 등이 점유 개시 당시 공공용 재산의 취득절차를 거쳐서 소유권을 적법하게 취득하였을 가능성을 배제할 수 없는 경우에는, 국가의 자주점유의 추정을 부정하여 무단점유로 인정할 것이 아니다. 2. 일제강점기 분할 전 토지에서 분할되어 도로로 지목이

변경된 이래 현재까지 줄곧 국가 또는 지방자치단체가 도로 부지로 점유·사용해 온 토지들에 관하여 등기부상 소유명의자가 현 점유자인 지방자치단체를 상대로 부당이득 반환을 구하자, 지방자치단체가 반소로 취득시효 완성을 주장한 사안에서, 위 토지들에 관하여 일제강점기에 작성된 등기부 등이 소실되지 않고 남아 있고 지방자치단체가 위 토지들의 취득절차에 관한 서류를 제출하지 못하고 있지만, 위 토지들을 지방자치단체가 점유하게 된 경위나 점유의 용도, 위 토지들 및 그와 함께 분할된 다른 토지들의 처분·이용관계 등을 감안할 때 당시 국가 등에 의하여 위 토지들의 소유권 취득을 위한 적법한 절차를 거쳤을 가능성이 크므로, 위 토지들에 관한 지방자치단체의 점유를 자주점유로 봄이 타당하다.

나. 의사추정: 법규가 의사표시의 내용을 추정하는 경우이다(민법 제153조 1항, 제398조 4항, 제579조, 제585조 등).

다. 증거법칙적 추정: 문서의 진정성립의 추정(법 제356조, 제358조) 등.

4. 일응의 추정, 표현(表見) 증명

가. 개념: 경험법칙을 이용하여 간접사실로부터 주요사실의 존부를 추정함에 있어서 그 경험법칙이 의심의 여지가 없을 정도로 고도의 개연성이 있는 것이어서 A사실이 있으며 그 결과 B사실을 인정하는 것이 사리상 당연한 것(定型的 事象經過)으로 받아들여지는 경우가 있다. 이러한 경우에 B사실은 거의 증명된 것이나 마찬가지 이므로 표현증명이라고 부른다. 이것은 영미법상의 res ipsa lopuitur(The thing speaks for itself) rule과 그 입장을 같이 한다.

나. 기 능

(1) 손해배상 소송에 관한 현대형 소송에 있어서 가해자의 과실 또는 인과관계의 증명 수단으로서 이용되기도 한다.

(2) 예컨대, 의료과오소송에서 피해자(원고)측이 ① 일반 상식적 의미에서의 의료과실행위를 증명하고, ② 그 결과(사망 또는 증세악화)와 사이에 일련의 의료행위 외에 다른 원인이 개재될 수 없었다는 사실, 예컨대 환자에게 의료행위 이전에 그러한 결과에 원인이 될만한 건강상의 흠이 없었다는 사정을 증명한 경우에 그 증명책임을 다한 것이 되고, 이때 의료행위를 한 측이 그 결과가 의료상의 과실과 전혀 다른 원인에 기한 것임을 증명하지 않는 이상 의료상 과실과 결과 사이의 인과관계가 추정된다는 것이다.

(3) 일응의 추정(표현증명)은 ① 고도의 개연성을 가지는 경험법칙에 의한 사실상의 추정에 의한 심증형성의 한 형태이고 증명의 정도에 있어서 법관의 확신을 필요로 한다는 점에서는 일반의 증명과 마찬가지라 할 수 있다. ② 그러나, 피해자가 가해자의 과실 또는 인과관계의 존재를 별도로 증명할 필요가 없게 된다는 점에서 증명책임의 경감을 가져온다. ③ 이때 상대방은 경험법칙의 적용을 배제하는 특별한 사실을 증명(간접반증)할 필요가 생기므로 증명책임의 전환과 유사한 기능을 가지게 된다.

5. 간접반증

가. 개 념

상대방의 요증사실에 대하여 일응의 추정이 생긴 경우에, 직접적이 아니라 그 추정의 전제되는 간접사실과 양립되는 별개의 간접사실을 증명하여 일응의 추정을 방해하기 위한 증명활동을 말한다.[1]

> **[대법원 1984.6.12. 선고 81다558 판결(진해화학사건, 해양수질오염피해)]** (1) **사안의 내용**: ① 원고 의창군(당시에는 창원군이었음)은 농어민소득 증대조장사업의 시범사업으로 대규모의 김 양식장을 설치하여 1969년도 및 1970년도에 김 양식 사업을 벌였으나 양식 김에 김 갯병 증상의 병해가 발생함으로써 막심한 피해를 보고 김 양식사업을 포기하기에 이르렀다. ② 한편, 피고 진해화학주식회사는 1967. 4. 9. 공장을 준공하고 인광석, 유황, 염화칼리, 나프타, 기타 화공약품과 물을 주요 소요자재로 하여 복합비료와 요소비료를 제조하고 있었는데 매일 2,000t 내지 3,000t의 물을 폐수로서 행암만 바다에 배출하고 있었다. ③ 위 공장 폐수는 김의 생장에 유해한 시안·훼놀·불소·납 등의 물질을 함유한 채 행암만 해수에 섞여서 조석을 거듭하는 동안 조류를 타기도 하고 북서풍 또는 서풍이 강하게 불 때에는 취송류의 영향으로 그 일부가 희석된 채 이 사건 양식장이 있는 용동만으로 유입되고 있었다. 또 김 갯병은 여러 가지 원인으로 생길 수 있지만 최근 임해공업의 발달로 인한 산업폐수도 그 원인의 하나로 되고 있음이 공인되었다. (2) **대법원 판결요지**: ① 불법행위 성립요건으로서의 인과관계는 궁극적으로는 현실로 발생한 손해를 누가 배상할 것인가의 책임귀속의 관계를 결정짓기 위한 개념이므로 자연과학의 분야에서 말하는 인과관계와는 달리 법관의 자유심증에 터잡아 얻어지는 확신에 의하여 인정되는 법적인 가치판단의 문제이다. ② **공해소송에 있어서 피해자에게 사실적 인과관계의 존재에 관하여 과학적으로 엄밀한 증명을 요구한다는 것은 결과적으로 공해피해에 대한 사법적 구제를 사실상 거부하는 것이나 다름없게 될 우려가 있으므로, 공장폐수와 김의 생육에 대한 피해 사이의 인과관계가 문제로 된 이 사건에 있어서 피해자인 원고로서는** ㉠ **피고 공장에서 김의 생육에 악영향을 줄 수 있는 폐수가 배출되고,** ㉡ **그 폐수 중의 일부가 해류를 통하여 이 사건 어장에 도달하였고,** ㉢ **그 후에 김에 피해가 있었다는 사실을 모순 없이 입증하면 이로써 피고가 배출한 폐수와 원고가 양식하는 김의 생육에 대한 피해 사이에 인과관계가 존재하는 것으로 일응 추정된다 할 것이다.** ③ 이러한 추정을 깨뜨리기 위해서는 피고가 ⓐ 피고 공장폐수 중에는 김의 생육에 악영향을 끼칠 수 있는 원인물질이 들어 있지 않으며 또는, ⓑ 원인물질이 있더라도 그 혼합률이 안전농도의 범위를 벗어나지 아니함을 입증하지 않으면 안된다 할 것이며, 이러한 입증에 실패하면 그 불이익은 이들 피고에게 돌림이 마땅하다.

> **[대법원 2004.11.26. 선고 2003다2123 판결]** 공해로 인한 손해배상청구소송에 있어서는 가해행위와 손해발생 사이의 인과관계의 고리를 모두 자연과학적으로 증명하는 것은 곤란 내지 불가능한 경우가 대부분이다. 가해기업은 기술적, 경제적으로 피해자보다 원인조사가 용이할 뿐 아니라 자신이 배출하는 물질이 유해하지 않다는 것을 입증할 사회적 의무를 부담한다고 할 것이므로 가해기업이 배출한 어떤 물질이 피해물건에 도달하여 손해가 발생하였다면 가해자 측에서 그 무해함을 입증하지 못하는 한 책임을 면할 수 없다고 봄이 사회형

---

1) 앞의 대법원 2002.6.14. 선고 2001므1537 판결 참조.

평의 관념에 적합하다. 여천공단 내 공장들의 폐수 배출과 채첩 양식장에 발생한 손해사이에 인과관계가 일응 증명되었으므로, 위 공장들이 반증으로 그 폐수 중에 재첩양식장에 피해를 발생시킨 원인물질이 들어있지 않거나, 원인물질이 들어있다고 하더라도 재첩양식에 피해를 일으킬 정도의 농도가 아니라는 사실을 증명하거나, 또는 재첩양식장의 피해가 전적으로 다른 원인에 의한 것임을 증명하지 못하는 한 그 책임을 면할 수 없다.

나. 위 각 판결에 대하여는 판례가 드디어 이른바 개연적 입증의 정도에 관하여 명확한 기준을 제시함으로써 개연성을 판례법상 확립 정착시켰다고 높이 평가하는 견해가 있는가하면, 소극적으로 이해하고 있는 견해도 있다. 그러나 개연성이론을 판결이 채택하였다는 점에 대하여는 대체로 이론이 없다. 학자 중 더러는 간접반증론을 적용한 것이라고 보는 견해도 있다. 즉 원고가 ① 오염물질의 배출, ② 그것이 피해물에 도달, ③ 손해의 발생사실을 개연성의 정도의 입증을 하면, 가해자 측에서 적극적으로 그것이 무해하다는 것을 입증하지 못하는 한 책임을 면하기 어렵다고 보고 있다.

다. 기 능

간접반증이론은 주요사실의 증명책임에 있어서 법률요건분류설을 전제로 하면서 증명이 곤란한 주요사실의 존부를 추인하는 간접사실에 관한 증명부담을 양 당사자에게 분배하여 증명책임부담의 형평성을 가져온다.

라. 비 판

간법반증의 증명주제인 간접사실은 주로 과실, 정당한 사유, 인과관계 등 불특정개념(일반조항)을 구성하는 구체적 사실인데, 최근에 이러한 사실 자체를 준주요사실로 보는 경향이 있으므로, 피고에 의한 간접사실의 증명은 결국 항변사실에 대한 증명이나 마찬가지가 된다.

6. 개연성설

가. 일반 소송에서의 입증책임 있는 자의 입증정도는 '고도의 개연성 있는 확신'의 정도에 이르러야 할 것이 요청되지만 특수한 경우에는 입증책임의 완화 방법으로서 '상당한 정도의 개연성'에 관한 입증이 있으면 인과관계를 인정해도 좋다는 견해이다. 과거에 공해 관련소송에서 일부 판례가 취하기도 했다. 대법원은 부동산에 대하여 처분금지가처분이 집행된 경우에 그 처분금지의 효력을 받는 소유자가 당해 부동산을 처분하지 못하여 가처분채권자를 상대로 손해배상청구의 소를 제기한 경우에 가해행위와 손해의 발생에 관한 상당인과관계의 인정에 있어서 개연성이론을 적용하고 있다(아래의 판례 참조).

> **[대법원 2001.11.13. 선고 2001다26774 판결]** 1. 부동산에 대하여 처분금지가처분이 집행된 경우 그 처분금지의 효력이 상대적인 효력만을 가지기 때문에 그 부동산의 처분이 법률상 불가능해진다고 할 수는 없다고 하더라도 그 부동산을 매수하려는 자로서는 그 부동산의 소유권을 취득하지 못하게 될 수 있는 예측하기 어려운 위험을 감수하여야 하므로 달리 특별한 사정이 없는 한 처분금지가처분의 집행으로 인하여 그 부동산의 처분은 대단히 어려워

질 개연성이 있다고 할 것이므로 만일 어떤 부동산에 관한 처분금지가처분 집행이 있었고, 그 가처분 집행이 계속된 기간 동안 당해 부동산을 처분하지 못하였으며, 나아가 **주위 부동산들의 거래상황 등에 비추어 그와 같이 부동산을 처분하지 못한 것이 당해 가처분의 집행으로 인하였을 개연성이 입증된다면**, 달리 당해 부동산의 처분 지연이 가처분의 집행 이외의 사정 등 가처분 신청인측에 귀책사유 없는 다른 사정으로 인한 것임을 가처분 신청인측에서 주장·입증하지 못하는 한, 그 처분금지가처분과 당해 부동산의 처분 지연사이에는 상당인과관계가 있다고 할 것이다. 2. 부당한 처분금지가처분의 집행으로 그 가처분 목적물의 처분이 지연되어 소유자가 손해를 입었다면 가처분 신청인은 그 손해를 배상할 책임이 있다고 할 것인데, 가처분 집행 당시 부동산의 소유자가 그 부동산을 사용·수익하는 경우에는 그 부동산의 처분이 지체되었다고 하더라도 그 부동산의 환가가 지연됨으로 인한 손해는 그 부동산을 계속 사용·수익함으로 인한 이익과 상쇄되어 결과적으로 부동산의 처분이 지체됨에 따른 손해가 없다고 할 수 있을 것이고, 만일 그 부동산의 환가가 지연됨으로 인한 손해가 그 부동산을 계속 사용·수익하는 이익을 초과한다면 이는 특별손해라고 할 것이다. [3] 분양할 목적으로 토지를 매입하여 연립주택을 신축하였으나 부당한 처분금지가처분으로 인하여 처분이 지연되었다면 특별한 사정이 없는 한 그 기간 동안 부동산을 사용·수익함으로써 처분지연의 손해를 상쇄할 만한 경제적 이익을 얻을 수 있었다고 보기는 어려우므로, 그 가처분 집행으로 처분이 지연된 기간 동안 입은 손해 중 적어도 부동산의 처분대금에 대한 법정이율에 따른 이자 상당의 금액은 통상손해에 속한다.

[한편 환경오염으로 인한 손해배상청구 소송에서 대법원은 개연성이론에 관하여 구체적인 검토를 하고 있으나, 대법원은 구체적으로 개연성이론을 택할 때 어느 정도의 입증이면 족한 것인지 통상의 불법행위소송에 있어서 인과관계의 입증 정도와 어떠한 차이가 있는지에 대하여는 밝히지 않고 있다.]

[대법원 1974.12.10. 선고 72다1774 판결] 1. 원고는 경남 울산시 야음동 대 138평, 같은 번지의 2 및 같은 번지의 3 대 265평, 같은 번지의 5 대 657평, 지상 과수원과 같은 번지의 8 전 196평, 같은 시 여천동 전 242평, 같은 동 전 396평 지상의 과수원을 1967년 이전부터 경영하고 있는데 과목의 종류는 배나무 279주, 사과나무 11주, 단감나무 4주 및 떫은 감나무 10주이며, 1967년도부터 1971년도까지 평년내지는 평년보다도 나은 시비 등을 하는 등 양호한 관리를 하였음에도 불구하고 많은 손해를 입었다. 나. 피고 한국전력 주식회사의 울산화력발전소는 위 과수원으로부터 남서쪽으로 약 200m 떨어진 곳에 있는데 1967. 8. 5. 개스터빈 4개를 준공한 다음 1968. 8. 30. 개스터빈 6개를 증설하여 1971년까지 가동하였는데 연료는 디젤과 나사후를 혼용하여 사용함으로써 아류산가스가 분출확산되고 있었고, 울산방면의 작물의 생육이 가장 왕성한 6월 내지 8월 사이의 풍향은 약 40%가 남남서 내지 남동풍이었다. 다. 위 과수원의 피해상황은 수세가 대단히 불량하고, 신초의 신장은 거의 볼 수 없고, 착과된 과실의 수가 적은 데다가 과실이 왜소하고, 과피에 흰색의 오점이 있고, 잎에는 아류산가스의 피해반점으로 보이는 회갈색 내지 적갈색의 반점이 많았고, 낙엽도 많았으며, 고엽 또는 낙엽에는 탈색구멍이 보였으며, 남쪽 울타리 뒤의 잎에는 '실버링(피해반점)'을 볼 수 있었고, 위 피해반점은 유엽 및 고엽보다 신엽에 심하였으며 개체별로 과수의 수관부 및 피고의 위 발전소가 있는 남쪽의 잎이 더욱 심한 경향을 보이는 등으로 1967년도부터 1970년도까지는 수확을 전혀 못했고 1971년도에는 평년작의 5분의 1 정도의 수확밖에 하지 못하였다. **[대법원 판결요지]** 가. 근대산업의 발전에 따라 공업의 대기업화를 촉진하고, 그 결과로

기업이 경영하는 대단위 생산공장에서 사람의 생명, 건강 및 재산에 유해로운 각종 오염물질, 소음 및 진동 따위를 배출확산하여 사람의 건강이나 동식물의 생장에 위해를 미치게 하는 바 적지 아니하므로 법령에서 이러한 공해를 방지하는 규제를 하고 있다. 이런 공해로 인한 손해배상청구소송에 있어서도 가해행위와 손해발생 사이에 있어야 할 인과관계의 증명에 관하여도 이른바 개연성이론이 대두되어 대소 간에 그 이론이 사실인정에 작용하고 있음을 부인할 수 없는 추세에 있다고 하겠다. 나. 개연성이론 그 자체가 확고하게 정립되어 있다고는 할 수 없으나 결론적으로 말하면 공해로 인한 불법행위에 있어서의 인과관계에 관하여 당해 행위가 없었더라면 결과가 발생하지 아니하였으리라는 정도의 개연성이 있으면 그로써 족하다는 다시 말하면 침해행위와 손해와의 사이에 인과관계가 존재하는 상당정도의 가능성이 있다는 입증을 함으로써 족하고 가해자는 이에 대한 반증을 한 경우에만 인과관계를 부정할 수 있다고 하는 것으로 이는 손해배상을 청구하는 원고에 입증책임이 있다는 종래의 입증책임 원칙을 유지하면서 다만, 피해자의 입증의 범위를 완화 내지 경감하는 반면 가해자의 반증의 범위를 확대하자는 것을 그 골자로 하고 있는 것으로 이해된다. 다. 무릇 불법행위로 인한 손해배상에 있어서 불법행위의 성립요건으로서의 인과관계는 현실로 발생한 손해를 누구에게 배상책임을 지울 것인가를 가리기 위한 개념이므로 자연과학의 분야에서 말하는 인과관계가 아니라 법관의 자유심증에 터잡아 얻어지는 확신에 의하여 인정되는 인과관계를 말한다 할 것인데 이런 확신은 통상인이 일상생활에 있어서 그 정도의 판단을 얻을 때는 의심을 품지 않고 안심하고 행동할 것이라는 정도를 일컬어 말함이니 이런 관점에서 볼 때 개연성이론을 수긍못할 바 아니다. 그러나 요는 구체적 사건에서 어떠한 증거에 의하여 어떤 사실을 인정한 조치가 타당한지의 여부에 문제의 초점이 있다고 할 것이므로 개연성이론 그것이 논의의 대상이 될 수 없는 바이다.

나. 신개연성설

(1) 신개연성설은 개연성이론이 막연하게 피해자의 증명책임을 경감하려 한데 대하여 가해자측에 간접반증책임을 부과하는 방식으로 명확하게 이론구성을 한 것으로, 경험법칙을 적용하는 부분을 명확히 하고 이를 확충하여 피해자의 증명의 범위를 완화내지 경감하는 반면 가해자의 반증의 범위는 확대함으로써 개연성이론의 약점을 소송법적으로 극복하고자 한다.[1]

(2) 판례[2]는 공사장에서 배출되는 황토 등이 양식어장에 유입되어 농어가 폐사한 경우, 폐수가 배출되어 유입된 경로와 그 후 농어가 폐사하였다는 사실이 입증되었다면 **개연성이론에 의하여 인과관계가 증명되었다고 본다**. 즉 오염물질인 폐수를 배출하는 등의 공해로 인한 손해배상을 청구하는 소송에 있어서는 기업이 배출한 원인물질이 물을 매체로 하여 간접적으로 손해를 끼치는 수가 많고 공해문제에 관하여는 현재의 과학수준으로도 해명할 수 없는 분야가 있기 때문에 가해행위와 손해의 발생 사이의 인과관계를 구성하는 하나, 하나의 고리를 자연과학적으로 증명한다는 것은 극히 곤란하거나 불가능한 경우가 대부분이므로, 이러한 공해소송에 있어서 피해자에게 사실적인 인과관계의 존재에 관하여 과학적으로 엄밀한 증명을 요구한다는 것은 공해로 인한 사법적 구제를 사실상 거부하는 결과가 될 우려가

---

1) 김홍엽, 683면.
2) 대법원 1997.6.27. 선고 95다2692 판결 등.

있는 반면에 가해기업은 기술적, 경제적으로 피해자보다 훨씬 원인조사가 용이한 경우가 많을 뿐만 아니라 그 원인을 은폐할 염려가 있고 가해기업이 어떠한 유해한 원인물질을 배출하고 그것이 피해물건에 도달하여 손해가 발생하였다면 가해자측에서 그것이 무해하다는 것을 입증하지 못하는 한 책임을 면할 수 없다고 보는 것이 사회형평의 관념에 적합하다고 하였다. 앞의 81다558 판결 및 2003다2123 판결 등도 모두 같은 법리에 의한 것으로 볼 수 있다.

7. 역학적(疫學的) 증명

가. 공해소송, 약해(藥害)소송 등에 있어서 질병의 원인이라고 가정되는 인자와 질병의 발생사이의 인과관계의 증명을 위하여 약학의 성과가 활용되는 경우가 있다.

나. 예를 들어 해명이 불가능한 집단적 질환에 관하여 공통적 인자로서 작용하고 있다고 생각되는 약품의 제조업자를 상대로 소를 제기한 경우에 인과관계의 증명을 위해 ① 역학적 증명에 의하면 공통인자로서 작용하고 있다고 생각되는 약품발매 후 일정한 증후군을 가지는 환자가 발생하였고, ② 소비량의 증감과 환자수의 증감이 상관관계에 있다는 것, ③ 해당 약품의 회수 등에 의하여 환자발생 수도 일정 수 이하로 격감되었다는 것, ④ 동물실험에 의하여 해당약품이 문제의 증상을 야기할 가능성이 있다고 확인되는 경우에 피해자(원고)측의 집단적 질환과그 약품사이의 역학적 인과관계가 증명된다는 것이다.[1]

다. 역학적 증명은 간접증명의 일종이다. 이때 각 피해자 개인의 질환이 동일한 원인으로 인한 것이라는 개별적 인과관계에 대해서는 직접적 증명이 있어야 할 것이다.

8. 확률적 심증(비율적 인정)

가. 손해배상 소송에서 인과관계의 유무를 택일적으로 판단하는 것이 아니고, 피해자보호의 관점에서 심증의 정도에 따라 인과관계를 판단하여 손해배상액을 정한다는 것이다(일본의 일부하급심 판례).

나. 민사소송에 있어서의 존부불명의 경우에는 증명책임분배의 원리에 의하여 처리되는 것이 원칙이므로 확률적 심증론은 위와 같은 원칙과 위배된다는 점에서 문제가 있다.

[예제] [변리사시험 제39회(2002년)] [제2-1문] 甲의 양어장에 폭우로 인해 인근의 건축공사장으로부터 土砂가 흘러들어 양식중이던 농어가 집단폐사하였다. 이에 甲은 위 건축시 공사인 A회사를 상대로 損害賠償을 구하는 소를 제기하였다. 이 소송에서 흘러든 土砂와 농어의 집단폐사 사이의 因果關係가 문제되었다. 이 소송에서 因果關係의 立證責任은 누가 부담하는가? (25점)
　　[해설] Ⅰ. 주요논점: 증명책임의 의의 및 분배기준, 손해배상 청구의 증명책임 완화
　　　　Ⅱ. 증명책임의 분배기준

---

1) 전병서, 민사소송법강의, 521면.

1. 증명책임의 의의

2. 증명책임의 분배기준

3. 사안의 경우: 손해배상 청구에 있어서 요건사실(민법 제750조에 의한 요건사실)

Ⅲ. 甲의 증명책임 완화와 인과관계의 증명책임

1. 증명책임의 완화 방안

2. 개연성설

3. 일응의 추정 및 간접반증이론

4. 사안의 경우: 일반적으로 불법행위로 인한 손해배상청구사건에 있어서 가해행위와 손해 발생 간의 인과관계의 입증책임은 청구자인 피해자가 부담하나, 수질오염에 의한 공해로 인한 손해배상을 청구하는 소송에 있어서는 기업이 배출한 원인물질이 물을 매체로 하여 간접적으로 손해를 끼치는 수가 많고 공해문제에 관하여는 현재의 과학수준으로도 해명 할 수 없는 분야가 있기 때문에 가해행위와 손해의 발생 사이의 인과관계를 구성하는 하 나 하나의 고리를 자연과학적으로 증명한다는 것은 극히 곤란하거나 불가능한 경우가 대 부분이므로, 이러한 공해소송에 있어서 피해자에게 사실적인 인과관계의 존재에 관하여 과학적으로 엄밀한 증명을 요구한다는 것은 공해로 인한 사법적 구제를 사실상 거부하는 결과가 될 우려가 있는 반면에, 가해기업은 기술적·경제적으로 피해자보다 훨씬 원인조 사가 용이한 경우가 많을 뿐만 아니라, 그 원인을 은폐할 염려가 있고 가해기업이 어떠 한 유해한 원인물질을 배출하고 그것이 피해물건에 도달하여 손해가 발생하였다면 가해 자측에서 그것이 무해하다는 것을 입증하지 못하는 한 책임을 면할 수 없다고 보는 것이 사회형평의 관념에 적합하다[대법원 2002.10.22. 선고 2000다65666,65673 판결 등].

따라서 본 사안의 경우에 갑이 공사장에서 흘러나온 토사가 양어장에 유입되었고, 그로 인하여 양어장 내의 농어가 집단폐사한 사실을 입증하면, 인과관계에 대한 입증은 일단 되었다고 보아야 한다. A 회사는 위 토사가 양어장의 농어에 무해함을 입증하여야 할 것 이다.

Ⅳ. 결론

Ⅳ. 법률요건분류설에 의한 한계 극복문제: 증거의 구조적 편재현상에 대한 대책

1. 이른바 현대형 소송의 경우 입증곤란에 대한 대책으로서는 먼저 증명책임분배 기준으 로써 위험영역설의 채택을 고려할 수 있고, 그 외에 앞서 살펴 본 각종 증명책임 경감이론을 적용하여 해결할 수 있을 것이다.

2. 증거개시제도(Discovery 제도)의 도입문제

가. 의 의

나. 종 류

(1) 증언조서(Deposition)

(2) 질문서(interrogatories)

(3) 자백요구(Request for Admission)

(4) 서류 등의 제출요구(Production of Property)

다. 우리법의 규정

(1) 변론준비절차제도의 충실화

(2) 문서제출명령

(3) 증거보전제도

3. 모색적 증명

가. 개념(의의): 　　　증명책임을 지는 당사자가 주장할 사실관계에 대하여 사전에 충분한 지식을 갖지 못하여 구체적 사실을 주장할 수 없는 경우에 상대방이 소지하는 증거의 증거조사에 의하여 얻어지는 새로운 사실이나 증거를 이용하여 비로소 자기 주장의 기초를 얻으려는 것이다.

나. 이러한 증거신청은 남소방지 등의 이유로 원칙적으로 금지된다.

다. 그러나, 증거의 구조적 편재에 대한 대책으로서 현대형소송에서 제한된 범위내에서 허용되어야 한다는 것이 다수설이라 할 수 있다.

라. 현행법상 문서목록제출신청(법 제346조)은 이러한 정신의 반영이라고 할 수 있다.

4. 사안 해명의무

가. 개념: 　　　증명책임을 지는 당사자가 상대방의 생활영역에 속하는 사실관계를 증명하고자 하여도 그 구체적 내용을 전혀 알수 없는 경우에 증명책임이 없는 상대방에게 포괄적인 해명의무를 인정하여야 한다는 견해가 있다.

나. 위 견해에 의하면 다음 4가지 요건을 갖춘 당사자는 상대방에 대하여 사안의 해명을 구할 수 있다고 한다. ① 자기의 권리주장이 합리적인 근거가 있음을 명백히 할 실마리를 보여주고, ② 자기가 객관적으로 사안의 해명을 할수 없는 정황에 있으며, ③ 그와 같이 된 데에 비난가능성이 없고, ④ 그에 반하여 상대방은 용이하게 해명할 수 있고, 그 기대가능성이 있을 것.

[의료과오 및 제조물책임 소송에서의 증명책임]
[의료과오소송] 1. 의료과오소송과 증명책임: 가. 의료과오소송의 경우에는 다음과 같은 논리이상의 엄연한 현실, 즉 의료과오소송은 의료라고 하는 극히 전문적인 분야에 관한 분쟁이기 때문에 환자측은 비전문가이고, 증거방법(예컨대 진료일지 등)을 의사가 거의 독점하고 있으며 위와 같은 전문적인 소송에 있어서는 감정인의 감정결과나 감정증인의 진술이 소송

의 결과에 많은 영향을 미치는데 감정인이나 감정증인 또한 의사가 될 수밖에 없는 것 또한 일반적이어서 암묵적으로 의사에게 불리한 감정결과나 진술을 기대하기 어렵다는 점 등을 소송현실을 감안하면 위와 같은 경우 환자에게 증명책임의 기본원리를 적용한다는 것은 증명책임제도의 기본이념이라고 할 수 있는 공평의 이념상 받아들이기 어렵다고 아니할 수 없다. 나. 이에 따라 가능하면 환자 측에 유리하도록 증명책임을 완화하여 손해배상청구가 용이하도록 하는 증명책임에 관한 뒤에서 보는 것과 같은 수정원리들이 등장하게 되었던 것이다. 그렇다면 의료과오소송에서 증명책임의 기본원리는 어느 정도 수정되어야 할 것인가? 여러 가지의 논의가 있으나, 적어도 손해배상을 청구하는 환자측의 입증책임을 경감하여야 한다는 것과 그렇다고 하여 의사의 진료행위를 완전하게 위축시킬 정도로 증명의 부담을 의사쪽에 전이시키지 말아야 한다는 점에 관하여서는 이론이 없는 것으로 보인다. 이 두 가지를 균형 있게 조율하기 위하여 여러 가지 이론적 검토가 진행되어 왔다고 할 수 있다.

2. 의료과오사실의 입증경로 가. 피해자(원고)의 증명책임

(1) 의사의 수술(치료)행위로 인하여 신체건강상태가 악화 또는 사망한 사실

(2) 환자의 기왕의 질병만으로는 그와 같은 증세악화의 결과가 발생할 수 없다는 것

(3) 요컨대 환자 측이 의사의 의료행위상의 주의의무위반과 인과관계를 의학적으로 완벽하게 증명한다는 것은 어려우므로 **환자 측이 일반인의 상식에 바탕을 둔 의료상의 과실 있는 행위를 증명하고, 그 결과와 사이에 다른 원인이 개재될 수 없다는 점을 증명해 보이면** 일단 의료행위와 결과사이의 인과관계 등이 증명된 것으로 추정할 것이다.

3. 의사의 방어방법: (1) 그와 같은 사태는 현대의학상 예측가능성 및 예방가능성이 없다는 것, (2) 담당의사에게 치료행위상의 과실이 없다는 사실을 입증하고, (3) 환자의 사망, 중태와 의료행위 상호간에는 인과관계가 없다는 것을 간접반증의 형태로 제출하여야 할 것이다.

[대법원 2012.5.9. 선고 2010다57787 판결] 의사의 의료행위가 그 과정에 주의의무 위반이 있어서 불법행위가 된다고 하여 손해배상을 청구하는 경우에도 일반 불법행위와 마찬가지로 의료행위상 과실과 손해발생 사이에 인과관계가 있어야 하고, 이에 대한 증명책임은 환자 측에서 부담하지만, 의료행위는 고도의 전문적 지식을 필요로 하는 분야로서 전문가가 아닌 일반인으로서는 의사의 의료행위 과정에 주의의무 위반이 있었는지, 주의의무 위반과 손해발생 사이에 인과관계가 있는지를 밝혀내기가 극히 어려운 특수성이 있으므로, **수술 도중이나 수술 후 환자에게 중한 결과의 원인이 된 증상이 발생한 경우 증상 발생에 관하여 의료상 과실 이외의 다른 원인이 있다고 보기 어려운 간접사실들이 증명되면 그와 같은 증상이 의료상 과실에 기한 것으로 추정할 수 있다.**

[제조물책임소송에서의 증명책임] 1. 현행 제조물책임법상 결함의 정의와 과실개념

가. 제조물책임법 제2조 제2호는 제조물의 결함에 관하여 제조, 설계 또는 표시상의 결함이나 기타 통상적으로 기대할 수 있는 안정성이 결여되어 있는 것을 말한다고 규정한다.

나. 그 중 '제조상의 결함'에 대하여는 무과실 책임을 명시하고 있다.

다. 그런데, '설계상의 결함'에 관하여는 제조업자가 합리적인 대체설계를 채용하지 않은 것이 과실이고, '표시상의 결함'에 관하여는 제조업자가 합리적인 설명·지시·경고 기타의 표시를 하지 않은 것이 과실이라고 해석될 여지를 남기고 있다(그 과실의 증명책임은 피해자에게 부과될 수 있다는 것이다).

[대법원 2004.3.12. 선고 2003다16771 판결] 가. [사실관계] (1) 원고 X는 주차관리원으로서 1997. 2. 3. 18:00경 주차장에 세워져 잇던 이 사건 자동차{피고 대우자동차 주식회사

(Y라 한다)가 1996년에 생산판매한 아카디아}를 이동시키기 위하여 위 자동차에 탑승하여 시동을 켜고 자동변속기의 선택레버를 주차에서 전진으로 이동하였다. (2) 그러자, 위 자동차가 갑자기 앞으로 진행하면서 그곳에 주차되어 있던 다른 자동차를 충격하고 계속전진하면서 다른 차량과 음식점의 벽면을 잇달아 충격한 후 정지하였다. (3) 그에 따라 위 자동차들 및 음식점 벽의 일부가 파손되었다. (4) 이 사건 자동차는 위 사고이전에 엔진, 자동변속기, 브레이크 내지 전자제어장치에 이상이 생기거나 급발진 사고를 일으킨 적이 없으며, 사고 후 점검결과 차량부품 등의 이상이 발견되지 않았다.

　　나. **[각 쟁점별 주장과 원심 법원의 판단]** (1) X는 Y가 이 사건 자동차를 제조함에 있어서 ① 엔진제어장치를 부적절한 위치에 장착하고, ② 전자파 간섭을 받지 않도록 하는 장치를 부가하지 않고 전자파 간섭시험을 하지 않은 등의 제조·설계상의 결함이 있고, ③ 그러한 결함이 사고당시 전자파 간섭으로 인한 엔진제어장치의 작동불량상태를 일으켜 급 발진 사고를 초래하였다고 주장하였다. (2) 원심(서울고법 2002 나 12248 판결)법원은, ① 자동차 공학상 운전자의 의사와 무관하게, 즉 운전자가 액셀레이터 페달을 밟지 않는 한 급발진이 일어나기는 사실상 어렵고, ② 위와 같은 사실은 미국·일본·캐나다 등에서의 연구결과로 뒷받침될 뿐 아니라, ③ 우리나라 소비자보호원의 사례조사(1998. 2.경 실시)와 교통안전공단 자동차성능시험연구소가 1999. 11.경 연구조사한 결과 급발진을 일으키는 자동차의 구조적 결함은 발견되지 않고, ④ 일상생활에서 접할수 있는 전자파간섭의 영향력은 미미하다는 연구결과 등을 원용하여, 이 사건 급발진 사고는 원고가 시동을 걸고 자동변속기레버를 전진으로 이동하는 단계에서 액셀레이터 페달을 밟지 않아야 할 상황인데도 비정상적으로 액셀레이터 페달을 밟음으로써 발생한 것으로 추인함이 타당하다고 판단하였다. (3) X는 X가 오랜 운전경력을 가진 자로서 동종의 사고를 낸 적이 없음에도 통상적으로 자동차를 운전하던 중 급 발진 사고가 발생하였으니 Y가 이 사건 자동차를 제조, 설계하는 과정에서 발생한 결함으로 인하여 급 발진 사고가 발생한 것으로 추정되어야 한다고 주장하였다. 이에 대하여 원심법원은 X의 페달 오조작으로 인하여 위 자동차가 급 발진한 것으로 추인되는 한 이러한 사고경위에 비추어 볼 때 X가 사고당시 이 사건 자동차를 정상적으로 사용하고 있었음에도 제조업자의 배타적인 지배하에 있는 영역에서 사고가 발생하였다고 볼 수 없다고 하여 X의 위 주장을 배척하였다.

　　다. **[대법원의 판단 내용]** (1) 제조물책임법상의 일반법리에 관하여: ① 물품을 제조·판매하는 제조업자는 그 제품의 구조·품질·성능 등에 있어서 그 유통당시의 기술수준과 경제성에 비추어 기대 가능한 범위내의 안전성과 내구성을 갖춘 제품을 제조·판매하여야 할 책임이 있고, 이러한 안정성과 내구성을 갖추지 못한 결함으로 인하여 소비자에게 손해가 발생한 경우에는 불법행위로 인한 손해배상의무가 발생한다. ② 한편, 고도의 기술이 집약되어 대량으로 생산되는 제품의 결함을 이유로 그 제조업자에게 손해배상책임을 지우는 경우 그 제품의 생산과정은 전문가인 제조업자만이 알 수 있어서 그 제품에 어떠한 결함이 존재하였는지, 그 결함으로 인하여 손해가 발생한 것인지 여부는 일반인으로서는 밝힐 수 없는 특수성이 있어서 소비자측이 제품의 결함 및 그 결함과 손해의 발생과의 사이의 인과관계를 과학적·기술적으로 입증한다는 것은 극히 어려우므로, ③ 그 제품이 정상적으로 사용되는 상태에서 사고가 발생한 경우 소비자 측에서 그 사고가 제조업자의 배타적 지배하에 있는 영역에서 발생하였다는 점과, 그 사고가 어떤자의 과실없이는 통상 발생하지 않는다고 하는 사실을 증명하면, ④ 제조업자 측에서 그 사고가 제품의 결함이 아닌 다른 원인으로 말미암아 발생한 것임을 입증하지 못하는 이상, ⑤ 그 제품에게 결함이 존재하며 그 결함으로 말미암아 사고가 발생하였다고 추정하여 손해배상책임을 지울수 있도록 입증책임을 완화하는 것이 손해의 공평·타당한 부담을 그 지도원리로 하는 손해배상 제도의 이상에 맞는 것이라고 할 수 있다고 전제하고, **이 사건 자동차가 정상적으로 사용되는 상태에서 제조업자의 배타적 지배 하에 있는 영역에서 사고가 발생하였다는 점이 입증되지 아니하므로 위 급발진 사고가 자동차의 결함으로 인하여 발생하였다고 추정할 수 없다고** 판단하였다.

(2) **제조물의 설계상의 결함에 관하여**: ① 설령 위 급발진 사고가 운전자의 액셀레이터 페달 오조작으로 인하여 발생하였다고 하더라, 만약 제조자가 합리적인 대체설계를 채용하였더라면 급발진 사고를 방지하거나 그 위험성을 감소시킬 수 있었음에도 대체설계를 채용하지 아니하여 제조물이 안전하지 않게 된 경우 그 제조물의 설계상의 결함을 인정할 수 있다. ② 그러한 결함의 인정여부는 제품의 특성 및 용도, 제조물에 대한 사용자의 기대의 내용, 예상되는 위험의 내용, 위험에 대한 사용자의 인식, 사용자에 의한 위험회피의 가능성, 대체설계의 가능성 및 경제적 비용, 채택된 설계와 대체설계의 상대적 장단점 등의 여러 사정을 종합적으로 고려하여 사회통념에 비추어 판단하여야 할 것이다.고 전제한 다음, X가 이 사건 자동차의 경우 대체설계로서 주장한 Shift Lock(브레이크페달을 밟아야만 자동변속기레버의 조작이 가능하도록 한 장치)은 ㉠ 모든 유형의 급발진 사고에 대하여 예방효과가 있는 것이 아니고, ㉡ 자동차는 법령에 정하여진 바에 따라 운전면허를 취득한 사람만이 운전할 수 있고, 액셀레이터 페달의 올바른 사용은 자동차 운전자로서 반드시 숙지하여야 할 기본적인 사항이라는 점 등을 들어서 설계상의 결함이 있다고 보기 어렵다고 판단하였다.

(3) **표시상의 결함에 관하여**: ① 제조자가 합리적인 설명·지시·경고 기타의 표시를 하였더라면 당해 제조물에 의하여 발생될 수 있는 피해나 위험을 줄이거나 피할 수 있었음에도 이를 하지 아니한 때에는 표시상의 결함에 의한 제조물 책임이 인정될 수 있지만, ② 그러한 결함의 유무를 판단함에 있어서는 제조물의 특성, 통상 사용되는 사용형태, 제조물에 대한 사용자의 기대의 내용, 예상되는 위험의 내용, 위험에 대한 사용자의 인식 및 사용자에 의한 위험회피의 가능성 등의 여러 사정을 종합적으로 고려하여 사회통념에 비추어 판단하여야 할 것이다.고 전제한 다음, **이 사건 자동차의 취급설명서에는 엔진시동 시에는 액셀레이터 페달과 브레이크 페달의 위치를 확인한 후 브레이크 페달을 밟고 시동을 걸고 자동변속기 선택레버를 이동시키라는 지시문구가 기재되어 있으므로, X가 위 지시내용을 확인하고 이에 따랐더라면 이 사건 사고는 충분히 예방될 수 있었다고 하여 X의 주장을 배척하였다.**

제 8 장   소송의 종료

제 1 절   소송종료선언

I. 의   의

소송종료선언이라 함은 종국판결로써 계속중이던 소송이 유효하게 종료되었음을 확인선언하는 것을 말한다.

II. 소송종료선언의 사유(유형)

1. 당사자의 기일지정신청이 있는 경우

확정판결에 의하지 않고 소송이 종료한 뒤, 그 종료사유가 무효임을 주장하면서 소송이 끝나지 않았음을 전제로 당사자가 기일지정신청을 하여 오는 경우를 전제로 하여 다음과 같이 나누어 살펴본다.

가. 소 또는 상소 취하의 효력에 관한 다툼: 법원은 변론기일을 열어 신청사유를 심리하여야 한다. 신청이 이유 없으면 종국판결로써 소송종료선언을 하여야 한다. 취하간주의 효력을 다투는 경우에도 같다.

나. 청구의 포기·인낙, 재판상화해에 대한 다툼: 판례는 청구의 포기·인낙, 재판상 화해로 인하여 소송이 종료된 뒤에는 준재심의 소로써만 다툴 수 있다고 하였다. 즉 재판상의 화해를 조서에 기재한 때에는 그 조서는 확정판결과 동일한 효력이 있고 당사자간에 기판력이 생기는 것이므로 확정판결의 당연무효 사유와 같은 사유가 없는 한 재심의 소에 의하여만 효력을 다툴 수 있는 것이나, 당사자 일방이 화해조서의 당연무효 사유를 주장하며 기일지정신청을 한 때에는 법원으로서는 그 무효사유의 존재 여부를 가리기 위하여 기일을 지정하여 심리를 한 다음 무효사유가 존재한다고 인정되지 아니한 때에는 판결로써 소송종료선언을 하여야 하고, 이러한 이치는 재판상 화해와 동일한 효력이 있는 조정조서에 대하여도 마찬가지이다.[1]

---

1) 대법원 2001.3.9. 선고 2000다58668 판결.

2. 법원의 소송종료사유 간과진행

확정판결, 청구의 포기·인낙의 조서화, 소의 취하, 재판상화해의 조서화, 화해권고결정에 대한 이의기간의 경과, 소의 취하간주, 구당사자의 소송탈퇴, 판결의 일부가 이미 확정되어 그 한도에서 소송이 종료되었음에도 이를 간과하고 심판한 경우 등의 사유가 있음에도 법원이 위와 같은 사유를 간과하고 소송을 진행한 것이 밝혀지면, 법원은 종국판결로써 소송종료선언을 하여야 한다. **예비적 공동소송이 아님에도 그러한 것으로 오해하여 어느 당사자에 의하여도 항소제기가 없어 확정되어 끝난 예비적 피고에 대한 부분까지도 항소심으로 이심된 것으로 잘못 보고 있을 경우에 항소심이 이를 발견하였다면 항소심은 이에 대하여 소송종료선언을 하여야 한다.**[1] 판결의 일부가 상고의 대상이 되지 않아 확정되었음에도 상고심으로부터 파기·환송판결이 선고된 경우에 항소심의 심판범위에 관한 오해가 있는 경우에 소송종료선언을 하여야 할 대상이 있다. 예컨대 예비적 병합의 경우에 항소심에서 주위적 청구 기각 예비적 청구 인용의 판결이 났을 때 피고만이 상고하여 상고법원이 파기 환송하였다면 주위적 청구부분은 상고심의 심판대상이 되지 않아 상고심의 판결과 동시에 확정된다. 그럼에도 환송 후의 항소심 법원이 아직도 주위적 청구가 예비적 청구와 병합상태인 것으로 오해하여 심리하고 있다면 이 주위적 청구에 대하여 소송종료선언을 하여야 한다.[2]

3. 당사자 대립구조의 소멸

가. 소송계속 중 한쪽 당사자의 지위가 상대방 당사자에게 흡수, 상속된 경우에는 당사자의 혼동에 의하여 소송이 종료된다.

나. 일신전속적 권리관계(이혼청구의 소 등)에 관한 소송계속 중 한쪽 당사자 사망으로 소송은 종료된다.

다. 위와 같은 사유가 있으면 법원은 소송종료선언을 하여야 한다.

Ⅲ. 효 력

1. 법원의 종국판결

확인적 성격의 종국판결이며 본안판결이 아닌 소송판결이다.

---

1) 대법원 2012.9.27. 선고 2011다76747 판결.
2) 대법원 2013.7.12. 선고 2013다22775 판결 등.

2. 소송비용

가. 당사자에 의한 기일지정 신청의 경우:　　　기일지정 신청 후의 소송비용은 신청자 부담.

나. 법원에 의한 소송종료 사유의 간과 진행:　　　소송종료 후의 소송비용에 관하여 재판하여야 한다.

제 2 절 당사자의 행위에 의한 소송종료

I. 소의 취하(법 제266조)

1. 의　　의

가. 원고가 제기한 소의 전부 또는 일부를 철회하는 법원에 대한 단독적 소송행위.

나. 청구의 포기와 구별: 소송의 종료를 목적으로 원고가 하는 단독행위라는 점에서 동일하나 실체법상의 청구권의 존부와는 아무런 관련성이 없는지 여부에서 서로 구별된다.

다. 소의 취하는 청구의 전부나 일부에 대해서 할 수 있다. 수량적으로 가분인 동일 청구권에 기한 청구금액의 감축은 소의 일부취하로 해석되고, 소의 취하는 원고가 제기한 소를 철회하여 소송계속을 소멸시키는 원고의 법원에 대한 소송행위이며, 소송행위는 일반 사법상의 행위와 달리 내심의 의사보다 그 표시를 기준으로 하여 그 효력 유무를 판정할 수밖에 없는 것이므로 원고가 착오로 소의 일부를 취하하였다 하더라도 이를 무효라고 볼 수는 없다.[1]

라. 소취하 계약

(1) **무효설:**　　　소송법의 영역은 계약자유의 원칙이 적용되지 않는다는 입장. 과거의 통설적 견해.

(2) **유효설:**　　　소취하 계약은 유효라는 전제 하에, 그 법적 성질을 사법상의 계약설, 즉 피고의 항변에 의하여 법원이 소취하 계약의 존부 및 유효여부에 관하여 판단하고 유효한 것으로 판단되면, 권리보호이익의 결여로서 소각하 판결하여야 한다는 견해가 통설·판례[2]이다. 한편 소송상의 계약설에 의하면, 소취하 계약은 소송계속의 소멸이라는 소송상의

---

1) 대법원 2004.7.9. 선고 2003다46758 판결.

2) 대법원 1997.9.5. 선고 96후1743 판결: 특허권의 권리범위 확인의 심판청구를 제기한 이후에 당사자 사이에 심판을 취하하기로 한다는 내용의 합의가 이루어졌다면 그 취하서를 심판부(또는 기록이 있는 대법원)에 제출하지 아니한 이상 심판청구취하로 인하여 사건이 종결되지는 아니하나, 당사자 사이에 심판을 취하하기로 하는 합의를 함으로써 특별한 사정이 없는 한 심판이나 소송을 계속 유지할 법률상의 이익은 소멸되었다 할 것이어서 당해 청구는 각하되어야 한다.

효과를 목적으로 하는 소송계약으로서, 계약성립이 소송상 주장되면 직접 소송계속의 소멸이라는 효과가 발생하고, 확인적 의미에서의 소송종료선언의 판결이 선고될 것이라고 한다.

[대법원 2007.5.11. 선고 2005후1202 판결] [1] 심결취소소송을 제기한 후에 당사자 사이에 소를 취하하기로 하는 합의가 이루어졌다면 특별한 사정이 없는 한 소송을 계속 유지할 법률상의 이익이 소멸하여 당해 소는 각하되어야 한다. [2] 계약의 합의해제는 명시적으로뿐 아니라 묵시적으로도 이루어질 수 있으므로, 계약의 성립 후에 당사자 쌍방의 계약실현의사의 결여 또는 포기로 인하여 쌍방 모두 이행의 제공이나 최고에 이름이 없이 장기간 이를 방치하였다면, 그 계약은 당사자 쌍방이 계약을 실현하지 아니할 의사가 일치함으로써 묵시적으로 합의해제되었다고 해석함이 상당하다. [3] 환송판결 전에 소취하 합의가 있었지만, 환송 후 원심의 변론기일에서 이를 주장하지 않은 채 본안에 관하여 변론하는 등 계속 응소한 피고가 환송 후 판결에 대한 상고심에 이르러서야 위 소취하 합의 사실을 주장하는 경우에 위 소취하 합의가 묵시적으로 해제되었다고 본 사례{소취하 계약도 당사자 사이의 합의에 의하여 해제할 수 있음은 물론이고 계약의 합의해제는 명시적으로 이루어진 경우뿐만 아니라 묵시적으로 이루어질 수도 있는 것으로, 계약의 성립 후에 당사자 쌍방의 계약실현의사의 결여 또는 포기로 인하여 쌍방 모두 이행의 제공이나 최고에 이름이 없이 장기간 이를 방치하였다면, 그 계약은 당사자 쌍방이 계약을 실현하지 아니할 의사가 일치됨으로써 묵시적으로 합의해제 되었다고 해석함이 상당하다(대법원 1994.8.26. 선고 93다28836 판결 참조)}.

2. 소취하의 요건

가. 모든 소송물에 대하여 소취하의 자유가 인정된다. 예컨대 직권탐지주의가 적용되는 가사소송, 행정소송 등에서도 소취하의 자유는 인정된다. [예외] 회사대표소송의 경우(상법 제403조), 증권관련집단소송(제35조 1항)에서는 법원의 허가를 요한다.

나. 소송이 계속 중이면 심급의 여하를 불문하고 취하 할 수 있다. 판결의 확정, 화해·포기·인낙조서의 작성 등으로 소송계속이 소멸한 뒤에는 취하할 대상이 없으므로 소취하는 불가능하다.

다. 피고의 응소행위가 있는 경우에는 피고의 동의(묵시적 동의도 가능)가 필요(법 제266조 2항)

(1) 소취하의 동의도 소송행위이므로 소송능력을 갖추어야 하고, 조건을 붙일 수 없으며, 반드시 법원에 대하여 하여야 한다. 고유필수적 공동소송의 경우에는 공동소송인 전원이 공동으로 하여야 하고, 독립당사자참가가 있은 때에는 참가인의 동의가 필요하다. 일단 동의를 거절하였다가 뒤에 이를 철회하고 동의하는 의사를 표시하더라도 그 대상이 없어진 뒤이므로 동의의 효력이 발생하지 않는다.

(2) 피고가 단지 본안전 항변을 제출하면서 소각하의 판결을 구한데 그친 경우에는 본안에 관하여 응소한 것으로 볼 수 없어 원고는 피고의 동의 없이 소취하 할 수 있고, 피고가 본안전 항변으로서 소각하를 본안에 관하여 청구기각을 각 구한 경우에도 본안에 관하여 청구기각을 구한 것은 본안전 항변이 이유 없을 때를 대비하여 예비적으로 구하는 것이므로

원고는 피고의 동의 없이 소를 취하할 수 있다고 보아야 한다.[1]

라. 소송행위로서 유효요건을 갖추고 있을 것

(1) 소송행위능력 및 소송대리인의 경우에는 특별수권이 있을 것(법 제56조 2항).

(2) 소취하에 조건이나 기한을 붙일 수 없으며 반드시 법원에 대한 소송행위로서 하여야 한다.

(3) 민법상의 착오나 하자 있는 의사표시에 관한 일반원칙은 적용되지 않는다(다수설, 판례이다). 반대설은 소취하의 경우 실체적 법률관계를 확정한다는 효과는 전혀 없다는 특성상, 소송절차의 안정이라는 절차법의 요청을 지나치게 강조할 필요가 없다고 본다. 따라서, 소취하가 비록 소송행위이지만 그것이 착오나 하자 있는 의사표시로 이루어졌고 원고가 소송을 계속 유지할 이익을 가지는 경우에는 이를 취소할 수 있도록 함으로써 잘못된 의사표시를 한 원고를 보호하여야 할 것이라는 견해(민법규정 유추적용설)를 취한다.

> **[대법원 1979.12.11. 선고 76다1829 판결]** 참가인은 다시 주장하기를 피고는 위 A에 대하여 현재 서울고등법원에 계속중인 B 외 4인과 C 간의 옥석채굴금지등 청구 본안사건과 이에 관련된 신청사건을 즉시 취하할 것이니 동 취하를 담보하는 뜻에서 이건 취하서에 날인해 주면 이를 보관하고 있다가 위 고등법원 사건을 취하한 후 반환할 것이니 그때 제출해 달라고 하기에 보관시킨 것인데 피고는 위 고등법원의 사건을 취하하지 않고 참가인의 의사에 반하여 일방적으로 보관중인 이건 취하서를 대법원에 제출 접수시킨 것이고 불연이라도 일단 소취하서를 제출하면 위 서울고등법원에 계속중인 사건들을 즉시 취하하겠다고 감언이설을 함으로써 이를 오신한 위 A로 하여금 위와 같이 소취하서를 제출케 하였는 바, 피고의 이러한 행위는 사기행위이므로 위 소취하의 의사표시는 민사소송법 제422조 1항 5호 소정의 재심사유에 해당하는 형사상 처벌을 받을 타인의 행위로 인하여 이루어진 것으로서 당연무효이고 그렇지 않다 하더라도 참가인의 이사건 기일지정신청서의 송달로서 위 소취하를 취소 또는 철회하는 바라고 주장하나, 이건 소취하서를 피고측에서 제출 접수시켰다는 것만으로 참가인의 의사에 반하여 일방적으로 제출한 것이라고 단정될 수도 없거니와(보통의 경우 상대방이 소취하서를 교부받아 제출하는 예가 허다하다) 이에 관한 참가인의 주장에 부합하는 듯한 증인의 증언은 믿지 아니하고 달리 좌우할만한 증거자료가 없다. **소를 취하하는 소송행위는 정당한 당사자에 의하여 이루어진 것이라면 그 취하가 타인의 기망에 의한 것이라 하더라도 이를 취소할 수 없다 함은 당원의 판례로 하는 견해이므로**(대법원 1964.9.15. 선고 64다92 판결; 1970.11.24. 선고 69다8 판결 참조) 소론과 같이 피고의 기망에 의하여 참가인 회사 대표이사인 위 A가 위 소취하서를 제출하였다 하더라도 그 소취하는 유효하여 이를 취소 또는 철회할 수 없는 것이라 할 것이고, 피고가 위 A로 하여금 소취하를 하게 한 행위가 형사상 처벌받을 사기죄를 구성한 것이라고 인정할 자료는 발견할 수 없으니 위 주장 또한 이유 없다.

(4) 소취하가 다른 사람의 형사상 처벌받을 행위로 인하여 이루어진 때에 법 제451조 1항 5호의 재심사유에 해당할 만큼의 충분한 가벌성이 있는 경우에는 그 무효 취소를 주장할 수

있다(다수설). 이러한 사유가 있는 경우에 소취하의 무효를 주장할 수 있는 시기는 제456조의 제척기간 내이어야 한다. 그 외에 제451조 2항의 요건인 유죄확정판결이 있어야 하는지에 관해서는 학설(다수설)은 소취하의 경우 실체적 법률관계를 확정한다는 효과는 전혀 없다는 특성상 소송절차의 안정이라는 절차법의 요청을 지나치게 강조할 필요가 없고, 또한 착오·사기 등과 같은 하자 있는 의사표시를 하게 된 과정에서 상대방 등의 귀책사유가 있는 경우이므로 원고를 보호할 필요성이 더욱 높으므로 유죄확정판결을 필요로 하지 않는다고 본다. 그러나 판례[1]는 유죄판결이 있어야 한다고 본다.

[예제] [변리사시험 제41회(2004년)] [제A-2문] 甲, 乙, 丙 3인이 丁에 대하여 丁명의의 부동산에 대한 소유권이전등기청구소송을 공동으로 제기하면서 A 변호사를 소송대리인으로 선임하였다. 그 소송의 계속 중에 丙이 그의 소를 취하하겠다는 뜻을 A 변호사에게 전해왔다. A 변호사는 그의 사무원인 B에게 丙의 소 부분을 취하하는 서면을 작성하여 법원에 접수하라고 지시하였다. 그런데, B는 착오로 丙은 물론 甲과 乙의 소 부분까지 전부 취하하는 내용으로 취하서를 작성하여 법원에 접수시켰다. A가 위와 같은 사실을 뒤늦게 알고 "甲과 乙 부분의 소취하는 사무원의 착오로 인한 것이므로 철회 또는 취소한다"는 의사를 법원에 표시하면서 기일지정신청을 하였다. 이에 대하여 법원은 어떻게 판단하여야 하는지 검토하시오. (20점)

[해설] I. 주요논점: 甲 및 乙이 제기한 소가 변호사의 착오로 인하여 취하한다는 의사표시의 철회·취소가 가능한 것인지를 검토하려면 먼저 소취하 행위의 법적 성질을 살펴보고, 흠 있는 소송행위의 효력에 관하여 민법 규정이 적용될 수 있는지를 검토하여야 한다.

II. 소취하의 법적 성질 및 흠 있는 소송행위의 법적 효력
   1. 소취하의 법적 성질: 원고가 제기한 소의 전부 또는 일부를 철회하는 법원에 대한 단독적 소송행위이다.
   2. 흠 있는 소송행위의 법적 효력 (1) 학설: ① 민법 규정 유추적용설(하자고려설), ② 민법 규정 유추적용 부정설(하자불고려설) (2) 판례: 유추적용 부정설(하자불고려설)을 취한다. [대법원 1997.6.27. 선고 97다6124 판결 참조] (3) 결론
   3. 사안의 경우
III. 법원의 판단: 甲과 乙의 소취하의사 철회 또는 취소 주장은 타당하지 않으므로 일반적인 소취하의 요건을 충족하였을 경우에는 소송종료선언을 하여야 한다.

3. 소취하의 효과

가. 소송계속의 소급적 소멸(법 제267조 1항)

(1) 법원과 당사자의 소송행위는 모두 실효됨. 그러나, 독립당사자 참가, 반소, 중간확인의 소 등은 별개의 소이므로 그대로 존속됨.

(2) 소의 제기와 결부된 사법행위(이행의 최고, 계약의 해지·해제, 취소, 상계의 의사표시 등)의 효력의 소멸여부.

① 사법행위설(병존설; 판례): 　　사법행위의 효력은 그대로 존속한다.

---

1) 대법원 2001.1.30. 선고 2000다42939,42946 판결.

② 소송행위설: 사법행위의 효력은 소멸한다.

③ 신병존설 등: 형성권 행사의 사법행위의 효력은 그대로 존속하지만, 예외적으로 상계항변의 경우에만 상계권 행사의 효력이 소멸한다(판례).

나. 재소의 금지(법 제267조 2항)

(1) 입법취지: 법 제267조 2항은 "본안에 대한 종국판결이 있은 후 소를 취하한 자는 동일한 소를 제기하지 못한다."라고 규정하고 있다. 이는 소취하로 인하여 그 동안 판결에 들인 법원의 노력이 무용화되고 종국판결이 당사자에 의하여 농락당하는 것을 방지하기 위한 제재적 취지의 규정이다.

(2) 요건: 동일한 소송이어야 한다.

(가) 당사자의 동일

① 전소의 원고가 재소하는 것을 금지하며, 피고는 제한받지 않는다.

② 특정승계인의 경우: 법 제267조 2항 소정의 '소를 취하한 자'에는 변론종결후의 특정승계인을 포함한다.[1] 다만 '동일한 소'라 함은 권리보호의 이익도 같아야 하므로 소송대상 토지의 전소유자가 피고를 상대로 한 전소와 양수인이 제기한 후소는 소유권에 기한 방해배제라는 점에서 소송물인 권리관계는 동일하다 할지라도 전소의 소취하 후에 이건 토지를 양수한 원고는 그 소유권을 침해하고 있는 피고에 대하여 그 배제를 구할 새로운 권리보호의 이익이 있다고 할 것이니 위 전소와 본건 소는 동일한 소라고 할 수 없다.

③ 채권자대위소송의 경우

ⅰ) 예컨대 甲이 乙로부터 토지를 매수한 뒤 소유권이전등기를 미루고 있던 중 乙(甲에 대하여 소유권이전등기의무를 부담하는 채무자의 지위에 있다)이 丙과 서로 통정(의논)하여 실제로 매매계약을 체결하지 않았으면서도 위 토지에 대하여 乙과 丙 사이에 매매계약이 체결된 것처럼 가장하여 丙 명의의 소유권이전등기를 마쳤다. 이에 甲은 丙을 상대로 그 소유권이전등기말소를 구하는 소(甲은 乙의 丙에 대한 소유권이전등기말소청구권을 대위행사하는 것임)를 제기하여 1심에서 승소하였고 丙이 항소하였다. 그러던 중 甲이 더 이상 위 소를 유지할 수 없다고 판단하고 그 소를 취하했다. 그 뒤 乙이 스스로 丙을 상대로 위 매매계약을 통정한 허위의 의사표시라고 주장하면서 그 등기원인무효를 이유로 소유권이전등기말소청구소송을 제기하였다.

ⅱ) 채무자 본인인 乙이 제기한 위 소는 적법한가? **재소금지 대상이 된다고 보는 판례**[2]는 채권자대위권에 의한 소송이 제기된 사실을 피대위자가 알게 된 이상, 그 대위소송에 관한 종국판결이 있은 후 그 소가 취하된 때에는 피대위자도 법 제267조 2항 소정의 재소금지 규정의 적용을 받아 그 대위소송과 동일한 소송을 제기하지 못한다고 한다(다만 채권자대위소송이 피보전채권의 부존재로 인하여 소각하 판결을 받은 경우는 제외). **재소금지 대상이 되지 않는다는 견해**는 기본적으로 채권자대위소송은 제3자의 소송담당의 예에 해당되지 않는다고 본다면 기판력이나 재소금지의 효력이 채무자에게 미칠 가능성은 없게 된다고 본다.

---

1) 대법원 1981.7.14. 선고 81다64,65 판결.
2) 대법원 1996.9.26. 선고 93다20177,20814 판결.

그리고 위 긍정설에 따르면 채권자가 필요 이상으로 채무자의 권리관계를 휘젓는 결과가 되고, 타인인 채권자가 경솔하게 한 소취하의 효과를 채무자가 고스란히 받아서 스스로는 소송을 할 수 없게 되는 것은 부당하다고 주장한다.[1]

(나) 소송물의 동일

① 소송물에 관한 신·구 이론에 따라 그 범위가 달라진다.

구실체법설(구소송물이론)을 취하는 판례는 재소금지의 적용범위를 **실체법적 근거의 동일성**을 기준으로 하여 제한적으로 적용하는 입장을 보이고 있다. 즉 전소가 소유권에 기한 인도청구소송이고 후소가 약정에 의한 인도청구소송인 경우 서로 소송물이 다르므로 재소금지의 원칙에 저촉되지 않는다.[2] 제1심에서 부정경쟁방지 및 영업비밀보호에 관한 법률 제4조, 제5조에 기하여 침해금지청구와 2004.1.1.부터 2007.6.30.까지의 부정경쟁행위로 인한 손해배상청구를 하였다가 패소한 후 항소심에서 위 청구를 철회하고 상표법 제65조, 제67조에 기한 침해금지청구 및 손해배상청구를 하는 것으로 청구원인을 변경하는 준비서면을 제출한 자가, 다시 부정경쟁방지 및 영업비밀보호에 관한 법률 제4조, 제5조에 기하여 2007.7.1.부터 2008.3.3.까지의 부정경쟁행위로 인한 침해금지청구 및 손해배상청구를 추가하는 준비서면을 제출한 사안에서, **항소심에서 추가한 청구는 제1심 변론종결 이후에도 계속하여 부정경쟁행위를 하고 있음을 전제로 그 침해행위의 금지를 청구함과 아울러 제1심에서 청구하지 않았던 기간에 해당하는 손해배상청구를 한 것이므로 제1심에서 청구하였던 침해금지청구 및 손해배상청구와 소송물이 동일하다고 보기 어렵고 다시 청구할 필요도 있어, 그 청구의 추가가 재소금지의 원칙에 저촉되지 않는다.**[3]

② 선결적 법률관계를 이루고 있는 경우

ⅰ) 원고 X는 피고 Y학교법인이 운영하는 전문대학 교수로 재직하다가 1980. 9. 27.자로 면직된 후 Y를 상대로 위 **면직처분의 무효확인을 구함과 아울러 면직이후의 봉급지급청구의** 소를 제기하였다. X는 제1심에서 위 면직처분이 유효하다는 이유로 패소판결을 선고받고 **항소하여 고등법원에 소송이 계속 중 위 소를 취하하였다. 그 후 X는 Y를 상대로 위 면직처분이 당연 무효라고 주장하면서 면직처분 다음 달인 1980.10.1.부터 사직원을 제출한 1982.2. 말까지의 본봉, 연구수당, 상여금 및 정근수당 과 X의 재직 기간(16년)동안 근속하여 지급받을 수 있는 퇴직금 상당의 손해배상 청구소송을 주위적으로, 그리고 위 금원상당의 부당이득 반환청구를 예비적으로 각 청구하는 소송을 제기하였다.** 이때 위 후소 청구는 재소금지에 해당 하는가?

ⅱ) 판례[4]는 민사소송법 제240조 2항의 규정은 임의의 소취하에 의하여 그때까지의 국가의 노력을 헛수고로 돌아가게 한 자에 대한 제재적 취지에서 그가 다시 동일한 분쟁을 문제 삼아 소송제도를 농락한 것과 같은 부당한 사태의 발생을 방지할 목적에서 나온 것이므로

---

1) 호문혁, 705면.
2) 대법원 1991.1.15. 선고 90다카25970 판결.
3) 대법원 2009.6.25. 선고 2009다22037 판결: 부정경쟁방지 및 영업비밀보호에 관한 법률 제4조에 의한 금지청구를 인정할 것인지의 판단은 사실심 변론종결 당시를 기준으로 하고, 같은 법 제5조에 의한 손해배상청구를 인정할 것인지의 판단은 침해행위 당시를 기준으로 하여야 한다.
4) 대법원 1989.10.10. 선고 88다카18023 판결.

여기에서 동일한 소라 함은 반드시 기판력의 범위나 중복제소 금지의 경우의 그것과 같이 풀이할 것은 아니므로 **당사자와 소송물이 동일하더라도 재소의 이익이 다른 경우에는 동일한 소라고 할 수 없는 반면, 후소가 전소의 소송물을 선결적 법률관계 내지 전제로 하는 것일 때에는 비록 소송물은 다르지만 본안의 종국판결 후에 전소를 취하한 자는 전소의 목적이었던 권리 내지 법률관계의 존부에 대하여는 다시 법원의 판단을 구할 수 없는 관계상 위 제도의 취지와 목적에 비추어 후소에 대하여도 동일한 소로서 판결을 구할 수 없다고 풀이함이 상당하다고 하였다.**

iii) 위와 같은 판례에 대하여 학설은 이 경우에는 소송물이 다르기 때문에 동일한 소송물이라고 보기 어려운 경우까지 재소금지의 제재를 가하는 것은 그 적용범위를 부당히 확대하는 것이 된다고 주장한다. 즉, 전소의 소송물을 선결문제로 하는 후소가 제기된 경우에 선결문제의 한도에서 전소의 기판력 있는 판단에 구속될 뿐이지(모순된 판단 금지) 후소의 제기 자체가 불허되는 것이 아니므로 위와 같은 사례의 경우에 재소금지원칙을 적용하여 각하하는 것은 기판력의 효과보다도 더 가혹한 결과가 되어 부당하다는 것이다.

(다) 권리보호 이익의 동일(재소를 허용할만한 사정이 없을 것)

① 피고가 전소 취하의 전제조건인 약정사항을 지키지 아니함으로써 위 약정이 해제 또는 실효되는 사정변경이 발생한 경우[1]: 피고가 전소취하의 전제조건인 약정사항을 지키지 아니함으로써 위 약정이 해제 또는 실효되는 사정이 발생하였다면, 전·후소의 소송물이 서로 동일하다고 하더라도 소제기를 필요로 하는 사정이 같지 아니하여 권리보호이익이 서로 다르다. 따라서 재소금지에 해당되지 않는다.

② 매수인이 매도인을 상대로 부동산에 관하여 매매를 원인으로 한 소유권이전등기절차 이행의 소를 제기하여 승소판결을 받았지만, 항소심에서 매매에 따른 토지거래 허가신청 절차의 이행을 구하는 소로 변경하여 당초의 소는 종국판결 선고 후 취하된 것으로 되었다 하더라도, 그 후 토지거래허가를 받고나서 다시 소유권이전등기절차의 이행을 구하는 것은 취하된 소와 권리보호의 이익이 달라 재소금지의 원칙이 적용되지 않는다.[2]

③ 목적 부동산의 공유자 甲·乙이 공동으로 동 부동산 점유자인 피고를 상대로 위 부동산 1층 점포일부의 인도를 구하는 소송을 제기하여 제1심에서 승소판결을 받았는데, 패소한 피고의 항소로 항소심에 계속 중인 상태에서 乙이 자기 소유인 지분을 원고 甲에게 양도한 뒤 乙의 소를 취하하였다. 원고 甲은 소변경신청서를 통하여 乙로부터 양도받은 1/2공유지분에 기한 점포인도청구를 추가하고 청구취지를 변경하였다. 이 경우에 甲이 乙 소유의 지분에 기초하여 제기한 이 사건 부동산에 관한 인도청구소송이 재소금지에 해당하는가? 판례[3]는 소송당사자 상호간의 지분 양도·양수에 따라 소취하 및 재소가 이루어진 경우 그로 인하여 그 때까지의 법원의 노력이 무용화된다든가 당사자에 의하여 법원이 농락당한 것이라 할 수 없고, 소송 계속중 이 사건 부동산의 공유지분을 양도함으로써 그 권리를 상실한 乙이 더 이상 소를 유지할 필요가 없다고 생각하고 소를 취하한 것이라면 그 지분을 양도받은 甲에게

---

1) 대법원 1993.8.24. 선고 93다22074 판결.
2) 대법원 1997.12.23. 선고 97다45341 판결.
3) 대법원 1998.3.13. 선고 95다48599,48605 판결.

소취하에 대한 책임이 있다고 할 수 없을 뿐만 아니라, 甲으로서는 자신의 권리를 보호하기 위하여 양도받은 공유지분에 기하여 다시 소를 제기할 필요도 있어 甲의 추가된 점포인도청구는 乙이 취하한 전소와는 권리보호의 이익을 달리하여 재소금지의 원칙에 위배되지 아니하는 것이라 하였다.

(라) 본안에 대한 종국 판결 선고 후의 취하일 것

항소심에서의 소의 교환적 변경이 문제된다. 판례[1]**는** 소의 교환적 변경은 신청구의 추가적 병합과 구청구의 취하의 결합 형태로 볼 것이므로 **본안에 관한 종국판결이 있은 후 구 청구를 신 청구로 교환적 변경을 한 다음 다시 본래의 구 청구로 교환적 변경을 한 경우에는 종국판결이 있은 후 소를 취하하였다가 동일한 소를 다시 제기한 경우에 해당하여 부적법하다고 하였다.** 즉 원고가 소송의 목적물인 매점에 관한 관리권에 기하여 피고에 대하여 직접 원고에게로의 인도를 구하는 소를 제기하였다가 제1심에서 원고 패소의 판결을 선고받은 다음 항소를 제기하여 항소심에 그 소가 계속 중인 상태에서 청구취지 및 원인변경신청서에 의하여 소를 교환적으로 변경하여 소외 서울특별시를 대위하여 소외 서울특별시에게로의 위 매점의 인도를 구하였다가 그 후의 청구취지변경 신청서로 다시 소를 변경하여 위 매점을 주위적으로는 제1심처럼 직접 원고에게 인도를 구하고 예비적으로 서울특별시에게로 인도를 청구한다고 변경한 경우에, 최종적으로 변경한 이 사건 주위적 청구는 결국 본안에 관한 종국판결이 있은 후 소를 취하하였다가 다시 동일한 소를 제기한 경우에 해당하여 이는 부적법하다고 하였다. **위와 같은 판례의 태도에 의하면 원고에게 불의의 타격이 될 수 있으므로 이에 대한 재소금지 법리의 적용을 부정하여야 한다는 것이 학설의 통설적 입장이라 할 수 있다.** 그 반박 근거로서는, ① 항소심에서 무심코 소를 잘못 변경하여 불의의 타격을 받지 않도록 항소심에서의 소변경의 경우에 그 형태가 교환적인지, 추가적인지를 반드시 석명하여야 하고 명시하지 않은 경우에는 추가적 변경으로 보아야 할 것이라는 견해, ② 소변경은 구소취하와 신소제기의 병합적 소송행위가 아닌 독자적 제도로 보는 견해에 따라 위와 같은 사례는 재소금지 대상이 아니라는 견해, ③ 위와 같은 사례는 원고가 소취하를 통하여 법원을 농락하는 행위가 없었으므로 재소금지 대상이 되지 않는다는 견해 등이 있다.[2]

(3) **재소금지의 효과**

(가) 직권조사 사항이며, 재소금지 사유에 해당하면 소각하 판결을 하여야 한다.

(나) 소권의 소멸. 실체법상으로는 권리가 그대로 존재하므로 자연채무로 되며, 원고는 변제의 수령이 가능하고 담보권의 실행 및 상계권 행사도 가능하다.

(다) 청구의 포기를 할 수 없는 사건(예: 가사소송사건)에서는 재소금지의 효과가 적용되지 않는다.

---

1) 대법원 1987.11.10. 선고 87다카1405 판결; 대법원 1987.6.9. 선고 86다카2600 판결.
2) 본문에서 소개한 판례 사안의 핵심논점은 (1) 소의 교환적 변경의 법적 성질(판례는 구소취하신소제기의 2개 행위가 결합된 것으로 보는 이른바 '결합설'을 취한다), (2) 결합설을 취할 경우에 항소심에서 교환적 변경 후에 다시 구소(구청구)로 변경할 수 있는가? 즉 그러한 변경이 재소금지에 해당하여 금지되는 것인가? 이다.

4. 소의 취하간주

가. 당사자 雙方의 2회 불출석(법 제268조)

나. 피고 경정의 경우(법 제261조 4항)

다. 법원재난의 경우(법원재난에 기한 민형사소송 임시조치법 제2조, 제3조)

라. 가사소송법 제16조 3항의 사유

마. 배당이의 소송에서 원고가 첫 변론기일에 출석하지 않은 때(민사집행법 제158조)

5. 소취하의 효력을 다투는 절차

기일지정신청에 의하여야 한다.

[예제] [제51회 사법시험(2009년도)] [제2문의 2] 甲은 乙에게 X 건물을 임대하였는데, 乙이 甲의 동의 없이 丙에게 위 건물 전부를 전대(轉貸)하자 甲은 이를 이유로 임대차계약을 해지하고 건물인도청구의 소를 제기하여 승소판결을 받았다. 이에 대하여 乙은 항소를 제기한 후 甲에게 사과하며 곧바로 전대차관계를 종료하고 자신이 직접 위 건물을 사용하겠다고 다짐하였고, 이에 甲은 위 소를 취하하였다. 그러나 乙은 전대차관계를 종료시키지 아니하고 丙으로 하여금 위 건물을 계속 사용하게 하였다.
　1. 甲은 위 소취하가 착오 내지 기망에 의한 것이어서 효력이 없다고 주장하며 법원에 기일지정신청을 하였다. 이에 대하여 법원은 어떻게 처리하여야 하는가? (15점)
　2. 甲은 소취하 이후에도 乙이 여전히 위 건물을 무단 전대하고 있음을 이유로 乙에 대하여 건물인도청구의 소를 다시 제기할 수 있는가? (15점)
　[해설] [제1문] 앞의 예제 해설 참조
　[제2문] I. 주요논점: 甲이 乙에 대하여 승소판결을 받고 이에 대하여 乙이 항소하여 항소심에 계속 중인 상태에서 그 소를 취하하였다가, 다시 동일한 소를 제기하는 경우에 재소금지 규정(법 제267조 2항)에 위반하는 것이 아닌지를 검토하여야 한다.
　Ⅱ. 재소금지의 요건: 생략
　Ⅲ. 사안의 경우: 乙이 甲과의 소취하 합의 사항을 위배하였으므로 甲이 동일한 내용의 후소를 제기하더라도 이는 전소와 권리보호이익이 다르게 되어 재소금지 규정에 해당하지 않게 된다.
　Ⅳ. 甲이 전소의 취하의 효력을 다투면서 기일지정신청을 한 상태에서 동일한 내용의 후소를 제기하였다면(설문 상으로는 명백하지 않다), 후소는 중복된 소제기에 해당하여 부적법한 소제기가 된다.

　[소 취하와 항소 취하의 비교]　I. 주요논점: 먼저 소 취하와 항소 취하의 개념 및 의의를 살펴 본다. 그 다음에 양자의 공통점과 차이점을 차례로 살펴본다. 특히 차이점에 중점을 두면서 상대방 당사자의 동의 필요 여부, 취하 가능시점 (항소심 종국 판결 뒤의 취하가능여부), 취하의 효력 등에 관하여 차례로 살펴본다.
　Ⅱ. 소 취하 및 항소 취하의 의의: 1. 소 취하의 의의 (1) 원고가 제기한 소의 전부 또는 일

부를 철회하는 법원에 대한 단독적 소송행위 (2) 소의 취하는 심판의 신청을 소급적으로 철회하는 진술이고, 청구의 포기는 심판 신청 후에 자기의 청구가 이유 없다라는 진술이라는 점에서 서로 구별된다. 2. 항소 취하의 의의 (1) 항소의 취하는 항소인이 일단 제기한 항소를 그 후에 철회하는 법원에 대한 단독적 소송행위이다. (2) 항소 취하를 하면 항소를 제기하지 않았던 것으로 되고 제1심 종국 판결은 그대로 확정된다.

Ⅲ. 공통점: 1. 모든 소송물에 대하여 적용된다: 직권탐지주의에 의하는 가사소송·행정소송 등에서도 소 취하 및 항소 취하의 자유가 인정된다. 2. 소송행위로서의 일반요건을 갖출 것; 소송행위 능력이 있는 자에 의하여야 하고, 소송대리인은 소 취하 또는 항소 취하에 관한 특별 수권이 있어야 한다. 3. 조건이나 기한을 붙일 수 없다. 4. 민법상 착오나 하자있는 의사표시에 관한 일반원칙은 적용되지 않는다. (1) 다수설·판례는 절차 안정의 원칙을 강조하는 입장에서 의사표시에 있어서 외관주의를 철저히 적용하고자 한다. (2) 소수설은 소취하나 항소 취하는 그 특성상 특별히 절차안정과의 관련성이 적으므로 의사표시에 관한 일반원칙을 적용할 수 있다는 입장이다.

Ⅳ. 차이점: 1. 상대방의 동의 필요 여부 (1) 소 취하의 경우에는 피고가 본안에 관하여 응소한 때에는 피고의 동의를 필요로 한다. (2) 항소 취하는 어느 경우에나 상대방(피항소인)의 동의가 필요 없다. 상대방의 부대항소가 있는 경우에도 같다. 다만 증권 관련 집단 소송에서는 항소 취하에 법원의 허가가 필요하다. 2. 일부 취하의 허용 여부: 소의 일부 취하가 가능하지만 항소 불가분 원칙상 항소의 일부 취하는 허용되지 않는다. 3. 시기 (1) 소취하는 소송이 계속 중이면 심급의 여하를 불문하고 취하할 수 있다. 판결의 확정, 재판상 화해·청구포기·인낙조서의 작성 등으로 소송 계속이 소멸한 뒤에는 취하할 대상이 없으므로 소취하는 불가능하다. (2) 항소 취하는 항소 제기 후 항소심의 종국판결 선고 전까지만 할 수 있다. 그것은 항소인이 항소심에서 부대항소 때문에 제1심판결보다 더 불리한 판결을 선고 받았을 때에 항소를 취하하여 보다 유리한 제1심 판결을 선택하고 제2심 판결을 휴지화 시키는 것을 방지하기 위함이다. 4. 효과 (1) 항소 취하의 효과 ① 항소 취하에 의하여 항소는 소급적으로 그 효력을 잃게 되고, 항소심 절차는 종료된다. ② 항소 취하에 의하여 원판결은 그대로 확정된다. ③ 항소 취하 후라도 상대방은 물론 항소인도 항소 기간 만료 전이면 또 다시 항소를 제기할 수 있다. (2) 소 취하의 효과 ① 소송 계속의 소급적 소멸 ⓐ 법원과 당사자의 소송 행위는 모두 실효된다. ⓑ 소의 제기와 결부된 사법행위(이행의 최고, 계약의 해지·해제, 취소, 상계)의 효력에 관하여는 학설이 나뉜다. ② 재소의 금지 ⓐ 민소법 제267조 제2항 ⓑ 소 취하의 자유를 인정하는 대신 불리한 판결을 받은 자가 법원의 종국 판결을 농락하는 것을 방지하고자 하는 것임. ⓒ 동일한 소송인지 여부는 당사자, 소송물 및 권리 보호의 이익 등의 면에서 판단한다.

Ⅱ. 청구의 포기와 인낙

1. 의　　의

가. 소송물인 청구(대상)에 대하여 변론 또는 변론준비 기일에서 원고 스스로 이유 없음을 자인하거나(청구의 포기), 또는 피고가 원고의 청구가 이유 있음을 자인하는 것(청구의 인낙)

이다. 조건이나 기한 등을 붙일 수 없다.

나. 채무면제, 채무승인 등은 청구의 포기·인낙과 유사한 법적 효력을 생기게 하지만 법정 외에서 행하여진다는 점에서 구별된다.

다. 자백·권리자백과의 구별: 대상이 소송상의 청구냐 아니면 소송상 청구의 당부의 판단에 전제되는 개개의 사실상의 주장이나 선결적 권리관계이냐에 따른 차이가 있다. 즉 진술 당사자에게 불리한 법적 효과가 발생하게 된다는 점에서는 동일하지만, 불리한 것이 소송물 자체에 관한 것이면 청구의 포기·인낙이고, 공격방어방법에 관한 것이면 재판상 자백이 된다. 재판상 자백은 상고심에서는 할 수 없으나, 청구의 인낙은 어느 때나 가능하다.

라. 소취하와의 구별: 청구의 포기나 소의 취하는 원고의 의사(행위)에 의하여 소송을 종료시킨다는 점에서는 공통적이다. 그러나 소의 취하가 있으면 소송은 처음부터 계속되지 않은 것과 같은 효력이 생기지만, 청구의 포기는 원고 패소의 확정판결과 같은 효력을 낳는다.

마. 청구일부의 포기·인낙

> **[청구포기와 소취하의 구별]**
> 1. 효력: 원고패소확정판결, 소송계속의 소멸
> 2. 재소금지여부: 금지, 원칙적 재소가능(종국판결 후 소취하의 경우는 불가)
> 3. 피고의 동의 필요여부: 불요, 피고응소 후에는 동의 필요
> 4. 직권탐지주의가 적용되는 소송의 경우: 포기불가, 취하가능

2. 청구포기·인낙의 법적 성질

가. 사법행위설: 사법상의 권리의 처분(예컨대 채무의 면제나 승인)을 목적으로 하는 일방적 의사표시라고 보고, 포기·인낙에 의하여 소송이 종료하는 것은 소의 취하를 동반하기 때문이라고 한다.

나. 양성설·양행위 병존설: 하나의 행위 속에 사법행위와 소송행위 쌍방의 성질이 동시에 포함되어 있다거나 또는 외형상 하나의 행위이지만 실질은 사법행위와 소송행위의 양자가 병존한다고 본다. 포기·인낙이 소송법상 효력을 발생하기 위해서는 소송법상의 유효요건 뿐만 아니라 민법상의 처분행위로서의 유효요건을 구비하여야 하므로 민법의 원칙에 따라 취소·무효를 주장할 수 있다고 한다.

다. 소송행위설: 소송상의 청구를 부정 또는 긍정하는 소송상의 진술로서 이해하는 견해이며, ① 판결의 대용물인 조서로서 소송물을 확정하려는 효과의사의 표시 또는 소송상의 청구를 처분하는 의사표시나 청구에 관한 분쟁해결의 의사표시로 보는 견해와, ② 소송물에 관한 자기의 주장이 이유없음을 인정하는 단순한 관념의 표시(통지)라고 보는 견해가 있다.

라. **판례:** 소송행위설을 취한다. 재판상 인낙은 피고가 원고의 주장을 승인하는 소위 관념표시에 불과한 소송상 행위로서 이를 조서에 기재한 때에는 확정판결과 동일한 효력이 발생되어 소송을 종료시키는 효력이 있을 뿐이요, 실체법상 채권채무의 발생원인이 되는 법률행위라 볼 수 없고, 따라서 그의 불이행 또는 이행불능을 내세워 손해배상 청구권이 발생하는 것이 아니다.[1]

3. 요 건

가. **당사자에 관한 요건:** 당사자능력, 소송능력, 특별수권 필요. 필수적 공동소송의 경우는 당사자 전원이 공동으로 하여야 한다.

나. **소송물에 관한 요건**
(1) 인낙의 대상이 되는 법률효과가 특정되어 있어야 한다.
(2) 당사자의 임의처분이 허용되는 권리나 법률관계여야 한다.
(3) 가사소송, 회사관계 소송, 행정소송 등 직권탐지주의에 의하는 소송에서는 포기·인낙이 허용되지 않는다(다만 이혼, 파양사건의 경우에는 청구인낙이 가능하다).

> **[대법원 2004.9.24. 선고 2004다28047 판결]** 주주총회결의의 부존재·무효를 확인하거나 결의를 취소하는 판결이 확정되면 당사자 이외의 제3자에게도 그 효력이 미쳐 제3자도 이를 다툴 수 없게 되므로, 주주총회결의의 하자를 다투는 소에 있어서 청구의 인낙이나 그 결의의 부존재·무효를 확인하는 내용의 화해·조정은 할 수 없고, 가사 이러한 내용의 청구인낙 또는 화해·조정이 이루어졌다 하여도 그 인낙조서나 화해·조정조서는 효력이 없다.

> **[대법원 1993.5.27. 선고 92누14908 판결]** 가. 회사합병에 있어서 합병등기에 의하여 합병의 효력이 발생한 후에는 합병무효의 소를 제기하는 외에 합병결의 무효확인 청구만을 독립된 소로서 구할 수 없다. 나. 청구인낙은 당사자의 자유로운 처분이 허용되는 권리에 관하여만 허용되는 것으로서 회사법상 주주총회결의의 하자를 다투는 소나 회사합병무효의 소 등에 있어서는 인정되지 아니하므로 법률상 인정되지 아니하는 권리관계를 대상으로 하는 청구인낙은 효력이 없다.

(4) 강행법규에 위반되는 내용
① 청구취지는 허용되나 청구원인이 불법인 경우: 도박 채권에 기해서 금전을 청구하는 경우처럼 청구취지 자체는 허용되나 법원의 법률 판단을 받게 될 경우 청구원인이 불법이어서 패소할 수밖에 없는 경우 인낙이 가능한가?
② 긍정설: 청구이유 유무에 관한 법원의 법률 판단권 배제가 청구인낙의 취지이며, 이러한 청구에 대하여 인낙하여도 그 효력은 당사자 사이에서만 미치고 제3자에게 영향을 줄 염려가 없으므로 청구인낙을 허용할 것이라고 한다.
③ 부정설: 이 경우에 인낙을 허용하면 이들 청구에 대하여 국가의 집행권에 의한 강

---

1) 대법원 1957.3.14. 선고 489민상439 판결.

제적 실현을 인정하는 것이 되어 소송목적에 반하고, 이러한 내용의 인낙은 제3자에게 영향을 미치는지 여부와는 관계없이 사해소송의 수단으로 악용될 위험이 있으므로 인낙은 허용될 수 없어 청구기각 판결할 것이라고 한다(다수설).

　④ 판례:　　농지개혁법 소정의 농지 소재지 관서의 증명이 없더라도 농지의 소유권이전등기 청구의 인낙을 기재한 조서는 무효가 아니라고 판시하였다.[1]

　(5) 소송요건의 흠이 있는 경우:　　원칙적으로 소각하 판결을 해야 한다. 다만 중복제소, 관할위반이 있는 경우 등과 같이 소의 이익이 결여된 경우에는 본안청구에 대한 인낙·포기가 가능하다고 보는 견해가 있다.

　다. 절차에 관한 요건

　(1) 인낙·포기의 방식:　　불출석한 원고, 피고가 진술간주 되는 서면에 청구의 포기·인낙에 관한 의사표시를 적어 공증사무소의 인증을 받아서 제출한 경우에는 그 취지대로 청구의 포기·인낙이 성립된 것으로 본다(법 제148조 2항).

　(2) 시기:　　청구의 포기·인낙은 소송이 계속 중이면 언제든지 가능하다. 상고심에서도 가능하다. 종국판결 선고 후라도 판결 확정 전이면 청구의 포기나 인낙을 위한 기일지정신청을 할 수 있다.

　(3) 포기조서·인낙조서의 작성 → 변론조서 기재만으로도 유효하다는 것이 판례

4. 효　　과

　가. 소송의 종료

　나. 기판력, 집행력, 형성력

　다. 하자를 다투는 방법

Ⅲ. 재판상 화해

1. 의　　의

　가. 재판상화해라 함은 사법상의 권리관계에 관하여 다툼이 있는 당사자가 법원의 면전에서 서로 그 주장을 양보하여 분쟁을 종료시키는 행위를 말한다. 재판상 화해에는 제소전 화해와 소송상 화해의 두 가지가 있다. 소송상 화해와 제소전 화해는 형식상 소의 제기를 전제로 하는가라는 점에서 다를 뿐이고 화해가 성립한 경우 그 효력 면에서 다를 바가 없다.

　나. 법 규정:　　제145조(화해의 권고), 제220조(화해조서의 법적 효력), 제5절(화해권고결정), 제461조(준재심: 화해의 효력을 다투는 방법). 민사소송법은 화해를 판결대용으로 본

---

1) 대법원 1969.3.25. 선고 68다2024 판결.

다는 제220조 외에 준재심에 관한 제461조를 두어 화해조서에 대한 불복을 준재심에 의하도록 함으로써 독일과 일본의 소수설인 판결대용설을 실로 완벽하게 입법화하였다. 재판상 화해에 관한 한 세계에서 유례를 찾아볼 수 없는 독자적인 경지에 이르게 되었다는 비판을 받고 있다.

2. 법적 성질

가. 학 설

(1) 재판상 화해는 반드시 그 전제로서 사법상의 화해가 있고 그 내용을 법원의 면전에서 진술하는 소송행위로서 행하여지기 때문에 그 법률적 성질에 관하여 다툼이 있다. 어느 쪽에 중점을 두느냐에 따라서 사법행위설[1]과 소송행위설이 대립되고, 양자의 일체성을 주장하는 양행위병존설 또는 양성설의 절충적인 견해가 있다.

(2) 소송행위설은 재판상 화해라 함은 당사자가 기일에 소송물에 관하여 일정한 실체상의 처분을 함으로써 소송을 종료시킨다는 소송상의 진술을 말하는 것으로 본다. 사법상의 화해와는 명칭만 같을 뿐 전혀 별개의 것이므로 민법상의 화해에 관한 규정의 적용을 받지 아니하고 오로지 소송법에 의하여 지배된다고 한다.

(3) 양행위경합설(양성설)은 재판상 화해는 하나의 행위가 당사자 사이에 있어서는 민법상의 화해계약이고, 당사자와 법원 사이에서는 소송행위라고 설명한다. 즉, 하나의 행위가 민법상의 화해계약으로서는 민법이 적용되고, 소송행위로서는 소송법이 적용된다고 설명한다. 이 설이 양행위병존설과 다른 점은 재판상의 화해는 1개의 행위로서 실체법, 절차법 쌍방의 어느 하나의 요건을 흠결하더라도 전체가 무효가 된다고 해석한다는데 있다. 이 설은 우리나라에서는 다수설화 되어 있고, 독일에서의 통설·판례이고 일본에서도 다수설 및 주류적 판례가 되고 있다.[2]

나. 판 례

대법원판례는 재판상 화해를 순수한 소송행위로 보아 재판상 화해에 기판력을 인정함으로써 소송행위설과 입장을 같이 한다. 한편 판례는[3] 재판상 화해의 내용에 관하여는 실체법의 적용을 시인하고 실권조건부 화해의 효력을 긍정하고 있어서 순수한 소송행위와는 다소 다른 입장을 보이고 있다.

[대법원 2013.2.28. 선고 2012다98225 판결] 재판상 화해는 확정판결과 동일한 효력이 있고 창설적 효력을 가지는 것이어서 화해가 이루어지면 종전의 법률관계를 바탕으로 한 권

---

1) 사법행위설은 재판상의 화해는 민법상의 화해계약과 동일한 성질을 가지고 있으나 소송의 기회에 화해가 이루어진다는 점에서 민법상의 화해와 다른 대접을 받는다고 한다. 화해를 조서에 기재하는 것은 민법상의 화해계약을 공증하는 것에 불과하며 소송상의 화해로 인하여 소송이 종료하는 것은 화해에 의하여 소송의 목적이 소멸하였기 때문이라고 이해한다.
2) 그 외에 재판상 화해에는 소송의 종료를 목적으로 하는 소송상 계약과 사법상 화해계약이 병존한다는 양행위병존설이 있다. 전자는 소송법, 후자는 실체법에 의해 규율되므로 그 효력도 독립하여 별개로 판단하여야 한다고 한다.
3) 대법원 1982.4.13. 선고 81다531 판결.

리·의무관계는 소멸하나, 재판상 화해 등의 창설적 효력이 미치는 범위는 당사자가 서로 양보를 하여 확정하기로 합의한 사항에 한하며, 당사자가 다툰 사실이 없었던 사항은 물론 화해의 전제로서 서로 양해하고 있는 데 지나지 않은 사항에 관하여는 그러한 효력이 생기지 아니한다(대법원 2001.4.27. 선고 99다17319 판결; 대법원 2011.7.28. 선고 2009다90856 판결 등 참조). 한편 법률행위의 해석은 당사자가 그 표시행위에 부여한 객관적 의미를 명백하게 확정하는 것으로서, 서면에 사용된 문구에 구애받는 것은 아니지만 어디까지나 당사자의 내심적 의사의 여하에 관계없이 그 서면의 기재 내용에 의하여 당사자가 그 표시행위에 부여한 객관적 의미를 합리적으로 해석하여야 하는 것이고, 당사자가 표시한 문언에 의하여 그 객관적인 의미가 명확하게 드러나지 않는 경우에는 그 문언의 내용과 그 법률행위가 이루어진 동기 및 경위, 당사자가 그 법률행위에 의하여 달성하려는 목적과 진정한 의사, 거래의 관행 등을 종합적으로 고려하여 사회정의와 형평의 이념에 맞도록 논리와 경험의 법칙, 그리고 사회 일반의 상식과 거래의 통념에 따라 합리적으로 해석하여야 할 것인데(대법원 2005.5.27. 선고 2004다60065 판결 등 참조), 이러한 법리는 당사자 사이에 재판상 화해가 성립한 후 그 화해조항의 해석에 관하여 다툼이 있는 경우에도 마찬가지로 적용되어야 할 것이다(대법원 2009.9.10. 선고 2009다31550 판결 참조).

3. 요 건

가. 당사자에 관한 요건

(1) 소송당사자: 당사자능력, 소송능력 등을 갖추어야 하고, 소송대리인은 특별수권이 있어야 한다. 파산관재인이 건물명도단행 가처분신청을 하였다가 재판상 화해를 함에 있어 법원에 허가신청을 하였으나 그 신청이 불허가 되었음에도 불구하고 감사위원의 동의나 채권자집회의 결의도 없이 피신청인과의 사이에 재판상 화해를 하였다면 이는 소송행위를 함에 필요한 수권의 흠결이 있는 것으로서 민사소송법 제422조 1항 3호 소정의 재심사유에 해당한다.[1]

(2) 제3자도 화해 당사자가 될 수 있다. 재판상 화해의 당사자는 소송당사자 아닌 보조참가인이나 제3자도 될 수 있고, 또 재판상 화해를 위하여 필요한 경우에는 소송물 아닌 권리 내지 법률관계를 첨가할 수도 있다. 재판상 화해의 효력이 반드시 원래의 소송당사자 사이의 소송물에만 국한되어 미치는 것이라고 할 수 없고, 그 효력은 화해조서에 기재된 화해의 내용에 따라 그 조서에 기재된 당사자에게 미치는 것이다.[2]

(3) 필수적 공동소송의 경우 당사자 전원이 함께 하여야 한다.

(4) 소송대리인의 경우 특별수권이 필요하다.

나. 내용에 관한 요건

(1) 당사자에 처분권이 있는 사항일 것: 권리관계가 사적 이익에 관한 것이고, 당사자가 자유롭게 처분할 수 있는 것이어야 한다.

① 공법상의 법률관계에 대해서는 화해불가. 따라서 행정소송, 선거소송에서는 화해불가.

---

1) 대법원 1990.11.13. 선고 88다카26987 판결.
2) 대법원 1981.12.22. 선고 78다2278 판결.

② 가사소송: "다"류 사건 및 "나"류 사건 중 이혼소송, 양육자 지정소송 등에서는 화해가능하다. 인지청구권은 본인의 일신 전속적인 신분관계상의 권리로서 포기할 수 없고 포기하였다 하더라도 그 효력이 발생할 수 없는 것이므로 비록 인지청구권을 포기하기로 하는 화해가 재판상 이루어지고 그것이 화해조항에 표시되었다 할지라도 동 화해는 그 효력이 없다.[1]

③ 회사관계소송: 주주총회 결의의 부존재·무효를 확인하거나 취소하는 판결이 확정되면 당사자 이외의 제3자에게도 그 효력이 미쳐 제3자도 이를 다툴 수 없게 되므로, 주주총회 결의의 하자를 다투는 소에 있어서 청구의 인낙이나 그 결의의 부존재·무효를 확인하는 내용의 화해·조정은 할 수 없다. 설령 이러한 내용의 청구인낙 또는 화해·조정이 이루어졌다 하여도 그 인낙이나 화해·조정 조서는 효력이 없다.[2]

> **[대법원 2012.9.13. 선고 2010다97846 판결]** 1. 조정이나 재판상 화해의 대상인 권리관계는 사적 이익에 관한 것으로서, 당사자가 자유롭게 처분할 수 있는 것이어야 하므로, 성질상 당사자가 임의로 처분할 수 없는 사항을 대상으로 한 조정이나 재판상 화해는 허용될 수 없고, 설령 그에 관하여 조정이나 재판상 화해가 성립하였더라도 효력이 없어 당연 무효이다. 2. 갑이 을 주식회사에 마쳐 준 근저당권설정등기의 말소를 구하는 소송을 제기하여 승소판결을 받고 이에 대한 을 회사의 항소 및 상고(이하 '재심대상판결'이라 한다)가 모두 기각되어 제1심판결이 그대로 확정되었고, 이에 갑이 병 신용협동조합에 근저당권 및 지상권 설정등기를 마쳐 주고 이어 을 회사 명의의 근저당권설정등기 말소등기를 마쳤는데, 을 회사가 갑을 상대로 위 판결에 대한 재심의 소를 제기하여 "1. 재심대상판결 및 제1심판결을 각 취소한다. 2. 갑은 이 사건 청구를 포기한다. 3. 갑은 을 회사에 근저당설정등기의 회복등기절차를 이행한다."는 취지의 조정이 성립하였고, 이에 을 회사가 병 조합을 상대로 말소등기의 회복에 관하여 승낙을 구하는 소를 제기한 사안에서, **'재심대상판결 및 제1심판결을 각 취소한다'는 조정조항은 법원의 형성재판 대상으로서 갑과 을 회사가 자유롭게 처분할 수 있는 권리에 관한 것이 아니어서 당연 무효이고**, 확정된 재심대상판결과 제1심판결이 당연 무효인 위 조정조항에 의하여 취소되었다고 할 수 없으며, 나머지 조정조항들에 의하여 판결들의 효력이 당연히 상실되는 것도 아니므로, 위 판결들에 기한 근저당권설정등기의 말소등기는 원인무효인 등기가 아니고 따라서 병 조합은 근저당권설정등기의 말소회복에 승낙을 하여야 할 실체법상 의무를 부담하지 않음에도, 이와 달리 본 원심판결에 법리오해의 잘못이 있다.

(2) 양 당사자의 상호양보가 있을 것: 소송상 화해의 양보에 관하여 그 범위를 넓게 인정하는 것이 판례의 입장이다. 양보의 방법에 있어 소송물과 관계없는 물건 또는 금전의 지급을 약속하거나 제3자의 권리관계를 포함시켜도 된다. 소송물 전부에 관하여 인정 또는 포기하더라도 소송비용을 원고와 피고가 각자 부담하는 형식의 화해도 가능하다.

(3) 강행법규나 사회질서에 위반하는 내용이 아니어야 한다.

① 재판상 화해의 성립과정에 강행법규위반 사실이 밝혀진 경우: 법원은 이러한 내용의 화해를 인정할 수 없다.

---

1) 대법원 1987.1.20. 선고 85므70 판결.
2) 대법원 2004.9.24. 선고 2004다28047 판결(주주총회결의 무효확인).

② 화해조서가 작성되어 화해가 성립한 경우: 재판상 화해의 법적 성질에 관하여 소송행위설에 의하면 그 화해는 무효가 아니라고 한다. 즉 재판상 화해가 성립되면 그 내용이 강행법규에 위배된다 할지라도 재심절차에 의하여 취소되지 아니하는 한 그 화해조서를 무효라고 주장할 수 없는 터이므로 화해에 대하여 민법 제607조, 제608조에 반한다든가 통정한 허위표시로서 무효라는 취지의 주장을 할 수 없고, 준재심사유가 있을 경우 준재심절차에 의해서만 취소가능하다는 입장이다. 이에 반하여 양성설은 당해 화해는 무효이므로 준재심절차에 의하지 않더라도 이를 다툴 수 있다고 한다.

③ 제소전 화해조서는 확정판결과 동일한 효력이 있어 당사자 사이에 기판력이 생기는 것이므로, 거기에 확정판결의 당연무효 사유와 같은 사유가 없는 한 설령 그 내용이 강행법규에 위반된다 할지라도 그것은 단지 제소전 화해에 하자가 있음에 지나지 아니하여 준재심절차에 의하여 구제받는 것은 별문제로 하고 그 화해조서를 무효라고 주장할 수는 없는 것이므로, 제소전 화해가 원고 종중의 대표자이던 자의 배임행위에 피고 종중의 대표자이던 자가 적극 가담하여 이루어진 반사회질서의 행위로서 무효라는 주장은 받아들일 수 없다.[1]

④ 그밖에도 화해 자체의 내용이 사립학교법을 위반한 경우,[2] 통정허위표시에 의한 경우,[3] 중복제소 금지원칙에 반하여 제기된 소송절차에서 화해가 이루어진 경우[4] 등에 있어서도 당해 화해는 유효하다고 하였다.

(4) 조건부 화해: 후술

다. 절차에 관한 요건
(1) 화해의 방식
(가) 구술방식이 원칙이다.
(나) 공증사무소의 인증서면에 의한 화해도 가능하다(법 제148조 3항).
(다) 화해조서의 작성
(2) 화해의 시기
(가) 소송계속중이면 언제든 가능하며 상고심에서도 화해를 할 수 있다.
(나) 수명법관이나 수탁판사 앞에서도 화해를 할 수 있고, 증거조사기일에서도 가능하다.

4. 효   력

가. 소송 종료효: 소송상 화해가 성립하여 그 내용이 화해조서에 기재되면 이에 의하여 소송은 판결을 요하지 않고 당연히 종료하게 된다. 만약 당사자 간에 비용에 관하여 화해조항 중에 별도로 정하지 아니한 경우에는 법 제106조, 제113조, 제389조에 의하여 그 비용은 각자 지출한 비용을 부담한다. 소송 중 공격방어방법으로 행사된 사법상의 형성권의 효과는 화해에 의해 소송이 종료된 때에는 소멸하게 된다. 그리고 화해가 불성립되거나 화해의

---

1) 대법원 2002.12.6. 선고 2002다44014 판결.
2) 대법원 1975.11.11. 선고 74다634 판결.
3) 대법원 1992.10.27. 선고 92다19033 판결.
4) 대법원 1995.12.5. 선고 94다59028 판결 등.

무효를 인정하면 소송은 종료되지 않는 것이므로 심리를 그대로 속행하면 된다. 제소전 화해사건의 경우에는 소송계속이 있다고 할 수 없으므로 화해가 성립하지 않는 경우 당사자는 제소신청으로 통상의 소송절차로 이행할 수 있다(법 제398조).

나. 기속력: 화해조서가 작성되면 당해 법원을 기속하여 가령 그 후 화해조서에 부당 또는 오류를 발견하더라도 법 제211조에 의한 경정결정 이외에는 함부로 취소·변경할 수 없게 된다.

다. 형식적 확정력: 화해를 조서에 기재하면 당사자는 이에 대하여 상소를 제기하여 불복할 수 없다. 따라서 이로써 소송절차는 종료되고 그 사건의 소송계속도 소멸된다.

라. 집행력: 재판상 화해가 구체적인 이행의무를 선언한 경우에는 그 조서는 집행권원으로 되어 집행력을 갖는다. 집행력의 주관적 범위는 소송당사자 외에 화해에 참여한 제3자에게도 미친다. 화해성립 후의 승계인에 대하여는 법 제218조를 준용하여 승계집행문을 부여받아 강제집행을 할 수 있다.

마. 형성력: 재판상 화해가 새로운 권리 또는 법률관계를 형성, 변경하는 것을 내용으로 하는 때에는 화해조항에 따라서 법률상 효과를 변동시키는 효력이 생기고, 종전의 법률관계를 바탕으로 한 권리의무는 소멸한다. 예컨대 등기절차의 이행 등과 같이 일정한 의사표시를 하는 것을 내용으로 하는 화해가 성립하면 바로 의사의 진술이 있는 것으로 보아 권리자는 화해조서에 기하여 등기를 신청할 수 있다. 화해에 의하여 확정된 채권에 대하여는 소멸시효의 기간이 연장된다(민법 제165조).

바. 기판력

(1) 학 설

(가) 무제한기판력설: 화해조서에 대하여도 확정판결과 마찬가지로 기판력을 인정할 것이며 화해의 성립과정에 있어서의 하자는 그것이 재심사유에 해당하여 준재심절차에 의하여 구제받는 이외에는 그 무효를 주장할 수 없다고 하는 견해이다.

[논거] ① 법 제220조가 명문으로 화해조서에 확정판결과 동일한 효력을 인정하고 있는 점, ② 화해는 판결의 대용물이고 그 기능이나 효력에 있어서도 동등하게 생각하는 것이 분쟁해결의 실효성을 확보할 수 있고 논리의 일관성이 있다는 점, ③ 법 제461조가 화해조서에 대하여 준재심에 의한 불복방법을 규정하고 있는 점 등을 들고 있다.

[비판] ① 화해는 당사자의 자주적 분쟁해결의 결과인 합의로서, 법원에 의한 공권적 분쟁해결인 판결과는 이질적인 것이므로 화해에 법원의 공권적 판단의 속성인 기판력을 전면적으로 인정하는 것은 문제이다. ② 확정판결과 화해조서는 그 성립과정에 차이가 있다. 즉 판결에 있어서는 법관의 주도하에 변론의 청취, 증거조사를 한 연후 변론의 종결이 되고 나서 내부적으로 내용 확정(합의재판에 있어서는 구성원법관의 합의) 뒤에 이를 외부적으로 선고하고 선고된 뒤에는 그 잘못을 3심제에 의하여 두 번의 재검토가 보장되므로 신중을 기하게 된다. 그러나 화해에 있어서는 당사자 간의 이해조정 끝에 일치된 결과를 법원에 진술(실

무상 거의 당사자 작성의 화해조항을 단순히 법원에 제출하는데 그친다)하며, 재판장이 형식적으로 검토한 끝에 법원사무관 등으로 하여금 조서에 기재시키며 그 조서의 내용의 잘못에 대한 재검토의 기회는 전혀 보장되어 있지 않다. 이와 같은 양자의 성립과정에서의 차이에도 불구하고 양자를 동일시하여 그 하자의 구제방법을 동일하게 하는 것은 옳지 않다. ③ 판결에는 주문에 포함된 사항에 대해서만 기판력이 생기지만, 화해조서에는 주문과 이유의 구별이 없으므로 화해조항 전체에 기판력이 생기는 것으로 보아야 하므로 화해에 확정판결의 기판력보다 더 넓게 기판력을 인정하는 불합리한 결과가 생긴다. ④ 특히 제소전의 화해는 장래의 분쟁의 예방을 위하여 당사자 간의 합의내용을 확실하게 하고 거기에 집행력을 부여하기 위해 이용하는 것이 실정이라면 그것은 실질상 공증인 앞에서 작성하는 집행력 있는 공정증서와 다를 바가 없다.

(나) 제한적 기판력설: 재판상 화해에 실체법상 아무런 하자가 없는 경우에만 법 제220조에 의하여 기판력이 발생하고 실체법상 하자 즉 실체법상 무효·취소원인이 있는 때에는 화해는 무효이고 따라서 기판력은 인정될 수 없다고 한다. 이 견해는 법 제461조의 준재심의 소는 실체법상의 하자가 없는 재판상화해에 대한 구제방법이고, 실체법상의 하자가 있는 경우에는 아직 소송이 종료하지 아니하였으므로 기일지정신청이나 화해무효확인청구에 의하여 구제를 받을 수 있다고 주장한다.

[논거] 소송상 화해는 사인의 행위가 근간이 되고 있고 법원이 이에 관여한다고 하여도 그것은 중개나 알선에 그치는 것으로서 이를테면 산부인과의사적 역할을 하는데 불과한 것이다. 특히 제소전 화해의 경우에는 국민들이 그것을 분쟁의 해결방법으로 이용하고 있는 것이 아니라 분쟁의 예방을 위하여 당사자 간의 합의 내용을 명확히 하고 거기에 집행력을 부여받아 두기 위하여 이용되고 있고, 그것은 실질적으로 공증인의 면전에서 공정증서를 작성하는 경우와 다를 바가 없다. 따라서 기판력을 인정하지 않더라도 사법상의 화해계약에는 창설적 효력(민법 제732조)이 있으므로 이에 의하여 화해의 실효성을 유지할 수 있다고 한다.

[비판] 재판상 화해에 기판력을 인정한다고 하는 것은 마치 판결의 기판력이 그 내용의 유효·무효를 묻지 아니하고 그 판결에 반하는 주장 및 이에 저촉되는 판단을 허용하지 아니하는 것과 같이 재판상 화해의 내용에 관하여 유효·무효를 묻지 아니하고 화해에 반하는 주장이나 저촉되는 판단을 허용하지 아니하고 당사자와 법원이 이에 구속된다는 것을 의미한다. 따라서 제한적 기판력설과 같이 유효한 재판상 화해만이 기판력이 있다고 보고 그 내용의 유효·무효가 심리된다고 한다면 그것은 결국 기판력부인설과 같은 것이 된다고 아니할 수 없으므로 부당하다는 것이다.

(다) 기판력 부정설: 재판상 화해에 기판력을 부정하고 널리 사법상 하자에 기인하는 무효·취소를 주장할 수 있다는 것이다.

(2) **판례는** 무제한 기판력설을 취하고 있다.[1] 따라서 **소송상의 화해는 소송행위로서 사법상의 화해와는 달리 사기나 착오를 이유로 취소할 수는 없는 것이며, 법 제422조 1항 5호 소정의 형사상 처벌을 받을 타인의 행위로 인한 사유가 소송상의 화해에 대한 준재심사유로 될 수 있는 것은 그것이 당사자가 화해의 의사표시를 하게 된 직접적인 원인이 된 경우만이**

---

1) 대법원 1999.10.8. 선고 98다38760 판결 등 참조.

라고 할 것이고 그렇지 않고 서증에 대한 감정결과가 불리하게 나오자 그것으로 인하여 패소할 것을 우려한 나머지 화해를 하게 된 경우와 같이 그 형사상 처벌받을 타인의 행위가 화해에 이르게 된 간접적인 원인밖에 되지 않았다고 보이는 경우에는 준재심사유가 된다고 볼 수는 없다.[1]

> **[대법원 1994.12.9. 선고 94다17680 판결]** **[사안의 내용]**① 甲은 丙으로부터 매수한 A부동산을 甲 명의로 등기하지 않은 채 乙에게 매도하고, 乙이 丙과의 제소전 화해절차를 통하여 A부동산에 대하여 乙 명의의 소유권이전등기(중간생략등기방식에 의한 것임)를 마침과 동시에 乙은 甲에게 위 매매잔대금을 지급하기로 약정하였다. ② 乙이 丙을 상대로 한 제소전 화해에 의하여 A부동산에 대한 소유권이전등기를 을 명의로 마쳤음에도 당초의 약정에 위배하여 甲에게 위 부동산 매매잔대금을 지급하지 않고 있다. ③ 이에 甲은 乙에게 적법한 절차에 따라 위 매매잔대금의 지급을 최고한 뒤, 위 매매계약을 해제하고 乙에게 위 소유권이전등기말소등기절차의 이행을 청구하였다. **[판결요지]** 부동산에 관한 소유권이전등기가 제소전 화해조서의 집행으로 이루어진 것이라면 제소전 화해가 이루어지기 전에 제출할 수 있었던 사유에 기한 주장이나 항변은 그 기판력에 의하여 차단되므로 그와 같은 사유를 원인으로 제소전 화해의 내용에 반하는 주장을 하는 것은 허용되지 않는다 할 것이나, 제소전 화해가 이루어진 이후에 새로 발생한 사실을 주장하여 제소전 화해에 반하는 청구를 하여도 이는 제소전 화해의 기판력에 저촉되는 것은 아니라고 할 것이다. 라고 하여 갑의 청구를 인용하였다.

사. 창설적 효력

(1) 민법상 화해계약이 성립하면 당사자일방이 양보한 권리는 소멸하고 상대방은 그 권리를 취득하는 효력이 있다(민법 제732조). 이를 화해계약의 창설적 효력이라고 한다. 여기서의 창설적 효력이라 함은 종래의 법률관계가 어떠하였느냐를 묻지 않고 화해에 의하여 새로운 법률관계가 생기고 따라서 새로운 권리의 득실이 있게 되는 것을 말한다.

(2) 재판상 화해의 본질을 순수한 소송행위라고 이해할 때에는 사법상의 화해계약의 독자성을 부인하는 까닭에 사법상 화해에 인정되는 창설적 효력을 재판상 화해에 인정할 수 없으나, 대법원 판례는 아래에서 보는 바와 같이 제소전 화해에 대하여 사법상 화해계약에 특유한 창설적 효력을 인정하고 있다.

(3) 재판상 화해의 창설적 효력에 따라 화해가 성립하면 착오를 이유로 취소할 수 없게 되고(민법 제733조), 또 소멸된 권리의 하자를 들어 화해의 효력을 다툴 수 없게 됨으로써 재판상 화해는 강한 법적 안정성을 보호받게 된다. 그리고 소비대차 채권의 담보를 확보할 목적으로 일단 제소전 화해를 한 경우 그 화해는 창설적 효력을 가지게 되므로 화해 전의 사유를 가지고 화해의 효력을 다툴 수 없고, 화해가 이루어지면 종전의 법률관계를 바탕으로 한 권리의무관계는 소멸한다고 할 것이므로 변제기 후의 지연손해에 대하여 화해조항에 별도의 정함이 없으면 변제기 후의 지연손해는 법정이율에 의하여야 한다.[2]

---

1) 대법원 1979.5.15. 선고 78다1094 판결.
2) 대법원 1981.9.8. 선고 80다2649 판결.

5. 재판상 화해의 효력을 다투는 방법

가. 학 설

(1) 무제한기판력설: 재판상 화해의 성질에 관하여 소송행위설에 입각하여 무제한 기판력설을 취하는 견해는 재판상의 화해에 확정판결의 무효사유와 같은 사유가 있을 때에는 별론으로 하고, 실체법상의 하자가 있더라도 재판상 화해의 효력을 다툴 수 없다고 한다. 다만 재심사유에 해당하는 경우에 한하여 법 제461조의 준재심청구의 방법에 의하여 다툴 수 있을 뿐, 그 밖의 사유에 의하여서는 무효·취소를 주장할 수 없다고 한다. 그리하여 화해의 내용이 강행법규에 위반하거나 사회상규에 위반하더라도 무효가 아니라고 한다.

(2) 제한적 기판력설: 양행위경합설에 입각하여 제한적 기판력설을 취하는 견해는 화해의 내용에 실체법상 무효·취소원인이 있으면 화해의 무효·취소를 주장할 수 있다고 한다. 그 무효·취소의 주장방법은 기일지정신청(구소속행설)이나 화해무효확인의 소 또는 청구이의의 소(별소제기설)에 의할 수 있다고 한다. 한편 재심사유가 있는 경우에는 법 제461조 소정의 준재심청구도 할 수 있다고 본다.

(3) 기판력부인설: 화해에 기판력을 인정하지 않는 견해에 의하면, 화해의 실체법적 요건과 절차법적 요건을 흠결하면 무효원인이 되고, 화해의 의사표시에 하자 즉 사기, 강박 또는 착오가 있으면 취소원인이 된다고 한다. 이처럼 화해에 무효·취소원인이 있을 때에는 당사자는 기일지정신청이나 화해무효확인의 소 또는 청구이의의 소 가운데 어느 것을 선택하여도 좋다고 풀이한다.

나. 판례: 무제한기판력설을 취한다.

(1) 재판상 화해를 조서에 기재한 때에는 그 조서는 확정판결과 동일한 효력이 있고 당사자 간에 기판력이 생기는 것이므로 확정판결의 당연무효사유와 같은 사유가 없는 한 재심의 소에 의하여만 효력을 다툴 수 있는 것이나, 당사자 일방이 화해조서의 당연무효사유를 주장하며 기일지정신청을 한 때에는 법원으로서는 그 무효사유의 존재여부를 가리기 위하여 기일을 지정하여 심리를 한 다음 무효사유가 존재한다고 인정되지 아니한 때에는 판결로써 소송종료선언을 하여야 한다.[1]

(2) 甲이 아파트분양권을 乙에게 양도하여 乙이 실질적인 소유자로서 권리를 행사하고 있음을 알고 있는 丙이 甲과 재판상화해를 통하여 그 아파트에 관한 대물변제예약을 하고 이에 기하여 소유권이전등기를 한 경우, 위 대물변제예약은 丙이 甲의 배임행위에 적극 가담하여 이루어진 반사회질서 법률행위로서 무효라고 본 사례. 재판상화해조서는 확정판결과 같은 효력이 있어 기판력이 생기는 것이므로 그 내용이 강행법규에 위반된다 할지라도, 화해조서가 준재심절차에 의하여 취소되지 아니하는 한, 그 당사자 사이에서는 그 화해가 무효라는 주장을 할 수 없으나, 기판력은 재판상화해의 당사자가 아닌 제3자에 대하여 까지 미친다고 할 수 없다.[2]

---

1) 대법원 2000.3.10. 선고 99다67703 판결.
2) 대법원 1999.10.8. 선고 98다38760 판결.

6. 재판상 화해와 조건

가. 재판상 화해의 내용을 이루는 이행의무의 발생에 조건을 붙이는 것(예컨대 원고가 1,000만원을 지급하면 피고는 ○○ 등기소 접수 제100호로 마친 피고 명의의 가등기를 말소한다 등)은 당연히 허용된다.

나. 문제는 재판상 화해의 성립이나 효력 상실에 관하여 조건을 붙이는 것을 허용할 것인가에 있다. 재판상 화해의 성질에 관하여 사법행위설이나 병존설 또는 경합설의 입장에서는 재판상 화해에 사법행위적 측면을 인정하고 있으므로 재판상 화해에 조건을 붙이는 것은 사적자치의 원칙상 허용된다고 하는데 이론이 없다.

다. 재판상 화해의 성질을 순전히 소송행위라고 보는 경우에는 재판상 화해의 성립 자체에 실효(해제)조건을 붙이거나, 효력 발생에 정지조건을 붙이는 것을 허용할지에 관하여 견해가 나뉜다. 재판상 화해의 효력발생에 정지조건을 붙이는 것은 허용되지 않는다고 보는 것이 일반적이다. 그러나 해제조건(실효조건)에 관하여는 이러한 조건을 인정하게 되면 실효(해제)조건의 성취로 소송절차(화해의 성립)는 그 효력을 상실하게 되므로 소송절차의 안전성과 확실성을 해치게 되어 이를 허용할 수 없다는 무효설이 있다. 그러나 아래에서 보는 바와 같이 판례는 실효조건부 재판상 화해의 유효성을 인정하고 있다.

[예제] [제39회 사법시험] A는 C의 소개로 그 소유인 X토지를 B에게 매도하였는데 그 소유권이전등기를 해주지 아니하고 있는 사이에 땅값이 폭등하자, A와 C는 공모하여 X토지를 다른 사람에게 처분하여 이익을 반분하기로 하였다. 그리하여 우선 B의 소유권이전등기청구에 대비하여 X토지를 처분할 때까지 일단 매매를 가장하여 C 앞으로 소유권이전등기를 해놓기로 하고 서울지방법원에서 제소전 화해를 한 후 이를 원인으로 C 앞으로 소유권이전등기를 경료 하였다. 그 후 위 사실을 알게 된 B가 위 제소전 화해는 무효라며 A를 대위해서 C를 상대로 C 앞으로 경료된 소유권이전등기의 말소를 구하는 소를 제기하였고 그 소송의 계속 중 C는 A에 대해 소송고지를 하였다. 그러나 위 소송에서의 심리결과 A와 B 간의 위 매매계약이 적법하게 해제된 사실이 밝혀져 B에게 당사자적격이 없다는 이유로 소각하 판결이 선고되었고 B는 위 판결에 대하여 항소하였다가 항소심계속중 위 소를 취하하였다. 그러자 이번에는 A가 위 제소전 화해의 효력을 다투어 C를 상대로 그 소유권이전등기의 말소를 청구하는 소를 제기하였다. A의 소는 적법한가? 또 그 청구는 인용될 수 있는가?

[해설] Ⅰ. 주요논점: B가 제기한 전소에서 제1심 법원의 종국판결이 있은 후에 A가 C를 상대로 하여 동일한 청구취지의 후소를 제기한 것이 민소법 제267조 2항의 재소금지에 해당하는 것이 아닌지를 살펴보아야 한다. 다음으로 제소전 화해의 법적 성질을 살펴보고 본건 소가 제소전 화해의 기판력에 저촉되는 것인지에 관하여 살펴보아야 한다.

Ⅱ. A가 제기한 소의 적법여부

　1. 문제제기: 소취하 후 재소금지 규정에의 해당여부

　2. 채권자대위소송의 법적 성질: (1) 학설 ① 법정소송담당설 ② 채권자고유권설

　　(2) 판례 (3) 결론

　3. 재소금지에의 해당여부 (1) 재소금지의 요건

    (2) 사안의 경우: 사안의 경우에 재소금지에 관한 민소법 제297조 2항의 요건 중 전·후소의 동일성에 관한 일반요건은 충족하지만, '본안에 관한 종국판결이 있은 뒤에 소를 취하할 것'이라는 요건을 충족하지 않고 있으므로 A의 소 제기는 적법하다.

    4. 결론

Ⅲ. A가 제기한 소의 인용여부

    1. 문제제기: 제소전 화해의 효력을 소송상화해와 같이 무제한기판력설을 취할 경우에 제소전 화해의 내용과 모순관계에 있는 소(청구)가 제기된 경우 기판력의 적용여부

    2. 제소전 화해의 법적 성질

    3. 제소전 화해의 효력

    4. 사안의 경우: 기판력의 시적 범위에 따라 통정허위표시임을 이유로 또는 반사회적 이중매매행위임을 이유로 등기의 원인무효를 주장하는 것은 차단된다.[대법원 1994.12.19. 선고 94다17680 판결; 대법원 2002.12.6. 선고 2002다44014 판결 등 참조]

    5. 결론: A의 청구를 기각하여야 한다.

[대법원 1988.8.9. 선고 88다카2332 판결] 재판상의 화해의 내용은 당사자의 합의에 따라 자유로이 정할 수 있는 것이므로 화해조항 자체로서 특정한 제3자의 이의가 있을 때에는 화해의 효력을 실효시키기로 하는 내용의 화해가 성립되었다면 그 조건의 성취로써 화해의 효력은 당연히 소멸된다 할 것이고 그 실효의 효력은 언제라도 주장할 수 있다 할 것이다.

[대법원 2007.4.26. 선고 2006다78732 판결] 조정은 당사자 사이에 합의된 사항을 조서에 기재함으로써 성립하고 조정조서는 재판상의 화해조서와 같이 확정판결과 동일한 효력이 있으며 창설적 효력을 가지는 것이어서 당사자 사이에 조정이 성립하면 종전의 다툼있는 법률관계를 바탕으로 한 권리·의무관계는 소멸하고 조정의 내용에 따른 새로운 권리·의무관계가 성립한다(대법원 2006.6.29. 선고 2005다32814,32821 판결 참조). 이러한 조정조서에 인정되는 확정판결과 동일한 효력은 소송물인 권리관계의 존부에 관한 판단에만 미친다고 할 것이므로(대법원 1997.1.24. 선고 95다32273 판결 참조), 소송절차 진행 중에 사건이 조정에 회부되어 조정이 성립한 경우 소송물 이외의 권리관계에도 조정의 효력이 미치려면 특별한 사정이 없는 한 그 권리관계가 조정조항에 특정되거나 조정조서 중 청구의 표시 다음에 부가적으로 기재됨으로써 조정조서의 기재내용에 의하여 소송물인 권리관계가 되었다고 인정할 수 있어야 한다. 원심은 그 채용 증거들을 종합하여, 원고와 피고는 동업으로 사업체를 운영하다가 2003. 10.경부터 원고가 피고를 형사고소하여 서로 횡령 여부를 두고 다투어 왔고 그로 인하여 피고는 더 이상 원고와 동업관계를 유지할 수 없다고 생각하여 2004. 2. 9. 원고를 상대로 동업관계해지를 원인으로 한 공유물분할의 소를 제기하였으며, 수사가 진행 중이던 2004. 7. 28. 위 공유물분할 소송에서 원고와 피고 사이에 '피고가 원·피고 공유 부동산 중 피고 지분 전체를 원고에게 이전하고, 사업자등록명의는 원고 단독명의로 하며 2004. 1. 1. 이후 사업체 운영 관련 제세공과금은 원고가 부담하되, 그 대가로서 원고가 피고에게 2억 6천만 원을 지급하고, 피고의 나머지 청구는 포기한다.'는 내용의 조정이 성립된 사실을 인정한 다음, 위 소송에서 양 당사자는 동업재산에 관하여 각자의 주장을 하고 그 과정에서 추가적으로 각자의 상대방에 대한 손해배상채권 등도 다툼의 대상이 되었으므로 위 조정에서 피고의 횡령으로 인한 이 사건 손해배상채권도 화해의 목적인 분쟁의 대상 그 자체가 되어 위 조정으로 화해가 성립되어 이미 소멸하였다고 판단하였다. 그러나 위 공유물분할 사건의 소송물이 아니었던 이 사건 손해배상채권에도 위 조정조서의 효력이 미치려면 특별

한 사정이 없는 한 그 권리관계가 조정조항에 특정되거나 조정조서 중 청구의 표시 다음에 부가적으로 기재됨으로써 조정조서의 기재내용에 의하여 소송물인 권리관계가 되었다고 인정할 수 있어야 할 것인데, 이 사건 조정조서의 조정조항이나 청구의 표시 등 조서의 기재내용을 아무리 보아도 이 사건 손해배상채권에 관한 기재가 없고 그와 같이 기재하지 않게 된 특별한 사정도 보이지 않으므로, 이 사건 손해배상채권이 위 조정조서의 효력이 미치는 소송물인 권리관계가 되었다고 볼 수 없다.

[대법원 2012.5.10. 선고 2010다2558 판결] 1. 민사소송법 제231조는 "화해권고결정은 결정에 대한 이의신청 기간 이내에 이의신청이 없는 때, 이의신청에 대한 각하결정이 확정된 때, 당사자가 이의신청을 취하하거나 이의신청권을 포기한 때에 재판상 화해와 같은 효력을 가진다."라고 정하고 있으므로, 확정된 화해권고결정은 당사자 사이에 기판력을 가진다. 그리고 화해권고결정에 대한 이의신청이 적법한 때에는 소송은 화해권고결정 이전의 상태로 돌아가므로(민사소송법 제232조 제1항), 당사자는 화해권고결정이 송달된 후에 생긴 사유에 대하여도 이의신청을 하여 새로운 주장을 할 수 있고, 화해권고결정이 송달된 후의 승계인도 이의신청과 동시에 승계참가신청을 할 수 있다고 할 것이다. 이러한 점 등에 비추어 보면, 화해권고결정의 기판력은 그 확정시를 기준으로 하여 발생한다고 해석함이 상당하다. 2. 전소의 소송물이 채권적 청구권의 성질을 가지는 소유권이전등기청구권인 경우에는 전소의 변론종결 후에 그 목적물에 관하여 소유권등기를 이전받은 사람은 전소의 기판력이 미치는 '변론종결 후의 승계인'에 해당하지 아니한다. 이러한 법리는 화해권고결정이 확정된 후 그 목적물에 관하여 소유권등기를 이전받은 사람에 관하여도 다를 바 없다고 할 것이다. 3. 소유권에 기한 물권적 방해배제청구로서 소유권등기의 말소를 구하는 소송이나 진정명의 회복을 원인으로 한 소유권이전등기절차의 이행을 구하는 소송 중에 그 소송물에 대하여 화해권고결정이 확정되면 상대방은 여전히 물권적인 방해배제의무를 지는 것이고, 화해권고결정에 창설적 효력이 있다고 하여 그 청구권의 법적 성질이 채권적 청구권으로 바뀌지 아니한다. 4. 甲 등이 자신들의 상속재산에 대한 권리를 공동상속인 중 乙에게 이전할 의사로 인감증명서 등을 교부하여 乙이 상속부동산에 관하여 상속등기를 마침과 동시에 甲 등의 상속분 합계 17분의 13 지분에 관하여 증여를 원인으로 자신 앞으로 소유권이전등기를 마쳤고, 그 후 자신의 지분 합계 17분의 15를 丙에게 이전하기로 약정하여 丙이 2003. 3. 8. 위 약정에 기한 소유권이전등기청구권을 피보전권리로 하여 乙 지분에 대하여 처분금지가처분을 한 다음 자신 앞으로 이전등기를 마쳤는데, 甲 등이 乙을 상대로 증여를 원인으로 한 소유권이전등기의 말소등기를 구하는 소송을 제기하여 2005. 11. 24. 확정된 '乙은 甲 등에게 각 상속지분에 관하여 진정명의회복을 원인으로 한 이전등기절차를 이행한다'는 내용의 화해권고결정에 따라 승계집행문을 부여받아 甲 등의 상속분비율에 해당하는 지분에 관하여 丙으로부터 소유권이전등기를 마친 사안에서, 甲 등이 자신들의 상속분에 대하여 증여 의사로 乙 앞으로 소유권이전등기를 마쳐서 乙 명의의 등기는 유효하고, 丙의 처분금지가처분 및 그 근거가 된 약정에 기한 소유권이전등기 역시 유효하므로, 丙은 화해권고결정 확정 전의 처분금지가처분에 기하여 소유권이전등기를 마친 가처분채권자로서 피보전권리의 한도에서 가처분 위반의 처분행위 효력을 부정할 수 있는 지위에 있고, 따라서 丙은 甲 등의 상속분비율에 해당하는 지분에 관하여 가처분에 반하여 행하여진 소유권이전등기의 말소를 구할 수 있다는 이유로, 丙은 화해권고결정의 기판력이 미치는 승계인에 해당한다고 볼 수 없다.

[대법원 2014.3.27. 선고 2009다104960,104977 판결] 조정은 당사자 사이에 합의된 사

항을 조서에 기재함으로써 성립하고 조정조서는 재판상의 화해조서와 같이 확정판결과 동일한 효력이 있다. 따라서 당사자 사이에 기판력이 생기는 것이므로, 거기에 확정판결의 당연무효 등의 사유가 없는 한 설령 그 내용이 강행법규에 위반된다 할지라도 그것은 단지 조정에 하자가 있음에 지나지 아니하여 준재심절차에 의하여 구제받는 것은 별문제로 하고 조정조서를 무효라고 주장할 수 없다. 그리고 조정조서가 조정참가인이 당사자가 된 법률관계도 내용으로 하는 경우에는 위와 같은 조정조서의 효력은 조정참가인의 법률관계에 관하여도 다를 바 없다.

제 3 절 종국판결에 의한 종료

Ⅰ. 재판의 종류(판결 · 결정 · 명령)

1. 주 체

가. 판결 · 결정: 법원.

나. 명령: 재판장, 수명법관, 수탁판사.

2. 심리방식

가. 판결: 필요적 변론.

나. 결정 · 명령: 임의적 변론.

3. 고지방식

가. 판결: 판결서작성, 판결정본송달.

나. 결정 · 명령: 상당한 방법으로 고지, 이유기재 생략, 조서의 기재방식에 의할 수도 있다.

4. 불복절차

가. 판결: 항소, 상고.

나. 결정 · 명령: 항고, 재항고.

5. 대   상

가. 판결: 중요사항.

나. 결정·명령: 소송절차의 부수적, 파생적 사항.

6. 기 속 력

가. 판결: 자기기속력.

나. 결정·명령: 기속력 없음.

Ⅱ. 판결의 종류

1. 종국판결: 전부판결, 일부판결, 추가판결
   중간판결: (1) 독립한 공격방어방법
   　　　　　　 (2) 중간의 다툼
   　　　　　　 (3) 원인 판결

2. 소송판결

본안판결.

Ⅲ. 판결의 성립절차, 판결서기재사항

Ⅳ. 재판의 누락과 판단의 누락

1. 일부판결

법 제200조 규정.

2. 재판의 누락

가. 법원이 청구의 전부에 대하여 판결을 할 예정이었지만 잘못하여 일부를 빠뜨린 채 무의식적으로 일부판결을 한 경우를 말한다(법 제212조). 재판 누락여부의 판단은 소장의 청구취지 기재와 판결 주문에 기재된 사항을 비교하여 판단한다. **법원이 의식적으로 청구의 일부에 대하여서만 판결하는 일부판결과 구별된다.**

나. **재판의 누락이 된 부분은 나중에라도 그 부분에 대하여 추가판결**이 이루어지지 않는한 소송계속은 종료되지 않는다(법 제212조 1항). 따라서 상소의 대상이 되지도 않는다. 법원은 당사자의 신청 또는 직권으로 언제든지 추가판결을 할 수 있다. **이에 반하여 일부판결이 있은 뒤에 나머지 부분에 대하여 이루어지는 판결은 잔부판결이라 한다.** 당사자는 선고기일 또는 변론기일의 지정을 신청하여 직권발동을 촉구할 수 있다. 누락된 부분은 종국판결의 선고가 없는 것이어서 상소 또는 재심청구의 대상이 되지 않는다.

3. 판단의 누락

판결이유에서 판단하여야 할 공격방어방법에 대하여 법원의 잘못으로 판단을 빠뜨린 경우를 말한다. 판단의 누락은 상소 또는 재심의 사유가 된다(법 제451조 1항 9호). 청구의 선택적·예비적 병합의 경우에는 수개의 청구가 하나의 소송절차에 불가분적으로 결합되어 있기 때문에 선택적 청구 중 하나만을 선택하여 원고의 청구를 기각하는 판결을 하거나, 예비적 병합의 경우에 주위적 청구를 기각하면서 예비적 청구에 관하여 판단하지 않은 일부판결은 선택적·예비적 병합의 성질에 반하는 것으로서 법률상 허용되지 않는다. **즉 판단의 누락이 된다.** 제1심법원이 원고의 선택적 청구 중 하나만을 판단하여 기각하고 나머지 청구에 대하여는 아무런 판단을 하지 아니한 조치는 위법한 것이고, 원고가 이와 같이 위법한 제1심판결에 대하여 항소한 이상 원고의 선택적 청구 전부가 항소심으로 이심되었다고 할 것이므로, 선택적 청구 중 판단되지 않은 청구 부분이 재판의 탈루로서 제1심법원에 그대로 계속되어 있다고 볼 것은 아니다.[1]

제 4 절 판결의 효력

Ⅰ. 기속력(羈束力)

1. 의   의

가. 판결의 자기구속력을 말하며, 소송당사자는 물론이고 판결을 선고한 당해 법원도 그 내용을 임의로 변경하거나 철회할 수 없는 효력이 생긴다.

나. **기속력의 발생시기:**   선고하는 즉시(법 제205조).

다. 판결과는 달리 결정·명령의 경우에는 기속력이 배제된다.

---

1) 대법원 1998.7.24. 선고 96다99 판결.

2. 판결의 경정(更正)

가. 의 의(법 제211조)

나. 요 건

(1) 잘못된 기재, 계산 등

예: 당사자의 표시에 주소누락, 판결에서 언급하고 있는 별지목록의 누락, 건물건평·토지면적의 잘못표시, 손해금의 계산착오, 등기원인 일자의 잘못기재 등. 소유권이전등기청구 판결 상의 원고나 피고의 주소와 등기부상주소가 일치하지 않을 때는 동일인임을 다른 방법으로 소명하면 등기가 가능하므로 판결에 소장 그대로의 피고의 등기부상 주소를 표시하지 않았다고 하여 경정을 하지 않으면 안 될 이유가 있는 것은 아니다.[1]

(2) 그 잘못이 외관상 명백할 것

판단내용의 잘못이나 판단누락은 경정사유가 되지 않음.

(3) 잘못이 법원의 과실 때문이든 당사자의 청구상의 과오에 기한 것이든 가리지 않는다.

(4) 명백한 잘못인가의 여부는 판결로서의 기재자체뿐만 아니라 소송기록과 대비하여 판단해야 한다.

다. 절 차

(1) 직권 또는 당사자의 신청.

(2) 판결의 확정여부는 문제되지 않는다.

(3) 당해 판결을 한 법원 또는 상급법원은 경정결정을 할 수 있다. 판결 경정결정은 원칙적으로 당해 판결을 한 법원이 하는 것이고, 상소의 제기로 본안사건이 상소심 법원에 계속된 경우에는 당해 판결의 원본이 상소기록에 편철되어 상소심 법원으로 송부되므로, 판결원본과 소송기록이 있는 상소심법원도 경정결정을 할 수 있는 것이기는 하지만, 당해판결에 대하여 상소를 하지 아니하여 사건이 상소심에 계속되지 아니한 부분은 상소심의 심판대상이 되지 아니하므로, 통상의 공동소송이었던 다른 당사자 간의 소송사건이 상소의 제기로 상소심에 계속된 결과, 상소를 하지 아니한 당사자 간의 원심판결의 원본과 소송기록이 우연히 상소심법원에 있다고 하더라도, 상소심법원이 심판의 대상이 되지도 않는 부분에 관한 판결을 경정할 권한을 가지는 것은 아니다.[2]

(4) 결정의 형식으로 한다.

라. 결정에 대한 불복 절차

(1) 경정결정에 대해서는 즉시항고할 수 있다.

(2) 경정신청에 대한 기각결정에 대해서는 불복할 수 없다(통설, 판례). 다만 특별항고만 가능하다.

---

1) 대법원 1992.5.27. 자 92그6 결정.
2) 대법원 1992.5.1. 자 91마748 결정.

마. 효 력

원판결과 일체가 되어 판결선고 시에 소급하여 그 효력이 생긴다.

[대법원 2012.2.10. 자 2011마2177 결정] [1] 판결에 잘못된 계산이나 기재, 그 밖에 이와 비슷한 잘못이 있음이 분명한 때에 행하여지는 판결의 경정은, 일단 선고된 판결에 대하여 내용을 실질적으로 변경하지 않는 범위 내에서 판결의 표현상 잘못이나 기재 잘못, 계산 착오 또는 이와 비슷한 잘못을 법원 스스로가 결정으로써 정정 또는 보충하여 강제집행이나 호적의 정정 또는 등기의 기재 등 이른바 광의의 집행에 지장이 없도록 하자는 데 취지가 있고, 이는 확정판결과 동일한 효력을 가지는 조정조서의 경우에도 마찬가지이다. [2] 법원이 토지의 공유물분할을 내용으로 하는 조정조서를 작성하는 경우, 그 토지가 측량·수로조사 및 지적에 관한 법률 시행령 제60조 제1항 제1호에 의하여 지적을 정하는 토지라면 제곱미터 미만의 단수 표시 때문에 조정조서 집행이 곤란하게 되는 결과가 생기지 않도록 하여야 하는데, 조정조서에 측량·수로조사 및 지적에 관한 법률 규정에 반하여 제곱미터 미만의 단수를 표시하여 위치와 면적을 표시하였다면, 당사자 일방이 그 소유로 될 토지의 지적에 표시된 제곱미터 미만의 단수를 포기하고 그 포기한 부분을 상대방의 소유로 될 토지의 지적에 표시된 단수와 합산하여 단수 이하를 없앰으로써 조정조서의 실질적 내용을 변경하지 아니하면서 조정조서 집행을 가능하게 하는 취지의 조정조서 경정 신청을 한 경우에는 민사소송법 제211조의 '잘못된 계산이나 기재, 그 밖에 이와 비슷한 잘못이 있음이 분명한 때'에 해당하는 것으로 보아 조정조서 경정을 허가하여야 한다. [3] 법원은 토지의 공유물분할을 내용으로 하는 조정조서를 작성할 때 그 토지가 경계점좌표등록부가 비치되지 않은 지역(도해지역)에 위치하는 경우에는 대한지적공사에 지적측량을 감정촉탁하여 대한지적공사로 하여금 측량성과에 관한 자료를 소관청에 제출하여 검사를 받은 후 소관청으로부터 교부받은 측량성과도를 제출하도록 하여 이를 바탕으로 조정조서를 작성하여야 하고, 조정이 성립한 후에 조정조서에 기하여 토지분할 신청을 하였으나 조정조서에 첨부된 도면이 대한지적공사에서 측량한 측량성과도가 아니라는 이유로 수리가 거부됨으로써 조정조서의 집행이 곤란하게 되는 결과가 발생한 경우, 당사자 일방이 대한지적공사에 조정조서에 첨부된 도면과 동일한 내용으로 지적현황측량을 의뢰하여 그 측량성과도로 별지 도면을 작성한 후 조정조서 경정 신청을 하는 경우에는 민사소송법 제211조의 '잘못된 계산이나 기재, 그 밖에 이와 비슷한 잘못이 있음이 분명한 때'에 해당하는 것으로 보아 조정조서 경정을 허가하여야 한다.

Ⅱ. 형식적 확정력

1. 의 의

2. 판결의 확정시기

3. 판결의 확정증명

Ⅲ. 기판력 일반

1. 의   의

확정된 종국판결에서 한 청구(소송물)에 대한 판단은 이후 그 당사자와 법원을 규율하는 규준으로서의 구속력을 가지고, 후에 동일한 사항이 문제가 되면 당사자는 이에 반하는 주장을 해서 다툴 수 없고, 법원도 이와 모순 저촉되는 판단을 할 수 없게 된다. 이 확정판결의 판단에 부여되는 구속력을 기판력 또는 실질적 확정력이라 한다.

2. 기판력의 본질론

가. 실체법설은 판결이 확정되면 판결의 내용대로 당사자 간의 실체법상의 법률관계가 확정되는 것으로 본다. 확정판결을 실체법상의 법률요건과 동일한 것으로, 기판력은 실체법상의 효력과 동일한 것으로 이해한다. 그러나 ① 소송판결의 기판력 부여 근거를 설명할 수 없고, ② 기판력의 상대성에 반하며, ③ 부당한 판결(오판)이 그 자체로써 새로운 권리(법률관계)의 창설적 효력이 있다고 하는 것은 재판제도의 본질에 반한다(삼권분립 정신에 반함)는 비판을 받고 있다.

나. 소송법설

(1) **모순금지설**은 ① 기판력은 실체법상의 권리와는 관계없는 오로지 국가법원간의 판결의 통일이라는 소송법적 요청에 따라 후 소 법원에 대해 확정판결과 모순되는 판단을 금지시키는 효력이라고 본다. ② **모순금지설**에 의하면 승소원고가 다시 같은 소송물에 대하여 후소를 제기하면 소의 이익이 없다고 하여 소를 각하하여야 하고, 패소원고가 다시 같은 소송물에 대하여 후소를 제기하였을 때에는 소의 이익이 없다고 하지 않고 전과 같은 내용의 판결 즉 청구기각 판결을 하여야 한다. 그러나 판결결과에 따라 위와 같이 달리 취급하는 근거를 명확히 제시하지는 못하고 있다. 모순금지설과 같이 재차의 소제기를 허용한다면 새로운 판단도 가능하다고 보는 것이 오히려 재판절차의 본래의 목적에 부합한다는 비판을 면치 못할 것이다.

(2) **반복금지설**은 판결의 모순, 저촉 방지라는 목적은 재차의 재판을 금지하는 데서만 달성할 수 있다고 보면서, 전소와 동일한 내용의 후소가 재차 제기되었을 경우에는 전소판결의 결과가 승소이거나 패소이거나를 가리지 아니하고 전소의 기판력은 후소에 대하여 소극적 소송요건이 되므로 당연히 소각하 판결을 하여야 한다는 견해이다. 그러나 이 견해도 엄밀한 의미에서 민사사건에는 동일사건이라는 것이 없고, 따라서 일사부재리는 문제가 되지 않으며, 일사부재리를 기계적으로 고수할 경우에 판결원본의 멸실이나 시효완성에 임박한 시점에서의 재소의 필요가 있는 경우에도 새로운 재판청구가 허용되지 않게 될 수도 있다는 점에서 비판을 받고 있다.

다. 판례: "확정판결의 기판력이라 함은 확정판결의 주문에 포함된 법률적 판단의 내용은 이후 그 소송당사자의 관계를 규율하는 새로운 기준이 되는 것이므로 동일한 사항이 소송상 문제가 되었을 때 당사자는 이에 저촉되는 주장을 할 수 없고, 법원도 이에 저촉되는 판단을 할 수 없는 기속력을 의미하는 것이고, 이 경우 적극당사자(원고)가 되어 주장하는 경우는 물론이고 소극당사자(피고)로서 항변하는 경우에도 그 기판력에 저촉되는 주장을 할 수 없다"고 하여,[1] 모순금지설과 같이 모순되는 판단금지의 효력으로 본다. 즉 원고 일부승소의 확정판결에 저촉되는 소송에서는 그 승소부분에 해당하는 부분은 권리보호의 요건을 갖추지 못한 부적법한 것이라 하여 이를 각하하고, 패소부분에 해당하는 부분은 그와 모순되는 판단을 할 수 없는 것이라 하여 형식적으로 이를 기각하여야 한다는 입장이다.[2]

3. 기판력의 정당성 근거

동일 분쟁에 기초한 동일 소송의 반복적 제기를 금지함으로써 **법적 안정성과 소송경제**를 도모하고자 하는 데 있다고 보는 것이 전통적 입장이다(**법적 안정설**). 한편 **절차보장설**은 소송당사자가 소송물인 권리관계의 존부에 관하여 충분한 변론기회를 부여받음으로써 그 결과로서의 판결에 대하여 더 이상 다투어서는 아니된다는 자기책임의 법리에서 찾아야 된다는 견해이다. 위와 같은 요인을 종합한 법적안정성 및 절차보장에서 정당성의 근거를 찾고자 하는 **이원설**도 있다.

4. 기판력이 있는 판결

가. 확정된 종국판결
(1) **본안판결**: 청구인용·기각 불문, 이행판결, 확인판결.
(2) **형성판결의 경우**
① 기판력 부정설: 형성판결이 확정되면 이미 그에 따라 법률관계가 변동되므로 따로 기판력을 인정할 필요가 없다는 견해이다.
② 기판력 긍정설: 형성요건이 구비되어 있었다거나 원고가 법률관계의 변동을 구할 권리를 가지고 있었다는 점에 대하여 기판력을 인정할 필요가 있다는 견해이다. 예컨대 이혼청구소송에서 위자료·재산분할 판결이 있은 후 피고가 그 이혼원인의 부존재를 주장하면서 부당이득반환을 청구하는 경우에는 기판력을 인정하여 후소를 배척할 필요가 있다.
③ 판례: 긍정설을 취한다. 즉 행정청의 위법한 처분의 취소나 변경을 구하는 소송에서 원고 청구를 인용한 확정판결은 당사자간에 기판력이 있는 것이므로 그 당사자인 행정청으로서는 그 판결의 사실심 변론종결 이전의 사유를 내세워 확정판결과 저촉되는 새로운 처분을 할 수 없고 그러한 처분을 하였다면 그 새로운 처분은 명백하고도 중대한 하자가 있는 행정행위로서 당연 무효이다.[3]

---

1) 대법원 1987.6.9. 선고 86다카2756 판결.
2) 대법원 1979.9.11. 선고 79다1275 판결.
3) 대법원 1980.7.23. 선고 80다839 판결.

(3) **소송판결**: 개개의 소송요건의 흠결에 관한 판단에 대해 기판력 발생, 재판권·관할권·당사자적격, 대표권의 흠 등에 관한 판단에 기판력이 발생한다.

(4) **가압류, 가처분(피보전권리의 존재 + 보전의 필요성)**: 보전의 필요성과 관련하여 뒤의 보전절차에서 동일사항에 관하여 달리 결정할 수 없다는 점에서 기판력을 인정받고 있다.

나. 확정판결과 동일한 효력이 있는 것

화해조서, 청구포기·인낙조서, 조정조서에도 기판력이 있다(판례).

다. 외국 법원의 확정판결
(1) **기판력 발생요건**: 법 제217조.
(2) **집행력 발생요건**: 민사집행법 제26조.

5. 기판력 작용 및 그 모습

가. 전·후소의 소송물이 동일하여야 한다.

나. 후소의 선결관계가 있는 경우:
전소의 소송물에 관한 판단이 후소에 포함되었을 때에는 후소 법원은 그 사항에 대하여 전소와 다른 내용의 판단을 할 수 없다. 전소의 주문에서 판단한 내용이 후소판결을 위한 선결적 법률관계인 때에는 전소판결과 다른 주장이나 판단을 할 수 없다.

> **[대법원 1994.12.27. 선고 93다34183 판결]** ① 사안: A부동산의 소유자 X가 A부동산상의 근저당권자 Y를 상대로 근저당권설정등기말소등기청구 소송을 제기하여 패소한 뒤 위 근저당권실행에 의한 경매에서 Z가 경락받아 소유권이전등기를 마쳤다. 그러자 X가 Z를 상대로 위 Y명의의 근저당권설정등기가 원인무효임을 이유로 Z명의의 소유권이전등기말소를 청구하는 소송을 제기하였다. ② 판결요지: 전소판결의 내용인 근저당권설정등기의 무효여부가 이 사건 Z명의의 소유권이전등기의 원인무효여부를 판단하는 전제가 되어 선결적 법률관계를 이루고 있으므로 전소와 후 소의 소송물이 동일하지 아니하여도 전소의 판단과 모순되는 판단을 할 수 없다.

> **[대법원 2000.6.9. 선고 98다18155 판결]** 확정된 전소의 기판력 있는 법률관계가 후소의 소송물자체가 되지 아니하여도 후소의 선결문제가 되는 때에는 전소의 확정판결의 판단은 후소의 선결문제로서 기판력이 작용한다고 할 것이므로, **소유권확인청구에 대한 판결이 확정된 후 다시 동일 피고를 상대로 소유권에 기한 물권적 청구권을 청구원인으로 한 소송을 제기한 경우에는 전소의 확정판결에서의 소유권의 존부에 관한 판단에 구속되어 당사자로서는 이와 다른 주장을 할 수 없을 뿐만 아니라, 법원으로서도 이와 다른 판단을 할 수 없다.**

다. 모순관계에 있는 경우:
후소가 전소에 의하여 확정된 법률관계와 정면으로 모순되는 반대관계를 소송물로 할 때에는 전소의 기판력이 적용된다. 예: 甲이 乙 상대로 A 부동

377

산에 대한 소유권확인의 소 제기하여 승소 확정 후 乙이 甲 상대로 동일 부동산에 대한 乙의 소유권 확인의 소 제기하는 경우: 모순관계(一物一權主義에 반함)

> **[대법원 1996.2.9. 선고 94다61649 판결]** 판결이 형식적으로 확정되면 그 내용에 따른 기판력이 생기므로, 소유권이전등기절차를 명하는 확정판결에 의하여 소유권이전등기가 마치어진 경우에, 다시 원인무효임을 내세워 그 말소등기절차의 이행을 청구함은 확정된 이전등기청구권을 부인하는 것이어서 기판력에 저촉된다.

> **[대법원 1981.9.8. 선고 80다2442,2443 판결]** 1. 사실: 원고 X는 피고 Y가 제기한 X소유 부동산에 대한 소유권이전등기청구소송(전소)에서 패소하여 위 부동산은 Y명의로 소유권이전등기 되었다. 그 후 X가 Y를 상대로 위 부동산에 대한 Y명의의 소유권이전등기말소등기청구소송(후소)을 제기하면서 X와 Y사이에 이루어진 매매의 대상이 되는 본건 부동산(임야)이 원고 X재단법인의 기본재산이요, 또한 원고가 이를 처분함에 있어서 X재단이사회 평의회의 의결이 없고, 감독관청인 문교부장관의 허가를 얻지 아니하여서 그 매매가 무효라고 주장하였다. 2. 판결요지: X는 (위 전소법원) 확정판결에 의하여 확정된 Y의 본건 부동산에 대한 소유권이전등기청구권을 다투거나 부인할 수 없음은 판결의 기판력의 효과로서 명백한 바이므로 이제 본소(후소)로써 매매무효를 주장하여 위에 말한 확정판결로서 확정된 소유권이전등기청구권을 부인할 수 없다.

Ⅳ. 기판력의 시적 범위(차단효)

1. 의   의

사법상의 권리나 법률관계는 계속적으로 변화하는 것이므로 확정판결의 효력은 특정의 표준시점에 있어서의 권리나 법률관계에 관하여 발생하는데 이에 관하여 어느 시점을 확정할 것인지가 시적한계의 문제이다. 공격방어방법의 제출이 차단되는 시점의 기준이 되기도 하므로 차단효과라고도 한다.

근거법조: 법 제218조, 민사집행법 제44조 2항.

2. 표준시

가. 사실심의 변론종결 시.

나. 무변론 판결(법 제257조 1항)의 경우: 판결선고 시.

3. 표준시 전에 존재한 사유

가. 당사자는 전소의 사실심 변론종결 시 전에 존재하였으나 미처 제출하지 않은 공격방어방법을 후소에 관한 소송절차에서 제출할 수 없게 된다.

[대법원 2014.3.27. 선고 2011다49981 판결] 1. 동일한 소송물에 대한 후소에서 전소 변론종결 이전에 존재하고 있던 공격방어방법을 주장하여 전소 확정판결에서 판단된 법률관계의 존부와 모순되는 판단을 구하는 것은 전소 확정판결의 기판력에 반하는 것이고, 전소에서 당사자가 그 공격방어방법을 알지 못하여 주장하지 못하였는지 나아가 그와 같이 알지 못한 데 과실이 있는지는 묻지 아니한다. 2. 갑이 을 종친회와 토지거래허가구역 내 토지를 매수하는 내용의 매매계약을 체결한 후 을 종친회를 상대로 소유권이전등기청구 등의 소를 제기하여 소유권이전등기절차의 이행을 구하는 청구는 기각되고 토지거래허가신청절차의 이행을 구하는 청구는 인용한 판결이 선고되어 확정되었는데, **변론종결 전에 이미 위 토지가 토지거래허가구역에서 해제되었음에도** 갑은 전소에서 그러한 사실을 주장하지 아니하였고 전소 법원은 위 토지가 토지거래허가구역 내에 위치하고 있음을 전제로 판결을 선고하였으며, 그 후 갑이 토지거래허가를 받은 다음 을 종친회를 상대로 소유권이전등기절차의 이행을 구하는 소를 제기한 사안에서, 전소와 후소의 소송물이 모두 매매계약을 원인으로 하는 소유권이전등기청구권으로서 동일하므로 후소는 전소 확정판결의 기판력에 저촉되어 허용될 수 없고, 갑이 위 토지가 토지거래허가구역에서 해제되어 매매계약이 확정적으로 유효하게 되었다는 사정을 알지 못하여 전소에서 주장하지 못하였다고 하더라도 후소에서 이를 주장하여 전소 법률관계의 존부와 모순되는 판단을 구하는 것은 전소 확정판결의 기판력에 반한다.

[대법원 1992.10.27. 선고 91다24847,24854(병합) 판결] 1. 사실관계의 정리; 甲(원고)이 乙(피고)을 상대로 소유권이전등기청구의 소(전소)를 제기하였으나, 변론종결 전에 목적 부동산이 소외1에게 매도되고 소유권이전등기까지 경료되어 乙의 갑에 대한 소유권이전등기의무가 **이행불능이 되었다**는 이유로 패소판결을 받고 그대로 확정되었다. 그 후 甲이 소외1을 상대로 乙과 소외1 사이의 매매는 통정허위표시라고 주장하며 소외1 명의의 소유권이전등기의 말소를 구하는 소를 제기하여 승소판결을 받았다. 위 판결 후 다시 甲은 乙을 상대로 사정변경(소외1에 대한 승소판결)이 생겼음을 주장하면서 전소와 같은 청구원인에 기하여 소유권이전등기 청구의 소(후소)를 제기하였다. 2. 대법원 판결 내용; **확정판결의 기판력은 동일한 당사자 사이의 소송에 있어서 변론종결 전에 당사자가 주장하였거나 또는 할 수 있었던 모든 공격 및 방어방법에 미치는 것이고, 다만 그 변론종결 후에 새로 발생한 사유가 있을 경우에만 그 기판력의 효력이 차단되는 것이라 할 것이다**(당원 1980.5.13. 선고 80다473 판결; 1987.3.10. 선고 84다카2132 판결 및 같은 해 8.18. 선고 87다카527 판결 참조). 원심판결은 그 이유에서, 원고들이 소외 A를 대위하여 피고들을 상대로 이 사건 부동산에 관하여 매매를 원인으로 한 소유권이전등기청구소송을 제기하였으나 그 사실심 변론종결 전에 이미 소외 1앞으로 소유권이전등기가 넘겨졌으므로 피고들의 위 A에 대한 소유권이전등기의무는 이행불능이 되었다는 피고들의 항변이 받아들여지고 소외 1명의의 소유권이전등기는 통정허위표시에 기한 원인무효의 등기라는 원고들의 재항변은 배척되어 원고 패소판결이 확정되었는데(이하 전소라 한다), 원고들은 그 후 소외 1을 상대로 한 새로운 소송에서 소외 1명의의 소유권이전등기는 그 일부지분은 통정허위표시에 해당되고 그 나머지 부분은 2중매도의 배임행위에 적극가담한 반사회질서의 법률행위에 해당되어 무효라는 승소판결을 받은 다음, 그것이 확정되었음을 이유로 피고들을 상대로 전소와 동일한 청구원인에 기하여 이 사건 소를 제기하였는바 이는 동일 당사자 사이에 이미 패소판결이 확정된 사항에 관하여 다시 동일한 청구를 하는 것에 불과하여 전소의 판결의 기판력에 저촉된다고 판단하였는 바 이와 같은 원심의 판단은 정당하고 거기에 기판력에 관한 법리오해의 위법이 없다. 소외 1명의의 소유권이전등기가 통정허위표시 또는 반사회질서의 법률행위에 해당되어 원인무효라는 것

은 전소에서도 공격방법으로 주장할 수 있었던 것이고, 또 원고들은 실제로 전소에서 통정허위표시라는 점을 주장하기도 한 것이어서 전소의 변론종결 이후에 그 등기가 원인무효라는 점이 별도의 확정판결에 의하여 확정되었다 한들 이것이 변론종결 이후에 새로 발생한 사유라고는 할 수 없다. 내세우는 당원 1963.9.12. 선고 63다359 판결은 전소의 변론종결 이후에 새로이 농지매매증명을 구비한 경우이고, 당원 1988.9.27. 선고 88다3116 판결은 전소의 변론종결 이후에 제소전 화해가 준재심에 의하여 취소된 경우이어서 이 사건에 적절한 것이 아니다. 주장은 이유 없다. * 본 사안에서 갑은 전소와 동일한 피고를 상대로 한 동일한 청구를 하면서 전소와 동일한 주장(청구원인 사실)을 하고 있다. 그러나 뒤에서 보는 대법원 94다46817 판결은 전소 판결 확정 후에 피고 앞으로 소유권이전등기가 회복된 사실을 전소 변론종결 후에 발생한 새로운 사실로서 주장하고 있다는 점에서 서로 차이가 있다.[1]

[대법원 1987.3.10. 선고 84다카2132 판결] (가) X는 Y를 상대로, A 토지는 X의 피상속인인 갑이 을로부터 매수한 것이나 그 후 등기부 등이 소실되어 을의 상속인이 자기명의로 소유권보존등기를 경료하고 이것이 전전매매 되어 Y에게 이른 것이라고 주장하면서 A 토지에 대한 소유권확인의 소를 제기하였다. 위 소송은 Y가 다투지 아니하여 의제자백으로 X승소판결이 선고되고 확정되었다. 그 후 X의 상속인인 원고 P가 Y의 상속인인 피고 D를 상대로 A 토지에 대한 소유권에 기하여 건물철거 및 토지인도 청구소송을 제기하자, D는 전소 변론종결 전에 Y가 A 토지를 시효취득 하였음을 주장하였다. (나) 판결요지: 특정토지에 대한 소유권확인의 본안판결이 확정되며 그에 대한 권리 또는 법률관계가 그대로 확정되는 것이므로 변론종결 전에 그 확인 원인이 되는 다른 사실이 있었다 할지라도 그 확정판결의 기판력은 거기까지도 미치는 것이다. (다) 평석: 통설·판례는 확인의 소의 소송물에 관하여 일정한 권리 또는 법률관계의 주장으로 보고 청구취지에 의하여 동일성 여부가 결정되므로 기판력도 당사자가 변론에서 주장하지 아니한 권리관계에까지 미친다고 본다. 이에 대해서 확인의 소의 소송물은 개개의 권리관계를 기초로 파악해야 하며, 본 사안의 경우에 전소판결의 내용상 시효취득여부에 대한 심리가 전혀 이루어지지 않았음에도 불구하고 기판력에 저촉된다는 이유로 이를 배척하는 것은 구체적 타당성을 잃고 있다고 비판하는 견해가 있다.

나. 말소등기청구사건의 소송물은 당해 등기의 말소등기 청구권이고 그 동일성 식별의 표준이 되는 청구원인 즉 등기말소청구권의 발생원인은 당해 등기원인이 무효라는데 있다. 등기원인의 무효를 뒷받침하는 개개의 사유는 독립된 공격방어방법에 불과하여 별개의 청구원인을 구성하는 것이 아니다. 전소에서 원고가 주장한 사유나 후소에서 주장하는 사유들이 서로 다를지라도 모두 등기의 원인무효를 뒷받침하는 공격방법에 불과할 뿐이다. 그 주장사실들이 자체로써 별개의 청구원인을 구성한다고 볼 수 없으며, 모두 전소의 변론종결 전에 발생한 사유라면 전소와 후소는 그 소송물이 동일하여 후소에서의 주장사유들은 전소의 확정판결의 기판력에 저촉되어 허용될 수 없다.[2]

다. 상속채무자가 한정승인을 하였음에도 채권자가 제기한 소송의 사실심변론 종결 시까지 그 사실을 주장하지 않은 경우: 이에 관하여 기판력긍정설을 취하는 학자들[3]은 상속인

---

1) 이시윤·조관행·이원석, 판례해설 민사소송법, 박영사(2011), 547면 참조.
2) 대법원 1993.6.29. 선고 93다11050 판결 등.
3) 이시윤, 565면.

이 변론종결 전에 이미 한정승인을 하였음에도 변론에서 한정승인의 항변을 하지 않다가 강제집행단계에서 뒤늦게 주장하는 것은 기판력의 시적 범위에 의하여 차단된다고 한다. 그러나 아래의 판례는 기판력부정설의 입장을 취하고 있다.[1]

> **[대법원 2006.10.13. 선고 2006다23138 판결]** 한정승인에 의한 책임의 제한은 상속채무의 존재 및 범위의 확정과는 관계가 없고 다만 판결의 집행대상을 상속재산의 한도로 한정함으로써 판결의 집행력을 제한할 뿐이다. 특히 채권자가 피상속인의 금전채무를 상속한 상속인을 상대로 그 상속채무의 이행을 구하여 제기한 소송에서 채무자가 한정승인 사실을 주장하지 않으면, 책임의 범위는 현실적인 심판대상으로 등장하지 아니하여 주문에서는 물론 이유에서도 판단되지 않는 것이므로 그에 관하여는 기판력이 미치지 않는다. 그러므로 **채무자가 한정승인을 하고도 채권자가 제기한 소송의 사실심 변론종결 시까지 그 사실을 주장하지 아니하는 바람에 책임의 범위에 관하여 아무런 유보가 없는 판결이 선고되어 확정되었다고 하더라도, 채무자는 그 후 위 한정승인 사실을 내세워 청구에 관한 이의의 소를 제기하는 것이 허용된다고 봄이 옳다.** 원심은 그 채용 증거들을 종합하여, 원고들은 피고가 자신들을 상대로 하여 춘천지방법원 강릉지원 2002가합451호로 구상금청구소송을 제기하기 전에 이미 한정승인 심판청구를 하여 그 수리심판을 받은 사실, 그런데 원고들이 위 소송에서 한정승인 사실을 주장하지 아니하는 바람에 책임의 범위에 관한 아무런 유보가 없는 판결이 선고되어 확정된 사실 등 판시사실을 인정한 다음, 피고의 원고들에 대한 위 구상금 청구사건의 판결에 기한 집행력이 위 한정승인으로 인하여 원고들의 상속재산의 범위로 제한된다고 판단하여 이를 초과하는 강제집행을 불허한 제1심판결을 유지하였는바, 이러한 원심의 조치는 앞서 본 법리에 따른 것으로서 옳고, 거기에 상고이유로 주장하는 바와 같은 기판력 및 청구이의의 소에 관한 법리오해의 위법이 있다고 볼 수 없다.

> *** 상속포기가 있은 사실을 공격방어방법으로 제출치 않은 경우에는 차단효가 적용된다.**
> **[대법원 2009.5.28. 선고 2008다79876 판결]** 채무자가 한정승인을 하였으나 채권자가 제기한 소송의 사실심 변론종결시까지 이를 주장하지 아니하는 바람에 책임의 범위에 관하여 아무런 유보 없는 판결이 선고·확정된 경우라 하더라도 채무자가 그 후 위 한정승인 사실을 내세워 청구에 관한 이의의 소를 제기하는 것이 허용되는 것은, 한정승인에 의한 책임의 제한은 상속채무의 존재 및 범위의 확정과는 관계없이 다만 판결의 집행 대상을 상속재산의 한도로 한정함으로써 판결의 집행력을 제한할 뿐으로, 채권자가 피상속인의 금전채무를 상속한 상속인을 상대로 그 상속채무의 이행을 구하여 제기한 소송에서 채무자가 한정승인 사실을 주장하지 않으면 책임의 범위는 현실적인 심판대상으로 등장하지 아니하여 주문에서는 물론 이유에서도 판단되지 않는 관계로 그에 관하여는 기판력이 미치지 않기 때문이다. **위와 같은 기판력에 의한 실권효 제한의 법리는 채무의 상속에 따른 책임의 제한 여부만이 문제되는 한정승인과 달리 상속에 의한 채무의 존재 자체가 문제되어 그에 관한 확정판결의 주문에 당연히 기판력이 미치게 되는 상속포기의 경우에는 적용될 수 없다.**

라. 기판력의 시적 범위가 적용되는 기준은 소송물의 동일성 여부에 달려있는 것이다. 단순히 표준시보다 앞서 존재하고 있는 사실(법률)관계라고 하더라도 청구원인을 구성하는 사

---

1) 동지: 정동윤·유병현, 704면.

실관계(앞서 본 판례와 같이 확인의 소 및 말소등기청구소송의 경우는 제외)가 다른 때, 예컨 대, 소유권취득이 취득시효완성인 경우와 매매계약에 의한 경우에는 별개의 소송물이 되는 것(특히 구소송물이론의 경우)이므로 차단효가 발생하지 않는다.

4. 표준시 후에 발생한 새로운 사유

가. 변론종결 후에 발생한 사유에 의하여서는 기판력에 의하여 확정된 법률효과를 다시 다툴 수 있다. 예컨대 X가 Y를 상대로 A 부동산에 대한 소유권이전등기청구의 소를 제기하 였다가 Y가 A 부동산을 이미 타인에게 등기를 이전하여 이행불능이라는 이유로 패소하였는 데, 그 판결확정 후 Y가 A 부동산 소유명의자를 상대로 한 소유권이전등기말소청구 소송에 서 승소하여 등기명의를 회복한 뒤에는 X는 Y를 상대로 A 부동산에 대한 같은 청구취지의 소유권이전등기청구의 소를 제기할 수 있다.[1]

나. 변론종결 이후에 발생한 새로운 사유란 원칙적으로 사실자료(사실관계)의 변경에 그 치는 것이다. 예컨대, (1) 채무이행 소송에서 기한 미도래라는 이유로 원고의 청구가 기각되 었으나, 변론종결 뒤에 기한이 도래하거나, 정지조건 미성취를 이유로 원고의 청구가 기각되 었으나 변론종결 뒤에 조건이 성취된 경우, (2) 담보로 넘어간 소유권이전등기의 말소를 구 하는 소송에서 피담보채무의 미 변제를 이유로 원고의 청구가 기각되었으나 변론종결 뒤에 채무전액을 변제한 경우, (3) 소유권확인 소송에서 원고에게 소유권이 없다는 이유로 기각되 었으나 변론종결 뒤에 소유권을 취득한 경우 등의 사례에서는 원고가 신소를 제기할 수 있 다. 법률의 변경, 판례의 변경 혹은 판결의 기초가 되는 행정처분의 변경은 변론종결 후의 사정변경에 해당되지 않는다. 또한 판결확정 후에 그 판결의 전제가 된 법률에 관하여 헌법 재판소의 위헌결정이 있었다고 하여 확정판결의 효력을 다툴 수 있게 되는 것은 아니다.

다. 백지보충권의 행사 후 어음금청구: 약속어음의 소지인이 전소의 사실심 변론종결일까 지 백지보충권을 행사하여 어음금의 지급을 청구할 수 있었음에도 위 변론종결일까지 백지 부분을 보충하지 않아 이를 이유로 패소판결을 받고 그 판결이 확정된 후에, 백지보충권을 행사하여 어음이 완성된 것을 이유로 전소 피고를 상대로 다시 동일한 어음금을 청구하는 경우에는, 위 백지보충권 행사의 주장은 특별한 사정이 없는 한 전소판결의 기판력에 의하여 차단되어 허용되지 않는다.[2] 이때 원고가 전소에서 어음요건의 일부를 오해하거나 그 흠결 을 알지 못했다고 하더라도, 전소와 후소는 동일한 권리 또는 법률관계의 존부를 목적으로 하는 것이어서 그 소송물은 동일한 것이라고 보아야 한다.

라. 일반적으로 판결이 확정되면 법원이나 당사자는 확정판결에 반하는 판단이나 주장을 할 수 없는 것이나, 이러한 확정판결의 효력은 그 표준시인 사실심 변론종결 시를 기준으로 하여 발생하는 것이므로, 그 이후에 새로운 사유가 발생한 경우까지 전소의 확정판결의 기판

---

1) 대법원 1995.9.29. 선고 94다46817 판결.
2) 대법원 2008.11.27. 선고 2008다59230 판결.

력이 미치는 것은 아니다. 따라서 전소에서 피담보채무의 변제로 양도담보권이 소멸하였음을 원인으로 한 소유권이전등기의 회복 청구가 기각되었다고 하더라도, 장래 잔존 피담보채무의 변제를 조건으로 소유권이전등기의 회복을 청구하는 것은 전소의 확정판결의 기판력에 저촉되지 아니한다.[1]

5. 표준시 후의 형성권의 행사

가. 변론종결 전에 이미 발생하고 있던 취소권·해제권·상계권 등 형성권을 소송 중에 행사하지 않고 변론종결 후에 이를 행사하여 청구이의의 소(민사집행법 제44조) 등을 제기하는 것이 가능한가?

나. 학 설

(1) 비실권설: 상계권은 물론 취소권·해제권 등 모든 형성권 행사를 변론종결 후에 발생한 사유로 보고 실권되지 않는다는 견해이다. 형성권의 행사는 무효사유의 경우와는 달리 법률행위에 취소나 해제사유가 있으면 소송 중에 반드시 취소나 해제의 의사표시를 할 의무를 부담하는 것이 아니고, 형성권자가 그 권리를 행사할지 여부를 결정하는 것이며 법원이 강요할 일이 아니다. 그러므로 전 소송에서 형성권을 행사한 적이 없음에도 기판력에 의하여 차단된다고 하는 것은 형성권 행사기간을 소송법이 단축하는 결과가 되어 부당하다는 것이다.

(2) 상계권 외 나머지 형성권 실권설: 다른 형성권은 모두 실권되지만 상계권만은 예외로서 변론종결 전에 상계권이 있었다 하더라도 변론종결 후에 행사하였으면 상계권의 존부를 알았든 몰랐든 변론종결후의 사유로서 실권하지 않는다는 것이다(통설).

(3) 절충설: 상계권이 있음을 알고 이를 행사하지 않은 경우에는 실권되지만 몰랐을 경우에는 그렇지 않다는 것이다.

다. 판례: 상계권 외 나머지 형성권은 실권된다고 본다.[2] 마찬가지로 지상건물 소유를 목적으로 토지를 임차한 경우에 건물매수청구권행사를 하지 아니한 채 토지임대인이 임차인에 대하여 제기한 토지인도 및 건물철거청구소송에서 패소하여 그 패소판결이 확정되었다고 하더라도, 그 확정판결에 의하여 건물철거가 집행되지 아니한 이상 토지의 임차인으로서는 건물매수청구권을 행사하여 별소로써 임대인에 대하여 건물매매대금의 지급을 구할 수 있다.[3]

> [예제] [제49회 사법시험(2007년도)] [제1문] 甲은 자신의 소유인 A토지 위에 乙이 무단으로 B건물을 신축한 것이라고 주장하면서, 乙을 상대로 건물철거 및 토지인도를 청구하는 소를 제기하였다.
> (3) 위 사안에서, 乙은 A토지 위에 무단으로 B건물을 신축한 것이 아니라, 지상건물의 소

---

1) 대법원 2014.1.23. 선고 2013다64793 판결.
2) 대법원 1998.11.24. 선고 98다25344 판결; 대법원 1973.11.13. 선고 73다518 전원합의체 판결 등.
3) 대법원 1995.12.26. 선고 95다42195 판결 등.

유를 목적으로 하는 甲과의 토지임대차계약에 따라 B건물을 신축한 것이다. 甲은 임대차기간이 만료한 뒤 乙의 임대차계약의 갱신요청을 거절하고 乙을 상대로 건물철거 및 토지인도를 청구하는 소를 제기하였다.

(나) 乙은 위 소송절차의 변론에서 건물매수청구권을 행사하지 아니하여 甲의 승소판결이 선고되었고, 이 판결은 그대로 확정되었다. 그 후 B건물이 철거되기 전에 乙이 甲에 대하여 건물매수청구권을 행사하면서 그 매매대금의 지급을 청구하는 소를 제기하는 것이 위 확정판결에 저촉되는지 여부를 밝히시오. (15점)

[해설] I. 주요논점: 乙의 건물매수청구권은 형성권으로서 변론종결 이전에 행사할 수 있었음에도 이를 행사하지 않다가, 건물철거를 명하는 판결의 확정 후에 행사하는 것이 기판력의 시적효력(차단효)에 반하는 것인지 여부가 문제된다.

Ⅱ. 기판력의 표준시 후의 형성권 행사의 가부

1. 기판력의 표준시(시적 범위): 의의 및 내용에 관하여 설명

2. 학설 및 판례: (1) 학설: 생략 (2) 판례: 생략

3. 결론 및 지상건물매수청구권의 경우: 대판 95다42195 참조.

Ⅲ. 사안의 해결: 확정판결의 시적 범위에 의하여 차단되지 않는다.

6. 정기금 판결에 대한 변경의 소(법 제252조)

가. 의의와 필요성: 위 법 규정이 신설되기 전에는 판례[1])에 의하여 이를 인정하였다. 즉 토지의 소유자가 법률상 원인 없이 토지를 점유하고 있는 자를 상대로 장래의 이행을 청구하는 소로서, 그 점유자가 토지를 인도할 때까지 토지를 사용 수익함으로 인하여 얻을 토지의 임료에 상당하는 부당이득금의 반환을 청구하여, 그 청구의 전부나 일부를 인용하는 판결이 확정된 경우에, 그 소송의 사실심 변론종결 후에 토지의 가격이 현저하게 앙등하고 조세 등의 공적인 부담이 증대되었을 뿐더러 그 인근 토지의 임료와 비교하더라도 그 소송의 판결에서 인용된 임료가 상당하지 아니하게 되는 등 경제적 사정의 변경으로 당사자 간의 형평을 심하게 해할 특별한 사정이 생긴 때에는, 토지의 소유자는 점유자를 상대로 새로 소를 제기하여 전소 판결에서 인용된 임료액과 적정한 임료의 차액에 상당하는 부당이득금의 반환을 청구할 수 있다고 봄이 상당하다고 하였다.

나. 법적 성질: 이미 확정된 판결의 내용을 변경하는 소송법상 형성의 소이다. 청구의 내용에 따라 이행의 소나 확인의 소의 성격도 동시에 가질 수 있다. 정기금판결에 대한 변경의 소의 소송물은 전소의 소송물과 동일하다(소송물 동일설). 즉 변경의 소의 소송물은

---

1) 대법원 1993.12.21. 선고 96다46226 전원합의체 판결: 동 판결에는 다음과 같은 별개의견도 있다. 토지의 소유자가 법률상 원인 없이 점유하고 있는 자를 상대로 장래이행의 소로서 임료 상당의 부당이득금반환을 청구하는 사건에 있어서는 당사자는 장래 발생할 임료 상당 부당이득금의 액수에 관하여 구체적으로 주장입증하기가 현실적으로 불가능하기 때문에 그 변동가능성을 어느 정도 예상하면서도 장래 발생할 임료 상당 부당이득금의 액수는 변론종결 당시의 그것과 별 차이가 없으리라는 전제하에서 공격과 방어를 하게 되고, 법원 또한 이러한 전제하에서 그 임료 상당액을 판단하게 되는 것이므로 그 후 경제사정의 변동 등으로 그 액수가 변론종결 당시 예상할 수 없을 정도로 증감되어 전소의 인용액이 도저히 상당하다고 할 수 없을 정도가 되었다면 이러한 사정의 변경은 전소의 변론종결시까지 주장할 수 없었던 사유가 그 후 새로 발생한 것으로 보아야 할 것이어서, 소유자는 증액된 부분을 부당이득반환으로서 구할 수 있고 그 반면에 점유자는 청구이의의 소로서 감액된 부분에 대한 집행력의 배제를 주장할 수 있다.

전소와 동일하나, 형평의 관념내지 실체적 정의의 측면에서 전소 확정판결의 기판력을 배제하는 것이다.

다. 요건 및 절차

(1) 소송요건

① 전소 제1심 법원의 전속관할(법 제252조 2항)에 속하므로 관할법원에 소를 제기하여야 한다.

② 전소 확정판결의 기판력을 받는 당사자가 제기하는 소이어야 한다.

③ 정기금의 지급을 명하는 기판력 있는 확정 판결이 있어야 한다. 신체사상의 경우와 같이 장래에 얻을 수 있는 소득상실의 손해(일실이익: 소극적 손해)에 관하여 호프만식에 의한 중간이자 공제 후 **일시금으로 손해배상을 명하는 판결이 선고되어 그대로 확정된 경우**에 추후의 사정변경을 이유로 변경의 소를 제기 할 수 있는가? 이에 관하여 긍정설[1]은 당사자가 정기금 지급청구를 하여도 법원은 일시금 지급판결을 할 수 있고 그 반대의 경우도 가능하므로 이러한 양자 간의 가변성에 비추어 일시금 지급판결의 경우에도 변경의 소를 제기 할 수 있다고 주장한다. 부정설[2]은 일시금 지급을 명한 판결이 선고되어 당사자가 불복하지 않고 확정되었다면 추후의 사정변경을 이유로 변경의 소를 제기할 수 있다고 하는 것은 법문의 명문규정에도 반한다고 주장한다. 생각건대 부정설이 법 규정에 충실한 것으로 보이지만, 긍정설이 지적하고 있듯이 당사자가 정기금 지급청구를 하고 있음에도 법원이 일시금 지급판결을 한 사정이 있다면 변경의 소를 제기할 수 있도록 하여야 할 것이다. 그러나 아래의 판례는 부정설의 입장에 가까운 것으로 보인다.

> **[대법원 2009.11.12. 선고 2009다56665 판결]** 확정판결이 실체적 권리관계와 다르다 하더라도 그 판결이 재심의 소 등으로 취소되지 않는 한 그 판결의 기판력에 저촉되는 주장을 할 수 없어 그 판결의 집행으로 교부받은 금원을 법률상 원인 없는 이득이라 할 수 없는 것이므로, 불법행위로 인한 인신손해에 대한 손해배상청구소송에서 판결이 확정된 후 피해자가 그 판결에서 손해배상액 산정의 기초로 인정된 기대여명보다 일찍 사망한 경우라도 그 판결이 재심의 소 등으로 취소되지 않는 한 그 판결에 기하여 지급받은 손해배상금 중 일부를 법률상 원인 없는 이득이라 하여 반환을 구하는 것은 그 판결의 기판력에 저촉되어 허용될 수 없다. 그 사실관계의 요지는 다음과 같다. 소외 1이 2003. 6. 11., 소외 2가 2003. 11. 11. 원고와 자동차종합보험계약을 체결한 자의 자동차 운행으로 인하여 발생한 교통사고로 뇌손상과 두개골 골절의 상해를 입게 되자, 소외 1및 그의 아들인 피고 1과 소외 2는 각각 원고를 상대로 손해배상청구의 소를 제기한 사실, 각 소송에서 신체감정한 결과 소외 1의 기대여명이 13년으로 평가된 것을 기초로 2005. 11. 24. 소외 1에게 4억 9,500만 원을 지급하라는 화해권고결정이 내려져 2005. 12. 20. 확정되었고, 소외 2의 기대여명이 13.4년으로 평가된 것을 기초로 2007. 3. 8. 소외 2에게 247,176,255원 및 이에 대한 지연손해금을 지급할 것을 명하는 판결이 선고되어 그 무렵 확정된 사실, 원고는 위 화해권고결정에서 정한 돈을 소외 1의 후견인인 피고 2에게, 위 판결에서 지급을 명한 돈을 소외 2에게 각 지급하였으나, 소

---

1) 이시윤, 567면.
2) 김홍엽, 671면.

외 1은 2007. 9. 21., 소외 2는 2007. 10. 12. 각 사망한 사실을 인정한 다음, 인신사고에 따른 손해배상청구사건의 판결 등이 확정된 후 피해자가 그 확정판결 등에서 인정된 기대여명보다 일찍 사망하게 되었다 하여 그 확정판결 등의 기판력이 배제된다고 볼 수 없고, 원고가 지적한 대법원판결은 피해자가 손해배상의 기초가 되었던 기대여명보다 오래 생존한 경우 추가로 발생한 손해의 배상을 구하는 청구는 전 소송의 소송물과 별개의 소송물이 되기 때문에 기판력이 미치지 않는다고 판단한 것이어서, 이 사건과 같이 그 기대여명보다 일찍 사망한 경우 이전 판결 등에서 확정된 손해배상금 중 일부를 부당이득으로 반환하라는 청구와는 소송물의 관점에서 달리 볼 수 있으므로 위 대법원판결의 논리가 동일하게 적용되어야 하는 것은 아니라고 판단하여, 원고의 부당이득반환청구를 배척하였다.

④ 기타 일반적인 소송요건을 갖추고 있어야 한다.

(2) **본안요건**:   정기금 액수산정의 기초가 된 사정이 현저히 변경되었을 것: 예측불가능한 후유장애로 인한 손해, 손해배상청구에서 피해자의 노동능력이 회복된 때 등과 같이 액수산정의 기초로 삼았던 객관적 사정의 변경이 있어야 한다. 예컨대, 부동산가격, 임료의 상승, 부양의무자의 성실한 노력에도 불구하고 실직자가 된 경우, 부양권리자의 건강상태의 변화, 부양의무자와 부양권리자 쌍방의 수입이나 재산의 변화, 일반적 경제상황의 변화, 생계비의 변화 등이 있는 경우여야 한다.

① 현저한 사정변경이란 사정변경의 정도와 기간 등을 고려했을 때 더 이상 방치하는 것이 당사자 사이의 형평을 크게 해치는 결과가 되는 것을 말한다.

② 현저한지 여부는 단순한 변경의 정도뿐만 아니라 그 기간도 고려에 넣어야 할 것이며, 사실적 상황의 변경뿐만 아니라 법률의 개정과 같은 법률적 상황의 변화도 포함된다.

③ 사정변경은 전소 사실심 변론종결 후 생긴 것이어야 한다(사후적 변경).

④ 사정변경이 예상하지 못한 것이었음을 요구하는지에 관해서는 예상했더라도 변경의 소를 허용하여야 한다는 견해와 원칙적으로 예상하지 못하였던 사정변경이 있을 것을 필요로 한다는 견해가 있다. 우리법의 해석상 "특별한 사정"은 후자를 의미하는 것으로 보아야 한다.

(3) **주장 · 입증책임**:   원고에게 있다.

라. 재 판

(1) **심판의 범위**:   정기금산정을 제외한 부분, 예컨대 손해배상소송에서 불법행위의 존재, 인과관계, 과실상계 등에 관하여는 전소 확정판결과 달리 판단할 수 없다고 봄이 타당하다.

(2) 변경판결에서 "언제부터" 증감된 액의 정기금을 지급하라고 명할 것인가에 관해서 제252조는 명시하지 않고 있으나 변경의 소제기 시 부터라고 보는 것이 타당하다.

마. 다른 절차와의 구별

(1) **잔부청구 및 추가청구**:   일부청구에 관한 학설 참조.

(2) **청구이의의 소**:   변경의 소는 사후에 청구원인이 되는 사실관계가 변경된 경우에 하는 소이고, 청구이의의 소는 사후에 발생한 권리소멸 항변이나 권리불발생 항변을 할 상황

이 생긴 경우에 이용하는 것이라는 점에서 차이가 있다.

　　[대법원 2009.12.24. 선고 2009다64215 판결] 정기금의 지급을 명한 판결이 확정된 뒤에 그 액수 산정의 기초가 된 사정이 현저하게 바뀜으로써 당사자 사이의 형평을 크게 침해할 특별한 사정이 생긴 때에는 그 판결의 당사자는 장차 지급할 정기금 액수를 바꾸어 달라는 소를 제기할 수 있다(민사소송법 제252조 제1항). 원심이 유지한 제1심판결의 인정 사실과 기록에 의하면, 원고는 위 전소(서울지방법원 96가합29224호 임료청구의 소)에서, 피고 1은 원고 소유의 이 사건 토지 중 제1심판결의 별지도면(2) 표시 ㉮부분 8㎡, 피고 2는 같은 도면 표시 ㉫부분 4㎡를 옹벽 또는 축대를 설치하여 점유하고 있으므로 피고 1은 위 옹벽을 철거하여 그 부분 토지를 인도하고 1996. 7. 13.부터 위 토지 인도시까지 연 62,000원의 비율에 의한 임료 상당의 부당이득을 반환하고, 피고 2는 위 축대를 철거하여 그 부분 토지를 인도하고 1996. 7. 13.부터 위 토지 인도시까지 연 31,000원의 비율에 의한 임료 상당의 부당이득을 반환하라는 청구를 한 사실, 위 법원은 1997. 6. 12. 변론을 종결한 다음, 1997. 6. 26. 원고의 위 각 청구 중 옹벽 및 축대의 철거와 토지인도 청구는 그대로 인용하면서, 피고 1은 1996. 7. 13.부터 위 토지의 인도시까지 연 54,912원의 비율에 의한 금원을, 피고 2는 1996. 7. 13.부터 위 토지의 인도시까지 연 27,429원의 비율에 의한 금원을 지급하라는 내용의 원고 일부승소판결을 선고하였고, 그 판결은 그 무렵 확정된 사실(이하 이 판결을 '전소의 확정판결'이라고 한다)을 알 수 있다. 한편 원고는 이 사건 소로써, 새로운 측량방식으로 측량한 결과 피고들이 점유하는 이 사건 토지의 면적이 각각 16㎡임이 밝혀졌다고 주장하면서 그에 대한 1997. 1. 1.부터 2008. 12. 31.까지의 임료상당액으로 각 7,984,640원 및 이에 대한 지연손해금과 2009. 1. 1.부터 위 각 토지 인도완료일까지 매월 107,307원씩의 지급을 청구하고 있다. 그런데 앞서 본 바와 같이 피고들의 점유 부분이 전소의 변론종결 당시와 동일하다면, 원고의 이 사건 청구 중 이 사건 소 제기일 전까지의 기간에 해당하는 부분은 확정판결이 있었던 전소와 소송물이 동일하여 그 확정판결의 기판력이 미친다고 할 것이어서, 그 중 전소의 확정판결에서 원고가 승소한 부분(전소에서 원고의 청구가 인용된 금액에 해당하는 부분)에 해당하는 부분은 권리보호의 이익이 없고, 이를 초과하는 부분은 전소의 확정판결의 기판력에 저촉되는 것이어서 받아들일 수 없는 없는 것이고, 원고의 이 사건 청구 중 이 사건 소 제기일 이후의 기간에 해당하는 부분은 앞서 본 정기금 판결의 변경을 구하는 취지라고 봄이 상당하다고 할 것인데, **원심이 유지한 제1심판결이 인정한 바와 같이 전소의 변론종결일 이후 원심변론종결 당시까지 사이에 피고들 점유토지의 공시지가는 약 2.2배 상승하였고 ㎡당 연임료는 약 2.9배 상승한 것에 불과하다면, 전소의 확정판결이 있은 후에 그 액수 산정의 기초가 된 사정이 현저하게 바뀜으로써 당사자 사이의 형평을 크게 침해할 특별한 사정이 생겼다고 할 수 없고,** 따라서 원고로서는 그 연임료 상당액의 증액지급을 구할 수 없다고 할 것이다. 만약 위와 같은 특별한 사정이 생기면 언제든지 다시 그 정기금 판결의 변경을 청구할 수 있을 것이다.

　　[예제] [제43회(2001년) 사법시험] [제2문의 1] 甲은 A토지의 소유자로서 불법점유자인 乙에 대하여 불법점유시부터 명도완료시까지 임료 상당의 부당이득금반환을 구하는 소를 제기하여 甲의 승소판결이 확정되었다. 그런데 乙의 명도 완료 전에 위 승소판결의 변론종결시에 예상할 수 없는 대폭적인 지가의 앙등 및 공과금의 인상으로 임료폭등이 발생하였다. 이 경우에 甲은 명도의 후부분에 대해 위 승소판결에서 인용된 금액과의 차액 상당을 부당이득

으로 별소 청구할 수 있는가? (30점)

[해설] Ⅰ. 주요논점: 민사소송법의 전면개정에 의하여 정기금판결에 대한 변경의 소(법 제252조)가 도입되기 전에는 학설과 판례가 임료상승분에 대한 별소의 제기를 허용하였음을 살펴보고, 현행법상의 정기금판결에 대한 변경의 소의 요건과 함께 본 사안의 경우를 검토하여야 한다.

Ⅱ. 차임 상승분에 대한 별소의 허용여부

　　1. 문제의 제기: A토지를 인도할 때까지 매월 50,000원을 지급하라는 판결이 확정된 뒤 현저한 사정변경을 이유로 그 차액 상당액을 부당이득반환으로 별소를 제기하는 것이 기판력에 저촉되는 것이 아닌지가 문제된다.

　　2. 구 법 하의 판례의 태도: 본서 본문 참조

　　3. 현행 법 하에서의 별소 청구의 가부: 원칙적으로 법 제252조의 변경의 소를 제기하여야 할 것이지만, 전소에서 명시적으로 일부청구임을 밝힌 경우(즉 변론종결이후의 경제적 사정이 변경될 경우에는 그 증가된 차액을 별소로써 청구할 것임을 명시한 경우)에는 허용하여야 할 것이다.

Ⅲ. 정기금판결에 대한 변경의 소

　　1. 요건

　　2. 사안의 경우: 정기금 산정의 기초가 된 사정이 현저하게 바뀜으로써 당사자 사이에 형평을 침해하는 특별한 사정이 생겼다고 보아야 할 것이므로 甲은 전소 확정판결에 대한 변경의 소를 제기할 수 있다.

Ⅳ. 결론

[예제] [제49회 사법시험(2007년도)] [제1문] 甲은 자신의 소유인 A토지 위에 乙이 무단으로 B건물을 신축한 것이라고 주장하면서, 乙을 상대로 건물철거 및 토지인도를 청구하는 소를 제기하였다.

(2) 위 소송계속 중에 甲은 A토지를 인도할 때까지 매월 임대료 상당의 50,000원의 금액을 지급하라는 청구를 병합하였다. 이에 대하여 甲의 승소판결이 선고되었고, 이 판결은 그대로 확정되었다. 그런데 그 후 갑작스러운 경제사정의 변동으로 인근토지의 월 임대료가 대폭 상승하여 A토지의 임대료도 400,000원 상당에 이르렀다. 이 경우 현격한 임대료 상승에 따라 甲이 취할 수 있는 소송상의 방법을 설명하시오.

[해설] Ⅰ. 주요논점: 정기금판결에 대한 변경의 소의 의의 및 요건과 본건 사안의 경우에 정기금 산정의 기초가 된 사정이 현저하게 바뀜으로써 당사자 사이에 형평을 침해하는 특별한 사정이 생겼다고 보아야 할 것인지에 관하여 검토하여야 한다.

Ⅱ. 정기금판결에 대한 변경의 소

　　1. 의의 및 제도적 연혁

　　2. 요건

　　3. 본 사안의 경우

Ⅲ. 부당이득의 반환을 구하는 별소의 제기 가부

　　1. 문제제기 및 허용여부에 관하여 위 예제 해설 참조

　　2. 본 사안의 경우에는 별소 제기를 불허할 것이다.

[예제] [제41회 사법시험] 원래 甲 소유이던 X 토지에 관하여 위조된 관계서류에 의하여 乙 명의로 소유권이전등기가 경료되었다. 丙은 甲으로부터 위 토지를 매수하고 나서 甲을

대위하여 乙을 상대로 소유권이전등기말소청구의 소를 제기하였으나 패소판결이 선고되고 그 판결이 확정되었다.

　(1) 위와 같이 丙이 소송을 제기하였다가 패소한 사실을 모르고 있던 甲이 다시 乙을 상대로 소유권이전등기말소청구의 소를 제기하였다면 甲이 제기한 소는 적법한가?

　(2) (1)항의 소송이 진행도중 乙은 소송 외에서 甲의 주장을 인정하고 甲으로부터 X 토지를 다시 매수하였다. 그리고 甲이 제기한 소송은 乙의 불출석으로 인하여 의제자백으로 甲의 승소판결이 선고되고 확정되었다. 그 후 乙이 사망하고 乙의 상속인인 丁이 상속등기를 마치자 甲은 위 확정판결에 기하여 丁 명의의 소유권이전등기를 말소하였다. 이에 丁은 甲을 상대로 피상속인인 乙의 위 매매를 원인으로 한 소유권이전등기청구의 소를 제기하였다. 丁이 제기한 위 소는 적법한가?

　[해설] Ⅰ. 주요논점: 기판력의 주관적 범위, 채권자대위소송의 법적 성격과 기판력의 주관적 범위, 기판력의 시적 범위(2문)

　Ⅱ. 제1문

　　1. 채권자대위소송의 법적 성격

　　　가. 법정 소송담당설

　　　나. 채권자 고유의 권리설

　　2. 사안의 경우: 채무자가 채권자 대위소송이 제기된 사실을 모르고 있었던 경우에는 채권자대위소송의 판결의 기판력은 채무자에게 미치지 않으므로 본 사안에서 채무자인 甲이 乙을 상대로 제기한 소는 적법하다.

　Ⅲ. 제2문

　　1. 기판력의 시적 범위

　　2. 기판력의 시적 범위의 적용요건

　　　가. 당사자의 동일

　　　(1) 기판력의 주관적 범위(기판력의 상대적 효력)

　　　(2) 채권자대위소송의 경우(제3자의 소송담당의 경우)

　　　(3) 상속인의 경우(포괄적 승계인에 대한 기판력의 확장)

　　　나. 소송물의 동일

　　　(1) 청구취지의 동일

　　　(2) 청구원인의 동일

　　3. 결론: 본 사안에서 丁이 청구원인에서 주장하는 乙이 甲으로부터 X토지를 매수하였다는 사실은 비록 전소의 변론종결 전에 존재하는 것이지만, 丁이 제기한 소유권이전등기청구의 소와 甲이 제기한 소유권이전등기말소등기청구의 소(전소)는 소송물이 서로 다르므로 기판력의 시적범위(차단효)가 적용되지 않는다. 따라서 丁이 제기한 소는 적법하다.

Ⅴ. 기판력의 객관적 범위

1. 의　　의

법원이 판결로써 한 판단의 어떠한 부분에 대하여 기판력이 발생할 것인가의 문제이다. 이에 관하여 법 제216조 1항은 확정판결은 주문에 포함된 것에 한하여 기판력이 있다고 규정한다.

2. 범 위

가. 판결주문에 기재된 사항을 기준으로 한다. 판결주문은 간단하게 기재되므로 객관적 범위의 확정이 어려울 수 있다. 특히 청구기각의 경우 주문만으로 소송물의 특정이 어려운 경우도 있으므로 판결이유와 대조하여 기판력의 범위를 결정하여야 한다. 기판력은 본안 판결과 소송판결 모두에 발생한다. 소송판결의 경우에는 어떠한 소송요건의 흠에 관한 판단인지를 기준으로 정할 것이다.

나. 동일소송물의 범위

(1) **청구취지가 서로 다른 경우**:　　원칙적으로 다른 소송물이다.

> **[대법원 1995.4.25. 선고 94다17956 전원합의체 판결]** **[사안]** 전소가 1필 토지의 특정부분 (2,434평 중 특정위치의 1,500평)에 대한 소유권이전등기청구소송이고, 전소법원이 원고의 주장과 같이 매매의 목적물이 특정되었다고 볼 증거가 없다는 이유로 기각하고 그 판결이 확정되자 그 후 원고가 그 전체 토지 중 일정부분을 매수하였다고 주장하면서 그 지분에 대한 소유권이전등기청구소송을 제기한 경우. **[다수의견]** 위와 같은 경우에 전소와 후소는 그 각 청구취지를 달리하여 소송물이 동일하다고 볼 수 없으므로 전소의 기판력은 후소에 미칠 수 없다.

(2) 청구원인을 이루는 **실체법상의 권리관계는 서로 다르지만** 청구취지는 전·후소가 서로 동일한 경우, 소송물에 관한 신·구이론에 따라 기판력 인정에 차이가 있다. 판례는 구 실체법설(구 소송물이론)에 따라 청구원인을 이루는 실체법적 권리관계가 다르면 기판력은 미치지 않는다고 한다. 따라서 동일한 토지의 불법점유로 인한 손해배상금으로 1억 원을 청구하면서, 전소에서는 일반 불법행위를 근거로 하는 손해배상청구를 하였다가 패소의 확정판결이 있다고 하더라도 부당이득반환 청구의 후소를 제기하더라도 기판력에 저촉되지 않는다. 그러나 같은 부당이득반환 청구에서 그 법률상의 원인이 없는 사유로서 계약의 취소·무효·해제 등의 사유를 주장하는 것은 공격방어방법의 차이에 지나지 않는 것이므로 그 중 어느 하나를 주장하여 패소판결을 받고 확정된 뒤에 다른 사유를 주장하면서 다시 청구를 하면 기판력에 저촉된다. 전소에서 피담보채무의 변제로 양도담보권이 소멸하였음을 원인으로 한 소유권이전등기의 회복 청구가 기각되었다고 하더라도, 장래 잔존 피담보채무의 변제를 조건으로 소유권이전등기의 회복을 청구하는 것은 전소의 확정판결의 기판력에 저촉되지 아니한다.[1]

(3) **청구취지가 동일하되 청구원인을 구성하는 사실관계가 서로 다른 경우**:　　신 소송물이론 중 이분지설은 구 실체법설과 같이 별개의 소로 보지만 일분지설은 동일한 소송물이라고 한다.

---

1) 대법원 2014.1.23. 선고 2013다64793 판결.

(4) 소유권이전등기청구소송의 소송물: 소유권이전등기청구 사건에 있어서 등기원인을 달리하는 경우에는 그것이 단순히 공격·방어방법의 차이에 불과한 것이 아니고 등기원인별로 별개의 소송물로 인정 된다.[1] 다만 일분지설은 하나의 소송물로 보아서 기판력을 인정하고 있다.

(5) 말소등기청구소송의 경우: 말소등기청구 사건의 소송물은 당해 등기의 말소등기청구권이고 동일성 판단의 기준이 되는 청구원인, 즉 말소등기청구권의 발생원인은 당해 등기의 원인무효라고 할 것이다. 따라서 전소와 후소에서 피고 명의의 등기가 원인무효라고 하면서 말소등기를 구하는 경우에는 소송물이 동일하여 후소에서의 주장은 전소 확정판결의 기판력에 저촉되어 허용될 수 없다. 예컨대, 전소에서 당해 등기의 원인무효의 사유로서 그 매매계약이 통정허위표시나 반사회적 행위로서 무효라고 주장하다가, 후소에서는 당해 매매계약을 해제하였으므로 원인무효라고 주장하더라도 모두 동일한 소송물이므로 기판력에 저촉된다는 것이다.

> **[예제] [제50회 사법시험(2008년도)]** A토지에 관하여 甲으로부터 乙 앞으로 매매를 원인으로 한 소유권이전등기가 마쳐져 있다. 甲은 乙을 상대로 乙이 등기관련 서류를 위조하여 위 등기를 이전하였다고 주장하면서 소유권이전등기 말소등기청구의 소를 제기하였다(다음 각 설문은 위 사실관계를 전제로 한 것이나, 상호 무관한 것임).
>
> 3. 乙에 대한 甲의 말소등기청구는 기각되고, 판결은 확정되었다. 그 후, 甲은 소유권이전등기의 등기원인인 甲과 乙 사이의 매매계약은 가장매매로서 무효라고 주장하면서 다시 乙을 상대로 말소등기청구의 소를 제기하였다. 이 경우 법원은 어떠한 판결을 하여야 하는가? (15점)
>
> **[해설]** I. 주요논점: 기판력의 객관적 범위 일반(특히 전후소에서의 소송물의 동일성에 관한 소송물이론과 판례의 태도)에 관하여 검토한 후에 말소등기청구의 경우에 소송물의 동일성을 살펴본 뒤에 전후소의 소송물이 동일하여 기판력에 저촉되는 경우에 법원은 어떠한 판결을 할 것인지 검토하여야 한다.
>
> II. 기판력의 객관적 범위
>
>   1. 판결주문에 기재된 사항
>   2. 동일 소송물의 범위에 관한 학설: 소송물이론에 다른 차이점(각 학설의 내용을 정확하면서도 간략히 소개)
>   3. 판례의 태도: 판례는 일반적으로 구 소송물이론(구 실체법설)에 따른다는 점을 언급한 뒤, 말소등기청구의 소의 경우에는 어떠한지를 언급한다.
>   4. 결론: 甲이 제기한 후소는 전소판결의 기판력에 저촉된다.
>
> III. 법원의 판결

---

1) 대법원 1996.8.23. 선고 94다49922 판결: 소유권이전등기청구사건에 있어서 등기원인을 달리하는 경우에는 그것이 단순히 공격·방어방법의 차이에 불과한 것이 아니고 등기원인별로 별개의 소송물로 인정된다. 부동산의 처분에 관한 사무를 위임하면서 그 위임사무 처리를 위하여 소유권이전등기를 넘겨주기로 한 약정은 매매와는 서로 다른 법률관계임이 분명하고, 그와 같은 약정을 원인으로 한 소유권이전등기청구권과 매매를 원인으로 하는 소유권이전등기청구권은 별개의 소송물이므로, 비록 매매로 인한 소유권이전등기청구를 인낙하는 인낙조서가 준재심소송에서 취소되고 그 청구를 기각하는 판결이 선고되어 확정되었다고 하여도 그 기판력은 위와 같은 약정으로 인한 소유권이전등기청구권의 존부에 미친다고 볼 수 없다.

1. 기판력의 본질론: 소송법설 중 모순금지설과 반복금지설의 구체적 내용을 언급하고 각자의 결론을 기재. 특히 각 학설의 차이에 따라 판결의 결론도 달라짐을 유의할 것.
2. 사안의 해결: 확정판결의 기판력이 후소에도 적용되므로 기판력의 작용으로서 모순금지설에 따라 갑의 청구를 기각하여야 한다.

(6) 소유권확인청구의 소송물은 소유권 자체의 존부이므로, 전소에서 원고가 소유권을 주장하였다가 패소 판결이 확정되었다고 하더라도, 전소 변론종결 후에 소유권을 새로이 취득하였다면 전소의 기판력이 소유권확인을 구하는 후소에 미칠 수 없는데, 상속재산분할협의가 전소 변론종결 후에 이루어졌다면 비록 상속재산분할의 효력이 상속이 개시된 때로 소급한다 하더라도, 상속재산분할협의에 의한 소유권 취득은 전소 변론종결 후에 발생한 사유에 해당한다. **따라서 전소에서 원고가 단독 상속인이라고 주장하여 소유권확인을 구하였으나 공동상속인에 해당한다는 이유로 상속분에 해당하는 부분에 대해서만 원고의 청구를 인용하고 나머지 청구를 기각하는 판결이 선고되어 확정되었다면, 전소의 기판력은 전소 변론종결 후에 상속재산분할협의에 의해 원고가 소유권을 취득한 나머지 상속분에 관한 소유권확인을 구하는 후소에는 미치지 않는다.**[1]

(7) 전소인 소유권이전등기말소청구소송의 확정판결의 기판력이 후소인 진정명의회복을 원인으로 한 소유권이전등기청구소송에 미치는지 여부.

[대법원 2001.9.20. 선고 99다37894 전원합의체 판결] [사안의 내용] 이 사건 계쟁부동산에 관하여 원 소유명의자인 원고 X로부터 1980.8.20. 피고 Y명의로 1980.7.16.자 증여를 원인으로 한 소유권이전등기가 경료 되었다가 이에 터 잡아 1982.3.29. 피고의 보조참가인 Z명의로, 1984.12.22. 다시 Y명의로 순차 소유권이전등기가 경료되었다. X는 1990년에 이르러 전소로서 Y, Z를 피고로 하여 위 1980.7.16.자 증여의 의사표시가 비상계엄 하에서 계엄사령부 합동수사본부 수사관들에 의해 저질러진 불법감금과 구타 등으로 인한 극심한 강박 상태에서 이루어진 것이어서 무효이므로 Y→Z→Y명의의 순차 이전등기는 모두 원인무효라는 이유로 Y, Z를 상대로 한 위 각 소유권이전등기의 말소를 구하는 소송을 제기하였다가, 1, 2심 모두 패소한 뒤 최종적으로 대법원에서 1993.5.27. 상고기각판결이 선고됨으로써 X패소 판결이 확정되었다. X는 1998.7.23. 후소로서 X의 위 증여의사표시는 무효이거나, 그렇지 않다고 하더라도 강박에 의한 것으로서 X가 1980.11.경 원호청장에게 진정서를, 1981.5.경 대통령에게 탄원서를 각 제출하여 그 의사표시를 취소하였으므로 Y명의의 소유권이전등기는 원인무효가 되었다고 주장하면서, Y를 상대로 진정명의회복을 원인으로 한 소유권이전등기를 구하는 소송을 제기하였다. [원심판결(서울고등법원 1999.6.10. 선고 98나60165 판결)] 원심은 이 사건 후 소가 전소 확정판결의 기판력에 저촉된다는 Y의 항변에 대하여, 부동산에 관한 소유권이전등기가 원인무효라는 이유로 그 등기의 말소를 구하는 소송의 기판력은 그 소송물인 소유권이전등기말소등기 청구에만 미치고 그 전제가 되는 소유권의 존부에까지 미치는 것은 아니므로, 소유권이전등기말소등기청구 소송에서 패소한 당사자도 그 후 다시 소유권확인을 구하거나 진정한 소유자명의의 회복을 위한 소유권이전등기를 구하는 소송을 제기할 수 있다고 할 것이라고 하여 위 항변을 배척하고 X승소 판결을 선고하였다. [대법원 판결요

---

1) 대법원 2011.6.30. 선고 2011다24340 판결.

지] 가. 다수의견: …말소등기에 갈음하여 허용되는 진정명의회복을 원인으로 한 소유권이전등기청구권과 무효등기의 말소청구권은 어느 것이나 진정한 소유자의 등기명의로 회복하기 위한 것으로서 실질적으로 그 목적이 동일하고, 두 청구권 모두 소유권에 기한 방해배제청구권으로서 그 법적 근거와 성질이 동일하므로, 비록 전자는 이전등기, 후자는 말소등기의 형식을 취하고 있다고 하더라도 그 소송물은 실질상 동일한 것으로 보아야 하고, 따라서 소유권이전등기말소청구 소송에서 패소확정판결을 받았다면 그 기판력은 그후 제기된 진정명의 회복을 원인으로 한 소유권이전등기청구 소송에도 미친다고 보아야 할 것이다 라고 하여 원심판결을 파기·환송하는 판결을 선고하였다. 나. 별개의 의견: …전소인 소유권이전등기말소등기청구 소송과 후소인 이 사건 진정명의회복을 위한 소유권이전등기청구 소송이 그 소송목적이나 법적 근거와 성질이 같아서 실질적으로 동일하다고 하더라도, 각기 그 청구취지와 청구원인이 서로 다른 이상, 위 2개의 소의 소송물은 다른 것이고, 따라서 전소의 확정판결의 기판력은 후소인 이 사건 소송에는 미치지 않는다고 보아야 할 것이라고 하여 다수의견과 견해를 달리하면서도 이에 덧붙여 전소에 관하여 확정판결이 이고, 후소가 실질적으로 전소를 반복하는 것에 불과한 것이라면 후 소는 신의칙상 허용되지 않는다고 보아야 할 것이다. 즉, 전소와 후소를 통하여 당사자가 얻으려고 하는 목적이나 사실관계가 동일하고, 전소의 소송과정에서 이미 후소에서와 실질적으로 같은 청구나 주장을 하였거나 그렇게 하는데 아무런 장애가 없었으며, 후소를 허용함으로써 분쟁이 이미 종결되었다는 상대방의 신뢰를 해치고 상대방의 법적 지위를 불안정하게 하는 경우에는 후소는 신의칙에 반하여 허용되지 않는다고 하여 이 사건 후소 청구를 배척하는 점에서는 다수의견과 결론을 같이하고 있다. 다. 소수의견: 실무상 확립된 구소송물이론과, 이 사건에서 말소등기청구권과 이전등기청구권에 관하여 청구권발생의 실체법적 근거가 같다고 하지만, 등기절차상으로 말소등기와 이전등기라고 하는 엄연한 차이가 있으므로, 실체법과 함께 등기절차법의 측면에서 이들 청구권의 법적 근거가 반드시 동일하다고만 볼 수도 없는 실제적인 측면을 종합적으로 고려하여 진정명의의 회복을 원인으로 하는 소유권이전등기 청구권을 인정하기로 한 마당에, 굳이 소송물과 기판력에 관한 종래의 대법원입장과 상충되는 위험을 안고서, 비록 한정적이기는 하나 이 청구권을 부인하는 것과 같은 결과에 이르게 되는 다수의견에는 찬성할 수 없고, 소유권이전등기의 말소청구와 함께 진정명의의 회복을 원인으로 하는 소유권이전등기 청구를 중첩적으로 허용함이 타당하다.

[예제] [변리사시험 제39회(2002년)] [제1문] 甲의 X건물이 乙의 협박으로 乙소유로 이전등기가 되고, 다시 丙, 丁으로 소유권이 이전되어 현재는 丁의 명의로 등기가 되어 있다. 이에 甲은 이 같은 소유권이전등기는 乙의 협박에 의한 것이므로 原因無效라고 주장하여 乙, 丙, 丁을 공동피고로 하여 所有權移轉登記의 抹消를 구하는 訴를 제기하였다. 그러나 이 소송에서 甲의 주장은 받아들여지지 않고 甲의 패소가 확정되었다. 이 경우 甲은 다시 최후의 등기명의자인 丁을 상대로 眞正名義 回復을 이유로 所有權移轉登記를 구하는 소를 제기할 수 있는가? (50점)

[해설] Ⅰ. 주요논점: 진정명의회복을 위한 소유권이전등기의 허용여부와 그 요건, 명의회복 등기청구의 소와 소유권이전등기 명의인들을 상대로 한 말소등기청구의 소송물의 동일여부 및 기판력의 객관적 범위.

Ⅱ. 진정명의회복을 위한 소유권이전등기 청구의 허용여부

1. 판례: [대법원 1990.11.27. 선고 89다카12398 전원합의체 판결]

2. 진정명의회복을 위한 소유권이전등기 청구의 요건: ① 이미 자기 앞으로 등기부상 소유권을 표상하는 등기가 되어 있었을 것(민법 제187조 규정에 의한 소유권자도 포함), ② 현재의 소유권 등기명의인을 피고로 할 것.

3. 사안의 경우

Ⅲ. 전소(소유권이전등기 말소 청구의 소)의 기판력이 후소(소유권이전등기 청구의 소)에 미치는지 여부

1. 기판력의 객관적 범위

(1) 전·후소의 소송물이 동일할 것

(2) 사안의 경우(소유권이전등기말소등기 청구의 소와 등기말소에 갈음하는 소유권이전등기 청구의 소의 소송물의 동일여부)

① 문제제기: 양 청구는 청구취지가 서로 달라 외관상 소송물의 동일성이 부정될 여지가 있다.

② 판례

2. 주관적 범위

(1) 의의

(2) 사안의 경우

3. 시적 범위

(1) 의의

(2) 사안의 경우

Ⅳ. 전소의 확정판결의 기판력에 반하는 후소가 제기된 경우 후소 법원의 조치

1. 학설과 판례

2. 사안의 해결

Ⅴ. 결론

※ 본 문제는 배점이 50점이므로 기판력 전반에 관하여 검토한 것임.

(8) 일부청구의 경우

(가) 수량적으로 분할가능한 1개의 청구 중 일부만 청구하고 이에 관하여 판결이 선고된 경우에 나머지 부분에 대한 청구에 대해서도 기판력이 미치는가의 문제이다.

(나) 학 설

① 일부청구 긍정설:　　기판력은 항상 원고가 청구한 부분에 대한 판단에 대해서만 생긴다는 것을 전제로, 후소로 채권의 나머지 부분을 청구하는 것은 기판력에 저촉되지 않아서 언제나 긍정된다는 견해(독일의 다수설)로서 처분권주의를 강조하는 견해이다.

② 일부청구 부정설:　　채권의 일부와 나머지 부분 사이에 이들을 나눌 수 있는 기준이 있는 경우를 제외하고, 하나의 채권을 단순히 수량적으로 분할해서 청구하는 경우에는 비록 일부청구라고 하더라도 그에 대한 판결의 기판력은 나머지 부분에도 미친다고 보는 견해이다. 따라서 채권자가 후소로서 나머지 부분을 청구하는 것은 기판력에 저촉된다고 본다. 그 근거로는 분쟁해결의 1회성, 공권력의 행사를 원고의 자의적인 선택에 맡겨둘 수 없다는 것을 든다.

③ 절충설(명시설: 통설·판례):　　일부청구를 하는 당사자가 그 청구가 일부청구임을 밝히고 있는 경우에는 그 일부만이 소송물이 되고 그에 관한 확정판결의 기판력은 잔부청구

에는 미치지 않지만, 일부청구임을 명시하지 않았으면 그 청구는 채권전부가 소송물이 되고, 나머지 부분을 청구하는 후소는 전소판결의 기판력에 저촉된다고 한다.

　　[예제] [제44회(2002년) 사법시험] [제2문의 1] 甲은 乙을 상대로 대여금 채권 1억원 중 4천만원만을 청구하는 소를 제기하였다. 그런데 甲이 그 청구가 일부청구임을 명시하지 않은 채 변론이 종결되었고, 이어서 甲의 청구 전부를 인용하는 판결이 선고되었다.
　　(1) 제1심 판결이 확정된 후, 甲은 나머지 부분인 6천만 원을 청구하는 소를 제기하였다. 이 소는 적법한가?
　　(2) 甲은 청구확장을 위하여 항소하였다. 이 항소는 항소의 이익이 있는가?
　　[해설] 제1문은 일부청구임을 밝히지 않고 채권 일부에 대한 소를 제기하여 승소판결을 받고 그 판결이 확정된 뒤에 잔부를 청구하는 소를 제기하는 경우에 전소 판결의 기판력이 미치는가의 문제이다. 명시설을 취하는 판례에 의하면 이 경우에 후소는 전소 판결의 기판력이 미치는 것이므로 부적법한 소가 된다. 이 때 법원은 소의 이익이 없는 것으로 소각하판결을 하여야 할 것이다 (갑은 동일한 소송물에 대하여 이미 확정판결을 받았으므로, 즉 일부청구임을 명시하지 않은 경우는 전부청구로 보게되어 소송물이 같다). 제2문의 경우에 판례는 이러한 일부청구임을 명시하지 않은 경우에 잔부청구의 확장을 위한 항소는 항소의 이익이 있다 하였다.

　　(9) 변론종결시를 기준으로 하여 이행기가 장래에 도래하는 청구권이더라도 미리 청구할 필요가 있는 경우에는 장래이행의 소를 제기할 수 있으므로, 이행판결의 주문에서 변론종결 이후 기간까지 급부의무의 이행을 명한 이상 확정판결의 기판력은 주문에 포함된 기간까지의 청구권의 존부에 대하여 미치게 된다. 이때 장래 이행기 도래분까지의 정기금의 지급을 명하는 판결이 확정된 뒤 그 소송의 사실심 변론종결 후에 액수 산정의 기초가 된 사정이 뚜렷하게 바뀜으로써 당사자 사이의 형평을 크게 해할 특별한 사정이 생긴 때에는 전소에서 명시적인 일부청구가 있었던 것과 동일하게 평가하여 전소판결의 기판력이 차액 부분에는 미치지 않는다.[1]

다. 예　외
(1) 상계의 항변(법 제216조 2항)
　　(가) 의의:　기판력은 원고의 청구(소송물)에 대한 판단인 판결주문에 기재된 사항에 한하여 발생하고, 당사자가 소송자료로서 제출한 공격방어방법에 대한 판단인 판결이유에 기재된 사항에 대하여서는 발생하지 않는다. 따라서 乙이 甲의 소유권이전등기절차이행 청구에 대하여 매매대금 1억 원 지급과의 동시이행항변을 하고 그 결과 법원에서 상환판결을 받았다고 하더라도(乙의 항변이 배척된 경우도 마찬가지이다), 乙이 원고로서 甲을 상대로 위 매매대금의 지급을 구하는 후소를 제기할 수 있다. 그러나 피고가 원고의 소구(訴求)채권을 수동채권으로 하여 반대채권(자동채권)으로 상계권을 행사한 경우에 그 반대채권의 존부에 관한 판결이유 중의 판단에 대하여도 기판력이 생긴다. 법상 판결이유 중의 판단에 대하여 기판력을 인정하는 유일한 예이다(그 제도적 의의에 관하여는 아래 2004다17207 판결을 참

---

1) 대법원 2011.10.13. 선고 2009다102452 판결.

조할 것).

(나) 상계항변으로 제출한 자동채권의 성립이 인정된 경우는 물론 배척된 경우에도 기판력이 생긴다.

(다) 상계항변에 의하여 소멸(상계)된 채권의 범위 내에서만 기판력이 생긴다.

(라) 자동채권의 존·부에 대한 실질적 판단이 이루어지지 아니한 아래의 경우에는 기판력이 생기지 않는다.

① 상계항변의 각하(법 제149조).

② 성질상 상계가 허용되지 않는 경우(민법 제496조, 제492조 1항) .

③ 상계 부적상을 이유로 배척된 때.

[피고가 상계항변으로 대항한 자동채권에 대하여 기판력이 발생하지 않는 경우] [대법원 2005.7.22. 선고 2004다17207 판결] 원심판결 이유와 원심이 인용한 제1심판결 이유에 의하면, 원심은 그 채택 증거를 종합하여, 원고는 1994. 7. 15. 피고와 사이에 피고 소유의 이 사건 건물 및 토지를 대금 6억 6,100만 원에 매수하는 이 사건 매매계약을 체결하면서, 계약금 7,100만 원은 계약 당일 지급하고, 중도금 및 잔금은 1994. 11. 21.부터 1999. 5. 21.까지 매 6개월마다 5,900만 원씩 10회에 걸쳐 분할하여 지급하되, 원고가 30일 이상 매매대금의 지급을 지체한 때에는 피고가 계약을 해제할 수 있기로 한 사실, 또한 이 사건 매매계약 체결 이후 원고가 매매대금을 전액 지급하기 전에 이 사건 건물 등을 점유·사용하고자 할 때에는 피고의 승인을 받기로 하고(제8조 제2항), 만약 원고의 귀책사유로 매매계약이 해제되는 때에는 원고는 피고에게 지체 없이 위 건물 등을 명도하고 점유·사용기간에 대하여 총 매매대금에 피고의 일반자금대출 이율로서 연 11.5%로 계산한 점유사용료를 피고에게 지급하기로 하고, 점유·사용기간은 피고가 원고에게 점유·사용을 승인한 날부터 기산하는(제10조) 한편, 위 계약보증금 및 지연손해금은 피고에게 귀속되고, 원고는 피고가 원고로부터 이미 수령한 중도금을 위 점유사용료로 공제하여도 이의하지 않기로(제13조 제3항) 약정한 사실, 원고는 1994. 8. 23.경부터 피고의 사용승인을 받아 이 사건 건물 등을 점유·사용하면서 피고에게 계약금 7,100만 원 및 4차분까지의 중도금 2억 3,600만 원(5,900만 원 × 4), 5차분 중도금의 일부인 2,000만 원과 위 각 중도금의 연체에 따른 지연손해금 9,492,836원을 지급하였으나, 1996. 11. 21. 5차분 중도금의 일부인 3,900만 원 및 그 이후의 중도금을 지급하지 아니하였고, 이에 피고는 1997. 8. 25.경부터 1999. 2. 24.경까지 5회에 걸쳐 연체대금의 지급을 독촉하는 내용의 통지서를 원고에게 발송한 다음 최종적으로 1999. 10. 14.경 원고에게 이 사건 매매계약의 해제를 통지한 사실, 그 후 피고는 원고를 상대로 서울지방법원 서부지원 2000가합577호로 토지인도 등 청구의 소를 제기하여 위 매매계약의 해제를 원인으로 이 사건 건물 및 토지의 명도 등을 청구하여 2000. 9. 8. 승소 판결을 받고, 그 항소심인 서울고등법원 2000나49031호 사건에서 원고의 항소가 기각되어 위 판결이 확정된 사실, 한편 **원고는 위 항소심 재판에서 이 사건 매매계약의 해제에 따른 원상회복으로서 원고가 피고에게 이미 지급한 계약금 및 중도금 합계 3억 2,700만 원을 반환받을 때까지 피고의 위 명도청구에 응할 수 없다는 취지로 동시이행의 항변을 하였으나,** 그 중 계약금 7,100만 원은 이 사건 매매계약이 원고의 귀책사유로 해제됨으로써 피고에게 귀속되었고, 중도금 합계 2억 5,600만 원은, **원고가 이 사건 건물 및 토지를 점유·사용한 기간에 대한 점유사용료 391,112,794원으로 공제되어 위 계약금 및 중도금 반환채무가 존재하지 아니한다는 피고의 재항변**이 받아들

여겨 결국 원고의 위 항변이 배척된 사실을 인정하였다. 원심은 위와 같은 인정 사실을 기초로, 전소인 위 항소심 재판에서 피고가 원고에 대한 위 점유사용료 채권을 자동채권으로 하여 원고가 피고에 대하여 원상회복을 구하는 위 중도금 반환채권과 대등액으로 상계하여 위 중도금 반환채권이 소멸하였다고 판단한 부분에 기판력이 발생하였으므로 위 중도금 중 일부의 반환을 구하는 원고의 이 사건 청구는 결국 전소의 확정판결의 기판력에 저촉된다고 판단하는 한편, 나아가 판시와 같은 이유를 들어 이 사건 매매계약의 각 조항 특히 제10조의 점유사용료 약정이 약관의규제에관한법률 제2조 제1항이 정의하고 있는 약관에 해당한다고 보기 어렵고, 또한 그 내용이 선량한 풍속 기타 사회질서에 반한다거나 신의성실의 원칙에 반하여 공정을 잃은 것이라고 볼 수도 없다는 이유 등으로 위 점유사용료 약정이 무효임을 전제로 한 원고의 주장을 모두 배척하였다. 2. **대법원의 판단**: 먼저 원심의 위와 같은 판단 중, 원고의 이 사건 청구가 전소의 확정판결의 기판력에 저촉된다는 판단은 다음과 같은 이유로 수긍하기 어렵다. 민사소송법 제216조는, 제1항에서 확정판결은 주문에 포함된 것에 한하여 기판력을 가진다고 규정함으로써 판결 이유 중의 판단 예컨대 사실인정, 법규의 해석·적용, 항변, 선결적 법률관계 등에 대한 판단에는 원칙적으로 기판력이 미치지 않는다고 하는 한편 그 유일한 예외로서 제2항에서 상계를 주장한 청구가 성립되는지 아닌지의 판단은 상계하고자 대항한 액수에 한하여 기판력을 가진다고 규정하고 있다. **위와 같이 판결 이유 중의 판단임에도 불구하고 상계 주장에 관한 법원의 판단에 기판력을 인정한 취지는, 만일 이에 대하여 기판력을 인정하지 않는다면, 원고의 청구권의 존부에 대한 분쟁이 나중에 다른 소송으로 제기되는 반대채권의 존부에 대한 분쟁으로 변형됨으로써 상계 주장의 상대방은 상계를 주장한 자가 그 반대채권을 이중으로 행사하는 것에 의하여 불이익을 입을 수 있게 될 뿐만 아니라 상계 주장에 대한 판단을 전제로 이루어진 원고의 청구권의 존부에 대한 전소의 판결이 결과적으로 무의미하게 될 우려가 있게 되므로, 이를 막기 위함이라고 보인다. 따라서 상계 주장에 관한 판단에 기판력이 인정되는 경우는, 상계 주장의 대상이 된 수동채권이 소송물로서 심판되는 소구채권이거나 그와 실질적으로 동일하다고 보이는 경우(가령 원고가 상계를 주장하면서 청구이의 소송을 제기하는 경우 등)로서 상계를 주장한 반대채권과 그 수동채권을 기판력의 관점에서 동일하게 취급하여야 할 필요성이 인정되는 경우를 말한다고 봄이 상당하므로 만일 상계 주장의 대상이 된 수동채권이 동시이행항변에 행사된 채권일 경우에는 그러한 상계 주장에 대한 판단에는 기판력이 발생하지 않는다고 보아야 할 것이다.** 위와 같이 해석하지 않을 경우 동시이행항변이 상대방의 상계의 재항변에 의하여 배척된 경우에 그 동시이행항변에 행사된 채권을 나중에 소송상 행사할 수 없게 되어 민사소송법 제216조가 예정하고 있는 것과 달리 동시이행항변에 행사된 채권의 존부나 범위에 관한 판결 이유 중의 판단에 기판력이 미치는 결과에 이르기 때문이다. 그렇다면 원심이 이와 달리, 전소의 확정판결 중 원고가 동시이행항변으로 행사한 위 중도금 반환채권이 피고의 점유사용료 채권과 대등액에서 상계되어 소멸되었다고 판단한 부분에 기판력이 발생하였다고 판단한 것은 기판력의 객관적 범위에 관한 법리를 오해한 것이라고 하지 않을 수 없다.

[대법원 2013.3.28. 선고 2011다3329 판결] 1. 소송상 방어방법으로서의 상계항변은 그 수동채권의 존재가 확정되는 것을 전제로 하여 행하여지는 일종의 예비적 항변으로서 당사자가 소송상 상계항변으로 달성하려는 목적, 상호양해에 의한 자주적 분쟁해결수단인 조정의 성격 등에 비추어 볼 때 당해 소송절차 진행 중 당사자 사이에 조정이 성립됨으로써 수동채권의 존재에 관한 법원의 실질적인 판단이 이루어지지 아니한 경우에는 그 소송절차에서 행하여진 소송상 상계항변의 사법상 효과도 발생하지 않는다고 봄이 상당하다. 한편 조정조

서에 인정되는 확정판결과 동일한 효력은 소송물인 권리관계의 존부에 관한 판단에만 미친다고 할 것이므로, 소송절차 진행 중에 사건이 조정에 회부되어 조정이 성립한 경우 소송물 이외의 권리관계에도 조정의 효력이 미치려면 특별한 사정이 없는 한 그 권리관계가 조정조항에 특정되거나 조정조서 중 청구의 표시 다음에 부가적으로 기재됨으로써 조정조서의 기재내용에 의하여 소송물인 권리관계가 되었다고 인정할 수 있어야 한다. 2. 원심은 그 채택 증거들에 의하여 피고가 원고와 사이에 이 사건 공사와 관련하여 피고가 입은 손해 중 1/2 상당을 원고가 부담하기로 하는 손해부담약정이 있었다고 주장하면서 원고를 상대로 709,050,000원의 손해배상금을 구하는 관련소송을 제기한 사실, 그러자 원고는 손해부담약정의 효력 및 손해의 범위를 다투는 한편, 예비적으로 원고가 이 사건 소로 구하는 152,091,039원의 대금 채권(이하 '이 사건 미지급대금 채권'이라 한다)을 자동채권으로 하여 피고의 청구채권과 대등액에서 상계한다고 주장한 사실, 그 후 위 관련소송에서 2009. 6. 16. 원고와 피고 사이에 '원고가 피고에게 2009. 8. 31.까지 330,000,000원을 지급하되, 지급을 지체할 경우 연 15%의 비율에 의한 지연손해금을 가산하여 지급하며, 피고는 나머지 청구를 포기한다'는 내용의 조정이 성립된 사실을 인정한 다음, 원고가 관련소송에서 상계항변을 할 당시 그 수동채권인 피고의 원고에 대한 손해배상채권액이 적어도 이 사건 미지급대금 채권액보다는 많았다고 할 것이고, 상계의 의사표시가 있는 경우에는 그 상계적상 시에 소급하여 쌍방의 채권액이 대등액에서 소멸하므로 이 사건 미지급대금 채권은 원고의 위 관련소송에서의 상계항변으로 인하여 피고의 원고에 대한 위 손해배상채권 중 그 대등액에서 함께 소멸하였고, 원고와 피고가 위 상계항변까지 고려하여 조정조항을 도출하였다고 판단하였다. 3. 그러나 원심의 이러한 판단은 다음과 같은 이유에서 수긍할 수 없다. 원심이 확정한 사실관계를 앞서 본 법리에 비추어 살펴보면, **원고가 관련소송에서 피고의 원고에 대한 손해배상청구가 인용될 것에 대비하여 이 사건 미지급대금 채권을 자동채권으로 하는 예비적 상계항변을 하였다고는 하나 그 소송절차 진행 중에 원고와 피고 사이에 조정이 성립됨으로써 수동채권인 피고의 청구채권에 대한 법원의 실질적인 판단이 이루어지지 아니한 이상 원고의 위 상계항변은 그 사법상 효과도 발생하지 않는다고 보아야 한다. 또한 이 사건 미지급대금 채권은 관련소송의 소송물이 아니었을 뿐만 아니라 그 조정조서의 조정조항에 특정되거나 청구의 표시 다음에 부가적으로 기재되지 아니하였으므로 특별한 사정이 없는 한 위 조정조서의 효력이 이 사건 미지급대금 채권에 미친다고 보기 어렵다.** 그럼에도 원심은 상계의 의사표시가 소송 외에서 이루어진 경우나 소송 중에 이루어진 경우나 구별 없이 쌍방의 채권이 상계적상에 있는 한 그 의사표시가 상대방에게 도달함으로써 바로 효력이 생긴다는 전제 아래 이 사건 미지급대금 채권이 상계로 소멸하였고, 원고와 피고 사이에 상계항변까지 고려한 조정이 이루어졌다고 잘못 판단하고 말았으니, 이러한 원심판결에는 소송절차 진행 중 조정이 성립된 경우 당해 소송절차에서 제출된 상계항변의 사법상 효과 및 소송물 이외의 권리관계에 관한 조정의 효력에 관한 법리를 오해함으로써 판결 결과에 영향을 미친 위법이 있다. 이 점을 지적하는 취지의 상고이유 주장은 이유 있다. [**본 판결의 취지**] 상계항변 한 자동채권에 대하여 법 제216조 2항에 의한 기판력이 발생하려면 법원이 판결이유에서 그 채권의 존부에 대하여 판단을 하고 있어야 한다는 것이다. 따라서 소송계속 중 피고가 상계항변을 하자 원고가 소구하는 채권의 일부가 상계로 인하여 소멸하였음을 전제로 하여 재판상화해나 조정이 성립하였더라도, 상계항변에 제공된 자동채권은 소멸하지 않았을 뿐만 아니라 기판력도 발생하지 않게 되어 피고는 이에 관하여 새로운 소를 제기하는 것도 가능하다는 것이다. 원고가 이러한 피고의 청구를 방지하려면 반드시 화해나 조정조항에 피고가 상계항변에 제공한 자동채권도 소멸하였음을 확인하거나, 이를 기초로 새로운 소를 제기할 수 없다는 내용을 넣어야 할 것이다.

[대법원 2013.2.28. 선고 2012다94155 판결] 상계의 의사표시가 있는 경우, 채무는 상계적상 시에 소급하여 대등액에서 소멸한 것으로 보게 되므로, 상계에 의한 양 채권의 차액 계산 또는 상계충당은 상계적상의 시점을 기준으로 하게 된다. 따라서 그 시점 이전에 수동채권의 변제기가 이미 도래하여 지체가 발생한 경우에는 상계적상 시점까지의 수동채권의 약정이자 및 지연손해금을 계산한 다음 자동채권으로 그 약정이자 및 지연손해금을 먼저 소각하고 잔액을 가지고 원본을 소각하여야 한다(대법원 2005.7.8. 선고 2005다8125 판결 등 참조). 한편 상계의 경우에도 민법 제499조에 의하여 민법 제476조, 제477조에 규정된 변제충당의 법리가 준용된다. 따라서 여러 개의 자동채권이 있고 수동채권의 원리금이 자동채권의 원리금 합계에 미치지 못하는 경우에는 우선 자동채권의 채권자가 상계의 대상이 되는 자동채권을 지정할 수 있고, 다음으로 자동채권의 채무자가 이를 지정할 수 있으며, 양 당사자가 모두 지정하지 아니한 때에는 법정변제충당의 방법으로 상계충당이 이루어지게 된다. 그런데 상계를 주장하면 그것이 받아들여지든 아니든 상계하자고 대항한 액수에 대하여 기판력이 생긴다(민사소송법 제216조 제2항). 따라서 여러 개의 자동채권이 있는 경우에 법원으로서는 그중 어느 자동채권에 대하여 어느 범위에서 상계의 기판력이 미치는지 판결 이유 자체로 당사자가 분명하게 알 수 있을 정도까지는 밝혀 주어야 한다. 그러므로 상계항변이 이유 있는 경우에는, 상계에 의하여 소멸되는 채권의 금액을 일일이 계산할 것까지는 없다고 하더라도, 최소한 상계충당이 지정충당에 의하게 되는지 법정충당에 의하게 되는지 여부를 밝히고, 지정충당이 되는 경우라면 어느 자동채권이 우선 충당되는지를 특정하여야 할 것이며, 자동채권으로 이자나 지연손해금채권이 함께 주장되는 경우에는 그 기산일이나 이율 등도 구체적으로 특정해 주어야 할 것이다(대법원 2011.8.25. 선고 2011다24814 판결 참조).

[대법원 2013.2.28. 선고 2011다21556 판결] 소송에서의 상계항변은 일반적으로 소송상의 공격방어방법으로 피고의 금전지급의무가 인정되는 경우 자동채권으로 상계를 한다는 예비적 항변의 성격을 갖는다. **따라서 상계항변이 먼저 이루어지고 그 후 대여금채권의 소멸을 주장하는 소멸시효항변이 있었던 경우에, 상계항변 당시 채무자인 피고에게 수동채권인 대여금채권의 시효이익을 포기하려는 효과의사가 있었다고 단정할 수 없다.** 그리고 항소심 재판이 속심적 구조인 점을 고려하면 제1심에서 공격방어방법으로 상계항변이 먼저 이루어지고 그 후 항소심에서 소멸시효항변이 이루어진 경우를 달리 볼 것은 아니다.

[대법원 2014.6.12. 선고 2013다95964 판결] 소송상 방어방법으로서의 상계항변은 통상 수동채권의 존재가 확정되는 것을 전제로 하여 행하여지는 일종의 예비적 항변으로서 소송상 상계의 의사표시에 의해 확정적으로 효과가 발생하는 것이 아니라 당해 소송에서 수동채권의 존재 등 상계에 관한 법원의 실질적 판단이 이루어지는 경우에 비로소 실체법상 상계의 효과가 발생한다. 이러한 피고의 소송상 상계항변에 대하여 원고가 다시 피고의 자동채권을 소멸시키기 위하여 소송상 상계의 재항변을 하는 경우, 법원이 원고의 소송상 상계의 재항변과 무관한 사유로 피고의 소송상 상계항변을 배척하는 경우에는 소송상 상계의 재항변을 판단할 필요가 없고, 피고의 소송상 상계항변이 이유 있다고 판단하는 경우에는 원고의 청구채권인 수동채권과 피고의 자동채권이 상계적상 당시에 대등액에서 소멸한 것으로 보게 될 것이므로 원고가 소송상 상계의 재항변으로써 상계할 대상인 피고의 자동채권이 그 범위에서 존재하지 아니하는 것이 되어 이때에도 역시 원고의 소송상 상계의 재항변에 관하여 판단할 필요가 없게 된다. 또한, 원고가 소송물인 청구채권 외에 피고에 대하여 다른 채권을

가지고 있다면 소의 추가적 변경에 의하여 그 채권을 당해 소송에서 청구하거나 별소를 제기할 수 있다. 그렇다면 원고의 소송상 상계의 재항변은 일반적으로 이를 허용할 이익이 없다. 따라서 피고의 소송상 상계항변에 대하여 원고가 소송상 상계의 재항변을 하는 것은 다른 특별한 사정이 없는 한 허용되지 않는다고 보는 것이 타당하다.

(2) 모순관계에 있는 경우

예컨대, X가 Y로부터 A토지를 매수하였음을 이유로 소유권이전등기청구소송을 제기하여 승소판결을 받고 그 판결에 따라 X앞으로 소유권이전등기가 넘어간 뒤, Y가 X를 상대로 X에게 위 A토지를 매도한 사실이 없으므로 그 소유권이전등기는 원인무효라고 주장하면서 소유권이전등기말소등기청구 소송을 제기하였다고 하자. 이때 외관상 위 각 소의 소송물이 다르다고 볼 수도 있다. 그러나, 위와 같이 전소와 후소의 소송물이 정면으로 상호 모순된 반대관계인 경우에는 후소는 전소판결의 기판력에 저촉된다고 보아야 한다.

(3) 기판력 있는 판결이 후소의 선결문제가 되는 경우

판례는 확정된 전소의 기판력 있는 법률관계가 후소의 소송물 자체가 되지 아니하고 선결문제가 되는 때에는 전소의 확정판결의 판단은 후소의 선결문제로서 기판력이 있다고 본다. 예컨대, 소유권확인청구에 대한 판결이 확정된 후 다시 동일 피고를 상대로 소유권 상의 물권적 청구권을 원인으로 한 소송을 제기한 경우에 전소 법원의 소유권의 존부에 관한 판단은 후소 법원을 구속한다.[1]

라. 판결이유 중의 판단에 대한 기판력 확장문제(소위 쟁점효이론)

(1) 문제의 제기

(가) 법 제216조 1항의 규정 취지

① 당사자의 변론의 범위를 확정시킴으로서 소송관계를 명료하게 하고 분쟁상태를 불필요하게 확대하는 것을 방지한다.

② 판결이유에 까지 기판력을 확대시키면 당사자에게 예기치 못한 불이익을 입히게 되고, 그만큼 오판 시정의 기회가 적어진다.

(나) 부작용: 판결이유 중의 사실인정이나 법률판단에 기판력이 생기지 아니하므로 다른 소송에서 같은 사실이나 같은 법률문제가 쟁점이 되었을 때 전소와 다른 인정이나 판단이 가능하게 된다. 이것은 법원의 권위에 중대한 손상이 초래될 수도 있으며 분쟁의 1회적 해결을 기대할 수 없게 되어 동일 분쟁에 대하여 끝없는 소송의 악순환을 불러 올 수도 있다.

(다) 구체적 사안을 통한 검토: ① A부동산(건물)의 매수인인 甲이 매도인 乙을 상대로 한 A부동산인도청구소송을 제기하고, 그 소송에서 乙은 위 매매계약이 사기에 의한 것이므로 취소한다고 주장(항변)하였으나 그 항변이 배척되고 甲 승소판결이 내려진 뒤 乙의 항소 및 상고기각 판결이 선고되어 확정되었다. ② 다른 한편으로 乙이 甲을 피고로 하여 위 매매계약은 사기에 의한 것이므로 취소하고 甲 앞으로 넘어간 소유권이전등기말소청구소송을 제기하였는데, 그 항소심에서 乙의 주장이 받아들여져 甲에게 위 소유권이전등기말소등기절차

---

1) 대법원 2000.6.9. 선고 98다18155 판결.

이행을 명하는 판결이 선고되었다.[1] ③ 이에 대해 甲이 상고하면서 전소의 확정판결에 의해 乙의 위 사기행위에 의한 취소주장은 배척되었음을 내세워 위 부동산소유권은 甲 소유로 확정되었다고 주장하였다. 위와 같은 사안에 있어서 만약에 전소 법원의 판결이유 중의 판단에 대하여 기판력 또는 이에 유사한 효력(쟁점효)을 인정한다면 위와 같은 甲의 주장은 받아들여질 수 있을 것이고 전·후소 법원 판결의 통일을 가져올 수 있겠지만, 위와 같은 효력을 부인한다면 위와 같이 각각 다른 결론이 내려진 항소심 판결은 그대로 유지될 수도 있을 것이다[2]

[**대법원 1983.9.27. 선고 82다카770 판결**] [**사안의 요약**] Y(전소의 원고)는 Z로부터 A토지를 매수하였다고 주장하면서 Z를 상대로 A토지에 관하여 매매를 원인으로 하여 소유권이전등기청구의 소(전소)를 제기하면서 Z의 주소를 허위로 적어 자백간주에 의한 승소판결을 받고 위 판결에 기하여 A토지에 관하여 Y명의의 소유권이전등기를 마쳤다. Z가 사망한 후 B가 위 소송을 수계하면서 추완항소를 하자, 항소심법원은 제1심 판결을 취소하고 Y의 청구를 기각한다는 판결을 선고하고 그 판결은 확정되었다. 그 후 B가 사망하고 X가 상속인으로서 (전소의 피고 Z의 지위는 B를 거쳐 X에게로 상속된 것임) A부동산에 관한 Y명의의 소유권이전등기의 말소청구 소송(후소)을 제기하였다. 후소에서 항소심 법원은 Y는 Z로부터 A토지를 실제로 매수하였다고 인정하고, A토지에 관한 Y명의의 소유권이전등기는 실체관계에 부합하는 유효한 등기라고 하여 X의 청구를 기각하였고, 대법원은 아래와 같은 이유로 X의 상고를 기각하였다. [**대법원 판결요지**] **매매를 청구원인으로 한 소유권이전등기청구사건에서 판결의 기판력이 미치는 객관적 범위는 그 판결의 주문에 포함된 등기청구권의 존부에만 한하는 것이고 판결이유에서 설시된 등기청구권의 원인이 되는 채권계약의 존부에까지 미치는 것이 아니므로,** 허위주소를 기재한 의제자백판결에 기하여 매매를 원인으로 한 소유권이전등기를 한후 피고들의 추완항소로 위 판결이 취소되고 원고의 청구기각판결이 확정되자, 이를 이유로 제기한 위 의제자백판결에 기한 소유권이전등기의 말소청구소송에서 반대로 상대방의 매수사실을 인정하여 위 등기가 실체관계에 부합하는 등기라고 판단하였더라도 위 확정판결의 기판력에 저촉되지 않는다.

(2) 학 설

(가) 판결이유 중의 판단에 대해 어떤 형태로든 구속력을 인정하려는 견해로서는 일본의 쟁점효이론이 있다. 즉 영미법상의 collateral estoppel의 법리 등에 영향을 받아 판결이유 중의 판단이라도 그것이 소송상 중요한 쟁점으로 되어 당사자가 다투고 법원도 이에 대해 실질적으로 심리하였으면 그 쟁점에 대하여 내린 판단에 대해 기판력과 비슷한 쟁점효라는 구속력을 인정해야 한다는 것이다. 이러한 쟁점효 인정(적용)을 위한 요건을 보면, ① 전·후 소의 각 청구의 당부에 관한 판단과정에 있어서 주요한 쟁점이 되어야 한다. 여기서 "주요하다"는 것은 그 쟁점의 판단에 의하여 결론이 좌우되는 것을 말한다. ② 당사자가 전소에서 그 쟁점에 대하여 주장·입증을 충분히 하였어야 한다. ③ 법원이 그 쟁점에 대하여 실질적인 판단

---

[1] 위 부동산 명도청구소송 및 소유권이전등기말소청구소송은 거의 비슷한 시기에 제기되어 제1심은 동일한 재판부에 의하여 동일한 일자에 판결이 선고되면서 Y의 항변이 모두 기각되었으나, 그 뒤 항소심 재판부가 각각 다르게 배정되어 위와 같이 Y의 항변에 대한 판단이 서로 달라지게 된 것이다.
[2] 일본 최고재판소는 후자의 견해를 취하여 위 갑의 상고를 기각하였다.

을 하여야 한다. ④ 전소와 후소의 계쟁이익(그 소에 의하여 달성하고자 하는 경제적 이익)이 거의 대등하거나 전소의 계쟁이익이 더 커야 한다. ⑤ 후소에서 당사자가 원용하여야 한다. 미국에서는 판결이유에서 판단한 주요쟁점(main issue)에 대하여 구속력을 인정한다. 미국 판례법상 확립된 collateral estoppel(issue preclusion)의 법리에 의하면 ⓐ 특정의 쟁점사실이 전·후 양소에 있어서 모두 동일할 것 ⓑ 후소에서 제기되고 있는 쟁점사실에 관하여 전소에서 이미 실질적인 심리가 이루어졌고, 그에 기초한 판단이 내려졌을 것 ⓒ 그 쟁점사실이 법원의 판결의 전제로서 필수·불가결한 사실이 될 경우에는 전소법원의 판단은 후소법원에 대하여 구속력을 가진다. **우리나라에서도 위와 같은 일본이나 미국에서의 긍정적 견해에 영향을 받아 판결이유 중의 판단에 대해서도 기판력에 유사한(기판력 그 자체는 아니다**: 법 제216조 1항이 정면으로 주문에 한하여 기판력을 인정하고 있으므로) 효력인 구속력을 인정하자는 견해가 유력하게 대두하고 있다. 그러나 부정설이 다수설이다.

(나) 판결이유 중의 판단에 대해 구속력을 부정하는 견해

① 앞의 긍정론은 미국의 collateral estoppel(부수적 금반언)의 법리에 기초한 것인데 이것은 기본적으로 우리 법체계와 맞지 않고, 무엇이 주요쟁점으로 다투어진 것으로 포함되느냐를 판단할 기준이 명확하지 않기 때문에 결국 이를 인정하면 심리의 핵심이 흐려지는 폐단이 생길 수 있으므로 구속력을 부정해야 한다(호문혁).

② 신의칙설: 위와 같은 문제를 기판력이나 쟁점효와 같은 판결의 효력으로 해결할 것이 아니라, 전소에서 어느 당사자의 주장을 토대로 판결이 확정되었다면 후소에서 자신이 전소에서 적극적으로 주장한 사실과 모순되는 주장을 한다면 이는 "선행행위와 모순되는 거동"으로서 허용될 수 없다고 한다.

(다) 판례: 대법원 판례는 판결이유 중의 쟁점사항에 대한 판단의 구속력을 부정한다.[1] 다만, 이미 확정된 관련 민사사건에서 인정된 사실은 특별한 사정이 없는 한 유력한 증거가 되므로 합리적인 이유설시 없이 이를 배척할 수 없다고 하여 보다 높은 정도의 증명력을 인정하고 있다(이른바 "증명적 효력"을 부여하는 것으로 볼 수 있다.[2]

[**확정판결의 증명효에 관한 대법원 판례의 검토**] 대법원은 동일 쟁점사실을 기초로 하고 소송물을 서로 달리하여 前·後訴로 나뉘어 소제기되었을 때에 前訴 법원이 판결에서 한 쟁점사실에 관한 판단은 後訴에서 그 판결이 증거로 제출되면 유력한 증거로서의 효력을 가진다고 하는 이른바 증명효설을 취하고 있다. 예컨대, 대법원 1980.9.9. 선고 79다1281 전원합의체 판결에 의하면, "…판결서가 처분문서이기는 하나 그것은 그 판결이 있었던 가 또 어떠한 내용의 판결이 있었던가의 사실을 증명하기 위한 처분문서라는 뜻일 뿐 판결서 중에서 한 사실판단을 그 사실을 증명하기 위하여 이용하는 것을 불허하는 것이 아니어서 이를 이용하는 경우에는 판결서도 그 한도 내에서 보고문서라고 볼 것이고, 소수설과 같이 판결서를 자유심증주의의 대상에서 제외시킬 것이 아니라고하여 **판결서에 기재된 前訴 법원의 판단내용은 後訴 법원에 대한 관계에서 증명적 효력이 있음을 판시하였다.** 참고로 위 다수의견의 취지를 보다 분명히 이해하기 위하여 동 판결의 소수의견을 소개하면, "…판결서는 그 본질

---

1) 대법원 2000.2.25. 선고 99다55472 판결.
2) 대법원 1995.6.29. 선고 94다47292 판결.

이 법원의 의사표시이지 작성자의 견문, 판단, 감정 등을 기재 보고하는 것을 본질로 하는 것이 아니다. 따라서 판결서는 처분문서로서 그 성립이 인정되면 그 기재의 의사표시나 법률행위가 있었던 사실을 완전히 증명하게 되는 것이므로 그 판결이 있었던 사실, 그 밖에 이에 부수하는 사실(그 작성의 장소, 일시 등)을 입증하는 증거력은 있다고 할 것이다. 그러나 판결이 인정한 사실을 입증하기 위하여서는 실질적 증거력이 없다고 보아야 한다. 이는 판결서의 내용은 넓은 의미에서 하나의 의견이라고 할 것이기 때문이다. 만일 다수설과 같이 판결서에 실질적 증거력을 인정한다면 제2심인 항소심은 제1심의 판결서만을 검토하고 제1심의 사실인정이 잘 되었다고 판단하고 항소기각 판결을 할 수 있고, 제3심인 상고심도 또한 제1, 2심의 판결서들만을 검토한 후 사실인정이 잘 되었다고 판단하고 상고기각의 판결을 할 수 있다는 이론이 나온다. 위와 같이 판결하는 사태가 일어날 때 다수설은 그것도 법이 허용하는 상태라고 주장만 하고 말 것인가"라고 판시하여 다수의견을 비판하고 있다.

[위에서 살펴 본 대법원 판례의 입장을 종합하면 다음과 같이 요약할 수 있을 것이다]

(1) 동일 분쟁사실을 기초로 하여 민사 사건이 前·後訴로 나뉘어 각각 따로 제기되고 그 소송에서 다투어지는 쟁점이 서로 동일한 경우에 前訴의 확정판결에서 한 그 쟁점 사실에 대한 판단은 後訴법원에 대하여 증명효를 가진다.

(2) 前訴 판결은 後訴에서 당사자가 제출하는 다른 증거와 함께 법관의 자유 심증에 의하여 동일 쟁점사실에 대한 판단을 함에 있어서 그 자료로서 제공된다.

(3) 後訴 법원은 자유심증주의원칙(법 제202조)에 따라 동일 쟁점에 관하여 前訴 법원과 다른 사실판단을 할 수 있지만 이러한 경우에는 前訴 법원과 달리 판단하게 된 합리적 이유를 제시하여야 한다.

(4) 특히 前·後訴의 당사자가 서로 동일하고 분쟁사실도 동일하지만 그 소송물만 서로 다른 경우에는 前訴 법원과 다른 판단을 함에 있어서 특히 신중하여야 한다(대법원 1995.6.29. 선고 94다47292 판결).

VI. 기판력의 주관적 범위

1. 의   의

기판력이 미치는 사람의 범위에 관한 문제이다.

2. 기판력의 상대성의 원칙

가. 소송당사자

(1) **법 제218조 1항**: **기판력의 상대성의 원칙**, 소송절차권의 보장을 받지 못한 자에 대한 기판력의 적용 배제.

(2) 피해자의 보험자에 대한 손해배상채권과 피해자의 피보험자에 대한 손해배상채권은 별개 독립의 것으로서 병존하고, 피해자와 피보험자 사이에 손해배상책임의 존부 내지 범위에 관한 판결이 선고되고 그 판결이 확정되었다고 하여도 그 판결의 당사자가 아닌 보험자

에 대하여서까지 판결의 효력이 미치는 것은 아니므로, 피해자가 보험자를 상대로 하여 손해배상금을 직접 청구하는 사건의 경우에 있어서는, 특별한 사정이 없는 한 피해자와 피보험자 사이의 전소판결과 관계없이 피해자의 보험자에 대한 손해배상청구권의 존부 내지 범위를 다시 따져보아야 한다.[1]

(3) 법 제52조에 의하여 대표자가 있는 법인 아닌 사단이 소송의 당사자가 되는 경우에도 그 법인 아닌 사단(비 법인사단)은 대표자나 구성원과는 별개의 주체이므로, 그 대표자나 구성원을 당사자로 한 판결의 기판력이 법인 아닌 사단에 미치지 아니함은 물론 그 법인 아닌 사단을 당사자로 한 판결의 기판력 또한 그 대표자나 구성원에게 미치지 아니한다. 甲이 乙 종중을 상대로 부동산의 소유권에 기하여 제기한 분묘굴이 및 토지인도 등 청구가 인용되고 그 판결이 그대로 확정되었다고 하더라도, 그 기판력은 소송물인 분묘굴이 및 토지인도 등 청구권에 한하여 생기고 판결이유 중에서 판단되었을 뿐인 소유권에 관하여 생기는 것은 아니고, 나아가 그 효력 또한 甲과 乙 종중 사이에만 미칠 뿐 乙 종중의 종중원으로서 단순한 공동소송인의 관계에 있을 뿐인 丙에게는 미치지 아니하므로, 甲의 乙 종중에 대한 제1심판결이 확정되었다는 이유만으로 甲이 부동산의 소유권을 적법하게 취득하였음을 丙에게도 주장할 수는 없다.[2]

(4) **법인격부인의 법리 적용여부:**   甲 회사와 乙 회사가 기업의 형태·내용이 실질적으로 동일하고 甲 회사는 乙 회사의 채무를 면탈할 목적으로 설립된 것으로 인정되어 甲 회사가 乙 회사의 채권자에 대하여 乙 회사와는 별개의 법인격을 가지는 회사라는 주장을 하는 것이 신의성실의 원칙에 반하거나 법인격을 남용하는 것으로 인정되는 경우라 할지라도, 권리관계의 공공적인 확정 및 그 신속·확실한 실현을 도모하기 위하여 절차의 명확·안정을 중시하는 소송절차 및 강제집행 절차에 있어서는 그 절차의 성격상 乙 회사에 대한 판결의 기판력 및 집행력의 범위를 甲 회사에게 확장하는 것은 허용되지 않는다.[3]

[대법원 1988.2.23. 선고 87다카777 판결] 부동산을 매수한 자(甲)가 소유권이전등기를 하지 않고 있는 사이에 제3자(丙)가 매도인을 상대로 제소하여 그 부동산에 대한 소유권이전등기절차이행의 확정판결을 받아 소유권이전등기를 경료 한 경우 위 확정판결이 당연무효이거나 재심의 소에 의하여 그 판결이 취소되기 전에는 매수인(甲)은 매도인(乙)에 대한 소유권이전등기 청구권을 보전하기 위하여 매도인을 대위하여 제3자(丙) 명의의 소유권이전등기에 대한 말소를 구할 수 없음은 소론과 같다(당원 1975.8.19. 선고 74다2229 판결; 1980. 12.9. 선고 80다1836,1837 판결 각 참조). 그러나 이는 매수인(甲)이 위 확정판결의 기판력이 미치는 매도인(乙)의 권리를 행사하는 경우에 그 기판력에 저촉되는 주장을 할 수 없다는 취지에 불과하고 매수인이 위 확정판결의 기판력이 미치는 매도인을 대위하지 아니한 경우에까지 확정판결의 내용에 저촉되는 주장을 할 수 없다는 취지는 아니다. 따라서 피고(甲)가 위 확정된 소유권이전등기절차이행판결의 기판력이 미치는 당사자인 망 소외 1의 상속인들(乙)의 권리를 대위 행사하는 것이 아닌 제3자의 지위에서는 확정판결의 내용과 저촉되는 주장을 하더라도 기판력에 저촉되지 아니하는 것이다. 그리하여 원심이 확정판결의 기판력이

---

1) 대법원 2001.9.14. 선고 99다42797 판결.
2) 대법원 2010.12.23. 선고 2010다58889 판결.
3) 대법원 1995.5.12. 선고 93다44531 판결.

미치지 아니하는 피고의 항변을 받아들여 확정판결에 기하여 이루어진 원고(丙) 명의의 소유권이전등기가 무효라고 판단한 것은 정당하고 소론과 같은 기판력에 대한 법리를 오해한 위법이 없다. 이로 인하여 원고가 소유권이전등기 명의를 가지고 있음에도 불구하고 소유권의 행사를 제한받는 결과가 되는 것은 소론과 같으나 이는 확정판결의 기판력이 미치는 범위를 제한하는 민사소송법 제202조(민소 제216조), 제204조(민소 제218조)의 규정에 의하여 파생되는 것으로써 소유권의 법리에 배치되는 위법한 결론이라 할 수 없다. [* **본 사건의 전소는 甲(매수인)이 乙(매도인)을 대위하여 丙(乙과 공모하여 목적 부동산을 이중매수 하여 동 매매계약에 기한 소를 제기하여 승소판결을 받고 그 판결에 기하여 소유권이전등기를 마친 자)을 상대로 소유권이전등기 말소청구 소송을 제기하였다가 乙과 丙 사이의 판결의 기판력이 적용되어 패소한 사건이다. 후소는 丙이 甲을 상대로 위 토지 위의 건물철거와 토지인도를 구하는 소이다. 후소에서 甲은 丙 명의의 등기가 배임행위로 인한 것으로서 무효라는 주장을 할 수 있다는 것이다. 본 판결은 기판력의 상대적 효력을 구체적으로 적용하여, 확정판결의 당사자 또는 채권자대위의 경우와 같이 그 당사자의 적격을 대위하여 행사하는 경우에는 기판력의 작용에 의하여 판결의 내용을 타툴 수 없으나, 채권자대위소송이 아닌 경우에는 확정판결의 당사자가 아닌 제3자의 입장에서 기판력의 적용을 받지 않고 확정판결의 내용을 다툴 수 있다는 것이다.**]

나. 소송당사자와 같이 볼 제3자

(1) 변론종결 후의 승계인(법 제218조 1항)

(가) 승계인의 범위

① '승계인'이라 함은 변론종결 후에 '소송물인 실체법상의 권리의무'를 승계한 자를 의미하는 것으로 보는 견해(의존관계설)가 과거에는 다수설이었다. 그러나 실체법적 의존관계뿐만 아니라 소송법상의 지위를 승계한 자도 포함되는 것으로 보아야 한다는 적격승계설이 현재의 통설이다.[1]

② 피 승계인이 원고이든 피고이든, 승소자이든 패소자이든 불문한다. 포괄승계(상속·합병 등)이든 특별승계이든 가리지 않으며, 승계의 원인이 임의처분에 의한 것(매매, 증여 등)이든 국가의 강제처분이나 법률의 규정(민법 제399조 등)에 의한 것이든 불문한다.

(나) 당사자로부터 소송물인 권리의무 자체를 승계한 것은 아니지만, 소송물에 관한 당사자적격(분쟁주체인 지위)을 전소 당사자로부터 전래적으로 취득한자의 경우. 예컨대, ① 소유권에 기한 반환청구(가옥인도청구, 토지인도청구 등)에서 피고로부터 목적 물건의 점유를 취득한 자(피고의 의사에 의하지 않은 강취·절취의 경우는 승계인이 아님), ② 임대차 종료에 기한 가옥인도청구의 피고로부터 가옥을 양수한 자, ③ 토지 소유권에 기한 지상건물철거 소송의 피고로부터 토지 및 건물을 양수한 자, ④ 소유권이전등기청구의 피고로부터 부동산을 양수하여 등기를 마친 자 등의 경우에는 승계인의 범위를 어떻게 정할 것인지에 관해 차례로 살펴본다. **소송물이론 중 구 실체법설(구 소송물이론)**은 소송물인 청구가 대세적 효력을 가지는 물권적 청구권일 때에는 변론종결 후에 피고의 지위를 승계한 자에 대하여 제218조

---

[1] 소송물의 기초가 되는 권리관계 및 이에 파생된 권리관계에 대한 당사자의 지위를 승계한 자를 '당사자적격의 승계인'이라고 표현하는 것은 정확하지 아니하며, 승계인은 '분쟁주체인 지위의 승계인'을 의미하므로 용어도 '분쟁주체지위 승계설'이 타당하다는 견해도 있다(정동윤·유병현, 725면).

의 승계인으로 보고, 대인적 효력밖에 없는 채권적 청구권일 때에는 이를 부정한다. 즉, 앞의 예 중에서 ①, ③의 경우에는 승계를 긍정할 것이고, ②, ④의 경우에는 승계인으로서의 지위가 부정될 것이다(특히 ④의 경우). **소송법설(신 소송물이론)은** 청구가 물권적 또는 채권적 청구에 기한 것인가 등의 실체법적 성격에 의해서 승계인을 판정하는 것은 옳지 않다고 본다. 즉, 물권 자체는 대세적일지 모르지만 그로부터 파생하는 물권적 청구권은 채권적 청구권과 동일하게 대인적(상대적)이라고 보아 구 실체법설을 비판하면서 물권적·채권적 청구권을 불문하고 승계인으로 보아야 한다고 주장한다. 다만, 이 견해는 승계인의 범위를 지나치게 넓게 본다는 점에서 기판력을 부당하게 확장하여 피고를 승계한 제3자의 지위를 불안하게 한다는 비판이 제기되고 있다.

(다) 판례는 일관하여 소송물이 물권적 청구권인가, 채권적 청구권인가의 여부에 따라 전자의 경우에는 승계인으로 보고, 후자의 경우에는 승계인으로 보지 않는다.

아래와 같은 경우는 전소가 물권관계에 기한 청구로써 승계인에 대하여 기판력이 미친다고 한다. 즉 ① 소유권이전등기말소 판결의 변론종결 후에 이전등기, 저당등기, 가등기를 한 경우: 소유권이전등기말소를 명하는 확정판결의 변론종결 후에 이로부터 다시 소유권이전등기를 경료한 자는 변론종결 후의 승계인으로서 위 확정판결의 기판력을 받으므로 특별한 사정이 없는 한 이 자를 상대로 한 말소등기청구의 소는 소의 이익이 없는 부적법한 소이다.[1] ② 저당권설정등기의 말소판결 후에 목적물을 경락취득(경매절차에서의 목적물 매수)한 경우: 소유권이전등기 및 근저당권설정등기가 당초부터 원인무효임을 이유로 각 그 말소를 명하는 판결이 확정되었다면 그 판결의 변론종결 후의 승계인인 임의 경매(담보권실행을 위한 경매) 실행으로 인한 소유권취득자에 대하여는 경매절차의 진행을 저지하는 절차나 등기부상의 조처를 취한 여부에 불구하고 기판력이 미친다.[2] ③ 건물철거, 토지인도 소송의 변론종결 후 토지나 건물을 승계취득한 경우: 원고가 피고 甲을 상대로 소유권에 기하여 건물철거 및 대지인도청구소송을 제기한 결과, 원고가 대지의 실질적인 소유자가 아니라는 이유로 청구기각 판결이 선고되어 확정되었고, 위 패소확정된 사건의 변론종결 이후에 피고 乙이 피고 甲으로부터 위 건물을 매수하였다면 피고 乙은 그의 지위를 승계한 변론종결 후의 승계인에 해당한다.[3] ④ 건물철거를 명한 확정판결의 변론종결 후에 그 목적건물을 양수하여 그 의무를 승계한 자가 있는 경우에는 승계집행문을 얻어 그 승계인에 대하여 이를 집행하여야 하고 양도인(확정판결의 피고)에 대하여는 집행할 수 없는 것이다.[4]

[대법원 2003.2.26. 선고 2000다42786 판결] 1. 구 민사소송법 (2002.1.26. 법률 제6626호로 전문 개정되기 전의 것) 제74조에서 규정하고 있는 소송의 목적물인 권리관계의 승계라 함은 소송물인 권리관계의 양도뿐만 아니라 당사자적격 이전의 원인이 되는 실체법상의 권리 이전을 널리 포함하는 것이므로, 신주발행무효의 소 계속 중 그 원고 적격의 근거가 되는 주식이 양도된 경우에 그 양수인은 제소기간 등의 요건이 충족된다면 새로운 주주

---

1) 대법원 1972.7.25. 선고 72다935 판결; 대법원 1963.9.27. 자 63마14 결정.
2) 대법원 1974.12.10. 선고 74다1046 판결.
3) 대법원 1991.3.27. 선고 91다650,667 판결.
4) 대법원 1956.6.28. 자 4289민재항1 결정.

의 지위에서 신소를 제기할 수 있을 뿐만 아니라, 양도인이 이미 제기한 기존의 위 소송을 적법하게 승계할 수도 있다. 2. 승계참가가 인정되는 경우에는 그 참가시기에 불구하고 소가 제기된 당초에 소급하여 법률상의 기간준수의 효력이 발생하는 것이므로, 신주발행무효의 소에 승계참가하는 경우에 그 제소기간의 준수 여부는 승계참가시가 아닌 원래의 소 제기시를 기준으로 판단하여야 한다. 3. 주식의 양수인이 이미 제기된 신주발행무효의 소에 승계참가하는 것을 피고 회사에 대항하기 위하여는 주주명부에 주주로서 명의개서를 하여야 하는바, 주식 양수인이 명의개서절차를 거치지 않은 채 승계참가를 신청하여 피고 회사에 대항할수 없는 상태로 소송절차가 진행되었다고 할지라도, 승계참가가 허용되는 사실심 변론종결이전에 주주명부에 명의개서를 마친 후 소송관계를 표명하고 증거조사의 결과에 대하여 변론을 함으로써 그 이전에 행하여진 승계참가상의 소송절차를 그대로 유지하고 있다면 명의개서 이전의 소송행위를 추인한 것으로 봄이 상당하여 그 이전에 행하여진 소송절차상의 하자는 모두 치유되었다고 보아야 한다.

  그러나 아래와 같은 채권적 청구인 경우에는 그 승계인에게 기판력이 미치지 않는다고 하였다. ① 원고가 甲으로부터 乙에 대한 점포의 전차권을 양도받고 다시 乙과 전대차계약을 맺은 다음, 그 점포를 점유하고 있는 丙을 상대로 甲으로부터 양수한 전차권을 보전하기 위하여 甲을 대위하여 점포의 인도청구소송을 제기하여 승소판결을 받았으나 丙이 그 사건의 변론종결 후에 마음대로 피고에게 위 점포를 양도함으로써 피고가 이를 점유하고 있는 경우, 원고의 위 소송에서의 청구는 채권적 청구이므로 피고에 대하여는 그 판결의 기판력과 집행력이 미치지 아니한다. 따라서 그 승소판결만으로 피고에 대하여 인도집행을 할 수 없게 된 원고로서는 피고를 상대로 다시 위 점포의 인도를 구할 소송상의 이익이 있다.[1] ② 전소의 심판대상 이었던 甲의 원고에 대한 소유권이전등기의무의 존부가 이 사건 재판의 **선결문제가 된다고 하더라도 확정판결의 기판력은 동일한 당사자 사이에서만 미치고 당사자가 다를 때에는 미치지 아니하는 것이 원칙이므로** 위 전소판결의 기판력이 피고를 달리하는 후소에 당연히 미친다고는 할 수 없다. 원심은 후소의 피고들이 전소 판결의 변론종결 후의 승계인에 해당하므로 위 전소 판결의 기판력이 이 사건에도 미친다고 본 것으로 여겨지나, **이 사건에 있어서처럼 전소의 소송물이 채권적 청구권인 소유권이전등기청구권일 때에는 후소 피고들이 위 전소의 변론종결 후에 전소 피고로부터 소유권이전등기를 경료 받았다 하더라도 이사건 피고들이 전소의 기판력이 미치는 변론종결 후의 제3자에 해당한다고는 할 수 없다**(당원 1969.10.23. 선고 69사80 판결; 1980.11.25. 선고 80다2217 판결 각 참조)할 것이다.[2] ③ 건물 소유권에 기한 물권적 청구권을 원인으로 하는 건물인도소송의 소송물은 건물 소유권이 아니라 그 물권적 청구권인 건물인도청구권이므로 그 소송에서 청구기각 된 확정판결의 기판력은 건물인도청구권의 존부 그 자체에만 미치는 것이고, 소송물이 되지 아니한 건물 소유권의 존부에 관하여는 미치지 아니하므로, 그 건물인도소송의 사실심 변론종결 후에 그 패소자인 건물 소유자로부터 건물을 매수하고 소유권이전등기를 마침으로써 그 소유권을 승계한 제3자의 건물 소유권의 존부에 관하여는 위 확정판결의 기판력이 미치지 않으며, 또 이 경우 위 제3자가 가지게 되는 물권적 청구권인 건물인도청구권은 적법하게 승계한 건물 소유권의 일반적 효력으로서 발생된 것이고, 위 건물인도소송의 소송물인 패소자의 건물인도청구권을 승계함으로써 가지게 된 것이라고는 할 수 없으므로, 위 제3자는 위 확정판결의 변론종결 후의 승계인에 해당한다고 할 수 없다.[3] ④ 채권계약에 터 잡은 통행권은 지역권과 같이 물권

---

1) 대법원 1991.1.15. 선고 90다9964 판결.
2) 대법원 1993.2.12. 선고 92다25251 판결.

적 효력이 있는 것이 아니고 채권적 효력만 갖는 것이므로, 계약을 체결한 상대방에 대해서만 통행권을 주장 청구할 수 있고 토지 자체를 지배하는 효력이 없을 뿐만 아니라 당사자가 변경되면 승계인에 대하여 통행권을 주장할 수 없는 것이 원칙이고, 따라서 채권계약에 터잡은 통행권에 관한 확정판결의 변론종결 후에 당해 토지를 특정승계취득한 자는 민사소송법 제204조 제1항의 변론종결 후의 승계인에 해당하지 아니하여 판결의 기판력이 미치지 않는다.[1]

(라) 승계인에게 고유의 항변권(실체법상의 권리)이 있는 경우

① 형식설: 집행채권자가 제3자에 대하여 표준시 후의 승계인임을 입증하면 법원은 그에 대하여 승계집행문을 부여하여야 한다는 입장이다. 따라서 승계인은 실체법상의 고유의 방어방법 행사를 통하여 집행문부여에 대한 이의신청(이의의 소 제기)이나 청구이의의 소를 제기하여야 할 책임이 있다. 예컨대 승계인이 선의취득(민법 제249조) 등을 주장·입증하여 집행채권자의 집행을 배제할 수(청구이의의 소 제기 등: 민사집행법 제44조 등) 있다는 것이다.

② 실질설: 이 견해는 기판력의 확장 유무를 판단함에 있어서 제3자가 가지는 고유의 항변권을 우선 실체법적으로 파악하여 그것이 있는 경우에는 아예 승계를 인정하지 않는다. 이에 따라 원고는 승계인에 대하여 집행문부여의소를 선제적으로 제기하여야 한다. 실질설에 의하더라도 집행채권자의 청구권이 **물권적 청구권인** 경우에는 원칙적으로 대세적 효력이 있으므로 변론종결 뒤 권리취득자는 집행채권자에게 대항할 수 없으므로 승계인에 해당하는 것으로 본다. 따라서 집행문 부여기관인 법원사무관 등은 재판장 또는 사법보좌관 등의 명령을 받아 집행채권자의 집행문부여신청에 기하여 승계집행문을 내어 준다(민사집행법 제32조 1항). 집행문부여기관은 집행채권자의 청구권이 물권적 청구권인지 여부는 판결문의 기재를 보고 용이하게 판단할 수 있기 때문이다. 그러나 물권적 청구권이라 하더라도 대상이 동산인 경우에는 변론종결 뒤에 제3자가 선의취득 할 수 있기 때문에 집행문 부여기관으로서는 승계집행문을 내어주지 않게 된다.[2] 만약 변론종결 뒤의 동산상의 권리취득자가 악의취득자로서 승계인에 해당하는 경우에는 집행채권자는 집행문부여 거절에 대한 이의신청(민사집행법 제34조) 또는 집행문부여의 소(동법 제33조)를 제기하여 승계집행문을 부여받을 수 있다.

③ 위에서 살펴보았듯이 실질설, 형식설 어느 쪽 견해에 의하더라도 **승계인이 고유의 항변권을 가지는 경우에는 기판력의 작용이 미치지 않는다는 점**에서 그 실질적 결과에 있어서는 큰 차이가 없다. 다만, 형식설에 따르면 일단 승계집행문이 부여될 것이므로 승계인은 집행문부여에 대한 이의의 소·청구이의의 소를 제기하여야 한다고 보는데 반하여, 실질설은 승계인(제3자)에게 기판력 및 집행력의 확장을 실현하는 수단으로써 집행문 부여의 소를 제기할 책임이 집행채권자에게 있다고 본다.[3]

---

3) 대법원 1999.10.22. 선고 98다6855 판결.
1) 대법원 1992.12.22. 선고 92다30528 판결.
2) 김홍엽, 816면.
3) 이시윤, 581면.

(2) 추정승계인(법 제218조 1항)

(가) 당사자가 변론종결 전에 승계하여도 승계사실을 진술하지 않으면 변론종결한 뒤에 승계가 있는 것으로 추정되며, 반대사실의 증명이 없으면 기판력이 미친다. 원고는 승계인을 상대로 하여 승계집행문부여의 소를 제기하여 승계사실만 주장·증명하면 된다. 피고(승계인)는 변론종결 전에 승계하였음을 주장·증명하여 기판력·집행력에서 벗어날 수 있다.

(나) 승계를 진술할 자는 누구인가

① 승계인설: 피 승계인의 부진술로 인하여 승계인에게 추정의 불이익을 입게 하는 것은 불합리하다는 것을 근거로 한다.

② 피 승계인설: 민소법 규정에 "당사자"라고 하였으므로 피 승계인이 승계사실을 진술하여야 한다는 견해이다.

> **[대법원 2005.11.10. 선고 2005다34667,34674 판결]** 기판력의 주관적 범위를 정함에 있어서 당사자가 변론을 종결할 때까지 승계사실을 진술하지 아니한 때에는 변론을 종결한 뒤에 승계한 것으로 추정한다는 민사소송법 제218조 제2항의 취지는, 변론종결 전의 승계를 주장하는 자에게 그 입증책임이 있다는 뜻을 규정하여 변론종결 전의 승계사실이 입증되면 확정판결의 기판력이 그 승계인에게 미치지 아니한다는 것으로 해석되므로, **종전의 확정판결의 기판력의 배제를 원하는 당사자 일방이 변론종결 전에 당사자 지위의 승계가 이루어진 사실을 입증한다면, 종전소송에서 당사자가 그 승계에 관한 진술을 하였는지 여부와 상관없이, 그 승계인이 종전의 확정판결의 기판력이 미치는 변론종결 후의 승계인이라는 민사소송법 제218조 제2항의 추정은 깨어진다고 보아야 한다.** 소유권이전등기말소 청구소송을 제기 당한 자가 소송계속 중 당해 부동산의 소유권을 타인에게 이전한 경우에는, 부동산물권 변동의 효력이 생기는 때인 소유권이전등기가 이루어진 시점을 기준으로 그 승계가 **변론종결 전의 것인지 변론종결 후의 것인지 여부를 판단하여야 한다.**

(3) 청구의 목적물의 소지자(법 제218조 1항)

(가) 특정물 인도청구의 대상인 특정물의 소지자: 예컨대, 수치인(受置人), 창고업자, 관리인, 운송인 등

(나) 가장양도를 받은 사람(가장양수인)

(4) 제3자의 소송담당의 경우의 권리귀속 주체(법 제218조 3항)

(가) 선정당사자와 선정자(법 제53조), 유언집행자와 상속인(민법 제1101조), 선장과 선주(상법 제859조 2항), 정리회사의 재산관리인, 파산채권 확정소송의 경우 파산관재인이 당사자로서 받은 판결의 기판력은 파산자에게도 미친다.

(나) 채권자대위소송의 경우: 채권자가 채무자를 대위하여 제3채무자에 대하여 소를 제기하여 확정판결을 받은 경우에 관하여 학설은 나뉜다.

① 소극설: 채권자대위소송은 제3자의 소송담당이 아니라 채권자가 민법 제404조의 규정에 의한 고유한 권리로서 행사하는 것이므로 채권자대위소송의 기판력은 피대위자와 채무자에게 미치지 않는다는 견해.

② 적극설: 채권자대위소송은 법 제218조 3항의 다른 사람을 위하여 원고로 된 사람

(제3자에 의한 소송담당)에 해당하므로 기판력이 채무자에게 미친다는 견해.

③ **절충설:** 채무자가 소송고지 등을 받거나 기타의 사유로 대위소송이 제기된 사실을 알았을 때에는 채무자에게 기판력이 미친다는 견해.

④ **판례:** 대법원 1975.5.13. 선고 74다1664 전원합의체 판결은 채무자가 앞선 채권자대위소송 계속 사실을 알았을 때에는 채무자에게도 기판력이 미친다고 하여 절충설을 취하고 있다. 마찬가지로 채무자 본인이 소 제기하여 받은 판결의 기판력은 채권자에 미친다고 한다.[1] 한편 채권자 甲이 채권자대위소송을 제기하여 받은 확정판결의 기판력은 채무자 본인이 甲의 소제기 사실을 알았을 경우에 다른 채권자 乙에게도 미친다는 것이 판례의 입장이다.[2]

[**대법원 2014.1.23. 선고 2011다108095 판결**] 민사소송법 제218조 제3항은 '다른 사람을 위하여 원고나 피고가 된 사람에 대한 확정판결은 그 다른 사람에 대하여도 효력이 미친다.'고 규정하고 있으므로, 채권자가 채권자대위권을 행사하는 방법으로 제3채무자를 상대로 소송을 제기하고 판결을 받은 경우 채권자가 채무자에 대하여 민법 제405조 제1항에 의한 보존행위 이외의 권리행사의 통지, 또는 민사소송법 제84조에 의한 소송고지 혹은 비송사건절차법 제49조 제1항에 의한 법원에 의한 재판상 대위의 허가를 고지하는 방법 등 어떠한 사유로 인하였든 적어도 채권자대위권에 의한 소송이 제기된 사실을 채무자가 알았을 때에는 그 판결의 효력이 채무자에게 미친다고 보아야 한다. 이때 **채무자에게도 기판력이 미친다는 의미는 채권자대위소송의 소송물인 피대위채권의 존부에 관하여 채무자에게도 기판력이 인정된다는 것이고, 채권자대위소송의 소송요건인 피 보전채권의 존부에 관하여 당해 소송의 당사자가 아닌 채무자에게 기판력이 인정된다는 것은 아니다.** 따라서 채권자가 채권자대위권을 행사하는 방법으로 제3채무자를 상대로 소송을 제기하였다가 채무자를 대위할 피 보전채권이 인정되지 않는다는 이유로 소각하 판결을 받아 확정된 경우 그 판결의 기판력이 채권자가 채무자를 상대로 피 보전채권의 이행을 구하는 소송에 미치는 것은 아니다.

[**채무자 본인이 제3채무자를 상대로 하여 소를 제기하여 소송계속 중이거나, 종국판결이 선고되어 확정된 상태에서 채권자대위소송이 제기된 경우의 처리**] 이에 관하여 과거의 판례는 중복된 소제기가 된다거나, 기판력 적용의 문제로 보아왔다. 그러나 최근의 판례들은 "채권자대위권은 채무자가 제3채무자에 대한 권리를 행사하지 아니하는 경우에 한하여 채권자가 자기의 채권을 보전하기 위하여 행사할 수 있는 것이어서, 채권자가 대위권을 행사할 당시에 이미 채무자가 그 권리를 재판상 행사하였을 때에는 채권자는 채무자를 대위하여 채무자의 권리를 행사할 수 없다"라고 하여 당사자적격의 결여로 보아 후에 제기된 채권자대위소송에 대하여 소각하 판결을 하여야 한다는 입장을 취하고 있다.

---

1) 대법원 1981.7.7. 선고 80다2751 판결 등. 판례는 채무자 본인이 제3채무자를 상대로 소를 제기하여 받은 판결의 기판력이 채권자대위소송을 제기하는 채권자에게도 미치는 것으로 본다. 이에 대하여 기판력의 상대성의 원칙에 비추어 기판력이라기보다는 채권자와 채무자 간의 실체법상의 의존관계에 의한 반사효라고 볼 것이라는 견해가 있다(이시윤, 644면).

2) 대법원 1994.8.12. 선고 93다52808 판결: 어느 채권자가 채권자대위권을 행사하는 방법으로 제3채무자를 상대로 소송을 제기하여 판결을 받은 경우, 어떠한 사유로든 채무자가 채권자대위소송이 제기된 사실을 알았을 경우에 한하여 그 판결의 효력이 채무자에게 미치므로, 이러한 경우에는 그 후 다른 채권자가 동일한 소송물에 대하여 채권자대위권에 기한 소를 제기하면 전소의 기판력을 받게 된다고 할 것이지만, 채무자가 전소인 채권자대위소송이 제기된 사실을 알지 못하였을 경우에는 전소의 기판력이 다른 채권자가 제기한 후소인 채권자대위소송에 미치지 않는다.

[채권자 취소소송의 경우에는 각 채권자가 따로 별개의 취소소송을 제기하더라도 중복 소제기나 기판력이 적용되지 않는다: 대법원 2003.7.11. 선고 2003다19558 판결] [1] 채권자취소권의 요건을 갖춘 각 채권자는 고유의 권리로서 채무자의 재산처분 행위를 취소하고 그 원상회복을 구할 수 있는 것이므로 각 채권자가 동시 또는 이시에 채권자취소 및 원상회복소송을 제기한 경우 이들 소송이 중복제소에 해당하는 것이 아니다. [2] 어느 한 채권자가 동일한 사해행위에 관하여 채권자취소 및 원상회복청구를 하여 승소판결을 받아 그 판결이 확정되었다는 것만으로 그 후에 제기된 다른 채권자의 동일한 청구가 권리보호의 이익이 없어지게 되는 것은 아니고, 그에 기하여 재산이나 가액의 회복을 마친 경우에 비로소 다른 채권자의 채권자취소 및 원상회복청구는 그와 중첩되는 범위 내에서 권리보호의 이익이 없게 된다.

[채권자대위소송과 채권자취소소송의 비교] 양자는 채권자의 채권보전을 위하여 채무자의 책임재산을 유지하고자 하는 데 그 제도적 의의가 있다는 점에서는 공통성이 있으나 다음과 같은 점에서 차이점이 있다. 1. **피보전채권**: 채권자대위권의 행사는 금전채권 외에 소유권이전등기청구 등 특정물채권의 보전의 위한 행사도 가능하지만, 채권자취소권의 행사는 금전채권의 보전을 위한 행사만 가능하다. 2. **피보전채권이 존재하지 않으면** 채권자대위소송은 각하하여야 하지만, 채권자취소소송은 원고청구 기각판결을 한다. 3. 채권자대위권의 행사는 재판 외의 행사도 가능하나, 채권자취소권은 재판을 통하여서만 행사할 수 있다. 4. 기타 중복 소제기 및 기판력은 위 판례 참조.

(5) 소송탈퇴자에 대한 기판력 확장. 독립당사자참가(법 제80조) 및 참가승계(법 제81조), 소송인수(법 제82조)가 있는 경우.

다. 일반 제3자에의 기판력의 확장

(1) **한정적 확장**: 파산채권 확정소송(파산법 제223조), 회사정리채권 또는 정리담보권 확정소송(회사정리법 제154조) 등의 경우에 회생채권자·회생담보권자 또는 주주전원에게 기판력이 미친다. 그리고 소비자·개인정보 단체소송에서 원고패소판결은 일정한 범위에서 다른 단체에게 기판력이 미친다.

(2) **일반적 확장(대세효)**: 가사소송의 경우 원고 승소판결은 대세효가 있으나, 원고패소판결은 제한된 범위 즉 제3자가 그 소송에 참가하지 못한 데에 정당한 이유가 있을 경우에 한하여 기판력이 배제되지만 그렇지 않으면 대세효가 있다(가사소송법 제21조). 행정소송이나 회사관계소송의 경우에도 원고 승소판결은 대세효가 있다.

[예제] [변리사시험 제38회(2001년)] [제2-2문] 甲은 자기의 노트북컴퓨터를 乙에게 팔면서 매매대금은 3개월 후에 받기로 하였다. 그런데 乙이 3개월이 지나도 매매대금을 지급하지 않자 매매계약을 해제하고 노트북컴퓨터의 반환을 구하는 소를 제기하였다. 그런데 乙은 위 소송의 사실심변론종결 후에 위 노트북컴퓨터를 이와 같은 사정을 전혀 모르는 丙에게 팔아 현재는 노트북컴퓨터는 丙이 사용하고 있다. 甲이 乙을 상대로 한 위 소송에서 甲이 승소하였고, 그 판결은 확정되었다. 이 경우 甲의 乙에 대한 소송의 확정판결의 기판력이 丙에게 미치는가? (25점)
[해설] I. 주요논점: 변론종결 후의 승계인인 丙에게 기판력이 확장되는가?(기판력의 주관적 범위), 승계인에게 고유의 항변권(대항력)이 있을 경우 기판력의 작용

411

Ⅱ. 기판력의 주관적 범위

  1. 소송당사자

  2. 변론종결 후의 승계인

    (1) 의의: 포괄승계인, 특정승계인

    (2) 특정승계인이란 前主(피승계인)로부터 소송물인 실체법상의 권리의무를 다툴 수 있는 지위를 전래적으로 승계한 자(적격승계설), 또는 피승계인으로부터 분쟁주체인 지위를 승계한 자(분쟁주체지위승계설)를 말한다.

  3. 소송물에 관한 당사자적격(분쟁주체인 지위)을 승계한 자의 범위

    (1) 구 소송물이론(구 실체법설)

    (2) 신 소송물이론(소송법설)

    (3) 판례

    (4) 결론

  4. 사안의 경우: 甲은 물권인 소유권에 기하여 乙에 대하여 노트북컴퓨터의 반환을 구하고 있고 丙은 乙로부터 변론종결 후에 그 점유를 승계한 자이므로 당사자적격을 승계한 자이며, 어느 소송물이론에 따르더라도 기판력의 주관적 범위가 확장되는 자로 볼 수 있다.

Ⅲ. 승계인에게 고유의 항변권이 있는 경우

  1. 사안에서 丙은 乙로부터 노트북컴퓨터를 매수함에 있어 甲과 乙 사이에 소가 제기되어 있는 사실이나 甲이 乙에 대하여 매매계약을 해제한 사실을 모르고 선의로 취득하여 민법 제249조의 선의취득자로서 甲에게 대항력을 취득한 것으로 보인다. 이러한 경우에 丙이 기판력의 적용을 피할 수 있는 방법을 살펴본다.

  2. 학설 및 판례: (1) 실질설 (2) 형식설 (3) 판례 (4) 결론

  3. 사안의 경우: 각 학설에 따른 결론의 제시

Ⅳ. 결론

Ⅶ. 판결의 그 밖의 효력

1. 집 행 력

가. 의의: 강제집행절차에 의하여 판결로 명한 의무를 이행케 할 수 있는 효력(좁은 의미), 강제집행이외의 방법에 의하여 판결의 내용에 적합한 상태를 실현시킬 수 있는 효력(넓은 의미).

나. 집행력 있는 재판: 이행판결

다. 집행력의 범위와 확장
(1) 기판력의 범위와 동일.
(2) 주관적 범위 확장의 문제.

2. 형성력: 형성판결의 효력

3. 법률요건적 효력: 단기소멸시효의 10년 시효화

4. 반사적 효력(판결의 제3자적 효력)

가. 의의: 직접적으로 기판력이 적용되는 것은 아니지만, 소송당사자와의 실체법상 특수한 의존관계에 있는 제3자에게 판결의 효력이 이익 또는 불이익하게 영향을 미치는 경우가 있다.

> 예: ① 주채무자가 채무이행에 관한 소송에서 승소판결을 받아서 채권자에게 변제할 필요가 없게 되면 보증인은 보증채무의 부수성에 의하여 채권자에 대하여 그 승소판결을 원용할 수 있고, 보증채무의 이행청구를 거절할 수 있다. ② 일반 채권자는 채무자가 제3자와의 관계에서 채무자의 재산의 귀속에 관하여 받은 판결의 효력을 받게 된다. ③ 합명회사가 받은 판결의 효력은 상법 제212조, 제213조에 의하여 사원에게 유리 또는 불리하게 효력이 미친다. ④ 공유자의 1인이 제3자에게 공유물반환 또는 방해배제청구를 하여 승소판결을 얻은 때에는 다른 공유자는 이를 보존행위라고 하여 자기에게 유리하게 원용할 수 있다. ⑤ 임차인과 임대인 사이에서 임차권의 존재를 확정하는 판결은 전차인에게 유리하게 반사효를 가지고, ⑥ 연대채무자 가운데 한 사람이 채권자에 대하여 상계의 항변을 하여 승소판결을 얻은 때에는 다른 채권자는 이를 보존 행위라고 하여 자기에게 유리하게 원용할 수 있다.

나. 기판력과 반사효의 차이

(1) 기판력은 소송법상 효력이나 반사적 효력은 실체법상 효력이며, 실체권 자체에 영향을 준다.

(2) 직권조사사항 ↔ 당사자의 원용사항

(3) 공동소송적 보조참가 ↔ 통상의 보조참가

(4) 有·不利를 불문 ↔ 의존관계의 태양에 따라 유리 또는 불리

① 주 채무자가 채권자에 대하여 승소한 경우: 보증인에게 당연히 반사효(보증채무의 부종성)

② 주 채무자 패소의 경우: 보증인에게 반사효 없음. 보증인이 별도로 채무부존재 주장할 수 있다.

(5) 판결주문에 한정 ↔ 이유 중의 판단에도 확장

(6) 반사효를 받는 자는 당사자간의 소송이 통모한 사해소송인 경우에는 그것을 주장·입증하여 자기에게 효력이 미치는 것을 면할 수 있다(반사적 효력을 받는 사람은 재심절차를 거치지 않고 그 판결의 무효를 주장할 수 있다).

(7) 기판력 확장은 보통 집행력 확장을 수반하지만, 반사적 효력은 집행력과 무관하다.

다. 반사효의 인정여부

(1) **부정설**: 기판력의 본질에 관하여 실체법설 내지 권리실재설을 취하는 학자들은 판결에 의하여 권리관계가 변동하거나 또는 실재화 하여 실체권이 발생하므로 그 의존관계에 있는 제3자는 이를 그대로 승인하여야 하고 따라서 판결의 효력이 그에게 미치게 된다고 한다. 그러므로 반사효란 기판력의 확장에 불과하다고 본다.

(2) **긍정설**: 　　소송법설은 판결의 존재를 전제로 하여 실체법상의 법률효과를 발생시키는 법률요건적 효력의 하나로서 반사적 효력을 인정한다. 즉, 소송법설은 기판력을 순수하게 소송법상의 실체법적 의존관계에 있는 제3자에게 미치는 현상 즉, 실체법상의 효과를 발생시키는 사실에 대한 설명이 어려웠다. 이에 대한 해결책이 위와 같은 법률요건적 효력의 하나로서 반사적 효력을 인정하는 것이다.

Ⅷ. 판결의 무효와 편취

1. 판결의 부존재

가. 법관이 아닌 자의 판결

나. 판결 선고가 없는 판결

다. 판결로서의 아무런 효력도 없으므로 기판력·집행력·형성력이 생기지 않음은 물론 기속력·형식적 확정력도 생기지 않는다. 상소의 대상이 되지 않으므로 상소할 경우에는 부적법 각하된다.

라. 판결부존재의 경우에는 판결로서의 아무런 효력은 가질 수 없다. 당사자는 당해심급에서 기일지정신청에 의하여 기일의 속행을 신청할 수 있다.

2. 무효인 판결

가. 판결로서의 외관은 갖추었으나 중대한 흠이 있는 판결

예: 치외법권자에 대한 판결, 실재하지 않는 자에 대한 판결, **현재 존재하지 않는**(혼인당사자 일방이 사망한 후 내린 판결, 회사 해산 후 내린 해산 판결) **법률관계의 형성을 목적으로 한 판결, 소가 제기되지 않은 경우**(상소의 대상이 되지 않은 원심판결에 대한 상소심 판결)의 판결, **국내법이 인정하지 않는 법률효과의 발생, 강행법규위반·반사회질서적 내용의 판결(예컨대 사람의 신체 일부를 강제로 떼어내어 주라는 내용: 주문 자체가 이러한 흠을 가지고 있어야 한다.** 이유에 기재된 내용이 강행법규 위반이나 반사회적 청구에 기초한 것이라도 무효가 될 수 없다), **내용이 불명확한 판결,** 후발적으로 무효인 판결(판결이 확정되어 기판력이 발생하기 전에 이혼판결의 한쪽 당사자가 사망한 경우) 등이 있다.

나. 효 력

(1) 기판력·집행력·형성력은 발생하지 않음.
(2) 그러나 형식적 확정력은 발생이므로 상소에 의해 외관제거가 가능하다.
(3) 재심대상은 아니며, 이에 기한 강제집행은 무효이다.

3. 종국판결 송달의 하자와 판결의 확정여부와 그 흠(효력)

가. 공시송달에 의한 경우[1]

(1) 제1심판결 정본이 공시송달의 방법에 의하여 피고에게 송달되었다면 비록 피고의 주소가 허위이거나 그 요건에 미비가 있다 할지라도 그 송달은 유효한 것이므로 항소기간의 도과로 그 판결은 형식적으로 확정되어 기판력이 발생한다.

(2) 위 (1)항의 경우에 피고로서는 항소기간 내에 항소를 제기할 수 없었던 것이 자신이 책임질 수 없었던 사유로 인한 것임을 주장하여 **그 사유가 없어진 후로부터 2주일(피고가 외국에 있을 때는 30일) 내에 추완항소를 제기할 수 있으며**, 여기서 그 사유가 없어진 때라 함은 피고가 당해 사건기록의 열람을 하는 등의 방법으로 제1심판결 정본이 공시송달의 방법으로 송달된 사실을 안 때를 의미한다. (3) 피고가 '가'항과 같이 공시송달에 의해 확정된 판결에 기한 소유권이전등기의 말소소송을 제기하였다가 이를 취하하고 다시 그 판결에 기한 추완항소를 제기하였다고 하더라도 그 말소소송의 제기 자체를 추완항소를 제기한 것과 동일하게 평가할 수는 없다. (4) 피고가 추완항소를 제기했는데 원심이 이를 즉시 각하하지 아니하고 1년 4개월여가 지나서야 각하하였다는 등의 사정이 있다고 하더라도 원심판결이 신의성실의 원칙에 반한다고 할 수 없다.

[**대법원 2011.12.22. 선고 2011다73540 판결**] 1. 당사자가 상대방의 주소 또는 거소를 알고 있었음에도 소재불명 또는 허위의 주소나 거소로 하여 소를 제기한 탓으로 공시송달의 방법에 의하여 판결(심판)정본이 송달된 때에는 민사소송법 제451조 제1항 제11호에 의하여 재심을 제기할 수 있음은 물론이나 또한 같은 법 제173조에 의한 소송행위 추완에 의하여도 상소를 제기할 수도 있다. 2. 민사소송법 제451조 제1항 단서에 의하면 당사자가 상소에 의하여 재심사유를 주장하였거나 이를 알고 주장하지 아니한 때에는 재심의 소를 제기할 수 없는 것으로 규정되어 있는데, 여기에서 '이를 알고도 주장하지 아니한 때'란 재심사유가 있는 것을 알았음에도 상소를 제기하고도 상소심에서 그 사유를 주장하지 아니한 경우뿐만 아니라, 상소를 제기하지 아니하여 판결이 그대로 확정된 경우까지도 포함하는 것이라고 해석하여야 할 것이다. 그런데 위 단서 조항은 재심의 보충성에 관한 규정으로서, 당사자가 상소를 제기할 수 있는 시기에 재심사유의 존재를 안 경우에는 상소에 의하여 이를 주장하게 하고 상소로 주장할 수 없었던 경우에 한하여 재심의 소에 의한 비상구제를 인정하려는 취지인 점, 추완상소와 재심의 소는 독립된 별개의 제도이므로 추완상소의 방법을 택하는 경우에는 추완상소의 기간 내에, 재심의 방법을 택하는 경우에는 재심기간 내에 이를 제기하여야 하는 것으로 보이는 점을 고려하면, 공시송달에 의하여 판결이 선고되고 판결정본이 송달되어 확정된 이후에 추완항소의 방법이 아닌 재심의 방법을 택한 경우에는 추완상소기간이 도과하였다 하더라도 재심기간 내에 재심의 소를 제기할 수 있다고 보아야 한다. 3. 민사소송법 제451조 제1항 제11호의 재심사유가 있는 경우 추완항소기간 내에 항소를 제기하지 아니하면 재심의 소를 제기할 수 없는지 문제된 사안에서, 재심사유와 추완항소사유가 동시에 존재하고 추완항소기간을 도과한 경우 재심기간이 경과하지 않았다 하더라도 민사소송법 제451조 제1항 단서에 의하여 재심청구를 할 수 없다고 보아 재심사유의 존재 여부에 관하여

---

[1] 대법원 1994.10.21. 선고 94다27922 판결.

는 나아가 심리·판단하지 아니한 원심판결에는 재심청구의 제기기간에 관한 법리오해의 위법이 있다고 한 사례.

나. 공시송달에 의하지 않은 경우[1]

종국 판결의 기판력은 판결의 형식적 확정을 전제로 하여 발생하는 것이므로 공시송달의 방법에 의하여 송달된 것이 아니고 **허위로 표시한 주소로 송달하여 상대방 아닌 다른 사람이 그 소송서류를 받아 의제자백의 형식으로 판결이 선고되고 다른 사람이 판결정본을 수령하였을 때에는 상대방은 아직도 판결정본을 받지 않은 상태에 있는 것으로서 위 사위 판결은 확정판결이 아니어서 기판력이 없다.**

다. 참칭대표자에 대한 송달의 경우: 법인 또는 비법인 사단(재단)의 대표자 아닌 자가 대표자인 것으로 행세하면서 소장부본이나 기일소환 및 판결정본을 송달받은 경우는 재심청구의 대상이 된다.

> **[대법원 1999.2.26. 선고 98다47290 판결]** 1. 민사소송법 제422조 제1항 제3호 소정의 재심사유는 무권대리인이 대리인으로서 본인을 위하여 실질적인 소송행위를 하였을 경우뿐만 아니라 대리권의 흠결로 인하여 본인이나 그의 소송대리인이 실질적인 소송행위를 할 수 없었던 경우에도 이에 해당한다. 2. **참칭대표자를 대표자로 표시하여 소송을 제기한 결과 그 앞으로 소장부본 및 변론기일소환장이 송달되어 변론기일에 참칭대표자의 불출석으로 의제자백 판결이 선고된 경우, 이는 적법한 대표자가 변론기일소환장을 송달받지 못하였기 때문에 실질적인 소송행위를 하지 못한 관계로 위 의제자백 판결이 선고된 것이므로, 민사소송법 제422조 제1항 제3호 소정의 재심사유에 해당한다.**

4. 판결의 편취(사위판결)

가. 의 의

(1) 원고에 의한 법원에 대한 기망행위가 있거나, 피고 측의 소송기술의 결여 등으로 인한 효율적 방어행위의 결여 등으로 인하여 판결의 내용이 실체적 법률관계와 불일치하여 부당한 것으로 인정되는 경우

(2) **구체적 예**: ① 성명모용 소송. ② 소취하 합의 후 약속위반에 의한 승소판결. ③ 피고의 주소를 알고 있음에도 소재불명으로 공시송달결정을 얻어 피고가 모르는 사이에 받은 판결. ④ 피고의 주소를 허위로 신고하여 피고 아닌 다른 사람이 송달받고 자백간주로 받은 승소판결. ⑤ 허위사실의 주장입증으로 인한 법원기망(위증교사, 입증방해, 증거의 위조나 변조 등 재심사유가 있는 경우나, 실체적 진실의 고의적 은폐 등의 행위가 있는 경우)을 통한 실체관계와 서로 다른 허위내용의 판결 취득

(3) **문제점**: 판결이 확정되기 전이면 위와 같이 흠이 있는 경우에 상소를 통하여 구제받을 수 있다. 그러나 판결이 일단 확정되면 이제는 재심청구의 소를 제기할 수 있는 사유

---

1) 대법원 1978.5.9. 선고 75다634 전원합의체 판결.

가 없는 한, 기판력에 의하여 그 확정판결의 내용을 법원이나 당사자 모두 부정할 수 없게 된다. 그러나, 그 확정판결이 실체관계와 전혀 일치하지 않는 경우(예컨대 부존재하는 채권의 지급을 명하는 판결 등)에도 기판력의 작용에 따라 그대로 통용되어야 한다는 것은 정의 관념에 현저히 반하는 것이다. 이러한 편취판결의 피해자 구제방법은 소송절차를 통한 구제방법과 실체법적 청구권(손해배상, 부당이득반환) 행사를 통한 구제방법을 생각해 볼 수 있다.

나. 소송법상의 구제책: 소송법상의 구제책은 사위(편취)판결의 효력을 어떻게 보느냐에 따라서 그 구제방법을 달리 취급한다.

(1) 무효설: 재판을 받을 권리(절차권)이 박탈된 것이므로 당연 무효라는 견해로서, 당사자는 기일지정신청에 의하여 변론절차의 속행과 새로운 판결의 선고를 구할 수 있다고 한다. 그러나 법 제451조 1항 11호가 위 ③, ④의 경우에 당연 무효의 판결이 아님을 전제로 재심사유로 규정하고 있으므로 이 견해는 취하기 어렵다.

(2) 유효설은 일단 확정된 판결은 유효한 것으로서 당사자(피고)는 상소의 추후보완이나 재심청구 또는 항소제기가 가능하다고 한다. 즉 위 ①, ②의 경우는 대리권흠결의 경우에 준하여 제451조 1항 3호에 의해 재심청구, ③의 경우는 상소추후보완 또는 재심청구, ④의 경우 미확정재판으로서 무기한 미확정상태에 있으므로 상소가 가능하다고 한다. 만약 동 판결이 소유권이전등기청구의 소이고 그 판결에 따라 원고 앞으로 소유권이전등기가 되었다면 피고는 항소제기에 의하여 위 판결의 취소를 구할 수도 있고, 별소를 제기하여 위 소유권이전등기의 말소를 청구할 수도 있다고 한다.

다. 실체법상의 구제책: 편취(사위)판결에 대한 **실체법적 구제책으로서 부당이득·손해배상청구 또는 청구이의의 소제기(부당집행에 대한 청구의의 소이므로 절차법인 집행법상의 구제방법으로 보아야 할 것이다)의 가능여부**에 관하여 학설과 판례가 다양하게 전개되고 있다. 실체법적 구제책이 필요한 사례는 실질적으로 위 구체적 예 중 ⑤의 경우가 대표적으로 해당될 것이다.

(1) 독일판례: 손해배상청구가 가능하다고 본다.

(2) 학 설

① 재심청구 필요설: 편취된 판결의 집행에 대한 손해배상청구 등 실체법적 청구를 부정하는 학자들은 기판력제도를 통한 법적 안정성을 강조하면서 재심청구를 통하여 확정판결을 취소하지 않는 한 이러한 청구를 할 수 없다고 주장한다.

② 재심청구 불요설: 법적 안정성의 추구 못지않게 구체적 타당성 있는 법집행이 중요하다는 입장에서 확정판결을 재심절차를 통하여 취소하지 않고서도 손해배상청구 등이 가능하다는 견해. 이 견해를 취하더라도 원고가 신의칙에 반하는 방법으로 판결을 편취하거나, 그 판결의 집행이 권리남용의 요건을 갖추고 있거나, 그 판결에 기한 강제집행이 현저하게 반도덕적이라고 인정될 경우 등 제한적인 경우에만 실체법상의 구제수단을 인정하여야 한다는 견해이다. 즉 원칙적으로 재심청구에 의하여 판결이 취소되어야 할 것이지만, 예외적으로 당사자의 절차적 기본권이 현저히 침해된 상태에서 선고된 확정판결의 경우에는 재심절차를 거칠 것 없이 바로 실체법상 청구가 가능하다고 본다.

(3) 판례는 이미 소멸된 채권의 존재를 주장하여 그에 대한 승소 확정판결을 받은 것이라면 위 확정판결을 집행권원으로 하는 강제집행을 용인함은 이미 변제에 의하여 소멸된 채권을 이중으로 지급받고자 하는 불법행위를 허용하는 결과가 된다 할 것이므로, 이러한 부당판결의 집행행위는 자기의 불법한 이득을 꾀하여 상대방에게 손해를 줄 목적이 내재된 사회생활상 용인되지 아니하는 행위로서 신의칙 위배 및 권리남용에 해당하여 허용되지 않는 것이어서, 판결을 집행하는 자체가 불법인 경우에는 그 불법은 당해 판결에 의하여 강제집행에 착수함으로써 외부에 나타나 비로소 이의의 원인이 된다고 보아야 하기 때문에 이러한 경우에는 **청구이의의 소를 허용하여야 한다**고 하였다.[1] 그러나 그 뒤에 나온 아래의 판례들은 그 확정판결에 기한 집행이 현저히 부당하고, 상대방으로 하여금 그 집행을 수인하도록 하는 것이 정의에 반함이 명백하여 사회생활상 용인할 수 없다고 인정되는 경우이거나, **당사자의 절차적 기본권이 근본적으로 침해된 상태**에서 판결이 선고되었거나 확정판결에 재심사유가 존재하는 등 확정판결의 효력을 존중하는 것이 정의에 반함이 명백하여 이를 묵과할 수 없는 경우로 한정하여야 할 것이라고 하였다.

[**대법원 1997.9.12. 선고 96다4862 판결**] [**사안의 내용**] (1) 채권자 X가 채무자 A의 연대보증인 중 1인인 Y를 상대로 한 소송을 제기하여 그 변론 종결 전에 A의 다른 보증인으로부터 채무일부를 변제받고, 또한 담보물건에 대한 경매에 의하여 채무일부를 변제 받았다. (2) 그럼에도 X는 위 소송에서 보증한도액 전부의 지급을 구하는 청구를 그대로 유지하여 위 금액전부의 지급을 명하는 승소판결을 받았다. (3) 그 후 나머지 채무도 다른 보증인의 변제에 의하여 전액 소멸하였다. (4) X는 Y에 대한 위 확정판결을 근거로 하여 Y 소유 아파트에 대한 강제집행을 신청하였다. (5) 이에 대해 Y는 X를 상대로 위 강제집행신청에 대하여 청구이의의 소를 제기하고 위 강제집행의 배제를 구하고 있다.(동 사례는 기판력의 시적범위에 의하여 일부변제항변이 불가능하게 된 경우를 전제로 한 것이다) [**판결요지**] (1) 확정판결의 내용이 실체적 권리관계에 배치되는 경우 그 판결에 의하여 집행할 수 있는 것으로 확정된 권리의 성질과 그 내용, 판결의 성립 경위 및 판결 성립 후 집행에 이르기까지의 사정, 그 집행이 당사자에게 미치는 영향 등 제반사정을 종합하여 볼 때, 그 확정판결에 기한 집행이 현저히 부당하고, 상대방으로 하여금 그 집행을 수인하도록 하는 것이 정의에 반함이 명백하여 사회생활상 용인할 수 없다고 인정되는 경우는 그 집행은 권리남용으로서 허용되지 않는다. (2) 이 사건 강제집행은 판결의 변론종결 전에 채무자의 보증채무 중 일부가 이미 소멸하였거나 소멸한 사실을 쉽게 알 수 있었음에도 불구하고 그 보증채무 전액의 지급을 명하는 판결을 받았음을 기화로 채무자의 보증채무가 변제에 의하여 모두 소멸된 후에 이를 이중으로 지급받고자 하는 것이다. 그 뿐만 아니라 그 집행의 과정도 신의에 반하는 것으로서 그 부당함이 현저하고, 한편 보증인에 불과한 자로서 그 소유의 담보물건에 관하여 일차 경매가 실시된 바 있는 채무자에게 이미 소멸된 보증채무의 이중변제를 위하여 그 거주의 부동산에 대한 강제집행을 수인하라는 것이 되어 가혹하다. 따라서 위 강제집행은 사회 생활상 도저히 용인할 수 없다할 것이다.

[**대법원 2013.4.25. 선고 2012다110286 판결**] 가. 민사소송에서 판결이 확정되면 그 대상

---

1) 대법원 1984.7.24. 선고 84다카872 청구이의사건.

이 된 청구권의 존재 혹은 부존재를 더 이상 다툴 수 없게 되는 기판력이 발생하여 당사자의 법적 안정을 도모하고 있고, 때문에 위 확정판결의 효력을 배제하기 위해서는 재심 사유가 존재하는 경우에 한하여 재심의 소에 의하여 그 취소를 구하는 것이 원칙적인 방법이다. 따라서 확정판결의 취득 또는 그에 기한 집행을 불법행위라고 하기 위해서는, 소송당사자가 상대방의 권리를 해할 의사로 상대방의 소송관여를 방해하거나 허위의 주장으로 법원을 기망하는 등 부정한 방법으로 실제의 권리관계와 다른 내용의 확정판결을 취득하고, 그로 인하여 상대방의 절차적 기본권을 근본적으로 침해함으로써 확정판결의 효력을 존중하는 것이 정의관념에 반하여 이를 도저히 묵과할 수 없는 사정이 있어야 한다. 그렇지 않고 **당사자가 단순히 실체적 권리관계에 반하는 허위주장을 하거나, 자신에게 유리한 증거를 제출하고 불리한 증거는 제출하지 아니하거나, 제출된 증거의 내용을 자기에게 유리하게 해석하는 등의 행위만으로는 확정판결의 위법한 편취에 해당하는 불법행위가 성립한다고 단정할 수 없다**(대법원 2010.2.11. 선고 2009다82046,82053 판결 참조).

[예제] [제40회 사법시험] X는 Y종중을 상대로 Y소유의 토지에 관하여 매매로 인한 소유권이전등기의 소를 제기하면서, 아들인 A와 통모하여 마치 A가 Y종중의 대표자로 선출된 것처럼 서류를 위조하여 제출한 다음, 소상부본을 A가 송달받게 되었다. A는 변론기일에 불출석함으로써 의제자백(자백간주)이 성립되어 X가 승소·확정판결을 받았다. **Y종중의 구제방법은?** (50점)

[해설] Ⅰ. 주요논점: 사안에서는 X가 Y종중에 대하여 자백간주에 의하여 판결(확정판결)을 편취하였으므로 판결편취의 의의와 그 효력에 관하여 먼저 살펴보고, Y종중이 취할 수 있는 구제방법으로서 소송법적 구제방법과 실체법적 구제방법에 관하여 검토하여야 한다.

Ⅱ. 편취판결의 의의 및 그 효력

　　1. 의의: 당사자가 법원이나 상대방을 기망하여 실체관계에 반하는 내용의 판결을 받은 경우를 의미한다.

　　2. 편취판결의 효력: 당연무효로 보아야 한다는 무효설과 판결자체는 유효하다는 유효설이 있으며, 통설은 유효설을 취하고 있다.

Ⅲ. 절차법적 구제책

　　1. 학설: 상소의 추후보완 또는 재심청구설과 항소제기설(상소설)이 있다.

　　2. 판례:

　　3. 본 사안의 경우: 대법원 1999.2.26. 선고 98다47290 판결 참조.

Ⅳ. 실체법적 구제책

　　1. 부당이득반환청구의 가능여부: 확정판결이 재심청구를 통하여 취소되지 않은 이상 불가.

　　2. 손해배상청구의 가능여부: 그 확정판결에 기한 집행이 현저히 부당하고, 상대방으로 하여금 그 집행을 수인하도록 하는 것이 정의에 반함이 명백하여 사회생활상 용인할 수 없다고 인정되는 경우이거나, **당사자의 절차적 기본권이 근본적으로 침해된 상태**에서 판결이 선고되었거나 확정판결에 재심사유가 존재하는 등 확정판결의 효력을 존중하는 것이 정의에 반함이 명백하여 이를 묵과할 수 없는 경우로 한정하여 허용될 수 있을 것이다.

Ⅸ. 가집행선고

1. 의   의

남상소(濫上訴)의 폐해방지, 심리의 제1심 집중.

2. 요   건

가. 가집행선고의 대상이 되는 판결은 종국판결에 한한다.

나. 집행할 수 있는 판결일 것
(1) 이행판결에 가집행을 붙일 수 있음은 의문이 없다.
(2) 확인판결. 형성판결의 경우에는 긍정설과 부정설이 있으나, 판례는 부정적이다.

다. 재산권의 청구에 관한 판결일 것. 의사의 진술을 명하는 판결(소유권 등 각종 이전등기, 각종 말소등기)은 확정되어야 집행력이 생기므로(민사집행법 제263조) 이러한 판결에는 가집행을 붙일 수 없다는 것이 통설이다. 민법상의 재산분할청구권은 이혼을 한 당사자의 일방이 다른 일방에 대하여 재산분할을 청구할 수 있는 권리로서 이혼이 성립한 때에 그 법적 효과로서 비로소 발생하는 것이다. 따라서 당사자가 이혼이 성립하기 전에 이혼소송과 병합하여 재산분할의 청구를 하고, 법원이 이혼과 동시에 재산분할을 명하는 판결을 하는 경우에도 이혼판결은 확정되지 아니한 상태이므로, 그 시점에서 가집행을 허용할 수는 없다.[1]

라. 가집행선고를 붙이지 아니할 상당한 이유가 없을 것. 법원은 재산권의 청구에 관한 판결에는 원칙적으로 가집행선고하여야 한다.

3. 절차 및 방식

법원이 직권으로 선고하며 당사자의 신청은 직권발동을 촉하는 의미밖에 없다. 담보부 가집행선고 및 가집행면제선고를 할 수 있고, 가집행은 판결주문에 표시한다.

4. 효   력

가. 집행력의 발생

나. 만족적 효력

다. 잠정적 효력: 상급심에서 가집행선고 있는 본안 판결이 취소되는 것을 해제조건으로 하여 집행의 효력이 발생.

---

1) 대법원 1998.11.13. 선고 98므1193 판결.

[**대법원 1995.6.30. 선고 95다15827 판결**] [**사안의 내용 · 쟁점**] 가집행이 붙은 제1심 판결을 선고받은 채무자가 그 판결에서 지급을 명한 채무원리금을 채권자에게 변제하고, 항소를 제기하여 항소심에서 제1심이 인정한 금액을 다투는 한편, 위 가집행 판결에 따라 지급한 금액에 대하여 채무변제의 항변을 하였다. 이때 위 변제의 효력은? [**판결요지**] ① 위의 사안에서 그 채무자는 제1심 판결이 인용한 금액에 상당하는 채무가 있음을 스스로 인정하고 이에 대한 확정적 변제행위로 채권자에게 그 금원을 변제한 것이 아니라 제1심판결이 인용한 지연손해금의 확대를 방지하고 그 판결에 붙은 가집행선고에 기한 강제집행을 면하기 위하여 그 금원을 지급한 것으로 봄이 상당하다. ② 이와 같이 제1심 판결에 붙은 가집행선고에 의하여 지급된 금원은 확정적으로 변제의 효과가 발생하는 것이 아니어서 채무자가 그 금원의 지급 사실을 항소심에서 주장하더라도 항소심은 그러한 사유를 참작할 것이 아니다. ③ 그 금원 지급에 의한 채권소멸의 효과는 그 판결이 확정된 때에 비로소 발생하게 된다. ④ 다만, 채무자가 그와 같이 금원을 지급하였다는 사유는 본래의 소송의 확정판결의 집행력을 배제하는 적법한 청구이의의 사유가 될 뿐이다.

5. 가집행선고의 실효와 원상회복

가. 실효의 범위: 본안판결에 변경이 있을 때 그 범위 내에서 가집행 판결은 실효된다.

나. 원상회복 및 손해배상의무

(1) ① 법 제215조
② 규정의 취지: 공평의 관념
③ 무과실 책임

(2) 손해배상의 범위

① 가집행과 상당인과관계 있는 모든 손해: 가집행선고가 실효된 경우 가집행채무자의 손해에 대한 가집행채권자의 배상책임을 규정하는 민사소송법 제215조 2항의 입법 취지는 가집행선고부 승소판결에 의한 가집행은 그 본안판결의 확정을 기다리지 아니하고 권리의 때이른 실현을 허용하는 것으로서 가집행채권자에게 이익을 주나, 반면 가집행 후에 그 기초가 되는 판결이 상소심에서 취소되고 이로써 그 가집행선고가 실효되었다면 그 가집행선고는 결과적으로 가집행채무자에게 실체적으로 정당화되지 아니하는 불이익을 주는 것이 되므로, 위와 같은 가집행으로 인한 당사자들 사이의 이해관계를 공평하게 조정하기 위한 것이다. 그리고 여기서 **"가집행의 면제를 받기 위하여 입은"** 가집행채무자의 손해에 대한 가집행채권자의 배상책임은 가집행채권자의 고의 또는 과실 유무를 묻지 아니하고 인정되고, 그 손해배상의 범위에는 가집행과 상당인과관계에 있는 모든 손해가 포함된다. 위와 같은 점들에다가 우리 민사소송법이 당사자의 신청이 없어도 이를 붙이지 아니할 상당한 이유가 없는 한 법원으로 하여금 가집행선고를 붙여야 하는 것으로 정하고 있는 점(같은 법 제213조 1항 참조) 등을 종합하여 고려하여 보면, 위 법조항에 기하여 "가집행의 면제를 받기 위하여 입은 손해"에 대한 가집행채권자의 배상책임이 발생하는 데에는 개별적인 사안에서 가집행채무자가 가집행채권자의 집행을 예기하여 그 집행을 면하기 위한 조치에 나아가는 것이 사회

관념상 불합리하지 아니한 것으로 평가될 수 있어야 한다고 봄이 상당하다. 따라서 **가집행채무자가 가집행선고부 판결에 대하여 상소하면서 그 강제집행의 정지를 구하는 과정에서 그 담보로 일정한 금전을 공탁한 경우**(민사소송법 제501조, 제500조 1항 등 참조)에 있어서도, 가집행선고부 승소판결이 있었으나 그 후 가집행선고가 실효되었다는 것만으로 그 공탁으로 인한 가집행채무자의 손해에 대한 가집행채권자의 손해배상책임이 바로 긍정된다고는 할 수 없고, 가집행채권자가 집행문을 부여받거나 미리 가압류 등의 보전처분을 하여 두는 등으로 집행절차에 착수하거나 준비한 경우 또는 그 전이라도 가집행채권자가 가집행채무자에 대하여 임의의 이행이 없으면 강제집행에 들어가겠다는 태도를 보인 경우이거나 적어도 가집행채무자가 가집행채권자의 집행을 예기하여 위와 같은 공탁으로써 강제집행의 정지를 구하는 것이 구체적인 분쟁의 경위나 성질, 당사자들의 관계, 경제적 지위 또는 재산상황, 가집행선고부 판결 및 그 상소심 판결의 내용이나 이유 또는 당해 소송에서 현출된 소송자료의 내용 등 제반 사정에 비추어 사회관념상 수긍할 만한 것으로 평가되는 경우에 해당하여야 한다.[1]

② 과실상계를 할 수 있다.

(3) 절 차

① 별도의 소제기 방식

② 상소심절차 이용: 가지급물 반환신청. 민사소송법 제201조 2항 소정의 가집행선고로 인한 지급물 반환신청은 가집행에 의하여 집행을 당한 채무자로 하여금 본안 심리절차를 이용하여 신청의 심리를 받을 수 있는 간이한 길을 터놓아 반소 또는 차후 별소를 제기하는 비용, 시간 등을 절약할 수 있게 한 제도로서 집행을 당한 채무자가 본안에 대하여 불복을 제기함과 아울러 본안을 심리하고 있는 상소심에서 변론종결 전에 그 신청을 하여야 함이 원칙이다. 그 신청의 이유인 사실의 진술 및 당부의 판단을 위하여는 소송에 준하여 변론이 필요하다. 상고심에서는 과연 집행에 의하여 어떠한 지급이 이루어졌으며, 어느 범위의 손해가 있었는가 등의 사실관계를 심리 확정할 수 없기 때문에, 신청의 이유로서 주장하는 사실관계에 대하여 당사자 사이에 다툼이 없어 사실 심리를 요하지 아니하는 경우를 제외하고는, 상고심에서는 가집행선고로 인한 지급물의 반환신청은 허용될 수 없다.[2]

> **[대법원 2011.8.25. 선고 2011다25145 판결]** 1. 가집행선고부 판결에 기한 집행의 효력은 확정적인 것이 아니고 후일 본안판결 또는 가집행선고가 취소·변경될 것을 해제조건으로 하는 것이다. 즉 가집행선고에 의하여 집행을 하였다고 하더라도 후일 본안판결의 일부 또는 전부가 실효되면 이전의 가집행선고부 판결에 기하여는 집행을 할 수 없는 것으로 확정된다. 따라서 가집행선고에 기하여 이미 지급받은 것이 있다면 이는 법률상 원인이 없는 것이 되므로 부당이득으로서 반환하여야 한다. 위와 같은 가지급물 반환신청은 가집행에 의하여 집행을 당한 채무자가 별도의 소를 제기하는 비용, 시간 등을 절약하고 본안의 심리 절차를 이용하여 신청의 심리를 받을 수 있는 간이한 길을 터놓은 제도로서 그 성질은 본안판결의 취소·변경을 조건으로 하는 예비적 반소에 해당한다. 2. 제1심에서 채무자를 상대로 금전지급을 구하는 이행청구의 소를 제기하여 가집행선고부 승소판결을 받고 그에 기하여 판결원리

---

1) 대법원 2010.11.11. 선고 2009다18557 판결.
2) 대법원 2000.2.25. 선고 98다36474 판결.

금을 지급받았다가, 항소심에 이르러 채무자에 대한 회생절차개시로 인해 당초의 소가 회생채권확정의 소로 교환적으로 변경되어 취하된 것으로 되는 경우에는 항소심 절차에서 가지급물의 반환을 구할 수 있다고 보아야 하고, 그것을 별소의 형식으로 청구하여 반환받아야만 된다고 볼 것은 아니다. 한편 회생채권자가 소 변경 전의 이행청구에 대한 가집행선고부 제1심판결에 기하여 지급받은 돈 중 그 후 교환적으로 변경된 회생채권확정의 소에서 확정받은 채권액 부분이 있다 하더라도 그 부분을 가지급물 반환 대상에서 제외할 것은 아니다. 3. 甲 주식회사가 乙 주식회사를 상대로 공사대금 및 지연손해금 지급을 구하는 소를 제기하여 제1심법원이 乙 회사에 그 지급을 명하는 판결을 선고하였고 이에 乙 회사가 甲 회사에 그때까지의 판결원리금을 지급하였는데, 이후 乙 회사가 회생절차개시결정을 받아 甲 회사는 회생절차에서 위 공사대금채권을 회생채권으로 신고하였으나 乙 회사 관리인 丙이 소송계속 중이라는 이유로 이의를 하자, 甲 회사가 원심 계속중에 공사대금지급청구를 회생채권확정을 구하는 청구로 소를 교환적 변경하여 원심이 이에 따라 판결을 선고하면서 甲 회사의 乙 회사에 대한 회생채권액을 확정하고 甲 회사에 가지급물 반환을 명한 사안에서, 원심이 회생채권확정의 판결을 선고하면서 乙 회사가 제1심판결에 기하여 지급한 돈 전체가 가지급물 반환 대상에 해당된다고 보아 乙 회사 등의 가지급물 반환신청을 인용한 것은 정당하다.

제 9 장 병합 소송

[하나의 소에 청구가 여러 개 합쳐진 소송을 병합소송이라 한다. 병합소송은 소송물이 복수인 (객관적)병합소송과 당사자가 여러 명이 있는 다수당사자소송이 있다. 병합소송은 다시 병합의 시기에 따라 원시적 병합(소의 객관적 병합)과 후발적 병합{반소, 소의 변경(추가적 변경), 중간확인의 소} 등으로 나뉜다.]

제 1 절 청구의 병합(소의 객관적 병합)

Ⅰ. 의   의

Ⅱ. 병합요건

1. 같은 종류의 소송절차에 의하여 심판될 수 있을 것.

가. 재심청구의 소에 그와 별개의 새로운 소(반소 등을 포함)를 제기하여 청구를 병합할 수 없다. 즉 피고들 명의의 소유권 이전등기가 되어 있던 A부동산에 대하여 원고가 소유권이전등기청구소송을 제기하여 승소확정판결을 받고 원고 명의의 소유권이전등기가 이루어진 뒤, 피고들이 위 확정판결(재심대상판결)의 취소와 그 청구기각을 구하는 재심청구의 소를 제기하면서 원고와 그 승계인을 상대로 위 확정판결에 의하여 경료된 원고명의의 소유권이전등기와 그 후 경료된 승계인 명의의 소유권이전등기의 각 말소를 구하는 청구를 제기한 사안에서 판례는[1] 소유권이전등기의 각 말소청구의 소를 제기하여야 할 것이고 재심의 소에 병합하여 제기할 수 없다고 판시하면서 피고가 병합 제기한 소유권이전등기말소청구를 각하하였다. 이와 유사한 사례로서 **제권판결 불복의 소와 같은 형성의 소는 그 판결이 확정됨으로써 비로소 권리변동의 효력이 발생하게 되므로 이에 의하여 형성되는 법률관계를 전제로 하는 이행소송(수표금 청구의 소) 등을 병합하여 제기할 수 없는 것이 원칙이다.**[2]

나. 학설은 위와 같은 판례를 비판하고 상소심판결에 대한 재심의 소가 아닌 한 통상의 민사상 청구를 병합시키는 것을 막을 필요가 없다는 것이 통설이다.

---

1) 대법원 1997.5.28. 선고 96다41649 판결.
2) 뒤의 대법원 2013.9.13. 선고 2012다36661 판결 참조.

2. 각 청구에 대하여 수소법원에 관할권이 있을 것.

병합된 청구 중에 전속관할이 없으면 관련재판적에 의하여 수소법원이 관할권을 가진다.

3. 병합되는 수 개의 청구가 동일 원고로부터 동일 피고에 대하여 제기될 것.

Ⅲ. 병합의 모습

1. 단순병합

병합된 모든 청구에 대하여 법원의 심판을 구하는 형태이다.

예: 가. 건물임대인이 임차인에 대하여 건물의 명도와 밀린 임료를 함께 청구하는 경우.
　　나. 불법행위로 인한 인명(신체)침해 시의 손해배상청구로서 적극적, 소극적, 정신적 손해배상청구를 하는 경우.
　　다. 본래의 급부와 그 집행불능 시에 이행에 갈음하는 손해배상을 아울러 청구하는 경우.
　　라. 부진정예비적 병합: 매매계약의 무효확인과 그 청구가 이유 있을 때 매매로 넘어간 목적물의 반환도 함께 청구하는 경우.

[대법원 1989.6.13. 선고 88다카7962 판결] 제권판결에 대한 불복의 소는 확정판결의 취소를 구하는 형성의 소로서 제소사유가 법정되어 있고 제소기간의 제한이 있는 등 재심의 소와 유사한 점이 있으나 통상의 판결절차로서 성립한 판결에 대한 것이 아니라 증권 상실자의 일방적 관여로 이루어지는 판결에 대한 것이고 반대의 이해관계자에게 판결을 송달하지 않으므로 그에 대하여 통상의 상소절차를 이용하게 하는 것이 불합리하기 때문에 별도로 불복방법을 마련하고 있는 것인 점에서 재심의 소와는 성질상 차이가 있을 뿐만 아니라 소송경제를 도모하고 서로 관련 있는 사건에 대한 판결의 모순 저촉을 피하기 위하여서도 다른 민사상의 청구를 병합하여 심리판단하게 하는 것이 타당하다. [본 사례는 다음과 같다: 갑이 수표를 자기의 의사에 기하여 편취당하여 수표의 무효선고를 청구하는 공시최고신청을 할 수 없음에도 불구하고 이를 분실하였다는 허위의 주장사실을 내세워 법원에 공시최고신청을 하고 나아가 을이 수표의 소지인임을 알면서도 그 소재를 모르는 것처럼 공시최고기일에 출석, 그 신청의 원인과 제권판결을 구하는 취지를 진술하여 공시최고법원을 기망하고 이에 속은 법원으로부터 선고와 동시에 형식적 확정력이 생기는 제권판결을 얻었다면 그 제권판결의 소극적 효과로서 을이 소지하고 있는 수표는 무효가 되어 을은 그 수표상의 권리를 행사할 수 없게 되고 적법한 수표소지인임을 전제로 한 이득상환청구권도 발생하지 않게 된 손해를 입었다고 할 것이므로 갑은 을에게 불법행위로 인한 손해배상책임이 있다는 것이다. 이 경우에 수표의 소지인이 그 수표금의 지급을 받지 못한 경우에는 특단의 사정이 없는 한 수표금 상당의 손해를 입은 것이고, 수표를 취득하게 된 원인관계에 있어서 제 3자에게 기존 채권이 있더라도 그것이 변제되지 않는 한 수표소지인이 입게 되는 손해에는 아무런 영향을 미치지 않는다.]

[대법원 2013.9.13. 선고 2012다36661 판결] 원심판결 이유에 의하면, 원심은, 제권판결에 대한 취소판결이 확정되기 전까지는 증권소지인이 증권상의 권리를 행사할 수 없음이 원칙이나, 이 사건의 경우, 원고가 청구원인에서 제권판결 불복의 소가 인용됨을 전제로 피고 2 및 농업협동조합중앙회에 대하여 수표금의 지급을 구하고 있어 이는 장래이행의 소에 해당하고, 농업협동조합중앙회와 피고 2가 수표금 지급 청구에 대하여 이미 다투고 있어 미리 청구할 필요도 인정되므로 이 사건 수표금 청구는 제권판결에 대한 취소판결의 확정을 조건으로 한 조건부 청구권에 관한 장래이행의 소로서 허용된다고 판단하였다. 그러나 **제권판결 불복의 소와 같은 형성의 소는 그 판결이 확정됨으로써 비로소 권리변동의 효력이 발생하게 되므로 이에 의하여 형성되는 법률관계를 전제로 하는 이행소송 등을 병합하여 제기할 수 없는 것이 원칙이다**(대법원 2004.1.27. 선고 2003다6200 판결 참조). 또한 제권판결에 대한 취소판결의 확정 여부가 불확실한 상황에서 그 확정을 조건으로 한 수표금 청구는 장래이행의 소의 요건을 갖추었다고 보기 어려울 뿐만 아니라, 제권판결 불복의 소의 결과에 따라서는 수표금 청구소송의 심리가 무위에 그칠 우려가 있고, 제권판결 불복의 소가 인용될 경우를 대비하여 방어하여야 하는 수표금 청구소송의 피고에게도 지나친 부담을 지우게 된다는 점에서 이를 쉽사리 허용할 수 없다고 할 것이다.

2. 선택적 병합

논리적으로 **양립할 수 있는** 여러 개의 청구(이혼청구하면서 민법 제840조 각 호의 행위를 원인으로 하는 경우 등)를 병합하여 제기하고, 법원이 그 중 하나를 선택하여 인용하면 다른 청구에 대하여 심판할 필요가 없는 형태이다. 소송법설 중 一元說(一分肢說)은 이러한 형태의 청구병합을 인정하지 않으며, 다만 공격방법 내지 법률적 관점이 여러 개 경합된 것으로 본다.

3. 예비적 병합

논리적으로 **양립 불가능**한 여러 개의 청구를 병합하여 제1차적(주의적) 청구가 기각, 각하될 때 제2차적(예비적) 청구에 대한 심판을 구하는 형태이다. 행정처분에 대한 무효확인과 취소청구는 서로 양립할 수 없는 청구로서 주위적, 예비적 청구로서만 병합이 가능하다. 그러나 주위적으로 무조건적인 소유권이전등기절차의 이행을 구하고, 예비적으로 금전지급과 상환으로 소유권이전등기절차를 이행할 것을 구하는 것은 주위적 청구를 질적으로 일부 감축한 것에 지나지 않으므로 예비적 청구라고 볼 수 없다.[1] 예비적 청구는 주위적 청구와 기초적 사실관계에 있어서 상호 관련성이 있을 것을 요한다(아래 2005다51495 판결 참조).

4. 논리적으로 전혀 관계가 없어 순수하게 단순병합으로 구하여야 할 수 개의 청구를 선택적 또는 예비적 청구로 병합하여 청구하는 것은 부적법하여 허용되지 않는다. 따라서 원고가 그와 같은 형태로 소를 제기한 경우 제1심법원이 본안에 관하여 심리·판단하기 위해서는 소송지휘권을 적절히 행사하여 이를 단순병합 청구로 보정하게 하는 등

---

1) 대법원 1999.4.23. 선고 98다61463 판결.

의 조치를 취하여야 한다. 법원이 이러한 조치를 취함이 없이 본안판결을 하면서 그 중 하나의 청구에 대하여만 심리·판단하여 이를 인용하고 나머지 청구에 대한 심리·판단을 모두 생략하는 내용의 판결을 하였다 하더라도 그로 인하여 청구의 병합형태가 선택적 또는 예비적 병합 관계로 바뀔 수는 없는 것이다. 이러한 판결에 대하여 피고만이 항소한 경우 제1심 법원이 심리·판단하여 인용한 청구만이 항소심으로 이심될 뿐, 나머지 심리·판단하지 않은 청구는 여전히 제1심에 남아 있게 된다.[1]

[대법원 2002.9.4. 선고 98다17145 판결] 1. 전소 판결의 기판력이 없다는 주장과 이 사건 소송요건에 관하여; 법원이 구체적 소송사건에 대하여 당사자의 변론을 거쳐 종국판결을 선고하여 그 판결이 확정됨으로써 형식적 확정력이 발생하면 그 판결의 판단내용에 따른 기판력이 생기는바, 법원 판단의 통용성으로서의 그 효력은 처분권주의, 변론주의 등의 절차적 보장 아래에서 소송당사자가 자기책임으로 소송을 수행한 소송물에 관하여 법원이 판결주문에 판단을 특정 표시함으로써 이루어지는 것이다. 따라서 구체적 사건의 어느 청구에 대하여 법원이 전혀 판단을 하지 않았다면 그 부분에 한하여서는 기판력이 생길 수 없다. 2. 소의 적법요건은 법원의 직권조사사항이며, 소송상 사권보호청구권은 사법제도를 이용할 수 있는 전제인 권리보호의 요건을 갖추어야 적법하게 되는 것이다. 그리고 구 민사소송법에 규정되어 소송의 지도이념으로서 전반적인 민사소송절차를 규율한 신의성실의 원칙은 각 사건의 당사자로서는 소송경제의 이념에 따라 필요한 관련 사유를 주장·입증하고, 그 소송의 심급제도를 제때에 이용함으로써 당해 소송절차 안에서 분쟁을 경제적으로 해결하도록 신의에 따라 성실하게 소송수행에 협력하여야 한다는 취지를 포함한 것이다. 그와 같은 법 원칙에 좇아, 구 민사소송법에는 본안에 대한 종국판결이 있은 뒤에 소를 취하한 사람은 같은 소송물에 대하여 같은 소를 다시 제기하지 못하게 되며(제240조 제2항), 당사자는 제1심법원의 종국판결에 대하여는 불변기간 내에만 항소로써 불복하고(제360조, 제366조), 제2심법원의 종국판결에 대하여는 상고이유가 있는 때에 한하여 불변기간 내에만 상고로써 불복하여(제392조 내지 제395조) 각 판결 위법사유의 시정을 구할 수 있으며, 일단 판결이 확정되면 그 판결 결과에 영향을 끼친 위법한 판단을 포함한 것이라 하더라도 무제한적으로 재심을 청구할 수는 없고 재심사유가 있을 때에만 재심이 허용될 뿐인데 그 경우에도 종국판결에 위법사유 있음을 알고서 그 판결 확정 전에 상소로 주장할 수 있었음에도 상소로 주장하지 않았던 때에는 재심으로도 위법한 판결의 시정을 받지 못하는 것으로(제422조 제1항) 규정되어 있었으며, 그 규정들의 취지는 법 제6626호로 전문 개정된 현행 민사소송법에서도 그대로 유지되고 있다. 위의 규정들과 판례들의 취지를 종합해 볼 때, 어느 분쟁해결을 위하여 적정한 판단을 받을 수 있도록 마련된 보다 더 간편한 절차를 이용할 수 있었음에도 그 절차를 이용하지 않았다는 사정은 소송제기에 있어 소극적 권리보호요건인 직권조사사항이라 할 것이어서, **위법한 판결로 인하여 불이익을 받게 된 당사자는 별소를 제기할 필요가 없이 간편하게 그 소송절차 내에서 상소를 통하여 그 분쟁해결을 위한 적정한 판단을 구할 길이 열려져 있으며 또한 소송경제에 맞는 그 방법을 통하여서만 사실심인 하급심판결에 대하여 새로 올바른 판단을 받도록 마련되어 있는 것이기에, 하급심의 판결에 위법한 오류가 있음을 알게 된 당사자가 그를 시정하기 위한 상소절차를 이용할 수 있었음에도 그를 이용하지 아니하고 당연 무효가 아닌 그 판결을 확정 시켰다면 그 판결은 위법한 오류가 있는 그대로 확정됨과 동**

---

1) 대법원 2008.12.11. 선고 2005다51495 판결.

시에 당사자로서는 그 단계에서 주어진 보다 더 간편한 분쟁해결수단인 상소절차 이용권을 스스로 포기한 것이 되어, 그 후에는 상소로 다투었어야 할 그 분쟁을 별소로 다시 제기하는 것은 특별한 사정이 없는 한, 그의 권리보호를 위한 적법요건을 갖추지 못한 때문에 허용될 수 없을 터이다. 3. 청구의 예비적 병합은 주위적 청구가 인용되지 아니할 것에 대비하여 그의 인용을 해제조건으로 예비적 청구에 관하여 심판을 구하는 병합형태로서 그 각 청구가 하나의 소송절차에 불가분적으로 결합되어 있기 때문에 병합된 각 청구 중 주위적 청구를 배척하면서 예비적 청구에 대하여 판단하지 아니한 판결은 예비적 병합의 제도취지에 반하여 위법하게 되고 상고에 의하여 주위적 청구와 예비적 청구가 함께 상고심에 이심되는 것이며 예비적 청구부분의 소송의 재판 탈루가 된다고 할 것이 아니어서(대법원 2000.11.16. 선고 98다22253 전원합의체 판결 참조), 항소심판결이 예비적 청구 부분에 관하여 전혀 판단하지 아니하였다면 당사자는 그 판결에 대하여 불복·상고하여 그 위법 부분의 시정을 받아야 하며, 당사자가 상고하여 그 예비적 청구에 대한 항소심의 판단이 누락되었다는 위법사유를 지적하였음에도 법률심인 상고심에서도 법률관계상의 그 쟁점에 관한 판단을 빠뜨림으로써 그 오류가 시정되지 않은 채 상고심판결이 확정되면 당사자는 재심사유를 주장·입증하여 그 상고심판결에 대한 재심을 구하는 길만이 남게 될 이치이다. 나아가, 성질상 선택적 관계에 있는 양 청구를 당사자가 주위적, 예비적 청구 병합의 형태로 제소함에 의하여 그 소송심판의 순위와 범위를 한정하여 청구하는 이른바, 부진정 예비적 병합 청구의 소도 허용되는 것이며, 아울러 주위적 청구가 전부 인용되지 않을 경우에는 주위적 청구에서 인용되지 아니한 수액 범위 내에서의 예비적 청구에 대해서도 판단하여 주기를 바라는 취지로 불가분적으로 결합시켜 제소할 수도 있는 것인바, 사실심에서 원고가 그러한 내용의 예비적 청구를 병합 제소하였음에도, 법원이 주위적 청구를 일부만 인용하고서도 예비적 청구에 관하여 전혀 판단하지 아니한 경우, 앞서 본 법리에 따라 그 판단은 그 예비적 병합 청구의 성격에 반하여 위법한 것으로 되어 그 사건이 상소되면 그 예비적 청구부분도 재판의 탈루가 됨이 없이 이심되어 당사자는 상소심에서 그 위법사유에 대한 시정판단을 받는 등 진정한 예비적 청구 병합 소송에서와 마찬가지로 규율될 것이다. 따라서 항소심판결 상 예비적 청구에 관하여 이루어져야 할 판단이 누락되었음을 알게 된 당사자로서는 상고를 통하여 그 오류의 시정을 구하였어야 함에도 상고로 다툴 수 없는 특별한 사정이 없었음에도 상고로 다투지 아니하여 그 항소심판결을 확정시켰다면 그 후에는 그 예비적 청구의 전부나 일부를 소송물로 하는 별도의 소송을 새로 제기함은 위의 법리에서 보아 부적법한 소제기이어서 허용되지 않는다고 하겠다.

그러나 아래에서 소개하는 최근의 대법원 판례는 위와 같은 종래의 태도에 변화를 보인다. 즉 부진정예비적 병합형태를 부정하는 것으로 해석될 여지를 남기고 있다.

[대법원 2014.6.29. 선고 2013다96868 판결] 병합의 형태가 선택적 병합인지 예비적 병합인지 여부는 당사자의 의사가 아닌 병합청구의 성질을 기준으로 판단하여야 하고, 항소심에서의 심판 범위도 그러한 병합청구의 성질을 기준으로 결정하여야 한다. 따라서 실질적으로 선택적 병합 관계에 있는 두 청구에 관하여 당사자가 주위적·예비적으로 순위를 붙여 청구하였고, 그에 대하여 제1심 법원이 주위적 청구를 기각하고 예비적 청구만을 인용하는 판결을 선고하여 피고만이 항소를 제기한 경우에도, 항소심으로서는 두 청구 모두를 심판의 대상으로 삼아 판단하여야 한다.

Ⅳ. 병합청구의 심리절차와 심판

1. 소가의 산정: 단순병합은 합산, 선택·예비적 병합은 흡수

2. 병합요건의 심사

3. 심리의 공통

4. 종국판결의 형태

가. 단순병합

(1) 모든 청구에 대해 심판해야 한다.

(2) 다만 본위적 청구에 부가한 대상청구는 본위적 청구가 이유 없을 때에는 심리할 필요가 없다.

(3) 일부의 청구에 대하여 판결을 빠뜨렸을 때에는 추가판결을 하여야 한다.

(4) 여러 개의 청구 중 일부만 재판할 정도로 성숙되면 그 부분에 대한 일부판결을 할 수 있고, 이때 일부판결에 대해 상소한 때에는 다른 부분과 독립하여 상소의 대상이 된다.

(5) 병합된 청구에 대한 1개의 전부판결이 있는 경우에는 전부판결의 일부에 대하여 상소하면 불복하지 않은 나머지 부분에 대해서도 이심과 확정차단의 효력이 생긴다.

[대법원 2011.8.18. 선고 2011다30666,30673 판결] 1. 채권자가 본래적 급부청구에 이를 대신할 전보배상을 부가하여 대상청구를 병합하여 소구한 경우 대상청구는 본래적 급부청구권이 현존함을 전제로 하여 이것이 판결확정 전에 이행불능 되거나 또는 판결확정 후에 집행불능이 되는 경우에 대비하여 전보배상을 미리 청구하는 경우로서 양자의 병합은 현재 급부청구와 장래 급부청구의 단순병합에 속하는 것으로 허용된다. 이러한 대상청구를 본래의 급부청구에 예비적으로 병합한 경우에도 본래의 급부청구가 인용된다는 이유만으로 예비적 청구에 대한 판단을 생략할 수는 없다. 2. 甲이 乙을 상대로 주위적으로 근저당권설정등기의 회복등기절차 이행을 구하면서, 예비적으로 乙이 丙과 공모하여 등기를 불법말소한 데 대한 손해배상금과 지연손해금 지급을 구하였는데, 제1심법원이 주위적 청구를 인용하면서 예비적 청구를 기각하였고, 甲이 기각된 부분에 대하여 항소를 제기하자, 원심법원이 주위적 청구가 인용되어 전부 승소한 甲에게는 항소를 제기할 이익이 없다는 이유로 이 부분 항소를 각하한 사안에서, 위 예비적 청구는 주위적 청구인 근저당권설정등기 회복의무가 이행불능 또는 집행불능이 될 경우를 대비한 전보배상으로서 대상청구라고 보아야 하고, **이러한 주위적·예비적 병합은 현재 급부청구와 장래 급부청구의 단순병합에 속하므로, 甲이 항소한 부분인 예비적 청구의 당부를 판단하여야 함에도 주위적 청구가 인용된 이상 예비적 청구는 판단할 필요가 없다고 보아 이 부분 항소를 각하한 원심(항소심) 판결은 위법하다.**

나. 선택적·예비적 병합

(1) 변론의 분리·일부 판결을 할 수 없다(다수설·판례). 따라서 선택적 병합이 있는 경

429

우에 원고 청구기각판결을 하면서 일부청구에 대하여 판단을 하지 아니한 때에는 판단누락이 되어 항소심으로 모든 청구가 이심 된다. 위와 같은 통설에 대하여 ① 선택적 병합에 의할 여러 개의 청구를 그러한 병합에 의하지 아니하고 별소에 의하여 동시에 제기하더라도 중복된 소 제기의 금지에 해당하지 아니하며, ② 여러 개의 청구 중 먼저 제기한 하나의 청구가 기각된 뒤에 다시 같은 청구취지로서 별개의 청구원인으로 별소를 제기하여 판결이 선고되더라도 전소의 기판력에 저촉되지 않는 점 등에 비추어 보면, ③ 선택적 병합의 경우에는 각각 별소의 제기도 가능하고 단순병합도 가능하다고 보는 견해가 있다. 위 견해에 의하면 선택적 병합의 경우에 원고 패소판결을 하면서 병합청구 중 일부를 판단하지 않은 경우에 판단의 누락(다수설)이 아니라 재판의 누락이 되어 추가판결이 가능하다고 보며, 변론의 분리나 일부판결이 가능하다고 본다. 판례는 선택적 병합의 경우에는 수개의 청구가 하나의 소송절차에서 불가분적으로 결합되어 있기 때문에 선택적 청구 중 하나만을 기각하는 일부판결은 선택적 병합에 반하는 것으로서 법률상 허용되지 않는다[1]고 하여 판단의 누락으로 보고 있다.

(2) 논리적으로 전혀 관계가 없어 순수하게 단순병합으로 구하여야 할 수개의 청구를 선택적 또는 예비적 청구로 병합하여 청구하는 것은 부적법하여 허용되지 않는다. 따라서 원고가 그와 같은 형태로 소를 제기한 경우 제1심법원이 본안에 관하여 심리·판단하기 위해서는 소송지휘권을 적절히 행사하여 이를 단순병합 청구로 보정하게 하는 등의 조치를 취하여야 한다. 법원이 이러한 조치를 취함이 없이 본안판결을 하면서 그 중 하나의 청구에 대하여만 심리·판단하여 이를 인용하고 나머지 청구에 대한 심리·판단을 모두 생략하는 내용의 판결을 하였다 하더라도 그로 인하여 청구의 병합 형태가 선택적 또는 예비적 병합 관계로 바뀔 수는 없으므로, 이러한 판결에 대하여 피고만이 항소한 경우 제1심법원이 심리·판단하여 인용한 청구만이 항소심으로 이심될 뿐, 나머지 심리·판단하지 않은 청구는 여전히 제1심에 남아 있게 된다.[2]

다. 판단방법

(1) 선택적 병합의 경우에 원고 승소판결 시에는 이유 있는 청구중 어느 하나를 선택하여 판단하면 되고, 나머지 청구에 관하여 판단을 요하지 않는다. 원고 패소판결 시에는 병합된 청구 전부에 대하여 판단하여야 한다.

(2) 수개의 청구가 제1심에서 선택적으로 병합되고 그 중 어느 하나의 청구에 대한 인용판결이 선고되어 피고가 항소를 제기한 때에는 제1심이 판단하지 아니한 나머지 청구까지도 항소심으로 이심되어 항소심의 심판범위가 되므로, 항소심이 원고의 청구를 인용할 경우에는 선택적으로 병합된 수개의 청구 중 어느 하나를 임의로 선택하여 심판할 수 있으나,[3] 원고의 청구를 모두 기각할 경우에는 원고의 선택적 청구 전부에 대하여 판단하여야 한다.

(3) 원고가 피고에 대하여 22억 원의 지급을 구하면서 그 청구원인으로, ① 기망에 의한 불법행위로 인한 손해배상청구, ② 부당이득반환청구, ③ 반환약정에 의한 청구를 선택적으

---

1) 대법원 1998.7.24. 선고 96다99 지분소유권이전등기 판결 등.
2) 대법원 2008.12.11. 선고 2005다51495 판결.
3) 대법원 2006.4.27. 선고 2006다7587,7594 판결 참조.

로 병합하였는데, 제1심은 그 중 반환약정에 의한 청구를 일부 인용하고, 불법행위로 인한 손해배상청구와 부당이득반환청구를 각 기각하였고, 이에 대하여 피고만이 불복하여 항소한 경우에, 피고가 제1심판결에 대하여 항소한 이상 원고의 선택적 청구 전부가 항소심으로 이심되고 위 선택적 청구 전부가 심판대상이 되었다고 할 것이다. 항소심이 위 선택적 청구 중 반환약정에 의한 청구에 관하여만 판단하여 이를 배척하고 불법행위로 인한 손해배상청구, 부당이득반환청구에 관하여는 아무런 판단을 하지 아니하였다면 청구의 선택적 병합에 관한 법리를 오해하여 판단을 누락한 잘못이 있다.[1]

(4) 예비적 병합의 경우에 주위적 청구가 인용될 때에는 예비적 청구에 대하여 심판할 필요가 없지만, 그것이 기각되는 때에는 예비적 청구에 대하여 심판하여야 한다. 주위적 청구를 기각하고 예비적 청구를 인용할 때에는 반드시 주문에 주위적 청구기각의 표시를 하여야 한다. 원고의 주위적 청구원인이 이유 있다고 인정한 다음에 피고의 일부 항변을 받아들여 그 부분에 대한 원고의 청구를 기각하는 경우, 원고가 주위적 청구의 일부를 특정하여 그 부분이 인용될 것을 해제조건으로 하여 그 부분에 대하여만 예비적 청구를 하였다는 등의 특별한 사정이 없는 한, 주위적 청구원인에 기한 청구의 일부가 기각될 운명에 처하였다고 하여 다시 그 부분에 대한 예비적 청구원인이 이유 있는지 여부에 관하여 나아가 판단할 필요가 없다.[2]

(5) 주위적 청구를 제쳐놓고 예비적 청구에 대하여서만 청구의 인낙을 할 수도 없고, 가사 인낙을 한 취지가 조서에 기재되었다 하더라도 그 인낙의 효력이 발생하지 아니 한다.[3]

라. 항소심의 심판대상(재판누락? 판단누락?)

(1) 수개의 청구가 제1심에서 처음부터 선택적으로 병합되고 그 중 어느 한 개의 청구에 대한 인용판결이 선고되어 피고가 항소를 제기한 경우는 물론, 원고의 청구를 인용한 판결에 대하여 피고가 항소를 제기하여 항소심에 이심된 후 청구가 선택적으로 병합된 경우에 있어서도 항소심은 제1심에서 인용된 청구를 먼저 심리하여 판단할 필요는 없고, 선택적으로 병합된 수개의 청구 중 제1심에서 심판되지 아니한 청구를 임의로 선택하여 심판할 수 있다. 심리한 결과 그 청구가 이유 있다고 인정되고 그 결론이 제1심판결의 주문과 동일한 경우에도 피고의 항소를 기각하여서는 안되며 제1심판결을 취소한 다음 새로이 청구를 인용하는 주문을 선고하여야 할 것이다.[4]

(2) 논리적으로 전혀 관계가 없어 순수하게 단순병합으로 구하여야 할 수개의 청구를 선택적 또는 예비적 청구로 병합하여 청구하는 것은 부적법하여 허용되지 않는다. 원고가 그와 같은 형태로 소를 제기한 경우 제1심법원이 그 모든 청구의 본안에 대하여 심리를 한 다음 그 중 하나의 청구만을 인용하고 나머지 청구를 기각하는 내용의 판결을 하였다면, 이는 법원이 위 청구의 병합관계를 본래의 성질에 맞게 단순병합으로서 판단한 것이라고 보아야 할

---

1) 대법원 2010.5.27. 선고 2009다12580 판결.
2) 대법원 2000.4.7. 선고 99다53472 물품대금 판결.
3) 대법원 1995.7.25. 선고 94다62017 판결.
4) 대법원 1992.9.14. 선고 92다7023 판결: 이러한 판례는 구 소송물이론(구 실체법설)을 따른 결과이고, 신 소송물이론(소송법설)을 따르는 견해에 의하면 이 경우에 선택적 병합에 의하여 당성하려는 목적이 이루어진 점에서는 동일하므로 항소기각 판결을 하여야 한다는 것이다(이시윤, 658면, 각주 2 참조).

것이고, 따라서 피고만이 위 인용된 청구에 대하여 항소를 제기한 때에는 일단 단순병합관계에 있는 모든 청구가 전체적으로 항소심으로 이심되기는 하나 항소심의 심판범위는 이심된 청구 중 피고가 불복한 청구에 한정된다. 이 사건 기록에 의하면, 원고는 망 소외인에 대하여 이 사건 소를 제기함에 있어 그 청구원인으로, ① 본사 사옥 취득업무와 관련된 손해배상청구 59억 8,900만 원, ② 주식회사 영남일보(이하 '영남일보'라 한다)에 대한 신용대출과 관련된 손해배상청구 29억 8,500만 원, ③ 개발신탁 등 매매와 관련된 손해배상청구 136억 3,400만 원, ④ 부동산 임차업무와 관련된 손해배상청구 7억 9,500만 원을 선택적 청구로 병합하여 총 손해액 중 7억 원 및 이에 대한 지연손해금을 청구하였다. 이에 대하여 제1심법원은 위 모든 청구원인에 대하여 심리한 다음 본사 사옥 취득업무와 관련된 손해배상책임을 인정하여 원고가 구하는 일부 청구금액을 인용하고, 그 밖의 청구는 모두 기각하는 본안판결을 하였고 그에 대하여 망 소외인만이 항소하였다. 그렇다면 위 각 청구원인은 상호 논리적 관련성이 없어 선택적으로 병합할 수 없는 성질의 청구라 할 것이므로 위에서 설시한 법리에 따르면 이러한 경우 항소심인 원심의 심판범위는 망 소외인이 불복한 본사 사옥 취득업무와 관련된 위 ①의 손해배상청구로 한정된다 할 것이다. 한편, 원심에서 원고는 청구취지를 20억 원 및 이에 대한 지연손해금을 구하는 것으로 확장함과 동시에 그 청구는 본사 사옥 취득업무와 관련된 위 ①의 손해배상청구에 기한 것이라고 청구취지를 정리하면서, 만일 위 청구가 배척된다면 제1심에서 주장한 나머지 위 ② 내지 ④ 청구도 심리하여 인용하여 줄 것을 구하는 취지의 신청을 함께 하였는바, 이는 결국 이 사건 원심의 심판대상인 본사 사옥 취득업무와 관련된 손해배상청구에 위 ② 내지 ④ 청구를 예비적 청구로 부가하는 취지의 청구원인변경신청을 한 것으로 보아야 할 것이고, 앞서 본 바와 같이 위 ② 내지 ④ 청구는 본사 사옥 취득업무와 관련된 손해배상청구와 논리적으로 관련성이 없어 그와 예비적으로 병합할 수 없는 청구이므로 이와 같은 청구원인변경은 허용될 수 없다 할 것이다. 따라서 원심이 같은 취지에서 위 ② 내지 ④ 청구를 심판대상으로 삼지 않은 것은 정당하고 원심의 판단에 처분권주의와 변론주의, 일부청구 및 선택적 청구에 관한 법리오해의 위법이 없다.[1]

(3) 예비적 병합의 경우에 수개의 청구가 하나의 소송절차에 불가분적으로 결합되어 있기 때문에 주위적 청구를 먼저 판단하지 않고 예비적 청구만을 인용하거나, 주위적 청구를 배척하면서 예비적 청구에 대하여 판단하지 않는 등의 일부판결은 예비적 병합의 성질에 반하는 것으로서 법률상 허용되지 않는다. **그럼에도 불구하고 주위적 청구를 배척하면서 예비적 청구에 대하여 판단하지 아니하는 판결을 한 경우에는 그 판결에 대한 상소가 제기되면 판단이 누락된 예비적 청구도 상소심으로 이심이 되고 그 부분이 재판의 탈루에 해당되어 원심에 계속 중이라고 볼 것은 아니다.[2] 위 전원합의체판결은 판단누락설을 취하여 종래의 판례(대판 99다50422)를 변경하였다.** 이에 대하여 **재판누락설**의 견해는 다음과 같다. 즉 주위적 청구를 기각하고 예비적 청구를 판단하지 아니한 경우, 주위적 청구에 대한 기각판결로 이미 해제조건은 불성취로 되었으므로 추가판결을 하는데 아무런 지장이 없음을 이유로 재판의 누락으로 보아 예비적 청구를 추가판결의 대상으로 보아야 한다는 것이다.

---

1) 대법원 2008.12.11. 선고 2005다51471 판결.
2) 대법원 2000.11.16. 선고 98다22253 전원합의체 판결.

(4) 위와 같은 경우에 판단누락한 예비적 청구부분에 관하여 별소의 제기가 가능한가? 상소·재심에 의하여 그 판단누락에 관하여 시정을 구하여야 하며 별소로서 다투는 것은 권리보호이익이 없다는 견해와 별소로서 제기가능하다는 견해가 있다. 판례는 별소 제기를 허용하지 않는다.[1]

(5) 제1심 법원이 원고들의 주위적 청구와 예비적 청구를 병합심리한 끝에 주위적 청구는 기각하고 예비적 청구만을 인용하는 판결을 선고한데 대하여 피고만이 항소한 경우, 주위적 청구에 관한 부분도 항소심에 이심된다. 그러나 항소심의 심판범위는 피고가 불복신청한 범위에 한하는 것이므로 예비적 청구를 인용한 제1심판결의 당부판단에 그치는 것이며, 원고들의 부대항소가 없는 한 주위적 청구는 심판대상이 될 수 없다.[2] 이 경우에 만약 항소심 심리결과 예비적 청구는 이유 없지만, 제1심 판단과는 달리 주위적 청구가 이유 있다고 판단할 경우에도 항소심을 원심판결을 파기하고 원고의 예비적 청구를 기각하는 판결을 할 수 있을 뿐인가? 이에 관하여, ① 피고의 항소대상인 예비적 청구의 당부판단만 가능하다는 견해: 주위적 청구 기각, 예비적 청구인용의 판결에 대하여 피고만이 그 패소한 부분에 대하여 항소한 경우에는, 원고의 항소 또는 부대항소도 없이 주위적 청구가 인용된다는 것은 **불이익 변경금지원칙에 위반하는 것이 되므로** 주위적 청구는 항소심의 심판대상이 아니라는 전제하에 원고의 예비적 청구의 당부판단만 가능하다는 것이 통설·판례이다. 즉 원고의 주위적 청구를 기각하면서 예비적 청구를 일부 인용한 환송 전 항소심판결에 대하여 피고만이 상고하고 원고는 상고도 부대상고도 하지 않은 경우에, 주위적 청구에 대한 항소심판단의 적부는 상고심의 조사 대상으로 되지 아니하고 환송 전 항소심판결의 예비적 청구 중 피고 패소 부분만이 상고심의 심판대상이 되는 것이다. 이때 피고의 상고에 이유가 있는 때에는 상고심은 환송 전 항소심판결 중 예비적 청구에 관한 피고패소 부분만 파기하여야 하고, 파기환송의 대상이 되지 아니한 주위적 청구부분은 예비적 청구에 관한 파기환송판결의 선고와 동시에 확정되며 그 결과 환송 후 원심에서의 심판범위는 예비적 청구 중 피고 패소부분에 한정되는 것이다.[3] ② 위와 같은 견해와는 달리 항소심에서의 불이익변경금지 원칙(법 제415조)은 예비적 병합에서는 적용되지 않는다고 주장하는 견해가 있다. 즉 예비적 병합의 특성으로 보아서, 예비적 관계로 결합된 복수청구에 대한 판결은 1개의 불가분 판결이고, 따라서 불복신청도 그 전부에 미치므로 항소심은 주위적 청구부분까지 포함한 제1심 판결전체를 심판의 대상으로 하여야 한다는 것이다. 또한 예비적 청구병합의 합리적 해결을 위해서도 불이익변경금지원칙의 예외적 조치로 보아서 주위적 청구부분도 항소심의 심판대상으로 보는 것이 타당하다고 한다.

(6) 예비적 청구만을 인용한 제1심 판결에 대하여 피고만 항소한 경우 주위적 청구가 심판의 대상은 될 수 없지만 피고가 주위적 청구를 인낙하는 것은 가능하다.[4]

(7) 선택적 병합의 경우에 그 중 하나만을 받아들여 청구를 인용하는 판결이나 예비적 병합의 경우에 주위적 청구를 인용한 판결에 대하여 항소하면, 판단하지 않은 나머지 청구나

---

1) 앞의 대법원 2002.9.4. 선고 98다17145 판결 등 참조.
2) 대법원 1995.2.10. 선고 94다31624 판결.
3) 대법원 2001.12.24. 선고 2001다62213 판결.
4) 대법원 1992.6.9. 선고 92다12032 판결.

예비적 청구까지 항소심으로 이심이 되며, 또 심판의 대상이 된다. 따라서 선택적 병합의 경우에 제1심에서 선택되지 아니한 청구를 임의로 선택하여 심판할 수도 있고,[1] 예비적 병합의 경우에 제1심에서 인용되었던 주위적 청구를 배척할 때는 다음 순위의 예비적 청구에 관하여 심판하여야 한다.[2]

[예제] [사법시험 제28회] [제1문] 다음의 경우에는 청구병합이 있는가? 있다면 어떠한 형태의 병합인가? (1) 소 1마리의 인도를 구하면서, 인도불능시의 손해배상으로서 금100만원의 지급을 구하는 소를 제기한 경우 (2) 제1차적으로 TV 매매대금의 지급을 구하고 제2차적으로 위 매매계약이 무효라면 이미 인도한 TV의 반환을 구하는 소를 제기한 경우 (3) 이혼심판을 구하면서 부정행위와 악의의 유기를 주장하는 경우

[해설] Ⅰ. 제1문의 경우: 단순병합, 심리방법 및 판결

Ⅱ. 제2문의 경우: 주위적·예비적 병합, 심리방법 및 판결

Ⅲ. 제3문: 선택적 병합(소송물이론에 따라 선택적 병합을 인정할 것인지에 관하여 결론을 달리한다는 것을 구체적으로 설명 필요), 심리방법 및 판결

[예제] [제46회 사법시험(2004년도)] [제1문] 甲은 乙의 대리인이라고 주장하는 丙에게 골동품을 매도하고 그 골동품을 丙에게 인도하였으나 매매대금을 지급받지 못하였다. 이에 甲은 乙을 상대로 매매대금청구의 소를 제기하였다. 아래의 각 물음에 답하시오.

2. 甲은 1.의 나.항과는 달리 乙에 대하여 매매계약의 무효를 이유로 한 위 골동품의 반환청구를 예비적으로 추가하였는데, 법원은 예비적 청구에 대하여는 아무런 판단을 하지 아니한 채 주위적 청구만 기각하는 판결을 하였다. 이 경우 甲이 예비적 청구에 대하여 법원의 판단을 받을 수 있는 방법은?

[해설] Ⅰ. 주요논점: 청구의 변경 및 예비적 병합의 법적 성격, 예비적 병합 청구에 대한 판단 누락의 취급 및 구제방법

Ⅱ. 청구의 변경 및 예비적 병합의 심리

1. 예비적 청구의 추가의 적법성: 甲이 매매대금청구에 골동품의 반환을 예비적으로 추가한 것은 청구(소)의 추가적 변경으로서, 청구변경의 요건(간략히 그 요건의 내용과 본 사안의 경우를 설명)을 충족하여 적법한 청구변경으로 볼 수 있다.

2. 예비적 병합의 법적 성격 및 심리방법:

(1) 예비적 병합에서 주위적 청구와 예비적 청구는 서로 양립불가한 청구로서 주위적 청구가 인용될 것을 해제조건으로 하여 예비적 청구에 대하여 심판을 구하는 병합형태이다.

(2) 법원은 원고가 심판을 구하는 순서에 따라 주위적 청구의 당부에 관하여 심리하고 주위적 청구가 타당하면 이를 인용하면 되고 예비적 청구에 관하여 판단할 필요가 없다. 주위적 청구가 타당하지 않을 경우에는 예비적 청구에 관하여 판단하여야 한다. 양 청구가 모두 타당하지 않으면 모두 기각할 것이고, 주위적 청구가 이유없고 예비적 청구가 타당하면 주위적 청구를 기각한 뒤에 예비적 청구를 인용하여야 한다.

Ⅲ. 주위적 청구를 기각하면서 예비적 청구를 판단하지 않은 경우의 구제방법

1. 상소의 제기를 통한 구제

(1) 학설: ① 재판누락설 ② 판단누락설

---

1) 대법원 1992.9.14. 선고 92다7023 판결 참조.

2) 대법원 2001.11.16 선고 98다22253 판결.

(2) 판례

(3) 결론

2. 예비적 청구에 대한 별소의 제기를 통한 구제 가능성

(1) 학설

① 재판누락설에 의하면 판결을 받지 않은 예비적 청구는 아직 제1심 법원에 계속 중이므로 원고가 예비적 청구와 동일한 소를 제기하면 중복된 소제기가 된다고 한다.

② 판단누락설에 의하면 판결이 위법한 상태에서 확정되었기 때문에 예비적 청구에 대하여는 기판력도 발생하지 않게 되어 동일한 내용의 별소를 제기하더라도 중복된 소제기나 기판력 저촉의 문제가 발생하지 않는다고 한다.

(2) 판례[대법원 2002.9.4. 선고 98다17145 판결: 본서 361면 이하]는 당사자가 상소를 통하여 구제받을 수 있었음에도 그러한 조치를 취하지 않고 확정시킨 후 별소를 제기하는 것은 권리보호의 요건을 결여하여 부적법한 소로서 각하하여야 한다는 입장이다.

3. 재심청구의 소를 제기하는 방법: 민소법 제451조 1항 9호에서 정하는 재심사유이므로 재심청구가 가능하다.

Ⅳ. 결론

[예제] [2009년도 사법시험문제] 甲은 乙 소유의 A 토지를 5억 원에 매수하기로 하는 매매계약을 乙의 피용자인 丙과 체결하고 매매대금 전부를 지급하였다. 甲은 乙에게 A 토지에 관하여 소유권이전등기절차의 이행을 요구하였으나, 乙은 丙이 자신의 피용자인 것은 사실이지만 자신이 丙에게 A 토지를 매도할 권한을 수여한 바 없다고 주장하면서 그 이행을 거절하였다. 다음 설문에 답하시오. 2. 甲은 乙을 피고로 주위적으로 A 토지에 관한 매매를 원인으로 한 소유권이전등기절차의 이행을 구하고, 예비적으로 위 매매계약이 丙의 무권대리로 무효일 경우에 대비하여 민법 제756조의 사용자책임으로 인한 손해배상금 5억 원의 지급을 구하는 소를 제기하였다. 제1심 법원은 甲의 주위적 청구를 기각하고 예비적 청구를 인용하는 판결을 선고하였다.

(나) 제1심 판결에 대해서 乙만이 항소한 경우 항소심 심리 결과 乙이 丙에게 A 토지를 매도할 대리권을 수여한 것으로 판명되었다. 항소심 법원은 어떠한 판결을 하여야 하는가? (10점)

[해설] Ⅰ. 주요논점: 주위적 청구를 기각하고 예비적 청구를 인용한 판결에 대하여 피고만 항소한 경우 이심의 범위와 항소심의 심판범위를 검토하고, 불이익변경금지 원칙과의 관계에서 항소심법원이 원심판결을 취소하고 주위적 청구를 인용할 수 있는지가 주요논점이다.

Ⅱ. 이심의 범위와 심판의 범위

1. 사안과 같이 피고가 예비적 청구를 인용한 제1심판결에 불복하여 항소한 경우라도 주위적 청구에 관한 부분도 확정이 차단되고 항소심으로 이심된다.

2. 항소심의 심판 범위는 예비적 청구의 당부판단에만 한정되는 것인지에 관하여 학설과 판례는 나뉘고 있다.

3. 학설 및 판례: 생략.

4. 결론: 원고는 부대항소 등을 이용하여 주위적 청구를 기각한 제1심판결에 대하여 불복할 수도 있을 것이므로 본 사안과 같은 경우에도 불이익금지원칙을 적용함이 타당하다.

Ⅲ. 사안의 해결: 판례의 태도가 타당하며, 항소심 법원은 원심판결을 취소하고 원고의 예비적 청구를 기각하는 판결을 하여야 한다.

　　[예제] [제41회 변리사시험] 甲은 친구인 乙을 동승시킨 채 자신의 소유 차량을 운전하던 중 丙이 운전하던 차량에 의해 추돌 당함으로써, 甲과 乙 모두 두 달간의 입원치료를 요하는 중상을 입게 되었다. 이에 甲은 丙을 상대로 손해배상청구소송을 제기하였으나, 같은 사고의 피해자인 乙은 나중에 소를 제기하겠다는 생각에 甲의 소송에 동참하지 않았다. 甲은 도합 금 8천만 원의 손해배상을 구함에 있어 일실수익 금 3천만 원, 치료비 금 2천만 원, 위자료 금 3천만 원 등으로 손해항목을 나누어 청구하였다.

　3. 1심 법원이 판결을 선고함에 있어 원고 甲의 청구 중 위자료 청구 부분에 대해서는 아무런 판단을 하지 않은 채, 일실수익과 치료비 청구 중 일부에 대해서만 인용하는 판결을 하였다고 하자. 이 때 원고 甲이 이 판결에 대해 전부 불복하는 항소를 제기한 경우, 원고 甲의 위자료 청구 부분에 대한 항소가 적법한 것인지를 검토하시오. (10점)

　　[해설] Ⅰ. 주요논점: 신체사상으로 인한 손해배상청구의 소송물, 청구의 객관적 병합 중 단순병합의 경우에 일부 청구에 대한 재판누락의 법적 효과.

　　Ⅱ. 신체사상으로 인한 손해배상청구의 소송물: 손해1개설·2개설·3개설의 내용을 설명하고, 판례는 손해3개설을 취하고 있음을 설명

　　Ⅲ. 청구의 단순병합에 있어서 일부청구에 관한 재판누락의 취급

　1. 재판누락 된 청구는 종국판결이 있은 다른 청구와 분리되어 제1심 법원에 그대로 계속되어 있다. 제1심 법원은 누락된 청구에 대하여 추가판결을 할 수 있다.

　2. 사안의 경우와 같이 재판이 누락된 위자료청구에 대한 항소는 부적법한 항소이다.

제 2 절　소(청구)의 변경

Ⅰ. 총　　설

1. 의　　의

2. 소 변경의 요소

　(1) **청구취지의 변경**:　　원칙적으로 소의 변경에 해당하지만 아래의 경우는 논란의 대상이 되고 있다

　(가) **청구취지의 확장**:　소의 변경에 해당한다고 본다.

　(나) **청구취지의 감축**:　① 소의 변경이 아니고, 청구의 일부포기나 일부취하가 되지만 원고의 의사가 분명치 않으면 소의 일부취하로 보아야 한다(판례도 통설과 같이 일부취하로 본다). ② 청구의 질적 감축이 있는 경우, 예컨대 부동산 임대인이 임차인을 상대로 무조건적인 부동산 인도청구소송을 제기하였다가 뒤에 부동산 임대차보증금 지급과 상환으로 부동산 인도를 구하는 취지로 청구취지 변경한 경우에는 소의 어느 부분을 취하한 것인지가 불명하므로 이러한 경우에 소의 변경이라고 보는 것이 간명하다. 한편 청구취지 일부감축(양적 감축)을 소의 취하로 보면 피고의 동의가 필요하게 되고, 1심판결 후 청구의 일부감축을 하였

다가 항소심 심리과정에서 다시 원상태로 돌리려고 해도 재소금지규정에 위반되어 다시 청구취지를 확장하는 것이 불가능하게 된다(청구의 교환적 변경의 법적 성질에 관하여 결합설을 취하는 경우). 이러한 경우 원고로서는 소송수행 중에 승소하기 위하여 여러 가지 방법을 모색하는 것일 뿐, 청구의 어느 부분에 대하여 소송계속을 소멸시키겠다는 의사를 표현한 것이라고 볼 수 없으므로, 청구의 감축은 질적·양적인 경우 모두 청구변경(소 변경)으로 보아야 한다는 견해도 있다.

(2) **청구원인의 변경**: 　원칙적으로 구 실체법설에서는 소 변경으로 보지만 소송법설은 그 반대이다.

(가) **법률적 관점의 변경**: 　구 실체법설은 소 변경으로 보지만, 소송법설은 부정한다.

(나) **사실주장의 변경**

① 단순한 공격방법으로서의 사실: 　신·구 이론 어느 쪽에서도 모두 소 변경으로 보지 않는다(예컨대, 소유권이전등기말소청구 소송에서 매매계약의 무효를 주장하다가 계약의 취소 또는 해제로 주장을 바꾼 경우 등).

② 소송상 청구의 동일성을 식별하게 하는 사실관계를 변경하는 경우: 　구 실체법설 및 소송법설 중 이(분)지설(이원설)은 소의 변경이라고 보고, 일(분)지설(일원설)은 소의 변경이 아니라고 한다.

③ 채권자가 사해행위의 취소를 청구하면서 그 보전하고자 하는 채권을 추가하거나 교환하는 것은 그 사해행위 취소권을 이유 있게 하는 공격방법에 관한 주장을 변경하는 것일 뿐이지 소송물 또는 청구 자체를 변경하는 것이 아니므로 소의 변경이라고 할 수 없다.[1]

④ 가등기에 기한 본등기청구를 하면서 그 등기원인을 매매예약완결이라고 주장하는 한편 위 가등기의 피담보채권을 처음에는 대여금채권이라고 주장하였다가 나중에는 손해배상채권이라고 주장한 경우 가등기에 기한 본등기청구의 등기원인은 위 주장의 변경에 관계없이 매매예약완결이므로 등기원인에 변경이 없어 청구의 변경에 해당하지 아니하고, 위 가등기로 담보되는 채권이 무엇인지는 공격방어방법에 불과하다.[2]

3. 소 변경의 모습

가. 교환적 변경: 　종래의 청구취지나 청구원인을 철회함을 전제로 한다. 그 법적 성질에 관하여, 아래와 같은 견해가 있다.

(1) 신청구의 추가·구청구의 취하라는 두개의 소송행위의 결합형태로 보는 견해('결합설'이라 한다: 통설·판례). ① 피고가 본안에 관하여 응소하였으면 피고의 동의가 있어야 구 청구 취하의 효력이 생기고, 만약 피고의 동의를 얻지 못하면 소의 변경은 추가적 변경이 될 수밖에 없다. ② 본안에 관한 종국판결이 있은 후 항소심에서 소의 교환적 변경을 한 다음 다시 본래의 구 청구로 되돌아 가는 교환적 변경을 하고자 하는 경우에는 종국판결이 있은 후 소를 취하하였다가 동일한 소를 다시 제기한 경우에 해당하여 **재소금지 원칙에 반하는**

---

1) 대법원 2003.5.27. 선고 2001다13532 판결.
2) 대법원 1992.6.12. 선고 92다11848 판결.

것으로 부적법하다고 본다.[1] 즉, 원고가 소유권이전등기청구의 소를 제기하면서 청구(등기) 원인을 매매계약으로 하였다가 1심에서 원고패소 판결을 받고, 항소한 뒤 항소심에서 피고 동의하에 청구원인을 시효취득으로 변경하였다가 다시 매매계약으로 청구원인을 변경할 수 없다고 한다. ③ 피고의 항소로 인하여 항소심에서 소의 교환적 변경이 적법하게 이루어졌다면, 제1심 판결은 소의 교환적 변경에 의한 소취하로 인하여 실효되고, 항소심의 심판대상은 새로운 소송으로 바뀌어 지고 항소심이 사실상 제1심으로 재판하는 것이 되므로, 그 뒤에 피고가 항소를 취하한다고 하더라도 항소취하는 그 대상이 없어 아무런 효력을 발생할 수 없다.[2]

위 ①, ②, ③과 같은 결론은 모두 소의 교환적 변경이 구소의 취하를 동반하는 것임을 무조건적으로 유지한데 따른 것이라 할 수 있다. 그러나 이러한 결론은 실제에 있어서 부당한 결과가 발생할 수 있다. 위 ②의 청구원인 변경에 대해서는 소의 교환적 변경에 소취하는 포함되어 있지 않다는 점과 원고의 위와 같은 소송수행은 법원의 판결을 농락하거나 소취하 내지 재소(再訴)제도를 남용하는 것이 아니라는 점을 근거로 소의 변경을 허용해야 한다는 견해가 있고, ③의 사례에 대해서는 소송은 제1심에서부터 계속 진행된 것이므로 항소를 취하하면 제1심판결이 그대로 확정된 것으로 보아야 한다는 견해가 있다. 일부 학설 및 오래된 판례[3]는 소의 교환적 변경에서 변경 전후의 청구의 기초사실의 동일성에 영향이 없으므로 소취하에 준하여 피고의 동의를 얻을 필요가 없다고 보는 견해를 취하여 구 청구의 소멸을 소취하의 경우와 완전히 같이 취급할 필요는 없다고 본다.

(2) 소 변경을 순수하게 독립된 제도로 이해하고 법 제262조 규정에 따라 그 요건과 효과를 정하여야 한다는 소수설('독자적 제도설'이라 한다)에 의하면 위와 같은 사례들에서 서로 결론을 달리 한다. ① 이 견해는 청구를 교환적으로 변경하는 원고의 의사는 소송 중 어느 한 부분을 종료시키려는 데 있지 않고 다른 청구로써 소송을 계속 수행하려는 데 있다고 본다. 위의 결합설과 같이 구 청구의 소취하를 전제로 하여 항소취하의 대상이 없게 된다든지, 피고의 동의가 필요하다고 하는 것은 형식논리만을 추구한 결과라고 비판한다. ② 즉, 우리 법에 소변경에 관한 규정이 있으므로 그 요건과 효과는 위 법 규정에 따라서 정하면 되는 것이고, 법 제262조에서 피고의 동의를 요구하지 않으므로 피고의 동의는 필요 없다고 보면 되고, 소송은 제1심에서부터 진행된 것이므로 항소를 취하하면 1심판결이 확정된 것으로 보면 된다고 한다.

나. 추가적 변경

(1) 청구의 객관적 병합(단순병합, 선택적·예비적 병합)이 후발적으로 발생하는 형태를 말한다.

(2) 제1심 계속 중에 추가적 병합으로 소송물가액이 1억 원을 넘으면 합의부로 이송된다 (변론관할이 생길 수는 있다). 항소심에서 소변경을 통하여 소송물 가액이 1억 원을 초과하더라도 항소심의 관할은 제1심 법원이 어느 법원이냐에 따라 전속관할법원으로 결정되므로

---

1) 대법원 1987.11.10. 선고 87다카1405 판결.
2) 대법원 1995.1.24. 선고 93다25875 판결.
3) 대법원 1970.2.24. 선고 69다2172 판결.

이송할 수 없다.

(3) 매매 또는 취득시효 완성을 원인으로 하는 소유권이전등기청구소송에서 그 대상을 1필지 토지의 일부에서 전부로 확장하는 것은 청구의 양적 확장으로서 소의 추가적 변경에 해당한다. 동일 부동산에 대하여 소유권이전등기를 구하면서 그 등기청구권의 발생 원인을 처음에는 매매로 하였다가 후에 취득시효의 완성을 선택적으로 추가하는 것도 단순한 공격방법의 차이가 아니라 별개의 청구를 추가시킨 것이므로 역시 소의 추가적 변경에 해당 한다.[1]

다. 소(청구)변경 형태의 불명 시 법원의 조치

소의 변경이 교환적인가 추가적인가 또는 선택적인가의 여부는 기본적으로 당사자의 의사해석에 의할 것이므로 **당사자가 구 청구를 취하한다는 명백한 표시 없이 새로운 청구로 변경하는 등으로 그 변경형태가 불분명한 경우에는 사실심법원으로서는 과연 청구변경의 취지가 교환적인가 추가적인가 또는 선택적인가의 점을 석명할 의무가 있다.**[2] 그와 같이 하지 않고 예상외의 재판으로 당사자 일방에게 불의의 타격을 가하는 것은 석명의무를 다하지 아니하여 심리를 제대로 하지 아니한 위법을 범한 것이 된다.[3]

라. 소의 변경에 있어서 구소를 취하한다는 명백한 표시가 없이 신소를 제기한 경우에는

소의 추가적 변경으로 보아야 할 경우도 있을 수 있고 혹은 소의 교환적 변경으로 보아야 할 경우도 있을 것이다. 소의 교환적 변경으로 본 다 함은 구소를 취하하고 신소만을 유지한다는 것이므로 구소를 취하하고 신소에 대한 재판을 구한다는 것은 그 신소가 적법한 소임을 전제로 하여 구소가 취하된다 할 것이다. **신소가 부적법하여 법원의 판단을 받을 수 없는 경우까지도 구소가 취하되는 소위 교환적 변경이라고 볼 수는 없다 할 것이다.** 이 경우에는 소의 변경을 하는 당사자의 의사는 자기가 법원에 대하여 요구하고 있는 권리 또는 법률관계에 대한 판단을 구하는 것을 단념하여 소송을 종료시킬 의도로 소를 변경하였다고는 볼 수 없기 때문이다.[4]

4. 요 건

가. 청구의 기초에 변경이 없을 것
(1) 청구의 기초의 동일성의 의미

(가) 학설: 이익설은 소송을 통하여 실현하고자 하는 이익의 공통 또는 청구를 특정한 권리관계주장으로 구성하기 전의 사실상의 분쟁대상인 이익 자체의 공통으로 본다. 사실설은 소의 목적인 권리관계의 발생원인인 근본적 사회현상인 사실이 공통적인 때로 보는 사실

---

1) 대법원 1997.4.11. 선고 96다50520 판결.
2) 대법원 1994.10.14. 선고 94다10153 판결; 대법원 1995.5.12. 선고 94다6802 판결; 대법원 2002.10.11. 선고 2002다40098,40104 판결 등 참조.
3) 대법원 1994.10.21. 선고 94다17109 판결; 대법원 2002.1.25. 선고 2001다11055 판결; 대법원 2006.1.26. 선고 2005다37185 판결 등 참조.
4) 대법원 1975.5.13. 선고 73다1449 판결.

관계설과, 신소와 구소사이의 사실자료 사이에 심리의 계속적 시행을 정당화 할 수 있을 정
도의 공통성을 의미한다고 보는 사실자료설이 있다. 병용설은 신소와 구소 사이의 재판자료
및 이익관계의 공통성으로 본다.

(나) 판례: 소변경 제도를 인정하는 취지는 소송으로써 요구받고 있는 당사자 쌍방의
분쟁의 합리적 해결을 실질적으로 달성시키고, 동시에 소송경제에 적합하도록 함에 있다 할
것이므로, 동일한 생활사실 또는 동일한 경제적 이익에 관한 분쟁에 있어서 그 해결방법에
차이가 있음에 불과한 청구취지의 변경은 청구의 기초에 변경이 없다고 하였다.[1]

(2) 청구의 기초의 동일성에 관한 구체적 사례

① 이전등기말소등기청구에 지상건물인도청구의 추가

② 목적물인도를 구하다가 그 이행불능으로 인한 전보배상청구의 추가

③ 매매계약에 의한 이전등기청구를 계약해제로 인한 매매대금반환청구로 변경

(3) 청구의 기초의 동일성 요건의 법적 성질

(가) 사익적 요건설

(나) 공익적 요건설: 청구기초가 동일해야 한다는 것은 변경 전의 소송자료가 변경 후
의 소송절차에 이용될 것을 고려하기 위한 요건으로써 소송지연을 막으려는 것이므로 피고
의 이의가 없어도 청구변경을 허용해서는 안 된다고 보는 견해

(다) 판례는 사익적 요건설을 취하여, 소송절차에 관한 규정에 위배됨을 알았거나 알 수
있었음에도 불구하고 지체 없이 이의를 하지 않은 때에는 책문권(이의권)이 상실되므로, 원
고가 청구의 변경을 진술한 변론기일에 피고가 그 소변경의 소송절차 위배여부에 관하여 아
무런 이의를 제기함이 없이 본안에 들어가 변론을 한 때에는 피고는 그 이의권을 상실하여
더 이상 소변경의 적법여부를 다툴 수 없다[2]고 하였다.

나. 절차를 현저히 지연시키지 않을 것

(1) 아래와 같은 경우에는 소변경을 불허하고 새로운 소제기를 하도록 해야 할 것이다.

(가) 변론을 종결하고 판결선고 기일이 지정된 상태에서 비로소 청구의 변경을 신청하거
나, 항소심 변론종결 시에 새 청구를 추가하여 새로이 심리를 하여야 하는 경우.

(나) 2회에 걸쳐 상고심으로부터 환송된 후 항소심 변론종결 당시에 이르러 청구를 변경
하는 경우.

(다) 신법 하에서 변론준비기일이 끝난 후에 하는 소의 변경은 소송절차를 현저히 지연시
킬 수 있으므로 소 변경을 불허할 것이다.

[대법원 1998.4.24. 선고 97다44416 판결] 청구의 변경은 소송절차를 지연함이 현저한 경
우가 아닌 한 청구의 기초에 변경이 없는 한도에서 사실심의 변론종결 시까지 할 수 있는 것
이고, 동일한 생활 사실 또는 동일한 경제적 이익에 관한 분쟁에 있어서 그 해결방법에 차이
가 있음에 불과한 청구취지 및 청구원인의 변경은 청구의 기초에 변경이 없다고 할 것이며,
또 새로운 청구의 심리를 위하여 종전의 소송자료를 대부분 이용할 수 있는 경우에는 소송

---

1) 대법원 1997.4.25. 선고 96다32133 판결.
2) 대법원 1992.12.22. 선고 92다33831 판결.

절차를 지연케 함이 현저하다고 할 수 없다. **원고가 피고 명의의 소유권이전등기는 피고가 원고 명의의 증여계약서를 위조하여 경료한 원인무효의 등기라고 주장하며 이전등기말소를 구하는 소를 제기하여 제1심에서 승소판결을 선고받은 후, 항소심에 이르러 당초의 위 청구를 주위적 청구로 하고, 예비적 청구로서 그 이전등기가 원인무효가 아니더라도 명의신탁에 의한 것이라고 주장하며 명의신탁해지를 원인으로 한 말소등기청구를 추가한 경우,** 위와 같은 소 변경은 동일한 생활 사실 또는 동일한 경제적 이익에 관한 분쟁에 있어서 그 해결 방법을 달리하고 있을 뿐이어서 청구의 기초에 변경이 있다고 볼 수 없고, 또한 새로운 청구의 심리를 위하여 종전의 소송자료를 대부분 이용할 수 있기 때문에 소송절차를 현저히 지연케 한다고 할 수도 없다.

다. 사실심에 계속되고 변론종결전일 것

(1) 항소심에서의 소변경도 청구의 기초에 변경이 없는 한 가능하고, 이러한 경우에 있어서 원고의 불복항소 또는 부대항소가 있어야 하는 것도 아니다. 이러한 경우에 피고에게 불리하게 변경하는 한도에서는 원고가 부대항소를 한 것으로 의제 된다.[1]

[**대법원 2012.3.29. 선고 2010다28338,28345 판결**] 1. 제1심에서 적법하게 반소를 제기하였던 당사자가 항소심에서 반소를 교환적으로 변경하는 경우에 변경된 청구와 종전 청구가 실질적인 쟁점이 동일하여 청구의 기초에 변경이 없으면 그와 같은 청구의 변경도 허용된다. 한편 청구의 변경은 소송절차를 지연함이 현저한 경우가 아닌 한 청구의 기초에 변경이 없는 한도에서 사실심의 변론종결시까지 할 수 있고, 동일한 생활 사실 또는 동일한 경제적 이익에 관한 분쟁에서 해결 방법에 차이가 있음에 불과한 청구취지 및 청구원인의 변경은 청구의 기초에 변경이 없다. 2. 와인 수입업 등을 영위하는 甲 주식회사가 제1심에서 乙 등을 상대로 반소를 제기하면서, 乙 등이 甲 회사의 대표이사 또는 동업자로서 함께 甲 회사 및 甲 회사가 임차한 부동산에 있는 와인 상점을 운영하던 중 정당한 이유 없이 무단으로 위 부동산과 그곳에 있는 와인을 점유한 채 반환을 하지 아니하여 甲 회사의 와인을 손상시켰다는 등 이유로 부동산의 인도청구, 와인 등 동산의 인도청구, 甲 회사가 입은 영업손실액 상당의 손해배상청구 등을 하였다가 원심에 이르러 '영업손실액 상당의 손해배상청구'를 '와인 손상에 따른 손해배상청구'로 교환적으로 변경한 사안에서, 변경 전후의 청구를 비교하여 보면 종전의 청구와 새로운 청구는 모두 乙 등이 부동산 및 동산을 무단점유한 상태에서 甲 회사가 입은 손해의 배상을 구하는 것으로서 동일한 생활사실 또는 동일한 경제적 이익에 관한 분쟁에서 해결 방법을 달리하고 있을 뿐이므로 청구의 기초에 변경이 있다고 볼 수 없다는 이유로, 원심이 교환적으로 변경된 청구에 대하여 나아가 심리·판단한 것은 정당하다.

---

1) 대법원 1995.6.30. 선고 94다58261 판결: 원고와 선정자들은 제1심 17차 변론기일에 위자료를 제외한 나머지 청구를 모두 취하하고, 그 위자료부분에 관하여 전부 승소판결을 선고 받았으나, 1993.7.3. 제1심법원에 "원심판결 중 원고 패소부분을 취소한다. 피고는 원고 A에게 금 10,000,000원, 원고 B에게 금 5,000,000원, 원고 C에게 금 3,000,000원, 원고 D에게 금 2,000,000원 및 위 각 금원에 대하여 1989.10.12.부터 이 사건 선고일까지 연 5푼의, 그 다음날부터 완제일까지 연 2할 5푼의 비율에 의한 금원을 지급하라"는 내용의 항소장을 접수시켰다. 그 후 항소심은 제5차변론기일에서 원고(선정당사자 이하 원고라 한다)에게 위 항소장의 취지를 제1심에서 취하한 일실이익과 장례비에 대하여 부대항소한 취지로 석명하여 그렇다는 답변을 들었다. 법원은 이러한 경우에, 제1심에서 전부승소한 원고가 항소심 계속 중 그 청구취지를 확장·변경할 수 있는 것이고 그 것이 피고에게 불리하게 하는 한도 내에서는 부대항소를 한 취지로도 볼 수 있다. 원심이 같은 취지에서 원고와 선정자들의 위 항소를 일실이익과 장례비에 대하여 부대항소한 것으로 보고 이 부분에 대하여 판결을 한 것은 옳다고 하였다.

(2) 전부승소한 원고가 소변경만을 위하여 항소하는 것은 원칙적으로 항소의 이익이 없으므로 허용되지 않을 것이되, 다만 명시적으로 일부청구를 하지 않은 당사자의 경우에는 소의 변경을 위한 항소가 허용될 것이다. 이 경우에 항소를 허용하지 않는다면 원고는 앞선 일부청구에 대한 확정판결의 기판력의 적용에 따라 잔부청구를 할 수 없게 되기 때문이다.

(3) 상고심에서는 소변경이 허용되지 않는다.

라. 청구병합의 일반요건을 갖출 것

5. 소변경의 절차

가. 소변경은 원고의 신청이 있어야 한다. 분쟁의 1회적 해결 등을 위하여 필요한 경우에 당사자에게 소변경을 촉구하는 법원의 적극적 석명도 필요할 것이다.

나. 서면방식이 원칙이다.

(1) **청구취지의 경우:**   서면에 의하여야 한다(법 제262조 2항).
(2) **청구원인의 경우:**   청구원인의 경우에는 구술방식에 의한 변경도 가능하다.

다. 소변경서는 상대방에게 바로 송달하여야 한다. 소변경서가 상대방에게 송달되거나, 변론기일에 이를 교부한 때에는 신청구에 대한 소송계속의 효력이 발생한다. 소변경에 의한 시효중단 및 기간준수 등의 효과도 소변경서 송달로부터 발생한다.

> **[대법원 2010.3.11. 선고 2007다51505 판결]** 주주총회결의 취소의 소는 상법 제376조 제1항에 따라 그 결의의 날로부터 2개월 내에 제기하여야 하고, 이 기간이 지난 후에 제기된 소는 부적법하다. 그리고 주주총회에서 여러 개의 안건이 상정되어 각기 결의가 행하여진 경우 위 제소기간의 준수 여부는 각 안건에 대한 결의마다 별도로 판단되어야 한다. 임시주주총회에서 이루어진 여러 안건에 대한 결의 중 이사선임결의에 대하여 그 결의의 날로부터 2개월 내에 주주총회결의 무효확인의 소를 제기한 뒤, 위 임시주주총회에서 이루어진 정관변경결의 및 감사선임결의에 대하여 **그 결의의 날로부터 2개월이 지난 후 주주총회결의 무효확인의 소를 각각 추가적으로 병합한 후, 위 각 결의에 대한 주주총회결의 무효확인의 소를 주주총회결의 취소의 소로 변경한 경우,** 위 정관변경결의 및 감사선임결의 취소에 관한 부분은 위 각 주주총회결의 무효확인의 소가 추가적으로 병합될 때에 주주총회결의 취소의 소가 제기된 것으로 볼 수 있으나, 위 추가적 병합 당시 이미 2개월의 제소기간이 도과되었으므로 부적법하다.

6. 심   판

가. 부적법한 소변경 신청에 대하여 법원은 상대방의 신청 또는 직권으로 소변경 불허 결정을 하여야 한다(법 제263조).

나. 소변경의 적법과 신소에 대한 심판

다. 원심법원이 소변경 사실을 간과한 경우

(1) 재판누락: 교환적 변경 시 원심법원이 소변경을 간과하고 구 청구에 관해 판결한 때에는, 항소심에서는 구 청구에 대해 소송종료선언, 신 청구는 원심법원에 계속되어 있는 것으로 보아 추가 판결을 하여야 한다. 추가적 변경의 경우에도 원심법원이 추가된 신 청구에 대한 판단을 누락한 경우에는 추가판결을 하여야 한다.

(2) 판단누락: 소의 변경에 의하여 신 청구가 선택적·예비적으로 병합된 경우에 있어서 일부 청구에 대한 판단누락이 있으면 원심법원의 추가판결은 불가능하고, 상급심 법원은 원심판결을 파기하고 누락된 부분을 포함하여 판단하여야 한다.

7. 소변경의 효과

가. 소의 추가적 변경이 있는 경우 추가된 소의 소송계속의 효력은 그 서면을 상대방에게 송달하거나 변론기일에 이를 교부한 때에 생긴다. 동일한 교통사고에 의한 피해자가 여러 명이고 그중 한 사람이 피보험자를 대위하여 보험자를 상대로 자신의 손해부분에 관한 보험금청구를 하고 있는 경우, 다른 피해자가 피보험자를 대위하여 다른 피해자의 손해부분에 관하여 별도의 보험금청구를 하는 것은 중복제소에 해당한다고 할 수 없을 것이며, 이와 같은 경우 각 피해자마다 별개의 보험사고가 성립하고 그 보험금청구권의 소송물은 동일하다고 할 수 없다.[1]

나. 공동저당권이 설정된 수 개의 부동산에 관한 일괄 매매행위가 사해행위에 해당함을 이유로 그 매매계약의 전부 취소 및 그 원상회복으로서 각 소유권이전등기의 말소를 구하다가 사해행위 이후 저당권이 소멸된 사정을 감안하여 법률상 이러한 경우 원상회복이 허용되는 범위 내의 가액배상을 구하는 것으로 청구취지를 변경하면서 그에 맞추어 사해행위취소의 청구취지를 변경한 데에 불과한 경우에는 하나의 매매계약으로서의 당해 사해행위의 취소를 구하는 소제기의 효과는 그대로 유지되고 있다고 봄이 상당하다 할 것이므로, 비록 취소소송의 제척기간이 경과한 후에 당초의 청구취지변경이 잘못 되었음을 이유로 다시 위 매매계약의 전부취소 및 소유권이전등기의 말소를 구하는 것으로 청구취지를 변경한다 해도 최초 소제기 시에 발생한 제척기간 준수의 효과에는 영향이 없다.[2]

> **[예제] [제30회 사법시험] [제1문]** 불법행위로 인한 손해배상청구소송의 항소심에서, 손해배상청구액을 증액하였다. 이 경우 소송상 취급을 어떻게 할 것인가? 만일 감액한 경우에는 어떠한가?
>
> **[해설] I. 주요논점:** 청구금액을 증액하는 경우에 이를 청구변경으로 보아야 할 것인가? 그렇다면 청구변경의 법적 성격·요건·효과에 관하여 검토하여야 한다. 특히 항소심에서의 청구변경의 요건을 검토하여야 한다. 청구금액을 감액하는 경우에 그 법적 성격을 소의 일부취하로 볼 것인가? 또는 청구의 변경이나 청구의 일부포기로 볼 것인가? 소의 일부취하로 볼 경우 그 요건과

---

1) 대법원 1992.5.22. 선고 91다41187 판결.
2) 대법원 2005.5.27. 선고 2004다67806 판결.

항소심에서의 소취하의 법적 효과로서 재소금지의 내용에 관하여 검토하여야 한다.

Ⅱ. 청구금액의 증액

1. 금전채권 중에서 일부를 청구하다가 소송계속 중에 나머지 부분까지 전부 청구하는 양적 확장을 통하여 청구취지를 변경하는 경우 그 법적 성질에 관하여 학설이 나뉘고 있다. 일부청구부정설을 취하는 입장에서 위와 같은 양적 확장은 청구의 변경이 아니라는 견해도 있으나, 판례나 다수설은 명시설을 취하여 명시적 일부청구의 경우에 잔부청구를 포함하여 청구취지를 확장하는 것은 소송물의 변동이 생기므로 청구의 변경으로 본다(이시윤, 659면).

2. 청구금액을 확장하는 청구변경의 법적 성격: 청구의 추가적 변경으로 볼 것이다.

3. 청구변경의 요건: 일반요건 및 항소심에서의 청구변경의 경우(내용은 생략)

4. 효과

Ⅲ. 청구금액의 감축

1. 금전채권의 지급을 구하는 소송계속 중에 청구금액을 감축하는 경우에 그 법적 성격의 결정은 일단 원고의 의사에 따라야 할 것이다. 원고의 의사가 불명한 경우에 청구의 일부포기인가, 청구의 변경인가, 소의 일부취하인가가 문제된다.

2. 학설

(1) 소의 일부취하설: 일부청구 긍정설을 취하는 학자들은 대체로 소송계속 중에 청구금액을 감축하는 것은 소의 일부취하로 보는 입장을 취한다.

(2) 소의 변경 또는 청구의 일부포기로 보는 견해: 일부청구 부정설을 취하는 학자들은 청구금액의 감축을 청구의 일부포기 또는 소의 변경으로 본다.

3. 소의 일부취하로 볼 경우 소송상 취급

(1) 일부취하의 요건: 피고의 응소가 있었을 경우에는 피고의 동의가 필요하다(민소법 제266조 2항).

(2) 일부취하의 법적 효과: 항소심에서의 취하이므로 종국판결 후의 소취하가 되어 재소금지(민소법 제267조 2항)의 제재를 받게 된다. 즉 원고는 감축한 금액에 대하여 새로운 소의 제기가 금지된다.

4. 소의 변경으로 볼 경우 소송상 취급: 항소심에서의 소 변경의 요건을 갖추어야 할 것이다. 소변경으로 보더라도 감축된 부분은 소취하의 성격을 갖는 것으로 보아야 할 것이다(소변경 중 교환적 변경의 법적 성격을 결합설로 볼 경우).

5. 청구의 일부포기로 볼 경우 소송상 취급: 일부포기에 관하여 피고의 동의는 불필요하고, 포기한 부분에 대하여 재소가 금지된다.

[예제] [제35회 사법시험문제] [제1문] 乙은 甲에게 금전채무의 이행을 위하여 약속어음을 발행·교부하였으나 갚지 않았다. 甲은 乙을 상대로 약속어음금 지급청구의 소를 제기하여 항소심에 소송계속 중 약속어음금 지급청구에서 원인관계에 의한 청구로 바꾸었다. 이때 항소심 법원은 이를 어떻게 처리하여야 하는가?

[해설] Ⅰ. 주요논점: 청구변경의 모습 및 법적 성격, 청구원인 사실의 변경과 소송물의 동일성, 소송물이론, 청구변경의 요건 및 청구변경의 법적 효과

Ⅱ. 청구변경의 모습 및 법적 성격 검토

1. 청구변경의 모습: (1) 청구취지의 변경과 청구원인(사실)의 변경, (2) 청구의 실체법적 근거의 변경, (3) 추가적 변경과 교환적 변경

2. 교환적 변경의 법적 성격

(1) 학설:

　　(2) 판례:

　　(3) 결론:

3. 사안의 경우: 구 소송물이론을 따라 교환적 변경으로 볼 것이다.

Ⅲ. 청구변경의 요건 심사

1. 청구의 기초에 변경이 없을 것

　　(1) 의의

　　(2) 사안의 경우: 변경 전후의 청구의 기초사실에 있어서 동일성을 인정할 수 있다.

2. 절차를 현저히 지연시키지 않을 것

　　(1) 의의

　　(2) 사안의 경우

3. 사실심에 계속되고 변론종결 전일 것

　　(1) 항소심에서의 변경의 경우

　　(2) 사안의 경우

Ⅳ. 항소심 법원의 처리(사안의 해결)

청구변경의 요건을 갖춘 적법한 청구변경으로 취급하여 신 청구(원인관계에 의한 청구)에 관하여 심리하여야 한다.

[예제] [제52회 사법시험 문제] 甲은 2009.1.1. 乙로부터 공작기계를 매수하였다. 甲과 乙은 위 매매계약 당시 乙이 공작기계를 계속 사용하되 甲이 요구하면 즉시 공작기계를 甲에게 인도하고, 乙은 2009.1.1.부터 공작기계를 현실적으로 甲에게 인도하는 날까지 월 1,000만 원의 사용료를 甲에게 지급하기로 약정한 '계약서'를 작성하였다.

[제1심 소송절차] ① 甲은 2009.7.1. 乙을 상대로 공작기계의 인도와 2009.6.30.까지 이미 발생한 6개월간의 공작기계 사용료 합계 6,000만 원의 지급을 청구하는 소를 제기하였다. ② 乙은 甲의 위 청구에 대해 공작기계 매도 사실을 부인하면서, 甲을 상대로 공작기계의 소유권 확인을 구하는 반소를 제기하였다. 제1심법원은, 甲이 乙로부터 공작기계를 매수하고 점유개정의 방법으로 그 소유권을 취득한 사실은 인정되나 사용료 지급 약정은 인정할 증거가 없다는 이유로, 甲의 공작기계 인도 청구는 인용하고 사용료 청구는 기각하는 한편, 乙의 반소 청구도 기각하였다. 乙은 제1심판결 선고 후인 2009.10.1. 甲에게 공작기계를 임의로 인도하였다.

[제2심 소송절차] 甲은 사용료 청구를 기각한 제1심판결에 대해 항소를 제기하였는데, 항소심에서 위 공작기계의 적정 임대료는 월 600만 원이라는 감정 결과를 얻은 다음, 2009. 1.1.부터 2009.9.30.까지 9개월간의 임대료 상당 부당이득금 합계인 5,400만 원의 지급을 구하는 것으로 청구를 교환적으로 변경하였다. 그 뒤 甲은 위 '계약서'를 발견하고 이를 증거로 제출하면서 다시 (i) 주위적으로 2009.1.1.부터 2009.9.30.까지의 약정에 따른 사용료 9,000만 원의 지급을 구하는 것으로, (ii) 예비적으로 2009.1.1.부터 2009.9.30.까지의 임대료 상당 부당이득금 5,400만 원의 지급을 구하는 것으로 청구를 변경하였다.

2(제2문). 甲이 주장하는 사실이 전부 인정된다고 할 때, 항소심 법원은 원고 甲의 청구에 대해 어떻게 판단하여야 하는가? (단 소송물이론에 관하여는 대법원판례에 따라 이론을 전개할 것) (20점)

3(제3문). 위 소송이 확정된 후, ① 乙은 甲과 乙 사이의 위 공작기계 매매계약은 甲의 사기에 의해 체결된 것이므로 이를 취소한다고 주장하면서 甲을 상대로 '소유권'에 기하여 위

공작기계의 인도를 구하는 소를 제기하였고, ② 甲은 乙을 상대로 위 공작기계가 甲 소유임의 확인을 구하는 반소를 제기하였다. 乙의 본소와 甲의 반소가 각각 전소판결의 기판력에 저촉되는지여부를 설명하라. (20점)

[해설] [제2문] Ⅰ. 주요논점: 청구의 교환적 변경의 의의 및 법적 성격, 항소심에서의 청구의 교환적 변경과 재소금지 효력

Ⅱ. 甲의 청구변경의 적법여부

1. 청구변경의 의의·형태·법적 성질: (1) 청구의 변경이란 소송계속 중인 청구와 다른 청구를 주장함으로써 소송물을 변경하는 것을 말한다(민소법 제262조). 사안에서 甲이 임대차계약 상의 약정 임료청구를 임료상당의 부당이득반환청구로 바꾸는 것은 소송물의 변경을 초래하여 청구의 변경에 해당한다.

(2) 청구의 변경에는 교환적 변경과 추가적 변경이 있다. 사안에서 甲은 종전의 약정임료(사용료)청구를 부당이득청구로 교환적 변경을 하였다가, 다시 주위적·예비적 청구의 추가적 변경(교환적 변경이 혼합됨)을 하였다.

(3) 청구의 교환적 변경의 법적 성질에 관하여 통설·판례는 신소제기 구소취하의 결합으로 본다. 사안의 경우에 甲의 청구변경에 의하여 애초의 약정임료청구는 소취하되었다가 다시 추가적 변경에 의하여 주위적 청구로 제기된 것이다.

2. 청구변경의 요건 검토: 내용 생략(본건 사안의 청구변경의 적법성 언급 필요)

Ⅲ. 주위적 청구에 대한 판단

1. 주위적 청구는 제1심 법원의 종국판결 후에 항소심에서의 교환적 변경을 통하여 취하되었다가 새로이 제기되어 재소금지에의 해당여부가 문제된다.

2. 재소금지의 요건: (1) 요건의 구체적 설명 생략 (2) 사안의 경우: 甲의 청구 중 2009.1.1.부터 2009.6.30까지의 약정임료청구는 재소금지에 해당하므로 소각하 판결을 하여야 한다. 그러나 제2심에서 추가된 약정임료청구는 별개의 소취하 된 구청구와 별개의 청구로 보아[대법원 2009.6.25. 선고 2009다22037 판결 참조], 항소심 법원은 甲의 주장사실이 전부 인정되므로 甲의 청구를 인용하여야 한다.

Ⅳ. 예비적 청구에 대한 판단

甲의 예비적 청구는 주위적 청구가 이유 없을 것을 해제조건으로 하여 법원의 판단을 구하는 것이므로, 위 해제조건의 미성취로 인하여 예비적 청구에 대한 법원의 판단을 요하지 않게 되었다.

[제3문] Ⅰ. 주요논점: 전소에서 甲은 공작기계의 인도청구를 하여 승소의 확정판결을 받았고, 乙은 공작기계에 대한 소유권확인의 반소청구를 하여 기각판결을 받고 그대로 확정되었다. 이러한 전소확정판결의 기판력의 적용범위를 시적 범위와 주관적 범위, 객관적 범위로 나누어 살펴보아야 한다.

Ⅱ. 乙의 공작기계인도 청구의 소의 적법여부

1. 전소판결의 효력이 미치는 주관적 범위

(1) 의의 및 내용: 기판력의 상대성의 원칙

(2) 사안의 경우: 전·후소의 당사자가 일치한다.

2. 기판력의 객관적 범위

(1) 의의 및 내용: 판결 주문에서 판단한 사항의 구체적 내용. 전소 확정판결에서 다룬 소송물의 범위와 일치. 예외적으로 선결적 법률관계 또는 모순관계에 있는 경우에는 소송물이 달라도 기판력이 미친다. 판결이유에서 판단한 내용에는 기판력이 미치지 않는다.

(2) 사안의 경우: 乙은 전소에서 본건 공작기계에 대한 소유권확인의 반소를 제기하여 청구기각판결을 받고 확정되었는데 그 확인판결은 乙의 위 공작기계에 대한 소유권에 기한

인도청구와 선결적 법률관계에 있다. 따라서 후소 법원은 위 공작기계에 대한 乙의 소유권 주장에 관하여 전소 판결과 반대되는 판결을 할 수 없다.

3. 기판력의 시적 범위

  (1) 의의 및 내용: 생략

  (2) 사안의 경우: 乙이 주장하는 매매계약의 취소사유는 전소의 변론종결 이전에 존재하였으므로 후소에서 이를 새롭게 주장하여 전소판결의 효력을 다툴 수 없다.

4. 결론

Ⅲ. 甲의 소유권확인의 반소의 적법여부

1. 기판력의 주관적 범위: 내용설명 생략(확인의 대상인 목적물이 동일하고, 전·후소의 당사자가 원고와 피고의 지위가 바뀌기는 하였으나 동일인이므로 당사자의 동일성은 인정된다)

2. 기판력의 객관적 범위

  (1) 전·후소의 소송물의 동일여부: 전소는 이행의 소이고 후소는 확인의 소이므로 소송물이 서로 다른 별개의 소이다.

  (2) 판결이에서 한 판단에는 기판력이 작용하지 않는다.

  (3) 선결관계 또는 모순관계에 해당하는지 여부: 이행의소는 확인의 소의 선결관계가 될 수 없다. 乙의 확인청구(전소에서의 반소)에 대한 판결은 甲의 소유권확인청구와 모순관계를 이루지 않는다(즉 후소 청구와 동일 목적물에 대하여 乙의 소유권이 존재하지 않는다는 것이 전소 판결의 내용이므로: 만약 전소 판결이 乙의 소유권을 인정하는 확인판결이면 모순관계가 된다).

3. 기판력의 시적 범위: 전·후소의 소송물의 동일성이 인정되지 않으므로 기판력의 시적 범위는 문제되지 않는다.

4. 결론

[예제] [사례연구] 소외 갑과 을은 갑 소유의 A 토지에 관하여 1982. 6. 10.자 매매계약을 체결하고, 그 대금을 지급한 뒤 소유권이전등기를 경료 하면서 그 당시 농지이던 A 토지와 택지로 개발되어 주택이 건축되어 있던 B 토지가 분필되지 않은 채 1필지의 토지로 되어 있었던 관계로 위 매매 대상이 되지 않았던 B 토지까지 모두 을 명의의 소유권 이전등기가 마쳐졌다. 을은 그가 매수한 부분은 A뿐이라는 것을 알고 그 부분만 계속 경작하다가 소외 병에게 매도하고, 그 후 정, 무 에게 순차 매도되어 최종적으로 Y가 매수하여 위 A, B 토지 전체에 관한 소유권이전등기를 마쳤다. 한편 갑은 A 토지와는 별개로 대지화 되어 있던 B 토지 지상의 가옥에 거주하면서 B 토지를 계속 점유하여 오다가 사망하고 X가 상속하였다. X는 위 B 토지에 관한 소유권이전등기를 넘겨받기 위하여 Y를 상대로 B 토지에 관하여 명의신탁 해지를 원인으로 한 소유권이전등기 청구의 소를 제기하였다.

Ⅰ. 위 소송의 계속 중에 X는 위 B 토지에 관하여 소외 갑과 을 사이에 명의신탁 계약이 성립하였다는 사실의 입증이 어렵다는 사실을 알게 되었다. 그리하여 청구취지를 바꾸어 B 부분에 관하여 Y 명의의 소유권이전등기 말소등기 절차이행을 구하는 소로 변경하였다. 이러한 청구 변경은 적법한가? (적법하다면) 이러한 청구변경에 있어서 Y의 동의가 필요한가?

Ⅱ. 법원이 위 소송에 대하여 심리한 결과 X가 종전의 청구를 계속 유지할 경우에는 X의 패소가 필연적이라는 것을 알고, X에게 위와 같은 말소등기 청구로 소를 변경할 것을 석명할 수 있는가?

[해설] [제1문] 본 문제는 청구변경의 허용 요건을 묻는 문제이다. 그리고 사안의 경우는 신·

구 청구의 교환적 변경이라고 할 수 있으므로 그 법적 성격 및 통설·판례와 같이 구소 취하 신소 제기 행위의 병합적 형태라고 보았을 때 청구 변경에 대한 피고 Y의 동의가 필요한 것인지가 문제된다. 그 외의 관련 문제로서 순차 경료된 소유권이전등기의 최종 명의자만을 상대로 한 소유권이전등기 말소등기 청구의 법적 성격 및 소의 이익에 관한 문제도 살펴볼 필요가 있다. 설문에서 제시된 사안에 의하면, X는 B 토지에 대한 정당한 소유권자임을 전제로 하여 그 등기부상 소유자 명의를 회복하기 위하여 명의신탁 해지를 원인으로 한 소유권 이전등기 절차의 이행을 구하는 청구를 하였다가, 다시 B 토지에 대한 Y 명의의 등기가 원인 무효의 등기임을 전제로 그 말소를 구하는 청구를 교환적으로 변경하였다. 위 양 청구는 동일한 생활사실 또는 경제적 이익에 관한 분쟁에 있어서 그 해결을 위한 법률적 구성만을 달리하고 있음에 불과하여 청구의 기초에 변경이 있다고 할 수 없다(대판 87다카1093).

설문의 경우에 나타난 사실관계만으로 보면 B 토지에 관하여 현재의 소유 명의자인 Y 앞으로 등기가 경료되게 된 사실관계에 관하여 X, Y가 충분한 공격과 방어를 전개하여 소송자료가 모두 제출되고 심리된 것으로 보인다. 즉 신 청구는 구 청구에 대하여 법률적 구성만을 달리하고 있음에 불과하여, 청구 변경이 있다고 하여 소송절차 지연의 원인이 된다고 보기 어렵다.

[본건 청구 변경에 있어서 Y의 동의 필요 여부]

교환적 변경의 법적 성질을 결합설로 보는 다수설에 의하면 X의 청구 변경에 대하여 Y의 동의를 필요로 할 것이나, 결합설을 취하더라도 법에서 신·구 청구 사이의 청구 기초의 동일성을 요구하고 있어서 피고에 대한 배려를 하고 있는 점에 비추어 사안의 경우에 Y의 동의는 필요 없다고 보아야 한다.

[관련 문제(본건 사안에서 변경된 신 청구의 소의 이익 유·무)]

1. X의 청구변경에 의하여 Y 명의의 등기가 원인무효의 등기임을 전제로 그 말소등기절차의 이행을 구하는 청구로 바뀌었다. 그런데 신 청구는 본건 B 토지에 관하여 소외 을, 병, 정, 무 및 피고 Y에게 순차 경료된 소유권이전등기가 모두 원인무효의 등기임을 전제로 하고 있다.

2. 위와 같이 원인무효인 일련의 소유권이전등기 중 최후의 등기명의자만을 상대로 그 등기의 말소를 구하는 경우에 소의 이익의 유무가 문제될 수 있다. 그러나 이러한 소송은 필수적 공동소송이 아니므로 그 말소를 청구할 권리가 있는 사람은 각 등기의무자에 대하여 이를 각각 청구할 수 있다. 따라서 위 일련의 소유권이전등기 중 최후의 등기명의자만을 상대로 그 등기의 말소를 구하고 있다고 하더라도 그 승소의 판결이 집행불능의 판결이 된다거나 종국적인 권리의 실현을 가져다 줄 수 없게 되어 소의 이익이 없는 것으로 된다고는 할 수 없다(대판 87다카 1093).

3. 그리고 1필지의 토지의 특정된 일부에 대하여 소유권이전등기의 말소를 명하는 판결을 받은 등기권리자는 그 판결에 따른 토지의 분할을 명하는 주문 기재가 없다 하더라도 그 판결에 기하여 등기의무자를 대위하여 그 특정된 일부에 대한 분필등기 절차를 마친 후 소유권이전등기를 말소할 수 있다. 그러므로 토지의 분할을 명함이 없이 1필지의 토지의 일부에 관하여 소유권이전등기의 말소를 명한 판결이 집행 불능의 판결이라고 할 수 없다.

[제2문] 본 문제는 법원의 석명권 행사범위와 관련하여, 당사자가 신청하지 않고 있는 새로운 청구를 할 것인지에 관하여 법원이 석명할 수 있는지 여부에 관하여 묻고 있다.

사안의 경우, (1) 법원이 원고 X에 대하여 청구의 변경을 촉구하는 석명은 소극적 석명만을 허용하는 판례나 학설에 의하면 허용되지 않을 것이다. 문제는 이러한 판례·학설에 의하더라도 법원이 사안의 경우에 청구의 변경을 촉구하는 적극적 석명을 하고 당사자가 그 석명에 따라 새로운 신청이나 주장을 함으로써 법원이 이 새로운 신청이나 주장을 받아들여 판결을 한 경우에 있다. 이러한 경우에도 그 판결은 적법하고 상급법원은 이를 취소할 수 없다고 보아야 할 것이다. 만약 이 판결을 위법하다고 하면, 그 석명을 신뢰한 당사자의 이익이 침해될 것이기 때문이다(정동윤·유병현, 민사소송법, 326면). 결국, 법원의 적극적 석명권 행사는 객관적으로 존재하는 실체적 사실관계를 당사자의 변론을 통하여 드러내는 것이므로 법원의 일시적인 편파성이 문제된다고 하더라도 그러한 행위의 위법성을 인정하기는 어렵다 할 것이다.

(2) 제한부 적극적 석명이나 적극적 석명을 허용하는 견해에 의하면 사안의 경우에는 X의 종전의 청구를 계속 유지하는 경우에는 그의 패소가 필연적으로 예상되는 경우이므로 법원은 적극적 석명권 행사를 통하여 X의 청구변경을 촉구할 수 있다고 보아야 한다.

(3) 문제는 사안의 경우에 신·구 청구 사이에 청구취지를 서로 달리하여 소송물의 동일성이 서로 유지될 수 있느냐에 있다. 즉 법원의 제한부 적극적 석명을 허용하는 견해는 법원의 법적 관점 지적의무(민사소송법 제136조 제4항)를 근거로 하여 현행법상의 허용가능성을 언급하고 있는데(김홍규, 379면), 이러한 의무는 소송물의 범위를 일탈하지 않을 것을 전제로 한다. 그러나, 사안의 경우는 어느 것이나 B 토지의 진정한 소유자인 X의 등기명의를 회복하기 위한 것으로서 실질적으로 그 목적이 동일하고, 두 청구권 모두 진정한 소유권에 기한 청구권으로서 그 법적 근거와 성질이 동일하므로 그 소송물은 실질적으로 동일하다고 보아야 할 것이다(참조: 대판 99다27894 전원합의체).

제 3 절 중간확인의 소

Ⅰ. 의   의

선결적 법률관계에 대하여 기판력 있는 판결을 받아둘 필요성이 있고, 이러한 필요성에 따른 제도가 바로 중간확인의 소라 할 것이다.

Ⅱ. 요   건

1. 다툼이 있는 선결적 법률관계의 확인을 구할 것

가. 권리관계의 확인일 것: 단순한 사실관계나 증서의 진부확인을 위한 중간확인의 소를 제기할 수 없다.

나. 본소 청구의 전부 또는 일부와 선결적 관계에 있을 것: 임료지급청구에 있어서 임대차관계의 존재, 물건인도청구·등기말소청구에 있어서 목적물의 소유권의 귀속에 관한 확인청구 등.

다. 당사자 간에 다툼이 있는 법률관계일 것.

라. 본소 청구에 대한 선결관계는 본소청구의 당부판단의 전제로서 현실적으로 존재하고 확인의 필요성이 있어야 한다(현실설). 본소청구가 취하·각하되거나 확인의 대상이 되는 법

률관계에 대한 판단까지 갈 필요 없이 청구기각이 될 경우이면 현실적으로 선결관계에 있다고 할 수 없으므로 중간확인의 소는 부적법 각하할 것이다. 예컨대, 재심사유가 인정되지 않아서 재심청구를 기각하는 경우에는 중간확인의 소의 심판대상인 선결적 법률관계의 존부에 관하여 나아가 심리할 필요가 없을 것이다. 이때 중간확인의 소는 단순한 공격방어방법이 아니라 독립된 소이므로 이에 대한 판단은 판결의 이유에 기재할 것이 아니라 종국판결의 주문에 기재하여야 할 것이므로 재심사유가 인정되지 않아서 재심청구를 기각하는 경우에는 중간확인의 소를 각하하고 이를 판결 주문에 기재하여야 한다.[1]

2. 사실심에 계속하고 변론종결 전일 것

항소심에서는 상대방의 동의가 없어도 중간확인의 소를 제기할 수 있다.

3. 다른 법원의 전속관할에 속하지 않을 것

중간확인의 소가 다른 법원의 전속관할에 속하고 독립된 소로서 취급받을 수 있으면 이를 분리하여 관할권 있는 법원으로 이송할 것이다.

4. 본소 청구와 같은 종류의 소송절차에 의할 것

Ⅲ. 절차와 심판

1. 독립된 소제기에 준하여 소장(중간확인의 소)을 작성하여 제출하고, 상대방에 대한 송달을 필요로 한다.

2. 소송대리인의 경우 특별수권요부

① 원고대리인:　　　청구취지확장, 특별수권불요.
② 피고대리인:　　　특별수권필요: 반소의 성격.

3. 하나의 소송절차에서 병합심리, 하나의 전부판결

---

1) 대법원 2008.11.27. 선고 2007다69834,69841 판결.

제 4 절 반소(反訴)

I. 의 의

1. 제도적 필요성

공평성의 원리, 소송경제적 측면

2. 소송계속 중에 피고가 그 소송절차를 이용하여 원고에 대하여 제기하는 소이다.

3. 반소는 독립의 소이고 단순한 방어방법이 아니다.

반소청구에 원고 청구기각 이상의 적극적 내용이 포함되어 있지 않다면 반소청구로서의 이익이 없다.[1] 예컨대 원고의 소유권확인청구에 대하여 피고가 원고 소유가 아님을 확인하여달라는 소극적 확인을 구하는 반소는 소의 이익이 없다.

4. 반소는 피고가 원고를 상대로 한 소이다.

참가소송에 있어서 법 제79조나 제81조에 의한 참가는 그 어느 것이나 당사자로서 소송에 참가하는 것이므로 참가의 소의 상대방 당사자가 되는 원고나 피고는 소송에 참가하는 당사자를 상대로 반소를 제기할 수 있다.[2]

II. 모 습

1. 단순반소

본소청구가 인용되든 기각되든 상관없이 반소청구에 대하여 심판을 구하는 형식의 반소이다.

---

[1] 반소청구에 본소청구의 기각을 구하는 것 이상의 적극적 내용이 포함되어 있지 않다면 반소청구로서의 이익이 없고, 어떤 채권에 기한 이행의 소에 대하여 동일 채권에 관한 채무부존재확인의 반소를 제기하는 것은 그 청구의 내용이 실질적으로 본소청구의 기각을 구하는 데 그치는 것이므로 부적법하다(대법원 2007.4.13. 선고 2005다40709,40716 판결).
[2] 대법원 1969.5.13. 선고 68다656,657,658 판결.

2. 예비적 반소

가. 원고의 본소청구기각 판결을 구하고 원고의 본소청구가 인용되거나 기각되는 것에 대비하여 반소청구를 구하는 경우이다. 본소청구의 인용을 조건으로 하는 예비적 반소로서는 원고가 매매에 기한 소유권이전등기청구의 본소를 제기한 데 대하여 피고가 본소가 인용될 때에는 잔금의 지급을 구하는 반소를 제기하는 경우이고, 본소의 기각을 조건으로 하는 예비적 반소로서는 위의 본소에 대하여 피고가 원고 주장의 매매계약이 무효인 경우에 이미 인도한 목적물의 반환을 구하는 반소를 제기하는 것이다.[1] 예컨대 가지급물 반환신청은 소송 중의 소의 일종으로서 그 성질은 예비적 반소라 할 것이다. 따라서 상고심법원에 의한 본안에 관한 파기·환송 후 원심(항소심)법원이 원심판결을 파기하는 이상 환송 후 원심의 가지급물 반환명령 부분도 그 당부를 판단할 필요도 없이 당연히 파기를 면할 수 없다.[2]

나. 피고가 제1심에서 각하된 예비적 반소에 대하여 항소를 하지 아니하더라도 예비적 반소가 원심(항소심)의 심판 대상으로 될 수 없는 것은 아니므로 항소심 법원이 원고의 항소를 받아들여 원고의 본소청구를 인용한 이상 피고의 예비적 반소청구를 심판 대상으로 삼아 이를 판단하여야 한다.[3]

3. 재 반소

반소에 대하여 원고는 소송절차를 현저히 지연시키지 않는 범위에서 재 반소를 제기할 수 있다.

> **[대법원 2001.6.15. 선고 2001므626,633 판결]** 원고가 본소의 이혼청구에 병합하여 재산분할청구를 제기한 후 피고가 반소로서 이혼청구를 한 경우, 원고가 반대의 의사를 표시하였다는 등의 특별한 사정이 없는 한, 원고의 재산분할청구 중에는 본소의 이혼청구가 받아들여지지 않고 피고의 반소청구에 의하여 이혼이 명하여지는 경우에도 재산을 분할해 달라는 취지의 청구가 포함된 것으로 봄이 상당하다고 할 것이므로(**이때 원고의 재산분할청구는 피고의 반소청구에 대한 재반소로서의 실질을 가지게 된다**), 이러한 경우 사실심으로서는 원고의 본소 이혼청구를 기각하고 피고의 반소청구를 받아들여 원·피고의 이혼을 명하게 되었다고 하더라도, 마땅히 원고의 재산분할청구에 대한 심리에 들어가 원·피고가 협력하여 이룩한 재산의 액수와 당사자 쌍방이 그 재산의 형성에 기여한 정도 등 일체의 사정을 참작하여 원고에게 재산분할을 할 액수와 방법을 정하여야 한다.

---

1) 정동윤·유병현, 881면.
2) 대법원 1996.5.10. 선고 96다5001 판결.
3) 대법원 2006.6.29. 선고 2006다19061,19078 판결.

III. 요 건

1. 상호관련성

가. 본소청구와의 관련성

(1) 동일한 법률관계의 형성을 추구하고 있는 경우: 원고의 이혼청구에 대한 피고의 이혼청구

(2) 청구원인사실의 공통: 원고의 소유권확인청구에 대해 피고의 반소로서의 소유권확인청구

(3) 청구목적물의 공통: 예컨대 특정 건물에 대하여 원고가 소유권에 기한 인도청구의 소를 제기한데 대하여 피고의 임차권 확인의 반소를 제기한 경우이다.

> **[대법원 1962.11.1. 선고 62다307 판결]** 원고가 소송목적물인 건물이 자기 소유인데 제3자가 문서를 위조하여 피고에게 매도하여 소유권이전등기를 하였다는 이유로 피고에게 동 등기의 말소를 구함에 있어서, 피고가 예비적 반소로써 만일 위 소유권이전등기가 원인무효로써 말소되어야한다고 하더라도 그 건물이 건립 되어있는 대지는 피고소유로써, 원고는 위 건물을 소유함으로써 피고의 대지를 불법 점거한다는 것을 원인으로 원고에 대하여 건물의 철거를 구하는 경우에 있어서는 원고의 청구와 피고의 반소청구가 청구의 견련관계에 있다고 할 것이다.

(4) 분쟁 발생원인의 공통: 임대차 종료를 원인으로 건물인도를 청구하는 본소와 건물소유자의 그 건물에 대한 급수 및 전기 공급을 단절함으로 인한 손해배상의 반소청구는 그것이 그 두 청구의 목적물 또는 발생원인에 있어서 사실상 공통되는 점이 있다할 것이므로 반소청구는 본소청구와 관련성이 있다.[1]

나. 본소 방어방법과의 상호관련성: 원고의 대여금청구에 대하여 피고가 상계항변을 하면서 그 상계금액을 넘는 금액의 지급을 반소로써 청구하는 경우.

(1) 그 방어방법이 반소 제기 당시에 현실적으로 제출되어야 하며, 또 법률상 허용되어야 한다.

(2) 점유회복의 본소와 본권에 기한 반소: 점유제도는 사실상 지배하고 있는 현존상태를 보호하여 사회평화를 유지하려는데 그 목적이 있는 것이므로, 점유의 소에 있어서는 점유할 수 있는 권리인 본권에 관한 이유에 기하여 재판할 수 없는 것이다(민법 제208조 2항). 따라서 원고가 피고에게 점유권에 기하여 점유방해배제의 본소청구를 한 경우에 점유방해의 사실이 인정된다고 한다면 설사 피고가 소유권에 기하여 그 점유물의 인도를 구하는 반소청구를 할 경우에 이를 허용할 것이다. **이러한 경우에는 본소와 반소의 청구를 모두 인정하여야 할 것이다. 일본최고재판소 판례 중에는 이러한 경우에 "원고가 점유회복의 본소에 의하**

---

1) 대법원 1967.3.28 선고 67다116,117,118 판결.

여 승소한 끝에 원고 앞으로 인도 집행된 뒤에는 원고는 이를 피고에게 인도하라"는 취지의 조건부 반소청구를 하여야 한다고 했다.[1]

> **[대법원 2013.5.31. 자 2013마198 결정(점유이전금지가처분취소)]** 점유의 침탈을 이유로 한 점유물반환청구권을 피보전권리로 하는 점유이전금지가처분 신청에 대하여는 민법 제208조에 따라 소유권 그 밖의 본권에 관한 이유로 피보전권리나 보전의 필요성을 부정할 수는 없다. 그러나 그 가처분 신청에 따라 **점유이전금지가처분결정을 받은 채권자가 채무자를 상대로 제기한 점유회수의 본소에 대하여, 채무자가 본소청구가 인용되어 채권자에게 점유가 회복될 경우를 대비하여 조건부로 소유권에 기한 인도청구를 구하는 반소를 제기하고, 본소청구와 반소청구가 모두 인용되어 확정된 경우**에는, 본소 확정판결에 기한 점유회수의 집행은 무의미한 점유상태의 변경을 반복하는 결과를 초래할 뿐 아무런 실익이 없으므로, 그 집행을 보전하기 위한 점유이전금지가처분결정은 이를 더 이상 유지할 필요가 없는 사정변경이 생겼다고 보아야 한다.

(3) 원고가 피고에 대하여 소유권확인, 임료 및 임료상당의 손해의 배상을 구하는 본소청구를 하고 있음에 대하여, 피고가 위 부동산에 관하여 점유취득시효완성을 원인으로 한 소유권이전등기절차의 이행을 구하고 있는 반소청구를 하고 있는 경우에는 위 반소청구 속에는 피고 자신이 이미 위 부동산에 관하여 취득시효완성으로 인한 소유권을 취득하였으므로, 위 부동산의 소유자임을 내세워 피고에 대하여 위 부동산에 관한 소유권 확인 등을 구하는 **원고의 본소청구는 기각되어야 한다고 항변하는 취지도 함께 포함되어 있다**고 보아야 할 것이다. 이 경우에 법원이 피고의 취득시효항변에 대하여 아무런 판단도 하지 아니한 채 위 부동산이 원고의 소유라고 단정한 것은 판단유탈을 범한 것이다.[2]

(4) 상호관련성은 사익적 요건으로서 이의권 상실의 대상으로 보아야 한다.

2. 본소절차를 현저히 지연시키지 아니할 것

예컨대, 본소에 관하여 변론준비절차, 쟁점정리절차가 종료된 뒤에 하는 반소청구는 특별한 사정이 없는 한 현저한 지연의 경우로 볼 것이다. 직권조사 사항이다.

3. 본소가 사실심에 계속되고 변론종결전일 것

가. 반소제기의 요건이고 존속요건은 아니다. 반소제기 후에 본소가 각하·취하 또는 청구의 포기·인낙, 화해 등으로 그 소송계속이 소멸하여도 반소에는 영향이 없다. 다만 예비적 반소는 본소청구의 인용이나 기각을 조건으로 하므로 본소가 취하되면 반소도 조건의 불성취로 소멸된다.

---

1) 이시윤, 678면, 각주 2.
2) 대법원 1987.5.12. 선고 84다카1870,1871 판결.

나. 항소심 변론종결 시까지 반소제기가 가능하지만, 항소심에서의 반소제기 시에는 상대방의 심급의 이익을 해할 우려가 없는 경우이거나, 또는 상대방의 동의를 얻은 경우라야 한다(법 제412조 1항).

(1) 심급이익을 해할 우려가 없다고 볼 수 있는 때로서는, ① 중간확인의 반소, ② 본소와 청구원인을 같이하는 반소, ③ 제1심에서 충분히 심리한 쟁점과 관련한 반소, ④ 항소심에서 추가된 예비적 반소 등을 들 수 있다.

(2) 항소심에서 피고가 반소장을 진술한데 대하여 원고가 "반소청구기각"의 답변을 한 것만으로는 법 제412조 2항 소정의 이의 없이 반소의 본안에 관하여 변론을 한 때에 해당한다고 볼 수 없다.[1]

다. 항소심에 있어서도 반소원고는 반소청구의 기초에 변경이 없고 소송절차를 지연케 함이 현저하지 아니한 경우에는 반소피고의 동의가 없다하여도 본위적 반소청구가 인용되지 아니하는 것을 조건으로 하여 적법하게 예비적 반소청구를 할 수 있다.[2]

[대법원 1996.3.26. 선고 95다45545,45552,45569 판결] 나. 반소에 관한 상고이유에 관하여; 원심은, 민사소송법 제382조가 항소심에서의 반소는 상대방의 동의를 얻어 제기할 수 있고 상대방이 이의 없이 본안에 관하여 변론을 한 때에는 반소 제기에 동의한 것으로 본다고 규정하고 있으므로, 피고 A가 원심에 이르러 원고에 대하여 제기한 지상권설정등기절차이행청구의 반소는 원고가 본안에 관하여 변론하기 전에 그 반소 제기에 대하여 부동의하고 있음이 기록상 명백하므로, 위 피고의 반소는 부적법하다고 판단하였다. 그러나, **반소청구의 기초를 이루는 실질적인 쟁점에 관하여 제1심에서 본소의 청구원인 또는 방어방법과 관련하여 충분히 심리되었다면, 항소심에서의 반소 제기를 상대방의 동의 없이 허용하더라도 상대방에게 제1심에서의 심급의 이익을 잃게 하거나 소송절차를 현저하게 지연시킬 염려가 있다고 할 수 없을 것이므로, 이러한 경우에는 상대방의 동의 여부와 관계없이 항소심에서의 반소 제기를 허용하여야 할 것이다**(당원 1994.5.10. 선고 93므1051,1068 판결 참조). 기록에 의하면, 피고 A는 원고의 같은 피고에 대한 건물철거 및 부지인도 청구의 본소에 대하여 제1심법원에 관습상의 법정지상권에 기한 항변을 하는 내용의 답변서를 제출함과 동시에, 이 사건 건물을 신축자인 위 B로부터 위 C를 거쳐 승계취득 하였다는 점에 대한 증거자료로 위 B와 C 사이의 매매계약서(을 제2호증의 1), 위 B와 피고 A의 매매계약서(을 제2호증의 2)를 각 제출하였으며, 증인의 증언을 통하여 위 건물의 신축자가 위 B라는 것과 위 매매계약서의 기재와 같은 경위로 자기가 위 건물을 위 B로부터 승계취득 하였다는 사실에 관하여 입증을 하고 있고, 한편 공동피고 D의 대리인이 제1심법원에 제출한 서증조사기록에 의하면, 관습상의 법정지상권설정등기 의무자인 원고가 위 건물의 부지를 그 건물 소유자인 위 B로부터 어떠한 경위로 취득하였는가에 관한 상세한 자료가 첨부되어 있을 뿐만 아니라, 제1심법원이 원고의 본소청구를 인용하기 위하여 위 피고의 관습상의 법정지상권에 기한 항변을 배척하는 판단을 하였음을 알 수 있는바, 그렇다면 위 피고의 이 사건 반소청구의 기초를 이루는 실질적인 쟁점에 관하여는 제1심에서 본소에 관한 방어방법과 관련하여 충분한 심리가 이루어졌다고 할 것이니, 위 피고로서는 원고의 동의 없이도 항소심인 원심에 이르러 법정지상권

---

1) 대법원 1991.3.27. 선고 91다1783,1790 판결.
2) 대법원 1969.3.25. 선고 68다1094,1095 판결.

설정등기절차의 이행을 구하는 반소를 제기할 수 있다고 할 것이다.

라. 가집행선고가 있는 경우에 피고가 하는 가지급물반환 신청은 예비적 반소로서의 성격을 갖는다. 법 제201조 2항 소정의 가집행선고로 인한 지급물의 반환신청은 가집행에 의하여 집행을 당한 채무자로 하여금 본안 심리절차를 이용하여 그 신청의 심리를 받을 수 있게 함으로써 반소나 별소를 제기하는 비용과 시간 등을 절약할 수 있게 하려는 제도로서, 그 신청은 집행을 당한 채무자가 본안에 대하여 불복을 제기함과 아울러 본안을 심리하고 있는 상소심에서 그 변론종결 전에 함이 원칙이다. 그 신청의 이유인 사실의 진술 및 그 당부의 판단을 위하여서는 소송에 준하여 변론이 필요한 것인데, **상고심은 법률심이어서 과연 집행에 의하여 어떠한 지급이 이행되었으며 어느 범위의 손해가 있었는가 등의 사실관계를 심리 확정할 수 없기 때문에 신청의 이유로서 주장하는 사실관계에 대하여 당사자 사이에 다툼이 없어 사실심리를 요하지 아니하는 경우를 제외하고는 가집행선고로 인한 지급물의 반환신청은 상고심에서는 원칙적으로 허용되지 아니한다.**

4. 본소와 같은 종류의 소송절차에 의할 것

5. 반소가 다른 법원의 전속관할에 속하지 않을 것

Ⅳ. 절차와 심판

1. 반소의 제기

소장 기재 사항에 준한다(반소 청구취지, 청구원인기재, 인지 등 첨부).

2. 반소요건 등의 조사

반소요건 결여 시: 반소청구 각하설(판례)과 심판분리설(현재의 통설)이 대립한다.

3. 본안에 관한 심판

본소와 병합심리 하되, 심판의 편의를 위해 변론의 분리, 일부 판결도 가능하다.

[**대법원 2008.3.13. 선고 2006다53733,53740 판결**] 제1심이 원고들의 본소 중 주위적 청구를 전부 인용하고, 피고의 반소 중 주위적 청구에 대한 소를 각하하고 예비적 청구를 일부 인용한 데 대하여, 피고는 반소의 예비적 청구를 일부 기각한 부분에 대하여만 항소를 제기하였을 뿐 본소에 대하여는 항소를 제기하지 아니하였으므로, 원고들의 본소는 주위적 청구뿐만 아니라 예비적 청구 역시 원심(항소심법원)의 심판범위에서 제외되는 것이고, 따라서 원고들이 원심에서 청구취지 및 청구원인변경신청서를 제출하여 예비적 청구에 불법행위에

의한 손해배상청구를 선택적으로 추가하였다고 하더라도 추가된 예비적 청구가 원심의 심판 범위에 포함된다고 할 수 없다.

[예제] **[제46회(2004년) 사법시험]** **[제2-2문]** 甲이 乙을 상대로 건물철거 및 부지인도 청구의 소를 제기하였는 바, 이에 대하여 乙은 관습상의 법정지상권에 기한 항변을 하였고, 제1심 법원은 충분한 심리를 거쳐, 乙의 위 항변을 배척하고 원고의 청구를 인용하였다. 乙이 제1심 판결에 불복하여 항소한 후, 항소심에서 법정지상권 설정 등기절차의 이행을 구하는 반소를 제기하려고 한다. 이러한 반소가 허용될 수 있는지를 밝히고, 그 근거를 제시하시오. (25점)

[해설] Ⅰ. 주요논점: 반소제기의 요건, 항소심 계속 중의 반소제기의 적법요건

Ⅱ. 반소의 요건: 반소의 요건을 구체적으로 설명하면서 사안의 경우에 각 요건 충족여부를 검토한다. 특히 항소심에서의 반소 제기에 관한 민소법 제412조 요건에 관하여 설명하고 본 사안에 관하여 검토할 것.

Ⅲ. 결론: 乙의 반소 청구는 본소의 방어방법과 관련성이 인정되고, 제1심에서 충분히 심리한 항변과 견련된 반소이므로 이를 허용하여도 甲의 심급의 이익을 해하지 않아서 甲의 동의 여부와 관계없이 적법하다.

[예제] **[변리사시험 제42회(2005년)]** **[제B-1문]** 甲생명보험주식회사와 생명보험계약을 체결한 A는 고속도로에서 졸음운전으로 인한 교통사고로 사망하였고, 이에 A의 상속인인 乙은 甲회사에 보험금을 청구하였다. 이에 대하여 甲은 고지의무와 통지의무 위반을 이유로 보험금의 지급을 거절하면서, 권리관계를 명확히 하기 위하여 乙을 상대로 채무부존재확인의 소를 제기하였다.

(1) 소장을 받은 乙은 그에 대한 답변서를 제출하는 한편 甲회사를 상대로 하여 보험금의 지급을 구하는 반소를 바로 제기하였다. 법원은 甲과 乙의 청구에 대하여 어떻게 처리하여야 하는지 논하시오. (15점)

(2) 乙이 위와 같이 반소를 제기하지 않고, 별소로 甲회사를 상대로 하여 보험금청구의 소를 제기하는 것은 적법한지 논하시오. (15점)

[해설] Ⅰ. 주요논점: 제1문의 경우에는 채무자에 의한 채무부존재확인의 소가 계속 중에 채권자가 채무이행청구의 소(이행의 소)를 제기한 경우에 먼저 제기된 채무부존재확인의 소가 소의 이익이 없게 되는 것은 아닌가의 문제이다. 제2문은 동일한 권리관계에 대하여 심판형식을 달리한 소가 이중으로 제기된 경우에 중복된 소제기에 해당하는가의 문제이다. 심판형식이 다르면 소송물이 서로 달라 중복소제기로 볼 수 없을 것이다.

Ⅱ. 제1문의 해결

1. 반소의 요건 구비여부: 생략(사안의 경우에 관하여 언급 필요)

2. 반소가 중복된 소제기에 해당하는지 여부

3. 본소의 소의 이익 흠결여부

　(1) 확인의 이익: 내용 생략

　(2) 소극적 확인의 소의 경우: 채무자가 적극적·선제적으로 채권자에 대하여 채무의 부존재 확인을 구하는 형태의 채무부존재 확인의 소는 분쟁의 종국적 해결을 위한 것으로서 소의 이익이 인정된다.

　(3) 채권자가 채무이행의 소를 제기한 경우(사안의 경우): 판례 [대법원 1999.6.8. 선고 99다

17401,17418 판결 참조]

Ⅲ. 제2문의 해결

1. 중복된 소제기의 요건 검토; 생략

2. 대향형 소송의 경우

　(1) 학설

　(2) 판례

3. 결론: 소송물이 서로 다르므로 乙이 제기한 甲회사 상대의 보험금청구의 소는 중복된 소제기에 해당하지 않아 적법하다.

[예제] 망 A가 오토바이를 운전하다가 甲이 운전하던 승용차를 들이받아 사망하는 교통사고가 발생하였다. 甲은 망 A의 일방적인 과실로 인하여 위 사고가 발생하였다고 주장하면서 A의 상속인 乙을 상대로 하여 위 교통사고와 관련한 손해배상채무의 부존재 확인을 구하는 소를 제기하였다. 위 소송의 제1심 법원이 갑에 대한 패소판결을 선고하자 甲이 항소하여 항소심 법원에 계속 중, 乙이 甲을 상대로 위 교통사고로 인한 손해배상청구 소송을 반소로서 제기하였다.

Ⅰ. 乙이 제기한 위 반소에 대하여 甲이 동의를 하지 않을 경우 법원은 어떠한 조치를 취하여야 하는가?

Ⅱ. 乙이 위 반소를 제기하자 항소심 법원은 甲의 본소 청구가 소의 이익을 결여하게 되었다고 하여 본소 소각하 판결 하였다. 이러한 판결은 타당한가?

[해설] [제1문] Ⅰ. 주요논점: 본 문제는 반소청구의 요건사실 및 반소가 항소심에서 제기되는 경우에 추가로 필요한 요건에 관한 문제이다.

Ⅱ. 반소의 요건

1. 본소의 청구 또는 방어방법과의 관련성이 있을 것

　(1) 본소 청구와의 관련성　① 본소 청구와 반소 청구가 소송물 혹은 그 대상·발생원인에 있어서 공통성이 있다는 것을 의미한다. ② 원고의 이혼의 소 제기에 대하여 피고도 반소로서 이혼 청구하는 경우와 같이 본소 청구와 반소 청구가 같은 법률관계의 형성을 목적으로 하는 경우는 상호 관련성이 있다. ③ 양 청구의 청구원인이 서로 같거나, 청구원인이 일치하지 아니하여도 그 대상·발생원인에 있어서 주된 부분이 공통인 경우에는 상호관련성이 있다.

　(2) 본소 방어 방법과의 상호 관련성이 있는 경우　① 반소 청구가 본소 청구의 항변사유와 대상·발생원인에 있어서 사실상 또는 법률상 공통성이 있는 경우를 말한다. ② 특정 부동산에 대한 소유권 확인, 임료 및 임료 상당의 손해배상을 구하는 본소 청구에 대하여, 피고가 위 부동산에 관하여 점유취득시효 완성을 원인으로 한 소유권이전등기를 구하는 반소 청구는 피고 자신이 이미 위 부동산에 관하여 점유취득시효 완성으로 인한 소유권을 취득하였음을 내세워 원고의 본소 청구는 기각 되어야 한다는 항변의 취지도 포함되어 있고, 이러한 항변과 반소 청구는 상호 관련성이 있다. ③ 그 방어 방법은 반소 제기 당시에 현실적으로 제출되어야 하며, 또 법률상 허용되어야 한다.

　(3) 상호 관련성 요건은 사익적 요건으로서 이의권 상실의 대상으로 보아야 한다.

2. 본소 절차를 현저히 지연시키지 아니할 것　① 집중심리제 및 변론준비 절차를 강화하고 있는 민소법 정신에 비추어 볼 때 변론준비 절차가 종료된 뒤에 하는 반소 제기는 부적법할 수 있다. ② 절차의 현저한 지연이 있을 것인지 여부는 직권조사 사항이며, 당사자의 이의권의

포기·상실 대상이 아니다.

3. 본소가 사실심에 계속되고 변론종결 전일 것 (1) 반소제기 당시에 이러한 요건을 충족하면 되고, 그 후에 본소가 취하되더라도 관계없다. (2) 항소심에서의 반소제기 ① 상대방의 동의가 있거나 상대방이 이의를 제기하지 않고 반소의 본안에 관하여 변론을 한 경우, 또는 상대방의 심급의 이익을 해하지 않는 경우여야 한다(민소법 제412조). ② 심급의 이익을 해할 우려가 없다고 볼 수 있는 경우로서는 ⓐ 중간확인의 반소, ⓑ 본소와 청구원인을 같이하는 반소, ⓒ 제1심에서 충분히 심리한 쟁점과 관련한 반소, ⓓ 항소심에서 추가된 예비적 반소 등이 있다.

4. 본소와 같은 종류의 소송절차에 의할 것

5. 반소가 다른 법원의 전속 관할에 속하지 않을 것

Ⅲ. 본건 반소에 대하여 법원이 취할 조치 (사안의 해결) 1. 본건 반소는 앞서 살펴 본 반소의 일반적 요건 중 1, 2, 3번 요건과 관련하여 살펴 보아야 한다. (1) 본건 반소는 본소 청구와 그 청구원인이 서로 일치하므로 본소 청구와의 상호 관련성이 있다. (2) 본건 본소와 반소는 그 청구원인 또는 방어방법에 있어서 주요쟁점사실이 본건 교통사고 발생의 주된 책임이 망 A와 갑 중 어느 쪽에 있는가와 그 과실비율 등에 있는 것이다. 이러한 쟁점에 관하여 제1심 법원의 심리과정에서 충분히 심리된 것으로 보여서 을의 반소 제기로 인하여 새로이 현저한 절차지연의 사유가 발생하였다고 보기 어렵다. 오히려 1회의 소송절차를 통한 분쟁의 종국적 해결이라는 소송 경제적 측면 이라든지 피고에 대한 무기 평등의 원칙이라는 반소제도의 목적 등에 비추어 볼 때 을의 반소는 적법한 것으로 보아야 한다. (3) 위에서 살펴 본 바와 같이 본건 반소 청구의 기초를 이루는 실질적이고 주요한 쟁점들은 제1심에서 충분히 심리되었다고 볼 것이어서 반소제기로 인하여 갑에게 특별히 심급의 이익을 해할 우려는 없다고 보인다. 2. 법원의 조치 (1) 법원은 을의 반소를 본소와 병합하여 심리하여야 한다. (2) 갑이 반소에 대하여 이의를 제기한 때에는 중간적 재판이나 종국판결의 이유 중에서 이에 관하여 판단할 수 있다.

[제2문] Ⅰ. 논점정리: 본 문제는 확인의 소의 소의이익 그 중에서도 특히 확인의 이익에 관하여 묻고 있다. 확인의 소에 있어서 소의 이익은 그 대상적격과 확인의 이익으로 나누어 살펴 보아야 한다.

Ⅱ. 확인의 소의 대상적격

1. 확인의 대상은 권리·법률관계이어야 한다. (1) 단순한 자연현상, 역사적 사실은 확인의 대상이 될 수 없다. (2) 단순한 법률요건사실 (예컨대, 특정 불법행위의 존재사실) 확인은 대상이 되지 못한다.

2. 현재의 권리·법률관계에 대한 확인: (1) 과거의 권리관계의 존부확인은 청구할 수 없다. 예외) ① 과거 법률행위의 효력 확인이지만 그 진의는 현재의 권리·법률관계에 관련되어 있는 경우. ② 과거의 포괄적 법률관계 확인: 신분관계, 사단적 법률관계, 행정처분으로 인한 특정 법률관계 등. (2) 장래의 권리관계 확인도 허용되지 않는다. 다만, 조건부·기한부 권리관계는 예외.

3. 타인간의 권리관계라 하여도 자기의 권리관계에 대한 불안·위험의 제거에 유효·적절한 수단이 되는 경우에는 확인의 이익 있다.

Ⅲ. 확인의 이익

1. 현존하는 불안 일 것 (1) 자기의 권리 또는 법적 지위가 타인으로부터 부인당하거나 이와 양립하지 않는 주장을 당하게 되는 경우 (2) 타인이 자기에게 권리가 없는데도 있다고 주장하는 경우

2. 불안·위험은 법적인 사항 (법률상 이익)에 관한 것이어야 하고, 단순히 경제적·감정적인

것이어서는 안된다. 확인판결에 의하여 불안을 제거함으로서 원고의 법률 지위에 영향을 줄 수 있는 경우여야 한다.

3. 가장 유효·적절한 수단일 것   (1) 원고의 권리 또는 지위의 불안을 해소시킴에 있어서 확인 판결을 받는 것 이외에 유효 적절한 다른 수단이 없을 것. (2) 확인의 소의 보충성 ① 이행의 소를 제기할 수 있는 데도 확인의 소를 제기하는 것은 다른 특별한 사정이 없는 한 불안 제 거에 실효가 없고 소송 경제에 반하여 확인의 이익이 없다. ② 형성의 소를 제기할 수 있을 경우에도 확인의 소를 제기하는 것은 확인의 이익이 없다. (3) 소유권의 귀속에 관하여 다툼 이 있는 경우 적극적으로 자기의 소유권 확인을 구하지 않고 소극적으로 상대방의 소유권 부존재 확인을 구하는 것은 그 분쟁을 근본적으로 해결하는 방법이 되지 못하여 확인의 이 익이 없다.

Ⅳ. 결론 (사안의 해결): 1. 본건 본소 청구는 갑과 을 간의 현존하는 권리·법률관계에 관한 것 이므로 확인의 소의 대상적격이 인정된다. 2. 본건 반소 청구는 소 제기 당시를 기준으로 할 때 확인의 이익이 있었음에 의문의 여지가 없다. 그런데 항소심에 이르러 을이 이행의 소를 제기 함 으로써 사정이 바뀌었다. 즉, 을의 반소 청구에 대한 기각을 구하는 것으로서 갑의 목적은 달성되 는 것이고, 소의 이익과 같은 소송 요건의 존부는 사실심 변론 종결 당시를 기준으로 판단하면 되 는 것이므로 갑의 본소 청구가 소의 이익을 결여한 것이 아닌지 여부가 문제된다. 3. 판례(대법원 1999.6.8. 선고 99다17401,17418 판결)는 소송요건을 구비하여 적법하게 제기될 본소가 그 후에 상 대방이 제기한 반소로 인하여 소송요건에 흠결이 생겨 다시 부적법하게 되는 것은 아니라고 하여 본건과 같은 경우에 확인의 이익이 소멸하여 본소가 부적법하게 된다고 볼 수 없다고 판시하였 다. 생각건대, 갑에게도 본소를 유지하여 할 이익은 인정되므로 판례가 타당하다. 4. 따라서 갑의 본소 청구를 각하한 항소심 법원의 판결은 부적법하다.

제10장 다수당사자소송(당사자의 복수)

제1절 총   설

Ⅰ. 다수당사자 소송의 의의

1개의 소송절차에 관여하는 당사자가 원고·피고 각 1인씩이 아니라 소제기 당시에 또는 후발적으로 복수인 경우의 소송형태를 말한다.

Ⅱ. 장·단점

1. 장   점

가. 다수인이 관계된 분쟁에 있어서 1회의 소송으로 심리·판결을 마침으로써 당사자와 법원의 시간, 노력, 비용의 부담을 절감할 수 있다.

나. 판결의 모순을 방지하여 분쟁의 통일적 해결을 기할 수 있다.

다. 이해관계인들이 당해 소송절차에 관여할 수 있게 되어 그들에게 절차참여권을 보장할 수 있다.

2. 단   점

가. 다수인이 관여함으로써 소송절차가 복잡하게 되고, 또한 절차지연의 원인이 될 수 있다.

나. 일부 당사자에게는 편의를 줄지 몰라도 타방 당사자들에게는 불리한 결과를 초래할 수 있다.

다. 소송절차의 획일적 진행으로 인하여 일부 당사자에게 절차보장상의 문제를 초래할 수 있다.

III. 다수당사자소송의 유형

1. 당사자로서의 소송수행

가. 원시적 복수
(1) **합일확정의 필요가 없는 경우**－통상의 공동소송
(2) **합일확정의 필요가 있는 경우**－① 필수적 공동소송
　　　　　　　　　　　　　　　　　② 소의 주관적 예비적·선택적 병합(예비적·선택적
　　　　　　　　　　　　　　　　　　　공동소송)
(3) **사실상의 합일확정의 필요가 있는 경우**:　　유사필수적 공동소송

나. 후발적 복수
(1) **합일확정의 필요가 없는 경우**－임의적 당사자 변경(추가적 변경)
(2) **합일확정의 필요가 있는 경우**－① 독립당사자참가
　　　　　　　　　　　　　　　　　② 공동소송참가
　　　　　　　　　　　　　　　　　③ 필수적 공동소송인의 추가
　　　　　　　　　　　　　　　　　④ 예비적·선택적 공동소송인의 추가

2. 보조자로서의 소송수행

가. 보조참가

나. 공동소송적 보조참가

3. 소송 도중에 당사자의 교체가 있는 경우

가. 소송승계·인수

나. 임의적 당사자 변경

제 2 절　공동소송

I. 의　　의

공동소송이란 하나의 소송절차에 여러 사람의 원고 또는 피고가 관여하여 절차를 진행하는 형태를 말한다. 공동소송을 소의 주관적 병합이라고도 한다.

Ⅱ. 발생원인과 소멸원인

1. 발생원인

여러 사람의 원고가 공동으로 한 사람 또는 여러 사람의 피고를 상대로 소를 제기하는 것과 같이 소제기 시점부터 공동소송 형태인 것을 원시적 공동소송이라 하고, 소송이 계속된 뒤에 공동소송이 되는 경우를 후발적 공동소송이라 한다(앞의 '후발적 복수' 참조).

2. 소멸원인

공동소송인 일부가 일부판결에 의하여 종결되거나, 일부화해, 일부포기·일부인낙 또는 일부취하에 의하여 종료되거나, 변론분리가 있는 경우에 공동소송은 단일소송으로 된다.

Ⅲ. 공동소송의 일반요건

1. 주관적 요건(법 제65조)

권리·의무의 공통(합유자·공유자·연대채무자·불가분채권자·불가분채무자들이 원고 또는 피고로서 하는 소송 등), 권리·의무 발생원인의 공통(공동의 가해자·피해자들이 당사자로 된 소송 등), 동종의 권리·의무 발생원인 관계(같은 종류의 분양계약에 기한 여러 명의 수분양자들이 공급자를 상대로 소송을 하는 경우 등)가 있어야 한다. 법 제65조 전문의 공동소송의 경우에는 관련재판적이 적용되고(법 제25조 2항), 선정당사자를 세울 수 있으며, 공동소송인 독립의 원칙 수정에 관한 논의가 있다. 그러나 법 제65조 후문의 공동소송인의 경우에는 관련재판적의 적용이 없고, 쟁점이 공통되는 경우에만 선정당사자 선정이 가능하며, 공동소송인 사이에 상호 결합성이 결여되어 있어 공동소송인 독립의 원칙의 수정이론이 논의될 여지가 없다고 할 수 있다.

2. 객관적 요건

청구병합의 일반적 요건을 갖추어야 한다.

제3절 통상의 공동소송

Ⅰ. 의   의

통상공동소송이란 공동소송인 사이에 합일확정이 필수적이 아닌 공동소송으로서 공동소송인 사이에 승패가 일률적으로 될 필요가 없는 경우이다. 원래 각자 독립하여 소를 제기하거나 제기당할 수 있지만, 우연히 하나의 절차에 병합되어 있는 경우이다. 필수적 공동소송을 제외한 모든 공동소송은 통상의 공동소송이다.

Ⅱ. 공동소송인 독립의 원칙(법 제66조)

1. 공동소송인의 지위의 독립

각 공동소송인은 다른 공동소송인에 대한 관계에서 상호 연합관계나 협력관계가 없이 제3자의 지위에 있으므로, 다른 공동소송인의 대리인이 되거나, 증인이 될 수 있고, 다른 공동소송인을 위하여 소송참가를 하거나 소송고지를 할 수 있다(당사자지위의 독립). 소송요건은 각 공동소송인마다 별도로 조사하여야 한다(소송요건의 개별처리). 따라서 공동소송인 중 일부가 소송요건이 결여되어 있으면 그 당사자에 한하여 소를 각하할 것이다.

2. 소송자료의 불통일

가. 공동소송인 중 1인의 소송행위는 유·불리를 가리지 않고 다른 공동소송인에게 영향을 미치지 않는다.

나. 내 용

통상공동소송에 있어서 공동소송인 1인의 소송행위는 다른 공동소송인에게 영향을 미치지 아니하므로, 공동소송인의 1인인 피고 한 사람이 원고 주장사실을 자백한 경우에도 다른 공동소송인인 피고들에 대하여는 아무런 효력이 생기지 아니하므로 법원은 원고의 주장을 다투는 피고들에 대한 관계에 있어서는 그 사실을 증거에 의하여 확정하여야 할 것이다.[1] 등기가 원인무효임을 들어 수인에 대하여 순차적으로 이루어진 소유권이전등기의 각 말소등기청구를 하는 경우 수인 중 일부의 등기가 무효라는 주장사실에 대한 자백간주의 효과는 그 주장사실을 다투지 아니한 당사자에게만 미치는 것이고 다른 당사자에게는 미치지 않는다.[2]

---

1) 대법원 1968.5.14. 선고 67다2787 판결.
2) 대법원 1981.12.18. 선고 80다2963 판결.

3. 소송 진행의 불통일: 변론의 분리

가. 공동소송인 중 1인에 관한 사항은 다른 공동소송인에게 영향을 미치지 않는다. 즉 공동소송인 1인에게 발생한 소송절차의 중단, 중지사유나 기일, 기간의 해태사유는 다른 공동소송인에게 영향을 미치지 않는다.

나. 소송계속 중 당사자인 피상속인이 사망한 경우 공동상속재산은 상속인들의 공유이므로 소송의 목적이 공동상속인들 전원에게 합일확정 되어야 할 필수적 공동소송관계라고 인정되지 아니하는 이상 반드시 공동상속인 전원이 공동으로 수계하여야 하는 것은 아니며, 수계되지 아니한 상속인들에 대한 소송은 중단된 상태로 그대로 피상속인이 사망한 당시의 심급법원에 계속되어 있다.[1]

다. 통상공동소송에 있어 공동소송인 일부만이 상고를 제기한 때에는 피상고인은 상고인인 공동소송인 이외의 다른 공동소송인을 상대방으로 하거나 상대방으로 보태어 부대상고를 제기할 수는 없다.[2]

라. 공동상속인인 피고들 중 1인만이 항소를 제기하고 나머지 4인은 항소를 제기하지 않은 경우, 그 1인의 항소의 효과는 그 1인에게만 미친다.[3]

4. 재판의 불통일

가. 공동소송인 중 일부에 대하여 판결할 수 있을 경우에는 변론을 분리하여 일부 당사자에 대한 판결이 가능하며, 공동소송인 전원에 대한 판결 시에도 재판결과가 일치하여야 하는 것은 아니다(재판결과의 불통일).

나. 순차 경료된 등기 또는 수인 앞으로 경료 된 공유등기의 말소등기청구소송은 권리관계의 합일적인 확정을 필요로 하는 필수적 공동소송이 아니라 통상공동소송이며, 이와 같은 통상공동소송에서는 공동소송인들 상호간의 공격방어방법의 차이에 따라 모순되는 결론이 발생할 수 있고, 이는 변론주의를 원칙으로 하는 소송제도 아래서는 부득이한 일로서 판결의 이유 모순이나 이유 불비가 된다고 할 수 없다.[4]

다. 민사소송법 제150조에 의하면 당사자가 공시송달에 의하지 아니한 적법한 소환을 받고도 변론기일에 출석하지 아니하고 답변서 기타 준비서면마저 제출하지 아니하여 상대방이 주장한 사실을 명백히 다투지 아니한 때에는 그 사실을 자백한 것으로 간주하도록 되어 있으므로, 그 결과 **자백간주 된 피고들과 원고의 주장을 다툰 피고들 사이에서 동일한 실체관계에 대하여 서로 배치되는 내용의 판단이 내려진다고 하더라도 이를 위법하다고 할 수**

---

1) 대법원 1993.2.12. 선고 92다29801 판결.
2) 대법원 1994.12.23. 선고 94다40734 판결.
3) 대법원 1978.11.14. 선고 78다712 판결.
4) 대법원 1991.4.12. 선고 90다9872 판결.

없다.[1]

Ⅲ. 공동소송인 독립원칙의 수정

1. 증거공통의 원칙 적용문제

가. 긍정설: 공동소송인 중 1인이 제출한 증거는 다른 공동소송인의 원용이 없더라도 그 공동소송인이 주장하는 사실인정을 위한 증거자료로서 사용될 수 있다는 견해이다. 그 근거로서, 자유심증주의 하에서는 1개의 역사적 사실에 대한 심증형성은 1개에 지나지 않는다는 것, 병합심리가 실시된 이상 동일 사실에 대하여 인정 결과가 구구하게 달라진다는 것은 부자연스러우며; 공동소송인의 한쪽이 제출한 증거에 대하여 상대방 공동소송인은 그 증거조사에 참여할 기회가 부여될 수 있다는 점을 들고 있다. 긍정설을 따르더라도 공동소송인 사이에 이해상반이 있거나, 공동소송인 중 일부가 자백하고 있는 경우(자백간주도 같다)에는 증거공통의 원칙이 적용되지 않는다고 한다.

나. 부정설: 공동소송인 간의 증거공통원칙의 적용을 부정한다. 증거공통의 원칙은 변론주의원칙상 대립당사자 사이에서만 적용되는 것이고, 통상 공동소송인 사이에는 1인이 제출한 증거를 다른 당사자가 원용하지 않으면 그 다른 당사자에 대한 사실인정의 자료로 삼을 수 없다고 한다. 부정설을 취하는 경우에도 법원은 석명을 통하여 원용을 촉구함으로써 판결의 모순·저촉을 피할 수 있다.

다. 절충설: 공동소송인 간의 증거공통은 석명이나 다른 공동소송인의 원용이 있는 경우 또는 다른 공동소송인에게 불의타가 되지 않는 경우이거나, 다른 공동소송인이 그 증거제출에 반대하여 변론의 분리를 하지 않는 한 증거공통원칙이 적용된다는 견해이다.

라. 판례로는 증거공통의 원칙을 부정하는 오래된 결정[2]이 있다.

2. 주장공통의 원칙 적용문제

가. 긍정설은 공동소송인 상호간에 보조참가의 이익이 인정될 때에는 신청이 없더라도 당연히 보조참가의 관계를 인정하여 공동소송인 중 1인이 한 소송행위는 다른 공동소송인을 위해서도 그의 보조참가인으로서 한 것으로 취급하자는 견해(일본 학설)와, 공동소송인 중 1인에 의하여 공통사실이 주장되었을 때 다른 공동소송인이 이와 저촉되는 행위를 적극적으로 하지 않고 그 주장이 다른 공동소송인에게 이익이 되는 한 그 공동소송인에게도 효력이 미치는 것으로 하자는 견해(한정적 긍정설)로 나뉜다.

---

1) 대법원 1997.2.28. 선고 96다53789 판결.
2) 대법원 1959.2.19. 자 4291민항231 결정.

나. 부정설은 변론주의와 법 제66조의 규정을 근거로 하며 판결의 모순·저촉문제는 석명권의 적절한 행사로써 해결할 수 있다고 한다.

다. **구체적 사례:**   (사안의 내용) 이 사건 임야 5필지는 원고의 亡父가 사정받아 원고가 상속한 것인데 그 중 3필지에 대하여는 소외 A의 명의로 소유권보존등기 되었다가 피고 甲, 乙, 丙 명의로 각 1필지씩 소유권이전등기가 경료 되었고 나머지 2필지에 대하여는 피고 丁 명의로 소유권보존등기가 경료 되었다. 원고는 각 보존등기가 원인무효임을 전제로 피고들을 상대로 진정명의회복을 위한 소유권이전을 청구하였고, 이에 피고 乙, 丙, 丁은 각자의 등기가 실체관계에 부합한다는 항변을 하였으나 피고 甲만은 그에 대한 소송이 공시송달에 의하여 진행된 관계로 아무런 항변도 제출하지 못하였다. 원심은 피고 乙, 丙, 丁의 항변이 피고 甲에게도 미친다고 보아 피고들에 대한 청구를 모두 기각하였으나 대법원에서는 주장공통의 원칙을 인정하지 아니하면서 원심판결을 파기환송 하였다. (판결요지) 민사소송법 제66조의 명문의 규정과 우리 민사소송법이 취하고 있는 변론주의 소송구조 등에 비추어 볼 때, 통상의 공동소송에 있어서 이른바 주장공통의 원칙은 적용되지 아니한다고 하였다.[1]

3. 기   타

위와 같은 증거공통, 주장공통 원칙을 적용하여야 할 것이라는 견해 외에 공동소송인 사이의 합일적 분쟁해결을 모색하는 이론으로서, 법률상 당연의 보조참가이론이나, 이론상 합일확정 소송이론 등이 주장되고 있다. 그러나 어느 견해이든 모두 법리상의 문제가 있어서 현재 이를 따르는 학자는 극히 소수에 그치고 있다.

[예제] [2011년 사법시험] 甲은 乙에게 2억 원을 빌려 주었다. 그 후 乙이 사망하여 상속인 A와 B가 1/2 지분씩 공동 상속하였다. 그래서 甲은 A와 B를 공동피고로 하여 위 상속분에 따라 1억 원씩의 지급을 구하는 소를 제기하였다. [문] 2. 위 소송에서 소장부본이 A에 대하여는 공시송달 하였고, B에 대하여는 교부송달 되었다. 그 후 진행된 변론기일에 A는 출석하지 않았고, B는 출석하여 乙이 위 대여금 중 8,000만 원을 변제하였다고 주장하였다. 위 대여사실과 변제사실이 모두 인정될 경우 甲의 A와 B에 대한 청구는 각각 어느 범위에서 인용되어야 하는가? (15점)

[해설] I. 주요논점: 乙의 채무를 상속한 공동피고 A·B는 통상의 공동소송인으로서의 지위에 있다. 통상공동소송인 간에는 공동소송인 독립의 원칙이 적용 된다. 따라서 B의 주장(변제항변)이 A에 대하여 인정되는 지에 관하여 주장공통의 원칙 적용여부에 관한 논의와 더불어 검토하여야 한다.

 II. A·B의 공동소송인으로서의 지위

 1. 통상의 공동소송인 관계

 2. 공동소송인 독립의 원칙: 구체적 내용 생략

 3. 주장공통의 원칙의 적용여부

  (1) 학설

---

1) 대법원 1994.5.10. 선고 93다47196 판결.

(2) 판례

(3) 결론

4. 사안의 경우: B의 변제 주장이 A에게도 효력을 미치는가?

Ⅲ. 결론: A에 대하여는 1억 원(원고 甲 전부승소), B에 대하여는 6,000만원(원고 일부승소)의 지급을 명하는 판결을 하여야 한다. 동일한 피상속채무에 대하여 결론을 달리 하는 것은 사회통념과 들어맞지 아니하는 것이므로 주장공통의 원칙을 적용하여 각 피고에 대한 판결의 통일을 기할 필요가 있다.

[예제] [제47회(2005년) 사법시험] [제1문] 甲 소유의 A토지에 관하여 乙과 丙이 공모하여 甲 명의의 매매계약서 등 등기관계 서류를 위조하여 丙 명의로 소유권이전등기를 마친 후 이를 丁에게 매도하고 丁 명의로 소유권이전등기를 마쳤다. 이에 甲은 乙, 丙을 상대로는 위 丙 명의의 소유권이전등기가 원인 없이 경료되었음을 이유로 丙 명의의 소유권이전등기의 말소등기절차의 이행을 구하고, 丁을 상대로는 위 丁 명의의 소유권이전등기가 원인 없는 위 丙 명의의 등기에 기초하여 경료된 무효의 등기임을 이유로 丁 명의의 소유권이전등기의 말소등기절차의 이행을 구하는 이 사건 소를 제기하였다. 위 소송에서 乙에 대하여는 공시송달 절차로 재판이 진행되었고, 丙은 甲의 주장사실을 모두 인정하는 답변서만을 제출하고 변론기일에 불출석하였으며, 丁은 甲의 주장사실이 모두 인정된다고 하더라도 A토지에 관하여 위와 같이 매수하여 점유를 개시한 이래 20년간 소유의 의사로 평온, 공연하게 이를 점유하여 점유취득시효가 완성되었으므로 실체관계에 부합하는 유효한 등기라는 주장이 담긴 답변서를 제출한 후 변론기일에 출석하여 다투었다. 법원의 심리결과 甲의 주장사실 및 丁의 점유취득시효에 관한 주장사실은 모두 사실로 인정되었다.

1. 이 경우 법원은 甲의 乙, 丙, 丁에 대한 이 사건 각 청구에 대하여 어떠한 판결을 하여야 하는가?

[해설] Ⅰ. 공동소송형태: 통상의 공동소송관계이다.

Ⅱ. 공동소송인 독립의 원칙과 그 수정의 법리

Ⅲ. 각 공동소송인에 대한 재판

1. 乙에 대한 판결: 판례(乙은 등기부상으로 소유권이전등기명의인이 아니므로 소유권이전등기 말소청구의 당사자적격이 없어 소각하 판결을 하여야 한다)와 일부 학설(본안적격: 청구기각)의 차이 설명

2. 丙에 대한 판결: 丙은 甲의 주장을 모두 인정하는 답변서만을 제출하고 다른 주장을 하지 않고 있으므로 무변론 원고승소 판결을 하여야 한다.

3. 丁에 대한 판결: 丁에 대하여 실체관계에 부합하는 등기이므로 甲의 丁에 대한 청구를 기각하는 피고승소 판결을 하여야 한다.

[예제] [제45회(2003년) 사법시험] 甲은 해외근무차 출국하면서 친구인 乙에게 자신의 재산관리를 부탁하였다. 乙은 甲을 위하여 5년간이나 재산관리를 하였음에도 甲이 당초의 약속과 달리 별다른 보답을 하지 아니하자 재산관리에 대한 보수라고 생각하여 甲의 승낙 없이 甲 소유의 아파트를 乙 명의로 이전등기 하였다. 귀국 후 이 사실을 알게 된 甲은 乙에게 수고한 대가를 정산하여 금전으로 지급하겠으니 아파트는 돌려 달라며 2003.3.15. 乙을 상대로 소유권이전등기말소소송을 제기하였다. 2003.4.1. 소장 부본을 송달받은 乙은 집에서 "甲의 승낙 없이 소유권이전등기를 한 것은 사실이다. 이전등기를 말소하라면 말소해 주겠

다"는 취지만을 기재한 답변서를 작성하여 바로 동네 우체통에 넣었고, 이 답변서는 2003. 4.10. 법원에 접수되었다. 乙은 그 이후 아무런 소송행위를 하지 아니하였다. 이 경우 다음의 물음에 답하시오.

　다. 위 사안에서 만일 甲의 소 제기 전에 이미 乙이 사망하여 甲이 乙의 상속인인 丙, 丁을 상대로 소유권이전등기말소소송을 제기하였는데, 丙은 위 사안에서의 乙과 같은 태도를 취하고, 丁은 乙 명의의 소유권이전등기가 적법하게 경료된 것이라고 다투었다면, 丙의 답변 내용은 丁에게 어떤 효과를 미치는가?

　[해설] 앞의 각 예제 풀이 참조할 것.

제 4 절　필수적 공동소송

Ⅰ. 고유필수적 공동소송

1. 의　　의

　가. 고유필수적 공동소송이라 함은 소송물에 이해관계를 가지는 일정 범위의 사람들이 공동소송인이 되어야 하는 경우이다. 공동소송이 법상 강제되고, 합일확정의 필요가 있는 공동소송이다.

　나. 어떠한 분쟁이 필수적 공동소송으로 취급되어야 하는지에 관하여 법상의 기준이 명백하지 않다. 이에 관한 학설을 소개한다.
　(1) **관리처분권설**:　실체법상의 관리처분권(소송수행권)이 여러 사람에게 공동귀속되는 때(총유, 합유, 불가분 채권·채무관계 등)에는 그 공동권리자 전원이 소송당사자로 나서지 않으면 당사자적격이 없게 되어 부적법해진다고 한다.
　(2) **소송정책설**:　분쟁의 통일적 해결의 관점에서 분쟁해결의 통일성, 판결의 모순회피의 이익, 관계자의 이익(특히 제3자에 대한 영향), 절차진행 상황 등의 소송법적 요소를 중시하여 당사자 사이에 이러한 관계(사유)가 있는 경우는 필수적 공동소송관계로 보아야 한다는 견해.
　(3) **절충설**:　필수적 공동소송은 원래 실체법적 이유로 인정된 것이므로 실체법적 요소를 우선적으로 고려하되, 분쟁해결의 실효성 및 관계자의 이해관계 조정 등 소송법적 요소를 함께 고려하여야 한다는 견해이다.
　(4) 통설은 실체법적 요소를 중심으로 하는 (1)설을 취한다.

2. 유형별 검토

가. 형성권의 공동귀속
(1) **재산관계소송**:　공유물분할의 소 및 공유자측이 공유토지의 경계확정의 소를 제

기할 때 또는 공유자 이외의 자가 공유자를 상대로 하는 경계확정의 소는 고유필수적 공동소송이 된다.[1]

　　(2) **가사소송**:　　제3자가 제기하는 친자관계부존재확인의 소는 생존 중인 부모 및 자를 공동피고로 하여야 하고,[2] 제3자가 혼인의 무효의 소를 제기하는 경우에는 부부를 상대로 하고 부부일방이 사망한 때에는 그 생존자를 상대방으로 하여야 한다.[3] 민법 제845조에 의한 父를 정하는 소도 필수적 공동소송이 된다.[4]

　　(3) **회사관계소송**:　　청산인해임의 소는 회사와 청산인을 공동피고로 하여야 하고,[5] 이사해임의 소는 당해 이사와 회사를 공동피고로 하여야 한다(일본 회사법 855조 참조).

　　(4) 채무자회생 및 파산에 관한 법률 제604조에 따라 개인회생채권자가 다른 개인회생채권자의 채권 내용에 관하여 이의가 있어서 채무자와 다른 개인회생채권자를 상대로 개인회생채권조사확정재판을 신청하여 재판을 받은 경우에, 다른 개인회생채권자가 위 재판에 불복하여 같은 법 제605조에 따라 개인회생채권조사확정재판에 대한 이의의 소를 제기하는 때에는 채무자와 개인회생채권 조사확정 재판을 신청한 개인회생채권자 모두를 피고로 하여야 한다.[6]

　　(5) **매매예약완결권의 행사를 원인으로 한 본등기청구의 소**:　　원고가 실질적으로는 명의신탁해지를 원인으로 한 소유권이전등기절차의 이행을 구하는 것으로 보아야 할 경우에는 매매예약완결권을 준공유하고 있음을 전제로 하여 필수적 공동소송관계로 되는 것은 아니라고 하였다. 즉, 공유자가 다른 공유자의 동의 없이 공유물을 처분할 수는 없으나 그 지분은 단독으로 처분할 수 있으므로, 복수의 권리자가 소유권이전청구권을 보존하기 위하여 가등기를 마쳐 둔 경우 특별한 사정이 없는 한 그 권리자 중 한 사람은 자신의 지분에 관하여 단독으로 그 가등기에 기한 본등기를 청구할 수 있다. 이는 명의신탁해지에 따라 발생한 소유권이전청구권을 보존하기 위하여 복수의 권리자 명의로 가등기를 마쳐 둔 경우에도 마찬가지이며, 이때 그 가등기 원인을 매매예약으로 하였다는 이유만으로 가등기권리자 전원이 동시에 본등기절차의 이행을 청구하여야 한다고 볼 수 없다고 하였다.[7] 이보다 앞선 대법원 판결은[8] 복수 채권자의 채권을 담보하기 위하여 그 복수 채권자 전원을 공동매수인으로 하여 채무자 소유의 부동산에 관한 매매계약을 체결하고 이에 따른 가등기를 경료 한 경우에, 그 복수 채권자는 매매예약완결권을 준 공동소유 하는 관계에 있기 때문에 말소된 그 가등기의 회복등기나 그 회복등기에 승낙을 받는 소의 제기 또는 가등기에 기한 본등기절차

---

1) 토지의 경계는 토지소유권의 범위와 한계를 정하는 중요한 사항으로서, 그 경계와 관련되는 인접토지의 소유자 전원 사이에서 합일적으로 확정될 필요가 있으므로, 인접하는 토지의 한편 또는 양편이 여러 사람의 공유에 속하는 경우에, 그 경계의 확정을 구하는 소송은, 관련된 공유자 전원이 공동하여서만 제소하고 상대방도 관련된 공유자 전원이 공동으로서만 제소될 것을 요건으로 하는 고유필수적 공동소송이라고 해석함이 상당하다(대법원 2001.6.26. 선고 2000다24207 판결).
2) 대법원 1983.9.15. 자 83즈2 결정.
3) 대법원 1965.10.26. 선고 65므46 판결.
4) 이시윤, 718면.
5) 대법원 1976.2.11. 자 75마533 결정.
6) 대법원 2009.4.9. 선고 2008다91586 판결.
7) 대법원 2002.7.9. 선고 2001다43922,43939 판결.
8) 대법원 1987.5.26. 선고 85다카2203 판결.

의 이행을 구하는 소의 제기 등은 반드시 그 복수 채권자 전원이 하여야 하는 필수적 공동소송이어야 한다고 하여 위 판례와 다소 다른 입장을 취하였다. 아래의 전원합의체 판결은 위와 같은 종래의 판례를 제한적으로 변경하면서 매매예약의 내용을 구체적으로 고려하여 공동소송관계의 법적 성질을 결정하여야 할 것임을 선언하고 있다.

[대법원 2012.2.16. 선고 2010다82530 전원합의체 판결] 1. 수인의 채권자가 각기 채권을 담보하기 위하여 채무자와 채무자 소유의 부동산에 관하여 수인의 채권자를 공동매수인으로 하는 1개의 매매예약을 체결하고 그에 따라 수인의 채권자 공동명의로 그 부동산에 가등기를 마친 경우, 수인의 채권자가 공동으로 매매예약완결권을 가지는 관계인지 아니면 채권자 각자의 지분별로 별개의 독립적인 매매예약완결권을 가지는 관계인지는 매매예약의 내용에 따라야 하고, 매매예약에서 그러한 내용을 명시적으로 정하지 않은 경우에는 수인의 채권자가 공동으로 매매예약을 체결하게 된 동기 및 경위, 매매예약에 의하여 달성하려는 담보의 목적, 담보 관련 권리를 공동 행사하려는 의사의 유무, 채권자별 구체적인 지분권의 표시 여부 및 지분권 비율과 피담보채권 비율의 일치 여부, 가등기담보권 설정의 관행 등을 종합적으로 고려하여 판단하여야 한다. 2. 갑이 을에게 돈을 대여하면서 담보 목적으로 을 소유의 부동산 지분에 관하여 을의 다른 채권자들과 공동명의로 매매예약을 체결하고 각자의 채권액 비율에 따라 지분을 특정하여 가등기를 마친 사안에서, 채권자가 각자의 지분별로 별개의 독립적인 매매예약완결권을 갖는 것으로 보아, 갑이 단독으로 담보목적물 중 자신의 지분에 관하여 매매예약완결권을 행사할 수 있고, 이에 따라 단독으로 자신의 지분에 관하여 가등기에 기한 본등기절차의 이행을 구할 수 있다고 본 원심판단을 정당하다고 한 사례. 3. 공동명의로 담보가등기를 마친 수인의 채권자가 각자의 지분별로 별개의 독립적인 매매예약완결권을 가지는 경우, 채권자 중 1인은 단독으로 자신의 지분에 관하여 가등기담보 등에 관한 법률이 정한 청산절차를 이행한 후 소유권이전의 본등기절차 이행청구를 할 수 있다.

(6) 집합건물의 소유 및 관리에 관한 법률 제24조 3항에서 정한 관리인 해임의 소는 관리단과 관리인 사이의 법률관계 해소를 목적으로 하는 형성의 소이므로 법률관계의 당사자인 관리단과 관리인 모두를 공동피고로 하여야 하는 고유필수적 공동소송에 해당한다. 집합건물의 구분소유자들이 관리인 甲에게 부정한 행위나 그 밖에 그 직무를 수행하기에 적합하지 아니한 사정이 있다는 이유로 집합건물의 소유 및 관리에 관한 법률 제24조 3항에 근거하여 甲과 관리단을 상대로 甲의 해임을 청구하여 제1심에서 승소 판결을 선고받았는데 이후 甲만이 항소한 사안에서, 고유필수적 공동소송에서 집합건물 구분소유자들의 甲과 관리단에 대한 청구는 전체가 당연히 항소심의 심판대상이 되어야 하므로 원심으로서는 관리단도 당사자로 취급하여 하나의 전부판결을 선고하여야 한다. 집합건물 구분소유자들과 甲만을 당사자로 취급하여 판단한 판결은 위법하다.[1]

나. 합유 또는 총유 관계소송

(1) 합유인 조합재산, 공동광업권, 수탁자가 수인 있는 경우의 신탁재산에 관한 소송, 특허권 등 공업 소유권을 공유할 경우의 심판청구, 공동명의로 각종 허가권이나 면허권을 취득

---

1) 대법원 2011.6.24. 선고 2011다1323 판결.

하였을 경우 그와 관련된 소송, 동업약정에 따라 동업자 공동명의로 토지를 매수한 뒤의 소유권이전등기 청구소송 등은 필수적 공동소송이다. 여러 사람의 파산관리인·회생회사관리인이 당사자가 되는 경우도 필수적 공동소송이다. 증권관련 집단소송에서 여러 사람의 대표당사자, 같은 선정자단에서 선정된 여러 사람의 선정당사자도 필수적 공동소송인이다.

(2) 동업약정에 따라 동업자 공동으로 토지를 매수하였다면 그 토지는 동업자들을 조합원으로 하는 동업체에서 토지를 매수한 것이므로 그 동업자들은 토지에 대한 소유권이전등기 청구권을 준합유하는 관계에 있어서, 그 매매계약에 기하여 소유권이전등기의 이행을 구하는 소를 제기하려면 동업자들이 공동으로 하여야 한다.[1]

(3) 은행에 공동명의로 예금을 하고 은행에 대하여 그 권리를 함께 행사하기로 한 경우에, 만일 동업자들이 동업자금을 공동명의로 예금한 경우라면 채권의 준합유관계에 있어서 합유의 성질상 은행에 대한 예금반환청구가 필요적 공동소송에 해당한다고 볼 것이다. 그러나, 동업 이외의 특정목적을 위하여 공동명의로 예금을 개설한 경우에는 그 예금에 관한 관리처분권까지 예금채권자 전원에게 공동으로 귀속된다고 볼 수 없을 것이므로, 이러한 경우에는 은행에 대한 예금반환청구가 민사소송법상의 필수적 공동소송에 해당한다고 할 수 없다.[2] 예컨대 상속한 현금을 임시로 전원의 명의로 예금한 경우와 같이 동업관계에 있지 아니한 수인이 그 중 1인의 단독인출을 막기 위하여 공동의 명의로 예금을 한 경우에는 공동반환특약부 분할채권으로 보아야 한다. 이러한 경우에 소송법상으로는 필수적 공동소송에 해당하지 아니한다고 하더라도 공동명의 예금채권자는 그 예금을 개설할 때에는 은행과의 사이에 예금채권자들이 공동하여 예금반환청구를 하기로 한 약정에는 당연히 구속되는 것이므로, 그 예금채권자 중 1인이 은행을 상대로 자신의 예금의 반환을 청구함에 있어서는 다른 공동명의 예금채권자와 공동으로 그 반환을 청구하는 절차를 밟아야만 은행으로부터 예금을 반환받을 수 있음은 물론이다. 이때 공동예금주들이 은행을 상대로 소를 제기하려면 공동예금주 전원이 원고가 되거나(통상의 공동소송, 공동예금주 중 1인의 소송은 공동반환특약으로 인하여 기각될 것이다), 다른 공동예금주들의 동의서를 첨부하여 공동예금주 중 1인이 원고가 되는 방법을 쓸 수 있다. 이 때 다른 공동예금주가 동의하지 않는 경우 그 사람을 상대로 단독반환청구에 동의한다는 의사표시를 구하는 소를 제기하여 그 판결을 동의서 대신 첨부하여야 할 것이다.

(4) 합유물에 관하여 경료된 원인무효의 소유권이전등기의 말소를 구하는 소송은 합유물에 관한 보존행위로서 합유자 각자가 할 수 있다.[3] 한편 부동산 합유자를 상대로 명의신탁 해지를 원인으로 한 소유권이전등기청구소송은 고유필수적 공동소송에 해당하여 그 공동소송인의 일부가 제기한 항소의 효력은 나머지 당사자들 전원에 대하여 미친다.[4]

(5) 비법인사단의 재산(총유재산관계)에 관한 소송은 사단 자체의 명의로 소송을 하거나, 그 구성원 전원이 당사자로 나서는 공동소송을 할 수 있다. 전원이 공동으로 당사자가 될 경우에는 고유필수적 공동소송인이 된다. 한편 총유재산관계에 관하여는 합유재산에 관한 민

---

1) 대법원 1994.10.25. 선고 93다54064 판결.
2) 대법원 1994.4.26. 선고 93다31825 판결.
3) 대법원 1997.9.9. 선고 96다16896 판결.
4) 대법원 2011.2.10. 선고 2010다82639 판결.

법 제272조 단서와 같은 규정이 없으므로 총유재산에 대한 보존행위라 하더라도 구성원 각자가 소송을 할 수 없고, 반드시 단체 자체의 명의 또는 구성원 전원이 공동으로 당사자가 되어야 한다.[1]

다. 공유관계소송

(1) 필수적 공동소송인 경우: 공유물분할의 소, 공유토지 경계확정의 소, 공유관계를 부정하는 자에 대한 공유관계 확인을 구하는 소와 같이 공유관계 자체를 근거로 하는 소송.[2]

(2) 통상의 공동소송: 위에 본 예외적인 경우를 제외하고 그 이외에 **공유자가 원고로 나서는 능동형 소송이나 상대방으로부터 소를 제기당하는 수동형 소송의 어느 형태이던 원칙적으로 공유자 전원이 당사자로 나설 필요는 없고 각자의 지분 범위 내에서 당사자가 된다. 설령 공유자 전원이 당사자가 되더라도 그들은 통상공소송인이 될 뿐이다.** 공유물 보존행위에 관한 소송(공유토지에 대한 원인무효등기 말소), 공유자들을 상대로 한 소유권이전등기청구, 공유물의 철거 또는 반환에 관한 소송 등은 모두 통상의 공동소송관계에 있는 것이고, 이러한 소송은 공유자 개인을 상대로 소를 제기하는 것도 가능하다. 그 밖에 공유자 각자가 공유토지의 취득자에 대하여 원인무효를 이유로 하는 토지소유권이전등기의 말소를 청구하는 소송, 공유물에 끼친 불법행위를 이유로 하는 손해배상청구권의 행사 등은 모두 통상공동소송이다. **수인의 공유인 토지에 대하여 제3자가 원인무효의 소유권이전등기를 경료한 후 동 토지를 점유하여 사용·수익해 온 경우 공유자 중 1인이 지분권에 기하여 보존행위로서 토지 전부에 대한 등기말소청구와 소유권이전등기청구를 함과 동시에 자기 지분의 범위 안에서 차임상당의 부당이득금 또는 손해배상금을 청구하는 소송은 가능하지만, 당사자 소유 지분을 넘어 다른 공유자의 지분에 해당하는 손해배상청구는 할 수 없다.** 공유토지의 일부에 대하여 취득시효완성을 원인으로 공유자들을 상대로 그 시효취득부분에 대한 소유권이전등기절차의 이행을 청구하는 소송은 통상의 공동소송이므로 공유자 각 개인을 피고로 그의 지분을 한도로 하는 단독소송으로 제기할 수도 있다. 한편 점유는 물건을 사실상 지배하는 객관적 관계이며 공동점유는 수인이 하나의 물건을 공동으로 사실상 지배하는 관계이므로 공동점유자 각자는 그 점유물의 일부분씩만을 반환할 수는 없고 그 점유물 전부에 대하여 반환하여야함은 물론이나, 그 점유물의 인도를 청구하는 경우에 그 공동점유자 각자에게 대하여 그 점유물의 인도를 청구하면 족하고 반드시 그 공동점유자 전원을 상대로 하여야만 인도를 청구할 수 있다는 것이 법률상 요건은 아니다.[3]

---

1) 대법원 2005.9.15. 선고 2004다44971 전원합의체 판결.

2) 공유물에 대한 방해가 있을 경우에 각 공유자의 지분권도 공유물 전부에 미치는 것이므로 각자의 지분권에 의거하여 방해의 제거를 청구할 수 있을 것이나, 공유자가 공유관계 자체에 의거하여 방해제거를 청구하였을 경우에는 공유자 전원의 공동청구가 필요하다(대법원 1961.12.7. 선고 4293민상306,307 판결). 공유물 전체에 대한 소유관계 확인은 이를 다투는 제3자를 상대로 공유자 전원이 하여야 하는 것이지, 공유자 일부만이 그 관계를 대외적으로 주장할 수 있는 것이 아니므로, 아무런 특별한 사정이 없이 다른 공유자의 지분의 확인을 구하는 것은 확인의 이익이 없다. 공유자가 다른 공유자의 지분권을 대외적으로 주장하는 것을 공유물의 멸실, 훼손을 방지하고 공유물의 현상을 유지하는 사실적·법률적 행위인 공유물의 보존행위에 속한다고 할 수 없다(대법원 1994.11.11. 선고 94다35008 판결).

3) 공동점유자 전원을 상대로 점유물의 인도를 청구한 경우에 서로 상반된 판결이 있으면 사실상 인도청구의 목적을 달성할 수 없는 경우가 있을 것이나, 이와 같이 사실상 필요가 있다는 점만으로는 필수 공동소송이라고는 할 수 없는 것이다(대법원 1966.3.15. 선고 65다2455 판결).

(3) 공동상속인을 상대로 한 상속재산 관련 소송: 공동상속인들을 상대로 피상속인이 이행하여야 할 부동산소유권이전등기절차 이행을 청구하는 소는 필수적 공동소송이 아니다.[1] 가옥철거와 토지인도 청구소송계속 중 피고가 사망하고 수계인 이외에 다른 공동상속인이 있더라도 소송의 목적이 소송수계인 수인에게 합일적으로 확정하는 필수적 공동소송으로 볼 필요가 없고, 그 가옥철거와 토지인도의 집행을 위하여 공동상속인 전원에 대한 집행권원이 필요하겠으나 반드시 하나의 집행권원으로만 하여야 할 법률상의 필요는 없다.[2]

라. 기 타

(1) 상속인이 유언집행자가 되는 경우를 포함하여 유언집행자가 수인인 경우에는, 유언집행자를 지정하거나 지정 위탁한 유언자나 유언집행자를 선임한 법원에 의한 임무의 분장이 있었다는 등의 특별한 사정이 없는 한, 유증 목적물에 대한 관리처분권은 유언의 본지에 따른 유언의 집행이라는 공동의 임무를 가진 수인의 유언집행자에게 합유적으로 귀속되고, 그 관리처분권 행사는 과반수의 찬성으로써 합일하여 결정하여야 하므로, **유언집행자가 수인인 경우 유언집행자에게 유증의무의 이행을 구하는 소송은 유언집행자 전원을 피고로 하는 고유필수적 공동소송으로 보아야 한다.** 수인의 유언집행자 중 1인만을 피고로 하여 유증의무 이행을 구하는 소송을 제기한 사안에서, 유언집행자 지정 또는 제3자의 지정 위탁이 없는 한 상속인 전원이 유언집행자가 되고, 유증의무자인 유언집행자에 대하여 민법 제1087조 1항 단서에 따라 유증의무의 이행을 구하는 것은 유언집행자인 상속인 전원을 피고로 삼아야 하는 고유필수적 공동소송으로 보아야 한다.[3]

(2) 공동상속인이 다른 공동상속인을 상대로 어떤 재산이 상속재산임의 확인을 구하는 소는 이른바 고유필수적 공동소송이라고 할 것이고, 고유필수적 공동소송에서는 원고들 일부의 소 취하 또는 피고들 일부에 대한 소취하는 특별한 사정이 없는 한 그 효력이 생기지 않는다. 공동상속인 사이에 어떤 재산이 피상속인의 상속재산에 속하는지 여부에 관하여 다툼이 있어 일부 공동상속인이 다른 공동상속인을 상대로 그 재산이 상속재산임의 확인을 구하는 소를 제기한 경우, 이는 그 재산이 현재 공동상속인들의 상속재산분할 전 공유관계에 있음의 확인을 구하는 소송으로서, 그 승소 확정판결에 의하여 그 재산이 상속재산 분할의 대상이라는 점이 확정되어 상속재산 분할 심판절차 또는 분할 심판이 확정된 후에 다시 그 재산이 상속재산 분할의 대상이라는 점에 대하여 다툴 수 없게 되고, 그 결과 공동상속인 간의 상속재산 분할의 대상인지 여부에 관한 분쟁을 종국적으로 해결할 수 있으므로 확인의 이익이 있다.[4]

---

1) 대법원 1964.12.29. 선고 64다1054 판결: 부동산의 공유자인 공동상속인들을 상대로 한 소유권이전등기 말소청구의 소나 공유자들을 상대로 한 소유권이전등기청구의 소는 필수적 공동소송으로 보아야 한다는 견해도 있다(이시윤).
2) 대법원 1993.2.12. 선고 92다29801 판결.
3) 대법원 2011.6.24. 선고 2009다8345 판결.
4) 대법원 2007.8.24. 선고 2006다40980 판결.

Ⅱ. 유사필수적 공동소송

1. 의   의

판결의 기판력, 형성력 등 판결의 효력(반사적 효력 포함)이 제3자에게 확장될 경우에, 여러 사람이 반드시 공동으로 소송을 수행하여야 하는 것은 아니지만 일단 공동소송인으로 된 이상 합일확정이 필요하게 되는 경우로서 소송법 상의 이유(소송정책적 필요)에 의하여 필수적 공동소송이 되는 경우를 유사필수적 공동소송이라 한다.

2. 유형별 고찰

가. 여러 사람이 공동으로 제기하는 회사합병무효의 소, 회사설립취소의 소, 주주총회결의 취소·무효·부존재확인의 소는 공동소송인 사이에 합일적으로 확정되어야 하므로 유사필수적 공동소송이다. 그 밖에 여러 사람이 제기하는 선거무효·당선무효의 소 및 혼인무효·취소의 소, 여러 사람의 이의자의 파산채권확정의 소(채무자회생 및 파산에 관한 법률 제462조, 468조) 등이 있다.

나. 여러 사람의 채권자에 의한 채권자대위소송, 여러 사람의 주주에 의한 주주대표소송 등의 경우는 판례가 유사필수적 공동소송관계로 인정하는 경우이다. 예컨대, 소외 망 A가 B에 대한 부동산소유권이전등기청구권을 보전하기 위하여 B를 대위하여 Y를 상대로 소유권이전등기 말소등기청구의 소를 제기하였다. 제1심 소송계속 중 A가 사망하여 X_1, X_2, X_3가 A를 수계하여 공동원고가 되었고, 제1심 법원은 B를 증인으로 채택하여 그 증언을 듣는 등 재판절차를 진행한 끝에 원고들의 청구를 기각하는 판결을 하였다. 이에 대하여 X_1만이 항소하였고, 항소심법원은 X_1만을 항소인으로 보고 심리를 한후 X_1의 항소를 기각하였다. 이에 대하여 X_1이 채증법칙 위반에 의한 사실오인을 이유로 상고한 경우에, 대법원은[1] ① 채무자가 채권자대위권에 의한 소송이 제기된 것을 알았을 경우에는 그 확정판결의 효력은 채무자에게도 미친다. ② **위의 경우 각 채권자대위권에 기하여 공동하여 채무자의 권리를 행사하는 다수의 채권자들은 유사필수적 공동소송관계에 있다** 할 것이다. ③ 제1심에서 유사필수적 공동소송관계에 있는 다수의 채권자들의 권리가 모두 기각되고, 그 중 1인만이 항소한 경우 민사소송법 제63조 1항은 필수적 공동소송에 있어서 공동소송인 중 1인의 소송행위는 공동소송인 전원의 이익을 위하여서만 효력이 있다고 규정하고 있으므로 공동소송인 중 일부의 상소제기는 전원의 이익에 해당된다고 할 것이어서 다른 공동소송에 대하여서도 그 효력이 미칠 것이며, 사건은 필수적 공동소송인 전원에 대하여 확정이 차단되고 상소심에 이심된다고 할 것이라고 하였다.

위와 같은 다수설·판례에 대하여 수인의 채권자에 의한 대위소송은 통상의 공동소송으로 보아야 한다는 견해(호문혁)가 있다. 그 논거로서, ① 채권자대위소송에서 수인의 채권자

---

1) 대법원 1991.12.27. 선고 91다23486 판결.

들이 반드시 승패를 같이 할 이유는 없다. 그것은 피 대위채권에 관해서는 결론이 같이 나더라도 피 보전채권의 내용과 그 존부에 관한 판단은 각기 다르게 날 수 있으므로 일부 채권자는 인용판결을 받고, 일부채권자는 기각판결을 받는 것이 가능하고, ② 수인의 채권자 사이에 판결이 서로 달라지는 것을 방지하는 것은 변론과 증거조사의 공통 및 판결서의 증명력으로 모순되는 재판이 방지될 수 있다 점을 내세우고 있다.

Ⅲ. 이론상의 합일확정소송

1. 예컨대, 동일 채권에 기한 여러 사람의 연대채무자에 대한 청구, 공동피고 전원에 대하여 승소하지 않으면 소송의 목적을 달성할 수 없는 경우(동일 부동산에 관하여 A→B→ C→ D로 순차 이루어진 등기말소청구) 등과 같이 법률상 합일 확정하도록 되어 있지는 않으나 구구한 판결이 나오면 논리적으로 납득이 되지 않거나 원고가 본래의 목적을 달성할 수 없는 경우를 말한다.

2. 이러한 형태의 소송에 대하여는 과거에 필수적 공동소송으로 보아야 한다는 견해가 있었다

3. 그러나 현재는 그러한 견해를 취하는 학자는 없고, 다만 앞서 본 바와 같이 통상공동소송으로 취급하되 증거공통의 원칙과 주장공통의 원칙을 제한적으로 인정하여 사실상 모순된 판결이 나오는 것을 방지하면 된다고 보는 것이 학자들의 일반적 견해이다. **판례는 이러한 경우는 모두 통상공동소송이고 결론이 당사자에 따라 달라질 수 있다고 본다.** 즉 원인 없이 경료된 최초의 소유권이전등기와 이에 기하여 순차로 경료된 일련의 소유권이전등기의 각 말소를 구하는 소송은 필수적 공동소송이 아니므로 그 말소를 청구할 권리가 있는 사람은 각 등기의무자에 대하여 이를 각각 청구할 수 있는 것이어서, 위 일련의 소유권이전등기 중 최후의 등기명의자만을 상대로 그 등기의 말소를 구하고 있다 하더라도 그 승소의 판결이 집행불능의 판결이 된다거나 종국적인 권리의 실현을 가져다 줄 수 없게 되어 소의 이익이 없는 것으로 된다고는 할 수 없고,[1] 연대채무는 채권자가 채무자의 1인에 대하여 또는 동시 혹은 순차로 총 채무자에 대하여 전부 또는 일부의 이행을 청구할 수 있는 것이므로 이에 관한 공동소송을 공동소송인 전원에 대하여 합일적으로 확정함을 요하는 것이라고는 할 수 없는 것이다[2]라고 하였다.

---

1) 대법원 1987.10.13. 선고 87다카1093 판결.
2) 대법원 1955.2.10. 선고 4287민상204 판결.

476

Ⅳ. 필수적 공동소송의 심판

1. 필수적 공동소송인의 소송상 지위

필수적 공동소송인 사이에는 **상호 연합관계 및 판결의 합일확정**이 요구된다. 즉 공동소송인독립의 원칙은 적용되지 않는다.

2. 소송요건의 흠결과 그 효과

가. 소송의 목적이 수인의 당사자에 대하여 합일적으로 확정하여야 할 경우에 속하는 당사자들 중에서 그 전원이 아닌 또는 수인이 소송을 제기하였을 때의 그 소송은 부적법한 소송으로서 각하를 하여야 할 것이다. 필수적 공동소송에 있어서도 소송요건은 각 개별 당사자별로 조사하여야 한다.

나. 공동소송인 가운데 한 사람에 대하여 소송요건의 흠이 있고 그 흠이 보정할 수 없을 경우에는 고유필수적 공동소송의 경우에는 당해 소송을 각하하여야 하고, 유사필수적 공동소송이라면 그 사람의 소를 각하하여야 한다.

다. 고유필수적 공동소송인 중 일부 당사자가 누락된 경우에는 당사자적격이 결여되어 부적법한 소로서 각하되어야 할 것이다. 이때 당사자적격을 사후적으로 보완하는 방법으로서는 (1) 누락한 사람이 또는 누락한 사람에 대하여 별소를 제기한 뒤 변론병합을 하거나, (2) 소의 추가적 병합(필수적 공동소송인의 추가: 법 제68조), (3) 공동소송참가(법 제83조) 등이 있다.

3. 소송자료의 통일

가. 유리한 행위(상대방의 주장을 다투거나, 변론기일의 출석, 기간의 준수 등)는 1인의 행위가 전원에 대하여 효력이 생기고, 불리한 행위(청구의 포기·인낙·재판상 화해, 재판상 자백 등)는 공동소송인 전원이 함께 하여야 한다. 유사필수적 공동소송의 경우에는 일부 당사자에 대한(의한) 소의 취하가 가능하다. 따라서 취하간주규정도 적용된다.

나. 공동소송인중 1인에 대한 상대방의 소송행위는 이익·불이익을 불문하고 공동소송인 전원에 대하여 효력이 생긴다. 공동소송인 가운데 한 사람이라도 기일에 출석하였으면 상대방은 준비서면에 적지 아니한 사실이라도 주장할 수 있으며, 상대방은 출석한 공동소송인 일부에 대하여 청구의 인낙이나 재판상 자백을 할 수도 있다.

다. 예컨대, 합유로 소유권이전등기가 된 부동산에 관하여 명의신탁해지를 원인으로 한 소유권이전등기절차의 이행을 구하는 소송은 합유물에 관한 소송으로서 고유필수적 공동소송에 해당하여 합유자 전원을 피고로 하여야 할 뿐 아니라 합유자 전원에 대하여 합일적으로 확정되어야 하므로, 합유자 중 일부의 청구인낙이나 합유자 중 일부에 대한 소의 취하는 허용되지 않는다.[1]

4. 소송진행의 통일

가. **절차의 공동진행:** 공동소송인 일부에 대한 변론의 분리, 일부판결을 할 수 없다.

나. 고유필수적 공동소송에 있어서는 공동소송인 중 1인에게 중단 또는 중지의 원인이 발생한 때에는 다른 공동소송인에 대하여도 중단 또는 중지의 효과가 미치므로 공동소송 인 전원에 대하여 소송절차의 진행이 정지된다.

다. 필수적 공동소송관계에 있는 수인의 피고들 중 1인에 대하여 각 변론기일에 적법한 소환절차를 취하지 않음으로 인하여 동 피고에게 변론의 기회를 부여하지 아니하고 결심하는 것과 같은 경우는 그 결심에 기한 판결의 결과 전부에 영향을 미칠 소송절차에 관한 위법이라 아니할 수 없어 그 판결은 전부파기를 면치 못한다.

5. 본안재판의 통일

고유필수적 공동소송에 대하여 본안판결을 할 때에는 공동소송인 모두에 대하여 하나의 종국판결을 선고하여야 한다. 또한 판결결과는 모순 없이 합일적이어야 한다. 공동소송인 일부에 대한 일부판결이나 추가판결 모두 허용되지 않는다.

6. 상소의 경우

가. 고유필수적 공동소송에 있어서는 공동소송인 중 일부가 제기한 상소는 다른 공동소송인에게도 그 효력이 미치는 것이므로 공동소송인 전원에 대한 관계에서 판결의 확정이 차단되고 그 소송은 전체로서 상소심에 이심되며, 상소심판결의 효력은 상소를 하지 아니한 공동소송인에게 미치므로 상소심으로서는 공동소송인 전원에 대하여 심리·판단하여야 한다. 필수적 공동소송에 있어서는 상소하지 않은 피고를 단순히 '피고(원고)'라고만 표시하고 상소비용은 상소한 당사자에게만 부담시킨다.[2] 이 경우에 상소하지 아니한 당사자의 지위에 관하여는 상소인설, 선정자설, 단순한 상소심당사자설(통설·판례) 등이 있다.

나. 필수적 공동소송에서도 상소제기기간은 각 공동소송인별로 진행되지만, 전원에 대하여 상소기간이 만료되기 전에는 판결이 확정되지 않는다.

---

1) 대법원 1996.12.10. 선고 96다23238 판결.
2) 대법원 1995.1.12. 선고 94다33002 판결.

[예제] [제38회 사법시험] [제1문] 甲은 乙, 丙, 丁, 戊 4인에 대해 소비대차 한 금 5000만 원의 담보의 뜻으로 자신이 소유한 한 필지의 토지에 대한 소유권이전등기의 가등기를 해 주고 사망하였다. 그 후 위 토지에 대해 乙,丙,丁,戊 공동명의의 가등기에 기한 본등기를 하였다. 이에 대하여 甲의 유일한 상속인인 A는 이 등기가 원인무효임을 주장하였고 소유권이 전등기의 말소를 구하는 소를 제기하고자 한다.

(1) A가 乙,丙,丁,戊 4인을 공동피고로 하여 소를 제기하는 경우, 소송절차에서 乙이 A의 주장사실을 다투는 주장을 하고 증거를 제출하는 경우 丙,丁,戊 3인에게는 어떠한 영향을 미치는가? (30점)

(2) A가 제소 전에 乙,丙,丁,戊 4인을 만나본 결과 丙은 A의 주장을 수긍하여 다툴 의사가 없음을 알고 乙,丁,戊 3인만을 공동피고로 하여 제소하였다. 그러나 그 후 분쟁을 근본적으로 해결하기 위해서는 丙을 피고로 할 필요가 있다고 생각하여 丙을 공동피고로 추가하는 신청을 제출하였다.

A의 신청은 타당한가? (20점)

[해설] [제1문] Ⅰ. 주요논점: 공동피고 乙·丙·丁·戊의 공동소송형태가 통상의 공동소송관 계인지 또는 필수적 공동소송관계인지를 먼저 검토하여야 한다. 만약 통상의 공동소송관계라면 공동소송인 독립의 원칙에 따라 주장 및 증거의 공통이 인정되지 않는다. 이에 반하여 필수적 공 동소송관계라면 주장 및 증거의 공통이 인정된다.

Ⅱ. 공동소송형태: 1. 학설 (1) 통상공동소송설, (2) 필수적 공동소송설, (3) 이론상의 합일확정소 송설 2. 판례: 통상의 공동소송으로 본다.

Ⅲ. 공동소송인 독립의 원칙 및 그 수정이론: 내용 생략

Ⅳ. 결론

☞ 본 문제의 접근방법은 위와 같이 소송형태에 관한 학설 소개와 결론을 전개한 뒤 판례의 태도에 따라 통상의 공동소송관계임을 전제로 그 내용을 설명하는 위와 같은 방식 외에, 통상의 공동소송관계로 볼 경우의 소송수행 형태와 필수적 공동소송관계로 볼 경우의 소송수행 형태에 관하여 각각 별개로 설명한 후에 판례에 따라 각자의 결론을 내리는 설명 방법이 있을 수 있다.

[제2문] Ⅰ. 주요논점: 공동피고들이 고유필수적 공동소송관계라면 필수적 공동소송인의 추가 (제2문의 주요논점)도 인정될 것이지만, 통상의 공동소송관계이거나 유사필수적 공동소송관계라면 공동소송인의 추가가 당연히 인정되지는 않는다.

Ⅱ. 통상의 공동소송관계인 경우

1. 소송계속 중 공동소송인의 추가 허용여부에 관한 학설(임의적 당사자변경에 의한 공동소송인의 추가의 허용여부)

(1) 긍정설: 법에 특별히 규정하지 않아도 허용하여야 한다는 견해로서 다수설이다. (2) 부정설: 본서 413면 참조

2. 판례: 부정설을 취한다.

3. 민사소송법의 태도: 피고의 경우에만 피고경정을 허용한다(피고경정의 요건 약술할 것).

4. 결론: 판례의 태도가 타당함. 사안의 경우에는 민소법 제260조의 피고경정의 요건을 충족하지 못하므로 丙을 공동피고로 추가하는 A의 신청은 부적법하다.

Ⅲ. 고유필수적 공동소송관계인 경우

1. 민소법 규정: 제68조(요건에 관하여 약술)

2. 사안의 경우가 고유필수적 공동소송관계에 있는지 여부

3. 결론

Ⅳ. 결론(사안의 해결)

[예제] [제52회 사법시험(2010년도)] [제2문의 1] 甲, 乙, 丙은 5,000만 원씩 공동 출자하여 건축업을 동업하여 오던 중, 丁과 공사대금 1억 5천만 원에 건물신축공사를 하기로 하는 도급계약을 체결하였다. 甲, 乙, 丙은 위 도급계약에 따라 건물을 완공하였으나 공사대금을 받지 못하자, 丁을 상대로 위 공사대금 청구의 소를 제기하였다. 위 소송계속 중 丙은 자신의 지분에 대한 소취하서를 제출하였고 丁은 이에 동의하였다.

丙의 소취하는 유효한가? (25점)

[해설] 본 문제는 동업체가 민법상 조합관계임을 밝히고, 민법상 조합의 재산 소유는 합유관계이며, 합유물의 처분에 관한 소송은 조합원 전원이 필수적 공동소송인으로서 참여하는 관계임을 언급한다. 그 후에 필수적 공동소송인의 소송상 지위(필수적 공동소송의 절차진행)를 검토한 뒤, 丙의 소취하는 불리한 행위이므로 단독으로 할 수없고 이를 하였더라도 무효인 소송행위가 된다는 것을 언급하여야 한다.

[예제] [제44회(2002년) 사법시험] [제1문] A토지의 공유자인 甲·乙·丙 사이에 A토지의 분할에 관한 협의가 이루어지지 않자, 甲은 乙·丙을 상대로 법원에 A토지의 분할을 청구하였다.

(1) 소장을 제출한 후 甲, 乙, 丙 외에 丁도 원래부터 A토지의 공유자임이 판명되었다. 이 경우 甲이 취할 수 있는 가장 적절한 조치는 무엇인가?

(2) 甲이 현물분할을 청구하는 경우에 법원은 청구취지의 변경이 없이도 경매분할을 명하는 판결을 할 수 있는가?

(3) 제1심 판결에 대하여 乙만 항소한 경우 나머지 피고들에 대한 제1심 판결은 확정되는가?

[해설] [제1문] Ⅰ. 주요논점: 본 문제는 甲·乙·丙·丁의 공유물분할 청구의 소송형태를 검토하고 고유필수적 공동소송 관계인 경우에 일부 공유자가 당사자에서 누락된 경우에 이를 보정하는 방법에 관한 것이다.

Ⅱ. 공유물분할 소송의 형태: 고유필수적 공동소송(관리처분권의 공동귀속)

Ⅲ. 고유필수적 공동소송인 누락의 경우 보정방법

1. 필수적 공동소송인의 추가

2. 별소제기 후 변론병합

3. 공동송참가

Ⅳ. 결론

[제2문] Ⅰ. 공유물분할의 소의 법적 성격: 형식적 형성의 소

1. 당사자처분권주의 배제 등: 내용 생략

2. 사안의 경우: 현물분할을 청구하는 경우에도 경매분할을 명하는 판결이 가능하다.

[제3문] Ⅰ. 필수적 공동소송의 소송수행

Ⅱ. 乙만 항소한 경우(사안의 경우)에도 나머지 피고들에 대한 판결은 확정되지 않고 항소심으로 이심된다. 항소하지 않은 나머지 피고들의 항소심에서의 지위에 관한 학설 소개.

제 5 절 공동소송의 특수형태

I. 예비적·선택적 공동소송(소의 주관적 예비적·선택적 병합)

1. 의   의

가. 의의: 공동소송인인 원고가 소를 제기할 때 또는 복수의 피고를 상대로 소를 제기하면서 각 공동소송인에 대한 청구가 선택적·예비적 관계에 있는 경우를 말한다.

나. 필요성: 분쟁의 1회적 해결 등

다. 외국의 입법례: 영국 민사소송규칙(Order 15, Rule 4, Subrule 2), 일본 민사소송법 제41조(동시 심판신청이 있는 공동소송).

라. 인정여부에 관한 과거의 논의

(1) **부정설(종래의 판례)**:   예비적 피고 지위의 불안정, 공동소송인 독립의 원칙을 고수할 경우 재판의 불통일을 피할 수 없고, 소송고지제도를 활용하면 된다. 종래의 판례[1]는, 소의 주관적·예비적 청구의 병합에 있어서 예비적 당사자, 특히 예비적 피고에 대한 청구의 당부에 관한 판단은 제1차적 피고에 대한 청구의 판단 결과에 따라 결정되므로, 예비적 피고의 소송상의 지위가 현저하게 불안정하고 또 불이익하게 되어 이를 허용할 수 없다고 하면서, 예비적 피고에 대한 청구는 이를 바로 각하하여야 한다는 입장을 취하였다.

(2) **긍정설**:   권리자·의무자가 택일적 관계에 있을 때 이에 대처하여 해결하는 공동소송형태의 현실적 필요성, 재판 불통일의 방지, 소송경제(1개의 소송절차에서 분쟁의 1회적 해결) 등을 이유로 소의 주관적 예비적·선택적 병합을 긍정하는 견해이다.

마. 법의 규정: 2002년 개정법은 종래의 판례가 인정하지 않던 피고를 복수로 한 소의 주관적 예비적·선택적 공동소송과 원고를 복수로 하는 예비적·선택적 공동소송을 모두 인정하고 있다.[2]

2. 소송의 형태

가. 공동피고에 대한 예비적·선택적 청구의 병합(수동형):   채무자가 택일적인 경우이어서 법원의 심리결과에 따라서 채무자를 확정하여 달라는 소제기의 형태이다. 예컨대 법

---

1) 대법원 1997.8.26. 선고 96다31079 판결.
2) 신법은 소의 주관적, 예비적 병합 외에 주관적, 선택적 병합까지도 인정하는 태도를 보이고 있다. 소의 주관적, 선택적 공동소송은 원고가 소송상 청구와 당사자를 특정하지 않으면 그 소는 부적법하다는 소송법 상의 기본원칙을 무시하고 인정한 것으로 원고가 주위적 당사자를 특정하지 않아도 된다는 점에서 원고에게는 매우 유리한 제도이나 그에 따라 남용의 가능성도 높다는 점에서 비난받고 있다.

률행위의 대리의 경우에 본인에 대하여는 법률효과 발생을 주장하여 계약내용의 이행을 구하고, 예비적으로 대리인에 대하여 무권대리인의 책임을 물어서 손해배상을 구하면서 주위적·예비적 피고로 병합하여 청구하는 경우.

나. 공동원고 측의 예비적·선택적 병합(능동형):　　채권자가 택일적인 경우로서 법원의 심리결과에 따라 채권자를 확정하여 달라는 청구이다. 예컨대 채권양도의 효력에 관한 다툼이 있는 경우에 양수인과 양도인이 주위적·예비적 원고로서 청구하는 경우.

다. 원시형과 후발형:　　원고의 소제기 시에 예비적·선택적 공동소송 형태로 소제기함이 일반적일 것이나, 법 제70조 1항 본문이 법 제68조를 준용하고 있으므로, 소송계속 중에 예비적·선택적 공동소송인이 추가되는 후발형도 허용된다. 다만, 제1심 변론종결 시까지만 가능하다. 당사자가 각기 독립하여 소제기 한 경우에 법원이 변론병합을 통하여 예비적·선택적 공동소송으로 바꾸는 것도 가능하다는 견해가 있다. 한편 이러한 경우에 처분권주의에 반하지 않는 범위 내에서 당사자가 변론의 병합을 청구하는 방식으로 위와 같은 후발형 공동소송으로 바꾸는 것도 가능하다는 견해도 있다.

라. 예비형·선택형:　　병합의 형태에 있어서 순서를 붙이면 예비형, 순서 없는 경우에는 선택형이라 할 수 있다.

3. 허용요건

가. 각 청구 상호간에 법률상 양립할 수 없는 경우일 것

(1) 어느 한 청구가 인용되면 다른 청구는 기각될 관계에 있어야 한다. 민법 제758조 1항이 규정하는 공작물 등 점유자의 손해배상책임과 공작물 소유자의 손해배상책임은 실체법상 양립불가의 대표적 사례라 할 수 있다.[1] 그러나 다음과 같은 경우는 논란이 있다. 예컨대 甲이 A가 대표이사로 있는 乙 회사에 물건을 납품하였으나, 乙 회사가 대금을 지급하지 않고 있고, 계약 당사자가 A 본인이냐 乙 회사냐가 다투어 지는 경우이다. 이러한 경우는 사실상 양립할 수 없는 경우이므로 예비적·선택적 공동소송인으로 병합하여 청구할 수 없다는 견해가 있다. 즉, 이를 허용하면 투망식 소송이 되는 폐단을 막을 수 없다는 것이다(**적용부정설**).[2] **이에 반하여 적용긍정설**[3]은 여기서 법률상 양립할 수 없다는 것은 공동소송인 중 일부가 권리자나 의무자이면, 나머지 공동소송인은 같은 권리자나 의무자가 될 수 없음을 의미하는 경우인데, 위와 같은 경우, 매수인이 A가 아니면, 乙 회사가 될 것이므로 이러한 경우는 법률상 양립할 수 없는 경우에 해당한다고 본다. 아래에서 소개하는 판례들은 계약의 상대방이 누구인지를 가리기 위한 예비적·선택적 공동소송을 허용하고 있다.

(2) 판례는 민사소송법 제70조 1항의 '법률상 양립할 수 없다'는 것은 동일한 사실관계에 대한 법률적인 평가를 달리해 두 청구가 모두 인용될 수 없는 관계에 있는 경우 또는 택일적

---

1) 전병서, 민사소송법연습(제4판), 551면.
2) 이시윤, 731면.
3) 호문혁, 767면; 김홍엽, 896면.

사실인정에 의해 어느 일방의 법률효과를 긍정하거나 부정하고 이로써 다른 일방의 법률효과를 부정하거나 긍정하는 반대의 결과가 되는 경우 등 두 청구 사이에서 한 쪽 청구에 대한 판단이유가 다른 쪽 청구에 대한 판단 이유에 영향을 줘 각 청구에 대한 판단과정이 필연적으로 상호 결합되어 있는 관계를 의미하는 것으로 본다. 여기에는 실체법적으로 서로 양립할 수 없는 경우뿐만 아니라 소송법 상으로 서로 양립할 수 없는 경우도 포함된다. 법인이나 비법인 등 당사자능력이 있는 단체의 대표자나 구성원의 지위에 관한 확인의 소송에서 개인뿐만 아니라 소속된 단체를 공동피고로 해 소가 제기된 경우 누가 피고적격을 갖는지에 관한 법률적 평가에 따라 어느 한 쪽에 대한 청구는 적법하게 되고, 다른 한 쪽에 대한 청구는 부적법하게 될 수 있다. 따라서 이 경우는 법 제70조 1항 소정의 예비적·선택적 공동소송의 요건인 각 청구가 서로 법률상 양립할 수 없는 관계에 해당하는 것으로 보는 것이 옳다고 판시하였다.[1] 이러한 판례의 태도는 법문상의 '법률상의 양립불가' 요건을 유연성 있게 해석하여 그 포섭의 범위를 넓게 확장하는 태도라 할 것이며 제도적 취지에도 맞는 것으로 본다. 그밖에 판례는[2] 원고가 당초에 피고를 "주식회사 국민은행 리스크관리본부장(피고 1이라 한다)"으로 특정하고, 피고와의 고용계약서상의 퇴직금 조항 등이 무효라는 확인과 퇴직금의 지급을 구하는 내용의 소장을 제출하였다가, 그 소장부본을 송달받은 피고 측으로부터 피고의 특정에 의문을 표시하는 주장이 제기되자, 원고는 제1심 제2차 변론기일에서 진술된 2007. 3. 13.자 준비서면의 피고 표시난에 국민은행을 추가하여 기재하면서, 당초에 원고가 피고로 삼은 사람은 피고 1 개인이 아니라 국민은행의 부서장으로서의 리스크관리본부장을 피고로 특정한 것인데, 그것이 잘못이라면 예비적으로 국민은행을 피고로 추가한다고 주장하였다. 위 사안에서, 대법원은 원고의 이 사건 청구는 하나의 고용계약에 기한 청구로서 피고들에 대한 청구가 양립할 수 없는 경우에 해당한다고 할 것이므로 제1심으로서는 원고의 2007. 3. 13.자 준비서면에서의 주장이 국민은행을 예비적 피고로 추가하는 취지인지 여부를 밝혀서 그에 따른 조치를 취하고 국민은행에 대한 청구에 대하여도 판단하였어야 할 것인바, 그에 이르지 아니한 제1심판결은 위법하다고 하였다.[3]

(3) 판례에 나타난 각 사례를 중심으로 예비적·선택적 공동소송관계의 성립여부에 관하여 살펴보면 다음과 같다.

① 각 공동소송인 각자의(각자에 대한) 청구가 동일한 소송물일 필요는 없다.

> [대법원 2008.7.10. 선고 2006다57872 판결] 민사소송법 제70조 제1항에 있어서 '법률상 양립할 수 없다'는 것은, 동일한 사실관계에 대한 법률적인 평가를 달리하여 두 청구 중 어느 한쪽에 대한 법률효과가 인정되면 다른 쪽에 대한 법률효과가 부정됨으로써 두 청구가 모두 인용될 수는 없는 관계에 있는 경우나, 당사자들 사이의 사실관계 여하에 의하여 또는 청구원인을 구성하는 택일적 사실인정에 의하여 어느 일방의 법률효과를 긍정하거나 부정하

---

1) 대법원 2007.6.26. 자 2007마515 결정: 동 결정에 대하여는 어느 피고에 대한 청구가 이유 있는지를 법원이 심리하여 판단한 것이므로 당사자적격의 문제(소송법상 양립불가)로 볼 것이 아니라는 견해가 있다(호문혁, 834면).
2) 대법원 2008.4.10. 선고 2007다86860 판결.
3) 이러한 사안은 피고를 잘못 지정하여 피고를 경정할 것인지 여부를 판단할 것이지, 이를 예비적 공동피고로 받아들일 사안이 아니라는 견해가 있다(호문혁, 834면).

고 이로써 다른 일방의 법률효과를 부정하거나 긍정하는 반대의 결과가 되는 경우로서, 두 청구들 사이에서 한쪽 청구에 대한 판단이유가 다른 쪽 청구에 대한 판단이유에 영향을 주어 각 청구에 대한 판단과정이 필연적으로 상호 결합되어 있는 관계를 의미하며, 실체법적으로 서로 양립할 수 없는 경우뿐 아니라 소송법 상으로 서로 양립할 수 없는 경우를 포함하는 것으로 봄이 상당하다(대법원 2007.6.26. 자 2007마515 결정 참조). 그리고 **민사소송법 제70 조 소정의 예비적·선택적 공동소송에는 민사소송법 제67조 내지 제69조가 준용되어 소송 자료 및 소송진행의 통일이 요구된다 할 것이지만(민사소송법 제70조 제1항 본문), 청구의 포기·인낙, 화해 및 소의 취하는 공동소송인 각자가 할 수 있는바(민사소송법 제70조 제1 항 단서), 이에 비추어 보면, 조정에 갈음하는 결정이 확정된 경우에는 재판상 화해와 동일 한 효력이 있으므로 그 결정에 대하여 일부 공동소송인이 이의하지 않았다면 원칙적으로 그 공동소송인에 대한 관계에서는 조정에 갈음하는 결정이 확정될 수 있다고 할 것이다. 다만, 조정에 갈음하는 결정에서 분리 확정을 불허하고 있거나, 그렇지 않더라도 그 결정에서 정 한 사항이 공동소송인들에게 공통되는 법률관계를 형성함을 전제로 하여 이해관계를 조절하 는 경우 등과 같이 결정 사항의 취지에 비추어 볼 때에 분리 확정을 허용할 경우 형평에 반 하고 또한 이해관계가 상반된 공동소송인들 사이에서의 소송진행 통일을 목적으로 하는 민 사소송법 제70조 제1항 본문의 입법 취지에 반하는 결과가 초래되는 경우에는 분리 확정이 허용되지 않는다고 보아야 한다.** 기록에 의하면, 피고들에 대한 위자료청구를 제외한 나머지 이 사건 주위적 청구는 피고 삼성카드 주식회사(이하 '피고 삼성카드'라고만 한다)가 피고 대 우자동차판매 주식회사(이하 '피고 대우자동차판매'라고만 한다)에게 차량대금을 지급하였음 을 전제로 피고 대우자동차판매에 대하여 차량미인도로 인한 채무불이행책임 또는 사용자책 임을 묻는 것이고, 이 사건 예비적 청구는 피고 삼성카드가 피고 대우자동차판매에게 차량대 금을 지급하지 않았음을 전제로, 피고 삼성카드에 대하여 할부금 지급채무가 없음의 확인과 아울러 이미 납입한 할부금의 반환을 구하는 것임을 알 수 있는바, 이러한 각 청구의 원인을 앞서 본 법리에 비추어 살펴보면, 주위적 청구에 대한 판단이유가 예비적 청구에 대한 판단 이유에 영향을 줌으로써 위 각 청구에 대한 판단과정이 필연적으로 상호 결합되어 있는 관 계에 있어 위 두 청구는 법률상 양립할 수 없고, 또한 주위적 청구는 예비적 청구와 그 상대 방을 달리하고 있어, 피고들에 대한 위자료청구를 제외한 나머지 이 사건 소송은 민사소송법 제70조 제1항 소정의 예비적 공동소송에 해당한다고 할 것이다(위자료청구 부분은 피고들에 대하여 연대하여 지급을 구하고 있으므로 통상공동소송으로 봄이 상당하다). 또한 원심판결 과 기록에 의하면, 원심은 2006. 5. 18.자로 "① 피고 삼성카드는 원고에게 2006. 6. 12.까지 823만 원을 지급한다. 만일 피고 삼성카드가 위 지급을 지체하면, 지체한 날부터 다 갚는 날 까지 연 20%의 비율로 계산한 지연손해금을 가산하여 지급한다. ② 이 사건에 관하여 원고 와 피고들 사이에 위 ①항을 제외하고는 더 이상 채권, 채무관계가 존재하지 아니함을 확인 한다. ③ 소송비용 및 조정비용은 각자 부담한다."는 내용의 조정에 갈음하는 결정을 하였고, 그 조서등본이 2006. 5. 29. 원고와 피고들에게 송달되었는데, 이에 대하여 피고 삼성카드만 이 2006. 6. 9. 이의신청을 하였을 뿐, 원고와 피고 대우자동차판매는 이의신청기간인 2006. 6. 12.까지 이의신청을 하지 아니한 사실을 알 수 있는바, 위 조정에 갈음하는 결정의 내용은 피고 대우자동차판매에 대해서도 피고 삼성카드의 원고에 대한 금원 지급의무를 전제로 채 무가 존재하지 아니함을 확인한다는 것이어서 피고들 사이의 권리의무관계가 상호 관련되어 있고, 분리 확정을 허용할 경우 형평에 반할 뿐만 아니라, 이해관계가 상반된 공동소송인들 사이에서의 소송진행 통일을 목적으로 하는 민사소송법 제70조 제1항 본문의 입법 취지에 반하는 결과가 초래될 수 있다고 보이므로, 위 조정에 갈음하는 결정에 대해서는 분리 확정이 허용되지 않는다고 할 것이고, 따라서 위 조정에 갈음하는 결정에 대하여 피고 삼성카드만이 이의신청을 하였다 하더라도 위 조정에 갈음하는 결정은 원고와 피고들 모두에 대하여 확정되지 않고 사건은 소송으로 복귀한다고 보아야 할 것이다.

② 계약당사자가 A인지 B인지를 가려달라는 형태의 소송도 허용된다.

[대법원 2008.3.27. 선고 2005다49430 판결] 기록에 의하면, 이 사건 주위적 청구는 피고 등이 원고 등에게 이 사건 부동산에 관한 소유권이전등기의무를 부담하고 있음에도 피고 선정자 2에게 그 소유권을 이전한 것은 통정허위표시 또는 반사회질서의 법률행위에 해당한다고 주장하면서 원고 등이 피고 등을 대위하여 피고 선정자 2명의로 경료 된 위 소유권이전등기와 이에 기하여 경료된 근저당권설정등기의 말소를 구하는 것이고, 이 사건 예비적 청구는 주위적 청구의 통정허위표시와 반사회질서의 법률행위에 관한 주장이 배척된다면 피고 등의 원고 등에 대한 위 소유권이전등기의무는 이행불능의 상태에 빠진 것이라고 주장하면서 피고 등에 대하여 그 이행불능에 따른 전보배상을 구하는 것임을 알 수 있다. **이러한 각 청구의 원인을 앞서 본 법리에 비추어 보면, 주위적 청구의 통정허위표시 또는 반사회질서의 법률행위 주장에 대한 판단 이유가 예비적 청구의 이행불능 주장에 대한 판단 이유에 영향을 줌으로써 위 각 청구에 대한 판단 과정이 필연적으로 상호 결합되어 있는 관계에 있어 위 두 청구는 법률상 양립할 수 없고, 또한 주위적 청구는 전체적으로 예비적 청구와 그 상대방을 달리하고 있어, 이 사건 소송은 민사소송법 제70조 제1항 소정의 예비적 공동소송에 해당한다.**
　앞의 국민은행 사건 판결(대법원 2008.4.10. 선고 2007다86860 판결)**도 동일한 취지이다.**

[대법원 2011.2.24. 선고 2009다43355 판결] 1. 공탁이 무효임을 전제로 한 피고 갑에 대한 주위적 청구와 공탁이 유효임을 전제로 한 피고 을 및 제1심 공동피고들에 대한 예비적 청구가 공탁의 효력 유무에 따라 두 청구가 모두 인용될 수 없는 관계에 있거나 한쪽 청구에 대한 판단 이유가 다른 쪽 청구에 대한 판단 이유에 영향을 주어 각 청구에 대한 판단 과정이 필연적으로 상호 결합되어 있는 주관적·예비적 공동소송의 관계에서 모든 당사자들 사이에 결론의 합일확정을 기할 필요가 인정되므로, 피고 을만이 제1심판결에 대하여 적법한 항소를 제기하였다고 하더라도 피고 갑에 대한 주위적 청구 부분과 제1심 공동피고들에 대한 예비적 청구 부분도 함께 확정이 차단되고 원심에 이심되어 심판대상이 되었다고 보아야 함에도, 그 심판대상을 위 예비적 청구 중 제1심이 인용한 부분에 한정된다고 전제하여 그 부분에 관하여만 판단한 원심판결을 직권으로 전부 파기한 사례. 2. 제1심이 피고 갑에 대한 주위적 청구와 예비적 청구를 모두 기각하면서 피고 을 및 제1심 공동피고들에 대한 예비적 청구를 전부 인용하였는데, 피고 갑이 피고 을 및 제1심 공동피고들에 대한 예비적 청구에 관한 제1심판결에 대하여 그 일부취소를 구하며 항소를 제기한 사안에서, 상소는 자기에게 불이익한 재판에 대하여 유리하게 취소·변경을 구하기 위한 것이므로, 주위적 피고에 해당하는 피고 갑으로서는 자신에 대한 주위적 청구와 관련해서는 제1심에서 전부 승소의 판결을 받은 이상 그 판결이유에 불만이 있더라도 항소의 이익은 없고, 피고 을 및 제1심 공동피고들에 대한 예비적 청구에 대하여는 자신이 당사자가 아니므로 제1심법원이 그 청구의 전부를 인용한 데 불만이 있더라도 이에 불복하여 항소를 제기할 이익이 없다.

485

③ 주위적 피고에 대한 청구 중 일부가 인용되지 않을 경우를 대비하여 그와 양립불가한 청구를 예비적 피고에 대하여 하는 형태의 예비적 공동소송은 인정된다.

[대법원 2009.3.26. 선고 2006다47677 판결] 부진정연대채무 관계는 서로 별개의 원인으로 발생한 독립된 채무라 하더라도 동일한 경제적 목적을 가지고 있고 서로 중첩되는 부분에 관하여 일방의 채무가 변제 등으로 소멸할 경우 타방의 채무도 소멸하는 관계에 있으면 성립할 수 있고, 반드시 양 채무의 발생원인, 채무의 액수 등이 서로 동일할 것을 요한다고 할 수는 없다. 그리고 부진정연대채무의 관계에 있는 채무자들을 공동피고로 하여 이행의 소가 제기된 경우 그 공동피고에 대한 각 청구가 서로 법률상 양립할 수 없는 것이 아니므로 그 소송을 민사소송법 제70조 제1항 소정의 예비적·선택적 공동소송이라고 할 수 없다. 민사소송법 제70조 제1항 본문이 규정하는 '공동소송인 가운데 일부에 대한 청구'를 반드시 '공동소송인 가운데 일부에 대한 모든 청구'라고 해석할 근거는 없으므로, 주위적 피고에 대한 주위적·예비적 청구 중 주위적 청구 부분이 인용되지 아니할 경우 그와 법률상 양립할 수 없는 관계에 있는 예비적 피고에 대한 청구를 인용하여 달라는 취지로 결합하여 소를 제기하는 것도 가능하고, 이 경우 주위적 피고에 대한 예비적 청구와 예비적 피고에 대한 청구가 서로 법률상 양립할 수 있는 관계에 있으면 양 청구를 병합하여 통상의 공동소송으로 보아 심리·판단할 수 있다.

[대법원 2014.3.27. 선고 2009다104960 판결] 민사소송법 제70조 제1항 본문이 규정하는 '공동소송인 가운데 일부에 대한 청구'를 반드시 '공동소송인 가운데 일부에 대한 모든 청구'라고 해석할 근거는 없으므로, 주위적 피고에 대한 주위적·예비적 청구 중 주위적 청구 부분이 인용되지 아니할 경우 그와 법률상 양립할 수 없는 관계에 있는 예비적 피고에 대한 청구를 인용하여 달라는 취지로 결합하여 소를 제기하는 것도 가능하다.

④ 부진정연대채무자를 상대로 하여 예비적·선택적 공동소송인으로 병합 청구하는 것은 법률상 양립불가 한 경우로 볼 수 없다. 이 경우에 법원은 통상공동소송인으로 취급하여야 한다.

[대법원 2012.9.27. 선고 2011다76747 판결] 1. 갑 재단법인 등이 소유한 토지 지상에 국가가 설치한 송전선로가 지나가고 있고 한국수자원공사가 송전선로 등 수도권 광역상수도시설에 대한 수도시설관리권을 국가로부터 출자 받아 시설을 유지·관리하고 있는데, 갑 법인 등이 주위적으로 한국수자원공사에 대하여, 예비적으로는 국가에 대하여 토지 상공의 점유로 인한 부당이득반환을 구한 사안에서, 공사는 국가로부터 수도권 광역상수도시설에 관한 수도시설관리권을 출자 받은 권리자의 지위에 있고, 그 권리의 성질이 물권인 이상 공사는 수도시설의 일부인 위 송전선로를 직접 지배하면서 유지·관리하고 있는 것이지 시설의 소유권자인 국가가 그 시설을 공사가 이용하는 데 적합한 상태로 제공한 데 따라 이를 점유·사용하는 보조적 지위에 있는 것이 아니므로, 위 송전선로가 통과하는 토지의 상공 부분(송전선로의 양측 가장 바깥 선으로 부터 법정이격거리 범위 내의 부분)은 공사가 직접 점유하고 있다 할 것이지 단순히 국가의 점유보조자로서 점유하는 것이 아님에도 이와 달리 본 원심판결에 법리오해의 위법이 있다. 2. 어떤 물건에 대하여 직접점유자와 간접점유자가 있는

경우, 그에 대한 점유·사용으로 인한 부당이득의 반환의무는 동일한 경제적 목적을 가진 채무로서 서로 중첩되는 부분에 관하여는 일방의 채무가 변제 등으로 소멸하면 타방의 채무도 소멸하는 이른바 부진정연대채무의 관계에 있다. 3. 부진정연대채무의 관계에 있는 채무자들을 공동피고로 하여 이행의 소가 제기된 경우 공동피고에 대한 각 청구는 법률상 양립할 수 없는 것이 아니므로 그 소송은 민사소송법 제70조 제1항에 규정한 본래 의미의 예비적·선택적 공동소송이라고 할 수 없고, 따라서 거기에 필수적 공동소송에 관한 민사소송법 제67조는 준용되지 않는다고 할 것이어서 상소로 인한 확정차단의 효력도 상소인과 그 상대방에 대해서만 생기고 다른 공동소송인에 대한 관계에는 미치지 않는다. 4. 갑 재단법인 등이 소유한 토지 지상에 국가가 설치한 송전선로가 지나가고 있고 한국수자원공사가 위 송전선로 등 수도권 광역상수도시설에 대한 수도시설관리권을 국가로부터 출자받아 시설을 유지·관리하고 있는데, 갑 법인 등이 주위적으로 한국수자원공사에 대하여, 예비적으로는 국가에 대하여 위 토지 상공의 점유로 인한 부당이득반환청구의 소를 제기하여 제1심이 공사에 대한 청구는 기각하고 국가에 대한 청구는 인용하자 갑 법인 등이 공사에 대하여 항소를 제기하고 공사와 국가는 항소하지 않은 사안에서, 피고들 사이에는 민사소송법 제70조 제1항에 따라 민사소송법 제67조가 준용되는 진정한 의미의 예비적 공동소송의 관계가 있는 것이 아니므로 상소로 인한 확정차단의 효력도 당사자별로 따로 판단해야 하는데, 갑 법인 등이 제1심 판결 중 공사에 대한 부분에 한하여 항소를 제기한 이상 공사에 대한 청구만이 항소심의 심판대상이 되고, 국가에 대한 제1심판결은 항소기간 만료일이 지남으로써 분리 확정되었음에도, 분리 확정된 국가에 대한 청구까지 항소심에 이심된 것으로 본 원심판결을 파기하고 그 부분에 대한 소송종료선언을 하여야 한다.

⑤ 법률상 양립불가 아님에도 예비적·선택적 공동소송인으로 병합하여 청구한 원고가 피고에 대하여 양립가능한 다른 청구를 병합하여 청구한 경우에 법원은 그 성격을 파악하여 통상공동으로 보고 심리하여야 한다.[1]

[**대법원 2012.9.13. 선고 2009다23160 판결**] 1. 구 집합건물의 소유 및 관리에 관한 법률(2003. 7. 18. 법률 제6925호로 개정되기 전의 것) 제9조에 의한 하자보수에 갈음하는 손해배상청구권은 특별한 사정이 없는 한 구분소유자 등 권리자에게 전유부분의 지분비율에 따라 분할 귀속하는 것이 원칙이므로, 구분소유자 등 권리자는 각자에게 분할 귀속된 하자담보추급권을 개별적으로 행사하여 분양자를 상대로 손해배상청구의 소를 제기할 수 있다. 2. 집합건물의 소유와 관리에 관한 법률(이하 '집합건물법'이라 한다)에 의하여 하자담보추급권으로 인정되는 손해배상청구권은 특별한 사정이 없는 한 구분소유자에게 귀속되는 것으로 입주자대표회의에는 권리가 없고, 구 주택건설촉진법(1997. 12. 13. 법률 제5451호로 개정되기 전의 것) 및 구 공동주택관리령(1998. 12. 31. 대통령령 제16069호로 개정되기 전의 것)(이하 일괄하여 '주택법령'이라 한다)에 의하여 입주자대표회의가 가지는 권리는 사업주체에 대하여 하자보수의 이행을 청구할 수 있는 권리일 뿐이고 그에 갈음한 손해배상을 청구할 권리는 인정되지 않는다. 또한 입주자대표회의가 주택법령에 근거하여 건설공제조합에 대하여 가지는 보증금청구권은 사업주체의 하자보수의무를 주 채무로 한 보증채무의 성격을 가지는 것일 뿐 집합건물법에 의한 구분소유자들의 손해배상청구권과는 무관한 것이다. 다시 말해 집합

---

1) 앞의 대법원 2012.9.27. 선고 2011다76747 판결 참조.

건물법에 의한 구분소유자들의 손해배상청구권과 주택법령에 의한 입주자대표회의의 하자
보수이행청구권 및 보증금지급청구권은 인정 근거와 권리관계의 당사자 및 책임내용 등이
서로 다른 별개의 책임이다. 또한 입주자대표회의에 대한 건설공제조합의 보증금지급채무는
사업주체의 하자보수이행의무에 대한 보증채무일 뿐이고 입주자대표회의에 대한 사업주체
의 손해배상채무가 주 채무인 것은 아니므로, 입주자대표회의가 사업주체에 대하여 주장하
는 손해배상청구권과 건설공제조합에 대하여 주장하는 보증금지급청구권 사이에도 법률상
의 직접적인 연계관계는 없다. 3. 갑 아파트의 입주자대표회의와 구분소유자들이, 구 주택건
설촉진법(1999. 2. 8. 법률 제5908호로 개정되기 전의 것)과 구 공동주택관리령(1998. 12. 31.
대통령령 제16069호로 개정되기 전의 것) 등 또는 집합건물의 소유 및 관리에 관한 법률에
근거하여 사업주체인 을 주식회사에 대한 손해배상청구를 주관적·예비적 병합의 형태로 병
합하여 청구하고, 이와 별도로 입주자대표회의가 건설공제조합을 상대로 하자보수보증계약
에 기한 보증책임으로서 보증금 지급을 청구하였는데, **원심이 입주자대표회의의 을 회사에
대한 청구는 기각하고 예비적 청구인 구분소유자들의 청구는 일부 인용하면서 입주자대표회
의의 건설공제조합에 대한 보증금 지급청구도 일부 인용한 사안에서, 원심이 입주자대표회
의의 건설공제조합에 대한 청구와 구분소유자들의 을 회사에 대한 청구를 병렬적으로 인용
한 것을 잘못이라 할 수 없고, 다만 원심이 인정한 위 각 책임은 그 대상인 하자가 일부 겹
치는 것이고 그렇게 겹치는 범위 내에서는 결과적으로 동일한 하자의 보수를 위하여 존재하
는 것이므로, 향후 원고들이 그 중 어느 한 권리를 행사하여 하자보수에 갈음한 보수비용 상
당이 지급되면 그 금원이 지급된 하자와 관련된 한도 내에서 다른 권리도 소멸하는 관계에
있지만, 이는 의무 이행 단계에서의 조정에 관한 문제일 뿐 의무의 존부를 선언하는 판결 단
계에서 상호 배척 관계로 볼 것은 아니므로, 원심이 위 각 청구를 함께 인용한 것이 중복지
급을 명한 것이라고 할 수 없다.**

나. 공동소송으로서의 주관적·객관적 요건을 갖출 것

다. 후발적 예비적 공동소송을 항소심에서도 할 수 있는가?　　법 제68조는 예비적 공동
소송으로 할 수 있는 시점을 제1심 변론종결 시까지로 제한하고 있다. 그런데 아래의 대법원
판례는 이와 달리 항소심에서도 할 수 있는 것으로 해석 한다. 한편 변론병합의 형태에 의한
예비적·선택적 공소송인의 추가 형식을 취하는 경우에는 항소심에서도 가능하다고 보는 견
해가 있다.[1]

　　[대법원 2008.4.10. 선고 2007다36308 판결] **[주문]** 가. 피고는 원고(선정당사자)에게
355,000,000원 및 이에 대하여 2007. 4. 21.부터 완제일까지 연 20%에 의한 비율에 의한 금원
을 지급하라. 나. 원고(선정당사자)를 제외한 나머지 선정자들의 청구를 모두 기각한다. **[이
유]** 원심판결 이유에 의하면, 원심은 그 채용 증거들을 종합하여 판시와 같은 사실들을 인정
하고, 원고(선정당사자, 이하 '원고'라고만 한다)는 약속어음 배서와 대환대출 등으로 합자회
사 경희종합건설(이하 '경희종합건설'이라고만 한다)에 대한 대여금 또는 구상금 등으로서 3
억 5,500만 원(3억 9,900만 원−4,400만 원)의 채권을 갖고 있었는데, 피고가 경희종합건설로
부터 경희종합건설의 원고에 대한 위 대여금 또는 구상금 채무를 인수하였다는 이유로, 피고

---

1) 정영환, 783면.

를 상대로 위 대여금 또는 구상금의 지급을 구하는 원고의 청구를 전부 인용하였는바, 기록에 의하여 관계 증거들을 살펴보면, 원심의 위 인정 및 판단은 정당하고, 상고이유의 주장과 같이 필요한 심리를 다 하지 아니하거나 채증법칙을 위반한 위법 등이 없다. 2. 직권으로 본다. 기록에 의하면, 원고 및 선정자들(원고를 제외한 나머지 선정자들을 말한다. 이하 같다)은 제1심에서는 각 임대차계약에 의한 각 임대보증금의 반환을 구하다가 원심에 이르러 원고의 경희종합건설에 대한 위 대여금 또는 구상금 청구(이하 '대여금청구'라고만 한다)를 추가하면서 이를 주위적으로 구하고, 원고 및 선정자들의 위 각 임대보증금반환청구는 예비적으로 구하는 것으로 변경하였는바, 이에 대하여 원심은 위와 같이 원고의 대여금 청구를 전부 인용하면서, 원고 및 선정자들의 각 임대보증금반환 청구에 관하여는 원고의 대여금 청구를 인용하는 이상 나아가 살펴볼 필요가 없다는 이유를 들어 판단하지 아니하였다. 그런데 원고의 대여금 청구와 선정자들의 각 임대보증금반환 청구는 민사소송법 제70조 소정의 주관적·예비적 공동소송의 관계에 있는바(원고의 임대보증금반환 청구는 원고의 대여금 청구와 객관적·예비적 병합의 관계에 있다), 이러한 주관적·예비적 공동소송은 동일한 법률관계에 관하여 모든 공동소송인이 서로간의 다툼을 하나의 소송절차로 한꺼번에 모순 없이 해결하는 소송형태로서 모든 공동소송인에 관한 청구에 관하여 판결을 하여야 하고, 그 중 일부 공동소송인에 대하여만 판결을 하거나, 남겨진 자를 위한 추가판결을 하는 것은 허용되지 않는다(민사소송법 제70조 제2항). 이러한 법리에 비추어 보면, 원심으로서는 원고의 대여금 청구를 모두 인용하더라도 다른 공동소송인인 선정자들의 각 임대보증금반환 청구에 관하여도 판결을 하였어야 함에도 이와 달리 선정자들의 예비적 청구에 관하여는 판결을 하지 않았으니, 원심판결에는 주관적·예비적 공동소송에 관한 법리 등을 오해하여 판결에 영향을 미친 위법이 있고, 이러한 위법은 소송요건에 준하여 직권으로 조사하여야 할 사항에 해당한다. 3. 결 론: 그러므로 원심판결을 파기하되, 이 사건은 원심이 확정한 사실관계에 의하여 당원이 직접 재판하기에 충분하므로 민사소송법 제437조에 의하여 자판하기로 하는바, 위에서 본 바와 같이 원고의 대여금 청구는 이유 있고, 원고의 대여금 청구를 인용하는 이상 이와 주관적·예비적 병합의 관계에 있는 선정자들의 각 임대보증금반환 청구는 이유 없으므로 제1심판결을 주문 제1항과 같이 변경하기로 관여 대법관의 의견이 일치되어 주문과 같이 판결 한다.[1]

4. 심판방법

예비적·선택적 공동소송에서는 필수적 공동소송에 관한 규정이 준용된다(법 제70조 1항 본문).

가. 소송자료의 통일: 일부 견해에 의하면[2] 공동소송인 중 1인이 한 유리한 행위는 다른 사람에게 영향이 없고(즉, 한 공동소송인이 출석했다고 결석한 공동소송인이 출석한 것으로 볼 수 없다), 공동소송인 중 1인이 한 불리한 행위(재판상 자백 등)도 그 자체로써 효력이 있다고 한다. 그러나 예비적·선택적 공동소송에서도 분쟁을 모순 없이 해결하기 위하여 법 제67조 1항 규정을 준용하고 있으므로 소송자료의 통일이 필요하다고 보는 견해가 다수설 및 판례라고 할 수 있다. 다수설 및 판례에 따라 정리하면, (1) 공동소송인 중 1인의 소송

---

1) 본 판결에 대하여는 전병서 교수의 법률신문 2010. 8. 12.자 판례평석 참조.
2) 호문혁, 854면 등.

행위는 전원의 이익을 위해서만 효력이 발생하고, (2) 불리한 행위는 공동소송인 전원에 함께하지 않으면 안 된다. 다만 재판상 자백의 경우에는 공동소송인 사이에 법률상 양립할 수 없는 사실(예컨대 본인에게 주위적으로 계약상의 책임을 묻고, 무권대리가 되는 경우에 무권리인에게 손해배상책임을 예비적으로 청구하고 있는 경우, 대리권의 존부에 관한 사실)에 관하여는 공동소송인 가운데 한 사람의 자백은 다른 공동소송인에게는 유리한 행위가 된다. 따라서 이러한 경우에는 각 공동소송인 별로 재판상 자백의 효력을 인정할 것이다.[1] (3) 예외적으로 청구의 포기·인낙·화해·소취하는 각자 자유롭게 할 수 있다(제70조 1항 단서). 주위적 피고가 인낙을 할 수 있다는 점은 다툼이 없다. 주위적 피고가 인낙을 하면 법원은 예비적 피고에 대한 청구는 기각할 것이다. (4) **예비적 피고가 청구인낙을 하는 경우에 이를 용인할 것인가?** 인낙이 불가능하다고 보는 견해가 있다. 즉 예비적 청구는 주위적 청구에 대한 인용을 해제조건으로 하여 인용을 구하는 것이므로 청구 인용판결과 같은 결과를 낳는 청구인낙은 주위적 청구에 대한 아무런 판단이 없는 상태에서 예비적 청구에 대한 인낙을 할 수 없다고 한다.[2] 따라서 예비적 피고가 인낙을 하여 인낙조서가 작성되었더라도 인낙으로서의 효력을 인정하여서는 안된다는 것이다. 그러나 다수설은 법 제70조 1항 규정을 들어 예비적 피고의 청구인낙을 허용한다는 입장이다.[3] 이 견해에 따르면 예비적 피고의 인낙 시에는 유효하고 예비적 공동소송관계는 해소된다. 이제는 원고와 주위적 피고와의 소송관계로 잔존하는 것으로 되어 심리를 계속하여야 하고, 주위적 피고에 대한 청구가 타당하면 인용판결을 부당하면 기각판결을 할 것이다.[4] (4) 조정에 갈음하는 결정이 확정되면 재판상 화해가 성립한 것과 같은 효력이 있다. 판례는 조정에 갈음하는 결정의 경우에 일부 당사자가 이의하면 예외적으로 특수한 경우에 이의하지 않은 당사자에 대하여 분리확정(조정의 성립)을 인정하지 않고 있다.[5]

나. 소송진행의 통일

(1) 변론·증거조사·판결은 같은 기일에 함께하여야 하며, 변론의 분리·일부판결은 할 수 없다. 공동소송인 1인에 생긴 중단·중지 사유로 인하여 전체 절차는 중단·중지 된다.

(2) 공동소송인 중 1인이 상소하면 전원에 대하여 판결 확정이 차단되고, 이심의 효력이 생긴다.

다. 본안재판의 통일

(1) 소의 객관적 병합(예비적·선택적 병합의 경우)과는 달리 소의 주관적 예비적(선택적) 병합 에서는 모든 공동소송인에 대한 청구에 대하여 판결하여야 한다(법 제70조 2항). 어느 한 피고에 대한 청구(또는 어느 한 원고의 청구)가 인용되면 다른 피고에 대한 청구(또는 다른 원고의 청구)는 기각하는 판결을 하여야 한다. 다만 어느 한 당사자에 대한(또는 어느 당사자의) 청구를 배척한다고 하여 반드시 다른 청구가 인용되어야 한다는 뜻은 아니다. 만약

---

1) 정동윤·유병현, 916면.
2) 호문혁, 839면.
3) 이시윤, 705면.
4) 김홍엽, 906면; 정영환, 785면 등.
5) 앞의 대법원 2006다57872 판결 참조.

증명책임을 다하지 못한 경우에는 모든 청구를 기각할 수도 있다. 법 제70조 2항은 같은 조 1항의 예비적·선택적 공동소송에서는 모든 공동소송인에 관한 청구에 대하여 판결을 하도록 규정하고 있으므로, 이러한 공동소송에서 일부 공동소송인에 관한 청구에 대하여만 판결을 하는 경우 이는 일부판결이 아닌 흠이 있는 전부판결에 해당하여 상소로써 이를 다투어야 하고, 그 판결에서 누락된 공동소송인은 이러한 판단유탈을 시정하기 위하여 상소를 제기할 이익이 있다.

(2) 예비적 공동소송에서 주위적 피고에 대한 청구가 이유 있고 예비적 피고에 대한 청구가 이유 없을 때에 주위적 피고에 대한 인용판결과 함께 예비적 피고에 대한 기각 판결을 선고하여야 한다.

라. 상소심에서의 불이익변경금지원칙 적용 배제

(1) 예비적 공동소송의 취지에 비추어 패소한 예비적 피고만이 항소한 경우에도 주위적 피고에 대한 청구도 항소심으로 이심되어 항소심의 심판대상이 된다. 따라서 항소심은 원심판결을 취소하고 주위적 피고에 대한 청구를 인용하는 판결을 할 수 있다.[1]

(2) 주관적·예비적 공동소송은 동일한 법률관계에 관하여 모든 공동소송인이 서로간의 다툼을 하나의 소송절차로 한꺼번에 모순 없이 해결하는 소송형태로서 모든 공동소송인에 대한 청구에 관하여 판결을 하여야 하고(법 제70조 2항), 그 중 일부 공동소송인에 대하여만 판결을 하거나 남겨진 자를 위하여 추가판결을 하는 것은 허용되지 않는다. 그리고 주관적·예비적 공동소송에서 주위적 공동소송인과 예비적 공동소송인 중 어느 한 사람이 상소를 제기하면 다른 공동소송인에 관한 청구 부분도 확정이 차단되고 상소심에 이심되어 심판대상이 되고, 이러한 경우 상소심의 심판대상은 주위적·예비적 공동소송인들 및 상대방 당사자 간 결론의 합일확정 필요성을 고려하여 판단하여야 한다. 본 사안은 공탁이 무효임을 전제로 한 피고 甲에 대한 주위적 청구와 공탁이 유효임을 전제로 한 피고 乙 및 제1심 공동피고들에 대한 예비적 청구가 공탁의 효력 유무에 따라 두 청구가 모두 인용될 수 없는 관계에 있거나 한쪽 청구에 대한 판단이유가 다른 쪽 청구에 대한 판단이유에 영향을 주어 각 청구에 대한 판단 과정이 필연적으로 상호 결합되어 있는 주관적·예비적 공동소송의 관계에서 모든 당사자들 사이에 결론의 합일확정을 기할 필요가 인정되므로, 피고 乙만이 제1심판결에 대하여 적법한 항소를 제기하였다고 하더라도 피고 甲에 대한 주위적 청구 부분과 제1심 공동피고들에 대한 예비적 청구 부분도 함께 확정이 차단되고 원심에 이심되어 심판대상이 되었다고 보아야 함에도, 그 심판 대상을 위 예비적 청구 중 제1심이 인용한 부분에 한정된다고 전제하여 그 부분에 관하여만 판단한 원심판결을 직권으로 전부 파기한 사례에 관한 것이다.[2]

---

1) 김홍엽, 908면.
2) 대법원 2011.2.24. 선고 2009다43355 판결: 제1심이 피고 甲에 대한 주위적 청구와 예비적 청구를 모두 기각하면서 피고 乙 및 제1심 공동피고들에 대한 예비적 청구를 전부 인용하였는데, 피고 甲이 피고 乙 및 제1심 공동피고들에 대한 예비적 청구에 관한 제1심판결에 대하여 그 일부취소를 구하며 항소를 제기한 사안에서, 상소는 자기에게 불이익한 재판에 대하여 유리하게 취소·변경을 구하기 위한 것이므로, 주위적 피고에 해당하는 피고 甲으로서는 자신에 대한 주위적 청구와 관련해서는 제1심에서 전부 승소의 판결을 받은 이상 그 판결이유에 불만이 있더라도 항소의 이익은 없고, 피고 乙 및 제1심 공동

[예제] [제49회 사법시험(2007년도)] [제2문의 1] 甲이 乙주식회사(대표이사 丙)에 물품을 공급하고 대금을 청구하였으나 乙주식회사는 이 사건 물품공급계약의 당사자가 대표이사 丙 개인이라고 주장하였다. 그러나 甲은 乙주식회사가 계약당사자라고 생각하고 乙주식회사만을 상대로 물품대금청구의 소를 제기하였다. 소송이 진행되는 과정에서도 乙주식회사가 이 사건 물품공급계약의 당사자는 대표이사 丙 개인이라는 주장을 거듭하자, 甲은 불안한 나머지 대표이사 丙 개인도 이 사건 소송의 당사자로 끌어들이고자 한다. 민사소송법상 이것이 가능한지의 여부를 밝히고 그 논거를 제시하라. (25점)

[해설] Ⅰ. 주요논점: 민사소송법상 소송계속 중에 제3자를 강제로 공동소송인으로 끌어들일 수 있는 방법으로서 사안과 같은 경우에는 법 제70조의 예비적·선택적 공동소송인의 추가가 있다. 그 외에 법상 명문 규정이 없음에도 임의적 당사자변경의 형태로 당사자를 추가할 수 있는지에 관하여 검토한다.

Ⅱ. 민소법 제70 도입 전의 논의: 생략(간략히 설명)

Ⅲ. 예비적·선택적 공동소송의 요건

1. 법률상 양립 불가

    (1) 의의: 생략(학설의 대립 내용을 간략히 설명)

    (2) 사안의 경우: 사안의 물품공급계약 상의 당사자가 乙주식회사인가 아니면 丙 개인인가는 하나의 계약의 정당한 당사자를 가려내는 문제로서, 어느 한쪽이 당사자인 것으로 밝혀지면 다른 한쪽은 당사자가 아닌 것으로 확정될 것이다. 따라서 위와 같은 경우는 법률상 양립불가로 봄이 타당하다.

2. 기타의 요건

    (1) 공동소송 일반 요건

    (2) 소가 제1심 계속 중일 것

    (3) 사안의 경우

3. 결론

Ⅳ. 임의적 당사자 변경(법률상 명문규정이 없는 경우 피고의 추가) 방식의 허용여부

1. 학설: 분쟁의 일회적 해결을 위하여 명문규정이 없는 경우에도 당사자의 추가적 변경을 허용함이 타당하다는 긍정설이 다수 학자들의 견해이다.

2. 판례[93다32095]는 부정설을 취함

3. 결론

Ⅴ. 피고경정 방식의 허용여부

1. 민소법 제260조 규정

2. 본 규정은 원고가 피고를 잘못 지정한 것이 분명한 경우에 피고적격을 가지는 제3자로 피고를 바꾸는 것을 대상으로 하고 있어서 사안의 경우와 같이 제3자를 피고로 추가하는 것은 대상이 아니다.

Ⅳ. 사안의 해결

[예제] [2011년도 사법시험] [제1문] 甲은 乙의 아들 S와의 사이에 乙 소유의 토지를 대금 10억 원에 매수하기로 하는 계약을 체결하고 계약에서 정한 날보다 신속히 등기를 이전받고자 대금 10억 원을 S에게 선지급하였다. 위 토지에 관한 소유권이전등기를 요청하는 甲에

피고들에 대한 예비적 청구에 대하여는 자신이 당사자가 아니므로 제1심법원이 그 청구의 전부를 인용한 데 불만이 있더라도 이에 불복하여 항소를 제기할 이익이 없다고 한 사례이다.

대하여 乙은 위 매매계약에 관하여 S에게 대리권을 수여한 사실이 없다고 주장하면서 甲의 요청에 응하지 아니하였다. 甲은 계약에서 정한 이행일이 경과한 후 乙을 피고로 하여 매매 계약에 기한 소유권이전등기를 예비적으로 S를 피고로 병합하여 무권대리인으로서 매매계약을 한 데 따른 손해배상을 구하는 소를 제기하였다. 〈아래의 각 설문은 상호 무관한 것임〉

1. (가) 甲의 위 병합소송은 적합한가? (8점)

   (나) (위 소송이 적법한 것을 전제로 한다) 제1심 법원은 乙에 대한 청구를 인용하면서 S에 대한 청구에 대하여는 아무런 판단도 하지 않았다. 이에 대하여 乙이 항소하였는데, 제2심 법원도 제1심 법원과 동일한 심증을 얻은 경우 제2심 법원은 어떠한 판결을 하여야 하는가? (12점)

[해설] Ⅰ. 제1문(1.가.)의 해결

1. 예비적·선택적 공동소송의 허용성: 명문 규정이 없던 구법 시대의 논의

2. 민소법 제70조 적용요건; 생략

3. 사안의 해결

Ⅱ. 제 2문(1.나.)의 해결

1. 예비적 공동소송의 심리: 생략

2. 예비적 공동소송에서의 일부판결의 가부

   (1) 검토

   (2) 위법한 일부판결에 대한 구제: 판단누락이 되므로 상소절차를 통하여 구제될 수 있다. 제 1심 법원이 추가판결을 할 수 없다.

3. 항소심의 심판

   (1) 이심의 범위

   (2) 항소심 판결: 제1심 판결을 취소하고, 甲의 乙에 대한 청구는 인용하고, S에 대한 청구는 기각하는 판결을 하여야 한다.

[예제] [제46회 사법시험] 甲은 乙의 대리인이라고 주장하는 丙에게 골동품을 매도하고 그 골동품을 丙에게 인도하였으나 매매대금을 지급받지 못하였다. 이에 甲은 乙을 상대로 매매대금청구의 소를 제기하였다. 아래의 각 물음에 답하시오.

나. 甲은 丙이 乙과 무관하다는 乙의 주장이 받아들여질 경우에 대비하여, 위 소송절차에서 丙에게 손해배상을 구하는 내용의 예비적 청구를 추가하고자 한다. 이와 같이 예비적으로 丙을 피고로 추가하는 것이 가능한가? 가능한 경우 각 청구에 대한 법원의 심판방법은?

[해설] Ⅰ. 주요논점: 예비적·선택적 공동소송의 허용성 및 요건, 그 심리방법

Ⅱ. 소송계속 중에 丙을 피고로 추가하는 방법

1. 종래의 논의

2. 민소법 제70조

Ⅲ. 예비적 공동소송의 요건: 생략(사안의 경우는 법률상 양립불가의 요건에 대한 구체적 설명 필요; 학설과 판례의 태도 소개)

Ⅳ. 예비적 공동소송의 심리

1. 소송자료의 통일 (1) 의의, (2) 학설

2. 소송진행의 통일

3. 재판의 통일

Ⅱ. 추가적 공동소송(소의 주관적 · 추가적 병합)

1. 의   의

소송계속 중에 원고측이나 피고측의 당사자가 추가되어 공동소송화 하는 경우를 말한다.

2. 현행법이 명문규정으로 인정하고 있는 예

가. 필수적 공동소송인의 추가(법 제68조)

나. 예비적 · 선택적 공동소송인의 추가(법 제68조, 제70조)

다. 참가승계(법 제81조)

라. 인수승계(법 제82조)

마. 공동소송참가(법 제83조)

3. 법의 명문규정이 없는 경우에도 이론상 소의 주관적 · 추가적 병합을 인정할 것인가?

가. 판 례: 필요적 공동소송이 아닌 사건에 있어 소송도중에 피고를 추가하는 것은 그 경위가 어떻든 간에 허용될 수 없다.[1]

나. 학 설
(1) **부정설**:   입법론으로 생각할 수 있을 뿐 해석론으로 인정하기는 무리라고 한다. 즉 법은 남소를 방지하고 확정된 당사자 사이에 절차적 안정을 기하고자 엄격한 요건 하에 당사자추가에 의한 공동소송을 허용하고 있으므로 명문규정에 없는 당사자 추가는 금하여야 한다는 견해이다.
(2) **긍정설**:   주관적 · 추가적 병합을 인정하는 것이 별소의 제기와 변론의 병합이라는 간접적이고 구차스러운 방법으로 뜻을 이루는 것보다 소송경제적이고 실제로 편리하며, 또 관련분쟁해결의 1회성에 부합한다는 견지에서 인정함이 타당하다고 본다(독일의 학설 · 판례이며 우리의 다수 학자들의 입장이다).

다. 주관적 · 추가적 병합의 형태
(1) 제3자가 스스로 가입하는 경우
(2) 제3자를 강제로 끌어들이는 경우(소송인입론)

라. 요   건

---

1) 대법원 1993.9.28. 선고 93다32095 판결.

제6절 선정당사자

1. 의 의
법 제53조

2. 법적 성격

가. 제3자의 소송담당(임의적 소송담당): 선정당사자가 선정자의 실체법상의 권리를 가지는 당사자적격까지 양수받는 것은 아니다.

나. 소송대리권 수여와의 구별

3. 요 건

가. 공동소송을 할 여러 사람이 있을 것

나. 공동의 이해관계가 있을 것
(1) 고유필수적 공동소송관계에 있거나 법 제65조 전문의 공동소송인 관계에 있는 자들은 선정당사자제도 이용을 위한 공동의 이해관계에 있는 것으로 본다.

(2) **권리나 의무의 공통**(공유자, 동일 채무에 대한 수인의 채무자, 연대채무자)

(3) **주요한 공격·방어방법의 공통**: 임차인들이 甲을 임대차계약상의 임대인이라고 주장하면서 甲에게 그 각 보증금의 전부 내지 일부의 반환을 청구하는 경우, 그 사건의 쟁점은 甲이 임대차계약상의 임대인으로서 계약당사자인지 여부에 있으므로, 그 임차인들은 상호간에 공동소송인이 될 관계가 있을 뿐 아니라 주요한 공격방어방법을 공통으로 하는 경우에 해당함이 분명하다고 할 것이며, 법 제53조 소정의 공동의 이해관계가 있어 선정당사자를 선정할 수 있다.[1]

(4) **사실상 또는 법률상 원인이 같은 종류에 불과한 경우**: 법 제65조 후문의 공동소송인 사이에는 원칙적으로 주요 공격방어방법의 공통을 기대하기 어려울 것이므로 선정당사자 제도 이용의 요건을 충족시키기 어려운 경우가 많을 것이다.

> **[판례가 선정당사자 선정을 불허한 예] [대법원 1997.7.25. 선고 97다362 판결]** 원고 X 등 88명은 소외 A합자회사가 분양한 아파트 88세대를 분양받아 계약금과 중도금을 납부하였다. A합자회사 대표사원 B는 위 아파트를 준공한 뒤 A회사 명의로 소유권 보존등기하고 난 뒤 X 등 수분양자 88인에게 등기를 넘겨주지 않은 채 피고 Y 등 명의로 근저당권 설정등기를 해주고 Y 등으로부터 금전을 차용하였다. X 등은 뒤늦게 위와 같은 사실을 알고 이 사건 아파트는 관련규정에 의하여 사업주체가 함부로 담보를 제공할 수 없는 것이고, Y 등은 X등의

---

[1] 대법원 1999.8.24. 선고 99다15747 판결.

입주예정사실을 알면서도 B의 불법행위에 가담하여 근저당권 설정계약을 체결하였으므로 위 근저당권 설정계약은 반사회질서로서 무효라고 하면서 X를 선정당사자로 선정하였다. 이에 대하여 **대법원은 다수의 권리·의무가 동종이며 그 발생원인이 동종인 관계에 있는 것만으로는 공동의 이해관계가 있는 것이라고 할 수 없고, 주요한 공격방어방법을 공통으로 하는 경우에는 해당하지 아니한다는 이유로 X를 선정당사자로 선정한 것을 불허한 원심이 타당하다고 판시하였다.**

다. 공동의 이해관계 있는 자 중에서 선정할 것

공동이익을 가진 다수자로서 비법인 사단 또는 재단이 아닌 경우에는 다수자는 그 중 1인 또는 수인을 원고로 또는 피고로 선정하여 총원을 위한 소송행위를 하게 할 수 있으나 공동이익인 이외의 자를 당사자로 선정할 수 없으므로 공동이익인 이외의 자를 당사자로 선임하는 행위는 무효이며, 그 피 선임자가 원고로서 제기한 소송을 각하하여야 할 것은 물론이나, 선정자는 언제든지 당사자의 선임을 변경할 수 있고, 그를 변경한 경우에는 구 당사자는 당연히 탈퇴되므로 적격이 있는 신 당사자가 구 당사자의 소송행위를 추인한 경우에는 구 당사자가 한 소송행위의 하자가 치유되어 그 소송행위가 전부유효로 된다.[1]

4. 선정의 법적 성질

선정은 각 선정자가 개별적으로 하며, 전원이 공동으로 같은 사람을 선정할 필요는 없다. 선정은 선정자가 자기의 권리·이익에 대하여 소송수행권을 수여하는 것으로 대리권의 수여에 유사한 단독 소송행위이다. 따라서 소송능력이 있어야 하며, 선정에 조건을 붙여서는 안 된다.

5. 선정의 방법

가. 심급을 제한하여 하는 선정행위가 허용되는가에 관하여 학설은 긍정설과 부정설이 있다. 판례는 "공동의 이해관계가 있는 다수자가 당사자를 선정한 경우에는 선정된 당사자는 당해 소송의 종결에 이르기까지 총원을 위하여 소송을 수행할 수 있고, 상소와 같은 것도 역시 이러한 당사자로부터 제기되어야 하는 것이지만, 당사자 선정은 총원의 합의로써 장래를 향하여 취소·변경할 수 있는 만큼 당초부터 특히 어떠한 심급을 한정하여 당사자인 자격을 보유하게끔 할 목적으로 선정을 하는 것도 역시 허용된다. 선정당사자 제도가 다수당사자의 소송에 있어서 소송절차를 간소화·단순화하여 소송의 효율적인 진행을 도모하는 것을 목적으로 하고, 선정된 자가 당사자로서 소송의 종료에 이르기까지 소송을 수행하는 것이 그 본래의 취지임에 비추어 보면, 제1심에서 제출된 선정서에 사건명을 기재한 다음에 '제1심 소송절차에 관하여' 또는 '제1심 소송절차를 수행하게 한다'라는 문언이 기재되어 있는 경우라 하더라도, 특단의 사정이 없는 한, 그 기재는 사건명과 더불어 선정당사자를 선정하는 사건을 특정하기 위한 것으로 보아야 하고, 따라서 그 선정의 효력은 제1심의 소송에 한정하는

---

1) 대법원 1955.1.27. 선고 4287민상104 판결.

것이 아니라 소송의 종료에 이르기까지 계속하는 것으로 해석함이 상당하다"고 하였다.[1]

나. 선정의 시기:　　소송계속 전후를 불문한다.

다. 선정은 각 당사자별로 개별적으로 하여야 한다.

라. 선정당사자의 자격은 서면으로 증명하여야 한다.

6. 선정의 효과

가. 선정당사자의 지위

(1) 당사자 본인과 동일한 지위에서 각 선정자의 소송행위를 수행한다. 따라서 소의 취하, 재판상 화해, 청구의 포기·인낙, 상소의 제기 등 당사자로서 할 수 있는 일체의 소송행위를 할 수 있다.

(2) 동일 선정자단에서 선정된 선정당사자가 수인이 있을 때에는 필수적 공동소송인으로서 공동으로 소송을 수행하여야 한다.

(3) 일단의 선정자단에 의하여 선정된 선정당사자와 스스로 당사자가 된 사람과의 관계는 원래의 소송이 필수적 공동소송이 아닌 한 통상공동소송이 된다.

(4) 선정당사자와 선정자의 내부 계약에 의한 선정당사자의 권한행사 제한으로 법원이나 상대방에게 대항할 수 없다.

나. 선정자의 지위

(1) 소송에서 탈퇴한다(법 제53조 2항). 선정자는 고유의 소송수행권(당사자적격)을 상실하는가? 다수설은 선정자가 소송수행권을 상실한다고 하더라도 원할 경우에는 언제든지 선정행위를 취소하고 소송수행권을 회복하는 것이 가능하므로, 선정자는 선정당사자 선정 시에 당사자적격을 상실한다는 입장이다. 적격유지설은 선정자의 당사자적격이 유지된다고 하여야 법 제94조의 경정권을 유추하여 선정당사자의 독주에 대한 견제가 가능하므로 선정자는 자기 고유의 소송수행권(당사자적격)을 상실하지 않는 것으로 본다. 양 견해의 차이를 보면, 선정자의 경정권에 관하여 적격유지설은 긍정하지만, 적격상실설은 부정하고 있다. 선정자가 동일한 소를 제기하는 경우에 중복된 소제기가 될 것인가에 관하여는 적격상실설을 취하면서도 중복소송의 해당여부는 당사자적격의 유무보다 우선하여 판단할 문제라고 하여 중복소송이 될 것이라고 한다.[2] 실무에서도 적격상실설을 취하는 것으로 보인다.

(2) 선정당사자에 의한 소송수행 중에 선정자가 동일한 소를 제소하거나 제소당하면 중복제소가 된다.

(3) 선정당사자가 받은 판결은 선정자에게도 미친다. 집행권원에서 선정당사자가 채권자로 표시된 경우 선정당사자가 일괄하여 강제집행을 신청할 수도 있지만 승계집행문을 부여

---

1) 대법원 1995.10.5. 자 94마2452 결정: 동 판례의 취지는 결국 특정심급에 한정하는 의사가 선정시에 명확히 표시되어야 한다는 취지로 볼 수 있다.
2) 김홍엽, 953면.

받아 선정자가 강제집행을 신청할 수도 있다.

다. 선정당사자의 자격 상실

(1) 선정당사자의 사망, 선정의 취소 시에 선정당사자 자격이 상실되며, 소송절차의 중단사유가 된다. 선정당사자는 공동의 이해관계를 가진 여러 사람 중에서 선정되어야 하므로 선정당사자 본인에 대한 부분의 소취하, 판결의 확정 등으로 공동의 이해관계가 소멸되면 선정당사자는 그 자격을 상실하게 된다.

(2) 선정자의 사망이나 공동 이해관계의 소멸 등은 선정당사자의 자격에 영향이 없다.

7. 선정당사자의 자격이 없을 때의 법적 효과

가. 선정당사자의 자격유무는 법원의 직권조사사항이다. 선정행위에 흠이 있으면 법원은 그 보정을 명하여야 한다. 무자격 선정당사자의 소송행위는 선정자가 그 자를 선정하여 그 소송행위를 추인하는 것이 가능하다.

나. 선정행위가 없거나 선정당사자의 자격내지 그 자격없음을 간과하고 본안판결을 하였을 때에는 상소로써 취소할 수 있지만, 재심사유가 되는 것은 아니다. 그 판결은 선정자에게도 효력이 없는 무효의 판결이라 할 수 있다.

[예제] [변리사시험제40회(2003년)] [제A-1문] A군에 있는 B회사는 유해물질을 인근 마을의 농수로 및 과수로에 무단방류하여 인근 마을의 농토 및 과수원이 황폐화되었다. 이 때 A군의 환경단체가 조사한 결과 피해를 입은 주민의 숫자가 200여명에 이르게 되었다. 이 경우 피해자들이 손해배상을 받을 수 있는 소송형태와 소송수행상의 문제점을 설명하시오. (30점)

[해설] I. 주요논점: 다수의 피해자가 공동으로 손해배상청구의 소를 제기하는 경우의 소송형태와 그 소송수행상의 문제점을 검토함.

II. 공동소송의 형태

1. 공동소송의 이의

2. 공동소송의 발생요건: 법 제65조 규정

3. 사안의 경우 공동소송의 형태

III. 주장공통의 원칙과 증거공통의 원칙 적용가부

1. 공동소송인 독립의 원칙

2. 주장공통의 원칙의 적용 가부

3. 증거공통의 원칙의 적용 가부

4. 사안의 경우

IV. 선정당사자 제도의 이용 검토

1. 선정당사자 제도의 의의 및 요건

2. 사안의 경우

V. 결론

제 7 절 증권관련 집단소송

Ⅰ. 집단소송제도 일반

1. 집단소송제도의 도입필요성

가. 개별피해자의 특수성
① 일반소비자, 주민, 비전문 소액투자자
② 개별적 피해액의 소액성
③ 피해사실증명의 어려움

나. 가해자는 정부, 거대기업으로서 경제적 강자, 정보의 독점상태

2. 집단소송의 특징

가. 적절한 당사자 적격자를 대표당사자로 내세움

나. 증명책임의 완화

다. 법관의 능동적 역할

라. 판결결과의 대세적 효력인정

3. 입 법 례

가. 미국의 class action(대표당사자 소송)제도
(1) 1966년개정의 미국 연방민사소송규칙(Fed. R. Civ. P.) 제23조
(2) **형 태**
① 일괄청구형: 대표자가 class member의 권리를 일괄 청구하여 배상받은 뒤 그 금액을 구성원들에게 분배하는 형태.
② 공동쟁점 판단형: 공동원인의 有責性에 대하여 class member 권원에게 효력이 미치는 판결을 받아내면, 이것을 바탕으로 각 구성원들이 각자의 배상금액을 주장·입증하여 청구하는 형식
(3) **요 건**
① class에 속하는 자가 다수이고 전원을 당사자로서 병합 심리하는 것이 실질적으로 곤란하고,
② 그 class에 공통적인 법률상 사실상의 문제가 존재하고,

③ 대표당사자의 청구 또는 하변이 그 class의 청구 또는 항변의 전형적인 것이어야 하며,

④ 대표자가 그 class의 이익을 공정·적절하게 보호할 수 있을 것.

나. 독일의 단체소송제도(Verbandsklage)

(1) 의의: 단체가 나서서 타인의 이익의 대표자로서 행동하고 가해자에 대하여 부작위청구권 등을 소송상 행사하는 것.

(2) 부정경쟁 방지법, 보통계약 약관의 규율에 관한 법률 등에서 규정하는 내용에 따라 영업상의 이익 촉진단체 또는 소비자 단체가 소제기권을 가지고, 그 단체의 이름으로 단체구성원의 이익을 위하여 사업자를 상대로 약관철회의 소, 약관사용중지의 소, 부정한 선전중지의 소 등을 제기함.

(3) 단체의 승소판결은 다른 소비자들에게 확장되지만, 단체의 패소판결은 확장되지 않는다.

다. 일본민소법: 대규모 소송제도 도입

Ⅱ. 증권관련 집단소송

1. 의   의

가. 증권투자와 관련된 다수의 집단적 피해자 중 1인 또는 수인이 대표당사자로 나섬.

나. 집단적 피해의 효율적 구제, 기업경영의 투명성제고.

다. 제도적으로 미국식 class action 제도의 제한적 도입형태.

2. 집단소송의 허가요건

가. 증권관련 손해배상 청구소송일 것(법 §3②)

나. 피해 집단의 구성원이 다수이고 중요쟁점이 공통적일 것(§12)

다. 대표당사자가 당사자적격을 갖추고 있을 것(§11)
(1) **피해집단의 구성원일 것**
(2) 총원의 이익을 공정하고 적절하게 대표할 수 있는 구성원일 것.
(3) **소극적 요건:** 대표당사자. 그 소소대리인이 3년간 3건 이상의 집단소송 관여자가 아니고, 소송수행의 목적으로 유가증권을 취득한 것이 아닐 것.

3. 허가절차

가. 소의 제기와 소송허가신청

(1) **소장의 필요적 기재사항**: 대표당사자와 원고소송대리인.

(2) **소송허가신청서 기재사항**: 원고 소송대리인의 경력, 허가신청의 취지와 원인, 변호사보수에 관한 사항.

나. 소제기의 공고와 대표당사자의 선임신청

다. 소송허가 여부 결정

4. 소송관계인의 지위

가. 대표당사자의 지위

(1) 당사자 본인으로서의 지위: 구성원의 수권 없이 그 소송에 관한 일체의 소송행위를 할 수 있으되, 예외적으로 소송개시와 종료행위는 법원의 허가필요.

(2) 수인의 대표당사자가 있을 때는 필수적 공동소송임.

(3) 소송절차가 중단되는 경우.

나. 법원의 지위
직권주의적 요소의 채택

다. 구성원의 지위

(1) 권리귀속주체

(2) 고지받을 수 있는 권리

5. 소송절차의 특례

가. 원·피고 측 대리인 모두 변호자 자격있는 자일 것.

나. 직권증거조사(§30)

다. 구성원 및 대표당사자의 신문(§31)

라. 문서제출명령 등(§32)

마. 증거보전의 특례(§33)

바. 손해배상액 사건의 특례(§34②)

사. 쌍불취하의 적용배제

아. 판결에 관한 특례(§36)

6. 분배절차

제 8 절   제3자의 소송참가

Ⅰ. 보조참가

1. 의   의

2. 요   건(법 제71조)

가. 다른 사람사이에 소송이 계속 중일 것

(1) **공동소송인**:   통상의 공동소송인 상호간에는 보조참가를 할 수 있다. 공동 원·
피고 상호간은 물론이고, 공동원고 또는 공동피고 1인이 반대편 당사자를 위하여 보조참가
하는 것도 가능하다.

(2) **상고심에 계속 중인 경우**:   소송이 상고심에 계속 중인 때에는 보조참가 할 수는
있지만, 법 제76조 1항 단서에 따라 사실주장이나 증거의 제출에 제한을 받는다.

(3) **결정절차의 경우**

(가) 학설: 결정절차에서도 결정이 보조참가인의 권리상태에 법률상 영향을 줄 관계에
있으면 그 절차권의 보장을 위해 보조참가의 규정을 준용하여 허용하여야 한다는 견해가 다
수설이다. 특히 보전처분명령이 결정으로 이루어지는 경우에는 당사자대립주의는 통상의 판
결절차에서와 같이 전면적이고 완전한 형태로 나타나지 않다가 보전처분에 대한 이의나 불
복신청의 절차에서 비로소 분명한 형태로 나타나게 된다고 하더라도 보전소송도 민사소송절
차의 일환으로서 대립당사자의 존재를 전제로 하는 것이므로 보조참가를 인정하여야할 것이
라고 한다.[1]

(나) 판례[2]는 부동산 경락허가결정에 대한 항고, 재항고 사건에서 대립하는 당사자 구조
를 갖지 못하는 결정절차에서는 보조참가를 할 수 없다고 판시하였다.

나. 소송결과에 대하여 이해관계가 있을 것

(1) **판결결과가 참가인 자신의 법적 지위 즉, 권리의무에 영향을 미칠 것**

(가) 판결주문에서 판단되는 소송물인 권리관계의 존부에 의하여 직접적으로 영향을 받는
관계에 있을 때여야 한다. 판결주문이 아니라 판결이유 속에서 판단되는 주요쟁점에 의하여
영향을 받는다는 것만으로는 보조참가 할 수 없다.[3]

---

1) 김홍엽, 962면.
2) 대법원 1994.1.20. 자 93마1701 결정.

(나) 법률상의 이해관계이므로 단순히 사실상·경제상 또는 감정상의 이해관계만으로는 보조참가할 수 없다.

(다) 가족법상의 이해관계 있는 자, 예컨대 간통을 원인으로 한 이혼소송의 피고로 제소된 처가 패소하면 민법상 손해배상청구를 당하게 되거나 형법상 간통죄로 고소당하게 될 우려가 있는 자이거나, 공법상의 이해관계에 있는 자도 포함한다.

(2) 판례: ① 甲이 보조참가를 하고자 하는 소송이 乙(원고)과 丙 회사(피고) 사이에 체결한 임대차계약상의 임료가 그간의 경제사정 변경 등으로 인하여 상당하지 아니하게 되었음을 이유로 일정기간에 대한 임료 증액분의 지급을 구하는 것이고, **乙과 丙 회사 사이에 체결된 위 임대차계약은 甲, 乙과 丙 회사 등 사이에 체결된 합작투자계약에서 甲 등이 투자를 하는 전제조건으로 약정된 사항들을 기초로 한 것이라면 甲으로서는 당초의 합작투자계약의 한쪽 당사자로서 그 다른 당사자인 乙이 제기한 위 소송의 결과에 대하여 丙 회사와 이해관계를 같이하는 법률적인 이해관계에 있어 위 소송에 丙 회사를 위하여 보조참가를 하는 경우,**[1] ② 원고로부터 원고가 소송에서 패소할 경우에는 매매계약이 해지되는 것을 조건으로 하여 건물을 매수한 경우에, 동 건물의 원시취득자인 원고가 그 소유권에 기한 방해배제청구로서 피고에 대하여 건축주 명의변경절차의 이행을 구하는 소송에서 계쟁 건물의 매수인이 원고를 위하여 보조참가 하는 경우 등에서 보조참가의 이익이 있다고 하였다.

[대법원 1999.7.9. 선고 99다12796 판결] **[사실관계]** 고속도로 상에 철판이 떨어져 있었고, 위 철판이 앞서가던 가해차량의 바퀴에 튕겨 뒤에 오던 차량의 조수석에 탑승한 원고를 충격하였다. 원고는 가해차량의 보험회사(甲)와 한국도로공사(乙)를 공동피고로 하여 손해배상청구의 소를 제기하였다. 원심에서 甲에 대하여는 원고 일부승소의 판결이 있었으나 乙에 대하여는 도로의 보존관리상의 잘못을 인정할 수 없다는 판단에 따라 원고청구기각의 판결이 내려졌다. 이에 甲은 자기의 판결에 대하여는 상고를 하지 않고 乙에 대한 원고의 패소판결이 확정되는 것을 방지하기 위하여 원고의 상고기간 내에 보조참가신청을 함과 아울러 상고를 제기하였고, 乙은 위 보조참가신청의 적법 여부에 관하여 이의를 하였다. **[판결요지] 불법행위로 인한 손해배상책임을 지는 자는 피해자가 다른 공동 불법행위자들을 상대로 제기한 손해배상청구소송의 결과에 대하여 법률상의 이해관계를 갖는다고 할 것이므로, 위 소송에 원고를 위하여 보조참가를 할 수가 있고, 피해자인 원고가 패소판결에 대하여 상소를 하지 않더라도 원고의 상소기간 내라면 보조참가와 동시에 상소를 제기할 수도 있다.** * 위 판결은 공동불법행위의 가해자는 피해자를 위하여 보조참가를 할 수 있다는 취지이다. 그런데 공동피해자가 다른 피해자가 가해자를 상대로 제기한 손해배상청구 소송에 원고(피해자)를 위하여 보조참가 할 수 있는가? 앞에서 살펴보았듯이 통설과 판례는 보조참가의 이익은 보조참가인이 당사자가 되는 별도의 장래의 소송에서 참가인의 법률상 지위가 본 소송의 판결 주문 중의 소송물인 권리관계의 존부에 논리적으로 의존관계에 있을 때에 보조참가의 이익이 있다고 한다. 이러한 견해에 따르면 공동피해자 중 일부가 가해자를 상대로 제기한 손해배상 청구 소송에 다른 피해자는 원고를 위하여 보조참가 할 수 없다고 한다(이시윤, 685면). 이에 대하여 보조참가인의 법률상의 지위가 판결이유 중의 판단에 의한 영향을 받는 경우에

---

3) 반대견해: 강현중, 219면 등.
1) 대법원 1992.7.3. 자 92마244 결정.

도 보조참가의 이익을 긍정하는 소수설에 의하면(강현중, 217면), 위의 경우에 다른 피해자는 일부 피해자가 제기한 손해배상청구에 보조참가 할 수 있다는 입장이다(전병서, 민사소송법연습, 576면). 위 대법원 판례는 통설의 입장에 있으면서도 보조참가의 이익을 상당히 유연하게 해석하는 입장에 서 있는 것으로 볼 여지도 있다.

(3) 법률상의 이해관계가 없다고 본 사례: ① 신청인 회사가 패소하면 회사의 재산이 감소되고 따라서 보조참가인들의 이익배당이 줄어들 것이라는 정도의 이해관계만 있는 경우,[1] ② 대학입시 합격자인 원고의 피고에 대한 등록금 환불청구가 인용되면 피고와 마찬가지로 사립대학을 경영하고 있는 위 보조참가인들에게도 위 소송의 간접적 영향으로서 파급효가 미치게 되어 위 보조참가인들의 교육재정의 대부분을 차지하는 등록금제도 운영에 차질이 생기게 되므로 피고를 위하여 보조참가를 신청한 경우에, 위 보조참가인들이 위와 같은 파급효를 받게 된다는 사정만으로는 이 사건 소송의 결과에 법률상 이해관계가 있다고 할 수 없고, 그 주장하는 다른 사정들도 사실상, 경제상의 이해관계에 지나지 아니하는 것으로 보이므로, 결국 위 보조참가인들의 이 사건 보조참가 신청은 모두 참가의 요건을 갖추지 못한 부적법하다.[2] ③ 어업권의 명의신탁은 타인이 사실상 당해 어업의 경영을 지배할 의도로 어업권자의 명의로 어업의 면허를 받아 어업권자를 배제하고 사실상 당해 어업의 경영을 지배하는 것이므로 수산업법 제10조, 제11조, 제13조, 제18조, 제32조, 제35조 및 제95조의 규정들에 비추어 무효라고 할 것이어서, 어업권에 관한 명의신탁 관계는 보조참가의 요건으로서 요구되는 법률상의 이해관계에 해당하는 것이라 할 수 없다[3] ④ 원고 사찰은 상위종단인 보조참가인에게 종속되어 불교의 전법, 포교 등에 대하여 보조참가인이 정한 종법 종지에 따라야 함은 물론 재산의 처분에 대하여도 그의 승인을 받아야 하고 사찰분담금 등을 납부할 의무가 있는데 본건에서 피고가 패소하면 보조참가인은 상위종단으로서의 전법과 포교에 관한 종속계약상의 지위가 해소될 뿐 아니라 사찰분담금 등의 재산상 청구권도 소멸할 우려가 있어 소송결과에 관하여 법률상 이해관계가 있음을 이유로 하는 보조참가인의 참가신청에 대하여, 보조참가인이 주장하는 바와 같은 종속계약상의 지위 및 재산상 청구권의 존부와 그 내용은 보조참가인과 원고 사찰 사이의 사법상의 계약의 존부와 그 내용에 의하여 결정되는 것이고 피고의 사찰등록처분과는 아무런 관계도 없으며, 사찰등록처분의 존부에 의하여 사찰의 실체가 좌우되는 것도 아니므로 본건에서 원고 사찰에 관한 사찰등록처분의 무효임이 확인된다 하더라도 보조참가인의 위와 같은 종속계약상의 지위와 재산상의 청구권이 해소 내지 소멸된다고 볼 수 없어 보조참가인은 이 사건 소송결과에 관하여 법률상 이해관계가 있다고 할 수 없다.[4] ⑤ 피고와 마찬가지로 원고의 정(正)계원으로 있다가 타 지역으로 이주함으로써 특별계원이 된 보조참가인들은 2005.1.1. 개정된 원고의 규약으로 인해 묘지사용권을 상실할 상황에 처해 있는데 원고의 이 사건 분묘굴이 청구가 인용될 경우 그 영향을 받게 되므로 보조참가의 이유가 있다고 주장하고 있으나, 위와 같은 사정은 이 사건 소송에

---

1) 대법원 1961.12.21. 선고 4294민상222 판결.
2) 대법원 1997.12.26. 선고 96다51714 판결.
3) 대법원 2000.9.8. 선고 99다26924 판결.
4) 대법원 1982.2.23. 선고 81누42 판결.

관한 법률상 이해관계라고 할 수는 없으므로, 이 사건 보조참가 신청은 모두 참가의 요건을 갖추지 못한 부적법한 것이라고 할 것이다.[1]

다. 소송절차를 현저히 지연시키지 않을 것

공익적 사항으로서 직권조사사항으로 볼 수 있다.

라. 참가인의 소송참가신청이 소송행위로서의 유효요건을 갖추고 있어야 한다. 타인 사이의 항고소송에서 소송의 결과에 관하여 이해관계가 있다고 주장하면서 법 제71조에 의한 보조참가를 할 수 있는 제3자는 당사자능력 및 소송능력을 갖춘 자이어야 하므로, 그러한 당사자능력 및 소송능력이 없는 행정청으로서는 민사소송법상의 보조참가를 할 수는 없고 다만 행정소송법 제17조 1항에 의한 소송참가를 할 수 있을 뿐이다(행정청에 불과한 서울특별시장의 보조참가신청을 부적법하다).[2]

3. 참가절차

가. 참가신청: 서면 또는 구두신청으로 할 수 있다.

나. 참가의 허부결정

(1) 당사자의 이의가 있는 경우에 한하여 조사함이 원칙이다.

(2) 직권조사도 가능하며, 변호사대리 원칙을 훼손하는 것과 같은 사유가 있을 때에는 이를 방지하기 위하여 직권으로 참가요건에 관하여 조사할 필요가 있을 것이다.

다. 참가의 종료: 참가인인은 어느 때나 참가신청을 취하할 수 있으며, 신청취하에 의하여 보조참가관계는 종료하지만, 법 제77조의 참가적 효력을 면치 못한다.

4. 참가인의 소송상의 지위

가. 보조참가인의 종속성: 피참가인을 위한 勝訴補助者 역할에 그친다. **보조참가인은 그 종속적 지위로부터 참가 당시의 소송의 진행 정도에 따라 피참가인도 할 수 없는 행위, 피참가인의 행위와 어긋나는 행위, 피참가인에게 불리한 행위, 청구를 확장하거나 변경하는 행위, 사법상의 권리행사 등을 할 수 없다.**

(1) 보조참가인은 피참가인인 소송당사자의 승소를 위한 보조자일 뿐 자신이 당사자가 되는 것이 아니므로 소송계속 중 보조참가인이 사망하더라도 본소의 소송절차는 중단되지 아니한다. 재심소송 계속 중에 보조참가인이 사망한 경우, 승계인에 의한 수계절차가 이루어지지 아니한 이상 보조참가인을 판결문의 당사자표시에 보조참가인으로 기재하지 아니하였다 하여 거기에 어떤 위법이 있다고 할 수 없다.

(2) 보조참가인은 피참가인의 승소를 위하여 필요한 행위를 자기의 이름으로 할 수 있다

---

1) 대법원 2007.6.28. 선고 2007다16885 판결.
2) 대법원 2002.9.24. 선고 99두1519 판결.

(제76조 1항 본문). 그러나 피참가인에게 불이익한 행위(청구의 포기·인낙, 재판상 화해, 상소의 포기 등)와 피참가인의 행위와 어긋나는 행위, 소송참가당시의 소송정도에 따라 참가인도 할 수 없는 행위(재판상 자백의 취소, 실기한 공격방어방법의 제출, 피 참가인이 자백한 사실을 다투는 행위, 피 참가인이 상소포기한 뒤의 상소제기행위 등)는 할 수 없다.

(3) 법 제70조 2항(개정법 제76조 2항) 규정의 취지는 피참가인들의 소송행위와 보조참가인들의 소송행위가 서로 저촉될 때에는 피참가인의 의사가 우선한다는 것을 뜻하는 것이다. 피참가인은 참가인의 행위와 저촉되는 행위를 할 수 있고, 따라서 보조참가인들이 제기한 항소를 포기 또는 취하할 수도 있다.[1]

(4) 피고와 피고 보조참가인이 공동명의로 상고장을 제출한 경우에 피고 보조참가인에 대하여 판결정본이 송달된 때로부터 기산한다면 피고 보조참가인 명의로 된 상고제기가 2주 이내에 제기한 것이 된다 하여도, 이미 피참가인인 피고에 대한 관계에 있어 상고기간이 경과한 것이라면 피고 보조참가인의 상고 역시 상고기간 경과 후의 것임을 면치 못하여 피고와 피고 보조참가인의 위 상고는 모두 부적법하다.[2]

(5) 보조참가인의 소송행위가 피참가인의 소송행위와 저촉되는 때에는 그 효력이 없으므로 피참가인이 상고권을 포기한 경우 보조참가인은 상고를 제기할 수 없고 상고를 제기하더라도 부적법하다. 피참가인이 상대방의 주장사실을 자백한 이상 보조참가인이 이를 다투었다고 하여도 참가인의 주장은 효력이 없다.

(6) 보조참가인의 증거신청행위가 피참가인의 소송행위와 저촉되지 않는 한(즉 피참가인이 증거신청행위와 저촉되는 소송행위를 한 바 없는 경우) 참가인이 신청한 증거에 터 잡아 피참가인에게 불리한 사실인정을 할 수도 있다. 원고와 피고 사이에는 증거공통의 원칙이 적용되기 때문이다. 보조참가인은 기존의 소송을 전제로 하여 피참가인을 승소시키기 위하여 참가하는 것이므로 소의 변경과 같은 기존의 소송형태를 변경시키는 행위는 할 수 없다.

(7) 참가인은 소의 변경이나 반소의 제기 등을 할 수 없고, 소송수행 상 필요하다고 하더라도 피참가인의 계약상 취소권, 해제권, 상계권 등 사법상 권리행사를 할 수 없다.

※ 보조참가인의 소송상 지위, 피참가인의 상소권포기후의 독립당사자 참가 신청의 적법 여부 (대법원 2006.5.2. 자 2005마933 결정) [사실관계] X1, X2, X3는 포항시(Y라 한다)를 상대로 제1심법원에 낙찰자지위 확인의 소를 제기하였다. Z는 Y를 위하여 위 소송에 보조참가 하였다. 제1심법원은 2005.6.10. 위 X1 등의 전부승소판결을 하였다. 그 판결정본은 2005.6.13. Z에게, 6.14. X1등의 대리인에게, 2005.6.16. Y에게 각 송달되었다. 위 판결에 대하여 Z는 2005.6.13. 피고 보조참가인의 자격으로 항소를 제기하였다. Y시는 2005.6.24. 13:00 경 제1심법원에 위 사건에 관한 항소포기서를 제출하면서 Z가 제기한 항소를 취하하는 항소취하서도 함께 제출하였다. Z및 A, B회사는 2005.6.24. 20:00 경 위 소송에 독립당사자 참가신청을 하면서 동시에 위 판결에 대한 항소를 제기하였다. 제1심법원의 재판장은 제1심판결 선고 후 독립당사자 참가신청을 하면서 제기하는 항소는 제1심판결 확정 전까지만 가능하므로 위 항소장은 항소기간을 넘겨 제출된 것이 분명하다고 하여 2005.6.30. 위 항소장을 각하하는

---

1) 대법원 1984.12.11. 선고 84다카659 판결.
2) 대법원 1969.8.19. 선고 69다949 판결.

506

명령을 하였다. **[항소심(대구고등법원 2005.8.22. 자 2005라39 결정)]** (1) 민사소송법이 제1심 및 항소심의 재판장에게 항소장에 관한 심사권을 부여한 취지는 항소장에 필요적 기재사항의 흠결이 있거나 소정의 인지가 붙여져 있지 않는 등의 명백한 하자가 있는 경우 및 항소기간을 도과하여 항소가 제기된 것이 명백한 경우에 판결보다는 간이한 재판장의 명령의 형식으로 항소장을 각하하는 방법으로 항소심의 소송계속 이전에 소송을 종료시킴으로써 소송경제를 도모하기 위한 것이다. (2) 위와 같은 제도의 취지에 비추어 볼 때 각하사유로서의 항소장의 하자는 엄격하게 해석되어야 한다. 따라서 민사소송법 제399조 제2항에서 말하는 '항소기간을 넘긴 것이 분명한 때'라고 함은 항소권이 소멸된 후에 제기된 항소 중에서도 같은 법 제396조에서 규정하는 2주의 항소기간을 도과하였음이 분명한 경우만을 말하는 것이라고 할 것이다. 이와 달리 항소기간의 도과 여부가 분명하지 아니하거나 항소기간 도과 외의 다른 사유로 항소권이 소멸된 후에 항소가 제기된 경우까지를 포함하는 것은 아니라고 할 것이다. (3) 독립당사자참가를 신청할 수 있는 사람은 참가를 신청함과 동시에 항소할 수 있고(민사소송법 제79조 제2항, 제72조 제3항 참조) 그 항소기간에 관하여는 달리 정함이 없으므로 당해 소송의 기존 당사자를 기준으로 할 수밖에 없다고 하면서, 이 사건 항고인들(Z,A,B)의 참가신청서 및 항소장은 X1, X2, X3와 Y 및 Z에 대한 각 판결 정본 송달일로부터 2주 이내에 제기되었음은 앞서 본 바와 같으므로, 비록 항고인들의 항소장이 Y의 항소포기서가 제출된 이후에 제출되었다고 하더라도 이로써 민사소송법 제399조 제2항에서 말하는 '항소기간을 넘긴 것이 분명한 때'에 해당한다고 할 수는 없을 것이다. 그럼에도 이 사건 항소장은 항소할 수 있는 기간을 넘겨 제출된 것임이 분명하다고 하여 항고인들의 항소장을 각하한 제1심 명령은 위법하다고 판단하였다. **[대법원의 판단] (1) 민사소송법 제399조 제2항에 의하면, '항소기간을 넘긴 것이 분명한 때'에는 원심재판장이 명령으로 항소장을 각하하도록 규정하고 있는바, 그 규정의 취지에 비추어 볼 때 항소권의 포기 등으로 제1심판결이 확정된 후에 항소장이 제출되었음이 분명한 경우도 이와 달리 볼 이유가 없으므로 이 경우에도 원심재판장이 항소장 각하명령을 할 수 있는 것으로 봄이 상당하다** 할 것이다. (2) **민사소송법 제395조 제1항은 "항소권의 포기는 항소를 하기 이전에는 제1심법원에, 항소를 한 뒤에는 소송기록이 있는 법원에 서면으로 하여야 한다."고 규정하고 있는바, 그 규정의 문언과 취지에 비추어 볼 때 항소를 한 뒤 소송기록이 제1심법원에 있는 동안 제1심법원에 항소권포기서를 제출한 경우에는 제1심법원에 항소권포기서를 제출한 즉시 항소권 포기의 효력이 발생한다고 봄이 상당하다 할 것이다**{구 민사소송법(2002.1.26. 법률 제6626호로 개정되기 전의 것) 제365조 제1항에서는 "항소권의 포기는 항소제기 전에는 제1심법원에, 항소제기 후에는 항소법원에 서면으로 하여야 한다."고 규정하였고, 이와 관련하여 대법원은 항소제기 후 항소권포기서를 제1심법원에 제출하였다 하여도 동 서면이 기록에 편철되어 항소법원에 도착되면 그때 항소권 포기의 효력이 생기고 따라서 항소취하의 효력도 있다고 할 것이라고 판시하였으나(대법원 1984.12.11. 선고 84다카659 판결 참조), 민사소송법의 규정이 개정되었으므로 항소권 포기의 효력 발생 시기에 관한 해석도 달라져야 한다}. (3) 기록에 의하면, 포항시(Y)는 보조참가인인 주식회사 한양(Z)의 항소가 있은 후 2005.6.24. 소송기록이 있는 제1심법원인 대구지방법원 포항지원에 항소권포기서와 항소취하서를 접수한 사실이 인정되므로, 포항시의 항소권 포기의 효력은 항소권포기서의 접수와 동시에 발생하였다고 보아야 할 것이고, 그와 동시에 Z의 항소도 그 효력을 상실하였다고 할 것이다. (4) 한편, **상대방이 전부 승소하여 항소의 이익이 없는 경우에는 항소권을 가진 패소자만 항소포기를 하면 비록 상대방의 항소기간이 만료하지 않았더라도 제1심판결은 확정된다고 해석하여야 할 것이므로**, X1 등이 제1심에서 전부승소 한 이 사건의 경우에는 위에서 본 바와 같이 피고 포항시의 항소

507

권 포기의 효력이 발생한 2005. 6. 24.자로 제1심판결은 확정되었다고 할 것이다.

나. 보조참가인의 독립성

(1) 보조참가인의 소송수행 권능은 피참가인으로부터 유래된 것이 아니라 독립의 권능이라 할 것이므로 피참가인과는 별도로 보조참가인에 대하여도 기일의 통지, 소송서류의 송달을 하여야 한다. 보조참가인에게 기일통지서 또는 출석요구서를 송달하지 아니함으로써 변론의 기회를 부여하지 아니한 채 행하여진 기일은 적법한 것으로 볼 수 없다.[1] 그러나, 본안에 관한 보조참가인의 주장이 기재된 보조참가신청서가 원심 제1차 변론기일에 진술한 것으로 간주되었고 보조참가인이 원심 제2차 변론기일에 직접 출석하여 변론할 기회를 가졌으며 위 변론 당시 보조참가인은 위와 같이 기일통지서를 송달받지 못한 점에 관하여 아무런 이의를 하지 아니한 경우에는 위와 같은 절차 진행상의 흠은 치유가 되었다고 봄이 상당하다.

(2) 피참가인이 기일에 결석하여도 보조참가인이 출석하면 피참가인을 위해 기일을 준수한 것이 된다.

(3) 보조참가인은 피참가인의 명백하고도 적극적인 의사에 어긋나지 않은 각종 소송행위를 독자적으로 할 수 있고, 보조참가인의 소송행위는 피참가인이 행한 것과 같은 효과가 생긴다. 예컨대 피참가인이 명백히 다투지 않은 사실을 참가인이 다투거나, 피참가인의 적극적 의사에 반하지 않은 상소제기행위 등은 유효하다.

5. 판결의 참가인에 대한 효력(참가적 효력)

가. 의의: 참가적 효력이라 함은 피참가인이 패소하고 나서 뒤에 피참가인이 참가인을 상대로 소송(후소: 제2차 소송)을 하는 경우에 피참가인에 대한 관계에서 참가인은 이전 소송(전소: 제1차 소송)의 판결내용이 부당하다고 주장할 수 없는 구속력을 말한다.

나. 법 제77조 규정의 법적 성질

(1) **기판력설**

(2) **참가적 효력설**: 피참가인이 패소한 뒤에 피참가인이 참가인을 상대로 소송(제2차 소송)을 하는 경우에 참가인은 이전 소송(제1차 소송)의 판결내용이 부당하다고 주장할 수 없는 구속력을 참가적 효력이라고 한다. 그 근거로서 **금반언의 원칙** 즉, 승소를 위해 상호협력관계에 있던 者가 패소라는 결과를 맞아 서로 **책임전가하는 것은 신의칙**이나 금반언에 비추어 허용될 수 없다는 것을 들고 있다. 현재의 통설·판례이다.

(3) **신기판력설**: 참가인과 피참가인 사이에 참가적 효력이 생기는 외에, 판결기초의 공동형성이라는 견지에서 참가인과 피참가인의 상대방과 사이에도 기판력 내지 쟁점효를 인정하여야 한다는 견해이다.

다. 참가적 효력의 범위

(1) **주관적 범위**: 피참가인과 참가인 사이에만 미치고, 피참가인의 상대방과 참가인

---

1) 대법원 2007.2.22. 선고 2006다75641 판결.

사이에는 미치지 아니한다.

(2) **객관적 범위**: 판결주문에 기재된 사항 외에 판결이유 중의 주요한 법률적·사실적 판단에 미친다. 예컨대, 甲(전소의 원고)이 乙(전소의 피고)에 대하여 A로부터 채권을 양수하였다고 주장하면서 그 지급청구소송을 할 때 원고가 乙을 위하여 보조참가를 하고 위 채권은 당사자 간에 양도금지의 특약이 있었고, 갑은 그 특약이 있는 사실을 알고 채권을 양수하였으니 양수의 효력이 없다고 다투었으나, 법원이 이를 채택하지 아니하고 피고 乙의 패소로 확정되었다면, 원고는 본건 소송에서 확정판결의 참가적 효력에 의하여 다시는 乙에 대하여서는 甲이 소외인 A로부터 위 채권을 양도금지의 특약 있음을 알고 양수한 것이라는 사실을 주장할 수 없다.[1]

> **[사례연구]** **[사실관계]** 이 사건 토지는 원래 A의 소유였으나 B(대한민국)가 공공용지의 취득 및 손실보상에 관한 특례법에 의하여 C로부터 협의취득을 하여 등기를 경료 하였다. 이에 A는 소유권에 기하여 B를 피고로 하여 소유권이전등기말소청구의 소를 제기하였다. 한편 C는 B를 상대로 보상금청구의 소를 제기하였고 A는 B를 위하여 이 소송에 보조참가 하였다. 이 소송에서 법원은, 사법상 매매계약의 성질을 갖는 협의취득에서는 협의에 따른 권리의무가 발생될 뿐인데 협의취득의 당사자는 B와 C이지 A가 아니라는 이유 외에 위 토지는 포락됨으로써 A의 소유권이 소멸되었다는 이유를 부가하여 A에게 소유권이 있음을 전제로 한 B와 A의 주장을 배척하고 C의 청구를 인용하였고, 이 판결은 확정되었다. 그 후 A가 B를 상대로 한 위 소송의 원심은, 위 C가 B를 상대로 한 보상금청구사건 판결의 참가적 효력이 A에게 미치고, 또 참가적 효력은 이 사건 토지가 포락되었다는 판단에까지 미친다는 이유로 원고 A의 B에 대한 소유권이전등기말소청구를 배척하였고, 이에 A가 상고하였다. **[판결요지]** 대법원은[2] (보상금지급청구권의 존부에 관한 전소 확정판결의 결론은 협의취득의 성질에 의하여 좌우되는 것이지 위 토지의 포락 여부와는 무관하므로) **포락 여부에 관한 전소의 판단은 전소 판결 결론의 기초가 된 사실상, 법률상의 판단에 해당하지 않고, 전소에서 보조참가인인 A로서는 판결의 결론에 영향을 미칠 수 없는 부가적인 판결 이유의 당부만을 문제삼아 따로 불복하여 다툴 수도 없었으므로, 포락 여부에 대한 판단에는 참가적 효력이 미치지 않는다**고 하면서 다음과 같은 요지로 판시하였다. 참가적 효력은 전소 확정판결의 결론의 기초가 된 사실상 및 법률상의 판단으로서 보조참가인이 피 참가인과 공동이익으로 주장하거나 다툴 수 있었던 사항에 한하여 미치고, 전소 확정판결에 필수적인 요소가 아니어 결론에 영향을 미칠 수 없는 부가적 또는 보충적 판단이나 방론 등에까지 미치는 것은 아니다고 판시하였다.

라. 기판력과의 차이

(1) 소송에서의 승패여부에 따른 적용 배제 가능성

(2) 주관적 범위

(3) 객관적 범위

(4) 제도적 배경: 법적 안정성 ↔ 금반언(신뢰보호, 당사자 일방의 승소를 위해 소송

---

1) 대법원 1966.6.7. 선고 66다357 판결.
2) 대법원 1997.9.5. 선고 95다42133 판결.

수행한 자에 대한 책임)

(5) 직권조사사항(기판력) ↔ 항변사항(참가적 효력)

마. 참가적 효력의 배제(법 제77조 규정): 보조참가인이 피참가인을 보조하여 공동으로 소송을 수행하였으나 피참가인이 소송에서 패소한 경우에 인정되는 전소 확정판결의 참가적 효력은 전소 확정판결의 결론의 기초가 된 사실상 및 법률상의 판단으로서 보조참가인이 피참가인과 공동이익으로 주장하거나 다툴 수 있었던 사항에 한하여 미친다 할 것인데,[1] 기록에 의하면 이 사건에서 다투어지는 이 사건 약정의 해제의 당부는 원고와 피고의 이해관계가 상반되는 입장이어서 원고가 피고의 보조참가인으로 참가하였던 종전의 소송[2]에서 상대방인 에이치엔건설에 대하여 피고와의 공동이익으로 다툴 수 있었던 사항이 아니라 피참가인인 피고와 다투어야만 할 사항이므로, 원심판결이 위 종전 소송의 확정판결의 참가적 효력에 반한다고 볼 수도 없다.[3]

바. 참가적 효력의 유추ㆍ확장의 문제

[예제] [제50회 사법시험(2008년도)] [제2문의 2] 甲은 乙에 대하여 1억 원의 보증채무 이행을 구하는 소를 제기하였다. 이 소송이 진행되는 도중에 주채무자인 丙은 乙 측에 보조참가하였다. 이 보조참가 신청이 받아들여진 후 丙은 자신의 주채무가 존재하지 않는다고 주장하였지만, 乙은 주채무와 보증채무를 모두 인정하였다. 법원은 乙의 진술을 받아들여 甲의 청구를 인용하고 이 판결은 확정되었다.

1. 위 판결에 따라 1억 원을 甲에게 지급한 乙이 丙에 대하여 구상금의 지급을 구하는 소를 제기한 경우, 이 소송에서 丙은 주채무가 존재하지 않는다고 다툴 수 있는가? (10점)

2. 乙이 위 판결 후에 1억 원을 甲에게 지급하지 않아 甲이 丙에 대하여 주채무의 지급을 구하는 소를 제기한 경우, 이 소송에서 丙은 주채무가 존재하지 않는다고 다툴 수 있는가? (10점)

[해설] I. 주요논점: 보조참가인에 대한 참가적 효력의 의의, 범위, 배제사유

II. 제1문의 해결

1. 참가적 효력의 법적 성질

2. 참가적 효력의 발생 요건

   (1) 피참가인이 패소하였을 것

   (2) 사안의 경우

3. 참가적 효력의 범위

   (1) 주관적 범위

   (2) 객관적 범위

4. 참가적 효력의 배제

   (1) 배제 사유

   (2) 사안의 경우

5. 결론

---

1) 대법원 2003.6.13. 선고 2001다28336,28343 판결 등 참조.

2) 대전지방법원 천안지원 2004가합3607호.

3) 대법원 2007.12.27. 선고 2006다60229 판결.

Ⅲ. 제2문의 해결

1. 문제제기: 乙이 乙에 대한 판결의 효력을 丙에 대하여 주장할 수 있는가에 관한 문제이다. 기판력 및 참가적 효력과 판결이유 중의 판단에 대한 효력을 살펴보아야 한다.

2. 기판력의 주관적 범위: (1) 기판력의 상대적 효력(내용 생략) (2) 丙은 전소 판결에서 당사자가 아니므로 그 기판력이 미치지 않는다.

3. 참가적 효력의 주관적 범위: (1) 참가적 효력은 피참가인이 패소한 경우에 참가인과 피참가인 사이에 미친다. (2) 사안의 경우에는 丙은 甲을 위하여 소송에 참가하지 않았으므로 참가적 효력의 적용 대상이 아니다.

5. 판결이유 중의 판단의 구속력

　(1) 사안의 경우에 전소에서 동일한 주채무(甲의 丙에 대한 채권)의 존부에 관하여 심리하고 판단이 내려졌으므로 후소에서도 전소 법원의 판단에 따라야 할 것인가?

　(2) 학설은 쟁점효를 인정하여야 한다는 견해도 있으나 판례는 인정하지 않는다. 다만 증명적 효력을 인정하고 있다.

　(3) 丙은 주채무가 존재하지 않는다고 다툴 수 있다. 다만 후소를 심리하는 법원은 전소 법원의 판단내용이 기재된 판결의 이유에서 한 판단에 반하는 판단을 하고자 할 경우에는 이를 배척하는 합리적 이유에 관하여 판결이유에서 기재하여야 할 것이다.

[예제] 불교신자인 A는 불교의 포교와 후생사업 등을 위한 사업을 할 목적으로 토지를 매수하고 그 지상에 불당과 부속건물을 세워 그의 법명을 따라 이를 X사라 이름하고 90명의 불교신도를 모아 X사(寺) 신도회를 조직한 다음 위의 불당과 부속건물 및 그 토지를 기증하였다. X사 신도회는 창립총회에서 그의 의사를 결정하고 업무를 집행할 기관에 관한 규정을 포함하여 그 재산과 업무 일체는 X사라는 명칭으로 등록·관리하고 처리한다는 내용의 규약을 제정하고 그 대표자로서 회장을 선임하고 그 설립목적을 달성하기 위한 활동을 계속하여 왔다. X사에 일시 기거하던 승려로서 X사의 주지나 대표자도 아닌 B가 X사의 승낙도 없이 임의로 X사를 한국불교 태고종 종단에 등록을 한 뒤 Y시에 불교단체 등록신청을 하여 Y시는 X사의 소속 종파를 태고종으로 하는 사찰 등록 처분을 하였다. X사는 Y 시장을 상대로 위 사찰 등록처분 무효확인소송(그 형식에 구애됨이 없이 일반 민사사건임을 전제로 할 것)을 제기하였다.

Ⅲ. 한국 불교 태고종은 위 소송에서 Y 시장을 위하여 보조참가 하였는데 그 참가이유는 다음과 같다. 즉, X사는 상위종단인 위 태고종에 종속되어 불교의 전법, 포교 등에 대하여 종단이 정한 종법·종지에 따라야 함은 물론 재산의 처분에 대하여도 그의 승인을 받아야 하고 사찰 분담금 등을 납부할 의무가 있다. 따라서 본건 소송에서 Y 시장이 패소하면 태고종은 상위 종단으로서의 지위가 해소될 뿐 아니라 사찰 분담금 등의 재산상 청구권도 소멸할 우려가 있다는 것이다. 이러한 보조참가 신청은 타당한가?

[해설] Ⅰ. 주요논점: 보조참가의 요건, 특히 소송결과에 대한 이해관계(법률상의 이해관계)의 내용

Ⅱ. 보조참가의 요건: 각 요건을 설명하고 본 사안의 경우에 관하여 언급할 것.

Ⅲ. 결론: 한국불교태고종의 보조참가는 타당하지 않다.[대법원 1982.2.23. 선고 81누42 판결 참조]

[예제] [제41회 변리사시험] 甲은 친구인 乙을 동승시킨 채 자신의 소유 차량을 운전하던 중 丙이 운전하던 차량에 의해 추돌 당함으로써, 甲과 乙 모두 두 달간의 입원치료를 요하는

중상을 입게 되었다. 이에 甲은 丙을 상대로 손해배상청구소송을 제기하였으나, 같은 사고의 피해자인 乙은 나중에 소를 제기하겠다는 생각에 甲의 소송에 동참하지 않았다. 甲은 도합 금 8천만 원의 손해배상을 구함에 있어 일실수익 금 3천만 원, 치료비 금 2천만 원, 위자료 금 3천만 원 등으로 손해항목을 나누어 청구하였다.

   2. 소송 진행 도중에 같은 피해자 乙은 원고 甲을 도와주기 위해 보조참가신청을 하였다. 그런데 乙의 참가에 대해 피고 丙은 아무런 이의를 제기하지 않았다. 이 경우 乙의 참가가 적법한 것인지 여부와 법원이 어떻게 조치하여야 할 것인지에 대해 검토하시오.

   [해설]

   Ⅰ. 주요논점: 보조참가의 요건으로서의 소송결과에 대한 이해관계, 보조참가요건 결여 시 법원의 조치

   Ⅱ. 보조참가의 요건: 1. 내용; 설명 생략(특히 판결주문이 아닌 판결이유에서 한 판단에 대한 법률상 이해관계 인정여부), 2. 사안의 경우: 판결이유에서 한 판단에 이해관계 있는 자에 지나지 않은 자로서 乙의 보조참가 신청은 부당하다.

   Ⅲ. 보조참가 요건을 결여한 경우 법원의 조치

   1. 보조참가 신청 및 허가여부의 절차

     (1) 신청 방식

     (2) 당사자의 이의가 없는 경우에도 법원은 직권으로 참가요건 구비여부를 조사할 수 있다. 그 결과 결여된 경우에는 보조참가신청을 각하하여야 한다.

   2. 사안의 경우: 법원의 직권조사 가능, 보조참가 신청을 각하한 경우에 乙은 즉시항고를 할 수 있다(법 제73조 2항).

Ⅱ. 공동소송적 보조참가

   1. 의의: 기판력이 미치는 제3자가 하는 보조참가신청(법 제78조)을 공동소송적 보조참가라 한다. 구법에서는 명문으로 규정하지 않고, 판례를 통하여 인정되었는데 신법이 명문화 하였다. 통상의 보조참가(법 제71조)인가, 공동소송적 보조참가인가는 당사자의 신청형식에 의하여 경정되는 것이 아니고 법원의 법령해석에 의하여 결정 된다.[1]

2. 인정되는 경우

   가. 제3자의 소송담당: 채권자대위소송에서 채무자가 제3채무자에 대하여 동일한 소송물에 대하여 제기하는 소는 중복된 소제기가 되므로 채무자가 하는 참가는 공동소송적 보조참가가 된다(반대설 있음). 그밖에 추심위임배서에 의한 피배서인이 하는 소송에 배서인은 공동소송적 보조참가를 할 수 있다.

   나. 판결의 효력이 일반 제3자에게 확장되는 경우: 가류·나류 가사소송, 회사가 피고로 된 회사관계소송, 행정소송 등에서 기판력을 받는 제3자가 당사자적격을 갖지 못하거

---

1) 대법원 2001.1.19. 선고 2000다59333 판결.

나 당사자적격을 갖춘 사람이라도 제소기간을 도과한 경우에는 보조참가를 한다.

[**대법원 2001.1.10. 선고 2000다59333 판결**] 피고로부터 부동산을 매수한 참가인이 소유권이전등기를 미루고 있는 사이에 원고가 피고에 대한 채권이 있다 하여 당시 피고의 소유명의로 남아 있던 위 부동산에 대하여 가압류를 하고 본안소송을 제기하자 참가인이 피고를 위하여 보조참가를 한 사안에서, 원고가 승소하면 위 가압류에 기하여 위 부동산에 대한 강제집행에 나설 것이고 그렇게 되면 참가인은 그 후 소유권이전등기를 마친 위 부동산의 소유권을 상실하게 되는 손해를 입게 되며, 원고가 피고에게 구하는 채권이 허위채권으로 보여지는데도 피고가 원고의 주장사실을 자백하여 원고를 승소시키려 한다는 사유만으로는 참가인의 참가가 이른바 공동소송적 보조참가에 해당하여 참가인이 피참가인인 피고와 저촉되는 소송행위를 할 수 있는 지위에 있다고 할 수 없다.

3. 공동소송적 보조참가인의 지위

가. 필수적 공동소송 규정의 준용

(1) 피참가인은 참가인에게 불리한 소송행위를 단독으로 할 수 없고, 참가인은 피참가인의 행위에 어긋나는 소송행위를 할 수 있다(법 제67조 1항에 의하여 제76조 2항의 적용 배제).

(2) 따라서 피참가인이 단독으로 상소권을 포기하거나 상소를 취하하더라도 그 효력이 없다.

(3) 청구의 포기·인낙·화해는 피참가인이 단독으로 할 수 없다. 소취하는 피참가인이 단독으로 할 수 있다고 보는 견해와 반대 견해가 나뉜다.

(4) 참가인의 상소기간은 피참가인과 독립하여 계산한다.

(5) 참가인에게 소송절차의 중단·중지사유가 발생하면 소송절차가 정지된다.

나. 위 '가'에서 열거한 사항을 제외하면 통상의 보조참가 지위와 동일하다.

(1) 보조참가인은 소변경·반소 제기를 할 수 없다.

(2) 피참가인이 한 재판상 자백을 철회하거나 실기한 공격·방어 방법을 제출 할 수 없다.

(3) 본소가 부적법 각하되면 공동소송적 보조참가도 소멸한다.

[**대법원 2013.3.28. 자 2012아43 결정**] 공동소송적 보조참가는 그 성질상 필수적 공동소송 중에서는 이른바 유사필수적 공동소송에 준한다 할 것인데 **유사필수적 공동소송의 경우에는 원고들 중 일부가 소를 취하하는 데 다른 공동소송인의 동의를 받을 필요가 없다.** 또한 소취하는 판결이 확정될 때까지 할 수 있고 취하된 부분에 대해서는 소가 처음부터 계속되지 아니한 것으로 간주되며(민사소송법 제267조) 본안에 관한 종국판결이 선고된 경우에도 그 판결 역시 처음부터 존재하지 아니한 것으로 간주되므로, 이는 재판의 효력과는 직접적인 관련이 없는 소송행위로서 공동소송적 보조참가인에게 불이익이 된다고 할 것도 아니다. **따라서 피참가인이 공동소송적 보조참가인의 동의 없이 소를 취하하였다 하더라도 이는 유효하다.**

Ⅲ. 소송고지

1. 의의:　　　소송계속 중 당사자가 소송참가를 할 이해관계 있는 제3자에 대하여 일정한 방식에 따라서 소송계속의 사실을 통지하는 행위를 말한다. 소송고지를 통하여 소송결과에 대하여 이해관계를 가지는 제3자로 하여금 보조참가 등 소송참가를 하여 그 이익을 보호할 기회를 부여하고, 고지자가 패소한 경우에 제3자에게 참가적 효력을 인정함으로써 그 판결결과에 구속받게 하는 효과를 거둘 수 있다.

2. 요건(법 제84조)

가. 소송계속 중 일 것:　　　판결절차, 독촉절차, 재심절차가 계속 중인 것을 말한다. 상고심 계속 중인 경우도 포함된다.

나. 고지할 수 있는 자

(1) 계속 중인 소송의 원·피고, 보조참가인, 이들로부터 고지를 받은 피고지자이다(법 제84조 2항)

(2) 소송고지의무자: 추심의 소(민사집행법 제238조), 주주대표소송(상법 제404조 2항), 재판상의 대위(비송사건절차법 제49조 2항), 채권자대위권행사에서의 통지의무(민법 제405조) 등.

다. 고지를 받을 자: 보조참가를 비롯하여 당사자 참가, 소송승계를 할 수 있는 자

3. 소송고지의 방식

가. 소송고지서(제85조 1항)의 제출

나. 소송고지서의 심사

다. 소송고지서의 송달

4. 소송고지의 효과

가. 피고지자의 지위

(1) 소송에의 참가여부는 피고지자가 자유롭게 결정한다.

(2) 피고지자가 소송에 참가하지 않은 경우에는 그에게 변론기일통지 등을 할 필요가 없다.

나. 참가적 효력

(1) 고지자가 패소한 경우 피고지자와의 사이에 참가적 효력(제86조)이 발생한다. 피고지자가 소송에 참가하였더라면 고지자와의 공동이익을 주장할 수 있었던 사항에 한한다. 따라서 제3자가 고지자를 상대로 제기한 전부금청구소송에서 피고지자가 소송고지를 받고도 위

소송에 참가하지 아니 하였지만 고지자가 위 소송에서 제3자로부터 채권압류 및 전부명령을 받기 전에 피고지자에게 채권이 양도되고 확정일자 있는 증서에 의하여 양도통지된 사실을 항변으로 제기하지 아니하여 위 소송의 수소법원이 위 채권압류 및 전부명령과 위 채권양도의 효력의 우열에 관하여 아무런 사실인정이나 법률판단을 하지 아니한 채 고지자에게 패소판결을 하였다면 피고지자는 위 소송의 판결결과에 구속받지 아니한다.[1]

(2) 피고지자가 고지자의 상대방 당사자 쪽에 보조참가를 한 경우에도 고지자와 사이에 후소에서 참가적 효력이 생기는가? 예컨대 甲과 乙 간의 매매계약에서 乙을 대리한 丙의 대리권의 존부에 관하여 다툼이 있어서 乙이 丙의 무권대리를 주장하면서 이러한 주장이 받아들여지지 않을 경우에 대비하여 丙에게 소송고지를 하였다. 그런데 丙이 위 소송에서 甲을 위하여 보조참가를 하였고 그 소송에서 법원이 丙이 乙의 표현대리인임을 인정하여 乙이 패소하였다. 그 후 乙이 丙에 대하여 손해배상청구(제2차 소송)를 제기한 경우에 丙은 그가 乙로부터 위임을 받아서 甲과의 계약을 체결하였다고 계속 주장할 수 있는가? 일본의 하급심 판결 중에는 이러한 경우에도 丙에게 피고지자에게 인정되는 참가적 효력을 긍정한 예도 있으나, 피고지자(丙)가 고지자(乙)와 공동으로 소송을 수행한 일이 없으므로 丙에 대하여 참가적 효력의 적용을 부정하여야 할 것이다.

[소송고지의 주관적 효력범위] [사안의 내용] ① 소외 A(망인)의 유족들이 X를 상대로, A는 X의 소속 직원들의 지휘·감독 하에 토목공사를 시공하던 중에 인부들의 공사수행 중의 과실로 인하여 사망하였으므로 X는 위 인부 및 직원들의 사용자로서 A의 사망에 대하여 손해배상책임이 있다고 주장하면서 손해배상청구소송을 제기하였다. ② X는 위 소송의 계속 중에 위 토목공사는 X가 Y에게 도급을 주어 시행하던 것이므로 위 A의 사망으로 인한 손해배상청구가 인용될 경우 Y에게 그 배상금을 구상할 이해관계가 있다는 이유로 Y에게 소송고지 하였다. ③ 위 사건의 판결에서 법원은 X와 Y 간의 공사도급관계를 인정하였고, X는 A의 유족들에게 손해배상 할 의무가 있다는 취지로 판결하였다. ④ X는 위 패소판결확정 후 그 손해배상금을 A의 유족들에게 지급한 뒤 Y를 상대로 구상금청구의 소를 제기하였다. ⑤ X의 청구에 대해 법원은 Y의 공동불법행위자로서의 책임을 인정하는 외에 X가 전소에서 Y에게 소송고지 한 바 있으므로 그 판결에서 한 X와 Y 사이의 공사도급관계를 인정한 판단에 반하는 Y의 주장은 소송고지의 효력으로서의 판단에 배치되므로 허용될 수 없다고 판시하였다. **[대법원 1986.2.25. 선고 85다카2091 판결]** ① 대법원은 위 토목공사를 Y가 X로부터 수급한 사실의 유무에 관한 한 Y는 X와 이해관계가 상반되는 입장이었고, 따라서 그 사실유무는 Y가 전 소송에서 보조참가를 하여 상대방(A의 유족)에 대하여 X와 공동이익으로 다툴 수 있었던 사항이 아니라 고지자인 X와 서로 다투어야 할 사항이므로,(위와 같은 소송고지가 있었다고 하더라도) Y가 이 사건 소송에서 위 토목공사를 원고로부터 수급한 바 없다고 다투는 것은 위 확정판결에서의 인정과 판단에 반하는 것이라고 볼 수 없다고 판시하였다. ② 위 대법원 판결요지: 소송고지제도는 소송의 결과에 대하여 이해관계를 가지는 제3자로 하여금 보조참가를 하여 그 이익을 옹호할 기회를 부여함과 아울러, 한편으로는 고지자가 패소한 경우의 책임을 제3자에게 분담시켜 후일에 고지자와 피고지자간의 소송에서 피고지자가 패소의 결과를 무시하고, 전소 확정판결에서의 인정과 판단에 반하는 주장을 못하게 하기 위해

---

1) 대법원 1991.6.25. 선고 88다카6358 판결.

둔 제도이므로 피고지자가 후일의 소송에서 주장할 수 없는 것은 전소 확정판결의 결론의 기초가 된 사실상·법률상의 판단에 반하는 것으로서, 피고지지가 보조참가를 하여 상대방에 대하여 고지자와의 공동이익으로 주장하거나 다툴 수 있었던 사항에 한한다 할 것이다.

다. 소송고지제도는 참가적 효력만이 아니라 가사소송 등에 있어서 기판력이 제3자에게 확장되는 경우에 제3자가 그 소송에 참가하지 못한 데에 정당한 사유가 있었음을 주장하여 기판력의 적용을 배척하는 항변을 제출할 수 없게 하는 효력도 있다. 즉 가사소송의 피고가 소송고지제도를 통하여 다른 제소권자에게 소송고지를 하였으면 가사소송법 제21조 2항에 따라 다른 제소권자는 소송참가를 하지 못한데 대하여 정당한 사유가 있었음을 주장할 근거를 잃게 된다.

라. 소송고지의 실체법상 효과: 소송고지에 대하여 민법상 최고(민법 제174조)로서 시효중단의 효력을 인정하여야 한다는 것이 통설이다.[1]

[예제] 원고 甲은 A시 B동 소재 과수원에서 배나무, 사과나무 등 과수 재배농사를 짓고 있다. 甲은 1991년부터 1994년 사이에 평년보다 더 많은 비료를 쓰고 정성을 다하여 과수관리를 하였음에도 불구하고 1990년부터 乙이 위 과수원 바로 옆 화력발전소를 건설하여 가동을 시작하고, 丙 역시 그 무렵 바로 옆에서 화학비료 공장을 건설하여 가동을 시작한 이후로 위 과수원의 착과율이 떨어지고 착과된 과실에도 위 발전소 및 비료공장에서 나오는 유해가스의 피해반점으로 보이는 회갈색 반점이 많이 생겨 1993년부터 과수의 수확을 거의 못하거나 평년의 5분의1 정도에 그치고 있다. 이에 甲은 乙과 丙을 공동피고로 하여 손해배상청구의 소를 제기하였다. 제1심법원에서 을에 대하여는 일부 승소하였으나, 丙에 대하여는 丙의 공장에서 배출되는 유해가스가 과수의 생육에 영향을 끼친 사실을 인정할 수 없다는 판단에 따라 갑이 패소하였다.
  Ⅰ. 위 판결에 대하여 甲이 항소를 제기하지 아니하자, 乙은 자신에 대한 판결은 그대로 둔 채 제1심법원에 甲을 위하여 보조참가신청을 함과 동시에 甲의 丙에 대한 패소판결에 불복하는 취지의 항소를 제기하였다. 乙의 위 보조참가신청 및 항소제기는 적법한가?
  Ⅱ. 위 Ⅰ의 경우 甲이 丙에 대한 항소포기의사를 명시하고 있음에도 개의치 않고 乙이 甲의 丙에 대한 패소판결의 취소를 구하는 항소를 제기할 수 있는가?
  Ⅲ. 위 사건에서 제1심 소송도중 甲은 丙에 대한 청구에 있어서는 극히 형식적인 소송수행을 한 결과 패소하기에 이르렀음에도 변제자력이 충분한 乙에 대하여 일부 승소판결을 얻은 것에 만족하면서 丙에 대한 항소를 포기하는 의사를 제1심 판결 선고 직후 밝히면서 항소포기서를 제1심 법원에 제출하였다. 乙은 甲의 위와 같은 조치에 불만을 가지고 독자적으로 소송수행을 하기 위하여 제1심 법원에 丙에 대하여 乙과 연대하여 甲에 대한 손해배상채무가 존재한다는 취지의 확인을 구하는 독립당사자 참가신청을 하면서 동시에 甲의 패소판결에 대한 항소를 제기하였다.
  乙의 위와 같은 독립당사자참가와 항소제기가 가능한가?
  [해설] [제1문] Ⅰ. 주요논점: 본 문제는 보조참가의 요건 및 보조참가인의 지위에서 할 수 있는 소송행위 범위를 살펴보고 설문의 사례가 이러한 요건에 들어맞는 것인지를 보아야 한다.

---

1) 대법원 1970.9.17. 선고 70다593 판결도 같은 취지이다.

Ⅱ. 보조참가의 요건

1. 다른 사람사이에 소송이 계속 중일 것

    (1) 소송의 한쪽 당사자는 자기소송의 상대방을 위하여 참가할 수 없다.

    (2) 공동소송인은 다른 공동소송인을 위하여 참가할 수 있고, 통상의 공동소송관계에 있어서는 공동소송인은 다른 공동소송인과 상대방간의 소송에 있어서 그 상대방을 위하여 보조참가할 수 있다.

    (3) 설문의 경우 을이 갑을 위하여 보조 참가하는 것은 자기 소송의 상대방을 위한 보조 참가가 아니라 갑과 병 사이의 소송(을과 병은 통상의 공동 소송관계임)에서 병의 상대방인 갑을 위하여 보조참가 하는 것이므로 적법하다.

    (4) 소송 계속 중이면 상고심에서도 참가가 가능하다.

    (5) 판결절차가 아닌 결정절차가 계속 중인 경우에 판례는 대립당사자 구조를 가지지 못한다는 이유로 부정적이지만, 다수설은 보조 참가할 수 있다고 본다.

2. 소송결과에 대하여 이해관계가 있을 것

    (1) 판례결과가 자신의 법적지위 즉 권리의무에 영향을 미치는 것이어야 하며 단순한 사실상·감정상 또는 경제적 이해관계에 그치는 것이 아니어야 한다.

    (2) 판결주문에 포함된 판단에 의하여 직접적으로 영향을 받을 것

    (3) 판결 이유에 나오는 주요 쟁점 사실에 대한 판단에 의하여 직접적 영향을 받는 경우도 포함되는가? ① 학설 ③ 판례

    (4) 설문의 경우 불법행위로 인한 손해배상 책임을 지는 자는 피해자가 다른 공동불법행위자들을 상대로 제기한 손해배상 청구소송의 결과에 대하여 법률상 이해관계를 갖는다 할 것이므로 을은 갑은 갑을 위하여 보조 참가할 수 있다(대판 99다 12796 판결).

Ⅲ. 보조참가인의 지위

1. 독립성과 종속성

2. 보조참가인이 할 수 없는 소송행위

3. 설문의 경우: 을이 갑을 위하여 제기한 항소는 보조참가인으로서 적법한 소송행위이다.

4. 결론

[제2문] Ⅰ. 을의 보조참가의 법적 성격

1. 설문의 경우 갑과 병 사이의 판결의 기판력은 을에게도 미치는 경우이다. 즉, 을이 위 판결에 따라 갑에게 손해 배상한 후 공동불법행위자인 병을 상대로 구상금 청구소송을 제기한다고 하면 갑과 병 사이의 판결은 선결적 법률관계가 되므로 을에게도 기판력이 미치는 것이다.

2. 공동 소송적 보조참가 여부는 당사자의 신청 형식에 의하여 좌우되는 것이 아니고 법원의 법령 해석을 통하여 결정되는 것이다(대판 2000 다 9086 판결).

Ⅱ. 공동 소송적 보조참가인의 지위

1. 필수적 공동소송 규정의 준용

    (1) 피참가인은 참가인에게 불리한 소송행위를 단독으로 할 수 없고, 참가인은 피참가인의 행위에 어긋나는 소송행위를 할 수 있다.(§67①에 의하여 §76②의 배제)

    (2) 따라서 피참가인이 단독으로 상소권을 포기하거나 상소를 취하하더라도 그 효력이 없다.

    (3) 청구의 포기·인낙·화해는 피참가인이 단독으로 할 수 없다. 소 취하는 피참가인이 단독으로 할 수 있다고 보는 견해와 반대 견해가 나뉜다.

    (4) 참가인의 상소 기간은 피참가인과 독립하여 계산한다.

    (5) 참가인에게 소송절차의 중단·중지사유가 발생하면 소송절차가 정지된다.

2. 위 1에서 열거한 사항을 제외하면 통상의 보조참가 지위와 동일하다.

(1) 보조참가인은 소 변경·반소 제기를 할 수 없다.

(2) 피참가인이 한 재판상 자백을 철회하거나 실기한 공격·방어 방법을 제출 할 수 없다.

(3) 본소가 부적법 각하되면 공동 소송적 보조참가도 소멸한다.

3. 결론

[제3문] Ⅰ. 주요논점: 본 문제는 을의 독립당사자 참가신청이 사해방지참가로서의 요건을 갖추고 있는 것인지와 편면적 참가신청의 적법여부 및 을이 독립당사자 참가신청과 동시에 제기한 제1심 판결에 대한 항소의 적법여부가 주요쟁점이라고 할 수 있다.

Ⅱ. 독립당사자 참가신청의 요건

1. 권리주장참가와 사해방지 참가

2. 사해방지 참가의 요건

   (1) 다른 사람 사이에 소송이 계속 중일 것

     ① 상고심에 계속 중인 경우

     ② 참가할 소송은 다른 사람사이의 소송일 것을 요한다.

     ③ 통상의 공동소송에 있어서 공동소송인은 다른 공동소송인과 상대방간의 소송에 독립 당사자 참가할 수 있다. 즉 설문의 경우 을은 갑과 병간의 소송에 참가할 수 있다.

   (2) 소송결과에 따라 권리가 침해된다고 주장하여야 한다. ① 학설: 판결효력설, 이해관계설, 사해의사설 ② 판례(대판 2000다 12785 판결): 원고와 피고가 당해 소송을 통하여 제3자를 해할 의사 즉 사해의사를 가지고 있다고 객관적으로 인정되고 그 소송의 결과 제3자의 권리 또는 법률상 지위가 침해될 염려가 있다고 인정되는 경우에 그 참가의 요건이 갖추어 진다고 할 것이다.

   (3) 결론

     ① 갑과 병 사이의 판결 결과는 을의 병에 대한 구상금 청구권 행사에 있어서 선결적 법률관계를 이루게 된다. 즉 판결의 기판력이 미치는 제3자에 을이 포함되는 것이다.

     ② 객관적으로 갑과 병의 소송행위를 평가해 보면 갑이 병에 대하여 패소 판결을 받았음에도 상소를 포기하는 행위는 을에 대하여 사해의사를 가지고 있는 것으로 평가할 수 있다.

Ⅲ. 편면적 참가신청의 적법성

1. 구법시대의 학설·판례

2. 신법의 규정

3. 사해방지참가의 경우: 일본에서 일부 반대설이 있으나 신민소법 하에서 권리주장 참가는 물론 사해방지참가의 경우에도 편면적 참가가 가능하다고 보는 것이 통설.

Ⅳ. 독립당사자 참가신청과 동시에 하는 항소제기의 적법성

1. 독립당사자 참가신청은 참가인으로서 할 수 있는 소송행위와 동시에 할 수 있다(민소법 제79조 제2항, 제72조). 독립당사자 참가인과 피참가인 간의 소송에는 필수적 공동소송 규정을 준용한다(민소법 제79조 제2항, 제67조). 따라서 을은 갑과 병의 소송에 독립당사자 참가신청과 동시에 항소제기 할 수 있다(대판 2005마933결정).

2. 독립당사자 참가신청은 타인간의 소송이 사실심에 계속중임을 요하므로 제1심 판결선고후 독립당사자 참가신청을 하면서 제기하는 항소는 제1심판결 확정전 까지만 가능하다.

3. 사안의 경우

   (1) 갑과 병사이의 판결은 갑의 항소포기에 따라 확정되었다(병은 전부승소한 자이므로 항소이익이 없다).

   (2) 을의 항소제기는 부적법하므로 법원은 항소장각하결정을 하여야 한다.

Ⅴ. 결론

1. 을의 독립당사자참가신청은 타인간의 소송이 계속중임을 요한다는 요건을 결여하므로 부적 법하다. 이 경우 법원의 조치에 관하여 판례는 신청각하설을 취한다. 학설은 별개의 소제기 로 보아서 심리하여야 한다는 견해도 있다.

2. 을의 항소제기는 항소기간 도과 후에 제기된 것이므로 항소장각하결정 하여야 한다.

[예제] [제51회 사법시험(2009년도)] [제1문] 甲은 乙 소유의 A 토지를 5억 원에 매수하기 로 하는 매매계약을 乙의 피용자인 丙과 체결하고 매매대금 전부를 지급하였다. 甲은 乙에 게 A 토지에 관하여 소유권이전등기절차의 이행을 요구하였으나, 乙은 丙이 자신의 피용자 인 것은 사실이지만 자신이 丙에게 A 토지를 매도할 권한을 수여한 바 없다고 주장하면서 그 이행을 거절하였다. 다음 설문에 답하시오. (각 설문은 상호 무관한 것임)

2. 甲은 乙을 피고로 주위적으로 A 토지에 관한 매매를 원인으로 한 소유권이전등기절차 의 이행을 구하고, 예비적으로 위 매매계약이 丙의 무권대리로 무효일 경우에 대비하여 민 법 제756조의 사용자책임으로 인한 손해배상금 5억 원의 지급을 구하는 소를 제기하였다. 제1심 법원은 甲의 주위적 청구를 기각하고 예비적 청구를 인용하는 판결을 선고하였다.

(가) 제1심 판결에 대해서 항소를 제기한 乙은, 항소가 기각될 경우 丙에게 구상권을 행사 하고자 한다. 乙이 丙을 상대로 제기할 구상금청구소송에서, 丙이 甲과 乙 사이의 위 판결에 서 인정한 사실적·법률적 판단과 다른 주장을 할 것에 대비하여, 丙에게 취할 수 있는 조치 는 무엇인가? (10점)

[해설] Ⅰ. 주요논점: 소송고지제도의 의의·요건·법적 효과

Ⅱ. 소송고지제도의 의의

1. 민소법 제84조 및 86조 규정

2. 판결의 참가적 효력 부여

Ⅲ. 요건: 내용 설명 생략, 본건 사안의 경우를 언급할 것

Ⅳ. 참가적 효력

1. 의의 및 내용

2. 사안의 경우: 丙이 乙의 소송고지를 송달받은 경우에는 참가적 효력으로 인하여 乙이 丙을 상대로 구상금청구 소송을 제기한 경우에 丙은 본건 사안의 소송에서 한 법원의 판결에서 인정한 사실적·법률적 판단(丙이 대리권 없이 A토지에 관한 매매계약을 체결한 사실)과 다 른 주장을 할 수 없게 된다.

Ⅳ. 독립당사자참가

1. 의의(법 제79조)

2. 구　　조

가. 3개소송병합설

나. 3면소송설

다. 판례: 다음과 같이 판시하여 3면소송설을 취한다. 즉 독립당사자참가소송에서 본소가 적법하게 취하된 경우에는 3면소송관계는 소멸하고, 그 이후부터는 당사자참가인의 원·피고들에 대한 청구가 일반 공동소송으로 남아 있게 되므로, 당사자참가인의 원·피고에 대한 소가 독립의 소로서의 소송요건을 갖춘 이상, 그 소송계속은 적법하며, 종래의 삼면소송 당시에 필요하였던 당사자 참가요건의 구비여부는 가려 볼 필요가 없다고 하였다.[1]

3. 참가요건

가. 다른 사람 사이에 소송이 계속 중일 것
(1) **행정소송의 경우**:   판례는 행정청만이 피고가 될 수 있기 때문에 행정소송에서는 독립당사자참가는 허용되지 않는다고 보고 있으나,[2] 법에서는 편면적 참가를 허용하고 있으므로 행정소송에서도 참가가 허용될 여지가 있다.
(2) **사실심에 계속 중일 것**
(가) 상고심의 경우
① 학설: 독립당사자참가는 실질적으로 제소에 해당하므로 법률심인 상고심에서는 할 수 없다고 하는 소극설과 독립당사자참가인이 상고심에 참가하여 원판결이 파기환송되면 그 때 사실심리를 받을 기회가 생기며, 당사자 가운데 누구도 상고하지 않음으로써 참가인을 해칠 판결을 확정시키는 것을 차단시키기 위해 상고심에도 독립당사자참가가 가능하다는 적극설로 나뉘고 있다.
② 판례는 독립당사자참가는 실질에 있어서 새로운 소제기의 성질을 가지고 있으므로 상고심에서는 독립당사자참가를 할 수 없다고 본다.[3]
(나) 사실심 변론종결 후에 참가신청을 하였으나 법원이 변론재개결정을 하지 않고 판결을 선고하였을 때: 독립당사자참가 신청은 부적법하게 되므로 각하하여야 한다는 견해와 독립의 소로 취급하여야 한다는 견해가 있다.
(다) 재심절차에서의 독립당사자참가: 확정된 판결에 대한 재심의 소는 확정된 판결의 취소와 본안사건에 관하여 확정된 판결에 갈음한 판결을 구하는 복합적 목적을 가진 것으로서 이론상으로는 재심의 허부와 재심이 허용됨을 전제로 한 본안심판의 두 단계로 구성되는 것이라고 할 수 있고, 따라서 재심소송이 가지는 위와 같은 복합적, 단계적인 성질에 비추어 볼 때, 제3자가 타인간의 재심소송에 독립당사자참가를 하였다면, 이 경우 제3자는 아직 재심대상판결에 재심사유 있음이 인정되어 본안사건이 부활되기 전에는 원·피고를 상대방으로 하여 소송의 목적의 전부나 일부가 자기의 권리임을 주장하거나 소송의 결과에 의하여 권리의 침해를 받을 것을 주장할 여지가 없는 것이고, 재심사유 있음이 인정되어 본안사건이 부활된 다음에 이르러서 비로소 위와 같은 주장을 할 수 있는 것이므로, 결국 제3자는 재심대상판결에 재심사유가 있음이 인정되어 본안소송이 부활되는 단계를 위하여 당사자참가를

---

1) 대법원 1991.1.25. 선고 90다4723 판결.
2) 대법원 1970.8.31. 선고 70누70,71 판결.
3) 대법원 1994.2.22. 선고 93다43682,51309 판결.

하는 것이라고 할 것이다.[1]

나. **참가이유가 있을 것:**　　　독립당사자참가는 소송목적의 전부나 일부가 자기의 권리라고 주장하는 권리주장참가와 소송결과에 따라 권리가 침해되었다고 주장하는 사해방지참가형식으로 나뉘어진다. 참가인은 위와 같은 참가형식에 해당하는 사실을 주장하여야 한다. 참가인이 그 참가가 권리주장참가인지 또는 사해방지참가인지의 여부를 명백히 밝히고 있지 않다면, 법원으로서는 석명권의 행사를 통하여 그 참가가 권리주장참가인지 사해방지참가인지의 여부를 명백히 한 연후에 참가의 적법 여부를 심리하였어야 할 것이다. 만약 법원이 이를 밝혀 보지도 아니한 채 참가인이 사해방지참가를 하는 것으로는 보이지 아니한다고 판단한 경우에는 석명권 불행사로 인한 심리미진의 위법이 있다.[2]

(1) 권리주장참가(법 제79조 1항 전단)

(가) **참가인이 원고의 본소청구와 양립할 수 없는 권리 또는 그에 우선할 수 있는 권리를 주장하여야 한다.** 권리주장참가는 소송의 목적의 전부나 일부가 자기의 권리임을 주장하면 되는 것이므로 참가하려는 소송에 수개의 청구가 병합된 경우 그 중 어느 하나의 청구라도 독립당사자참가인의 주장과 양립하지 않는 관계에 있으면 그 본소청구에 대한 참가가 허용된다고 할 것이고, 양립할 수 없는 본소청구에 관하여 본안에 들어가 심리한 결과 이유가 없는 것으로 판단된다고 하더라도 참가신청이 부적법하게 되는 것은 아니라고 할 것이다(주장설). 따라서 원고의 주위적, 예비적 동산인도청구 중 주위적 청구만이 소유권에 기초한 독립당사자참가인의 주장과 양립하지 않는 관계에 있는데, 본안판단 결과 주위적 청구를 기각하면서 그로 인하여 독립당사자참가가 부적법하게 되었다는 이유로 이를 각하할 수 없다.[3]

(나) 판례상 인정되는 구체적 사례를 보면, ① 원고가 건물의 증축부분의 소유권에 터 잡아 명도를 구하는 소송에서 참가인이 증축부분이 자기 소유임을 이유로 독립당사자참가신청을 한 경우, 주장 자체에 의해서 원고가 주장하는 권리와 참가인이 주장하는 권리가 양립할 수 없는 관계에 있다 할 것이므로, 비록 본안에 들어가 심리한 결과 증축부분이 기존건물에 부합하여 원고의 소유로 되었고 참가인의 소유로 된 것이 아니라고 판단되더라도, 이는 참가인의 청구가 이유 없는 사유가 될 뿐 참가신청이 부적법한 것은 아니며,[4] ② 소유권확인을 구하는 원고들의 본소청구에 대하여 참가인은 피고에 대하여 피고 명의의 소유권보존등기말소 및 토지가 참가인의 소유권임의 확인을 구하고 원고들에 대하여도 소유권확인을 구하는 경우에, 참가인은 피고에 대하여 일정한 청구를 하고 있음은 물론이고 원고들에 대하여도 일정한 청구를 하고 있으며, 원고들의 청구와 참가인의 청구는 서로 양립할 수 없는 관계에 있으며,[5] ③ 원고가 토지에 대한 점유취득시효가 완성되었음을 이유로 피고를 상대로 소유권이전등기를 구하는 본소에 대하여, 그 소유권의 귀속을 다투는 원고와 피고를 상대로 그 토지가 자신의 소유라는 확인을 구함과 아울러 원고에게 그 토지 중 원고가 점유하고 있는 부

---

1) 대법원 1994.12.27. 선고 92다22473,92다22480 판결.
2) 대법원 1994.11.25. 선고 94다12517,94다12524 판결.
3) 대법원 2007.6.15. 선고 2006다80322,80339 판결.
4) 대법원 1992.12.8. 선고 92다26772,26789 판결.
5) 대법원 1998.7.10. 선고 98다5708,5715 판결.

분의 인도를 구하는 독립당사자참가를 한 경우, 원고의 본소청구와 참가인의 청구는 그 주장 자체에서 서로 양립할 수 없는 관계에 있어 그들 사이의 분쟁을 1개의 판결로 모순 없이 일시에 해결할 경우에 해당하므로 독립당사자참가로서의 요건을 갖춘 적법한 것이다.[1]

[**대법원 2007.8.23. 선고 2005다43081,43098 판결**]   원고들은 독립당사자참가인(이하 '참가인'이라고 한다)에 대한 1997. 12. 24.자 간접강제결정(이하 '이 사건 간접강제결정'이라고 한다)을 집행권원으로 하여 참가인이 피고에 대하여 가지는 예금채권(이하 '이 사건 피전부채권'이라고 한다)에 대하여 압류 및 전부명령을 받은 다음, 이에 기하여 피고를 상대로 위 피전부채권의 지급을 구하는 소를 제기하였다. 한편 참가인은 위 간접강제결정에 대하여 참가인이 제기한 청구이의 소의 확정에 의해 그 간접강제결정의 집행력이 배제됨으로써 위 채권압류 및 전부명령도 효력을 상실하였기에 원고들이 위 피전부채권을 보유하는 것은 부당이득에 해당한다는 이유로 독립당사자참가를 하여 원고들에 대하여 원상회복으로 위 피전부채권의 양도와 그 채권양도통지의 의사표시를 구하고 있다. 독립당사자참가는 소송의 목적의 전부나 일부가 자기의 권리임을 주장하거나, 소송의 결과에 의하여 권리침해를 받을 것을 주장하는 제3자가 당사자로서 소송에 참가하여 3당사자 사이에 서로 대립하는 권리 또는 법률관계를 하나의 판결로써 서로 모순 없이 일시에 해결하려는 것이므로, **독립당사자참가인은 우선 참가하려는 소송의 당사자 양쪽 또는 한쪽을 상대방으로 하여 원고의 본소청구와 양립할 수 없는 청구를 하여야 하고, 그 청구는 소의 이익을 갖추는 외에 그 주장 자체에 의하여 성립할 수 있음을 요한다**(대법원 2005.10.17. 자 2005마814 결정 참조). 참가인은 위 청구이의 소가 확정됨으로써 채권압류 및 전부명령의 집행권원인 이 사건 간접강제결정의 집행력이 배제되었으니, 위 채권압류 및 전부명령은 효력이 없다고 주장하며 원고들에게 피전부채권의 양도 등을 구하고 있는바, 만일 위 주장의 취지가 위 채권압류 및 전부명령이 무효 또는 실효되었다는 취지라고 해석한다면, 논리적으로 무효인 위 전부명령에 의해 피전부채권이 원고들에게 이전될 수 없을 것이고, 따라서 참가인은 피전부채권을 보유하고 있지도 아니한 원고들을 상대로 그 피전부채권의 양도 등을 구하는 것이 되어 참가인의 원고들에 대한 청구는 주장 자체로 이유 없다 할 것이다. 만일 위 참가인 주장의 취지가 위 청구이의 소가 확정됨으로써 이 사건 간접강제결정의 집행력이 배제된 결과, 원고들이 전부명령에 기해 이 사건 피전부채권을 보유하는 것은 부당이득에 해당하므로 그 반환을 구한다는 취지라고 해석한다면, 참가인의 위 부당이득반환청구권은 원고들이 피고에 대하여 유효하게 위 전부금채권을 가지고 있음을 전제로 한 것이므로 원고들의 본소청구와 양립 가능한 것이라 할 것이다. 따라서 참가인의 원고들에 대한 독립당사자참가는 권리주장참가로서의 참가요건을 갖추지 못하였다고 할 것이다. **이 사건 참가를 사해방지참가로 본다고 하더라도, 사해방지참가는 원·피고가 소송을 통하여 제3자를 해칠 의사가 있다고 객관적으로 인정되고 그 소송의 결과 제3자의 권리 또는 법률상의 지위가 침해될 우려가 있다고 인정되어야만 할 것인데**(대법원 1999.5.28. 선고 98다48552,48569 판결 참조), 기록에 의하더라도 원고들이 피고를 상대로 피전부채권의 지급을 구하는 이 사건 본소가 참가인을 해하기 위한 사해소송임을 인정하기 어려우므로, 참가인의 독립당사자참가는 사해방지참가로서의 참가요건 역시 갖추지 못하였다고 할 것이다.

---

1) 대법원 1997.9.12. 선고 95다25886,25909 판결.

　　[대법원 1988.3.8. 선고 86다148,86다카762,86다카763,86다150,86다카764 판결] 원고 X
가 피고 Y와 사이에 체결된 매매계약의 매수당사자가 X라고 주장하면서 그 소유권이전등기
절차이행을 구하고 있고 이에 대하여 Z(참가인)는 자기가 그 매수당사자라고 주장하는 경우
라면, Z는 X에 의하여 자기의 권리 또는 법률상의 지위를 부인당하고 있는 한편, 그 불안을
제거하기 위하여서는 매수인으로서의 권리의무가 Z에 있다는 확인의 소를 제기하는 것이 유
효적절한 수단이라고 보여 지므로, 결국 Z가 Y에 대하여 그 소유권이전등기절차의 이행을
구함과 동시에 X에 대하여 소유권이전등기청구권 등 부존재확인의 소를 구하는 것은 확인의
이익이 있는 적법한 것이라고 할 것이므로 이사건 당사자참가는 적법하다. 이 사안은 Y와
체결된 하나의 매매계약사실을 두고 X와 Z가 서로 매수인이라고 주장하는 경우로서 통상의
부동산 2중 매매와는 사안이 다른 것이다.

　　[대법원 1991.12.24. 선고 91다21145,21152 판결] 가. 독립당사자참가는 소송의 목적의 전
부나 일부가 자기의 권리임을 주장하거나 소송의 결과에 의하여 권리의 침해를 받을 것을
주장하는 제3자가 당사자로서 소송에 참가하여 3당사자 사이의 3면적 소송관계를 하나의 판
결로써 모순 없이 일시에 해결하려는 것이므로, 종전당사자인 원고와 피고에 대하여 각 별개
의 청구가 있어야 하고 각 청구는 소의 이익을 갖춘 것이어야 한다. 나. 원고는 부동산을 피
고로부터 매수한 당사자가 소외 갑 회사라고 주장하면서 그 매매계약해제에 따라 위 회사가
피고에 대하여 취득한 중도금반환채권을 전부 받은 자로서 피고에게 그 이행을 구하고 있고
이에 대하여 참가인은 위 부동산의 매수인이 위 갑 회사 아닌 소외 을 회사라고 주장하며 그
회사의 중도금반환채권을 참가인이 양도받았다 하여 원고에 대하여는 참가인의 권리확인을
구하고 피고에 대하여는 위 금원의 지급을 구하고 있는 사건에 있어서 원고의 피고에 대한
전부금채권과 참가인의 피고에 대한 양수금채권은 어느 한 쪽의 채권이 인정되면 다른 한
쪽의 채권은 인정될 수 없는 것으로서 각 청구가 서로 양립할 수 없는 관계에 있고 이는 하
나의 판결로써 모순 없이 일시에 해결할 수 있는 경우에 해당한다고 할 것이고, 참가인은 원
고에 의하여 자기의 권리 또는 법률상의 지위를 부인당하고 있는 자로서 그 불안을 제거하
기 위하여 피고에 대한 위 중도금반환채권이 참가인에게 있다는 확인의 소를 제기하는 것이
유효적절한 수단이라고 할 것이므로 결국 참가인이 피고에 대하여 위 채권금액의 지급을 구
함과 동시에 원고에 대하여 채권확인의 소를 구한 것은 확인의 이익이 있는 적법한 청구라
고 할 것이어서 그 당사자참가는 적법하다.

　　(다) 부동산 이중매매의 경우:　　부동산 이중매매에 있어서 어느 매수인이 매도인에 대하
여 매매를 원인으로 한 소유권이전등기청구 소송을 제기하여 계속 중에 다른 매수인이 권리
주장참가를 할 수 있는지에 관하여 많은 논의가 있다.

　　① 통상의 이중매매와 관련한 전형적인 예는 제2매수인이 매도인을 상대로 소유권이전등
기청 구의 소를 제기하여 계속 중에 제1매수인이 원고에 대하여 소유권이전등기청구권의 확
인청구를, 피고에 대하여 소유권이전등기청구를 하면서 당사자참가를 하는 경우이다. 이에
관하여 위와 같은 형태의 독립당사자 참가를 허용할 것인지에 관하여 학설은 부정설과 긍정
설로 나뉜다.

　　② **부정설**은 이러한 참가인의 청구는 자신의 매도인에 대한 계약상의 권리를 주장하는
것이어서 원고의 청구와는 별개이고 또 원고가 주장하는 청구권이 자기에게 속한다고 주장

하는 것도 아니므로 참가를 허용할 수 없다고 한다(양립가능한 청구라는 것이다). 법상 편면 참가를 허용하고 있으나, 본소 피고에 대하여만 청구하면서 참가하는 경우에도, 그 소유권이 전등기청구권이 참가인에게만 속한다고 주장하는 것은 아니므로 결론이 달라질 수 없다고 한다.[1]

③ **긍정설**은 원고의 청구와 참가인의 청구와의 양립불가능은 참가인의 주장 자체에 의하여 인정되면 충분하고 따라서 본안심리의 결과 원고의 청구와 참가인의 청구가 양립된다고 하여도 그것 때문에 독립당사자참가가 부적법하게 되는 것은 아니라고 본다.

④ 구법 하에서의 판례는 참가인의 원고에 대한 청구가 확인의 이익이 없다는 점과 원고의 청구와 참가인의 청구가 양립한다는 점을 근거로 부정설을 취한다(아래 판례 참조).

⑤ 편면적 참가를 허용하는 신법 하에서는 첫 번째 근거는 더 이상 문제가 되지 않으나, 청구의 양립여부를 판례와는 달리 보지 않는 한 현행법 아래에서도 이중매매에 대한 독립당사자참가는 허용되지 않을 것이다.

> **[대법원 1991.4.9. 선고 90다13451,13468 판결]** 원고가 피고 甲에 대하여 소유권이전등기 절차이행을, 피고 乙에 대하여는 피고 甲을 대위하여 소유권이전등기 말소등기절차 이행을 청구하는 소송에서, 독립당사자참가인이 피고 乙에 대하여 소유권이전등기청구권이 있다는 이유로 권리주장참가를 한 경우 참가인이 피고 乙에 대하여 위 토지에 관하여 매매를 원인 으로 한 소유권이전등기청구권을 가지고 있다고 하더라도 그러한 청구권이 있다는 확인을 구할 법률상 이익이 있다고 볼 수 없고, 또 위 토지의 원래의 소유자인 피고 甲의 피고 乙에 대한 소유권이전등기말소 및 원고의 피고 甲에 대한 소유권이전등기절차이행청구와 참가인 의 피고 乙에 대한 소유권이전등기절차이행청구는 양립할 수 없는 별개의 청구도 아니어서 참가인의 권리주장참가는 부적법하다.

(2) 사해방지참가(법 제79조 1항 2문)

(가) 개념 및 요건

사해방지참가는 소송의 결과에 의하여 권리침해를 받을 것을 주장하는 제3자가 소송에 참가하는 형식을 말한다. 이 경우에는 원고와 피고가 당해 소송을 통하여 제3자를 해할 의사 를 갖고 있다고 객관적으로 인정되고 그 소송의 결과 제3자의 권리 또는 법률상의 지위가 침해될 염려가 있다고 인정되면, 제3자인 참가인의 청구와 원고의 청구가 논리상 서로 양립 할 수 있는 관계에 있더라도 독립당사자참가를 할 수 있다.[2]

(나) 권리침해의 의미

① **판결효설:** 본소판결의 효력(기판력 등과 판결의 반사적 효력 포함)이 제3자에게 미 치는 경우에 제3자가 그 소송을 방치하면 판결의 효력에 의하여 참가인의 권리가 침해될 경 우에 한한다는 견해이다.

② **사해의사설:** 본소의 당사자들이 당해소송을 통하여 참가인을 해할 의사를 가지고 있다고 객관적으로 인정될 때에는 참가를 허용하여야 한다는 견해이다.

---

1) 정동윤·유병현, 945면; 김홍엽, 842면.
2) 대법원 1998.4.24. 선고 97다57863,57870 판결.

③ 이해관계설:　　널리 당해 소송의 결과에 의하여 실질상 권리침해를 받을 수 있는 제3자는 참가할 수 있다고 보는 견해이다.

판례는 "사해방지참가는 본소의 원고와 피고가 당해 소송을 통하여 참가인을 해할 의사를 갖고 있다고 객관적으로 인정되고 그 소송의 결과 참가인의 권리 또는 법률상 지위가 침해될 우려가 있다고 인정되는 경우에 허용된다"[1]고 하여 사해의사와 권리침해의 우려를 별개의 요건으로 보고 각각의 요건을 모두 충족시켜야 한다는 입장이다.[2]

[**대법원 2001.8.24. 선고 2000다12785,12792 판결**] 근저당권설정등기의 불법말소를 이유로 그 회복등기를 구하는 본안소송에서 원고가 승소판결을 받는다고 하더라도 그 후순위 근저당권자가 있는 경우에는 바로 회복등기를 할 수 있는 것은 아니고 부동산등기법 제75조에 의하여 이해관계 있는 제3자인 후순위 근저당권자의 승낙서 또는 이에 대항할 수 있는 재판의 등본을 첨부하여야 하므로 원고로서는 후순위 근저당권자를 상대로 승낙을 구하는 소송을 별도로 제기하여 승소판결을 받아야 한다. 따라서 본안소송에서 원고가 승소판결을 받는다고 하더라도 그 기판력은 회복등기에 대한 승낙을 구하는 소송에는 미치지 아니한다. 이때 후순위 근저당권자는 그 소송에서 위 근저당권이 불법으로 말소되었는지의 여부를 다툴 수 있는 것이기는 하지만, 말소회복등기소송에서의 선순위 근저당권을 수인하여야 할 것이다. 그러므로 본안소송의 결과는 당연히 후순위 근저당권자를 상대로 승낙을 구하는 소에 사실상 영향을 미치게 됨으로써 후순위 근저당권자의 권리의 실현 또는 법률상의 지위가 침해될 염려가 있다 할 것이다. 따라서 후순위 근저당권자에게는 원·피고들에대한 근저당권부존재확인청구라는 참가소송을 통하여 후일 발생하게 될 이러한 불안 내지 염려를 사전에 차단할 필요가 있는 것이고, 이러한 참가소송은 사해판결로 인하여 초래될 이러한 장애를 방지하기 위한 유효적절한 수단이 된다고 할 것이다.

[**대법원 2014.6.12. 선고 2012다47548,47555 판결**] 채권자가 사해행위의 취소와 함께 수익자 또는 전득자로부터 책임재산의 회복을 명하는 사해행위취소의 판결을 받은 경우 취소의 효과는 채권자와 수익자 또는 전득자 사이에만 미치므로, 수익자 또는 전득자가 채권자에 대하여 사해행위의 취소로 인한 원상회복 의무를 부담하게 될 뿐, 채권자와 채무자 사이에서 취소로 인한 법률관계가 형성되거나 취소의 효력이 소급하여 채무자의 책임재산으로 복구되는 것은 아니다. 이러한 사해행위취소의 상대적 효력에 의하면, 원고의 피고에 대한 청구의 원인행위가 사해행위라는 이유로 원고에 대하여 사해행위취소를 청구하면서 독립당사자참가신청을 하는 경우, 독립당사자참가인의 청구가 그대로 받아들여진다 하더라도 원고와 피고 사이의 법률관계에는 아무런 영향이 없고, 따라서 그러한 참가신청은 사해방지참가의 목적을 달성할 수 없으므로 부적법하다. [위 판결의 사실관계는 다음과 같다] 원고는 피고에 대하여 2009. 6. 15.자 대물변제약정(이하 '이 사건 약정'이라 한다)을 청구원인으로 하여 피고 소유의 이 사건 건물에 관한 소유권이전등기를 청구하고 있고, 독립당사자참가인은 이 사건 약정이 사해행위에 해당한다는 이유로 원고에 대하여 사해행위취소를 청구하며 독립당사자참가신청을 하였다. 이에 대하여 원심법원은 독립당사자참가인의 참가신청이 적법함을 전제로 독립당사자참가인의 청구에 관하여 본안판단을 하였다. 그러나 대법원은 위와 같은 이유로 독립당사자참가인의 이 사건 참가신청은 사해소송의 방지라는 사해방지참가로서의 요

---

1) 대법원 2009.10.15. 선고 2009다42130,42147,42154,42161 판결.
2) 김홍엽, 962면.

건을 갖추지 못하였으므로 부적법하다는 판단을 하였다.

다. 참가의 취지

(1) **쌍면참가**:　　구법은 원칙적으로 아래의 판례에 나타난 바와 같이 엄격한 요건하의 쌍면참가만을 허용함으로써 독립당사자참가의 길을 매우 제한하고 있었다. 그리하여 독립당사자참가인은 소송목적의 전부나 일부가 자기의 권리임을 주장하거나, 소송의 결과에 의하여 권리침해를 받을 것을 주장하는 제3자가 당사자로서 참가하려는 소송의 원·피고에 대하여 본소청구와 양립할 수 없는 별개의 청구를 하여야 하고, 그 청구는 소의 이익을 갖추는 이외에 그 주장 자체에 의하여 성립할 수 있음을 요한다고 하였다.[1] 그러나 신법의 규정취지에 비추어 위와 같은 요건하의 쌍면참가와 더불어 완화된 형태의 편면참가는 허용된다. 다만 쌍면참가 사유에 해당하는 경우에는 반드시 쌍면참가를 하여야 한다.

(2) **편면참가**:　　당사자참가인들이 피고들에게만 소유권확인의 청구를 하고 원고들에게는 다만 그들의 피고들에 대한 청구의 기각만을 구할 뿐 적극적으로 독립된 청구를 하지 아니하는 경우이거나,[2] 형식상 별개의 청구가 있다고 하더라도 그 어느 한편에 대하여 소의 이익이 없는 때[3]에도 허용된다. 요컨대 참가인의 청구가 원고의 본소청구와 논리상 양립할 수 없거나, 양립하더라도 원고의 본소청구가 사해소송에 해당하는 등으로 합일확정의 필요가 있는 경우에는 본소의 어느 한쪽에 대한 청구만으로 참가가 가능하다.

라. 소의 병합요건을 갖출 것

마. 독립된 소로서의 요건을 갖출 것: 독립당사자참가로서 구하는 청구와 동일한 청구에 관하여 이미 소를 제기하여 그 소가 계속 중인 때에는 중복 소제기에 해당하여 부적법하다.

4. 참가절차

가. 참가신청

(1) 참가의 취지와 이유를 갖추어 본소가 계속된 법원에 제기하여야 한다.

(2) 참가신청은 소의 제기에 준하여 서면에 의한 신청과 해당 인지를 첨부하여야 한다.

(3) 종전의 당사자는 참가신청에 대하여 이의제기할 수 없다(다수설).

나. 중첩적 참가와 4면소송

(1) 중첩적 참가형태를 인정하는 것이 통설·판례이다. 즉 같은 본소의 소송당사자를 상대로 몇 사람이 순차로 각각 독립당사자 참가를 하고 참가인 사이에는 아무런 청구를 하지 아니하는 경우에는 몇 개의 독립당사자참가소송이 성립한다.[4] 이 경우에 각 독립당사자참가소송은 각각 소송관계인에게 합일적으로 판결이 확정하여야 할 관계에 있으나, 어느 참가인

---

1) 대법원 2001.9.28. 선고 99다35331,35348 판결.
2) 대법원 1992.8.18. 선고 92다18399,18405,18412 판결.
3) 대법원 1980.12.9. 선고 80다1775,1776 판결.
4) 대법원 1963.10.22. 선고 62다29 판결.

대 다른 참가인과 소송당사자 사이에 합일적 판결을 할 법률상 필요가 없고, 다만 같은 기회에 판결한다면 소송자료의 동일 등에 비추어 같은 결론으로 판결하는 것이 이론상 당연하지만 그것이 어떠한 이유로 서로 모순된 판결이 내렸다 하여 반드시 위법인 것은 아니라고 하였다.

(2) 4면소송의 허용여부

(가) 학　설

① 긍정설:　　제2참가인이 제1참가인까지 끌어넣어 4자간에 일거에 모순없이 분쟁을 해결하는 4면소송을 허용하여야 한다는 견해이다.

② 부정설:　　현재의 소송법 수준에 비추어 4면소송을 인정하기는 시기상조라는 견해이다.

(나) 판례:　　위 판례는 부정설을 취한 것으로 보인다.

(3) 독립당사자참가는 소송의 목적의 전부나 일부가 자기의 권리임을 주장하거나 소송의 결과에 의하여 권리의 침해를 받을 것을 주장하는 제3자가 독립한 당사자로서 원·피고 쌍방을 상대방으로 하여 소송에 참가하는 제도인데 반하여, 보조참가는 원·피고의 어느 일방의 승소를 보조하기 위하여 소송에 참가하는 것이므로, 독립당사자참가를 하면서 예비적으로 보조참가를 한다는 것은 허용될 수 없다.[1]

5. 참가소송의 심판

가. 참가요건과 소송요건의 조사: 법원은 직권으로 참가요건을 조사하고 흠이 있을 때에는 참가신청을 각하하여야 한다. 판례는 '당사자참가신청이 부적법하다 하더라도, 그 신청이 종전 당사자들을 상대로 하여 새로운 소를 제기하는 실질을 갖추고 있고, 당사자참가인이 본소와 함께 일거에 전면적으로 해결하려는 뜻을 강하게 표시하지 아니하는 한, 이를 각하하기보다는 본소에 병합하여 통상공동소송의 형태로 심리함이 온당하고 소송경제를 위하여도 바람직하다는 것은 독자적인 견해로서 받아들일 수 없다'고 하여 **독립당사자참가의 요건을 결여한 경우에 신청을 각하할 것이라 하였다.**[2] 이러한 판례와는 달리 다수설은 병합심리가 허용되지 않으면 별개의 독립한 소로서 심리하여야 한다는 입장이다.

나. 본안심판:　　필수적 공동소송에 관한 제67조 규정이 준용된다.

(1) 본안심리

(가) 소송자료의 통일

원·피고 및 참가인 가운데 한 사람에게 유리한 행위는 나머지 한사람에 대하여서도 유효한 소송행위가 된다. 두 당사자 사이에서 한 소송행위가 다른 한사람에게 불리한 행위이면 두 당사자 사이에서도 효력이 생기지 않는다. 즉 독립당사자참가소송은 동일한 권리관계에 관하여 원고, 피고 및 참가인 상호간의 다툼을 하나의 소송절차로 한꺼번에 모순 없이 해결하려는 소송형태로서 두 당사자 사이의 소송행위는 나머지 1인에게 불이익이 되는 한 두 당사자 간에도 효력이 발생하지 않는다.[3] 원·피고, 참가인 사이의 소송관계에 대하여 청구의

---

1) 대법원 1994.12.27. 선고 92다22473; 92다22480 판결.
2) 대법원 1993.3.12. 선고 92다48789,48796 판결.

포기·인낙, 화해나 상소취하는 세 당사자 사이의 소송관계의 합일확정이라는 목적에 반하기 때문에 허용되지 않는다.

(나) 소송진행의 통일

법 제79조에 의한 소송은 동일한 권리관계에 관하여 원고·피고 및 참가인 상호간의 다툼을 하나의 소송절차로 한꺼번에 모순 없이 해결하려는 소송형태로서 원고·피고·참가인 간의 소송절차는 필요적 공동소송에 있어서와 같이 기일을 함께 진행하여야 함은 물론 변론을 분리할 수 없다. 참가인이 불출석한 기일에 원고와 피고가 모두 출석하여 변론하였음에도 불구하고 그 이후의 변론기일에 참가인을 소환조차 하지 아니하고 원고와 피고만을 변론에 관여시킨 채로 원고의 청구에 대한 변론만을 진행하여 변론을 종결한 후 이에 대하여서만 판결을 한 경우에는 법 제79조의 적용을 그르친 위법이 있고, 이러한 잘못은 법원의 직권조사사항에 해당한다.[1]

3당사자 가운데 어느 한사람에게 소송절차의 중단·중지의 원인이 생긴 때에는 모든 소송절차가 정지된다. 상소기간은 각 당사자별로 진행하며 모든 당사자에 대하여 기간이 만료되어야 한다.

(2) 모순 없는 본안판결

반드시 1개의 전부판결로서 본소청구와 참가인의 청구 모두에 대하여 동시에 재판하여야 하고, 일부판결을 한 경우에 잔부에 대한 추가판결이 허용되지 않는다. 즉 독립당사자참가인 간의 소송에 대하여 본안판결을 할 때에는 위 3당사자를 판결의 명의인으로 하는 하나의 종국판결만을 내려야 하는 것이지 위 당사자의 일부에 관해서만 판결을 하는 것은 허용되지 않는다.

(3) 판결에 대한 상소의 효력

(가) 이심의 효력

① 독립당사자 참가신청을 각하한 경우: 제1심 판결에서의 참가인의 독립당사자참가신청을 각하하고 원고의 청구를 기각한 데 대하여 참가인은 항소기간 내에 항소를 제기하지 아니하였고 원고만이 항소한 경우, 위 독립당사자참가신청을 각하한 부분은 원고의 항소에도 불구하고 피고에 대한 본소청구와는 별도로 확정된다.[2]

② 본안에 대한 판결이 있은 경우: 원고와 독립당사자참가인의 청구를 모두 기각한 제1심 판결에 대하여 원고만이 항소하여도 원고의 청구부분뿐 아니라 참가인의 청구부분도 모두 확정이 차단되어 항소심법원에 계속 된다.[3]

③ 독립당사자참가소송에 있어서 패소한 원고와 수명의 피고들 중 일부 피고만이 상소한 때에는 피고들 상호간에 필수적 공동소송관계가 있지 않는 한 그 상소한 피고에 대한 관계에 있어서만 삼면소송이 상소심에 계속되는 것이고, 상소하지 아니한 피고에 대한 관계에 있어서의 삼면소송은 상소기간도과로써 확정된다.

(나) 상소하지 아니한 당사자의 지위: 독립당사자소송에 있어서 패소하고도 상소하지

---

3) 대법원 2009.1.30. 선고 2007다9030,9047 판결.
1) 대법원 1995.12.8. 선고 95다44191 판결.
2) 대법원 1992.5.26. 선고 91다4669,4676 판결.
3) 대법원 1981.12.8. 선고 80다577 판결.

아니한 당사자의 패소부분도 상소심으로 이심될 때 그의 상소심에서의 지위에 관하여, 67조 1항을 준용하여 상소인으로 된다는 견해(상소인설), 67조 2항을 준용하여 피상소인으로 된다는 견해(피상소인설), 승소자에 대해서는 상소인이 되고, 상소를 제기한 패소자에 대하여는 피상소인이라는 특수한 지위에 있다는 견해(상대적 2중지위설), 상소인도 피상소인도 아닌 단순한 상소심의 당사자에 불과하다고 보는 상소심당사자설(통설 및 판례)이 있다. 상소심당사자설에 따르면, 패소하고도 상소하지 않은 당사자는 상소취하권이 없고, 상소비용도 부담하지 않으며, 상소심의 심판대상도 실제 상소를 제기한 당사자의 상소취지에 나타난 불복범위에 한정된다.

(다) 불이익 변경금지원칙의 배제: 독립당사자참가소송은 동일한 권리관계에 관하여 원고, 피고, 참가인이 서로간의 다툼을 하나의 소송절차로 한꺼번에 모순 없이 해결하는 소송형태로서, 독립당사자참가가 적법하다고 인정되어 원고, 피고, 참가인간의 소송에 대하여 본안판결을 할 때에는 위 세 당사자를 판결의 명의인으로 하는 하나의 종국판결을 선고함으로써 위 세 당사자들 사이에서 합일확정적인 결론을 내려야 한다. 이러한 본안판결에 대하여 일방이 항소한 경우에는 제1심판결 전체의 확정이 차단되고 사건 전부에 관하여 이심(移審)의 효력이 생긴다. 이때 **항소심의 심판대상은 실제 항소를 제기한 자의 항소취지에 나타난 불복범위에 한정하되 위 세 당사자 사이의 결론의 합일확정의 필요성을 고려하여 그 심판의 범위를 판단하여야 한다. 이에 따라 항소심에서 심리·판단을 거쳐 결론을 내림에 있어 위 세 당사자 사이의 결론의 합일확정을 위하여 필요한 경우에는 그 한도 내에서 항소 또는 부대항소를 제기한 바 없는 당사자에게 결과적으로 제1심판결보다 유리한 내용으로 판결이 변경되는 것도 배제할 수는 없다.**[1] 예컨대 원고의 항소 및 참가인의 부대항소 중 ① '참가인의 피고에 대한 제1심 승소 부분'의 취소를 구하는 원고의 참가인에 대한 항소 및 '원고의 피고에 대한 제1심 승소 부분'의 취소를 구하는 참가인의 원고에 대한 부대항소를 각 인용하여, 제1심판결 중 피고의 원고 및 참가인에 대한 각 패소 부분을 취소하고, 그 부분에 해당하는 원고 및 참가인의 피고에 대한 청구를 각 기각하고, ② '원고의 피고에 대한 제1심 패소 부분'의 취소를 구하는 원고의 피고에 대한 항소 및 '참가인의 피고에 대한 제1심 패소 부분'의 취소를 구하는 참가인의 피고에 대한 부대항소를 각 기각함으로써, **결국 제1심판결에서 각 일부씩 인용되었던 원고의 피고에 대한 청구와 참가인의 피고에 대한 청구 부분까지 원심에서 모두 기각되는 결과가 되어, 제1심판결에 대하여 항소 또는 부대항소를 제기한 바 없는 피고에 대하여 제1심판결보다 더 유리한 내용의 원심판결이 선고될 수도 있는 것이다.** 그러나 독립당사자참가소송에서 원고승소 판결에 대하여 참가인만이 상소를 했음에도 상소심에서 원고의 피고에 대한 청구인용 부분을 원고에게 불리하게 변경할 수 있는 것은 참가인의 참가신청이 적법하고 나아가 **합일확정의 요청상 필요한 경우에 한한다. 독립당사자참가소송에서 원고의 피고에 대한 청구를 인용하고 참가인의 참가신청을 각하한 제1심판결에 대하여 참가인만이 항소하였는데, 참가인의 항소를 기각하면서 제1심판결 중 피고가 항소하지도 않은 본소 부분을 취소하고 원고의 피고에 대한 청구를 기각한 것은 부적법하다.**[2]

---

1) 대법원 2007.10.26. 선고 2006다86573,86580 판결.
2) 대법원 2007.12.14. 선고 2007다37776,37883 판결.

[예제] [제50회 사법시험(2008년도)] A토지에 관하여 甲으로부터 乙 앞으로 매매를 원인으로 한 소유권이전등기가 마쳐져 있다. 甲은 乙을 상대로 乙이 등기관련 서류를 위조하여 위 등기를 이전하였다고 주장하면서 소유권이전등기 말소등기청구의 소를 제기하였다.

4. 소송이 진행되던 중, 丁은 A토지가 자신의 소유라고 주장하면서 甲을 상대로 소유권확인을, 乙을 상대로 진정명의회복을 위한 이전등기를 각각 청구하면서 독립당사자참가를 하였다. 제1심 법원은 丁의 청구를 기각하고, 甲의 청구를 인용하는 판결을 선고하였다. 이에 대하여 丁만 항소하였고, 제2심 법원은 심리한 결과 丁의 청구가 이유 있다고 판단하였다. 이 경우 제2심 법원은 어떠한 판결을 하여야 하는가? (15점)

[해설] Ⅰ. 주요논점: 상소의 효력이 甲의 乙에 대한 청구에도 미치는지, 상소하지 않은 당사자의 상소심에서의 지위, 불이익변경금지 원칙의 배제 여부

Ⅱ. 상소의 효력

1. 이심설

2. 분리확정설

3. 판례: 이심설을 취한다.

4. 결론

Ⅲ. 상소하지 않은 당사자의 상소심에서의 지위

1. 학설 2. 결론

Ⅳ. 불이익변경금지 원칙의 배제여부

1. 배제여부의 판단 기준: 판례는 (1) 참가인의 참가신청이 적법하고, (2) 합일확정의 요청상 필요한 경우에는 항소를 제기한 바 없는 당사자에게 결과적으로 1심판결보다 유리한 내용으로 판결이 변경될 수 있다고 하여 불이익변경금지 원칙의 적용이 배제된다고 하였다.

2. 소결론: 본 사안에서 丁의 甲·乙에 대한 청구가 모두 이유있어 甲·乙·丁 사이의 판결의 합일확정을 위하여 甲의 乙에 대한 말소등기청구는 기각되어야 한다. 따라서 항소를 제기하지 않은 乙에게 유리한 내용으로 판결이 변경되므로 본 사안에서 불이익변경금지 원칙의 적용이 배제된다.

Ⅴ. 사안의 해결

1. 丁의 항소에 대하여: 제1심 판결을 취소하고, 丁의 甲·乙에 대한 청구를 모두 인용

2. 甲의 乙에 대한 청구에 대하여: 乙은 항소를 제기한 바 없으나, 甲·乙·丁 사이의 판결의 합일확정을 위하여 이 부분에 대한 제1심 판결을 취소하고, 甲의 청구를 기각한다.

6. 단일소송 또는 공동소송으로의 환원

가. 본소가 취하, 각하로 인하여 소멸한 때.

(1) 본소취하에 대하여 본소피고(응소하였을 때)와 참가인의 동의가 있어야 한다.

(2) 본소취하·각하의 효력: 편면참가의 경우에는 본소가 소멸하면 참가인과 원고 또는 참가인과 피고 사이의 단일 소송으로 남는다. 쌍면참가의 경우에는 아래와 같은 학설이 있다.

① 공동소송 잔존설: 독립당사자 참가인의 본소 원·피고를 공동피고로 한 소송형태로 존속한다는 견해이다.

② 전면종료설: 독립당사자참가의 당초의 목적이 소멸하므로 3면소송이 종료된다는 견해이다.

③ 판례: 독립당사자참가소송에서의 본소가 적법하게 취하된 경우에는 삼면소송관계는 소멸하고 그 이후부터는 당사자참가인의 원·피고들에 대한 청구가 일반 공동소송으로 남아 있게 된다고 하여 ①설을 취한다.[1]

나. 참가신청의 취하·각하

(1) 원·피고의 참가신청 본안에 관한 변론이 있은 때에는 참가신청의 취하에는 본래의 소송에서의 원·피고의 동의가 있어야 한다.

(2) **효력**: 참가소송은 이탈되고 본 소송만으로 환원된다. 이때 참가인이 제출한 증거방법은 원·피고 당사자가 원용하지 않는 한 원·피고간의 소송에 있어서 증거판단 할 필요가 없다.

다. 소송탈퇴(제80조)

(1) **법적 성질**

(가) 조건부 청구의 포기·인낙설: 종전 당사자(원·피고)중 어느 한 쪽이 자기의 상대방과 참가인간의 소송결과에 전면적으로 승복할 것을 조건으로 소송에서 물러서는 것이다. 이에 의하여 참가인의 상대방에 대한 소송관계만이 남게 되고, 본소와 참가인, 탈퇴자간의 소송관계는 종료된다고 보는 견해이다.

(나) 소송담당설: 결과에 대한 전면승복이라기 보다는 소송수행권만을 열의를 가진 남은 두 당사자에게 맡겨 소송담당을 하게 하는 것일 뿐 탈퇴자의 소송관계는 그대로 남는다는 견해이다.

(2) **상대방 당사자의 승낙 이외에 참가인의 승낙도 필요로 하는가?**

참가인의 승낙은 불필요하다는 것이 통설이다.

(3) **판결의 효력은 탈퇴자에게도 미친다(제80조 단서)**

그 효력의 법적 성격에 관하여, 참가적 효력설, 기판력설, 기판력 및 집행력설(통설)이 있다.

(4) 독립당사자참가 소송에서 탈퇴할 수 있는 것은 원고 또는 피고이고, 참가인은 참가신청을 취하할 수 있을 뿐이므로 독립당사자참가인이 소송탈퇴서를 제출한 것은 그 참가신청을 취하한 취지라고 보아야 할 것이다.[2]

(5) 사해방지참가의 경우에도 종전의 당사자는 소송탈퇴를 할 수 있다고 보아야 한다(다수설).

[예제] [제36회 사법시험] [제1문] 甲은 골동품상 乙이 전시를 위해 빌려간 고려청자 1점을 돌려주지 않자, 소유물반환청구의 소를 제기하였던 바, 丙이 청자의 소유권을 주장하고 나섰다. 다음에 답하시오.

(1) 丙이 甲, 乙 양자를 상대로 각각 소유권확인청구를 하여 甲, 乙 간의 소송에 참가한 경우, 甲은 乙의 동의를 얻어 본소를 취하할 수 있는가?

(2) 이 소송에서 甲이 승소하고 乙과 丙은 패소하였던 바, 乙만이 항소하였다. 이 때 丙의

---

1) 대법원 1991.1.25. 선고 90다4723 판결.
2) 대법원 2010.9.30. 선고 2009다71121 판결.

소송상 지위는?

(3) 항소심에서 심리한 결과, 제1심과는 달리 위 청자는 丙의 소유로 인정되었다. 항소심은 어떻게 판결을 할 것인가?

[해설] [제1문] Ⅰ. 주요논점: 독립당사자참가의 적법성, 독립당사자참가 후의 본소취하, 참가인의 동의가 있어야 한다.

Ⅱ. 丙의 독립당사자참가의 적법여부: 丙의 소송참가는 권리주장참가로서, 甲의 청구와 주장자체에 의하여 양립불가한 것으로 적법하다.

Ⅲ. 참가소송의 심판

1. 독립당사자참가 소송의 심리절차에는 필수적 공동소송에 관한 규정이 적용된다.

2. 소송자료의 통일

3. 소송진행의 통일

4. 본소취하의 경우: 본소에 대하여 피고의 본안에 대한 응소가 있은 때에는 본소 피고 및 참가인의 동의가 있어야 한다.

5. 사안의 경우: 甲의 청구에 대하여 乙이 응소한 경우에는 乙의 동의 외에 丙의 동의가 있어야 본소를 취하할 수 있다.

Ⅳ. 결론: 甲은 乙의 동의만으로 본소를 취하할 수 없다.

[제2문, 제3문] 앞의 예제 해설 참조.

Ⅴ. 공동소송참가

1. 의의(법 제83조):　　　공동소송참가는 소송목적이 한쪽 당사자와 제3자에게 합일적으로 확정되어야 할 경우에 그 제3자가 계속 중의 소송에 공동소송인으로 참가하는 것을 말한다. 기판력의 적용을 받는 제3자가 별소를 제기하거나 제기당하는 것보다 계속 중인 소송의 공동소송인이 되어 소송을 수행함으로써 소송경제를 도모하는 등의 목적을 달성하기 위하여 둔 제도이다.

[대법원 2002.3.15. 선고 2000다9086 판결] ① 주주의 대표소송에 있어서 원고 주주가 원고로서 제대로 소송수행을 하지 못하거나 혹은 상대방이 된 이사와 결탁함으로써 회사의 권리보호에 미흡하여 회사의 이익이 침해될 염려가 있는 경우 그 판결의 효력을 받는 권리 귀속주체인 회사가 이를 막거나 자신의 권리를 보호하기 위하여 소송수행 권한을 가진 정당한 당사자로서 그 소송에 참가할 필요가 있으며, **회사가 대표소송에 당사자로서 참가하는 경우 소송경제가 도모될 뿐만 아니라 판결의 모순·저촉을 유발할 가능성도 없다는 사정**과, 상법 제404조 제1항에서 특별히 참가에 관한 규정을 두어 주주의 대표소송의 특성을 살려 회사의 권익을 보호하려한 입법 취지를 함께 고려할 때, **상법 제404조 제1항에서 규정하고 있는 회사의 참가는 공동소송참가를 의미하는 것으로 해석함이 타당하고, 나아가 이러한 해석이 중복제소를 금지하고 있는 민사소송법 제234조에 반하는 것도 아니다.** ② 비록 원고 주주들이 주주대표소송의 사실심 변론 종결 시까지 대표소송상의 원고 주주 요건을 유지하지 못하여 종국적으로 소가 각하되는 운명에 있다고 할지라도 회사인 원고 공동소송참가인의 참가 시점에서는 원고 주주들이 적법한 원고적격을 가지고 있었다고 할 것이어서 회사인

원고 공동소송참가인의 참가는 적법하다고 할 것이고, 뿐만 아니라 원고 주주들의 주주대표소송이 확정적으로 각하되기 전에는 여전히 그 소송계속 상태가 유지되고 있는 것이어서, 그 각하판결 선고 이전에 회사가 원고 공동소송참가를 신청하였다면 그 참가 당시 피 참가 소송의 계속이 없다거나 그로 인하여 참가가 부적법하게 된다고 볼 수는 없다. ③ 공동소송참가는 항소심에서도 할 수 있는 것이고, 항소심절차에서 공동소송참가가 이루어진 이후에 피 참가 소가 소송요건의 흠결로 각하된다고 할지라도 소송의 목적이 당사자 일방과 제3자에 대하여 합일적으로 확정될 경우에 한하여 인정되는 공동소송참가의 특성에 비추어 볼 때, 심급이익 박탈의 문제는 발생하지 않는다.

2. 참가의 요건

가. 소송계속 중일 것: 항소심에 계속 중인 때에도 가능하다. 상고심계속 중인 때에도 가능하다는 것이 통설이나 판례는 반대[1]하고 있다.

나. 당사자적격이 있을 것

(1) 참가자는 공동소송인으로 참가하는 것이므로 당사자적격을 구비하여야 한다. 따라서 당사자적격이 없거나, 당사자적격이 있더라도 중복소제기에 해당하는 경우이거나, 당사자적격자이지만 제소기간이 도과된 자의 경우에는 공동소송참가를 할 수 없고 공동소송적 보조참가를 할 수 있을 뿐이다.

(2) **주주대표소송의 경우:** 판례는 위에서 소개한 바와 같이 회사가 원고 측에 참가하는 것은 공동소송참가이지만 중복제소가 아니라고 한다. 이러한 판례에 대하여 주주대표소송이 제기되어 그 소송의 판결의 효력을 받을 지위에 있는 회사가 공동소송참가의 형태로 소제기와 같은 형태로 참가한다면 공동소송참가는 중복소송이 될 것이므로 부적법하다는 반대 견해[2]가 있다.

(3) **채권자대위소송이 계속 중인 경우에 채무자 본인이 참가하는 경우:** 채무자가 계속 중인 채권자대위소송에 공동소송인으로 참가하는 경우에는 중복소송이 될 것이므로 채무자의 참가를 공동소송적 보조참가로 보아야 한다는 견해가 통설이다.

채무자가 채권자대위소송의 제기 사실을 고지받음으로서 대위소송의 계속사실을 알게 된 경우에는 채무자는 스스로 제3채무자를 상대로 소를 제기할 수 있는 당사자적격을 상실하게 되어 공동소송적 보조참가만이 가능하게 된다. 그러나 이러한 당사자적격성의 상실은 적법한 대위권의 존재를 전제로 하는 것이므로 채무자가 채권자대위소송을 제기한 채권자의 피보전채권의 존재를 다투면서 독립당사자참가를 하는 경우에는 적법한 참가로 볼 것이다.[3] 즉, 채무자가 채권자대위권의 적법성을 다투면서 독립당사자참가를 하는 경우에는 중복소송의 문제는 생기지 않는다. 이 때 심리결과 채권자의 피보전채권이 인정되어 채권자대위소송을 제기할 수 있는 적격자로 판명되면, 채무자에 의한 독립당사자참가는 소송수행권이 없이 한 것으로 되어 당사자적격의 흠결로서 독립당사자참가신청을 각하하여야 할 것이다.

---

1) 대법원 4292민상853 판결.
2) 이시윤, 716면.
3) 김홍엽, 998면.

다. 합일확정 될 경우일 것

(1) 공동소송참가는 다른 사람 사이의 판결의 효력이 참가인에게도 미치는 경우(소송목적의 합일확정)에 허용되는 것이다. 참가인과 피 참가인 간에는 필수적 공동소송관계가 성립한다.

> **[대법원 2001.7.13. 선고 2001다13013 판결]** 공동소송참가는 타인간의 소송의 목적이 당사자 일방과 제3자에 대하여 합일적으로 확정될 경우 즉, 타인간의 소송의 판결의 효력이 제3자에게도 미치게 되는 경우에 한하여 그 제3자에게 허용되는바, 학교법인의 이사회의 결의에 하자가 있는 경우에 관하여 법률에 별도의 규정이 없으므로 그 결의에 무효사유가 있는 경우에는 이해관계인은 언제든지 또 어떤 방법에 의하든지 그 무효를 주장할 수 있고, 이와 같은 무효주장의 방법으로서 이사회결의무효확인소송이 제기되어 승소확정판결이 난 경우, 그 판결의 효력은 위 소송의 당사자 사이에서만 발생하는 것이지 대세적 효력이 있다고 볼 수는 없으므로, 이사회결의무효확인의 소는 그 소송의 목적이 당사자 일방과 제3자에 대하여 합일적으로 확정될 경우가 아니어서 제3자는 공동소송참가를 할 수 없다.

(2) **고유필수적 공동소송의 경우**: 고유필수적 공동소송의 경우 공동소송인으로 되어야 할 당사자가 누락된 경우에는 당사자추가(제68조)에 의하여 당사자적격을 보완할 수 있다. 그러나 항소심에서는 추가가 허용되지 않으므로 항소심에서는 공동소송참가에 의하여서만 당사자적격의 보완이 가능할 것이다.

3. 참가절차와 효과

가. 공동소송참가의 방식은 보조참가 신청에 관한 규정을 준용한다(법 제83조 2항).

나. 공동소송참가 요건이 결여되어 있지만 단순 보조참가 또는 공동소송적 보조참가의 요건을 갖추었으면 이러한 형식의 참가로 보아도 무방할 것이다.

4. 공동소송참가인의 소송상 지위

참가인은 피 참가인의 행위에 구애받지 않고 독자적으로 소송행위를 할 수 있다.

제11장 당사자의 변경

제1절 임의적 당사자의 변경

I. 의   의

1. 임의적 당사자의 변경이라 함은 소송계속 중 당사자의 임의의 의사에 의하여 당사자가 교체 또는 추가되는 것을 말한다. 넓은 의미에서는 당사자의 의사에 의하여 종전의 원고나 피고에 갈음하여 제3자를 소송절차에 가입시키거나 종전의 당사자에 추가하여 제3자를 가입시키는 것(당사자의 교체 및 추가)을 의미한다. 좁은 의미에서는 당사자의 교체만을 의미한다.

2. 임의적 당사자의 변경은 소송계속 중에 분쟁주체인 지위가 포괄적으로 승계되거나(당연승계), 특정적으로 승계되는 경우(참가승계 및 인수승계)에 피승계인이 물러나고 승계인이 들어섬으로써 생기게 되는 소송승계와는 구별된다. 한편 임의적 당사자의 변경은 당사자의 동일성을 해치는 것이므로 이를 유지하는 당사자표시정정과도 구별된다.

II. 인정여부

1. 학   설

소송경제 및 소송진행 중에 밝혀진 상황에 맞춘 탄력적인 소송수행을 위해서 우리의 통설은 임의적 당사자변경을 지위의 승계가 없는 당사자의 변경으로 보고 당연히 그리고 일반적으로 허용되어야 할 것이라고 한다.

2. 판   례

단순한 표시의 정정 이외의 임의적 당사자변경을 허용하지 않고 있다. 즉 권리능력 없는 사단인 부락의 구성원 중 일부가 제기한 소송(즉, 구성원 중 일부를 원고로 표시한 경우)에서 당사자인 원고의 표시를 부락으로 정정함은 당사자의 동일을 해하는 것으로서 허용되지 아니한다고 하였다.[1]

---

1) 대법원 1994.5.24. 선고 92다50232 판결.

[대법원 1999.8.24. 선고 99다14228 판결] 원고가 자신을 고유의 의미의 종중 또는 종중에 유사한 권리능력 없는 사단이라고 하면서 그 실체에 관하여 주장하는 사실관계의 기본적 동일성이 유지되고 있다면 이는 당사자의 변경에 해당하지 아니하므로 법원은 그 실체에 따라 종중의 법률적 성격을 달리 평가할 수 있으나, 원고가 자신을 고유의 의미의 종중 또는 종중에 유사한 권리능력 없는 사단이라고 하면서 구성원의 범위 등 그 실체에 관한 사실을 당초의 주장과 달리 변경하는 경우에는 이는 당사자 변경의 결과를 가져오는 것으로서 허용될 수 없으므로, 법원으로서도 원고가 당초에 주장한 바와 같은 종중이 실재하는지, 그 대표자에게 원고 종중의 대표자로서의 대표 자격이 있는 것인지 여부를 판단하여, 만일 그와 같은 종중이 실재하지 아니하거나 대표자의 대표 자격이 인정되지 아니하면 소는 부적법한 것으로서 각하하여야 하고, 변경된 주장에 따른 종중 등이 실재한다고 하여 이를 원고로 인정하여서는 아니 된다고 할 것이다. 원고가 원심에서 원고 종중의 실체에 대하여 주장하고 있는 사실인, 원고 종중은 위 OO공 및 XX공의 후손들을 구성원으로 하여 자연발생적으로 형성된 고유 의미의 종중이라는 것과 원고 종중은 위 후손 중 주로 아산시 OO리와 같은 리 뭣골에 거주하는 후손 약 37명을 회원으로 하여 1983. 2. 27. 성립된 법인격 없는 사단으로서의 종중이라는 것은 그 구성원이나 구성경위 등 실체에 관한 사실관계를 달리하는 것이므로, 앞에서 본 법리에 비추어 전자의 종중과 후자의 종중은 서로 다른 단체라고 할 수밖에 없고, 원고가 원고 종중의 실체에 대하여 위와 같이 전자 또는 후자의 단체로 주장하는 것은 결국 당사자인 원고 자신의 예비적 변경을 가져오는 결과가 되어 허용될 수 없으므로, 법원으로서도 원고가 당초에 주장한 바와 같은 전자의 종중으로서 실재하는지, 대표자에게 그 종중의 대표자로서의 대표 자격이 있는 것인지 여부를 판단하여, 만일 그와 같은 종중이 실재하지 아니하거나 위 대표 자격이 인정되지 아니하면 소는 부적법한 것으로서 각하하여야 하며, 변경된 주장에 따라 후자의 종중이 실재한다고 하여 곧바로 이를 원고로 인정하여서는 아니 된다고 할 것이다. 한편, 소송 당사자인 종중의 법적 성격에 관한 당사자의 법률적 주장이 무엇이든 그 실체에 관하여 당사자가 주장하는 사실관계의 기본적 동일성이 유지되고 있다면, 이는 당사자변경에 해당하지 아니하고, 그 경우 법원은 직권으로 조사한 사실관계에 기초하여 당사자가 주장하는 단체의 실질이 종중인지 혹은 종중 유사단체인지, 공동선조는 누구인지 등을 확정한 다음 그 법률적 성격을 달리 평가할 수 있는 것이고, 이를 기초로 당사자능력 등 소의 적법 여부를 판단하여야 할 것이다.[1]

3. 성문법규정을 통하여 허용되는 경우

가. 필수적 공동소송인 추가(법 제68조) 및 예비적 · 선택적 공동소송인의 추가(법 제70조에 의한 제68조의 준용).

나. 피고의 경정(법 제260조, 제261조)

다. 행정소송법, 가사소송법은 일찍이 피고의 경정을 허용하고 있었다.

---

1) 대법원 2008.10.9. 선고 2008다45378 판결.

4. 법적 성질

가. 소의 변경설: 당사자도 소의 구성요소이므로 당사자변경은 소 변경이 된다는 견해이다. 신 당사자는 그와 관계없는 구 당사자의 소송행위의 효력을 받게 된다는 것이 결점이다.

나. 신소제기 구소취하설(결합설): 신 당사자에게는 신소제기이고, 구 당사자에게는 구소취하라는 두 개의 소송행위가 결합되어 있다고 보는 견해로서 판례 및 다수설의 입장이다.[1]

다. 특수행위설(독자 제도설): 당사자의 변경을 생기게 할 목적으로 이루어진 특수한 단일행위로 그 나름의 독자적 요건과 효과를 가지는 제도로 보아야 한다는 견해이다.

Ⅲ. 피고의 경정 및 필수적 공동소송인의 추가

1. 일 반 론

가. 법 규정을 통하여 허용되는 경우에 한한다.

나. 요건상의 특색
(1) 원고의 신청이 있을 것
(2) 제1심 법원에 계속 중일 것: 다만 가사소송법 및 행정소송법상 피고의 경정은 제1심에 국한되지 않으므로(가사 제15조 1항, 행정 제14조 1항), 사실심 변론종결시까지 피고를 경정할 수 있다.

2. 피고의 경정

가. 요 건
(1) 원고가 피고를 잘못 지정한 것이 명백할 것. 피고만을 바꾸는 것이므로 교체 전후의 소송물이 동일하여야 한다. 피고경정 제도의 취지를 살리고 탄력성 있는 소송수행을 할 수 있도록 하기 위하여 피고 지정에 잘못이 분명하면, **원고가 피고를 잘못 지정한 것이 증거조사를 거친 사실인정을 통하여 비로소 밝혀진 경우에도 피고경정을 허용하여야 한다는 견해도 있으나, 판례는 반대이다.** 예컨대, 원고가 공사도급계약 상 기재된 Y를 피고로 하여 소송을 제기하였다가 변론에서의 Y의 답변이나 증거를 조사한 결과 실질적 수급인은 Y가 아니라 Z인 것으로 밝혀지자 피고를 Y에서 Z로 경정하는 신청을 할 수 있는가? 판례[2]는 '민사소송법 제234조의2(개정법 제260조) 1항 소정의 「피고를 잘못 지정한 것이 명백한 때」라고 함

---

1) 필수적 공동소송인의 추가에 관한 법 제68조 3항의 규정이나 피고의 경정에 관한 법 제260조 및 제261조 규정은 종래의 통설인 결합설(복합설)을 입법적으로 채택하였다고 보는 견해가 있다(김홍엽, 986면).
2) 대법원 1997.10.17. 자 97마1632 결정.

은 청구취지나 청구원인의 기재내용 자체로 보아 원고가 법률적 평가를 그르치는 등의 이유로 피고의 지정이 잘못된 것이 명백하거나 법인격의 유무에 관하여 착오를 일으킨 것이 명백한 경우 등을 말하고, 피고로 되어야 할 자가 누구인지를 증거조사를 거쳐 사실을 인정하고 그 인정사실에 터 잡아 법률판단을 해야 인정할 수 있는 경우는 이에 해당하지 않는다고 하였다.[1]

(2) 행정소송에서 원고가 처분청이 아닌 행정관청을 피고로 잘못 지정하였다면 법원으로서는 석명권을 행사하여 원고로 하여금 피고를 처분청으로 경정하게 하여 소송을 진행케 하여야 할 것이다.[2]

(3) **원고의 경정**: 판례는 부정적이나, 학설은 신 원고의 동의가 있으면 법 제68조 1항 단서 규정을 유추내지 확장해석하여 허용하여야 한다고 보는 견해가 다수설이다.

(4) 교체 전후를 통하여 소송물이 동일할 것을 요한다.

(5) 피고가 본안에 관하여 준비서면을 제출하거나 변론준비기일 또는 변론기일에 변론한 때에는 피고의 동의(법 제260조 1항 단서)가 있어야 한다.

(6) 가사소송이나 행정소송에서는 사실심 법원의 변론종결 시까지 피고의 경정이 가능할 것이나,[3] 민사소송에서는 제1심 법원의 변론종결 시까지만 허용된다(법 제260조 1항 본문).

나. 신청절차

(1) **원고가 서면으로 신청하여야 한다(법 제260조 2항).**

(2) 원고의 경정신청에 대하여 법원은 허·부 결정을 하고 피고에게 송달하여야 한다(법 제261조 1항).

(3) 경정신청 기각결정에 대하여는 당사자는 통상항고를 할 수 있다(법 제439조).

[대법원 1992.10.9. 선고 92다25533 판결] 민사소송법 제234조의2에 의하여 피고경정신청을 허가하는 제1심 법원의 결정에 대하여는 같은 법 제234조의3 제3항에 의하여 종전의 피고가 이에 대한 동의가 없었음을 사유로 하는 경우에 한하여 즉시항고를 할 수 있는 이외에는 달리 불복할 수 없다고 보아야 하고, 더욱이 피고경정신청을 한 원고가 그 허가결정의 부당함을 내세워 불복하는 것은 허용될 수 없다 할 것이므로, 이러한 허가결정의 당부는 같은 법 제234조의3 제3항에 의한 즉시항고 외에는 불복할 수 없는 종국판결 전의 재판에 관한 것이어서 같은 법 제362조 단서에 의하여 항소심 법원의 판단대상이 되지 아니한다.

(3) 효 과

(가) 종전 피고에 대한 소 취하

(나) 종전 피고의 소송행위의 효력: 종전의 소송수행의 결과는 신 피고에게는 원칙적으

---

1) 피고경정의 요건에 해당하지 않을 경우에 그 대상자를 상대로 하여 예비적·선택적 공동소송인으로 추가하는 방법을 취할 수도 있을 것이다(같은 취지: 김홍엽, 1024면; 물론 법 제70조의 요건을 충족하여야 할 것이다).
2) 대법원 1990.1.12. 선고 89누1032 판결.
3) 대법원 2006.2.23. 자 2005부4 결정: 행정소송법 제14조에 의한 피고경정은 사실심 변론종결에 이르기까지 허용되는 것으로 해석하여야 할 것이고, 굳이 제1심 단계에서만 허용되는 것으로 해석할 근거는 없다.

로 효력이 없다. 다만 신 피고가 구 피고에 의한 소송수행의 결과를 원용(추인)하여 자기의 소송자료로 할 수 있다.

(다) 경정에 의한 시효중단 및 기간준수의 효력은 경정신청서를 제출한 때에 생긴다(제265조). 이 점에서 처음 소를 제기한 때로부터 그 효력이 생기는 참가·인수승계의 경우와는 다르다.

> **[예제 93] [제51회 사법시험(2009년도)] [제2문의 1]** 甲 등 10인으로 구성된 A 단체는 사업을 영위하는 과정에서 B 주식회사로부터 물품대금 2억 원을 지급받지 못하고 있어, 그 지급을 구하는 소를 제기하려고 한다.
> **2. 위 원고가 B 주식회사의 대표자인 乙을 피고로 표시하여 소를 제기하였다가 그 소송계속 중 피고를 B 주식회사로 바꿀 수 있는가? (10점)**
>
> **[해설]** I. 주요논점: 피고를 B주식회사의 대표이사 乙 개인에서 B주식회사로 변경하는 방법으로서 당사자표시정정과 임의적 당사자변경(피고경정) 및 소송승계 등을 검토할 수 있다.
>
> II. 당사자표시정정의 가부
> 1. 당사자표시정정의 요건: 당사자의 전후 동일성이 유지되어야 한다.
> 2. 사안의 경우: 피고는 乙로 표시되어 있어서 乙 개인이 당사자로 확정된다. 따라서 피고를 B 주식회사로 변경하는 것은 별개의 법인격 주체로 바꾸는 것이 되어 동일성이 유지되지 않아 당사자표시 정정은 허용될 수 없다.
>
> III. 임의적 당사자 변경의 허용여부
> 1. 학설
> 2. 판례: 법에 명문 규정이 없는 경우 임의적 당사자 변경은 허용하지 않고 있다.
> 3. 피고경정 방법에 의할 수 있는지에 관한 검토
>   (1) 피고경정의 요건
>   (2) 피고를 잘못 지정한 것이 명백한지 여부: 판례의 취지(내용 간략히 소개)에 비추어 부정하여야 할 것이다.
>
> IV. 소송승계의 가능성: 사안의 경우 소송계속 중 소송물인 권리관계가 乙에서 B주식회사로 승계되었다는 사정이 없으므로 소송승계제도를 이용할 수 없다.
>
> V. 결론: 소송계속 중 피고를 B주식회사로 바꿀 수 없다.

3. 필수적 공동소송인의 추가

가. 요 건
(1) 필수적 공동소송인 중 일부가 누락되었을 것

(2) 추가되는 당사자는 원·피고 어느 쪽이든 무방하다. 다만 원고를 추가하는 경우에는 추가 될 신 당사자의 동의가 있어야 한다(법 제68조 1항 단서).

(3) 누락자에 대한 추가는 제1심 변론종결 시까지 하여야 한다(법 제68조 1항 본문). 가사소송에서는 항소심 변론종결 시까지 할 수 있다.

나. 신청절차
(1) 서면신청

(2) 법원의 허·부 결정: 허가결정에 대하여는 불복할 수 없으나, 추가될 원고의 부동의는 즉시항고사유가 된다(법 제68조 4항). 기각결정에 대하여는 즉시항고가 가능하다(법 제68조 6항).

다. 효과: 처음 소 제기 시로 소급효 발생(법 제68조 3항). 유리한 행위는 신 당사자에게도 효력이 있다.

4. 예비적·선택적 공동소송인의 추가

예비적·선택적 공동소송인의 추가에는 법 제68조의 필수적 공동소송인의 추가규정을 준용한다.

제 2 절 소송승계

Ⅰ. 총   설

1. 의   의

소송 진행(계속) 도중에 소송목적인 권리관계의 변동으로 새로운 승계인이 종전의 당사자에 갈음하여 당사자가 되고 소송을 인계받는 당사자적격의 이전이 있는 경우를 말한다.

2. 형   태

당연승계(당사자의 사망 등 포괄적 승계원인의 발생과 동시에 법률상 당연히 일어나는 당사자의 변경)와 특정승계(소송물의 양도 등 특정 승계원인이 생겨 관계당사자의 신청에 의하여 일어나는 당사자의 변경)가 있다.

Ⅱ. 당연승계

1. 원   인

가. 당사자의 사망

당사자가 사망하여도 소송물인 권리의무가 상속의 대상이 되는 경우에 한하여 승계가 된다. 상속인이 기간 내에(민법 제1019조 1항) 상속포기를 하거나, 소송물이 일신전속적인 권리관계인 때에는 소송은 당연 종료된다. 당사자 사망 시의 수계인은 상속인·수증자(특정 유증을 받은 자는 당연승계인이 아니다)·유언집행자·상속재산관리인(상속인의 존부가 불명인 때에는 법원은 소송절차를 중단한 채 상속재산관리인의 선임을 기다려 소송을 수계시켜야 한다)[1] 등이 수계인이 된다.

나. 법인 등의 합병에 의한 소멸

다. 수탁자의 임무종료

라. 소송담당자의 자격상실: 일정한 자격에 기하여 당사자가 된 자가 자격을 상실하거나, 선정당사자의 소송 중에 선정당사자 전원이 사망하거나 선정자에 의한 선정행위의 취소에 의하여 그 자격이 상실된 경우.

마. 파산절차개시: 파산의 선고 또는 해지, 회생절차 개시결정 또는 회생절차의 종료.

2. 소송상의 취급

가. 소송절차의 중단 후 신 당사자가 수계절차를 밟아야 한다. 수계신청은 승계인 본인 또는 상대방 당사자가 한다. 공동상속인이 있는 때에는 소송의 목적이 전원에게 합일적으로 확정되어야 할 경우가 아닌 한 상속인 전원이 반드시 공동으로 수계할 필요는 없다. 일부 상속인만 수계한 때에는 수계하지 아니한 나머지 상속인들에 대한 소송은 중단상태로 피상속인 사망 당시의 심급법원에 그대로 남아 있게 된다.

나. 소송절차의 중단이 없는 경우: 소송대리인이 있을 때에는 상속인들을 비롯한 수계인(신당사자)들을 위하여 소송행위를 그대로 수행한다. 그 판결은 수계인들에게 효력을 미친다(승계집행문 부여의 대상임).

다. 무자격자의 수계신청: 당연승계에 있어서 수계신청이 있으면 법원은 직권으로 조사하여 판단하고, 참칭승계인의 경우에는 이를 불허하여야 할 것이다. 그럼에도 이를 간과하고 승계를 허용한 경우에 이를 어떻게 처리할 것인가? **소각하설**은 그 소송이 참칭수계인에 의하여 제기된 것과 같이 보아 당사자적격의 흠결을 이유로 판결로써 소를 각하하여야 한다는 견해이고, **신청각하설**은 수계허가 결정을 취소하고 수계신청을 각하하여야 한다는 견해이며, **신청기각설**은 참칭수계인을 소송절차에서 배척하면 되므로 수계허가 결정을 취소하고 수계신청을 기각하여야 한다는 견해이다(법 제243조 1항이 결정으로 기각하여야 한다고 규정하고 있음을 근거로 한다). 판례는 '당사자의 사망으로 인한 소송수계 신청이 이유있다고 하여 소송절차를 진행시켰으나 그 후에 신청인이 그 자격없음이 판명된 경우에는 수계재판을 취소하고 신청을 각하하여야 한다.'[2]고 하였는데, 이러한 판례의 판시내용을 근거로 하여 신청각하설을 취하였다고 보는 견해[3]와 이와는 다른 해석을 하는 견해로 나뉜다.[4]

---

1) 대법원 2002.10.25. 선고 2000다21802 판결.
2) 대법원 1981.3.10. 선고 80다1895 판결.
3) 이시윤, 773면.

Ⅲ. 소송물의 양도(특정승계)

1. 소송계속 중의 소송물의 양도 허용여부

가. 외국의 입법례
(1) 양도금지주의: 로마법, 독일보통법
(2) 양도허용주의
(가) 당사자 항정주의: 소송물의 양도가 있어도 당사자를 바꾸지 않고 종전의 당사자가 그대로 승계인을 위해 소송수행권을 가지며, 그 판결의 효력이 승계인에게도 미치게 하는 입법례로서 독일 민소법(제265조)의 태도이다.
(나) 소송승계주의: 소송목적인 실체법적 권리관계의 변동을 반영하여 승계인을 새 당사자로 바꾸고 전주의 소송상의 지위를 승계시키는 입법례이다. 따라서 현실적으로 승계절차를 밟지 않으면 종전당사자가 진행하여 받은 판결의 효력은 승계인에게 미치지 않는다.

나. 현행법의 태도: 양도허용주의 및 소송승계주의를 취하고 있다.

다. 보완책
(1) 가처분제도: 예컨대 건물인도청구 소송을 제기하기에 앞서 점유이전금지가처분에 의하여 피고적격을 고정시킴으로써 현 점유자 상대의 승소판결의 효력 범위를 확장시킬 수 있다(승계집행문 부여를 통한 신 점유자 상대의 강제집행이 가능하다).
(2) 추정승계인(법 제218조 2항): 소송계속 중의 승계인이 있는 경우에 이를 진술하도록 하고, 그렇지 않으면 변론종결 후의 승계인으로 추정하여 그에게 판결의 효력을 미치게 하였다. 승계사실을 알리도록 간접적으로 강제하는 방법이다.

2. 소송물의 양도의 의의

가. 양도의 형태: 임의처분(매매, 증여)을 통한 양도뿐만 아니라, 행정처분, 집행처분, 변제자대위와 같이 법률상 당연히 이전하는 경우 등을 포함한다. 소송물 양도에 의한 당사자적격 승계의 형태로서는 이전적·교환적 승계(구 당사자는 당사자적격을 잃고 신 당사자가 당사자적격을 얻는 형식)와 설정적·추가적 승계(당사자적격의 추가, 즉 구 당사자는 그대로 있으면서 신 당사자가 추가되는 형식)가 있다. 판례가 취하는 적격승계설은 아래에서 보는 바와 같이 이전적·교환적 승계에 의한 당사자 지위의 양도만을 인정한다.

나. 소송물양도의 법적 평가
(1) 소송목적물 양도의 각 시기별 고찰
① 소제기 전에 소송목적물 양도가 있는 경우: 소송에 아무런 영향이 없다. 즉, 목적물

---

4) 김홍엽, 1031면.

542

양수인을 상대로 소를 제기하거나, 양수인이 원고로서 소를 제기하여야 한다. 만약, 원고가 소 제기 전에 소송목적물의 양도사실을 모르고 前主(양도인)를 상대로 소제기 하였다가 소송계속 후 그 사실을 알게 되었을 때에는 양수인으로 당사자를 변경할 수 있느냐는 임의적 당사자변경의 문제가 된다.

② 변론종결 후 소송목적물이 양도되었을 때에는 종전 당사자에 대한 판결의 효력이 승계인에게 미친다(법 제218조 1항). 따라서 소송목적물의 양도는 소송에 영향을 주지 않는다.

③ 소제기 후 변론종결 시까지 사이에 소송목적물이 양도된 경우: 참가승계·인수승계절차에 의하여 양수인이 당사자로 들어온다.

(2) 법 제81조와 제82조가 규정하는 변론종결 전 승계인의 범위: 소송물의 양도는 특정적인 권리관계의 변동에 의하여 종전 당사자가 당사자적격을 잃고 신 당사자가 당사자적격을 취득하는 당사자적격의 이전이 있는 경우를 말한다. 그 적용범위에 관하여서는 아래와 같은 견해의 대립이 있다.

① 적격승계설: **변론종결 전의 승계인은 법 제218조의 변론종결 후의 승계인에 준하여 취급하여야 한다는 견해**(다수설, 판례)로서 **소송물이론에 따라 다음과 같이 나뉜다.** 즉 구 실체법설(구 소송물이론)은 물권적 청구권에 기한 소송 중에 계쟁물을 양수한 자(소유권에 기한 지상건물철거 소송 계속 중에 피고로부터 당해 건물의 점유를 승계한 자 등)의 경우에는 승계인에 포함시키되, 채권적 청구권에 기한 소송 중 계쟁물을 취득한 자(매수인이 매도인을 상대로 소유권이전등기청구 소송 중 제3자가 매도인으로부터 목적물을 매수하여 소유권이전등기를 받은 경우 등)의 경우에는 승계인에 포함되지 않는다고 본다. 소송법설(신 소송물이론)은 본래의 소에서 주장하는 청구권이 채권적이든 물권적이든 소송목적물의 점유를 취득하거나 등기이전을 받은 자도 모두 승계인의 범위에 모두 포함시키되, 승계인이 상대방 당사자에 대항할 고유의 항변을 갖고 있다면 승계 후의 소송과정에서 주장할 기회를 보장하는 것이 옳다고 본다. 판례는[1] '부동산소유권이전등기청구 소송계속 중 그 소송목적이 된 부동산에 대한 소유권이전등기이행채무 자체를 승계함이 없이 단순히 같은 부동산에 대한 소유권이전등기(또는 근저당설정등기)가 제3자 앞으로 경료되었다 하여도 이는 법 제75조(현행법 제82조) 제1항의 소정의 '그 소송의 목적이 된 채무를 승계한 때'에 해당한다고 할 수 없으므로 위 제3자에 대하여 등기말소를 구하기 위한 소송의 인수는 허용되지 않는다'고 하여 적격승계설(아래 2000다42786 판결 참조) 중 구 실체법설을 따르고 있다.

② 분쟁주체지위이전설: **소송목적물 승계인의 범위를 변론종결 후의 승계인의 범위보다 넓게 인정하여야 한다는 취지에서 승계 전의 소송목적물과 승계 후의 소송목적물이 달라져서 당사자적격이 그대로 승계되지 않더라도 소송승계를 인정하는 입장이다.** 변론종결 후의 승계인은 심리 도중에 공격방어방법 제출의 기회가 없는 반면에 소송계속 중의 승계인은 그와 같은 기회가 보장되므로 더 넓게 인정할 필요가 있다는 것이다. 따라서 당사자 지위의 이전적 승계 외에 설정적 승계 또는 추가적 승계에 의한 양도도 인정하여야 한다는 입장이다. 이 견해에 의하면 당사자의 교체뿐만 아니라 당사자의 추가와 더불어 청구의 변경이 있는 형태의 승계도 인정한다. 예컨대 ① 소유권이전등기 말소등기청구의 소가 제기된 부동산

---

1) 대법원 1983.3.22. 자 80마283 결정.

에 관하여 제3자가 피고로부터 소유권이전등기를 받거나 저당권설정등기를 받은 경우, ②
건물철거소송에서 그 목적물인 건물에 관하여 소유권이전(보존)등기를 받은 자, ③ 중첩적
채무인수자 등의 경우에도 승계를 인정한다. **다만 판례와 같이 적격승계설을 취하는 입장에
서도 물권인 소유권에 기한 방해배제로서 원인무효인 등기의 말소등기청구 및 적법한 권원
없는 토지점유자에 대한 건물철거 및 토지인도 소송이 제기된 경우라면 위 ①, ②의 사례는
법 제81조 1항의 소송목적인 의무를 승계한 사람으로 보아야 한다는 견해가 있으며,[1] 타당
하다고 생각한다. 다만 위 각 경우에 승계인 명의의 소유권이전등기의 말소등기를 구하는
추가적 청구변경을 하여야 할 것이다.** * 다만 추가적 인수참가를 부정적으로 보는 뒤의 71
다7126 결정에 비추어 위 ②의 사례에 대하여 인수참가를 인정할 수 있을지는 의문이다.

[**대법원 2003.2.26. 선고 2000다42786 판결**] 구 민사소송법 (2002. 1. 26. 법률 제6626호
로 전문 개정되기 전의 것) 제74조에서 규정하고 있는 소송의 목적물인 권리관계의 승계라
함은 소송물인 권리관계의 양도뿐만 아니라 당사자적격 이전의 원인이 되는 실체법상의 권
리 이전을 널리 포함하는 것이므로, 신주발행무효의 소 계속 중 그 원고 적격의 근거가 되는
주식이 양도된 경우에 그 양수인은 제소기간 등의 요건이 충족된다면 새로운 주주의 지위에
서 신소를 제기할 수 있을 뿐만 아니라, 양도인이 이미 제기한 기존의 위 소송을 적법하게
승계할 수도 있다고 할 것이다. 승계참가가 인정되는 경우에는 그 참가시기에 불구하고 소가
제기된 당초에 소급하여 법률상의 기간준수의 효력이 발생하는 것이므로, 신주발행무효의
소에 승계참가 하는 경우에 그 제소기간의 준수 여부는 승계참가시가 아닌 원래의 소 제기
시를 기준으로 판단하여야 한다 . 그리고 주식의 양수인이 이미 제기된 신주발행무효의 소에
승계참가 하는 것을 피고 회사에 대항하려면 주주명부에 주주로서 명의개서를 하여야 하는
바, 주식 양수인이 명의개서절차를 거치지 않은 채 승계참가를 신청하여 피고 회사에 대항할
수 없는 상태로 소송절차가 진행되었다고 할지라도, 승계참가가 허용되는 사실심 변론종결
이전에 주주명부에 명의개서를 마친 후 소송관계를 표명하고 증거조사의 결과에 대하여 변
론을 함으로써 그 이전에 행하여진 승계참가상의 소송절차를 그대로 유지하고 있다면 명의
개서 이전의 소송행위를 추인한 것으로 봄이 상당하여 그 이전에 행하여진 소송절차상의 하
자는 모두 치유되었다고 보아야 한다.

[**제3자에 대한 추가적 인수참가 허용여부**] [**사실관계**] 원고(토지소유자)가 피고(원고 소유
토지 위에 건물을 소유하고 있는 자)를 상대로 건물철거 및 토지인도 소송 중에 피고가 제3
자에게 위 건물의 소유권이전등기를 넘긴 경우에 제3자 명의의 소유권이전등기 말소등기청
구를 위한 인수참가신청이 가능한가? (**판례**) 부정설을 취한다. [**대법원 1971.7.6. 자 71다
7126 결정**] 소송당사자가 민사소송법 제75조의 규정에 의하여 제3자로 하여금 그 소송을 인
수하게 하기 위하여서는 그 제3자가 소송계속 중 그 소송의 목적된 채무를 승계하였음을 전
제로 하여 그 제3자에 대하여 인수한 소송의 목적된 채무이행을 구하는 경우에 허용되고 그
소송의 목적된 채무와는 전혀 별개의 채무의 이행을 구하기 위한 경우에는 허용될 수 없다
할 것이므로, 기록에 의하면 재항고인은 본건 신청의 이유로서 상대방 등에 대하여 상대방
등이 본건 소송의 목적된 채무인 본건 건물철거 채무의 승계를 전제로 한 그 건물의 철거채
무와는 전혀 별개의 채무인 본건 건물에 관한 재항고인 주장의 상대방 등 명의로 경료 된 각
등기의 말소채무의 이행을 구하기 위하여 본건 신청에 이르렀음이 뚜렷한 바이므로 본건 신

---

1) 김홍엽, 1038면.

청은 위 법리에 따라 부적법하다 할 것인즉 이와 같은 취지 아래 본건신청을 각하한 원결정은 정당하다. **[학설]** 앞의 '분쟁주체인지위이전설'은 위와 같은 사안에서 추가적 인수를 허용하여야 한다는 입장이다. 앞의 '적격승계설'을 취하는 학자들도 소송경제의 견지에서 이를 허용하여야 한다는 견해를 취하는 것이 일반적 입장이기도 하다.[1] 이러한 학설의 입장을 취할 경우에는 원고가 그 소유의 토지 위에 정당한 권원 없이 건물을 건축하여 토지를 무단점유하고 있는 자를 피고로 하여 건물철거 및 토지인도청구 소송을 제기하여 소송계속 중에 피고가 그 건물에 제3자를 입주시킨 사실을 알게 되었을 경우에 그 제3자를 피고로 추가하여(인수참가신청) 그 건물에서의 퇴거를 구하는 것도 가능할 것이다. 판례가 이러한 인수신청을 허용하지 않으므로 원고로서는 소제기 전에 보전처분으로서 점유이전금지 가처분이나 처분금지 가처분을 신청하여 두는 방법밖에 없다.

　　[대법원 2013.1.17. 선고 2011다49523 전원합의체 판결] **[다수의견]** 주택임대차보호법 제3조 제3항은 같은 조 제1항이 정한 대항요건을 갖춘 임대차의 목적이 된 임대주택(이하 '임대주택'은 주택임대차보호법의 적용대상인 임대주택을 가리킨다)의 양수인은 임대인의 지위를 승계한 것으로 본다고 규정하고 있는바, 이는 법률상의 당연승계 규정으로 보아야 하므로, 임대주택이 양도된 경우에 양수인은 주택의 소유권과 결합하여 임대인의 임대차 계약상의 권리·의무 일체를 그대로 승계하며, 그 결과 양수인이 임대차보증금반환채무를 면책적으로 인수하고, 양도인은 임대차관계에서 탈퇴하여 임차인에 대한 임대차보증금반환채무를 면하게 된다. 나아가 **임차인에 대하여 임대차보증금반환채무를 부담하는 임대인임을 당연한 전제로 하여 임대차보증금반환채무의 지급금지를 명령받은 제3채무자의 지위는 임대인의 지위와 분리될 수 있는 것이 아니므로, 임대주택의 양도로 임대인의 지위가 일체로 양수인에게 이전된다면 채권가압류의 제3채무자의 지위도 임대인의 지위와 함께 이전된다고 볼 수밖에 없다.** 한편 주택임대차보호법상 임대주택의 양도에 양수인의 임대차보증금반환채무의 면책적 인수를 인정하는 이유는 임대주택에 관한 임대인의 의무 대부분이 그 주택의 소유자이기만 하면 이행가능하고 임차인이 같은 법에서 규정하는 대항요건을 구비하면 임대주택의 매각대금에서 임대차보증금을 우선변제 받을 수 있기 때문인데, 임대주택이 양도되었음에도 양수인이 채권가압류의 제3채무자의 지위를 승계하지 않는다면 가압류권자는 장차 본 집행절차에서 주택의 매각대금으로부터 우선변제를 받을 수 있는 권리를 상실하는 중대한 불이익을 입게 된다. 이러한 사정들을 고려하면, **임차인의 임대차보증금반환채권이 가압류된 상태에서 임대주택이 양도되면 양수인이 채권가압류의 제3채무자의 지위도 승계하고, 가압류권자 또한 임대주택의 양도인이 아니라 양수인에 대하여만 위 가압류의 효력을 주장할 수 있다고 보아야 한다.**

3. 승계의 방식과 절차

가. 참가승계(자발적 참가: 법 제81조)

(1) 독립당사자참가 방식에 의하여 참가한다:　　　　권리승계인 뿐만 아니라 의무승계인도 참가승계 할 수 있다. 상고심에서는 참가승계신청을 할 수 없다.[2]

　　(2) 참가요건의 조사는 법원이 직권으로 한다. 권리승계인의 참가신청은 소의 제기에 해

---

[1] 이시윤, 811면 등.
[2] 대법원 1995.12.12. 자 94후487 결정 등.

당하며, 참가요건은 소송요건에 상당하기 때문에 그 요건의 구비여부는 직권조사 사항이며, 부적법한 참가신청에 대하여는 판결로써 각하하여야 한다.[1] 다만 참가인으로서의 적격성은 당사자의 주장만으로 판단하면 되고, 심리결과 신청 당시의 주장과는 달리 승계사실이 인정되지 않을 경우에는 청구기각판결을 하여야 한다.

(3) 편면참가가 원칙일 것이나, 권리의무의 승계여부에 관하여 전주와 승계인간에 다툼이 있을 때에는 쌍면참가를 하여야 한다.

(4) 시효중단, 기간준수의 효력은 본래의 소 제기 시에 발생한다. 참가승계인은 독립당사자참가인과는 달리 전주의 소송상의 지위를 승계하는 자이므로 참가 시까지 종전 당사자(양도인 또는 前主)가 한 소송수행의 결과에 구속된다.

나. 인수승계(강제참가: 법 제82조)

(1) 의 의: 소송계속 중에 소송의 목적인 권리·의무의 전부나 일부가 제3자에게 양도된 경우에 종전 당사자의 신청에 의하여 제3자를 새로운 당사자로 소송에 끌어들이는 것을 말한다. 법률이 인정한 제3자의 소송인입 형태이다.

(2) 요 건

① 다른 사람 사이에 소송이 계속 중일 것: 상고심에서는 허용되지 않는다. 사실심 변론종결 후의 승계인은 그 소송에 끌어들이지 않아도 법 제218조에 의하여 판결의 효력이 승계인에게 미치게 되기 때문이다.

② 소송목적인 권리·의무의 승계가 있을 것: 채무의 승계가 일반적이다. 소송의 목적인 채무를 전제로 새로운 채무가 생김으로써 제3자가 새로 피고적격을 취득한 경우(앞의 대법원 71다7126 결정의 사례 참조), 예컨대, 토지소유자가 자기 토지 위에 지은 가건물철거청구소송 중에 피고가 그 건물에 제3자를 입주시킨 경우에 입주자도 피고로 인수참가시켜 그에게 퇴거청구를 하는 인수승계가 가능한가? 이에 관하여 다수설은 이를 인정하여야 한다는 입장이다.

③ 인수인에 대한 청구내용을 밝힐 것

④ 법률심인 상고심에서는 인수승계 및 참가승계 모두 허용되지 않는다.

(3) 인수승계의 절차

① 신청인: 종전의 당사자가 소송인수를 신청하여야 한다. 前主의 상대방 당사자만이 인수신청인이 될 수 있다고 보는 견해도 있으나, 前主 자신도 여기의 신청인이 될 수 있다고 본다(통설).

② 법원의 허가여부 결정(법 제82조 2항). 법원은 신청인과 제3자를 심문하고 결정으로 그 허가여부를 재판한다. 주장하는 사실관계 자체에서 승계적격의 흠결이 명백하지 않으면 인수신청을 받아들여야 한다.

(4) 인수승계의 효과: 인수인은 전주의 소송상 지위를 그대로 승계한다. 즉 전주의 소송행위 및 그에 대한 상대방의 소송행위는 인수인에게 유리·불리함을 불문하고 모두 효력이 있다. 당초의 소제기에 의한 시효중단·기간준수의 효과도 인수인에게 소급적으로 미

---

[1] 대법원 2007.8.23. 자 2006마1171 결정.

친다.

(5) 전주(前主)의 지위와 소송탈퇴

① 종전의 당사자는 원칙적으로 당사자적격을 상실한다. 상대방의 동의를 얻어 소송탈퇴할 수 있다. 이 경우에 판결의 효력은 탈퇴자에게도 미친다.[1]

② 예외: 승계의 효력에 관한 다툼, 권리의무의 일부승계, 추가적 인수 등의 경우에는 전주가 소송탈퇴하지 않는다. 前主의 상대방이 소송탈퇴를 승낙하지 않는 경우에도 탈퇴할 수 없다. 前主가 권리자인가 승계인이 권리자인가가 다투어 지고 있어 **권리자가 쟁점**이 되는 경우에는 독립당사자참가에 관한 법 제79조가 적용되고, 前主가 채무자인가 승계인이 채무자인가가 다투어지는 채무자가 쟁점이 되는 경우에는 채무자합일확정의 예비적 공동소송의 형태와 유사하게 되므로 법 제70조의 규정이 유추 적용된다.[2]

[**대법원 2005.10.27. 선고 2003다66691 판결**] 소송 계속 중에 소송목적인 의무의 승계가 있다는 이유로 하는 소송인수신청이 있는 경우 신청의 이유로서 주장하는 사실관계 자체에서 그 승계적격의 흠결이 명백하지 않는 한 결정으로 그 신청을 인용하여야 하는 것이고, 그 승계인에 해당하는가의 여부는 피인수신청인에 대한 청구의 당부와 관련하여 판단할 사항으로 심리한 결과 승계사실이 인정되지 않으면 청구기각의 본안판결을 하면 되는 것이지 인수참가신청 자체가 부적법하게 되는 것은 아니다. [**평석**] 소송인수 신청이 있는 경우에 법원은 인수요건에 관한 소명이 있으면 결정으로 인수신청을 허가한다. 인수결정 뒤 본안에 관한 심리를 하여 본 결과 권리·의무의 승계가 없다고 판명되었을 때 어떠한 재판을 할 것인가? 이에 관하여 ① 청구기각설(본안문제로 취급하여 청구기각 판결을 하여야 한다는 견해, 즉 인수결정에 의하여 피 인수인이 당사자의 지위로 바뀌었고 그에 대한 본안의 심리가 행하여 졌으므로 인수인에 대하여 본안판결을 하여야 한다는 것이다), ② 소각하설(인수승계는 당사자적격의 문제이므로 인수인이 된 자에게 당사자적격이 없는 것으로 취급하여 본안판결이 아닌 소각하 판결을 하여야 한다는 견해), ③ 인수신청각하설(본안의 선결문제로 보아 인수의 원인인 권리·의무의 승계가 없는 것으로 판명되었으므로 인수결정을 취소하고 인수신청 자체를 각하하여야 한다는 견해)가 있다. 위 판례는 ①설을 취하고 있다.
[참가승계 및 인수승계의 원인이 되는 권리·의무(채무) 승계사실에 대한 재판상자백을 인정할 것인가?] 위 ②, ③의 견해에 의하면 재판상 자백의 성립을 부정함이 옳을 것이다. 그러나 판례는 재판상 자백의 대상으로 인정한다.

[**대법원 1987.11.10. 선고 87다카473 판결**] 인수참가인이 인수참가요건인 채무승계 사실에 관한 상대방 당사자의 주장을 모두 인정하여 이를 자백하고 소송을 인수하여 이를 수행하였다면, 위 자백이 진실에 반한 것으로서 착오에 의한 것이 아닌 한 인수참가인은 위 자백에 반하여 인수참가의 전제가 된 채무승계사실을 다툴 수는 없다. *본 판례는 인수참가 신청을 허가한 뒤에는 채무승계사실의 존부는 본안에 관한 요건사실임을 분명히 한 것이다.

[**예제**] [**사례연구**] 甲의 아들인 A가 甲소유 건물을 乙에게 임대하여 乙이 위 건물을 점유하던 중, 乙이 위 건물 중 일부를 丙에게 전대하여 乙과 丙이 각자 위 건물의 일부를 점유하

---

1) 대법원 2011.4.28. 선고 2010다103048 판결.
2) 이시윤, 813면.

고 있다. 甲은 乙과 丙이 아무런 권리도 없이 무단으로 위 건물을 점유하고 있다고 주장하면서 乙과 丙에 대하여 각자 그 점유부분의 명도 및 그 점유부분에 상응하는 임료상당의 부당이득반환청구의 소를 제기하였다. 위 소송 진행 도중에 위 건물에는 乙과 丙외에 丁도 乙로부터 위 건물의 일부를 임차하여 점유하고 있는 것으로 밝혀졌다. 甲이 乙과 丙 사이에 진행 중인 위 소송에 丁도 참여시켜 한꺼번에 해결하고자 할 때 취할 수 있는 방법은 어떠한 것이 있는가?

[해설] I. 주요논점: 설문에서는 丁이 위 건물의 일부를 점유한 시점에 따라 달리 살펴보아야 한다. 만약 위 소송의 계속전이라면 소송계속 중의 임의적 당사자 변경 또는 소의 주관적 추가적 병합의 문제가 될 것이고, 위 소송의 계속 후에 건물 일부를 점유한 것이라면 제3자에 대한 소송인수승계의 문제가 될 것이다. 각 경우에 있어서 그 허용여부 및 절차가 쟁점이다.

II. 설문에서 소송계속 전부터 丁이 건물일부를 점유해 온 경우

1. 본 사안에서 丁이 위 소송계속 전부터 위 건물 일부를 점유하고 있었음에도 甲이 잘못하여 丁을 공동피고로 하여 소를 제기하지 못한 경우이다. 이 경우에는 위 소송에 丁을 피고에 추가시키는 이른바 임의적 당사자 변경이 가능한지 여부가 문제된다. 그리고 위 소송계속 중에 丁을 피고로 하는 소를 추가적으로 병합 제기함으로써 丁을 공동피고로 하는 이른바 소의 주관적 추가적 병합이 가능한지 여부가 문제된다. 이에 관하여 차례로 살펴본다.

2. 종래의 소에 피고를 추가하는 임의적 당사자 변경의 허용여부

(1) 임의적 당사자 변경이라 함은 당사자의 의사에 의하여 종전의 원고나 피고에 갈음하여 제3자를 가입시키거나 종전의 원고나 피고에 추가하여 제3자를 가입시키는 것을 말한다. 임의적 당사자 변경은 당사자 적격의 승계가 없는 경우라는 점에서 소송승계와 구별되고, 당사자의 동일성에 변경을 가져온다는 점에서 동일성이 유지되는 당사자 표시정정과 구별된다. 판례는 표시정정 이외에 임의적 당사자변경은 원칙적으로 허용하지 않고 있다(대법원 1998.1.23. 선고 96다41496 판결: 다만 부적법한 당사자 추가신청이 있었다고 하더라도 법원이 이를 간과한 채 받아들이고 피고도 동의하여 새로운 당사자와 변론이 진행되어 1심에서 본안판결이 선고되었다면 그 후에 새삼스럽게 당사자 추가신청의 적법여부를 문제 삼는 것은 소송경제의 측면이나 신의칙상 허용될 수 없다고 한다).

(2) 다만 법은 필수적 공동소송인의 추가(제68조)와 피고경정(제260조)제도를 두어서 소송계속 중의 당사자변경을 일부 허용하고 있다. 피고경정의 요건에 관하여 판례(대법원 1997.10.17. 선고 97마1632 판결)는 청구취지나 청구원인의 기재내용 자체로 보아 원고가 법률평가를 그르치거나 또는 법인격의 유무에 착오를 일으킨 것이 명백하여 피고를 잘못 지정한 때가 이에 해당한다고 보고, 뒤에 증거조사 결과 판명된 사실관계로 미루어 피고지정이 잘못된 경우는 이에 포함되지 않는다고 본다. 위와 같은 판례에 대하여 학자들은 대체로 소송경제에 반하고 탄력성 있는 소송수행을 위하여 바람직하지 않다는 점에서 비판적이다.

(3) 사안의 경우: ① 본 설문에 있어서 丁을 공동피고로 추가하는 임의적 당사자 변경 또는 민소법 제260조에 의한 피고경정이 가능한가? ② 위에서 살펴본 바와 같이 학설상으로는 어느 쪽이든 가능하다. ③ 그러나 판례에 의하면 임의적 당사자변경은 물론이고, 甲이 소제기 당시에 법률적 평가를 그르쳐 피고를 잘못 지정한 경우가 아니므로 피고의 경정도 불가능하다.

3. 丁에 대한 소의 추가적 병합 허용여부(소의 주관적·추가적 병합의 허용여부)

(1) 본 설문에서 甲이 소송계속 전부터 위 건물 일부를 점유하여온 丁에 대한 소를 추가적으로 병합 제기하는 것이 가능한가? 이에 관하여 학설과 판례를 살펴본다. (2) 학설 ① 부정설: 이러한 형태의 소송을 허용하는 특별한 명문규정이 없는 한, 허용되는 않는다고 한다. 그 이유로서는 ⓐ 반드시 소송경제에 적합하다고 할 수 없다. ⓑ 소송을 복잡하게 만든다. ⓒ 경솔한 제소나 남소의

우려가 있다. ⓓ 소송절차의 안정을 해치고 소송의 지연을 초래하기 쉽다는 것 등을 들고 있다. ② 긍정설: 별소의 제기와 변론의 병합이라는 구차한 과정을 거치느니 이러한 소제기를 허용해야 한다는 견해이다. 그 근거로서는 ⓐ 심판의 중복이나 재판의 모순을 피할 수 있고 분쟁의 1회적 해결을 통한 소송경제실현에 적합하다. ⓑ 민소법 제65조의 주관적 병합요건을 후발적으로 충족하는 경우에도 인정하여야 한다는 것이다. ③ 민소법 제68조 유추적용설: 통상공동소송에서도 제68조의 필수적 공동소송인의 추가를 유추적용하자는 견해이다. (3) 판례: 판례(대법원 1993.9.28. 선고 93다32095 판결)는 필수적 공동소송이 아닌 사건에 있어서 소송도중에 피고를 추가하는 것은 그 경위가 어떻든 허용될 수 없다고 한다. (4) 사안의 해결 및 결론: 판례나 부정설에 의하면 사안의 경우 丁을 공동피고로 추가적 병합 제소하는 것은 허용될 수 없다. 그러나, 본 사안의 경우와 같이 그 기본적 사실관계 및 법률관계가 대부분 공통되는 경우에는 소송경제 등을 위하여 주관적·추가적 병합을 허용하는 긍정설이 타당하다고 생각한다.

Ⅲ. 설문에서 소송계속 중에 丁이 건물 일부를 점유하게 된 경우

1. 설문의 경우 당사자적격의 이전이 소송계속 중에 이루어진 경우이므로 소송승계가 문제된다. 민사소송법은 소송승계에 관하여 승계참가(제81조)와 인수참가(제82조)의 두 가지 형태에 관하여 규정하고 있는데, 설문의 경우에는 원고 甲이 丁을 새로이 피고에 引入시키고자 하는 형태이므로 인수참가에 해당한다.

2. 인수승계의 요건: 甲이 丁을 인수승계 시키기 위해서는 (1) 타인 간에 소송이 계속 중일 것, (2) 소송의 목적인 권리·의무의 승계가 있을 것이라는 요건을 충족시켜야 한다. 설문에서는 甲과 乙, 丙간에 소송이 계속 중이므로 (2)의 요건이 충족되는지 여부에 관하여 검토한다.

3. 소송목적인 의무승계인의 범위: 본문내용 참조.

4. 결론: 위 사례에 대하여 적격승계설에 의하면 제3자에 대하여 소송인수를 할 수 없을 것이다. 이에 반하여 분쟁주체 지위이전설에 의하면 그 청구근거가 토지소유권에 기한 방해배제청구권이고 주요쟁점이 동일하므로 소송인수를 인정할 여지가 있을 것이다. 판례는 소송승계인의 범위를 지나치게 제한하여 분쟁의 일회적 종국적 해결을 해치는 결과를 초래하고 있다는 점에서 다수 학자들로부터 비판을 받고 있으며, 이러한 학설의 입장이 소송경제라는 점에서도 타당하다. 따라서 사안의 경우에 甲은 丁에 대한 인수참가신청을 할 수 있다고 볼 것이다.

Ⅳ. 결론: 丁이 소송계속 전부터 목적 건물의 일부를 점유하여 왔다면 당사자의 추가적 변경에 의하여, 소송계속 후에 점유를 승계하였다면 인수승계절차를 통하여 甲은 丁을 피고로 끌어들일 수 있다(다만 판례에 의하면 이와는 반대의 결론이 될 것임).

[예제] [변리사시험 제41회(2004년)] [제B-1문] 甲은 자신의 토지에 乙이 무단으로 건축한 건물의 철거를 요구하였다. 乙이 그 토지를 적법하게 임차한 정당한 권리자라 주장하며 甲의 철거요구를 거부하므로 甲은 乙을 상대로 건물철거 및 토지인도청구소송을 제기하였다. 그런데 訴訟係屬 中 그 건물에 乙이 아닌 丙이 거주하고 있음을 발견한 甲이 사정을 추궁하였으나 乙이 丙에게 건물을 양도한 것인지 아니면 일부를 임대한 것인지가 분명하지 않았다. 甲이 현재 진행 중인 乙과의 소송에 丙도 참여시켜 이 분쟁을 한꺼번에 해결하고자 할 때 취할 수 있는 방법과 이 때 乙과 丙의 소송상 지위를 검토하시오. (30점)

[해설: 위 예제 해설 참조]

제12장 상소절차

I. 상소심의 기능

1. 당사자에 대한 구제, 사실인정, 법률적용에 있어서의 오류의 시정

2. 법령해석, 적용의 통일

3. 상소의 일반요건으로는, (1) 상소의 대상적격, (2) 방식에 맞는 상소제기와 상소기간의 준수, (3) 상소의 이익, (4) 상소의 포기 및 불상소의 합의가 없을 것 등을 들 수 있다. 위 (1), (2), (3)의 요건을 적극적 요건, (4)의 요건을 소극적 요건이라 한다.

II. 상소의 대상적격

1. 종국적 재판

항소심에서의 환송판결, 이송판결은 불복상고의 대상이 된다.

[판례] … 제1심판결을 취소하고 사건을 제1심법원에 환송하는 환송판결은 사건에 대하여 심판을 마치고 그 심급을 이탈시키는 판결이므로 종국판결로 보아야 할 것이다. 따라서 이 판결에 대하여는 대법원에 곧바로 상고할 수 있다.[1]

2. 허위주소에 의해 피고의 자백간주로 원고가 편취한 판결은 형식상 상소기간이 지나도 언제든지 상소의 대상이 된다.[2]

III. 상소기간 및 방식의 준수

상소는 상소기간인 판결정본 송달일로부터 2주(즉시항고·특별항고의 경우에는 재판의 고지가 있는 날로부터 1주)이내에 상소장을 상소 대상인 판결(재판)을 한 법원에 접수하여야 한다.

---

1) 대법원 1981.9.8. 선고 80다3271 전원합의체 판결: 이 판결 이전에는 환송판결은 중간판결로서 상고의 대상이 되지 않는다고 판시하였으나 본 전원합의체판결에 의하여 변경되었다. 대법원에서의 환송판결 역시 종국판결이라 할 것이나, 대법원은 최종심이므로 불복할 수 없고, 재심의 대상이 되지도 않는다.
2) 대법원 1978.5.9. 선고 75다634 전원합의체 판결.

상소법원을 잘못알고 다른 법원에 상소장 접수한 때에는 상소장을 접수한 상소심 법원이 원심 법원으로 기록을 송부하는 조치를 취하더라도 그 사이에 상소기간이 도과될 수도 있다. 이때 상소기간 준수여부는 원심 법원에의 기록접수 시점을 기준으로 한다는 것이 판례이다.[1]

[대법원 2006.2.24. 선고 2004다8005 판결] 소장부본과 판결정본 등이 공시송달의 방법에 의하여 송달되었다면 특별한 사정이 없는 한 피고는 과실 없이 그 판결의 송달을 알지 못한 것이다. 이러한 경우 피고는 그 책임을 질 수 없는 사유로 인하여 불변기간을 준수할 수 없었던 때에 해당하여 그 사유가 없어진 후 2주일 내에 추완 항소를 할 수 있다. 여기서 '사유가 없어진 후'라 함은 당사자나 소송대리인이 단순히 판결이 있었던 사실을 안 때가 아니고 나아가 그 판결이 공시송달의 방법으로 송달된 사실을 안 때를 가리키는 것이다. 다른 특별한 사정이 없는 한 통상의 경우에는 당사자나 소송대리인이 그 사건 기록의 열람을 하거나 새로이 판결정본을 영수한 때에 비로소 그 판결이 공시송달의 방법으로 송달된 사실을 알게 되었다고 보아야 한다.

[대법원 2013.1.10. 선고 2010다75044,75051 판결] 형식적으로 확정된 제1심판결에 대한 피고의 항소추완 신청이 적법하여 해당 사건이 항소심에 계속된 경우 그 항소심은 다른 일반적인 항소심과 다를 바 없다. 따라서 원고와 피고는 형식적으로 확정된 제1심판결에도 불구하고 실기한 공격·방어방법에 해당하지 아니하는 한 자유로이 공격 또는 방어방법을 행사할 수 있고, 나아가 피고는 상대방의 심급의 이익을 해할 우려가 없는 경우 또는 상대방의 동의를 받은 경우에는 반소를 제기할 수도 있다. 여기서 '상대방의 심급의 이익을 해할 우려가 없는 경우'라고 함은 반소청구의 기초를 이루는 실질적인 쟁점이 제1심에서 본소의 청구원인 또는 방어방법과 관련하여 충분히 심리되어 상대방에게 제1심에서의 심급의 이익을 잃게 할 염려가 없는 경우를 말한다.

Ⅳ. 상소권의 포기

1. 제394조

필수적 공동소송, 독립당사자 참가, 예비적·선택적 공동소송의 경우는 예외.

2. 법원에 대한 단독행위로서 상소제기 전에는 원심법원에, 상소제기 후에는 소송기록이 있는 법원에 서면으로 표시하여야 한다.

3. 상소권은 판결의 선고에 의하여 구체적으로 발생하고 상소의 이익의 존부나 그 범위도 알 수 있으므로 판결선고 전의 상소포기는 불가하다는 것이 통설이라 할 수 있다.

---

[1] 대법원 1992.4.15. 자 92마146 결정.

4. 상소권포기 계약

소송계약의 일종으로서 판결선고 전에 상소권의 포기의사를 할 의무를 지우는 것이며, 이러한 계약에 위반하여 상소를 제기한 때에는 상대방은 이러한 사실을 들어 부적법한 상소 제기라는 항변을 할 수 있는 항변사항이지, 직권조사사항은 아니다.

5. 불상소의 합의

가. 요 건
(1) 당사자의 임의처분에 맡겨진 권리에 한하여 허용되고, 직권탐지주의에 의하는 소송에서는 허용될 수 없는 것으로 본다.
(2) 서면에 의한 합의여야 한다.
(3) 구체적인 일정한 권리에 관한 합의여야 한다.
(4) 양쪽에 모두 상소하지 않기로 하는 합의여야 한다.

나. 효 과
(1) 판결선고 전에 불상소 합의가 있을 시 그 판결은 선고와 동시에 확정되고, 판결선고 후 합의가 있으면 합의 성립과 동시에 판결이 확정된다.
(2) **직권조사사항:** 불항소 합의의 유무는 항소의 적법요건에 관한 것으로서 법원의 직권조사 사항이다. 따라서 피고가 이러한 불항소의 합의에 관한 주장을 하지 않았다 하더라도 항소의 적법요건에 관한 법원의 직권조사사항이므로 법원은 직권으로 이에 대하여 판단하여야 한다.[1]

V. 상소의 이익

1. 개 념

원심재판에 대하여 상소를 제기함으로써 그 불복의 당부에 관하여 상소심의 재판을 구할 수 있는 지위를 말한다.

2. 학 설

가. 형식적 불복설: 당사자의 신청(청구취지의 기재사항)과 판결주문을 형식적으로 비교하여 후자가 전자보다 양적으로나 질적으로 불리한 경우에 상소의 이익을 긍정한다.

나. 실질적 불복설: 당사자가 상소심에서 원심재판보다도 실체법상 유리한 판결을

---

[1] 대법원 1980.1.29. 선고 79다2066 판결.

받을 가능성이 있으면 상소의 이익을 긍정하여야 한다는 견해이다.

다. 절충설: 원고에 대해서는 형식적 불복설, 피고에 대해서는 실질적 불복설에 따라야 한다는 견해이다.

라. 신 실질적 불복설: 원심법원의 판결이 확정되면 그 기판력 및 그 외의 판결의 효력에 의하여 그 어떤 치명적 불이익을 입게 되는 경우(후소를 통한 구제가능성이 전혀 없게 되는 것을 말한다)에는 상소의 이익을 인정하여야 한다는 견해이다. 이 견해는 기본적으로 형식적 불복설의 입장을 따르되 형식적 불복설에서 예외적으로 상소의 이익을 인정하는 사례들을 통일적으로 설명하려는 견해이다.

예컨대, X가 Y에 대하여 부담하는 채무의 담보조로 X소유이던 A부동산의 소유권이전등기를 Y에게 경료하여 준 뒤(매도담보), X가 위 채무의 변제를 주장하면서 Y에 대해 A부동산의 소유권이전등기절차를 X에게 이행하라는 소를 제기하였다. 이에 대해 Y는, ① Y는 X로부터 A부동산을 매수하였다고 주장하면서 X의 매도담보주장을 부인하고, ② 설령 매도담보계약이 유효하다고 하더라도 X가 그 채무를 전액변제하지 않았다고 주장하면서 X의 청구기각을 요구하였다.

이때, 법원은 X와 Y 사이의 매도담보계약의 성립은 인정하되 Y의 ②번 주장을 받아들여 X의 청구를 기각하였다. 이때 Y는 위 판결이 인정한 매도담보계약의 성립을 다투면서 상소할 수 있는가? 이에 관하여 형식적 불복설 및 실질적 불복설은 Y의 상소이익을 부정할 것이고, 나머지 견해는 모두 Y의 상소이익을 긍정하게 될 것이다.

마. 판례 및 통설은 형식적 불복설을 취하고 있다.

3. 구체적 사례별 검토

가. 전부승소한 자는 상소의 이익이 없다.

나. 전부승소한 원고가 소의 변경 또는 청구취지확장만을 위하여 상소를 제기하거나 또는 전부승소 한 피고가 반소제기를 위하여 상소할 수는 없다. 그러나 명시적으로 일부청구임을 밝히지 아니한 원고가 전부승소한 제1심판결에 대하여 잔부청구에 관하여 청구취지를 확장하기 위한 항소는 허용된다. 예컨대, 甲이 교통사고로 인한 손해배상청구를 하면서 재산적 손해 중 적극적 손해로서 3,000만 원, 소극적 손해로서 1억 원, 위자료 5,000만 원 총 1억8천만 원을 청구하였다. 법원에서 심리한 결과 적극적 손해, 위자료는 당사자가 청구하는 금액대로 인정하였으나, 소극적 손해는 원래 1억5천만 원이 인정되어야 할 것이나, 원고 甲의 청구금액범위 내인 1억 원만 인용하였다. 한편 甲은 위 **청구를 하면서 명시적으로 일부청구임을 밝히지 아니하여 결과적으로 원고 전부승소판결을 선고받았다. 위의 경우에 원고는 비록 전부승소 하였지만 잔부에 대한 청구를 확장하기 위한 항소를 할 수 있다.**[1]

---

1) 대법원 1997.10.24. 선고 96다12276 판결.

다. 주위적 청구기각, 예비적 청구인용판결에 대해서는 원·피고 모두 상소이익이 있다.

라. 소각하 판결에 대해서 원고는 물론, 피고가 청구기각 판결을 구한 경우에는 피고에게도 상소의 이익이 있다.

마. 피고의 예비적 상계항변이 받아들여져 원고 청구기각 판결이 내려진 경우에도 원고는 당연히 상소의 이익이 있고, 외관상 승소판결을 받은 피고는 상계항변 이외의 이유로 원고의 청구 기각판결을 구하는 의미에서 상소이익이 있다.

바. 승소한 당사자는 판결이유 중의 판단에 불만이 있어도 상소의 이익이 없다(위 상계항변 및 건물매수청구항변의 경우 등은 제외).

Ⅵ. 상소의 효력

1. 확정차단의 효력(연기적 효력: 법 제498조)

2. 이심의 효력

하급심에서 재판한 부분에 한하여 이심의 효력이 생긴다. 재판의 탈루 시에는 이심의 효력이 생기지 않는다.

가. 사망한 자를 당사자로 제소하였다가 제1심에서 그 상속인들로 당사자표시정정 신청을 하면서 공동상속인 중 일부를 누락한 경우에는 그 누락된 상속인의 소송관계는 이심되지 않고 여전히 제1심에 계속되어 있다.[1]

나. 제1심 원고이던 甲이 소송계속 중 사망하였고 그의 소송대리인도 없었는데 그 공동상속인들 중 1인인 제1심 공동원고 乙만이 甲을 수계하여 심리가 진행된 끝에 제1심법원은 乙만을 甲의 공동수계인으로 하여 판결을 선고한 경우, 만일 甲을 수계할 다른 사람이 있음에도 수계절차를 밟지 않았다면 그에 대한 관계에서는 그 소송은 중단된 채로 제1심법원에 계속되어 있다고 보아야 한다. 위의 경우에 원고 승계참가인이 甲으로부터 포괄유증을 받았다 하여 甲을 수계하려면 제1심법원에 수계신청을 하여야 하고, 乙의 항소로 인한 항소사건이 계속된 항소심 법원에 수계신청을 할 수는 없다. 이때 乙이 이미 제1심법원에서 甲의 수계절차를 밟았다면 항소심에서 또다시 甲을 수계할 수는 없다.[2]

다. (1) 3필지의 토지에 대한 각 소유권이전등기말소등기청구 사건에서 제1심판결상 '원고의 청구를 기각한다'는 주문의 기재가 있으나 청구취지에 3필지의 토지 중 1필지 토지에 관한 소유권이전등기말소등기청구의 기재가 누락되어 있고, 판결이유에도 나머지 2필지의

---

1) 대법원 1974.7.16. 선고 73다1190 판결.
2) 대법원 1994.11.4. 선고 93다31993 판결.

토지에 관한 설시만 있고 1필지 토지에 관하여는 아무런 설시가 없는 경우 위 주문을 청구 전부에 관한 판단이라고 볼 수 없으므로 청구취지와 판결이유에서 누락된 1필지 토지에 관하여는 판단이 누락된 이른바 재판의 탈루에 해당한다(그 부분에 관하여는 1심법원에 재판이 계속 중인 것으로 보아야 한다).

(2) 재판의 탈루가 있는지 여부는 우선 주문의 기재에 의하여 판정하여야 하고, 주문에 청구의 전부에 대한 판단이 기재되어 있으나 이유 중에 청구의 일부에 대한 판단이 빠져 있는 경우에는 이유를 붙이지 아니한 위법이 있다고 볼 수 있을지언정 재판의 탈루가 있다고 볼 수는 없다. 청구를 기각하는 판결의 경우에 주문에 청구전부에 대한 판단이 기재되어 있는지 여부는 청구취지와 판결이유의 기재를 참작하여 판단하여야 한다.[1]

3. 상소불가분의 원칙

가. 예컨대, 원고에게 6,000만 원을 지급하라는 판결이 났는데, 피고가 그 중 3,200만 원의 패소부분에 한하여서만 불복한 경우(인지대 부담을 줄이기 위한 것 등 여러 가지 이유가 있을 것이다)에 피고가 불복하지 아니한 나머지 패소부분(2,800만 원)이 분리되어 확정되는 것은 아니다.[2] 따라서 피고가 그 후에 불복하지 아니한 부분에 대하여 항소취지를 확장하는 것도 가능하다. 수개의 청구를 모두 기각한 제1심판결에 대하여 원고가 일부청구에 대하여서만 항소한 경우에 불복하지 아니한 청구 부분도 항소심으로 이심은 되지만, 항소심의 심판 범위는 불복한 부분에 한정되는 것이다.[3] 따라서 항소심 법원이 불복하지 않은 부분에 대한 제1심 판결을 취소하고 그 부분에 대한 원고의 청구를 인용하는 판결은 무효인 판결이다(**이심의 범위와 심판의 범위의 불일치**). **상소불가분의 원칙에 의하여 불복하지 않은 부분도 항소심으로 이심되므로 원고(항소인)는 항소심의 변론종결 시까지 어느 때나 항소취지의 확장으로 심판의 범위를 확장할 수 있다. 피항소인도 부대항소를 할 수 있다. 이와 같은 이유로 항소의 일부취하는 허용되지 않는다.**

나. 예외적으로 청구의 일부에 관하여 불상소의 합의나 항소권·부대항소권의 포기가 있는 경우에는 그 부분만이 가분적으로 확정된다.

다. 상소불가분의 원칙은 소의 객관적 병합에 일반적으로 타당한 것이고, 통상공동소송에 있어서는 공동소송인독립의 원칙 때문에 공동소송인 중 한 사람의 또는 한 사람에 대한 상소는 다른 공동소송인에 관한 청구에 상소의 효력이 미치지 아니하므로 그 부분은 확정된다(예외: 필수적 공동소송, 독립당사자참가소송, 소의 주관적·예비적·선택적 공동소송).

라. 상소심은 처분권주의의 원칙상 불복하지 않은 부분에 대해서는 심판할 수 없다(불이익변경금지원칙).

---

1) 대법원 2003.5.30. 선고 2003다13604 판결.
2) 대법원 2002.4.23. 선고 2000다9048 판결.
3) 대법원 2011.7.28. 선고 2009다35842 판결.

마. 제1심 판결 중 항소하지 않았으나 항소불가분의 원칙에 의하여 항소심 법원으로 이심된 청구에 대한 부분은 항소심 법원의 판결 시에 확정된다.

제 2 절   항소심절차

Ⅰ. 항소심의 구조: 복심제, 사후심제, 속심제

Ⅱ. 항소의 취하

1. 의   의

항소인이 항소의 신청을 철회하는 소송행위이다. 항소의 취하에 의하여 항소를 제기하지 않았던 것과 같은 효력이 생길 뿐이므로 소제기 자체를 철회하는 원고의 소취하와는 다르다.

2. 항소취하의 요건

가. 시기: 항소제기 후 항소심의 종국판결 선고 전까지 항소의 취하를 할 수 있다. 항소심 판결 선고 후에는 항소취하가 불가능하다. 그것은 피항소인의 부대항소에 의하여 제1심 판결보다 더 불리한 판결을 받은 항소인이 항소취하 하는 것을 방지하기 위한 것이다.

나. 항소의 일부취하는 허용되지 않는다(소취하와 구별).

다. 소의 주관적 병합(공동소송)의 경우: 통상의 공동소송에서는 공동소송인 중 일부의 또는 공동소송인 중 일부에 대한 항소를 취하할 수 있으나, 필수적 공동소송에서는 공동소송인 전원이 또는 공동소송인 전원에 대하여 항소를 취하하여야 한다.

라. 항소인이 항소를 취하함에 있어서 상대방의 동의를 요하지 않는다.

마. 소송행위로서의 유효요건을 갖추어야 한다.

3. 방식: 소취하에 관한 규정의 준용

4. 효과: 소급효(항소제기 시)

5. 항소취하의 간주: 2회 불출석, 1개월 내 기일지정신청이 없을 경우

6. 항소취하의 합의

Ⅲ. 부대항소

1. 의   의

가. 1심판결 결과에 대한 상대방의 항소에 의하여 개시된 항소심절차에 편승하여 본인에게 유리하게 항소심의 범위를 확장시키는 신청이다. 주로 항소기간이 도과되거나 항소권을 포기하였던 측에서 상대방의 항소가 있는 경우에 불이익변경금지의 원칙을 복멸시키기 위한 수단으로서 이용되고 있다(무기평등의 원칙). 그리고 부대항소를 통하여 제1심에서 판결사항이 아니었던 부분에 대하여 청구취지 확장을 통하여 항소심법원의 심판을 받음으로써 소송경제를 도모한다는 의미도 갖는다. 예컨대 제1심법원에서 전부승소한 자가 청구의 확장 또는 반소제기를 위한 부대항소를 하는 경우를 들 수 있다. 즉 이혼소송에서 전부승소한 원고가 피고의 항소에 의하여 항소심에 사건이 계속된 상태에서 재산분할청구를 추가하는 부대항소를 하는 것도 가능하다. 이러한 부대항소는 항소기간 도과나 항소권포기 뒤에도 할 수 있고, 항소의 이익을 필요로 하지 않는다는 점이 그 특색이다.

나. **법적 성질:**   항소설은 부대항소도 항소와 같은 법적 성격을 갖는다고 보아 항소의 이익을 필요로 한다고 보는 견해이고(즉 전부승소한 자가 청구의 변경·확장 및 반소제기를 위한 부대항소는 허용되지 않는다고 한다), 비항소설은 부대항소는 공격적 신청 또는 특수한 구제방법이고 항소가 아니므로 항소의 이익을 필요로 하지 않으며, 제1심에서 전부승소한 피항소인이 청구의 확장·변경이나 반소의 제기를 위한 부대항소도 가능하다는 견해이다.[1]

2. 요   건

가. 주된 항소가 적법하게 계속 중이어야 한다.[2]

나. 주된 항소의 피항소인이 항소인을 상대로 제기하여야 한다.

다. 항소심의 변론종결 전이어야 한다.

라. 피항소인은 항소권의 포기, 항소기간 도과 후에도 부대항소를 할 수 있다.

3. 방   식

가. 항소에 관한 규정을 준용한다.

나. 항소장에 준하는 인지를 첨부하여야 한다.

---

1) 대법원 2003.9.26. 선고 2001다68914 판결; 대법원 1980.7.22. 선고 80다982 판결.
2) 대법원 1994.12.23. 선고 94다40734 판결.

다. 전부승소한 자는 상대방이 항소제기 한 경우에 소 변경, 반소제기를 위해 부대항소 가능하며, 이 경우 청구취지확장서·반소장을 제출한 경우에는 부대항소를 제기한 것으로 본다. 부대항소의 취지를 밝히지 않아도 부대항소로 의제되는 것이다.[1] 그러나 제1심에서 전부승소한 자가 항소심에서 청구의 교환적 변경을 하는 부대항소는 허용될 수 없다. 항소의 대상이 없어져 본항소의 존재를 전제로 한 부대항소가 성립될 여지가 없어지기 때문이다.

라. 부대항소는 취하할 수 있다.

4. 효   력

가. 불이익변경금지원칙의 배제

원래 항소심 법원은 불이익변경금지의 원칙에 따라 항소인이 제1심 판결 중 변경을 구한 범위 내에서만 심판할 수 있는데 피항소인이 부대항소한 경우에는 이러한 제한을 받지 않는다.[2]

나. 종속성: 부대항소는 상대방의 항소에 의존하는 것이어서 주된 항소의 취하 또는 부적법 각하에 의하여 그 효력을 잃는다.(법 제404조) 그러나 부대항소인이 독립하여 항소를 할 수 있는 기간내에 제기한 부대항소는 독립항소로 보기 때문에(법 제404조 단서), 항소의 취하·각하에 의하여 영향을 받지 않는다. 그러나 항소가 취하·각하된 뒤에는 독립부대항 소라 하더라도 항소의 이익을 갖추어야 한다.

> **[예제] [제51회 사법시험(2009년도)] [제1문]** 甲은 乙 소유의 A 토지를 5억 원에 매수하기로 하는 매매계약을 乙의 피용자인 丙과 체결하고 매매대금 전부를 지급하였다. 甲은 乙에게 A 토지에 관하여 소유권이전등기절차의 이행을 요구하였으나, 乙은 丙이 자신의 피용자인 것은 사실이지만 자신이 丙에게 A 토지를 매도할 권한을 수여한 바 없다고 주장하면서 그 이행을 거절하였다. 다음 설문에 답하시오.
> 2. 甲은 乙을 피고로 주위적으로 A 토지에 관한 매매를 원인으로 한 소유권이전등기절차의 이행을 구하고, 예비적으로 위 매매계약이 丙의 무권대리로 무효일 경우에 대비하여 민법 제756조의 사용자책임으로 인한 손해배상금 5억 원의 지급을 구하는 소를 제기하였다. 제1심 법원은 甲의 주위적 청구를 기각하고 예비적 청구를 인용하는 판결을 선고하였다.
> (나) 제1심 판결에 대해서 乙만이 항소한 경우 항소심 심리 결과 乙이 丙에게 A 토지를 매도할 대리권을 수여한 것으로 판명되었다. 항소심 법원은 어떠한 판결을 하여야 하는가? (10점)
> (다) 제1심 판결에 대해서 乙이 항소한 후 甲이 주위적 청구부분에 대하여 부대항소를 제기하였다. 乙이 항소를 취하하였다면 항소심 법원은 주위적 청구를 인용하는 판결을 할 수 있는가? (10점)
> **[해설]** Ⅰ. 제1문(2.나.)의 해결: 생략.
> Ⅱ. 2. (다) 문의 해결

---

1) 대법원 2008.7.24. 선고 2008다18376 판결.
2) 대법원 2003.9.26. 선고 2001다68914 판결.

Ⅳ. 항소심의 소송자료(제1심의 속행으로서의 항소심: 항소심의 심리)

1. 항소심의 변론의 범위

가. 원고의 1개의 청구의 일부를 기각하는 제1심판결에 대하여 피고만이 항소를 하였더라도 제1심판결의 심판 대상이었던 청구 전부가 불가분적으로 항소심에 이심되나(**항소불가분의 원칙**), 항소심의 심판범위는 이심된 부분 가운데 피고가 불복 신청한 한도로 제한되고, 나머지 부분에 관하여는 원고가 불복한 바가 없어 항소심의 심판대상이 되지 아니하므로 항소심으로서는 원고의 1개의 청구 중 불복하지 아니한 부분을 인용할 수 없다.[1] 이 때 항소심의 심판범위는 이심된 부분 가운데 항소인이 불복 신청한 한도로 제한되지만, 심판범위에 속하는 청구의 당부를 심사하기 위하여 그 청구권의 발생 등 당해 청구권의 전반에 관하여 심리하는 것은 부득이하고, 그것이 심판범위를 제한한 취지에 반하는 것이라고 할 수 없다.[2] 불복의 범위는 항소심의 변론종결 시까지 변경할 수 있고, 피항소인도 부대항소의 제기에 의하여 불복의 범위를 확장시킬 수 있다.

나. 제1심 법원이 원고들의 주위적 청구와 예비적 청구를 병합 심리한 끝에 주위적 청구는 기각하고 예비적 청구만을 인용하는 판결을 선고한 데 대하여 피고만이 항소한 경우, 항소제기에 의한 이심의 효력은 당연히 사건 전체에 미쳐 주위적 청구에 관한 부분도 항소심에 이심되는 것이지만, 항소심의 심판범위는 이에 관계없이 피고의 불복신청의 범위에 한하는 것으로서 예비적 청구를 인용한 제1심 판결의 당부에 그치고 원고들의 부대항소가 없는 한 주위적 청구는 심판대상이 될 수 없다.[3]

다. 예외적으로 필수적 공동소송, 독립당사자참가, 공동소송참가, 예비적·선택적 공동소송 등의 경우에는 제1심 판결에 대하여 불복하지 아니한 당사자의 본안 부분도 합일확정의 범위 내에서 항소심의 심판대상이 된다.

---

1) 대법원 2004.6.10. 선고 2004다2151,2168 판결.
2) 대법원 2003.4.11. 선고 2002다67321 판결.
3) 대법원 1995.2.10. 선고 94다31624 판결.

2. 제2의 사실심: 변론의 갱신

가. 제1심의 변론결과 진술(법 제407조 2항)

나. 제1심에서의 변론·증거조사 그 밖의 소송행위는 항소심에서도 그 효력이 있다. 예컨대 이의권의 상실, 재판상자백의 구속력 등은 항소심에서 그대로 유지된다.

> **[대법원 2004.10.15. 선고 2004다11988 판결]** [1] 구 민사소송법(2002. 1. 26. 법률 제6626호로 전문 개정되기 전의 것) 제171조의2 제2항에서 말하는 '달리 송달할 장소를 알 수 없는 때에 한하여'라 함은 상대방에게 주소보정을 명하거나 직권으로 주민등록표 등을 조사할 필요까지는 없지만 적어도 기록에 현출되어 있는 자료로 송달할 장소를 알 수 없는 경우에 한하여 등기우편에 의한 발송송달을 할 수 있음을 뜻하는 것으로 풀이함이 상당하다. [2] 기록에 현출되어 있는 소장 부본의 송달장소나 피고의 답변서 발신지 등에 변론기일소환장을 송달하여 보지도 않고 원고의 주소보정서에 기재된 피고의 송달장소로 변론기일소환장을 송달한 후 송달불능되자 곧바로 등기우편에 의한 발송송달을 한 제1심법원의 조치는 위법하다.
> **[3] 제1심법원이 부적법한 변론기일에 변론을 종결하고 판결선고기일을 지정·고지한 것은 제1심판결의 절차가 법률에 어긋날 때에 해당하므로 원심으로서는 제1심판결 전부를 취소하고 소장의 진술을 비롯한 모든 변론절차를 새로 진행한 다음 본안에 대하여 다시 판단하여야 한다.**

다. 무변론판결의 경우에는 새로운 주장을 제출하고 상대방의 주장사실을 다툴 수 있다.

3. 제1심에서 제출하지 아니한 새로운 공격·방어방법의 제출(변론의 갱신권)

가. 제1심 중심주의:　　원칙적으로 사실심리는 제1심절차에서 집중적으로 심리하여야 한다(집중심리주의). 당사자는 항소심의 변론종결 시까지 종전의 주장을 보충·정정하고, 나아가 제1심에서 제출하지 아니한 새로운 공격방어방법을 제출하는 것도 가능하다. 이를 변론의 갱신권이라 한다. 다만 아래와 같은 제한이 따른다.

나. 제1심에서 심리한 공격·방어방법으로서 각하된 주장 및 증거방법은 항소심에서도 제출할 수 없다(법 제408조, 제149조). 다만 제출기간 경과에 대한 면책사유(귀책사유 없이 도과시킨 것)의 추완은 가능하다

다. 항소심에서 새롭게 제출한 공격·방어방법은 법 제147조와 제149조 규정에 의해서 실기한 공격·방어방법인지의 여부를 심사한다.

라. 제1심에서의 변론준비절차 종결 후 실기한 공격·방어방법은 원칙적으로 항소심에서도 제출할 수 없다.

4. 상계항변의 경우

항소심에서 새로운 상계항변을 제출하는 경우에는 새로운 공격·방어방법으로서 허용된다.

5. 적시제출의무와 항소심의 변론갱신권 제한

신민소법의 적시제출주의는 수시제출주의를 취한 구법에 비하여 항소심의 갱신권은 제한적으로 해석되어야 한다.

V. 항소심의 종국적 재판

1. 항소장각하

2. 항소각하

3. 항소기각

4. 항소인용 판결

가. 원판결의 취소

(1) 파기자판

항소법원이 원 판결을 취소하고 스스로 제1심에 갈음하여 소에 대하여 종국적 해결의 재판을 하는 경우이다. 항소심법원은 사실심 법원이므로 自判하는 것이 원칙이며, 다른 법원으로 환송·이송하는 것은 예외적이다.

(2) 환송판결

제1심법원이 소각하 판결을 한 경우에 항소법원이 이를 파기하면 원심법원으로 환송하여야 한다(법 제418조). 원심법원에서 본안에 대한 심리가 이루어지지 않았으므로 3심제를 실현하고자 하는 것으로서 '필수적 환송'이라 한다. 다만 예외적으로 제1심에서 본안판결을 할 수 있을 정도로 본안심리가 이루어 진 경우이거나, 당사자의 동의가 있는 경우에는 환송하지 않고 자판할 수 있다(법 제418조 단서). 한편 제1심법원의 소각하 판결이 잘못되었다 하더라도 본안에서 청구기각 할 사안이면 필수적 환송규정의 적용을 배제하고 판결을 하여야 한다.[1]

(3) 이송판결

전속관할 위반을 이유로 제1심판결을 취소하는 때에는 원심법원으로 환송하지 않고, 직접 관할 제1심법원으로 이송하여야 한다(법 제419조).

---

1) 대법원 2001.9.7. 선고 99다50392 판결.

나. 불이익변경금지의 원칙

(1) 의 의

당사자처분권주의의 원칙상 항소심은 항소 또는 부대항소한 당사자가 불복신청한 범위 내에서만 심판하고, 당사자가 불복신청한 이상으로 유리한 재판을 할 수 없고(이익변경금지의 원칙), 상대방의 항소 또는 부대항소가 없는 한 항소인에게 제1심판결 이상으로 불리하게 취소·변경할 수 없다(불이익변경금지의 원칙).

(2) 내 용

(가) 유리·불리의 판단기준

판결주문의 기재에 따른 기판력의 범위를 중심으로 판단한다. 판결이유 중의 판단이 불이익하게 변경되어도 불이익변경금지원칙에 위반하지 않는다.

> **[대법원 2005.8.19. 선고 2004다8197,8203 판결]** 항소심은 당사자의 불복신청범위 내에서 제1심판결의 당부를 판단할 수 있을 뿐이므로, 설사 제1심판결이 부당하다고 인정되는 경우라 하더라도 그 판결을 불복당사자의 불이익으로 변경하는 것은 당사자가 신청한 불복의 한도를 넘어 제1심판결의 당부를 판단하는 것이 되어 허용될 수 없다 할 것인바, 원고만이 항소한 경우에 항소심으로서는 제1심보다 원고에게 불리한 판결을 할 수는 없고, 한편 불이익하게 변경된 것인지 여부는 기판력의 범위를 기준으로 하나 공동소송의 경우 원·피고별로 각각 판단하여야 하고, **동시이행의 판결에 있어서는 원고가 그 반대급부를 제공하지 아니하고는 판결에 따른 집행을 할 수 없어 비록 피고의 반대급부이행청구에 관하여 기판력이 생기지 아니하더라도 반대급부의 내용이 원고에게 불리하게 변경된 경우에는 불이익변경금지 원칙에 반하게 된다.**

(나) 상계의 항변

상계의 항변은 이유 중의 판단이지만 예외적으로 기판력이 생기므로 불이익변경의 문제가 생긴다.

① 상계의 항변을 받아들여 청구를 기각한 제1심판결에 대하여 원고만 항소한 경우: 예컨대, 1억 원의 대여금 청구(소구채권 또는 수동채권)에 대하여, 피고가 1억 원의 물품대금 채권(반대채권 또는 자동채권)으로 상계항변을 하고, 제1심법원이 이를 받아들여 원고청구를 기각하자, 원고만이 항소한 경우를 보자. 항소심법원이 심리한 결과 소구채권이 불성립(원고가 주장하는 채권 자체가 인정되지 않음)하는 것으로 인정되는 경우에 원판결을 취소하여 원고가 주장하는 채권이 인정되지 않는다는 이유로 원고 청구기각의 판결을 할 수 없고 다만 원고의 항소를 기각하는 판결을 할 수 있을 뿐이다.

② 위 ①의 사례에서 피고만이 항소한 경우에 항소심법원이 피고가 주장하는 반대채권(자동채권)이 부존재하는 것으로 사실인정을 하고 피고의 상계항변을 배척하고 원고의 청구를 인용하는 판결을 할 수 없을 뿐만 아니라, 항소기각의 판결을 하면서 피고의 상계항변을 배척하는 취지의 판결을 하여서는 안되고 오로지 제1심판결과 같은 이유로 항소기각의 판결을 할 수 있을 뿐이다.[1]

---

1) 대법원 1995.9.29. 선고 94다18911 판결.

(다) 예비적 청구의 병합

① 제1심법원의 주위적 청구기각, 예비적 청구 인용판결에 대해 원고만이 항소한 경우에 항소심에서 예비적 청구에 대해서 이유 없다는 결론에 이르더라도 항소기각의 판결만 가능하다.

② 위 ①의 경우에 피고만이 항소하였을 때:　항소심 심리결과 주위적 청구가 이유있을 때 원심판결을 취소하고 주위적 청구인용판결 할 수 있는가? 이에 대하여 적극적으로 해석하여 원고의 항소 또는 부대항소가 없더라도 주위적 청구인용판결을 할 수 있다는 견해도 있으나, 판례는 소극설을 취한다. 즉 이러한 경우에 피고만이 항소한 때에는 이심의 효력은 사건 전체에 미치더라도 원고로부터 부대항소가 없는 한 항소심의 심판대상은 예비적 청구에 국한 된다고 하였다.[1] 그 결과 항소심법원은 원판결을 취소하고 예비적 청구를 기각하는 판결을 할 수 있을 뿐이다.

(라) 공유물분할의 소나 경계확정소송 등 형식적 형성소송에서는 불이익변경금지원칙이 적용되지 않는다.

(마) 소송판결

① 소송요건의 흠을 이유로 소를 각하하는 소송판결에는 원칙적으로 불이익변경금지원칙이 적용되지 않는다.

② 직권조사사항:　소송요건의 흠, 항소심에서 비로소 원고의 소가 소송요건을 구비하지 못한 부적법한 소임이 밝혀지면 그 요건이 보완되지 않는 한 원판결을 취소하고, 소각하 판결을 하여야한다.

(바) **예비적·선택적 공동소송 및 독립당사자 참가소송의 경우에는 불이익변경금지의 원칙이 적용되지 않는다.** 예컨대 甲이 乙을 주위적 피고, 丙을 예비적 피고로 하여 소를 제기하였으나 제1심에서 丙에 대하여는 승소, 乙에 대하여는 패소한 뒤 丙만이 항소한 경우에 항소심법원은 제1심법원과는 달리 乙을 채무자라고 보아 항소하지 아니한 甲에게 유리하게 주위적 피고인 乙에 대한 청구를 인용하고 예비적 피고인 丙에 대한 청구를 기각하는 판결을 할 수 있다.

(사) **제1심에서 소가 부적법하다고 하여 소각하 한 판결에 대해 원고가 항소하고, 2심에서 소제기는 적법하지만 어차피 본안청구 자체가 이유 없다고 판단한 경우에,** 학설로서는 청구기각설(원판결을 파기하고 원고청구기각의 판결을 할 수 있다는 견해)과 파기환송설(소각하의 제1심판결이 잘못되었으므로 법 제418조에 따라 제1심판결을 취소하고 제1심법원으로 사건을 돌려보내야 한다는 견해)이 있으나, 판례는 항소기각설을 취한다.

　　[대법원 2001.9.7. 선고 99다50392 판결] 원고들의 불법행위에 기한 주위적 청구를 각하한 원심판결은 파기되어야 할 것이나, 앞서 본 바와 같이 원고들의 위 청구는 기각될 것임이 분명한데 원고들만이 상고한 이 사건에 있어서 불이익변경금지의 원칙상 상고인인 원고들에게 불이익하게 청구기각의 판결을 할 수는 없는 것이므로, 원심판결을 파기하는 대신 원고들의 이 부분 상고를 기각하기로 한다.

---

1) 대법원 1995.2.10. 선고 94다31624 판결.

[**대법원 1992.11.10. 선고 92누374 판결**] 원심이 위 "가"항의 거부처분을 행정소송의 대
상이 되는 거부처분에 해당하지 않는다고 보아 소를 각하한 것은 잘못이나, 원고들의 청구
가 이유 없는 이상 원고들만이 상고한 이 사건에서 원심판결을 파기하여 청구를 기각하는
것은 원고들에게 불이익한 결과가 되므로 원심판결을 유지하여 상고를 기각하기로 한다.
　　*이러한 판례에 대하여 항소기각은 잘못된 제1심법원의 소각하 판결을 확정시키는 결과가
되어 문제가 있고, 항소심의 소각하 판결 후 원고가 문제의 소송요건을 보완하여 다시 제소
하여 오는 것을 막을 수 없으므로 그 때 원고청구 기각의 본안판결을 한다면 원고로 하여금
불필요한 소송을 반복케 하는 결과가 된다. 즉 항소기각판결이 결과적으로 원고에게 실익이
없게 되므로 이 경우에는 제1심판결을 취소하고 원고의 청구를 기각하는 판결을 하여야 한
다는 것이다.

제 3 절　상고심절차

[상고심은 스스로 사실인정을 하지 않고 사실심에서 인정한 사실을 전제로 하여 재판한
다. 증거의 채택여부 및 사실인정은 사실심의 전권사항이며, 그것이 자유심증주의의 한계를
벗어나지 않는 한 상고심에서 문제삼을 수 없다. 상고심에서도 예외적으로 직권조사사항인
소송요건·상소요건의 존부, 재심사유, 원심의 소송절차 위배, 판결이유 불명시, 판단누락 등
을 판단함에 있어서는 새로운 사실을 참작할 수 있으며, 필요한 증거조사를 할 수 있다. 당
사자도 이에 관하여 새로운 주장·증명을 할 수 있다. 또 다툼이 없거나 공지의 사실이면 새
로운 사실이라 해도 상고심이 이를 참작하여 재판할 수 있다.]

Ⅰ. 상고이유

1. 일반적 상고이유(법 제423조)

가. 법령위반의 내용
(1) 법령위반의 법령
헌법, 법률, 명령, 규칙, 자치단체의 조례, 비준 가입한 국제조약, 협정, 외국법 등의 위반
사실은 상고이유가 된다.
(2) 보통계약약관, 법인의 정관은 긍정설과 부정설이 있다.
(3) **경험법칙:**　　통설·판례는 상고이유로서 긍정하고 있다.

나. 법령위반의 형태
(1) 법령해석의 과오
법령의 효력의 시간적·장소적 제한의 오해, 법규의 취지·내용의 부정확한 이해.

(2) 법령적용의 과오

구체적인 사건이 법규의 구성요건에 해당하는지 여부를 그르치거나 법령을 적용하지 아니한 경우 등.

(3) 사실인정의 과오는 상고이유로 할 수 없으나, 다음과 같은 경우는 문제이다.

사실에 대한 평가적 판단, 사실추정의 법리·논리법칙·경험법칙 위반(채증법칙 위반) 등은 법률문제가 된다.

다. 판단상의 과오와 절차상의 과오

(1) 판단상의 과오란 원심판결 중의 법률판단이 부당하여 청구의 당부판단의 잘못을 초래하게 된 경우를 말한다. 실체법 위반의 문제에 해당한다. (대)법원은 당사자 주장의 상고이유에 구속됨이 없이 법률판단의 과오유무를 조사하여 판단하여야 한다. 이를 **상고이유불구속의 원칙**이라 한다.[1] 구체적으로 상고이유인 법령위반이 있어도 원심판결이 다른 이유로 결론에 있어서 정당한가를 심사하여야 하고, 상고이유인 법령위반이 없어도 다른 법령위반여부를 심사할 수 있고, 상고이유로 삼지 않은 다른 법령위반(판단과오)을 이유로 원판결을 파기할 수 있다.

(2) 절차상의 과오란 변론주의·처분권주의의 위반, 석명의무·지적의무의 위반, 당사자에 대한 변론기일 통지없이 한 변론 등 절차법규 위배의 절차진행이 있는 경우이다. 절차상의 과오는 판결에 잠재적으로 존재하여 쉽게 발견하기 어려우므로 직권조사 사항(소송요건, 상소요건, 항소심판결의 적법성 등)을 제외하고는 당사자가 상고이유로 주장한 경우에 한하여 조사한다(법 제431조).

라. 판결에 영향을 미쳤을 것

단순한 법령위반의 존재만으로는 상고이유가 되지 아니하고 법령위반과 판결의 결론인 주문과의 사이에 인과관계가 있을 것을 필요로 한다.[2]

Ⅱ. 절대적 상고이유(법 제424조)

[대법원 2006.5.26. 선고 2004다62597 판결] 민사소송법 제424조 제1항 제6호 소정의 절대적 상고이유인 '판결에 이유를 명시하지 아니한 경우'란 판결에 이유를 전혀 기재하지 않거나, 이유의 일부를 빠뜨리는 경우 또는 이유의 어느 부분이 명확하지 아니하여 법원이 어떻게 사실을 인정하고 법규를 해석·적용하여 주문에 이르렀는지가 불명확한 경우를 일컫는 것이다. 판결이유에 주문에 이르게 된 경위가 명확히 표시되어있는 이상 관계 법률이 위헌이라는 당사자의 주장을 판단하지 아니하였다는 사정만으로 판결에 이유를 명시하지 아니한 위법이 있다고 할 수 없다. 또한 당사자의 주장이나 항변에 대한 판단은 반드시 명시적으로만 하여야 하는 것이 아니고 묵시적 방법이나 간접적인 방법으로도 할 수 있다. (예컨대, 이 사건 가처분신청의 인용요건인 피보전 권리 및 보전의 필요성이 존재하지 않는다는 취지의

---

1) 이시윤, 868면.
2) 대법원 2013.1.10. 선고 2011두7854 판결 참조.

주장에 대하여원심법원이 소명자료에 근거하여 가처분 신청의 인용요건인 피보전 권리 및 보전의 필요성 등이 적극적으로 소명된다는 취지의 이유를 설시함으로써 그 소송절차상 부인에 해당하는 이의 사유에 대한 판단을 하였다고 보아야 한다는 것이다.)

[상고이유서의 제출]

1. 상고인은 상고장에 상고이유를 기재하지 않은 때에는 소송기록의 접수통지를 받은 날로부터 20일 이내에 상고법원에 상고이유서를 제출하여야 한다(상고이유서 강제주의: 법 제427조). 상고이유에 밝힌 상고이유를 보완하는 보충서는 20일이 지나도 제출할 수 있다. 상고인이 제출기간 내에 상고이유서를 제출하지 않은 때에는 직권조사 사항이 있는 경우가 아니면 상고법원은 변론 없이 상고를 기각하여야 한다(법 제429조). 상고이유서 제출기간은 법정기간이지만 불변기간은 아니다. 따라서 당사자에게 책임을 돌릴 수 없는 사유로 제출기간을 준수하지 못하였다고 하여도 추후보완(법 제173조)이 허용되지 않는다. 다만 기간경과 후라도 상고이유서의 제출이 있으면 그 기간의 신장(법 제172조 1항)을 인정하여 상고이유서를 적법한 것으로 처리할 수 있다.[1]

2. 상고법원의 판단대상이 되는 상고이유는 상고이유서 제출기간 내에 제출된 상고이유에 한하며, 제출기간 이후에 제출된 것은 이미 제출된 상고이유를 보충한 것 이외에는 판단의 대상이 되지 않는다. 예외적으로 제출기간 경과 후에 새로운 상고이유가 생겼거나, 직권조사 사항은 그 후라도 추가로 제출할 수 있다. 상고인이 비록 상고 이유서를 제출하였더라도 그 내용에 심판 대상인 원심판결의 어떤 점이 법령에 어떻게 위반하였는지에 관한 구체적이고도 명시적인 이유 설시가 없을 때에는 상고이유를 제출하지 않은 것으로 취급될 수밖에 없다.[2]

[부대상고] 부대항소와는 달리 항소심에서 전부승소한 자는 부대상고를 할 수 없다. 일부 승소한 자는 피상고인으로서 상고권이 소멸된 후에도 부대상고를 할 수 있으나, 상고이유서 제출기간 내에 부대상고를 제기하고 그 이유서를 제출하여야 한다.[3]

III. 심리불속행제도(심리속행사유의 조사)

1. 의   의

심리불속행제도는 상고인 주장의 상고이유에 중대한 법령위반의 사유가 포함되어 있지 않으면 상고이유의 당부에 관하여 더 이상 본안심리를 속행하지 아니하고 판결로 상고기각하여 상고사건을 추려내는 제도이다. 상고심절차에 관한 특례법이 이에 관하여 정하고 있다. 이러한 제도를 통하여 대법원의 사건 폭주를 막고 법률심화하려는 시도로 볼 수 있다.

2. 심리속행사유(상고심절차에 관한 특례법 제4조 1항)

가. 헌법위반, 부당해석

---

1) 이시윤, 875면.
2) 대법원 1983.11.22. 선고 82누297 판결.
3) 대법원 2013.2.14. 선고 2011두25005 판결.

나. 명령, 규칙, 처분의 법률위반 여부에 관한 부당판단.

다. 대법원 판례위반.

라. 대법원 판례의 부존재, 변경의 필요성.

마. 중대한 법령위반: 상고심의 기능에 비추어 법해석의 통일이나 법 발전과 직결되는 중대한 실체법·소송법상의 문제를 포함하고 있거나, 원심판결을 그대로 유지하면 정의와 형평에 현저히 위반될 때를 말하는 것으로 본다.[1] 예컨대 '심리미진'은 단순한 것이면 이에 해당할 수 없고, 현저한 경우에 이에 해당할 것이다. 채증법칙·경험법칙 위반이 현저한 것이면 여기에 해당하는 것으로 볼 수 있다.

3. **심리속행사유의 조사:** 직권조사사항이다. 속행사유의 존부에 관한 조사기간은 원심법원으로부터 상고기록을 송부받은 날로부터 4개월이다. 이 기간 내에 조사하여 속행사유가 포함되어 있지 않다고 인정되면 심리불속행 기각판결로써 상고심절차는 종국적으로 끝나게 되고, 그와 같은 판결없이 위 기간을 넘기면 심리불속행절차만 끝나고 통상의 상고심절차에 따라 심리가 속행된다(동법 제6조 2항).

4. **심리불속행 판결**(심리불속행의 상고기각 판결): 본안판결의 일종이지만 판결이유의 기재를 생략할 수 있고, 판결의 선고가 불필요하며, 상고인에의 송달로써 고지를 갈음한다. 대법원전원합의체가 아닌 대법관 3인 이상으로 구성된 재판부(소부)에서만 할 수 있다.

Ⅳ. 상고인용판결(원판결의 파기)

1. **상고심의 심리범위:** 상고심의 심리대상은 원칙적으로 상고인이 원판결 중 불복신청한 범위로 제한된다.

> **[대법원 2009.10.29. 선고 2007다22514,22521 판결]** 원고의 청구를 일부 인용하는 제1심 판결에 대하여 원고는 항소하였으나 피고들은 항소나 부대항소를 하지 아니한 경우, 제1심 판결의 원고 승소 부분은 원고의 항소로 인하여 항소심에 이심은 되었으나, 항소심의 심판범위에서는 제외되었다 할 것이고, 따라서 **항소심이 원고의 항소를 일부 인용하여 제1심판결의 원고 패소 부분 중 일부를 취소하고 그 부분에 대한 원고의 청구를 인용하였다면, 이는 제1심에서의 원고 패소 부분에 한정된 것이며 제1심판결 중 원고 승소 부분에 대하여는 항소심이 판결을 한 바 없어 이 부분은 피고들의 상고대상이 될 수 없으므로, 원고 일부 승소의 제1심판결에 대하여 아무런 불복을 제기하지 않은 피고들은 제1심판결에서 원고가 승소한 부분에 관하여는 상고를 제기할 수 없다.**

---

1) 이시윤, 858면.

2. 환송 또는 이송판결(법 제436조)

가. 상고법원이 원판결을 파기한 때에는 새로 사실심리를 하여야 할 경우가 많으므로 사건을 환송 또는 이송하는 것이 원칙이다. 환송받은 법원은 새로 변론을 열어서 심리하고 판결해야 한다.

나. 환송 후 항소심은 종전 재판부와는 다른 새로운 법관으로 구성된 재판부에서 심리하여야하고 반드시 변론의 갱신절차를 밟아야 한다. 환송 전의 원판결에 관여한 판사는 환송 후의 재판에 관여할 수 없다. 변론갱신 후에 환송 전의 소송자료와 증거자료는 새 판결의 기초자료가 된다.

다. 속행절차에서는 당해 심급에서 허용되는 일체의 소송행위를 할 수 있다(소변경, 반소제기, 부대항소, 새로운 공격·방어방법의 제출 등).

라. 환송 후 환송심의 심판대상이 되는 청구는 원판결 중 파기되어 환송된 부분만이다. 예컨대 환송판결에서 환송전 원심판결 중 소극적 손해에 관한 원고들 패소부분만 파기하고, 나머지 상고는 기각한 경우, 환송 후 원심의 심판 범위는 소극적 손해에 관한 원고들 패소부분과 환송후 원심에서 확장된 부분에 한정되고, 환송전 원심판결 중 원고들 승소부분은 확정되므로 원심으로서는 이에 대하여 심리를 할 수 없다.[1] 환송후의 판결결과가 환송전보다 오히려 상고인에게 더 불리하게 될 수도 있다.

[**대법원 2013.2.28. 선고 2011다31706 판결**] 1. 원고의 청구가 일부 인용된 환송 전 원심판결에 대하여 피고만이 상고하고 상고심은 이 상고를 받아들여 원심판결 중 피고 패소부분을 파기·환송하였다면 피고 패소 부분만이 상고되었으므로 위의 상고심에서의 심리대상은 이 부분에 국한되었으며, 환송되는 사건의 범위, 다시 말하자면 환송 후 원심의 심판 범위도 환송 전 원심에서 피고가 패소한 부분에 한정되는 것이 원칙이고, 환송 전 원심판결 중 원고 패소부분은 확정되었다 할 것이므로 환송 후 원심으로서는 이에 대하여 심리할 수 없다. 그러나 **환송 후 원심의 소송절차는 환송 전 항소심의 속행이므로 당사자는 원칙적으로 새로운 사실과 증거를 제출할 수 있음은 물론, 소의 변경, 부대항소의 제기뿐만 아니라 청구의 확장 등 그 심급에서 허용되는 모든 소송행위를 할 수 있고, 이때 소를 교환적으로 변경하면, 제1심판결은 소취하로 실효되고 항소심의 심판대상은 교환된 청구에 대한 새로운 소송으로 바뀌어 항소심은 사실상 제1심으로 재판하는 것이 된다.** 2. 환송 전 원심이 원고의 예비적 청구인 부당이득반환청구를 일부 인용하였고 피고만이 상고하여 환송판결이 피고 패소부분을 파기·환송하였는데, 원고가 원심에서 예비적 청구의 청구원인과 청구금액을 같이하는 파산채권확정의 소로 청구를 교환적으로 변경한 사안에서, 환송 전 원심판결의 예비적 청구 중 일부 인용한 금액을 초과하는 부분은 원고 패소로 확정되었지만, 원심에서 교환적으로 변경된 예비적 청구는 전체가 원심의 심판대상이 되는데, 환송 전 원심판결의 예비적 청구 중 일부 인용한 금액을 초과하는 부분은 원고 패소로 확정되었으므로 이와 실질적으로 동일한 소송물인 파산채권확정청구에 대하여도 다른 판단을 할 수 없다는 이유로, 이와 달리 보아 교

---

1) 대법원 1998.4.14. 선고 96다2187 판결.

환적으로 변경된 예비적 청구 중 환송 전 원심판결에서 인용한 금액을 초과하는 부분을 인
용한 원심판결을 파기하고 자판한 사례.

마. 환송판결의 기속력

(1) 의의와 범위

(가) 법 제436조:　　　　사건을 환송받거나 이송받은 법원은 다시 변론을 거쳐 재판하여야
한다. 이 경우에는 상고법원이 파기의 이유로 삼은 사실상 및 법률상 판단에 기속된다.

(나) [대법원 2001.3.15 선고 98두15597 판결] 상고심으로부터 사건을 환송받은 법원은
그 사건을 재판함에 있어서 상고법원이 파기이유로 한 사실상 및 법률상의 판단에 대하여,
환송 후의 심리과정에서 새로운 주장이나 입증이 제출되어 기속적 판단의 기초가 된 사실관
계에 변동이 생기지 아니하는 한 이에 기속을 받는다고 할 것이다. 따라서 환송 후 원심판결
이 환송 전후를 통하여 사실관계에 아무런 변동이 없음에도 불구하고 환송판결이 파기이유
로 한 법률상의 판단에 반하는 판단을 한 것은 일응 환송판결의 기속력에 관한 법리를 오해
한 위법을 저지른 것이라고 아니할 수 없다. 그런데 행정소송법 제8조 제2항에 의하여 행정
소송에 준용되는 민사소송법 제406조 제2항이, 사건을 환송받은 법원은 상고법원이 파기이
유로 한 법률상의 판단 등에 기속을 받는다고 규정하고 있는 취지는, 사건을 환송받은 법원
이 자신의 견해가 상고법원의 그것과 다르다는 이유로 이에 따르지 아니하고 다른 견해를
취하는 것을 허용한다면 법령의 해석적용의 통일이라는 상고법원의 임무가 유명무실하게 되
고, 사건이 하급심법원과 상고법원 사이를 여러 차례 왕복할 수밖에 없게 되어 분쟁의 종국
적 해결이 지연되거나 불가능하게 되며, 나아가 심급제도 자체가 무의미하게 되는 결과를 초
래하게 될 것이므로, 이를 방지함으로써 법령의 해석적용의 통일을 기하고 심급제도를 유지
하며 당사자의 법률관계의 안정과 소송경제를 도모하고자 하는 데 있다고 할 수 있다. 따라
서 위와 같은 환송판결의 하급심법원에 대한 기속력을 절차적으로 담보하고 그 취지를 관철
하기 위하여서는 원칙적으로 하급심법원뿐만 아니라 상고법원 자신도 동일 사건의 재상고심
에서 환송판결의 법률상 판단에 기속된다고 할 것이다. 그러나 한편, 대법원은 법령의 정당
한 해석적용과 그 통일을 주된 임무로 하는 최고법원이고, 대법원의 전원합의체는 종전에 대
법원에서 판시한 법령의 해석적용에 관한 의견을 스스로 변경할 수 있는 것인바(법원조직법
제7조 제1항 제3호), 환송판결이 파기이유로 한 법률상 판단도 여기에서 말하는 '대법원에서
판시한 법령의 해석적용에 관한 의견'에 포함되는 것이므로 **대법원의 전원합의체가 종전의
환송판결의 법률상 판단을 변경할 필요가 있다고 인정하는 경우에는, 그에 기속되지 아니하
고 통상적인 법령의 해석적용에 관한 의견의 변경절차에 따라 이를 변경할 수 있다고 보아
야 할 것이다.** 환송판결이 한 법률상의 판단을 변경할 필요가 있음에도 불구하고 대법원의
전원합의체까지 이에 기속되어야 한다면, 그것은 전원합의체의 권능 행사를 통하여 법령의
올바른 해석적용과 그 통일을 기하고 무엇이 정당한 법인가를 선언함으로써 사법적 정의를
실현하여야 할 임무가 있는 대법원이 자신의 책무를 스스로 포기하는 셈이 될 것이고, 그로
인하여 하급심법원을 비롯한 사법전체가 심각한 혼란과 불안정에 빠질 수도 있을 것이며 소
송경제에도 반하게 될 것임이 분명하다. 그리고 이와 같은 환송판결의 자기기속력의 부정은

법령의 해석적용에 관한 의견변경의 권능을 가진 대법원의 전원합의체에게만 그 권한이 주어지는 것이므로 그로 인하여 사건이 대법원과 원심법원을 여러 차례 왕복함으로써 사건의 종국적 해결이 지연될 위험도 없다고 할 것이다.

(2) 기속력의 법적성질:　　　중간판결설과 기판력설이 있으나, 심급제도의 유지를 위하여 상급심의 판결이 하급심을 구속하는 특수한 효력으로 보는 특수효력설이 현재의 통설이라 할 수 있다.[1]

(3) **기속력의 내용**

(가) 사실상의 판단의 의미:　　　환송판결이유 중의 판단에도 기속력이 있다. 이때 사실상의 판단은 ① 직권조사사항, ② 절차위배를 판단함에 있어서 인정한 사실 ③ 재심사유에 관한 사실상의 판단 외 본안에 관한 사실판단은 포함되지 않는다. 따라서 환송받은 법원은 본안에 관하여 새로운 증거나 보강된 증거에 의하여 본안의 쟁점에 관하여 새로운 사실을 인정할 수도 있다. 상고법원의 기속적 판단의 기초거 된 사실관계의 변동이 생긴 때에는 환송판결의 기속력은 미치지 않는다.

(나) **법률상의 판단:**　　　법령의 해석·적용상의 견해나 사실에 대한 평가적 판단도 포함한다.

[대법원 2012.3.29. 선고 2011다106136 판결] 1. 민사소송법 제436조 제2항에 의하여 환송받은 법원이 기속되는 '상고법원이 파기이유로 한 법률상 판단'에는 상고법원이 명시적으로 설시한 법률상 판단뿐 아니라 명시적으로 설시하지 아니하였더라도 파기이유로 한 부분과 논리적·필연적 관계가 있어서 상고법원이 파기이유의 전제로서 당연히 판단하였다고 볼 수 있는 법률상 판단도 포함되는 것으로 보아야 한다. 2. 환송 전 원심이 甲이 乙 등에게 부동산을 명의신탁하였고, 그 후 丙이 위 부동산을 증여받았음을 원인으로 하여 구 임야소유권이전등기에 관한 특별조치법(이하 '구 특조법'이라 한다)에 따라 소유권이전등기를 마친 사실 등을 인정한 다음, 위 증여에 대하여는 구 특조법이 적용되지 않음을 전제로 丙 명의 등기의 추정력이 깨어졌으므로 甲은 乙 등에 대한 명의신탁을 해지하고 乙 등 또는 상속인을 대위하여 위 부동산에 경료된 등기의 말소를 청구할 수 있다는 취지로 판단하였고, 이에 대하여 환송판결이 丙이 등기원인으로 내세웠던 사실에 대하여도 구 특조법이 적용된다는 이유로 환송 전 원심판결을 파기환송하였는데, 환송 후 원심이 甲이 부동산을 乙 등에게 명의신탁하였음을 인정할 증거가 없다는 이유로 甲의 소를 각하한 사안에서, 채권자대위소송에서 대위에 의하여 보전될 채권자의 채무자에 대한 권리(피보전채권)가 존재하는지는 소송요건으로서 법원의 직권조사사항이므로, 환송판결이 구 특조법에 의하여 경료된 등기의 추정력이 번복되는 경우인지에 관해서만 판단하였더라도, 그 판단은 甲이 乙 등 또는 상속인에 대하여 명의신탁 해지에 따른 이전등기청구권을 가지고 이를 피보전채권으로 하여 乙 등 또는 상속인을 대위할 수 있어 소송요건을 구비하였다는 판단을 당연한 논리적 전제로 하고 있으므로, 환송판결의 기속력은 甲의 청구가 소송요건을 구비한 적법한 것이라는 판단에 대하여도 미침에도, 환송 후 원심이 甲의 청구가 소송요건을 구비하지 못한 부적법한 소라고 본 것은 환송판결의 기속력에 반하여 위법하다.

(다) 기속력 때문에 반드시 원심판결의 결론을 바꾸어야 한다는 의미는 아니다.

---

1) 이시윤, 866면.

[대법원 1995.10.13. 선고 95다33047 판결] 환송판결의 하급심에 대한 법률상 판단의 기속력은 그 파기의 이유로서 원심판결의 판단이 정당치 못하다는 소극적인 면에서만 발생하는 것이고, 하급심은 파기의 이유로 된 잘못된 견해만 피하면 당사자가 새로이 주장·입증한 바에 따른 다른 가능한 견해에 의하여 환송 전의 판결과 동일한 결론을 가져온다고 하여도 환송판결의 기속을 받지 아니한 위법을 범한 것이라고 할 수 없다. 소유권의 시효취득에 준용되는 시효중단 사유인 민법 제168조, 제170조에 규정된 재판상의 청구라 함은, 시효취득의 대상인 목적물의 인도 내지는 소유권존부 확인이나 소유권에 관한 등기청구 소송은 말할 것도 없고, 소유권 침해의 경우에 그 소유권을 기초로 하는 방해배제 및 손해배상 혹은 부당이득반환 청구 소송도 이에 포함된다. 따라서 원심판결이 대법원의 환송취지에 따른 판결인 한 그 결론이 환송전 원심의 그것과 동일하다는 이유만으로는 대법원판결의 하급심 기속에 관한 법원조직법 규정을 위반하였다고 볼 수 없다.[1]

(라) 기속력의 소멸: 환송판결에 나타난 법률상의 견해가 뒤에 판례변경으로 바뀐 때, 새로운 주장·입증이나 이의 보강으로 전제된 사실관계의 변동이 생긴 때, 법령의 변경이 생겼을 때에는 기속력을 잃는다.[2]

3. 파기자판

다음 각 호 가운데 어느 하나에 해당하면 상고법원은 사건에 대하여 종국판결을 하여야 한다. 1. 확정된 사실에 대하여 법령적용이 어긋난다 하여 판결을 파기하는 경우에 사건이 그 사실을 바탕으로 재판하기 충분한 때. 2. 사건이 법원의 권한에 속하지 아니한다 하여 판결을 파기하는 때.

[대법원 2013.2.28. 선고 2011다31706 판결] 1. 원고의 청구가 일부 인용된 환송전 원심판결에 대하여 피고만이 상고하고 상고심은 이 상고를 받아들여 원심판결 중 피고 패소부분을 파기·환송하였다면 피고 패소부분만이 상고되었으므로 위의 상고심에서의 심리대상은 이 부분에 국한된다. 환송되는 사건의 범위, 다시 말하자면 환송 후 원심의 심판 범위도 환송 전 원심에서 피고가 패소한 부분에 한정되는 것이 원칙이다. 환송전 원심판결 중 원고 패소부분은 확정되었다 할 것이므로 환송 후 원심으로서는 이에 대하여 심리할 수 없다. 그러나 환송 후 원심의 소송절차는 환송 전 항소심의 속행이므로 당사자는 원칙적으로 새로운 사실과 증거를 제출할 수 있음은 물론, 소의 변경, 부대항소의 제기뿐만 아니라 청구의 확장 등 그 심급에서 허용되는 모든 소송행위를 할 수 있다. 이때 소를 교환적으로 변경하면, 제1심판결은 소취하로 실효되고 항소심의 심판대상은 교환된 청구에 대한 새로운 소송으로 바뀌어 항소심은 사실상 제1심으로 재판하는 것이 된다. 2. 환송전 원심이 원고의 예비적 청구인 부당이득반환청구를 일부 인용하였고 피고만이 상고하여 환송판결이 피고 패소부분을 파기·환송하였는데, 원고가 원심에서 예비적 청구의 청구원인과 청구금액을 같이하는 파산채권확정의 소로 청구를 교환적으로 변경한 사안에서, 환송 전 원심판결의 예비적 청구 중 일부 인용한 금액을 초과하는 부분은 원고 패소로 확정되었지만, 원심에서 교환적으로 변경된 예비적 청구는 전체가 원심의 심판대상이 된다. 환송전 원심판결의 예비적 청구 중 일부 인

1) 대법원 1983.11.8. 선고 82므16 판결.
2) 이시윤, 867면.

용한 금액을 초과하는 부분은 원고 패소로 확정되었으므로 이와 실질적으로 동일한 소송물인 파산채권확정청구에 대하여도 다른 판단을 할 수 없다는 이유로, 이와 달리 보아 교환적으로 변경된 예비적 청구 중 환송 전 원심판결에서 인용한 금액을 초과하는 부분을 인용한 원심판결을 파기하고 자판한 사례.

제 4 절 항   고

[**대법원 2008.5.2. 자 2008마427 결정**] 민사소송법 제442조의 규정에 비추어 볼 때 항소법원의 결정에 대하여는 대법원에 재항고하는 방법으로 다투어야만 하는바, 지방법원 항소부 소속 법관에 대한 제척 또는 기피신청이 제기되어 민사소송법 제45조 제1항의 각하결정 또는 소속 법원 합의부의 기각결정이 있는 경우에 이는 항소법원의 결정과 같은 것으로 보아야 하므로 이 결정에 대하여는 대법원에 재항고하는 방법으로 다투어야 한다. 항소법원인 지방법원 합의부 소속 법관에 대한 기피신청을 소속 법원 합의부가 각하한 결정에 대하여 신청인이 즉시항고를 제기하였으면 항소법원은 이를 재항고로 보아 기록을 대법원으로 송부하여야 함에도, 원심법원인 고등법원으로 송부하여 원심법원이 이에 대해 항고기각결정을 한 사안에서, 고등법원의 결정을 권한 없는 법원이 한 결정이라는 이유로 대법원이 취소하고 그에 대한 신청인의 재항고를 지방법원 합의부의 결정에 대한 재항고로 보아 처리한 사례. 법관에 대한 기피신청에도 불구하고 본안사건 담당 법원이 민사소송법 제48조 단서의 규정에 의하여 본안사건에 대하여 종국판결을 선고한 경우에는 그 담당 법관을 그 사건의 심리 재판에서 배제하고자 하는 기피신청의 목적은 사라지는 것이므로 기피신청에 대한 재판을 할 이익이 없다.

제 5 절 재심절차

Ⅰ. 재심의 개념과 목적

1. **재심이라함은** 확정된 종국판결에 법에서 정한 재심사유에 해당하는 중대한 흠이 있는 경우에 그 판결의 취소와 이미 종결된 사건의 재심판을 구하는 불복신청을 말한다. 확정판결의 기판력을 깨뜨리는 유일한 구제절차이다.

2. 재심제도의 목적

법적안정성이라는 측면에서 확정된 종국판결은 존중되어야 하며 쉽게 그 효력이 부정되어서는 안 된다. 그러나 소송절차, 판결자료에 중대한 결함이 있을 경우에도 종국판결의 효력을 부정할 수 없게 된다면 재판의 확정성 또는 정의관념에 반하는 것이 된다. 재심제도는 법적안정성과 정의 또는 구체적 타당성의 조정을 위한 것이다.

3. 재심소송의 소송물

가. 2원론(소송상의 형성소송설): 형성판결의 취소요구(소송상의 형성소송)+재심대상인 구소송의 소송물의 2개로 구성된다고 본다. 구소송물이론은 개개의 재심사유마다 소송물이 별개라고 보는데 반해 신소송물이론은 개개의 재심사유는 공격방어방법에 지나지 않는 것이고 1개의 확정판결의 취소를 구하는 법적지위가 소송물이라 한다.

나. 1원론(본안소송설): 재심의 소의 소송물은 구소송의 소송물 하나로 구성되고 재심사유는 단순히 재심청구의 적법요건에 지나지 않으며 독자적인 소송물로서의 지위를 가질 수 없다고 본다.

다. 판례는 2원론을 취한다.

[대법원 1994.12.27. 선고 92다22473,92다22480 판결] 가. 당사자참가는 소송의 목적의 전부나 일부가 자기의 권리임을 주장하거나 소송의 결과에 의하여 권리의 침해를 받을 것을 주장하는 제3자가 독립한 당사자로서 원·피고 쌍방을 상대방으로 하여 소송에 참가하여 3당사자 사이에 서로 대립되는 권리 또는 법률관계를 하나의 판결로써 모순없이 일거에 해결하려는 제도이고, 보조참가는 원·피고의 어느 일방의 승소를 보조하기 위하여 소송에 참가하는 것으로서, 이러한 제도의 본래의 취지에 비추어 볼 때, 당사자참가를 하면서 예비적으로 보조참가를 한다는 것은 허용될 수 없는 것이다. 나. 비록 소송관계인의 소송행위가 분명하지 아니한 경우에 이를 합리적으로 해석하여 그 소송관계인에게 유리한 쪽으로 보아 줄 수 있는 경우가 있다 하더라도, 당사자참가인들이 제1심에서부터 상고심에 이르기까지 그 참가가 당사자참가임을 명시하고 있는 경우에는, 상고이유서에 비로소 '예비적으로 원고의 보조참가인'이라는 표시를 덧붙였다 하여, 당사자참가인들의 소송행위를 원고를 위한 보조참가 소송행위로 보아 줄 수는 없는 것이다. **다. 확정된 판결에 대한 재심의 소는 확정된 판결의 취소와 본안사건에 관하여 확정된 판결에 갈음한 판결을 구하는 복합적 목적을 가진 것으로서 이론상으로는 재심의 허부와 재심이 허용됨을 전제로 한 본안심판의 두 단계로 구성되는 것이라고 할 수 있고, 따라서 재심소송이 가지는 위와 같은 복합적, 단계적인 성질에 비추어 볼 때, 제3자가 타인 간의 재심소송에 민사소송법 제72조에 의하여 당사자참가를 하였다면, 이 경우 제3자는 아직 재심대상판결에 재심사유 있음이 인정되어 본안사건이 부활되기 전에는 원·피고를 상대방으로 하여 소송의 목적의 전부나 일부가 자기의 권리임을 주장하거나 소송의 결과에 의하여 권리의 침해를 받을 것을 주장할 여지가 없는 것이고, 재심사유 있음이 인정되어 본안사건이 부활된 다음에 이르러서 비로소 위와 같은 주장을 할 수 있는 것이므로, 결국 제3자는 재심대상판결에 재심사유가 있음이 인정되어 본안소송이 부활되는 단계를 위하여 당사자참가를 하는 것이라고 할 것이다.** 라. 당사자참가가 부적법함에도 제1심이 이를 각하하지 아니하고 본안에 들어가 당사자참가인들의 청구를 기각한 것은 잘못이라 할 것이나, 항소심이 이를 시정하지 아니하고 제1심판결에 대한 당사자참가인들의 항소를 기각하였다 하더라도 본안에 관하여 기판력이 생기는 것은 아니므로, 항소심이 재심청구와 본안에 관한 제1심판결 전부를 취소하여 다시 재판하지 아니하고(그 참가가 부적법한 당사자참가인들의 항소가 있다 하여 오로지 당사자참가를 각하하기 위하여 제1심판결을 반드시 취소할 것은 아니다), 당사자참가인들의 참가가 부적법한 것임을 밝히면서 그 항소를

기각한 조치는 상당한 것으로 수긍할 수 있다고 한 사례.

Ⅱ. 재심의 소의 적법요건

1. 재심당사자적격

가. 확정판결의 기판력에 의하여 불이익을 받는 사람이 재심원고, 확정판결의 승소당사자 및 그 변론종결 후의 승계인, 승소당사자가 타인을 위해 원고 또는 피고가 된 경우 그 확정판결의 효력을 받는 타인(선정자) 등이다(대법원 87재다24 판결).

나. 판결의 효력이 제3자에게 확장되는 경우 그 판결의 취소에 대하여 고유의 이익을 갖는 채무자: 이때는 제3자가 독립당사자참가의 방식에 의하여 본소의 당사자를 공동피고로 하여야 한다는 견해(이시윤, 송상현)와 기존의 당사자 사이에 재심소송이 계속 중임을 전제로 당사자참가의 형태로 개입할 수 있다는 견해(호문혁)가 있다.

[대법원 1992.5.26. 선고 90므1135 판결] 가. 혼인관계와 같은 신분관계는 성질상 상속될 수 없는 것이고 그러한 신분관계의 재심당사자의 지위 또한 상속될 성질의 것이 아니므로 이혼소송의 재심소송에서 당사자의 일방이 사망하였더라도 그 재산상속인들이 그 소송절차를 수계할 까닭이 없는 것이다. 나. 신분관계소송에 있어서는 재산상의 분쟁의 경우와는 달리 위법한 신분관계가 존속함에도 그 상대방이 될 자가 사망하였고 그 법률관계는 상속되지 않아 소송의 상대방이 될 자가 존재하지 않는 경우에는 관련된 다수 이해관계인들의 이익을 위하여 공익의 대표자인 검사를 소송의 상대방으로 하여 소송을 하는 방법으로 이를 바로잡는 방안이 마련되어 있는데 이는 위법한 신분관계가 존재하는 경우에 이를 다툴 구체적 상대방이 없다는 이유로 방치하는 것은 공익에 반하므로 공익의 대표자인 검사를 상대로 하여 소송을 제기하게 하고자 함에 있는 것이다. **다. 위 "나"항의 신분관계소송에 관한 입법취지에 비추어 보면, 이혼의 심판이 확정된 경우에 그 심판에 재심사유가 있다면 그 확정판결에 의하여 형성된 신분관계(정당한 부부관계의 해소)는 위법한 것으로서 재심에 의하여 그 확정판결을 취소하여 그 효력을 소멸시키는 것이 공익상 합당하다고 할 것이므로 그 재심피청구인이 될 청구인이 사망한 경우에는 위에서 본 규정들을 유추 적용하여 검사를 상대로 재심의 소를 제기할 수 있다고 해석함이 합리적이라고 할 것이고 같은 이치에서 재심소송의 계속중 본래 소송의 청구인이며 재심피청구인이었던 당사자가 사망한 경우에는 검사로 하여금 그 소송을 수계하게 함이 합당하다고 할 것이다.** 라. 이혼심판에 대한 재심소송의 제1심 계속 중 이혼청구인이 사망하였다면, 제1심으로서는 청구인의 상속인들로 하여금 청구인을 수계하도록 할 것이 아니라 검사로 하여금 청구인의 지위를 수계하도록 하여 재심사유의 존재 여부를 살펴보았어야 하고 심리한 결과 재심사유가 있다고 밝혀진다면 재심대상 심판을 취소하여야 하며 이 단계에서는 이미 혼인한 부부 중 일방의 사망으로 소송이 그 목적물을 잃어버렸기 때문에 이를 이유로 소송이 종료되었음을 선언하였어야 한다.

[대법원 2012.12.27. 선고 2012다75239 판결] 1. 채권을 보전하기 위하여 대위행사가 필

요한 경우는 실체법상의 권리뿐만 아니라 소송법상의 권리에 대하여서도 대위가 허용된다할 것이나, 채무자와 제3채무자 사이의 소송이 계속된 이후의 소송수행과 관련한 개개의 소송상의 행위는 그 권리의 행사를 소송당사자인 채무자의 의사에 맡기는 것이 타당하므로 채권자대위가 허용될 수 없다고 보아야 하고, 같은 취지에서 볼 때, 상소의 제기와 마찬가지로 종전 재심대상판결에 대하여 불복하여 종전 소송절차의 재개, 속행 및 재심판을 구하는 재심의 소 제기는 채권자대위권의 목적이 될 수 없다고 봄이 상당하다. 2. 기록에 의하면, 재심원고는, 재심피고 2가 재심피고 1의 성명을 모용하여 재심대상판결을 받았는데, 이러한 경우 무권대리인이 대리권을 행사한 경우와 같이 재심에 의해 판결의 효력을 배제할 수 있으므로 재심대상판결에는 민사소송법 제451조 제1항 제3호의 재심사유가 있다고 주장하면서, 재심피고 2에 대하여 금전채권을 가지고 있는 채권자로서 재심피고 2를 대위하여 재심대상판결의 취소 및 원고 청구 기각을 구하는 이 사건 재심의 소를 제기한 사실, 제1심은 재심의 소는 채권자대위가 허용되지 아니하므로 이 사건 재심의 소가 부적법하다는 재심피고들의 본안전 항변을 배척한 후, 재심원고가 주장하는 재심사유가 존재하지 않는다는 이유로 이 사건 재심청구를 기각한 사실, 원심은 재심원고의 항소를 기각한 사실을 알 수 있다. 3. 앞서 본법리에 비추어 살펴보면, 재심의 소 제기는 채권자대위권의 목적이 될 수 없으므로 재심원고는 이 사건 재심소송을 제기할 재심당사자적격이 없다고 보아야 하고, 재심당사자적격이 없는 재심원고가 제기한 이 사건 재심의 소는 부적법하다. 그런데도 원심은 이 사건 재심의 소를 각하하지 아니하고 재심청구를 기각한 제1심판결을 유지함으로써 본안에 관하여 나아가 판단하였으니, 원심판결에는 채권자대위권의 목적이 될 수 있는 권리에 관한 법리를 오해하여 판결에 영향을 미친 위법이 있다. 그러므로 상고이유에 관하여 나아가 살펴볼 것 없이 원심판결을 파기하되, 이 사건은 이 법원이 직접 재판하기에 충분하므로 민사소송법 제437조에 따라 자판하기로 하여, 제1심판결을 취소하고 이 사건 재심의 소를 각하하며, 소송총비용은 패소자가 부담하도록 하여, 관여 대법관의 일치된 의견으로 주문과 같이 판결한다.

2. 재심의 대상

가. 확정된 종국판결

(1) 판결확정 전에 제기한 재심의 소가 부적법하다는 이유로 각하되지 아니하고 있는 동안에 판결이 확정되었다고 하더라도 그 재심의 소가 적법하게 되는 것은 아니다.[1]

(2) 대법원의 환송판결은 형식적으로 보면 '확정된 종국판결'에 해당하지만(대법원이 최종심이므로 더 이상 다툴 여지가 없다) 실제로는 환송받은 하급심에서 다시 심리를 계속하게 되므로 소송을 최종적으로 종료시키는 판결은 아니며, … 소송물에 관하여 직접적으로 재판하지 아니 한 원심의 재판을 파기하여 다시 심리·판단하여 보라는 종국적 판단을 유보한 재판으로서 '실질적으로 기판력이나 실체법상 형성력, 집행력이 생기지 아니한다고 하겠으므로 '실질적으로 확정된 종국판결'이라고 할 수 없다. **따라서 대법원의 환송판결은 민사소송법 제451조 제1항의 '확정된 종국판결'에 해당하지 아니한다.**

[대법원 1995.2.14. 선고 93재다27,34(반소) 전원합의체 판결] 가. 원래 종국판결이라 함은 소 또는 상소에 의하여 계속중인 사건의 전부 또는 일부에 대하여 심판을 마치고 그 심급

---

1) 대법원 1980.7.8. 선고 80다1132 판결.

을 이탈시키는 판결이라고 이해하여야 할 것이다. 대법원의 환송판결도 당해 사건에 대하여 재판을 마치고 그 심급을 이탈시키는 판결인 점에서 당연히 제2심의 환송판결과 같이 종국판결로 보아야 할 것이다. 따라서 위의 견해와는 달리 대법원의 환송판결을 중간판결이라고 판시한 종전의 대법원판결은 이를 변경하기로 하는바, 이 점에 관하여는 관여 대법관 전원의 의견이 일치되었다.

나. [다수의견] 재심제도의 본래의 목적에 비추어 볼 때 재심의 대상이 되는 "확정된 종국판결"이란 당해 사건에 대한 소송절차를 최종적으로 종결시켜 그것에 하자가 있다고 하더라도 다시 통상의 절차로는 더 이상 다툴 수 없는 기판력이나 형성력, 집행력을 갖는 판결을 뜻하는 것이라고 이해하여야 할 것이다. 대법원의 환송판결은 형식적으로 보면 "확정된 종국판결"에 해당하지만, 여기서 종국판결이라고 하는 의미는 당해 심급의 심리를 완결하여 사건을 당해 심급에서 이탈시킨다는 것을 의미하는 것일 뿐이고 실제로는 환송받은 하급심에서 다시 심리를 계속하게 되므로 소송절차를 최종적으로 종료시키는 판결은 아니며, 또한 환송판결도 동일절차 내에서는 철회, 취소될 수 없다는 의미에서 기속력이 인정됨은 물론 법원조직법 제8조, 민사소송법 제406조 제2항 후문의 규정에 의하여 하급심에 대한 특수한 기속력은 인정되지만 소송물에 관하여 직접적으로 재판하지 아니하고 원심의 재판을 파기하여 다시 심리판단하여 보라는 종국적 판단을 유보한 재판의 성질상 직접적으로 기판력이나 실체법상 형성력, 집행력이 생기지 아니한다고 하겠으므로 이는 중간판결의 특성을 갖는 판결로서 "실질적으로 확정된 종국판결"이라 할 수 없다. 종국판결은 당해 심급의 심리를 완결하여 심급을 이탈시킨다는 측면에서 상소의 대상이 되는 판결인지 여부를 결정하는 기준이 됨은 분명하지만 종국판결에 해당하는 모든 판결이 바로 재심의 대상이 된다고 이해할 아무런 이유가 없다. 통상의 불복방법인 상소제도와 비상의 불복방법인 재심제도의 본래의 목적상의 차이에 비추어 보더라도 당연하다. 따라서 환송판결은 재심의 대상을 규정한 민사소송법 제422조 제1항 소정의 "확정된 종국판결"에는 해당하지 아니하는 것으로 보아야 할 것이어서, 환송판결을 대상으로 하여 제기한 이 사건 재심의 소는 부적법하므로 이를 각하하여야 한다. [별개의견] 대법원의 소부에서 종전의 대법원의 법령해석과 배치되는 재판을 하였다 하여 그것이 법원조직법 제7조 제1항 제3호 소정의 "종전에 대법원에서 판시한 헌법·법률·명령 또는 규칙의 해석적용에 관한 의견을 변경할 필요가 있음을 인정한 경우"에 해당한다고 볼 수 없고, 나아가 그것이 민사소송법 제422조 제1항 제1호 소정의 "법률에 의하여 판결법원을 구성하지 아니한 때"에 해당한다고 보아서도 아니된다. 그렇다면 재심대상 판결의 판시가 종전의 대법원판례와 상반되어 실질적으로 판례를 변경하는 것인데도 전원합의체가 아닌 소부에서 재판하였다는 것은 적법한 재심사유가 될 수 없으므로 결국 이 사건 재심의 소는 부적법하여 각하될 수 밖에 없다.

[반대의견] 환송판결의 기속력은 민사소송법 제406조 제2항 후문과 법원조직법 제8조에 의하여 하급심은 물론 이를 탓할 수 없는 환송법원 자신에게도 미쳐 결국 대법원 환송판결은 그 사건의 재상고심에서 대법원의 전원합의체에까지 기속력이 미친다는 것이 당원의 견해인바, 환송판결은 소송종료를 저지시킬 뿐만 아니라 이와 같이 기속력이 있어 파기당한 당사자에게 그 법률상 이해관계가 막대하므로 이를 실효시키려는 재심이 특별히 부정될 이유가 없는 것이다. 1981. 9. 8. 선고 80다3271 전원합의체 판결로 대법원의 환송판결이 확정된 종국판결에 해당함에는 이론이 있을 수 없게 된 마당에 환송판결의 기속력의 성질에 관하여 당원이 이미 중간판결설을 배척하였음에도 불구하고 다시 환송판결에는 기판력, 집행력, 형성력이 없고 실질적으로 중간판결의 특성을 갖는다는 이유로 여전히 그 재심을 허용하지 않으려는 것은 위 전원합의체판결의 근본취지에 배치될 뿐만 아니라 이론적으로도 일

관성을 잃고 있다는 것을 지적하지 않을 수 없다. 대법원의 환송판결은 확정된 종국판결로서 재심대상이 되므로 이 사건 재심사유의 존부 및 당부 판단에 나아가 그 결론에 따라 재심의 소의 각하, 기각 또는 인용의 판결을 하여야 할 것이다.

나. 준재심의 소(법 제461조):   청구의 포기·인낙·재판상 화해조서에 대하여는 준재심의 소를 제기할 수 있다. 그러나 중재판정에 대하여는 중재판정취소의 소를 통하여 구제를 받아야 하고, 준재심의 소는 제기할 수 없다.

3. 재심기간

가. 재심사유를 안 날로부터 30일, 판결확정 후 5년 내에 재심의 소를 제기하여야 한다.

[대법원 1989.10.24. 선고 87다카1322 판결] 재심대상판결의 확정후에 증인의 허위진술에 대하여 유죄판결이 확정된 경우 "증인의 허위진실이 판결에 증거된 때"에 해당함을 사유로 한 재심의 소는 당사자가 그 유죄판결이 확정된 사실을 안 날로부터 30일내에 제기되어야 하는 것이고, **재심의 소가 위 재심제기의 불변기간 내에 제기된 것인지의 여부는 재심의 소의 적법요건에 관한 것으로서 직권조사사항에 해당한다.**

[대법원 1992.5.26. 선고 92다4079 판결] 당사자가 상대방의 주소 또는 거소를 알고 있었음에도 불구하고 소재불명이라 하여 공시송달로 소송을 진행하여 그 판결이 확정되고 그 상대방 당사자가 책임질 수 없는 사유로 상소를 제기하지 못한 경우에는 선택에 따라 추완상소를 하거나 민사소송법 제422조 제1항 제11호의 재심사유가 있음을 이유로 재심의 소를 제기할 수 있다고 하더라도 **재심의 소를 선택하여 제기하는 이상 같은 법 제426조 제3, 4항 소정의 제척기간 내에 제기하여야 하고 위 제척기간은 불변기간이 아니어서 그 기간을 지난 후에는 당사자가 책임질 수 없는 사유로 그 기간을 준수하지 못하였더라도 그 재심의 소제기가 적법하게 추완될 수 없다.**

나. 여러 개의 재심사유를 주장하는 때에는 각 재심사유마다 이를 안 때부터 진행된다.

4. 재심청구의 보충성: 판결의 잘못을 상소로서 주장할 수 없었을 것

[대법원 1980.11.11. 선고 80다2126 판결] 원고 주장의 위 재심사유는 민사소송법 제422조 1항 단서의 **당사자가 상소에 의하여 그 사유를 주장하였거나, 이를 알고 주장하지 아니한 때에 해당한다 하여 이 사건 재심의 소를 배척하고 있는 바,** 원심이 위 사실을 인정함에 있어 거친 증거의 취사과정을 기록에 비추어 살펴보아도 정당하고, 거기에 소론과같이 채증법칙을 위반하여 사실을 오인한 허물이 있다고 할 수 없으며, **다만 사실관계가 위와 같다면 이건 재심사유는 민사소송법 제422조 1항 단서규정에 의하여 적법한 재심사유가 될 수 없다 할 것이므로 원심으로서는 재심의 소를 각하하여야 할 것임에도 불구하고,** 이를 간과하여 기각하였음은 부당하나 결국 이 사건 재심의 소를 배척한 점에 있어서는 타당하므로 원판결은 결과적으로 정당 하고 달리 원판결이 재심제기 기간의 법리를 오해한 위법을 찾아 볼 수

없으므로 논지는 모두 이유 없다.

[대법원 1991.11.12. 선고 91다29057 판결] 가. 판결정본이 소송대리인에게 송달되면 특별한 사정이 없는 한 그 소송대리인은 판결정본을 송달받았을 때에 그 판결이 판단을 유탈하였는지의 여부를 알게 되었다고 보아야 할 것이고, 소송대리인이 그 판결이 판단을 유탈하였는지의 여부를 안 경우에는 특별한 사정이 없는 한 소송당사자도 그 점을 알게 되었다고 보아야 할 것이다. 나. 재심대상판결의 정본이 소송대리인에게 송달된 후 소송당사자가 상고를 제기하지 아니한 채 상고기간이 경과함으로써 재심대상판결이 확정되었다면, 민사소송법 제426조 제1항에 규정된 30일의 재심제기의 기간은 재심대상판결이 확정된 날로부터 기산하여야 되는 것이라고 해석함이 상당하다. **다. 민사소송법 제422조 제1항 단서에 의하면 당사자가 상소에 의하여 재심사유를 주장하였거나 이를 알고 주장하지 아니한 때에는 재심의 소를 제기할 수 없는 것으로 규정되어 있는바, 여기에서 "이를 알고 주장하지 아니한 때"라고 함은 재심사유가 있는 것을 알았음에도 불구하고 상소를 제기하고도 상소심에서 그 사유를 주장하지 아니한 경우뿐만 아니라, 상소를 제기하지 아니하여 판결이 그대로 확정된 경우까지도 포함하는 것이라고 해석하여야 할 것이다.**

III. 재심사유(법 제451조)

1. 총   설

가. 제한적 열거

나. 4호 내지 7호 사유: 가벌적 행위에 대하여 유죄의 확정판결이 있을 것(법 제451조 2항); 적법요건설 (각하설) 및 합체설(재심청구기각설)이 있는데, 판례는 적법요건설을 취한다.

[대법원 1989.10.24. 선고 88다카29658 판결] 가. 민사소송법 제422조 제1항 제4호 내지 제7호 소정의 재심사유에 관하여 같은 법조 제2항의 요건이 불비되어 있는 때에는 재심의 소 자체가 그 부적법한 것이 되므로 재심사유 자체에 대하여 그 유무의 판단에 나아갈 것도 없이 각하되어야 하는 것이고 반면에 위 제2항 소정의 요건에 해당하는 사실이 존재하는 경우에는 당해 요건사실 즉 그 판결들이나 처분 등에 관한 판단내용 자체에 대해서는 그 당부를 따질 것 없이 재심의 소는 적법요건을 갖춘 것으로 보아야 하나, 나아가 위 4호 내지 7호 소정의 재심 사유의 존부에 대해서는 위에서 본 판결이나 처분내용에 밝혀진 판단에 구애받음이 없이 독자적으로 심리판단을 할 수 있는 것이고, 제2항 소정의 적법요건 해당사실은 같은 제1항 제4호 내지 7호 소정의 재심의 소를 제기한 당사자가 증명해야 한다. 나. 피의자의 소재불명을 이유로 검사가 기소중지결정을 한 경우는 기소유예처분의 경우와는 달리 민사소송법 제422조 제2항의 요건에 해당하지 않는다.

2. 개별적 분석

가. 제3호(대리권의 흠)

① 참칭대표자를 대표자로 표시하여 소송을 제기한 결과 그 앞으로 소장부본 및 변론기일소환장이 송달되어 변론기일에 참칭대표자의 불출석으로 의제자백판결이 선고된 경우, 이는 적법한 대표자가 변론기일소환장을 송달받지 못하였기 때문에 실질적인 소송행위를 하지 못한 관계로 위 의제자백판결이 선고된 것이므로, 민사소송법 제422조 제1항 제3호 소정의 재심사유에 해당한다.[1]

② 우체국 집배원의 배달착오로 상고인인 원고(재심원고)가 소송기록접수통지서를 송달받지 못하여 상고이유서 제출기간 내에 상고이유서를 제출하지 않았다는 이유로 원고의 상고가 기각된 경우, 원고는 적법하게 소송에 관여할 수 있는 기회를 부여받지 못하였으므로, 이는 민사소송법 제422조 제1항 제3호에 규정된 「법정대리권, 소송대리권, 또는 대리인이 소송행위를 함에 필요한 수권의 흠결이 있는 때」에 준하여 재심사유에 해당한다고 봄이 상당하다.[2]

③ 당사자의 이름을 모용하고 이루어진 판결이 확정된 경우에는 적법하게 소송관여의 기회가 부여되지 아니한 것이 될 것으로서 소송대리권의 흠결을 사유로 하여 재심의 소를 제기할 수 있다.[3]

나. 제5호(형사상 처벌받을 행위로 인한 자백 또는 공격·방어방법제출 방해)

① 민사소송법 제422조 제1항 제11호의 재심사유인 상대방의 주소가 분명함에도 불구하고 재산을 편취할 목적으로 고의로 소재불명이라 하여 법원을 속이고 공시송달의 허가를 받아 상대방의 불출석을 기화로 승소판결을 받은 경우, 그 소송의 준비단계에서부터 판결확정시까지 문서위조 등 형사상 처벌을 받을 어떤 다른 위법사유가 전혀 개재되지 않았기 때문에 오로지 소송사기로 밖에 처벌할 수 없는 경우라 하더라도, 형사상 처벌을 받을 타인의 행위로 인하여 공격 또는 방어방법의 제출이 방해되었음을 부정할 수 없으므로, 이러한 경우 같은 법 제422조 제1항 제5호의 재심사유도 위 제11호의 재심사유와 병존하여 있다고 보아야 한다.[4]

② 민사소송법 제422조 제1항 제5호 소정의 형사상 처벌을 받을 타인의 행위로 인하여 판결에 영향을 미친 공격·방어방법의 제출이 방해된 때라 함은 타인의 형사처벌을 받을 행위로 인하여 당해 소송절차에 당사자의 공격·방어방법의 제출이 직접 방해받은 경우를 말하는 것이고, 당해 소송절차와는 관계없는 타인의 범죄행위로 인하여 실체법상의 어떤 효과발생이 저지되었다든가 어떤 사실이 조작되었기 때문에 그 결과 법원이 사실인정을 그르치게 된 경우까지 포함되는 것은 아니다.[5]

---

1) 대법원 1999.2.26. 선고 98다47290 판결.
2) 대법원 1988.12.11. 선고 97재다445 판결.
3) 대법원 1964.3.31. 선고 63다656 판결.
4) 대법원 1997.5.28. 선고 96다41649 판결; 대법원 1992.10.9. 선고 92므266 판결 등.
5) 대법원 1982.10.12. 선고 82다카664 판결.

다. 제6호(문서의 위조·변조)

① 민사소송법 제422조 1항 6호 소정의 「판결의 증거로 된 문서 기타 물건이 위조나 변조된 것인 때」라 함은, 그 위조된 문서 등이 판결주문의 이유가 된 사실인정의 직접적 또는 간접적인 자료로 제공되어 법원이 그 위조문서 등을 참작하지 않았더라면 당해 판결과는 다른 판결을 하였을 개연성이 있는 경우를 말하고, 그 위조문서 등을 제외한 나머지 증거들만 가지고도 그 판결의 인정사실을 인정할 수 있거나 그 위조문서 등이 없었더라면 판결주문이 달라질 수도 있을 것이라는 일응의 개연성이 있지 아니하는 경우 또는 위조문서 등이 재심대상 판결이유에서 가정적 또는 부가적으로 설시한 사실을 인정하기 위하여 인용된 것이고 주요사실의 인정에 영향을 미치지 않는 사정에 관한 것이었을 때에는 재심사유가 되지 않으며, 여기에서 말하는 '위조'에는 형사상 처벌될 수 있는 허위공문서작성이나 공정증서원본불실 기재가 포함된다.[1]

② 형사상의 범죄를 구성하지 아니하는 사문서의 소위 무형위조의 경우 그 사문서는 민사소송 법 제422조 1항 6호 소정의 판결의 증거로 된 문서가 위조나 변조된 것인 때의 위조나 변조 된 문서에 해당하지 않는다.[2]

라. 제7호(증인 등의 허위진술)

① 민사소송법 제422조 1항 7호 소정의 재심사유인 「증인의 허위진술이 판결의 증거가 된 때」라 함은, 증인의 허위진술이 판결주문에 영향을 미치는 사실인정의 자료가 된 경우를 의미하고, 판결주문에 영향을 미친다는 것은 만약 그 허위진술이 없었더라면 판결주문이 달라질 수도 있었을 것이라는 개연성이 있는 경우를 말하고 변경의 확실성을 요구하는 것은 아니며, 그 경우에 있어서 사실인정의 자료로 제공되었다 함은 그 허위진술이 직접적인 증거가 된 때뿐만 아니라 대비증거로 사용되어 간접적으로 영향을 준 경우도 포함되지만, 허위진술을 제외 한 나머지 증거들만에 의하여도 판결주문에 아무런 영향도 미치지 아니하는 경우에는 비록 그 허위진술이 위증으로 유죄의 확정판결을 받았다고 하더라도 재심사유에는 해당되지 않는 다. 증인의 허위진술이 확정판결의 결과에 영향이 없는지의 여부를 판단하려면 재심 전 증거들과 함께 재심소송에서 조사된 각 증거들까지도 종합하여 그 판단의 자료로 삼아야 한다.[3]

② 민사소송법 제422조 1항 7호 소정의 재심사유인 「증인의 허위진술이 판결의 증거가 된 때」라 함은 증인이 직접 재심의 대상이 된 소송사건을 심리하는 법정에서 허위로 진술하고, 그 허위진술이 판결주문의 이유가 된 사실인정의 자료가 된 경우를 가리키는 것이지, 증인이 재심대상이 된 소송사건 이외의 다른 민·형사 관련사건에서 증인으로서 허위진술을 하고 그 진술을 기재한 조서가 재심대상 판결에서 서증으로 제출되어 이것이 채용된 경우는 위 제7호 소정의 재심사유에 포함될 수 없다.[4]

---

1) 대법원 1997.7.25. 선고 97다15470 판결.
2) 대법원 1995.3.10. 선고 94다30829,30836,30843 판결.
3) 대법원 1997.12.26. 선고 97다42922 판결.
4) 대법원 1997.3.28. 선고 97다3729 판결.

마. 제8호(판결의 기초가 된 재판·행정처분의 효력)

① 민사소송법 제422조 1항 8호 소정의 재심사유인 「판결의 기초로된 민사나 형사의 판결 기타의 재판 또는 행정처분이 다른 재판이나 행정처분에 의하여 변경된 때」라 함은 그 확정 판결에 법률적으로 구속력을 미치거나 또는 그 확정판결에서 사실인정의 자료가 된 재판이나 행정처분이 그 후 다른 재판이나 행정처분에 의하여 확정적이고, 또한 소급적으로 변경된 경우를 말하는 것인데, 먼저 검사의 불기소처분이 재심대상 판결에 법률적으로 구속력을 미치는 것이 아님은 의문의 여지가 없고, 다음 검사의 불기소처분에는 확정재판에 있어서의 확정력과 같은 효력이 없어 일단 불기소처분을 한 후에도 공소시효가 완성되기까지 언제라도 공소를 제기할 수 있는 것이므로, 일단 불기소처분 되었다가 후에 공소가 제기되었다고 하여 종전의 불기소처분이 '소급적'으로 변경된 것으로 보기 어렵고, 나아가 그 기소된 형사사건이 유죄로 확정되었다 하여도 이는 마찬가지이다.[1]

바. 제9호(판단유탈)

① 민사소송법 제422조 1항 9호가 정하는 재심사유인 「판결에 영향을 미친 중요한 사항에 관하여 판단을 유탈한 때」라고 함은 당사자가 소송상 제출한 공격·방어방법으로서 판결에 영향이 있는 것에 대하여 판결이유 중에 판단을 명시하지 아니한 경우를 말하고, 판단이 있는 이상 그 판단에 이르는 이유가 소상하게 설시되어 있지 아니하거나 당사자의 주장을 배척하는 근거를 일일이 개별적으로 설명하지 아니하더라도 이를 위 법조에서 말하는 판단유탈이라고 할 수 없다.[2]

사. 제11호(상대방의 주소를 소재불명 또는 허위주소로 하여 제소한 경우)

(1) 공시송달에 의한 판결편취

① 민사소송법 제422조 1항 11호 소정의 재심사유는 사기판결을 얻어내기 위하여 상대방의 주소를 알고 있음에도 불구하고 소재불명 또는 허위의 주소나 거소로 하여 소를 제기하고 이로 인하여 제기사실을 전혀 알 수 없었던 상대방을 구제하기 위한 것으로서, 상대방이 위 소송진행 중 그 소송계속사실을 알고 있었고, 그럼에도 불구하고 아무런 조치를 취하지 아니하여 판결이 선고되고 확정에 이르렀다면 특별한 사정이 없는 한 그 판결에 위 재심사유가 있다고 할 수 없다.[3]

② 당사자가 상대방의 주소 또는 거소를 알고 있었음에도 불구하고 소재불명이라 하여 공시 송달로 소송을 진행하여 그 판결이 확정되고 그 상대방 당사자가 책임질 수 없는 사유로 상소를 제기하지 못한 경우에는 선택에 따라 추완상소를 하거나 민사소송법 제422조 1항 11호의 재심사유가 있음을 이류로 재심의 소를 제기할 수 있다고 하더라도 재심의 소를 선택하여 제기하는 이상 같은 법 제426조 제3항, 제4항 소정의 제척기간 내에 제기하여야하고, 위 제척기간은 불변기간이 아니어서 그 기간을 지난 후에는 당사자가 책임질 수 없는 사유로 그 기간을 준수하지 못하였더라도 그 재심의 소제기가 적법히 추완될 수 없다.[4]

---

1) 대법원 1998.3.27. 선고 97다50855 판결.
2) 대법원 2000.11.24. 선고 2000다47200 판결.
3) 대법원 1992.10.9. 선고 92다12131 판결.

(2) 의제자백(무변론판결 등)에 의한 판결편취

민사소송법 제422조 1항 11호의 재심사유는 당사자가 상대방의 주소나 거소를 알면서 소재불명이라고 법원을 속여 공시송달의 명령을 얻어 소송이 진행된 때를 뜻하고, 당사자가 상대방의 주소나 거소를 알면서 허위의 주소나 거소로 하여 소를 제기하고 피고가 아닌 제3자로 하여금 소송서류를 수령하도록 하여 의제자백에 의한 승소판결을 받은 경우에는 그 판결은 피고에게 적법하게 송달되지 아니하여 항소기간의 진행이 개시되지 아니하고, 따라서 판결이 확정되지도 아니하였으므로 항소의 대상이 됨은 별론으로 하고 재심의 대상이 될 수 없다.[1]

Ⅳ. 재심절차

1. 관할법원: 전속관할

2. 재심의 소의 제기

3. 준용절차

4. 재심의 소의 심리

가. 소의 적부

나. 재심사유의 존부

직권조사사항: 구체적 정의를 위해 법적 안정성을 희생시키는 것이므로 재심사유의 존부에 관하여는 당사자의 처분권을 인정할 수 없고, 재심법원은 직권으로 당사자가 주장하는 재심사유 해당사실의 존부에 관한 자료를 탐지하여 판단할 필요가 있고, 재심사유에 관하여는 당사자의 자백이 허용되지 아니하여 의제자백에 관한 규정도 적용되지 않는다.[2]

다. 본안에 관한 심리

---

4) 대법원 1992.5.26. 선고 92다4079 판결; 대법원 1985.8.20. 선고 85므21 판결 등.
1) 대법원 1993.12.28. 선고 93다48861 판결.
2) 대법원 1992.7.24. 선고 91다45691 판결.

V. 준 재 심

1. 법 제461조

2. 준재심의 소

가. 대 상

준재심의 소는 화해조서, 청구의 포기·인낙조서 외에 재판상의 화해와 같은 효력을 가지는 조정조서도 포함된다.

나. 준재심 사유:

법 제451조의 재심사유가 준재심의 송서도 적용될 것이나, 준재심의 소의 대상의 성격상, 법제451조 1항 2호(관여할 수 없는 법관의 관여), 3호(대리권의 흠), 4호(법관의 직무상의 범죄), 5호(형사상의 처벌을 받을 다른 사람의 행위로 인한 경우), 10호(판결의 저축) 등의 경우만 적용될 수 있을 것이다.[1]

---

1) 이시윤, 923면.

판례색인

591

사항색인

[저자약력]

경북대학교 법과대학 법학사
경북대학교 대학원 법학석사
연세대학교 대학원 법학박사
제22회 사법시험 합격
대구지방법원 등 판사 역임
변호사
경북대학교 법과대학 교수
경북대학교 법학전문대학원 원장
한국문화예술법학회 회장
한국민사소송법학회 부회장
한국민사집행법학회 부회장
사법시험, 변리사, 입법고시 시험위원
현재, 경북대학교 법학전문대학원 교수
　　　학교법인 영광학원(대구대학교 법인) 이사장

[논문] 소송상 상계항변의 법적 성질 외 다수
[저서] 民事訴訟爭點審理論(2007)
　　　요건사실 증명책임(2010)
　　　법문서작성(2014, 4인 공저)

민사소송법요론 [제2판]

2012년　8월　30일　초판 발행
2014년　8월　25일　제2판 인쇄
2014년　8월　30일　제2판 1쇄발행

저　자　권　　혁　　재

발행인　배　　효　　선

발행처　도서출판　法文社

주 소　413-120 경기도 파주시 회동길 37-29
등 록　1957년 12월 12일　제 2-76호 (윤)
전 화　031-955-6500~6, 팩스 031-955-6500
e-mail(영업) : bms @ bobmunsa.co.kr
　　　(편집) : edit66 @ bobmunsa.co.kr
홈페이지 http : // www. bobmunsa.co.kr

조 판　광 암 문 화 사

정가 34,000 원　　ISBN 978-89-18-08445-9